China's Industrial Development
Report 2016

2016

中国工业发展报告

——工业供给侧结构性改革

中国社会科学院工业经济研究所

经济管理出版社
ECONOMY & MANAGEMENT PUBLISHING HOUSE

图书在版编目（CIP）数据

中国工业发展报告（2016）/中国社会科学院工业经济研究所. —北京：经济管理出版社，2016.12
ISBN 978-7-5096-4736-3

Ⅰ.①中… Ⅱ.①中… Ⅲ.①工业发展—研究报告—中国—2016 Ⅳ.①F424

中国版本图书馆 CIP 数据核字（2016）第 287440 号

责任编辑：勇　生等
责任印制：黄章平
责任校对：雨　千　赵天宇

出版发行：经济管理出版社
　　　　　（北京市海淀区北蜂窝 8 号中雅大厦 A 座 11 层　100038）
网　　址：www. E-mp. com. cn
电　　话：（010）51915602
印　　刷：三河市延风印装有限公司
经　　销：新华书店
开　　本：880×1230mm/16
印　　张：39.75
字　　数：1122 千字
版　　次：2016 年 12 月第 1 版　　2016 年 12 月第 1 次印刷
书　　号：ISBN 978-7-5096-4736-3
定　　价：198.00 元

序

随着中国步入工业化后期，人口红利快速消失、企业制造成本不断上升、工业资本边际回报逐步下降，相对于工业化中期阶段，中国工业的潜在增长率已经明显降低。这具体反映在工业增速上，"十二五"期间，工业增加值增速逐年递减，2015年全部工业增加值增速加速下降到5.9%，是23年来的最低工业增速。工业经济运行总体呈现出工业增速下降、工业价格下降、企业利润下降、经济运行的风险概率上升的基本态势。工业结构上表现为一方面工业化中期高速增长的以资源开采、重化工产业为代表的传统产业的产能严重过剩，另一方面工业化后期支持经济发展的高新技术产业供给明显不足，中国工业急需加速推进工业新旧动能转换。2015年中央经济会议提出，"十三五"期间要在适度扩大总需求的前提下深入推进供给侧结构性改革，用改革的办法推进结构调整，减少无效和低端供给，扩大有效和中高端供给，增强供给结构对需求结构的适应性和灵活性，提高全要素生产率。工业是供给侧结构性改革的主战场，通过供给侧结构性改革，中国工业将经历一场凤凰涅槃，实现脱胎换骨的变革。中国要实现从工业大国向工业强国的转变，必须经历供给侧结构性改革的暴风雨洗礼！要在这场洗礼中获得新生，一方面要科学认识、准确把握供给侧结构性改革的实质，另一方面要不畏艰难、实质性推进供给侧结构性改革。

要准确把握供给侧结构性改革的实质。供给侧结构性改革的实质是体制机制改革，是通过体制机制改革的办法来推进结构调整，扩大高端和有效供给，减少低端和无效供给，实现供给结构优化。党的十八届三中全会提出了我国全面深化改革的总体方向和整体蓝图，经济体制改革是全面深化改革的重点，而经济体制改革的核心是正确处理市场与政府的关系，使市场在资源配置中起决定性作用和更好地发挥政府作用。供给侧结构性改革是全面深化改革的一个组成部分，是针对当前经济中出现的供给结构无法适应需求结构变化的供给侧结构性问题而实施的经济体制机制改革，通过构建市场在资源配置中的决定性作用和更好地发挥政府作用的资源配置的体制机制，来增强供给结构对需求结构的适应性和灵活性。对于工业而言，供给侧结构性改革就是通过深化改革优化工业资源配置机制，提高工业供给要素质量和创新能力，加速产业转型升级，将工业资源从低端和过剩产业转移到高端产业和高附加值环节中，进而提高工业全要素生产率，从供给侧入手改善工业的潜在增长率。这个过程的实现，意味着工业增长新旧动力的转换，意味着整个工业生态系统的变革。也就是说，工业供给侧结构性改革的基本任务是从供给侧的体制机制改革入手，从企业、产业和区域各层面推进，再造一个工业发展的新生态系统。这个新工业生态系统与原有的工业生态系统的关键区别是，具有更高的创新能力与全要素生产率，工业增长方式从劳动力和物质要素总量投入驱动主导转向了知识和技能等创新要素驱动主导，适应我国从工业大国向工业强国转变的根本需要。

要实质性推进工业的供给侧结构性改革。虽然供给侧结构性改革短期的目标被简化为"去产能、去库存、去杠杆、降成本和补短板"（简称"三去一降一补"），但供给侧结构性改革的有效推进任务艰巨，必须很好地把握短期和长期、局部和整体之间的关系。一方面，必须处理好解决短期供给侧问题和深化长期结构性改革的关系。供给侧结构性改革不能只关注产能过剩、库存高、企业负债高、成本高和存在基础设施短板等供给侧存在的问题本身，不能只就问题谈问题，而忽视了这些问题的背后结构性矛盾。当前经济下行压力巨大，地方政府更有积极性解决有利于"保增长"的短期供给侧问题，而缺少动力去下力气完善体制机制、推进结构改革。但只有推进结构改革，才能从长期解决中国经济面临的低端和无效产能过剩、高端和有效产能不足的结构性问题，才能解决潜在增长率下降、全要素生产率亟待提升的问题。另一方面，必须处理供给侧结构性改革单项任务推进与整体改革推进的关系。供给侧结构性改革是一项系统性的改革任务，"三去一降一补"这五方面之间是有机联系的，必须树立对供给侧结构性改革的系统观。地方政府对于"去产能、降成本"这种短期不利于"保增长"的问题往往并不热衷，而对于通过高房价来"去库存"、通过上项目"补短板"更有内在积极性。2016年的房地产泡沫、粗放经济增长方式回头的问题充分说明了这一点。但这对未来经济健康发展的巨大损害还没有得到充分认识，这已经完全违背了推进供给侧结构性改革的初衷，这实质是以推进供给侧结构性改革之名行破坏供给侧结构性改革之实。工业供给侧结构性改革的关键是创造一个有利于工业创新发展的生态系统，而制造业是立国之本，是创新的源泉，是创新型国家的基础，有利于工业创新的生态系统也是国家经济可持续发展的关键。2016年的短短几个月，房价飞涨已经使近一年来全社会各方下大力量实现的实体经济"降成本"的效果化为乌有，房地产泡沫对我国制造业创新发展生态系统的破坏是毁灭性的，我们必须高度重视。

　　基于对工业供给侧结构性改革的实质以及实质性推进工业供给侧结构性改革的认识，2016年《中国工业发展报告》选择以工业供给侧结构性改革为主题，从整体经济发展、具体工业行业、经济区域和工业企业各个层面具体分析了中国工业推进供给侧结构性改革的现状、问题及相关建议。1996年，中国社会科学院工业经济研究所出版了第一本《中国工业发展报告》，是国内第一本全面分析中国工业发展的研究报告。由于当时各个方面的研究报告类的出版物都还很少，《中国工业发展报告》应该属于最早的研究报告出版物之一。21年过去了，现在政府、大学及各类研究机构撰写的各类皮书和研究报告出版物已经汗牛充栋，《中国工业发展报告》也已经连续出版了21本。我们在继续保持《中国工业发展报告》权威性、系统性、资料性等特点的基础上，近年来更加突出报告的研究性、思想性和学术性。2016年《中国工业发展报告》系统研究了中国工业的供给侧结构性改革问题，现在有关这样全面、系统地研究工业供给侧结构性改革的著作还较少，期望2016年《中国工业发展报告》能够给理论界、政府部门和企业在研究和推进工业供给侧结构性改革时提供有价值的参考。

黄群慧

2016年9月

目 录

总论　中国工业的供给侧结构性改革 ⋯⋯⋯⋯⋯⋯⋯⋯⋯⋯⋯ 1

　提　要 ⋯⋯⋯⋯⋯⋯⋯⋯⋯⋯⋯⋯⋯⋯⋯⋯⋯⋯⋯⋯⋯⋯⋯⋯⋯ 1

　一、供给侧结构性改革的概念逻辑与分析框架 ⋯⋯⋯⋯⋯⋯⋯⋯⋯ 1

　二、从当前工业经济运行看工业供给侧结构性改革的意义 ⋯⋯⋯⋯ 6

　三、推进企业层面的工业供给侧结构性改革 ⋯⋯⋯⋯⋯⋯⋯⋯⋯⋯ 12

　四、推进产业层面的工业供给侧结构性改革 ⋯⋯⋯⋯⋯⋯⋯⋯⋯⋯ 15

　五、推进区域层面的工业供给侧结构性改革 ⋯⋯⋯⋯⋯⋯⋯⋯⋯⋯ 17

　六、结　语 ⋯⋯⋯⋯⋯⋯⋯⋯⋯⋯⋯⋯⋯⋯⋯⋯⋯⋯⋯⋯⋯⋯⋯ 19

综 合 篇

第一章　全球价值链与中国工业地位 ⋯⋯⋯⋯⋯⋯⋯⋯⋯⋯⋯⋯ 23

　提　要 ⋯⋯⋯⋯⋯⋯⋯⋯⋯⋯⋯⋯⋯⋯⋯⋯⋯⋯⋯⋯⋯⋯⋯⋯⋯ 23

　一、全球制造业的发展趋势与中国工业地位变化的特征 ⋯⋯⋯⋯⋯ 23

　二、全球价值链理论与中国工业地位的讨论 ⋯⋯⋯⋯⋯⋯⋯⋯⋯⋯ 26

　三、超越全球价值链理论看中国工业地位 ⋯⋯⋯⋯⋯⋯⋯⋯⋯⋯⋯ 30

　四、小　结 ⋯⋯⋯⋯⋯⋯⋯⋯⋯⋯⋯⋯⋯⋯⋯⋯⋯⋯⋯⋯⋯⋯⋯ 34

第二章　工业供给与需求 ⋯⋯⋯⋯⋯⋯⋯⋯⋯⋯⋯⋯⋯⋯⋯⋯⋯ 36

　提　要 ⋯⋯⋯⋯⋯⋯⋯⋯⋯⋯⋯⋯⋯⋯⋯⋯⋯⋯⋯⋯⋯⋯⋯⋯⋯ 36

　一、工业供给与需求的关系 ⋯⋯⋯⋯⋯⋯⋯⋯⋯⋯⋯⋯⋯⋯⋯⋯⋯ 36

　二、产业政策重点的转变 ⋯⋯⋯⋯⋯⋯⋯⋯⋯⋯⋯⋯⋯⋯⋯⋯⋯⋯ 37

　三、工业供给侧结构性改革的原因与条件 ⋯⋯⋯⋯⋯⋯⋯⋯⋯⋯⋯ 40

　四、工业供给侧改革的方向 ⋯⋯⋯⋯⋯⋯⋯⋯⋯⋯⋯⋯⋯⋯⋯⋯⋯ 43

　五、推进工业供给侧结构性改革的政策建议 ⋯⋯⋯⋯⋯⋯⋯⋯⋯⋯ 44

第三章　制造业服务化 ⋯⋯⋯⋯⋯⋯⋯⋯⋯⋯⋯⋯⋯⋯⋯⋯⋯⋯ 47

　提　要 ⋯⋯⋯⋯⋯⋯⋯⋯⋯⋯⋯⋯⋯⋯⋯⋯⋯⋯⋯⋯⋯⋯⋯⋯⋯ 47

　一、制造业服务化概述 ⋯⋯⋯⋯⋯⋯⋯⋯⋯⋯⋯⋯⋯⋯⋯⋯⋯⋯⋯ 47

　二、中国制造业服务化的发展现状 ⋯⋯⋯⋯⋯⋯⋯⋯⋯⋯⋯⋯⋯⋯ 50

　三、制约中国制造业服务化发展的因素分析 ⋯⋯⋯⋯⋯⋯⋯⋯⋯⋯ 54

　四、加快推进制造业服务化的政策建议 ⋯⋯⋯⋯⋯⋯⋯⋯⋯⋯⋯⋯ 56

第四章　化解过剩产能 ·· 59

　　提　要 ··· 59

　　一、我国经济"新常态"下产能过剩的新特征 ················· 59

　　二、当前部分严重产能过剩行业的基本情况 ··················· 60

　　三、我国化解过剩产能过程中面临的主要问题与挑战 ········· 62

　　四、对策和建议 ··· 64

第五章　处置"僵尸企业" ··· 68

　　提　要 ··· 68

　　一、"僵尸企业"的识别 ····································· 68

　　二、"僵尸企业"的成因 ····································· 70

　　三、"僵尸企业"的危害 ····································· 72

　　四、处置"僵尸企业"的进展和困难 ··························· 73

　　五、处置"僵尸企业"的对策 ································· 76

第六章　工业绿色发展 ·· 79

　　提　要 ··· 79

　　一、中国工业绿色发展成效 ··································· 80

　　二、中国工业绿色发展的新动向 ······························· 82

　　三、中国工业绿色发展面临的问题：基于供给侧视角 ········· 84

　　四、中国工业绿色转型发展路径研究 ··························· 86

　　五、促进工业绿色发展的政策建议 ··························· 88

第七章　分享经济的发展 ·· 91

　　提　要 ··· 91

　　一、分享经济概念及主要特征 ································· 91

　　二、我国分享经济发展历史及现状 ··························· 92

　　三、当前分享经济发展面临的问题和挑战 ····················· 94

　　四、引导、规范分享经济发展的建议 ························· 96

第八章　新经济与工业增长 ·· 99

　　提　要 ··· 99

　　一、新经济的主要内涵和特征 ································· 99

　　二、新经济改变工业增长方式 ······························· 101

　　三、新经济的发展模式和路径 ······························· 103

　　四、发展新经济的政策与措施 ······························· 105

第九章　工业投融资 ··· 108

　　提　要 ··· 108

　　一、工业投资的增长与变化 ··································· 108

　　二、工业投资增速下滑的主要影响因素 ······················· 112

三、推动工业扩大有效投资的思路与对策 ………………………………… 114

第十章　工业劳动力 …………………………………………………………… 118

提　要 …………………………………………………………………………… 118

一、工业劳动力的变化 ………………………………………………………… 118

二、工业劳动力供求中存在的问题 …………………………………………… 127

三、政策建议 …………………………………………………………………… 132

第十一章　工业用地配置 ……………………………………………………… 136

提　要 …………………………………………………………………………… 136

一、工业用地出让制度改革进展与问题 ……………………………………… 137

二、工业用地市场化配置改革的难点 ………………………………………… 139

三、工业用地出让方式创新的内容 …………………………………………… 140

四、健全用地约束机制，加强土地监管的措施 ……………………………… 141

第十二章　工业污染治理 ……………………………………………………… 146

提　要 …………………………………………………………………………… 146

一、"十二五"时期我国工业污染治理的总体情况 ………………………… 146

二、当前工业污染治理中存在的问题 ………………………………………… 150

三、供给侧改革背景下工业污染治理的新趋势 ……………………………… 152

四、工业污染治理推动供给侧改革的政策建议 ……………………………… 154

第十三章　工业全要素生产率水平提升 ……………………………………… 157

提　要 …………………………………………………………………………… 157

一、工业行业生产水平现状 …………………………………………………… 157

二、提升全要素生产率的问题 ………………………………………………… 161

三、提升全要素生产率的政策建议 …………………………………………… 163

第十四章　产业政策的转型 …………………………………………………… 168

提　要 …………………………………………………………………………… 168

一、产业政策转型的背景 ……………………………………………………… 168

二、产业政策的转型方向 ……………………………………………………… 170

三、推动产业政策转型的政策建议 …………………………………………… 176

第十五章　中国工业成本 ……………………………………………………… 180

提　要 …………………………………………………………………………… 180

一、中国工业企业成本变化 …………………………………………………… 180

二、中国工业成本竞争优势衰退原因分析 …………………………………… 185

三、改善工业成本结构的对策建议 …………………………………………… 189

第十六章　基础设施建设与工业发展 ………………………………………… 194

提　要 …………………………………………………………………………… 194

一、主要基础设施建设状况 ……………………………………………… 195

二、主要基础设施的短板 ………………………………………………… 198

三、促进工业发展的基础设施建设重点领域 …………………………… 200

第十七章　资源产业转型与发展 ……………………………………… 204

提　要 ……………………………………………………………………… 204

一、我国资源产业发展现状 ……………………………………………… 204

二、资源产业转型与发展中的障碍及原因分析 ………………………… 209

三、资源产业转型与发展的路径与模式 ………………………………… 210

四、促进资源产业转型与发展的政策建议 ……………………………… 212

第十八章　"一带一路"战略下的国际产能合作 …………………… 215

提　要 ……………………………………………………………………… 215

一、"一带一路"战略开创国际产能合作新格局 ……………………… 216

二、国别特征与投资动机 ………………………………………………… 218

三、行业特征与投资方式 ………………………………………………… 221

四、国际产能合作的实施机制：中国 OFDI 视角 ……………………… 224

第十九章　对外经贸发展与结构变化 ………………………………… 226

提　要 ……………………………………………………………………… 226

一、对外经贸发展新态势及主要问题 …………………………………… 226

二、我国对外经贸发展面临的国际形势与外部环境 …………………… 233

三、以开放创新提高对外经贸发展质量 ………………………………… 236

第二十章　工匠精神 …………………………………………………… 240

提　要 ……………………………………………………………………… 240

一、工匠精神的内涵界定 ………………………………………………… 240

二、工匠精神的中国实践 ………………………………………………… 242

三、发达国家工匠精神的国际比较 ……………………………………… 244

四、重构中国"工匠精神"的对策思路 ………………………………… 246

五、"工匠精神"的历史地位 …………………………………………… 249

产　业　篇

第二十一章　新能源与电力工业 ……………………………………… 253

提　要 ……………………………………………………………………… 253

一、新能源与电力工业发展特征 ………………………………………… 253

二、新能源与电力工业发展存在的问题与原因 ………………………… 257

三、通过供给侧改革促进新能源产业的健康发展 ……………………… 260

第二十二章　煤炭工业 ………………………………………………………… 264

　　提　要 ……………………………………………………………………… 264

　　引　言 ……………………………………………………………………… 264

　　一、2015 年煤炭工业运行特点 ………………………………………… 265

　　二、推进煤炭行业供给侧结构性改革 ………………………………… 268

　　三、煤炭工业发展展望与建议 ………………………………………… 272

第二十三章　钢铁工业 ………………………………………………………… 279

　　提　要 ……………………………………………………………………… 279

　　一、"十二五"时期钢铁工业发展运行的新特点 ……………………… 280

　　二、钢铁工业发展存在的问题 ………………………………………… 282

　　三、推进钢铁工业供给侧结构性改革 ………………………………… 284

第二十四章　有色金属工业 …………………………………………………… 288

　　提　要 ……………………………………………………………………… 288

　　一、有色金属工业运行情况分析 ……………………………………… 288

　　二、有色金属工业发展存在的问题 …………………………………… 292

　　三、有色金属工业供给侧结构性改革的主要任务 …………………… 295

　　四、深入推进有色金属工业供给侧结构性改革 ……………………… 296

第二十五章　石化工业 ………………………………………………………… 300

　　提　要 ……………………………………………………………………… 300

　　一、2015 年石化工业运行特点 ………………………………………… 300

　　二、从供给侧结构性改革看石化行业的问题 ………………………… 303

　　三、石化工业的产业政策与外部环境变化分析 ……………………… 307

　　四、深化供给侧结构性改革促进石化行业转型升级 ………………… 309

第二十六章　机械工业 ………………………………………………………… 312

　　提　要 ……………………………………………………………………… 312

　　一、2015 年以来机械工业发展现状 …………………………………… 312

　　二、机械工业需求侧和供给侧问题 …………………………………… 315

　　三、机械工业供给侧结构性改革的重点 ……………………………… 320

　　四、机械工业供给侧结构性改革的政策建议 ………………………… 321

第二十七章　汽车工业 ………………………………………………………… 324

　　提　要 ……………………………………………………………………… 324

　　一、汽车工业发展现状 ………………………………………………… 324

　　二、汽车工业发展亟待关注的几个问题 ……………………………… 329

　　三、产业政策驱动下的汽车工业发展新趋势 ………………………… 331

　　四、关于汽车工业发展的政策建议 …………………………………… 332

第二十八章 船舶工业 ·· 336

　提　要 ·· 336

　一、2015 年船舶工业的基本情况 ··· 336

　二、当前船舶工业推进供给侧结构性改革面临的主要挑战 ··············· 341

　三、船舶工业推进供给侧结构性改革的对策与建议 ························· 343

第二十九章 电子信息产业 ·· 347

　提　要 ·· 347

　一、2015 年电子信息产业发展特点 ··· 348

　二、供给侧结构性改革对电子信息产业的要求 ································· 350

　三、电子信息产业推进供给侧改革的工作要点 ································· 354

第三十章 医药工业 ··· 359

　提　要 ·· 359

　一、2015 年医药工业运营状况 ··· 359

　二、医药工业发展面临的结构性问题 ··· 365

　三、医药工业发展展望及对策建议 ·· 367

第三十一章 轻工业 ··· 371

　提　要 ·· 371

　一、产业发展现状 ··· 371

　二、轻工业推进结构性改革情况 ··· 373

　三、存在的主要问题及形成原因 ··· 374

　四、轻工业供给侧结构优化升级的建议 ··· 376

第三十二章 纺织工业 ··· 380

　提　要 ·· 380

　一、纺织工业发展的总体状况 ··· 380

　二、纺织工业供给侧改革与结构调整 ··· 384

　三、纺织工业面临的问题与挑战 ··· 386

　四、纺织工业"十三五"发展展望 ·· 388

第三十三章 家电工业 ··· 392

　提　要 ·· 392

　一、家电工业运行及特征 ·· 392

　二、家电工业供给侧结构性改革问题 ··· 397

　三、未来中国家电工业发展趋势与政策建议 ···································· 398

区 域 篇

第三十四章　供给侧改革的区域差异化推进 ……………………………… 405

　　提　要 ……………………………………………………………………… 405

　　一、中国工业增长的区域特点 …………………………………………… 405

　　二、供给侧改革面临的区域问题 ………………………………………… 409

　　三、区域差异化推进的思路和措施 ……………………………………… 414

第三十五章　沿海自由贸易试验区的进展与前瞻 …………………………… 417

　　提　要 ……………………………………………………………………… 417

　　一、我国沿海四大自贸试验区的基本特点 ……………………………… 418

　　二、我国沿海自贸试验区的实践经验 …………………………………… 420

　　三、未来发展展望 ………………………………………………………… 422

第三十六章　东北老工业基地的困境与全面振兴的思路 …………………… 426

　　提　要 ……………………………………………………………………… 426

　　一、东北老工业基地发展面临多方面的困境 …………………………… 426

　　二、美国制造业带从繁荣走向衰落 ……………………………………… 431

　　三、全面振兴东北老工业基地急需精准施策 …………………………… 433

第三十七章　内陆开放型经济体制的构建 …………………………………… 436

　　提　要 ……………………………………………………………………… 436

　　一、内陆对外开放的机遇和必要性 ……………………………………… 436

　　二、内陆开放经济存在的问题 …………………………………………… 437

　　三、内陆开放型经济体制的特点 ………………………………………… 439

　　四、建设开放型体制 ……………………………………………………… 439

　　五、加速内陆开放的政策措施 …………………………………………… 440

第三十八章　京津冀产业协同发展 …………………………………………… 445

　　提　要 ……………………………………………………………………… 445

　　一、京津冀产业协同发展现状 …………………………………………… 445

　　二、协同发展中存在的问题 ……………………………………………… 449

　　三、推进京津冀产业协同发展的政策建议 ……………………………… 451

第三十九章　长江经济带产业梯度转移承接与合作 ………………………… 454

　　提　要 ……………………………………………………………………… 454

　　一、长江经济带概况 ……………………………………………………… 454

　　二、研究数据与研究方法 ………………………………………………… 457

　　三、研究结果 ……………………………………………………………… 459

　　四、长江经济带产业转移承接合作战略构想 …………………………… 464

企 业 篇

第四十章 国资国企改革进展与任务 ································· 471

　　提　要 ··· 471

　　一、国资国企改革的新进展 ································· 471

　　二、对当前国资国企改革形势的判断 ····················· 474

　　三、加快推进国资国企改革的各项重点任务 ··············· 477

　　四、政策建议 ··· 478

第四十一章 两化融合与企业管理创新 ······················· 482

　　提　要 ··· 482

　　一、基于两化融合的企业管理创新成果 ··················· 482

　　二、中国企业管理创新的困境 ····························· 488

　　三、两化融合下企业管理创新的重点和趋势 ··············· 489

第四十二章 企业技术创新 ································· 494

　　提　要 ··· 494

　　一、中国工业企业技术创新的现状 ······················· 494

　　二、当前企业技术创新中存在的主要问题 ················· 500

　　三、提升企业技术创新能力的建议 ······················· 503

第四十三章 民营企业发展与变革 ··························· 506

　　提　要 ··· 506

　　一、在改革与发展中前行的民营企业 ····················· 506

　　二、当前民营企业所面临的关键问题、机遇与挑战 ········· 509

　　三、民营企业未来发展的展望与建议 ····················· 513

第四十四章 中小企业发展与政策 ··························· 516

　　提　要 ··· 516

　　一、当前我国中小企业发展的总体状况 ··················· 516

　　二、当前我国促进中小企业发展的主要政策措施 ··········· 519

　　三、我国中小企业政策仍然存在的不足 ··················· 520

　　四、进一步促进我国中小企业发展的思路与措施 ··········· 522

第四十五章 上市公司 ····································· 526

　　提　要 ··· 526

　　一、2015 年上市公司发展成效 ··························· 526

　　二、当前上市公司发展主要问题 ························· 531

　　三、"十三五"促进上市公司发展的政策建议 ············· 534

第四十六章　供给侧改革与企业"走出去" ……………………………………… 537

　　提　要 ……………………………………………………………………… 537

　　一、中国企业"走出去"最近进展 ………………………………………… 537

　　二、中国企业"走出去"面临新环境 ……………………………………… 539

　　三、企业"走出去"为供给侧改革创造战略空间 ………………………… 542

　　四、当前环境下鼓励企业"走出去"的政策建议 ………………………… 543

第四十七章　企业社会责任 ………………………………………………… 546

　　提　要 ……………………………………………………………………… 546

　　一、2015 年中国企业社会责任发展取得的新进展 ……………………… 546

　　二、中国企业社会责任发展存在的问题 …………………………………… 550

　　三、新形势下推动中国企业社会责任健康发展的对策建议 …………… 552

附录 1　统计资料分析 ……………………………………………………… 557

　　一、全国工业主要发展指标 ………………………………………………… 557

　　二、各地区工业发展主要指标 ……………………………………………… 561

附录 2　中国工业大事记 …………………………………………………… 567

　　一、2015 年中国工业大事记 ……………………………………………… 567

　　二、2015 年中国工业 10 件大事 ………………………………………… 587

2016 China's Industrial Development Report

　　—Industrial Supply-side Structural Reforms ………………………… 589

后　记 ………………………………………………………………………… 609

专　栏

　　专栏 1-1　全球价值链的创新趋势 ………………………………………… 35

　　专栏 2-1　工业供给侧结构性改革要做到"四个转变" …………………… 45

　　专栏 3-1　三星电子制造服务化 …………………………………………… 57

　　专栏 4-1　中央财政积极支持钢铁、煤炭行业"去产能"工作 ………… 66

　　专栏 5-1　日本、美国处置"僵尸企业"的混合政策框架 ……………… 77

　　专栏 6-1　主要国家能源绿色转型目标 …………………………………… 89

　　专栏 7-1　海尔：分享经济的探路者 ……………………………………… 97

　　专栏 8-1　国联汽车动力：建设国家动力电池创新中心 ………………… 106

　　专栏 9-1　银行资金"脱实向虚" ………………………………………… 116

　　专栏 10-1　中山制造业普工依赖程度降低 ……………………………… 134

　　专栏 11-1　福建省莆田市工业用地配置改革 …………………………… 143

　　专栏 11-2　上海市工业用地的变迁 ……………………………………… 144

　　专栏 12-1　PPP：工业污染治理的新模式 ……………………………… 155

　　专栏 13-1　优化科技资源配置　实施创新驱动发展战略 ……………… 165

专栏 14-1　林毅夫与张维迎的产业政策之争 ……………………………… 178

专栏 16-1　工业互联网的构成及其对基础设施的要求 …………………… 202

专栏 17-1　昔"一铜独大"，今多业并举 …………………………………… 213

专栏 19-1　二十国集团杭州峰会的贸易和投资议题 ……………………… 238

专栏 20-1　"工匠精神"的有关概述 ………………………………………… 250

专栏 21-1　分布式光伏发展模式：居民光伏发电 ………………………… 262

专栏 22-1　贯彻国务院精神，山西煤炭如何去产能 ……………………… 275

专栏 22-2　对标美国煤炭生产　工效、安全有差距 ……………………… 277

专栏 23-1　国外钢铁工业去产能的主要做法 ……………………………… 286

专栏 24-1　做好"加减法"，推进有色金属工业供给侧结构性改革 …… 298

专栏 25-1　环保问题是煤化工发展的关键 ………………………………… 311

专栏 26-1　中国工程机械行业的调整和价值链重构 ……………………… 322

专栏 27-1　新能源汽车在压力中疾驰 ……………………………………… 334

专栏 28-1　抓准船舶工业供给侧结构性改革的关键点 …………………… 345

专栏 29-1　虚拟现实技术将催生一个崭新的产业 ………………………… 355

专栏 29-2　历史性机遇，得数据者得未来 ………………………………… 357

专栏 30-1　2015 年影响医药行业发展的十大事件 ……………………… 369

专栏 31-1　轻工外贸企业的转型升级 ……………………………………… 378

专栏 32-1　纺织品销售的网红模式 ………………………………………… 390

专栏 33-1　互联网电视业务品牌——企鹅电视 …………………………… 401

专栏 34-1　西部地区贵州省集中连片贫困扶贫经验 ……………………… 415

专栏 35-1　四个自贸试验区总体方案实施率超过 90% …………………… 425

专栏 36-1　"铁锈城市"的成功转型之路 ………………………………… 435

专栏 37-1　商务部部长高虎城就扩大自贸试验区试点范围答记者问 …… 442

专栏 37-2　"八纵八横"时代，内陆哪些城市交通枢纽地位得到提升，哪些下降？ … 443

专栏 38-1　百企外迁的启示——京津冀产业协同的北京实践 …………… 452

专栏 39-1　长江经济带发展纲要发布 ……………………………………… 465

专栏 39-2　长江经济带沿线省份工业布局现状 …………………………… 466

专栏 39-3　长江经济带创新驱动产业转型升级方案 ……………………… 467

专栏 40-1　新兴际华集团市场化选聘经理层的改革 ……………………… 480

专栏 40-2　对中粮集团的授权改革及中粮集团自身的重组改组 ………… 480

专栏 41-1　娃哈哈：以"智慧工厂"为核心的饮料行业设备管理 ……… 491

专栏 41-2　张瑞敏：将在 GE 家电推行"人单合一" …………………… 492

专栏 42-1　"十三五"科技创新的发展目标 ……………………………… 504

专栏 43-1　创新驱动下的民营企业 ………………………………………… 514

专栏 44-1　美国科学院发布小企业技术转移计划评估报告 ……………… 524

专栏 45-1　地方国资资产证券化提速 ……………………………………… 536

专栏 46-1　中国财团 33 亿美元收购飞利浦照明遭美国 CFIUS 安全审查搁浅 … 545

专栏 47-1　2015 年中国企业社会责任十大事件 ………………………… 555

附　表

表 1-1　生产者和采购者驱动的全球价值链比较 …………………………… 27

表 1-2　如何识别全球价值链中的治理者 ……………………………… 28

表 1-3　上海企业的全球价值链嵌入地位状况 ……………………… 29

表 2-1　2007 年以来世界及主要经济体经济增长速度及预测 ……… 40

表 2-2　2012 年各制造业行业增加值前三位的国家 ………………… 41

表 3-1　服务在制造业中的角色演变 …………………………………… 48

表 3-2　世界主要国家制造业产出服务化水平 ……………………… 50

表 3-3　世界主要国家的制造业投入服务化水平 …………………… 51

表 3-4　各地区制造业投入服务化水平 ……………………………… 52

表 4-1　近年来我国出台化解过剩产能的主要政策 ………………… 62

表 5-1　各省、区、市处置"僵尸企业"进展 ……………………… 73

表 6-1　中国部分工业行业淘汰落后产能情况 ……………………… 80

表 6-2　"十二五"时期与工业节能减排直接相关的法律（修订） … 83

表 7-1　国内主要分享经济领域 ……………………………………… 93

表 9-1　2013~2016 年制造业固定资产投资增速 …………………… 110

表 10-1　2009~2014 年装备制造业、高技术制造业从业人员人数占制造业比重 ……… 127

表 10-2　2014 年各行业城镇就业人员年龄构成 …………………… 129

表 11-1　2015 年第四季度末全国 105 个主要监测城市土地价格 … 137

表 11-2　全国土地利用状况 ………………………………………… 138

表 11-3　2015 年批准建设用地数量及结构 ………………………… 138

表 12-1　"十二五"时期环境污染治理情况 ……………………… 147

表 12-2　近年来各地区节能减排情况 ……………………………… 148

表 12-3　"十二五"时期工业污染治理相关法律法规 …………… 149

表 12-4　"十三五"时期工业污染重点治理领域 ………………… 153

表 13-1　2015 年全员劳动生产率最高和最低的十个行业 ………… 158

表 13-2　2015 年资本产出比最高和最低的十个行业 ……………… 160

表 13-3　各要素增加值增长贡献率 ………………………………… 160

附表 13-1　主要统计数据 …………………………………………… 166

表 14-1　中国历年来主要竞争政策汇总 …………………………… 173

表 14-2　2014 年以来我国出台的针对各类战略性新兴产业的鼓励和支持政策 ……… 175

表 15-1　中国工业企业成本结构的总体变化 ……………………… 180

表 15-2　主营业务成本收入比、毛利率及生产者采购价格指数的变化 … 183

表 15-3　与房地产使用相关的税种及其变化 ……………………… 183

表 15-4　企业缴纳的三项主体税金及其占比的变化 ……………… 184

表 15-5　利息支出、财务费用及其占比的变化 …………………… 185

表 15-6　贷款规模与企业收入、利润的变化比较 ………………… 186

表 15-7　规模以上工业企业新创造价值的分配情况 ……………… 186

表 15-8　就业人口、农民收入及就业结构变化情况 ……………… 188

表 15-9　基于个人净收入、企业利润、资本利得的税收占总税收的比例 … 190

表 15-10　各国总税收占商业利润的比值 ………………………… 191

表 15-11　部分经营业务实现成本比较 ……………………………… 192

表 16-1　中国交通基础设施状况（2003~2015 年） ……………… 196

表 16-2　中国电力基础设施状况（2005~2015 年） ……………… 197

表 16-3　中国信息通信基础设施状况（2005~2015 年）……………………………… 198

表 16-4　中国交通运输基础设施状况与美国、德国、日本的比较 ………………… 199

表 16-5　中国电力基础设施及其服务效率与美国、德国、日本的比较 …………… 200

表 16-6　中国信息通信基础设施状况与美国、德国、日本的比较 ………………… 200

表 17-1　2015 年我国主要矿产品产量情况 ………………………………………… 206

表 17-2　2015 年国内主要资源产品价格变化情况 ………………………………… 206

表 18-1　2006~2014 年中国对"一带一路"沿线直接投资各板块占比 …………… 218

表 18-2　2006 年和 2014 年中国对"一带一路"沿线直接投资占比前 12 位的国家 … 219

表 18-3　中国对"一带一路"沿线直接投资重点项目分类 ………………………… 222

表 19-1　2015 年货物进出口总额及其增长速度 …………………………………… 228

表 19-2　2015 年主要国家和地区货物进出口额及其增长速度 …………………… 228

表 19-3　2015 年外商直接投资（不含银行、证券、保险）及其增长速度 ………… 230

表 19-4　2015 年对外直接投资额（不含银行、证券、保险）及其增长速度 ……… 233

表 22-1　2015 年世界主要煤炭市场现货价格 ……………………………………… 265

表 22-2　煤炭消费需求 ……………………………………………………………… 266

表 22-3　高耗能源产品产量 ………………………………………………………… 266

表 22-4　2014~2015 年煤炭供给能力 ……………………………………………… 266

表 22-5　2011~2015 年煤炭企业亏损情况 ………………………………………… 267

表 22-6　2015 年煤炭行业淘汰落后产能目标 ……………………………………… 268

表 22-7　全国各省份合规煤矿数量及产能情况 …………………………………… 268

表 22-8　全国煤矿产能规模结构 …………………………………………………… 270

表 22-9　不同所有制煤矿产能及平均单井规模 …………………………………… 270

表 22-10　2015 年分省（区）煤矿产能及超产情况 ………………………………… 270

表 22-11　2015 年煤炭工业相关政策一览 ………………………………………… 271

表 22-12　煤炭库存变化情况 ……………………………………………………… 273

表 23-1　"十二五"时期我国钢铁工业三大主导产品产量的变化趋势 …………… 280

表 23-2　"十二五"时期我国重点大中型钢铁企业总产值和销售收入的变化趋势 ……… 280

表 23-3　"十二五"时期我国重点钢铁企业效益状况 ……………………………… 281

表 23-4　"十二五"时期重点钢铁企业节能减排情况 ……………………………… 281

表 23-5　"十二五"时期我国钢铁出口及其占世界市场份额状况 ………………… 282

表 24-1　有色金属工业主要产品产量 ……………………………………………… 289

表 24-2　有色金属工业投资增长 …………………………………………………… 290

表 24-3　有色金属工业规模以上企业亏损情况 …………………………………… 293

表 25-1　2011~2015 年主要石化产品产能利用率 ………………………………… 304

表 26-1　2011~2016 年机械工业分行业规模以上工业企业主营业务收入增速 …… 314

表 27-1　2015 年汽车工业规模以上企业完成固定资产投资情况 ………………… 327

表 27-2　2015 年我国新能源汽车政策汇总 ………………………………………… 331

表 28-1　2015 年世界三大造船指标比较 …………………………………………… 338

表 28-2　我国 2011~2015 年三大造船指标比较 …………………………………… 338

表 30-1　2015 年医药工业主营业务收入完成情况 ………………………………… 361

表 30-2　2015 年批准上市和批准临床的各类药物情况 …………………………… 362

表 30-3　2015 年医药工业利润总额和利润率完成情况 …………………………… 363

表 31-1　"十二五"期间轻工业规模以上企业主营业务收入增长 …………………… 372

表 31-2　"十二五"期间主要轻工产品产量增幅 ……………………………………… 372

表 31-3　"十二五"期间轻工业规模以上企业利润总额增长 ……………………… 372

表 31-4　"十二五"期间轻工业出口额增长 …………………………………………… 372

表 32-1　2010~2015 年规模以上纺织工业增加值增长率 ………………………… 381

表 32-2　2010~2015 年纺织工业规模以上企业主要产品产量 …………………… 382

表 32-3　2009~2015 年纺织工业固定资产投资完成额情况 ……………………… 382

表 32-4　2009~2015 年纺织品、服装出口额 ………………………………………… 383

表 32-5　2011~2015 年纺织行业全行业经济效益 ………………………………… 383

表 32-6　2012~2015 年全国非家用纺织制成品制造企业经济指标 ……………… 384

表 32-7　2011~2015 年 1~11 月我国规模以上企业非织造布的产量 …………… 385

表 33-1　2013~2015 年家电行业财务绩效 …………………………………………… 393

表 33-2　主要家电企业互联网转型特点及主要内容 ……………………………… 394

表 34-1　四大板块经济、工业增速与产业结构 ……………………………………… 406

表 34-2　2015 年各省区经济指标及 2016 年第 1 季度工业增速指标 …………… 407

表 34-3　2015 年各地区主要工业产品区位商 ……………………………………… 410

表 36-1　2014 年企业法人单位变动情况 ……………………………………………… 429

表 36-2　2015 年东北三省对外经济基本情况 ……………………………………… 430

表 36-3　东北三省涉嫌腐败干部查处案件 …………………………………………… 431

表 37-1　内陆地区进出口等指标占全国百分比 ……………………………………… 438

表 38-1　京津冀地区合作共建园区表 ………………………………………………… 447

表 38-2　北京部分迁出企业信息 ……………………………………………………… 448

表 39-1　反映承接产业转移能力的指标体系 ………………………………………… 458

表 39-2　长江中上游地区与长三角主要工业产业梯度系数（2014 年） ………… 459

表 39-3　长江中上游地区与长三角主要工业产业梯度系数等级（2014 年） …… 460

表 39-4　长江中上游地区与长三角产业承接能力指数（2014 年） ……………… 462

表 40-1　"十二五"时期各年度全国国有及国有控股企业经济运行情况 ………… 474

表 41-1　企业战略管理创新典型案例 ………………………………………………… 483

表 42-1　2000~2014 年规模以上工业企业技术获取情况 ………………………… 498

表 42-2　中国企业研发投入规模情况 ………………………………………………… 500

表 42-3　我国研发经费支出的结构情况 ……………………………………………… 501

表 42-4　"十三五"科技创新主要指标 ………………………………………………… 505

表 43-1　2016 年中国民营企业 500 强 ……………………………………………… 507

表 45-1　深市各板块公司重大资产重组情况 ………………………………………… 529

附　图

图总-1　供给侧结构性改革的概念逻辑与分析框架 …………………………………… 3

图总-2　改革开放以来全部工业增加值同比增速变化（1978~2015 年） …………… 6

图总-3　2011~2016 年 7 月以来工业品出厂价格指数变化 ………………………… 7

图总-4　2015 年以来 PPI 和产成品库存增速 ………………………………………… 7

图总-5　2011~2016 年 7 月工业企业利润变化 ……………………………………… 8

图总-6　2015 年以来工业出口交货值同比和累计增速 ……………………………… 8

图总-7　2015 年以来粗钢月度产量及同比增速 …………………………………… 9

图总-8　2015 年以来三大门类规模以上工业增加值累计增速 ……………………… 10

图总-9　2015 年以来四大区域规模以上工业增加值同比增速 ……………………… 11

图 1-1　2001~2014 年主要工业国家工业增加值 …………………………………… 24

图 1-2　2001~2014 年主要工业国家工业增加值全球占比 ………………………… 25

图 1-3　1997~2014 年主要工业国家工业增加值占本国 GDP 比重 ……………… 26

图 1-4　1978~2013 年我国第二产业和第三产业在国民经济中的比重 …………… 26

图 2-1　2007 年以来中国工业增加值同比增速 …………………………………… 39

图 3-1　主要国家和地区制造业服务情况 ………………………………………… 51

图 3-2　中国制造业上市公司开展服务业务的种类 ……………………………… 53

图 3-3　中国制造企业的服务收入和利润贡献率 ………………………………… 54

图 3-4　受访装备制造企业服务创新的伙伴 ……………………………………… 54

图 5-1　部分行业生产者出厂价格指数（上一个月为 100） …………………… 69

图 6-1　"十二五"时期中国主要再生资源回收利用情况 ……………………… 81

图 6-2　"十二五"时期光伏装机变动 …………………………………………… 82

图 6-3　主要国家单位工业增加值金属资源消耗 ………………………………… 84

图 6-4　2012~2014 年主要国家清洁能源技术授权专利数 ……………………… 85

图 8-1　国家动力电池创新中心定位 ……………………………………………… 107

图 9-1　2014 年 7 月~2016 年 6 月工业民间固定资产投资月度累计增速 ……… 109

图 9-2　2013~2016 年工业投资占全社会固定资产投资比重 …………………… 110

图 9-3　2006~2015 年规模以上工业企业利润增速与工业投资增速 …………… 113

图 10-1　2013~2015 年工业增加值增长率 ……………………………………… 119

图 10-2　2013~2015 年工业利润增长率 ………………………………………… 119

图 10-3　2008~2015 年制造业采购经理指数之从业人员分项指数 …………… 120

图 10-4　2001~2015 年制造业劳动需求人数 …………………………………… 120

图 10-5　全国工业从业人员年末人数及同比增减百分比 ……………………… 120

图 10-6　2008~2014 年城镇、非城镇单位工业从业人员年末人数 …………… 121

图 10-7　2000~2014 年工业城镇单位就业人员年末人数 ……………………… 121

图 10-8　2000~2014 年工业各行业城镇单位从业人员年末人数 ……………… 122

图 10-9　2014 年制造业各行业城镇单位从业人员同比增减人数 …………… 123

图 10-10　2013~2014 年制造业规模以上企业从业人员同比增减人数 ……… 123

图 10-11　2013~2014 年制造业从业人员人数增长率和销售产值增长率的关系 … 124

图 10-12　2013~2014 年各行业城镇单位从业人员年末人数占工业比重 …… 125

图 10-13　2013~2014 年各行业规模以上企业从业人员占工业比重 ………… 125

图 10-14　2005 年、2010 年、2014 年制造业城镇单位从业人员受教育水平构成 … 126

图 10-15　2005 年、2010 年、2014 年制造业城镇单位从业人员年龄构成 …… 126

图 10-16　2009~2014 年各行业占制造业从业人员增减人数比重 …………… 128

图 10-17　2000~2015 年工业城镇非私营单位平均工资及同比增长率 ……… 129

图 10-18　2001~2015 年各技能等级人员求人倍率 …………………………… 130

图 10-19　2001~2015 年各技术等级人员求人倍率 …………………………… 131

图 10-20　2008~2015 年制造业农民工人数及其占全部产业比重 …………… 131

图 10-21　2009~2015 年制造业农民工月收入及同比增减百分比 …………… 132

图 12-1 我国环境污染治理投资变化趋势 ……………………………………………… 147

图 12-2 近年来我国工业污水排放情况 …………………………………………………… 148

图 12-3 我国工业危废处置情况 …………………………………………………………… 151

图 13-1 按可比价计算的全员劳动生产率 ……………………………………………… 158

图 13-2 按可比价计算的资本产出比 …………………………………………………… 159

图 14-1 战略性新兴产业的发展历程 …………………………………………………… 174

图 15-1 制造业城镇单位工资增长率和第二产业增加值增长率比较 ………………… 181

图 15-2 社会保险支出和企业主营业务收入的比较 …………………………………… 182

图 16-1 中国主要基础设施建设投资额（2003~2014 年） ……………………………… 195

图 17-1 2011~2015 年我国一次能源产量与消费量变化情况 ………………………… 205

图 17-2 近两年来主要资源性产品价格变化 …………………………………………… 207

图 17-3 2011~2015 年我国资源行业利润总额 ………………………………………… 207

图 17-4 2011~2015 年煤炭业营收情况 ………………………………………………… 208

图 17-5 2011~2015 年煤炭业实现利润情况 …………………………………………… 208

图 18-1 2006~2014 年中国对“一带一路”各板块对外直接投资流量（左）和存量（右）…… 219

图 19-1 2011~2015 年我国货物贸易进出口情况 ……………………………………… 227

图 19-2 1991~2015 年中国 GDP 与进出口总额增速变化 ……………………………… 227

图 19-3 1979~2010 年外商直接投资产业构成的变化 ………………………………… 230

图 19-4 1980~2015 年实际使用外资额占当年全社会固定资产投资的比重 ………… 231

图 19-5 1990~2015 年中国对外直接投资（非金融类）流量 ………………………… 232

图 19-6 世界经济增长趋势（2007~2018 年） ………………………………………… 234

图 21-1 风电整机制造行业前五家（CR5）市场份额 ………………………………… 254

图 21-2 风机价格变化趋势 ……………………………………………………………… 254

图 21-3 多晶硅、硅片产量产能比 ……………………………………………………… 255

图 21-4 全国风电装机容量 ……………………………………………………………… 256

图 21-5 装机增速、弃风率、利用小时数趋势 ………………………………………… 256

图 21-6 光伏累计装机、平均利用小时数趋势 ………………………………………… 256

图 21-7 火电发电量及增速 ……………………………………………………………… 257

图 21-8 火电装机容量及设备利用小时数 ……………………………………………… 257

图 21-9 电力工业投资（2010~2015 年 11 月） ………………………………………… 258

图 21-10 电网线路投资情况 ……………………………………………………………… 258

图 21-11 风能装机比重发电量比重 ……………………………………………………… 260

图 21-12 光伏装机比重发电量比重 ……………………………………………………… 260

图 22-1 2003~2015 年火电供电煤耗及煤炭消费总量 ………………………………… 266

图 22-2 煤炭行业固定投资完成额及同比增速 ………………………………………… 267

图 22-3 煤炭行业应收账款和资产负债率 ……………………………………………… 269

图 22-4 2009~2015 年坑口煤炭成本 …………………………………………………… 274

图 24-1 有色金属工业月度同比增长 …………………………………………………… 289

图 24-2 有色金属主要产品单位能耗变化 ……………………………………………… 291

图 24-3 有色金属工业生产者出厂价格指数变动状况 ………………………………… 293

图 24-4 有色金属工业总资产利润率与一年期以上贷款利率的比较 ………………… 295

图 25-1 1990~2015 年我国石油产量、消费量与进口依存度 ………………………… 301

图 25-2 2010~2015 年全社会和石化行业固定资产投资 ……………………… 301

图 25-3 2011~2015 年石化行业主营业务收入与利润总额 ………………… 302

图 25-4 2011~2015 年主要石化产品进出口数量增长速度 ………………… 303

图 25-5 2011~2015 年石化行业总成本占销售收入的比重 ………………… 305

图 25-6 2011~2015 年石化行业主要成本变化 ……………………………… 306

图 26-1 2013~2015 年机械工业各项规模指标增长情况 …………………… 313

图 26-2 2014~2015 年机械工业各分行业主营业务收入利润率 …………… 314

图 26-3 2015 年 1~10 月机械工业各三位数分行业主营业务收入增长率 … 315

图 26-4 2011~2015 年机械工业出口交货值占主营业务收入比重 ………… 316

图 26-5 2011~2016 年 1~5 月全社会固定资产投资及设备工具购置费增速 … 316

图 26-6 机械工业重点联系企业累计订货额同比增速 ……………………… 318

图 26-7 2015~2016 年 1~5 月主要机械行业产成品资金占用同比增速 …… 319

图 26-8 2015 年 1~10 月三位数机械行业资产负债率 ……………………… 319

图 26-9 2015~2016 年 1~5 月主要机械行业累计主营业务成本占主营业务收入的比重 …… 320

图 27-1 2008~2014 年中国汽车工业增加值 ………………………………… 325

图 27-2 2015 年至今中国汽车工业月度产品销售收入 …………………… 325

图 27-3 2015 年至今中国汽车工业月度利润总额 ………………………… 326

图 27-4 2014 年至今季度沪深汽车企业净利润增长率 …………………… 326

图 27-5 2008~2015 年汽车企业研发支出 …………………………………… 328

图 27-6 2015 年至今新能源汽车累计产销率 ……………………………… 328

图 28-1 2011~2015 年我国船舶工业三大指标变化情况 …………………… 337

图 28-2 我国船舶工业出口三大指标变化情况 …………………………… 339

图 29-1 2010~2015 年我国电子信息产业增长情况 ………………………… 348

图 29-2 2015 年电子信息制造业与全国工业增加值累计增速对比 ……… 348

图 29-3 2010~2015 年我国软件产业占电子信息产业比重变化 ………… 349

图 30-1 2010~2015 年医药工业增加值增速及在全国工业占比 ………… 360

图 30-2 2010~2015 年医药工业主营业务收入及增长趋势 ……………… 361

图 30-3 2015 年注册申请接收情况与前三年比较 ………………………… 362

图 30-4 2010~2015 年医药工业利润增长趋势 …………………………… 363

图 30-5 2010~2015 年医药工业出口交货值增长趋势 …………………… 364

图 32-1 我国纺织行业与工业增加值增速对比趋势 ……………………… 381

图 32-2 我国纺织行业历年景气指数情况 ………………………………… 386

图 33-1 主要家电产品产量及增速 ………………………………………… 393

图 33-2 2012 年以来家电行业产销率 ……………………………………… 397

图 34-1 2015 年四大区域主要经济指标占全国份额 ……………………… 406

图 34-2 我国农民工收入变化趋势 ………………………………………… 411

图 34-3 中国贫困状况 ………………………………………………………… 412

图 34-4 国家级贫困县重点生态功能区分布格局 ………………………… 413

图 34-5 国家级贫困县资源环境承载状态评估结果 ……………………… 413

图 36-1 东北地区经济增速变化（2009~2015 年）………………………… 427

图 36-2 东北三省工业增速变化（2009~2015 年）………………………… 428

图 36-3 东北三省 R&D 投入强度的变化趋势 …………………………… 429

图 37-1　各省物流竞争力 ……………………………………………………… 438

图 39-1　长江经济带人口密度与经济密度对全国平均值的倍数对比 ………… 455

图 39-2　1978 年长江经济带产业结构 ………………………………………… 455

图 39-3　2014 年长江经济带产业结构 ………………………………………… 455

图 39-4　长江经济带三次产业产值 …………………………………………… 455

图 39-5　2014 年长江经济带上中下游在全国 GDP 中的比重 ……………… 456

图 39-6　2014 年长江经济带经济发展梯度 ………………………………… 456

图 39-7　2014 年长江经济带 11 省市的产业结构 ………………………… 457

图 41-1　红领集团 C2M 互联网经营模式 …………………………………… 484

图 41-2　创捷产业供应链金融生态圈 ……………………………………… 486

图 41-3　小米公司的组织架构 ……………………………………………… 486

图 41-4　海尔人单合一管理的组织架构（以白色家电为例）…………… 487

图 42-1　2000~2014 年规模以上工业企业 R&D 经费内部支出和增速情况 … 496

图 42-2　2000~2014 年规模以上工业企业 R&D 研发强度 ………………… 496

图 42-3　2014 年规模以上工业企业 R&D 经费内部支出的来源情况 …… 497

图 42-4　2000~2014 年规模以上工业企业 R&D 人员全时当量情况 …… 497

图 42-5　2000~2014 年规模以上工业企业有 R&D 活动企业数和比重情况 … 497

图 42-6　2000~2014 年规模以上工业企业设立研发机构情况 ………… 498

图 42-7　2000~2014 年规模以上工业企业研发机构人员数量 ……………… 498

图 42-8　2000~2014 年规模以上工业企业新产品销售收入和增长情况 …… 499

图 42-9　2000~2014 年规模以上工业企业发明专利申请和增长情况 …… 499

图 44-1　全国市场主体数量变动情况 ……………………………………… 517

图 44-2　小微企业从银行获得贷款的情况 ………………………………… 518

图 45-1　我国境内上市公司总市值变化情况 ……………………………… 527

图 45-2　深交所上市股票数量行业分布情况 ……………………………… 528

图 46-1　中国非金融类对外直接投资增长 ………………………………… 538

图 46-2　对外直接投资与跨国并购方式投资流量增长对比 ……………… 538

图 46-3　世界主要经济体 GDP 季度环比折年率 ………………………… 540

图 46-4　世界货物出口贸易增长率 ………………………………………… 541

图 46-5　中国出口产品增长率 ……………………………………………… 542

总论　中国工业的供给侧结构性改革

提　要

　　供给侧结构性改革，是针对由于供给结构不适应需求结构变化的结构性矛盾而产生的全要素生产率低下问题所进行的结构调整和体制机制改革，可以拆解为"供给侧＋结构性＋改革"，对应"问题—原因—对策"逻辑线路，问题突出表现在"供给侧"，问题的本质和根源是"结构性"矛盾，问题解决的对策是"改革"。从经济结构的视角具体划分为企业、产业和政府三个层面来分析供给侧结构性改革问题，可以实现理论性、系统性和现实指导性的折中。从这个视角入手，本章在归纳 2015 年和 2016 年上半年工业经济运行特征的基础上分析工业供给侧结构性改革的意义，并进一步从企业、产业和区域三个层面，针对处置"僵尸企业"问题，降低制造企业成本问题，深化国有企业改革问题，化解产能过剩问题，推进《中国制造 2025》和"互联网＋"战略，推动"一带一路"对外开放战略和京津冀协同发展、长江经济带、东北老工业基地等区域战略，论述推进供给侧结构性改革的重点任务，提出相应的政策建议。

＊　　　　　＊　　　　　＊

　　"十二五"时期，中国的现代化进程步入到工业化后期阶段，经济从高速增长转向中高速增长的"新常态"特征日趋显著，2015 年规模以上工业增加值增速为 6.1%，是自 1992 年以来两个周期长达 23 年中的最低工业增速。2016 年上半年工业增速呈现缓中趋稳的态势，规模以上工业增加值增速为 6.0%。面对经济下行，更需要主动适应和引领经济"新常态"，而供给侧结构性改革正是中央提出的适应和引领经济"新常态"的战略任务和政策方向。对于中国工业发展而言，"十三五"时期中国工业发展的关键是实质性推进供给侧结构性改革，逐步形成工业强国建设的有效体制机制，加快实现工业增长新旧动力转换，从企业、产业和区域三个层面再造工业发展的"新生态"系统。

一、供给侧结构性改革的概念逻辑与分析框架

　　要全面、科学地分析市场运行，无论是从微观视角分析具体某个市场的运行，还是从宏观视角分析整体市场经济的运行，都需要从供给和需求这对立统一的两个方面入手。因为供给和需求是市场经济内在关系最基本的两个方面，"供给和需求是使市场经济运行的力量。它们决定了每种

物品的产量及其出售价格。如果你想知道，任何一种事件或者政策将如何影响经济，你就应该优先考虑它将如何影响供给和需求"（曼昆，中译本，2012，第69页）。虽然马克思将社会生产总过程划分为生产、分配、交换、消费四个辩证统一的环节来揭示经济运行的本质和规律，但马克思在论述生产和消费的同一性时也指出："在经济学中常常以需求和供给、对象和需要、社会创造的需要和自然需要的关系来说明"（汤正仁，2016）。正因为如此，在市场经济条件下宏观调控经济的基本手段一般也被分为通过调节总供给来实现宏观经济目标的供给管理和通过调节总需求来实现宏观经济目标的需求管理。围绕供给管理和需求管理，众多流派的经济学家已经提供了复杂的经济学知识体系，从短期和长期、总量和结构、财政货币政策和税收政策等各个视角来区分供给管理和需求管理，及其相应的政策体系。但是，现实中一个国家要真正达到宏观经济调控的目标，更重要的是基于基本国情、经济发展阶段、要素条件和面临的关键问题对需求管理政策和供给管理政策进行动态相机选择、综合协同应用。

在经过30多年高速增长、中国经济逐步步入"新常态"的背景下，基于对供给管理手段和需求管理手段的认识和经验，党中央提出了"十三五"期间在适度扩大总需求的前提下深入推进供给侧结构性改革的宏观调控总思路，"供给侧结构性改革"成为主导我国经济改革与发展的一个关键的新概念，供给方或者供给侧问题被放在一个突出的地位。其实，中国作为一个转轨时期的赶超型发展中国家，在重视通过财政政策、货币政策来平抑短期的经济波动的同时，其实经济政策的重心多年来一直是增加供给方面，产业政策被高强度的使用，有关重视供给管理政策、加强产业政策的政策建议甚至可以追溯到30年前（杨沐、黄一义，1986）。只是最近的十多年，随着我国市场经济日趋成熟，尤其是在2009年国际金融危机后，政府通过财政货币政策对需求侧"三驾马车"调控力度和频度增大，对需求管理政策更加倚重（吴敬琏，2016；文建东、宋斌，2016）。在当前的经济发展阶段和经济社会背景下，再次强调供给侧，提出供给侧结构性改革具有重要意义。无论是放在世界经济长周期以及新一轮科技产业革命背景下，还是置于我国经济发展逐步进入"新常态"的环境下；无论基于马克思主义政治经济学社会再生产理论指导，还是根据西方经济学供应学派、制度经济学及新增长理论的启示；无论是从当前我国经济运行的基本矛盾主要表现在供给侧看，还是从当前经济下行的主要原因是结构性而非周期性看；无论是从解放和发展生产力需要看，还是从提高全要素生产率的要求看，供给侧结构性改革都有其不可争议的重大意义、必然性和迫切性。当然，强调供给侧、认识到供给侧结构性改革的意义的同时，总需求管理的价值也不能忽视，二者需要协同配合。尤其是由于供给侧结构性改革不能逆转期调节，不满足宏观调控手段所要求的可测量性、可控性和对目标的可预期的影响，因而供给侧结构性改革不是常态化的宏观调控的主要手段（陈小亮、陈彦斌，2016）。

虽然大家认同在当前经济"新常态"的背景下，推进供给侧结构性改革的重大意义。但是，有关供给侧结构性改革的概念、内涵和政策含义的认识并不统一，理论界还存在不同的解读，而混乱的解读不仅会直接影响到供给侧结构性改革的有效推进、党的十八届三中全会和"十三五"规划的全面落实，还会延误运营必要宏观经济政策工具克服通缩、稳定经济增长的战机（余永定，2016）。当前关于理论界对供给侧结构性改革的混乱解读有两个倾向：一是"箩筐"倾向，无论什么样的政策工具或者改革措施，都一揽子归为供给侧结构性改革，甚至一些刺激需求总量的一些短期政策也被归结到"供给侧结构性改革"中；一是"帽子"倾向，仅仅将自己认可的某方面政策工具或者改革措施戴上供给侧结构性改革的"帽子"，并标榜只有这才是供给侧结构性改革的核心，而不能全面联系地理解供给侧结构性改革，例如，认为供给侧就是生产制造环节，或者认为供给侧结构性改革的政策核心是去产能、去库存，或者只片面地强调供给，而不能辩证地看到需求和供给的依存关系，等等（张鹏，2016）。从严格的概念界定上看，供给侧结构性改革虽然突出了供给侧的问题，还不完全等同于供给管理，要理解供给侧结构性改革还有两个问题需澄清：一是关于"供给侧"。一些经济学家提出经济学中几乎很少用"供给侧"这个提法，"Supply -side

Economics"直接翻译为供给学派经济学，或者供给学派，有考证只有日本经济学家青木昌彦曾用过"供给侧"（吴敬琏，2016）。但是，"供给侧"这个用法是恰如其分的，因为供给侧结构性改革针对供给方采取的政策措施不同于西方的"供给学派"，用"供给侧"既突出了我们存在的问题关键在供给方，又区别于西方供给学派。二是关于"结构性改革"。西方经济学家往往把"结构改革"（Structural Reform）理解为针对无法用宏观经济政策解决的、政府制度构架和监管构架问题而进行的改革，大致对应我国的体制改革，结构问题一般都是长期问题，结构改革会更多地影响到供给要素，内容包括建立和完善更有利于创新的资本市场机制、发展更为富有竞争性和灵活性的产品和劳动市场、通过培训提高工人素质、降低市场准入门槛、简化行政审批制度、鼓励创新和企业家精神，因此结构改革本身就是与供给面联系在一起的（余永定，2016）。但是，供给侧结构性改革中的"结构性改革"与西方的"结构改革"含义接近但又有所不同，否则也就没有必要再增加一个"供给侧"来重复。这里"结构性改革"既包括"结构改革"的内涵，还包括产业比例结构、行业比例结构、区域结构等各种比例关系的调整等，即经济结构调整的含义。而使用"供给侧"这个前缀旨在强调经济结构中供给结构是主要矛盾所在。因此，"结构性改革"应包括供给结构调整和结构改革两方面任务（刘霞辉，2016），"结构性改革"更适合"结构调整+体制改革"的内涵。

面对关于供给侧结构性改革的不同解读，更需要准确把握中央提出供给侧结构性改革的本意。习近平总书记（2016）指出："供给侧结构性改革，重点是解放和发展生产力，用改革的办法推进结构调整，减少无效和低端供给，扩大有效和中高端供给，增强供给结构对需求结构的适应性和灵活性，提高全要素生产率。"这个最权威的说明具有鲜明的问题导向，给出了供给侧结构性改革的"问题—原因—对策"典型的"三段论"逻辑线路：中国当前经济面临的主要问题集中表现为供给侧的有效和高度供给不足、无效和低端供给过剩导致的全要素生产率低下，这个问题的本质在于供给结构不能适应需求结构变化的结构性矛盾，而产生这个矛盾的根源是体制机制问题束缚了生产力，因此，相应的对策是用体制机制改革的方法调整结构、化解结构性矛盾，最终实现解放和发展生产力、提高全要素生产率的经济发展目标。也就是说，供给侧结构性改革，是针对由于供给结构不适应需求结构变化的结构性矛盾而产生的全要素生产率低下问题所进行的结构调整和体制机制改革。根据《人民日报》发表的"权威人士"对"供给侧结构性改革"解读（龚雯等，2016），供给侧结构性改革可以拆解为"供给侧+结构性+改革"，对应上面的"问题—原因—对策"逻辑线路，问题突出表现在"供给侧"，问题的本质和根源是"结构性"矛盾，问题解决的对策是"改革"。这具体可以通过以下概念逻辑和分析框架图来描述（见图总-1）。

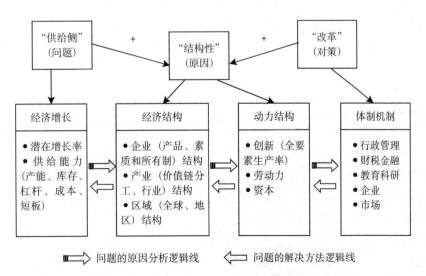

图总-1　供给侧结构性改革的概念逻辑与分析框架

如图总-1所示，在"供给侧+结构性+改革"的解读框架下，从问题导向出发可以通过由左至右和由右至左两个逻辑线来解读供给侧结构性改革：一是问题的原因分析逻辑，二是问题的解决方法逻辑，前者回答我们为什么要推进供给侧结构性改革，而后者则回答了如何推进供给侧结构性改革。

供给侧结构性改革是针对中国经济从高速增长转向中高速增长的"新常态"背景下提出的。2015年的经济形势被概括为"经济增速下降、工业品价格下降、企业利润下降、财政收入下降和经济运行的风险概率上升"的"四降一升"，经济运行由于增速带来的压力无疑是前所未有的。面对中国经济的减速，无论是从中国的人口红利视角，还是从经济结构转换的视角，或是从中国的工业化进入后期阶段看，中国经济减速在更大程度上归结于潜在经济增长率下降，而针对潜在增长率的下降，应该更多地从供给侧角度分析问题、把握政策着力点。"虽然在任何发展阶段、任何时期，对宏观经济的需求侧扰动难免发生，但把经济发展'新常态'与短期冲击因素区别开，主要从供给侧而不是需求侧认识中国经济减速，是从方法论层面要牢牢把握的关键"（蔡昉，2016）。也就是说，我国当前经济运行面临的"四降一升"问题需要更多地从供给侧分析并给出政策建议，主要是通过对生产要素投入的管理来优化要素配置和调整生产结构，从长期解决经济增长的动力，从而提高经济潜在增长率。当前经济运行主要表现出的问题是低端和无效产能过剩、房地产行业库存大幅增加、非金融企业负债和成本不断提高、基础设施和高端供给还存在"短板"等方面，这主要是供给结构不能适应需求结构变化的表现。

供给结构的问题具体表现在企业、产业和区域三个层面，在企业层面的突出表现有：企业素质结构不合理，存在大量的"僵尸企业"，优质企业数量不够，造成生产要素不能集中配置到高效企业，无法实现资源有效配置；企业所有制结构还不合理，国有企业改革和战略性调整还任重道远，企业公平竞争的发展环境还有待建立、完善；企业产品结构还无法适应消费结构变化，高品质、个性化、高复杂性、高附加值产品的生产能力不足，相对于其提供的产品和服务价值而言企业生产成本还比较高。在产业层面的突出表现有：国际产业链分工地位有待提升，产业亟待从低附加值环节向高附加值环节转型升级；行业结构高级化程度不够，产业中以重化工主导的资源型产业、资金密集型产业占比过大，产能过剩问题突出，而新一代信息技术、高端装备、新材料、生物医药等技术密集型产业还有待进一步发展；产业融合程度还有待提升，工业化和信息化的深度融合水平、制造业和服务业的融合水平都需要进一步提升。在区域层面的突出表现为：一方面我国生产要素在国内外配置还不合理，"走出去"程度与我国的发展需要不适应，国际化程度有待提升，利用全球资源的区域战略还有待完善；另一方面，现有区域协调发展水平还有待提高，区域发展差距较大，生产要素区域配置还不能充分地利用区域比较优势，区域分工合理度可进一步提高，不同区域之间生产要素的自由有效流动还没有实现，区域的制度供给还存在"歧视"。

企业、产业和区域层面的供给结构问题，可以进一步溯源归结为生产要素结构性矛盾，或者是经济增长的动力结构需要改革。长期以来，我国经济增长主要依靠低成本要素驱动，甚至中国工业化进程被描述为低成本的快速工业化。基于低成本的劳动力、资金和技术要素所形成的企业和产业供给能力自然也主要是低端的。近年来，这种低成本的要素驱动型增长动力结构，越来越不适应经济发展的需求，越来越难以持续下去。一方面，劳动要素新供给的数量在不断下降，2012年以来我国劳动就业年龄人口的绝对数量每年都以二三百万左右的规模在减少，同时我国工资增长超过劳动生产率的增长，制造业单位劳动力成本（工资与劳动生产率的比率）提高的速度明显高于主要制造业大国，中国制造业单位劳动力成本相对于美、日、德、韩等国，2004~2013年提高了10%~15%（蔡昉、都阳，2016）；另一方面，资本回报率不断下降，资本要素供给的数量驱动力量日趋减弱。据估算，2011年以来中国资本回报率呈大幅下滑的趋势，2011~2013年资本回报率分别为21.1%、16.6%和14.7%（白重恩、张琼，2014）。针对工业资本回报率的估算表明，2002年工业边际资本产出率为0.61，2012年该值已下降至0.28（江飞涛等，2014）。因此，面对要素收益递减趋势，未来经济增长的动力源泉主要应该是提高全要素生产率，只有全要素生产率的提高，才是可持续的经济增长的动力源泉。一个模拟研究表明，2011~2022年，如果全要素生产率平均增长率提高1个百分点，我国经济潜在增长率可以提高0.99个百分点（Cai & Lu, 2013）。而全要素生产率的提高，关键是将提高生产要素质量和通过技术创新优化生产要素相结合。当前制约生产要素质量提升和技术创新的关键障碍是体制机制，包括政府行政体制、财税金融体制、科研教育体制、市场机制、企业体制等各个方面，因此深化体制机制改革也就非常必要，而这正是"结构性改革"的本意。

基于图总-1的示意，我们分析了"供给侧问题—结构性根源—结构性改革"的原因逻辑，回答了为什么推进供给侧结构性改革的问题。问题的解决方法逻辑自然是通过结构性改革来化解结构性矛盾，进而解决供给侧存在的问题，从而保证经济"新常态"下的经济增长。这个逻辑不需具体展开，但值得讨论的是推进"供给侧结构性改革"的方式。如上所述，这里的"结构性改革"与西方经济学界一般意义的"结构改革"不完全相同，其区别在于"结构性改革"除了包括全面体制机制改革、改变经济动力结构进而改变经济结构变化的内涵之外，还包括直接对要素结构调整优化内容，以及对企业、产业和区域结构调整优化的内容。也就是说，对现有经济结构中不合理的部分进行直接调整和处置，这在图总-1中显示为"改革"方框"下辖""体制机制"方框，然后通过"体制机制"改革推进"动力结构"和"经济结构"变化，也包括通过"结构性"方框"下辖""经济结构"和"动力结构"方框。这意味着供给侧结构性改革存在两个可能的推进路线：一个是政府通过全面深化体制机制改革，进一步建立和完善市场经济体制，通过市场机制来改变经济增长的动力结构以及经济的企业结构、产业结构和区域结构，化解供给结构不适应需求结构的矛盾，解决供给侧问题，提高供给质量，改善经济运行；另一个是政府在现有的体制机制框架下直接对经济结构的调整，包括处置僵尸企业、化解产能过剩、用强选择性产业政策培育战略性新兴产业等。

虽然有学者反复在强调，供给侧结构性改革说到底是制度的改革，"结构性改革"的根本是改革，不是政府调结构，不可与主要行政方式进行的"结构调整"混为一谈（吴敬琏，2016）。也就是说，学者认为推进供给侧结构性改革应该只能是第一种路线，通过体制机制改革来实现结构调整，提高供给结构对需求结构的适应性。但是，从现实操作可能性看，近期各级政府可能更多地选择第二种路线推进供给侧结构性改革，也许在一些学者眼里这本身并不是供给侧结构性改革。当我们从供给侧结构性改革的概念逻辑转为现实任务，将供给侧结构性改革直接针对供给侧存在的问题简化为"去产能、去库存、去杠杆、降成本和补短板"（简称"三去一降一补"）五大任务时，在现有的行政体系和激励约束机制下，各级政府短期内更多地倾向于采用行政手段积极推进"三去一降一补"。虽然同时也会推进体制改革、完善市场机制，但由于体制改革的长期性、艰巨性和效果的不可控性，所以第一种推进线路被采用的可能和实施力度短期内不会太大。而且，在各级政府以"三去一降一补"为核心任务推进供给侧结构性改革时，很容易出现三种错误倾向：一是只关注产能过剩、库存高、企业负债高、成本高和存在基础设施短板等供给侧存在的问题本身，只就问题谈问题，而忽视了这些问题的背后结构性矛盾，因此无法找到供给侧问题解决的根本路径。习近平总书记（2016）曾强调，"结构性"三个字十分重要，简称"供给侧改革"也可以，但不能忘了"结构性"三个字。二是在"唯GDP"导向的影响下以及"保增长"的压力下，政府不愿意真心化解产能过剩，甚至以"补短板"的借口继续扩大属于过剩行业的产能。三是过于机械地理解"三去一降一补"，看不到这五方面之间的有机联系，缺少对经济工作的系统观，机械地将每项任务指标化，层层分解，最终有可能对当地经济发展产生不利影响。

基于图总-1所示的供给侧结构性改革的概念逻辑和分析框架，至少可以从四个视角来分析供给侧结构性改革问题：第一个视角是直接从经济运行中表现出来的供给侧问题入手，也就是从"三去一降一补"入手。这种视角可能更多地被政府部门实际操作时所采用，但如上所述，容易使人忽视供给侧问题的系统性和及其结构性矛盾根源。第二个视角可以从供给侧的体制机制改革入手，尤其是强调全面深化市场化改革，但由于这涉及的问题过于庞杂，包括行政体制、财税金融体制、企业体制、市场机制、教育科研制度等各个方面，因而从该视角分析供给侧结构性改革，要么"挂一漏万"而难以全面系统，要么面面俱到而难以具有深度。第三个视角则是从经济增长的动力结构的视角分析劳动、资本和技术创新等要素结构，往往宏观经济学更多地采用这个视角，其研究深入、学术性强，但一般停留在论证供给侧结构性改革的必要性，难以对政府部门如何推进供给侧结构性改革有现实指导意义。第四个视角是经济结构视角，具体划分为企业、产业和政府三个层面来分析供给侧结构性改革问题，这可以实现理论性、系统性和现实指导性的折衷。本文就从这个视角入手，在分析 2015 年和 2016 年上半年工业经济运行特征的基础上分析工业供给侧结构性改革的意义，并进一步从企业、产业和区域三个层面论述推进供给侧进行改革的重点任务，提出相应的政策建议。

二、从当前工业经济运行看工业供给侧结构性改革的意义

进入 2015 年，我国整体经济发展面临着"四降一升"——经济增速下降、工业品价格下降、实体企业盈利下降、财政收入下降和经济风险发生的概率上升——的突出问题，而这些问题主要反映在工业上。如果说经济发展面临的"四降一升"问题正是推进供给侧结构性改革要解决的关键问题，那么工业就是供给侧结构性改革的主战场。

第一，2015 年工业增速呈现加速下行态势，是 23 来工业的最低增速。2016 年上半年，工业增速缓中趋稳，工业品价格、工业企业利润和工业出口都呈现了一些积极迹象，而在积极迹象背后隐藏着粗放经济增长方式回头的担忧。

如图总-2 所示，改革开放以来，从经济波动看，我国的工业增长大体可以划分为四个波动周期，分别是 1978~1985 年、1985~1992 年、1992~2007 年 2007 年至今。其中，1992 年为改革开放以来最高增速，全部工业增加值增速高达 21.2%，而 2015 年全部工业增加值增速为 5.9%，是自 1992 年以来两个周期长达 23 年中的最低工业增速（黄群慧、张航燕，2016）。如果按照经济学家最近热议的"L"增长轨迹，2011~2015 年，规模以上工业增加值增速分别为 13.9%、10%、9.7%、8.3% 和 6.1%，分别下降 1.8 个、3.9 个、0.3 个、1.4 个和 2.2 个百分点，大致可以认为中国工业经济运行在整个"十二五"期间属于加速下滑的"竖线"过程。

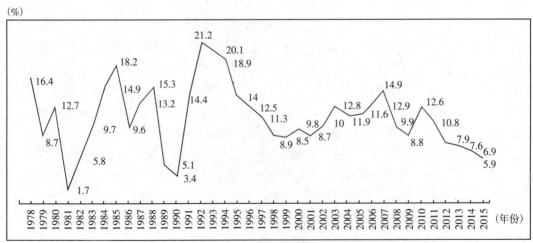

图总-2　改革开放以来全部工业增加值同比增速变化（1978~2015 年）

资料来源：国家统计局。

2016 年上半年，工业增速呈现缓中趋稳的态势，规模以上工业企业增加值增速为 6.0%，比 2015 年全年略低 0.1 个百分点，其中第一季度为 5.8%，第二季度增长为 6.1%，第二季度比第一季度加快 0.3 个百分点，从月度数据看，1~2 月、3 月、4 月、5 月、6 月和 7 月规模以上工业企业增加值增速分别为 5.4%、6.8%、6%、6%、6.2% 和 6%，3 月以来增速也趋于稳定。另外，从工业品出厂价格看，到 2016 年 7 月，工业品出厂价格已经达到了前所未有的 53 个月的负增长（如图总-3 所示），但是，进入 2016 年以后，PPI 降幅持续收窄，企业库存压力有所缓解，2016 年 1~7 月工业品出厂价格分别同比下降 5.3%、4.9%、4.3%、3.4%、2.8%、2.6%、1.7%，连续 7 个月收窄；5 月末，工业企业产成品存货同比下降 1.1%，已连续两个月减少；产成品存货周转天数为 14.9 天，同比减少 0.5 天（如图总-4 所示）。再从工业企业盈利状况看， 2011~2015 年规模以上工业企业利

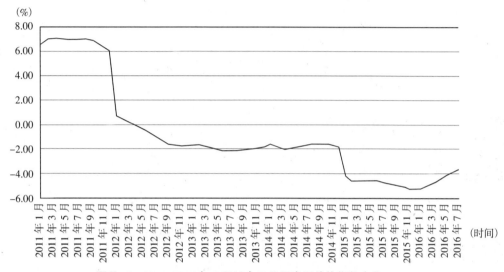

图总-3　2011~2016 年 7 月以来工业品出厂价格指数变化

资料来源：国家统计局。

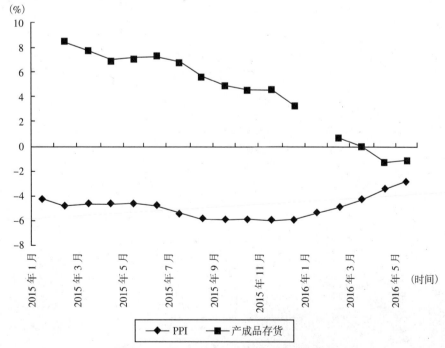

图总-4　2015 年以来 PPI 和产成品库存增速

资料来源：国家统计局。

润同比增速如图总-5所示，2015年首次出现负增长，为-2.3%。进入2016年以后工业企业利润也出现转折，1~7月，全国规模以上工业企业实现利润总额35235.9亿元，同比增长6.9%。最后从工业品出口看，2015年我国工业企业出口交货值实现118581.8亿元，为负增长-1.8%。如图总-6所示，从2015年5月开始，我国工业出口同比增速连续负增长。但进入2016年后，形势逐步好转，2016年上半年，规模以上工业企业实现出口交货值55117亿元，同比下降0.7%，降幅比2015年全年收窄1.1个百分点，比2016年一季度收窄2.3个百分点。6月，工业企业实现出口交货值10491亿元，同比名义增长2.3%，连续两个月实现正增长。

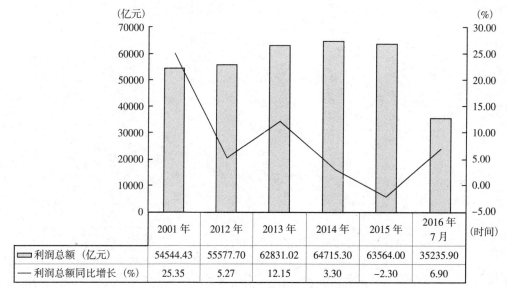

	2001年	2012年	2013年	2014年	2015年	2016年7月
利润总额（亿元）	54544.43	55577.70	62831.02	64715.30	63564.00	35235.90
利润总额同比增长（%）	25.35	5.27	12.15	3.30	-2.30	6.90

图总-5　2011~2016年7月工业企业利润变化

资料来源：国家统计局。

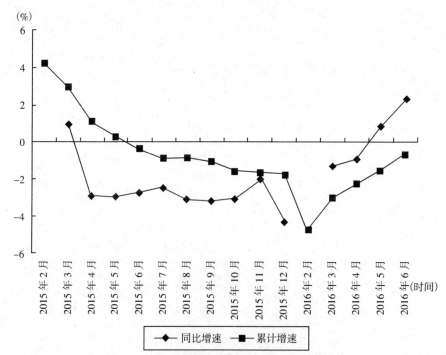

图总-6　2015年以来工业出口交货值同比和累计增速

资料来源：国家统计局。

以上2016年的数据初步表明，我国工业增长开始趋于稳定，但现在还不能判断已经出现拐点——工业经济步入"L"形轨迹的"横线"。这不仅是因为迄今只有7个月的数据支撑，更因为一些数据表明，除了国际大宗商品价格回调以外，我国上半年的经济趋稳可能要更多地归于粗放经济增长方式回头的趋势。2015年底以来，在金融政策的刺激下，房地产价格、成交面积和投资等指标"疯狂"上升，进而带动以钢铁为代表的产能过剩行业复苏，一些停产但尚未关闭的"僵尸"钢厂也在恢复生产。数据表明，2016年5月，煤炭开采业、黑色金属冶炼和压延加工业、有色金属冶炼和压延加工业利润同比分别增长250%、160%、32.1%，2016年3月、4月、5月和6月，我国粗钢产量同比分别增加2.9%、0.5%、1.8%和1.7%，结束了自2014年10月以来持续负增长的态势（见图总-7）。2016年4月，我国日均粗钢产量创历史新高，5月全国百家中小型钢铁企业中高炉开工率保持在85%以上。现在看来，没有一定的需求侧刺激，工业增速会下降得过快，经济和社会都可能由于下行压力过大而难以承受，但不通过推进供给侧结构性改革提高潜在工业增长率而形成的增长则是不可持续的，而且还可能给未来经济运行埋下更大的风险，工业政策要在稳增长与调结构、短期与长期、适度扩大总需求和深入推进供给侧结构性改革中艰难地寻求平衡（黄群慧，2016a）。

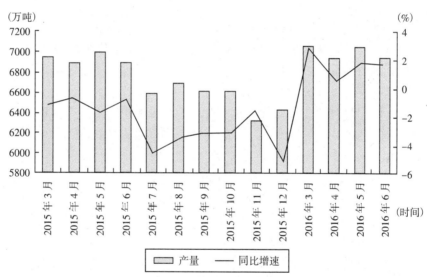

图总-7　2015年以来粗钢月度产量及同比增速

资料来源：国家统计局。

第二，2015年工业行业结构分化特征明显，2016年上半年结构继续呈现高级化发展趋势，但强选择性产业政策可能引起的战略性新兴产业产能过剩问题需要警惕。

从工业三大门类看，2015年制造业增速远远大于其他两大门类，工业结构向高级化发展的分化趋势明显。2015年，制造业规模以上增加值增长7.0%，采矿业规模以上工业增加值增长2.7%，电力、热力、燃气及水生产和供应业规模以上增加值增长1.4%。其中，制造业中的高技术产业增加值比上年增长10.2%，比规模以上整体工业增速快4.1个百分点，占规模以上工业比重从2014年的10.6%提高到2015年的11.8%，比上年提高1.2个百分点，而同期采矿业占比从11%下降到8.6%，六大耗能产业占比从28.4%下降到27.8%。2016年上半年继续保持了这种趋势，制造业规模以上增加值增长6.7%，采矿业规模以上工业增加值同比增长0.1%，电力、热力、燃气及水生产和供应业规模以上工业增加值增长2.6%（见图总-8）。尤其是2016上半年战略性新兴产业、高技术产业和装备制造业同比分别增长11%、10.2%和8.1%，分别比规模以上工业快5个、4.2个和2.1个百分点，其中高技术产业和装备制造业占规模以上工业比重分别为12.1%和32.6%，

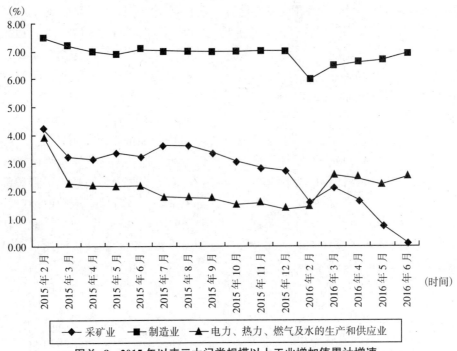

图总-8　2015年以来三大门类规模以上工业增加值累计增速

资料来源：国家统计局。

分别比上年同期提高 0.7 个和 1.2 个百分点，工业结构高级化的趋势十分明显。

从行业结构看，在 41 个工业大类行业中，2015 年一些高技术及其相关行业和一些经济下行时的逆周期性行业（如废弃资源综合利用业）保持了较高的增速，而一些资源开采、原材料产业下滑十分严重，例如，石油和天然气开采业、煤炭开采和洗选业以及黑色金属矿采选业的主营业务收入分别下降 32.6%、14.8% 和 20.7%，利润则分别下降高达 74.5%、65% 和 67.9%（黄群慧、张航燕，2016）。总体而言，41 个工业大类行业中技术密集型行业增速相对较快，体现了工业结构高级化趋势，汽车、医药表现抢眼，电子信息、生物医药、智能制造、节能环保、新能源和新材料等相关产品迅猛发展。

但是，值得高度注意的是，近几年作为战略性新兴产业的代表新能源汽车增速过快。截至 2015 年，无论是当年产量，还是累计产量，中国的新能源汽车，均排名世界第一，2009~2015 年全国累计生产新能源汽车已占到全球 30%，上半年新能源汽车产量同比增长高达 88.7%（黄群慧，2016a）。在中国新能源汽车销售超高速增长的背后，是对新能源汽车的强补贴政策以及对传统汽车车号歧视限购的双方面挤压扭曲需求。在为新能源汽车迅猛发展欣喜的同时，其背后的强选择性产业政策的推手却令人担忧，一方面，从全生命周期的角度看，现有技术新能源汽车的综合污染程度是否比传统汽车低还有很大争议；另一方面，我们必须警惕由此而可能产生的竞争无序和新的产能过剩问题。

第三，从工业增速看，东、中、西部地区工业发展的协同程度继续增加，但由于主导产业增长分化而导致的新的区域发展差距问题日益突出，新区域协同发展战略需要加大推进力度。

"十一五"以来，改革开放多年来形成的东、中、西三大区域差距逐步缩小，中、西部工业化水平加速。2015 年和 2016 年上半年延续了这种趋势，2015 年中、西部地区规模以上工业增加值增速分别快于东部地区 0.9 个和 1.1 个百分点，2016 年上半年东部地区规模以上工业增加值同比增长 6.4%，中部地区同比增长 7.3%，西部地区同比增长 7.2%，中、西部地区继续快于东部地区接近 1 个百分点（见图总-9）。但是，一些地区因主导产业为采掘、重化工制造业，而高技术产业占比低，引起地区工业及其整个经济增速持续下滑，比较有代表性的地区如东北地区、山西省和河北省等，这些地区近两年来经济增速都列全国倒数几位。从东北地区看，在"十二五"初期，东北三省工业增速基本是高于或者等于全国工业增速，2011年吉林高于全国水平4.9个百分点，辽宁高于全国水平1个百分点，黑龙江略低于全国水平0.4个百分点。但是，到2015年，辽宁、吉林、黑龙江的工业增加值增速分别为-4.8%、5.3%、0.4%，均低于全国平均增速6.1%；2016年上半年，东北地区工业增加值同比下降1.5%，继续负增长。从山西省看，因以煤炭为主导产业，受到"资源诅咒"的影响，近几年山西省经济增速下滑明显，2015年山西省规模以上工业增加值

增长为-2.8%，2016年上半年为-1.5%。从河北省看，因为钢铁产业作为河北省工业支柱，受产能过剩的影响，河北工业持续低迷，"十二五"期间，河北省规模以上工业增速从16.1%下降到4.4%。天津2015年规模以上工业增加值增速达到9.3%，高于全国3.2个百分点，更是与河北相差4.9个百分点。2016年上半年，因钢铁复苏这种差距略微收窄，但从京津冀协同发展的角度看，绝对差距还在扩大。面对"十二五"期间出现的新的区域发展问题，京津冀协同发展、东北老工业基地振兴等新的区域发展战略亟待加大推进力度。

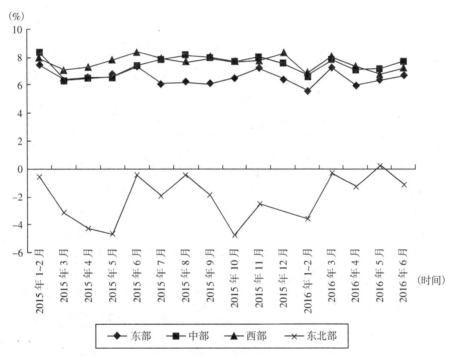

图总-9　2015年以来四大区域规模以上工业增加值同比增速

资料来源：国家统计局。

第四，我国工业呈现出的增速显著下行、行业和区域结构分化的经济"新常态"特征，以及当前工业运行中面临的产能过剩顽疾、制造业投资增速回落、民间投资意愿大幅下滑、累积债务风险日趋增大等突出问题，这表明工业经济亟待通过推进供给侧结构性改革实现新旧动能转换，工业供给侧结构性改革势在必行。

当前我国工业运行中的增速显著下行以及一些地方的工业"塌方式"下降，实际上还是结构性原因，工业行业结构分化特征也给出了很好的

解释和说明。一方面，高新技术和战略性新兴产业虽然增速高于总体工业增速，但是产业规模还不够，在整个工业中所占比例还不高，经过几年的快速增长，2015年高技术产业增加值占比也只有11.8%，因此促进工业经济增长动力不够。另一方面，一些原材料、重化工产业在整个工业中规模还很大，钢铁、有色金属、建材、石油加工及炼焦、化工、电力六大耗能2015年增加值占比还有27.8%，当这些产业因产能过剩问题突出而出现了断崖式下降的时候，会对整个工业增长带

来巨大的下行压力。虽然现在中国工业已经呈现出结构优化、新旧动力转换的趋势，但这种转换的速度和力度还远远不够，这种新动力"增少"、旧动力"减多"的动力转换格局必然影响了整体工业的增速。可以预计的是，这种趋势在2016年和2017年还会继续下去。基于中国社会科学院工业经济研究所工业经济形势分析课题组（2016）的模型预测，2016年12月规模以上工业增加值增速降至5.5%、2017年6月工业规模以上工业增加值增速降至5.0%的概率很大。因此，对于工业而言，通过深入推进供给侧结构性改革培育增长新动力、实现工业增长动力转换的确非常必要和急迫。不仅如此，如上所述经济运行中出现的一些突出问题，包括粗放经济增长方式回头趋势、强选择性产业政策对战略性新兴产业正常成长的"破坏效应"初现、一些区域工业发展大幅度下滑，都意味着必须坚定不移地推进工业的供给侧结构性改革。

另外，2016年上半年工业经济运行中还出现了工业投资明显放缓、民间投向大幅度下滑以及债务风险加大等新问题，这些问题表明一些关键领域推进供给侧结构性改革还不够。一是工业投资明显放缓问题。2016年上半年，第二产业固定资产投资101702亿元，同比增长4.4%，增速比一季度回落2.3个百分点，尤其是制造业固定资产投资同比增长3.3%，增速比一季度回落3.1个百分点。在当前新一轮科技和产业革命的大背景下，我国正在大力推进"中国制造2025"、实施制造强国战略，制造业投资增速大幅回落，其影响不仅是工业转型升级，更为重要的是会影响到未来经济增长新动能培育和新经济的发展。二是关于民间固定资产投资增速大幅下滑问题。2016年上半年，民间投资同比增长2.8%，增速比全部投资低6.2个百分点，占全部投资比重的61.5%，比上年同期下降3.6个百分点。从2016年3月开

始，第二产业民间固定资产投资增速下滑成为固定资产投资增速下滑的主导力量。虽然民间投资下滑有多种原因，但不容置疑的是有很多体制机制原因影响了民营企业投资的积极性，尤其是作为供给侧结构性改革的重点任务——深化国有企业改革形成一个公平的竞争环境亟待推进。三是关于债务风险问题。关于企业债务风险问题政府一直非常关注，并在努力降低财务杠杆风险，但2016年债务风险还在加大，2016年5月，规模以上工业企业资产负债率为56.8，但较2015年12月提高了0.6个百分点，到5月末，工业企业应收账款同比增加8.6%，增速比1~5月主营业务收入高出5.7个百分点，1~5月应收款平均回收期39.1天，比上年同期增加了2.3天（黄群慧，2016a）。这意味着"降杠杆"的任务还有待强化。

总之，从工业运行角度看，面对当前速度下行的压力，要实现工业经济增长的筑底成功，实现健康的、可持续"L"的增长轨迹，关键是实现工业增长动力转换，随着人口红利快速消失、企业制造成本不断上升、资本边际回报逐步下降，我国工业增长的主要源泉必然是提高工业生产要素质量和创新工业生产要素资源配置机制，这正是工业供给侧结构性改革应有之义。如果借用生态经济学的表述，这种通过推进供给侧结构性改革来推动工业增长动力转换，实际上就是再造一个工业发展的新生态系统，这个新系统可以由企业、产业和区域三个紧密相连的子系统构成，这个新工业生态系统运行的核心是提高工业创新能力与全要素生产率。这个新工业生态系统与原有的工业生态系统的关键区别是，具有更高的创新能力与全要素生产率，工业增长方式从劳动力和物质要素总量投入驱动主导转向了知识和技能等创新要素驱动主导，适应我国从工业大国向工业强国转变的根本需要（黄群慧，2016b）。

三、推进企业层面的工业供给侧结构性改革

推进企业层面的工业供给侧结构性改革主要是为了解决当前我国企业素质结构、企业产品结

构和企业所有制结构还不适应需求结构的变化问题，这在当前和"十三五"时期需要面对的关键

任务是处置"僵尸企业"、降低实体企业成本和深化国有企业改革，完善企业创新发展环境。

第一，积极稳妥处置"僵尸企业"，提升我国整体工业企业素质，形成市场主导资源配置的体制机制。

"僵尸企业"（zombie company/zombie firm）一般被认为是已经不具有自生能力但由于种种原因不能市场出清，主要依靠政府补贴、银行贷款、资本市场融资或借债而勉强维持运营的企业。"僵尸企业"的定量鉴别十分复杂，学术界定量分析界定"僵尸企业"的标准包括：一是扣除非经常损益后每股收益连续三年为负数；二是企业获得的贷款利息率低于正常的市场最低利息率或者最优利率；三是实际亏损、负债高但借款总额高于上年的过度负债法，或者综合采用这些标准（何帆、朱鹤，2016）。从对"僵尸企业"处置看，政府一般还要考虑企业是否符合能耗、环保、质量、安全等标准，是否长期亏损或者资不抵债，是否处于产能过剩行业，是否处于停产或半停产状态。由于标准不同，实际上实证研究我国现阶段有多少"僵尸企业"比较困难。近两年来，受经济增长放缓、产能过剩问题加剧、市场需求疲软的影响，许多企业的经营状况持续恶化而市场又不能自动出清，形成了众多的"僵尸企业"。我国现阶段的"僵尸企业"大多分布在产能过剩的行业，这既包括钢铁、水泥、电解铝等产能绝对过剩的行业，也包括光伏、风电等产能相对过剩的行业。从所有制结构看，"僵尸企业"大多属于社会包袱重、人员下岗分流难度大、容易获得银行贷款的国有企业。"僵尸企业"的成因较为复杂，宏观经济环境、产业所占所处生命周期、企业自身经营管理水平和技术水平都是重要的因素，但是，从根本上说，当前"僵尸企业"存在主要是因为我国市场机制不完善、政府过度保护、产业政策选择性过强，使得市场无法快速出清而造成的。"僵尸企业"的大量存在，会降低资源使用效率，恶化市场竞争秩序，加剧金融风险，严重影响到我国经济的健康发展。

虽然"僵尸企业"的大量存在会引起上述风险，但并不意味着所有"僵尸企业"都应被淘汰。20 世纪 90 年代后期到 21 世纪早期，日本"僵尸企业"中的大部分并没有破产或退市，而且大部

分存活下来的"僵尸企业"的绩效在近年来还有了显著的提高。"僵尸企业"的情况千差万别，切忌采取"一刀切"的相同处置办法，而应全面分析企业经营困难程度、成因和未来发展潜力，以此为基础抓住重点、分类化解、精准施策，协调推进。一是全面评估。对具有资产负债率高企、无法准时偿还银行到期利息、纳税额明显减少、用电量明显降低、拖欠职工工资等特征的企业进行重点排查，委托专业机构对"僵尸企业"的资产负债状况和发展潜力进行评估。二是要精准处置。根据"僵尸企业"情况的差异，清理退出一批、兼并重组一批、改造提升一批。对落后、绝对产能过剩产业和衰退产业中长期亏损和停产的企业要加快清理退出，对主要由于管理水平落后、暂时性的产能过剩而出现亏损但企业技术装备水平较高、产业发展前景长期看好的企业重在兼并重组或者改造提升。三是要协调配套推进。具体包括创新金融手段和工具，推进金融体系改革与处置"僵尸企业"相结合，通过市场化的多种融资手段支持"僵尸企业"在市场出清；完善社会政策，社会政策与"僵尸企业"破产政策相协调；健全法律制度，更多地依靠法律手段推进"僵尸企业"的破产、兼并、重组相协调；转变产业政策，纠正不恰当的财政补贴等市场扭曲行为，实现从选择性产业政策向对所有企业一视同仁的功能性产业政策转变；深化国有企业改革，积极引进民营资本开展混合所有制改革，推动民营企业对"僵尸企业"中的优质资产进行兼并重组（黄群慧、李晓华，2016）。

第二，有效降低制造企业成本，提高制造企业国际竞争力，形成有利于实体经济健康发展的体制机制。

实体经济是一国经济之本，实体经济中制造企业是主体。当前，我国经济步入工业化后期并呈现出明显服务化趋势，2013 年我国服务业占比超越工业成为第一大产业，2015 年第三产业占比超过 50%，经济"去实体化"的内在结构演进风险在不断加大。更重要的问题是，由于体制机制原因，金融业和房地产业的畸形发展严重抑制了制造业的正常健康发展。麦肯锡 2016 年针对中国 3500 家上市公司和美国 7000 家上市公司的一份比较研究表明，中国的经济利润 80% 由金融企业

拿走，而美国的经济利润只有 20% 归金融企业（邹晨辉，2016）。当前制造业对于经济发展的意义已主要不在于通过提高在整个经济中占比而吸纳就业和提高经济增长率，以及制造业对于提高国家创新能力的决定性作用。制造业不仅是技术创新的主要来源，而且还是技术创新的使用者和传播者。但是，由于大量的资源流入到房地产业，制造业的创新活动受到了很大抑制。研究表明，在那些房地产投资增长越快的省份或地区中，创新投入和发明专利授权量的增长率就越低。中国金融机构对房地产贷款期限结构的偏向效应，对中国工业部门的创新活动形成了更为突出的抑制（张杰等，2016）。再加上中国制造业面临发达国家的高端挤压和新兴经济体低端挤出的国际竞争格局。在这种背景下，制造企业面临的国内外环境越来越严峻，生存发展的压力越来越大，制造企业发展的制约因素逐步增多。

在众多制约制造业健康发展的因素中，成本快速上涨是近年来影响制造企业发展的一个最为突出的问题。国家发改委产业经济与技术经济研究所课题组（2016）的一份研究表明，除了小时人工成本低于主要发达工业国外，养老保险费用、土地成本、能源成本、税收成本、融资成本、物流成本都相对高于主要发达工业国，而平均工资也已经超过了大多数东南亚国家。这也表明我国通过推进供给侧结构性改革降低制造企业成本的空间还很大。因此，政府一方面要进一步简政放权，降低制度性交易成本；另一方面要围绕降低实体养老保险、税费负担、财务成本、能源成本、物流成本等各个方面进行一系列的改革，出台切实有效的政策措施，营造有利环境，鼓励和引导企业创新行为。2016 年 8 月 8 日，国务院在《降低实体经济企业成本工作方案的通知》中提出，三年左右使实体经济企业综合成本合理下降，盈利能力较为明显增强，具体包括六个方面的目标：一是税费负担合理降低，年减税额 5000 亿元以上；二是融资成本有效降低，企业贷款、发债利息负担水平逐步降低，融资中间环节费用占企业融资成本的比重合理降低；三是制度性交易成本明显降低，简政放权、放管结合、优化服务改革综合措施进一步落实；四是企业"五险一金"缴费占工资总额的比例合理降低；五是能源成本进

一步降低，企业用电、用气定价机制市场化程度明显提升，工商业用电和工业用气价格合理降低；六是物流成本较大幅度降低，社会物流总费用占社会物流总额的比重由目前的 4.9% 降低 0.5 个百分点左右，工商业企业物流费用率由 8.3% 降低 1 个百分点左右。应该说，这些目标和措施都已经十分具体，但关键还在于落实。中国企业联合会发布的《2016 年中国企业 500 强报告》指出，在全国大力减税的过程中，中国企业 500 强中的 490 家可比企业 2015 年综合税负（纳税总额/营业收入总额）为 7.18%，而 2014 年同口径企业综合税负为 7.01%，企业税收负担进一步加重。因此，关键不是通过三年方案来降低多少税收负担，而是有没有形成有利于实体经济健康发展的体制机制。尤其是，必须下决心彻底扭转资源"脱实向虚"的倾向，在金融业长期"暴利"、房地产价格"没有最高只有更高"的环境下，制造企业就难以吸引资金要素、高素质劳动力等资源支持，制造业企业的创新能力就会大打折扣，制造企业也就不能提高多品种、高品质和高技术含量的产品，高端有效供给也就无从谈起，供给侧结构性改革的目标也就无法达到。还应指出的是，成本高低是相对的，2005~2010 年我国规模以上制造业主营业务成本年均增长了 22.8%，但同期主营业务收入和利润总额增速分别为 22.9% 和 29.1%，这个阶段企业会感觉成本负担很不突出；2011~2014 年，我国规模以上制造业主营业务成本年均增长了 12.7%，虽远远低于 2005~2010 年的平均增速，但是同期主营业务收入和利润总额增速分别为 12.2% 和 6.5%，企业反而会感到负担十分沉重（国家发改委产业经济和技术经济研究所课题组，2016）。因此，直接出台措施降低企业成本，只属于是临时给制造企业松绑，长期看还必须建立长期的有利于制造业企业发展的体制机制。

第三，实质推进国有企业改革，在产能过剩行业和自然垄断性行业的改革有突破性进展，建立有利于各类企业创新发展、公平竞争发展体制机制。

党的十八届三中全会对新时期全面深化国有企业改革进行了战略部署，明确了新时期全面深化国有企业改革的重大任务。在经过了近两年的探索后，国有企业改革取得了进展，2015 年 8 月 24 日中共中央、国务院印发了《关于深化国有企

业改革的指导意见》。之后，相应的配套文件陆续发布，深化改革的主体制度框架初步确立，新时期全面深化国有企业改革的"1+N"指导政策体系正逐步形成。但是，在实践层面的实质推进还只是在局部地区或领域起步，国资国企改革总体进度相对较缓，改革系统性、针对性、时效性不够强，国有企业改革的目标和改革阻力克服路径还有待进一步明确，试点进展还不均衡，改革动力还有待进一步培育，社会感知的改革效果还不显著，国有企业改革与供给侧结构性改革、财政金融体制改革等方面改革的联动性有待进一步增强。深化国有企业改革的意义不仅在于国有企业自身的发展，还在于营造一个良好的公平竞争的市场化环境。当前，我国整体经济下行压力较大，供给侧结构性改革正在发力，无论是从整体经济发展的需要看，还是从国有企业自身改革的发展看，实质推进新时期国有企业改革都具有必要性和急迫性。因此，当务之急是扫清改革政策与改革实践之间的障碍，建立改革激励相容机制，紧密围绕改革实践中的重点和难点问题来开展工作并取得实效，开启全面深化国有企业改革的实质性推进新阶段（黄群慧，2016c）。

一是实质推进国有企业改革要以国有企业功能分类为基本前提。党的十八届三中全会开始了新时期全面深化国有企业改革的新阶段，是以国企功能分类为前提的，可以概括为"分类改革"阶段。根据中央关于国有企业改革指导意见，国有企业可以分为公益类、主业处于充分竞争行业和领域的商业类，以及主业处于关系国家安全、国民经济命脉的重要行业和关键领域、主要承担重大专项任务的商业类国有企业。不同类型的国有企业，将会有不同的国资监管机制，混合所有股权结构中的国有持股比例要求不同，企业治理机制也有差异。由于现有的国有企业没有明确其具体定位，大多是三类业务混合，因此需要推进

国有资本战略性调整来实现企业功能定位和分类。实质推进国有企业改革，必须首先对每家国有企业进行功能定位和类型确定，并向社会公布，这是当前国有企业改革的当务之急。

二是实质推进国有企业改革要坚持整体协同推进的基本原则。新时期深化国有企业改革是一项复杂的系统工程，实质推进过程中一定要注意各项改革任务和政策措施的协同性。无论是国有企业功能定位和国有经济战略性重组，还是推进混合所有制改革和建立以管资本为主的国有资本管理体制，以及进一步完善现代企业制度，这些改革任务都不是割裂的，在具体推进过程中需要注意其系统性、整体性和协同性。推进国有企业改革的整体协同原则，要求"十三五"时期要根据经济"新常态"的要求对国有经济布局有一个整体规划。在国资委开展的国有企业改革试点的过程中，各项试点也不应该是对一个企业单向推进，而应该将试点企业作为一个综合改革试点。

三是实质性地推进国有企业改革要努力在两个领域实现突破。这两个领域分别是煤炭、钢铁等产能过剩行业的国有企业改革，以及石油、电信、电力、民航、铁等具有自然垄断性行业的国有企业改革。这两个领域的国有企业改革对营造公平的竞争环境、支持"新常态"下我国经济发展具有重大意义。第一个领域改革涉及化解产能过剩、处置"僵尸企业"和国有经济在这些行业的逐步退出等难点和重点问题，这些问题也是供给侧结构性改革的关键任务，能否成功推进，在很大程度上决定了国有经济布局的优化和整体经济结构的转型升级，具有全局战略意义。第二个领域的行业大多是基础性行业，对整体经济效率影响巨大，其改革能否成功推进，对市场经济公平竞争环境的形成以及下游产业的成本降低等具有决定性的作用。因此，这两个领域取得突破是工业供给侧结构性改革十分重要的内容。

四、推进产业层面的工业供给侧结构性改革

从产业层面推进工业供给侧结构性改革，核心目标是要进一步推进工业转型升级，推进工业

产业结构高级化、工业价值链条高端化。当前工业产能过剩问题十分突出，从产业层面推进工

供给侧结构性改革的关键任务是化解产能过剩和积极推进《中国制造2025》战略"双管齐下"，实现工业经济增长动能转换。

第一，把握"新常态"下产能过剩的新特征，进一步完善市场机制，主要利用市场手段积极推进工业的"去产能"。

对于步入工业化后期的中国工业，化解在工业化中期所积累的庞大的工业产能，无疑是供给侧结构性改革的重大任务。产能过剩不是中国经济中的一个新问题，多年来政府已经多次推进化解产能过剩问题。从2009年到现在，国务院和各个相关部委已经出台了19个针对产能过剩的文件。在供给侧结构性改革背景下，必须清楚地认识到关于产能过剩的以下两个方面问题：一是当前的产能过剩具有长期性和绝对性的新特征，因为本次产能过剩所涉及的主要行业及许多产品，其需求峰值已经或即将到来，未来需求增长空间已极为有限，很难再出现新的需求高峰而将过剩产能消化掉。因此，现在的产能过剩会是长期的和绝对的，必须有充足的思想准备和战略准备。二是化解产能必须主要依靠市场机制对过剩产能实现市场出清，这是工业供给侧结构性改革任务的重中之重。2016年中央经济工作会议专门提出了五方面的要求来加大推进"去产能"的力度，包括加强宏观调控与市场监管，更注重利用市场机制、采用经济手段、法治手段来化解产能过剩，加大政策力度积极引导过剩产能主动地退出，营造良好的市场条件与氛围，要以煤炭、钢铁等行业为重点突破，从中可以看出要强调发挥市场机制的"去产能"。2016年2月，国务院相继出台《国务院关于钢铁行业化解过剩产能实现脱困发展的意见》《国务院关于煤炭行业化解过剩产能实现脱困发展的意见》，再次强调要通过市场倒逼、充分发挥市场机制，用法治化和市场化的手段来化解过剩产能。从供给侧改革要求看，当然要充分依靠市场手段"去产能"，但是单纯依靠市场机制完成压缩产能的指标难度比较大。2016年1~7月，全国28个产钢地区和中央企业累计压缩炼钢2126万吨，完成全年任务的47%；而煤炭"去产能"完成9500万吨，仅完成退出产能任务2.5亿吨的38%。2016年上半年，由于煤炭、钢铁需求复苏，无论是地方政府，还是企业本身，都没有

更大的积极性来压缩产能。还有一些地区以"补短板"为借口，继续扩大产能。因此，针对具有长期性和绝对性过剩的特征，主要依靠市场机制来实现"去产能"，还任重而道远。

第二，积极推进《中国制造2025》与"互联网+"战略，大力发展新经济，加快培育工业经济增长新动力。

当今世界正在步入新一轮科技革命拓展期，颠覆性技术不断涌现，产业化进程加速推进，新的产业组织形态和商业模式层出不穷，由此而产生的经济增长的新要素、新动力和新模式不断壮大，"新经济"浮出水面。所谓新经济，其本质是由于新一轮科技和产业革命带动新的生产、交换、分配、消费活动，表现为人类生产方式进步、经济结构变迁和经济增长与发展。新经济的技术革命基础以互联网、物联网、云计算、大数据、新一代通信等信息技术为主，还包括智能机器人、增材制造、无人驾驶汽车等智能制造技术，以及以纳米、石墨烯等新材料技术，氢能、燃料电池等清洁能源技术，基因组、干细胞、合成生物等生物技术。新经济既表现为基于这些新技术产生的各类新产业、新业态和新模式，还表现为传统产业与新技术融合发展。新经济对经济增长的促进作用至少表现在三个方面：一是由于信息（数据）独立流动性日益增强而逐步成为社会生产活动的独立投入产出要素，进而增加了信息边际效率贡献信息（数据）；二是以"云网端"为代表的新的信息基础设施投资对经济增长的拉动；三是生产组织和社会分工方式更倾向于社会化、网络化、平台化、扁平化、小微化，从而适应消费者个性化需求，进一步扩大范围经济的作用，进而成为新经济的效率源泉。

在当前我国工业经济下行压力较大、产业结构分化、工业经济增长动能亟待转换的背景下，大力发展新经济既是积极应对新产业革命挑战的战略选择，也是我国通过供给侧结构性改革优化资源配置的战略要求。虽然当前我国步入工业化后期阶段面临巨大的经济下行压力，但值得庆幸的是我国赶上了新一轮科技和产业革命以及新经济蓬勃发展的历史机遇。2015年，我国推出的《中国制造2025》和"互联网+"战略是努力抓住新一轮科技和产业革命机遇、大力发展新经济、

培育经济增长新动能、提高工业供给质量的一个核心战略。推进制造强国战略，实施《中国制造2025》和"互联网+"战略，应该着重从以下几方面着手：

一是完善技术创新生态，提高技术创新能力。制造强国战略的核心是提高制造业的技术创新能力。基于创新生态系统理论，一个国家技术创新能力的提升，不仅需要研发资金和人才投入等要素数量的增加，更重要的是创新要素之间、创新要素与系统与环境之间动态关系优化，即整个创新生态系统的改善。因此，通过供给侧结构性改革，完善制造业创新生态对提升我国制造业创新能力、推进制造强国建设具有重要意义。这具体要求深化科技体制和教育体制改革，修补制造业创新链，提高科技成果转化率；构建制造业创新网络，提高创新生态系统开放协同性；改善中小企业创新的"生态位"，提高中小企业制造创新能力；加强各层次工程技术人员的培养，提高技术工人的创新能力（黄群慧，2016d）。

二是构建科学的政策机制，落实《中国制造2025》和"互联网+"战略。落实《中国制造2025》和"互联网+"战略，一定要坚持功能性产业政策主导，避免强选择性产业政策，要强调通过支持建设广义基础设施建设（包括物质性基础设施、社会性基础设施和制度性基础设施）来推动和促进技术创新和人力资本投资，维护公平竞争，降低社会交易成本，创造有效率的市场环境，从而完善技术创新生态系统，进而提升整个产业和国家的创新能力。

三是加强制度创新和人力资本培育，加大"云网端"基础设施投资。一方面，要深化教育、科技和行政管理体制改革，围绕产业工人的技能提升培训、钻研精神奖励、创新导向激励、职业社会保障等各方面建立、完善相应的激励制度体系，逐步引导、培育产业工人精益求精的行为习惯，最后形成超越制度的体现为"工匠精神"的

行为准则和价值观念（黄群慧，2016e）；另一方面，加快推进大数据、云技术、超级宽带、能源互联网、智能电网、工业互联网等各种信息基础设施的投资，弥补我国智能基础设施发展的"短板"，提升我国顺应新一轮科技和工业革命、培育经济增长新动能的"硬实力"。

四是以智能制造为先导积极构建现代产业新体系。智能制造的发展能加快信息技术对传统产业的改造，进一步推动了制造业与服务业的融合，三次产业在融合发展中逐步实现转型升级，促进了具有更高生产率的现代产业体系的形成。为此，要深化体制机制改革，调整产业发展的指导思想，由强调增长导向的规模比例关系向强调效率导向的产业融合和产业质量能力提升的转变。要打破政府主管部门界限，突破只站在本部门的角度思考产业发展的思维定式，鼓励生产要素和资源跨部门流动，以智能制造发展和打造智能制造体系为先导，促进农业向智慧农业转型和向服务业延伸，以服务智慧城市建设和智能制造发展为目标推动服务业尤其是生产性服务业大发展，培育城乡第一、第二、第三产业融合的新业态。另外，由于总体上我国制造业处于机械化、电气化、自动化和信息化并存的阶段，不同地区、不同行业和不同企业的智能化发展水平差异较大，因此要基于我国国情制定智能制造发展新战略。同时，可以借鉴日本"母工厂"的做法培育智能制造新组织。智能制造具有技术集成特性和工程密集特性，需要一批能够明确提出先进制造系统技术条件和工艺需求、具备与先进制造技术相适应的现代生产管理方法和技能的"现代核心工厂"，这个"现代核心工厂"就是智能制造技术在企业组织层面进行应用、互动和持续改善的平台。而这恰恰就是日本的"母工厂"的定位功能。因此，我国需要借鉴日本"母工厂"的做法，培育智能制造的"现代核心工厂"，奠定智能制造体系建设的高效工厂组织基础（黄群慧，2016f）。

五、推进区域层面的工业供给侧结构性改革

推进区域层面的工业供给侧结构性改革，旨在通过优化区域工业资源配置体制机制，促进工

业生产要素跨区域的有效流动，化解工业资源配置在全球和地区间不平衡、不协调的结构性矛盾，提高工业生产要素空间上的配置效率，拓展工业发展空间。区域层面的工业供给侧结构性改革的推进具体要和对外开放战略和区域发展战略相结合，一方面，这些战略的实施有赖于工业供给侧结构性改革，有赖于工业供给要素的跨区域有效流动；另一方面，这些区域战略的实施也将极大地促进工业供给侧结构性改革、拓展工业增长的空间。从国家的角度看，区域层面工业供给侧改革的重点任务涉及在深入推进"一带一路"、自由贸易区等对外开放战略，京津冀协同发展、长江经济带和东北老工业基地振兴等区域发展战略下的区域工业生产要素配置问题；从各地区的角度看，重点任务是推进本地区经济发展战略与工业供给侧结构性改革相结合，实现工业生产要素的有效配置。

第一，积极推进"一带一路"战略，促进我国工业产能合作和企业"走出去"，实现工业生产要素在全球有效配置。

2013年9月和10月，中国国家主席习近平分别提出建设"新丝绸之路经济带"和"21世纪海上丝绸之路"的"一带一路"战略构想。基于这个战略，我国要主动地发展与沿线国家的经济合作伙伴关系，共同打造政治互信、经济融合、文化包容的利益共同体、命运共同体和责任共同体。"一带一路"发端于中国，贯通中亚、东南亚、南亚、西亚乃至欧洲部分区域，东牵亚太经济圈，西系欧洲经济圈，至少涉及65个国家（中国包括在内）覆盖约44亿人口，经济总量约21万亿美元，人口和经济总量分别占全球的63%和29%。从工业化视角看，"一带一路"战略的推出，表明中国这个和平崛起的大国的工业化进程正在产生更大的"外溢"效应。我们研究（2015）表明，"一带一路"沿线65个国家之间工业化水平差距较大，处于前工业化时期的国家有1个，处于工业化初期阶段的国家有14个，处于工业化中期阶段的国家有16个，处于工业化后期阶段的国家有32个，而处于后工业化时期的国家只有2个。有14个国家的工业化水平高于中国，有44个国家的工业化水平低于中国，中国在"一带一路"沿线国家中工业化水平处于上游的位置，按

照"雁阵理论"，中国的工业化经验将对大多数"一带一路"国家具有借鉴意义。"一带一路"沿线国家处于不同的工业化阶段，拥有着不同的经济发展水平，并形成了不同的优势产业类型。而这些产业也形成了三种不同的梯度，即技术密集与高附加值产业（工业化后期国家）、资本密集型产业（工业化中期国家）、劳动密集型产业（工业化初期国家）。这就决定了中国与这些国家的产业合作空间巨大。在"一带一路"战略下，中国将与"一带一路"沿线国家开展工业产能合作，重点推动钢铁、有色、建材、铁路、电力、化工、轻纺、汽车、通信、工程机械、航空航天、船舶和海洋工程等领域的产能合作，通过"工程承包+融资"、"工程承包+融资+运营"、BOT、PPP、投资、工程建设、技术合作、技术援助等机制推动一批重点产能合作项目，形成若干境外产能合作示范基地和工业园区，培育一批工业产能国际合作的骨干企业。这不仅有利于我国工业生产要素的全球有效配置，也促进了"一带一路"沿线国家的产业升级、经济发展和工业化水平的进一步提升，这对推进世界工业化进程意义重大。"一带一路"战略具体需要全国各地进行有效对接，对全国各地工业经济发展也是巨大的发展机遇。

第二，推进京津冀协同发展、长江经济带和东北老工业基地振兴等区域发展战略，实现工业生产要素区域间合理流动和有效配置，构造区域工业发展新生态。

京津冀协同发展战略旨在优化空间格局和功能定位、有序疏解北京非首都功能、构建一体化现代交通网络、扩大环境容量和生态空间、推动公共服务共建共享等措施，探索人口经济密集地区优化开发新模式，形成以首都为核心、辐射带动环渤海地区和北方腹地发展的世界级城市群，这不仅可以创造在基础设施方面的巨大工业投资需求，同时也努力构造研发与制造产业链条京津冀三地跨区域协同发展的新的工业生态系统。长江经济带战略覆盖全国11个省市，将我国东、中、西三大地带连接起来，有利于优化城市空间布局和工业分工协作，形成东、中、西互动合作的制造业协调发展带，有望形成若干符合《中国制造2025》战略方向的、世界级的、有竞争力的先进制造业集群。东北老工业基地振兴则旨在到

2030 年将东北地区打造成为全国重要的经济支撑带，具有国际竞争力的先进装备制造业基地和重大技术装备战略基地、国家新型原材料基地、现代农业生产基地和重要技术创新与研发基地。这些大的区域协调发展战略，既以工业生产要素有效配置为基础，也促进了工业生产要素的合理流动，正是这些区域层面的工业供给侧结构性改革的有利抓手和服务目标。

由于各个省级区域资源禀赋、发展水平、产业结构、历史沿革和文化习惯等差异，在现有的行政管辖格局下，推进整体区域发展战略并不容易。以京津冀协同发展为例，2015 年和 2016 年上半年的工业运行数据表明河北与天津的发展差距进一步拉大，这与其产业结构直接相关。河北因钢铁产业占比"一柱擎天"，在化解产能过剩的大背景下，整个工业增速受到严重影响。而天津 2015 年装备制造业增加值占规模以上工业的 36.2%，全年高技术产业增加值占规模以上工业的 13.8%，高于全国 2 个百分点，这样的产业结构支撑了天津仍能保持较高的增速。可以预计的是在未来相当长的时间内，这种产业格局不会有大的变化，相应的协同发展水平短期内难以迅速提升。因此，推进大的区域发展战略，要从长期着手，应该通过工业供给侧结构性改革，整体优化工业资源在各地的区域配置和产业价值链分工格局，提高供给要素质量，促进工业要素合理流动，逐步打造出工业发展的新产业生态系统。这要求，无论是处置"僵尸企业"、过剩产业"去产能"，还是房地产市场"去库存"，无论是利用金融创新"去杠杆"，还是降低工业企业制度性交易成本、人工成本、税费负担、财务成本、能源成本、物流成本等各方面"降成本"，以及发展先进制造业等高新技术产业"补短板"，都要在区域内整体作为一个产业生态系统考虑和规划。从积极推进交通一体化建设入手，然后推进区域内产业对接和生态环境保护，最终构造一个新的工业生态系统。

第三，地区层面的工业供给侧结构性改革的推进，要充分考虑本地区发展水平和区域战略，体现地区的差异化特征。

虽然供给侧结构性改革的核心任务都是针对由于供给结构不适应需求结构变化的结构性矛盾而产生的全要素生产率低下问题所进行的结构调整和体制机制改革，但是具体到各个地区，由于其发展阶段、基础条件、产业结构、资源禀赋、所有制结构等方面的差异，供给侧结构性问题的表现会有很大的区别，无论是"去产能、去库存、去杠杆"，还是"降成本"和"补短板"，具体的重点、对象、程度都会有很大差别。例如，从大的区域看，东部地区和中西部地区的问题就会不同，而不同城市也会有很大差别，资源型城市和制造业密集型城市也不同。因此，各地区在推进工业供给侧结构性改革时，应该结合本地区的基本情况，因地制宜，差异化推进。但是，这种差异化推进只是意味着尊重分工差异和本地比较优势，鼓励地方通过差异化的创新将比较优势转化为真正的竞争优势，并不意味着可以以"补短板"的借口重新回到粗放经济发展的轨道上。

六、结　语

在从实际推进角度对企业、产业和区域三个层面的供给侧结构性改革进行论述以后，我们还必须回到供给侧结构性改革的理论上的本意。供给侧结构性改革的本意在于通过体制机制改革激发创新活力，通过创新提高全要素生产率，进而提高潜在经济增长率，保证中国经济保持中高速稳定增长。所以，创新发展必然是我国未来发展的首要发展理念。一方面，要继续推进大众创新、万众创业的"人民本位"的创新理念；另一方面，要重视技术创新中的企业家的核心角色。企业家角色的核心内涵是创新，实质推进工业供给侧结构性改革，无论是从企业层面处置"僵尸企业"、降低实体企业成本和深化国有企业改革，还是从产业层面化解产能过剩和实施《中国制造 2025》，以及从区域层面推进"一带一路"、京津冀协同发展、长江经济带和东北老工业基地振兴等新区域发展战略，都要高度重视发挥企业家的核心作用，充分调动企业家创新积极性，政府在体制机制设计中要充分考虑到这一点。

参考文献

［1］白重恩、张琼：《中国的资本回报率及其影响因素分析》，《世界经济》2014 年第 10 期。

［2］Cai, Fang & Yang Lu. The End of China's Demographic Dividend: The Perspective of Potential GDP Growth. In Ross Garnaut, Fang Cai & Ligang Song (eds), China: A New Model for Growth and Development. Canberra: ANU Press, 2013, pp.55-73.

［3］蔡昉：《认识中国经济减速的供给侧视角》，《经济学动态》2016 年第 4 期。

［4］蔡昉、都阳：《积极应对我国制造业单位劳动力成本过快上升问题》，《前线》2016 年第 5 期。

［5］陈小亮、陈彦斌：《供给侧改革与总需求的关系探析》，《中国高校社会科学》2016 年第 3 期。

［6］龚雯、许志峰、王珂：《七问供给侧结构性改革（权威访谈）——权威人士谈当前经济怎么看怎么干》，《人民日报》2016 年 1 月 4 日。

［7］国家发改委产业经济与技术经济研究所课题组：《降低我国制造业成本的关键点和难点研究》，《经济纵横》2016 年第 4 期。

［8］何帆、朱鹤：《僵尸企业的识别与应对》，《中国金融》2016 年第 5 期。

［9］黄群慧：《中国工业在稳增长与调结构之间寻求平衡》，《上海证券报》2016 年 7 月 21 日。

［10］黄群慧：《实质推进工业供给侧结构性改革》，《经济日报》2016 年 4 月 28 日。

［11］黄群慧：《国有企业改革步入实质推进期》，《紫光阁》2016 年第 6 期。

［12］黄群慧：《以供给侧结构性改革完善制造业创新生态》，《光明日报》2016 年 4 月 27 日。

［13］黄群慧：《工匠精神的失落与重塑》，《光明日报》2016 年 6 月 29 日。

［14］黄群慧：《以智能制造为先导构建现代产业新体系》，《光明日报》2016 年 6 月 8 日。

［15］黄群慧、张航燕：《工业经济新常态愿景下的分化与突破——2015 年工业经济运行特征与 2016 年展望》，《区域经济评论》2016 年第 3 期。

［16］黄群慧、李晓华：《"僵尸企业"的成因与处置策略》，《光明日报》2016 年 4 月 13 日。

［17］黄群慧、韵江、李芳芳：《"一带一路"沿线国家工业化进程报告》，社会科学文献出版社，2015 年版。

［18］江飞涛等：《中国工业经济增长动力机制转换》，《中国工业经济》2014 年第 5 期。

［19］刘霞辉：《实施供给侧改革 重启高增长之路》，《经济参考报》2016 年 5 月 9 日。

［20］曼昆：《经济学原理：微观经济学分册》，中译本，北京大学出版社，2016 年版。

［21］汤正仁：《供给侧结构性改革辩证论》，《区域经济评论》2016 年第 3 期。

［22］文建东、宋斌：《供给侧结构性改革：经济发展的必然选择》，《新疆师范大学学报》2016 年第 2 期。

［23］吴敬琏：《供给侧改革的根本是改革》，《中国改革》2016 年第 5 期。

［24］习近平：《习近平在省部级主要领导干部学习贯彻党的十八届五中全会精神专题研讨班上的讲话》，《人民日报》2016 年 5 月 10 日。

［25］杨沐、黄一义：《需求管理应与供给管理相结合——兼谈必须尽快研究和制订产业政策》，《经济研究》1986 年第 2 期。

［26］余永定：《"供给侧结构性改革"不是大杂烩》，《财经》2016 年第 16 期。

［27］张鹏：《供给侧结构性改革的"三四五"》，《京华时报》2016 年 5 月 23 日。

［28］张杰、杨连星、新夫：《房地产阻碍了中国创新么？——既有金融体系贷款期限结构的解释》，《管理世界》2016 年第 5 期。

［29］中国社会科学院工业经济研究所工业经济形势分析课题组：《中国工业经济运行夏季报告（2016）》，中国社会科学出版社，2016 年版。

［30］邹晨辉：《麦肯锡：中国超 80% 经济利润来自金融业》，《新京报》2016 年 7 月 8 日。

综合篇

第一章 全球价值链与中国工业地位

提 要

中国工业地位提升的根本任务是从工业大国向工业强国转变，本质上是我国工业转型升级的战略方向与路径选择问题。对此，全球价值链理论在中国工业转型升级方向选择上具有重要的指导意义。但是，受到研究视角和相关假设的限制，全球价值链理论难以在战略层面上回应新一轮产业变革背景下如何提升中国工业地位的理论与现实挑战。新一轮产业变革中涌现出的技术经济范式，核心投入、新型基础设施、先导部门和企业组织方式都会发生深刻变革。这样的产业发展趋势已超出了形成于第二次产业革命中的全球价值链理论的范畴。未来，提升中国工业地位的战略，应该按照技术经济范式转变的关键组成部分，从数据要素的利用、新一代互联网基础设施、制造业智能化体系和营造有利于生产组织变革等方面进行系统部署，加强新的技术经济范式下区域分工与协作，提升中国应对技术经济范式转变的综合实力，从而全方面地实现中国工业地位的提升。

*　　　　　　*　　　　　　*

综观已有文献，"中国工业地位"虽然受到了多方的关注。但是从学理上看，"中国工业地位"并不是一个具有特定内涵的学术概念，当要对其加以刻画和测度，或者分析其驱动因素、变化趋势并转化为政策研究问题时，则需要加以技术定义。本章首先从全球工业发展的总体发展趋势入手，根据几个可观测的指标，提炼若干刻画"中国工业地位"的典型事实。其次，各界对中国工业地位的关注，本质上是关心中国工业结构未来调整方向与路径选择问题。这又可以分两个层面

的问题：一是我国工业转型升级的战略选择，特别是工业结构的调整问题；二是中国在全球分工体系中的演进。因此，本章根据全球价值链理论和产业结构理论，剖析"中国工业地位"背后的驱动因素及演变趋势。再次，"中国工业地位"问题不仅本身就具有动态性，而且还要考虑到现实技术与产业动态变化。因此，本章还讨论现有理论面临的现实挑战。最后，本章提出今后继续提升"中国工业地位"所需的视角与战略。

一、全球制造业的发展趋势与中国工业地位变化的特征

全球金融危机后，全球制造业逐渐恢复。2010~2014 年，全球制造业年均增速为 2.8%，比

2005~2010 年高出 1.03 个百分点。其中，工业化经济体逐步从全球金融危机中恢复，2010~2013

年制造业增加值年均增速为 1.5%。但是，发展中国家与新兴工业化经济体和中国的制造业增加值增速都呈现出不同程度的回落。2015 年第一季度，全球制造业产出保持低速增长。当前，全球制造业发展形势错综复杂，石油价格大幅下降、欧元贬值、美元升值、中国经济增速放缓和地缘政治的不确定对全球制造业增长带来不同程度的影响。受这些因素的影响，各地区制造业增长的表现也有不同，北美和日本制造业增速下降，欧洲国家保持低速增长，中国制造业产出明显下降拉低了发展中国家与新兴工业经济体的增速。

2010~2013 年，全球人均制造业增加值继续保持快速增长，从 2010 年的 1201 美元/人上升至 2013 年的 1262 美元/人。其中，工业化经济体从 4610 美元/人增加至 4750 美元/人，新兴工业化经济体从 506 美元/人上升至 532 美元/人，与工业化经济体的巨大差距略有所缩小。中国则从 914 美元/人增长至 1142 美元/人，近一步接近世界平均水平，是拉动全球人均制造业增加值上涨的重要驱动因素。

在对中国工业地位的讨论中，主要是对"工业大国"地位和"工业强国"地位的关注。至于什么是"工业大国"和"工业强国"，则需要对可比的统计指标进行刻画与度量。本章用一国工业增加值、工业增加值占世界比重和工业占各国 GDP 比重，比较主要工业国家的"全球工业地位"。此处选取美国、日本、德国、法国、意大利和英国等发达工业化国家与中国、韩国和印度等主要新兴工业化国家，作为比较中国工业地位的样本（见图 1-1）。

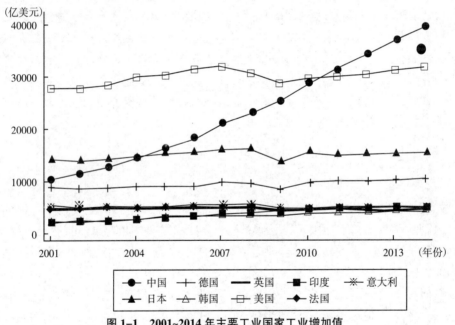

图 1-1　2001~2014 年主要工业国家工业增加值

资料来源：世界银行。

2001~2014 年，这 9 个国家工业增加值占世界工业增加值的半壁江山，比重的平均值和中位数分别为 57.1% 和 57.0%。2001 年以来，中国工业增加值（以 2010 年不变价美元计算，下同）连续保持上涨的趋势，增长速度在主要工业国家中居于首位。中国工业增加值快速增长促成了两个效应。一是在"量"的方面，从 10190 亿美元增加至 2014 年的 38620 亿美元，规模增长 3.8 倍，呈现出"压缩型工业化"的特征。在工业增加值快速增加的背后，是中国产品产量的快速增长。2011 年，中国工业产品产量居世界第一位的有 220 种。二是在"质"的方面，期间中国分别于 2005 年和 2011 年超过日本和美国，仅从工业增加值规模看，中国已经是全球第一工业大国。历经百余年的艰苦奋斗，中国自清朝以来，重返世界第一工业大国的地位。也正是在这一新的历史起点上，我国从工业大国向工业强国转变既有升级的基础，又有紧迫感。

2001 年以来，主要工业国家的工业增加值占世界的比重出现了明显变化（见图 1-2）。发达工业化国家工业值占世界的比重出现了不同程度的下降，而新兴工业化国家占比有所上升。其中，中国的工业增加值占比增长迅速最引人注目。2001 年，中国创造了世界 7.38% 的工业增加值，而到 2014 年，中国工业增加值占世界的比重增长至 19.10%，比 2001 年增长 11.72 个百分点。在新兴工业化国家中，无论从相对增长迅速，还是绝对规模水平，韩国和印度都难以与中国相匹敌。这一时期，工业增加值占比下降较为明显的是美国和日本两个工业大国。特别是 2008 年全球金融危机以来，部分发达工业化国家工业增加值占比出现了较为明显的"下台阶"。

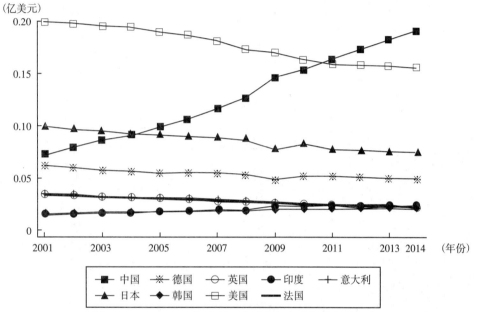

图 1-2　2001~2014 年主要工业国家工业增加值全球占比

资料来源：世界银行。

1997~2014 年，除韩国和印度外，主要工业国家工业增加值占 GDP 的比重普遍稳中有降（见图 1-3）。这种变化趋势对我国工业调整方向产生了较强的影响。从现状与趋势来看，发达工业化国家工业增加值占 GDP 的比重普遍低于 30%，并且还在持续下降。但是，这种工业增加值占 GDP 比重低的结构并不影响这些国家的工业强国地位。不乏论者认为，中国应该持续降低工业在国民经济中的比重，大力发展服务业，使得经济结构向发达国家的典型结构收敛。因此，近几年来，中国工业在 GDP 中的比重加速下降的趋势，特别是 2012 年我国第三产业在国民经济中的比重首次超过第二产业（见图 1-4），我国长期保持的"二三一"结构调整为"三二一"结构，被视为经济进入"新常态"的重要特征之一。

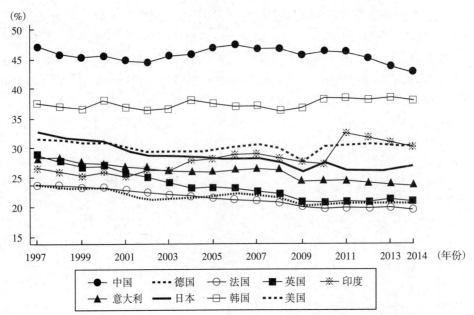

图 1-3　1997~2014 年主要工业国家工业增加值占本国 GDP 比重

资料来源：世界银行。

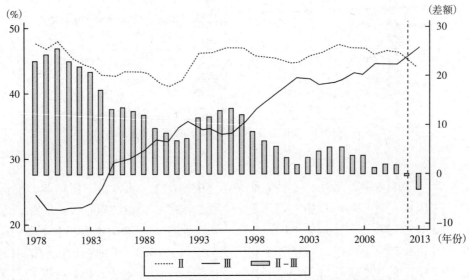

图 1-4　1978~2013 年我国第二产业和第三产业在国民经济中的比重

资料来源：《中国经济统计年鉴》。

二、全球价值链理论与中国工业地位的讨论

1. 全球价值链与产业升级理论

如上文所言，中国工业地位问题的背后，本质是中国工业转型升级问题。虽然这是个应用研究问题，甚至并不是新问题，但是要对老问题给出新的研究思路，仍有必要系统回顾产业理论的

发展趋势，并讨论这些理论在指导产业转型升级的贡献与局限。不同的产业理论对产业转型升级的政策主张也有所差异。与我国产业发展的"后来者"角色类似，指导我国产业转型升级的理论基本上延续了经典产业经济理论。而经典理论主

要有两个理论来源：一是将现实中的产业演进特征、问题和趋势理论化；二是对来自一些后发国家产业赶超的成功经验（特别是政策实践）的理论总结。产业经济理论的这两种来源，直接决定了其在指导我国产业转型升级实践中的有效性和局限性。现有的指导产业转型升级的理论大致分为两类：一是以产业为分析对象，以产业结构理论为代表；二是以产品为分析对象，以全球价值链理论为代表。

"二战"后各国经济迅速恢复，同时也面临着产业结构调整升级的挑战。产业结构理论在以下三个研究方向做出了拓展：第一，基于经济增长理论的产业结构升级理论，主要关注战后欧美各国经济增长与产业结构的数量关系。该理论引发的政策问题是如何提高要素的投入产出效率，更有效地促进经济稳定增长。第二，基于发展经济学的产业结构升级理论，认为产业结构和经济发展阶段联系在一起，经济总量增长依赖于非均衡的结构变动，特别依赖于新兴产业来推动。从政策角度看，政府应该根据本国经济所处的发展阶段，甄别出"主导部门"加以重点扶持，驱动产业结构的升级。第三，基于产业政策的产业结构升级理论研究。战后，日本政府实施以优化产业结构为核心的产业政策。以产业政策为基础的产业升级理论具有明显的实用主义特征，与上述基于发展经济学的产业升级在政策思路上是极为相似的。二者都是通过选择性的产业政策，挑选出特定产业作为产业升级的引擎，所不同的是选择

的标准是以产业之间的关联度，还是产业自身的技术经济特征。总体而言，产业结构理论侧重于研究一国国内各部门结构的配比与优化，在中国工业调整方向上，也是基于统计核算向发达国家"对标"，并不能充分研究中国工业地位的现状与趋势。而且产业结构理论重点关注产业之间的要素流动引起的产业转型，并不能反映一个产业内部出现的升级，产业转型升级同样需要从微观视角进行研究。

20世纪80年代后出现的价值链理论，较好地弥补了产业结构理论对产业内部升级关注不足的问题。价值链是指产品价值的创造贯穿于产品的设计、生产、销售直至最终消费使用的全过程。组成价值链的各种活动可以包含在一个企业之内，也可以分散于各个企业之间；可以聚集在某个特定的地理范围之内，也可以散布于全球各地。价值链理论逐渐发展成为全球价值链（Global Value Chain，GVC）理论。该理论认为，散布于全球的、处于GVC上的企业进行着从设计、产品开发、生产制造、营销、出售、消费、售后服务、最后循环利用等各种增值活动。GVC研究着眼于分散于全球各地的活动片段的国际分工与协作体系，以及各参与者之间的互动关系，由此引出对GVC进行治理的探讨。一些学者运用Gereffi和Korzeniewicz（1994），Gereffi等（2005）的GVC理论，把外向型经济战略的调整与升级问题，放在GVC中本地企业升级的框架内论述，如表1-1所示（张辉，2005）。

表1-1　生产者和采购者驱动的全球价值链比较

项目	生产者驱动的价值链	采购者驱动的价值链
动力根源	产业资本	商业资本
核心能力	研究与发展、生产能力	设计、市场营销
进入障碍	规模经济	范围经济
产业分类	耐用消费品、中间商品、资本商品等	非耐用消费品
典型产业部门	汽车、计算机、航空器等	服装、鞋、玩具等
制造企业的业主	跨国企业，主要位于发达国家	地方企业，主要在发展中国家
主要产业联系	以投资为主线	以贸易为主线
主导产业结构	垂直一体化	水平一体化
辅助支撑体系	重硬环境轻软环境	重软环境轻硬环境
典型案例	Intel、波音、丰田、海尔、格兰仕	沃尔玛、国美、耐克、戴尔

资料来源：张辉（2005）。

GVC 理论认为，通过价值链中的动态学习和创新机制，可以逐步改进中国在产品内国际分工的地位。GVC 有生产者驱动（Producer-driven）（如以通用汽车为核心的全球汽车生产网络及其价值链体系）和购买者驱动（Buyer-driven）（如以沃尔玛、耐克等跨国公司为核心的全球销售网络及其价值链体系）两种类型，GVC 中本地企业的升级与 GVC 的治理模式有密切的关系。一般而言，在购买者驱动的价值链中，全球性大买家出于竞争和自身利益的考虑，会鼓励下游各个层次的供应商和分包商加快工艺升级和产品升级。产业升级的次序将会遵循"工艺升级→产品升级→功能升级→链条升级"的线索，同时 OEM→ODM→OBM 的转换，被视为产业升级的主要路径（Gereffi，1999；Humphrey & Schmitz，2002），对产业转型升级实践产生了广泛的影响。在 GVC 视角下，产业升级的路径与产业结构理论也有所不同。Humphrey 和 Schmitz（1995）提出，产业升级可以分为四个不同的层次：流程升级、产品升级、功能升级和链条升级，即从劳动密集型价值环节转向资本和技术密集型价值链。发达国家之所以可以占据 GVC 的高端，主要原因在于其不断地投入现代生产性服务业所内含的技术、知识和人力资本，使产业结构不断地向"软化"趋势调整。生产性服务业提高产业竞争力的效应，与其产出中含有密集的、难以竞争、难以模仿以及可持续创造价值的高级要素有关（刘志彪，2007）。尤其是生产性服务业中的高端生产者服务业（Advanced Producer Services，APS）的发展，是奠定制造业和其他服务业竞争力的基础。大力发展高端生产者服务业，自然成为 GVC 理论对产业转型升级的基本主张。

表 1-2　如何识别全球价值链中的治理者

指标	优点与弱点	数据来源
价值链中的销售份额	不是一个有力的指标，因为该指标中无法规避原料部分的重复买卖活动，因此，缺乏有效影响力	资产负债表
价值链中的增值份额	因为其反映了价值链中的具体环节部分，所以是一个比较好的指标	企业调研
价值链中的利润份额	虽然是一个反映价值链中能力水平的好指标，不过高利润份额可能来自对稀缺资源的垄断，并且对下游环节也没有影响力	资产负债表，通常只能收集到上市公司等对外发布信息的股份制创业的数据
利润率	不是一个很多的指标，因为价值链中一些小型利基型参与者可能会有很高的利润率，但是它们对整个价值链并没有多大的影响力	资产负债表，通常只能收集到上市公司等对外发布信息的股份制创业的数据
价值链中的购买份额	一个很好的指标，特别当购买渠道多元化而非依赖领导企业的时候该指标更加有效	企业调研
掌握价值链中核心技术或具备独特能力	在生产者驱动的价值链中是一个很好的指标，例如汽车产业	企业调研
拥有价值链中"市场标识（品牌）"	在品牌标识显得重要的市场中，该指标就会凸显其优势	企业调研：品牌在最终市场中的份额研究

资料来源：Kaplinsky（2000）.

GVC 理论在相当大程度上"修复"了产业结构理论在产业分类方法、测度技术、结构演进的驱动力等方面存在的不足，对当代产业发展的规律、利益分配机制有较为全面的掌握。基于微观分析视角所提出的产业升级思路在我国也产生了相当明显的政策影响。也正是在 GVC 理论的框架下，近年来，中国产业转型升级悄然地发生着变化。一些学者在中国工业转型升级面临的问题识别上，不再局限于传统的三次产业结构的比例问题，而更多地从国家产业活动在 GVC 中的地位加以分析，将未来提升中国工业地位等同于提升中国在 GVC 中的地位，并在工业部门的不同行业上，结合行业的 GVC 特性选择不同的升级路径。GVC 理论逻辑清晰，政策指导性强，是指导我国工业发展的重要指导。

2. 全球价值链理论的不足与挑战

现在研究普遍认为，中国大多数工业部门处于 GVC 的中低端地位，在加总层面上，虽然中国已经成为全球工业大国，但是从 GVC 的角度看，中国工业仍然处于全球价值链的中低端。例如，即便长三角地区的产业处于中国价值链的中高端，但是以上海企业为代表的长三角地区的企业较多地嵌入 GVC 体系的下游（辅助价值生产环节），在 GVC 中仍处于一种从属、被支配的地位。上海立信会计学院课题组（2015）的研究发现，总体而言，上海在 GVC 中处于中低端，目前正处于效率驱动向创新驱动迈进阶段，获得的附加值不高。

表 1-3 上海企业的全球价值链嵌入地位状况

全球价值链产品产业	战略环节	控制者/领导企业	企业所在国家/地区	上海企业占据环节	上海代表性制造企业
计算机	研发、CPU 制造、软件升级、核心元件	Intel、惠普、微软、戴尔等	美国、日本、中国台湾	一般元件制造、产品组装、部分软件升级	上海宝信、上海文思海辉、神州数码
汽车	一番、模具、成套设备制造	通用、大众、本田、丰田	德国、美国、日本等	通用零配件、整车组装、研发	上海汽车、华域汽车
飞机	研发、总装	波音、空客	美国、欧盟等	零配件、研发与总装	上海商飞
纺织服装	面料和时装研发设计、品牌创造、营造	阿迪达斯、皮尔卡丹	法国、意大利、美国、中国香港等	低端产品、贴牌生产、设计与品牌创造、销售	上海纺织（集团）
集成电路	IC 设计、前沿技术研发和生产	Intel、三星	美国、韩国等	封装测试、主芯片设计和生产	中芯国际、展讯通讯、上海贝岭
耐用家电	研发、核心元件	西门子、三星、东芝、索尼	日本、德国、韩国等	一般元件、成品组装	上海夏普、上海西门子

资料来源：上海立信会计学院课题组（2015）。

代表性的研究认为，我国在 GVC 中地位提升的主要困难在如下几方面：一是外资型加工贸易造成产业链不完整，龙头企业的引领作用较弱；二是自主创新能力较弱，企业对关键技术和工艺流程的控制能力较弱，本地市场需求的带动作用较弱，技术进步对高技术产品的发展驱动力不强；三是产业发展生态环境不成熟，诚信环境、区域产业同构、政府政策竞争等不利于价值链升级；四是一些地区攀升价值链的主要驱动力是市场寻求型，而发达国家则是技术创新驱动型，后者对前者会产生较强的挤压。一些研究者以 GVC 理论为基础，认为中国提升工业地位要从技术创新方向、市场创新驱动型、效率驱动型和"蛙跳"型四个方向进行突破，在技术创新政策、市场政策、制度创新等方面进行总体布局。毫无疑问，这些研究对深化中国工业地位现状的理解、识别升级障碍和未来方向，均有积极的意义，对从政策层面指导中国工业转型升级的价值要高于宏观层面的产业结构理论。但是，微观层面的研究在相当大程度上制约了其对中国工业地位提升的战略指导意义：GVC 适用于在给定产业价值链的情况下，如何沿着 GVC 从价值链的低端向高端攀升。

GVC 理论在一定程度上遗留了与产业结构理论相似的缺陷：对高端生产性服务业的重视是必要的，但是如何处理生产性服务业与制造业之间的关系，或许是一个更为重要的问题。按照 GVC 理论，生产制造通常处于价值链的低端，上游和下游的服务业通常占据附加值的高端，那么需要回答的是：如果没有制造业的升级，与之相关的生产性服务业的价值将如何产生？生产性服务业通过什么机制促进制造业升级？依靠没有制造业升级为基础的生产性服务业，能否具备 GVC 的控制力？更为重要的是，微观层面的价值链分析更适用对既有产业的分析，或者说适用于既定技术经济范式下的产业升级路径设计。问题在于，当技术经济范式发生转变时，GVC 理论对产业转型升级的指导意义将会受到严峻挑战。提升中国工业地位的战略研究，更应该重视长期性技术经济范式转变过程中的机遇和挑战。

3. 价值链重构的现实对理论的挑战

全球制造业产业链在地理空间上的加速分解，产品市场竞争的不断加剧，价格竞争迫使制造业企业寻求新的附加值来源。科学技术和商业模式创新正在重塑国际分工的基础，全球价值链进入重塑调整期（杨丹辉，2016）。借助制造业服务化成为制造业企业提升产品附加值的重要方式，贴近领先市场需求成为新兴产业快速发展的驱动力。当全球需求从发达国家转向发展中国家，发展中国家快速抢占市场、快速升级产品的新的创新方式将改变制造业的商业模式。

第一，制造业的服务化趋势日渐明显。一方面，算法革命使越来越多的服务业活动和可以像制造活动一样被编码，可进行快速复制、分析、重组、定制化并创造新服务。借助 ICT 技术，不仅商业运营效率进一步提升，而且全新的商业模式被催生出来，提供以前在技术上或者经济上不可行的制造业衍生服务，这将深刻改变企业价值创造的方式。另一方面，全球制造品竞争不断加剧，地区间产品标准化程度日益提高，同时制造业产品的复杂度和可替换性也在不断提高，迫使制造业企业更多地依赖非竞争价格策略。这样的背景下，制造业将会重新评估服务在其核心商业模式中的地位，越来越多的企业将增强服务视为维持市场竞争地位的出路。例如，苹果的 iPod 通过 iTunes 软件接入在线音乐商店不仅取得了巨大的商业成功，而且彻底改变了音乐的销售方式。小松公司在工程机械中植入燃耗监测感应器并传送至总部，当燃料出现虹吸时将远程中止机械作业；即便某地经济景气数据不稳定时，小松公司也可根据当地燃料消耗情况对当地产品的供求加以预测。迪尔公司出售的农用设备可收集、分析当地的土壤样本信息，并将这些信息无线传送至远程数据库，用于施肥的跟踪和肥料配方的调整分析。

第二，新兴产业发展的本土特征更为明显。全球金融危机后，新兴产业成为主要制造业国家竞相发展的重点。主要制造业国家新兴产业的发展趋势是提高与本地市场需求的匹配度，特别是与本土实验性消费者和领先消费者相匹配，这与一国既有的产业结构和竞争优势有关，也受各国公共政策支持的重点产业影响。例如，美国公共投资最大的是 ICT 部门和纳米技术应用，同时重视新一代制造业材料的发展，试图发挥美国科技优势并为其他产业提供通用型技术或者材料，整体提高美国制造业的效率与竞争力。日本则重点关注应对人口结构的变迁，优先发展适用于年长劳动力的新型生产技术，开发适用于老年人的新产品。日本还优先开发可视化技术，融合 IT 系统和制造技术，提升制造系统的竞争力。德国则致力于提升制造工艺，强化和推广制造业技术标准，防止产品技术和工艺被他国模仿。巴西重点发展和开发生物燃料和石化技术。

三、超越全球价值链理论看中国工业地位

微观层面的全球价值链分析更适用对既有产业的分析，或者说适用于既定技术经济范式下的产业升级路径设计。问题在于，当技术经济范式发生转变时，GVC 理论对产业转型升级的指导意义将会受到严峻挑战。提升中国工业地位的战略研究，更应该重视长期性技术经济范式转变过程中的机遇和挑战。其中，新一轮工业革命带来的技术经济范式整体变革，将给全球价值链理论带来严峻的挑战。未来如何提升中国工业地位，也需要超越全球价值链理论。

这里将严格按照技术经济范式的分析框架，结合当前主要工业化国家及我国应对新一轮工业革命的探索实践和政策调整，研判新技术经济范式的核心投入、先导产业、基础设施与生产组织方式发生与拓展过程，重新定向中国工业地位的提升方面。

1. 数据将成为核心投入

不同于以往技术经济范式的转换高度依赖于物理装备的升级，驱动第六次技术经济范式的核心要素将是数据。换言之，数据要素将会成为决定未来工业化水平的最稀缺的要素（Aghion & Howitt, 1998）。因此，相比先导产业的更替，核心要素的更替更具革命性。虽然工业机器人、3D 打印、人工智能等新型制造装备进一步提升了生产的自动化和柔性，但是仅有生产效率的提升尚不足以引发"革命性"的变化。按照目前美国"工业互联网"、德国"工业 4.0 计划"和我国"互联网+"战略的设计和部署，迅猛发展的新一

代互联网技术加速向制造业领域渗透，与新型制造技术深度融合后推动既有制造系统发生重大转变，也就促使数据要素成为驱动生产组织方式变革的关键要素。自 20 世纪 70 年代工厂引入"可编程控制器"（Programmable Logic Controller）后逐渐完成了初等信息化，但是与智能制造仍然有显著区别①。PLC 仅实现虚拟信息世界向现实物理世界的单向输出，物理世界并不能向信息世界做出反馈，数据的产生、采集、分析和利用也都是单向的，数据要素对企业边际利润的贡献附着于物质资本，缺乏显著性和独立性。

新一代互联网技术向生产的全面渗透将彻底改变这种局面，大幅提升数据对企业边际利润的贡献。当前，代表全球制造业最高水平的国际知名企业的探索实践预示着数据的获取和配置不仅进一步提高生产效率，而且正在挑战流水线生产方式。博世集团和西门子集团等德国的工业巨头是德国"工业 4.0 计划"的主要倡导者和实践者，正在围绕数据构建智能环境和以此为基础的"智能工厂"，即在制造装备、原材料、零部件、生产设施及产品上广泛植入智能传感器，借助物联网和服务网实现终端之间的实时数据交换，达到实时行动触发和智能控制，实现对生产进行全生命周期的个性化管理。智能工厂为智能产品的生产奠定了坚实的基础。智能产品记录了消费者的需求特征以及从生产、配送到使用的全过程数据，在生产过程当中可根据消费者的个性化需求，以数据交换的形式与生产设备"对话"，选择最优的配料和排产方案，极大地提高了制造系统的柔性。曾被福特制替代的"大规模定制"这一生产组织方式重新具有了技术和经济可行性。

数据要素对于生产系统重构的意义还在于形成智能工厂和智能产品的闭环。依托物理—信息系统，生产数据和消费数据形成大数据系统，经实时分析和数据归并后形成"智能数据"，再经可视化和交互式处理后，实时向智能工厂反馈产品和工艺的优化方案，从而形成"智能工厂—智能产品—智能数据"的闭环，驱动生产系统智能化。这一切的实现既依赖于数据这一新型生产要素的

生成和利用，也依赖于"云设施"的升级与完善。如同资本要素的供给来自于资本积累，劳动要素的供给来自于人口增长和教育，数据要素的供给则依赖于传感器和高速通信设施的广泛应用。因此，在数据要素成为核心投入的过程中，"可以廉价获得"的传感器便是新一轮技术经济范式中派生出的核心要素。按照德国"工业 4.0"计划的部署，新型传感器单价将降至 1 欧元以下，即便广泛植入也不会造成使用成本的显著增加，这样便可以有效地提高数据要素的积累效率。

2. 通信基础设施的重要性将超过交通基础设施

核心投入与基础设施的动态匹配是促进先导产业快速发展的必要条件。历史经验表明，核心投入"可以廉价获得"是基础设施快速完善的产业基础，基础设施建设的巨大需求为核心投入产业的发展提供初始市场，从而形成正反馈效应。例如，与铁、煤相匹配的基础设施是运河和铁路，与钢相匹配的基础设施是钢轨和钢船，与石油、天然气相匹配的基础设施是高速公路、机场等，与集成电路相匹配的是互联网。随着数据要素（及其相派生的传感器）成为新技术经济范式的核心投入，那么问题是：第五次技术经济范式中形成的基础设施——互联网是否与新兴的数据要素相适应？对此问题的解答，需从互联网的演进历程加以剖析。

互联网发展至今经历了三个阶段：第一代互联网（1969~1989 年），即军事和科研阿帕网，主要用于公共部门的内网使用。第二代互联网（1990~2005 年），即基于个人计算机的万维网，刺激了电子商务爆炸性增长。在互联网取得巨大成功的同时也面临着严峻的挑战：一是架构灵活性不高，难以适应不断涌现的新业态的需求；二是难以满足未来海量数据增长的需求；三是实时性、安全性和灵活性尚不能满足产业融合发展所需，工业互联网、能源互联网、互联网金融、车联网等对互联网的升级提出了强烈且迫切的需求。为了克服这些问题和局限性，互联网技术正在通过多条技术路线向第三个阶段演进。其中，传统

---

① 可编程控制器即工业控制计算机，其基本架构与个人计算机类似，即通过可编程存储器执行顺序控制、定时和计算等操作指令，通过输入和输出接口控制各类制造设备，达到干预生产过程的目的。

IP 网络向软件定义网络（SDN）转变便是一大趋势，可实现数据层和控制层的分离，定义和编程网络设备资源，实时反馈网络及网络设施的运行状态，提高网络部署的灵活化和稳定性。

当前，新一代互联网基础设施对核心要素和先导产业的支撑还远远不够，但是已经在加速集聚爆炸式发展所需的资源。首先，在政府层面，美国、欧盟和日本等的公共研究机构已经立项研究新一代互联网技术路线，讨论和制定新一代互联网的协议。例如，2011 年美国通过了《联邦政府云战略》，将联邦政府 IT 支出的 1/4（约 200 亿美元）转为采购第三方公共云服务；2012 年欧盟发布"发挥欧洲云计算潜力"战略，在各领域推广云计算的应用。其次，在产业层面，2012 年，13 家全球主要电信运营商共同发起了网络功能虚拟化组织，截至 2014 年 10 月，已有 250 家网络运营商、电信设备供应商、IT 设备供应商以及技术供应商参与。同时，2013 年全球主要电信设备和软件公司联合开发 SDN 控制器和操作系统。再次，在技术层面，新一代光网络、新一代无线网络（5G、Wi-Fi）、物联网、云计算（云网络）等网络基础设施在硬件设备开发、网络协议和标准制定、网络传输速度和频谱利用率提升、功耗和延时降低、兼容性、灵活性和安全性提升等方面取得了一定的进展。最后，新一代互联网基础设施在应用层的潜力逐步显现。在产业应用层面，以物联网为例，2012 年全球物联网市场规模约 1700 亿美元，预计 2015 年将接近 3500 亿美元，年增长率约 25%。2012 年，全球云计算市场规模达到 1072 亿美元，预计 2017 年将达到 2442 亿美元。在企业应用层面，除了上述德国企业正在利用物联网和服务网构建智能工厂，谷歌公司数据中心通过 SDN 将链路平均使用率从 30% 提升至 95%，并于 2014 年第一季度投入 23 亿美元，采用最新网络技术构建骨干网满足公司快速增长的需要。在政府应用层面，2014 年 6 月新加坡推出建设世界上首个"智慧国家 2025 计划"，为大多数家庭提供超快的 1Gbps 网速，在线提供 98% 的政府公共服务。我国政府也提出了"互联网+"战略，大力促进互联网技术更广泛、更深入地融入到各行各业。

我们认为，新一代互联网基础设施逐步完善，将为数据要素的积累和配置提供有力支撑，同时数据的利用能够提升新一代互联网基础设施的投资收益率，从而形成第六次技术经济范式的两大核心构件。

3. 制造智能发挥先导产业的作用

新一代互联网技术与制造业融合后，将为制造业的效率提升和价值创造带来新的机遇。第一，引领产品的智能化和网络化。"硬件+软件+网络互联"正逐渐成为产品的基本构成，并呈现出个性化和差异化趋势。例如，消费领域的智能手机、可穿戴设备、智能家电、智能家居，工业领域的智能机器人、智能专用设备以及新型传感器、视觉识别装置等组件。智能产品可通过网络实时和厂商、第三方服务提供商或上层智能控制平台通信，拓展产品功能和延伸服务需求。第二，推动生产和管理流程智能化。企业内部制造流程将整合至一个数字化、网络化和智能化平台，各种机器设备和数据信息互联互通，为优化决策提供支持。制造业的柔性进一步提高，消费者的个性化需求得到充分满足。第三，推动研发设计的网络化协同发展。研发设计部门和生产制造部门的界面信息进一步整合，"虚拟制造"有效提高研发效率，客户还可以通过网络参与在线设计融入个性化需求，有效缩短研发设计周期。第四，推动企业组织变革。不同层面的数据和信息可通过高速网络便捷传递，企业组织进一步扁平化。企业间组织趋于模块化，最大限度降低信息成本，重塑产业价值链。第五，推动制造业企业服务化转型。制造过程高度数字化，产品数据全生命周期集成，企业通过互联网及时获取消费者需求从而实现服务型制造，"私人定制"、"按需定制"和"网络定制"等服务模式将更加普遍。

制造业智能化将为其他领域提供通用技术。第一，在生产端，智能工厂生产的智能化装备和中间产品是其他产业的投入物。无论是新一代互联网设施的建设，传感器价廉量大的供给，还是智能交通、智能电网、智能物流、智能家居等智能系统的建设，都依赖于智能中间品的供给。第二，在消费端，应该认识到满足消费者对智能化、个性化产品需求的前提是生产系统的智能化，没有制造业智能化的商业模式的创新将是空中楼阁。第三，智能制造还对其他产业产生了较好的示范效应。以美国通用电气公司的工业互联网为例，该公司的新一代 GEnx 飞机发动机上装有 26 个传感器，以 16 次/秒的频率监测 300 个参数，仅一次长途飞行就可以存储 1.5 亿份数据，翔实地记录了航班的运行状态、发动机性能与效率。这些数据被传送至驾驶室和地面数据中心，经分析后用于监测、预测和改进发动机性能，有效缓解飞机的维修压力，从而降低航班延误的损失。仅此一项，每年就可以节约 20 亿美元的成本。以数据为核心对生产和服务流程再造的案例越来越多，在此不再列举。

4. 新型生产组织方式的兴起

虽然企业内部治理结构的扁平化和企业间网络不断增强，但是并不表示生产组织方式不会出现"革命性变化"。以数据为核心投入、智能制造为先导部门、新一代互联网基础设施为主要内容的新一轮技术经济范式正在蚕食福特制（及其改进版）的经济合理性。零部件的标准化是流水线生产的前提，这就限制了产品的多样化，导致产品多样化大幅度减少。之所以出现产品多样化（个性化）和产量（规模经济）之间的权衡，是由于两方面的原因：一是制造业的生产流程投资具有专用性，调整产品种类需要转换生产线；二是产品零部件标准化程度高，零部件的调整成本高。过高的生产线和零部件转换成本使得产品调整不经济。因此，以标准化为核心的福特制虽然提高了生产效率，但是必须支付制造系统柔性低下的机会成本。

以数据为核心投入的新型制造系统具有更高的柔性。第一，刚性生产系统转向可重构生产系统，客户需求管理能力的重要性不断提升。可重构生产系统以重排、重复利用和更新系统组态或子系统的方式，根据市场需求变化实现快速调试及制造，具有很强的兼容性、灵活性及突出的生产能力，实现生产制造与市场需求之间的动态匹配。例如，德国大众汽车开发的"模块化横向矩阵"可以在同一生产线上生产所有车型的底盘，可及时根据市场需求在时间上和空间上的变化灵活调整车型和产能。这一过程也表明制造业从产品模块化演化为生产线模块化。第二，大规模生产转向大规模定制，范围经济可能超过规模经济成为企业的优先竞争策略。可重构生产系统使得大规模定制具备经济可行性，企业依靠规模经济降低成本的竞争策略的重要性也将有所下降。未来，满足消费者个性化需求将取代规模经济，成为企业的主流竞争策略。为此，未来的企业组织将开放更多的接口直接面对消费者。第三，企业内部组织结构需要调整，以提高数据要素的附加值。制造业智能化显著增加了生产的复杂度，对企业管理复杂度的能力也提出了更高要求。为此，企业内部的组织结构，从产品设计、原型开发，到资源、订单、生产计划的获取和组织，再到营销、售后服务，都需要按照新的产品价值链加以整合。包括顺应制造业服务化的趋势，提升企业内部支撑制造的服务部门的重要性；顺应从提供单一产品到提供一体化的解决方案的趋势，增强与消费者的互动能力；利用新型基础设施进行投融资方式和商业模式创新；加大对员工（特别是技术工人）终身学习计划的投入。第四，工厂制造转向社会化制造，产能呈现出分散化的趋势。企业组织的主要功能是降低生产的信息成本。随着大量物质流被数字化为信息流，生产组织中的各环节可被无限细分，从而使生产方式呈现出碎片化，企业的信息成本可能成为不可承受之重，生产出现了"去企业化"从而呈现出社会化制造的势头，即"共享经济"开始兴起。一些地区已出现专门为网络设计者、用户提供制造和产销服务的在线社区工厂，有效降低产业的进入门槛；社交网络上出现了由个体组成的"虚拟工厂"，个人能够通过在线交流进行产品的研发、设计、筛选和完善，社会制造这一新型产业组织逐渐形成。

四、小 结

　　未来，提升中国工业地位的基本导向是从全球工业大国向全球工业强国转变。这一战略方向的选择，全球价值链理论提供了重要的理论指导。但是，全球价值链理论偏微观的分析视角，和对技术经济范式相对稳定的依赖，使得该理论难以充分回答在新一轮产业变革的背景下一国如何从工业大国向工业强国转变的战略问题。因此，未来提升中国工业地位需要新的理论视角。

　　正在孕育的产业变革为中国把握全球新一轮科技和产业发展先机带来新的契机，也带来深刻的挑战。政策上需要结合我国工业的基础、基础设施、产业发展环境的现状，制定工业转型升级的总体战略。今后中国的产业政策和创新政策，宜按照技术经济范式核心组件的变化规律进行系统性的调整，加强顶层设计，增强各类政策之间的协调性。

　　首先，从重视"硬"装备到加强"软"系统。虽然我国在智能制造相关的高端装备、工业机器人、智能仪器仪表等方面具有较强的产业基础，但是该地区长期对数据要素的重视不够，制约了高端装备产品品质（如产品稳定性）的提升，也在一定程度上阻碍了高端装备产业的持续发展。更为重要的是，对数据要素的轻视不符合制造业智能化的发展趋势。横向比较看，相比美国工业互联网、德国"工业4.0"计划以数据要素重新定义制造业，发展以"智能装备＋智能软件＋网络互联"三位一体的智能制造架构，我国应该着力改变"重装备、轻软件"的现状。

　　其次，信息通信基础设施升级需要加速推进，增强地区间信息基础设施的互联互通。我国在宽带基础设施建设方面取得了长足发展。但是，我国信息通信基础设施距离满足"互联网＋"向各领域融合的需求仍有较大差距，要在网络传输速度、降低网络能耗和降低数据服务资费方面继续加强。目前，通信基础设施的发展局限于信息通信技术本身，发展重点着眼于消费领域，对制造业智能化的支撑作用直到最近才开始重视。通信基础设施升级是数据要素的廉价且大量供给的必要条件，是制造业智能化的基础。未来，我国在通信基础设施升级中应加强信息通信服务商与工业企业的对接，避免信息通信服务与企业智能化改造的需求不匹配问题。同时，在信息通信技术的标准制定方面加强国际合作，以信息通信技术标准的国际合作推动智能制造的国际化发展。

　　再次，数据要素和新一代互联网技术向制造业领域的渗透急需加速。制造业智能化是驱动国民体系智能化的主要驱动力，脱离制造业升级的商业模式创新难以为继。我国互联网服务最广、数据要素积累最多、利用水平较高的是商业服务领域，如百度积累的用户需求数据、阿里巴巴积累的消费数据和腾讯积累的社交数据。这些在我国互联网高速发展中涌现出的、具有全球影响力的互联网企业尚未将资本、数据、品牌、人才和技术优势导入至制造业领域。应鼓励这些企业整合各方面的资源，积极探索适合我国国情的制造业智能化发展之路。今后，我国应该继续增强生产制造数据的积累和利用，制造业智能化的趋势下掌握最核心的要素资源，成为全国乃至全球主要的生产制造技术的中心。

　　最后，以开放、包容的态度对待生产组织方式的变革。相比核心要素、基础设施、主导产业的演变，生产组织方式变革过程中新、旧利益集团的斗争更为激烈和漫长。生产组织方式变革过程顺利与否，直接影响到技术经济范式转变的效率。目前的产业规制和政策形成于上一轮技术经济范式，过去行之有效的公共政策可能会成为新型产业组织成长的阻碍，如产业边界划定、行业准入标准、知识产权保护和产业政策等都可能难以与新型生产组织方式相匹配。必须通过供给侧结构性改革，给予新型生产组织试错机会，及时调整不合时宜的管制和政策，进一步减少对企业微观活动的直接干预，减少不利于创新的行政性审批，减少缺乏针对性的集中决策。

专栏 1-1

全球价值链的创新趋势

发达国家重振实体经济推动全球新一轮科技创新。随着发达国家对实体经济新一轮密集投入的效果初步显现，深度学习（DL）、工业物联网、虚拟现实（VR）、可穿戴装备、3D 打印、无人驾驶汽车、石墨烯、基因测序（精准医疗）、量子通信、高端机器人、云服务等一批前沿技术走出实验室，相继步入产业化阶段。这些最前沿的领域在技术和硬件层面兼容互通，大多以大数据等超强计算功能以及高性能传感器等智能硬件为技术支撑，集中体现了科技创新的群体性突破。同时，新兴科技与应用层面结合更加紧密，产业化周期缩短，带动商业模式重构和消费升级的作用更为显著。

数据成为全球价值链上配置的重要资源。大数据时代，谁掌握了优质的数据资产，谁就更有可能成为全球价值链的主导者。目前，谷歌、脸谱、亚马逊等互联网巨头均已储备了海量的数据资源，并正在加快数据资产化进程。这些企业凭借数据资产优势，将会分流甚至部分取代 IBM 等传统领军企业对全球价值链的掌控力，进而改变价值链不同环节的战略性及其增值率。为应对大数据时代的挑战，传统跨国公司纷纷酝酿新一轮转型。如 IBM 已着手放弃曾为其带来丰厚收益的全球业务咨询和技术服务两大业务板块，而专注于认知解决方案和云平台，以确保未来 20~25 年在全球价值链上的领导地位。

新兴产业全球价值链开启纵向整合。随着互联网公司不断向上游渗透，加入新型智能硬件设备和服务型制造等领域的竞争，一些掌握尖端技术的企业更加注重研发的内部化，充分利用在产业下游收集的客户和消费者偏好信息，将价值链附加值最高的环节牢牢控制在企业内部，进而带动了行业的深度整合。有别于 20 世纪 90 年代至 21 世纪头十年链条式的分工深化，以及由大规模外包支撑的网络状一体化分工体系，当今新兴产业的分工触角进一步向企业内部伸展。应该看到，现阶段新兴产业的全球价值链尚未发育完全，产业链延展及分工仍带有碎片化的局限。因此，这种"合工"式的纵向整合，能否成为国际分工不可逆转的方向，或仅仅是新兴产业全球竞争的阶段性表现，尚有待观察，但这一趋势对全球高端科技要素配置的影响不可忽视。在新工业革命下，中国依靠比较优势确立的制造业生产和出口规模优势有可能被进一步削弱，拉大在尖端领域与发达国家的差距。

资料来源：杨丹辉（2016）。

参考文献

［1］Gereffi G.（1999），International trade and industrial upgrading in the apparel commodity chain，Journal of International Economics，Vol.48，pp.37-70.

［2］Gereffi G.，Korzeniewicz，and M.（ed.）（1994），Commodity chains and global capitalism，Westport：Prager.

［3］Humphrey，J. and Schmitz，H.（2002），Developing country Firms in the World Economy：Governance and Upgrading in Global Value Chains，INEF Report，No.61. http：//www.ids.ac.uk/ids/global/vwpap.html.

［4］黄阳华：《德国"工业 4.0"计划及对我国的启示》，《经济社会体制比较》2015 年第 2 期。

［5］刘志彪：《全球价值链中我国外向型经济战略的提升——以长三角地区为例》，《中国经济问题》2007 年第 1 期。

［6］上海立信会计学院课题组：《提升上海在全球价值链中的地位研究》，《科学发展》2015 年第 7 期。

［7］杨丹辉：《构建全球价值链治理新体系》，《中国社会科学报》2016 年 8 月 24 日。

［8］张辉：《全球价值链下地方产业升级模式研究》，《中国工业经济》2005 年第 9 期。

第二章 工业供给与需求

提　要

　　供给和需求是市场经济活动辩证统一的两个方面，一个国家或地区的经济产出既可以从需求侧分解为消费、投资、政府支出和净出口，又可以从供给侧看作是资本、劳动力投入和技术进步的成果。虽然我国自20世纪90年代就提出转变增长方式、促进工业转型升级，但是宏观经济政策和产业政策主要偏重于需求侧。然而国际金融危机后国际环境和我国资源禀赋、发展阶段的变化，使得扩大内需刺激经济增长政策的效果不断衰减，而且造成经济发展中存在的矛盾和问题不断积累以致化解难度加大，在工业领域表现为工业增速下降，产能过剩重新抬头，工业企业库存增加、经营状况恶化，破产、倒闭和外迁增多。2015年底，供给侧结构性改革被确定为我国"十三五"时期经济工作的指导思想。从低端到高端升级、从传统产业向新兴产业转型、从加工制造向服务型制造发展应成为工业供给侧结构性改革的方向。应通过推进基础设施建设等手段适度扩大总需求，为供给侧结构性改革创造良好的条件。从短期看，工业供给侧结构性改革的重点应放在"三去一降一补"上；从长期看，则要通过投入要素的优化和技术创新促进工业从要素投入驱动转向创新驱动发展上来。在这个过程中，既要充分发挥市场机制的决定性作用，又要发挥产业政策的积极作用。

*　　　　　　　*　　　　　　　*

　　改革开放以来，我国非常重视通过扩大投资、刺激需求扩张来促进工业的发展。虽然自20世纪90年代就提出转变增长方式、促进工业转型升级，但是并未成为指导工业发展的主流政策。2008年国际金融危机后，由于世界经济持续低迷加之我国资源禀赋条件和发展阶段的转变，通过扩大需求刺激工业增长的产业政策效果不再，工业增长速度持续下滑，全要素生产率与资本产出率急剧恶化。因此，重新认识工业供给与需求的关系，将政策重点从需求侧转向供给侧成为推动我国工业转型发展、重塑国际竞争力的方向。

一、工业供给与需求的关系

　　从微观层面来看，供给和需求是市场经济活动的基本构成要素，构成一对辩证统一的关系。一方面，供给是需求的物质基础，因为人们只能消费生产出来的产品，没有供给需求就无法得到满足；另一方面，需求也决定供给（生产），如果没有需求供给就无法实现，不能适合买方的需求，生产再多的产品也是过剩之物[1]。新的供给可以帮助用户发现潜在的需要，从而创造新的需求；新的用户需求可以引导企业的生产活动，从而催生新的供给[2]。价格机制是市场经济的基本运行机制，而价格机制是通过供给与需求的相互作用实现的。在市场经济条件下，供给与需求在价格机制的作用下会趋于均衡。供给大于需求或造成商品价格下降，引致需求增加、供给减少，从而供需重新达到均衡；需求大于供给，则商品价格上涨，引致需求减少，刺激供给增加，同样使得供需恢复均衡。在市场竞争的压力和利润的驱动下，企业会不断地进行创新（包括技术、产品、生产工艺、商业模式等），降低产品价格、生产新的适应市场需要的产品，从而增强竞争力，获取更多的利润。一般来说，产能过剩是市场经济中经常发生的现象，供大于求形成企业间的竞争压力会促使企业不断进行创新、提高产品和服务质量。

在宏观层面，国民经济也可以从供给侧和需求侧两个方面加以考察[3]。从需求侧来看，在现实的国民经济账户中，一个国家（或地区）所有常住单位在一定时期内生产活动的最终成果 Y 由消费需求（C）、投资需求（I）、政府支出（G）和净出口需求 NX 构成，即 $Y = C + I + G + NX$。在支出法核算方式下，国内生产总值可以分解为最终消费支出、资本形成总额与货物和服务净出口，即我们通常所说的消费、投资和出口"三驾马车"。从供给侧来看，新古典经济增长理论构建了一个经典的生产函数 $Y = F(K, L, A)$，其中，K 为物质资本存量，L 为劳动力投入量，A 为技术水平。经济产出量不仅取决于资本、劳动等要素的投入，技术进步或全要素生产率的增长也发挥着重要的作用。上述两种理论都建立在严格的假设基础之上，即所有资源得到充分利用，市场能够出清。按照需求侧理论也即凯恩斯主义的宏观经济理论，（有效）需求不足是市场经济的常态，当现实经济增长率低于潜在经济增长率时，国家就要干预经济，通过扩大总需求实现充分就业和经济增长。这实际上是假设经济增长不受供给的约束，只要有需求就有供给，经济增长速度取决于总需求的增长速度[4]。新古典经济增长理论与此相反，认为通过增加要素投入、优化要素组合、提升要素使用效率可以促进经济增长。

二、产业政策重点的转变

从供给和需求关系的角度，我国的宏观经济政策特别是产业政策大致可以划分为四个阶段：追求经济增长速度阶段、提出转变增长方式阶段、刺激需求扩张阶段和供给侧结构性改革阶段。

1. 追求经济增长速度阶段

十年"文革"给国民经济造成严重的破坏。到"文革"结束时，我国可谓"百废待兴"。由于经济发展水平很低，物质产品供应不足，人民群众的物质文化需求无法得到满足。从党的十一届三中全会开始，党和政府摒弃了"以阶级斗争为纲"的错误路线，开始实施改革开放，将经济建设作为一切工作的中心，充分发挥我国劳动力丰富、工资水平低的比较优势，积极融入国际分工体系，引进外资、促进出口，使我国经济特别是工业取得突飞猛进的发展。由于我国社会的主要矛盾是人民日益增长的物质文化需要同落后的社会生产力之间的矛盾，因此国家的经济政策非常重视经济的高增长特别是工业的高增长，以扩大物质产品的供应、满足市场的需要。邓小平同志在改革开放之初就明确指出："经济工作是当前最大的政治，经济问题是压倒一切的政治问题。"[5]"十四大"报告仍然强调："我国经济能不能加快

---

① 金碚：《总需求调控与供给侧改革的理论逻辑》，《经济日报》2016 年 5 月 5 日。
② 习近平：《在省部级主要领导干部学习贯彻党的十八届五中全会精神专题研讨班上的讲话》，2016 年 1 月 18 日。
③ 吴敬琏：《中国经济面临的挑战和选择》，载吴敬琏等著：《供给侧改革：经济转型重塑中国布局》，中国文史出版社，2016 年版。
④ 余永定：《"供给侧结构性改革"不是大杂烩》，《财经》2016 年第 52 期。
⑤ 邓小平：《关于经济工作的几点意见》，《邓小平文选》（第二卷），人民出版社，1983 年版。

发展,不仅是重大的经济问题,而且是重大的政治问题","要紧紧抓住有利时机,加快发展,有条件能搞快一些的就快一些,只要是质量高、效益好、适应国内外市场需求变化的,就应当鼓励发展"。

2. 提出转变增长方式阶段

随着工业的高速增长,到20世纪90年代末,我国工业品供应短缺的状况基本得到扭转,开始出现生产能力和商品供给过剩。据1998年上半年内贸部对全国610种主要商品市场供求情况的调查,供求基本平衡的有403种,供大于求的有206种,供不应求的只有棕榈油一种。保持经济的快速增长仍然是国家经济政策的主要目标,但是产业结构、增长方式和发展质量等问题开始得到重视。"十五大"就已经提出:在优化经济结构等方面取得重大进展,"真正走出一条速度较快、效益较好、整体素质不断提高的经济协调发展的路子","转变经济增长方式,改变高投入、低产出,高消耗、低效益的状况";"十六大"进一步提出"走出一条科技含量高、经济效益好、资源消耗低、环境污染少、人力资源优势得到充分发挥的新型工业化路子"。尽管转变经济增长方式已经受到重视,但是在实际工作中,促进经济规模的扩张仍然是重中之重,在我国财税分权改革后形成的地方政府竞争进一步加剧了"GDP"冲动,分别在1997年和2008年出现的两次国际金融危机也在一定程度上打断了中央政府调结构、转方式的努力。

3. 刺激需求扩张阶段

在从短缺到过剩之后,转变经济增长方式一直是国家经济政策的重要着力点,但是1997年和2008年,我国先后受到亚洲金融危机和国际金融危机两次金融危机的冲击,供给结构调整的政策方向被中断。两次金融危机发生期间,我国经济的国际化程度已经很高,经济增长对出口存在很大的依赖。因此,当危机发生后,由于外需萎缩,我国工业受到很大的冲击。为应对危机,我国政府采取了积极的财政和货币政策扩大内需。为应对亚洲金融危机,采取了一揽子刺激经济的政策,包括加大基础设施建设、实施扩张性财政政策和货币政策,发行4800亿元中长期国债、财政赤字预算由460亿元扩大到960亿元并向商业银行贷

款1000亿元,全社会固定资产投资增长幅度由原来的10%调整到15%以上,加大铁路、公路、通信、环保、城市、农林水利等基础设施建设力度。为应对国际金融危机的冲击,我国政府在2008年下半年迅速制定了"扩内需、调结构、保增长、促发展"的一揽子经济计划,包括进一步扩大内需、促进经济增长的十项措施,积极的财政政策和适度宽松的货币政策,总投资约4万亿元的投资计划。"十二五"规划强调"构建扩大内需长效机制,促进经济增长向依靠消费、投资、出口协调拉动转变",提出"把扩大消费需求作为扩大内需的战略重点","发挥投资对扩大内需的重要作用"。当然,刺激内需的同时也在采取供给侧的一些措施。例如,出台的十大产业调整和振兴规划中包含促进结构优化的内容,"十二五"规划也强调"以加快转变经济发展方式为主线"。

4. 供给侧结构性改革阶段

2015年11月10日,中央财经领导小组第十一次会议上第一次提出"供给侧结构性改革"的概念:"在适度扩大总需求的同时,着力加强供给侧结构性改革,着力提高供给体系质量和效率,增强经济持续增长动力,推动我国社会生产力水平实现整体跃升。"2015年12月的中央经济工作会议提出"加大结构性改革力度,矫正要素配置扭曲,扩大有效供给,提高供给结构适应性和灵活性,提高全要素生产率",要求2016年要主要抓好"去产能、去库存、去杠杆、降成本、补短板"五大任务。"十三五"规划也将"以提高发展质量和效益为中心,以供给侧结构性改革为主线,扩大有效供给,满足有效需求,加快形成引领经济发展新常态的体制机制和发展方式"作为"十三五"期间经济发展的指导思想。

对于什么是"供给侧结构性改革"国内外学术界一直存在许多争论。习近平同志对此有一个明确的解释:"供给侧结构性改革,重点是解放和发展社会生产力,用改革的办法推进结构调整,减少无效和低端供给,扩大有效和中高端供给,增强供给结构对需求变化的适应性和灵活性,提高全要素生产率。"关于供给侧与需求侧的关系,习近平指出:"需求侧管理,重在解决总量性问题,注重短期调控,主要是通过调节税收、财政支出、货币信贷等来刺激或抑制需求,进而推动

经济增长。供给侧管理，重在解决结构性问题，注重激发经济增长动力，主要通过优化要素配置和调整生产结构来提高供给体系质量和效率，进而推动经济增长。"[1]

总体上看，过去我国也采取过淘汰落后产能、减轻企业负担等供给侧政策，但从改革开放开始直到2015年"供给侧结构性改革"的提出，我国的宏观经济政策和产业政策都是偏重于需求侧。国际金融危机后工业增速的下降很大程度上是受到国际、国内市场需求增速放缓甚至萎缩的冲击，凯恩斯主义的扩大内需政策使我国经济在金融危机后实现V形反转，在较短时期力挽经济下跌趋势。如图2-1所示，2008年上半年之前，规模以上工业增加值的月度同比增速均保持在15%以上，2009年1~2月急剧下跌到3.8%；在强刺激政策的推动下，工业增速实现V形反转，2009年6月恢复到10%以上，2009年10月恢复到15%以上。但是国际金融危机后几年的情况表明，单纯从需求端发力，通过增加固定资产投资可以在短期扩大需求，刺激经济增长，但也使我国经济进入经济增长换挡期、结构调整阵痛期与前期刺激性政策消化期的"三期叠加"状态，不但刺激政策的

效果不断衰减，而且造成经济发展中存在的矛盾和问题不断积累以致化解难度加大。一方面，规模以上工业的月度增速在2010年1~2月达到20.7%的峰值后就开始大幅度下降，2010年6月下降到13.7%，而且在2013年11月后更是持续低于10%，2016年1~2月仅为5.4%（详见图2-1）；另一方面，在工业增速下降的同时，工业发展中的深层次矛盾和问题开始暴露，严重的产能过剩重新抬头，持续而严重的产能过剩在钢铁、有色、建材等许多行业出现，许多工业企业的库存增加、经营状况持续恶化，破产、倒闭和外迁增多，形成了众多的"僵尸企业"。此外，长期使用刺激需求的政策还导致投资回报率递减更加突出、杠杆率不断被推高[2]。但与此同时，国内还有大量的消费需求与投资需求国内企业无法满足而不得不依赖进口。因此，主要依靠需求侧调整已难以解决工业发展中存在的根本性矛盾与问题，需要将政策重心转移到供给侧结构性改革上来，提高投资有效性，培育新供给，优化供给结构，改善供给质量和效率，从而增强工业增长动力，实现高端、高质、高效的可持续发展。

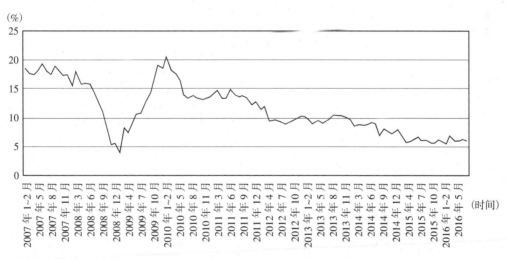

图2-1　2007年以来中国工业增加值同比增速

注：2月为1~2月累计增速。

资料来源：国家统计局网站（http://data.stats.gov.cn）。

①　习近平：《在省部级主要领导干部学习贯彻党的十八届五中全会精神专题研讨班上的讲话》，2016年1月18日。
②　吴敬琏：《中国经济面临的挑战和选择》，载吴敬琏等著：《供给侧改革：经济转型重塑中国布局》，中国文史出版社，2016年版。

三、工业供给侧结构性改革的原因与条件

　　我国工业领域供给与需求的矛盾，一方面源于我国工业长期以来以低成本取胜、产品处于低端，没有跟上经济发展、收入增长国内居民特别是中高收入群体迅速扩大对中高端产品的需求，也没能适应国内消费需求从模仿型排浪式向个性化、多元化的转变[①]；另一方面则是由于需求增长的乏力甚至萎缩使供给问题更加突出。工业供给和需求矛盾的主要方面在供给侧。当前我国制造业增速下行与遇到的困难是世界经济持续低迷、经济发展阶段转换、传统竞争力削弱和外部国家政策调整等多重因素叠加的结果。

　　1. 工业供给侧改革的外部压力

　　中国已经成为世界第一大商品出口国，商品出口中又以工业制成品为主。2014年，中国制成品出口22016亿美元，占全世界制成品出口的17.98%。如此高的世界市场份额，进一步提高的空间非常有限。更为严重的是，国际金融危机后，世界经济持续低迷状态、鲜有亮点，大宗商品价

格暴跌，国际贸易增速放缓，国际直接投资萎缩。除美国经济增速超过国际金融危机之前，世界及主要经济体的经济增长速度均低于危机之前的2007年，并且无论根据世界银行还是国际货币基金组织的预测，即使到2017年，世界及主要经济体的GDP增速仍然不能恢复到危机之前的水平。世界经济的衰退对中国商品出口造成巨大影响，中国商品出口额增速也从2011年的20.3%回落到2014年的6.1%，2015年商品出口出现2.9%的负增长，2016年1~5月的增速继续下降到-7.3%。国际需求的萎缩加剧了工业生产能力的过剩状况。国际金融危机后，发达国家提出重振制造业战略，促进中高技术产业回流和新兴产业的发展，广大发展中国家加强基础设施建设、大力吸引国外直接投资，从而促进劳动密集型产业的发展。中国制造业正面临来自发达国家从高端和发展中国家从低端的"双端挤压"。

表 2-1　2007 年以来世界及主要经济体经济增长速度及预测

	2016（WB 预测）	2017（WB 预测）	2016（IMF 预测）	2017（IMF 预测）
世界	2.9	3.1	3.40	3.60
美国	2.7	2.4	2.60	2.60
欧元区	1.7	1.7	1.70	1.70
德国	—	—	1.7	1.7
日本	1.3	0.9	1	0.3
中国	6.7	6.5	6.3	6
印度	7.8	7.9	7.5	7.5
巴西	-2.5	1.4	-3.50	0.00

　　注：WB 指世界银行，IMF 指国际货币基金组织，2007~2014 年数据引自 World Bank 数据库。

　　资料来源：World Bank 数据库，World Bank. Global Economic Prospects, January 2016；国际货币基金组织. 世界经济展望最新预测，2016 年 1 月 19 日。

　　2. 工业供给侧改革的内部条件变化

　　中国经济增长的结构性调整。世界宏观经济的衰退只是影响工业品需求的因素之一，可能更为重要的是中国经济本身正经历结构性调整和增

速下滑的阶段。在经历了 30 余年平均接近 10% 的高速增长之后，中国的经济体量已经成为世界第二、工业规模居世界第一，大多数工业品产量也已居世界第一位。根据联合国工业发展组织

[①] 杨伟民：《中国供给侧至少存在六大问题》，载吴敬琏等著：《供给侧改革》，中国文史出版社，2016 年版。

（UNIDO）的数据，在22个制造业国际标准工业分类的大类中，中国有12个大类产业的增加值居世界第一位，9个大类产业的增加值居世界第二位。按照世界经济发展的一般规律，当人均GDP水平进入中高收入国家之列后，经济增长速度回落是正常现象。规模体量占比较高的传统产业增长乏力，特别是以钢铁为代表的传统重化工产业十年的高增长期已经结束。

表 2-2 2012 年各制造业行业增加值前三位的国家

行业	第一名		第二名		第三名	
	国家	比重（%）	国家	比重（%）	国家	比重（%）
食品和饮料	美国	20.8	中国	16.7	日本	8.7
烟草制品	中国	40.7	美国	14.4	印度尼西亚	11.8
纺织	中国	45.1	美国	6.2	意大利	4.7
服装、毛皮	中国	46.3	意大利	9.1	美国	4.3
皮革、皮革制品和鞋	中国	46.7	意大利	8.7	印度尼西亚	3.5
木制品（不包括家具）	中国	19.2	美国	14.4	德国	6.4
造纸和纸制品	中国	24.1	美国	19	日本	9.9
印刷和出版	日本	13.3	美国	13	英国	9.3
焦炭、精炼石油产品及核燃料	美国	22.4	中国	15.2	俄罗斯	9.8
化学原料及化学制品	美国	22.9	中国	20.8	日本	9.3
橡胶和塑料制品	美国	17.5	中国	15.5	日本	14.4
非金属矿物制品	中国	26.2	美国	11	日本	7.9
基本金属	中国	47.1	日本	9.8	美国	5.3
金属制品	美国	16.8	中国	15.2	德国	11.4
未列入其他类的机械和设备	中国	27	日本	14	德国	13.5
办公、会计和计算机械	中国	42.1	美国	22.2	日本	8.1
电气机械及设备	中国	27.2	日本	15.4	德国	13.8
广播、电视和通信设备	中国	19.5	美国	18.2	日本	16
医疗、精密和光学仪器	美国	36.8	中国	13.7	日本	11.4
汽车、拖车和半拖车	日本	23.4	中国	14.2	德国	13.9
其他运输设备	美国	28.2	中国	14.1	英国	7.1
家具制造；未列入其他类的制造业	美国	23.8	中国	17.6	日本	9.8

资料来源：UNIDO. International Yearbook of Industrial Statistics 2014.

中国资源禀赋条件发生变化。改革开放以来，我国工业的高速增长主要得益于抓住全球生产网络的形成以及发达国家劳动密集型产业离岸外包的趋势，充分发挥了我国劳动力资源丰富和工资水平低的优势，从而形成了强大的低成本制造能力。但是随着人口红利的终结和近年来工资等生产要素价格的快速、持续上涨，我国制造业建立在低生产要素成本之上的价格优势正在削弱，劳动密集型产品和低端产品的国际竞争力下降，一些劳动密集型产业已经出现向更低成本国家转移的现象。基于廉价劳动力的工业国际竞争力已难以维系，必须要对我国工业的要素投入进行重新组合，将人力资源数量和成本优势转移到人力资源质量和素质优势上来，通过全要素生产率的提高来实现工业的可持续发展。

资源、环境"瓶颈"性约束加剧。工业的高速增长在支撑中国整体经济10%左右高度增长的同时，也造成了资源、生态、环境的巨大压力，矿石、能源严重依赖进口，原油对外依存度接近60%；土壤、水体和空气的污染严重，大范围的严重雾霾给人民群众的身体健康造成损害，高消耗、高排放的粗放型增长方式已难以为继。一些产业已经达到了资源、环境约束的承载力峰值[1]。应对全球变暖已成为世界各国共识，我国政府承

---

① 杨伟民：《中国供给侧至少存在六大问题》，载吴敬琏等著：《供给侧改革》，中国文史出版社，2016年版。

诺到 2020 年单位国内生产总值二氧化碳排放比 2005 年下降 40%~45%；到 2030 年左右达到峰值并争取尽早达峰，单位国内生产总值二氧化碳排放比 2005 年下降 60%~65%，完成减排承诺的任务非常艰巨。我国出口商品的单位价值与进口商品差距巨大，例如，2014 年我国出口钢材每吨 755 美元，进口钢材则达到每吨 1241 美元；出口医药品每吨 1.53 万美元，进口每吨价格高达 16.99 万美元。通过提高工业供给水平，可以采用更先进的装备和工艺提高资源和能源的利用效率、减少污染物和二氧化碳排放和治理既有的环境、生态问题。更为重要的是，通过优化供给结构，我国可以在工业产品总产量不变甚至下降的情况下实现工业增加值的增长，减少对资源、能源的消耗，减轻对环境生态和减排的压力。

技术水平不断向前沿逼近。当前，新一轮科技革命和产业变革正在兴起，将会对现有的产业格局产生颠覆性的影响，大数据、云计算、物联网、人工智能、虚拟现实、3D 打印、基因等先进技术的成熟不仅会对现有工业的产品、生产组织、商业业态、商业模式产生根本性影响，而且还将催生出一批新的产业。每一次工业革命都是后发国家实现赶超、从工业大国向工业强国转变的历史机遇。我国当前的技术水平已经有了很大的提高，在一些领域已经从赶超者成为同行者甚至领跑者，更使我国抓住新工业革命的机遇从大到强成为可能。因此，面对新工业革命，我国必须加大工业供给侧改革的力度，通过技术创新创造新供给，满足新需求，使工业迈向中高端。

3. 工业供给侧结构性改革的条件

我国工业发展水平偏低、工业产品供给能力与国内外需求存在严重的错配，一方面是中低端产品的普遍、严重过剩，另一方面是适应市场需求的有效供给不足。国内大量未得到充分满足的有效需求为工业供给侧结构性改革提供了基础，工业供给和需求的矛盾如果善加利用，也会转变我国工业继续保持中高速增长同时向中高端迈进的推动因素。

从个人需求来看，近年来，我国城乡居民收入呈现较快的增长势头，城镇居民人均可支配收入从 2010 年的 19109 元增加到 2014 年的 28844 元，增长 50.9%；农村居民人均纯收入从 2010 年的 5919 元增加到 2014 年的 9698 元，增长 63.8%。但是国内工业供给能力明显滞后于国内消费水平的升级，国内居民快速增长的需求无法得到满足，造成我国游客在海外"抢购"化妆品、高档服装，甚至马桶盖、电饭煲。商务部的数据显示，2015 年我国游客境外消费约 1.2 万亿元，大约相当于 2015 年 GDP 的 1.8%。

从产业需求来看，许多工业产品国内仍然不能生产，或者质量不过关、性价比不高，缺乏市场竞争力，造成我国购买力的外流。在先进制造业，不仅大飞机、大规模集成电路等许多重大技术装备、关键核心零部件仍然严重依赖进口——2014 年我国集成电路进口量高达 2857 亿块，进口额高达 2176 亿美元，甚至因为有些产品国内不能生产且受到国外的进口限制而影响到国家的战略安全。在传统产业，高端产品仍然不能完全自给。例如，我国 2014 年钢材产能 15.38 亿吨、产量 11.25 亿吨，但应用于高端装备、精密零部件甚至用于汽车的高强度钢、特种钢仍然需要进口，进口量达 1443 万吨，连小小的圆珠笔头上的"圆珠"也依赖进口。我国节能减排、产业升级的推进蕴藏着对核心零部件、高端装备的巨大需求，从而会进一步引致对上游高性能材料的需求，即使存在产能严重过剩的钢铁、有色、玻璃等产业也存在向高端升级的市场需求。我国城镇化率 2014 年达到 54.77%，仍有较大的提升空间，并且城市地下综合管廊、地铁、公共文化娱乐设施、城市连接通道（高速、城际铁路）还有较大的缺口，这些因素都是我国制造业持续发展的巨大拉动力。

四、工业供给侧改革的方向

从新古典经济增长模型看，中国工业的增长主要是靠增加生产函数中的劳动力和资本投入推动的，生产效率提高的贡献很低，甚至在这几年出现了下降。江飞涛等（2014）研究发现，2003年以来，中国工业的全要素生产率与资本产出率急剧恶化：全要素生产率增长率由年均4.60%急剧下降至年均-0.05%，工业边际资本产出率也从2002年的0.61%急剧下降到2012年的0.28%。[①]工业供给侧结构性改革的根本目的就是要使工业增长从资源、要素投入驱动转向创新驱动，提高工业的全要素生产率，不断培育和发展新供给，适应新需求，从而使工业供给和需求实现对立统一，进而推动工业的中高端增长和向中高端迈进。未来我国制造业应从以下几方面继续推进工业供给侧结构性改革：

促进工业产品从低端到高端升级。我国许多工业产品已经解决了有无的问题，但是在产品的质量和性能以及核心零部件、高端装备的精度、稳定性、可靠性和使用寿命等方面都与发达国家存在较大差距。譬如我国钢铁产能超过10亿吨，钢铁产量8亿余吨，占世界钢铁产量的比重约为50%，但主要以建筑用钢材等低附加值产品为主，高端装备、汽车、精密仪器用钢都大量依赖进口，并且产品深层次开发的水平较低，不能将钢材通过精深加工转化为高附加值产品。因此，工业产品从低端到高端的升级既具有广阔的市场空间，也对提高我国制造业增加值率具有重要意义。更为重要的是，我国在既有的制造业的研发设计和生产制造上已经具有了丰富的积累，更容易通过进一步的投入实现产品的创新和质量的改善。

促进从传统产业向新兴产业转型。当前，以大数据、云计算、物联网、机器人、智能传感器、新材料、新能源和生命科学技术为代表的新一轮科技革命与产业变革正在兴起。国际金融危机之后发达国家重振制造业并不是让传统的劳动密集型制造业回流，其重点在于抓住新工业革命的契机，培育和发展战略性新兴产业和先进制造业，抢占未来产业发展的制高点。世界各国特别是发达国家经济发展的历史表明，每一次工业革命都是后起国家实现对领先国家赶超的良机，美国、德国、日本制造业由大到强的发展都展现了相同的规律。我国是一个发展中大国，与地域面积小和人口少的国家相比，资源禀赋在地区之间具有更大的异质性。当前我国大多数地区的经济发展水平和比较优势仍然适合于发展劳动密集型产业，但是对于北、上、广、深等特大城市和大城市，经济发展水平高、创新资源和高素质人才密集，已经具备了发展高技术产业和新兴产业的条件。因此我国制造业也应抓住第四次工业革命的"机会窗口"，重点发展知识和技术密集、资源依赖度低、排放小的高技术产业，大力培育代表未来发展方向、具有广阔市场前景的战略性新兴产业，降低劳动密集型和资源密集型产业在工业结构中的比重，促进制造业从以传统产业为主向以新兴产业和高技术产业为主转型。

促进从加工制造向服务型制造发展。传统上，制造业主要是利用各种装备和工具将原材料转变为供人们使用的各种产品。为了使用户能够使用工业产品，制造企业也会提供譬如安装、调试、监测、维修等简单服务。但是随着工业产品复杂程度的不断提高，对研发设计的投入越来越大，最终产品用户越来越缺乏掌握产品运行原理、操作和维护的能力，就需要制造企业向用户提供更复杂和先进的服务，服务活动逐渐成为制造企业的重要利润来源，这就是制造业服务化的过程。特别是在智能传感器、物联网、大数据、人工智能等信息技术的推动下，制造企业能够通过对用户使用设备过程中产生的数据以及用户自身产生数据的分析，进一步推动服务型制造模式的创新。服务型制造的发展在提高制造业技术含量、增加

[①] 江飞涛、武鹏、李晓萍：《中国工业经济增长动力机制转换》，《中国工业经济》2014年第5期。

企业利润的同时，还能够减少对资源的浪费，使整个制造业更加清洁。因此，未来我国制造业应从以加工制造为主向以提供研发设计、供应链管理、整体解决方案、个性化定制、在线监测等各种服务型制造为主转变。

五、推进工业供给侧结构性改革的政策建议

正如中央财经领导小组第十一次会议上提出的"在适度扩大总需求的同时，着力加强供给侧结构性改革"，当前的经济工作重点放在推进供给侧结构性改革并不意味着需求侧不重要。事实上，通过适度扩大总需求，有助于减轻或化解当前经济中的矛盾，给供给侧的改革提供更多腾挪的空间。美国经济分析局的计算表明，联邦政府和州—地方政府基础设施投资的支出乘数分别为1.54和1.65。基础设施投资既可以在短期通过增加需求刺激经济增长，又可以在长期提高生产效率、资本密集度和全要素生产率，提高经济的潜在增长速度[①]。因此，应一方面通过继续推进我国城镇化和基础设施建设、加快实施"一带一路"战略和国际产能合作等途径适度扩大总需求；另一方面着力加强供给侧结构性改革，不断促进企业进行新技术、新产品、新业态、新商业模式的创新，创造和提供新供给，填补国内市场空缺，满足以前未能实现的需求和引致新的需求，使我国制造业获得更大的发展空间，同时减轻资源的消耗与环境的压力。

推动工业供给侧结构性改革，要打出一套有效的组合拳。当前我国出现了一批占用大量资源、生产效率低下的"僵尸企业"和规模不经济、技术装备水平落后的产能，严重的产能过剩制约了企业健康发展。因此从短期看，要优先解决好去产能、降成本、去库存、补短板、去杠杆等几大关键问题，通过落后产能的淘汰、"僵尸企业"的退出和兼并重组，优化产业发展环境，提高产业集中度，改变恶性价格竞争局面，使企业轻装上阵，为优质企业腾退出发展的空间，进而改善企业的经营状况，增强企业主动进行供给侧改革的能力。经济的增长不仅取决于资本和劳动的投入，人力资本和技术进步才是决定经济长期增长的主要驱动力。因此从长期看，工业的供给侧改革要通过完善教育体系、加强在职培训等措施培养产业升级所需要的高水平技术人才、管理人才和高级技术工人，推动"大众创业，万众创新"，调动全社会的创新创业热情，提高人力资本和技术对工业增长的作用；要积极采用先进的装备、工艺和技术，特别是要抓住新一轮科技革命与产业变革的契机，利用云计算、大数据、物联网等新一代信息技术的成果，促进两化融合和工业的自动化、智能化升级，增强工业企业的自生能力和创新动力；要通过技术创新、商业模式创新和产业业态创新，开发符合消费升级和产业升级方向的新产品，消费品要重视提高产品的设计水平、性能和质量，投资品要重视提高产品的精度、稳定性、可靠性和使用寿命，降低对进口的依赖。

推进工业的供给侧结构性改革，要使政府这只"看得见的手"与市场这只"看不见的手"各司其职。政府的作用在于完善市场竞争规则、纠正市场失灵。虽然经过30多年的改革开放特别是党的十八大提出发挥市场机制的决定性作用，但我国从计划经济向市场经济的转轨仍然不彻底，政府干预过多，尚有许多市场运行的基本规则、秩序没有建立。因此，政府一方面要从市场竞争领域退出，另一方面要推进制度创新，优化劳动力、资本、土地、技术等要素配置，通过加大对基础科学研究的支持力度、建立共性技术平台、加强人才的教育培训、扶持中小企业发展、减轻企业负担等措施纠正市场失灵。但是政府对市场失灵的纠正要改变过去那种支持特定产业、特定企业和特定技术路线的"选择优胜者"的做法，转而实施创造良好的市场环境、对所有企业一视

① 余永定：《"供给侧结构性改革"不是大杂烩》，《财经》2016年第52期。

同仁的功能性产业政策，在技术的发展方向上更多地通过技术愿景、技术路线图等形式对企业进行引导。工业的转型升级根本上还是要发挥市场机制在资源配置中的决定性作用，充分调动企业的活力和创造力，由市场选择转型升级的方向。无论是"僵尸企业"的兼并重组还是新产品、新技术、新业态、新商业模式的创新都需要企业遵循市场规律，根据技术趋势、需求变化、竞争形势做出自己的选择。东莞"腾笼换鸟"的初步成功让我们见识到市场的巨大力量：在制鞋、玩具等工厂衰落的同时，以智能手机、平板电脑为代表的IT产业展现出了蓬勃的活力。

对于工业发展遇到的困难，我们既要高度重视、认真对待，又不应过度悲观。当前中国工业遇到的问题已经和十几年前的完全不同，这是一个经济大国和工业大国在较高发展水平上遇到的问题，无论是工业的基础条件、政策的回旋空间还是人民群众的承受能力都要大得多。我国不仅工业的规模世界领先，而且与领先国家的技术差距不断缩小。研发人员数量、研发经费投入、科技论文数量和被引用次数、发明专利申请和授权数量均居世界前列，工业在诸多领域缩小了与世界先进水平的差异，某些领域已经由赶超者转变为同行者甚至领跑者，以华为为代表的一批高科技企业已经处于世界领先地位。我国拥有世界上最完备的工业门类，电子、纺织、服装等行业具有完善的产业配套企业。仍然相对较低的制造成本、不断提高的创新能力和人力资本素质，加上完善的产业配套体系，我国有望在此基础上形成新的竞争优势。此外，经济衰退、企业经营困难也并非全是坏事，生存的压力同时也构成了制造业转型升级的最大动力。例如，面对工资的上涨和制造业向内陆和东南亚地区的转移，长三角、珠三角的企业纷纷开展"机器代人"，提高自动化程度、优化生产流程和工艺、改进产品质量和开发新产品，进而推动工业的升级换代。我们应充分看到经济增速回落过程中出现的积极因素，看到结构优化的成效。

我国未来工业的发展不会一帆风顺，甚至会困难重重，劳动力素质的提高、技术能力的增强、新竞争优势的培育、产业的转型升级都需要一个较长期的过程。但是办法总比困难多，"没有过不去的'火焰山'，也没有迈不过去的坎儿！"有稳健的宏观政策、精准的产业政策、灵活的微观政策、切实的改革政策、托底的社会政策，兼之全面改革开放、发挥市场的决定性作用已经成为全社会的共识，经历一段困难的时期，更能够激发企业的创新创业活力，更能够筛选出最具市场竞争力的企业，中国经济、中国工业必将能够实现凤凰涅槃。

专栏 2-1

工业供给侧结构性改革要做到"四个转变"

工业是立国之本，也是推进供给侧结构性改革的主战场。落实"十三五"规划纲要，扎实推进工业供给侧结构性改革，关键要做到"四个转变"。

一是以要素新供给实现要素驱动向创新驱动转变。劳动力、资本、技术等生产要素生产率的提升，是推动工业供给侧结构性改革的动力源。这些年，我国劳动力总量逐年减少，资本使用效率偏低，关键核心技术受制于人的局面尚未根本改变。必须把增强创新能力摆在更加突出的位置，加强技术、管理、制度、商业模式的全面创新，提升传统要素效率，创造新的生产要素，加快推动工业发展由要素、投资驱动向创新驱动为主转变，增强工业内生增长动力。

二是以制度新供给实现政府规制向市场配置转变。目前，我国工业资源配置不合理问题较为突出，地区间产业结构趋同和低水平重复建设，部分行业产能严重过剩，供需失衡、价格疲软，严重影响行业健康发展。这既有市场经济自身的盲目性原因，很大程度上也是政府不当干预的结果。要坚持深化改革，加快政府职能转变，既遵循市场规律，又勇于承担责任，营造有利于激发市场活力和社会创造力的发展环境。

三是以结构新供给实现粗放式发展向集约式、精细化转变。调整产业结构,要更加注重加减乘除并举。既要主动减量,下决心化解过剩产能,推动传统产业改造升级;又要引导增量,加快培育发展新产业、新业态,提供新产品、新服务;还要发挥创新引领作用,加快突破重点领域核心关键技术。通过产业结构调整优化,提升产业整体竞争力,实现有质量、有效益的发展。

四是以政策新供给实现倾斜扶持向功能性扶持转变。产业政策重在弥补市场失灵。对规律的把握要准,把握好要素供给结构和质量与产业结构升级的对应关系,将产业技术政策作为产业政策的核心内容;方向引导要准,要多角度剖析行业、企业、地区分化的成因,分业施策,因地施策;作用方式要准,要减少壁垒,优化服务,由倾斜式结构政策为主向支持关键环节的功能性政策为主转变。

资料来源:苗圩:《着力推进工业供给侧结构性改革》,《紫光阁》2016 年第 6 期。

参考文献

[1] 邓小平:《邓小平文选》(第二卷),人民出版社,1983 年版。

[2] 江飞涛、武鹏、李晓萍:《中国工业经济增长动力机制转换》,《中国工业经济》2014 年第 5 期。

[3] 金碚:《总需求调控与供给侧改革的理论逻辑》,《经济日报》2016 年 5 月 5 日。

[4] 吴敬琏等:《供给侧改革:经济转型重塑中国布局》,中国文史出版社,2016 年版。

[5] 习近平:《在省部级主要领导干部学习贯彻党的十八届五中全会精神专题研讨班上的讲话》,2016 年 1 月 18 日。

[6] 余永定:《"供给侧结构性改革"不是大杂烩》,《财经》2016 年第 52 期。

第三章　制造业服务化

提　要

　　把握新一轮科技革命和产业变革带来的机遇，促进制造业由生产型制造向服务型制造转变，实现制造业服务化对中国经济、社会发展具有重要意义。首先，本章讨论了制造业服务化的定义、服务在制造业中的角色演变和制造业服务化的转型方向。其次，本章对中国制造业服务化的发展现状进行了分析：中国制造业产出服务化水平明显低于世界其他国家，但提供服务业务的企业比例在迅速增加；制造业投入服务化水平先升后降，远低于世界平均水平，各地差别不大；提供的服务种类较为齐全，但基于用户需求的系统解决方案或独立服务业务占比较小；服务对收入和利润的贡献率偏低；制造业企业服务内容的创新以内源式创新为主，较少关注对外部资源的利用。再次，本章从制造企业服务化发展战略思路不清、认识不足，制造业服务化的外部市场环境不够友好，制造业服务化转型的政策支持力度不够三个方面分析了阻碍制造业服务化的因素。最后，本章从深化对制造业服务化认识、将制造业服务化摆上应有的战略位置，营造良好的外部市场环境，加大对制造业服务化的政策支持力度等方面提出了对策建议。

*　　　　　　*　　　　　　*

　　围绕实现制造强国的战略目标，《中国制造2025》明确了 9 项战略任务和重点，其中积极发展服务型制造业和生产型服务业是一个重要的方面。推进制造业服务化，加快制造业从生产型向服务型转变，引导服务和制造融合发展，是增强产业竞争力，转变发展方式，推动中国由制造大国转向制造强国的必然要求；也是积极顺应第三次科技革命和产业变革，实现中国制造业由价值链低端向高端攀升，培育产业发展新动能的主动选择；更是化解产能高端不足和低端过剩并存矛盾，改善供给体系效益和质量，推进供给侧改革的新举措[①]。

一、制造业服务化概述

　　1. 制造业服务化的定义

　　制造业服务化（servitization）这一概念自 Vandermerwe 和 Rada（1988）提出以来，学者们对其进行了大量的阐释和再定义，到目前仍然没有统一的答案。Vandermerwe 和 Rada 认为，服务化是一个以顾客为主的组合概念，包含产品、服

---

　　① 冯飞：《以服务型制造引领中国制造创新发展》，《经济日报》2016 年 8 月 12 日。

务、支持、知识和自助服务，是制造商角色由物品提供者向服务提供者转变的一个动态过程。Oliva 和 Kallenberg（2003）认为，制造业成功转向服务业的关键要素是通过全面、深入的业务流程再造和组织结构重构，建立专门部门来管理服务，通过为顾客提供定制化、精细化的整体解决方案来创造新的价值。工信部等三部门印发的《发展服务型制造专项行动指南》对服务型制造进行了如下阐述，服务型制造是制造与服务融合发展的新型产业形态，是制造业转型升级的重要方向。制造业企业通过创新优化生产组织形式、运营管理方式和商业发展模式，不断增加服务要素在投入和产出中的比重，从以加工组装为主向"制造+服务"转型，从单纯出售产品向出售"产品+服务"转变。

目前被比较广泛接受的，是从投入产出角度对制造业服务化进行界定，分为"作为制造业投入的服务化"与"作为制造业产出的服务化"。前者指的是服务作为中间投入要素进入生产，包括新技术研发、工业设计、市场调研、物流、金融、信息咨询等；后者指的是为满足消费者需求，围绕实物产品衍生出的各种服务，包括销售服务、维修保养、金融租赁和保险等，服务的质量和内容是影响消费者购买决策的主要因素（黄群慧和贺俊，2013）。

2. 服务在制造业中的角色演变

经验表明，在不同的产业发展阶段和市场竞争环境中，服务在制造业中的角色主要经历了三个阶段的演变（见表 3-1）。

表 3-1 服务在制造业中的角色演变

第一阶段：质量弥补角色	第二阶段：差异化竞争角色	第三阶段：利润创造角色
产品销售为主	产品服务打包销售	解决方案销售
服务种类单一，是产品的附属	服务种类比较丰富	个性化服务
服务不产生价值或产生很少价值	服务产生部分价值	服务成为利润的主要来源
服务部门是成本中心	设立专门服务部门	制造部门可能成为成本中心
创新活动频率不高	创新活动频率较高	创新活动非常频繁

资料来源：作者整理。

第一阶段：质量弥补角色。在服务被引入制造业的初始阶段，由于制造企业尚未形成核心技术开发能力，产品可靠性、稳定性较差，服务主要用于弥补产品质量的不足。这一阶段产品制造是企业的关注点，开展服务活动的目的在于提高产品销售量，服务活动主要围绕产品运输、交付、安装、维修等开展。

第二阶段：差异化竞争角色。这一阶段企业制造能力逐渐提升，随之而来的是制造业规模的扩大、市场竞争程度的加剧和同质化产品供给过剩，通过提供差异化服务来实行差异化战略成为制造企业主要竞争手段。当企业的标准化产品和差异化服务不能适应客户的个性化要求时，则会深入分析客户的要求进而提供因客户而异，包括硬件产品和配套服务在内的个性化"服务包"。企业的关注点由制造产品为主转向服务与产品并重，企业内部设立起专门进行服务活动和服务创新的部门，服务创新活动数量和服务内容也更加广泛，

主要包括产品设计、咨询及销售前后的服务等。

第三阶段：利润创造角色。随着制造业与服务业之间的界限逐渐模糊，市场竞争由同质化产品的价格竞争转向为客户解决问题的能力竞争。为了获得最大化的利润，制造企业通过提供服务支持、使用培训、融资等系统解决方案。这一阶段，服务业务产生的利润占总利润的贡献率不断提高，一些制造企业开始将部分附加值低的制造活动剥离，向服务业转型。

3. 制造业服务化的转型方向

制造业服务化的转型方向大致包括以下三个方面。需要说明的是，不同的转型方向之间并非完全互相独立，而是在某种程度上存有关联性，交叉作用之下可以勾勒出制造业服务化转型的整体轮廓。

（1）制造业由产品导向转向服务导向，向价值链上下游位置延伸。20 世纪 80 年代末期，制造业的价值创造逐渐摆脱了"产品导向"的概念，

由"有形产品"向"无形服务"的方向发展，"服务导向"日渐明显。企业越来越多地依靠服务提高其产品的核心价值，由此而来的是对附加值来源的重新界定：价值逐渐从过去生产流程的产品价值转变为服务创造的附加值。整体来看，这一转变的重点在于制造商需要将服务融合到其核心产品中去，不再单纯依靠实体产品来产生价值，而是通过提供差异化的服务来获得更高的附加值。制造业服务化的过程除了专注于核心制造能力外，更多的是要以全生命周期的概念审视企业的业务范围，包括需求阶段、规格定制阶段、实现阶段、使用阶段、维修阶段和生命终结阶段。根据不同的阶段，制造企业向价值链上下游延伸的模式可以是：①嵌入式服务，如将数位技术内嵌到职能产品中；②全方位的服务，在产品使用过程中提供融资、维修等服务；③整体性解决方案，使得服务与产品之间实现无缝对接；④分销控制。

在这些产品延伸服务模式中，企业的基本定位仍是制造者，只是因为企业自身发展战略和外部产业发展环境的变化，企业从原来的价值链位置开始向上游或向下游拓展业务范围，提供产品延伸服务，这一情况通常与用户将部分业务外包给供应链上的其他企业有关。典型的例子是加工贸易企业由 OEM 向 ODM 的转变，以及拓展基于产品本身提供的物流运输与售后维修服务等（供应链关系的再造），而部分企业由于供货商同用户的共同创造，发展出新的产品架构和供应模式（供应链关系的价值创造）。

（2）制造业在顾客亲密度上的提升。提高与顾客的亲密度成为制造企业获得高附加值的重要着力点。制造企业服务化强调制造企业通过制定满足用户需求的策略，提升顾客在售后服务中的满意度。以富士施乐公司为例，该公司是全球最大的数字与信息技术产品生产商，全球 500 强企业，其复印机市场占有率特别是彩色机器的市场占有率占据全球第一，而优异绩效的背后则是以用户为中心的良好服务业务的发展。1992 年富士施乐公司发布了"优秀企业"的构想，强调企业应提供令用户满意的产品和服务，其中全包服务是典型代表，该服务的特点是将管理和维护责任从用户转移到企业，由富士施乐公司根据质量要求进行维护和保养，并主动更新配件，最大限度地预防故障发生，使设备始终保持良好的运行状态，用户不必为机器故障担心，更不用在零配件和耗材上负担昂贵费用。因此，富士施乐公司的竞争策略是提供产品生命周期的所有权价值以及高层次的售后服务。此外，制造业服务化也强调通过制造企业与用户之间的密切互动，以开发出更大程度满足用户需要的产品。

（3）提供功能和使用权，而非产品本身，实现由"传统经济"向"功能经济"转变。传统制造企业获得的是消费者针对产品所愿意支付的价格，而制造业服务化强调的是企业与用户共同生产、重新创造，并改变交易的产品属性。在"功能经济"情境里，企业利润与产品自身的功能密切相关，主要源于给顾客提供的价值。一些经济活动所创造的价值及其衡量逐渐以其"提供的功能"为主，对于制造企业而言，产品演变为功能的载体，产品本身并非是用户购买的目的，产品承载的功能才是用户所愿意支付价格的基础。有研究认为，产品服务系统强调的是销售使用（Sale of Use），而非销售产品（Sale of Product）。在此情形下，产品的所有权仍然属于制造企业，制造业者提供的是产品功能，譬如产品租赁或共享。产品生命周期通常会大于顾客的使用时间，因此多以租赁的形式出现。以沈阳机床的 i5 系列智能机床为例，根据企业的定价策略，缺少资本、技术和创新能力的中小企业可以按照 i5 系列智能机床的使用时间、价值或者是工件数量收费，购买机床不再成为生产企业的必须成本，沈阳机床由商品买卖转变为系统解决方案提供商，从赚取价差转变为平台经济、数据分享，实现盈利模式的颠覆改变，开始由传统制造商向现代工业服务商转变，生产一线的员工比例不断压缩，而销售、服务、研发人员将占到企业员工的一半。2015年，i5 系列智能机床订单突破 6000 台，其中在长三角、珠三角地区实现爆发式增长，2016 年第一季度，订单则达到了 12000 台，创造了世界机床史上新品类机床的销售奇迹。

二、中国制造业服务化的发展现状

由于制造业服务化没有统一的衡量指标，以及相关数据获取受限等原因，无论在国内还是国外，要准确反映制造业服务化的发展现状，都是一项极具挑战性的工作。本章的数据主要有三个来源：一是全球投入产出数据库（Wiod）1995~2011 年的数据；二是全球上市公司数据库（Osiris Database），该数据库提供了全球各国证券交易所内 60000 多家上市公司的大型专业财务数据，包括详细财务经营报表与分析比率、历年股价系列、企业评级数据、股权结构、企业行业分析报告等；三是德勤公司调查报告的部分数据，目前国内关于制造业服务化的研究报告、学术论文以及政府相关部门的文件如《发展服务型制造专项行动指南》

等，都有内容参考了德勤公司的相关调查报告。

1. 制造业产出服务化水平明显低于世界其他国家，但提供服务业务的企业比例在迅速增加

利用全球投入产出表中的供给表，我们计算了世界主要国家 1995~2011 年的产出服务化水平①。从表 3-2 可以看出，全球制造业的产出服务化水平大多在 10% 以下，只有个别国家在某些年份超过 10%，而中国基本处于 1% 左右的水平。纵向看，全球制造业产出服务化水平总体稳定，处于 4%~5%，澳大利亚、葡萄牙、加拿大、希腊等国制造业产出服务化水平呈现上升趋势；意大利、波兰、美国等基本保持稳定，奥地利、荷兰、法国、中国等制造业产出服务化水平则出现了下降。

表 3-2　世界主要国家制造业产出服务化水平

单位：%

国家	1995 年	1997 年	1999 年	2001 年	2003 年	2005 年	2007 年	2009 年	2011 年
意大利	9.02	9.41	9.62	10.14	9.50	9.14	8.48	9.61	9.06
波兰	8.12	8.72	10.69	9.01	9.46	8.82	8.27	8.76	8.01
比利时	9.74	9.68	10.37	8.44	8.46	7.10	7.80	8.70	7.86
澳大利亚	4.07	5.10	6.32	6.94	7.32	7.17	7.24	7.28	7.45
印度	6.16	7.41	5.67	5.40	4.90	5.53	5.80	7.72	6.71
葡萄牙	4.11	4.19	4.46	6.26	6.54	6.17	6.11	6.28	6.28
奥地利	7.69	7.78	7.43	7.18	7.30	6.03	5.41	6.60	5.55
加拿大	4.85	5.45	5.67	6.20	6.48	6.09	6.22	6.04	5.24
希腊	3.68	3.57	3.80	3.54	2.90	3.31	3.01	4.68	4.68
荷兰	5.65	5.87	6.34	5.31	5.28	5.33	5.37	5.73	4.68
英国	3.16	3.23	3.60	3.60	3.62	4.15	4.14	4.15	3.98
西班牙	5.48	5.63	5.85	4.81	4.70	4.58	4.25	4.65	3.91
美国	3.59	3.78	4.05	4.12	4.31	4.10	3.74	3.85	3.70
法国	4.24	3.23	3.10	3.21	3.26	3.34	3.20	3.19	3.14
德国	3.97	3.81	4.06	3.87	3.48	3.23	3.05	3.62	3.07
瑞典	3.40	3.26	3.48	3.29	3.50	3.33	3.38	3.55	2.93
巴西	3.61	3.61	3.24	3.29	2.92	2.60	2.63	2.62	2.64
墨西哥	1.83	2.00	1.83	1.89	2.15	2.11	2.18	2.34	2.27
印度尼西亚	2.22	2.61	1.35	1.96	2.22	1.92	2.84	2.38	2.25
日本	2.99	2.92	2.99	2.94	2.70	2.47	2.22	2.32	2.17
俄罗斯	1.73	5.77	5.94	5.95	2.47	2.04	1.99	2.01	1.89

---

① 计算方法为制造业服务产出占其所有产出的比重。

续表

国家	1995年	1997年	1999年	2001年	2003年	2005年	2007年	2009年	2011年
芬兰	1.92	2.04	2.07	2.03	2.05	1.97	1.87	1.99	1.84
韩国	2.07	1.85	1.78	1.50	1.48	1.35	1.37	1.35	1.16
爱尔兰	1.04	1.12	0.79	0.81	0.74	1.01	1.27	1.22	1.03
中国	1.29	1.13	1.21	1.34	1.19	0.94	1.03	1.01	1.03
平均	4.19	4.48	4.56	4.44	4.26	4.06	4.02	4.36	4.00

资料来源：作者根据全球投入产出数据库计算。

此外，我们根据全球上市公司数据库，计算了中国制造类上市公司提供服务的比例（见图3-1）。2007年，只有1%的制造业上市公司在业务介绍里声称提供服务内容，2011年这一比例迅速增加至19%，到了2015年则达到28%左右。

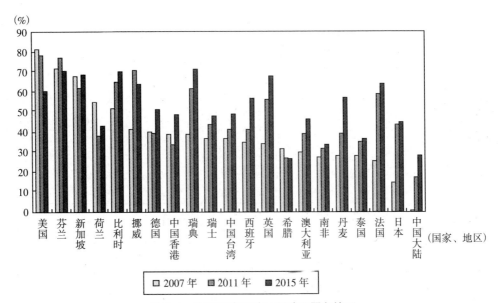

图3-1 主要国家和地区制造业服务情况

资料来源：作者根据全球上市公司数据库计算。

2. 制造业投入服务化水平先升后降，远低于世界平均水平，各地差别不大

利用全球投入产出表中的供给表，我们计算了世界主要国家1995~2011年的制造业投入服务化水平[①]。从表3-3可以看出，中国同全球主要国家一样，制造业投入服务化水平大都经历了先上升后下降的变化过程，顶点出现在2005~2007年。2011年中国服务投入占制造业中间投入的比重约为29.48%，而世界平均水平为45.81%，前者为后者的2/3。

表3-3 世界主要国家的制造业投入服务化水平

单位：%

国家	1995年	1997年	1999年	2001年	2003年	2005年	2007年	2009年	2011年
希腊	52.60	36.77	71.45	70.63	66.64	81.05	79.49	64.48	64.54
瑞典	37.11	58.43	52.74	62.94	58.09	56.82	56.17	56.93	59.69
澳大利亚	56.60	39.95	72.49	71.57	72.04	81.32	79.56	66.12	59.68
英国	39.27	38.87	72.04	73.31	74.56	85.62	80.72	66.57	53.46

① 制造业投入服务化水平为制造业中间投入中服务投入所占的比重。

续表

国家	1995 年	1997 年	1999 年	2001 年	2003 年	2005 年	2007 年	2009 年	2011 年
印度尼西亚	33.93	27.99	40.89	42.60	44.72	70.15	66.52	52.48	53.16
葡萄牙	37.38	32.71	65.16	65.80	63.29	81.45	76.62	60.53	52.43
俄罗斯	42.70	39.59	59.20	54.97	53.37	73.76	62.34	48.31	51.89
韩国	25.49	60.95	55.05	48.48	58.94	60.22	57.08	48.96	50.00
奥地利	42.39	37.79	69.42	67.48	62.79	77.67	74.41	53.67	49.49
西班牙	40.90	34.62	63.96	63.15	59.90	73.27	77.59	61.65	48.68
印度	31.68	27.87	47.05	46.23	40.29	48.94	49.98	43.94	48.50
美国	36.85	34.47	72.82	72.90	69.66	86.46	81.95	52.30	47.43
荷兰	38.68	32.57	68.26	67.32	65.71	78.59	73.47	59.18	46.77
波兰	38.00	34.26	60.56	61.47	58.68	69.00	66.39	52.99	45.11
意大利	34.70	33.16	63.50	62.80	59.55	75.52	68.69	47.57	41.39
芬兰	35.71	30.43	58.59	55.59	53.13	68.49	69.89	45.50	41.13
巴西	35.67	29.59	63.63	58.57	49.45	67.06	60.08	39.25	40.80
墨西哥	30.94	24.25	52.21	52.73	45.35	64.83	58.78	40.41	39.90
比利时	29.94	31.84	66.34	63.87	62.32	82.15	70.98	50.44	38.62
加拿大	33.08	30.30	64.32	60.54	57.53	75.29	68.75	48.62	37.31
法国	36.37	33.30	70.40	65.44	60.57	77.13	72.71	49.07	36.35
爱尔兰	28.98	26.77	55.43	52.51	54.09	68.11	77.46	52.67	34.52
日本	34.98	36.83	65.78	64.50	59.03	80.12	70.55	39.34	33.96
中国	28.92	22.65	36.61	38.29	37.07	59.83	51.96	29.92	29.48
德国	32.94	32.97	64.98	62.12	55.56	71.34	67.05	31.42	28.19
平均	36.61	33.75	61.08	60.36	57.76	74.27	70.64	51.21	45.81

资料来源：作者根据全球投入产出数据库计算。

　　从表 3-4 可以发现，各地区制造业服务投入比例的变化趋势基本一致，不同地区之间的制造业投入服务化水平差别不大。可能的解释是，各地区产业结构和产业发展阶段的相似性使得对中间服务投入的需求相似，并且各地区统计制度的变化也具有同步性的特点。

表 3-4　各地区制造业投入服务化水平

单位：%

地区	1997 年	2002 年	2007 年	地区	1997 年	2002 年	2007 年
上海	47.66	44.78	45.30	河南	58.06	53.29	60.37
天津	54.07	47.31	68.37	重庆	56.81	38.55	50.09
北京	35.01	30.63	23.47	湖南	60.14	47.44	42.50
浙江	70.75	59.50	60.64	山西	59.03	52.86	64.62
江苏	58.30	56.84	65.00	四川	59.39	52.28	49.96
广东	55.22	43.78	53.15	青海	62.83	64.68	52.77
福建	54.61	54.74	62.56	安徽	68.78	45.12	54.03
辽宁	61.05	54.00	53.86	江西	47.24	46.97	54.98
山东	52.64	50.52	60.85	陕西	54.35	48.05	51.89
黑龙江	50.27	54.09	52.92	广西	59.11	54.75	55.55
内蒙古	51.07	51.72	57.80	宁夏	63.72	63.04	53.77
河北	69.91	59.32	54.08	云南	43.88	47.40	59.56
湖北	61.62	52.66	51.88	甘肃	47.92	37.18	46.43
吉林	49.47	44.79	44.72	贵州	51.92	58.03	54.18
新疆	38.07	45.29	52.04				

资料来源：倪红福和夏杰长（2015）。

3. 制造企业提供的服务种类较为齐全，但基于用户需求的系统解决方案或独立服务业务占比较小

中国制造企业提供的服务主要包括系统解决方案、产品设计、维护和支持、批发和销售、房地产业、金融服务和咨询服务，服务种类较为齐全，与世界发展趋势基本一致。但总的来看，目前中国制造企业提供的主要是基于产品的延伸服务，基于用户需求提供的系统解决方案占比较低，而将优势服务独立运作的企业则更是少之又少（见图3-2）。相比全球上市公司，中国上市公司所提供的服务种类在系统解决方案、产品设计、金融服务、租赁服务等方面明显低于平均水平，而批发零售以及房地产业则明显占比较高。根据德勤公司2014年《中国装备制造业服务创新调查》，仅有28%的装备制造业企业有能力为用户提供系统集成、系统解决方案或交钥匙工程服务。造成这一情况的主要原因是，长期以来中国制造企业将主要精力集中于供给层面的产品生产，而忽视了需求和交易层面。对于企业来讲，基于产品本身的延伸服务基本上是一个顺理成章的过程，但根据用户需求提供系统解决方案则意味着企业必须在服务方面具有核心的竞争力，业务的管理和运行也要向服务业靠近。

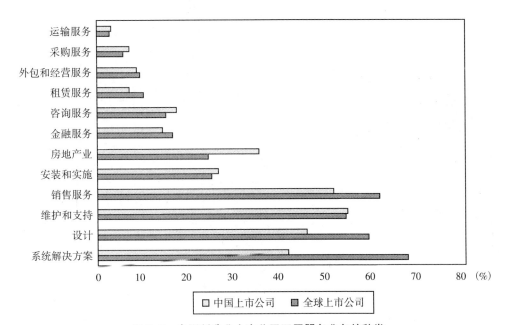

图3-2　中国制造业上市公司开展服务业务的种类

资料来源：作者根据全球上市公司数据库计算。

4. 制造企业服务对收入和利润的贡献率偏低

根据德勤公司2014年《中国装备制造业服务创新调查》，服务收入在总销售收入中占比不到10%的企业的装备制造企业约为80%，占比超过20%的企业只有6%。从利润看，服务净利润贡献率不到10%的企业同样为80%左右，其余大部分企业的服务净利润贡献率处于10%~20%。而德勤对全球80家领先制造业公司的调查显示，这些公司的平均服务收入占总销售收入比重和服务净利润贡献率分别达到了26%和46%。再以电梯行业为例，欧美国家的电梯企业营业收入约有80%来自包括售后保养、维修等在内的服务，而在国内处于领先地位的上海三菱电梯有限公司的服务收入还不到20%。可以说，中国制造企业服务对收入和利润的贡献率偏低是不争的事实。

5. 制造企业服务内容的创新以内源式创新为主，较少关注对外部资源的利用

国内相当比例的制造企业仍然采用传统的内源式创新管理模式，对外部资源的利用不够。调查显示，内源式创新在装备制造业企业服务创新方式中占74%，与外部机构的合作创新约为24%，只有2%为收购创新服务企业或部门（见图3-4）。传统观点认为，制造商控制着整个创新过程，然而在很多情况下，供应商和用户对服务创

新也起着非常重要的作用。研究发现，包括供应商、用户以及服务商和分销商在内的一切与制造企业有关的市场主体，都可能会成为制造企业的创新伙伴和创新源泉，一些服务创新的原型正是来源于供应商或客户发现的某种需求，制造商只是在此基础上进行完善并推向市场。因此，可以说忽视任何一个来源都可能会导致服务创新的不足和损失。

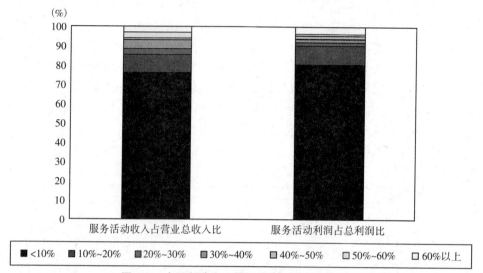

图3-3　中国制造企业的服务收入和利润贡献率

资料来源：中国装备制造业服务创新调查，2014年9月。

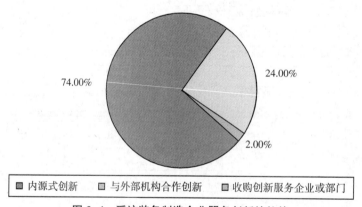

图3-4　受访装备制造企业服务创新的伙伴

资料来源：中国装备制造业服务创新调查，2014年9月。

三、制约中国制造业服务化发展的因素分析

1. 制造企业的服务化发展战略思路不清，认识不到位

（1）大部分制造企业尚未形成与制造业服务化相适应的发展战略。目前，虽然相当多制造企业在实践中已经有意识或无意识地将服务融合到产品中去，然而制造企业对服务化的发展战略还缺乏系统、深入的了解，尚未形成与之相适应的发展战略和运营模式，无法有效利用服务化转型所需要的企业管理资源、技术资源、客户资源、渠道资源、品牌资源等必要资源。制造企业认识到服务化对于企业发展的重要意义，但对于究竟推行何种类型的制造业服务化以及如何推进，仍

然手足无措，需要进一步明确是要整合外部资源，凭借外包、战略联盟、收购、兼并等借助外力，还是自身直接向服务转型。

（2）部分制造企业对服务化的认识存在若干误区。虽然制造业的服务市场潜力巨大，前景看好，但企业资源却是有限的，有些制造企业认为引入的服务种类越多越好，过度追求服务的多样性和新奇度，但实际上客户更多的是注重服务的质量和体验，只会为有价值的服务功能埋单。有些企业过度关注灵光乍现式的创意而逐渐偏离了企业的核心竞争力，而问题在于服务创新要综合考虑企业的内外部因素，核心竞争力才是关键，偏离了核心竞争力极易导致服务创新失败（德鲁克，2007）。有些企业对服务化的长期性和艰巨性认识不足，急于求成，没有认识到制造业服务化是要根据本地区的制度环境、市场需求，在企业发展战略、人力资本水平、组织架构等方面达到一定水平时，才可以实现新的发展阶段。

2. 制造业服务化的外部市场环境不够友好

（1）细化的客户数据供给不足。由以产品为中心向以客户为中心转变是服务化的关键所在，这就要求企业对客户的需求模式、行为特点具有全面、深入的了解，并在此基础上为客户节约开支、提供便捷的服务，而这一切都建立在企业可以获得人口调查数据、行业数据、企业数据、客户数据等在内的海量、细化微观数据基础之上。目前，我国制造企业的信息化程度普遍较低，数据积累量有限，这一类数据主要掌握在政策管理部门手中，尚未对社会开放。

（2）行业管理政策固化，条块分割严重。制造业服务化加速了服务业同制造业的融合，衍生出大量新业态。然而，我国目前的产业政策和行业管理政策对服务业和制造业仍然保持着严格区分，面向制造业发展的商业、物流、金融等领域的市场准入限制仍然非常严格，例如制造企业通常很难获得互联网业务资质，而进入网络信息服务领域。

（3）知识产权保护体系仍不完善。制造业服务化的服务产出和服务投入大都表现为"无形资产"的形式，相较于实物产品，系统软件、工业设计等服务创新被复制、模仿、剽窃的可能性更大。然而相关的法律法规体系和监管制度仍然非常薄弱，对知识产权模仿缺乏评审机制、约束机制和惩罚机制。

3. 制造业服务化转型的政策支持力度不够

（1）对制造业服务化的创新支持不足。制造业服务化转型是多技术集中、多学科交叉的过程，不仅涉及制造企业的产品创新和工艺创新，也触及交付、维护、运营等多个过程中的技术问题，布局制造服务技术已成为许多国家科技创新的重要领域。当前，我国的产业创新政策支持体系仍留有非常明显的制造业痕迹，例如在政府的一些产业政策中，基本是按照企业固定资产投入进行某一比例的配套，相比纯粹的制造业企业，进行服务化的企业固定资产投入少，更多的是商业模式、信息、品牌等"软投入"，这就导致进行服务化的制造企业获得的政府补贴也较少。

（2）企业融资难、融资贵，商务成本过高。制造企业在服务化的过程中，通常需要大量的资金投入以对产品进行设计研发、流程再造、工艺改进等，虽然这些企业的成长潜力较好，但整体上看却良莠不齐，具有很大的筛选难度，并且这些企业抵押资产又都不足，导致它们很难从以国有银行为主体的间接融资体系中获得必需的发展资金。与此同时，从事服务业务的企业面临着更高的商务成本。长期以来国家的价格政策和财税政策主要向制造业倾斜，水、电、气、热价格更低，并享受着经济开发区、产业园等各项优惠政策。

（3）缺乏高素质人才支撑。制造企业服务创新的根本在于高素质人才。长期以来，我国的教育体系在以工业产品为核心的生产模式下，人才的培养方式比较简单，人才储备大多围绕产品本身开展，普遍缺乏对工业设计、现代物流、电子商务等制造业服务化领域专业人才的培养；并且我国的职业教育和在职教育明显不足，适应制造业服务化的创新人才培养体制机制尚不完善。

四、加快推进制造业服务化的政策建议

1. 深化对制造业服务化的认识，将制造业服务化摆上应有的战略位置

（1）彻底转变"先工业后服务业"的发展思路。大力推进制造业服务化，形成制造业与服务业协同发展、互相增强的发展局面。重中之重是要改革官员绩效考核方式，将制造业服务化纳入考核指标体系。近十年来，改变"唯GDP"的考核机制呼声不断，然而这样的考核方式非但没有减弱，反而愈演愈烈。如果考核指标体系指挥棒不改，地方政府推进制造业服务化的动力就难以得到充分激发和释放；同时要深化理论研究，逐步完善统计调查体系，探索开展服务型制造概念术语、参考标准和评价体系研究制定和应用推广。

（2）提高对制造业服务化的战略认知。国家从战略层面高度重视中国制造业的转型升级和创新发展，《中国制造2025》九项战略任务和重点之一就是"积极发展服务型制造和生产性服务业"。"十三五"规划纲要以及国务院《关于积极推进"互联网+"行动的指导意见》《关于深化制造业与互联网融合发展的指导意见》等一系列文件也都将制造业服务化作为制造业调结构、转方式的重要路径。要支持和引导企业结合区域资源禀赋和行业竞争优势，因地、因业自主实践并创新发展服务型制造模式，不断优化组织结构，推动管理创新，探索发展路径；鼓励优秀的制造业企业"裂变"专业优势，通过业务流程再造，提供社会化和专业化服务。

2. 营造良好的外部市场环境

（1）增加公共信息的开放和社会化供给。在这一方面，发达国家的管理模式值得借鉴。美国在企业商业机密、个人隐私法律保护的条件下，结合市场准入管理，采取了市场化的信息管理模式；欧洲国家则是采取市场与政府相结合的管理模式，为了保护企业秘密和个人隐私，对原始数据进行适度加工，并对数据开发方式进行适当的

监管，以满足制造企业开展服务业务对公共数据信息的需求[①]。

（2）要打破服务业市场的行政垄断与市场垄断。近年来，虽然一些服务领域明确鼓励社会资本进入，然而并没有出台具体的操作办法，还存在大量的行政垄断和市场垄断。这就需要对国有资本进行战略性调整，通过引入民营、外资等社会资本进入垄断行业竞争环节，深化服务领域市场化改革、垄断性行业改革和服务业社会化改革，鼓励非公有制经济进入生产性服务领域。

（3）实行严格的知识产权保护。加快完善与制造业服务化相关的知识产权立法保护体系，要特别注重包括执法效率和执法质量在内的知识产权保护实际执法保护水平。因此一方面要充分发挥司法保护的主导作用，改革知识产权司法审判制度，尽快推行知识产权刑事、民事、行政案件审判"三审合一"，建立知识产权法院；另一方面要完善快速确权、维权的方式手段，着力解决确权时间跨度长、维权成本高、侵权赔偿低、惩处执行难等问题，从根本上解决服务创新成果得不到保护、服务创新积极性不高的问题。

3. 加大对制造业服务化的政策支持力度

（1）进一步调整科技领域重大任务安排的思路。在基础科学研究领域，要牢牢抓住全球服务科学方兴未艾的机遇，加强前沿领域的研究，建立适合中国国情的服务科学理论体系；在国家重大科技专项中，要充分考虑到推行制造业服务化过程中出现中的重大科技和产业化问题；在国家科技基础设施的建设布局中，要围绕制造业服务化转型中的关键技术问题，加大科技基础设施的部署，加快掌握一批拥有自主知识产权的高端、核心技术。

（2）完善支持制造业服务化的金融体系。鼓励金融机构创新适合服务型制造发展的金融产品和服务，支持重点工程和重大项目实施；借鉴一

[①] 丁波涛：《制造业服务化也是一种创新》，《东方早报》2014年11月26日。

些发达国家的经验，探索设立"制造服务化特别基金"，为符合国家产业政策的制造企业服务化提供资金支持；鼓励社会资本参与制造业企业服务创新，健全完善市场化收益共享和风险共担机制；进一步推进服务价格体制改革，尽快消除服务业发展的某些不合理政策，实现服务业与制造业在政策上的平等。

（3）加快人才培养。要建立起"经营管理人才+专业技术人才+技能人才"的服务型制造人才发展体系。一是我国仍然要进一步发展和改革高等教育，引导高校设置符合制造业服务化、传统产业改造升级需求的急需专业，鼓励具备条件的普通本科高校向应用型转变，培养生产服务一线的技能型人才和应用型人才；二是要依托重点人才工程，加大服务型制造领域人才培养力度，探索通过服务外包、项目合作等形式，提升人才的国际视野与专业能力；三是要拓宽人才引进渠道，加大国际高端人才引进力度，不断强化对高端人才的服务能力。

专栏 3-1

三星电子制造服务化

整体解决方案是制造业服务化的一种形式，是供应商提供有形产品、耗材和服务的组合，以保证客户在无须拥有、维护或修理有形产品的情况下，能够从功能或产品服务上获益，并根据获益水平来支付价格。三星电子作为全球营收最大的电子工业制造商，2015 年世界 500 强排名第 13 位，是世界公认的电子产品领导者。其目前涉及的业务包括视觉显示、数字家电、打印解决方案及健康与医疗设备，在整体解决方案方面走在了电子行业的前列，是制造服务化模式的典范。

三星商用显示器金融行业解决方案

金融行业是显示器应用的重点行业之一，随着金融信息化程度的不断提高，用户对终端显示设备的显示效果、性能、外观、操控性等方面都提出了更高要求。三星推出的商用显示器展翼MD230 从性能、设计等方面较好地满足了金融行业用户的需要。MD230 可提供横向、纵向两种不同的拼接方式，方便各科图形、表格的查阅；提供配备遥控器的桌面拼接解决方案，使金融工作者能够方便、高效地完成操作；利用遥控器，用户可有针对性地选择一块或几块显示屏进行设置，也可对全部显示屏统一设置；能提供多达六屏显示，工作人员不必频繁切换窗口，就能同时处理多项任务，从而高效地完成工作。

三星安全打印解决方案

随着数字技术的高速发展，商务信息所受到的安全威胁越来越大，企业管理者对打印设备的安全性能要求也日益增高。为保证文件打印操作的安全性，三星为客户建立了一套实名打印方案，员工必须通过实名注册获取专属的 ID 与密码，或者存有个人真实信息的 IC 卡。当他们需要打印文件时，首先应把文件从电脑传输至认证服务器中，接着选择一台打印机，根据设备型号的不同，在数字键盘上输入 ID 与密码或在感应区刷卡，等待身份通过服务器的验证之后，才可对文件进行打印或删除。除了确保打印阶段的信息安全，三星在数据的传输和存储环节也采取了非常严密的保护措施。开始打印时，电脑中的数据将通过专用驱动程序被传输到一个安全服务器中，服务器会对接收到的文件进行密钥加密，并在打印之前一直保存该文件。

三星移动医疗解决方案

随着医疗事业的快速发展和工作量的不断增加，病人管理的烦琐程度也日渐增大，三星移动医疗解决方案通过先进的移睿医生系统改变了传统临床工作模式。移睿医生系统可以在三星平板电脑的屏幕上清晰展示患者列表和病历文档，节省查找纸质档案的时间，降低错误发生的风险；医务人员可以根据需要通过平板电脑快速查看医嘱列表，编辑、下达或调整医嘱，极大地提高了临床治疗的效率；通过 Web Service 的工作方式，与医院内的任何临床信息系统相连接，并在平板电脑的显示屏清晰显示患者的各项生命体征，让医务人员可以随时了解患者的病况，从而提高护理质量；医生只需轻触平板电脑的屏幕就能轻松了解患者的检查、检验结果，快速做出治疗判断。

资料来源：中国三星电子官方网站 http://www.samsung.com/cn/business/。

参考文献

[1] Benedettini O., Neely A., Swink M. Why do servitized firms fail? A risk-based explanation [J]. International Journal of Operations & Production Management, 2015, 35 (6): 946-979.

[2] Neely A. Exploring the financial consequences of the servitization of manufacturing [J]. Operations Management Research, 2008, 1 (2): 103-118.

[3] Oliva R., Kallenberg R. Managing the transition from products to services [J]. International Journal of Service Industry Management, 2003, 14 (2): 160-172.

[4] Vandermerwe S., Rada J. Servitization of business: Adding value by adding services [J]. European Management Journal, 1988, 6 (4): 314-324.

[5] 安筱鹏：《制造业服务化路线图：机理、模式与选择》，商务印书馆，2012 年版。

[6] 彼得·德鲁克：《创新和企业家精神》，企业管理出版社，1989 年版。

[7] 德勤、中国机械工业联合会：《2014 中国装备制造业服务创新调查》，2014 年版。

[8] 黄群慧、贺俊：《"第三次工业革命"与"制造业服务化"背景下的中国工业化进程》，《全球化》2013 年第 1 期。

[9] 倪红福、夏杰长：《区域生产性服务业发展水平、结构及其与制造业关系研究——基于中国省级投入产出表的分析》，《山东财经大学学报》2015 年第 1 期。

第四章　化解过剩产能

提　　要

2015 年，中国工业经济产能过剩问题日趋突出，并已经成为影响金融与国民经济稳定、阻碍国民经济转型发展的头号问题。与之相应，化解过剩产能成为 2016 年经济工作与推动供给侧结构性改革的首要任务。然而，当前化解过剩产能过程中过度依赖行政性手段，而化解过剩产能的市场机制、化解过剩产能的法律与金融途径严重受阻，兼并重组在化解过剩产能中的作用存在被夸大的倾向，这些不利于积极稳妥去产能。加快化解过剩产能，应重视破产机制（破产清算机制与破产重整机制）的作用，通过破产清算机制能有效清除"僵尸企业"与缺乏社会价值的落后产能，并迫使部分低效率企业接受高效率企业的兼并重组。当前，应加快完善破产机制，疏通过剩产能退出机制；建立辅助退出机制，做好政策托底工作；为兼并重组创造良好的外部环境。

*　　　　　　　*　　　　　　　*

中国经济进入"新常态"，在面临诸多机遇的同时，也面临许多困难和挑战。其中，比较严重的结构性产能过剩是未来几年中国经济要实现转型发展必须要面对的重大难题。因此，中央经济工作会议明确将积极稳妥化解过剩产能作为"十三五"开局之年经济工作的重中之重。2016 年中央经济工作会议指出，我国经济发展面临着"很多困难和挑战，特别是结构性产能过剩比较严重"，并明确将"积极稳妥化解产能过剩"作为 2016 年经济工作的重中之重。2016 年中央经济工作会议，党中央明确提出"供给侧结构性改革"，并指出供给侧结构性改革是适应和引领经济发展新常态的重大创新，其中"去产能"工作是供给侧结构性改革的首要重点任务。当前，我国化解产能过剩工作遇到较大困难和挑战，急需针对这些困难和挑战，调整策略与完善政策体系。

一、我国经济"新常态"下产能过剩的新特征

产能过剩一直是困扰我国经济健康发展的"痼疾"。以往，要素市场扭曲、地方政府采用各种优惠政策招商引资和保护本地企业是导致部分产业系统性产能过剩的主要原因，且这些行业的产能过剩总能为后来快速增长的需求所消化。随着我国经济进入"新常态"，产能过剩无论在形成机理还是表现形式及影响的广度、深度方面都出现了一些不同于以往的新特征，即长期性、结构性与全面性（涉及行业众多）。正是这些新特征的存在，使得当前及未来几年化解过剩产能工作具

有前所未有的艰巨性。

从供需匹配的角度来看，经济增长的过程就是需求增长与需求结构演变升级、供给体系顺应需求增长与需求结构变化不断进行调整并与之匹配的过程。在后发赶超国家，经济快速增长会带来需求规模的快速增长与需求结构的快速转变，特别是在进入中等收入水平、经济增速下滑时，需求增速会快速放缓、需求结构会急剧变动，供给体系难以及时顺应这种变化，就会带来较为严重的结构性产能过剩。当供给体系缺乏灵活性时，这种结构性产能过剩将更为严重，且在很长一段时间难以有效化解。

本轮严重结构性产能过剩正是我国经济进入"新常态"以后，增速换挡、增长动力机制转换与需求结构急剧转变的产物。第一，随着要素成本的不断上升、环境与资源约束强化、投资效率的不断下降和全要素生产率的恶化，我国以往过度依赖投资拉动、粗放式规模扩张与要素驱动的增长方式将难以为继，实际投资增速将快速下降，钢铁、建筑材料、有色金属、普通机床等传统重工业产品需求增速将显著放缓，需求峰值已经或即将到来，这些行业将在未来很长一段时间内面临严峻的产能过剩态势。第二，随着国民收入水平的不断提高，国民消费结构尤其是中高收入人群的消费结构快速升级，现有绝大部分商品消费需求饱和且供给过剩，而对于高品质、个性化的高端消费需求，现有供给体系却远不能满足，从而在消费品市场出现较为严重的结构性过剩。第三，随着劳动力成本、土地成本、资源与环境成本的快速上升，欠发达国家发展觉醒，中国低成本优势正在逐渐消失，中国劳动密集型产品、"两高一资"等传统出口产品在国际市场上正面临越来越严峻的挑战，传统出口制造业将面临长期产能过剩的压力。

正因为如此，本轮产能过剩虽然是结构性过剩，但涉及国民经济众多行业，又具有全面性过剩的特征；本轮产能过剩所涉及的主要行业及许多产品，其需求峰值已经或即将到来，未来需求增长空间已极为有限，过剩产能很难再为未来的需求增长所消化，因而具有长期性的特征。较为严重的产能过剩为产业转型升级带来诸多困难的同时，其造成的金融风险也正在不断累积，钢铁等严重过剩行业失业问题日趋严重，若处理不当将会对国民经济甚至社会稳定造成较为严重的冲击。当前，化解产能过剩工作既迫切又十分艰巨。

二、当前部分严重产能过剩行业的基本情况

钢铁。2012年，全国粗钢产能利用率仅72%左右。2013年，利用率回升至75%左右。从产品上来看，当前棒材、钢筋等所谓低端产品产能利用率高于80%，达到合理产能利用率水平；2012年全国板卷轧机利用率59%，2013年型材、中厚板、热轧宽钢带、冷轧电工钢等中高端产品产能利用率不足70%，产能过剩矛盾突出。近年来，产能投资"淘汰低端上高端"的趋势尤为显著，高端产品方面将面临日趋严峻的产能过剩形势。2014年底，我国粗钢产能已经达到11.6亿吨，全面新开工项目2000多个，产能利用率不足75%，行业销售利润率仅为0.9%。2015年，粗钢产能利用率67%，钢协会员企业利润合计亏损645.3亿元，亏损面50.5%。中国粗钢需求的峰值可能已经到来，2012~2014年三年粗钢表观消费量分别为6.7亿、7.7亿、7.4亿吨，粗钢需求增长初步出现逆转趋势。由于中国已进入经济增长换挡期与结构调整阵痛期，投资实际增速将逐渐下降，投资对于拉动钢铁产品需求增长的效力亦将逐渐减弱，钢铁需求的峰值即将到来，届时钢铁产能将出现长期总量绝对过剩态势。

钢铁工业缺乏公平竞争的市场环境，市场化解和调整过剩产能的内在机制难以发挥作用，是现阶段面临的突出问题。这主要表现在部分企业违规排污、减少环境投入、进行不正当竞争，各地方政府对本地企业的违规优惠和补贴政策，部分中小企业采取生产地条钢、无票销售逃税的违法手段进行不正当竞争，从而导致低效率企业、

落后产能难以被淘汰出市场。不仅如此，这些低效率企业反过来又利用所获得的成本优势进行恶性竞争，使得行业陷入日趋严峻的困局。

电解铝。2012年末，电解铝产能达2765万吨，产能利用率为72%。2013年末，产能利用率下降至69%，全行业亏损23.1亿元，产能过剩矛盾突出。2014年底，电解铝产能已达3500万吨，产能利用率与上年持平，全行业亏损进一步加剧，全年达79.7亿元。2015年，全行业亏损66亿元，产能利用率在80%。近年来，新增电解铝产能集中在煤炭资源丰富的西部地区，其电价远低于中东部地区，具有很强的成本优势。目前，西部地区企业仍具有较大的盈利空间，而中东部地区部分企业亏损相对严重。现阶段，西部地区在能源价格优势的基础上，还以配套煤矿资源、廉价土地等优惠政策推动电解铝生产企业大量产能投资，当前在建产能约700万吨，其中2016年投产产能约350万吨，这些产能投产将会导致更为严重的产能过剩问题。还需要重点指出的是，电价政策的区域不平衡（河南地区自备电厂并网费每度电8分，而山东不交或者仅仅交1~3分钱的并网费）导致较为严重的不公平竞争，中、东部地区具有较高技术水平和管理水平的电解铝企业不甘心死于这种不公平的电价政策，不愿意退出市场，试图寻求同等优惠的电价政策，这就使得整个行业长期陷入全行业亏损的困局。中、东部地区部分企业无法获取电价政策上的平等对待，严重亏损企业及其产能难以退出与转移，是当前电解铝行业化解产能过剩过程中面临的突出问题。

水泥。2012年，水泥产能达30亿吨、熟料产能达18亿吨，产能利用率分别为72.7%和71.1%。2013年，水泥与熟料产能利用率分别上升至77.0%和72.0%，销售利润率上升0.5个百分点至7.9%，维持历史较高水平。2014年，建成投产的水泥熟料生产线仍有54条，总产能7000多万吨，水泥熟料产能利用率比2013年略有下降。2015年，全行业利润下降62%，水泥熟料产能利用率在70%，亏损面超过40%。从区域来看，山西、新疆、黑龙江、吉林等地区的产能过剩问题相对严重，安徽、江苏、广西、湖北等地区产能过剩情况相对较轻。西南、西北地区突击上新线、短期建设项目过于集中，水泥行业总量绝对过剩

发展的风险在加大。新建产能的快速增长是当前较为突出的问题。此外，一些大企业为减少大气污染物排放，通过技术改造采用清洁能源并配套上马脱硝、除尘等环保设施，加大了生产成本，而一些小企业并未完善环保设施，也未受到处罚，从而导致不公平竞争，不利于淘汰落后产能与化解过剩产能。

平板玻璃行业。2012年，平板玻璃产能达到10.4亿重量箱，产能利用率仅为68.3%。2013年，产能利用率上升至72.2%，行业销售利润率大幅上升5.4个百分点至6.0%。未来三年，随着新型城镇化的推进，平板玻璃市场需求仍有增长空间；而新一代信息技术、新能源等战略性新兴产业的发展，将使得高端产品保持旺盛需求。据此判断，当前平板玻璃产能在总量上呈现周期性过剩特征。从产品结构上看，普通平板玻璃产能过剩矛盾突出，钢化玻璃、中空玻璃、压延玻璃等并无明显产能过剩迹象，超薄、超白及在线LOW-E等高端产品相对短缺。2015年，新增生产线10条，使总产能达到12.33亿重量箱的历史最高水平，产能利用率达69.9%。随着新增产能的快速增长，总量绝对过剩风险不断加大。

船舶行业。船舶行业呈现周期性过剩与结构性过剩的特征。2012年，船舶产能利用率为75%。2013年，全国造船完工量比2011年下降24.4%，产能利用率进一步下降。2014年，全国造船完工量为3905万吨，同比下降13.9%，产能利用率进一步下降。但是，2013年12月底，手持船舶订单达13100万载重吨，同比增长22.5%；2014年12月底，手持船舶订单量达14890万载重吨，比2013年底手持订单量增加13.7%；2015年，手持船舶订单量1.2304亿载重吨，同比下降12.3%。从长期来看，世界经济经历深度调整后，世界船舶需求量会稳步回升。因而，当前造船行业的产能过剩具有周期过剩特征。仍需指出的是，世界经济复苏尚需时日，中国船舶制造业还将在较长一段时间面临严峻的产能过剩调整压力。从产品结构上看，低端船型产能过剩矛盾突出，高端船舶、海洋工程装备产能相对不足，从而呈现结构性过剩的特征。融资困难以及在高端船舶国际市场竞争力缺乏，是船舶行业化解过剩产能过程中面临的主要困难。

煤炭行业。2015 年，全国规模以上煤炭企业原煤产量 36.85 亿吨，同比减少 1.34 亿吨，下降 3.5%，煤炭产能利用率为 65%；全国规模以上煤炭企业主营业务收入 2.28 万亿元，同比下降 14.6%，同比降幅扩大 8 个百分点；企业利润额 425.5 亿元，同比下降 61.2%，降幅比 2014 年同期扩大 16.8 个百分点，大中型煤炭企业亏损面超 70%。2015 年，总产能约计达到 54 亿吨，煤炭产能利用率约计 69%。

三、我国化解过剩产能过程中面临的主要问题与挑战

1. 近年来我国化解过剩产能的主要政策

2009 年，鉴于国际金融危机以后，部分行业产能过剩问题日趋严重，国务院先后发布《关于抑制部分行业产能过剩与重复建设引导产业健康发展的若干意见》、《关于进一步加强淘汰落后产能工作的通知》、《国务院关于化解产能严重过剩矛盾的指导意见》、《贯彻落实国务院关于化解产能严重过剩矛盾的指导意见》、《国务院关于化解产能严重过剩矛盾的指导意见》、《部分产能严重过剩行业产能置换实施办法》、《关于推进国际产能和装备制造合作的指导意见》等文件，试图治理和化解日趋严重的产能过剩。总体而言，上述政策在加强环境保护、要素价格市场化、政府部门的信息服务等方面有比较大的改进，也强调要发挥市场的基础性作用。但是，从具体政策措施来看，其基本延续了主要以行政规制手段治理产能过剩和重复建设的传统。

2015 年以来，我国工业领域的产能过剩问题更为严重，为加快化解过剩产能，我国出台了一系列新的政策。2016 年中央经济工作会议从以下五个方面着手积极化解过剩产能：一是要加强宏观调控与市场监管；二是要更为注重利用市场机制，采用经济手段、法制手段来化解产能过剩；三是要加大政策力度积极引导过剩产能主动退出；四是要营造良好的市场条件与氛围；五是要以煤炭、钢铁等行业为重点，力图取得突破。2016 年 2 月，国务院相继出台《国务院关于钢铁行业化解过剩产能实现脱困发展的意见》、《国务院关于煤炭行业化解过剩产能实现脱困发展的意见》，在这两个文件中都强调要通过市场倒逼、充分发挥市场机制，用法治化和市场化的手段来化解过剩产能。

表 4-1 近年来我国出台化解过剩产能的主要政策

时间	政策	部门
2009 年 9 月 26 日	《关于抑制部分行业产能过剩和重复建设引导产业健康发展的若干意见》	国家发展和改革委员会、工业和信息化部、监察部、财政部、国土资源部、环境保护部、人民银行、质检总局、银监会、证监会
2010 年 2 月 6 日	《关于进一步加强淘汰落后产能工作的通知》	国务院
2010 年 10 月 13 日	《部分工业行业淘汰落后生产工艺装备和产品指导目录》	工业和信息化部
2011 年 4 月 20 日	《淘汰落后产能中央财政奖励资金管理办法》	财政部、工业和信息化部、国家能源局
2011 年 4 月 18 日	《关于做好淘汰落后产能和兼并重组企业职工安置工作的意见》	人力资源和社会保障部
2011 年 4 月 26 日	《国务院关于发布实施〈促进产业结构调整暂行规定〉的决定》（国发〔2005〕40 号）	国务院
2013 年 10 月 15 日	《国务院关于化解产能严重过剩矛盾的指导意见》	国务院
2013 年 11 月 5 日	《贯彻落实国务院关于化解产能严重过剩矛盾的指导意见》	国家发展和改革委员会、工业和信息化部
2014 年 4 月 10 日	《国务院关于化解产能严重过剩矛盾的指导意见》	银监会
2014 年 4 月 14 日	《水泥单位产品能源消耗限额》	国家发展和改革委员会、工业和信息化部
2014 年 7 月 31 日	《部分产能严重过剩行业产能置换实施办法》	工业和信息化部
2015 年 5 月 7 日	《关于严格治理煤矿超能力生产的通知》 《做好 2015 年煤炭行业淘汰落后产能工作的通知》	国务院、国家能源局、国家煤矿安监局

续表

时间	政策	部门
2015年5月16日	《关于推进国际产能和装备制造合作的指导意见》	国务院
2016年2月1日	《国务院关于钢铁行业化解过剩产能实现脱困发展的意见》	国务院
2016年2月1日	《国务院关于煤炭行业化解过剩产能实现脱困发展的意见》	国务院

资料来源：作者整理。

2. 当前"去产能"工作的进展情况

煤炭。截至2016年7月末，全国已累计退出煤炭产能9500多万吨，占到全年目标任务量2.5亿吨的38%。其中，北京、河北、山西、辽宁、吉林、黑龙江、江苏、安徽、江西、山东、河南、湖北、湖南、重庆、四川、贵州、云南、陕西、甘肃、青海和新疆21个地区已全面启动"去产能"工作，并部分完成了退出任务。总进度比较迟缓，其中7月退出产能不到1000万吨。

地区完成情况。根据国家发展和改革委员会的通报，截至2016年7月末，湖南、江苏完成全年目标任务量的80%左右，北京、湖北、陕西、甘肃和新疆均完成50%以上。重庆2016年已明确关闭退出煤矿219个，涉及产能1300多万吨，分别超出目标任务的56.4%和44.4%。内蒙古、福建、广西、宁夏和新疆生产建设兵团煤炭"去产能"工作刚刚启动，还没有实现实质性产能退出；江西、四川、云南完成比例不到10%。根据山东省煤炭工业局的统计，截至2016年7月底，山东省已停产煤矿47对，关闭产能1159万吨/年，分别占年计划的81.03%和71.32%。根据山西省煤炭厅的统计，山西省截至2016年6月底，已有16座矿井实施关闭，涉及产能1230万吨/年，已完成年度任务目标的60%。

企业方面。截至2016年7月底，神华集团已全部完成全年任务，陕煤化集团完成全面目标任务的86.4%。中煤集团2016年"去产能"计划中要关闭的三座煤矿中，东日升煤矿与高山煤矿处于井下基本维护状态，高山煤矿已部分设备回撤，杨涧煤矿正在组织设备回撤。

钢铁。根据发展和改革委员会的通报，2016年1~7月全国28个产钢地区和中央企业累计完成压减炼钢产能2126万吨，占全年任务量的47%。其中，浙江等四个省份已经完成全年任务；河北、辽宁等八个省份工作进度在10%~35%；超过十个省份化解钢铁过剩产能工作尚未实质性启动。

从钢铁煤炭行业化解产能和脱困发展工作部际联席会议通报的情况来看，当前"去产能"工作进展存在三个方面的问题。一是总进度迟缓，截至2016年7月，煤炭、钢铁分别仅完成其"去产能"任务的38%和47%；二是地区、企业之间任务完成情况差异非常大，有些地区、企业已经完成全年"去产能"任务，有的地区和企业"去产能"工作才刚刚开始；三是部分省市任务进程安排过于靠后，目前各地4季度安排的任务量占全年任务的50%以上，其中12月占1/3以上，全年完不成任务的风险较大。从调研了解的情况来看，2016年钢铁、煤炭行业已完成的"去产能"任务中，有不少是前两年甚至更早就已经停产或者关停的设备和产能，我们需更谨慎地看待目前"去产能"工作的进展，以及需要更充分地估计未来"去产能"工作的艰巨性。

3. 问题与挑战

从2016年上半年这些政策的实施情况来看，还是主要通过目标分解、行政问责的方式来推动各地削减产能，通过市场化和法制化的方式来化解过剩产能仍面临诸多障碍。当前，化解过剩产能主要面临以下四个方面的主要问题：

（1）化解过剩产能的市场机制严重受阻。在比较成熟的市场经济中，市场竞争的优胜劣汰机制是化解过剩产能最为有效的工具，在市场出现过剩产能时市场竞争总能把缺乏效率或者不符合市场需求的企业和产能较快清理出市场。在我国，部分地方政府采用财政补贴、提供廉价能源资源、放松环境监管等手段保护本地落后企业，导致低效率企业长期难以被逐出市场。不仅如此，这些低效率企业甚至利用由此（地方保护及相应的优惠政策）所获得的成本优势进行恶性竞争，使得整个行业的盈利状况恶化，行业债务风险不断累积，使得这些行业陷入日趋严峻的困局。当前，钢铁、电解铝等行业正深陷在这样的困局中，这些行业的企业债务风险正在快速累积，极有可能造成系统性风险。

（2）化解过剩产能的金融和法律途径严重受阻。破产机制是市场经济体制中化解过剩产能最为重要的金融和法律途径，在出现较为严重的产能过剩时，随着竞争的加剧，大量低效率的企业会因资金链断裂、难以偿还债务本息、资不抵债等情况触发破产机制，从而被清理出市场。而在我国，由于以下几个方面的原因，破产这一化解过剩产能的重要途径严重受阻：第一，地方政府保护本地企业，一方面，干预金融机构经营行为，迫使金融机构为已陷入破产危机的企业继续提供贷款；另一方面，地方政府通过干预司法，阻碍银行和其他债权人通过法律途径追讨到期债务，对于债权人对本地企业的破产诉讼不予立案或尽量拖延，甚至直接干预破产程序帮助本地企业免予破产清算。第二，企业账目不清，甚至给贷款银行提供假账，加之国内金融机构风险管理能力弱，有些企业已资不抵债且经营困难时，金融机构或其他债权人却无从知晓，仍为这些企业提供大量贷款支持。第三，国内金融治理结构存在缺陷，各级金融机构负责人都不愿意使已发放贷款在任内变成坏账，往往对一些已资不抵债或已不能偿付债务的企业网开一面，不及时诉诸破产诉讼。第四，我国《破产法》等法律法规与执行机制不完善，对债权人的利益保护不够，债权人往往很难通过破产诉讼保护自身权益，这使得银行或债权人主动采用这一法律手段的意愿下降。第五，资本市场不发达，银行处置破产清算企业不良资产的途径少，采用资产证券化或者投资银行业务手段处理不良资产时，在政策和法律方面仍受到较多限制，降低了债权人采用破产诉讼的意愿。

（3）兼并重组难以担当"去产能"的重任且面临诸多困难。现行化解过剩产能政策都特别强调兼并重组的作用，但是在竞争性行业中，企业很少会以"去产能"作为兼并重组的动机，因为这不符合企业的自身利益。特别是在钢铁、电解铝等重资产、竞争性行业中，生产能力及相应设备是企业最有价值的资产，让并购企业收购目标企业然后自行报废目标企业有价值的资产显然有悖于企业的自身利益。此外，我们对历年来钢铁行业兼并重组情况的调查研究表明，几乎所有的兼并重组不但没有减少产能，反而大量增加了产能。

兼并重组能盘活低效率企业的有效产能，但当前兼并重组仍面临诸多困难。一是在一些地方政府保护下，部分低效率企业兼并重组意愿不强；二是近年来产能过剩行业企业盈利水平普遍下降，资金压力已成为制约企业兼并重组的重要原因；三是兼并重组过程的手续烦琐，过程漫长；四是现有政策使跨区域、跨行业、跨所有制的重组依然困难重重，金融资本参与兼并重组面临诸多限制；五是许多低效率企业财务不透明，地方政府干预兼并重组，增加了企业兼并重组的风险。

（4）自上而下以行政手段大规模"去产能"不可取。第一，以行政手段强行"去产能"缺乏法理上的支持，容易引发诸多矛盾和纠纷，甚至成为社会不稳定因素；第二，地方政府与中央政府在"去产能"问题上，利益是不一致的，地方政府出于辖区内经济发展、就业等方面考虑，会采取实际上不合作的方式，且行政上强制"去产能"的监督成本极高，而收效却可能很有限；第三，中央政府和地方政府关于"去产能"目标的商议和确定将是一个复杂、艰巨、耗时的过程，由此确定目标也很难有其合意性；第四，自上而下以行政方式"去产能"，地方政府必然会以各种困难为由向中央政府提出各种条件和要求，中央政府实施"去产能"政策成本会非常高昂。

四、对策和建议

1. 现阶段"去产能"政策总体策略调整

调整总体策略，政府积极引导，以破产机制为抓手，充分利用市场、法律与金融手段化解过剩产能。以破产机制为抓手推进"去产能"工作，有充足的法理支持和法律依据，能让中央政府与地方政府在"去产能"的博弈或者谈判中获得更多的主动性，能在一定程度上帮助中央政府破解地方政府在去过剩产能过程方面的软抵抗，减少中央在推行去过剩产能过程中不必要的政策成本，例如退出奖励。还需要强调的一点是，我国经营不善的企业及所在地方政府只有在企业面临很强的破产清算压力时，才不会漫天要价，积极接收或者协助兼并重组，破产不仅是直接化解过剩产能的工具，也可以是促进兼并重组的重要手段。

具体而言，以破产机制加快推动"去产能"，其步骤如下：第一，以人民银行、银监会牵头，全面清查严重产能过剩行业及行业内企业信贷情况、财务状况与风险暴露情况。第二，以全面清查情况为基础，对于产能过剩行业企业信用及风险进行综合评价分级。第三，将财务上已达到破产条件的企业列出清单，并就企业情况进行更为详细的了解，并根据企业规模、财务、资产、经营等方面的情况，以及环境监管部门配合提供的企业环保状况，将这些企业进行评级分类。第四，本着先易后难、风险可控、分类管理的总体思路，有步骤地依法对僵尸企业进行破产清算或者启动重整程序：首先对于严重资不抵债的企业，依法启动破产清算程序；其次对资不抵债且不能按期偿还到期债务、经营十分困难的企业，依法启动破产清算程序；再次对于不能按期偿还债务、尚未资不抵债，但主业经营活动基本停滞的企业，资产正在急剧恶化的企业，依法启动破产程序；最后对于不能按期偿还债务但尚未资不抵债，主业经营尚可，暂时面临资金困难的，则应进一步观察，根据后续情况再决定是否启动破产重整程序或者破产清算程序。

2. 当前去产能政策优化调整的重点

完善破产制度，疏通过剩产能退出机制。破产是市场竞争的必然产物，是低效率企业退出市场的最为重要的渠道。完善企业破产制度，一方面有利于低效率企业和落后产能的退出，有利于化解过剩产能；另一方面能硬化破产约束，制约企业的过度投资行为。具体而言，从以下几个方面入手：一是强化出资人的破产清算责任，当市场主体出现破产原因时，出资人在法定期限内负有破产清算义务，如违反该义务，应当承担相应的民事、行政乃至刑事责任；二是增强破产程序的司法属性，明确司法权和行政权在企业破产中的边界，增强法院在企业破产中的主导作用，使企业破产制度回归司法本质，避免地方政府对企

业破产程序的直接介入；三是对于债权债务涉及面广、涉及金额大、有重大影响的破产案件，交由巡回法庭审理，避免地方政府干预破产司法程序；四是优化破产程序，完善破产管理人的相关规定，降低破产财产评估、审计、拍卖费用，减少破产清算成本，提高破产清算收益，提高债务人、债权人申请破产的积极性；五是适时修改《商业银行法》，赋予商业银行在处置不良资产过程中的投资权利，促进商业银行创新不良资产处置方法。

建立辅助退出机制，做好政策托底工作。对于严重产能过剩行业，还需建立辅助退出机制，重点做好失业职工的安置与社会保障工作，并对失业人员再就业提供培训、信息服务甚至必要的资助。如破产资产不足以安置失业职工时，政府应减免破产企业土地处置应缴土地增值税并腾退开发破产企业土地时所产生的部分收益用于职工安置。对于产能过剩行业集中的地区，中央政府还应给予一定财政支持，帮助失业职工的安置与再就业，并在土地开发利用方面提供支持；对于严重产能过剩行业集中地区、落后地区还可以提供特别的税收优惠政策，支持这些地区发展经济。

切实为兼并重组创造良好的外部环境。一是对兼并重组其他企业可以给予扩大税收抵扣或税收减免的措施，特别是对于兼并重组过程中涉及到的土地增值税，应缓征、减征或免征。二是切实落实促进兼并重组的金融政策，引导金融企业加强对兼并重组的融资支持。三是规范区域之间横向税收分配，降低地方政府由于担心企业被兼并导致税源流失而产生的阻力。四是适当放松管制，鼓励金融资本多渠道参与产能过剩行业的兼并重组。

3. 从根本上化解过剩产能的政策建议

加快要素市场改革，改变土地等重要资源配置由政府主导的局面，让市场在要素资源的配置中发挥决定性作用。一方面，要重点推进土地制度改革，明晰土地产权，确保公民在土地方面的合法权益不受侵犯，打破地方政府垄断土地市场并以之牟利的体制，改进国家对土地的公共管理职能，建设土地产权的市场化条件；另一方面，应加快推进水资源、矿产资源、能源价格形成机制的市场化改革，使价格能充分反映稀缺程度与

社会成本，从而从根本上杜绝地方政府通过低价提供土地、能源、资源的方式为企业投资提供补贴。

加快建立公平竞争的市场环境。公平的市场竞争能通过优胜劣汰机制有效去除低效率产能与过剩产能。第一，公平市场准入。放松并逐渐取消不必要的审批、核准与准入，让不同所有制、不同规模的企业具有公平进入市场的权利。第二，制定完善的公平竞争法。切实保障各种所有制企业依法平等使用生产要素、公平参与市场竞争、同等受到法律保护，并将地方政府为本地企业提供损害公平竞争的各类补贴及优惠政策与其他地方保护主义行为列入可诉范围。第三，公平税负与社会责任。推进不同所有制、不同规模企业在税收负担、劳动者权益保护责任、环境保护责任方面按统一标准承担相应责任和义务。第四，着力打击部分钢铁企业生产地条钢、无票销售等违法违规的不正当竞争行为；电解铝企业自备电厂过网费应按统一标准征收，不能一个地区一个价、一个企业一个价，这严重违反公平竞争原则。

进一步推动金融体制改革。硬化银行预算约束、理顺地方政府与银行的关系，通过市场手段提高企业投资中自有资金的比例，降低企业投资行为中的风险外部化问题，弱化商业银行作为国有企业预算软约束支持主体的角色。继续完善商业银行的市场经济体制，逐步实现利率市场化，使利率能真正反映资金的供求关系，使投资者在信贷过程中承担真实的资金成本与风险成本。

积极推动环境保护体制改革，强化环境监管。加快环境保护的执法机制改革，保障环境保护相关法律法规能得以严格执行，防止地方政府以牺牲环境的方式进行招商引资竞争。尽快建立全国性的钢铁、电解铝、水泥等行业企业污染排放在线监测网络和遥感监测网络，强化严重产能过剩行业的环境监管。同时，制定实施长期稳定和严格的环境政策，并使之与治理产能过剩等产业政策目标相对独立，不能因为产能不过剩就不实施严格的环境保护政策。

调整财税体制。特别是理顺中央与地方之间的利益分配机制，改革以考核 GDP 增长为重点的地方官员考核体制，消除地方政府不当干预企业投资的强烈动机；推动地方财政透明化与民主化改革，避免地方政府为企业投资提供财政补贴。在资源与环境税方面，需要推进有关资源环境的税收制度改革，不仅要将资源环境的成本纳入企业的成本，还要进一步加强相应的监督管理，防止地方政府利用环境保护管理方面的漏洞为企业变相提供优惠政策。

专栏 4-1

中央财政积极支持钢铁、煤炭行业"去产能"工作

钢铁、煤炭行业是我国经济运行的重要基础性行业，为我国经济和社会发展做出了突出贡献。近年来，受经济增速放缓、市场需求不足的影响，钢铁、煤炭行业形成了大量的过剩产能。积极稳妥化解钢铁、煤炭行业过剩产能，实现脱困发展，是我国经济结构性改革的关键任务。按照党中央、国务院决策部署，中央财政积极支持钢铁、煤炭行业"去产能"相关工作：

一、安排 1000 亿元专项奖补资金支持化解过剩产能

近日，报经国务院审定后，财政部印发了《工业企业结构调整专项奖补资金管理办法》（财建〔2016〕253 号），明确中央财政设立工业企业结构调整专项奖补资金，对地方和中央企业化解钢铁、煤炭行业过剩产能工作给予奖补，鼓励地方政府、企业和银行及其他债权人综合运用兼并重组、债务重组和破产清算等方式，实现市场出清。专项奖补资金规模为 1000 亿元，实行梯级奖补。其中，基础奖补资金占资金总规模的 80%，结合退出产能任务量、需安置职工人数、困难程度等按因素法分配；梯级奖补资金占资金总规模的 20%，和各省份、中央企业化解过剩产能任务完成情况挂钩，对超额完成目标任务量的省份、中央企业，按基础奖补资金的一定系数实行梯级奖补。专项奖补资金由地方政府和中央企业统筹用于符合要求的职工分流安置工作。

各有关省级人民政府和国务院国资委分别负责制定本地区和中央企业化解钢铁、煤炭行业过剩产能实施方案并报国务院备案。发展和改革委员会等部门综合平衡并确定各地区、中央企业化解钢铁、煤炭过剩产能任务后，财政部即按照资金管理办法有关要求拨付奖补资金。

二、实施钢铁、煤炭行业有关税收优惠政策

继续实行钢铁出口退税政策，取消加工贸易项下进口钢材保税，落实煤炭企业增值税抵扣政策，落实煤炭企业城镇土地使用税优惠政策，落实钢铁企业利用余压、余热发电资源综合利用税收优惠政策。

三、实施钢铁、煤炭企业重组、破产等的财税会计支持政策

通过税收优惠政策、土地出让收入政策和财务会计制度等，支持钢铁、煤炭企业进行收购、合并、债务重组、破产等。

四、实施钢铁、煤炭企业化解过剩产能金融政策

支持金融企业及时处置不良资产，通过专项建设基金支持符合条件的项目，通过出口信用保险支持钢铁、煤炭等行业"走出去"。

五、实施鼓励煤层气开发利用的财政政策

"十三五"期间，煤层气（瓦斯）开采利用中央财政补贴标准从 0.2 元/立方米提高到 0.3 元/立方米。

资料来源：中央政府门户网站，www.gov.cn 2016-05-18。

参考文献

[1] 江飞涛等：《地区竞争、体制竞争与产能过剩的形成机理》，《中国工业经济》2012 年第 6 期。

[2] 中国社会科学院工业经济研究所：《经济结构调整与化解过剩产能》，《内部报告》，2015 年。

第五章 处置"僵尸企业"

提　要

当前，我国"僵尸企业"扎堆出现在传统重化工业和一些新兴产业部门，这有全球经济形势走低和我国工业化进入后期阶段的客观原因，但从根源上说，"僵尸企业"的出现是由我国不完善的市场体制和政府过度的干预行为造成的。本该退出市场的企业继续存在，甚至还进一步扩大产能，造成的危害是多方面和长远的，若放置"僵尸企业"问题不顾，轻则恶化产能过剩问题，浪费社会资源，导致市场不公，重则在债务、生产、就业等方面产生连锁反应，引发系统性风险。当前，处置"僵尸企业"面临来自企业自身、利益相关方的巨大阻碍，具体表现为"判不准、舍不得、退不出、安顿不好"。处置"僵尸企业"是供给侧改革的重要内容，也是上一阶段化解产能过剩工作的延续和升级，对"十三五"时期结构调整、转变发展方式总体目标的实现具有重要意义。借鉴国外经验，立足我国特殊情况，应加强调研摸底工作，全面评估和科学界定"僵尸企业"，发挥市场机制清退"僵尸企业"的积极作用，严格执行企业退市法律法规，进一步推进国有企业改革，同时也要根据不同情况制定不同的处置路径。

* * *

"僵尸企业"一词最早出现于对 20 世纪 80 年代美国航空业出现的一批负债累累和需要救助的企业的描述。在对 90 年代早期日本资产价格崩盘后经济衰退的研究中，"僵尸企业"指那些无望恢复生气，但由于获得放贷者或政府的支持而免予倒闭的负债企业。"僵尸企业"并没有权威定义，各个国家、地区和行业在发展过程中，根据一个时期特有的发展环境、发展趋势、发展要求将满足一定条件的一类企业归为"僵尸企业"。目前，我国"僵尸企业"集中出现于重化工和部分新兴产业部门有客观原因，但主要是由不健全的市场体制和政府过度干预造成的。处置"僵尸企业"是供给侧改革的重要内容，也是上一阶段化解产能过剩工作的延续和升级，对"十三五"时期结构调整、转变发展方式的总体目标实现具有重要意义。

一、"僵尸企业"的识别

到目前为止，学术界并没有对"僵尸企业"的概念和标准达成共识。Sekine、Kobayashi 和 Saita（2003），Peek、Joe 和 Rosengren（2005）在研究日本 20 世纪八九十年代"僵尸企业"问题时提出了一些相应的概念，并以此作为解释造成日本"失去的十年"的原因之一。Caballero、Hoshi

和 Kashyap（2008）提出的 CHK 方法是应用较多的识别"僵尸企业"的标准，其方法是通过测算企业实际支付利息与最低利息水平是否一致、企业上一年的债务与总资产的比重是否超过 50%、当年的外部贷款是否增加以及当年的息税前收益是否少于测算出的最低利息等来判断一个企业是否是"僵尸企业"。武汉科技大学董登新教授在国内较早提出判断"僵尸企业"标准，他的方法是将每股净资产连续三年跌破 1 元面值、扣除非经常损益后每股收益连续三年为负的上市公司定义为"僵尸企业"。简单来说，如果在亏损的前提下一个高负债率企业的银行贷款仍持续增加，那么这个企业就很可能是"僵尸企业"。

在具体实践中，从已经正式颁布的文件看，对"僵尸企业"也并没有统一的划分标准。国务院常务会议对"僵尸企业"定性为"不符合能耗、环保、质量、安全等标准和长期亏损的产能过剩行业企业"。工信部给出的定义是"已停产、半停产、连年亏损、资不抵债，主要靠政府补贴和银行续贷维持经营的企业"。其余的标准还包括：持续亏损、资产负债率高；半年以上未缴纳增值税；暂停用电；不符合产业调整方向等。

由于缺乏权威的统计，对"僵尸企业"行业分布的研究存在困难。如果从"僵尸企业"的定义出发，可以根据各个行业生产者价格指数（PPI）的变化作为判断一个行业是否存在产能过剩和大量"僵尸企业"的标准。如图 5-1 所示，从 2013 年 1 月至 2015 年 12 月各行业生产者出厂价格指数反映的情况看，"煤炭开采和选洗业"连续 23 个月低于 100；"黑色金属矿采选业"连续 24 个月低于 100；"橡胶制品业"连续 24 个月低于 100；"非金属矿物制品业"连续 13 个月低于 100；"黑色金属冶炼和压延加工业"连续 27 个月低于 100；"金属制品业"连续 22 个月低于 100。从更细分的行业看，钢铁、煤炭、水泥、玻璃、石油、石化、铁矿石等行业 PPI 负增长的时间更长、幅度更大，对整个工业 PPI 下降的贡献大，部分行业亏损面高达 80%，这些行业是目前我国"僵尸企业"比较集中的行业。

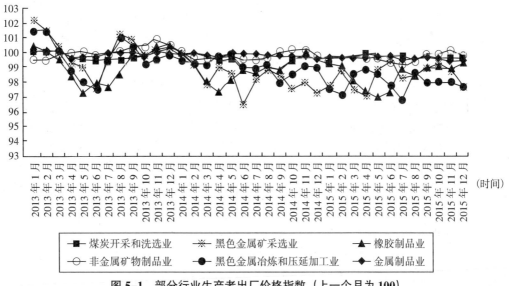

图 5-1 部分行业生产者出厂价格指数（上一个月为 100）

一些研究报告从上市公司的情况分析"僵尸企业"的行业布局。例如，如果按照扣除非经常损益后每股收益连续三年为负数的标准，沪深两市主板有多达 266 家"僵尸企业"，占到上市公司总数的 1/10，传统重化工业的"僵尸企业"数量最多。何帆和朱鹤（2015）对 2012~2014 年"僵尸企业"的行业分布进行了分析，结果发现，采用过度借债法，"僵尸企业"集中分布于黑色金属矿采选业，黑色金属冶炼和压延加工业，石油加工、炼焦和核燃料加工业，有色金属冶炼和压延加工业；采用连续三年满足实际利润法，"僵尸企业"集中分布于黑色金属冶炼和压延加工业，石油加工、炼焦和核燃料加工业，有色金属冶炼和压延加工业；采用综合法，"僵尸企业"集中分布于黑色金属矿采选业，黑色金属冶炼和压延加工业，石油加工、炼焦和核燃料加工业，有色金属冶炼和压延加工业。

综合各产业 PPI 指数、上市公司每股收益、借债、利润的分析结果显示，当前我国"僵尸企业"集中于煤炭、钢铁、石化、有色、建材等行业，这与产能过剩行业是高度吻合的。当然，也不能将研究和处置"僵尸企业"局限于出现产能过剩的传统重化工业部门，"僵尸企业"也存在于一些政策大力支持发展或新兴的产业部门。例如，根据工业和信息化部的统计，目前我国有各类车辆生产企业 1300 多家，而其中有一大批企业多年来处于停产或半停产状态，产量极少甚至没有产量，生存十分困难，虽然汽车产业在最近几年发展迅速，但同时也是"僵尸企业"较为集中的产业部门。除了制造业，其他产业也存在"僵尸企业"，例如，266 家 A 股上市"僵尸企业"中包括了 18 家批发零售企业、10 家房地产企业和 5 家建筑企业。中国人民大学国家发展与战略研究院发布的研究报告显示，钢铁、房地产、建筑装饰、商业贸易等行业"僵尸企业"比例最高，其中只有钢铁产业属于制造业。

二、"僵尸企业"的成因

当前，我国"僵尸企业"扎堆出现在传统重化工业和一些新兴产业部门，这有全球经济形势走低和我国工业化进入后期阶段的客观原因，但从根源上说，"僵尸企业"的出现是由我国不完善的市场体制和政府过度的干预行为造成的。

第一，我国工业化进入新的发展阶段和全球金融危机是形成"僵尸企业"的外部原因。从国外经验看，"僵尸企业"最容易出现在宏观经济或某个产业增长由高速向低速迅速转变的时期。经济增速的下滑既有内部原因又有外部原因：从内部看，我国已经整体进入工业化后期发展阶段，东部发达地区已经进入后工业化发展阶段，按照工业化的客观规律，我国工业化已经进入存量调整和优化的质量型发展阶段，无论是整个经济体还是一个产业都不可能继续保持高速；从外部看，2008 年始于美国的金融危机对全球市场需求造成严重冲击，虽然近年来各国政府不断刺激经济复苏，但全球经济的恢复还需时日，其间还不断受自然灾害、恐怖活动、局部战争等不确定性因素的影响，中国作为全球最大工业品出口国家，受全球经济疲软的不利影响还将持续一段时间。高速推进的工业化会刺激投资和消费，大规模基础设施建设、人民生活水平提升、工矿业的设备升级创造大量需求以消化产能的迅速扩张。但是，一旦发展阶段发生变化，产业结构又难以得到迅速调整时，与投资建设紧密相关的重化工业就会出现产能过剩情况，如果产业政策和政府干预的方式也没有得到调整，便会出现大批"僵尸企业"。此外，我国区域经济的梯度发展特征加剧了这种情况，在东部发达地区开始实施产业结构调整和升级的同时，欠发达的中西部地区还在继续投资已经过剩的产业，增加的产能远远大于淘汰的产能，加剧了产能过剩，使得"僵尸企业"数量进一步增多。在发展阶段发生变化的同时，全球市场环境也发生了巨变。为了尽快恢复本国经济和刺激就业增长，很多国家和地区都在金融危机之后实施更加保守的对外贸易政策，这不仅对我国传统制造业部门的出口造成严重冲击，也影响到一些新兴产业部门的发展。例如，我国光伏产业从 2011 年开始受美国"双反"和欧债危机的影响，出口形势急剧恶化，在国内市场不成熟的情况下，光伏产业出现过剩的问题。在完善的市场机制下，无论是高速工业化推进还是金融危机造成的需求增长乏力，"僵尸企业"的出现只会是短暂和局部的情况，企业会退出出现严重过剩的市场，产能过剩的问题会逐步缓解，"僵尸企业"也会逐步消失，因而经济增长下滑和国际市场不景气并非是造成我国当前"僵尸企业"问题的主因。

第二，国企改革的不彻底是形成"僵尸企业"的重要根源。"僵尸企业"中国有企业的比重大，从某种意义上讲，除了个别特殊情况外，处置"僵尸企业"的工作主要是处置国有"僵尸企业"。

从改革开放开始，我国国有企业改革大致分为五个阶段：放权阶段（1978~1984年）、权力分离阶段（1985~1992年）、现代化阶段（1993~2002年）、股份制阶段（2003~2013年）和混改阶段（2013年至今）。虽然每一阶段的改革都取得了显著的成效，但制约国有企业发展的根本问题始终没有得到解决。一是国有企业深层次的体制机制问题没有得到根本解决。在大刀阔斧改革的1994~2002年，全国实施政策性关闭破产项目3080个，这在一定程度上避免了国有企业不良资产进一步扩大导致银行体系的崩溃，但是改革主要是企业数量上的减少，国有企业的体制并没有发生根本变化。1994年国务院确定了100户企业进行建立现代企业制度的试点，但到1997年试点结束时也只有17户实现了投资主体多元化，大多数企业都选择了国有独资公司形式。二是垄断造成国有企业经营效益低下。2003年国资委成立之后，国有企业的数量大大减少，但仍然控制了重要行业和关键领域约80%的市场份额，行业垄断问题并没有缓解，民营经济的开放实际上进展非常缓慢。由于缺乏合理的市场竞争，国有企业的生产效率、管理水平提升缓慢，这也是形成"僵尸企业"的重要原因。三是国有企业无法有效退出市场。20世纪90年代末国企改革破解"人往哪里去"和"钱从哪里来"两大障碍的做法是出售土地使用权，如果土地出售的钱还不足以安置职工，则由企业、社会和政府共同承担，这是当时"政策性破产"的普遍做法。但是，其中也有一批企业在地方政府的默许下"假破产、真逃债"，在损害债权人特别是担保债权人利益的同时，政策性破产难以继续推广，几轮国企改革之后，一批劣质资产并没有退出市场。根据国家统计局的数据，到2013年约有42%的国企出现亏损，2015年国有企业自2001年以来首次出现总利润绝对值下滑的情况，国企和民营企业在资产回报率上的差距达到20年来的最高水平。总体上看，虽然我国不乏大批优秀的具有全球竞争力的国有企业，但国有企业改革的成就主要反映为企业数量的减少以及占国民经济比重的下降，制约国有企业发展的根本性障碍并没有得到根除，改革的不彻底是形成大批国有"僵尸企业"的重要原因。

第三，选择性产业政策和地方保护是造成"僵尸企业"存在的根本原因。选择性产业政策始于日本，其目标是主动扶持战略产业和新兴产业，缩短产业结构的演进过程，以实现赶超目标。从日本、韩国以及很多发展中国家的实际情况看，选择性产业政策确实在实现对发达国家的赶超过程中发挥了巨大的作用，但这种政策方式的弊端是压缩了市场机制作用的空间，在产业结构的调整、产业组织的优化、产业的布局等方面不同程度地替代了市场机制。我国长期以来采用选择性产业政策，产业政策在促进传统产业转型升级、新兴产业培育发展中发挥了积极的作用，但由于信息不对称和政府自身能力有限，选择性产业政策也是造成"僵尸企业"存在的根本原因。一是政策的干预性过强，影响市场机制在出清过剩产能和淘汰落后企业上的作用。无论是中央政府还是地方政府都将发展经济的主观愿望寄托在各种干预政策甚至直接的行政命令上，自改革开放以来这种政策特征始终没有改变。无论是理论研究还是国内外的经验教训都反映政府并不会比市场做出更好的选择，干预性产业政策往往适得其反。二是政策的短期性和临时性造成一些治理措施无法最终落实。受任期行为的影响，无论是政府官员还是国企管理者都希望出现过剩问题的产业和"僵尸企业"能够在任期内"稳定"地存在，在GDP、就业等硬性指标考核的压力下，政策制定部门也难以承受经济结构的巨大调整。三是地方政策高度重叠，地方保护主义盛行。各个地方资源禀赋和经济发展水平存在差异，应当从自身特点出发制定产业政策，以市场和能力选择产业发展方向。但实际情况是，在中央颁布产业政策之后，各地区制定的产业发展重点大多涵盖中央政策，并且扶持和优惠政策相互借鉴，高度雷同，这是一些产业在低端环节出现过度投资和产能过剩的主要原因。此外，在地方政府看来，辖区内的上市公司和国有企业与政绩和形象休戚相关，如果出现经营不善、业绩欠佳的情况，地方政府自然要出手援助。

第四，企业缺乏有效退出机制恶化了"僵尸企业"问题。市场经济环境中，个别行业出现过剩问题、个别企业出现经营问题是正常现象，但我国市场机制并不完善，造成本该退出市场的产能不能及时有效退出，这种问题在经济开始下行时集中爆发，便形成了大批"僵尸企业"。从成本和影响看，"僵尸企业"退出的最大阻力是人员和资金，企业破产后需要安置下岗职工，容易造成社会不稳定；而银行只要能够收到企业按期偿还的利息便能够维持好看的"报表"，企业破产则会暴露银行的呆坏账问题。因此，无论是政府还是银行都不愿意"僵尸企业"真正退出市场，而是尽可能地给予各种支持以维持"僵尸企业"的现状。从渠道和过程看，企业（特别是国有企业）破产和注销程序过于复杂且经常受到行政命令的干预，地方政府不支持、法院不受理是很多企业在申请破产时遭遇的情况。此外，A 股市场退市制度不健全，股市成立 20 多年来，真正宣布退市的上市公司只有 40 多家。"僵尸企业"的"壳资源"不仅能通过重组、并购等卖出好价钱，还可以作为一个题材受到二级市场投机资金的热炒。

三、"僵尸企业"的危害

本该退出市场的企业继续存在，甚至还在扩大产能，造成的危害是多方面和长远的，若放置"僵尸企业"不理，轻则进一步恶化行业产能过剩，浪费社会资源，导致市场不公，重则在债务、生产、就业等方面产生连锁反应，引发系统性风险。

第一，"僵尸企业"僵而不死，造成巨大社会资源的浪费。无论是由于产能过剩还是自身经营不良，"僵尸企业"都需要银行和政府的不断输血，占用大量资金。根据相关分析报告，在 A 股市场的 266 家"僵尸企业"整体负债率接近 70%，不仅通过各级政府担保下的举债、各种补贴、银行低息贷款、保壳等种种手段始终不退市，还通过上市公司的身份持续获得各种融资便利。自 2012 年以来，这 266 家"僵尸企业"中有 133 家进行了增发募资，合计募集资金超过 3000 亿元，获得各级政府补贴炒股 400 亿元，这些资金大多没有用来进行技术改造升级和管理变革，而是被用于偿还利息、支付职工工资和进行没有必要的、重复的、低水平的产能扩建，这又进一步加剧了行业的产能过剩，在恶化自身财务状况的同时也阻碍了整个行业的产能调整和转型升级。除了占用资金，大量土地、原材料、劳动力资源也被"僵尸企业"低效率、低效益地占有。"僵尸企业"大量占用社会资源降低了其他企业获得社会资源的机会，抑制了代表先进生产力和市场需求发展方向的产业和企业的成长，从而降低了整个经济的生产率和经济长期增长速度，从这个意义上讲，"僵尸企业"不除，则我国转变经济发展方式就无从谈起。

第二，"僵尸企业"扭曲要素价格，阻碍结构升级。价格本应该是市场调整经济最有效的手段，但我国价格体系长期存在系统性扭曲，"僵尸企业"能够轻易获得廉价要素供给、地方政府补贴。土地要素方面，虽然全国"僵尸企业"合计占地尚无统计数据可查，但从一些地区的摸底情况可以看出，在土地资源（特别是城市土地资源）日益稀缺的情况下，"僵尸企业"确实抬高了地区整体用地成本。例如，2014 年浙江省金华市摸底发现，三年无所得税入库企业 1542 家在寸土寸金的浙中占地 2.57 万亩，而仅仅是 2014 年一年时间，浙江全省通过处置"僵尸企业"就释放土地资源 1 万余亩，厂房等房屋近 700 万平方米。资本要素方面，"僵尸企业"长期获得政府补贴、银行低息贷款，还利用国有企业和上市公司身份吸收社会资本投入，这些本应该投入到更有效率、更有前景的行业和企业的资金被"僵尸企业"占有，相比之下，大批企业特别是中小型企业和初创企业因为融资困难、资金成本高等原因发展受到限制。根据中国社会科学院工业经济研究所的一项调研，即便是在金融业发达的北京，也有超过八成的中小企业和创业型企业表示在融资上受到不公平待遇。总体上看，"僵尸企业"的存在严重影响市场机制在资源配置上的作用，扭曲要素价格，提高其他产业和企业的经营成本，更是阻碍结构调整和产业升级。

第三,"僵尸企业"可能引发系统性风险。理论上讲,"僵尸企业"不具备偿贷能力,也没有足够的资产偿还贷款,容易造成银行不良贷款高速增加,可能导致系统性金融风险。到目前为止,在政府干预下,银行为降低其不良贷款率而不断向企业续贷输血,"僵尸企业"问题在银行财务报表中暂时还没有体现。但是,根据财政部的调研数据,2015 年国有企业利润同比下降 6.7%,而财务费用(主要是债务利息支出)却增长 10.2%,其中,地方国有企业利润同比下降 9.1%,财务费用增长 10.0%,国有企业利润严重下滑造成偿债能力不断下降,对债务融资的依赖性不断增加,利润下降的同时财务费用增加充分反映了"僵尸企业"隐藏的金融风险。更为严重的是,一些国有企业承担了地方融资平台的职能,一旦这类企业成为"僵尸企业",金融风险将被释放,将对市场结构调整造成阻滞。

四、处置"僵尸企业"的进展和困难

日本对"僵尸企业"的研究和处置已经有 20 余年的历史,美国则在 20 世纪 80 年代就开始处置航空、汽车、金融、房地产等行业出现的"僵尸企业"(参见专栏 5-1)。对于我国而言,"僵尸企业"到 2008 年国际金融危机爆发之后才在国内学术论文和报刊中开始提及,而真正被政府、媒体和研究学者关注是最近一两年的事情。2015 年之后,国家层面的政府文件中开始频繁出现"僵尸企业"。2015 年 12 月,国务院总理李克强主持召开国务院常务会议,在部署促进中央企业增效升级中提出处置"僵尸企业",这是国家层面首次提出对"僵尸企业"的处置方针。随后,在国务院的统一安排下,各部委开展了对处置"僵尸企业"的专项研究和具体工作,工业和信息化部提出要率先在钢铁、水泥、平板玻璃等产业进行试点,具体操作路径将以推进产业重组为主,多重组、少破产是基本方针;国家发展改革委将实施推动产业重组处置"僵尸企业"的方案,主要运用市场机制、经济手段、法治办法,通过严格环保、能耗、技术标准倒逼过剩产能退出。2016 年

1 月,国务院国有资产监督管理委员会在中央企业、地方国资委负责人会议上部署了 2016 年七大工作重点,其中"僵尸企业"处置时间表的制定被列为 2016 年第二大工作重点,国资委提出了力争三年时间基本完成"僵尸企业"处置的主体任务,到 2020 年前全面完成各项任务。2016 年 5 月,国资委在国务院政策例行吹风会上宣布中央及下属 345 家"僵尸企业"的定性、定数量、定单位和定时间工作基本完成,随后将陆续公布名单,钢铁和煤炭行业的"僵尸企业"将率先开展处置工作。

在中央发布一系列处置"僵尸企业"的方针、目标和政策之后,各省、区、市也根据自身情况部署处置"僵尸企业"的工作。如表 5-1 所示,虽然各个地区的进度和侧重点有所不同,但大多数在 2015 年下半年至 2016 年上半年开始了对本地区"僵尸企业"的摸底和处置工作,部分地区已经公布了初步摸底调研的情况以及限期处置的"僵尸企业"名单,一些地区还制定了处置"僵尸企业"的方向性政策措施。

表 5-1 各省、区、市处置"僵尸企业"进展

省、区、市	处置"僵尸企业"工作进展
北京	政策:推进减税降负,落实好降成本相关政策,妥善处置"僵尸企业"
天津	摸底:对首批摸底调查的 113 家特困企业,将实施改造转移、整合重组、清算退出,有序处置 目标:到 2017 年,注销 150 户空壳企业
河北	目标:开滦、冀中能源、国控三家企业要用 3~5 年时间关闭退出所属煤矿 52 处,同时,关闭整合地方煤矿 62 处。2016 年压减炼铁产能 1000 万吨、炼钢 800 万吨、水泥 150 万吨、平板玻璃 600 万重量箱
山西	目标:用五年时间,坚持市场倒逼、企业主体、政府支持的原则,坚决淘汰"僵尸企业",妥善安置分流人员

省、区、市	处置"僵尸企业"工作进展
内蒙古	政策；促进产业兼并重组，着力推动煤炭、电力、化工、冶金、建材纵向重组联合，禁止新上单一煤矿项目，新上电力、化工项目要与既有落实转化项目的煤矿重组，推动企业开展优势产能合作
辽宁	摸底：国有"壳企业"为830户，这些企业一无有效资产、二无生产经营活动、三无偿债能力，只留下人员和债务包袱
吉林	目标：到2017年末实现经营性亏损企业亏损额显著下降 政策：通过实施"增量优化一批、改造升级一批、转移消化一批、淘汰取缔一批"，优化增量产能，升级存量产能，化解过剩产能，淘汰落后产能，妥善处置"僵尸企业"
黑龙江	政策：针对最为严重的煤矿"僵尸企业"，坚持公开、公平、公正方式配置资源，对占有矿权的"僵尸企业"要加快淘汰退出
上海	案例：上海超日太阳能是全国首例公司债违约的上市公司破产重整案件，在选择同行业企业作为重整方之后，公司最终成功恢复上市
江苏	目标：到2018年底，分别压减煤炭、钢铁、水泥、平板玻璃、船舶产能700万吨、1255万吨、600万吨、800万重量箱、330万载重吨，并基本出清"僵尸企业" 政策：将VOCs纳入总量控制范围，以石油炼制、化工、涂装、干洗等行业为重点，实施一批重点治理项目，开展VOCs排污费征收试点
浙江	目标：实施企业减负三年行动计划，切实降低实体经济企业成本 政策：通过差别电价、环保节能政策等经济手段淘汰落后产能。对"僵尸企业"通过兼并重组、债务重组乃至破产清算实现市场出清。继续关停落后产能、整治"低小散"
安徽	摸底：经过初步统计，安徽省内钢铁、煤炭等亟须化解过剩产能的"特困"企业有1040余家，其中规模以上中型以上的企业共126家
福建	政策：深化国有企业内部资源整合，集中力量发展主业，加快收缩退出不具备竞争优势的业务领域，坚决处置低端过剩产能，积极稳妥处置"僵尸企业"，促进产业从低端向中高端水平迈进
江西	政策：运用市场机制推进"去产能"，妥善处置资不抵债、扭亏无望的"僵尸企业"
山东	摸底：全省共有"僵尸企业"448家，其中规模以上企业307家，国企9家；处于停产状态的占80%，70%以上的企业分布在轻工、纺织、建材、机械、化工等行业，也有一些分布在煤炭、冶金、医药、电子等行业
河南	摸底："僵尸企业"比较集中在钢铁、煤炭、水泥、玻璃、石油、石化、铁矿石、有色金属这八大行业
湖北	摸底：全省共105家省属国资委"僵尸企业" 目标：到2016年6月清理处置完毕58家，2017年底全部清理完毕 政策：通过"停、帮、引、保、奖"五个方面的处置措施，建立健全企业市场化退出机制
湖南	目标：2016年该省将淘汰1000家以上的产能过剩企业 政策：省财政将设立专项资金，用于解决钢铁、煤炭行业"僵尸企业"处置的人员安置问题
广东	摸底：截至2015年底，全省国有"僵尸企业"共3385户，涉及在职职工66802人，退休人员57855人 目标：在供给侧改革方案中明确到2018年底，基本实现"僵尸企业"市场出清，全面完成国家下达的淘汰落后产能任务。三年累计推动珠三角地区1600个项目转移落户粤东西北地区，三年累计新增境外投资额400亿美元，初步形成境内外产业链协同发展的格局 政策：建立"僵尸企业"数据库、分类处置"僵尸企业"等八项内容
广西	政策：围绕优化存量、引导增量、主动减量，既做"减法"降成本、去产能、去库存、去杠杆，又做"加法"补短板，进一步提高供给体系质量和效率，处置和关停一批依靠财政"输血"、银行贷款存活的"僵尸企业"，尽可能多兼并重组、少破产清算
海南	目标：2017年底前完成停产半停产困难企业的职工安置工作，妥善做好解除劳动关系的经济补偿和社保待遇问题 政策：对长期停产半停产的困难企业，列入改制关闭破产计划，以安置职工和维稳工作为主要任务
重庆	目标：2016年将在国企领域采取果断措施，清理退出钢铁、煤炭等行业的"僵尸企业"、空壳公司等200户
四川	目标：2016年化解钢铁、煤炭、平板玻璃等行业过剩产能，稳妥、分类有序处置"僵尸企业"；淘汰100户以上企业落后产能 政策：采取兼并重组、消化淘汰、对外转移、管控增量等方式
贵州	目标：在煤炭行业选择三至五家主体企业率先突破 政策：为整体推进探索有益经验，以做好职工安置为重点，处理好企业资产债务
云南	目标：三年出清135家省属国有"僵尸企业"，民营"僵尸企业"基本出清
西藏	进展：高争集团兼并重组工业物资运销公司等两家"僵尸企业"，并按照业务板块优化重组现有业务，形成新的经济增长点

续表

省、区、市	处置"僵尸企业"工作进展
陕西	摸底：钢铁、煤炭、水泥、玻璃、石油、石化、铁矿石、有色金属等行业的生产价格指数连续40多个月呈负增长状态，对整个工业PPI下降的贡献占70%~80%，亏损面达80% 目标：用三年左右时间坚决淘汰"僵尸企业"、高污染企业、产能过剩领域无竞争力企业，妥善安置分流人员，促进企业提质增效
甘肃	摸底：全省有113户特困工业企业，负债共计1569亿元，资产负债率达76.4% 政策：积极推进一批重点企业到中亚、西亚等国家投资兴办生产线，进一步提高企业国际产能合作水平
青海	摸底：省属国有企业目前有17户困难企业面临扭亏脱困的发展难题
宁夏	目标：淘汰落后产能120万吨 政策：严格环保、能耗、技术标准，引导资不抵债、扭亏无望的"僵尸企业"兼并重组、破产清算
新疆	政策：通过差别电价、环保节能政策等经济手段，加大淘汰落后产能力度，一方面停止对"僵尸企业"的财政补贴和各种形式的保护；另一方面要处理好处置"僵尸企业"和保持社会稳定的关系，最大限度做好职工安置工作，减少对社会的冲击

资料来源：各省、区、市政府文件。

　　总体上看，无论是国家层面还是地区层面，处置"僵尸企业"还处于摸底阶段，对于已经非常明确的"僵尸企业"则率先开展整治和清退工作。各部门、各地区都将处置"僵尸企业"作为供给侧改革的重要内容，在政策安排上将其作为化解产能过剩的延续和升级。

　　"僵尸企业"潜在危害巨大，理应退出市场，但无论是始于20世纪的国有企业改革、"十一五"末开始的淘汰落后产能，还是"十二五"大力推进的治理产能过剩，都没有彻底根除"僵尸企业"的根源，处置"僵尸企业"面临来自企业自身、利益相关方的巨大阻碍，具体表现为"判不准、舍不得、退不出、安顿不好"。

　　第一，行业主管部门对"僵尸企业"判不准。按照何种标准界定"僵尸企业"、处置"僵尸企业"的最佳时机是什么、应当制定怎样的路径没有得到全面深入的研究，无论政府、行业协会还是学术界都没有给出权威的"僵尸企业"定义，各部门对"僵尸企业"的界定也不统一，客观上讲，在国资委提出"力争用三年基本完成'僵尸企业'处置主体任务，到2020年前全面完成各项任务"的总体目标之后，各部门、各地方政府颁布和透露的处置"僵尸企业"的意见、政策很多是急功近利的，并没有进行全面深入的摸底调查和研究。"僵尸企业"的问题由来已久，成因多种多样，处置和退出市场面临的主要矛盾也各不相同，对"僵尸企业"的准确判断和界定确实存在较大困难。我国行业管理长期奉行"一刀切"的习惯，这在国有企业改革、淘汰落后产能，以及

一些行业整治"低小散乱差"时都有体现，而对"僵尸企业"拿不准、摸不透的情况下，一刀切切不好，干脆不切，这是造成"僵尸企业"长期存在但行业管理部门没有有效管理的原因之一。目前，虽然国资委完成了对345家中央及下属"僵尸企业"的"四定"工作，但数量更为庞大的地方国有"僵尸企业"的摸底、研究和定性远未结束。从公布摸底情况的省份看，省属"僵尸企业"的数量都成百上千，全国地方国有企业中的"僵尸企业"数量一定巨大。此外，各部委和地方对"僵厂企业"的定义和判定非常粗浅，并没有详细的判断标准体系。一方面，在短时间制定科学的判断标准超出了当前我国行业管理部门的能力和职权范围；另一方面，大而化之地划定"僵尸企业"难免将一些暂时出现困难的企业归为"僵尸企业"，并漏掉一些在某些经营指标上表现尚好却存在极大经济社会危害的"僵尸企业"。

　　第二，银行和地方政府对"僵尸企业"舍不得。从国外经验看，银行是造成"僵尸企业"的主要根源，当经济下行或投资过度造成产能过剩时，银行不希望自己的客户被市场淘汰，一种普遍的做法是继续为企业输血以期望帮助企业度过产业"洗牌"的阶段，避免因不良贷款造成损失。银行对已经失去竞争力的企业持续贷款是日本、美国等国家一些行业出现"僵尸企业"的主要原因，国有银行对"僵尸企业"的输血也是造成我国"僵尸企业"僵而不死的重要原因。除了银行为规避不良债权持续输血续贷外，地方政府为"僵尸企业"提供隐性担保的作用也至关重要。对

于地方政府而言，辖区内一个大型"僵尸企业"破产，可能危害到配套的供应商、购买者甚至整个产业链。在一些资源型城市，地方生产总值和财政收入的80%甚至更高都来自矿产以及为其配套的第二和第三产业，即便面临巨大的淘汰落后产能压力，在以GDP增长为导向的政绩考核压力下，地方政府为维持经济繁荣和就业充分，会通过各种手段尽力保护管辖范围内的"僵尸企业"，与银行一同不遗余力地为"僵尸企业"输血。

第三，"僵尸企业"因法律和手续问题退不出。客观上讲，我国市场经济体制还有很多不健全的地方，无论是国有企业自身，还是司法体系在破产制度建设上都比较滞后，这造成了很多国有企业本该退出市场却需要很长时间才能履行整个破产程序，而在这个过程中，不乏有一些破产案件不了了之而形成"僵尸企业"。从司法实践的角度看，当前国有"僵尸企业"处置存在受理难、协调难和审理难。首先，企业破产申请要得到法院的受理存在难。国有企业的破产不仅是经济问题，更关系到地方政府政绩考核，在一些地区，甚至出现地方政府干预司法公正，强行要求法院退回企业破产申请的情况。目前执行破产程序复杂、时间漫长，并不适合法院自身的考核制度，办案人员也不愿意接收企业破产，特别是国有企业破产案件。此外，随着国家推进供给侧改革，企业破产案件由冷变热也对司法系统提出新的考验。例如，根据最高人民法院的统计，2016年第一季度全国法院受理破产案件1028件，比2015年同期增加52.5%，很多地方法院都在近期反映破产案件审判人员力量明显不足，出现对债权债务不能逐笔核实调查造成国有资产流失、对破产企业的对外债权也无法全部强制执行等问题。其次，破产程序启动后，对各方利益的协调困难。企业破产涉及职工安置、土地厂房设备处置、利益关系人利益协调等，因而国有企业的顺利破产需要得到国资委和相关政府部门的支持。从企业自身看，国有企业管理人员行政色彩浓厚，很多听命于上级主管部门或其他行政单位，缺乏法律知识和清算经验，中立性也无法得到保障。一些地区虽然成立了专门破产法庭和临时性的工作组，但这些工作组要么把主要精力用在息访上，要么成为某一部门利益的代表，影响了利益协调的公正性。最后，现行金融税收等立法、执法体制与企业破产法之间存在不协调之处，造成企业破产案件审理难。例如，根据企业破产法，税收的债权一般应到破产财产处置时给予优先办理，但实际情况是，税务、电力部门往往提前采取强制性措施，征收欠缴的税款和电费，这降低了破产财产的实际清偿率，增加了法院破产审理和资产重整重组的困难。

第四，"僵尸企业"职工安顿不好。除了经济方面的因素外，各级政府社会维稳压力巨大，企业破产需要安顿大量下岗职工，如果处理不当容易引起群体性事件，因此在没有十足把握的情况下，地方政府更愿意选择维持现状，"拖"成为地方政府对待"僵尸企业"问题最普遍的态度。大部分"僵尸企业"资产质量低、债务负担重，还存在欠税、欠费问题，通过自身改制来安置职工的资金缺口巨大。例如，东北最大的煤炭企业龙煤集团2012年亏损8亿元，2013年亏损23亿元，2014年亏损近60亿元，2015年前三季度又亏损近34亿元，是典型的大型"僵尸企业"，集团共有24万在职职工、18万离退休职工，历史包袱极其沉重，如果龙煤集团作为"僵尸企业"退出市场，24万在职职工的安置、长期拖欠工资的支付和各种社保费用从何而出是必须面临和妥善处理的难题。

五、处置"僵尸企业"的对策

加强调研摸底，深入研究，全面评估和科学界定"僵尸企业"。虽然"僵尸企业"的大量存在危害巨大，但并不意味着所有"僵尸企业"都应被淘汰。一些"僵尸企业"随着经济形势的好转、企业转型的成功和政府的救助也能够重新焕发活力。例如，日本在20世纪末出现的"僵尸企业"

大多数没有破产或退市，在 2000 年以后经营状况有所好转；美国对具有重要战略意义的大型企业则通过持股国有化或直接投资的方式帮助其渡过难关。对待不同行业、不同性质、不同成因的"僵尸企业"，不能采取"一刀切"的处置方法。应联合行业主管部门、金融机构、行业协会和产业经济研究单位对"僵尸企业"进行深入调研、全面评估。要充分利用大数据等分析工具和手段，全面分析"僵尸企业"的现状，不仅对出现资产负债率高、拖欠银行利息、纳税额明显减少、用电量明显降低等问题的企业进行排查，还要区分"僵尸企业"不同的成因，并对其发展潜力进行评估，对确实应当退市的企业要提出科学合理的方案；对具有发展潜力或特殊功能作用的企业要有配套的救助和"造血"方案。

坚持市场原则，减少行政干预。从日本、美国处置"僵尸企业"的经验看，政府干预都起到了积极的作用，但在借鉴国外经验时必须清楚认识到我国"僵尸企业"的两个特殊性：第一，日本和美国"僵尸企业"的成因虽然有政府决策失误和银行保护的原因，但总体上看是经济形势和市场环境变化造成的，而我国"僵尸企业"主要是非市场因素；第二，日本和美国"僵尸企业"主要是民营企业，而我国"僵尸企业"主要是国有企业；第三，日本和美国对"僵尸企业"的政策干预是在完善的市场经济体制环境和法律体系下进行的，我国这两方面的条件并不成熟。因此，国外加强对"僵尸企业"的政策引导甚至收为国有的做法在我国并不适用，我国处置"僵尸企业"时应当减少政府行政干预，加强市场机制在"僵尸企业"破产、重组、改制上的主导作用，有效遏制政府因为自身利益而进一步扩大产能和干预企业合法破产程序。

严格执行法律法规，规范破产程序。处置"僵尸企业"的过程要严格遵守《公司法》、《企业破产法》、《劳动合同法》和相关法律法规的相关条款。在破产过程中，产业管理部门、金融管理部门、国有企业管理者要配合司法部门的工作，而不是阻挠正常的法律程序。要建立与利益相关部门的协商机制，公开协商渠道，特别要重点处理好企业职工拖欠工资和社保问题，为处置"僵尸企业"创造稳定的社会环境。

深化国企改革。"僵尸企业"中绝大多数是国有企业，由于其体制的特殊性，易于通过政策引导退出市场，同样也容易在正常的破产退市过程中受到各利益相关政府部门的干预和阻挠。在推进供给侧改革的总体安排下，对于大型国有企业集团，要通过资本核算和业绩考核的手段加快国有企业落后产能、过剩产能等低效、无效资产的剥离，将资源和要素集中于代表先进技术、先进生产力和市场发展方向的业务领域，恢复国有企业的生机和活力。对于中小型的国有"僵尸企业"，能够重组兼并的重组兼并，该清退的要坚决清退，各级政府在职工安顿上要能够兜底。

避免单一指标和单一对策。对"僵尸企业"的界定要有科学的标准体系，避免因为指标单一造成误判和漏判。根据"僵尸企业"的不同成因、不同问题和所处行业、市场的不同特征，要有多种处置途径：除了传统关停并转、重组合并途径外，还要利用"一带一路"建设机遇，加快产能输出，在供给端消化过剩产能。

专栏 5-1

日本、美国处置"僵尸企业"的混合政策框架

	日本处置"僵尸企业"的混合政策框架	
政策	《稳定金融体系的紧急对策》（1997）	强化和重组整理回收机构机能；全面清理金融体系的不良资产；创设债权交易市场
	《关于今后的经济财政运行及经济社会结构改革基本方针》（2001）	银行自身自查不良资产；完善相关法律，促进企业再建与重组；解决"僵尸企业"倒闭后的就业问题
	《反通货紧缩综合对策》（2002）	严格审查银行不良资产；治理"僵尸企业"采取重建或破产

续表

	日本处置"僵尸企业"的混合政策框架	
法规	新《外汇法》(1998)、《银行法》(1998)、《早期健全法》(1998)	促进日本银行业的国际化、公开化和自由化；化解银行巨额不良资产
	《金融再生法》(1998)、《公司更生法》(1952)、《产业再生机构法》(2003)	设立财产管理人和调查委员；召集关系人会议，再听取工会、主管行政厅、专家等方面的意见，修改更生计划方案
	《零短工劳动法》、《雇佣派遣法》、《合同工保护法》	从法律上保护临时工等"非正式从业者"
	《能力开发促进法》、《职业训练法》、《教育训练补贴》	促进劳动者适应就业岗位变化；建立职业培训机构、加强职工指导
专门机构	整理回收银行（1996）、整理回收机构（1999）	处理银行不良资产
	产业再生机构（IRCJ）（2003~2008）	对负债过重、濒临倒闭的企业进行重组处置，帮助企业重建，恢复产业活力
	美国处置"僵尸企业"的混合政策框架	
政策	不良资产救助计划（TARP）	资本购买项目、监管资本评估项目、目标投资项目、资产担保项目、小企业债券购买项目、汽车产业融资项目、住房救援计划等
法规	《2008年经济紧急稳定法案》	涉及7000多亿美元的金融救援方案，有完善的审查监察制度
	破产法中的公司重整制度	破产清算；破产重整
专门机构	财政部成立的金融稳定办公室	政府部门
	多家监管机构	国会监管小组、TARP特别督察长、金融稳定监管委员会等

资料来源：熊兵：《"僵尸企业"治理的他国经验》，《改革》2016年第3期。

参考文献

[1] Caballero, Ricardo J., Takeo Hoshi, and Anil K. Kashyap. "Zombie Lending and Depressed Restructuring in Japan". The American Economic Review 2008, 98 (5).

[2] Sekine, Toshitaka, K. Kobayashi, and A. Y. Saita. "Forbearance Lending: The Case of Japanese Firms". Monetary & Economic Studies 2003, 21 (2).

[3] Peek, Joe, and Eric S. Rosengren. "Unnatural Selection: Perverse Incentives and the Misallocation of Credit in Japan". The American Economic Review 2005, 95 (4).

[4] 何帆、朱鹤：《僵尸企业的识别与应对》，《中国金融》2016年第5期。

[5] 熊兵：《"僵尸企业"治理的他国经验》，《改革》2016年第3期。

[6] 黄群慧、李晓华：《"僵尸企业"的成因与处置策略》，《中国中小企业》2016年第5期。

[7] 冯立果：《用破产重整拯救僵尸企业》，《董事会》2016年第5期。

第六章　工业绿色发展

提　要

　　工业绿色发展不仅是中国加快经济结构调整和转变经济发展方式的自主行动，更是实现现代化目标、破解能源资源瓶颈制约、实现和平发展的必然选择和客观要求。当前新一轮产业革命呈明显绿色化特征，绿色发展已成为全球可持续发展的大趋势。"十二五"时期，中国工业绿色发展成效显著，资源、能源利用效率不断提高，工业污染排放明显降低。与此同时，绿色产业已成为当前拉动经济的新增长点。近年来，中国工业发展也呈现出新动向，绿色技术、绿色产品、绿色标准以及绿色供应链等对工业绿色发展均将起到积极的推动作用。然而，中国工业绿色发展仍面临严峻挑战，从供给侧视角分析，突出表现为：发展模式仍未摆脱要素驱动；能源供给的绿色化尚不能摆脱固有能源体系的束缚；技术创新在工业发展中的贡献率、高附加值行业在整个工业行业增加值中的占比均有待提高，中国工业发展水平与发达国家差距虽逐步缩小，但仍然显著。因此，工业绿色发展路径研究在当前形势下至关重要。

*　　　　　　　　*　　　　　　　　*

　　党的十八大和十八届三中、四中、五中全会，均对生态文明建设做出了明确部署和要求，"创新、协调、绿色、开放、共享"的新发展理念将引领经济发展的新常态。生态文明建设的核心是绿色发展、低碳发展与循环发展。而从广义角度讲，绿色发展又包含低碳发展和循环发展。中国正处于快速工业化和快速城镇化发展阶段，同时面临发展经济、消除贫困和控制污染、减缓温室气体排放等多重压力。因此，工业绿色发展不仅是中国加快经济结构调整和转变经济发展方式的自主行动，也是应对全球气候变化的重要举措，更是实现现代化目标、破解能源资源的瓶颈制约、实现和平发展的必然选择和客观要求。另外，世界范围内工业绿色发展出现新态势、新特征，新一轮产业革命呈现明显的绿色化特征，绿色创新已成为各国追求可持续发展的重要内容、国际竞争的重要手段，绿色发展已成为全球可持续发展的大趋势。未来，以增长转型、能源转型和消费转型为特征的绿色发展道路将成为中国坚定的选择。

一、中国工业绿色发展成效

1. 资源、能源利用效率不断提高

2006 年节能减排工作实施以来，各级政府大力开展落后产能淘汰工作，大批小火电机组、小煤矿、小电炉等被关停，为提高工业能源利用效率奠定了坚实的基础。2011~2014 年，中国累计淘汰火电装机 2365 万千瓦，淘汰炼钢、炼铁产能各 7700 万吨，水泥 6 亿吨，造纸 2900 万吨，钢铁、水泥、光伏、平板玻璃等行业的过剩产能得到较大程度的压缩，"十二五"重点行业淘汰落后产能任务均提前一年完成。表 6-1 给出了"十一五"及"十二五"时期部分工业行业落后产能淘汰情况，可以看到，淘汰落后产能在这两个时期取得了较大进展，使工业发展逐步向集约模式转变。在淘汰落后产能工作的基础之上，随着工业技术水平的改进，中国各领域能耗强度逐渐降低，资源、能源利用效率不断提高。2006 年，中国单位工业增加值能耗为 3.14 吨标准煤/万元，到 2014 年下降为 0.51 吨标准煤/万元，9 年累计下降约 84%。从资源消耗看，以水资源为例，2006 年单位工业增加值水耗为 0.0147 立方米/元，到 2014 年下降为 0.0062 立方米/元，下降约 58%，早在 2013 年已超额完成 30% 的"十二五"规划目标。

表 6-1　中国部分工业行业淘汰落后产能情况

	电力（万千瓦）	炼铁（万吨）	炼钢（万吨）	水泥（万吨）
"十一五"时期	7098	11697	6914	32119
"十二五"时期	2365	7700	7700	60000

注："十二五"期间数据为 2011~2014 年统计结果。
资料来源：www.scio.gov.cn，工业和信息化部、国家能源局："历年全国各地区淘汰落后产能目标任务完成情况"。

2. 工业污染排放明显降低

近年来，中国工业废水、废气、固体废弃物等污染物排放得到有效控制。一是工业废水及主要污染物排放总量减少。2006~2014 年，中国工业废水排放总量、工业氨氮排放量和工业化学需氧量排放等显著减少，工业废水排放达标率从 2006 年的 90.7% 提升到 2014 年的 95%，超额完成工业废水减排任务。二是工业废气及主要污染物排放治理成效显著。中国工业废气污染物排放及治理取得明显成效，主要污染物排放总量减少，排放达标率稳步提高，有效推动了节能减排工作。三是工业固体废弃物综合利用水平稳步提高。工业固体废弃物的综合利用是减少工业固体废弃物污染、提高资源利用效率的"双赢"手段之一，对工业节能减排、实现工业可持续发展起到积极作用。改革开放以来，随着中国工业的高速发展，对工业固体废弃物的综合利用显得尤为重要。"十二五"时期，中国致力于工业固体废弃物的综合利用工作，在系统回收、循环利用等方面制定了严格的规定，极大地提高了综合利用水平。由图 6-1 可以看到，主要再生资源回收利用呈现稳步增长趋势，其占当年产品总产量的比重在 30% 左右。

3. 温室气体排放增长趋势减缓

进入"十二五"时期，温室气体排放呈现增长趋缓态势。从全国看，2011 年起，增速呈明显放缓趋势，"十一五"时期，二氧化碳排放量年平均增速约为 7.8%，至"十二五"时期，根据 2010~2014 年数据计算，年平均增速约为 4%。以 2014 年为例，我国单位 GDP 能源活动二氧化碳排放比 2013 年下降 6% 左右，超额完成年初确定的下降 4% 的年度目标，也是"十二五"以来的最好成绩，二氧化碳增量约为 0.7 亿吨，增幅也出现了较大幅度的下降。

从制造业的二氧化碳排放看，2003 年以后碳排放呈现大幅上升趋势，进入"十二五"时期碳

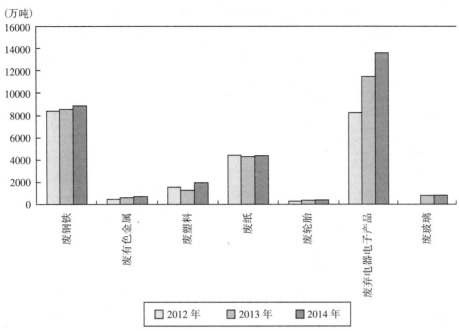

图6-1　"十二五"时期中国主要再生资源回收利用情况

注：废钢铁数据为大型钢铁企业数据。

资料来源：商务部流通业发展司：《中国再生资源行业发展报告（2015）》。

排放增长速度逐渐趋于平缓，2014年制造业二氧化碳排放约31亿吨，部分行业出现碳排放减少的趋势，如专用设备制造业、仪器仪表制造业等，制造业碳排放强度逐年下降，在规模增加的同时碳生产率得到大幅提升。

4. 主体功能区定位对生态环境的保障作用增强

国家主体功能区规划是中国第一次颁布实施的中长期国土开发总体规划，立足于构筑长远、可持续的发展蓝图。从"十一五"规划开始分区，到"十二五"规划提出实施主体功能区战略，对于推进产业结构调整以及区域协调发展具有重要意义。结合整体发展规划与各地自身特征，国土空间按开发方式分为禁止开发区域、限制开发区域、重点开发区域和优化开发区域，以实现各区域在经济发展和生态保护之间的平衡与协调。禁止开发区域包括国家级自然保护区、世界自然遗产、国家级风景名胜区、国家森林公园、国家地质公园等；限制开发区域可分为农产品主产区和重点生态功能区；重点开发区域包括冀中南地区、太原城市群、呼包鄂渝地区等18个城市化地区；优化开发区域包括环渤海、长三角、珠三角三大城市群地区。"十二五"期间，主体功能区域对于

产业结构的空间优化起到了较为积极的作用，新区域划分机制的建立更有利于新的绩效考核机制的建立，并逐步缓解了资源环境压力，特别是在温室气体减排上取得了积极的成效。

5. 绿色产业成为拉动经济的重要增长点

"十二五"期间，中国可再生能源行业呈迅猛发展态势，成为能源革命的主力军和新兴产业的重要增长点。以太阳能为例，太阳能光伏已逐步形成产业化、规模化的局面，对于改善能源结构、建设清洁能源体系发挥了积极作用。2013年，中国已成为全球最大的新增光伏应用市场，2014年光伏发电累计并网装机容量2805万千瓦，同比增长6%；光伏发电量约250亿千瓦时，同比增长超过200%。图6-2为"十二五"期间光伏装机情况，可以看到2014年的总装机量约为2010年的32倍。

根据绿色发展的界定，广义的绿色产业不仅包括新能源产业，还包括资源循环利用产业。中国的资源循环利用产业同样也得到了快速发展。2010年，中国该行业的大中型工业企业数为69家，到2014年已增至108家，主营业务收入达到1220.9亿元，约为2010年的2倍。从产品类型看，电器电子产品回收利用量呈快速增长趋势，

由 2012 年的 8264 万吨增至 2014 年的 13583 万　　　　长态势。
吨，钢铁、有色金属的回收利用量也呈现逐步增

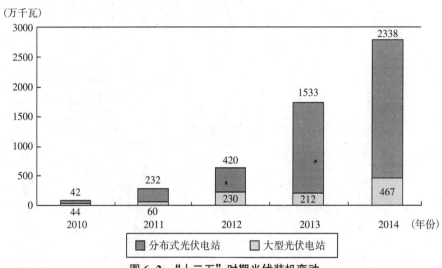

图 6-2　"十二五"时期光伏装机变动

资料来源：国家能源局：《2014 年中国太阳能发电建设统计报告》。

二、中国工业绿色发展的新动向

1. 结构调整推进工业绿色发展

"十二五"期间，中国政府逐渐针对高耗能行业实施越来越严格的行业准入制度，并继续对低附加值的落后高耗能产能实施强制性淘汰，为高耗能工业部门推广应用先进能效技术创造了市场空间和有利条件。以石油和化工行业为例，该行业为能源消耗高、污染排放量大的重点行业，2006 年以来，其能耗水平一直相对稳定，没有下降趋势。针对石油和化工行业严峻的可持续发展形势，国家相继出台了一系列针对石化行业节能减排的规章制度，如 2011 年发布的《石化和化学工业"十二五"发展规划》、2013 年 12 月公布的《关于石化和化学工业减排的指导意见》，提出了 2013~2017 年石化和化学工业重点耗能产品最新单位能耗下降目标等。

另外，国家"十二五"规划明确提出大力发展节能环保战略性新兴产业。战略性新兴产业不仅可以改造和升级传统产业，降低传统产业的能耗和温室气体排放，还具有能源资源消耗少、产业附加值高的特点，使工业结构得到进一步优化。

2015 年，战略性新兴行业占中国 GDP 的比重约 8%，预计 2020 年将达到 15%，这将大大改善产业结构，从而提高工业部门的碳生产率。

2. 法律法规进一步完善，执行力度逐步增强

改革开放以来，中国陆续制定了多领域的节能减排规章制度，特别是 2006 年正式将节能减排写入国民经济和社会发展的纲领性文件后，节能减排及其相关政策法规的制定机构、政策法规数量、政策法规涉及的领域等都得到了极大丰富，逐渐形成一套完整、科学、高效的节能减排政策法规体系。"十二五"时期，国家相继修订了《中华人民共和国环境保护法》、《中华人民共和国大气污染防治法》，分别于 2015 年和 2016 年正式实施。以《中华人民共和国大气污染防治法》为例，其被称为"史上最严"的大气污染防治法，在法条数量上几乎翻了一倍，并基本对每条内容进行了修订。表 6-2 展示了"十二五"时期修订的环保法律，可见工业领域的节能减排法规正日趋完善。在执行力度上，国家正式启动了碳排放强度目标责任考核评估，开始发布年度各地区生产总

值二氧化碳排放降低目标责任考核评估结果，有效发挥了碳排放考核评估的导向作用和约束作用。

更值得一提的是，2015年6月30日，中国政府向《联合国气候变化框架公约》秘书处提交了应对气候变化国家自主贡献文件，提出了从现在到2020年直至2030年应对气候变化的行动，这表明走以增长转型、能源转型和消费转型为特征的绿色发展道路成为中国未来坚定的选择。

表6-2　"十二五"时期与工业节能减排直接相关的法律（修订）

法律名称	工业领域主要涉及内容
《中华人民共和国环境保护法》（2014）	①每年6月5日为环境保护日 ②企业应当优先使用清洁能源，采用污染排放量少的工艺及技术 ③排放污染的企业应建立环境保护责任制度 ④国家鼓励投保环境污染保险
《中华人民共和国大气污染防治法》（2015）	①排放工业废气应取得排污许可证 ②重点排污单位应当对自动检测数据的真实性和准确性负责 ③国家对严重污染大气环境的工艺、设备和产品实行淘汰制度 ④造成或者可能造成严重大气污染等的行为，相关环保部门可采取行政强制措施

注：括号内为法律修订时间。

3. 鼓励绿色技术的应用与推广

中国绿色制造技术及产业发展的关键性领域，既包括传统的绿色制造基础理论与共性技术、提升传统产业能效与资源利用率的技术与装备、发展和培育绿色化新兴产业的支撑技术与装备、行业与区域绿色制造产业示范工程以及绿色制造人才、基地、联盟建设等方面，也包括绿色制造过程中能效碳效优化技术、绿色制造标准及信息平台等信息与工业制造融合的技术。"十二五"期间，中国能源装备制造业技术水平和生产能力迅速提升，随着政府政策的引导和激励，高耗能行业高能效设备和工艺迅速普及，技术落后的状况明显改观。

4. 绿色环保成为工业产品品牌的重要标识

对耗能产品的能源效率进行分类标识，是引导消费者选择高能效产品的基础，也是各国通行的节能政策。绿色消费已成为当代社会的新时尚，在这种条件下，中国工业企业积极、主动地开发有利于环境的产品，为企业的长远发展奠定坚实的基础。在新一轮产业革命背景下，随着消费者环保意识的提高，绿色化已成为增强制造业竞争力的利器，绿色环保标识成为工业产品品牌的重要标识。2013年8月，国务院发布《关于加快发展节能环保产业的意见》，其中重点提出"强化能效标识和节能产品认证制度实施力度，引导消费者购买高效节能产品"，充分体现了中国政府对能效标识制度的重视。2015年3月13日，环境保护部环境保护对外合作中心、中国家用电器协会、联合国环境规划署、联合国工业发展组织和德国国际合作机构在上海联合发布了房间空调器"环保低碳标识"。通过标识的发布和使用，将促进制造企业生产环保低碳的产品，同时更加方便消费者选购环境友好的低碳产品。

5. 积极推进绿色供应链建设

绿色供应链要求将环境因素整合到传统供应链中的产品设计、采购、制造、组装、包装、物流和分配等各个坏节中，并且在传统供应链的基础上加上再制造、回收和再利用等活动流，形成一个扩展型供应链。对于企业而言，绿色供应链能够提升其在全球价值链的地位，使国际竞争力不断增强；从宏观层面看，绿色供应链管理对于国家的可持续发展具有重要意义。中国政府正在绿色供应链建设方面采取积极行动。2014年12月，商务部、环境保护部、工业和信息化部联合发布了《企业绿色采购指南（试行）》，对于进一步发展国内外的绿色供应链建设具有重要意义，而且其中明确规定适用于进口产品。2015年5月发布的《中共中央国务院关于加快推进生态文明建设的决定》，也明确提出要"建立与国际接轨、适应我国国情的能效和环保标识认证制度"。2016年8月，工业和信息化部发布《工业绿色发展规划（2016~2020年）》，提出了工业绿色供应链的具体发展思路，强调以汽车、电子电器、通信、机械、大型成套装备等行业的龙头企业为依托，逐步推进工业绿色供应链发展。

三、中国工业绿色发展面临的问题：基于供给侧视角

1. 工业发展模式尚未摆脱要素驱动模式

多年来，中国工业增长主要依靠要素投入，低水平扩张特点非常明显，资源消耗大，生态环境影响大。与此同时，矿产资源对外依存度不断提高，原油、铁矿石、铝土矿、铜矿等重要能源资源进口依存度超过了50%。从发达国家工业发展历程看，在能源资源消耗方面呈现出两种模式：一是以美国、加拿大为代表的"美加模式"，其单位工业增加值的资源、能源消耗处于较高水平；二是以德国、日本、法国等国家为代表的"欧日模式"，特点为单位工业增加值的资源能源消耗处于较低水平，约为"美加模式"的一半。图6-3展示了主要国家单位工业增加值的金属资源消耗，由图6-3也可以观察到，中国工业发展对金属资源的消耗水平约为"美加模式"的2倍，"欧日模式"的20倍。

从能耗看，以单位产品能耗为例，制造业的能效水平特别是高耗能产品的能耗存在较为明显的差距。2012年，中国的钢可比能耗约为674千克标准煤/吨，而日本1990年的能耗已达到629千克标准煤/吨，水平相差较大。又如，2012年，中国的水泥综合能耗约为136千克标准煤/吨，仍高于日本1990年的水平（119千克标准煤/吨）。虽然当前中国与世界先进水平的差距在逐步缩小，但不可否认的是还存在较大的差距。

未来随着工业化、城镇化的持续发展以及全球化进程的深化，工业部门还有巨大的发展空间，但如果发展模式和能源利用方式仍然锁定在粗放式的传统道路上，中国将付出更为惨重的资源和环境代价，也将承担更为严峻的资源供应安全风险。

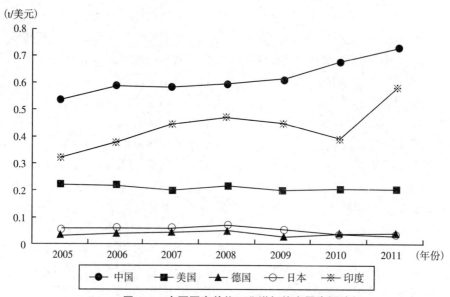

图6-3 主要国家单位工业增加值金属资源消耗

资料来源：根据 OECD 数据库整理计算，美元为2010年不变价。

2. 能源要素供给绿色化存在较大差距

近年来，中国能源发展取得了巨大成绩，能源供应保障能力不断加强，但与此同时，能源体系的高碳特征非常明显。2000~2014年，中国能

源消费从13.9亿吨标准煤猛增到42.6亿吨标准煤，其中，煤炭始终处于主导地位，到2014年在一次能源中占比仍为66%左右，高出世界平均水平近50个百分点，这是造成环境污染的主要原

因，也成为工业绿色发展的重要障碍。

一方面，能源高碳发展挤占了新能源技术的应用空间。长期以来形成的对高碳能源的依赖惯性，使产业布局、电力和基础设施建设、技术研发均基本围绕煤炭展开，很大程度上阻碍了能源行业的优化转型。近年来，在能源消费增速变缓、石油价格持续走低的情况下，保煤、弃风、弃光、弃水乃至弃核的现象普遍存在，非化石能源发展明显放缓。另一方面，固化的能源格局阻碍了能源革命和技术进步。能源系统的固化使技术研发和投资结构也相应固化在高碳领域，并反过来强化了能源高碳结构，形成了积重难返的发展困局。更重要的是，受制于改革过程中形成的利益格局固化，能源产业行政垄断、市场垄断和无序竞争现象并存，使得以能源为基础的工业行业技术和环保标准很难提高，能源市场价格存在扭曲，进而使风电、太阳能、小水电和分布式发电等受到限制。

3. 技术创新在工业发展中的贡献率还有待提高

近年来，中国工业虽然取得了较快的发展，企业的数量和规模也有了飞速的扩张，但这种发展多数依赖于规模扩张型模式，在短缺经济时期较为有效，不少企业因而形成了不重视创新的路径依赖，这使得技术创新在工业发展上的贡献率提升缓慢且水平相对较低。初步估算，改革开放至今，全要素生产率对经济增长的贡献率约在30%，与发达国家60%以上的贡献率还存在较大的差距，工业发展水平存在较大的提升空间。

在全球范围内，专利的数量通常被认为是衡量创新活动的重要工具。虽然近年来中国专利申请数量大幅增加，但质量还有待进一步提高。据世界知识产权组织（WIPO）在日内瓦发布的《2014年世界知识产权指数》报告显示，2013年全球专利申请量继续强劲增长，共提交约257万件专利申请。其中，中国有82万多件，占全球总量的32.1%；美国约占22.3%；日本约占12.8%。从申请总量看，中国占比远超日本且高于美国近10个百分点，成为重要的创新大国，但遗憾的是，中国的创新层次还比较低，在被授权的专利中，发明专利不足1/6，外观设计超过30%；而同年日本的发明专利授权量占总量的比重超过3/4，外观设计所占比重不到14%。从绿色技术创新看，以清洁能源技术为例，2012年，中国（不包括中国港澳台地区）的专利授权数为27件，2013年为42件，2014年增长至61件，均处在世界排名前十位，但与美国、日本等国家相比仍存在较大差距，如图6-4所示。可以看到，2014年，美国的专利授权数为1504件，日本专利授权数为696件，德国专利授权数为316件，分别为中国的25倍、11倍和6倍。

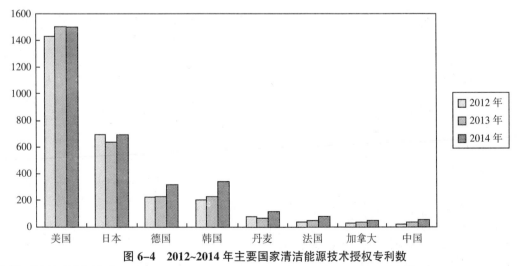

图6-4 2012~2014年主要国家清洁能源技术授权专利数

资料来源：美国专利商标局（United States Patent and Trademark Office）。

4. 高附加值行业在整个工业增加值中的占比仍相对较低

工业高附加值行业主要是以机械、交通运输设备、电气设备及化工产品等制造业为代表的行业，这些行业大多为资本、技术密集型产业，与新一轮产业革命紧密联系，单位能源及资源消耗的经济产出远高于资源、劳动密集型产业，对于工业绿色发展至关重要。发达国家的经验显示，高附加值行业约占整个工业部门增加值的 50%，而 2015 年中国的水平约为 30%，与发达国家水平差距相对较高，这也是中国单位 GDP 能源消耗量远高于美国、日本等发达国家的重要原因。

四、中国工业绿色转型发展路径研究

中国工业绿色发展，要实现：以提高能源利用效率为核心，从粗放发展模式向绿色集约发展模式的转换；以能源转型为支撑，从固化的能源格局向能源多元化的转换；以技术创新为重点，改造提升制造业部门的产业链、价值链。通过绿色导向、创新驱动，统筹利用国内外资源，提高资源配置效率，引领工业发展从低端向中高端迈进，提升中国工业的发展质量、效益和国际竞争力。

1. 提高能源效率，加强能效管理

（1）降低高耗能行业工业增加值比重将带来重大的二氧化碳减排效果。2014 年，中国高耗能部门能源消费量约占中国一次能源消费总量的 45%。未来十年，随着中国经济社会的发展、工业化和城镇化的不断推进，预期中国高耗能部门仍将有不同程度的扩张，这些部门的能源消耗量、CO_2 排放量仍将呈增长趋势。加快高耗能工业部门的低碳转型，对中国成功实现绿色工业化十分关键。

就降低中国高耗能工业单位增加值能耗而言，可用途径包括：降低能源强度高的子行业比重；提高高附加值产品的比重；加快工业节能技术进步；提升企业能源管理水平。在加快工业节能技术进步方面，中国高耗能工业部门可能采取的措施包括：建立并实施严格的高耗能行业准入制度、固定资产投资项目节能评估制度，严格控制新增高耗能工业产能的能效水平；对现有高耗能工业产能普遍实施节能技术改造；大规模淘汰落后的高耗能工业产能。此外，高耗能工业企业之间的兼并、重组将带来产业集中度的提高和能源利用效率的提升。预期到 2020 年，高耗能工业部门增加值占 GDP 的比重将降至 25% 以下，其增加值将比 2005 年降低 40% 以上，对节能的潜在贡献为 15 亿~16 亿吨标准煤当量，对二氧化碳减排的潜在贡献为 36 亿~38 亿吨。

（2）关注节能，也是提高能效的一个重要措施。中国工业节能市场可以分为工业节能产品设备市场和工业节能服务市场。其中，工业能效管理业务又可以作为工业节能服务市场中的新型市场，其比例呈逐渐上升趋势。"十一五"期间，工业能效管理业务市场规模总计 536.4 亿元，占整个工业节能服务市场空间的 13.5%；"十二五"期间，预计工业能效管理业务市场规模将达到 2938.3 亿元，比例将达到 60.8%。这一比例的快速提高，主要是由于工业节能市场正由产品型向服务型转变。在转变的过程中，由于工业能效业务能够为客户提供一体化的节能解决方案，具有附加值高和利润空间大的特点，因此，是目前众多节能服务型公司努力转型的方向。能效管理业务模式是工业节能服务里较为新颖的一种模式，通过将节能服务领域各个环节整合为一套整体解决方案的形式，为客户提供从节能咨询、能耗审计、能耗分析、节能设计到节能工程实施等"一站式"的服务。

2. 推动能源结构演进与优化

与世界一次能源供应结构相比，中国的一次能源供应结构属于高碳型。事实上，长期以来，中国一次能源消费构成中，煤炭比重高达 70% 左右，非化石能源比重极低。这种过度依赖煤炭的能源供应结构，是客观上造成中国单位 GDP 二氧化碳排放强度高的根本原因。努力调整一次能源供应结构，是中国降低二氧化碳排放强度的主要途径。中国政府深刻意识到了问题之所在，把构建安全、稳定、经济、清洁、低碳的现代能源产业体系作为一项长期的战略任务，并明确提出了到 2020 年非化石能源消费比重提高到 15% 的愿景目标。

与其他国家相比，中国能源转型从能源结构看，要发生迭代性的变化，即中国的能源结构不可能像西方国家那样，顺序地完成由煤炭到油气，由油气再到可再生能源的变化，而是要实现迭代式的发展。具体有两种可能的方式：一是中国的油气消费比重和可再生能源将同步快速增长，这是由于以油气为动力和燃料的产业发展尚未实现动力系统的变革，油气仍然无法被替代，但是可再生能源发电与煤电相比，具有较大的替代性和市场竞争力，煤电市场将逐步被可再生能源发电替代。二是煤炭和油气比重同时下降，能源结构跨越油气阶段直接进入以可再生能源为重要能源的阶段。

3. 通过原生资源与再生资源的耦合，推进循环经济发展

大力发展循环经济是中国高耗能工业部门加快绿色创新发展的另一条重要途径。中国政府将发展循环经济确立为国民经济和社会发展的一项重大战略，并颁布了《循环经济促进法》。"十二五"期间，工业循环经济的发展进入加快推进阶段，并在中国高耗能工业部门的低碳转型中发挥了越来越重要的促进作用。2014 年，中国废钢铁、废有色金属、废塑料、废轮胎、废纸、废弃电器电子产品、报废汽车、报废船舶、废玻璃、废电池十大类别的再生资源回收总量达到 2.45 亿吨，回收总值达到 6447 亿元。[①]

发达国家经验表明，在社会资源蓄积量达到一定规模的特定发展阶段，再生资源必将成为支撑社会发展的一种重要资源投入。再生资源是一种特殊的资源类型，既源于原生资源，又与之具有相同的市场竞争目标，两者处于相互替代、相互补充、相互耦合的复杂系统之中。从全生命周期的视角分析，随着新产品逐渐达到报废年限，

废旧产品必然产生，两者数量虽存在时滞性差异，但仍保持着密切的相关关系；从多生命周期视角分析，再生资源具有多次重复循环的可能，这对于资源供给具有重要的乘数效应。研究结果表明，在再生资源的驱动下，原生资源消费量与资源需求总量将呈现脱钩的趋势，且再生资源的乘数效应将呈近指数型增长。这将大幅度提升资源可持续利用指数，减少蓄积原生资源消费量。以钢[②]资源为例，2015~2050 年资源可持续指数将提升近 80%，且蓄积原生资源消费量减少近 1/2。

4. 以新一轮产业革命为契机实现工业绿色发展

（1）打造产业现代化。未来，新一轮产业革命将极大地扩展工业发展的广度和深度，高端机械制造业、新材料、新能源产业将成为"时代新宠"。当前，一场以智能化、网络化、数字化为主要特点的产业革命正在全球各个角落蓄势待发，新产业革命将彻底颠覆现有工业生产体系、生产方式和组织形态，对工业生产"硬件"和"软件"的要求将出现根本转变，工业生产的支撑体系也将发生重大变化。在可预见的未来，锅炉、窑炉、锻造设备等传统生产工具将逐渐被工业机器人、3D 打印机、高端数控机床、新型传感设备等新型智能型工业所取代，新材料、新能源等产业也将成为新产业革命的外围支撑产业。可以看到，绿色技术、绿色产品、绿色供应链等与新一轮产业革命息息相关，在打造现代化的同时可以实现工业的绿色发展。

（2）实现产品高端化。"十三五"期间，高耗能产品的产量会逐渐达到峰值，但这并不意味着其所在行业停止了前进，应该通过延伸产业链、提高产品质量性能，来提高单位产品所创造的附加值，最终把传统意义上的高耗能产业转变为高科技、高附加值和具有竞争力的产业。

5. 工业空间布局合理化

目前，中国正处于工业生产力重新布局的重要时期，工业尤其是高耗能产业西移是大势所趋。新一轮产业转移所带来的工业生产力重新布局，

---

① 参见《中国再生资源行业发展报告（2015）》。
② 由钢资源制备的钢锡氧化物具有良好的电学传导和光学透明等特征，是液晶产品生产的必备原料。据统计，约有 84% 的钢资源用于液晶产品等薄膜涂层的制备。近年来，液晶产品的产业化制造技术取得重大突破，已快速应用于电子产品生产中。

客观上为提高中国工业发展的总体水平以及工业部门绿色发展带来了重大机遇。如果中西部地区在承接产业转移过程中能够严格把控产业准入门槛，以节能、环保、安全作为招商引资的重要标准，则可以大大地提高发展起点，为"跨越式发展"奠定物质基础。同时，新建、改扩建工业企业的过程也为推广先进节能技术、设备、生产工艺以及应用整合设计理念提供了广阔空间，省级部门的工业空间规划，以及重点区域如京津冀区域的空间规划制定至关重要。

五、促进工业绿色发展的政策建议

1. 加强技术创新和应用

中国绿色工业转型的主要动力将来自技术创新和升级，应强化绿色低碳技术创新机制，加快绿色低碳技术研发与应用。第一，推进绿色低碳技术突破。应把握绿色低碳科技的发展趋势，从国家层面集中资源超前部署相关基础研究和前沿技术研究，抢占未来科技竞争制高点。第二，加强公共研发机构和实验平台建设。应围绕增强原始创新能力、集成创新能力和引进消化吸收再创新能力，强化基础性、前沿性技术和共性技术研究平台建设。第三，加快建立以企业为主体的技术创新体系。加大政府科技资源对企业的支持力度，通过政府投入引导社会各界资金投入，重点引导和支持创新要素向企业集聚，加快建立以企业为主体、市场为导向、产学研相结合的技术创新体系。

2. 加强国家顶层设计和统一协调

中国已经到了实现增长方式转变和技术创新的重要时期，为减少能源资源节约和环境保护对发展的制约，建立长效可持续发展机制，亟须将绿色发展列为国家发展的基本国策，以绿色发展统领生产和消费，引领中国走向绿色健康社会。在此前提下，应制定绿色低碳总体规划和分地区、分行业绿色发展规划，国民经济社会发展总体规划或绿色经济发展规划中应体现绿色工业化的内容。通过规划明确绿色工业化阶段性发展目标、发展途径、主要领域、政策支持等内容，设定部分行业（高耗能或能源密集型行业）的减排目标，确定在产业结构调整和科技创新方面的要求，并制定相关的经济政策等保障措施，为规划的顺利实施提供保障。另外，应在国家方面统一协调，建立多部委协调联动机制。例如，目前发改委、工信部、环保部、国家统计局都在建设对能耗、排放的数据采集系统，未来应建立各部委、各机构的数据共享中心，形成监督考核联动机制，避免同类型系统重复建设，既节约资金投入，又能利用数据为国家相关政策的制定提供依据。

3. 健全工业绿色发展的市场化机制

应该充分利用市场机制，建立实现可持续绿色发展的长效机制。充分利用碳交易、清洁发展机制和合同能源管理等市场机制，并配合其他政策促进绿色低碳工业化发展。首先，将污染排放纳入市场化机制，深入开展排污权有偿使用和交易试点工作；其次，推动碳市场建设，并制定全国碳排放交易总量设定以及各省份地区的配额分配方案。

值得注意的是，能源领域的市场机制也应不断健全完善。中国能源领域市场化改革的滞后严重阻碍了整个工业的高效低碳发展。市场准入存在各种障碍，民营资本进入的困难还不少，行政垄断、市场垄断现象依然存在。能源要素价格形成机制改革不彻底，要素价格扭曲普遍存在，再加上环境补偿机制仍不健全，企业高效低碳转型的倒逼机制还不够强。

4. 明确企业环境责任，推进生态文明基础制度建设

工业企业是环境污染的产生者，按照环境责任的属性原则，应对其产生的环境污染和生态影响负有污染治理和生态改善的责任。当前，我国正处于产业结构调整和经济转型的关键阶段，环境污染和生态恶化影响颇大，面对复杂的国内外经济、社会和环境形势，政府、监管机构、行业协会和环保组织等都在持续推动企业履行环境责任。

工业企业作为环境污染治理的责任方和实施方，应逐步建立内部绿色发展管理体系，制定可持续发展战略，开展遏制环境污染和生态系统恶化的源头治理和过程清洁化生产，积极预防和减缓企业生产活动对生态环境造成的影响，以提升环境绩效和综合竞争力。

另外，政府应制定相应政策，推进企业环境责任制度的完善。在水资源方面，积极制定水流产权确权方案，出台建立流域上下游横向生态补偿机制的指导意见。在自然资源资产方面，制订有偿出让制度方案等。

5. 建立国土空间开发保护机制，实现工业布局合理化

重视空间因素的作用，重点生态功能区实行产业准入负面清单。各地要结合国家重点生态功能区水源涵养、水土保持、防风固沙和生物多样性维护四种类型，根据所属类型、重点生态功能区的发展方向和开发管制原则，针对存在的突出矛盾和问题，在开展资源环境承载能力综合评价的基础上，进一步深化研究，提出更有针对性的禁止和限制产业目录。

以主体功能区规划为基础、统筹工业空间性规划，推进"多规合一"。制订省级工业空间规划试点方案。建立资源环境承载能力监测预警长效机制，形成资源环境承载能力监测预警报告，严控高污染工业行业集聚发展。制定划定并严守生态保护红线的若干意见，进而制定并遵守土地红线、能源红线、水资源红线，倒逼工业绿色发展。

专栏 6-1

主要国家能源绿色转型目标

目前，在新一轮产业革命的背景下，绿色增长已成为全球经济发展的主流，第三次能源转型正悄然发生，世界各经济发达体纷纷提出了自己的能源发展战略目标，如下表所示。德国是典型的以可再生能源为主要导向的能源转型国家，1991 年以后，德国开始实施放弃发展核能的战略，逐步向可再生能源转型，2010 年提出阶段式发展目标：2025 年可再生能源电力占电力生产的 40% 以上，至 2050 年实现可再生能源电力 80% 以上的供应。丹麦目前已成为发展可再生能源的"成功"案例，2012 年，可再生能源在一次能源消费结构中的占比已接近 20%。作为能源消费大国的美国和加拿大，并未确定明确的可再生能源发展目标，但受页岩气革命以及技术进步的影响，天然气价格较为低廉，天然气目前成为美国仅次于石油的第二大能源。有研究表明，在未来，基于成本、气候变化等因素的考量，天然气有望成为美国第一大电力能源。受资源禀赋的影响，法国、日本成为依靠核能的典型国家，特别是法国，其电力约 80% 来自于核能，核能占一次能源消费的比重接近 40%。2015 年，法国正式推出了可再生能源发展目标，力争在 2025 年将核电在电力中的比重降至 50%，并将其转向可再生能源。受福岛核事故影响，日本的核电份额大幅下降，但近期核电重启的呼声甚高，是延续核能发展还是转向可再生能源抑或其他，成为日本未来能源转型必须面临的抉择。

主要经济体及国家可再生能源占一次能源消费量比例及目标

国别	占一次能源比例		占最终消费比例	
	2012 年/2013 年	目标	2013 年	目标
欧盟 28 国			15.0%	→20%，2020 年
巴西	41%（2014）			
中国				→11.4%，2015 年 →13%，2017 年
丹麦			27.0%	→35%，2020 年 →100%，2050 年
埃及		→14%，2020 年		

续表

国别	占一次能源比例		占最终消费比例	
	2012 年/2013 年	目标	2013 年	目标
芬兰			37.0%	→25%，2015 年 →38%，2020 年 →40%，2025 年
法国	9.5%		14.0%	→23%，2020 年 →32%，2030 年
德国			11%（2014）	→18%，2020 年 →30%，2030 年 →45%，2040 年 →60%，2050 年
以色列				→50%，2020 年
日本	7.2%	→10%，2020 年		
韩国		→4.3%，2015 年 →6.1%，2020 年 →11%，2030 年		
英国			5.1%	→15%，2020 年
瑞典			52.0%	→50%，2020 年

资料来源：REN21，Renewables 2015 Global Status Report，June 2015，137–139.

参考文献

［1］史丹：《能源转型与中国经济的绿色增长》，《光明日报》2016 年 7 月 20 日。

［2］李俊峰等：《气候变化问题研究 2015》，中国环境出版社，2015 年版。

［3］谷树忠等：《绿色转型发展》，浙江大学出版社，2016 年版。

［4］顾一凡等：《原生资源与再生资源的耦合配置》，《中国工业经济》2016 年第 5 期。

［5］李钢、马丽梅：《创新政策体系触及的边界：由市场与政府关系观察》，《改革》2016 年第 3 期。

［6］Jewell, S. and S. M. Kimball. Mineral Commodity Summaries 2015, US Geological Survey.

［7］Handbook of Energy and Economics Statistics in Japan, 2012.

［8］International Energy Agency. Energy and Climate Change –World Energy Outlook Special Report, Paris：IEA Publishing, 2015.

第七章　分享经济的发展

提　要

　　分享经济作为一个新经济业态，仍处在内涵不断深化、外延不断拓展的快速发展阶段。本文认为分享经济是依托"大智移云"等新一代信息技术在"生人社会"规模化盘活闲置资源，以满足多样化、个性化需求的新型经济运行模式；其主要特征是以"海量闲置资源和多样化、个性化需求"为市场基础，以"新一代信息技术和互联网平台"为技术支撑，以"重视使用权而非所有权"为行为范式，以"去中介化和人人参与"为主体特征。当前，我国分享经济呈现出总量发展快、内容纵深化、主体多样化和政策友好化的特点，同时，面临不少问题和挑战，突出表现为与传统产业利益冲突、与现有监管体制不兼容等。我们认为，我国应遵循互联网经济规律，借鉴吸收海内外试点的经验教训，创新协同治理体系，完善基础制度环境，引导和规范分享经济健康发展，使其成为供给侧结构性改革新抓手和经济发展新引擎。

*　　　　　*　　　　　*

一、分享经济概念及主要特征

　　分享经济是一个新生事物，仍处在内涵不断深化、外延不断拓展的快速发展阶段，尚未得到理论界和实务界公认的统一命名[1]和权威定义[2]。本文认为，分享经济是依托"大智移云"等新一代信息技术在"生人社会"规模化盘活闲置资源，以满足多样化、个性化需求的新型经济运行模式。

　　1. 以"海量闲置资源和多样化、个性化需求"为市场基础

　　随着世界经济进入新常态，个性化、多样化消费渐成主流，这从源头上要求生产者提供更多差异化、多元化的产品和服务；而且，伴随着工业社会大规模消费的兴起，社会上资源闲置与浪费现象较为普遍，如空闲的车座、房间、设备、

---

　　[1] 国内外研究人员对分享经济的命名有：按需经济、1099经济、零工经济、P2P经济、协作经济、协作消费、共享经济等，这些名称的核心意思大同小异，本文统一采用分享经济。

　　[2] 当前业界对分享经济的定义大致可分为五种：经济/商业模式论（何哲，2015；刘国华，2016）、新型经济形态论（姜奇平，2016；张晓峰，2016）、经济活动总和论（张新红，2016）、经济现象论（马化腾，2016）和系统论（南希·科恩，2014）。

资金、时间、技能、基础设施等，这些闲置资源的拥有者自身有着交换资源、获取收入的利益诉求。

2. 以"新一代信息技术和互联网平台"为技术支撑

分享是传统经济中就存在的行为，如村庄内"熟人社会"成员间农具、畜力共享等，但发展成为规模性分享经济的根本原因在于移动互联网、云计算、大数据、物联网、智能支付、精准定位等新一代信息技术的应用普及，特别是互联网平台的兴起，大大降低了市场交易成本，缓解了信息不对称，基本实现了即时、便捷、精准地匹配供需，优化了资源配置。

3. 以"重视使用权而非所有权"为行为范式

产权私有化是分享经济的基础。从产权的角度来分解，产权包括占有权、使用权、收益权、处分权。目前，分享经济的主流是通过所有权与使用权的分离，采用以租代买、以租代售等方式让渡产品或服务的部分使用权，实现隐性资源的显性化，这就使市场交易的范围、领域和深度都大为改善，进一步提高了资源利用效率。值得注意的是，分享经济正在渗透到更多的细分产权领域，如二手物品交易已经涉及了所有权分享。

4. 以"去中介化和人人参与"为主体特征

互联网平台的开放性替代了专业公司的媒介、组织功能，供需双方可以直接点对点对接，交换彼此闲置资源的使用价值，导致"劳动者—企业—消费者"的传统模式逐渐被"劳动者—分享平台—消费者"的分享模式取代。杰里米·里夫金在《零边际成本社会》一书中甚至预测，在经济活动的任何领域，当协同共享的比重达到10%~30%时，第二次工业革命期间形成的垂直一体化的跨国公司可能相继消失。

二、我国分享经济发展历史及现状

1. 发达国家分享经济现状及做法

美国是世界上分享经济的发达国家，拥有Uber、Airbnb等一批分享经济龙头企业，2015年分享经济市场规模约5100亿美元，约占美国GDP的3%。总体来看，美国政府对分享经济持积极扶持的态度，治理上强调市场先行、政策后动，鼓励各州试点，但同时划定底线，允许平台运行，只有损害消费者利益时才予以干预。欧盟大力支持发展分享经济，2015年分享经济收入总额达280亿美元，呈现强劲增长势头。欧盟推动分享经济发展的政策思路是：欧洲议会全票通过支持分享经济的议案，为分享经济划下了支持的底线，将分享经济置于欧盟单一市场战略计划之下实施，全面贯彻《欧盟服务业指令》，消除现有法律对分享经济设置的准入门槛和壁垒，鼓励各成员国试点分享经济城市，之后在总结各国优秀做法和实践的基础上，择机推出新的政策。英国意图打造分享经济全球中心，2015年分享经济市场规模约64亿美元，在欧洲处于领先地位。英国是最早在国家层面明确分享经济地位和战略的发达国家，采取了一系列措施扶持分享经济发展。例如，政府在利兹市和大曼彻斯特区开展分享城市试点，支持保险公司开发适应分享经济的保险服务，建立专门的数据采集和统计制度，开放政府身份核实系统和犯罪纪律系统，将分享经济纳入政府采购，简化税制等。

2. 我国分享经济发展历史

我国分享经济大致经历了萌芽、起步、快速发展三个发展阶段。一是2008年之前的萌芽阶段。20世纪90年代，Napster、Zipcar等分享经济平台陆续在美国出现，在互联网大潮的影响下，一批海归人员创建了威客中国、猪八戒网等一批共享平台。二是2009~2012年的起步阶段。国际金融危机大大加速了分享经济发展，分享的内容更加全面，开始从线上的知识技能向线下的实物资源拓展，住房、车辆、资金等分享成为潮流，分享经济在商业模式、业务范围、资本运作、产业链合作等领域取得了不少突破，国内涌现出陆金所、滴滴出行、小猪短租等一大批分享型企业。三是2013年以来的快速成长阶段。随着技术和商业模式的不断成熟、用户的广泛参与以及大量资金的进入，部分代表性企业的体量和影响力迅速扩大，部分行业开始战略整合，部分领域出现了本土化创新和全球化布局企业。

3.我国分享经济发展特征

2015 年分享经济进入党和政府正式文件、领导人讲话，政策环境显著改善，行业发展呈现总量发展快、内容纵深化、主体多样化和政策友好化的特征，在世界上也处于领先地位。

（1）从总量上来看，我国分享经济规模位居世界第二位。分享经济尚未纳入我国国民经济统计体系，缺乏官方权威数据，目前行业数据主要来自中介组织和龙头企业，统计口径和统计数值差异较大。例如，据中国互联网协会分享经济工作委员会测算，2015 年中国分享经济市场规模约为 19560 亿元（其中，交易额 18100 亿元，融资额 1460 亿元），占 GDP 的比重约为 2.9%；参与分享经济领域的服务者约 5000 万人，参与总人数已经超过 5 亿人。另据腾讯研究院提供的数据显示，2015 年中国分享经济规模约为 1644 亿美元，约合人民币 10787 亿元，占 GDP 的 1.59%，参与分享经济的人口近 3 亿人，约占总人口比重的 22%。虽然数据差异较大，但是业界普遍认为中国分享经济发展迅速、前景广阔。分析认为，我国分享经济的快速发展得益于庞大的市场规模、日益完善的创新创业环境和迅速普及的互联网基础设施，预计上述因素在"十三五"时期将继续发挥作用，带动国内分享经济步入黄金增长期。综合多方预测，预计未来五年分享经济年均增长

速度在 40% 左右，到 2020 年分享经济规模占 GDP 的比重将达到 10% 以上。

（2）从结构上来看，当前分享经济主要集中在金融、生活服务、交通出行、房屋短租、知识技能、二手物品和生产能力七大领域。在金融领域，据零壹研究院数据，2015 年 P2P 网络贷款和众筹市场规模约 9900 亿元，约占分享经济市场总体规模总量的六成，是互联网金融的重要组成部分；在生活服务领域，据中国互联网协会分享经济工作委员会测算，餐饮、家政服务、社区配送、汽车养护等生活服务行业的市场规模约 4000 亿元，约占分享经济市场总体规模总量的 1/4；交通出行领域，据中国互联网协会分享经济工作委员会测算，2015 年各平台接入车辆超过千万辆，覆盖用户 2.5 亿，成交额约为 1000 亿元；在知识技能分享、住宿分享、二手物品分享等领域，据艾瑞咨询、零壹研究院、猪八戒网的数据显示，上述市场规模分别为 234 亿元、105 亿元和 200 亿元，尚未实现规模化发展，整体上仍属于小众市场；在生产能力分享领域，海尔、沈阳 i5 机床、上海明匠等公司已经探索出了分享工厂商业模式，企业订单翻番增长。分析认为，虽然金融、生活服务、交通出行等消费资料分享是目前分享经济的主流，而智能工厂、数字车间、科研设计等生产资料分享尚处于初级阶段，总体规模依然偏小，但随着《中国制造 2025》和"互联网+"战略等国家战略的深入推进，生产资料分享未来有望成为分享经济的主力军（见表 7-1）。

表 7-1　国内主要分享经济领域

要素类型	分享内容	代表性企业	市场规模（亿元）
金融分享	P2P 借贷、产品众筹、股权众筹	京东众筹、陆金所	9900
出行分享	汽车、座位	滴滴出行、易到	1000
住宿分享	住房、床位	蚂蚁短租、小猪短租	105
知识技能分享	智慧、知识、能力、经验、技能	猪八戒网、名医主刀	234
生活服务分享	餐饮、家政服务、社区配送、汽车养护	河狸家、阿姨来了、人人快递	4000
二手物品分享	汽车、手机、家居、书籍、玩具等二手物品	瓜子二手车网、爱回收	200
生产能力分享	主要表现为一种协作生产方式，包括能源、工厂、农机设备、信息基础设施等	沈阳机床厂 i5 智能化数控系统、阿里巴巴"淘工厂"、上海明匠	—

资料来源：笔者根据中国互联网协会分享经济工作委员会、腾讯研究院、艾瑞咨询、零壹研究院、猪八戒网相关资料数据整理。

（3）从参与主体来看，分享经济的主体正在从个人向企业、政府等组织全面扩展。首先，以个人参与为主的模式是分享经济的主体。据腾讯研究院统计，2015 年在分享经济所涉及的超过 35 个领域中，有超过 80% 的领域以 C2C 的商业模式为主。换句话说，供需双方都是通过社会化网络平台进行交易的个体。其次，企业在分享经济中占据越来越重要的位置。C2B、B2B、B2C 等商业模式正在加快普及，考虑到企业能够提供数量更多、类型更全、质量更高的产品和服务，预计上述模式更能代表分享经济的发展方向。最后，政府开始成为分享经济的参与方。例如，借助公车改革的机遇，滴滴于 2015 年 6 月宣布推出"滴滴政府版"，为取消一般公务用车的政府机关提供出行用车解决方案，有望将部分地方政府车改后的剩余车辆纳入滴滴平台进行管理，优先保障公务用车需求，闲置时服务民用市场，实现剩余价值的最大化①。

（4）从政策环境来看，当前中央和地方政府都出台了多项支持分享经济发展的政策，产业发展环境大为改善。宏观环境方面，分享经济越来越多地出现在党和国家领导人的讲话及政策文件中。例如，2015 年 9 月，国务院发布的《关于加快构建大众创业万众创新支撑平台的指导意见》首次指出，"我国要壮大分享经济，推动整合利用分散闲置社会资源的分享经济新型服务模式"；2015 年 11 月，党的十八届五中全会公报明确提出"发展分享经济"，这标志着分享经济正式列入党和国家的战略规划；2015 年 12 月，习近平总书记在参加 G20 峰会和世界互联网大会时均谈到了分享经济；2016 年，李克强总理在政府工作报告中提到"促进分享经济发展"、"支持分享经济发展"、"以体制机制创新促进分享经济发展，建设共享平台"；2016 年 5 月，李克强总理在参加贵阳大数据产业峰会时再次强调："共享经济作为一种新业态，假以时日将发展成为新的增长领域，为中国经济注入强劲的动力。"

具体政策方面：在市场准入上，2015 年 7 月国务院常务会议明确提出放宽在线度假租赁、旅游租车等互联网+新业态的准入和经营许可；2016 年 7 月国务院办公厅《关于深化改革推进出租汽车行业健康发展的指导意见》、《网络预约出租汽车经营服务管理暂行办法》对外公布，给予了网约车合法地位，规定满足条件的私家车可按一定程序转化为网约车，加入专车运营；鉴于分享经济模式重在使用权交易，不少地方政府为新的入市交易主体提供了相对宽松的监管环境，并配置相应的市场准入制度；福建省与腾讯开展战略合作，共同推动分享经济，支持企业增强开拓市场的能力。在支持创业创新和升级消费结构上，国家发改委等部委联合制定了《关于促进绿色消费的指导意见》，明确支持发展分享经济，有序发展网络预约拼车、自有车辆租赁、民宅出租、旧物交换利用等；甘肃省政府提出要最大限度地利用大众力量整合利用分散闲置社会资源，打造以社会服务为核心的电子商务平台，积极发展线上与线下联动的知识内容众包，促进分享经济新模式发展。在制定配套制度、完善监管上，河北省政府要求下属各责任单位调整和完善有利于新技术应用、个性化生产方式发展、智能微电网等新基础设施建设、互联网+广泛拓展、使用权短期租赁等分享经济模式成长的配套制度；无锡市政府提出构建以信用为核心的新型市场监管机制，对利用政府自身权力监管分享经济市场秩序表现出克制的同时，积极建立市场声誉机制，遵循市场规律对分享市场提供及时、有效的监管。

三、当前分享经济发展面临的问题和挑战

在分享经济特征及行业发展阶段性特征的影响下，我国分享经济发展面临着发展粗放、低价竞争、服务标准化不足等问题，突出表现为与传统产业利益冲突、与现有监管体制不兼容。

---

① http://www.jiemian.com/articlc/314800.html。

1. 行业发展风险不容忽视

我国分享经济整体上属于起步阶段，部分细分行业已经进入高速成长期，但部分行业盈利模式不清晰，尚未找到核心竞争力和可持续发展模式，相关服务和产品的安全性、标准化、质量保障、用户数据保护等方面仍存在不足和隐患。一些行业面临洗牌格局，如出行分享领域进入了同质化阶段，以滴滴、易到为代表的国内打车公司都走上了大而全的发展道路，同时靠补贴来争夺市场。2015年下半年开始，烧饭饭、妈妈的菜等私厨分享平台陆续退出市场。2015年国内P2P问题平台不断出现，如2015年6月国资系P2P平台金宝会借款项目出现违约，涉案金额500万元，除此之外，过度竞争、跑路、诈骗、经营不善等问题时有发生。2016年滴滴和优步中国宣布合并，这是分享经济发展较为成熟行业的标志性事件，预示着分享经济优质资源逐渐向大平台靠拢，行业集中度有望继续提高。

2. 与传统行业利益冲突

分享经济的基础是盘活闲置资源，大大降低了原有行业进入门槛，相比于传统产业拥有显著的成本优势和创造无限供给的能力，使传统企业面临巨大的竞争压力。在具有排他性的垄断市场中，分享型企业的进入及其快速扩张的发展态势冲击着原有的商业逻辑和经济秩序，直接引发了社会财富和利益的重新分配，不可避免地产生利益冲突。例如，2015年1月，沈阳市出租车司机集体罢运；5月，天津多地聚集大批出租车；8月，武汉出租车司机集体打着双闪在部分路段空驶，这些都是因为出租车司机以不同方式抗议专车抢生意。这些抵制活动之所以频繁上演，其根本原因还在于网络约车损害了传统出租车的经济利益，使其牌照价格急剧缩水，直接瓜分了原有市场份额。

3. 与现行监管体制不兼容

分享经济依托信息共享平台，突破了原有监管体制的行业、地域、部门分置格局，且注重使用权而非所有权，导致我国对于经济活动的主要监管手段失效，设置准入许可、执业资质、数量控制、价格管制等在分享经济面前很难实施。例如，我国对城市传统出租车实行牌照管理、政府定价、数量管控的管理制度，但网约车的发展突破了这一制度的限定；在线短租使得部分城市实行的对宾馆服务行业实行最高限价、接待旅客住宿必须登记身份证件等制度难以落实；股权众筹处于法律与监管的灰色地带；部分分享经济领域缺乏纳税标准、计税依据、缴税发票等制度性解决方案；部分分享型基础设施承担了公共物品功能，但尚未享受政府补贴等。总的来看，当前监管体制仍以事前审批和准入为主，事中事后监管手段有限、方法不足，分享经济的低门槛不适应现行监管体制，对现有的政策、制度、法律、监管方式等都提出了新的挑战。

4. 基础制度环境制约

分享经济以去中介化、人人参与为主要特征，突出表现为劳动者和消费者直接参与资源配置，这种模式面临着现有社保制度、消费者权益保障机制、社会征信体系以及信息基础设施不匹配等制度性因素的制约。具体来说，一是劳动者缺乏社保。分享经济的从业者大多是兼职打零工，与分享经济平台没有签订正式的劳动合同，也没有养老保险、医疗保险、失业保险等基本保障。二是消费者利益保障机制不健全。分享经济服务提供者多为个体或组织，服务产品标准化、规范化程度较低，消费者权益保障责任机制不明确，成为大规模复制与推广的核心障碍。以专车业务为例，很多专车平台并没有办理营运保险，一旦发生事故，消费者权益很难得到充分保障。三是社会征信体系共享性不足。分享经济模式特别依赖于社会的信任水平，若整个社会的潜在违约、损坏概率太高，将导致分享经济模式的隐性管理成本升高。目前，现行法律不支持分享经济平台企业对接以人民银行征信中心为代表的金融征信系统和公安、工商、税务、海关等行政管理征信系统，分享经济平台只能依靠商业征信以及点评体系等方式审查用户信用，存在风险漏洞和安全隐患。四是网络基础设施不完善。分享经济是互联网高度发达的产物，其需求广泛存在于我国城乡、区域、行业之间，然而我国网络基础设施建设的公平性还有待进一步提高。如移动宽带区域不平衡，4G应用主要分布在经济发达地区，部分三四线城市和农村地区发展不够理想，上网的速度和资费依然有进一步改善的空间；云计算、大数据、物联网、精准定位、智能支付等新一代信息产业市场规模小，部分核心技术受制于人，服务主体、　　服务能力、服务种类发展也不够充分。

四、引导、规范分享经济发展的建议

针对分享经济发展中面临的制约和挑战，我们应借鉴和吸取海内外试点的经验教训，坚持用发展的眼光、建设性的态度出台举措，通过市场和政府"两只手"协调联动推动分享经济健康发展。

1. 引导行业规范发展

《共享经济：重构未来商业新模式》的作者罗宾·蔡斯指出，共享经济本质就是我们能创造更多的价值，通过科技让大企业和个人之间产生融合，这样大企业就能把自己的价值直接嫁接给个人。笔者认为，分享经济本质上是用互联网的方法解决信息不对称等导致的市场失灵，拓展了原有市场的广度和深度，推动社会资源配置利用达到新的平衡，是市场经济在互联网时代的新发展。应按照十八届三中全会全面深化改革精神，贯彻落实发挥市场配置资源的决定性作用和更好地发挥政府作用的原则，更多地运用市场力量推动分享经济自身的完善，加强对分享经济服务和产品的安全性、标准化、质量保障体系、用户数据保护等方面的监管，推动行业自律、参与者自律，引导企业诚信、守法、健康经营，防范投机、炒作、恶性竞争和欺诈行为，防止企业过于依赖补贴来抢占市场份额，避免对传统行业形成不公平竞争和恶性冲击，构建一个符合移动互联新规律、协调各方利益的公平竞争的市场环境。

2. 推进传统行业转型

顺应世界"互联网+"发展趋势，推动传统行业借助互联网有序转型。鼓励传统行业企业通过与互联网企业合作创造新的盈利空间，引导有条件的企业实施转型发展战略，争取成为分享经济的参与者、受益者、引领者。例如，加快出租车管理方式改革，改变特许经营的方式，适时下调乃至取消出租车经营权授权费，推动传统出租车公司和网络应召平台的融合，化解社会矛盾。鼓励优势企业实施品牌战略，依靠差异化、个性化的优质产品和服务拓展市场空间。结合营改增等税费改革，降低传统服务行业制度成本。

3. 创新协同治理格局

遵循互联网经济监管规律，打造政府、平台、行业组织、个人等全社会参与、协作分工的协同治理格局，统筹协调分享经济与其他经济社会领域的可持续发展。首先，政府抓关键环节。政府应在分享经济领域加快全面深化改革进程，切实转变事前审批的思维惯性，在事中事后监管上下功夫，着力建立和完善补位性、底线性和保障性的制度规范，及时修改已经明显不适用的法律法规，运用大数据等新手段完善分享经济统计数据收集机制，研究制定以用户安全保障为底线的创新准入政策，建立信任性合作基础，妥善处理创新引发的利益平衡矛盾，为分享经济发展创造宽松环境。其次，发挥平台主体的能动作用。分享经济平台在发展过程中形成的准入制度、交易规则、质量与安全保障、风险控制、信用评价机制等自律监管体系，既能保障自身的可持续发展，也是政府实现有效监管的重要补充。应适时试验平台的自我监管，辅助行政机关的监管，并承担相应责任，以使监管变得更有效率。鼓励分享经济平台与保险机构合作成立赔付基金，或双方合作提供保险产品。再次，发挥社会组织促进行业自律的作用。支持中国互联网协会分享经济工作委员会等行业组织履职尽责，把握分享经济发展的趋势，预见可能的风险，协调与政府、企业间的沟通事宜，加强产业间联系与协作，推进信息共享和标准化建设，就特定的法规改革进行调研，提出科学务实有效的对策。最后，厚植创新创业文化。鼓励科技、管理、工艺、产品、商业运营等各方面的专业人士和普通公众依托分享经济平台开展创新创业，积极举办创客沙龙、创新论坛、创业大赛等各种活动，营造既倡导创新创业又宽容失败的社会氛围，为分享经济发展创造良好的内外部环境。

4. 完善基础制度环境

进一步完善社会保障和福利机制，相关部门应为传统行业劳动者提供必要的保险和福利，完善社会保障安全网，解除劳动者的后顾之忧；同时，主动提供及时、必要的就业指导服务，以帮助求职者提高经验、技术和收入。大力发展征信市场，加快社会征信体系建设，推进人民银行、公安、工商、分享经济平台等各类信用信息平台无缝对接，加强信用记录、风险预警、违法失信行为等信息资源在线披露和共享，为经营者提供信用信息查询、企业网上身份认证等服务，打破信息孤岛。推进政府和公共信息资源开放共享，支持分享经济平台企业充分挖掘信息资源的商业价值，促进互联网应用创新，使更多人的融入分享经济平台，参与分享经济服务。加快移动互联网迭代更新和普及速度，加大农村及偏远地区互联网服务支持力度，大幅提高网速，有效降低网费，大力推进云计算、大数据、物联网等新一代信息技术商业化和全域化，使城乡、区域、行业间不同人群都能享受到高质量的网络服务。

5. 鼓励开展分享试点

新颁布的《网络预约出租汽车经营服务管理暂行办法》规定："直辖市、设区的市级或者县级交通运输主管部门或人民政府指定的其他出租汽车行政主管部门负责具体实施网约车管理。"这是充分考虑到地区的差异，给予地方充分的政策空间和自主权，落实城市人民政府的主体责任的务实之举。笔者认为，这一模式同样适用于分享经济其他领域。作为新生事物，分享经济仍处于发展初期，目前还不适合出台"一刀切"的管理政策，应发挥地方政府的积极性和创造性，允许各地根据自身情况开展试点，探索规范分享经济发展的好经验、好做法，相关部委、行业组织和研究机构应及时总结推广务实管用的试点经验。当前可委托智库研究设立分享经济示范城市，探索制定分享经济注册、纳税方案，允许有条件的地方探索分享性基础设施财政补贴制度，将分享经济纳入政府采购范围，鼓励各级机构使用分享经济平台进行采购、交通、住宿等服务，营造示范带动效应。

专栏 7-1

海尔：分享经济的探路者

海尔是传统企业互联网化转型的探路者，早在 2005 年探索了"人单合一"的企业运行新模式。"人"即员工，"单"即用户需求，"人单合一"即让员工与用户融为一体，让员工成为直面市场的自主经营体。企业定位由此转型为网络互连的节点，而非以自我为中心；以创造用户最佳体验为价值导向，而非仅以销售额为导向；按单聚散人，而非按人定制单；跟投创业，而非按职别付薪。为此，海尔推动了"三化"，即企业平台化、用户个性化和员工创客化。一是用"企业平台化"颠覆"科层制"，保留平台主、小微主和创客，打造共创共赢的"生态圈"，企业由此变身为孵化创客的加速器；二是用"员工创客化"颠覆雇佣制，让员工变成创业者、动态合伙人，面向全球按单聚散资源，围绕用户需求打造没有边界的"网络化组织"；三是用"用户个性化"颠覆产销分离制为"交互节点"，追求用户体验无缝化，通过平台效应实现边际效益递增。

为加快集团互联网化战略转型，2010 年海尔继续深化企业组织运营模式再造，以业务或项目为中心将传统组织结构打散为一个个具有独立决策权、用人权、分配权并进行独立核算的团队"小微"，探索出了"市场生态小微"模式这种分享经济新业态。具体来讲，就是由集团建立平台，由平台整合集团内外各种资源，为小微企业提供人才、业务、资金等多方面服务；小微企业对各自的运营目标负责，员工纳入小微企业编制进行管理，充分调动潜能，通过协同将所能创造的价值最大化。分析认为，这在本质上是海尔在解构分享自身的办公场所、资金、平台、盈利模式、服务、人才等资源，强化小微企业孵化。海尔由此不再"占有资源"而是将拥有的资源分享，同时可以按生产需要，享有这些小微提供的服务，而小微也可以伸出所有触角拓展其业务，这恰恰是分享经济的核心所在。截至 2015 年底，海尔平台上已经聚集了 4700 多家外部一流资源，30 亿元创投基金，1330 家风险投资机构，103 家园区孵化器资源，诞生了 1160 多个项目；超过 100 个小微年营收过亿元，22 个小微引入风投，12 个小微估值过亿元。

进一步阅读：刘成：《海尔试水全面互联网化：无颠覆 不海尔》，《经济日报》2016 年 1 月 27 日；邵春燕：《"分享经济"的启示与颠覆》，《现代国企研究》2015 年第 19 期。

参考文献

[1] 国务院：《关于积极推进"互联网+"行动的指导意见》，《中华人民共和国国务院公报》，2015 年第 20 期，http://www.gov.cn/zhengce/content/2015 –07/04/content_10002.htm。

[2] 张新红：《分享经济 重构中国经济新常态》，北京联合出版公司，2016 年版。

[3] 马化腾：《分享经济 供给侧改革的新经济方案》，中信出版社，2016 年版。

[4] 交通部：《网络预约出租汽车经营服务管理暂行办法》，新华网，2016 年 7 月 28 日，http://news.xinhuanet.com/finance/2016-07/28/c_129186187.htm。

[5] 周丽霞：《规范国内打车软件市场的思考——基于美国对 Uber 商业模式监管实践经验借鉴》，《价格理论与实践》2015 年第 7 期。

[6] 彭文生、张文朗、孙稳存：《共享经济是新的增长点》，《银行家》2015 年第 10 期。

[7] 程维：《分享经济 改变中国》，中国工信出版集团，2016 年版。

[8] 杰里米·里夫金：《零边际成本社会》，中信出版社，2014 年版。

[9] 罗宾·蔡斯：《共享经济：重构未来商业新模式》，浙江人民出版社，2015 年版。

[10] 张效羽：《通过政府监管改革为互联网经济拓展空间——以网络约租车监管为例》，《行政管理改革》2016 年第 2 期。

第八章 新经济与工业增长

提　要

新经济对工业增长提出了更高的要求。伴随着新一代信息技术的突破和扩散，利用创新驱动发展实现产业结构调整是新经济驱动工业增长的主要内涵。信息经济、分享经济、智能制造成为新经济发展的主要模式，发展新经济的根本出发点在于打造信息化背景下国家制造业竞争的新优势。以互联网为代表的新一代信息技术在消费领域的渗透和应用已经催生了一系列新的技术、产品、模式和业态，激发了全社会的无限创新潜能和创造活力，但总体上看，互联网与制造业融合仍处于起步阶段，这就为新经济带动工业增长带来广阔的空间，为我国经济发展新动能提供重要来源。在促进新经济发展的过程中，政府需要发挥重要的推动作用，形成宽松的新经济发展环境，使得人才、资本、技术、知识等创新要素可以自由流动，随着互联网与制造业、科技与金融等关键要素的深入融合，创新驱动发展的新经济才能够成为中国经济增长的新引擎。

*　　　　　　*　　　　　　*

当前，中国经济进入转型期，自 2010 年起持续减速，增长速度连续多个季度低于两位数。2016 年的政府工作报告首次明确提出要发展"新经济"，报告认为"当前我国发展正处于这样一个关键时期，必须培育壮大新动能，加快发展新经济"，这是对我国经济发展提出的一个新要求。在我国经济下行压力加大的背景下，新经济促进工业增长的主要着力点在于供给侧改革。产业结构性调整是新经济增长和供给侧改革的实质和内涵。新经济促进工业增长的基本表现形式是，利用创新驱动发展，在实现产业转型升级的同时，不断丰富工业增长。信息经济、分享经济、智能制造是新经济的主要发展模式。

一、新经济的主要内涵和特征

新经济是指在新工业革命背景下，由新一代信息技术带动的、以高新科技产业为龙头的新经济现象。新一代信息技术，如互联网、大数据、云计算、物联网、智能制造等是新经济的核心元素。新经济的本质是创新型经济，是以 IT 革命、全球化、知识经济、智能制造为基础的高科技创新及由此带动的一系列其他领域的创新。新经济的覆盖面和内涵非常广泛，不仅包括"互联网+"、物联网、云计算、电子商务等新兴产业和业态，也包括工业制造中的智能制造、大规模的定制化生产等模式。在信息生产力条件下，我国在信息技术和互联网应用领域已经取得领先地位，能够通过运用新经济理论推进供给侧改革，探索适应时代的新经济模式。

1. 新经济成为经济发展的新引擎

新经济在推动经济发展方面发挥重要作用。新一代信息技术、新能源技术、新材料技术、生物技术快速发展，技术的交叉融合应用，加速了新产品、新组织模式的开发过程。随着全球新经济快速发展，这些技术的市场规模高速增长，对经济社会发展的方方面面产生了诸多影响。新经济的主要特征是"三新"，所谓"三新"，即新兴产业、新型业态和新的商业模式。新经济的新产业、新业态、新模式在助力创新创业、打造新增长点、扩大有效供给、激发创新活力、实现绿色发展、促进灵活就业，乃至推进社会治理转型等方面都发挥了重要作用。

当前经济发展新旧动能此消彼长。传统动能发展到一定阶段会减弱是历史规律，新动能的异军突起，则能够顺应产业革命的趋势。目前中国经济基本分为三部分：新经济、传统经济以及相对比较稳定、周期波动相对较小的经济，比如消费品行业。传统经济曾经占主导地位，其下降也带来整个经济下行的压力。然而，在中国经济的天平上，新旧两侧的力量对比正在发生着微妙的平衡与再倾斜。传统经济发展已不可持续，以高人力资本投入、高科技投入和轻资产为特征的新经济是未来的方向，其包括新一代信息技术与服务、高端装备制造、新能源、新材料等。现在，中国经济虽有放缓但仍在增长，其中新经济创造了更高的增速。根据北京大学国家发展研究院研究数据，到2016年2月新经济占整体经济的规模已达到31.8%。随着新经济的快速发展以及传统经济的逐渐企稳，2016年底中国经济有望触底并反弹。

新经济为经济增长打下了坚实基础。"新经济体系"的形成、发展与壮大，是一种趋势，势不可当，它既包括新一轮产业革命和新兴产业的发展，也包括传统产业在新的体系里转型和提升。经济发展新动能和传统动能提升改造结合起来，还可以形成混合动能。根据Wind数据，2015年净利润增长最快的行业大都集中在新经济板块，其中突出的分别是非银行金融（78.08%）、传媒（24.69%）、医药生物（18.48）、休闲服务（17.04%）、通信（13.46%）、计算机（12.26%）和电器设备（7.00%）等。培育发展新经济，一是以科技创新推动产业转型升级；二是抓住新一代信息技术发展机遇，大力支持新产业、新技术、新模式、新业态发展。

2. 新经济的着力点在供给侧改革

新经济必将迎来一个新的发展阶段，对待新经济一定要有新思维。新经济的提出，是对"新常态"下我国经济如何实现增长的描述，"十三五"经济增长的重要目标，就是初步甚至基本形成新经济的格局，有效破解当前经济增长面临的动力不足、结构失衡等深层次矛盾与问题。在经济发展"新常态"下，中国经济增长的动力和质量呈现出新的内涵和特征。新经济意味着中国经济开始进入艰难的转型过程，经济发展正在出现、形成一条新的可持续发展趋势线。我国新经济的发展动力在于创新驱动发展，"大众创新 万众创业"、"互联网+"、《中国制造2025》都是新经济的主要驱动力，所有的新经济改革政策都要体现创新、协调、绿色、开放和共享这五大发展理念。

互联网经济的繁荣和实体经济不振"冰火两重天"，2015年实体经济的低迷人所共知。与实体经济下行压力形成鲜明对比的是，"大众创业 万众创新"的互联网经济却热火朝天。以电子商务为代表，2015年淘宝"双11"的销售额达到创纪录的912亿元。在冲击了实体经济之后，互联网经济对于中国经济增长的贡献却不是特别明显。究其原因，新经济对于经济增长的作用可能被严重忽略。就工业增长或国民生产总值统计而言，互联网经济提供的大量免费服务可能被忽略掉了，例如大量的网上交易、分享经济交易等并没有在统计形式上构成经济增长的动力。作为中国经济最具活力的一部分，"新经济"在盈利方面明显好于传统经济，或将为中国经济企稳见底打下基础，进而推动中国经济向"效益—速度"型转变。

自从2015年党中央提出"以供给侧结构性改革引领新常态"这一重要命题以来，"供给侧结构性改革"成为发展新经济的着力点。当前中国经济面临的问题，根源并不在短期需求，而在中长期供给。因此，推动新一轮的经济增长重点在于增加供给，关键就是推进结构性的改革。基本发展思路是，供给侧结构性改革能够减少无效和低端供给，扩大有效和中高端供给，增强供给结构对需求变化的适应性和灵活性。推动我国经济社会持续健康发展，推进供给侧结构性改革，落实好"三去一降一补"任务，必须在推动发展的内生动力和活力上来一个根本性转变，塑造更多依靠创新驱动、更多发挥先发优势的引领性发展。要深入研究和解决经济和产业发展亟须的科技问题，围绕促进转方式调结构、建设现代产业体系、培育战略性新兴产业、发展现代服务业等方面的需求，推动科技成果转移转化，推动产业和产品向价值链中高端跃升。

3. 新经济呼唤经济学理论的创新

新型信息生产力的发展改变了传统经济理论和规则的基础。其中，最重要的就是信息经济的服务是共享的，天然普惠大众，适合均衡发展。现在的主要问题是传统生产关系阻碍新型生产力的发展，最明显的就是互联网的社会性与小农封闭、工业垄断的矛盾。传统经济增长模式和工业化发展方式造成供需结构的错配。供需结构错配是我国当前经济运行中的突出矛盾，矛盾的主要方面体现在供给侧，主要表现为过剩产能处置缓慢，多样化、个性化、高端化需求难以满足，供给侧结构调整受到体制机制制约。

目前，国际社会对于新经济的基本概念、内涵特征以及口径范围还未达成共识。如何理解"供给侧结构性改革"这一新理念、新思路，众说纷纭，莫衷一是。一些学者认为，中国的供给侧结构性改革来源于美国的供给学派，还有一些人认为，中国的供给侧结构性改革是美国供给学派主张的改进型。总之，都认为是美国里根经济学在中国的翻版。裴长洪（2016）认为，中国供给侧结构性改革与美国供给学派仅在文字上有相似之处，但在针对性、宏观调控思路、财政支出的增长政策实施的前后逻辑不同、政策的覆盖范围不同、利益调整关系不同、理论依据等方面，其本质、实际内容和政策含义完全不同，根本不能相提并论[①]。从理论创新角度看，当代中国正经历着我国历史上最为广泛而深刻的社会变革，也正在进行着人类历史上最为宏大而独特的实践创新。这种前无古人的伟大实践，必将给理论创造、学术繁荣提供强大动力和广阔空间。

经济形态向信息服务演变能够化解供需结构错配问题。以分享经济为例，分享经济是新技术革命的产物，信息技术的发展促生分享经济模式。分享经济产权层面的特点是所有者暂时让渡使用权以获取收入的租赁经济。互联网技术高度发展和普及之前，实现分享的成本很高，所以分享经济一直没有获得充分的发展。互联网技术大大降低了共享交易的信息成本，减少了信息不对称，使原本不可能达成的交易可能达成，分享经济成为一种普遍的商业模式。分享经济是一种新的资源配置方式，让资源快速流动和供需高效匹配。分享经济模式下，传统经济关系和企业边界被打破，用户既是服务的消费者也是服务的提供者，即由消费者变为产消者，客观上可以不必依赖企业组织而存在。总之，分享经济具有交易便利性高、供方的进入门槛低、可快速扩大市场规模等优势，使得商业文明创造巨大的物质财富被更广泛消费，提升了整个社会的福利水平。所以，新经济理论创新需要和信息经济发展的实践紧密结合起来。

二、新经济改变工业增长方式

1. 经济增长的动能正在切换

我国工业仍然是"大而不强"，产业产能过剩和重复建设问题突出，资源、能源、环境、市场的约束不断加剧，长期依赖的低成本优势逐步削弱，制造业正面临综合成本上扬、需求放缓的持续压力。与发达国家相比，我国制造业的整体素

[①] 裴长洪：《中国供给侧改革与美国供给学派的区别》，转引自：http://business.sohu.com/20160519/n450277933.shtml。

质和竞争力仍有明显差距，突出表现如下：自主创新能力还不强，核心技术和关键元器件受制于人；产品质量问题突出；资源利用效率偏低；产业结构不尽合理，大多数产业尚处于价值链的中低端五个方面。因此，实现我国从"制造大国"到"制造强国"的发展，是新时期我国制造业发展面临的重大课题，是推进产业结构升级、加快经济发展方式转变的重大举措，是实施创新驱动发展战略、提高我国国际竞争力的迫切要求，是实现国家现代化、中华民族伟大复兴的重要途径。

新经济推动工业发展实现转型升级。在当前发展阶段，中国经济正处于动力切换、结构转变、阶段更替和风险缓释的关键时期，工业无论对于保持较长时期的中高速增长，还是对于化解经济发展过程中的各种矛盾和问题都具有重要意义。工业的发展只有通过实现"新供给"发力，才能够重塑中国经济增长红利。当前和"十三五"时期，工业应当在保持稳定增长的同时，大力推进供给侧结构性改革，通过加强研发和技术改造投入、推进与互联网技术融合发展、促进产品、商业模式和业态创新，全面提高产品技术、工艺装备、能效环保等水平，破解产业发展的技术"瓶颈"，化解资源、环境约束，改进生产效率，提高产品质量，不断培育和发展新动能，实现向中高端的转型升级，显著增强国际产业竞争力，为先进制造业（包括服务高技术服务业）、战略性新兴产业等知识和技术密集、关系国家安全和未来产业竞争力的产业发展提供有力的支撑，成为国民经济发展的重要推动力量。

2. 创新发展是关键转型途径

创新是转变经济发展方式，优化发展结构的强大推力。黄群慧（2016）认为，可以结合"十三五"期间我国的供给侧结构性改革完善制造业创新生态，完善制造业创新生态对提升我国制造业创新能力、推进制造强国建设具有重要意义。创新生态化是以开放式创新和网络化创新为基础，形成的一种创新要素有机聚集。对于如何通过构建制造业创新生态从而实现创新驱动发展，主要途径是"大众创业 万众创新"、"互联网+"、《中国制造2025》等国家战略的实施。

"大众创业 万众创新"为经济发展持续提供动力。一是创新之"众"由产学研结合扩展到普罗大众。"众"既是相对于产学研而言，除了以产学研为主体外，还把其他利益相关者整合到创新系统中来，尤其越来越多的用户参与企业创新过程。二是创新越来越由市场驱动并提供支撑服务。随着创新生态系统的完善，新兴市场化创新支撑和服务机构为创新创业活动提供交流推介、知识产权、投资路演等服务，同时伴随天使投资、创业投资等融资方式。三是创新支撑体系越来越呈现出开放性特征。开放式创新体现了创新要素之间的互动、整合与协同，企业与创新相关利益者之间保持了密切的合作关系，创新知识可以实现跨边界的自由流动。

"互联网+"的本质在于通过信息化实现传统产业价值链的水平和垂直优化。良好的创新体系应该把碎片化的创新资源"连接"起来。"互联网+"在某种程度上就是强调跨界和连接。在互联网创新领域，以"互联网+"为代表的新的商业模式不断涌现，为消费者提供各种便利。国务院发布推进"互联网+"11大行动计划的指导意见，也是基于互联网与各领域的融合发展具有广阔前景和无限潜力的思考，把互联网的创新成果与经济社会各领域深度融合，推动技术进步、效率提升和组织变革，提升实体经济创新力和生产力。

在德国、美国等发达国家纷纷出台重整制造业的国家战略，重塑制造业新的竞争优势的背景之下，中国发布了《中国制造2025》制造业振兴纲要，希望在新的全球竞争条件下，勾画使中国由制造大国变成制造强国的产业升级新战略。这一战略的核心，是要通过创新驱动实现产业升级，促进我国制造业转型升级。要实现创新驱动，就必须清晰认识现阶段我国制造业进行创新的外部环境、内部基础与独特优势，深刻思考创新驱动制造业产业升级的模式与路径。

3. 工业增长的内涵得到丰富

随着经济的发展、技术的变革，产业的内涵（包括具体的产业部门、产业的组织方式、产业业态等）也是在不断演进的。新经济丰富了工业增长的内涵，"高增长、高投入、高消耗、低效益、低成本"的工业经济特征必将得到显著改变。在新的发展模式下，工业完全可以是集约、高效、清洁、绿色和高附加值的产业部门。

工业增长从封闭发展转向开放发展。随着世

界各国经济和技术发展水平的提高，计算机和互联网技术的发展，创新日益呈现出离散化的趋势，越来越多的国家、企业甚至个人参与创新活动，一个国家、地区或企业很难控制产品生产中所涉及的全部技术，那种完全依靠自己力量的"封闭式创新"已不适应这个时代，开放式创新成为大势。互联网技术的发展和广泛渗透使得人和知识也可以像资本、货物一样在跨区域的大范围内流动和配置，创客运动、众包等模式兴起。因此，可以而且必须通过跨境收购和兼并、购买国外专利权或生产许可证、在国外设立研发中心、委托设计、众包等多种方式利用国外的创新人才和创新资源。

经济的发展、科技的进步、互联网的广泛应用等经济、技术条件的变化推动着分工的细化、产业的融合，工业业态也在不断变化，由原来的以开采或加工制造为主的业态演变为多样化的业态形式。"工业云"分享制造、网络协同制造、服务型制造等新兴工业业态为工业增长提供了强劲的动力。利用工业云服务平台，可以整合涵盖产品研发设计、生产、销售、使用等全生命周期制造资源和制造能力，为用户方便、快捷地提供各种制造服务，以实现社会化制造资源的高度共享、制造能力的高度协同、全产业链的开放协作。利用网络协同制造，企业可以优化创新链、产业链布局，实现全价值链的优化和协作。工业经济业态在研发设计新业态、整体解决方案业态、出租产品服务业态、系统解决方案业态等方面不断实现创新。

三、新经济的发展模式和路径

在新一轮科技和产业革命背景下，工业化和信息化深度融合，新技术、新产品、新业态、新模式不断涌现。信息产品与服务愈加普及，为经济发展和人民生活带来了日新月异的变化，使得新经济理念日益深入人心。

1. 以信息经济模式引领工业转型升级

信息（数据）成为新经济的重要生产要素。随着信息技术的突破发展、信息基础设施的不断完备，信息（数据）逐步成为社会生产活动的独立投入产出要素，对社会经济运行效率和可持续发展发挥着关键作用。我国得益于规模超大、需求多样的国内市场，近年来电子商务率先取得跨越式发展。2015年，中国电子商务交易继续保持强劲的增长态势，成为"新常态"下经济增长的新动力。根据全国商务工作会议的数据显示，全国电子商务交易额年均增长超过35%。电子商务与制造业等实体经济广泛融合。信息经济不但包括电子商务，还拓展为网络经济。电子商务与制造业并非水火不容的关系，前者在为制造业提供了新的销售渠道，加速了柔性化的生产方式，在推动中国制造业向智能化、个性化发展方面有着重要的作用。

当前，信息经济相关的供给侧改革与新动能培育稳步推进，"互联网+"、"四众"平台、分享经济、新型智慧城市等催生了一批基于互联网的新产业、新业态、新模式，引领信息经济发展的新动能更加强劲。电子商务与制造业的融合也在重塑电商行业，电子商务向2.0版升级。电子商务与制造业的结合主要有以下几种：众包众创研发模式、规模化个性定制模式、精准供应链模式、大宗商品网络零售模式、平台化组织模式。服装、家具等行业正在兴起以大规模个性化定制为主导的新型生产方式，青岛红领、韩都衣舍、维尚家具、小米科技等一批创新型企业通过构建新型生产模式实现了逆势增长。工程机械、电力设备、风机制造等行业服务型制造快速发展，陕鼓、徐工、三一重工、中联重科、东方电气等企业的全生命周期管理、融资租赁成为企业利润的重要来源。

所以，信息经济的内涵在于，信息（数据）要素成为产业体系的核心现代要素，产业体系的现代化程度将主要表现为信息（数据）作为核心投入对各传统产业的改造程度以及新兴产业的发展程度，度量的经济指标主要体现在由于信息（数据）要素投入而导致的产业边际效率改善和劳动生产率提升的程度。随着信息（数据）要素的不断投入，在计算机、互联网和物联网技术的支持下，现代产业体系正沿着数字化、网络化、智能化的发展主线演进，最终方向是智能化，并将进一步支持整个社会向智能化方向转型。

2. 以分享经济模式推动生产方式变革

在"互联网+"技术的推动下以及社会对互联网开放性、共享性思维的认同，分享经济正在全球兴起。"十三五"规划首次提出"发展分享经济"，与"大众创业 万众创新"、"互联网+"一起，作为"创新驱动发展战略"的重要组成部分，"共享经济"与其所代表的商业形态成为国家层面的战略规划。分享经济也被称作"共享经济"，现在不但越来越多地走入人们的视线，并以革命性的力量颠覆传统产业的经济模式。

分享协同是新经济的重要特征。由于新信息基础设施的崛起、数据资源的流动与释放、大规模社会化协作体系的出现，分享协同成为重要的新经济特征。新经济带来工业发展的结构性变化，从强调价值链上下游分工，到提倡价值网络上的交互与协同；从注重内部研发，到拥抱众包的力量；从重视领域内的精耕细作，到实施跨界的组合式创新。利用信息基础设施提供强大动力，新经济使得商业创新日益跨出固有思维框架。移动通信、社交网络和数据处理能力上的突破，使得分享经济正在成为一种潮流，迅速渗透到汽车、房屋、金融、餐饮、物流、教育、医疗等多个领域和细分市场。

分享经济的类型尚未形成统一标准。英国学者博茨曼根据产品和服务特点，将分享经济划分为三类：第一类是产品服务，例如 Airbnb 和 Uber；第二类是基于二手物品的产品再流通市场；第三类是基于资产、技能、时间的协同生活方式，例如 Kickstarter 等。制造分享也是分享经济的主要领域，如爱科在线"工业云"和阿里巴巴"淘工厂"。2016 年 5 月 13 日国务院印发的《关于深化制造业与互联网融合发展的指导意见》强调"推动中小企业制造资源与互联网平台全面对接，实现制造能力的在线发布、协同和交易，积极发展面向制造环节的分享经济，打破企业界限，共享技术、设备和服务，提升中小企业快速响应和柔性高效的供给能力"，推动制造环节的分享经济

是深化制造业与互联网融合发展的一项重要任务。据统计，当前我国部分行业数控机床利用率不超过 50%，监测设备的利用率只有 10%，推动这些闲置设备生产能力的在线交易、协同，将会孕育分享经济的巨大市场。未来分享经济涉足的范围更广、渗透程度更深，给各个行业带来的影响更大。

3. 以智能制造模式增强产业核心竞争力

智能制造是制造业发展的重要方向。智能装备和现代生产工艺在重点行业不断普及，生产过程信息化向纵深发展。以信息技术为代表的新技术得到迅猛发展，为传统制造业提供了新的发展机遇。智能制造是以新一代信息技术为基础，配合新能源、新材料、新工艺，贯穿设计、生产、管理、服务等制造活动各个环节，具有信息深度自感知、智慧优化自决策、精准控制自执行等功能的先进制造过程、系统与模式的总称。虚拟网络和实体生产的相互渗透是智能制造的本质，一方面，信息网络将彻底改变制造业的生产组织方式，大大提高制造效率；另一方面，生产制造将作为互联网的延伸和重要节点，扩大网络经济的范围和效应。以网络互连为支撑，以智能工厂为载体，构成了制造业的最新形态，即智能制造。这种模式可以有效缩短产品研制周期、降低运营成本、提高生产效率、提升产品质量、降低资源能源消耗。

以智能制造为先导，推进现代产业新体系的构建和优化。要构建以智能化为方向的现代产业新体系，必须从战略方向上明确哪个产业是先导产业，进而在先导产业的带动下，推进整个产业体系的现代化。虽然我国得益于规模超大、需求多样的国内市场，近年来电子商务率先取得跨越式发展，但现代产业体系的先导产业不是电子商务，而是智能制造。智能制造能加快信息技术对传统产业的改造，推动三次产业融合发展，实现转型升级，促进具有更高生产率的现代产业体系的形成。没有智能制造的支撑，新业态、新商业模式也将成为空中楼阁。正因如此，无论是德国工业 4.0，还是美国提出的先进制造业国家战略计划，都把智能制造作为主攻方向。

未来的制造强国一定是智能制造强国。毫无疑问，智能制造将是今后很长一段时期引领制造

业发展的重要方向，也是国际产业竞争焦点所在。未来必然是以高度集成化和智能化为特征的智能化制造系统，并以部分取代制造中人的脑力劳动为目标，即在整个制造过程中通过计算机将人的智能活动与智能机器有机融合，以便有效地推广专家的经验知识，从而实现制造过程的优化、自动化、智能化。智能制造也是《中国制造2025》的核心，中国制造强国建设的关键。《中国制造2025》提出将推进智能制造作为主攻方向，大力发展新一代信息技术产业、智能制造装备和产品。

四、发展新经济的政策与措施

新经济模式下，产业之间的边界越来越模糊。要充分发挥新经济的作用，需要真正理解新经济的实质，准确找到政策的着力点，打造开放的创新环境，充分发挥领军企业的作用，从而激发新经济的活力。

1. 充分发挥政府的引导作用

做"云"资源，提升生产性服务要素的供给能力。建设新信息基础设施，做好制造资源云化，融合数字化、网络化制造技术以及云计算、物联网、信息服务等技术，把各类制造资源和制造能力虚拟化和服务化，并将资金流、信息流、物流、服务流整合成制造资源和制造能力池，为相关制造企业服务。支持"工业云"平台建设，利用云计算、大数据等新一代信息技术，深度整合与配置线上线下资源，打造产业链条上下游企业内外部生产、设计、销售、物流等环节的云协同体系。改革设置相关部门，例如工信部门成立生产性服务处，牵头推动科技创新中心和智能制造试点建设。

完善统计制度，研究制定"三新"经济增加值核算方法。建立健全与新经济相关的统计分类标准，完善新经济测算方法、新经济统计指标体系。建立"三新"经济专项统计制度、"三新"经济增加值测算方法和新经济统计体系，更好地服务于宏观决策和社会需求，更好地服务于经济社会发展。

2. 培育宽松的经济发展环境

容忍创新形态，不设置监管"天花板"。明确平台在促进新经济发展上的重要地位和作用，保持平台的完整性，创造宽松政策环境鼓励平台创新。鼓励多元化的新业态发展，政策的制定不应基于部门管理的便利性，而应鼓励和促进新产业、新技术、新业态、新模式的发展。做好防范性应对措施，出台更多的法律法规储备。新经济还可能继续深入发展，产生更多的新兴模式，例如人工智能和无人驾驶技术的应用等。这些不断涌现的新模式和新业态将对现有的法律体系构成巨大的挑战。

探索治理模式，构建协同治理体系。协同治理是分享经济发展的客观要求和必然结果。在新经济治理体系中，政府、企业、社会组织、消费者都发挥重要的作用。应加强平台与政府、企业、社会的协作治理。政府既要为分享经济发展创造宽松环境，又要妥善处理创新引发的利益平衡矛盾。为应对新局面，解决新问题，探索协同治理试点，发挥先行先试的灵活性，做差别化探索和各种有益尝试，寻找开放化、规范化、制度化的新经济治理模式。

3. 促进创新要素的自由流动

推动大型互联网企业向创业者开放，搭建信息资源整合平台。依托大型企业构建"双创"平台，实现资源汇集、能力交易、客户参与、工序对接，建立资源富集、创新活跃、高效协同的"双创"新生态，加快从企业独立发展向产业链协同竞争转变。大力促进人才、资本、技术、知识等创新要素的自由流动。以创新人才为例，人才作为创新的第一资源，首先是国内科研人员的跨界流动。应鼓励科研人员在职离岗创业，允许高校和科研院所等事业单位科研人员在履行所聘岗位职责的前提下，到科技创新型企业兼职兼薪。其次是创新人才的跨境流动。创新驱动实质是人才驱动。要实施更加积极的人才政策，建立更加灵活的人才管理制度，优化人才创新创业环境，充分发挥市场在人才资源配置中的决定性作用，激发人才创新创造活力，让各类人才近者悦而尽才、远者望风而慕。

4. 发挥投资基金的引领作用

积极运作好先进制造产业投资基金，更好地发挥基金对社会投资的撬动作用，对补短板的示范作用，对培育新动能的引领作用。以中央财政资金为引导，吸引社会资本投入，通过市场化运作和灵活多样的投资方式，重点投资先进制造业、传统产业升级和产业布局的重大项目，加快培育高端制造业，促进传统制造业优化升级。优先选择一批骨干龙头企业及行业优势企业予以支持，力求实现先进制造业重点领域和关键环节的突破发展。

5. 发挥试点项目的示范作用

建设新经济试点，形成一批智能制造技术创新、应用、示范平台。在加快落实《中国制造2025》各项战略部署的同时，建议通过加快培育建设"母工厂"，促进与智能制造相适应的先进制造技术和管理方法的创新。在重点行业遴选和培育一批具有先进制造能力的优势企业，建立智能制造示范项目，形成一批汇聚现代生产装备、技能和管理的"母工厂"。以"母工厂"建设为抓手，加快人工智能、数字制造、工业机器人等先进制造技术和制造工具的研发、示范、应用和推广。通过"现代工厂"建设，以点带面地提升制造业的总体生产制造水平。

6. 完善信用和诚信保障体系

完善信用和诚信保障体系，构建新经济交易信用保障体系。采用社会化的监管方式，通过完善的流程制度来保障信任。从全业务的角度出发，事前进行资质认定把关、事中引入争议解决机制、事后双方评价，保障服务全流程、全范围的信息化、可视化，并建立支付、保险等关键环节的配套措施。信用体系的建设可以以平台企业为主体，也可以通过第三方来获得用户的信用数据，并鼓励新业态企业之间互换信任数据，建立跨企业的信任数据共享体系。

专栏 8-1

国联汽车动力：建设国家动力电池创新中心

在《中国制造2025》中，创新是勾勒蓝图的一条主线。制造业创新中心建设是《中国制造2025》的五大工程之首。根据规划，到2020年，重点形成约15家制造业创新中心，力争到2025年形成约40家制造业创新中心。制造业创新中心要解决的是面向行业的共性技术而不是单个企业可以解决的关键技术。通过制造业创新中心建设，要弥补实验室产品与产业化之间的缺失环节，解决行业共性技术供给不足问题；要不断完善制造业创新生态系统，形成高水平有特色的制造业协同创新网络和平台，塑造我国制造业国际竞争新优势。

国家动力电池创新中心由国联汽车动力电池研究院有限责任公司组建。国联汽车动力电池研究院是由中国汽车工业协会倡导和组织、北京有色金属研究总院牵头发起，汇集天津力神和一汽、东风、长安、上汽、北汽、华晨、广汽共同组建的产业技术协同创新平台，北京有色金属研究总院占股50%，同时也有基金、机构等的投资。

国家动力电池创新中心的定位是国家产业协同创新平台，围绕技术链配置创新资源，建设市场化的协同创新机制，推动科技成果转化，开展行业服务、人才培育、国际合作。国家动力电池创新中心下设研发设计中心、测试验证中心、中试孵化基地、行业服务基地。与传统产业联盟相比，创新中心以资本为纽带，建立了专利授权的盈利模式，成员之间关系也更为紧密。通过国家动力电池创新中心经过1~2年的试运行，能够探索形成更好的组织机制、运行管理模式和投融资方式，形成有效的发展模式和路径，为其他创新中心的建设提供示范和借鉴。

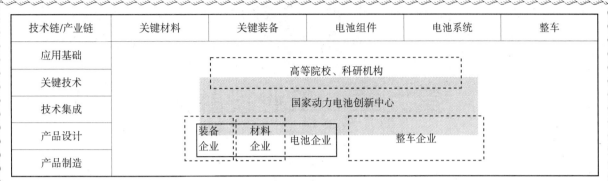

技术链/产业链	关键材料	关键装备	电池组件	电池系统	整车
应用基础					
关键技术			高等院校、科研机构		
技术集成			国家动力电池创新中心		
产品设计		装备企业	材料企业	电池企业	整车企业
产品制造					

图 8-1　国家动力电池创新中心定位

国家动力电池创新中心面向行业共性需求，通过协同技术、装备、人才、资金等各类资源，打通前沿技术和共性技术研发供给、转移扩散和首次商业化的链条，从而为我国实现动力电池技术突破，提升动力电池产业竞争力，支撑新能源汽车产业发展提供战略支撑。同时，希望通过探索形成有效的发展模式和路径，为其他创新中心的建设提供示范和借鉴。

资料来源：笔者整理。

参考文献

［1］安筱鹏：《服务化引领高端化　制造强国的必由之路》，《中国信息化》2015 年第 9 期。

［2］黄群慧：《以智能制造为先导构建现代产业新体系》，《光明日报》2016 年 6 月 8 日。

［3］李晓华：《供给侧结构性改革推动工业振兴》，《中国经济时报》2016 年 2 月 29 日。

［4］赵剑波：《实施质量提升工程 加速推动供给侧结构性改革——〈贯彻实施质量发展纲要 2016 年行动计划〉的解读》，中国经济网 2016 年 5 月 4 日。

［5］制造强国战略研究项目组：《制造强国》，电子工业出版社，2016 年版。

［6］制造强国战略研究项目组：《服务型制造》，电子工业出版社，2016 年版。

［7］工业和信息化部服务型制造专家组：《服务型制造典型模式解读》，经济管理出版社，2016 年版。

第九章　工业投融资

提　要

进入"新常态"以来，我国工业投资增长正在呈现出一系列新特征，表现为投资增速不断回落；工业民间投资回落更为显著；工业投资结构趋于优化；投资区域结构持续分化；融资规模继续扩大，直接融资比重明显上升。当前，固定资产投资下行压力仍然较大，何时触底尚有很大的不确定性。导致工业投资增速下滑的原因，主要有企业自主投资意愿不强、实际融资成本较高、产业资本"脱实向虚"、民间投资在部分领域还面临着较多的障碍，地方政府及融资平台投资能力受限等。工业投资增速放缓一定程度上既是结构调整的反映，也有利于用市场的力量纠正资源错配问题。但是，适度的投资增速也是稳增长、保就业以及推进供给侧结构性改革的重要保障。在政策取向上，应当围绕《中国制造 2025》和"互联网+"等国家战略，着眼于先进制造业发展壮大和传统制造业改造提升，从深化简政放权、建立高技术产业投资风险分散机制、引导资本回归实业、促进新兴产业快速成长以及提振企业家精神、促进企业间多层次战略合作等方面入手，着力推动工业领域扩大有效投资。

* * *

2013 年以来，由民间投资主导的工业投资增速呈现出明显的持续下滑，本质上是经济下行时期投资主体基于产能过剩比较严重、市场环境偏紧之上的自然反应，深刻地反映了经济"新常态"下的一系列结构性变化。

一、工业投资的增长与变化

1. 投资增速回落凸显

受外需大幅萎缩、内需低迷以及房地产市场周期性调整等因素影响，2015 年我国固定资产投资累计增速呈现"逐月放缓"的态势。2015 年全国固定资产投资（不含农户）551590 亿元，比 2014 年名义增长 10%（扣除价格因素，实际增长 12%），2015 年增速比 1~11 月回落 0.2 个百分点，比 2014 年回落 5.7 个百分点。逐月看，除 6 月、10 月短暂企稳外，投资累计增速逐月放缓。12 月环比增长率仅为 0.68%，表明投资增速下行压力依然较大。固定资产投资价格指数跌至 100 以下，2015 年 1~12 月，投资价格指数为 98.0%，比 2014 年全年回落 2.7 个百分点。分产业看，工业投资 219957 亿元，比 2014 年增长 7.7%，增速比 1~11 月回落 0.4 个百分点；其中，采矿业投资 12971 亿元，下降 8.8%，降幅扩大 0.1 个百分点；

制造业投资 180365 亿元,增长 8.1%,增速回落 0.3 个百分点;电力、热力、燃气及水的生产和供应业投资 26621 亿元,增长 16.6%,增速提高 0.6 个百分点。

2016 年上半年,全国固定资产投资(不含农户)258360 亿元,同比名义增长 9%(扣除价格因素后实际增长 11%),增速比 2016 年 1~5 月、第一季度分别回落 0.6 个、1.7 个百分点,投资增速出现了放缓,引起了社会普遍关注。从环比速度看,5 月固定资产投资(不含农户)增长 0.45%。分产业看,工业投资 99594 亿元,同比增长 4.2%,增速比 1~5 月回落 1.2 个百分点;其中,采矿业投资 4225 亿元,下降 19.7%,降幅扩大 3.3 个百分点;制造业投资 82261 亿元,增长 3.3%,增速回落 1.3 个百分点;电力、热力、燃气及水的生产和供应业投资 13108 亿元,增长 22.5%,增速提高 0.9 个百分点。

2. 民间投资增速显著放缓

2015 年,民间投资 354007 亿元,比 2014 年增长 10.1%,同比回落 8.0 个百分点;民间投资占全部投资的比重达到 64.2%,比 2014 年提高 0.1 个百分点。国有及国有控股投资增长 10.9%,高出民间投资增速 0.8 个百分点。在工业领域,民间固定资产投资 175052 亿元,比 2016 年增长

9.3%,增速比 1~11 月回落 0.1 个百分点。其中,采矿业 7082 亿元,下降 9.9%,降幅比 1~11 月收窄 2.2 个百分点;制造业 158173 亿元,增长 9.1%,增速比 1~11 月回落 0.5 个百分点;电力、热力、燃气及水的生产和供应业 9798 亿元,增长 33.4%,增速比 1~11 月提高 3.6 个百分点。民间投资疲弱反映出企业自主投资意愿不强,国有及国有控股企业在促投资中扮演着重要角色。

进入 2016 年,民间投资增长放缓的迹象更为显著。1~6 月,民间固定资产投资 158797 亿元,同比名义增长 2.8%(扣除价格因素实际增长 4.7%),增速比 1~5 月回落 1.1 个百分点。民间固定资产投资占全国固定资产投资(不含农户)的比重为 61.5%,比 2015 年同期降低 3.6 个百分点。工业民间固定资产投资 78688 亿元,同比增长 2.9%,增速比 1~5 月回落 1.7 个百分点。其中,采矿业 2544 亿元,下降 17.7%,降幅扩大 6.6 个百分点;制造业 71243 亿元,增长 2.5%,增速回落 1.4 个百分点;电力、热力、燃气及水的生产和供应业 4901 亿元,增长 27.2%,增速回落 1.9 个百分点。可以看到,在工业领域,民间投资下降尤以能源原材料领域最为严重。2016 年上半年,黑色金属矿采选业、煤炭开采与洗选业分别下降 38.3%、32.4%(见图 9-1)。

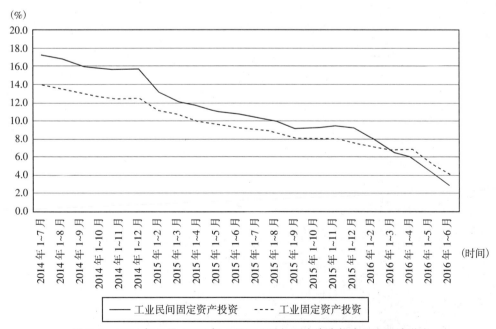

图 9-1 2014 年 7 月~2016 年 6 月工业民间固定资产投资月度累计增速

资料来源:国家统计局网站。

3. 工业投资结构趋于优化

随着工业投资增长速度的放慢，全社会投资结构也发生了较大的变化。2015年，工业投资占全社会固定资产投资比重降至39.9%，比2013年和2014年分别降低1.8个和0.8个百分点；2016年上半年进一步下滑，降至38.5%（见图9-2）。相比之下，服务业投资占全社会固定资产投资比重2013年的55.5%，继2014年升至56.2%后，2015年达到56.6%，2016年上半年继续升至57.7%，比第二产业高18.3个百分点，比工业高19.2个百分点。这种投资结构的变化与服务业GDP较快增长趋势是一致的。2016年上半年服务业增长7.5%，占GDP的比重为54.1%，比2015年同期提高了1.8个百分点。

从工业内部看，R&D投入强度（即R&D经费支出占主营业务收入的比重）相对较高的高技术产业（制造业）投资占比明显提升，有力支持了工业向中高端迈进[①]。2016年上半年，高技术产业（制造业）投资15622亿元，增长13.1%，增速比全部制造业投资高9.8个百分点；占制造业投资的比重为19.0%，比2015年同期提高1.3个百分点。此外，基础设施投资较快增长，有力支持了"补短板"，增强了发展后劲。2016年上半年，基础设施完成投资49085亿元，增长20.9%，增速比1~5月提高0.9个百分点，比2015年全年提高3.7个百分点；占全社会固定资产投资的比重为19%，比2015年同期提高1.9个百分点。

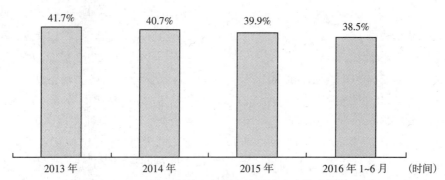

图9-2　2013~2016年工业投资占全社会固定资产投资比重

资料来源：国家统计局网站。

表9-1　2013~2016年制造业固定资产投资增速

单位：%

行业类别	2013年	2014年	2015年	2016年1~6月
制造业	18.5	13.5	8.1	3.3
农副食品加工业	26.5	18.7	7.7	8.8
食品制造业	20.7	22.0	14.4	15.9
酒、饮料和精制茶制造业	30.4	16.9	4.4	1.1
烟草制品业	27.3	-5.3	-6.5	-17.7
纺织业	18.3	12.4	12.8	12.9
纺织服装、服饰业	23.6	19.2	22.0	2.2
皮革、毛皮、羽毛及其制品和制鞋业	30.3	15.6	10.0	6.1
木材加工及木、竹、藤、棕、草制品业	22.3	18.5	19.3	-4.3
家具制造业	27.2	27.1	17.7	6.3
造纸及纸制品业	18.8	6.4	0.4	5.4
印刷和记录媒介复制业	22.0	26.8	15.1	1.4
文教、工美、体育和娱乐用品制造业	24.1	26.9	29.7	17.1

[①] 高技术产业（制造业）主要包括医药制造，航空、航天器及设备制造，电子及通信设备制造，计算机及办公设备制造，医疗仪器设备及仪器仪表制造，信息化学品制造六大类。

行业类别	2013 年	2014 年	2015 年	2016 年 1~6 月
石油加工、炼焦和核燃料加工业	19.4	7.1	-20.9	-0.4
化学原料和化学制品制造业	17.1	10.5	3.3	-4.5
医药制造业	26.5	15.1	11.9	11.7
化学纤维制造业	21.8	3.1	1.2	-0.7
橡胶和塑料制品业	20.6	13.2	10.1	7.0
非金属矿物制品业	14.8	15.6	6.1	-2.0
黑色金属冶炼和压延加工业	-2.1	-5.9	-11.0	1.9
有色金属冶炼和压延加工业	20.6	4.1	-4.0	-5.7
金属制品业	20.9	21.4	10.0	6.6
通用设备制造业	23.5	16.4	10.1	0.7
专用设备制造业	18.5	14.1	8.5	-1.5
汽车制造业	15.0	8.3	14.2	6.9
铁路、船舶、航空航天和其他运输设备制造业	16.4	16.1	2.2	-11.0
电气机械和器材制造业	10.7	12.9	8.7	12.3
计算机、通信和其他电子设备制造业	20.2	10.7	13.3	7.7
仪器仪表制造业	7.3	4.9	10.7	2.4
废弃资源综合利用业	33.8	24.9	10.3	4.6
金属制品、机械和设备修理业	9.3	1.5	3.2	-34.9

资料来源：国家统计局网站。

4. 投资区域结构持续分化

近年来，东部地区部分经济发达省份及时推动产业结构调整，转型升级取得较好进展，经济发展重新焕发活力，投资效率提高，引领带动作用逐步增强。中西部地区促投资的政策力度较大，投资增速相对较高，回落幅度较小。数据显示，2015 年固定资产投资增速回落，在一定程度上是由东北地区投资大幅下行所致，而其他三大板块投资增速总体保持稳定。2015 年东部地区投资 228747 亿元，比 2014 年增长 12.7%，增速比 1~11 月回落 0.3 个百分点；中部地区投资 139904 亿元，增长 15.7%，增速回落 0.1 个百分点；西部地区投资 137353 亿元，增长 9%，增速提高 0.1 个百分点；东北地区投资 40033 亿元，下降 11.2%，降幅扩大 0.5 个百分点。2016 年上半年，东部地区完成投资 111135 亿元，增长 11%，增速比 1~5 月提高 0.1 个百分点；中部地区完成投资 67775 亿元，增长 12.8%，增速回落 0.2 个百分点；西部地区完成投资 65339 亿元，增长 13.5%，增速提高 0.9 个百分点；东北地区完成投资 12195 亿元，下降 32%，降幅扩大 2 个百分点。如果剔除东北地区，2015 年全国固定资产投资增长 12.5%，也就是说，东北地区投资下降拉低全国投资增速 2.5 个百分点；2016 年 1~6 月，东部、中部和西部地区投资增长 12.3%，增速比 1~5 月提高 0.3 个百分点。从 31 个省（区、市）看，2016 年 1~6 月有 15 个省（区、市）投资增速较 1~5 月有所提高。

5. 融资规模继续扩大，直接融资比重明显上升

中国人民银行发布的金融统计数据和社会融资规模增量统计数据显示，2015 年社会融资增量 15.41 万亿元，较 2014 年减少 4675 亿元，显示总体社会融资需求增速仍在下滑。但是，对实体经济发放的新增人民币贷款却创历史最高水平。全年新增规模达 11.3 万亿元，比 2014 年增加 1.52 万亿元，占同期社会融资规模增量的 73.1%，比 2014 年高 11.7 个百分点，创历史最高水平。2016 年 1~6 月，对实体经济发放的人民币贷款增加 7.48 万亿元，同比多增 8949 亿元；占同期社会融资规模增量的 76.7%，同比提高 1.8 个百分点。除表内贷款外，金融机构还通过银行承兑汇票、委托贷款、信托贷款等表外融资形式，积极为实体经济提供资金支持。此外，还通过参股 PPP、城镇化发展等各类基金以及定向资管计划、资金信托等通道类业务为企业和项目提供多样化的融资支持，带动股权投资、债券投资快速增长。

从融资结构看，直接融资占比大幅上升，创历史最高水平。2015 年，非金融企业境内债券和

股票合计融资 3.7 万亿元，比 2014 年多 8324 亿元；占社会融资规模增量的比重为 24%，较 2014 年提高 6 个百分点，较 2008 年上升 11.3 个百分点。受新股发行和股票增发较多等影响，从单月看，2015 年 12 月债券融资和股票融资均创年内新高，分别为 4700 亿元和 1533 亿元，较 11 月环比增长 40% 和 170%。2016 年上半年，直接融资占比继续保持上升态势。企业债券净融资 1.73 万亿元，同比多 7956 亿元；占同期社会融资规模增量的 17.8%，同比提高 7.1 个百分点。非金融企业境内股票融资 6023 亿元，同比多 2082 亿元；占同期社会融资规模增量的 6.2%，同比提高 1.7 个百分点。这些变化表明，实体经济对中长期资金的需求并未显著下降，而且在 IPO 重启、贷款利率下降较慢而同期债券利率快速下行的背景下，实体经济中长期融资转向债券、股票的特征正在趋于明显。

二、工业投资增速下滑的主要影响因素

当前，固定资产投资下行压力仍然较大，何时触底尚有很大的不确定性。导致工业投资增速下滑的原因主要有企业盈利能力下降抑制投资意愿、企业实际融资成本较高、产业资本"脱实向虚"、民间投资在部分领域还面临着较多的障碍、地方政府及融资平台投资能力受限等方面的原因。

1. 企业盈利能力下降抑制投资意愿

从整个工业领域看，市场需求总体偏弱，工业产品价格和企业效益低迷，PPI 当月同比连续 44 个月下跌，产能过剩矛盾仍在持续发酵，工业产成品存货增速不断下降，PMI 产成品库存指数低于荣枯线，工业企业整体仍处在去库存阶段，企业缺乏扩大再生产的投资意愿。与此同时，劳动力、土地等要素成本不断上升，企业税费负担较重、资金成本较高等问题仍然存在，使中国企业特别是民营企业的传统比较优势逐步减弱，企业利润受到明显侵蚀。从 2006~2015 年全国工业运行情况来看，工业投资增速与规模以上工业企业利润增速运行趋势基本一致，均呈现逐步回落的趋势（见图 9-3）。初步测算，规模以上工业企业利润增速与工业投资增速的相关系数为 0.59，表明两者中度正相关。2015 年，规模以上工业企业实现利润 63554 亿元，比 2014 年下降 2.3%。分门类看，采矿业实现利润比上年下降 58.2%；制造业增长 2.8%；电力、热力、燃气及水的生产和供应业增长 13.5%。2016 年 1~6 月，采矿业实现利润总额同比下降 83.6%；制造业增长 12.1%；电力、热力、燃气及水的生产和供应业下降 2.3%。由于企业盈利能力下降，企业主动投资和加杠杆意愿不强。一些劳动密集型的民营企业开始到东南亚等地投资建厂，替代了部分国内投资。中国人民银行数据显示，截至 2016 年 6 月末，广义货币（M2）余额 149.05 万亿元，增速继续回落，降至 11.8%；狭义货币（M1）余额 44.36 万亿元，同比增长 24.6%，延续之前的上涨趋势达到 24.6%，增速分别比 5 月末和 2015 年同期提高 0.9 个和 20.3 个百分点；流通中货币（M0）余额 6.28 万亿元，增长 7.2%；M1 与 M2 反剪刀差达到 12.8%，达到历史最高水平。这种反剪刀差从一个侧面折射出投资主体对投资形势的谨慎和观望。

2. 企业实际融资成本过高

2016 年，地方政府债务置换总规模为 5 万亿元，中央专项建设资金预计安排 1.2 万亿元。同时，中央政府为了稳增长、增加有效供给而推出的基础设施投资以及一些重大项目中，国有企业往往成为主力军，这样的背景以及诸多原因导致银行信贷更多地流向国有企业或回流金融体系。这种情况在客观上导致了对民间资本的挤出效应，再加上诸多不时暴露的民企债务违约问题，让银行对民营企业的贷款更加谨慎。《2015 年全国企业负担调查评价报告》显示，人工成本快速攀升、融资难且贵、生产要素价格上涨等是企业面临的主要困难，66% 的企业反映"融资成本高"，较 2014 年提高了 6 个百分点；66% 的企业反映"资金压力紧张"，比例与 2014 年基本持平。企业尤

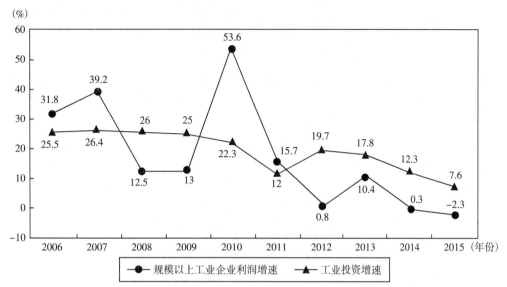

图 9-3 2006~2015 年规模以上工业企业利润增速与工业投资增速

资料来源：国家统计局网站。

其是中小型民营企业普遍反映，在经济下行期，银行收缩信贷较为明显，银行贷款门槛较高、申请较难，较高的融资成本给企业经营带来了压力与负担。尽管金融机构贷款加权平均利率同比有接近 130 个基点的下行，但工业产品价格水平同比下降更多。在银行业流动资金贷款业务中，还存在期限设定不合理、业务品种较单一、服务模式不够灵活等问题，影响小微企业的正常生产经营，有时甚至导致小微企业需要通过外部高息融资来解决资金周转问题。在企业看来，银行很少会"雪中送炭"，他们往往等到企业融到资、项目盈利了，且有大量流动资金和储备时，才会过来"锦上添花"。据估算，当前 1000 多万家小微企业中大概只有 10% 能从正规金融体系中获得融资，而实际上其融资需求是持续存在并为数不小的。事实上，中国企业负债率较高正是其庞大融资需求的一方面佐证①。此外，贷转存款、贷转承兑、借款搭售等行为比较普遍，担保、保险、评估、公证等融资相关费用较高。以贷款担保和保险为例，一般从银行贷款利率是 7%~8%，若是找担保公司担保，成本至少 3%；若是从银行买保险，一般额外的手续费达到 4% 以上，实际融资成本可能就会达到 12% 左右。目前，企业实际融资成本普遍高达 10% 以上，部分中小企业甚至超过 20%。

融资成本居高不下，对中小企业以及民营企业发展造成较大影响，直接影响了其投资能力。

3. 产业资本"脱实向虚"

近几年，我国坚持实施稳健的货币政策，并适时做好预调、微调，市场间流动性较为充足，但很多资金并没有流入实体经济，而是流入金融、房地产以及部分文化创意领域等虚拟经济，甚至用于投机炒作。一些企业以生产制造为名获取银行贷款后转手将资金投入金融投机或房地产，引发不良贷款率上升和银行贷款意愿下降。Wind 数据显示，2015 年有约 430 家上市公司将"闲置"资金用于购买理财产品，涉及金额近 2000 亿元。这部分理财资金大多来源于自有闲置资金和超募资金，理财产品预期年化收益率在 5%~6%，远高于银行一年定期存款利率。尽管上市公司购买银行理财并没有触碰法律底线，但"挤破头"上市后，并未将融得的资金用于亟须资金支持的实体经济，而是"脱实向虚"去挣"快钱"，助推了某些行业或商品偏离实际价值。此外，"脱实向虚"还有银行存贷款互相派生，金融机构互相拆借资金、购买各自金融产品等形式；一些国企也参与其中，形成资金体内循环，资金成本则转给实体经济，债务杠杆去不掉，影子银行成隐患。部分上市公司跨界并购重组涉及 VR、互联网金融等虚

① 郭钇杉：《中小企业实际融资成本接近 20%、债务高攀挤压利润空间》，《中华工商时报》2014 年 7 月 28 日。

拟产业，偏离了原有的实业；不少企业信奉"宁炒一座楼、不开一家厂"，加剧泡沫、扩大杠杆。房产领域吸纳过多资金后可能推高房地产价格，增加实体经济的经营成本；而高房价预期反过来又进一步刺激"脱实向虚"。

4.民间投资在部分领域还面临着较多的障碍

尽管政府为激发民间资本活力，已经出台了多项政策，并通过简政放权和改革等手段试图打破制约民间投资的重重障碍，但是对于民营投资而言，这些存在多年的障碍并未完全解除，集中表现为有效投资渠道较窄或不畅，投资审批手续烦琐以及因此滋生的各类玻璃门、弹簧门、旋转门较多。近年来，政府力推 PPP 模式以吸引社会资本进入市政公用领域和公共服务领域，拓宽投资资金来源。财政部先后推出两批共 236 个 PPP 项目，总投资额 8389 亿元；国家发改委发布的 PPP 项目共计 1043 个，总投资额 1.97 万亿元。目前来看，实际效果并不理想，项目签约率不足两成。项目收益率不高、政府治理水平有待提高、政府信用约束制度尚未建立等是制约 PPP 模式推进的主要因素。此外，在已经签约的 PPP 项目中，社会资本方主要是国有企业，民营企业仍然处于弱势地位，参与程度偏低，是被动的合作方，盈利前景得不到保障。而在国有企业混合所有制改革过程中，民间资本参与的积极性也不高，主要原因在于国有资本进行混合所有制改革的业务盈利前景较差，发展前景也不看好，即便是在已经进行混合所有制改革的国有企业中，民间资本也处于弱势地位，话语权无法得到保障。

5.地方政府及融资平台投资能力受限

受公共财政收入低速增长、土地出让收入大幅减少以及偿债高峰期等因素影响，地方政府可用于投资建设的财力明显不足，引导带动社会资本的能力相应走弱。2015 年，全国地方本级一般公共预算收入 82983 亿元，增长 9.4%，同口径增长 4.8%；地方本级政府性基金预算收入 38218 亿元，下降 23.6%，同口径下降 17.7%。另外，地方政府融资平台正在推动转型改制，剥离政府融资职能，成为独立运营的市场主体。总体上看，地方政府融资平台普遍缺少突出的主营业务和充足的固定资产，参与市场化竞争存在先天不足，转型改制难度较大。地方融资平台因脱钩政府信用，叠加土地市场遇冷，融资成本和难度大幅度提高，部分在建项目后续融资困难，新增投资能力明显减弱，也对工业投资造成了间接的抑制。

三、推动工业扩大有效投资的思路与对策

工业投资增速放缓一定程度上既是结构调整的反映，也有利于用市场的力量纠正资源错配问题，有利于传统产业的转型升级和新兴产业的发育成长。但是，工业投资保持适当的增速也是稳增长、保就业以及推进供给侧结构性改革的重要保障。在经济下行压力较大的情况下还必须发挥好投资的关键引领作用。当前，围绕《中国制造 2025》和"互联网+"等国家战略，着眼于先进制造业发展壮大和传统制造业改造提升，要鼓励各类资金加大投入，着力推动工业领域扩大有效投资。

1.深化简政放权，提升政府服务能力和水平

首先，健全产业协调推进机制。通过加强部门间的协调合作、建立月度协调例会制度等措施，努力把问题解决在一线。其次，鼓励和引导民间投资。通过破除不合理的进入壁垒，进一步清理与"民间投资 36 条"及其细则相冲突的法律法规、部门规章。再次，进一步减少行政审批事项。着重梳理相互矛盾的前置审批条件，清理不必要的评估环节，尽可能地采用事后监督的备案制。制定完善并公开权力清单、行政事业性收费清单、政府性基金清单、涉企经营服务收费清单、基本公共服务事项清单。最后，完善政务服务机制。大力推行"互联网+政务服务"，推进实体政务大厅向网上政务大厅延伸，打造政务服务"一张网"。有条件的地方要探索建立固定资产投资项目审批基础数据共享库，扩大并联审批范围。

2. 发挥财政资金引导作用，建立高技术产业投资风险分散机制

信息、生物、物联网等战略性新兴产业以新技术开发应用为主，具有前期投入大、项目周期长、技术水平高、市场风险不确定等特点，是公认的资金、技术、智力密集型产业。因此，投资风险的分散机制至关重要。一次性大规模的投入，是某一家金融机构无法完成的，甚至也是某一种金融形式所无法完成的。尽管风险投资日渐活跃，但资金主要进入后端，对前端企业来说，迫切希望政府建立投资风险分散机制，由多家金融机构共同承担投入，共同分担风险。政府可以通过设立引导基金、母子基金等创投基金，发挥财政资金"酵母"和"杠杆"的作用，更好地吸引社会投资，放大投资效果。在此过程中，应着力实现"三个转变"：即由"直接投入"向"间接引导"转变，由"无偿拨付"向"有偿使用"转变，由"分散补贴"向"集中扶持"转变。此外，还要鼓励金融创新，支持民间资本发起设立民营银行等民营金融机构，为中小企业提供个性化、特色化、专业化融资服务；支持股权众筹、第三方支付等互联网金融模式，并加强规范管理，拓宽创新企业融资渠道。

3. 引导资本回归实业，加大对工业转型升级的金融支持力度

首先，要完善多层次资本市场体系，充分发挥资本市场服务实体经济的功能。在提高企业上市融资效率的同时，实施更为严格的退市制度，防止"僵尸企业"留在虚拟经济部门吸收资金，引导资本流向那些发展前景较好的优质企业；推进"新三板"分层尽早落地和制度创新，使其成为中小企业真正的融资平台，成为大众创业、万众创新的一大抓手。其次，鼓励金融机构多维度加强对小微企业的融资支持。落实银行业金融机构对小微企业金融服务的"三个不低于"（贷款增速、户数、审贷获得率）的目标要求；鼓励金融机构使用特许经营权、政府购买服务协议、收费权、知识产权、专利权、著作权、股权等无形资产开展质押贷款。建立中小微金融服务平台，推动与商业银行和保险机构合作，推广"互联网＋银行"、"互联网＋保险"新模式。加强信息融合和共享，为企业提供与风险投资机构或银行进行投融资对接的服务平台。最后，加大政策性担保支

持力度。政府可出资设立融资担保基金，以股权投资方式参股主要政策性担保机构。积极推动成立小微企业综合金融服务电子交易平台和融资性担保联盟，进一步提高小微企业融资对接效率，降低企业融资成本。

4. 加强供给侧管理，促进新兴产业快速成长

首先，加强对过剩行业的供给管理。针对新增、在建违规、建成违规的过剩产能项目制定更为严格的分类管理措施。对过剩产能实行由"强制性退出"向"援助性退出"转变，判别落后产能由"规模标准"向"环境标准"和"安全标准"转变。在优化投资结构的基础上，适度拉动需求，增加市场机会，缓解企业产能过剩的负担。其次，坚持智慧产业化、产业智慧化方向，引领工业经济提质增效转型发展。大力推进"互联网＋"融合创新，培育基于互联网的新技术、新服务、新模式和新业态。积极打造"风险投资＋孵化器"模式，引导市场主体建设一批具有专业化、网络化、差异化等特征的众创空间。最后，引导新供给创造新需求。鼓励有实力的大型企业集团，以资产、资源、品牌和市场为纽带促进跨地区、跨行业的兼并重组，提升产业集中度。积极培育新能源、新材料、生物医药、新一代电子信息等战略性新兴产业，为市场释放新供给创造条件。

5. 提振企业家精神，促进企业间多层次战略合作

首先，要积极提振企业家发展工业信心。企业家精神是工业发展的根本驱动力，企业技术水平、管理能力和产品质量等归根到底都由此决定。一个企业能否进行创新以实现技术领先，与企业家的技术战略抱负及领导素质紧密相关。促进工业有效投资，不仅要强调财政资助或税收优惠，还要特别重视企业创新文化和企业家精神的培养与激励。可建立以政府资金为引导、多方投入为主的企业家选拔与继续教育机制，培养企业经营者自主创新、主动升级的战略能力。其次，要鼓励企业特别是民营企业参与组建多种形式的产业联盟。可以通过组建企业信息交流平台，引导大型企业与小微企业经常性联系沟通，解决信息不畅，扩大信息资源共享，有效帮助企业化解"订单少"和"用工难"等问题。还可以资本为纽带、以项目为载体、以技术为平台、以上下游企业为

链条，加强产业联盟各成员单位在技术研发、生产制造、示范应用、市场开拓、金融支持、人才培育、中介服务等方面的资源整合和相互协作，提升民营企业市场进入能力。

专栏 9-1

银行资金"脱实向虚"

2009 年以来，随着相关部门放松银根应对次贷危机冲击，大量信贷资本流向证券市场、房地产与大宗商品市场进行套利交易。

最初，部分企业主要采取迂回策略，即先以自有资金进行投资，再向银行申请流动性贷款弥补经营缺口，随着银行加大对信贷资金流向的监管，他们转而借助结构化融资工具采取杠杆融资，反而将更多银行理财资金投向房地产、证券、大宗商品投资等领域。

目前，一种比较流行的杠杆融资方式，就是银行为企业融资需求量身定制结构化理财产品，通过分级的份额架构募集银行理财资金，帮企业放大杠杆。

这种结构化理财产品的年化融资成本在 10% 以上，已经高于不少城市年化房价涨幅，但一些企业还在不断努力扩大杠杆融资额度，这些企业仍然预期一二线城市土地日益稀缺、土地估值涨幅总有一天会覆盖所有融资本息。实际上，不少企业通过杠杆融资不但疯狂圈地待涨而沽，还参与大宗商品投资，以博取短期高收益偿还杠杆融资利息。

在资产荒的情况下，不少中小型城商行都借助委托外部机构投资模式，为理财资金获取优质资产与稳健回报。大量银行理财资金通过各种精心包装的资管计划，流入 PE 等影子银行体系，进而通过影子银行投向房地产、大宗商品、证券投资、企业股权等领域。但在实际操作过程，这些银行对外部机构的投资流向未必能做到时时监管，令外部机构可以设计各种复杂的结构化融资产品，借机将银行理财资金变相投向房地产、大宗商品与证券投资市场，一方面导致资产泡沫进一步加重，另一方面也身陷更大的套利投资风险。

更让人担忧的是，当金融价格上涨和实体经济收益下降的双重预期形成之后，会出现进一步的恶性循环，即当进一步刺激经济的时候，实体经济并不会有很大的改善，但虚拟经济领域会因为大量资金的涌入，进一步刺激金融价格的上涨。

当然，这种做法无异于火中取栗——一旦金融市场动荡导致大宗商品与房地产价格下跌，很可能面临资金链断裂的风险。

随着近期大宗商品价格与股市波动，加之债券兑付违约事件接踵而至，资产泡沫风险似乎已经在股市、期货与债券市场隐现，尤其是影子银行坏账风险日益加大。若影子银行坏账风险开始逐步传递到传统银行体系，那么银行业坏账率就可能难以如此乐观。

事实上，房地产、大宗商品与证券投资市场的资产泡沫问题，也引起相关部门的注意。2016 年 7 月中旬，银监会在上半年全国银行业监督管理工作暨经济金融形势分析会议上，对下半年的工作任务做出重点部署，包括严查资金"脱实向虚"等十大行为，扭转资金"脱实向虚"现象，重点严查银行等金融机构当通道、做过桥、加链条，默许资金"脱实向虚"等行为。银监会也拟对银行理财业务加大监管力度，包括要求银行非标投资不得对接券商资管计划，禁止银行发行分级理财产品等，进一步遏制银行理财资金借助多个渠道"脱实入虚"。

资料来源：根据陈植 2016 年 7 月 28 日发表于《21 世纪经济报道》上的《资金脱实向虚与资产泡沫》整理获得。

参考文献

[1] 贾海:《投资增速趋缓 结构明显优化》,《经济日报》2016 年 7 月 21 日。

[2] 周旭霞:《杭州市扩大工业有效投资的对策建议》,《杭州:周刊》2016 年第 6 期。

[3] 万建民:《提振企业家信心重于山》,《中国企业家》2016 年第 3 期。

[4] 张向东:《中国民间投资非官方报告:五大原因吓退民资》,《经济观察报》2016 年 7 月 17 日。

第十章 工业劳动力

提 要

工业劳动力需求在近年来总体上呈下行态势。企业劳动力需求显著降低，从业人员持续减少，一些企业出现减员，失业人数有所增加，行业间就业增长的差异更加明显，劳动力素质变化趋势喜忧参半。在信息化技术快速发展、产业结构调整升级、劳动力高龄化趋势加速以及劳动力成本持续上升的形势下，工业劳动力供求面临着巨大挑战。一是工业就业增长动力减弱。二是过剩行业失业员工再就业难度较大。三是企业用工成本增大。四是劳动力供求失衡局面严峻，劳动力素质与市场需求不相匹配。为应对这些挑战，应该大力推动重点产业发展，加大过剩行业失业员工安置与再就业力度，积极探索提高劳动生产率的企业管理方式，加快培养适应工业发展需要的高素质劳动者。

* * *

在过去一年里，工业经济运行低迷，增速趋缓，效益下降。受工业经济下行压力、企业效益下滑以及宏观经济调控政策等因素的影响，工业企业的劳动力需求显著降低，从业人员持续减少，行业间就业增长的差异更加明显，劳动力素质变化趋势喜忧参半。总体上看，工业劳动力需求呈下行态势，工业发展面临来自信息化技术发展、产业结构调整升级、劳动力成本上升与劳动力年龄结构变化等方面的约束。要持续保持工业就业增长，需要从多方面采取更加积极的措施。

一、工业劳动力的变化

1. 劳动力需求显著降低

2015 年，工业经济运行低迷，增速趋缓，效益下降。据国家统计局的数据显示，2015 年工业增加值增长 6.1%，比 2014 年低 2.2 个百分点，也低于 2013 年（见图 10-1）。工业利润出现多年未曾有的负增长，全国规模以上工业企业实现利润总额 63554 亿元，比 2014 年下降 2.3%（见图 10-2）；实现主营活动利润 58640.2 亿元，比 2014 年下降 4.5%。

受工业经济下行压力、企业效益下滑以及宏观经济调控政策等因素的影响，工业企业的劳动力需求低于 2014 年同期的水平，降幅十分明显。据国家统计局调查，2015 年 1~12 月中国制造业采购经理指数（PMI）从业人员分项指数的平均值为 47.9，比 2014 年低 0.3 个百分点，已连续 43 个月低于荣枯线（见图 10-3）。中国人力资源市场信息监测中心数据显示，2015 年制造业企业招聘人数 676.6 万人，比 2014 年减少 120.5 万人，

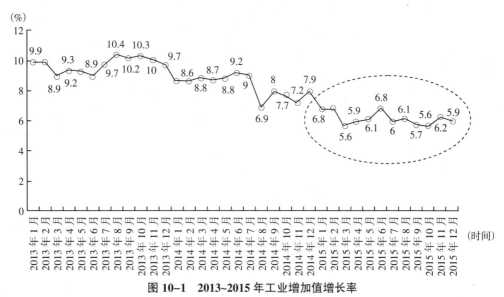

图10-1　2013~2015年工业增加值增长率

注：1月、2月数据为累计增长百分比。

资料来源：根据国家统计局有关数据绘制。

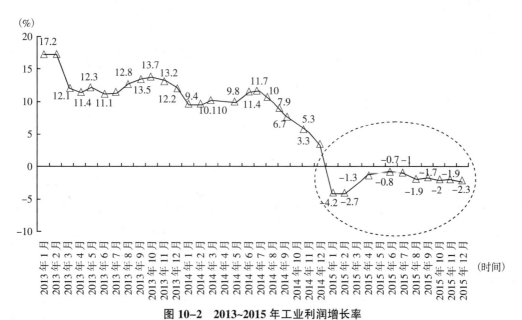

图10-2　2013~2015年工业利润增长率

注：1月、2月数据为累计增长百分比。

资料来源：根据国家统计局有关数据绘制。

减幅达到15.1%（见图10-4）[①]。

2. 从业人员持续减少

工业从业人员持续减少。据相关数据显示，全国工业从业人员从2013年开始减少，从2012年的19060万人下降到2015年的17690万人，平均每年减少约457万人（见图10-5）。尽管2015年的减幅略有收窄，但也达到2.5%，减少了448万人。从2012~2014年的数据来看，全国工业从业人员减少了922万人，其中，非城镇单位从业人员减少了1927万人，而同期城镇单位增加了1005万人（见图10-6）。因此，非城镇单位从业人员减少，是工业从业人员减少的直接原因。

[①] 2001~2014年，有4年劳动力需求为负增长。具体情况是：2006年负增长7.4%，2011年负增长11.1%，2013年负增长1.5%，2014年负增长1.1%。

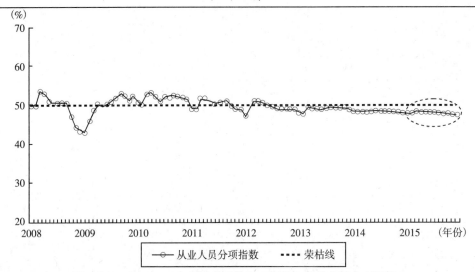

图 10-3 2008~2015 年制造业采购经理指数之从业人员分项指数

资料来源：根据国家统计局有关数据绘制。

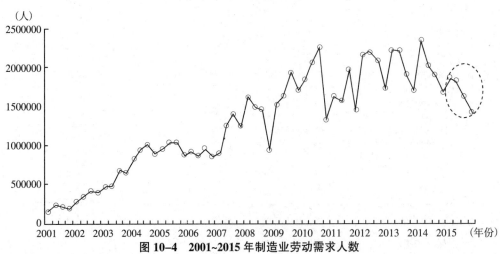

图 10-4 2001~2015 年制造业劳动需求人数

资料来源：根据中国人力资源市场信息监测中心有关数据绘制。

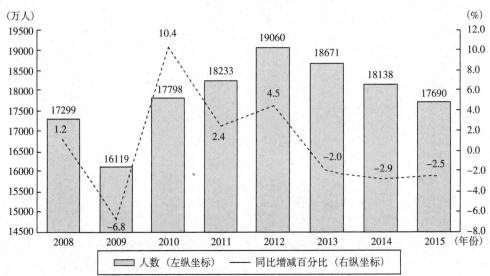

图 10-5 全国工业从业人员年末人数及同比增减百分比

注：全国工业从业人员年末人数由第二产业从业人员年末人数减去建筑业从业人员年末人数算出。

资料来源：第二产业从业人员年末人数数据来源于国家统计局，建筑业从业人员年末人数数据来源于《中国建设报》的《建筑业发展统计分析》历年版。

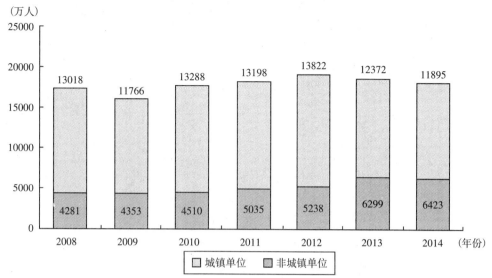

图 10-6 2008~2014 年城填、非城镇单位工业从业人员年末人数

注：工业从业人员年末人数由第二产业从业人员年末人数减去建筑业从业人员年末人数算出。工业非城镇单位从业人员年末人数由工业从业人员年末人数减去工业城镇单位从业人员年末人数算出。

资料来源：第二产业从业人员年末人数、工业城镇单位从业人员年末人数数据来源于国家统计局，建筑业从业人员年末人数来源于《中国建设报》历年发布的《建筑业发展统计分析》。

城镇单位从业人员稳定增长局面在 2014 年结束，三大行业从业人员人数均低于 2013 年同期水平（见图 10-7、图 10-8）。减幅最大的是采矿业。2014 年比 2013 年减少 40 万人，减幅 6.3%。其次是制造业，同比减少 14.8 万人，减幅 0.28%。第三是电力、燃气及水的生产和供应业，减少 0.8 万人，减幅 0.2%。压缩过剩产能、淘汰落后产能、防污治理等措施的实施，是导致这些行业减员的重要原因之一。据调查，2014 年采矿业关、停 1232 家企业，企业数量较 2013 年减少 7%[①]；全国淘汰落后炼钢产能 3110 万吨、水泥 8100 万吨、平板玻璃 3760 万重量箱[②]。在这个过程中一些行业生产任务减少，部分企业出现了停产、歇业的情况，从业人员出现了减少。

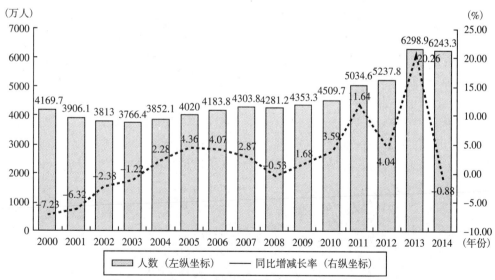

图 10-7 2000~2014 年工业城镇单位就业人员年末人数

资料来源：根据《中国劳动统计年鉴》2015 年版有关数据计算与绘制。

---

① 根据《中国统计年鉴》（2014，2015）有关数据计算得出。

② 张辛欣：《中国 2014 年超额完成主要淘汰落后产能任务》，新华网，2015-02-02，http://news.xinhuanet.com/2015/02/02/c_1114 216506.htm.

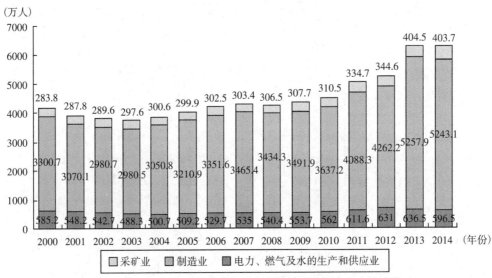

图 10-8   2000~2014 年工业各行业城镇单位从业人员年末人数

资料来源：根据《中国劳动统计年鉴》2015 年有关数据计算与绘制。

但要指出的是，从业人员减少情况较多发生在中小规模企业，规模以上企业从业人员仍呈增长态势。具体来看，2014 年工业规模以上企业从业人员平均人数 9977.21 万，比 2013 年增加 185.75 万人，增幅为 1.9%。分行业看，减员发生在非制造业。2014 年，制造业从业人员 8849.87 万，同比增加 236.31 万人，增幅为 2.7%。但采矿业从业人员 776.99 万，同比减少 43.23 万人，减幅 5.6%；电力、热力、燃气及水的生产和供应业 350.35 万，同比减少 7.33 万人，减幅为 2.1%[①]。

3. 行业用工差异较大

工业内部各行业用工差异较大。从城镇单位看，2014 年制造业 31 个大类行业中，13 个行业从业人员增加，18 个行业从业人员减少，从业人员减少的行业多于增加的行业（见图 10-9）。按照消费品制造业、装备制造业、高技术制造业、高耗能制造业对所有行业进行归类发现[②]，除了高技术制造业以外，所有归类行业中均同时存在人员增加和减少的情况。但总体来看，装备制造业

呈增势，增幅为 0.83%，消费品制造业、高耗能制造业呈减势，减幅分别为 0.98% 和 1.34%。从规模以上企业看，2014 年制造业 31 个大类行业中，27 个行业从业人员增加，4 个行业从业人员减少，从业人员增加的行业多于减少的行业（见图 10-10）。装备制造业、高技术制造业分别增长 3.64% 和 3.58%，高于全部制造业行业 0.9 个百分点和 0.84 个百分点。而消费品制造业、高耗能制造业分别增长 2.56% 和 1.44%，低于全部制造业行业 0.18 个百分点和 1.3 个百分点。

企业用工状况直接受企业效益的影响，而企业效益又是市场需求、产品价格以及企业生产经营诸因素综合作用的产物。因此，企业用工的行业差异，在表层上反映了企业效益的行业差异，在深层上则反映了市场需求、产品价格以及企业生产经营的差异。对制造业 31 个大类行业从业人员人数增长率与销售产值增长率的关系进行分析，大致可以印证这一判断（见图 10-11）。行业效益越好，从业人员增幅越大；行业效益越差，从业

---

① 资料来源：《中国工业统计年鉴》2014，2015 年版。

② 消费品制造业指农副食品加工业、食品制造业，酒、饮料和精制茶制造业、烟草制品业、纺织业、纺织服装、服饰业，皮革、毛皮、羽毛及其制品和制鞋业、木材加工和木、竹、藤、棕、草制品业、家具制造业、造纸及纸制品业、印刷和记录媒介复制业，文教、工美、体育和娱乐用品制造业、医药制造业、化学纤维制造业、橡胶和塑料制品业。装备制造业指金属制品业、通用设备制造业、专用设备制造业、汽车制造业，铁路、船舶、航空航天和其他运输设备制造业、电气机械和器材制造业，计算机、通信和其他电子设备制造业、仪器仪表制造业。高技术制造业指医药制造业，铁路、船舶、航空航天和其他运输设备制造业，计算机、通信和其他电子设备制造业。高耗能制造业指石油加工、炼焦和核燃料加工业、化学原料和化学制品制造业、非金属矿物制品业、黑色金属冶炼和压延加工业、有色金属冶炼和压延加工业。

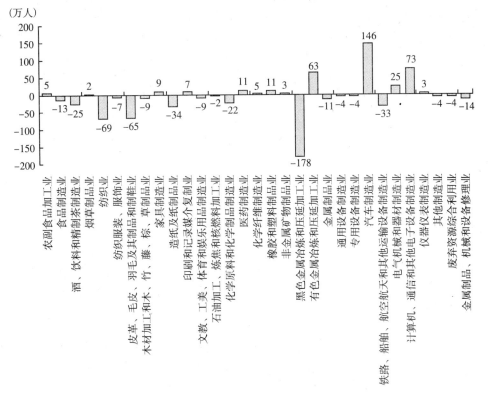

图 10-9 2014 年制造业各行业城镇单位从业人员同比增减人数

注：数据为从业人员年末人数。

资料来源：作者根据《中国劳动统计年鉴》（2015）有关数据绘制。

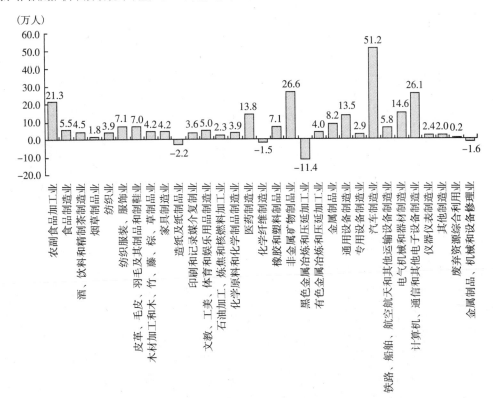

图 10-10 2013~2014 年制造业规模以上企业从业人员同比增减人数

注：数据为从业人员年末人数。

资料来源：作者根据《中国工业统计年鉴》（2015）有关数据绘制。

人员增幅越小。具体来看,市场需求扩大、产量持续增长、价格保持平稳的行业,经济效益和从业人员的增长幅度都大,如汽车、医药等行业;相反,产能过剩严重、市场供大于求、价格持续下滑的行业,经济效益和从业人员的增长幅度都小(下滑幅度都大),如黑色金属冶炼和压延加工、化学纤维等行业。总体来看,高技术制造业、装备制造业的经济效益要好于消费品制造业和高耗能制造业,其从业人员增长也好于消费品制造业和高耗能制造业。具体数据如下:2013~2014年高技术制造业、装备制造业、消费品制造业、高耗能制造业的销售产值分别增长10.3%、9.2%、8.9%和5.5%,从业人员人数相应增长3.6%、3.6%、2.6%和1.4%。

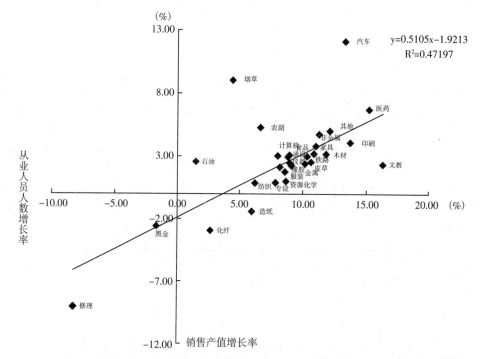

图 10-11 2013~2014 年制造业从业人员人数增长率和销售产值增长率的关系

注:从业人数数据为规模以上企业从业人员平均人数。农副:农副食品加工业;食品:食品制造业;酒:酒、饮料和精制茶制造业;烟草:烟草制造业;纺织:纺织业;服装:纺织服装、服饰业;皮草:皮革、毛皮、羽毛及其制品和制鞋业;木材:木材加工和木、竹、藤、棕、草制品业;家具:家具制造业;造纸:造纸及纸制品业;印刷:印刷和记录媒介复制业;文教:文教、工美、体育和娱乐用品制造业;石油:石油加工、炼焦和核燃料加工业;化学:化学原料和化学制品制造业;医药:医药制造业;化纤:化学纤维制造业;橡胶:橡胶和塑料制品业;非金属:非金属矿物制品业;黑金:黑色金属冶炼和压延加工业;有金:有色金属冶炼和压延加工业;金属:金属制品业;通设:通用设备制造业;专设:专用设备制造业;汽车:汽车制造业;铁路:铁路、船舶、航空航天和其他运输设备制造业;电气:电气机械和器材制造业;计算机:计算机、通信和其他电子设备制造业;仪器:仪器仪表制造业;其他:其他制造业;资源:废弃资源综合利用业;修理:金属制品、机械和设备修理业。

资料来源:根据《中国工业统计年鉴》2014 年、2015 年有关数据计算与绘制。

行业用工状况的差异,使从业人员产业结构从资源依靠型向技术依靠型的转变更为明晰。从城镇单位看,2014 年高技术制造业从业人员人数占工业从业人员人数的比重为 16.47%,比 2013 年提高 0.22 个百分点;装备制造业的比重为 37.87%,比 2013 年提高 0.65 个百分点;高耗能行业(高耗能制造业加上电力、热力生产和供应业)的比重为 21.13%,比 2013 年下降 0.09 个百分点;资源型行业的采矿业的比重为 9.55%,比 2013 年下降 0.55 个百分点(见图 10-12)。规模以上企业的从业人员结构也显示出相同趋势。高技术制造业、装备制造业的比重分别从 13.04%和 34.95%提高到 13.25%和 35.55%,提高幅度为 0.21 个百分点和 0.6 个百分点;高耗能行业、采矿业的比重分别从 21.17%和 8.38%下降到 20.93%和 7.79%,下降幅度为 0.24 个百分点和 0.59 个百分点(见图 10-13)。

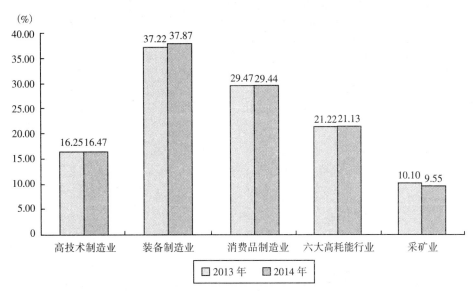

图 10-12　2013~2014 年各行业城镇单位从业人员年末人数占工业比重

　　注：高技术制造业分组和装备制造业、消费品制造业分组有交叉。高技术制造业指医药制造业、铁路、船舶、航空航天和其他运输设备制造业、计算机、通信和其他电子设备制造业。装备制造业指金属制品业、通用设备制造业、专用设备制造业、汽车制造业、铁路、船舶、航空航天和其他运输设备制造业、电气机械和器材制造业、计算机、通信和其他电子设备制造业、仪器仪表制造业。消费品制造业指农副食品加工业、食品制造业、酒、饮料和精制茶制造业、烟草制品业、纺织业、纺织服装、服饰业、皮革、毛皮、羽毛及其制品和制鞋业、木材加工和木、竹、藤、棕、草制品业、家具制造业、造纸及纸制品业、印刷和记录媒介复制业、文教、工美、体育和娱乐用品制造业、医药制造业、化学纤维制造业、橡胶和塑料制品业。六大高耗能行业指石油加工、炼焦和核燃料加工业、化学原料和化学制品制造业、非金属矿物制品业、黑色金属冶炼和压延加工业、有色金属冶炼和压延加工业、电力和热力生产和供应业。

　　资料来源：作者根据《中国劳动统计年鉴》(2015) 有关数据计算与绘制。

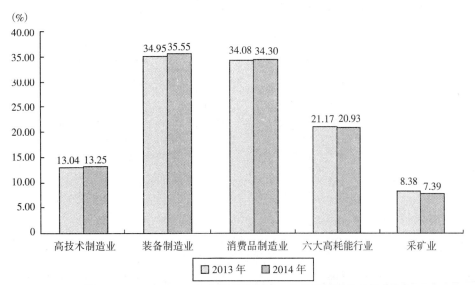

图 10-13　2013~2014 年各行业规模以上企业从业人员占工业比重

　　注：高技术制造业分组和装备制造业、消费品制造业分组有交叉。高技术制造业指医药制造业、铁路、船舶、航空航天和其他运输设备制造业、计算机、通信和其他电子设备制造业。装备制造业指金属制品业、通用设备制造业、专用设备制造业、汽车制造业、铁路、船舶、航空航天和其他运输设备制造业、电气机械和器材制造业、计算机、通信和其他电子设备制造业、仪器仪表制造业。消费品制造业指农副食品加工业、食品制造业、酒、饮料和精制茶制造业、烟草制品业、纺织业、纺织服装、服饰业、皮革、毛皮、羽毛及其制品和制鞋业、木材加工和木、竹、藤、棕、草制品业、家具制造业、造纸及纸制品业、印刷和记录媒介复制业、文教、工美、体育和娱乐用品制造业、医药制造业、化学纤维制造业、橡胶和塑料制品业。六大高耗能行业指石油加工、炼焦和核燃料加工业、化学原料和化学制品制造业、非金属矿物制品业、黑色金属冶炼和压延加工业、有色金属冶炼和压延加工业、电力和热力生产和供应业。

　　资料来源：作者根据《中国劳动统计年鉴》(2015) 有关数据计算与绘制。

4. 人员素质变化喜忧参半

工业从业人员的素质变化趋势喜忧参半。一方面，从业人员中初中及以下学历人员减少，高中及以上学历人员增加，整体受教育水平进一步提高。据相关数据显示[①]，2014 年全国制造业从业人员中，初中及以下学历的比重为 62.6%，高中学历为 22.8%，大学专科及本科为 14.3%，研究生学历为 0.3%。与 2013 年相比，初中及以下学历比重降低 1 个百分点，高中学历降低 0.3 个百分点，大学专科及本科学历提高 1.2 个百分点。

城镇单位从业人员受教育水平的提升程度尤其突出。2014 年初中及以下学历比重为 51.5%，与 2013 年比下降 12.2 个百分点；高中学历比重为 27.7%，同比提升 4.6 个百分点；大学专科及本科学历比重为 20.4%，同比提升 7.3 个百分点；研究生学历比重为 0.4%，同比提升 0.1 个百分点。近十年的变动趋势表明，从业人员的受教育水平加速提升，对当下支撑工业转型升级、推动企业技术创新提供了更有利的条件（见图 10-14）。

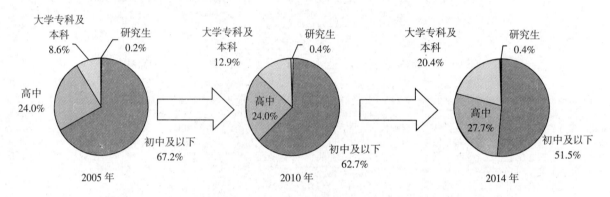

图 10-14　2005 年、2010 年、2014 年制造业城镇单位从业人员受教育水平构成

资料来源：作者根据《中国劳动统计年鉴》（2006 年、2011 年、2015 年）有关数据整理与绘制。

另一方面，在从业人员中 39 岁及以下人员减少，40 岁及以上人员增加，从业人员进一步高龄化。如图 10-15 所示，20~39 岁的比重在 2005~2010 年仅下降了 0.7 个百分点，而在 2010~2014 年却下降了 5.1 个百分点；40~64 岁的比重在 2005~2010 年上升了 3.9 个百分点，而在 2010~

2014 年却上升 7.8 个百分点。2010 年与 2005 年相比，年龄结构的变化不明显，39 岁及以下人员占 66.3%，年轻化的人员结构得到了延续，而 2014 年与 2010 年相比，年龄结构的变化明显，39 岁及以下人员的比重大幅下降，人员高龄化趋势有所加速。

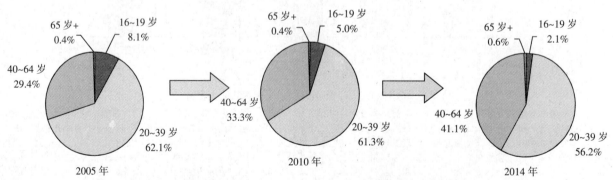

图 10-15　2005 年、2010 年、2014 年制造业城镇单位从业人员年龄构成

资料来源：作者根据《中国劳动统计年鉴》（2006 年、2011 年、2015 年）有关数据整理与绘制。

①　根据《中国劳动统计年鉴》（2014 年、2015 年）有关数据整理。

二、工业劳动力供求中存在的问题

1. 工业就业增长动力减弱

当前中国工业正处于转型升级的过渡阶段。装备制造业、高技术制造业的竞争优势正在形成。而这将推动工业发展由要素资源依赖型向创新驱动型转变，由此开发新领域，拓展就业空间。从近年工业就业增长来看，可以说装备制造业与高技术制造业起到了牵引作用。数据显示，制造业城镇单位从业人员在 2009~2014 年增加 1751.2 万，其中 55.9% 源自装备制造业，36.7% 源自高技术制造业，31.3% 源自消费品制造业，13.9% 源自高耗能制造业[①]。但是，装备制造业与高技术制造业的就业增长势头在 2014 年大幅减弱。一是从业人员人数增长分别从 2013 年的 30.2% 和 29.2% 下降为 2014 年的 0.8% 和 1.5%，同比下降了 29.4 个

百分点和 27.7 个百分点，下降十分明显。二是从业人员人数占制造业比重的增幅收窄，2014 年仅比 2013 年增加 0.5 个百分点和 0.4 个百分点，为 2010 年以来最低或次低水平（见表 10-1）。三是各行业就业增长差异较大。一方面，计算机、通信和其他电子设备、电气机械设备和交通运输设备三个行业的从业人员增长较快，其从业人员增加人数占制造业从业人员增加人数的比重高达 44%。另一方面，金属制品、通用设备、专用设备等行业的从业人员增长相对滞后，其从业人员增加人数占制造业从业人员增加人数的比重只有 11.7%，仅相当于前者的 1/4（见图 10-16）。并且，这些行业在 2014 年还出现了就业负增长。

表 10-1　2009~2014 年装备制造业、高技术制造业从业人员人数占制造业比重

单位：%

年份	2009	2010	2011	2012	2013	2014
装备制造业	39.7	41.2 (+1.5)	42.2 (+1.0)	42.2 (0.0)	44.6 (+2.3)	45.1 (+0.5)
金属制品业	3.0	3.2 (+0.2)	3.7 (+0.5)	4.3 (+0.5)	5.3 (+1.0)	5.3 (0.0)
通用设备制造业	5.9	6.2 (+0.2)	6.9 (+0.7)	6.5 (−0.4)	8.1 (+1.6)	8.1 (0.0)
专用设备制造业	4.9	5.3 (+0.3)	5.5 (+0.2)	5.1 (−0.4)	6.2 (+1.1)	6.2 (0.0)
交通运输制造业	8.5	9.0 (+0.5)	9.5 (+0.5)	9.3 (−0.2)	8.4 (−0.9)	8.7 (+0.2)
电气机械器材制造业	6.1	6.4 (+0.3)	6.5 (+0.1)	6.4 (−0.1)	7.6 (+1.2)	7.7 (+0.1)
计算机、通信和其他电子设备制造业	9.3	9.8 (0.5)	10.5 (+0.7)	12.0 (+1.5)	14.1 (+2.1)	14.3 (+0.2)
仪器仪表制造业	1.9	2.0 (+0.1)	2.2 (+0.2)	1.8 (−0.4)	2.1 (+0.3)	2.2 (+0.1)
高技术制造业	20.6	21.6 (+1.0)	22.9 (+1.3)	24.4 (+1.5)	25.5 (+1.2)	26.0 (+0.4)
医药制造业	2.8	2.8 (0.0)	2.8 (0.0)	3.0 (+0.2)	3.0 (0.0)	3.0 (0.0)

---

① 根据《中国劳动统计年鉴》（2010~2015 年）有关数据整理与计算得出。各类行业的定义参见本章第一节。高技术制造业和装备制造业分组有交叉。

年份	2009	2010	2011	2012	2013	2014
交通运输制造业	8.5	9.0 (+0.5)	9.5 (+0.5)	9.3 (-0.2)	8.4 (-0.9)	8.7 (+0.2)
计算机、通信和其他电子设备制造业	9.3	9.8 (0.5)	10.5 (+0.7)	12.0 (+1.5)	14.1 (+2.1)	14.3 (+0.2)

注：①数据为各行业城镇单位从业人员年末人数。（ ）内数据为与前一年同比增减幅度。

②因为缺少 2009~2011 年的汽车制造业与铁路、船舶、航空航天和其他运输设备制造业的单独数据，故在统计高技术制造业数据时使用了交通运输制造业的数据。

资料来源：根据《中国劳动统计年鉴》（2010~2015）有关数据计算与整理。

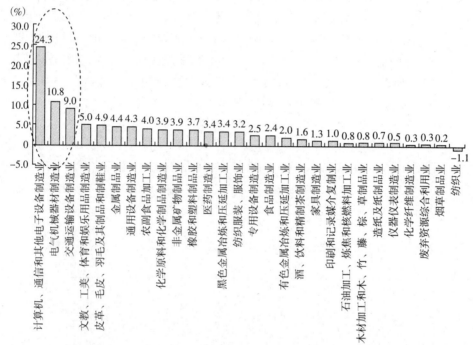

图 10-16   2009~2014 年各行业占制造业从业人员增减人数比重

注：数据为制造业城镇单位从业人员年末人数。

资料来源：根据《中国劳动统计年鉴》（2010、2015）有关数据计算与绘制。

2. 过剩行业员工转移面临困难

当前，钢铁、煤炭、水泥等行业因为减少过剩产能、淘汰落后产能而要转移分流大批员工。但是，这些员工要实现再就业面临较大困难。第一，产能过剩行业大都是历史较长的传统行业，从业人员相对高龄化。如表 10-2 所示，采矿业从业人员中 40 岁及以上的比重，要比制造业高出 17.5 个百分点，比全部行业高出 12.7 个百分点。近 60% 的从业人员是 "40~50 岁"。这个年龄段的失业人员要通过市场实现再就业非常困难。第二，文化水平低也是失业人员再就业的不利因素。采矿业就业人员中 55% 的人只有初中及以下学历。

受教育水平低会对失业人员学习新技术造成困难。第三，煤炭、钢铁等行业的技术专用性强，失业人员技能单一，难以适应产业转型后新兴产业的技术需要。第四，产能过剩造成企业大多严重亏损，债台高筑，资不抵债，没有财务能力对转移分流员工提供满意的货币补偿方案，更遑论对转移分流员工实施再就业培训和开拓新的业务领域。因此，必须加大政策扶持力度，妥善安置失业人员，落实失业人员的最低生活保障，加强对失业人员的再培训和再教育，解决这些失业人员的再就业问题。

表 10-2 2014 年各行业城镇就业人员年龄构成

单位：%

年龄	全部行业（20 个行业大类）	采矿业	制造业	电力、热力、燃气及水的生产和供应业
16~19	1.4	0.3	2.1	0.3
20~39	51.0	40.9	56.2	47.8
40~64	45.9	58.6	41.1	51.5
65+	1.7	0.2	0.6	0.3

资料来源：根据《中国劳动统计年鉴》（2015）整理与编制。

3. 劳动力成本持续上升

在过去十余年里，工业平均工资一直呈两位数的增长，直到近两年才放慢增速（见图 10-17）。据相关数据显示[1]，2006~2015 年，深圳制造业普通工人的月工资增长了 37.7%。2015 年深圳制造业普通工人月工资分别是泰国、马来西亚、印度尼西亚、菲律宾、越南、印度的 1.25 倍、

1.43 倍、1.67 倍、1.43 倍、2.5 倍和 1.67 倍。与东南亚国家比较，中国已没有工资成本优势。与日本、韩国相比，中国的成本优势也在减弱。2006 年深圳制造业普通工人与日本横滨、韩国首尔同类工人的月工资差距分别是 9.8 倍和 5.2 倍，但到了 2015 年工资差距已经缩小到 5.9 倍和 4.4 倍。

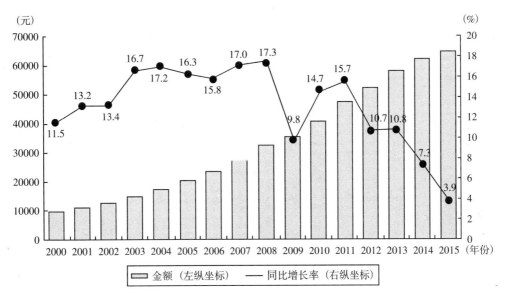

图 10-17 2000~2015 年工业城镇非私营单位平均工资及同比增长率

资料来源：根据国家统计局公布的有关数据计算与绘制。

工资水平的快速增长，意味着从业人员收入的提高，但同时也带来了企业社会保险费用增加、劳动力成本负担加重的问题。中国企业家调查系统 2015 年调查显示[2]，71.9% 的企业表示，人工成本上升是企业发展面临的最主要困难之一。今后，随着经济增长放缓、企业需求下降、劳动力供给总量减少以及工资及社会保障政策调整，工资增长将会趋缓，从而在一定程度上减轻企业的劳动力成本压力。但正如本章第一节所示，制造业从业人员结构在加速高龄化，因此，如果就业容量得不到拓展，40 岁及以上从业人员的比重在未来 10 年里将很快超过半数，从而还会增大企业的工资与社会保障费用负担。

面对劳动力成本上升的趋势，一些企业选择

① 三菱东京 UFJ 银行国际业务部：《亚洲、东南亚各国工资比较》，2016-05-11，www.bk.mufg.jp/report/ insasean/AW20160511.pdf.
② 朱剑红：《中国企业家调查系统显示 六成企业设备利用率低于 75%》，《人民日报》2015 年 11 月 30 日。

了"机器代人"的策略，通过引进机器人等设备，用少量高素质工人加自动化设备的组合方式，来提高劳动生产率，节约劳动力成本。据相关数据显示，东莞市66%的制造企业实施"机器代人"项目后，劳动生产率平均提高64.9%，产品合格率从89.3%提高至96.6%，单位产品成本平均下降12.5%[1]。但是，"机器代人"并不是所有企业都必须或都能够选择的策略。由于产品、技术、资金等多种原因，不少企业不具备进行"机器代人"的条件。这些不能进行"机器代人"的企业如何在劳动力成本上升背景下提高劳动生产率，将是中国企业必须认真解决的重大课题。

4. 劳动力供求失衡局面依然严峻

当前，中国工业劳动力供求存在着结构性矛盾。这主要表现在两个方面。第一，技术工人与技术人员短缺。据相关数据显示，技术工人与技术人员的岗位空缺数量与求职人员人数的比值在2002年突破临界值1之后不断上升，技师、高级技师、高级工程师的比值近年已超过2（见图10-18和图10-19）。这意味着两个岗位只有一个人求职，技术工人与技术人员的短缺程度相当大。过去几年里技术工人平均工资大幅上涨，但技工学校毕业生数量减少，大学生又不愿意做工人，农民工缺乏职业技能培训，学校教育与产业发展脱节，这些因素造成技术工人的供给总量未能同比例增加。第二，操作工、普工、服务员、营销人员等简单劳动岗位的劳动者短缺。简单劳动岗位虽然需求大，但因为工资低、劳动强度大、劳动环境差，对求职人员越来越缺乏吸引力。简单劳动岗位缺工问题在东部沿海地区比较突出。浙江省2015年劳动密集型行业缺工较多，制造业缺工占缺工总数的78.18%，主要是一线工人[2]。2014年广州市的生产运输设备操作工的求人倍率高达14.5倍，不少企业即使增加工资也找不到工人[3]。

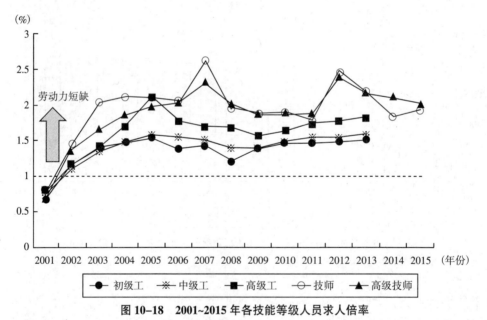

图10-18　2001~2015年各技能等级人员求人倍率

注：求人倍率指岗位空缺数量与求职人数的比值。缺少初级工和中级工2014~2015年的数据，缺少高级工2014年的数据。
资料来源：根据中国人力资源市场信息监测中心公布的有关数据绘制。

---

① 杜弘禹：《广东"机器代人"一线调查：部分岗位效率提高10倍》，《21世纪经济报道》数字报，2016-05-25，http://epaper.21jingji.com/html/2016-05/25/content_40604.htm.

② 新华社：《浙江劳动密集型行业缺工大一线工人最为紧缺》，2016-02-18，http://www.zj.xinhuanet.com/2016-02/18/c_1118085074.htm.

③ 根据2014年第一季度至2014年第四季度的《广东省广州市人力资源供求分析报告》有关数据计算。报告见中国就业网，http://www.chinajob.gov.cn/DataAnalysis/node_1452.htm.

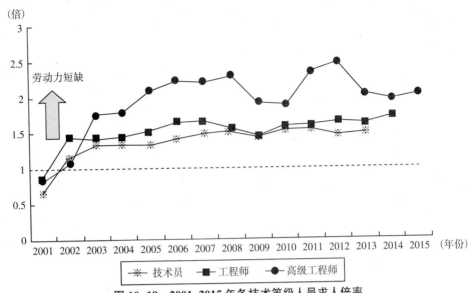

图 10-19 2001~2015 年各技术等级人员求人倍率

注：求人倍率指岗位空缺数量与求职人数的比值。缺少技术员 2014~2015 年的数据，缺少工程师 2015 年的数据。
资料来源：根据中国人力资源市场信息监测中心公布的有关数据绘制。

今后，随着人口结构变动、劳动力成本上升、信息技术发展，工业企业对技工与技术人员的需求还将增大，企业用工结构将由简单劳动岗位为主向复杂劳动岗位为主转变。首先，人口老龄化，年轻劳动力数量减少，将影响劳动力的有效供给，加剧劳动力短缺局面，推动市场工资上升。而工资上升又带来劳动力成本上升，将促使企业选择"机器代人"策略，减少简单劳动岗位数量。其次，工业发展已进入被称为"工业 4.0"、"工业互联网"的时代，以互联网为代表的信息技术和制造技术相融合，改变了工业生产方式，将对企业用工结构带来深远影响。一方面，随着人工智能、机器人等技术的广泛应用，生产制造、办公事务等过程中的劳动投入量将减少，一些中低端岗位将逐步消失。另一方面，技术数字化、智能化使劳动者的工作内容与工作形式发生变化，需要知识型技能的高端岗位将日益增多。近年来制造业农民工人数占全部产业的比重减少，制造业农民工的工资增幅收窄，就反映了企业用工结构中普工比重减少的变化（见图 10-20 和图 10-21）。今

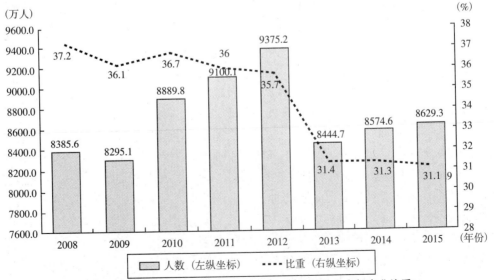

图 10-20 2008~2015 年制造业农民工人数及其占全部产业比重

资料来源：根据国家统计局公布的《农民工监测调查报告》历年有关数据计算和绘制。

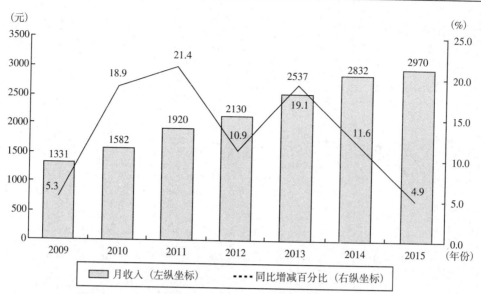

图 10-21　2009~2015 年制造业农民工月收入及同比增减百分比

资料来源：根据国家统计局公布的《农民工监测调查报告》历年有关数据计算和绘制。

后，简单劳动岗位的短缺局面将在一定程度上得到缓解，但技工与技术人员的短缺局面则可能进一步加剧。如果劳动者的素质技能不能适应产业发展的需要，就会影响产业发展。因此，中国必须加大对技工与技术人员的培养力度。

三、政策建议

近两年来，经济增长放缓对工业劳动力需求的影响日益凸显，企业劳动力需求进一步下降，从业人员人数减少幅度增大。化解过剩产能、淘汰落后产能步伐加快导致一些行业企业出现减员，失业人数有所增加。与此同时，劳动力素质变动趋势喜忧参半，尽管从业人员的受教育水平得到提高，但从业人员高龄化趋势有所加速。今后，在信息化技术快速发展、产业结构调整升级、劳动力高龄化趋势加速以及劳动力成本持续上升的形势下，工业劳动力供求将面临巨大挑战。一是工业就业增长动力减弱。而信息化技术可催生新领域，拓展就业空间，使工业获得新发展。因此，中国必须加快推动重点产业发展。二是过剩行业失业员工再就业难度较大。需要政府加大扶持力度，采取较长期的、全面的支援措施。三是劳动力成本持续上升增大企业用工成本。企业必须积极改进管理方式，提高劳动生产率。与此同时，政府要引导工资合理增长，为企业发展创造条件。

四是劳动力供求失衡局面严峻，劳动力素质与市场需求不相匹配。中国必须加大培养高素质劳动者的力度。

1. 推动重点产业发展，创造更多就业岗位

中国现已提出《中国制造 2025》战略，推动制造业发展。这个战略的实施，必将促进企业向产业链高端发展，拓展就业空间，增强其吸纳高技术技能劳动者的能力。大力发展高新技术制造业，利用新技术来催生新领域、创造新的就业机会是缓解劳动力供求矛盾的重要手段。从现存的工业结构来看，首先要继续促进计算机与通信设备、电气机械与设备、交通运输设备等装备制造业的发展。这些行业不仅能较多地创造就业机会，而且运用物联网、大数据等技术的可能性较大，存在着巨大的发展空间。因此，我们应该密切跟踪国际技术发展趋势，适时地动用政策手段，为这些行业的技术创新提供支援。同时，也要注意对装备制造业中的滞后部门采取必要的措施。装

备制造业是工业的基础，对整个工业体系的自主性有着重大影响。然而，如上分析，通用设备、专用设备、仪表仪器等行业的劳动力增长状况仍不容乐观。我们应该对这些行业的技术水平、与国外企业的竞争态势以及管理制度等进行周密分析，剔除不利因素，提供必要政策支援，使其尽快得到发展，为工业体系整体的升级换代提供国际先进水平设备的同时，在提高生产率的基础上，提供更多的就业机会，为中国高技能产业工人队伍的形成做出更多贡献。

2. 加大政策扶持力度，促进失业员工再就业

2016年3月2日，人力资源和社会保障部部长尹蔚民表示，化解过剩产能将造成大约180万职工下岗，其中煤炭系统130万人，钢铁系统50万人。中央政府将拿出1000亿元用于安置职工[①]。具体的安置措施包括四个方面。第一，鼓励企业挖掘现有潜力，在本企业内部来安置职工。第二，促进转岗就业创业。对需要离开本企业的职工，实施职业培训、职业介绍、职业指导等措施，帮助职工尽快就业和创业。第三，对符合条件（距法定退休年龄5年以内）的职工实行内部退养。第四，公益性岗位托底安置，对不能实行市场就业的困难职工，政府将开辟公益性岗位进行托底安置。一些地方政府将企业转型发展和人员分流捆绑在一起，通过发展新兴服务业、开展职业培训和提供经济补偿，帮助下岗职工实现再就业。如章丘县将煤矿原有建设用地，按国家规定重新流转盘活，通过建设一些金融、电商、物流、医药养生等现代化的工业园、产业园，吸纳煤矿员工的重新就业；为下岗职工提供免费职业培训，鼓励员工自主创业；以货币化补偿的方式，给解除劳动合同的员工一次性补偿[②]。

各级政府的财政支持、各种安置再就业政策的实施，为妥善解决失业员工的安置与再就业创造了良好的条件。但是，为了更加平稳地促使失业员工再就业，还应该进一步细化政策内容，加大政府支援力度。具体包括以下几个方面：第一，再就业的去向包括关闭矿山、钢铁厂、其他产业等。由于大量的就业机会在外地，所以还应该考虑对再就业者的迁移、住宅提供支援。第二，目前中国失业保险金的支付期限为12~24个月。可考虑将失业保险金的支付期限延长至3年。第三，发展新兴产业、服务业，积极鼓励企业雇用符合条件的失业员工，对接受失业员工再就业的企业提供较长期的就业补贴。第四，提供小额贷款支持失业员工创业。第五，对非国有企业失业员工实施同等支援措施。第六，利用原有资源发展旅游、文化等服务业，如在钢铁和煤矿遗址上修建博物馆、公园、游乐场等，以吸引游客。

3. 提高劳动生产率，降低劳动力成本

在实现可持续、稳定发展的大前提下，只有提高劳动生产率，才能有效地降低劳动力成本。因此，企业必须改变偏重劳动投入的发展方式，建立注重技术与人力资源素质的发展方式。可采取的措施包括三个方面。

第一，引进智能化、自动化设备以替代人力，减少劳动投入比重。以互联网为代表的信息技术发展为企业技术升级开拓新空间。传统工业依靠单体设备功能提升、生产制造单元局部改革发展到今天，向上提升能力的空间逐步变小，但借助以互联网为代表的信息技术仍然可以进一步优化生产制造全过程，达到降低成本、提升效率的目标。不仅如此，还可以利用大数据储存于分析技术，开发各种软件，应用到设计、开发、维护等高价值服务领域，从而使制造企业兼有服务提供功能，既满足社会需要，同时也增加企业利润。

第二，探索人机结合的最佳生产技术。机器人为典型的自动化设备，可以替代一部分人工作业，但全部生产活动不可能都变成自动化，彻底排除人的介入。生产活动是包括研发、试制、量产、销售及售后服务的大系统，既有从原材料、零部件到成品的物的流动，也有设计信息、制造信息、改进信息以及市场反馈的信息流动。研发人员、制造人员以及销售服务人员在物流、信息流中担任着知识型劳动，为整个生产系统的良性循环提供机械设备所不具有的隐性知识。因此，

---

① 李华东：《妥善安置职工，为转型升级蓄力》，《人民日报》2016年3月2日。
② 网易财经调查：《产煤大县不再产煤 上万名煤炭工人如何安置》，网易网，2016-04-09. http://money.163.com/16/0409/21/BK87TDNH002524SO.html.

不应该一味追求自动化，而应该找出人与自动化设备的最佳组合，实现劳动生产率提高与劳动成本控制的双赢局面。在这方面发达国家已有不少值得参考的经验，我们应该组织力量，进行深入研究，结合中国情况提出可行的建议，帮助企业克服劳动力成本困扰。

第三，依靠管理制度创新培养高技能员工。目前，劳动力市场上存在着技工与技术人员严重供给不足的问题。而企业在设备、产品升级中需要足够的技术人才。因此，需要企业对自身的管理制度进行认真的审视，改变单纯依靠外部市场引进人才的习惯，建立人力资本投资理念，有计划地培养员工，客观、公正地评价员工技能，用报酬形式鼓励员工学习技能，从而满足企业发展对技术人才的需要。

4. 加快培养适应工业发展需要的高素质劳动者

第一，深化教育制度改革，形成适应产业发展需要的教育体系和相应机制。建立人才需求预测机制，适时分析产业发展和市场需求，使各层次教育规模、专业结构与产业结构的调整同步优化，更有效地满足社会经济发展的需求。加大对职业教育的扶持力度，增加职业教育的财政投入，扩大中等职业学校招生规模。发挥政府在职业教育中的主导作用。推进校企合作机制，建立由政府、企业和学校三方负担费用的新机制。政府对在"校企合作"模式中到企业实习的学生提供补贴，减轻企业负担，以激励更多的企业参与职业教育，促进职业教育与企业需要对接。鼓励有经济实力、在特殊技术领域有培训能力的企业进入职业教育领域，在保证教育准公共性特征的前提下，对企业办学提供减税等优惠政策。

第二，优化技术技能人才培养的制度环境。一是健全技术技能人才服务体系和评价方式。完善新职业发布制度，加强对新职业的调查研究，把新职业尽快纳入职业统计报表范围，定期发布新职业并及时制定技能标准。鼓励社会化技能鉴定、行业企业考评、中介机构评价和政府认定等多种评价方式。提高职业技能鉴定考试中的实操部分比重，使职业资格真正成为实战能力的证明。二是政府有关部门要定期开展技术技能人才状况和需求情况调查，及时发布需求预测和各技术等级岗位工资指导线，引导企业提高技术技能人才的工资。三是加大政策支持力度。如增加技师特殊津贴的财政预算，提高技师政府津贴水平；提高企业培训补贴标准、比例和补贴覆盖面等。

第三，激励企业发挥岗位培训主体作用。借鉴国外经验，通过事后减免税的方式，对企业尤其是中小企业完成规定培训且职工取得技术等级证书后，免除相当于一定比例培训费的企业所得税，引导企业加大培训投入。同时建立企业培训经费定期检查机制，由政府有关部门和工会共同负责，督促企业落实培训经费。支持企业建立首席技师工作室，发挥高技能人才在解决生产服务难题、技术攻关中的作用，以实际贡献支持企业发展。鼓励企业设置技师技术攻关项目，技师完成项目并取得成效的，可获得不低于专业技术系列、管理系列的工资增幅，缩小技能人才与专业技术系列、管理系列的工资差距。

专栏 10-1

中山制造业普工依赖程度降低

中山市人力资源和社会保障局在 2300 多家企业样本检测的数据显示，中山制造业对普工的依赖程度正在降低，技术类人才稳定性趋于提高，产业转型升级和技术改造已见成效。

1. 普工比例 24 个月来连续降低

每年节后招工，对制造业大市中山来说都是一项挑战，而对劳动密集型企业而言，每年缺口较大的多是普工，他们技术水平不高，流动很快，对企业的生产效率却有一定影响。在中山 106 万异地务工人员中，普工仍占有最大的比例，但用工监测记录下的数据显示，中山企业用工结构中普工占比已连续 3 个月下降，创近 24 个月来新低，并且继 2015 年 12 月首次低于 70% 后，1 月再下降至 69.53%。从 2015 年 12 月的定点企业用工动态监测来看，用工缺工主要集中在缺工量较大的一部分企业，主要是劳动密集型的制造业和服务业，普工需求占监测企业总需求的 84%。同样创 24 个月新低的还有被监测企业员工平均流失率，2015 年 12 月为 3.58%，连续第五个月呈下降趋势。

2. "机器换人" 减少了用工量

用工结构的优化、用工总需求的下降，与企业积极实施技术改造，推动 "机器换人" 减少了用工量有关。格兰仕集团是中山市用工量较大的制造企业之一，微波炉、洗衣机、小家电等主要产品都在黄圃的生产基地制造，这两年，格兰仕在自动化改造方面的投入金额相当于过去 20 年的总和，节约了大量人力。格兰仕洗衣机制造本部的尹怀斌部长介绍，2015 年 12 月，洗衣机制造本部引入世界顶级的意大利 QS 成套自动化设备，分别是内筒和箱体自动化生产线，大幅减少了车间用工人数，洗衣机生产效率却实现翻倍。例如，自动化生产线从上料、冲压到组件铆接，各工序之间组件的传递全部使用机械手，真正实现了高度自动化，两条生产线每班产量将由 1500 多套提高到 3000 套，所需人员也将由原来的 59 人减少到 16 人，过去人工拉伸不锈钢报废率在 1%，正式投产后，报废率将控制在 3‰。

3. 高技能人才更受青睐

中山市的用工总量从 2014 年 8 月起呈现出下降态势，2015 年全年净流出 2.5 万人，用工需求总量也连续 4 个月小幅下降，创近 24 个月新低，截至 2015 年 12 月，有过半监测企业没有新的用工需求。从行业来看，用工缺口最大的仍是制造业，占全市近 90%，人力资源和社会保障局部门预计 2016 年部分企业缺工现象仍会存在，主要集中在一线生产普工、熟练技工和服务业的营销人员等。

然而，尽管普工在企业用工方面仍占大头，但随着产业转型升级和企业技术改造，企业对技术型人才的需求日益增多，纷纷拿出更高的福利待遇留住技术型人才，这也是这类人才稳定性更高的原因。2015 年 1 月，被监测企业的在岗职工月平均收入普工为 2658 元，高技能人才为 4718 元，两者相差了足足 2000 元。

资料来源：根据孙嘉琳、罗丽娟《中山制造业普工依赖程度降低》改编，原文载《南方日报》2016 年 2 月 25 日。

参考文献

[1] 曹雨平：《如何应对 "中国制造 2025"》，《中国教育报》2015 年 7 月 16 日。

[2] 姚文韵：《如何应对劳动力成本上升？》《新华日报》2016 年 2 月 23 日。

[3] 国家统计局：《2015 年全国农民工调查监测报告》，2016-04-28，http://www.stats.gov.cn/tjsj/zxfb/201604/t20160428_1349713.html.

[4] 中国人力资源市场信息网监测中心：《全国部分城市公共就业服务机构市场供求关系分析》（历年），中国就业网，http://www.chinajob.gov.cn/DataAnalysis/node_1522.htm.

第十一章　工业用地配置

提　要

　　工业用地配置制度不科学是制约我国工业转型升级和经济发展方式转变的一个突出因素，一些地区特别是各类园区正在对其进行改革创新。作为一种稀缺生产要素，工业用地必须以市场作为资源配置的决定性手段，市场机制这只看不见的手在正向的约束激励条件和监管下实现资源最优配置。改革工业用地出让和利用制度，必须把更大程度发挥市场作用和更好发挥政府作用结合起来，在出让方式创新和利用监管机制建设两个方面并行推动改革。前者旨在构建更具竞争性的用地出让市场，改革关键点是科学设置准入条件和交易规则，根据工业项目特点分类制定招标拍卖挂牌的具体方式，灵活调整工业用地出让年限，探索租赁和年租制等新型出让方式，整合和上移土地交易平台。后者旨在健全用地出让和利用的约束条件，改革关键点是强化土地税费和价格调节功能，严格各地区、各类园区工业用地投资强度和利用效率监管，完善工业用地信息发布制度，确保用地出让和利用信息充分、及时披露。

*　　　　　　　　　*　　　　　　　　　*

　　工业用地配置制度不科学是我国多年没有解决好的一个问题，其对工业转型升级和经济发展方式转变的制约越来越严峻。我国正处于工业化、城镇化集中快速发展时期，经济社会发展对土地的现实需求和潜在需求较大，节约集约利用土地是"十三五"和今后相当长一个时期缓解土地供需矛盾的根本措施。改革工业配置方式，特别是改革工业用地出让和利用制度，促进土地节约集约利用刻不容缓。《中共中央关于全面深化改革若干重大问题的决定》指出，大幅度减少政府对资源的直接配置，推动资源配置依据市场规则、市场价格、市场竞争实现效益最大化和效率最优化。

　　《中共中央关于制定国民经济和社会发展第十三个五年规划的建议》提出必须牢固树立创新、协调、绿色、开放、共享的发展理念，并强调深化市场配置要素改革，优化劳动力、资本、土地、技术、管理等要素配置，加快形成统一开放、竞争有序的市场体系，建立公平竞争保障机制，打破地域分割和行业垄断。以上论述为深化工业用地出让制度改革，促进工业用地市场化配置，构建节约集约用地的体制机制提供了正确方向。工业用地虽然不能像商住用地那样普遍采取充分市场化方式竞价出让，但存在更大程度发挥市场竞争作用和改进政府监管的空间。

一、工业用地出让制度改革进展与问题

经过多年改革，我国形成了以国有土地所有权与使用权相分离为核心的土地产权制度，土地使用权有偿使用制度、公开土地市场交易制度和土地用途管制制度不断完善，招标、拍卖、挂牌成为用地者在土地一级市场取得土地使用权的唯一途径，土地要素配置市场化程度得到提升。划拨用地总量缩小，有偿用地总量处于主导地位，以招标、拍卖、挂牌方式出让土地的比例呈现逐年增加的态势。然而，我国工业用地招标、拍卖、挂牌多停留在程序化层面，准入条件及价格形成过程受到过多行政限制，工业用地市场化配置严重滞后于商服用地和住宅用地。

首先，工业地价偏低，土地增值收益分配失衡。尽管国务院要求工业用地一律采用招标、拍卖、挂牌的出让方式，但在实际运作中，工业用地出让实行"预申请"制度，出让条件"量身定做"比较普遍，招标、拍卖、挂牌结果多以底价成交，竞争不足，成交价格明显偏低。正常的工业用地出让价格至少应该包括土地补偿费、安置补助费、开发成本以及各种税费等。然而，协议出让土地，出让价格由政府与企业协商决定，排斥了市场作用，人为干预过强，弹性很大。为了招商引资和发展经济，地方政府普遍采取竞相压价的策略，工业用地出让价格虽然高于最低限价，但远远低于二级市场的转让交易价格，甚至低于工业用地开发成本。一些开发区、工业园区为了招商引资，不惜降低工业项目准入门槛，对投资者的用地需求倾向于尽量满足，以工业用地的"零地价"、"低地价"甚至"负地价"、"多给地"等各种优惠条件吸引企业入驻。相对偏低的用地价格，削弱了企业提高工业用地投入产出效率的激励，诱发企业在选择生产要素组合中使用数量尽可能多的土地，结果是容积率、投资强度和产出强度普遍较低，工业建筑以1~2层为主。一些地方出现以工业企业科技研发、新建总部及物流仓储等名义供应工业、仓储用地的现象，一些企业以发展工业的名义，低价获得工业用地，实则在项目分期建设中兴建研发办公楼用于商务办公经营出租，建设企业职工住房、人才公寓等，这些改变土地使用用途的"擦边球"行为还在继续。政府土地出让价格与土地市场公允价格的巨大落差，以及税费制度缺陷导致的土地增值收益分配失衡，诱发一些企业用地投机，圈大用小，甚至占而不用，大量圈占非农建设用地和粗放低效利用工业用地，人为加剧土地供求矛盾。

表11-1 2015年第四季度末全国105个主要监测城市土地价格

	综合地价	商服地价	住宅地价	工业地价
价格（元/平方米）	3633	6729	5484	760
同比增长（%）	3.2	2.7	3.9	2.4

资料来源：2015年《中国国土资源公报》。

其次，一次性出让和征收出让金的弊端日益凸显。现行土地出让方式根据出让时的评估进行定价，一次性将若干年限的土地使用权出租给使用者，并向使用者一次性收取出让金。出于扶持企业发展等考虑，工业用地出让价格普遍较低。由于无法预期中长期地价变化，不符合市场定价的原则，政府对这些由业主长期占有而又处于停产、半停产状态或低效利用的土地，缺乏有效的处置手段，造成土地资源浪费。从政府角度看，一次性收取出让金，寅吃卯粮，造成了土地财政这一怪胎，助长了地方政府的短期行为，使财政收入变得不可持续，阻碍经济和社会的可持续发展。从企业角度讲，由于一次性支付出让金，开办企业初始投资压力大，加重了企业负担，不利于新兴产业及中小企业发展，不利于产业结构调整和新型产业培育。当前，企业更新换代步伐加快，新型产业层出不穷，中小企业用地需求日益旺盛。高额的土地出让金让中小企业望而却步，中小企业用地难进而影响企业发展的问题十分突出。从审批权行使角度看，出让制体现的行政审批权限过大，行政权力干预过多，审批流程、开发建设承包的过程中存在"暗箱操作"的空间，给土地出让中的权钱交易提供可能。许多企业利用土地保有环节税费低的弊端，借助政府急于招商引资的心理，把取得土地的多少及其土地价格问题作为投资谈判的重要条件之一，想方设法圈占更多土地，造成土地供不应求的表象，而一旦成功受让土地，其承诺的投资强度往往达不到原有的约定。由于缺乏刚性约束及处罚机制，企业私自转让土地、改变用途等现象时有发生。

再次，出让时间过长。现行法律规定工业用地出让最高年限不超过 50 年。在执行中，地方为追求短期效益，普遍采取以最高年限出让土地，与产业生命周期和企业生命周期规律不符。由于工业产品市场竞争激烈，产品和产业结构不断变动，工业企业的寿命相对较短。除基础性的工业企业外，大部分企业存续周期在 10~15 年，一些地区的工业企业存续周期仅有 3~5 年。工业企业寿命普遍少于工业用地出让的最高年限。中小企业存续周期更短，50 年的出让年限不利于工业用地退出机制的建立。一些工业用地出让后，企业投资兴建部分区域，其余部分则闲置或搭盖简易

建筑物，造成了部分厂区的土地闲置。有的投资者看到紧缺的土地增值获利明显高于生产利润，虚拟建设项目取得建设用地，厂房造好后，以市场形势变化等为理由，私下出租或转让厂房牟利。这些用地由于出让合同缺乏约定，只能由其自行改变用途开发、转让或政府收购。早期工业集聚区纷纷实施改造，工业用地变更用途作为办公、酒店、商业等经营使用，因改变用途后的收益、转让价格、政府收购价格往往高于出让价格，且很多地方差异很大，使得以工业用地名义"圈地"获利有可乘之机。

最后，交易平台过多过滥。由于缺乏统一指导，各类交易市场和平台建设模式多样、性质各异，建设和运行中暴露出一系列问题。不同地区，甚至同一辖区内各土地交易市场规则不统一，交易流程也不统一，有的甚至相互冲突。一些地方、行业违规设置审批或备案，阻碍或者排斥其他市场主体进入市场交易，地方保护和行业分割屡禁不止。一些土地交易市场定位不清晰、管办不分，违规干预市场主体行为和乱收费问题突出，有的甚至直接从事招标代理等中介业务。交易过程不够公开透明，行政监管与市场操作边界不清晰，监管缺位、越位和错位问题不同程度存在，滥用权力、以权谋私和权钱交易等腐败现象易发、多发等。这些问题严重制约土地市场配置机制的有效运行，影响统一开放的土地交易市场形成。

表 11-2　全国土地利用状况

单位：万公顷

年份（年末）	农用地		建设用地	
	小计	耕地	小计	城镇村及工矿用地
2012	64646.56	13515.85	3690.70	3019.92
2013	64616.84	13516.34	3745.64	3060.73
2014	64574.11	13505.73	3811.42	3105.66

资料来源：2013~2015 年《中国国土资源公报》。

表 11-3　2015 年批准建设用地数量及结构

城镇村建设用地					
总量（万公顷）	住宅用地	公共管理与服务用地	交通运输用地	商服用地	工矿仓储用地
24.12	21.7%	12.7%	8.6%	15.2%	38.7%
单独选址建设用地					
总量（万公顷）	交通运输用地	水利设施用地	能源用地	其他用地	
15.36	65.6%	11.2%	18.1	5.1%	

资料来源：2015 年《中国国土资源公报》。

二、工业用地市场化配置改革的难点

从经济学角度看，工业用地市场化配置需要构建竞争性交易场所和交易制度，通过潜在受让者之间的公平竞争发现地块的公允市场价格，实现在各种竞争性用途之间分配土地资源。投资者根据工业用地的前置条件、税费和价格，选择合适的土地、资本等要素组合方式，在工业用地资源紧缺和价格较高的地区实行节约集约利用土地。改革的难点在于如何将竞争机制引入招投标过程，发现理想的受让方和形成合理价格，显化资产价值遏制权力寻租，改进土地配置效率。但是，市场的有效运转要求有足够多的潜在受让方，工业用地市场化配置受土地异质性和工业用地个性条件匹配等因素的制约，经常出现受让方竞争不足的情况。

与一般性资源相比，工业用地是一种特殊资源，具有异质性，不可再生并且利用往往不可逆。异质性是指工业用地多属于非标准化产品，不同地块的区位、面积、形状、交通和周边条件差异较大，企业对工业用地也有个性要求，受不同产业技术、工艺和协作配套条件等因素制约，潜在受让方数量往往受准入条件、产业政策、环保消防等条件限制，不容易达到开展招标、拍卖、挂牌所需的充分竞争条件，招标中很难准确评估和选择投标方案。有时投标人偏少，招标方选择投标人的余地也小，投标人之间容易相互串通和勾结，难以通过竞争发现和形成合理的价格。同时，应该看到工业项目对工业用地的要求很少苛刻到不可替代的程度，标准厂房用地、仓储用地和一般加工业用地的同质化程度通常较高。绝大多数工业项目可以在较大区域选择布局地点，工业用地的异质性否定不了招标、拍卖、挂牌的可行性。不可逆是指土地资源利用一旦发生，往往无法恢复原状或者恢复原状会耗费过多成本，因而土地资源利用不能多次重复试验试错。异质性和不可逆性是土地资源区别与一般性资源的重要特征，这些特征使市场机制在配置土地资源时面临特殊困难。

有些工业企业因自身情况、行业特点、功能定位不同，对用地的规模、位置、形状以及配套条件有特定要求，只能参加符合其要求的地块的竞争，结果有些工业用地的特定地块只有一个或几个竞买者，竞争性不足必然影响到用地招标、拍卖和挂牌的实施效果。在受让方数量少甚至只有一家受让方时，土地使用权的成交价格不是通过用地单位之间的竞价确定，而是受地方政府偏好和用地单位寻租能力影响。处于垄断地位的出让方甚至可能利用编制招标文件、资格预审等权力设置歧视性条款，排斥更多潜在受让方参与竞争。在制订出让方案时，政府只能对拟出让地块的具体建设内容、用地要求给出原则规定，企业自由决定用地方式的空间较大。投资商为了获得更低廉、更大量的土地，容易采取不正当竞争手段排挤潜在竞争者，进而阻碍市场发挥作用。一些政府官员为了达到既能规避法律责任，又能让特定土地使用者成功受让土地使用权的目的，专门为特定土地使用者量身定制了土地出让和利用条件，将有威胁的潜在竞争者排除在外，该特定土地使用者无须竞争即可轻松取得土地使用权。这类行为违背了招标、拍卖、挂牌的本意，是导致工业用地出让实行招标、拍卖、挂牌方式流于程序和形式的一个重要原因。

从经济发展全局看，工业企业发展不应寄希望于土地的保值增值，而应集中精力搞好生产经营活动，依靠技术创新和管理创新来实现。只有弱化工业用地的资产属性，降低企业利用土地增值获取利益的动因，防止企业为土地增值而多占、圈占、占而不用、用而不全等现象的产生，才能改变企业的占地、用地偏好。缩短出让年限和采用土地租赁方式，既可减少企业一次性缴纳几十年地租的经济压力，降低企业前期投资数额，使企业把有限的资金尽可能多地投入到生产环节，也有利于盘活低效土地，防止和减少土地低效利用和闲置。但是，现行工业用地出让制所形成的土地使用权，使土地增值收益绝大部分归土地使用者所有，凭借土地使用权可以通过土地使用权转让、转租取得丰厚利润。尽管企业可以通过土地年租制按年缴纳土地租金，减少一次性资金投入，但土地年租制收益远小于长期出让土地获取的增值收益。追求土地增值收益是许多企业取得更多土地的一个重要目的。工业用地目前最长 50 年的使用年限，比工业企业平均生命周期高出 35 年左右，从企业衰落到土地使用年限到期，土地使用权掌握在企业手中，加大了政府根据需要调整用地的难度。土地低效利用和闲置成本低，甚至分享地价上涨带来的溢价收益，这种逆向利益机制使企业缺乏租赁土地或厂房的积极性，制约了土地出让和利用方式改革，进而阻碍土地节约集约利用和产业转型升级。一些地区、园区也担心国土资源领域试行出让年期改革政策，会给招商引资带来不利影响，其中不乏东部发达地区已经步入招商选资阶段的园区。

三、工业用地出让方式创新的内容

招标、拍卖、挂牌是目前我国工业用地出让的指定方式。由于潜在受让方能够竞价参与，通过多家竞争调节用地需求，将土地资源配置给真正需要的、出得起价的企业，公开招标、拍卖、挂牌应该成为土地资源市场化配置的优先方式。加快推进市场化配置，着力建设和完善土地交易市场，科学设置准入条件和交易规则，更大限度通过市场竞争配置资源，是工业用地出让方式改革的基本内容。

第一，根据工业项目特点分类制定招标拍卖挂牌具体方式，最大限度地压缩地方部门操作的空间。对拟出让用地进行前期开发，开展基础配套设施建设，科学、合理地设定工业用地出让条件，划分地块进行招标、拍卖、挂牌出让。对于用地个性化要求强，且符合国家产业政策并对区域经济转型升级有重要促进作用的工业项目，采用邀请招标或公开招标等方式确定受让人。对于用地个性化要求不强的鼓励类和允许类工业项目用地，采用挂牌方式，但应为竞买人设置必要规范的前置条件。集中连片工业用地，可以土地单价招标、拍卖、挂牌，以竞买人投资规模确定地块面积。对于竞价招标的，通过综合评标体系，公开选择有资格竞标的企业，通过集合竞价和科学评标确定土地受让人。加强出让后的跟踪管理和监管，建立工业用地的动态信息系统，严格土地利用违约责任追究。加强工业用地项目执法监察，防止多占、滥占土地，督促用地企业严格履行出让合同规定的义务，将有限的土地资源更多地用于引进或培育能带动本地经济的好企业。

第二，缩短工业用地使用权出让年限，灵活调整工业用地出让时间。过长的出让年限容易导致工业用地低效利用、闲置不用或自行转让、新兴产业用地难等问题。缩短工业用地出让年限，可以增加工业用地出让的灵活性，降低工业企业用地成本，提高地方工业企业的竞争能力。具体可以根据产业政策，在最高年限范围内，有弹性地确定工业用地的出让年限，降低企业用地成本。为促使企业取得土地后按合同约定使用土地，防止出现土地不完全开发、闲置、炒卖、违法改变用途等问题，对于出让年限较长的工业用地，可以约定分阶段签订出让合同。第一阶段出让年限以项目建设投产周期为限，一般不超过 5 年。达产验收通过后，按项目预期生命周期确定出让年限，以 10~20 年为宜，各阶段出让年限累计不超过 50 年。对于战略性新兴产业项目、技术先进发展潜力大的项目，特别是对地区产业布局、区域经济、产业结构调整升级具有战略意义的重大工业项目，以及国防、民生等特定用途的重大项目需求，综合考虑产业类型、产业特点、产业发展潜力和市场需求等因素，可以有条件地选择年限较长的受让时间。在签订出让合同时，对应不同出让年限设定不同条件，企业达到限定条件出让年限自动延续，达不到限定条件政府有权收回土地使用权。每个阶段出让年限届满后，对项目综合效益和合同履约等情况进行评估，采取有偿协议方式，续期或收回土地使用权。这样既可提高工业用地利用率和节约集约利用水平，也为政府主动调节工业产业结构提供产权制度支撑。

第三，探索土地租赁和年租制等新型出让方式。土地租赁可以加快建设用地的周转效率，减轻工业用地供应不足的压力。在继续推行和完善国有土地出让制度的前提下，把租赁作为出让方式的补充，实行多元化租赁方式。试行鼓励工业用地以租代让、先租后让，即企业按土地租赁合同，在企业生产发展的基础上，通过达产验收并符合土地出让合同约定条件的，再根据产业发展前景、市场需求和企业自身条件，决定是否将租赁方式转为出让方式。地方政府组建工业用地开发机构或引导社会投资主体，根据产业发展要求和企业需要，按照项目选择、规划控制、计划引导、量身定做、市场运行的发展思路，开展厂房及相关配套设施的开发建设，然后以年租制的方式向市场供应。鼓励和引导企业通过租赁、购买多层标准厂房解决生产经营场所。同时，加强工业标准厂房的类型、类别、结构研究，针对不同类型的行业用地特征，规划设计建设不同类型、不同层数的标准厂房，不断扩展标准厂房的适用领域。非标准化厂房需求，可以在企业土地区域选择定址后，根据企业的个性要求，为企业量身定做厂房，更好地满足企业需求。

第四，整合和上移土地交易平台。整合土地交易平台是将不同属性土地的交易整合到统一平台进行，上移土地交易平台是将不同地区、部门的交易整合到统一平台进行，整合和上移交易平台的实质是把分散在各地区、各部门的土地交易整合到少数几个集中场所，统一交易信息披露、准入条件、交易规则。整合和上移土地交易平台，有利于实现土地要素的集中交易和优化配置，更有效地发布和传播交易信息，扩大服务范围和领域，为更多潜在用地者进入市场交易创造便利，形成工业用地的市场公允价格。国家层面统筹规划土地交易制度和标准体系建设，建立全国统一的国有土地出让平台和若干个跨行政区的区域性公共资源交易平台或土地交易平台，工业用地配置全部上移到整合后的交易平台进行，国有土地出让职能向省级以上政府集中。

四、健全用地约束机制，加强土地监管的措施

节约集约用地的基本和主要机制是市场的约束和激励作用。在约束激励机制健全的成熟市场经济体制中，企业具有自觉节约集约用地的外在压力和内在动力。约束激励机制越完善，企业节约集约用地的压力和动力也越强。工业用地约束激励机制的有效性与土地税费、价格调节、用地监管等因素具有不可分割的联系，上述因素构成用地出让和利用的条件，土地配置效率高低受上述条件的影响。提高工业用地配置效率，发挥市场对用地资源配置的决定性作用，促进工业用地资源流向效率高的产业和企业，要求理顺政府和市场关系，强化税费和价格的约束功能，严格政府土地利用和信息披露等方面的监管作用。

第一，改革土地税费制度，健全企业用地约束机制。由于保有土地的成本过低，企业用地特别是工业用地缺乏退出激励，退出机制不健全使政府缺乏促使企业退出闲置用地的手段，形成

"政策真空"。一些地区在工业用地出让合同中，就土地退出情形规定了相关条件，但因国家无明文规定又缺少上位法的支撑，按合同操作难度很大。解决保有土地成本过低的问题，必须从完善土地税费制度和退出条件两方面采取措施。土地税费制度改革重点完善土地使用权保有环节税费体系，理顺不同税费的调节功能与目标，提高土地保有环节的税负，建立资源占用的经济约束机制，促进土地合理开发和有效利用。我国土地保有环节的土地税费有城镇土地使用税和土地闲置费。目前，城镇土地使用税税额每平方米每年在0.6~30元，征收定额普遍偏低，这与我国人多地少、土地资源极为紧缺的现状以及近年来日益攀升的地价水平极不适应，其调节功能大大弱化。虽然规定未动工开发满一年的闲置土地，按照土地出让或者划拨价款的20%向土地使用权人征缴土地闲置费，但由于土地闲置界定难等原因，土

地闲置费征收很少。为有效发挥土地闲置费保护和调控土地资源、抑制土地囤积的作用，应进一步细化土地闲置的界定和闲置费的征收情形，尽快将土地闲置费转为土地闲置税，以高税负增加囤地成本。土地转让环节税费主要有营业税和土地增值税，但可采取转让企业股权而不办理土地转让的方式予以避让，被拆迁的又因拆迁补偿款不需纳税而避税。由于征管难度大、力量有限，各相关部门之间应该有效联动，研究完善闲置土地的地价增值相关税收政策，对地价增值所产生的收益可以征收高额增值税或所得税，将土地溢价的大部分收入通过征税手段纳入公共财政。企业用地退出条件重点在土地出让合同或租赁合同中增加有实际操作性的限制性条款，对依靠土地增值发财、不在生产上下工夫的企业，规定土地使用权年限期满不再延期，年限未满的，由政府按照一定价格回购。对用地收回、回购、转让和退出机制深入研究，完善土地二级市场交易制度。以工业项目、研发总部、经营性基础设施和公共服务设施等名义取得的建设用地，需经出让人同意后，方可进行土地房屋整体转让、分割转让和涉地股权转让。对符合法律规定和合同约定并经批准的工业、研发总部类等项目，土地转让和再次开发均纳入土地利用全生命周期管理，实施闭环管理。

第二，完善工业用地价格调节机制，加强土地出让价格监管。适当提高工业用地价格，一方面可以促使用地企业在投资总量和结构不变的前提下减少土地需求数量，转而通过提高容积率等节约集约用地途径满足企业生产空间的需求。另一方面可以缩小工业地价与住宅、商业等经营性用地价格的差距，建立有效调节工业用地和居住用地合理比价机制，压缩寻租空间，使工业用地真正用于工业项目，减少工业用地的不合理需求。当然，部分地区而不是全国统一提高工业用地价格，将破坏土地市场的统一性和公平竞争，提高地价的地区可能导致优质项目流失，而使地方失去积极性。提高工业地价必须综合平衡各地区情况，全国统一组织实施。对工业项目用地，由省级以上国土资源部门按地区、地块和出让时间，分类测算和确定基准价格，避免在招商引资过程中，企业随意压价，引资者盲目定价。实行工业

用地价格调节机制，对鼓励、限制的产业实行差别地价。对鼓励类以及使用盐碱地、沼泽地等未利用地的产业，按最低价标准下调一定幅度。对生态环境有较大影响和在开发区外单独选址的项目，按最低价标准上调一定幅度。同时，在严格工业用地变更用途的审批基础上，提高变更用途的地价水平及土地闲置费标准，进一步抑制寻租行为，提高工业用地利用效率。

第三，加强各类园区工业用地投资强度和利用效率监管，完善节约集约用地激励机制。现有工业用地管理，主要根据单个项目在投资强度、税收贡献、容积率、建筑系数、行政办公及生活服务设施、用地比例等控制性指标，作为工业用地控制依据。但投资强度等指标依靠企业项目计划书列明的投资额为依据进行测算，企业具有夸大投资总额的动机，并且企业获得土地后在项目实施、验收过程中，对投资强度的核算与检查难以开展。显然，对个别企业和单个项目的投资管制虽然必要，但不足以实现节约集约用地的目标。促进工业用地节约集约利用，需要完善工业项目评审机制，供地前做好产业方向、投资规模、资源占用等方面的综合效益评审，加强土地节约集约利用和预期效益评估。根据地质条件及相关规定，提高园区单位土地投资和产出要求，鼓励多层标准厂房建设，提高多层厂房的供给量，引导企业通过厂房加层、老厂改造、内部整理以及建设标准厂房等途径提高土地利用率，提高土地承载强度和投入产出效率，促进土地集约利用。同时，加强对各类园区土地节约集约利用土地的考核评估，将评估结果作为园区扩区升级的重要依据。对节约集约利用水平较高的工业园区，给予一定激励。对节约集约利用水平较低的工业园区进行兼并、合并，或是接受管理，带动土地利用效率整体提高。

第四，完善工业用地信息发布制度，确保用地出让和利用信息充分、及时披露。土地出让和利用信息不公开或者公开不及时把潜在用地者排除在外，降低了工业用地交易的竞争效率。工业用地的个性化要求比商业服务和住宅等其他经营性用地的个性化要求程度高，进而制约工业用地出让实行招标、拍卖、挂牌的竞争程度，因此工业用地出让信息必须充分公开披露。然而，出让

方和潜在受让方都有动机隐匿信息，土地出让领域信息不对称问题突出。土地交易的一方知情，另一方不知情，知情的一方具有利用信息优势谋取不正当利益的条件。或者，少数潜在受让者知情，其他潜在受让者不知情，知情的潜在受益者在缺乏竞争的情况下以较低价格受让土地。综合来看，出让方处于垄断和相对有利地位，一般对用地要求和产业政策的了解比受让方多。但受让方在某些方面也有信息优势，主要是对自身技术、投标文件真实性、履约能力、弱点了解较多。出让方和受让方各有信息优势，任何一方都有机会利用信息优势损害对方利益。一些地方在供地信息公示和出让地块公告方面，存在着公布时间短、范围窄的问题，竞买人因来不及认真研究相关信息资料而导致招标、拍卖、挂牌、竞买不充分，甚至导致企业盲目决策，仓促上阵。建立工业用地信息披露制度，强制披露工业用地交易条件、交易过程和交易结果等信息，有利于打破依靠信息优势操纵市场，增进土地资源交易透明度，从源头上预防土地资源配置领域腐败行为。因此，应按照政府信息公开的要求，完善工业用地信息发布制度，实现工业用地交易公告信息集中发布和信息共享，对土地出让环节中需要公开的内容进行细化，充分利用互联网、内部局域网或公示栏等形式，主动将土地出让信息、土地出让程序、土地出让公告和出让结果等在互联网上向全社会公开，接受社会监督。这样，可以使潜在投资者充分、及时了解拟出让的工业用地的信息，作出及时和正确的判断，最大限度扩大工业用地竞争范围。

专栏 11–1

福建省莆田市工业用地配置改革

针对现产业结构不合理、土地利用率低下、出让方式和出让年限单一、批后监管的配套措施不健全等问题，福建省莆田市对工业用地配置进行了改革。

一是严格用地标准。保障省以上重点工业项目、临港先进制造业、龙头骨干企业、高新企业、节约集约用地企业、国家鼓励类、产业振兴和结构转型企业、节能减排企业等用地。禁止对高污染、高能耗、高排放、低水平、低效益项目、落后产能项目和不符合产业转型升级及规划布局的项目供地。

二是区别确定工业用地国有建设用地使用权出让年限。分别设定 20 年、30 年、50 年不等的弹性出让年限。期限届满时，用地单位若达到土地出让合同和届时规定的投入产出、税收等经济指标，仍然正常生产并保持增长态势，可以申请以协议出让方式续期使用土地。

三是支持各类投资开发主体参与工业开发区多层标准厂房建设，鼓励具备条件的农村集体经济组织在符合相关规划的前提下，建设标准厂房用于转让、租赁、入股。

四是在工业园区规划建设中，可预留部分成片土地作为工业用地租赁的试点区域，在上报新增建设用地时，以工业用地收储方式报批。形成净地后，根据控制性详细规划划分各个小地块，如 10~15 亩为一单元，并设定土地用途、开发建设规划指标、投资强度等准入条件，通过市场化及公开化的竞争方式，租赁给企业特别是小微企业使用。

五是围绕构建以技术创新、生态环保和税收贡献为导向的产业促进机制，由经信部门建立工业企业亩产效益综合评价体系。将全市内拥有土地使用权 10 亩以上、达产的工业企业纳入评价范围，以县区政府（管委会）为单位，由县（区）级经信部门按照规模以上和规模以下工业企业，设定不同的企业评价指标和权重，计算企业亩产效益综合评价得分。

资料来源：林津：《工业用地差别化管理的思路与对策——以福建省莆田市为例》，《海峡科学》2016 年第 2 期。

专栏 11-2

上海市工业用地的变迁

在中心城区金融业和现代服务业的发展需要更多的空间资源，而中心城区的老工业用地长期闲置、低效利用的背景下，上海市积极推动工业用地变迁，探寻合理的工业用地退出机制，中心城区和郊区工业用地实现了转型升级。

1999 年编制完成的《上海市城市总体规划（1999~2020）》明确提出，市域产业布局分为三个层次：内环线内以发展第三产业为重点；内外环间以发展高科技、高增值、无污染的工业为重点；外环线以外以发展第一产业和第二产业为重点，提高集约化水平。20 世纪 90 年代，上海调整工业布局，改造和搬迁中心城区污染企业，为避免中心城区出现"空心化"，逐步形成了在中心城区发展都市型工业的思路。通过发展都市型工业，利用闲置厂房当"房东"，采取企业管理园区或是街企合作模式，盘活中心城区存量土地，促进中小企业发展。21 世纪初，上海加快了将工业用地转变为住宅、商业等经营性用地步伐，实现中心城区多数用地的再城市化改造。

为了推进工业向园区集中，提高土地利用效率，上海市 2004 年出台了《关于本市郊区工业用地规划指标核定的若干意见（试行）》（沪规区〔2004〕1067 号），该意见把郊区工业用地的容积率从原来规划的 1.2 提高到了 1.5。随着郊区工业园区的进一步发展，上海市进一步出台《关于进一步加强土地集约利用合理核定郊区工业用地规划指标的意见》（沪规区〔2008〕287 号），该意见把容积率底线从 0.6 提高到 0.8，并鼓励建设多层厂房，适合以多层厂房生产的行业应参照《上海市城市规划管理技术规定》中的多层工业建筑容积率规定，按容积率不高于 2.0 控制。2011 年上海市出台的《上海市控制性详细规划技术准则》（沪府办〔2011〕51 号发），该准则提出增加工业研发用地（M4）和科研设计用地（C65），以便对工业园区的土地功能加以区分，避免土地收益流失。

2013 年上海进一步推出《关于增设研发总部类用地相关工作的试点意见》（沪规土资地〔2013〕1023 号），这份文件是上海在工业用地转型更新上迈出的重要一步。该意见统一了工业研发用地（M4）和研发总部用地（C65），明确已编制完成规划中使用 M4 用地的，若其实际用途与 C65 用地定义相同，可参照 C65 政策执行。C65 的土地出让地价高于工业用地，研发总部类用地起始价的设定按不低于地块所对应的工业基准地价的 1.5 倍执行；实行弹性年租制，按照不超过最高出让年限 50 年设定，可以采取弹性年期的出让方式，分别设定为 10 年、20 年、30 年、40 年或 50 年。采用非 50 年弹性年期出让，其地价另行确定。

2014 年上海推出《关于本市盘活存量工业用地的实施办法（试行）》（沪府办〔2014〕25 号）该办法针对存量工业用地调整，调整细化了土地出让政策，提高了研发总部类用地的地价，明确研发总部类用地开发强度按照同地区商务办公用地标准制定，最高容积率不超过 4.0。关于产业项目用地，该办法规定外环线以外地区不得低于相同地段工业用途基准地价的 150%，外环线以内地区不得低于相同地段办公用途基准地价的 70%。商务办公等经营性用途用地不得低于相同地段同用途的基准地价。

资料来源：郑德高、卢弘旻：《上海工业用地更新的制度变迁与经济学逻辑》，《上海城市规划》2015 年第 6 期。

参考文献

[1] 楼立明、张安强、廖永杰:《关于宁波市工业用地供应和开发利用情况的调研》,《浙江国土资源》2013年第4期。

[2] 许超诣、刘云中:《从城市工业用地"低价"出让的动机和收益看土地出让结构调整的方向》,《发展研究》2014年第1期。

[3] 王燕东、吕宾、秦静:《土地税费政策参与宏观调控的实践研究》,《中国国土资源经济》2014年第10期。

[4] 范华:《企业生命周期及其土地弹性出让年期研究》,《上海国土资源》2014年第2期。

[5] 王俊杰:《高效利用开发园区工业用地——北京经济技术开发区工业用地管理实践探索》,《中国地产市场》2014年第4期。

[6] 胡成飞:《包头市工业用地弹性供地模式探讨》,《内蒙古科技与经济》2016年第1期。

第十二章 工业污染治理

提　要

"十二五"时期,我国工业污染治理取得积极进展。我国环境保护投入力度不断加大,主要工业污染物控制目标基本实现,工业节能减排加速推进,工业污水处理成效显著,政策法规不断完善。在取得不可否认的成绩的同时,我国工业污染治理仍存在一些问题。当前,大气污染问题突出,工业土壤污染治理不力,工业危废处置能力不足,市场化的价格机制尚未形成,环境评估市场不透明、不独立。在全国力推供给侧改革的背景下,以工业污染治理为代表的环保产业可在供给侧改革的落实过程中扮演重要角色。工业污染治理可在"去产能、降成本、补短板"三项重点任务中充分发挥积极作用,通过成为新经济增长点、淘汰落后产能、依托PPP吸引民间资本进入等方式推动供给侧改革的开展。在具体推进时,我国应注重强化环境约束,淘汰落后产能,扩大有效市场需求,推进工业污染治理创新驱动,大力发展环境服务业,力争使工业污染治理成为供给侧改革的"助推器"。

*　　　　　　*　　　　　　*

中共十八大以来,生态文明建设在中国特色社会主义事业总体布局中的地位日益凸显。中共十八大将生态文明建设纳入经济、政治、文化、社会、生态建设"五位一体"的总体发展布局,并提高到国家长远发展核心战略的高度。中共十八届五中全会进一步将"绿色发展"列为五大发展理念之一,生态文明也首次被写入五年规划的十个目标任务中。工业污染治理不仅是生态文明建设的重要一环,也与供给侧改革的推进密切相关。把握工业污染治理中供给侧改革的着力点,可以更好地推进绿色发展、循环发展、低碳发展,加快建设"美丽中国"。

一、"十二五"时期我国工业污染治理的总体情况

"十二五"时期,党和国家做出一系列重大决策部署,加大环保投入力度,严格对污染指标进行总量控制,坚决向工业污染宣战,环境保护取得积极进展。

1. 我国环境污染治理投入不断加大

自"十五"时期以来,我国环境污染治理投资总额呈现快速上升之势(如图12-1所示),从2000年的1015亿元逐年增加至2014年的9575亿元,占GDP比重从1.0%提升至1.5%。"十五"时期,我国环境污染治理投资总额为8399亿元。"十一五"时期上升至23761亿元,相比"十五"时期增长了183%。"十二五"时期更是达到4.5

万亿元之巨，较"十一五"时期增长了89%。尽管如此，我国环境污染治理投资还未到达峰值。根据国际经验，当环境污染治理投资占GDP的比重达到1%~1.5%时，可以控制环境恶化趋势；当达到2%~3%时，环境质量可有所改善。20世纪70年代，发达国家环境污染治理投资所占GDP

比重已在2%以上，其中美国为2%，日本为2%~3%，德国为2.1%。与发达国家相比，我国目前仍有进一步提升空间。可预计，"十三五"时期我国环境污染治理投资力度将继续加大，总投资规模预计将达到8万亿元。

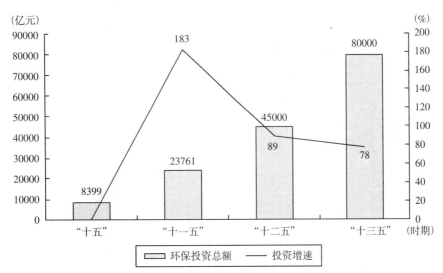

图12-1 我国环境污染治理投资变化趋势

资料来源：环境保护部。

2. 主要工业污染物控制目标基本实现

早在"十一五"时期，我国便开始规划实施工业污染物总量控制，最初总量控制的范围是化学需氧量和二氧化硫。"十二五"规划又新增了氮氧化物、氨氮化物、地表水、空气等指标。"十二五"时期，我国对工业污染物的总量控制工作取得了较为显著的成绩（见表12-1）。化学需氧量、二氧化硫、地表水国控断面劣Ⅴ类水质的比例和七大水系国控断面水质好于Ⅲ类的比例均得到了有效控制，至2014年底均已提前完成"十二五"规划指标。氨氮和氮氧化物排放总量则预计能提前完成指标，仅有地级以上城市空气质量达到二级标准以上的比例指标不能完成。在针对工业"三废"的治理中，国家对废气治理的重视程度越来越高。2013年和2014年废气治理投资额分别

达到640亿元、789亿元，在工业污染治理投资总额中占比超过50%。随着国内主要城市雾霾的发生频率越来越高，持续时间越来越长，影响范围越来越广，预计未来工业废气治理领域的投入将进一步加大。工业废水排放总量由最高峰2007年的247亿吨下降至2014年的205万吨，特别是在"十二五"时期，每年均保持下降态势（如图12-2所示）。在排放总量下降的同时，我国工业污水处理也取得显著成效。我国城市污水处理厂数量从2005年的764座增加至2014年的6031座，保持年均30%以上的增长率。城市污水处理厂的处理能力稳步提升，2014年污水处理率达到90%以上，日污水处理能力达到1.7亿吨，约为2003年的5.3倍，已经超过美国位居全球首位。

表12-1 "十二五"时期环境污染治理情况

"十二五"总体目标项目	2015年排放目标	2014年底数据	完成情况
化学需氧量排放总量（万吨）	2347.6	2294.0	已提前完成
氨氮排放总量（万吨）	238.0	238.5	预计能提前完成
二氧化硫排放总量（万吨）	2086.4	195.3	已提前完成

续表

"十二五"总体目标项目	2015 年排放目标	2014 年底数据	完成情况
氮氧化物排放总量（万吨）	2046.2	2078.1	预计能提前完成
地表水国控断面劣Ⅴ类水质的比例	<15%	9.2%	已提前完成
七大水系国控断面水质好于Ⅲ类的比例	>60%	71.20%	已提前完成
地级以上城市空气质量达到二级标准以上的比例	≥80%	<20%	预计不能完成
城市污水处理率	≥85%	90%	已提前完成

资料来源：作者整理。

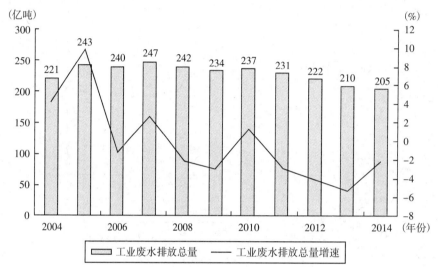

图 12-2　近年来我国工业污水排放情况

资料来源：国家统计局。

3. 工业节能减排加速推进

"十二五"时期以来，国家有关部门对工业节能减排的工作力度持续加强，国务院、国家发展和改革委、环境保护部和国家能源局陆续出台了《"十二五"节能减排综合性工作方案》《煤炭工业节能减排工作意见》《煤电节能减排升级与改造行动计划（2014~2020 年）》等政策文件，力求从节能和减排两个角度推动超净排放。一方面，对工业生产现役机组进行改造；另一方面，购置新型机组对落后产能进行替代。截至 2015 年，全国煤电行业已完成节能减排改造 8400 万千瓦，约占全国煤电装机的 1/10，正在进行改造的超过 8100 万千瓦。现役机组改造主要集中在东部地区，30 万千瓦及以上机组按照燃气机组排放限值进行改造，其他地区鼓励进行改造。新建机组方案则要求东部地区基本达到燃气机组排放限值，中部地区原则上接近或达到，西部地区鼓励。就当前节能减排的实施情况看，在过度电补贴、财政补助、发电小时奖励等措施的积极推动下，地方积极性已有较大程度的提高，整体进度超预期（见表 12-2）。目标至 2020 年前，全国力争完成改造机组容量 1.5 亿千瓦以上。

表 12-2　近年来各地区节能减排情况

地区	节能减排改造目标	节能减排改造进展
江苏	江苏沿江八市老机组烟尘、二氧化硫、氮氧化物排放限值分别要低于 20 毫克/立方米、50 毫克/立方米、100 毫克/立方米。天然气发电机组的三项污染物排放限值低于 5 毫克/立方米、35 毫克/立方米、50 毫克/立方米	截至 2014 年，全省 133 台 125 兆瓦及以上燃煤机组，三项改造分别完成 100%、96%、76%。全省电厂脱硫系统平均排放浓度为 85.16 毫克/立方米，脱硝机组氮氧化物平均排放浓度为 68.99 毫克/立方米，完成除尘设施改造机组的烟尘排放浓度平均仅 16.3 毫克/立方米，均符合国家排放标准

续表

地区	节能减排改造目标	节能减排改造进展
河北	到 2017 年，完成保留的 23562 台燃煤锅炉节能环保综合改造提升，确保燃煤锅炉安全高效运行、大幅减少污染物排放	截至 2015 年 7 月，没有完成改造的 30 万千瓦以上燃煤发电机组，绝大多数电厂已完成招投标，部分机组正在停机改造。30 万千瓦以下属五大电力集团管理的电厂，已开展了招投标，其他 30 万千瓦以下电厂开展了前期调研，部分企业初步制订了方案，保证年底前完成改造
山东	2017 年底前，10 万千瓦及以上的燃煤机组完成台数达到 80% 左右，30 万千瓦及以上全部完成；2018 年底前，10 万千瓦及以上的全部完成	截至 2015 年，山东省共对 423 万千瓦燃煤机组实施了脱硫改造，1941 万千瓦燃煤机组建成了脱硝设施。全省脱硝机组装机容量占比已达 86%，脱硝水泥产能占比已达 95%。山东省已投运燃煤超低排放机组 17 台，总装机容量 580 万千瓦，预计年底可达到 52 台，总装机容量 1449 万千瓦
浙江	力争到 2017 年，全省所有燃煤电厂和热电厂实现清洁排放	截至 2014 年底，全省统调燃煤机组已启动清洁排放（超低排放）改造的有 22 台，共计 1576 万千瓦，完成投运 9 台，计 687 万千瓦
河南	力争 2016 年 10 月底，全省所有燃煤机组实现超低排放	截至 2015 年 7 月底，河南省已有 539 万千瓦燃煤机组实现超低排放，达到天然气机组排放限值，占全省燃煤机组装机总量的约 1/10

资料来源：作者整理。

4. 政策法规不断完善

工业污染治理作为政策导向非常强的一个领域，政策出台与落实对于行业发展举足轻重。回顾"十二五"时期国家颁布的环保相关重大法律法规可以发现，随着顶层设计初见雏形，各领域配套政策日益完善，我国工业污染治理的整体规划越发清晰（见表 12-3）。2015 年 1 月 1 日，新修订的《中华人民共和国环境保护法》正式开始实施。新法加大了对工业污染违法行为的处罚力度，不仅施行"按日计罚"上不封顶，还罕见地规定了行政拘留的处罚措施，倒逼企业迅速纠止违法行为。此外，新法规定面对重大环境违法事件，地方政府分管领导、环保部门等监管部门主要负责人将"引咎辞职"，这对地方官员于政绩考核对环境污染的默许与纵容将起到极大威慑作用。除了总体框架设定，相关的配套政策也相继落地。2013 年 9 月《大气污染防治行动计划》（"大气十条"）出台，2015 年 4 月《水污染防治行动计划》（"水十条"）正式颁布，《土壤污染防治行动计划》（"土十条"）也将于 2016 年年内出炉。可预计，"十三五"时期工业污染治理领域自上而下的政策环境将继续趋好。

表 12-3 "十二五"时期工业污染治理相关法律法规

领域	相关法律法规
大气	《中华人民共和国大气污染防治法》（修订）
	《大气污染防治行动计划》
	《重点区域大气污染防治"十二五"规划》
	《挥发性有机物（VOCs）污染防治技术政策》
污水	《水污染防治行动计划》
	《污水处理费征收使用管理》
	《城镇排水与污水处理条例》
	《关于推进海绵城市建设的指导意见》
	《全国地下水污染防治规划（2011~2020 年）》
	《重点流域水污染防治"十二五"规划编制大纲》
固废	《关于全面推进农村垃圾治理的指导意见》
	《生活垃圾焚烧污染控制标准》修订版
	《关于完善垃圾焚烧发电价格政策的通知》
	《"十二五"全国城镇生活垃圾无害化处理设施建设规划》
土壤	《重金属污染综合防治"十二五"规划》
	《国土资源环境承载力评价和监测预警机制建设工作方案》

续表

领域	相关法律法规
监测	《国家环境监测"十二五"规划》
	《生态环境监测网络建设方案》

资料来源：作者整理。

二、当前工业污染治理中存在的问题

1. 大气污染问题突出

目前，我国已是世界上少数大气污染最严重的国家之一。"十二五"时期，80%地级以上城市未达到空气质量二级标准，即达标比例不足20%，较"十二五"规划指标中80%的目标相去甚远。就我国的空气污染情况看，大气污染治理分为脱硫、脱硝、除尘三大领域。尽管大气污染治理在"十一五"时期和"十二五"时期得到了广泛重视，政策与标准的相继出台也推动了大气污染治理工作的快速发展，但治理范围有所局限。"十一五"时期，我国治理大气方面的切入点是化学需氧量和二氧化硫，主要针对的是酸雨，并对火电发电企业的废气排放实施脱硫处理。"十二五"时期，主要的切入点是氮氧化物和氨氮，针对火力发电企业的废气排放实施脱硫脱硝处理。随着脱硫脱硝在2014年达峰后，我国在大气治理的方向上应逐步扩大治理范围和行业。治理重点应从单一的火电企业，扩展到石油化工行业和包装印刷行业。对污染物纳入总量控制的范围也应有所扩大，积极推进火电企业废气的超净排放，并在石化行业和包装印刷行业进行试点，推进VOC（挥发性有机物）的排放控制。

2. 工业土壤污染治理不力

土地污染治理是我国工业污染治理中的薄弱环节。我国土壤环境状况总体不容乐观，部分地区土壤污染较重，耕地土壤环境质量堪忧，工矿业废弃地土壤环境问题突出。全国土壤总的点位超标率为16.1%，其中轻微、轻度、中度和重度污染点位比重分别为11.2%、2.3%、1.5%和1.1%。从污染类型看，土壤污染以镉、汞、砷、铜、铅、铬、锌、镍等无机污染物为主，无机污染物超标点位数占全部超标点位的82.8%。六六

六、滴滴涕、多环芳烃等有机污染物次之，复合型污染比重较小。困扰我国土壤污染治理的主要问题在于技术。目前，引进的国外技术大多数并不适合中国市场，国内土壤、气候、水文地质、污染重度及复合程度，施工效率及修复成本与国外大相径庭。首先，国内工业土壤污染具有滞后性和累积性，土质状况也千差万别。即使土壤遭到了严重污染，也不能明显表现出来，而是需要通过样品分析、农作物检测等才能确定。同时，污染物在土壤中迁移、扩散、稀释等存在诸多不确定性，时间一长容易在土壤中不断累积，进而加大污染治理难度。其次，现有土壤修复技术存在较大局限性。造成土壤污染的因素有很多种，如农药残留、重金属超标、化工厂搬迁等。然而，国内普遍情况是一块污染场地由多种污染造成，每一块污染场地的修复都需要用多种修复技术来完成，这在实际操作中很难实现。

3. 工业危废处置能力严重不足

"十二五"时期，我国工业危废实际产生量约为每年6000万~8000万吨，而全国持危废经营许可证的单位危废年利用处置能力仅约4000万吨，供需缺口较大，且主要缺口主要在于无害化处置（如图12-3所示）。危废行业的市场准入程度高，对企业技术和经验的要求严格，须有资质才能进行危废处理，且资质不易获得，导致危废行业处理需求高于供给。以东部沿海地区的广东和江苏为例，广东省无害化处置能力每年不到100万吨，仅为实际处理需求的1/3~1/2。其中，年焚烧处置能力仅5万吨左右，仅为广东省焚烧需求的1/4左右。而江苏省危废处置能力每年约700万吨，其中90%以上是资源综合利用类，无害化处置能力极度缺乏，焚烧资质仅23万吨/年，填埋14万

吨/年，不到实际处理需求的一半。由于危废处置新项目从环评到投产需两年时间，短期内危废无害化产能难以改善，在新产能未规模化投产之前，只能通过充分挖掘现有基地产能来处置。供需缺口加大促使危废无害化处置价格上行，2014年价格上涨幅度约15%左右。涨价与产能不足迫使企业危废非法倾倒现象日趋严重，一定程度上加重了工业污染。

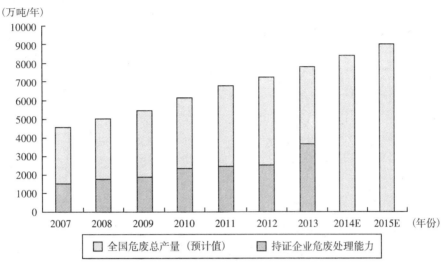

（万吨/年）

图12-3 我国工业危废处置情况

资料来源：环境保护部。

4. 市场化的价格机制尚未形成

尽管十八届三中全会提出，要实行资源有偿使用制度和生态补偿制度，加快完善现代市场体系及政府职能的转变，使市场在资源配置中起决定性作用，更好地发挥政府作用，但目前我国现有的价格机制既没有反映出环境污染治理市场的供求关系，也没有反映出环境污染应当承担的成本。当前，环境税、排污权交易、水权交易、碳排放权交易等环境市场的关键因素均处在构想或试点阶段，环保税收、收费及相关服务价格政策尚未统筹运行，通过经济手段调节企业污染行为的力度明显不足。企业排放各类污染物承担的支出普遍低于主动治理成本，并未全面承受污染带来的负外部性损失，自主排污积极性难以培养。环境市场价格机制的失灵从某种角度影响了我国工业污染治理的力度，因此价格改革势在必行。

5. 环境评估市场不透明、不独立

我国环境评估市场"红顶中介"较多，严重扰乱市场秩序。由于企业委托环境评估机构进行环境影响评价的目的在于通过环保部门审批，因此，环境评估机构会尽量选择与环保系统有关，甚至直接在环保系统工作的相关人员，成为环境评估系统内的"红顶中介"。"红顶中介"在环境评估过程中往往省略实地调查环节，直接使用企业提供的数据编制环境评估报告书，在公众参与环节做假，并以项目更名等方式确保项目通过审核。大量不符合环保要求项目通过审批的同时，"红顶中介"也占据了近80%的环境评估市场份额，严重挤压了民营环境评估企业的生存空间。在"红顶中介"的影响下，环境评估机构的资质审批也明紧暗松。按照有关规定，环境评估机构用于申请资质的环境评估师必须为全职，且在申请时必须提供相关材料以兹证明。然而，现实中对环保机构的审批并非如此照章办事，大部分环境评估公司仅以"挂靠"环境评估师即可获得资质。更有些无资质环境评估机构，借用正规环境评估机构的资质"拉私活"，以备案环境评估机构的名义承揽业务、出具环境评估报告书，正规环境评估机构只需盖章即可。技术评估中心接收环境评估报告后，为确保审批通过，环境评估机构寻租现象较为普遍。技术评估中心名义上是承担环保部门委托的技术评估工作，但性质上却是事业单位，且往往会向评审专家"做工作"，帮助项目顺利通过环境评估。混乱的环境评估市场导致环境评估过程不透明、不独立，可信性大打折扣。

三、供给侧改革背景下工业污染治理的新趋势

当前，中国经济开始步入"新常态"，保增长压力加大。然而，为了保持中国经济的长期增长动力，"新常态"并不意味着要放松工业污染治理要求，反而应更严格履行环保规定，加大工业污染治理力度。经过改革开放以来近40年的快速工业化，中国已毫无争议地成为工业大国。然而，尽管整体技术水平和国际分工地位不断提高，"大而不强"却是中国工业的基本现状。近年来，虽然单位产出资源消耗和污染排放强度呈下降趋势，但与发达国家相比，中国工业能耗、资源消耗以及污染排放普遍偏高，环境污染和资源浪费严重。现阶段中国环境承载能力已达到或接近上限，国内的资源条件和环境容量难以长期支撑传统工业发展模式。要突破中国工业由大转强的资源环境约束，必须依靠工业污染治理，有效提高资源和能源利用效率，提高工业的整体素质和质量。面对全球产业变革的新形势，以资源集约利用和环境友好为导向、以绿色创新为核心、以实现经济效益与环境效益双赢为目标的工业绿色化发展，既有一定的技术基础，又有巨大的投资空间，且能够产生可持续的增长效应。因此，加大工业污染治理投入是中国经济增长和转型升级的必然选择。

作为"新常态"下的重要战略，供给侧结构性改革不仅对提高社会生产力水平，不断满足人民日益增长的物质文化需求具有十分重要的意义，也是推动"十三五"时期生态文明建设的关键。当前，在宏观经济下行压力加大、传统周期性行业增长乏力的背景下，以工业污染治理为代表的环保产业由于资产属性偏重、增长势头较快，不仅是供给侧改革所需的新经济增长点，也可为供给侧改革的推进发挥重要的助推作用。

1. 工业污染治理有望成为新经济增长点

作为七大新兴战略产业之一，以工业污染治理为代表的环保产业近年来增速强劲。根据环境保护部的统计数据，"十二五"时期环保产业年均增速为15%~20%，而进入"十三五"时期后，每年增速预计有望达到20%，为"十三五"规划中全国GDP增速的3倍以上。"十二五"时期，大量环保投资被地方政府投入到基础设施建设、天然气改造等非环保领域。随着"十三五"时期地方政府环境考核压力的加大，真正能够落实到环保领域的投资比重将有大幅度提升。特别是在传统产业增速下行压力加大的背景下，环保行业已成为中央政府精准释放流动性、提升城镇化率并保证GDP增速的一个重要抓手。2015年以来，中央银行在货币政策执行报告中多次强调货币政策保持稳定和连续的重要性，应利用货币政策避免总需求在经济结构性调整中的螺旋式下降。海绵城市及PPP模式的环保项目正符合中央银行对于流动性精准投放的要求。海绵城市及PPP模式的环保项目一方面可与新城区建设结合，进一步提升城镇化率；另一方面通过修复城市水生态、涵养水资源，增强城市防涝能力，显著改善城镇化的质量。海绵城市建设包括排水防涝设施、城镇污水管网建设、雨污分流改造、雨水收集利用设施、污水再生利用、漏损管网改造等，与上下游产业的联动效应明显。海绵城市投入与GDP产出之间的比例大致为1∶7，即海绵城市每投入1元，会带来7元的GDP产出。可见，环保产业有望在"十三五"时期成为经济保增长的"发动机"。

2. 工业污染治理由数量转质量，推进落后产能淘汰

在政府大量投入带动下，我国环境已有一定程度的改善，垃圾处理率、污水处理率与煤电脱硫脱硝改造率均得到较大程度提高。然而，严重的雾霾天气、黑臭河等依旧大量存在，人民群众对于环境的直接感官并不好。我国污染治理效果差强人意的原因在于，在过去几年里我国环保产业属于粗放式的发展，以基础设施建设（如污水厂、垃圾焚烧厂等）为主。工业污染治理模式为"点源式"，即"哪里污染了去治哪里"。虽然当前

污染物排放总量下降，但环境质量改善不明显。相比考核总量减排，考核质量改善更容易被公众监督，这也是新《环境保护法》的核心思想。"十三五"时期，环境治理思路将从以前的考核总量向真正的考核环境质量转变，从根源上解决"十二五"时期未能完成的任务（见表 12-4）。以2015 年出台的《大气法》为例，其通篇围绕大气质量改善目标这个主线展开，明确提及"大气环境质量"多达 36 次，接近全部条文的 1/3。《水污染防治行动计划》也对全方位的水环境污染防治提出了具体要求，从工业水、市政水、农村水、港口水、地下水到城市黑臭水体，水环境治理需求的复杂化要求企业能够提供的污水处理服务更加多样化和综合化。工业污染治理由数量转向质量，也对落后产能的督查和淘汰提出了更高要求，配合了供给侧改革的推进。工业污染治理淘汰的落后产能，基本都是产能严重过剩行业，且以高污染、高能耗企业为主。由于淘汰量占比较少，不仅不会伤害各行业的发展，还能大大减少因污染造成的 GDP 损失，倒逼行业优胜劣汰，促进产业升级。

表 12-4　"十三五"时期工业污染重点治理领域

	主要领域	治理目标	治理方法
"十二五"时期未完成目标领域	空气质量	强化 VOC 治理、使企业承担相应排污成本	VOC 监测、环境治理
		增强秸秆综合回收利用	生物质处理
		能源结构调整	可再生能源使用
	污泥	提升污泥处理率	脱水设备、污泥运营
"十二五"时期目标达成后仍有提升空间领域	海水淡化	增加海水淡化规模	加大膜产业投入
	垃圾焚烧发电	提高焚烧占比、增加无害化处理率	—
	生物质发电	提升生物质发电装机	—
"十三五"时期新重点领域	土壤	改善土壤环境	土壤修复
	经济手段调节	落实排污权交易、碳排放交易、环境税等	大数据监控排放

资料来源：作者整理。

3. 依托市场化的 PPP 模式吸引民间资金进入

在"十一五"时期和"十二五"时期，政策扶植和财政资金投入一直是这一阶段工业污染治理最核心的驱动力量。在政府主导之下，存在着行业发展局限于政策扶植领域之内、行业商业模式不完善、政府投资实际效果差等难以解决的问题。一方面，政府项目管理和技术水平有限，对于专业化的环保项目管理"力不从心"，资金使用效率较低；另一方面，政府对环保服务产品质量的敏感度差，导致"关系型"、"销售型"公司充斥市场，真正有核心竞争力的"技术型"公司难以突出重围，环境实际改善效果远远达不到预期。随着我国进入污染事故和治理需求高发期，政府逐渐难以承担环保项目投资的巨大资金需求，急需借助市场化程度更高的融资模式引入社会资本。十八届三中全会以来，新一届政府实行市场化改革，通过大力推进 PPP 模式，借助市场"看不见的手"开展工业污染治理工作。中央和地方先后出台了一系列 PPP 鼓励政策，如先后推出 PPP 操作指南、推出两批示范性项目、建立 PPP 结算扣款机制约束地方政府等。在融资支持上，中央和各地设立总计超过 7000 亿元的 PPP 引导基金，鼓励商业银行、保险、社保资金投资 PPP 领域，并出台转向债，保障 PPP 项目融资渠道更通畅。目前，各级政府已推出 PPP 项目 6650 个，总投资额 8.7 万亿元。在 PPP 模式下，有实力的民营企业将成为工业污染治理的主体之一，环境治理效率有望大幅提升。

四、工业污染治理推动供给侧改革的政策建议

当前，供给侧结构性改革的重点是"去产能、去库存、去杠杆、降成本、补短板"，而工业污染治理则可在"去产能、降成本、补短板"三项重点任务中充分发挥积极作用。工业污染治理可通过成为新经济增长点、淘汰落后产能、依托PPP吸引民间资本进入等方式推动供给侧改革的开展。在具体推进过程中，还需从以下四方面着手：

1. 强化环境约束，淘汰落后产能

去产能是供给侧结构性改革的首要任务。当前，有关部门应继续加大环境监管力度，积极促进淘汰落后产能和化解过剩产能，配合供给侧改革的推进。首先，坚决淘汰落后产能。对造纸、制革、印染、染料、炼焦、炼硫、炼砷、炼油、电镀、农药十个重点行业展开全面排查，对于装备水平低、环保设施差、污染严重的行业企业，要依据国家有关法规、政策和当地环境质量状况，确定企业名单并全部予以取缔。对于其他行业污染严重、达标无望的企业，也要依法实施取缔。其次，严禁新增低端落后产能。各地在制定产业市场准入负面清单时，要充分考虑当地环境质量状况，严格控制超出本地资源环境承载力的新增产能，防范过剩和落后产能跨地区转移。国家明令禁止审批的项目，各地必须严格执行。同时，鼓励发展优质产能。对于产品升级换代、工艺技术改造、环境综合整治、城乡污染治理、新兴产业以及环保产业等建设项目给予大力支持。最后，促进企业加快升级改造。综合考虑环境质量、发展状况、治理技术、经济成本、管理能力等因素，科学、合理制定地方污染物排放标准，充分发挥环境标准引领企业升级改造和倒逼产业结构调整的作用。环境质量超标地区，要根据环境质量改善的目标和进程，制定并实施分阶段逐步加严的地方标准。严格实施工业污染源全面达标计划，推动企业升级改造。对于提前达到下阶段更严排放标准的，鼓励各地采取贴息、以奖代补等方式支持企业提标改造。推动燃煤、车用油品、船用燃料油、石油焦、生物质燃料、涂料、烟花爆竹以及锅炉等产品标准的制修订，提高有害物质控制和大气环境保护要求，为社会提供更多的环境友好型产品。

2. 扩大有效市场需求

工业污染治理直接受环保投资力度的影响，加大工业污染治理必须通过加大环保投资力度来驱动。目前，由于政府仍是环保投资的主体，继续保持政府环保投资力度仍有必要。一方面，政府应担当主要责职，从政策上保证政府投资向环保产业倾斜；另一方面，还应运用财政金融政策拓宽融资渠道，健全投资和价格机制。首先，按照"十三五"时期环境质量改善目标和目前改善较差的大气、土壤和危废污染等防治要求，有关部门应研究本地区环保的重点任务和治理需求，重点围绕大气污染、土壤污染和危废污染开展防治行动，投资推动实施一批环境基础设施建设、工业污染治理、环境综合整治等工程项目。各地要向社会公开工程项目招标清单等信息，全面废止妨碍形成统一开放环保市场和公平竞争的规定和做法，主动引导社会各界参与污染治理。其次，积极推进PPP模式，提高民间资本积极性。继续在全国范围内组织建立环境保护PPP中央项目储备库，并向社会推介优质项目。依托中央和地方财政专项资金，优先支持工业污染治理PPP项目的实施。会同有关部门建立PPP项目绿色通道、部门联批联审"一站式"服务，制定支持性政策措施，确保高质量PPP项目的顺利实施。最后，完善环境市场的价格机制，发挥价格引导作用。统筹运用环保税收、收费及相关服务价格政策，加大经济杠杆调节力度，逐步使企业排放各类污染物承担的支出高于主动治理成本，提高企业主动治污减排的积极性。要加快推进环境税的立法和征收进程，同时调整消费税政策，将目前尚未纳入消费税征收范围、不符合节能技术标准的高耗能产品、资源消耗品纳入消费税征税范围。我国是世界上二氧化碳排放大国，适时开征碳税也应作为环境税的一个重要内容，可在环境税开征

后，作为其中一个税目择时推出。

3. 推进工业污染治理创新驱动

坚持将创新驱动作为工业污染治理抓手，创新环境保护政策，逆向约束和正向激励并重，增强市场主体环境保护内生动力。首先，推进以绿色生产、绿色采购和绿色消费为重点的绿色供应链环境管理。研究制定政策支持措施和标准规范，促进生态产品和绿色产品生产，加快构建绿色供应链产业体系。要以政府、企业绿色采购和公众绿色消费为引导，利用市场杠杆效应，带动产业链上下游采取节能环保措施，在全产业链进行绿色化改造，降低污染排放和环境影响，促进企业绿色转型升级。鼓励各地学习借鉴上海、天津等地的工作经验，选择排污量大、产业链长、绿色转型潜力大的行业、工业园区，充分发挥链主企业和龙头企业牵头作用，组织推行绿色供应链环境管理试点。鼓励互联网电商推行有各自特色的绿色供应链环境管理，引导有机食品生产和供应，推进绿色消费。其次，实施差别化排污收费政策。对于超标或超总量排放污染物的企业，除依法实施其他处罚外，可加倍征收排污费。企业生产工艺装备或产品属于淘汰类的，同样加倍征收排污费。而企业污染物排放浓度低于排放限值50%以上的，则可适当减量征收排污费。此外，应研究增加排污收费种类，推动对挥发性有机物和施工扬尘等征收排污费。鼓励各地研究制定季节性、区域性排污收费政策。在采暖季适当提高主要大气污染物排污费征收标准，引导有条件的企业"错季"生产。最后，推广先进适用技术和生态化治理技术。定期发布《国家先进污染防治示范技术名录》，建立信息共享平台，及时向社会公布有关技术信息。充分发挥行业协会作用，组织开展散煤治理、黑臭水体整治、挥发性有机物（VOC）治理、污染地块和土壤修复等领域先进适用技术

的经验交流和试点示范，为企业提高治污效率、降低治污成本提供指导。在环保专项资金中，要安排一定的比例支持环保新技术、新工艺、新产品的示范应用。

4. 大力发展环境服务业

加大治理环境评估行业"红顶中介"现象，充分释放改革红利。截至2016年4月，环保部直属单位八家环保评估机构已率先全部与环保系统脱钩，地方环保系统也有140家环保评估机构提前完成脱钩，完成了近一半的环保评估"红顶中介"脱钩任务，效率和速度明显加快。随着环保评估机构"红顶中介"脱钩的有序进行，实现环保评估行业第三方审批为大势所趋，未来环保评估行业需更加市场化。政府应更多地充当监管者角色，委托独立第三方开展环境评估。鼓励有条件的工业园区聘请第三方专业环保服务公司作为"环保管家"，向园区提供监测、监理、环保设施建设运营、污染治理等一体化环保服务和解决方案。开展环境监测服务社会化试点，大力推进环境监测服务主体的多元化和服务方式的多样化。民营环保评估企业将充分享受"红顶中介"退出带来的改革红利，逐步将以往"红顶中介"的灰色利益链透明公开化，通过市场化机制流向民营环保评估企业。在推进环保评估行业市场化的同时，严格依法监管环境服务市场。对于故意不正常使用防治污染设施超标排污、伪造或篡改监测监控数据的，不仅要追究排污单位的主体责任，还要依法追究负有责任的建设和运营单位责任，并列入失信企业名单，推动其他部门和社会组织依法依规给予联合惩戒。对于环境监测机构在监测服务中存在弄虚作假行为的，也要依法追究责任，向社会公开，并限制其参与政府购买环境监测服务或政府委托项目。

专栏 12-1

PPP：工业污染治理的新模式

PPP（Public-Private Partnership）即政府和社会资本合作模式，PPP模式在工业污染治理中的运用分为三个层次：第一，环保项目层次，如大型污水处理厂、垃圾焚烧发电厂的PPP模式；第二，环保产业层次，即在某一环保产业建立PPP环保产业基金，如PPP土壤修复基金；第三，区域

或者流域环境保护层次，如 PPP 模式生态城建设基金、PPP 模式流域水环境保护基金等。

一、单一环保项目的 PPP 模式

单一环保项目的 PPP 模式是伴随着基础设施民营化的建设而产生和发展的。环境保护领域的很多项目，都属于基础设施建设，最早是城市污水处理厂。因为这些环保基础设施都属于大型投资类项目，一个污水处理厂的投资经常高达十几亿元，所以，需要采用项目融资方式，组建项目公司，专项管理项目投资资金并组织建设和运营。而投资回报也是基于项目本身产生的收益，与母公司没有关系。比如，污水处理厂主要是通过污水处理费来回收投资并获得利润。

二、PPP 模式环保产业基金

PPP 模式环保产业基金，是指财政资金参与市场的环境保护产业基金，扶持和引导其投向环境保护的企业和产业。PPP 环保产业基金是向环保企业或项目提供投融资的一种新兴工具。通过发行基金份额或收益凭证，将投资者资金集中起来，为环保产品、技术研发及环保企业发展提供资金和管理支持，并在适当时机抽回资本，以获得资本增值。在该基金的构成中，财政资金所占比例不高，所以，政府并不作为主要合伙人进入基金的管理机构，而只是作为有限合伙人。其原因在于，这种基金只能投资于未上市的企业，而且还是概念期的企业，这就极大地增加了投资风险。财政资金在其中主要发挥引导作用，扶持更多的风险投资资金投向环境保护相关产业。目前，中国已经试点的 PPP 模式环保产业基金是土壤修复产业基金。

三、PPP 模式区域或流域环保基金

PPP 模式区域环保基金是 PPP 的创新模式。与一般 PPP 项目不同，PPP 模式区域环保基金对应的不是单一项目，而是一个项目包。项目包内分为高、中、低利润项目群，包含的项目来自多个产业。这些产业链可以互相衔接、互相呼应，将中低利润项目与高利润项目捆绑在一起，从而使中低利润的环保项目可以通过产业链互相呼应的设计来降低风险，提高项目包整体收益。这种基金实际上是把整个区域或者流域的环境保护作为一个大项目，里面分布的各种产业链作为子项目，各个产业链互相呼应，使原来并不盈利的环保项目，通过财政的加入和复合产业链的设计，使整个项目包的总收益达到可以吸引社会资本的水平。PPP 模式的区域或流域环境保护基金，在国外已经运用，但在中国还处于试点阶段，主要运用于生态城建设或者流域保护。

资料来源：《上海证券报》2015 年 7 月 21 日第 12 版。

参考文献

[1] 黄群慧、李晓华、贺俊：《"十三五"：工业转型中的政策调整》，《中国经济报告》2016 年第 3 期。

[2] 史丹：《"十二五"节能减排的成效与"十三五"的任务》，《中国能源》2015 年第 9 期。

[3] 史丹、吴仲斌：《土壤污染防治中央财政支出：现状与建议》，《生态经济》2015 年第 4 期。

[4] 张其仔：《供给侧改革旨在提升有效产能》，《中国社会科学报》2015 年 11 月 26 日。

[5] 杨丹辉：《实现工业文明与生态文明融合发展》，《人民日报》2014 年 6 月 18 日。

[6] 陈吉宁：《以改善环境质量为核心　全力打好补齐环保短板攻坚战》，《环境保护》2016 年第 2 期。

[7] 陈吉宁：《环境保护不是发展的"包袱"》，《环境》2016 年第 5 期。

第十三章　工业全要素生产率水平提升

提　　要

长期以来，我国工业行业的竞争优势在于低成本的劳动和资本的持续不断的投入。然而，随着人口红利的消失、资本回报率的降低，维持工业增长的基础逐渐消解，工业增长不断放缓。劳动和资本对工业增长贡献式微，亟待提升全要素生产率水平，以实现中国从工业大国到工业强国的转变。然而，当前微观企业创新能力不足，企业生产效率低下，宏观上体制机制不畅，资源配置效率堪忧。本书建议，实施创新驱动战略，培养工业发展的内生动力，提高投资效率，充分发挥财政资金的引导作用，释放企业活力，使其成为市场竞争的真正主体。

*　　　　　　　*　　　　　　　*

当前工业增速出现放缓迹象，其原因是随着人口红利的消失、国内要素成本的上升、资源环境压力的加大及经济规模的扩张，过去那种依赖低成本优势发展工业的模式不再发挥效力，而新的动力机制尚未形成。本章认为从粗放式的工业发展模式向集约型工业发展模式转变的关键点在于提高全要素生产率。然而，宏观和微观上存在一系列问题制约全要素生产率提升。提升全要素生产率，完成工业行业转型升级和稳定增长的任务需要实施创新驱动战略，培养工业发展的内生动力，提高投资效率，充分发挥财政资金的引导作用，释放企业活力，使其成为市场竞争的真正主体。

一、工业行业生产水平现状

长期以来，工业行业的竞争优势在于低成本的劳动和资本的持续不断的投入。然而，随着人口红利的消失、资本回报率的降低，维持工业增长的基础逐渐消解，工业增长不断放缓。根据统计局数据，1994 年改革以来，工业增加值维持高速增长，然而"十二五"期间，工业增加值出现下滑趋势，名义全部工业增加值分别为 19.5 万亿元、20.9 万亿元、22.2 万亿元、23.4 万亿元和 22.9 万亿元，增速分别为 18.2%、7.1%、6.4%、5.1% 和 −2.1%，增速下滑趋势显著。而按可比价计算的实际全部工业增加值下滑趋势更加严重。"十二五"时期末，实际工业增加值（使用的价格指数为工业 GDP 价格平减指数 1990=100）仅为 1.5 亿元，比"十一五"时期末还低 800 亿元。劳动和资本对工业增长贡献式微，亟待提升全要素生产率水平，以实现中国从工业大国到工业强国的转变。

1. 全员劳动生产率增速持续放缓

随着工业增加值增速换挡，工业全员劳动生产率增速也出现明显换挡趋势。从1995年开始，名义全员劳动生产率呈直线上涨趋势，"十二五"期间，增速震荡下行，2015年出现负增长（如图13-1所示）。实际全员劳动生产率早在2001年即达到峰值，随后基本维持0增长甚至负增长态势，"十二五"期间出现负增长趋势。

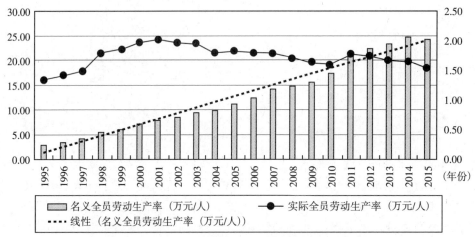

图13-1 按可比价计算的全员劳动生产率

注：①全员劳动生产率=全部工业增加值/工业从业人员平均就业人数；②数据来源于Wind数据库。

分行业看，全员劳动生产率差异较大，不同行业之间，全员劳动生产率差10倍之多。全员劳动生产率排在前十位的有烟草制品业，石油加工、炼焦及核燃料加工业，有色金属冶炼及压延加工业，燃气生产和供应业，废弃资源综合利用业，电力、热力的生产和供应业，黑色金属冶炼及压延加工业，化学原料及化学制品制造业，农副食品加工业，化学纤维制造业；全员劳动生产率排名在后十位的有水的生产和供应业，纺织服装、服饰业，皮革、毛皮、羽毛及其制品和制鞋业，煤炭开采和洗选业，开采辅助活动，金属制品、机械和设备修理业，家具制造业，其他制造业，文教、工美、体育和娱乐用品制造业，印刷业和记录媒介的复制（见表13-1）。

表13-1 2015年全员劳动生产率最高和最低的十个行业

全员劳动生产率最高的十个行业		全员劳动生产率最低的十个行业	
行业	万/人	行业	万/人
烟草制品业	467.54	水的生产和供应业	45.03
石油加工、炼焦及核燃料加工业	374.73	纺织服装、服饰业	50.85
有色金属冶炼及压延加工业	258.94	皮革、毛皮、羽毛及其制品和制鞋业	51.96
燃气生产和供应业	212.00	煤炭开采和洗选业	56.50
废弃资源综合利用业	209.37	开采辅助活动	60.09
电力、热力的生产和供应业	202.11	金属制品、机械和设备修理业	63.96
黑色金属冶炼及压延加工业	178.12	家具制造业	67.75
化学原料及化学制品制造业	174.50	其他制造业	67.82
农副食品加工业	159.31	文教、工美、体育和娱乐用品制造业	69.55
化学纤维制造业	158.20	印刷业和记录媒介的复制	76.92

注：①由于缺乏行业增加值数据，本书中各行业全员劳动生产率=各行业主营业务收入/各行业全部从业人员平均就业人数；②数据来源于Wind数据库。

行业间全员劳动生产率趋于均衡增长。尽管烟草制品业以及重化工业等全员劳动生产率目前处于较高水平，但随着消费结构的调整、产能过剩痼疾的存在，其增加值增长速度和利润水平增速远小于处于消费端的纺织服装业和家具制造业等全员劳动生产率较低的部门。随着中国经济稳步进入新常态，工业不同行业全员劳动生产率差异不断缩小，工业行业内部开始趋于平衡增长。

2. 资本产出率不断下降

1996 年以来，资本产出比不断下降，而 2011 年这种下降速度开始加速。根据要素回报率边际递减规律，随着要素投入规模的增长，产出将呈下降趋势，在劳动力基本保持不变的情况下，资本的产出效率越来越低。

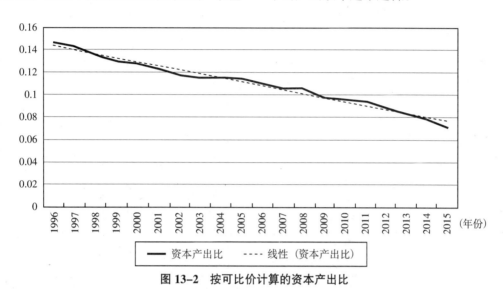

图 13-2　按可比价计算的资本产出比

注：①资本产出比＝全部工业增加值/资本存量；②数据来源于 Wind 数据库。

更令人担忧的是，资本的边际回报率也越来越低。改革开放以来，我国工业行业利润规模不断扩大，尤其是 2002 年以来，增长速度超过 20%，工业的资本回报率维持高水平。然而，2011 年以来，工业行业利润增长速度放缓，一度出现负增长现象。随着利润低速增长，资本回报率逐渐降低。白重恩、张琼（2014）[①] 指出 2011 年以来中国资本回报率呈不断降低的趋势，2011~2013 年资本回报率分别为 21.1%、16.6% 和 14.7%。工业行业资本回报率与全社会资本回报率基本保持一致。工业行业资本回报率降低会出现两种情况：一是投资加速向其他产业转移，数据显示，2005~2013 年工业行业固定资产投资占全社会固定资产投资的比重一直在 40% 以上，2014 年起，回落至 39.9%，且有不断下降趋势。二是投资向海外转移。

分行业看，轻工业资本产出比较高，而重化工业资本产出比较低。资本产出比排前十的行业分别是皮革、毛皮、羽毛及其制品和制鞋业，文教、工美、体育和娱乐用品制造业，废弃资源综合利用业，农副食品加工业，计算机、通信和其他电子设备制造业，木材加工及木、竹、藤、棕、草制品业，纺织服装、服饰业，烟草制品业，家具制造业，电气机械及器材制造业；资本产出比排后十位的行业分别是水的生产和供应业，石油和天然气开采业，电力、热力的生产和供应业，煤炭开采和洗选业，黑色金属矿采选业，燃气生产和供应业，开采辅助活动，黑色金属冶炼及压延加工业，有色金属矿采选业，金属制品、机械和设备修理业等资本密集型行业（见表 13-2）。

3. 全要素生产率亟待提升

随着资本的不断积累，资本的边际效率和投资回报率不断降低，而随着以劳动力短缺和工资持续提高为特征的"刘易斯拐点"的到来，以及以人口抚养比不再降低为表现的"人口红利"的消失，中国经济逐步进入从二元经济发展阶段向

---

① 白重恩、张琼：《中国的资本回报率及其影响因素分析》，《世界经济》2014 年第 10 期。

新古典增长阶段的转变时期。如表 13-3 所示，劳动力的增加值贡献率不断降低，部分年份贡献率为负值。在这个转变过程中，资本报酬递减现象开始出现，靠大规模的政府主导型投资保持经济增长速度的方式，不再具有可持续性。表 13-3 显示，资本贡献率呈不断下降态势，2015 年增长贡献率仅为 0.1%，资本的弱势增长加之劳动力的负增长，导致工业增加值增长为负；然而对工业经济增长影响最大的是全要素生产率。

表 13-2　2015 年资本产出比最高和最低的十个行业

资本产出比最高的十个行业		资本产出比最低的十个行业	
行业		行业	
皮革、毛皮、羽毛及其制品和制鞋业	5.01	水的生产和供应业	0.27
文教、工美、体育和娱乐用品制造业	4.91	石油和天然气开采业	0.43
废弃资源综合利用业	4.52	电力、热力的生产和供应业	0.53
农副食品加工业	4.25	煤炭开采和洗选业	0.74
计算机、通信和其他电子设备制造业	4.19	黑色金属矿采选业	1.13
木材加工及木、竹、藤、棕、草制品业	4.05	燃气生产和供应业	1.17
纺织服装、服饰业	3.99	开采辅助活动	1.25
烟草制品业	3.84	黑色金属冶炼及压延加工业	1.61
家具制造业	3.50	有色金属矿采选业	1.70
电气机械及器材制造业	3.39	金属制品、机械和设备修理业	1.76

注：①资本产出比 = 行业主营业务收入/（资产总计 − 流动资产总计）；②数据来源于 Wind 数据库。

表 13-3　各要素增加值增长贡献率

年份	产出	劳动	资本	全要素生产率
1997	0.002	−0.014	0.002	0.015
1998	−0.023	−0.088	0.000	0.065
1999	−0.013	−0.024	0.001	0.011
2000	0.007	−0.016	0.002	0.021
2001	0.001	−0.008	0.002	0.006
2002	−0.004	0.005	0.003	−0.012
2003	0.012	0.015	0.003	−0.007
2004	0.027	0.052	0.004	−0.029
2005	0.026	0.015	0.005	0.006
2006	0.020	0.024	0.006	−0.010
2007	0.023	0.025	0.006	−0.008
2008	0.030	0.043	0.004	−0.016
2009	−0.017	0.000	0.003	−0.020
2010	0.026	0.029	0.005	−0.008
2011	0.028	−0.015	0.005	0.037
2012	−0.004	0.004	0.003	−0.012
2013	−0.005	0.011	0.003	−0.019
2014	−0.007	−0.003	0.003	−0.007
2015	−0.034	−0.003	0.001	−0.032

注：①全要素生产率由索罗余值法计算得来；②生产函数假设为规模报酬不变的 C–D 生产函数，方程式为 $Y_t = AK_t^{\alpha}L_t^{1-\alpha}$，其中 Y_t 为全部工业增加值，L_t 为工业行业就业人数，K_t 为资本存量，α 为资本产出弹性；③令 $x_t = \log(X_t/L_t)$，得到人均工业增加值生产函数：④$y_t = \log(A) + (1-\alpha)k_t$；⑤数据来源《中国统计年鉴》、Wind 数据库；⑥资本存量使用永续盘存法计算得来；⑦原始数据见附表 13-1。

根据资本规模报酬递减规律，随着资本存量的不断积累，资本的边际报酬将逐渐降低，表 13-3 显示 2012 年资本的边际报酬递减规律开始发挥效力，工业生产要素从资本匮乏型向资本丰裕型转变。表13-3显示：1997~2015年资本对工业增长的贡献率基本呈倒"U"形分布，即1997~2007年资本对工业增长的贡献率逐年递增，而2008~2011年基本维持高水平的贡献率，2012年后资本贡献率呈逐年下降趋势，预计未来下降趋势将会延续，最终导致资本贡献率接近0；劳动对工业增长呈现出不稳定状态，1997~2001年金融危机期间，劳动对工业增长的贡献为负，随着中国加入世界贸易组织（WTO），劳动密集型产业出口逐步受到影响，劳动对工业增长的贡献也大幅提高，2004年到达峰值，随后六年间，出口的影响因素犹存，劳动力成本逐年攀高，机器替代人的趋势逐渐发挥效力，劳动对工业增长的贡献呈波动状态，而2011年之后，劳动对工业增长的贡献率逐渐式微，贡献率一度落入负值区间。

一些新兴经济体，如东南亚和非洲的诸多国家，资本存量较小，资本边际报酬较高，劳动力成本低，投资走出去的趋势显现，原来以高强度投资为动力的工业增长模式难以为继。同时，随着新一轮的全球科技革命的兴起，先进制造、信息技术、生物技术、能源技术等得到迅速发展和广泛应用，发达国家利用这些技术，进一步挖掘市场潜力，意在实现"制造业回流"及"再工业化"。发达国家的"制造回流"及"再工业化"发展战略，使其将制造业尤其是高端制造业向海外转移的速度放缓，而中国的高技术产业发展更加依赖于国际市场，随着我国经济发展的追赶效应下降与国际前沿技术的接近，从发达国家获得技术越来越困难，自主创新能力变得越来越重要，与日本、美国等发达国家相比，虽然他们的人力成本是我们的几倍，但考虑到融资成本、物流成本和税收成本，再考虑到技术上的差距，我们的优势也在逐渐缩小。

长期以来，我国工业行业的竞争优势在于高强度的投资和低廉的劳动力成本。然而，随着人口红利的消失、国内要素成本的上升、资源环境压力的加大及经济规模的扩张，这种低成本优势正在逐渐丧失，以这种低成本为主要竞争力所得的贸易红利基本结束。我国工业需要从提升全要素生产率水平入手，稳定工业增长，实现从工业大国到工业强国的跨越式发展。表13-3显示，1997年以来，工业全要素生产率水平一直较低，2015年全要素生产率下降3.2%，成为拉动工业增加值下滑的主要引导力量。这意味着工业行业仍有较大空间提升全要素生产率水平。

二、提升全要素生产率的问题

提高全要素生产率可以抵消资本报酬递减和劳动成本提高对工业经济的不利影响，是长期可持续的，是未来工业增长的关键。但长期以来，我国全要素生产率对工业增长的贡献率较低，甚至为负贡献。作为残差的全要素生产率，由资源重新配置效率和微观生产效率两个部分构成。改善中国全要素生产率水平，就是要懂得如何保持这两种效率的持续改善，并提高其对经济增长的贡献率。然而，当前存在要素市场运行不畅，科技管理体制滞后，工业行业创新能力不足，企业生产效率低下等问题，制约全要素生产率的提升。

1. 要素市场运行不畅，资源配置效率堪忧

当前我国要素市场运行不畅，人力、资本等要素过分集中于部分行业，导致产能过剩久治不愈，地方债务风险高起。产能过剩已经成为中国工业转型升级的最主要风险点之一。一方面，产能过剩行业的经济效益持续恶化，潜在金融风险不断积聚；另一方面，产能过剩行业占据了大量优质资源，挤压了其他有利于经济转型行业的企业生长空间，抑制了全行业生产率的提升。2015年2月以来，工业企业产品存货量呈上升趋势，库存增速也出现大幅提高。库存增量的大幅度提高表明当前我国企业仍然面临较大的去库存压力，这势必会导致企业生产的进一步减少，企业生产空间的缩小成为目前工业经济增速持续下降的一大原因。而相对于企业层面的去库存压力，行业结构性产能过剩压力更为明显。之前在房地产业和重化工业快速发展的需求下，许多传统行业过

度无序扩张，造成了产能过剩风险的不断累积，日益凸显的供需矛盾严重影响了传统产业产品价格的形成，并可能引发通货紧缩、失业、经济动力不足等一系列风险。2015年以来，煤炭开采和洗选业、黑色金属矿采选业等的PPI降幅最为显著，这也表明库存高企、产能过剩将导致工业领域通货紧缩风险的进一步加剧。2013年11月以来，我国水泥、平板玻璃、粗钢等传统产能过剩行业的增速均呈现不同程度的增速下滑到负增长态势，且目前仍处于负增长状态，这说明我国传统产业仍在去库存、去产能的进程中。而前期增长较快的技术密集型产业，如汽车等，受市场容量的限制进入了调整期，其中汽车产量2014年以来增速也出现了下滑，2015年以来呈现出负增长的态势。本轮产能过剩"久治不愈"的根本原因在于，引发产能过剩的因素除了因市场关系变化引起的经济周期的变动以外，更为关键的是经济体制与发展方式的原因。化解当前产能过剩任重道远，而关键在于加快体制改革与发展方式转变。

地方债务风险仍然很大。在经济减速过程中，受经济基本面的影响，财政收入的增速会下降，同时支出往往也会适度扩大，这就导致赤字规模和债务规模扩大。而地方政府为了保持地区经济和社会发展目标，加快基础设施建设，也会通过各种融资平台进行债务融资，开始了通过政府举债投资来拉动经济增长的新模式，而在政府不再兜底的背景下，融资平台等企事业单位会把一些债务重新划转为政府负有偿还责任债务，地方政府负有偿还责任的债务也会因此大增，2013年末的全国债务审计结果显示，2015年将有1.9万亿元地方政府负有偿还责任的债务到期。过高的地方债务率，不仅使地方政府还债压力繁重，而且很容易发生地方政府债务危机，同时，由于地区经济增速不同，各个省份债务负担差异也很大，局部债务危机的可能性存在。过高的地方政府债务造成了地方政府破产的风险，同时也限制了地方政府的进一步融资，进而限制了基础设施建设投资的持续增长，影响工业经济增长。

这些年来，我国工业的高速发展，既得益于市场化改革，也离不开长期以来财税、金融、投资、土地等政策的支持，更离不开政府的宏观调控。更好地发挥政府的引导作用，是工业发展的

有力保障。政府的战略、规划、政策的引导，强化节约的政策约束，严格实施市场准入标准，有效化解产能过剩等问题，可使制造业得以可持续发展。然而，全要素生产率增长的源泉源自于哪里仍然存在较大争议，蔡昉（2013）认为，中国经济增长中表现出的全要素生产率，主要构成部分是劳动力从农业转移到非农产业所创造的资源重新配置效率。当前，资本市场建设尚不完善、劳动力市场的区域割据现象依旧存在、土地交易平台运行不畅严重影响了生产要素跨时间、跨区域、跨平台流动，成为实现生产要素最优配置的最大障碍。改革开放以来，在一系列改革措施中，这些问题得到了部分缓解，例如国有企业改革可以将外资、民营资本引入国有资本，各种类型的资本处于完全竞争的状态，工业国有企业运营效率得以提高；投融资体制改革，则可以优化投资结构，增加有效投资，更好地发挥财政资金撬动功能，创新融资方式，带动更多社会资本参与基础设施建设等各类投资领域；而财税改革，则可以使财税政策更好地服务于工业经济的发展；但离开放、统一的要素市场仍有一定距离。

2. 科技管理体制滞后，科技资源配置问题突出

全要素生产率的提升，关键要素来自于科技管理体制的运行效率。当前，我国与发达国家相比，科技成果管理体制落后，科技投入分散，开放共享程度低，资源使用效率低，这些问题是科技体制改革中的"硬骨头"。造成这些问题的原因是多方面的，但主要有以下几个方面：①政府与市场的关系尚未完全理顺。从目前实际情况来看，政府的科技宏观导向和激励作用发挥不够，而在科技项目监管等微观管理上介入过多、过细，影响了企业面向市场的自主决策和协同合作，导致企业对基础研究的投入偏少，原创能力偏弱。②科技成果转化存在体制障碍。高校、科研院所科技成果转化被等同于国有资产处置，事业法人单位没有对成果的处置权、收益权和支配权，因此缺乏将科研成果转化为新技术、新产品的主动性和积极性。③科技资源配置和管理体制不顺。部门、机构间科技资源配置分散且信息不通，导致科研仪器设备等科技资源重复购置和封闭运行，跨机构、跨地区的开放共享不足，利用效率低下，

闲置现象突出。④科技创新服务体系不完善。突出表现为对知识产权创造、保护、管理和应用各环节的服务能力不足。网络化、市场化、社会化的科技创新服务体系建设还没引起全社会的足够重视，发展水平较低，知识产权保护不力，服务能力较弱，还不能适应多样化的市场需求。

3. 微观企业创新能力不足，企业生产效率低下

投资增速的放缓和效率的下降以及人口红利的消失，要求我国"新常态"经济扬弃旧的发展模式，寻找新的增长源泉，实施创新驱动战略。

近年来，我国 R&D 经费投入强度（R&D 经费支出占 GDP 的比重）明显提高，2013 年 R&D 经费支出 11846.6 亿元，占 GDP 的 2.08%，高技术产品出口额也呈现出逐年上涨的态势，这是我国实施创新驱动战略的重要成果。然而，与大量的研发投入相比，具有自主知识产权的全球领先重大科技成果却不多见，特别是成果的产业化运作更是明显不足。科研经费监管和后期效果评估等环节缺失、政策引导或支持不足、企业自主品牌少、对外技术依存度高等问题在许多行业存在，并成为企业自主创新能力提升的"绊脚石"。据有关资料统计，发达国家的企业 80% 建有研发中心，

而 2013 年，我国规模以上工业企业办 R&D 机构数 51625 个，有 R&D 活动企业占总企业数量的 14.8%。根据国际惯例，企业要生存，其研究开发费用必须占到企业销售收入的 1% 左右，而要保持领先优势，研究开发费用必须达到销售收入的 5% 以上，但 2013 年我国规模以上工业企业研究开发经费仅占企业主营业务收入的 0.8%。另外，我国拥有自主知识产权核心技术的工业企业大约仅占万分之三，大部分工业企业没有申请专利。技术研发上的落后，在很大程度上制约了我国工业自主创新能力的提高，并使制造业的发展陷入困境。目前，我国大部分"中国制造"仍然主要停留在中低端制造领域。创新能力不足使很多企业经营困难，传统产业主要依靠低成本来赚取利润，而新兴产业则面临核心技术缺失的"瓶颈"，特别是 IT、汽车两大重点产业，其相对较短的产业历史和贫乏的技术积累使其缺乏自主创新力的局面仍未得到明显改善。在制造业的一些关键环节，我国仍主要依赖进口，同时对引进来的技术进行消化变为自有技术而进行二次创新的意愿和能力也并不强，这无疑会加重我国对国外技术的依赖程度，也是我国工业快速实现由大变强的"软肋"。

三、提升全要素生产率的政策建议

从工业全要素生产率的变化趋势来看，20 世纪 90 年代以来出现了较为明显的上升趋势，然而 2000 年以后进入下降趋势。中国的资本积累增长率及其对经济增长的贡献率与全要素生产率所代表的技术进步对经济增长的贡献率表现出明显的此消彼长关系，即在快速资本积累、资本化扩张主导经济增长的时期，全要素生产率提高的作用相对较弱，而当资本积累较慢、作用下降时期，全要素生产率提高的作用就会上升（中国经济增长与宏观稳定课题组，2010）。结构调整型宏观政策的根本目的还是提高全要素生产率，实现经济的集约式增长。即使中国一直保持较高的投资增速，由于全要素生产率的加速下滑，工业经济同样无法保持长期较快增长，相比之下，结构调整

能够改善资源配置效率，提高产业技术水平，从而实现全要素生产率的提高，即使在投资增速大幅下降的情况下，仍能实现工业经济的平稳较快增长。因此，推动增长动力机制转换，由投资拉动型转向全要素生产率驱动型，已经成为宏观调控政策的核心目标。

1. 实施创新驱动战略，培养工业发展的内生动力

实施创新驱动发展战略，就是要推动以制度创新和科技创新为主的全面创新。离开创新，我国很难实现经济结构的调整和发展方式的转变，也很难解决好发展中不平衡、不协调以及不可持续等问题。创新不仅是工业经济发展的内生动力，也是工业实现产业结构优化和转型升级的必由之

路。"大众创新、万众创业"战略着眼于国内,通过挖掘和发挥企业及个人的创造性和主动性,推动我国向创新型国家迈进,是在当代以互联网、大数据发展为代表的科技大发展条件下,以及在制度变革和政策创新的作用下,我国社会生产率的又一次解放。我国应当仍以"大众创新、万众创业"为依托,使其作用得到进一步发挥,并按照《中国制造业 2025》所规定的发展方向,为工业经济增长释放新的活力。

一是要积极推进制度创新。随着社会主义市场经济体制改革的深入,我国政府职能不断完善,但总体来说,我国政府职能转变相对滞后于经济体制改革,为了实现工业经济发展方式的转变,我国一方面需要不断重塑政府职能,打造服务型政府,不断完善市场机制,为各类市场主体营造公平、开放、透明的竞争环境,以竞争政策来引导和激励创新,提高资源的配置效率;另一方面要简政放权,减少不必要的行政审批行为,增强工业经济主体的活力和创造力。同时要加快财税、价格、企业等制度改革的推进步伐,并将体制机制改革推进情况作为地方政府绩效考核的核心因素,鼓励地方政府开拓创新、推进改革,使改革落到实处,为工业企业运行提供相应的制度保障。

二是要把握新一轮科技革命的机遇,着实推进技术创新。在全球掀起"以技术创新带动再工业化"浪潮之际,我国只有充分发挥科技创新在提高社会生产力上的优势,持续增强自主创新能力,才能不断提升发展的质量和效益,抓住这次全球经济结构调整的新机遇,大力促进我国工业发展。一方面要加大对新技术、新产品研发的支持力度,加快推进新技术转化为现实生产力,积极培养新模式、新业态和新产品,同时瞄准国际先进水平,健全新技术标准体系,加强新技术产品的品牌建设和知识产权保护;另一方面要增强企业自主创新的观念,鼓励企业开展人才交流和国际培训,加快形成自主创新的倒逼机制,建立有利于企业自主创新的激励机制,同时要高度重视发挥中小企业的创新能力;另外,在新技术的推广和应用过程中,还要充分考虑新技术发展的需求,避免基础设施成为"瓶颈",如高速互联网建设要能够满足信息技术飞速发展对于速度和可靠性的要求。

2. 提高投资效率,充分发挥财政资金的引导作用

在过去相当长的时间内,我国高度依赖投资来拉动经济增长,造成大量的重复投资或无效投资,而不科学的财税体制和政绩,又进一步助推了投资的过度膨胀,使投资效率日益下降,投资对工业经济增长的拉动作用锐减。要重新调动投资对经济增长的积极性,当务之急是提高投资效率,并发挥财政资金在投资方面的引导作用。

一是着力解决产能过剩的问题。当前,产能过剩不仅发生在传统产业,一些新兴产业也因为重复投资、结构趋同而出现了产能过剩现象。为了化解产能过剩问题,国家、地方、部门以及企业必须严格控制产能增量,尤其是地方政府,不能因为追求地方经济发展而一味地增加投资,也不能因为新兴产业有较大的发展潜力而盲目跟风投资,将产能控制在源头;已经形成的过剩产能,就要依靠结构优化或调整,积极推进企业并购重组,也可以借助"一带一路"建设,将我国过剩但在国外仍具有优势的产能转移到"一带一路"沿线其他国家。同时,建立库存预警机制,对企业库存变动情况进行实时监测。企业根据市场预期的变化增加或减少库存往往能够加剧工业经济增速的波动,并带来一系列的金融风险和财务风险。为降低企业个体行为的盲目性,国家应建立库存预警机制,定期公布不同行业的库存总量、库存增速、库存周转率、库存周转天数等指标,为企业调整生产规模提供信息。

二是挖掘新的投资潜力。目前,我国经济社会发展中存在着严重的产业不平衡和区域不平衡的问题,很多地区的基础设施条件还比较落后,众多民生问题也依赖于投资才能解决,因此未来我国的固定资产投资还有较大的增长空间。具体来看,可从三个方面着力:①加大民生项目投资,包括教育、医疗、地方道路建设、农村基础设施改善、宽带网络线路、信息通信、铁路交通等;②加大对科技项目投资,包括一些重大的共性技术、新一轮工业革命相关技术、国防科学技术等;③加大对环保项目投资,包括先进环保技术和装备、环保产品、环保服务等。

三是改革投融资体制。面对经济下行压力,2016 年国家势必会采取积极的财政政策,而要提高投资效率，除了发挥市场作用之外，还需要调整财政资金的投资方式，发挥财政资金在投资方面的引导作用，例如设立产业投资基金、积极推广PPP模式等，加快实施一批带动面广、投资效益突出的重大项目，使国有资本和私人资本处于公平竞争的环境之下，充分激发民间资本的活力，提高国有资本的利用率和投资效率，发挥其撬动投资的作用，同时还能在很大程度上缓解地方政府债务问题。

3. 释放企业活力，使其成为市场竞争的真正主体

2015年11月，习近平总书记首次提出"供给侧改革"，来强调在供给侧加强改革、提高质量和效率。而在供给侧改革的实践操作层面，除了要着力化解产能过剩之外，还要注重对垄断行业进行改革、要素市场化等方面。这几个层面实质上都是要发挥市场在资源配置中的主导地位。企业作为市场经济活动的最主要参与者，让其成为市场竞争的真正主体，是对市场在资源配置中起决定性作用的最好阐释。

一是大力推进混合所有制改革。国有企业长期以来效率低下、缺乏市场活力，尤其在石油天然气、电信、交通等行政垄断性行业内，混合所有制是社会主义市场经济体制的必然要求，也是理顺市场竞争秩序、赋予企业微观主体平等市场地位的根本途径，混合所有制改革的核心便是市场化，通过引入其他所有制资本参与国有企业产权制度的改革和治理机制的完善来实现投资主体或股权多元化，有利于激发国有企业的创新活力，提高其生产效率。因此，应集中力量、排除困难，加快推进混合所有制改革。

二是处置"僵尸企业"、长期亏损企业和低效无效资产。"僵尸企业"具有长期性和依赖性等特点，它们的存在会占用大量的资源，阻碍工业结构的顺利转型和升级，持续对它们输血又会损害公平竞争和优胜劣汰的市场机制，同时它们还往往背负大量负债，造成一定的金融风险。而要处置这些"僵尸企业"，就要对其进行兼并重组或破产，同时还要合理解决人员安置和资产处置问题，提高国有资本的配置和运行效率。

三是积极出台援助政策，缓解企业困难。当前工业企业在经营中正面临着严重的困难，国家应有针对性地出台援助政策，帮助企业渡过难关，避免企业大面积倒闭对经济社会造成冲击。一方面创新融资方式，加大金融支持。考虑进一步降息、降准，增加货币供给，并针对中小企业，创新融资方式，利用综合授信、买方信贷、个人信贷等方式为那些有市场前景，但面临短期困难的企业提供流动资金。另一方面由国家负担费用，对企业经营管理人员、技术工人、普通员工进行培训。利用空闲时间进行培训是发达国家应对经济危机的重要手段；同时降低中小企业税负，降低或取消中小企业的营业税；规定在经营困难时期，中小企业申请获批后，可缓缴员工的"五险一金"。

四是借力"一带一路"战略，让更多的企业走出去，在充分了解沿线国家供给和需求的基础上，参与到与沿线国家的产能合作中去，更多地进入国际市场竞争环境。支持在国内产能过剩但在沿线国家拥有竞争优势的行业企业"走出去"，如鼓励钢铁、石化、建材等原材料企业到海外建立生产基地；加强我国与"一带一路"沿线国家在基础设施等领域的合作，积极拓展高铁、核电、航空等优势产业的国际市场空间，提高装备企业的国际竞争力。

专栏13-1

优化科技资源配置 实施创新驱动发展战略

当前，新一轮科技革命和产业变革的方向日益清晰，全球创新竞争日趋激烈。我们要优化科技资源配置，构建高效的科技供给体系，努力实现更多核心、关键、共性技术的突破，把创新驱动发展的战略主动权掌握在自己手中。

加快创新驱动发展战略的顶层设计，进一步深化科技体制改革，加快转变政府职能，优化科技资源配置方式，大力推动协同创新。具体来说，要在以下几方面取得突破。

加大科技投入，提高管理水平。进一步加大财政科技投入，并调整和优化财政科技投入的结构。发挥财政投入的杠杆作用，引导金融资本、社会资本对创新的投入。加快推动公共科技资源开放共享。制定推进科技资源开放共享的管理办法，编制科技资源开放共享目录。制定国家大型科研基础设施向社会开放的改革方案，出台国家重大科技基础设施管理办法，提高高校、科研院所科研设施开放共享程度，鼓励国家科技基础平台对外开放共享和提供技术服务。建立国家科技管理信息系统，继续推进科技计划（专项）信息的互联互通，实现系统集成。推动建立中央财政科研项目数据库，实现科研信息开放共享。完善国家科技报告制度。进一步完善技术创新市场导向机制。明晰政府与市场的边界，更加尊重市场规律，充分发挥市场对技术研发方向、路线选择、要素价格和各类创新要素配置的导向作用。同时，改革产业化目标明确的技术创新项目形成机制，鼓励和引导企业结合国家战略和市场需求开展技术研发。推进后补助试点，逐步建立"企业决策、先行投入、协同攻关、市场验收、政府补助"的组织实施机制。加快科技成果转化法修订，完善科技成果处置权和收益权制度。提高企业配置科技资源的能力。在明确定位和标准的基础上，在行业骨干企业优先建设国家重点实验室、国家工程（技术）研究中心等研发平台，鼓励产学研结合，鼓励大中小企业组成产业技术协同创新联盟。支持企业与科研院所、高校联合开展基础研究，推动基础研究与应用研究紧密结合。加快建立协同创新机制。加强创新型人才队伍建设，健全科技人才流动机制，鼓励科研院所、高校和企业创新人才双向交流，健全人才分类评价激励机制，使一批技术创新的先行者脱颖而出。加强知识产权运用和保护，引导科技成果转化各类主体建立利益共享、风险共担的知识产权利益机制。加快推进科技金融有机结合。建立新型科技创新投融资平台，为不同发展阶段的科技企业提供多样化的投融资服务。

资料来源：根据《人民日报》2014-3-18日。万钢：《优化科技资源配置实施创新驱动发展战略》整理而来。

附表 13-1 主要统计数据

年份	全部工业增加值（亿元）	工业行业GDP平减指数：1990=100	全部工业增加值（亿元）-可比价	全部从业人员年平均人数（万人）	工业行业城镇固定资产投资完成额（亿元）-当年价	固定资产投资价格指数：1990年=100	城镇固定资产投资完成额（亿元）-可比价	折旧率	资本存量（亿元）
1996	29529.80	252.86	11678.14	8187.00	85077.81	194.30	43786.83	0.15	80081.64
1997	33023.50	281.44	11733.87	7873.00	88706.81	197.60	44892.11	0.15	82110.91
1998	34134.90	306.49	11137.53	6195.81	87934.73	197.30	44569.05	0.15	82727.34
1999	36015.40	332.84	10820.53	5805.05	89498.83	196.50	45546.48	0.15	83430.17
2000	40259.70	365.79	11006.10	5559.36	94081.95	198.60	47372.58	0.15	86087.09
2001	43855.60	397.62	11029.56	5441.43	97980.21	199.40	49137.52	0.15	89404.21
2002	47776.30	437.38	10923.28	5520.66	102278.62	199.80	51190.50	0.15	92957.39
2003	55363.80	493.37	11221.67	5748.57	110813.40	204.20	54267.09	0.15	97779.02
2004	65776.80	550.60	11946.48	6622.09	123247.97	215.70	57138.60	0.15	103265.63
2005	77960.50	614.46	12687.55	6895.96	136875.47	219.10	62471.69	0.15	111039.50
2006	92238.40	693.73	13296.00	7358.43	152668.56	222.40	68645.93	0.15	121746.87
2007	111693.90	797.10	14012.59	7875.20	173825.79	231.10	75216.70	0.15	133565.74
2008	131727.60	876.81	15023.57	8837.60	196278.61	251.80	77950.20	0.15	141884.40
2009	138095.50	956.60	14436.14	8831.22	202497.46	245.80	82383.02	0.15	148640.69
2010	165126.40	1077.13	15330.27	9544.71	231621.51	254.60	90974.67	0.15	161000.23
2011	195142.80	1194.53	16336.32	9167.29	262748.94	271.40	96812.43	0.15	174140.90
2012	208905.60	1291.29	16178.05	9272.90	276921.84	274.40	100919.04	0.15	183209.61

续表

年份	全部工业增加值（亿元）	工业行业GDP平减指数：1990=100	全部工业增加值（亿元）-可比价	全部从业人员年平均人数（万人）	工业行业城镇固定资产投资完成额（亿元）-当年价	固定资产投资价格指数：1990年=100	城镇固定资产投资完成额（亿元）-可比价	折旧率	资本存量（亿元）
2013	222337.60	1390.72	15987.23	9557.44	290911.99	275.20	105709.30	0.15	191490.48
2014	233856.40	1488.07	15715.41	9477.82	302541.70	276.60	109378.78	0.15	199231.68
2015	228974.30	1575.87	14530.06	9398.20	296847.42	271.60	109295.81	0.15	202267.77

参考文献

［1］蔡昉：《中国经济增长如何转向全要素生产率驱动型》，《中国社会科学》2013年第1期。

［2］原磊：《工业经济增长动力机制转变及"十二五"展望》，《经济问题》2013年第4期。

［3］白重恩、张琼：《中国的资本回报率及其影响因素分析》，《世界经济》2014年第10期。

［4］中国经济增长与宏观稳定课题组：《资本化扩张与赶超型经济的技术进步》，《经济研究》2010年第5期。

［5］中国社会科学院工业经济研究所工业运行课题组：《2015年工业形势分析报告》，中国社会科学出版社，2016年版。

［6］中国社会科学院工业经济研究所工业运行课题组：《2016年上半年工业形势分析报告》，中国社会科学出版社，2016年版。

第十四章　产业政策的转型

提　要

产业政策作为我国政府干预和调控经济的重要手段，曾发挥了重要的经济推动作用，但是在"新常态"的经济形势下如何制定更为有效的产业政策，是当前供给侧结构性改革急需探讨的问题。从理论上来说，产业政策的倡导与否应具有经济学理论依据。在实践中，产业政策在世界各国普遍盛行，且随着国内外经济形势的变化而适时调整。中国的产业政策由来已久，当前，中国经济进入新常态，新一轮科技革命和产业革命变革正在孕育兴起，中国产业发展面临新的形势和前所未有的挑战。产业政策的必要性毋庸置疑，关键是如何实现转型。为了应对新形势、新挑战，我国产业政策应实现四大转型：从追求规模优势到注重创新能力培育的转型；从重视向国内布局、向国内国外布局兼重转型；从片面强调产业政策向重视产业政策与竞争政策的协调转型；从静态化的产业政策到动态化调整的政策转型。当前，有效的产业政策的转型应该克服体制上的多种障碍，包括产业政策制定机制不健全、实施机制缺乏协调性和动态调整、政府干预力量过于强大、缺乏有效的评价和监管机制等。

*　　　　　　　*　　　　　　　*

2016 年是"十三五"规划的开局之年，也是推进供给侧结构性改革的攻坚之年，而推进产业政策转型对于供给侧结构性改革至关重要。产业政策是政府干预和调控经济的重要手段，政府通过一系列政策手段来提高国内企业竞争力和促进产业发展，其政策范围涵盖产业结构、产业组织、产业技术、产业布局等方面的调整。我国在产业政策实施的过程中，既有成功的经验，也有失败的教训。其成功与失败的原因是多方面的，不能简单地归结为产业政策本身，而是要做具体的分析。不同的发展阶段，对产业政策有着不同的要求，随着我国经济增长动力机制的转换和新的经济发展阶段的到来，我国的产业政策要想取得良好效果，就要进行相应的转型。

一、产业政策转型的背景

1. 产业政策存在复兴的势头

虽然饱受争议，但在现实中，产业政策还是在世界各国普遍盛行，且随着经济发展阶段的不同而出现动态调整的趋势。政府对市场经济的纠偏一直存在，但"产业政策"作为概念提出并受广泛关注主要源自 20 世纪六七十年代，由于日本、韩国、中国台湾等"亚洲四小龙"在政府主导下经济快速发展，创造了增长的奇迹，引起了欧美国家的关注和反思。美国学者（Chalmers Johnson）于 1982 年出版了《通产省与日本奇迹：产业政策的成长（1925～1975）》[①] 全面检讨美国在产业政策上的得失，掀起了西方国家学习日本产业政策的热潮。很快，东亚的产业政策被发展中国家竞相模仿，尤其在中国大陆及拉美、非洲等地，不同特点的产业政策纷纷落地。当然，根据经济发展水平、文化特点、制度模式、组织方式等方面的差异，世界各国的产业政策在目标、内容、具体举措上均不相同，实施效果也各有千秋。而相比发展中国家普遍流行的"选择性产业政策"，即通过政府选择主导产业，进而通过产业关联效应促进全产业链的发展，欧美等地区的发达国家通常实施没有特定的产业指向，注重共性技术研发和市场制度建设的"功能性产业政策"。但无论如何，产业政策是世界各国政府普遍采用的经济调控手段。

不同时期，产业政策的重要性、实施的方式和方法有所不同，产业政策需要根据国内外经济发展形势的变化而适时调整。日本在 20 世纪 90 年代亚洲金融危机和本国经济发展停滞的情况下，反思原先的产业政策模式，之后的政策更为注重与市场竞争的协调，代表性的佐证就是一度让位于产业政策的《竞争垄断法》在 90 年代逐渐确立权威性和优先性。2008~2009 年全球经济金融危机后，发达国家也普遍采取促使制造业振兴和回归的产业政策，其中，日本实行"产业重生战略"，美国政府提出了"先进制造伙伴计划"，而德国积极推进"工业 4.0"。中国的产业政策从计划经济时期的强选择性，到目前也经历了诸多转型和变化，金融危机后更注重战略性新兴产业的培育和企业创新能力的培养。

尽管对应不应该实行产业政策理论上仍有争议，但在实践中，各国都在不同程度上以不同形式实施着产业政策，特别是国际金融危机之后，产业政策存在复兴的势头。

2. 我国的经济发展已经进入到一个新的阶段

"十二五"期间，我国在转方式、调结构上花了很大气力，但任务仍未完成，仍没有走出结构调整阵痛期。结构调整的阵痛，加上全球经济复苏缓慢以及消化前期政策效应等因素，使我国经济面临下行的压力。要消除这种压力，使经济保持中高速增长，须从供给端和需求端协同发力，在适度扩大需求的同时，着力加大供给侧结构性改革。但从长期来看，要为经济提供持续增长的动力，推动我国生产力水平整体实现跃升，必须更着重于加强供给侧结构性改革。

着重加强供给侧结构性改革，不是要拿西方供给学派的"方子"来处理我国当前经济的问题，而是根据我国经济发展的特点，提出支撑经济保持中高速增长的重要举措。为了应对国际金融危机的冲击，我国采取和出台了一系列扩大需求的政策措施，对于稳定经济增长起到了积极作用。"十三五"期间，我国仍需要在需求端发力，仍需提高消费对经济增长贡献的比重，但我国的经济发展已经进入到了一个新阶段，就是要同时依靠后发优势和先发优势支撑中高速增长的阶段，需求的扩大、新需求的培育和释放，相当程度上需要通过供给侧的改革，提高供给侧体系的质量和效率、培育新的供给能力加以支撑。我国当前和今后一个时期面临的主要风险，是能力不足的风险，所面临的主要任务之一，就是如何利用好后发优势、积累和发挥先发优势，以解决结构性供给不足，支撑需求的扩大、消费的升级。

加强供给侧结构性改革，就是要通过改革，升级和构建我国长期的生产能力，提升我国产业的国际竞争力。中央《关于制定国民经济和社会发展第十三个五年规划的建议》提出了一系列加强供给侧结构性改革、提高供给体系质量与效率的举措，这一系列的举措，从能力建设的角度分析，就是要补长短板、做优长板、培育新板，推进经济增长动力的转换。

第一，我国中高端产业发展能力不足。进行结构性调整，实现产业的转型升级，在制造业领域要提高生产中高端产品的能力和国际竞争力，提高中高端产业对我国经济增长的贡献。"十一五"以来，我国中高端产业的国际竞争力虽然有所提高，但在产品出口中所占比重仍然偏低，我国推进中高端产业发展的能力不足。2014 年我国中高端产品占总出口的比重为 65.24%，而全球中

[①] Johnson C. A. MITI and the Japanese Miracle: The Growth of Industrial Policy: 1925-1975 [M]. Stanford University Press, 1982.

等偏上收入国家的这一比重为 69.11%，高收入国家的这一比重为 81%，全球的平均比重为 76.3%，分别比我国高约 4 个百分点、16 个百分点和 11 个百分点。2014 年我国进口产品中，中高端产品占比超过了 90%，高出全球中等偏上收入国家近 9 个百分点，高出高收入国家近 14 个百分点。

第二，服务业国际竞争力不足，知识与技术含量不高，是我国经济发展中的一个短板。我国服务业占 GDP 的比重已经超过了工业，但服务业总体竞争力不足，服务业出口中的知识和技术含量与发达国家相比有较大差距。2014 年，全球总出口中服务业所占比重超过 20%，而我国服务业出口占总出口的比重约 9.1%，大大低于全球平均水平；美国服务业占总出口的比重超过 30%；就是以制造业见长的日本和德国，其服务业出口在总出口中的比重也都超过了中国，分别在 15% 和 19% 以上。在服务业中，我国的金融服务、保险服务、知识产权使用在服务业出口中所占比重，2014 年不足 2%，与中等偏上收入国家大体相当，知识产权服务出口所占比重不足 0.3%，略低于中等偏上收入国家的水平，后者接近 0.7%。上述三项服务，我国与高收入国家相比，都有差距，但在金融服务和知识产权使用领域，差距尤其明显。2014 年，高收入国家金融服务出口占服务出口的比重超过 10%，知识产权服务占服务业出口的比重超过 7%。我国服务业整体上知识含量、技术含量不高。

第三，更多发挥先发优势的引领型发展能力正处于积累时期。全球正在经历一场深刻的技术革命，这为我国塑造更多依靠创新驱动、更多发挥先发优势的能力，提供了前所未有的历史性机遇。我国已经有一批重大科技成果达到了国际先进水平，在国际科技前沿和研究前沿已经占有一

定地位，但企业进行前沿性技术创新的能力、培育和发挥先发优势的能力仍然不强，实施颠覆性创新的能力仍然有待进一步积累。世界知识产权组织于 2015 年 11 月 11 日在瑞士日内瓦发布了《2015 年世界知识产权报告》，分析了 3D 打印、纳米技术和机器人工程学等新技术，其结论是，我国在上述三个领域的专利申请方面表现良好，自 2005 年以来，在全球 3D 打印和机器人工程学领域的专利申请方面，我国的专利申请所占比重超过 1/4；在纳米技术方面，我国是第三大专利申请来源国，但我国的专利申请机构主要是大学、研究机构。在机器人工程学领域，前十名专利申请机构中有 8 家企业来自日本；在纳米技术领域，美国企业占了专利申请结构的大部分；美国企业还申请了大部分的 3D 打印专利。

第四，我国劳动与资源密集型、技术含量低的产业，升级能力有限，部分产业产能过剩。近年来，我国劳动与资源密集型产业、低技术含量的产业优势虽然有所弱化，但仍然具有很强的国际竞争力，2014 年两者合计的国际市场占有率超过 26%，在我国出口产品的结构中，两者占比超过 30%，与中等偏上收入国家相近。我国进行结构性调整，总体方向是要提高中高端产业的比重，但这不意味着要完全放弃这两类产业。因为即便是高收入国家，这两类产业仍占有相当比重，2014 年高收入国家的出口结构中，这两类产业的出口占比仍近 19%。对于这两类产业，当前面临的主要挑战是，面临较大的成本上涨、质量提升、环境保护压力，部分行业产能过剩严重。对于这两类产业，需要通过改革降低成本，通过技术改造，提高劳动生产率，扩大品牌影响，提高质量，提高附加值率；通过绿色制造，适应新的发展要求；通过培育新的能力，化解产能过剩。

二、产业政策的转型方向

当前，中国经济进入新常态，新一轮科技革命和产业革命变革正在孕育兴起，中国产业发展面临新的形势和前所未有的挑战。2016 年初，在中央财经领导小组会议中，习近平总书记强调要

实施供给侧结构性改革，通过增量改革促进存量调整，从产业结构、区域结构、要素投入结构等多方面着手，增强我国经济长期稳定发展的新动力。

伴随供给侧结构性改革的推进，一系列产业

政策将在"十三五"期间落地实施。正如前面所述，国内外经济形势已经发生重大变化，中国已无法跟随发达国家的产业发展路径"亦步亦趋"；反之，我国的家电、电子消费、通信设备、高铁、核电、航天等许多产业已走到世界领先位置。产业发展正处于从量变到质变的转化期，一方面是去除中低端的过剩产能，另一方面是推动产业往中高端升级。以智能化、网络化、数字化为特征的新一轮科技浪潮为我国发展新经济、提供新动能提供了难得的机会窗口。为了适应新形势，应对新挑战，当前产业政策转型应具有新时期的特点。

1. 从追求规模优势向注重创新能力培育的方向转变

2015年10月，中共十八届五中全会提出了"十三五"期间的五大发展理念：创新、协调、绿色、开放、共享。"创新"作为五大理念之首，成为国家发展的基点。在国际上，全球新一轮科技革命、产业变革和军事变革加速演进，科学探索从微观到宏观各个尺度上向纵深拓展，以智能、绿色、泛化为特点的群体性技术革命将引发国际产业分工的重大调整，颠覆性技术不断涌现，正在重塑世界竞争格局、改变国家力量对比，创新驱动已成为许多国家谋求竞争优势的核心战略。在我国，经济发展进入"新常态"，传统发展动力不断减弱，粗放型的增长方式难以为继，必须依靠创新驱动打造发展新引擎，培育新的经济增长点，持续提升我国经济发展的质量和效益，开辟我国发展的新空间，实现经济保持中高速增长和产业迈向中高端的目标。注重创新与国内外形势息息相关，也是促进未来中国经济可持续发展的必然选择。

当前，我国创新驱动发展已具备发力加速的基础。经过多年努力，我国的科技发展正在进入由量的增长向质的提升的跃升期，科研体系日益完备，人才队伍不断壮大，科学、技术、工程、产业的自主创新能力快速提升。经济转型升级、民生持续改善和国防现代化建设对创新提出了巨大要求。庞大的市场规模、完备的产业体系、多样化的消费需求与互联网时代创新效率的提升相结合，为创新提供了广阔空间。我国的经济体制能够有效地把集中力量办大事和市场配置资源的优势结合起来，为实现创新驱动发展提供了根本保障。但同时我们也要看到，我国许多产业仍处于全球价值链的中低端，一些关键核心技术受制于人，发达国家在科学前沿和高新技术领域仍然占据明显优势，我国支撑产业升级、引领未来发展的科学技术储备亟待加强。适应创新驱动的体制机制亟待建立健全，企业创新动力不足，创新体系整体效能不高，经济发展尚未真正转到依靠创新的轨道上来。科技人才队伍大而不强，领军人才和高技能人才缺乏，创新型企业家群体急需发展壮大。激励创新的市场环境和社会氛围仍需进一步培育和优化。

根据当前的形势，我国的产业政策也在逐渐转型，相比原先强调提高产业规模的发展诉求，近几年的产业政策越来越注重创新能力的培养，适应了创新驱动的体制机制建设需要。在《中国制造2025》的九大战略任务中，首要任务就是"提高国家制造业创新能力"，具体包括完善以企业为主体、以市场为导向、政产学研用相结合的制造业创新体系。围绕产业链部署创新链，围绕创新链配置资源链，加强关键核心技术攻关，加速科技成果产业化，提高关键环节和重点领域的创新能力。2014年12月，多个部委联合发布《深入实施国家知识产权战略行动计划（2014~2020年)》，以进一步贯彻落实《国家知识产权战略纲要》，全面提升知识产权综合能力，实现创新驱动发展，推动经济提质、增效、升级。2015年3月，工信部发布了《关于做好2015年工业企业知识产权运用能力培育工程工作的通知》，围绕国家制造业创新体系建设，将企业知识产权运用能力培育工作与"两化融合"、产业转型升级工作结合起来，促进创新成为驱动发展新引擎。2016年5月，中共中央、国务院印发了《国家创新驱动发展战略》，强调科技创新是提高社会生产力和综合国力的战略支撑，必须摆在国家发展全局的核心位置，提出了中国从创新大国到创新强国转型的"三步走"战略目标。

2. 从重视国内布局到向国外布局的方向转变

改革开放三十多年以来，中国早期的产业政策多是以主导产业为导向，根据资源禀赋、人力资本、区域经济平衡发展等方面进行产业布局。随着技术进步和产业转型升级的需要，各地区的生产要素价格出现变动，区域经济发展水平差距扩大，东部地区土地、劳动力价格大幅上涨，大城市的低端产业亟待疏散。长期以来，政府从制造业全局、区域经济、经济开发区等角度提出了一系列产业升级布局的政策。比如，2014 年 8 月，国务院发布了《关于依托黄金水道推动长江经济带发展的指导意见》和《关于近期支持东北振兴若干重大政策举措的意见》；2014 年 10 月，国务院办公厅又发布了《关于促进国家级经济技术开发区转型升级创新发展的若干意见》。此外，在地区产业转移方面，2014 年 9 月，国家发展改革委等部委联合印发了《关于重点产业布局调整和产业转移的指导意见》，从强化资源型产业布局导向、推进重大基地建设，发挥市场主导作用、引导产业有序转移，深化产业对外合作、支持企业"走出去"，改善发展环境、增强中西部产业发展和承接能力四个方面推进产业的布局调整。2015 年 4 月，中央政治局审议通过了《京津冀协同发展规划》，核心是有序疏解北京的非首都功能，调整经济结构和空间结构，促进区域协调发展，形成新增长极。

与此同时，随着工业化水平的提高，中国的部分产业已经达到了世界领先水平，具备了向国外扩展产业布局的能力，国内产业的海外拓展布局成为产业布局的另一个重要趋势。在《中国制造 2025》中，"提高制造业的国际化发展水平"也是九大战略之一，提出需要统筹利用两种资源、两个市场，实行更加积极的开放战略，将"引进来"与"走出去"更好地结合，拓展新的开放领域和空间，提升国际合作的水平和层次，推动重点产业的国际化布局，引导企业提高国际竞争力。另外，"一带一路"发展战略亦旨在推进国际产能和装备制造合作，打造陆海内外联动、东西双向的全面开放新格局。在微观企业层面，许多的国内企业正在自发地走出国门，通过兼并收购来开拓海外市场和提升技术水平。例如，2015 年，国内电子信息企业积极跨国整合资源，海尔集团收购通用电气公司的家电业务资产；创维集团收购东芝公司的白色家电业务；海信集团收购夏普公司的墨西哥工厂和美洲业务；浪潮集团与思科公司共同成立合资公司；中芯国际集成电路制造有限公司和华为技术有限公司、IMEC、高通公司共同成立合资技术研发公司，打造集成电路研发平台。因此，未来的产业政策应当同时注重国内产业布局的转移和国外产业布局的扩展，以更好地协调区域经济的发展，提高产业的国际竞争力。

3. 从片面强调产业政策的作用向产业政策与竞争政策相协调的方向转变

长期以来，我国的产业政策充分体现了政府对经济发展的主导作用，计划经济色彩比较浓厚。作为后发工业化国家，为了实现产业转型升级，实现赶超战略，往往需要借助产业政策对发达国家的工业化历程进行观察和模仿，推动产业结构的变迁。我国从计划经济时期开始，国有企业与集体经济占绝对的控制地位，国企改革之后，石油、石化、钢铁等关系国家安全与国民经济命脉的重要行业和关键领域依然是国有经济占主导地位。并且，我国政府在税收、外汇、贷款、土地、补助等方面政策空间巨大，大量的基础设施建设需求掌握在政府手中。我国政府在制定产业政策和实施产业调控上有重要影响力，目录指导、市场准入、项目审批与核准、供地审批、贷款的行政核准、强制性清理等直接干预市场型的政策措施，是中国产业政策主要的政策工具选择。

相对来说，竞争政策则注重营造一个公平、有序的市场环境和竞争秩序，公平地获取市场资源，使市场的参与者通过竞争机制自然地实现优胜劣汰，资源配置的核心力量是市场这只"无形的手"。市场化的竞争要素包括企业家精神、现代化的企业管理制度，以及资金、技术、人才等生产要素。相比产业政策"集中力量办大事"，培养市场领导者和引导规模经济的产生，竞争政策对市场集中度则保持着高度警惕的态度，对企业间的合并收购更是十分审慎，往往通过诸多条例进行限制，防止卡特尔、托拉斯的出现。

20 世纪 90 年代，国内学者通常较为关注产业政策的实施，而将竞争政策作为产业政策可有可无的补充，甚至将竞争政策看作一种特殊的产业组织政策，认为竞争政策应该服从于产业政策。[①] 但近几年来，国外对于两种政策的讨论逐渐

---

① 江小涓：《经济转轨时期的产业政策》，上海三联书店、上海人民出版社，1996 年版。

兴起，尤其是亚洲金融危机和日本经济的困境凸显了产业政策的式微，昭示着竞争政策的回归。世界经济合作组织认为，竞争政策对于国家的生产效率和福利水平有重要影响，其对公共福利水平的促进作用甚至优于产业政策（OECD，2015）。日本是个典型例子，日本在 1945 年制定了《禁止垄断法》，但在"发展至上"的信念下，1953 年对《禁止垄断法》进行了修改，放松了对卡特尔的限制，制定了如中小企业卡特尔、不景气卡特尔等作为反垄断法的适用除外范围，即竞争政策初期让位于一系列产业政策。半个多世纪后，出现亚洲金融危机、日本经济停滞，许多选择性的产业政策的效果受到了质疑，日本的产业政策正在向竞争政策转型。1998 年，日本公正交易委员会通过长达数年的专题调研和论证，出台了《推进缓和管制年计划》，确立了执行积极政策的方针，力图废除《禁止反垄断法》，使用除外制度，进一步推进日本经济公平竞争，使日本市场更加开放和更具有竞争性。

我国的竞争政策体系从 20 世纪 90 年代以来已经逐步建立起来（见表 14-1），但仍待完善。我国最早的竞争政策是 1993 年颁布的《反不正当竞争法》，其中对地方保护、泄露商业机密、低价倾销、搭售、哄抬物价等不正当竞争行为进行了规定。1997 年，第八届全国人民代表大会通过了《价格法》，对经营者的价格行为、政府的定价行为、价格总水平调控、价格监督检查进行了规范。进入 21 世纪后，我国加入世界贸易组织，相关国际市场规则也加速了中国的市场化进程，竞争政策逐步发展完善。2003~2004 年，发改委颁布了《制止价格垄断行为暂行规定》、《价格违法行为行政处罚实施办法》和《价格违法行为举报规定》等政策法规。2007 年，我国第一部《反垄断法》颁布，填补了我国系统性的、权威性的竞争政策的空白。为了进一步完善《反垄断法》的实施，2016 年国务院发布了《关于在市场体系建设中建立公平竞争审查制度的意见》，着眼于建立公平竞争审查制度，确保产业政策在制定和实施过程中都能贯穿公平竞争的理念和要求，体现出竞争政策的基础性地位。

表 14-1　中国历年来主要竞争政策汇总

年份	主要方向：（1）价格管制；（2）经营者集中；（3）滥用市场权利
1993	《反不正当竞争法》 《关于禁止公用企业限制竞争行为的若干规定》
1997	《价格法》
1999	《价格违法行为行政处罚规定》 《关于制止低价倾销行为的规定》 《投标法》
2001	《国务院关于禁止在市场经济活动中实行地区封锁的规定》
2003	《制止价格垄断行为暂行规定》
2004	《价格违法行为行政处罚实施办法》、《价格违法行为举报规定》
2007	《反垄断法》
2008	《国务院关于经营者集中申报标准的规定》
2009	《经营者集中审查办法》
2010	《关于实施经营者集中资产或业务剥离的暂行规定》
2011	《反价格垄断规定》 《反价格垄断行政执法程序规定》 《关于评估经营者集中竞争影响的暂行规定》 《国务院办公厅关于建立外国投资者并购境内企业安全审查制度的通知》 《未依法申报经营者集中调查处理暂行办法》
2014	《价格违法行为举报处理规定》 《关于经营者集中附加限制条件的规定（试行）》 《关于经营者集中简易案件适用标准的暂行规定》 《关于经营者集中申报的指导意见》 《关于经营者集中简易案件申报的指导意见（试行）》 《国务院关于进一步优化企业兼并重组市场环境的意见》
2016	《国务院关于在市场体系建设中建立公平竞争审查制度的意见》

资料来源：作者根据相关文件整理。

从性质上看，产业政策与竞争政策都是政府干预微观经济运行的政策手段，目的都是提高企业的市场竞争力，促进产业部门的发展，弥补市场的缺陷。但两种政策在实施机构、利益出发点、产业指向性、作用时间点、实施手段方面都存在明显的差异。我国的产业政策通常是通过国务院、发改委、工信部、商务部、科技部等部门发布，以生产者为导向，具有明确的产业指向，且对产业的支持具有预期性和提前布局的特点。相对应地，我国的竞争政策的实施机构是国务院反垄断委员会、商务部、国家工商总局等执法机构，以消费者利益为导向，没有特定产业指向，主要对违反竞争的企业行为进行事后调节。应该说，产业政策与竞争政策的区别在于一个是政府主导，另一个是市场纠偏。

在市场化程度更高的西方发达国家，竞争政策在经济调控中占绝对主导地位，可以说，"功能性的产业政策"正是以竞争政策为基础的产业政策，表现为更尊重市场的规则，注重市场机制的维护和增进，因而倡导"功能性产业政策"，实际上就是主张当前产业政策更好地与竞争政策协调，更加注重建立公平竞争的市场秩序，这也是未来产业政策需要调整的重要方向。

4. 从静态化的产业政策向动态化的产业政策转变

自 2010 年 9 月国务院审议通过《国务院关于加快培育和发展战略性新兴产业的决定》以来，

培育战略性新兴产业已成为产业政策的重要方面。战略性新兴产业是指建立在重大前沿科技突破基础上，代表未来科技和产业发展新方向，体现当今世界知识经济、循环经济、低碳经济发展潮流、尚处于成长初期、未来发展潜力巨大、对经济社会具有全局带动和重大引领作用的产业。以 2014 年以来的政策为例，我国针对新一代信息技术产业、新能源产业、高端装备制造产业、新材料产业和新能源汽车产业出台了一系列政策，鼓励这些产业的快速发展。

然而，正是由于战略性新兴产业的先导性和不确定性，政府想在快速变化的新兴产业或者处于技术前沿的行业中进行探索，其产业政策往往容易遭遇失败，不管是发达国家还是发展中国家都不例外。处于市场前沿的企业可能难以捕捉有效信息，需要承担创新的风险，政府不当的产业政策更可能扭曲资源配置，贻误发展商机。以彩电行业为例，关键的显示屏技术变化多端、竞争激烈，曾经统治全球消费电子多年的日本在这场轰轰烈烈的彩电产业大变局中损失惨重，主要原因是企业对市场的判断失误，重点开发等离子技术，而非液晶技术，技术方向的判断失误导致日本彩电产业失去了市场份额。2015 年 1 月 29 日，曾经在 1927 年生产出世界上第一个能接受电视图像的阴极射线管、在 1960 年生产出日本第一台彩色显像管电视的日本东芝公司宣布：彻底退出海外电视机市场。

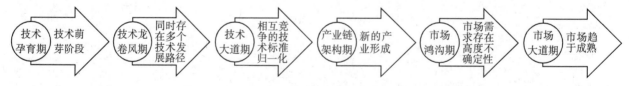

图 14-1 战略性新兴产业的发展历程

资料来源：作者参考 Benner（2010）整理。

战略性新兴产业是新兴的渗透力强的高新技术产业，具有先导性、友好性、导向性、依靠性、战略性等产业内涵与特征。根据一般生命周期过程的渐次发展规律，战略性新兴产业同样具有引入期、成长期、成熟期及调整期等一系列阶段性特征。当前，战略性新兴产业的技术还存在很大的不确定性，这为我国产业发展提供了"弯道超

车"的机会窗口，但同时也增加了产业政策的扶持难度。战略性新兴产业的发展历程包括六个阶段：技术孕育期、技术龙卷风期（同时存在多个技术发展路径）、技术大道期（相互竞争的技术标准归一化）、产业链架构期（新的产业形成）、市场鸿沟期（市场需求存在高度不确定性）和市场大道期（市场趋于成熟）（见图 14-1）。多项研究

表明，不同的产业政策对于战略性新兴产业技术不同演进阶段的作用敏感性存在很大差异。例如，在存在多种技术发展路径的技术龙卷风期政府应对至少两个以上的技术路径提供研发补贴，而在产业链架构期则更需要注重对风险投资公司的税收优惠。从全球范围来看，当前新材料产业正处于技术爆炸性增长阶段，产业整体处于技术范式的构造期；而光伏产业已处于大规模商业应用期，完整的产业链已经形成；新能源汽车处于技术增长阶段，其中部分产业已经处于技术突变和需求导向的过渡期。因此，在制定产业政策时，尤其是在战略性新兴产业的培育上，首先需要克服原来的结构性的静态产业支持政策，根据战略性新兴产业的发展特征和技术发展阶段，构建可以动态调整的政策链条，突破单一政策工具的局限性，实施动态调整的机制，提高整个产业政策体系的动态适应性。

2014 年以来我国出台的针对各类战略性新兴产业的鼓励和支持政策如表 14-2 所示。

表 14-2　2014 年以来我国出台的针对各类战略性新兴产业的鼓励和支持政策

产业	政策
新一代信息技术产业	《关于 2014 年度软件企业所得税优惠政策有关事项的通知》 《关于促进先进光伏技术产品应用和产业升级的意见》 《关于印发 2014~2016 年新型显示产业创新发展行动计划的通知》 《关于印发新型平板显示工程实施方案的通知》 《关于印发促进智慧城市健康发展的指导意见的通知》 《关于印发高性能集成电路工程实施方案的通知》 《关于印发宽带中国工程实施方案的通知》 《关于印发云计算工程实施方案的通知》 《关于组织实施新型平板显示和宽带网络设备研发及产业化专项有关事项的通知》 《关于加快高速宽带网络建设推进网络提速降费的指导意见》 《关于促进云计算创新发展　培育信息产业新业态的意见》 《关于印发促进大数据发展行动纲要的通知》
新能源产业	《关于印发 2014 年能源工作指导意见的通知》 《关于印发"十二五"第四批风电项目核准计划的通知》 《关于印发全国海上风电开发建设方案的通知》 《关于下达 2015 年光伏发电建设实施方案的通知》 《光伏扶贫试点实施方案编制大纲（修订稿）》
高端装备制造产业	《关于加大重大技术装备融资支持力度的若干意见》 《高技术船舶科研项目指南（2014 年版）》 《海洋工程装备科研项目指南（2014 年版）》 《关于印发海洋工程装备工程实施方案的通知》 《关于推进国际产能和装备制造合作的指导意见》
新材料产业	《关于印发关键材料升级换代工程实施方案的通知》
新能源汽车产业	《免征车辆购置税的新能源汽车车型目录》（第 1~5 批） 《节能产品惠民工程节能环保汽车（1.6 升及以下乘用车）推广目录》（第一批、第二批） 《新建纯电动乘用车企业管理规定》 《关于 2016~2020 年新能源汽车推广应用财政支持政策的通知》 《关于节约能源　使用新能源车船车船税优惠政策的通知》 《关于进一步做好新能源汽车推广应用工作的通知》 《关于开展节能与新能源汽车推广应用安全隐患排查治理工作的通知》 《关于免征新能源汽车车辆购置税的公告》
新能源汽车产业	《关于完善城市公交车成品油价格补助政策　加快新能源汽车推广应用的通知》 《关于新能源汽车充电设施建设奖励的通知》 《京津冀公交等公共服务领域新能源汽车推广工作方案》 《关于支持沈阳、长春等城市或区域开展新能源汽车推广应用工作的通知》 《政府机关及公共机构购买新能源汽车实施方案》 《关于加快新能源汽车推广应用的指导意见》

资料来源：作者根据相关文件整理。

三、推动产业政策转型的政策建议

受长期以来的制度影响，我国的产业政策的计划经济色彩依然浓重，产业政策不当可能造成巨大危害，最明显的是当前的产能过剩和重复建设问题。为了更好地适应新形势下产业政策的转型，我们至少需要克服以下障碍：

1. 完善产业政策的制定机制

我国的产业政策的制定通常由政府部门牵头，由相关技术专家或产业专家主导，其政策内容要么缺乏对微观激励机制的考虑和制度性政策建议的支撑，要么对技术和产业内在发展规律把握不准，缺乏企业和社会群体的参与，导致出台的政策无法达成共识（贺俊，2015）。并且，产业政策涉及的利益相关方众多，从前期的调研到中期评估及后期不断的修改审议，这一过程往往耗费大量人力、物力。以 2016 年 5 月发布的《国家创新驱动发展战略纲要》（以下简称《纲要》）为例，该《纲要》由国家科技体制改革和创新体系建设领导小组（简称国家科改领导小组）组织协调制定，科技部会同 20 多个政府部门开展了创新驱动发展顶层设计，组织了专题研究和国内外调研，完成了中长期科技规划纲要和科技重大专项中期评估及 12 大领域未来技术预测等工作。这个过程历时 2 年，有 80 多位院士和 8000 多位的国内外专家参加，召开了 20 多次座谈会听取地方、企业、高校、科研院所和各方专家的意见。

当前的产业政策应以健全和完善市场机制为核心内容，解决因市场缺陷而无法实现公共利益和发展目标的问题，在制定产业政策时应该提高社会化参与度，充分吸收不同身份、不同专业的社会人士的意见，了解企业的发展需求，使得产业政策的制定尽可能汇聚全社会的智慧、达成社会共识。

2. 增强产业政策实施的协调性和适应性

在当前我国的产业发展环境中，由于政府职能的划分，财政资源、权力资源、信息资源和制度资源实际是分散在政府的不同层面的，由不同部门把控，不同部门之间的政策制定和实施方面缺乏协调性，甚至互相掣肘，这在很大程度上导致产业政策的缺位和错位，使得整个产业政策体系在促进产业转型升级和新兴产业的发展上呈现碎片化的趋势。此外，产业政策实施以后，常常缺乏动态调整，导致政策呈现"黏性化"特点，不利于达到预期目标。

一个产业规划往往涉及财政、税收、贸易、服务体系建设等多个方面，不同产业政策实施主体不同，实施周期也存在差异，因此不同产业政策之间需要形成动态有机耦合关系，以使各项政策产生正向互动作用，最终形成一种有效的政策合力。尤其在战略性新兴产业的培育上，由于技术的先导性和高度不确定性，产业政策必须随着产业环境的变化而调整，适时掌控政策之窗开启和关闭的最佳时机，适时进行动态跟踪和控制调整，防止政策产生"黏性"，以实现政策体系的既定战略目标。

3. 强化对政府直接干预边界的约束力

学者们的研究普遍认为，当前我国的产业政策的政府直接干预力量仍然过于强大，产业政策形成一张管制之网，严重束缚了经济转型发展。2003 年以来，政府对企业微观经济活动的行政干预明显加强，虽然以"宏观调控"的名义，但这些行政调控多以产业政策的形式实施。[1] 中国产业政策直接干预市场的特征表现为以目录指导、市场准入、项目审批与核准、供地审批、贷款的行政核准、强制性清理等直接干预市场型的政策措施作为产业政策主要的政策工具选择；在对于市场竞争的限制方面，保护和扶持在位的大型企业（尤其是中央企业、地方大型国有企业），限制中小企业对在位大企业市场地位的挑战和竞争。[2]

---

[1] 吴敬琏：《中国经济 60 年》，《比较》2010 年第 3 期。

[2] 江飞涛、李晓萍：《当前中国产业政策转型的基本逻辑》，《南京大学学报》（哲学·人文科学·社会科学版）2015 年第 3 期。

政府直接干预扭曲了市场机制，可能带来诸多的不良效应。首先，企业热衷于寻求政府的支持，一方面，可能发布虚假信息申报补助，政企合谋导致寻租腐败；另一方面，企业沿着政府制定的技术路线进行低水平、重复性的研发活动，反而挤占了正常研发创新的资源，降低了整个社会的创新效率。其次，政府掌控了土地、能源、贷款等生产要素，严重干扰了公平竞争的市场秩序，可能扭曲产业结构，导致产能过剩与产业发展不足并存，严重影响经济效率。

当前的产业政策转型需注重产业政策与竞争政策的协调，迫切需要将产业政策的重点放在加快建立健全有利于促进技术创新和新技术扩散的良好的市场环境上，加快完善《反不正当竞争法》、《反垄断法》、《消费者权益保护法》等竞争政策的执法体系，更注重市场利用自身的力量进行优胜劣汰的抉择，把产业政策的作用发挥建立在完善市场机制的基础之上。

在产业政策的实施过程中，由于我国产业政策的制定、实施、评估通常三位一体，缺乏独立第三方的监督、评估和约束，导致资源分配缺乏透明性，产业政策的实施效果大打折扣。未来产业政策的转型需要引入独立第三方的政策监督机构，有效评价和监督产业政策的实施效果，以更好地达到预期的产业发展目标

4. 加强产业政策的事后评估与经验总结，厘清关于产业政策方面的争议，为产业政策的实施奠定坚实的理论与经验基础

2016 年 8 月 25 日，北京大学国家发展研究院教授张维迎在"亚布力中国企业家论坛西安峰会"与林毅夫在"中国金融四十人论坛"上分别对产业政策发表了两种不同见解，他们围绕产业政策的必要性和有效性展开了一场论战。张维迎认为，应该废除任何形式的产业政策，由于人类认知局限和激励机制的扭曲，技术和新产业是不可预见的，因此产业政策注定是政府的一场豪赌，必将以失败告终。而林毅夫的观点与张维迎针锋相对，认为产业政策是经济发展的必要条件，任何国家的资源都是稀缺的，政府必须优先扶持对经济发展拉动作用大的产业，企业家也需要政府的帮助来克服外部性和协调的问题。

这场产业政策的争论不仅是一场学术争论，更是经济学者对于未来中国的创新与技术进步、产业转型、经济增长等方面的政策导向的思考。在理论上，产业政策的倡导与否确实都可以找到相关理论依据，而在实践中，产业政策在世界各国普遍盛行，只是在形式和内容上存在一定差异。产业政策作为我国政府干预和调控经济的重要手段，曾发挥了重要的推动作用，但是在"新常态"的经济形势下如何制定更为有效的产业政策，以抓住新一轮技术革命的发展契机，保持经济的中高速增长，是当前供给侧结构性改革的急需探讨的问题。

从理论上来说，产业政策的倡导者和反对者都有其经济学相关理论依据。产业政策的倡导者的理论依据是战略性贸易理论和"市场失灵"理论。战略性贸易理论认为，当某产业部门存在规模经济和不完全竞争时，出口补贴、进口限制、投资或研发补贴等可以保护本国企业抢占某些特定产业部门，维护本国经济安全，并打击别国的竞争对手。"市场失灵"理论认为，由于存在外部性和信息不对称，政府可以通过提供信息交流以协助具有外部性的企业更合理地发展，通过知识产权保护和研发补贴来促进科技发展，进而起到推动产业进步、提高产业竞争力的作用。应该说，政府的"有形的手"可以作为市场"无形的手"的补充，达到市场增进作用。然而，产业政策的反对者也有据可依。根据信息经济学，政府获取的市场信息是不完全的，且只是有限理性，相比企业家，政府官员对经济的反应更迟钝，很难做出最优决策。而根据社会契约理论，由个体组成的政府官员倾向于追求自身利益最大化，背离"仁慈的政府"的美好初衷，从而导致腐败和寻租行为盛行。总之，产业政策只是将"市场失败"转化成"政府失败"，而后者对经济的危害更严重。

从我国的产业政策实践来看，应该说，在经济基础薄弱，产业结构不完善的时期，我国政府制定的产业政策在一定程度上促进了基础设施建设和产业的初期成长。然而，产业政策对许多竞争性产业的促进作用却不是很明显，如高铁产业在铁道部、科技部、发改委的支持下，成功完成"引进消化吸收再创新"的产业转化升级，达到了世界领先水平；但也有部分产业最终陷入资源浪

费、产能过剩、供需失衡以及竞争乱象的困境，如光伏产业。

我国产业政策的实施效果在不同地区、不同行业有较大差异，这与产业发展阶段、行业特征、外界市场等因素息息相关。产业政策的效果不能一概否认，但针对产业政策的有效性缺乏系统性的、技术性的学术研究支持。在产业转型升级的关键时期，政府和学者需加大对我国产业政策实施效果的总结和研究，以更好地把握产业发展规律与产业政策的执行经验，发挥产业政策的正面作用。

专栏 14-1

林毅夫与张维迎的产业政策之争

2016 年 8 月 25 日，在"亚布力中国企业家论坛西安峰会"上张维迎发表了"为什么产业政策注定会失败？"的演讲，提出了产业政策失败的原因有两方面：一是由于人类认知能力的限制；二是由于激励机制的扭曲。在他看来，产业政策意味着我们要把有限的资源（人力的、物质的）投在政府选定的优先目标上，这实际上是一种豪赌，连"盲人摸象"也谈不上。不能想象政府官员对未来技术和产业的判断比企业家更敏锐，而且总体来讲政府官员要比企业家在创新方面更为迟钝。靠专家制定产业政策也不行，因为专家可能有硬知识，但没有创新所必须的企业家的敏锐性和软知识。靠企业家也不能制定产业政策，因为有资格被邀请参与政策制定的企业家一定是已经成功的企业家，但过去的成功不代表未来的成功，对经济发展产生重要影响的创新通常来自名不见经传的创业者，而不是功成名就的商界领袖。产业政策之所以失败，除了认知方面的原因，还有激励机制方面的问题。政府官员的激励和企业家很不一样：企业家试错，失败了损失是自己的，成功了收益也是自己的；但政府官员做事成功了没有与此对应的货币收益，失败了反倒可能要承担一定的职业风险（尽管并不总是如此），所以政府官员考虑更多的是怎么规避个人责任。

对于张维迎对产业政策的批评，林毅夫做出了明确的回应：许多国家的产业政策失败，尚未见不用产业政策而成功追赶发达国家的发展中国家和保持持续发展的发达国家。对于发达国家和发展中国家的经济发展而言，产业政策之所以有必要，是因为推动经济发展的技术创新和产业升级既要有企业家的个人努力，也需要政府帮助企业家解决其自身难以克服的外部性和相应软硬基础设施完善的协调问题。由于发达国家和发展中国家的政府所能使用的资源都是有限的，因此只能策略性地优先帮助能对经济持续发展做出最大贡献的产业。这种有选择性地使用资源以帮助某些产业的企业家克服外部性和协调问题的措施就是产业政策。许多发展中国家的政府采用产业政策时经常失败，除了执行能力的问题之外，究其原因是发展中国家的政府容易出于赶超的目的而去支持违反比较优势原则的产业，结果这些产业中的企业在开放竞争的市场中缺乏自生能力，只能靠政府永无止境的保护补贴来生存。成功的产业政策必须针对有潜在比较优势的产业。所谓有潜在的比较优势的产业指的是该产业的要素生产成本在开放竞争的市场中有优势，但是由于软硬基础设施不完善，交易费用太高，使得总成本在开放竞争的市场中没有竞争力的产业。政府若能针对这些产业中的先行企业给予外部性补偿并帮助软硬基础设施不断完善，则这样的产业政策能够使具有潜在比较优势的产业迅速变成具有竞争优势的产业。在我国当前经济发展进入"新常态"之后，如何在"有效的市场"环境中发挥"有为的政府"的作用，推动产业从中低端向中高端发展，以及将来从中高端向高端升级，实现可持续的中高速增长？从新结构经济学的视角，根据现有产业与国际前沿的差距，可将我国的产业分成五种不同类型，政府因势利导的作用各有差异。

资源来源：
1. 张维迎：《为什么产业政策注定会失败》，http: //opinion.jrj.com.cn/2016/09/18094121490486.shtml。
2. 林毅夫：《经济发展需要产业政策才能成功》，http: //opinion.jrj.com.cn/2016/09/18093421490446.shtml。

参考文献

［1］Mary J. Benner. Securities Analysts and Incumbent Response to Radical Technological Change：Evidence from Digital Photography and Internet Telephony［J］. Organization Science，2010（1）.

［2］OECD. Liberalisation and competition intervention in regulated sectors［R］. 2015.

［3］黄群慧、贺俊：《中国制造业的核心能力，功能定位与发展战略——兼〈中国制造 2025〉》，《中国工业经济》2015 年第 6 期。

［4］贺俊：《调整新经济结构性产业政策指向》，《中国社会科学报》2016 年 9 月 21 日。

［5］江飞涛、李晓萍：《直接干预市场与限制竞争：中国产业政策的取向与根本缺陷》，《中国工业经济》2010 年第 9 期。

［6］张夏准（著）、肖炼（译）：《富国陷阱——发达国家为何踢开梯子?》，社会科学文献出版社，2007 年版。

第十五章　中国工业成本

提　要

　　中国工业成本结构自 2008 年美国金融危机以来发生了显著变化：一是工资成本的增长速度慢于增加值增长速度的良性发展局面发生了逆转；二是社会保险支出占比持续上升，企业利润和折旧占比持续下滑；三是企业缴纳的与土地、房产相关的税金明显上升；四是原材料价格下降但企业毛利并未提高。造成这种局面的原因既有央行信贷政策调整的影响，也有人口结构变化、就业结构变化的影响，还有执行劳动保护法律法规的影响。为了扭转这种局面，近两年国家出台了相关货币政策、税收政策，以期降低企业利息支出和流转税税负，但因工资等刚性支出过快增长的局面没有扭转，企业成本费用结构不太合理、企业价值创造缺乏内在动力的局面还没有改变，需要从货币政策、财政政策、税收政策、劳动保护政策等角度共同发力，才有可能实现降本增效，将中国实体经济重新拉入良性发展轨道。

*　　　　　　　*　　　　　　　*

一、中国工业企业成本变化

　　中国工业企业经过 20 多年的快速发展，其成本费用结构在 2008 年之前和 2008 年之后发生了根本性改变，这可从成本费用支出主要项目占主营业务收入的比例可以看出（如表 15-1 所示）：一是工资支出占收入比例持续下降的趋势被持续上升的趋势所取代；二是社会保险支出占比下降趋势也被持续上升趋势取代；三是企业所得税占比下降但营业税占比上升；四是利息支出占比有所下降但企业的财务费用并没有下降；五是工业原材料采购价格下降但企业的主营业务成本占收入比并没有明显下降。这些因素的共同作用使中国工业企业的成本费用总体结构发生了根本性改变，直接影响企业的成本费用水平总体上升，企业的利润总额开始下降。

表 15-1　中国工业企业成本结构的总体变化

指标　　　　　　年份	2015	2013	2010	2007	2005	2000
工资/主营业务收入（%）	2.63	2.35	1.61	1.83	2.06	3.47
社保支出/主营业务收入（%）	4.17	3.39	2.76	2.70	2.81	3.14
所得税/主营业务收入（%）	0.84	0.91	1.00	1.04	1.04	0.91

续表

指标 \ 年份	2015	2013	2010	2007	2005	2000
营业税/主营业务收入（%）	1.63	1.52	1.60	1.19	1.21	1.70
利息支出/主营业务收入（%）	1.10	1.19	0.90	1.04	1.05	2.19
财务费用/主营业务收入（%）	1.21	1.16	1.01	1.07	1.07	2.33
主营业务成本/主营业务收入（%）	85.68	84.44	84.79	83.71	84.44	81.58
工业生产者购进价格指数	99.3	98	109.6	104.4	108.3	105.1

注：由于缺乏相同口径的工资和社保支出数据，本表中的工资是用制造业城镇单位就业人员工资总额代替，社保支出是用全国社会保险基金收入乘以第二产业增加值占 GDP 的比重换算取得。这两个指标近似代替之后与实际情况可能存在不一致的情况，但这种替代不会影响对变化趋势的判断。表中没有列出增值税的原因是增值税是价外税，它不包含在主营业务收入之中。

资料来源：根据国家统计局网站公布的数据计算得出。

1. 工资增长快于产值增长，人工成本上升压力持续扩大

在 1995~2008 年，中国工业增加值年均增长（环比）13.76%，中国制造业城镇单位就业人员平均工资（以下简称制造业工资）年均增长（环比）为 12.69%，第二产业增加值（以下简称产业增加值）增长年均高出制造业工资增长 1.07 个百分点，这种产出增长快于工资增长的良性互动使中国工业获得了快速增长的动力并使中国逐渐成为世界制造业大国。但在 2009~2014 年，中国制造业工资增长率年均高出产业增加值增长率 3.04 个百分点，导致从过去 20 年整体来看，中国制造业工资年均增长已超过了产业增加值年均增长，年均增速超出 0.23 个百分点。这说明，金融危机之后五年工资的快速增长完全抵消了前十五年工资增长慢于产出增长所积累的人工成本竞争优势。从过去 20 年工业企业发展的历史数据来看，在产出增长快于工资增长的阶段，工资的快速增长并不是问题，但当产出增长慢于工资增长时工资的增长就会变成一个问题，变成了企业生存的持续压力。

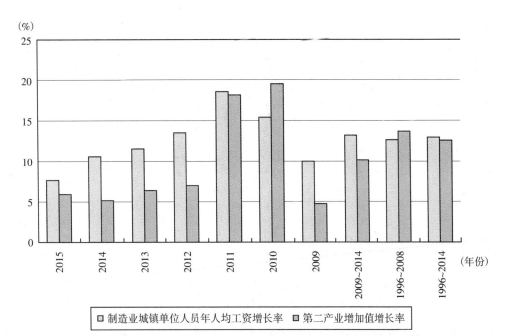

图 15-1 制造业城镇单位工资增长率和第二产业增加值增长率比较

注：由于国家统计局公布的统计指标中缺乏制造业增加值数据但有第二产业增加值数据，有工业增加值增速数据但没有绝对值数据。制造业平均工资和工资总额有制造业城镇单位就业人员数据但没有全国制造业就业人员数据，导致难以找到统计口径一致的可比数据。为了说明问题，只好使用这两个统计口径不太一致但具有明确金额的数据进行比较。

资料来源：国家统计局网站公布的国家年度数据。

2. 社会保险支出持续增长，支出压力迅速翻番

社会保险费通常按照职工工资总额的一定比例缴纳。北京市社会保险费按照员工工资总额的以下比例缴纳：养老保险为28%（企业缴纳20%+个人缴纳8%），医疗保险为12%（企业缴纳10%+个人缴纳2%），失业保险为2%（企业缴纳1.5%+个人缴纳0.5%），工伤保险为1%，生育保险为0.8%（企业缴纳），职工住房公积金为24%（企业缴纳12%+个人缴纳12%），合计起来缴纳员工工资总额的67.8%。社会保险支出会随着企业工资总额增长而增加。图15-2是社会保险支出及占比情况。可以看出，自1995~2015年社会保险支出年均增长20.75%，明显高于同期工资年均12.87%的增长速度，也高于企业收入增速3.89个百分点。社会保险支出占企业主营业务收入的比

值从1996年的1.02%上升到2015年的1.8%。

在1998~2007年经济持续上升阶段，规模以上工业企业的实现利润也在持续增长，社会保险支出与企业实现利润之比在持续下降，从1998年的52.43%下降到2007年的18.94%。说明社会保险支出的快速增长并未给企业带来支出压力。但2008年之后，形势发生了逆转，社会保险支出与企业利润之比在2009年上升到了21.90%，受4万亿元经济刺激投资影响在2010年又下降到16.67%，但自2011年开始持续攀升，到2015年已上升到了31.21%，社会保险支出对企业的压力也陡然上升。工资和社保支出自2011以来的快速增长，大幅度压缩了企业的利润空间，导致在2014年和2015年规模以上工业企业的利润总额分别比上一年度下降了0.33%和6.75%。利润下降的直接感受就是企业越来越难做。

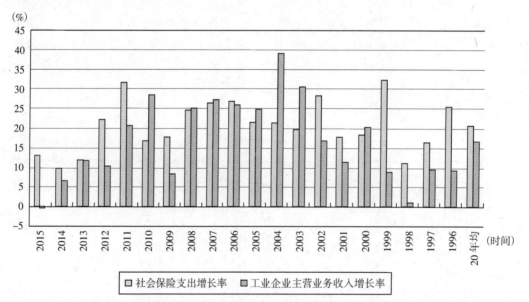

图15-2 社会保险支出和企业主营业务收入的比较

注：由于缺乏规模以上工业企业社会保险支出统计数据，本图用全国社会保险基金收入乘以第二产业增加值占GDP的比重作为对工业企业社会保险支出的估计值。这个口径的社会保险支出应该略高于规模以上工业企业社会保险支出，但不影响对其变化趋势及其影响的估计。

资料来源：国家统计局网站公布的年度统计数据。

3. 大宗商品价格下降但主营业务成本仍在上升

最近几年来，全球大宗商品价格和能源动力价格下降，中国工业企业采购价格也呈下降趋势。在这种大背景下，中国工业企业的主营业务成本应该下降，企业的毛利率应该呈现上升趋势。但从统计数据来看，情况并非如此。从表15-2数据

可以看出，自2000年以来，中国规模以上工业企业的主营业务成本占主营业务收入的比例长期以来一直处于增长态势，从2000年的81.58%上升到了2015年的85.68%，与此同时主营业务毛利率（主营业务毛利与主营业务收入之比）却从2000年的18.42%下降到了2015年的14.32%。尽管在2006年、2007年和2009年、2010年受4万

亿元投资刺激政策的影响毛利率有短暂上升，但长期来看主营业务成本上升、毛利率下降的趋势基本没有变化。特别是自 2011 年以来，随着大宗商品市场价格的下降，工业生产者购进价格指数明显下降，但企业的主营业务成本却并没有下降，而是在持续上升，致使企业毛利率长期下降的趋势并没有发生改变。

表 15-2 主营业务成本收入比、毛利率及生产者采购价格指数的变化

指标 \ 年份	2015	2014	2013	2012	2011	2010	2009	2008
主营业务成本收入比（%）	85.68	85.22	84.79	84.42	84.11	83.88	84.33	84.66
主营业务毛利率（%）	14.32	14.78	15.21	15.58	15.89	16.12	15.67	15.34
工业生产购进价格指数	99.3	97.8	98	98.2	109.1	109.6	92.1	110.5

指标 \ 年份	2007	2006	2005	2004	2003	2002	2001	2000
主营业务成本收入比（%）	83.71	84.41	84.44	84.08	82.86	82.43	82.43	81.58
主营业务毛利率（%）	16.29	15.59	15.56	15.92	17.14	17.57	17.57	18.42
工业生产购进价格指数	104.4	106	108.3	111.4	104.8	97.7	99.8	105.1

资料来源：国家统计局网站公布的年度统计数据。

4. 与土地房产相关的税金持续快速增长使主营业务成本难以降低

企业主营业务成本的主要构成是直接原材料消耗，随着主要大宗商品价格的持续下降，工业采购价格指数也持续下降，在这种情况下，为什么主营业务成本还在持续上升？除了人工成本上升引起的制造费用持续上升之外，还有地价、土地房产使用税以及与环境保护相关的资源税等成本在持续快速上升。表 15-3 数据展示了建设用地价格和房产使用每年缴纳的税金情况。企业用地价格持续上升，但企业购置土地通常是一次性的，在土地购置之后可以作为企业一次性投资进入固定资产并通过计提折旧的方式计入成本。而真正持续快速增加的是企业使用土地、厂房、办公用房等向政府缴纳的耕地占用税、土地使用税、土地增值税和房产税，而这四项与土地和房产相关的税收（作为地方财政收入）在持续上涨，企业成本难以降低。四项税收占工业企业主营业务收入的比重从 2007 年的 0.39% 上升到 2014 年的 0.89%，七年翻了一番，尽管其占比很小，不足 1%，但正是这 1 个百分点，决定了企业主营业务成本相对于主营业务收入的增长速度，因为主营业务成本和主营业务收入增长率之间的差距在大多数年份也就是在 1 个百分点之内。这四项税金对企业的利润影响，在 2014 年已经上升到了占利润总额 14.41% 的水平，而在 2007 年这四项税金也只占利润总额的 5.7%，在七年时间几乎增长了两倍。

表 15-3 与房地产使用相关的税种及其变化

指标 \ 年份	2014	2013	2012	2011	2010	2009	2008	2007
综合用地价格（元/平方米）	3633	3522	3129	3049	2882	2653	2474	1846
工业用地价格（元/平方米）	760	742	730	670	629	597	607	561
城镇土地使用税（亿元）	1992.6	1718.8	1541.7	1222.3	1004.0	921.0	816.9	385.5
土地增值税（亿元）	3914.7	3293.9	2719.1	2062.6	1278.5	719.6	537.4	403.1
耕地占用税（亿元）	2059.1	1808.2	1620.7	1075.5	888.6	633.1	314.4	185.0
房产税（亿元）	1851.6	1581.5	1372.5	1102.4	894.1	803.7	680.3	575.5
四项土地房产税合计（亿元）	9818.0	8402.4	7254.0	5462.7	4065.0	3077.3	2349.1	1549.1
四项税增长率（%）	16.85	15.83	32.79	34.38	32.10	31.00	51.64	41.57
四项税与利润总额比（%）	14.41	12.29	11.72	8.90	7.66	8.91	7.69	5.70
四项税与主营收入比（%）	0.89	0.81	0.78	0.65	0.58	0.57	0.47	0.39

资料来源：国家统计局网站公布的年度统计数据及计算结果。

5. 三项主体税种的纳税总额下降但税负压力并未减轻

与土地房产相关的四项税金目前并不是企业向国家缴纳的主体税种，企业向国家纳税的主体税种目前主要有增值税、所得税和营业税及附加三项。表15-4是规模以上工业企业获得的净利润和向国家缴纳的三项税金的对比情况。三项税金合计从2000~2010年的十年间年均增长21.56%，而同期企业净利润年均增长29.86%，三项税金占企业净利润的比值平均为119.89%。在这期间，平均来看企业得到的比国家得到的少，企业却并没有感受到税负压力；相反，企业税负压力逐渐减轻，主要是因为三项税金占企业净利润的比例从2000年的161.99%下降到2010年的88.26%。但从2011年开始，形势发生了逆转，三项税金的增长开始快于企业净利润的增长，三项税金占企业净利润的比值也开始持续攀升，到2014攀升到104.4%。2014年、2015年尽管国家实行"营改增"等减税政策，使三项税金总额在2015年出现了负的增长，但三项税金与企业净利润的比值却并没有下降，相反仍在上升，在2015年又提高到了108.84%。这进一步说明，企业税负是一种相对的概念，是相对企业自身的盈利情况变化的一种感受。

表15-4 企业缴纳的三项主体税金及其占比的变化

指标 \ 年份	2015	2013	2011	2010	2008	2007	2005	2000
三项税金合计（亿元）	59133	58772	47421	40648	28598	22598	14105	5882
三项税金占比（%）	5.36	5.66	5.63	5.83	5.72	5.65	5.67	6.99
三项税增长率（%）	-2.79	11.52	16.66	29.67	26.55	28.08	21.26	33.28
净利润（亿元）	54332	58903	52948	46057	25933	22980	12216	3631
净利润增长率（%）	-6.75	10.64	14.96	55.18	12.85	41	24	59
税金占净利润（%）	108.84	99.78	89.56	88.26	110.28	98.34	115.46	161.99

资料来源：根据国家统计局网站公布的年度统计数据及计算结果。

6. 利息支出减少但企业财务费用负担并未减轻

企业利息支出的变化主要受央行存贷款利率调整和商业银行存款准备金率调整的影响。2010年、2011年、2012年利息支出的较大幅度增长也主要是由于自2010年10月20日开始中国人民银行连续四次提高贷款利率，并从2010年11月20日开始连续七次提高存款准备金率而使市场资金紧缺所致。在2010年10月20日，一年期贷款利率从2008年12月23日确定的5.31%提高到5.56%，经过连续四次的调整，到2011年7月7日达到6.56%，这一较高的利率水平一直维持到2012年6月8日才开始向下调整。利率的提高常常伴随着存款准备金率的提高，存款准备金率的提高会大幅度减少借贷市场上的资金供应量，造成市场资金短缺并直接推高贷款利率，2012年房地产信托贷款利率水平维持在20%左右的水平。迫于经济下行压力，2014年和2015年央行多次下调存贷款利率，企业利息支出明显减少，2015年规模以上工业企业的利息支出比2014年下降了11.01%，由此也使企业的财务费用下降了0.82%。但由于企业的实现利润下降，企业所感受到的财务费用支出压力却仍然在增长，财务费用与企业利润总额的比已从2010年的13.24%增长到了2015年的21.04%，财务费用仍然是影响企业实现利润变化的主要因素之一。利息支出快速下降而财务费用下降较慢的主要原因：一是企业的利息收入下降，二是国际市场工农业产品价格的大幅度波动导致企业的汇兑损失增加。

表15-5　利息支出、财务费用及其占比的变化

指标 ＼ 年份	2015	2014	2013	2012	2011	2010	2009	2008
利息支出（亿元）	12082	13577	12346	11531	9054	6274	5323	5664
利息支出/营业收入（%）	1.10	1.23	1.19	1.24	1.08	0.90	0.98	1.13
利息支出增速（%）	-11.01	9.97	7.07	27.35	44.31	17.87	-6.02	36.05
财务费用（亿元）	13371	13482	12008	11296	8914	7025	5899	6022
财务费用增速（%）	-0.82	12.27	6.31	26.73	26.89	19.09	-2.04	40.44
财务费用/利润总额（%）	21.04	19.78	17.56	18.25	14.52	13.24	17.08	19.70

指标 ＼ 年份	2007	2006	2005	2004	2003	2002	2001	2000
利息支出（亿元）	4163	3152	2602	2256	1856	1793	1758	1841
利息支出/营业收入（%）	1.04	1.01	1.05	1.13	1.30	1.64	1.88	2.19
利息支出增速（%）	32.10	21.13	15.34	21.55	3.49	2.02	-4.54	
财务费用（亿元）	4288	3375	2671	2482	2126	2001	1905	1961
财务费用增速（%）	27.04	26.36	18.04	20.80	25.50	34.59	40.24	
财务费用/利润总额（%）	13.24	17.08	21.86	25.25	30.80	42.72	49.50	54.01

资料来源：根据国家统计局网站公布的年度统计数据计算得出。

二、中国工业成本竞争优势衰退原因分析

中国作为人均收入仍然处于发展中国家水平、农村人口仍然占较大比例的农业大国，成本竞争优势的丧失不利于中国跨越"中等收入陷阱"并向发达国家迈进，我们应当辨析形成这种局面的原因并寻找有效对策。

1. 工业经济运行周期主要由央行信贷政策决定

从规模以上工业企业收入、利润和企业所获得的贷款规模来看，工业企业的复苏、增长和衰退周期受企业贷款规模、央行信贷政策的直接影响。从表15-6揭示的数据可以看出，企业从银行取得的贷款规模与企业的收入和利润之间存在1年左右的滞后期。在2001~2003年这三年期间，商业银行存款准备金率一直维持在6%的历史最低水平，企业贷款规模持续增长，工业企业的收入、利润从2002年开始持续增长，一直到2004年。2004年贷款规模的大幅度下降，也是因为央行在2003年9月20日开始提高银行存款准备金率，并在2004年10月29日开始提高贷款利率，使工业企业2005年的收入和利润增速放缓。2005年、2006年这两年企业贷款规模的增长源于企业收入

和利润持续增长，但也与银行存款准备金率一直维持在7.5%的低水平有关，并且一年期贷款利率从2004年10月29日开始到2006年8月18日也一直维持在5.85%的较低水平，由此带来了2006年、2007年工业企业收入和利润的快速上升。2007年贷款规模停止增长，使2008年收入和利润增速放缓。2007年贷款规模停止增长的主要原因是从2006年7月20日开始央行持续提高存款准备金率，提高到17.5%并且一直维持，直到2008年9月20日为了应对金融危机，央行才开始降低存款准备金率，并到2008年12月20日降低到15.5%。同时国家4万亿元经济刺激投资拉动银行发放贷款，使企业从银行获得的贷款规模在2008~2009年出现大幅度增长，由此而又带来2009~2010年企业收入和利润的快速增长。为了防止经济过热，2010年1月20日中央银行又开始快速提高存款准备金率，企业贷款规模又开始大幅度压缩。大型银行的存款准备金率经过连续7次的提高，从2008年12月20日确定的15.5%的水平提高到2011年6月20日21.5%的创高水平纪录。中小型银行存款准备金率从2008年12

月 20 日确定的 13.5% 提高到 2011 年 6 月 20 日的 18%，高水平的存款准备金率维持近一年之久，由此而导致 2010 年、2011 年企业贷款规模大幅度下降，致使工业企业收入和利润增速在 2011 年和 2012 年大幅度下降，2012 年工业企业利润只增长了 0.84%。从 2012 年 6 月 8 日开始，中央银行开始下调银行存贷款利率，并开始下调存款准备金率，使 2012 年贷款有大幅度增长的同时收入和利润也有一定程度的增长。但由于存款准备金率在大型银行中仍然维持在 19.5% 的高位水平，企业从银行获得的贷款并未出现大幅度增加；相反，企业收入和利润下降，贷款意愿下降，银行不良贷款率上升，经济陷入恶性循环。2014 年工业企业收入增幅大幅度下降，企业利润也出现了负增长，这种势头一直延续到 2015 年，企业收入和利润双双下降。

表 15-6 贷款规模与企业收入、利润的变化比较

指标 ＼ 年份	2015	2014	2013	2012	2011	2010	2009	2008
贷款规模增长率		-1.82	13.26	36.81	4.20	-18.64	87.66	59.01
主营业务收入增长率	-0.34	6.58	11.77	10.39	20.65	28.61	8.50	25.09
利息支出增长率	-11.01	9.97	7.07	27.35	44.31	17.87	-6.02	36.05
利润总额增长率	-6.75	-0.33	10.45	0.84	15.73	53.58	13.02	12.55
指标 ＼ 年份	2007	2006	2005	2004	2003	2002	2001	1999
贷款规模增长率	0.26	37.76	8.24	-25.39	63.85	53.88	2.99	-9.93
主营业务收入增长率	27.46	26.17	24.95	38.93	30.77	16.81	11.39	20.47
利息支出增长率	32.10	21.13	15.34	21.55	3.49	2.02	-4.54	2.02
利润总额增长率	39.23	31.76	24.09	43.08	44.13	22.22	7.73	92.02

资料来源：根据国家统计局网站公布的年度统计数据计算。

2. 工资、社保支出过快增长使企业新创造价值的分配关系恶化

从企业角度来看，企业得到的净利润越多，企业所有者扩大投资、发展经济的积极性就越高，经济就会步入上升通道，就会形成良性循环。相反，企业所有者得到越少，投资发展的后劲和动力就越差，经济就会进入下行通道，就会陷入恶性循环。为了描述企业所有者在经营企业过程中得到的多少，我们把企业每年创造的收入分为两部分，一部分是用来补偿他人创造的价值的中间消耗（物化劳动），另一部分是在他人创造价值基础上新创造的价值（活劳动）。企业新创造的价值通常在国家、劳动者、银行、所有者和企业之间进行分配：国家得到的是企业缴纳的税金，劳动者得到的是工资和社会保险金，银行得到的是利息，所有者得到的是净利润，而企业自身得到的是为固定资产计提的折旧基金，它用于企业设备的更新改造①。我们将这些项目合计起来构成企业新创造价值，如表 15-7 所示。

表 15-7 规模以上工业企业新创造价值的分配情况

指标 ＼ 年份	2015	2014	2013	2012	2011	2010	2009	2008
新创造价值（亿元）	214745	215599	210555	178184	175907	142204	98527	95088
工资占比（%）	13.51	12.49	11.59	9.96	8.52	7.91	9.50	8.81
社保支出占比（%）	9.24	8.13	7.58	8.00	6.63	6.22	7.68	6.75
八项税金占比（%）	32.71	33.25	32.36	34.13	30.40	31.74	35.28	32.86

① 由于缺乏规模以上工业企业社会保险缴纳金额，我们用全国社会保险基金收入乘以第二产业增加值占 GDP 的比例作为工业企业缴纳的社会保险费支出替代。

续表

指标 ＼ 年份	2015	2014	2013	2012	2011	2010	2009	2008
利息支出占比（%）	5.63	6.30	5.86	6.47	5.15	4.41	5.40	5.96
折旧占比（%）	13.62	12.81	14.63	11.55	19.20	17.34	12.01	18.34
净利润占比（%）	25.30	27.02	27.97	29.88	30.10	32.39	30.12	27.27

指标 ＼ 年份	2007	2006	2005	2004	2003	2002	2001	2000
新创造价值（亿元）	74736	57144	44955	37766	28559	22917	20741	19220
工资占比（%）	9.80	10.69	11.38	11.51	13.22	14.73	14.64	15.18
社保支出占比（%）	6.88	7.11	7.12	6.98	7.60	7.91	6.81	6.24
八项税金占比（%）	32.66	33.15	33.59	32.83	33.60	34.26	33.11	32.59
利息支出占比（%）	5.57	5.52	5.79	5.97	6.50	7.83	8.48	9.58
折旧占比（%）	14.34	14.98	14.94	16.68	14.90	14.84	18.41	17.52
净利润占比（%）	30.75	28.55	27.17	26.02	24.17	20.44	18.55	18.89

注：由于缺乏规模以上工业企业的工资总额和社会保险缴费数据，本表中的"工资"用制造业城镇就业人员工资总额数据代替。这个代替有可能低估规模以上工业企业的工资总额，会影响表中相关项目占比数值，但不影响对变化趋势的估计；八项税金是指三项主体税（增值税、营业税、所得税）和四项土地房产相关税（土地使用税、土地增值税、耕地占用税、房产税）再加上资源税。

资料来源：国家统计局网站公布的年度统计数据。

从表 15-7 数据可以看出，自 2010 年以来，一个明显的趋势是劳动者所得到的工资占新创造价值的比例越来越多，占比从 2010 年的 7.91% 上升到 2015 年的 13.51%，上升了 5.6 个百分点；社保支出占比也显著上升，从 2010 年的 6.22% 上升到 2015 年的 9.24%，上升了 3.02 个百分点；上缴国家的八项税金占比也上升了 0.97 个百分点；留给企业的净利润占新创造价值的比例从 2010 年的 32.39% 下降到 2015 年的 25.30%，下降了 7.09 个百分点；留给企业的固定资产更新的折旧基金占比从 2010 年的 17.34% 下降到 2015 年的 13.62%，下降了 3.72 个百分点。

一个比较理想的新创造价值分配状态应当是随着企业劳动者报酬的增加，企业净利润、折旧基金也随之增加，即新创造价值的分配比例在获得了一个较高的增长速度的情况下基本保持不变。而最不理想的状态是企业新创造的价值分配给企业所有者的净利润和留给企业的折旧基金越来越少，企业所有者缺乏投资创业的积极性，企业自身缺乏设备更新换代的资金，在这种情况下企业新创造价值的也会因为创造价值的动力不足而开始下滑，最后因为负增长而使整个国民经济进入萧条阶段。而自 2010 年开始的企业新创造价值分配关系的变化，正是这样一种最不理想的状态。在这种不理想状态下，劳动者获得的报酬占比在持续快速增长，社会保险支出占比也在持续快速增长，上缴国家的税收也并没有减少，而留给企业的净利润和折旧基金的比例却在持续快速下降，没有形成多方共赢的分配关系。

从表 15-7 中的数据可以看出，2010 年之后的不理想状态和 2008 年金融危机之前的理想状态形成了鲜明对比。在 2008 年之前，工资占新创造价值比例在持续下降，从 2000 年的 15.18% 下降到 2007 年的 9.80%；利息支出占比持续下降，从 2000 年的 9.58% 下降到 2007 年的 5.57%；折旧基金占比也在下降，从 2000 年的 17.52% 下降到 2007 年的 14.34%；而净利润占比却持续上升，从 2000 年的 18.89% 上升到 2007 年的 30.75%。在 2008 年之前，企业得到的净利润越来越多，银行得到的利息支出占比越来越少，国家得到的八项税收占比相对稳定，但国家的财政收入不断快速增加、银行的利润也持续快速增长，就业人员的平均工资也以年均 12% 以上的速度增长。企业、银行、国家和个人都觉得日子一天比一天好过，形成了一种良性循环。但 2010 年之后，整个分配关系又陷入一种恶性循环，国家、银行、企业分得的新创造价值下降，而员工获得的工资和社保支出迅速上升，导致 2015 年规模以上工业企业收入和利润均出现了负增长。

3. 结构性、制度性因素双重叠加致使企业用工成本快速上涨

企业新创造价值的分配关系的协调实际上是企业内部成本费用支出结构的安排问题。在央行信贷政策大幅度调整引起企业收入、利润大起大落的大背景下，在 2008 年以来一些结构性因素和制度性因素的双重作用下，中国工业的成本费用结构发生了逆转，使企业新创造价值的分配关系恶化，其主要标志是企业人工成本的刚性上涨和难以降低。

这主要表现在以下几个方面：

（1）从结构性因素来讲，首先，我国的人口结构发生了根本性改变，劳动人口占比开始下降，劳动人口的总抚养比上升，由此形成人工成本上升的客观基础。按照国家统计局公布的数据显示（见表 15-8），适龄劳动人口按照 15~64 岁计算已于 2013 年达到峰值（100582 万人），并在 2014 年开始下降。总抚养比已于 2010 年降低到最低值 34.2 之后开始上升，到 2014 年已上升到 36.2。劳动人口数量的下降和总抚养比的上升，一方面使劳动力供求市场的状况发生逆转，另一方面使劳动力的社会必要劳动成本提高。

表 15-8　就业人口、农民收入及就业结构变化情况

指标 ＼ 年份	2015	2014	2013	2012	2011	2010	2009	2008
15~64 岁人口（万人）		100469	100582	100403	100283	99938	97484	96680
劳动年龄人口增长率（%）		-0.1	0.12	0.12	0.3	2.5	0.8	0.9
总抚养比（%）		36.2	35.3	34.9	34.4	34.2	36.9	37.4
农村居民人均纯收入（元）	11422	10489	9430	7917	6977	5919	5153	4761
农村居民家庭人均收入增长率（%）	8.89	11.23	19.11	13.46	17.88	14.86	8.25	14.98
农民工总量（万人）	27747	27395	26894	26261	25278	24223	22978	22542
外出农民工数量（万人）	16884	16821	16610	16336	15863	15335	14533	14041
外出农民工占比（%）	60.85	61.40	61.76	62.21	62.75	63.31	63.25	62.29
就业人员（万人）	77451	77253	76977	76704	76420	76105	75828	75564
个体就业人数（万人）		10584.6	9335.7	8628.3	7945.3	7007.6	6585.4	5776.4
个体就业占比（%）		13.70	12.13	11.25	10.40	9.21	8.68	7.64
城镇就业人员（万人）	40410	39310	38240	37102	35914	34687	33322	32103
城镇个体就业人数（万人）		7009.3	6142	5643	5227	4467.5	4244.5	3609
城镇个体人员占比（%）		17.83	16.06	15.21	14.55	12.88	12.74	11.24
指标 ＼ 年份	2007	2006	2005	2004	2003	2002	2001	2000
15~64 岁人口（万人）	95833	95068	94197	92184	90976	90302	89849	88910
劳动年龄人口增长率（%）	0.80	0.92	2.18	1.33	0.75	0.50	1.06	4.41
总抚养比（%）	37.9	38.3	38.8	41	42	42.2	42	42.6
农村居民人均纯收入（元）	4140.4	3587	3254.9	2936.4	2622.2	2475.6	2366.4	2253.4
农村居民家庭人均收入增长率（%）	15.43	10.20	10.85	11.98	5.92	4.61	5.01	1.95
就业人员（万人）	75321	74978	74647	74264	73736	73280	72797	72085
个体就业人数（万人）	5496.2	5159.7	4900.5	4587.1	4636.5	4742.9	4760.3	5070
个体就业人员占比（%）	7.30	6.88	6.56	6.18	6.29	6.47	6.54	7.03
城镇就业人员（万人）	30953	29630	28389	27293	26230	25159	24123	23151
城镇个体就业人数（万人）	3310	3012.5	2777.7	2521.2	2377	2268.8	2131.2	2136.1
城镇个体人员占比（%）	10.69	10.17	9.78	9.24	9.06	9.02	8.83	9.23

注：农村居民家庭人均纯收入在 2013 年之后的数据为农村居民人均可支配现金收入；农民工总量和外出农民工数量在 2007 年之前缺乏统计数据。

资料来源：国家统计局网站公布的年度统计数据。

其次，农村居民年纯收入持续增加，使外出务工的农民工占比持续下降，降低了劳动力的市场供应。农村居民家庭人均纯收入自 2004 年取消农业税开始持续以两位数快速增长，外出务工农

民工占农民工总数的比例在 2010 年达到 63.31% 的峰值之后开始下降，到 2015 年已下降到 60.85%。外出求职农民工的下降加剧了城镇劳动力市场的供求矛盾，增加了工业企业降低人工成本增长速度的难度。

最后，随着电子商务的发展，自雇就业人员占比迅速提高，进入市场求职的人员不断减少，加剧了劳动力市场的供求矛盾。从表 15-8 提供的数据可以看出，个体就业人员占就业人员总数的比例在 2004 年达到最低值 6.18% 之后开始迅速上升，到 2014 年已达到总就业人口的 13.70%。城镇个体就业人员占城镇就业人员的比例上升更快，到 2014 年已经达到城镇就业人员的 17.83%。受劳动力市场这种供求结构变化的影响，市场求职人数逐渐减少，岗位空缺和求职人数的比值逐渐上升。根据人口与社会保障部的监测数据，岗位求人需求和求职人员数量之比，从 2010 年第四季度开始出现供大于求状况之后逐渐提高，到 2014 年第四季度已经达到了 1.15，这说明 15% 的岗位缺少求职人员，企业招聘新人困难使劳动成本很难下降。

（2）从制度性层面来看，一是 2008 年执行的新的劳动合同法规定企业要给节假日和加班加点工作人员支付 1.5~3 倍不等的工资，受这一规定的影响，企业用工的灵活性大幅度下降，用工成本也有所提高。二是劳动合同法还规定企业对员工的试用期不得超过 2 个月，之后必须签订一年期以上的合同，企业解聘员工必须支付 1 个月以上的经济补偿，这些规定使企业失去了根据经营形势变化调整员工工资的可能性。因为员工工资在一般情况下是很难降低的，企业因为业务不景气而解聘员工需要支付一定数量的经济补偿，而在业务繁忙时员工提出增加工资的要求却常常被满足。这主要是因为随着人工成本的上升，大多数企业已经没有富余人员，不满足员工的涨薪要求，员工就会离职，就会影响企业正常运转。三是禁业限制的有关规定使企业维护核心技术的成本大幅度增加。按照新劳动合同法的规定，要求离职员工保守技术秘密或商业秘密，企业要向员工支付额外经济补偿金。广州市规定经济补偿金按离职员工工资总额的 2/3 支付，上海市规定按年工资总额的 1/2 支付。可以看出，掌握核心技术的员工离职，不但是企业的一项直接损失，而且企业还要支付相当于其年工资总额一半的保守技术秘密或商业秘密补偿费，这也是目前企业不愿意投入精力进行创造性技术研发工作而愿意通过模仿、"挖墙脚"获得核心技术的原因之一。在以上结构性、制度性因素的双重作用下，企业的用工成本出现了刚性上涨并且难以降低，由此而使企业内部的价值分配关系恶化，使企业的经营难度加大，使企业做实业的积极性下降。

三、改善工业成本结构的对策建议

在 2008 年金融危机之后，以美国为首的发达国家正在走再工业化道路，其工业投资正在向本国回流，而以越南、印度为代表的后起国家正在吸引跨国公司将其制造基地迁出中国，中国制造业正在面临"两面夹击"。尽管中国工业存在规模庞大、体系完整、营商环境较为理想等优势，但与发达国家相比，中国制造业的成本竞争优势正在丧失，与周边国家相比中国制造业的成本竞争劣势正在形成，如果不采取有力措施，从长期来看将会对中国企业的国际竞争力带来不利影响，将会对中国产业转型升级、提高产业附加价值带来困难。

1. 降低存款准备金率，拉动中国经济步入良性循环

2008 年以来央行快速地、频繁地、大幅度地调整存款准备金率，调整和压缩银行向企业的贷款规模，使中国工业企业的元气大伤。欧洲地区和日本近年来调控宏观经济的经验已经表明，即使执行负利率政策，也难以助推经济增长。依靠利率调整和公开市场货币供应量的调整，也只能起到调整货币市场资金余缺的作用，它起不到启动国民经济投资、拉动经济增长的作用。治沉疴需猛药。应

当持续降低存款准备金率。好在中国商业银行的存款准备金率水平实在太高了，大型商业银行19.5%的存款准备金率已经是美国商业银行10%存款准备金率的两倍了，中国央行还有降低存款准备金率重启中国经济的巨大空间。

"解铃还须系铃人"。中国央行能够在2010年1月至2011年6月的一年半时间内连续七次将大型商业银行的存款准备金率提高使中国经济陷入恶性循环，它今后也能够通过连续多次的存款准备金率的降低将中国经济带入良性发展轨道。只要经济发展起来，企业的收入和利润增长起来，成本费用支出占比过高或增长过快都不是问题。现在20%的存款准备金率实在是太高了，建议经过多次调整将中国商业银行的存款准备金率降低到15%左右的水平。但存款准备金率的降低，不能采取过去每月调整的办法，最多采用每半年调整一次的办法，因为企业和银行适应市场货币供应量的变化需要一个过程。

2.调整税收结构，降低税收支出对企业发展的负面影响

从当前企业缴纳的主要税种来看，只有所得税是企业已经取得利润之后才需要缴纳的税金，在2000~2015年占企业向国家纳税总额的13%~15%。其他税种，如增值税、营业税、土地使用税、耕地占用税、房产税、资源税等，都是企业只要开展经营业务、取得经营收入就需要缴纳的税金（约占企业纳税总额的85%），导致即使企业收入不能弥补成本费用，即使企业亏损仍然必须要缴纳这些在流转环节或经营环节征收的税金，使纳税变成了企业经营的一种负担，是导致企业亏损的原因之一。

如果企业的纳税主要来自于企业的利润（直接税），则税收对企业不会有很大的负面影响，企业和国家是共同发展、共同繁荣的关系。如果企业的纳税主要来自于企业实现利润之前的收入（间接税），则税收在企业收入和利润快速上升阶段并不会成为一种负担，但在企业收入和利润增速下降阶段就会变成企业的一种负担。从2000~2015年规模以上工业企业的统计数据来看，企业向国家缴纳的八项纳税总额约占企业营业收入的6%~7%。只要企业收入扣除各项成本费用之和的利润率低于6%~7%，纳税都会导致企业亏损。

因此，我国应当调整税收结构，尽可能地降低企业流转环节和经营环节的征税及税率，使企业向国家缴纳的税金绝大多数来自企业实现的利润，来自于企业弥补完成本费用消耗、能够维持其简单再生产之后的价值增值。真正让纳税变成企业创造的剩余价值的一种分配，而不是企业经营的一种刚性成本费用支出。从国际经验来看，以利润、个人净收入、资本利得为基础的税收绝大多数国家均超过40%，而中国始终没有超过30%。从表15-9中可以看出，美国92%左右的税收来自于利润等净得收益（2012年达到96%），中国周边国家均在44%以上，在表15-9中所列国家中，只有德国在40%左右。

表15-9　基于个人净收入、企业利润、资本利得的税收占总税收的比例

单位：%

年份 国家	2005	2006	2007	2008	2009	2010	2011	2012	2013
新加坡	47.36	47.18	42.73	51.11	46.96	44.60	44.63	44.68	
泰国	40.21	43.90	44.74	47.72	46.57	42.31	46.09	44.21	42.56
南非	54.69	55.82	57.04	60.37	58.69	56.40	57.33	56.12	56.35
印度	44.27	47.47	52.58	52.78	58.78	55.21	55.21	52.25	
印度尼西亚						49.36	49.33	47.43	
巴西	38.48	39.69	42.38	46.42	46.69	43.70	45.21	44.76	
中国	27.79	28.44	28.64	29.17	27.79	25.42	27.14		
韩国	42.72	43.73	46.00	45.13	42.34	42.05	45.31		
菲律宾	45.82	43.84	45.76	45.96	44.35	44.73	47.58	47.21	
法国	46.44	47.93	48.24	49.37	46.29	66.69	72.78	74.82	74.75
德国	39.30	41.12	41.06	41.71	38.51	37.78	38.35	39.84	
美国	91.18	91.99	92.72	91.72	90.55	93.76	93.59	96.84	95.73

资料来源：世界银行公开数据库，地址：http://data.worldbank.org/indicator/GC.TAX.YPKG.ZS。

按照这个原则来设计中国的税收结构，要大幅度降低不以企业利润为基础征收的增值税、土地使用税等间接税占税收收入的比例，相应地提高所得税、个人所得税、资本利得税等直接税所占的比例。对我国规模以上工业企业来讲，第一阶段可以将目标设定为间接税占比从 85% 降低到 60%，将直接税占比从 15% 提高到 40%，达到德国目前的水平。在第二阶段要将间接税占比降低到 15%，将直接税占比提高到 85%，接近美国的水平。只有这样，从税收结构角度来讲，我们才有可能同德国、美国的企业开展竞争，税收才能成为一种不给企业发展和产业结构调整带来负面影响的政策工具。

3. 降低企业税负水平，赋予地方政府税收调整权，增强经济调控力

中国企业的税负高低一直是一个很有争议的话题。税负的高低也是一个相对的概念，对企业来讲，税负高低主要取决于企业维持生存的难易程度。而维持生存的难易程度主要看企业实现利润的多少。相对来讲，如果企业税负增长速度慢于企业利润的增长速度，则企业得到的利润相对于纳税金额会越来越多，纳税对企业来说并不是一种负担，但当企业利润增速放缓而企业纳税因为税率税制的原因而难以放缓时，企业得到的利润就会减少，纳税就会变成企业的负担。因此，税负高低要与企业的实现利润来进行比较。从国际比较来看，中国企业承担的税负总水平明显高于除巴西以外的其他国家，如表 15-10 所示。和德国、美国等制造业强国相比，中国企业的总税负高出它们 20 个百分点；与中国周边发展中国家相比，中国的税负高出大多数国家 25 个百分点，高于印度 7 个百分点。这说明无论是从与中国有竞争关系的发达国家来看，还是从主要与中国竞争的发展中国家来看，中国企业的税负水平均是偏高的，因此应当大刀阔斧地降低企业税负水平。

首先，应当将中国的税负水平降低到主要发达国家的水平，如果降低到制造业大国德国的税负水平，则需降低 20 个百分点，如果要降低到制造业强国美国的水平，则需要降低 25 个百分点。其次，还需要进一步降低到与周边发展中国家相比具有竞争优势的程度。如果降低到韩国的水平，则至少需要降低 33 个百分点。即使达到韩国水平，中国企业的税负仍然高于周边国家缅甸、泰国、新加坡和印度尼西亚的水平。

表 15-10　各国总税收占商业利润的比值

单位：%

国家＼年份	2005	2006	2007	2008	2009	2010	2011	2012	2013	2014	2015
巴西									69.2	69.2	69.2
中国									68.7	68.5	67.8
德国	47.7	47.4	49	49.4	43.9	47	45.6	45.9	49.1	48.8	48.8
法国	66	66.6	66.6	66.1	65.8	65.8	65.7	67.4	67.4	68.9	62.7
印度尼西亚									31.4	31.4	29.7
印度									60.8	60.6	60.6
日本									49.8	51.3	51.3
韩国	36.8	32.5	31.6	33.9	32.3	30.2	34.1	33.9	33.3	33.1	33.2
缅甸								37.6	33.7	32.4	31.4
马来西亚	36	36	36	34.5	33.5	33.9	34.1	34.6	39.1	39.3	40
菲律宾	47.2	47.6	49.1	47.1	47.1	43.8	44.5	44.5	42.5	42.5	42.9
俄罗斯									48.7	48.9	47
新加坡	26.2	22.4	21.8	24.2	24.1	23.4	23.8	18.5	18.6	18.4	18.4
泰国	37.5	37.4	37.4	37.5	36.9	36.9	36.9	37.2	29.2	26.7	27.5
美国									43.8	43.8	43.9
越南	39.9	39.9	39.9	39.9	39.9	32.9	40	34.3	40.8	40.8	39.4
南非	37.1	36.6	36.1	33.3	30	30.2	31.8	32	28.7	28.9	28.8

资料来源：世界银行公开数据库，地址：http://data.worldbank.org/indicator/IC.TAX.TOTL.CP.ZS。

降低税负水平，发挥税负对经济的调节作用和企业发展的助推作用，最好不要实现"一刀切"形式的普遍减税或普遍征税政策，而是要依靠地方政府，允许地方政府根据企业的实际情况来进行企业税负的调整。因此建议中央政府赋予地方政府税收调整权，在企业收入下降时允许地方政府结合企业实际情况适当调整增值税、所得税等的征收比例和适用税率，以支持企业转型升级、技术创新和持续健康发展。在地方政府拥有税收减免权力之后，对于年销售收入在1000万元以下且年利润在100万元以下的工业企业，免除其各种税费负担。理由很简单，收入在1000万元以下且利润在100万元以下的工业企业，和一个家庭中正在成长的孩子一样，还没有度过求生存期和成长期，应当培育它们、扶持它们尽快成长，而不应当期望从它们身上征税挣钱。

4. 大幅度减免社会保险费，缓解企业用工成本压力

尽管社会保险支出在1995~2015年没有超过企业主营业务收入的2%，但其占企业利润总额的比例已经超过30%，说明社保支出已经成为影响企业盈亏的重要因素。为了让企业恢复发展活力、增加创业动力，建议将社会保险费的缴费比例作为政府调节宏观经济的一个重要手段来使用。在宏观经济处于下行通道、企业收入处于下降阶段，可以大幅度降低社会保险缴费比例，使企业获得休养生息的机会。政府减免企业社会保险缴费所形成的资金缺口，可以通过政府转让国有企业股权的方式得到补偿，减免多少补偿多少。

5. 改善营商软环境，降低经营成本

与其他国家相比，中国的营商环境已经有了很大改善，中国在进出口报关费用、开办企业等方面属于成本较低的国家（如表15-11所示）。但与周边部分国家相比，中国并不是竞争力最强的，中国的进口费用和出口费用均超过周边国家新加坡、泰国、马来西亚、缅甸、越南、印度尼西亚和韩国，仅仅低于印度、德国、美国等。相对来讲，在中国创立一个公司的成本较低，仅高于新加坡。而中国建立一个仓库所需要的时间，却是这些国家中最高的，既高出周边国家，也高于发达国家，是新加坡、韩国所需时间的10倍左右，是部分周边国家或发达国家的3倍。

表15-11 部分经营业务实现成本比较

项目 年份 国家	出口费用（美元/集装箱）		进口费用（美元/集装箱）		开办一个企业成本（占人均国民收入的比例）（%）		建立一个仓库（天数）	
	2012	2014	2012	2014	2012	2015	2013	2015
新加坡	456	460	439	440	0.6	0.6	26	26
缅甸	670	620	660	610	148.6	97.1	95	95
越南	610	610	600	600	7.7	4.9	166	166
印度尼西亚	644	571.8	660	646.8	21.9	19.9	210	210
马来西亚	435	525	420	560	7.6	6.7	110	79
泰国	585	595	750	760	6.7	6.4	146	103
韩国	665	670	695	695	14.6	14.5	28	28
中国	580	823	615	800	1.9	0.7	244.3	244.3
印度	1070	1332	1200	1462	41.2	13.5	191.5	191.5
德国	902	1015	937	1050	4.8	1.8	96	96
美国	1090	1224	1315	1289	1.2	1.1	80.6	80.6

资料来源：世界银行公开数据库，地址：http://data.worldbank.org/indicator。

参考文献

[1] 国家发展和改革委员会产业经济与技术经济研究所课题组：《降低我国制造业成本的关键点和难点研究》，《经济纵横》2016年第4期。

[2] 李晓华、严欢：《"中国制造"正在丧失劳动成本优势吗》，《工业经济论坛》2015年第1期。

[3] 张猛、冯虹：《中国制造业劳动力成本的国际竞争力研究》，《中小企业管理与科技》2015年第35卷。

[4] 陈彬：《制造业生产要素成本的变化、影响及对策》，《宏观经济管理》2016年第3期。

［5］翁杰：《制造业部门的就业调整和收入分配变动：经验和启示》，《当代财经》2015 年第 5 期。

［6］蔡昉、都阳：《积极应对我国制造业单位劳动力成本过快上升问题》，《前线》2015 年第 5 期。

［7］曲玥：《劳动力成本上升对我国制造业出口和产业升级的影响》，《西部论坛》2016 年第 26 卷。

［8］杨宜勇：《合理降低我国用工成本政策研究》，《学术前沿》2016 年第 4 期。

［9］世界银行数据库：http：//data.worldbank.org/indicator。

［10］中国国家统计局数据库：http：//data.stats.gov.cn/。

第十六章 基础设施建设与工业发展

提 要

　　基础设施建设既有利于提高工业资本配置效率，又有利于提升工业企业生产和流通效率，因此是改善工业供给效率、促进工业长期增长的重要途径。虽然中国的交通运输、能源供给、信息通信基础设施状况已有大幅改善，但在满足社会新兴需求、支撑工业转型升级等方面仍然有较大欠缺。与美国、德国、日本等发达国家相比，除铁路之外，其他交通基础设施的质量差距明显；电网设施相对不足，服务效率亟待提升；信息通信基础设施急需全面升级，国际互联网带宽差距尤其明显。从供给侧结构性改革的需要出发，今后一段时期，中国要通过改革投融资体制、提高基础设施投资效率。并且，以航空和港口基础设施为重点，增强交通基础设施支撑产业升级的能力；通过建设能源互联网，提升能源基础设施对各类新兴需求的适应性；以工业互联网为重点构建新一代信息基础设施，为中国参与新一轮产业竞争提供坚实的平台。

*　　　　　　　　*　　　　　　　　*

　　基础设施特别是交通运输、邮电通信、能源供给等经济型基础设施建设，作为投资需求的重要组成部分，在当期可以通过乘数效应扩大产出，从而促进工业经济增长；在长期内，一方面，经济型基础设施能够提高企业要素使用效率，促进企业和要素实现更优匹配，从而提高工业生产效率；另一方面，经济型基础设施可以降低企业运输和库存成本，并且有助于企业改进产品质量和设备运行效率。换言之，基础设施尤其是经济型基础设施，作为一种重要的公共品，在促进工业短期增长和长期发展方面，都发挥着重要作用。

　　改革开放以来，中国的经济型基础设施建设投资持续增长，交通运输、邮电通信、能源供给等基础设施状况大幅改善，为促进经济快速发展发挥了重要作用。但也要看到，在经济发展的不同阶段，社会生产活动对基础设施的需求是不一样的。在农业生产占主导的传统社会，灌溉和防洪等水利设施以及水运河道是最重要的基础设施；工业革命之后，规模化生产使得近现代社会对能源动力、交通运输的需求快速增长；信息通信技术革命以来，随着社会生产生活的数字化、信息化、智能化进程不断深入，宽带网络等互联网基础设施变得越来越重要。因此，在新一轮工业革命方兴未艾，且中国经济进入"新常态"的背景下，基础设施建设如何助力供给侧结构性改革、促进工业转型升级是一个值得深入探究的重要问题。

一、主要基础设施建设状况

2003 年以来，中国经济型基础设施建设进入全面快速发展阶段。就交通运输、能源供给、信息通信这三类对工业品生产和流通影响最大的基础设施而言，其投资总量持续增长，但不同行业的投资增速存在显著差异。同时，虽然交通运输、能源供给、信息通信基础设施状况已有大幅改善，但在满足社会新兴需求、支撑工业转型升级等方面仍有较大欠缺。

1. 基础设施投资总量持续增长，但行业分化趋势明显

从总量上看，中国交通运输、能源供给、信息通信这三类重要基础设施投资总额从 2003 年的 6376.5 亿元跌至 2004 年的 5148.34 亿元后，逐年增加至 2014 年的 40339.85 亿元，11 年间提高了 6 倍多，年均增长速度为 18.26%。不过，与同期全社会固定资产投资相比，交通、能源、信息基础设施投资增速相对较慢。2003~2014 年，中国全社会固定资产投资从 55566.61 亿元增长至 512020.65 亿元，年均增速达 22.37%。重要基础设施投资增速持续低于全社会固定资产投资增速，通常会导致基础设施供给不足。由于基础设施具有较强的正外部性，基础设施上的"瓶颈"

很可能会对社会生产形成较大的制约，而这又会对工业供给侧结构性改革中的"降成本"产生负面影响。

分行业看，交通运输基础设施投资占比最高，能源基础设施投资占比次之，信息通信基础设施投资占比最低，并且这种分化趋势在最近几年变得越来越明显（见图 16-1）。2003 年，交通、能源、信息这三类基础设施的投资额分别是 3284.44 亿元、2039.41 亿元、1052.65 亿元，各自占重要基础设施投资总额的比重为 51%、32%、17%。2004 年，由于能源基础设施投资急剧缩减至 341.45 亿元，比 2003 年下降 83%，从而使得能源基础设施投资占比跌至 7%，交通、信息基础设施投资占比分别为 71%、22%。从 2005 年开始，能源基础设施投资保持稳步增长态势，其在重要基础设施投资总额中的比重在 33%~44% 波动；交通基础设施投资连年增长，尤其是 2011 年之后进入快速增长轨道，2012 年、2013 年、2014 年的增速分别为 20%、33%、25%；但信息基础设施投资增幅较小，2014 年为 1672.94 亿元，尽管比 2003 年提高了近 60%，但仅相当于当年交通基础设施投资的 7%。在信息通信技术广泛应用的背景

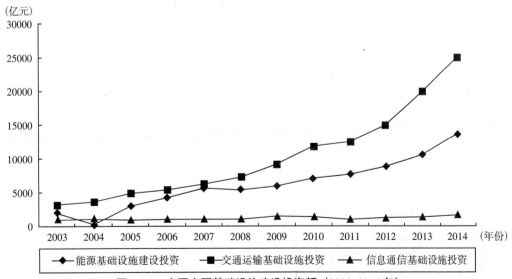

图 16-1　中国主要基础设施建设投资额（2003~2014 年）

资料来源：国家统计局。

下，信息基础设施投资增幅小、占比低，在相当程度上妨碍了中国工业分享信息技术革命带来的技术进步红利。

2. 交通基础设施网络不断完善，但综合交通枢纽和一体化服务发展滞后

经过多年持续快速发展，中国交通基础设施网络日趋完善。

（1）铁路基础设施建设，尤其是高速铁路建设取得重大进展，铁路网络规模快速扩大。2015年，中国铁路营业里程达到12.13万公里，居世界第2位，其中，设计时速250公里以上的高速铁路营业里程超过1.9万公里，占全球高速铁路里程的比重超过60%。目前，高速铁路网络已经连接全国超过一半的人口规模在50万以上的城市。

（2）公路基础设施建设保持较快发展趋势，公路网络不断延伸。2015年，中国公路总里程达457.73万公里，居世界第2位。其中，高速公路总里程为12.35万公里，居世界第1位。公路网络的完善，显著改善了中国公路交通的可及性。2015年，通公路的乡（镇）占全国乡（镇）总数的99.99%，通公路的建制村占全国建制村总数的99.87%。

（3）水运基础设施网络逐步完善。近些年来，中国港口大型化、专业化、现代化水平进一步提升。2015年，全国港口拥有生产用码头泊位31259个，其中，万吨级及以上泊位2221个；总通过能力达79亿吨，其中，集装箱1.88亿TEU。内河航道建设取得积极进展，2015年，全国内河航道通航里程为12.7万公里。

（4）航空基础设施"瓶颈"约束得到明显缓解。近些年来，中国民航机场布局不断完善，2015年，全国民航运输机场达214个，其中，定期航班通航机场206个，定期航班通航城市204个（见表16-1）。

表 16-1 中国交通基础设施状况（2003~2015 年）

年度	铁路营业线路里程（万公里）	高速铁路营业线路里程（万公里）	公路线路里程（万公里）	高速公路线路里程（万公里）	港口万吨级及以上泊位数（个）	民用航班飞行机场数（个）
2003	7.3	—	181.0	2.97	771	126
2004	7.44	—	187.1	3.43	837	133
2005	7.54	—	334.5	4.10	955	135
2006	7.71	—	345.7	4.53	1108	142
2007	7.80	—	358.4	5.39	1217	148
2008	7.97	0.07	373.0	6.03	1335	152
2009	8.55	0.27	386.1	6.51	1507	165
2010	9.12	0.51	400.1	7.41	1611	175
2011	9.32	0.66	410.6	8.49	1706	178
2012	9.76	0.94	423.8	9.62	1822	180
2013	10.31	1.10	435.6	10.44	1918	190
2014	11.18	1.60	446.4	11.19	2039	200
2015	12.13	1.90	457.7	12.35	2221	206

资料来源：国家统计局，交通运输部。

尽管中国交通运输基础设施已得到较快发展，但从整体上看，目前综合交通运输网络建设和运营仍然处在较低水平。从发达国家的发展历程看，交通运输基础设施建设和运营大致经历了各自发展、互联互通、一体化、可持续发展四个阶段。近些年来，中国交通基础设施建设和运营在互联互通方面有明显改善，在经济发达地区也建立了不少大型综合交通枢纽，但离各种交易运输方式"无缝衔接"的一体化阶段还有一段距离，与发达国家目前通过降低车辆能耗、提升物流效率的可持续交通相比，还有很大的发展空间。

3. 能源基础设施快速发展，但满足新兴能源需求的能力亟待提高

能源供应短缺曾经是制约中国工业发展的重要"瓶颈"。随着中国特色社会主义市场经济建设的不断推进，市场化手段在能源基础设施领域得以广泛采用，这有效促进了能源基础设施建设，进而显著提高了社会生产生活的能源保障水平。

以电力基础设施建设为例，进入 21 世纪以来，尤其是 2002 年中国政府决定对电力工业实施以厂网分开、竞价上网、打破垄断、引入竞争为主要内容的体制改革以来，中国发电装机容量、电网规模都快速扩大。

就电源设施而言，2015 年底全国全口径发电装机容量为 15.07 亿千瓦，位居世界第一。其中，非化石能源发电容量为 51642 万千瓦，占总装机容量比重的 34.3%；在非化石能源发电装机中，水电为 31937 万千瓦，核电为 2717 万千瓦，并网风电为 12830 万千瓦，并网太阳能发电为 4158 万千瓦。纵向比较，2005 年中国发电装机总容量为 5.17 亿千瓦，10 年间增长了近 3 倍（见表 16-2）；并网风电、并网太阳能发电更是高速发展，成为世界上可再生能源装机利用规模最大的国家。

在电网建设方面，截至 2015 年底，全国电网 220 千伏及以上输电线路回路长度、公用变电设备容量分别为 61.09 万千米、31.32 亿千伏安。与 2005 年相比，10 年间输电线回路长度增长了 2.4 倍，变电设备容量增加了 3.69 倍（见表 16-2）。

表 16-2 中国电力基础设施状况（2005~2015 年）

年度	发电装机总容量（亿千瓦）	非化石能源发电装机容量占比（%）	220 千伏及以上输电线路回路长度（万千米）	220 千伏及以上变电设备容量（亿千伏安）
2005	5.17	24.30	25.50	8.48
2006	6.24	22.40	28.15	9.81
2007	7.18	22.60	32.84	12.30
2008	7.93	23.95	35.89	14.76
2009	8.74	25.51	40.04	17.44
2010	9.66	26.57	44.51	20.02
2011	10.63	27.69	49.26	22.33
2012	11.47	28.52	54.32	24.88
2013	12.58	30.82	57.73	26.86
2014	13.71	32.59	61.04	29.10
2015	15.07	34.30	61.09	31.32

数据来源：国家统计局，国家能源局。

在肯定电力等能源基础设施建设成就的同时，也必须要看到，在中国经济进入"新常态"的背景下，能源基础设施还有许多不适应经济社会新发展的地方，对工业供给侧结构性改革的支撑能力也有待进一步提高。例如，新能源汽车产业是国家重点发展的战略性新兴产业，其中，充电桩等能源基础设施不足，目前已成为制约其发展的重要因素之一。此外，在新一轮产业革命背景下，智能电网已成为美国等发达国家重点建设的基础设施。受配电网发展相对滞后等因素的影响，目前我国智能电网建设步伐相对较慢，难以满足快速发展的分布式可再生能源发电的消纳需求。

4. 信息通信基础设施建设迈上新台阶，但尚不能有效支撑两化深度融合

20 世纪 80 年代以来，特别是进入 21 世纪以来，中国的信息通信基础设施建设取得了长足进展。

（1）在"信息高速公路"建设方面，截至 2015 年底，全国光缆线路总长度达到 2487.3 万公里，是 2005 年 407 万公里的 6 倍多。其中，2015 年底全国长途光缆线路长度为 96 万公里，比 2005 的 72.3 万公里增加了 33%。

（2）在移动通信设施建设方面，2015 年底，全国移动通信基站总数达 466.8 万个，是 2010 年 139.8 万个的 3 倍多。其中，2015 年底 3G/4G 基站数达 320.7 万个，占移动通信基站总数的比例近 70%，比 2010 年提高了 35 个百分点。

（3）在互联网宽带接入端口方面，2015 年全国互联网宽带接入端口数量达到 4.7 亿个，是 2006 年 6486.36 万个的 7 倍多（见表 16-3）。特别是，互联网宽带接入端口"光进铜退"趋势更加明显，2015 年各种类型数字用户线路（xDSL）端口比 2014 年减少 3903.7 万个，总数降至 9870.5 万个，占互联网接入端口的比重由 2014 年

的 34.3%下降至 20.8%；2015 年光纤接入端口比 2014 年净增 1.06 亿个，达到 2.69 亿个，占比由 2014 年的 40.6%提升至 56.7%。

尽管目前中国信息通信基础设施已得到较为完善的发展，但仍不能满足工业化和信息化深度融合的需要。这主要是因为，到目前为止，中国信息通信基础设施建设的主要思路，一直都是修建更好的"信息高速公路"，更多地强调人与人的通信连接、计算机的通信连接能力。但新一轮科技革命和产业变革使得智能制造成为两化深度融合的最重要发展方向。而智能制造是以网络连接与协同为支持，基于数据分析结果，在安全可信的前提下，通过工业互联网支撑实现单个机器到生产线、车间、工厂乃至整个工业体系的智能决策和动态优化过程。因此，20 世纪 90 年提出的强调人与人的通信连接的信息通信基础设施很难满足新工业革命背景下的产业升级需求。中国急需大力发展以宽带和泛在链接为根本特征、表现为"网络＋云资源＋公共平台"综合体、提供"资源＋通信＋信息应用"综合服务的新一代网络基础设施。

表 16-3　中国信息通信基础设施状况（2005~2015 年）

年度	光缆线路长度 （万公里）	长途光缆线路长度 （万公里）	移动通信基站总数 （万个）	互联网宽带接入端口数 （万个）
2005	407.0	72.30	—	—
2006	428.0	72.24	—	6486.36
2007	577.7	79.22	—	8539.31
2008	677.8	79.80	—	10890.41
2009	829.5	83.10	—	13835.66
2010	996.2	81.81	139.8	18781.13
2011	1211.9	84.23	175.2	23239.4
2012	1479.3	86.82	206.6	32108.45
2013	1745.4	89.00	241.0	35945.3
2014	2061.3	92.84	339.7	40105.4
2015	2487.3	96.00	466.8	47425.5

资料来源：国家统计局，工业和信息化部。

二、主要基础设施的短板

根据世界经济论坛发布的《2015~2016 年全球竞争力报告》，对全球商业领袖和专家进行问卷调查的结果显示，基础设施供应不足，排在创新能力不强、融资难、行政效率不高之后，是他们判断在中国营商的第四大约束。对制造业强国美国、德国、日本而言，基础设施供应不足，在这三个国家的营商约束中分别排在第 9 位、第 9 位、第 10 位。也就是说，在美国、德国、日本，基础设施的"瓶颈"制约尽管依然存在，但负面影响已较为微弱。在该报告给出的全球竞争力指数下的三级指标"基础设施"上，中国的得分是 4.73（满分为 7），在 140 个经济体中排在第 39 位；美国的得分是 5.87，居第 11 位；德国的得分是 6.12，居第 7 位；日本的得分是 6.21，排在第 5 位。排在日本之前的是中国香港、新加坡、新西兰、阿联酋，它们的面积、经济规模和产业结构，与中国有很大差异。因此，比较中国在交通运输、能源供应、信息通信等基础设施领域与美国、德国、日本的差距，大致可以明确中国主要基础设施的短板所在。

1. 除铁路之外，其他交通基础设施的质量差距明显

交通基础设施及其服务的质量可以由 5 个分项指标来衡量，具体包括公路质量、铁路基础设

施质量、港口基础设施质量、民航基础设施质量、 航班座位可获得性（见表 16–4）。

表 16–4 中国交通运输基础设施状况与美国、德国、日本的比较

指标 \ 国家	中国		美国		德国		日本	
	得分	排序	得分	排序	得分	排序	得分	排序
公路质量	4.7	42	5.7	14	5.7	13	6.0	8
铁路基础设施质量	5.0	16	5.0	15	5.6	9	6.7	1
港口基础设施质量	4.5	50	5.7	10	5.6	14	5.4	22
民航基础设施质量	4.8	51	6.2	5	6.0	11	5.6	25
航班座位可获得性（公里/每百万人每周）	15491.1	2	35949.7	1	5119.1	6	5781.1	4

注：除航班座位可获得性这个指标之外，其他指标的得分范围为 1~7；排序是指在 140 个经济体中的位次。

资料来源：World Economic Forum。

（1）就公路交通基础设施及其服务的质量而言，中国的得分为 4.7（满分为 7），在 140 个经济体中排在第 42 位。与中国 4.9 的全球竞争力指数得分和第 28 位的排名相比，公路基础设施及其服务的质量明显是一个短板。横向比较，美国、德国、日本公路基础设施及其服务的得分分别是 5.7、5.7、6.0，分别排在第 14 位、第 13 位、第 8 位。中国与它们的差距也很大。

（2）在铁路基础设施质量方面，中国的得分是 5.0，排在第 16 位。这表明，经过近些年的高速发展，中国的铁路基础设施基本上已经突破了此前长期存在的"瓶颈"约束，较好地发挥了对中国经济社会发展的支撑作用。当然，也要看到，与德国、日本相比，中国的铁路基础设施质量还有一定的提升空间。

（3）对于港口基础设施及其服务的质量来说，中国的得分是 4.5，排在第 50 位，与美国、德国、日本的差距较大。对于中国这么一个外贸依存度较高的国家而言，港口基础设施发展的不足会带来明显的负面影响。

（4）在民航基础设施领域，一方面，中国的民航基础设施质量得分是 4.8，排在第 51 位，与美国、德国、日本差距明显；另一方面，以每百人每周的民航线路里程衡量的航班座位可获得性，中国仅次于美国在 140 个经济体中位居第二。在民航基础设施质量一般的情况下，中国很可能是通过增加航线密度等方式提高了航班座位的可获得性。从这个角度看，中国的民航基础设施应该还有较大发展空间。综合公路、铁路、港口、民航四类交通运输基础设施及其服务质量的比较结果，可以明确，港口基础设施的差距最大，民航次之，公路第三，铁路基础设施的差距最小。

2. 电力供应质量不高，服务效率亟待提升

由于不同国家的国土面积、能源资源禀赋不同，并且发展阶段、产业结构也存在差异，这使得各国对能源基础设施的要求是不一样的。但是，电力作为现代社会不可或缺的能源投入，在生产生活中发挥着重要作用。因此，可以通过横向比较电力供应的质量来判断能源基础设施的发展水平。在电力供应质量方面，中国的得分是 5.3，在 140 个经济体中排在第 53 位，明显低于中国在全球竞争力指数中第 28 位的排名。美国、德国、日本这项指标的得分均为 6.4，与它们相比，中国的电力基础设施有待进一步发展。考虑中国的发电装机规模已达到世界第一，并且近年来火电机组的年运行小时数不断下降，因此电力基础设施的主要"瓶颈"应该是电网，尤其是配电网。另外，还可以比较通电所需时间（Time Required to Get Electricity）来判断电力基础设施运营部门提供相关服务的效率。根据世界银行发布的世界发展指数（WDI），2015 年，在中国通电所需时间为 143.2 天，远高于世界平均水平（97 天），更高于上中等收入（Upper Middle Income）国家的平均水平（90 天），在全球 200 个经济体中排名第 178 位。美国、德国、日本的通电所需时间分别是 89.6 天、28 天、97.7 天。尽管除德国之外，美国、日本在电力基础设施服务效率方面表现也很不好，分别排在第 110 位、第 127 位（见表 16–5），但比中国仍然要高一些。由此可见，中国电力基础设施运营部门的服务效率还有很大的提升空间。

表 16-5　中国电力基础设施及其服务效率与美国、德国、日本的比较

指标　＼　国家	中国		美国		德国		日本	
	得分	排序	得分	排序	得分	排序	得分	排序
电力供应质量	5.3	53	6.4	16	6.4	20	6.4	21
通电所需时间（天）	143.2	178	89.6	110	28	6	97.7	127

注：电力供应质量的排序是指在 140 个经济体中的位次；通电所需时间的排序是指在 200 个经济体中的位次。

资料来源：World Economic Forum；World Bank，World Development Indicators.

3. 信息通信基础设施急需全面升级，国际互联网带宽差距尤其明显

20 世纪 90 年代以来，以"信息高速公路"为主要内容的信息通信基础设施成为发达国家的建设重点。虽然中国也加大了对相关领域的投入，但在传统电信运营商主导建设、政府财政性投入不足等因素的影响下，中国信息通信基础设施明显落后于发达国家，目前也无法有效满足社会生产生活的需求。

（1）从移动电话普及率、固定电话普及率、个人使用互联网的比例等指标间接判断信息通信基础设施建设在促进信息社会形成方面的效果看，中国与美国、德国、日本存在一定差距。其中，在个人使用互联网的比例上差距最大。中国仅有 49.3% 的人使用互联网，在 140 个经济体中排在第 70 位，而美国、德国、日本分别有 87.4%、86.2%、90.6% 的个人使用互联网。

（2）在宽带接入方面，中国平均每百人固定宽带接入用户数量为 13.6 户，比美国的 30.4 户、德国的 35.8 户、日本的 29.3 户要低许多；中国平均每百人移动宽带接入用户数量为 41.8 户，与美国的 97.9 户、德国的 63.6 户、日本的 121.4 户的差距更大。

（3）在宽带基础设施方面，中国平均每个用户的国际互联网带宽仅为 5.0kb/秒，在 140 个经济体中排名第 119 位，远落后于美国、德国、日本（见表 16-6）。综合判断，中国的信息通信基础设施全面落后于美国等发达国家，在信息通信基础设施已进入宽带和泛在连接新阶段的背景下，国际互联网带宽亟待升级。

表 16-6　中国信息通信基础设施状况与美国、德国、日本的比较

指标　＼　国家	中国		美国		德国		日本	
	得分	排序	得分	排序	得分	排序	得分	排序
移动电话普及率（部/百人）	92.3	107	98.4	99	120.4	57	120.2	58
固定电话普及率（部/百人）	17.9	63	40.1	20	56.9	5	50.1	10
个人使用互联网的比例（%）	49.3	70	87.4	13	86.2	16	90.6	11
平均每百人固定宽带用户数量（户）	13.6	57	30.4	20	35.8	10	29.3	21
平均每百人移动宽带用户数量（户）	41.8	71	97.9	17	63.6	38	121.4	5
平均每个用户国际互联网带宽（kb/秒）	5.0	119	71.0	41	146.0	20	48.6	52

注：除航班座位可获得性这个指标之外，其他指标的得分范围为 1~7；排序是指在 140 个经济体中的位次。

资料来源：World Economic Forum.

三、促进工业发展的基础设施建设重点领域

当前，中国经济处在转型升级再平衡的关键时期。在这一阶段，经济运行的主要矛盾是供给与需求不匹配、不协调和不平衡，而矛盾的主要方面是在供给侧，主要表现在供给未能做出及时调整适应需求的新变化。在此背景下，中央提出要在保持总需求基本稳定的同时，着力推进供给侧结构性改革，推动中国经济在更高阶段和更高水平上建立新的平衡。作为一个重要的经济领域，

中国的基础设施建设多年来取得了巨大成就，其中，铁路等部分基础设施水平位居发展中国家前列。但从支撑未来经济社会发展的角度看，整体而言，中国的基础设施依然存在总量不足、标准不高、运行管理粗放等问题。因此，基础设施投资、建设、运营本身就是中国供给侧结构性改革的重要领域。同时，由于基础设施具有明显的外部性和先导性，因此需要结合工业供给侧结构性改革的需要，明确今后一个时期基础设施建设的重点领域和关键环节。

1. 改革投融资体制，提高基础设施投资效率

目前，中国基础设施建设的融资渠道相对匮乏，主要是通过地方政府融资平台发行债券或直接从银行贷款。在中国经济进入"新常态"，地方财政收入增速持续下滑的背景下，现有基础设施建设的融资风险逐渐凸显。为满足基础设施建设的大量资金需求，一方面，要将地方政府融资平台的负债有序转化为收益债券、项目债券等融资品种，降低基础设施存量负债的成本；另一方面，要加快形成完善的多元化基础设施投融资体系，通过更多采用政府和社会资本合作（PPP）等模式有效吸引社会资本进入基础设施投资与运营管理，在降低基础设施建设增量负债率的同时，提高基础设施投资效率。特别是，为促进 PPP 模式在基础设施建设中发挥更大的作用，要在法律层面明确界定参与 PPP 项目的各方应承担的责任、风险以及享有的权利。

2. 以航空和港口基础设施为重点，增强交通基础设施支撑产业升级的能力

在交通基础设施领域，一方面，中国的铁路设施已接近发达国家水平，公路基础设施的"瓶颈"也相对较小，但航空和港口基础设施与发达国家差距很大。另一方面，全球的贸易形态尤其是亚洲贸易形态正在发生重大变化，贸易构成正在从大宗笨重商品向更轻型化且价值更高的商品转换。此外，航空运输和集装箱运输技术的进步，也使得以航空运输和集装箱运输为主的多式联运物流成本快速下降。这又促进了亚洲贸易形态的加速转换。同时，中国供给侧结构性改革的一个重要目标，就是通过产业升级向全球市场提供更有技术含量、附加值更高的产品，而这些产品通常对航空运输的依赖程度更高。因此，今后一个

时期，中国在完善交通运输基础设施网络的过程中，需要把航空和港口基础设施建设放在更加重要的位置。特别是，要高度重视与基础设施硬件相配套的软件基础设施的开发和应用。例如，在建设航站楼、跑道、停机坪等航空基础设施硬件的同时，更要大力开发和应用新一代空中交通管理系统，以便更有效地利用硬件基础设施。

3. 建设能源互联网，提升能源基础设施对各类新兴需求的适应性

进入 21 世纪以来，特别是 2008 年国际金融危机以来，美国等发达国家大力推动互联网理念，先进信息技术与能源产业深度融合，能源互联网进入实际性发展阶段。从深入推进中国供给侧结构性改革的角度看，建设能源互联网是推动中国能源革命的重要战略支撑，对提高可再生能源比重，促进化石能源清洁高效利用，提升能源综合效率，推动能源市场开放和产业升级，形成新的经济增长点具有重要意义。特别是，通过建设能源互联网基础设施，可以形成能源生产消费的智能化体系、多能协同综合能源网络，以及与能源系统协同的信息通信基础设施。在此基础上，进一步营造开放共享的能源互联网生态体系，建立新型能源市场交易体系和商业运营平台，可以使能源基础设施更好地适应分布式能源发展、储能和电动汽车应用、智慧用能和增值服务、绿色能源灵活交易、能源大数据服务应用等新模式和新业态。

4. 构建新一代信息基础设施，为中国参与新一轮产业竞争提供坚实平台

近年来，全球新一轮科技革命初现端倪，美国、德国等发达国家相继实施《制造业行动计划》、"工业 4.0"战略推动先进制造业发展。在此背景下，中国在 2015 年 5 月发布了《中国制造 2025》，提出要发挥制度优势，实施一系列政策措施，突出创新驱动，依靠和发展高端装备制造业，形成中国创造，实现由制造大国向制造强国的转变。从英国、美国这两个曾经和现在主导全球制造业发展方向的工业强国的实践看，在重大技术变革推动产业革命后，要在新一轮产业竞争中脱颖而出，往往需要发展与新的技术革命相适应的基础设施。进入 21 世纪以来，数字制造、人工智能、工业机器人和增材制造等基础制造技术的创

新和突破，使得以现代基础制造技术对大规模流水线和柔性制造系统的改造为主要内容，以基于可重构生产系统的个性化制造和快速市场反应为特点的"新工业革命"方兴未艾。中国要在此次工业革命中，与美国、德国等工业强国同台竞技、夺得先机，就必须要高度重视以智能制造为核心的产业革命创造良好基础设施条件。特别是，要以工业互联网为重点发展新一代信息基础设施。

也就是说，在深入实施宽带中国战略的同时，加快工业互联网接入规范、交互技术和安全技术等相关标准制定工作，并做好物联网、数据中心等规划和应用与工业宽带建设的对接。将工业宽带的传输、工业大数据采集、数据中心的计算应用等环节流程整合起来，建立完善的工业互联网体系。

专栏 16-1

工业互联网的构成及其对基础设施的要求

工业互联网是以通用电气公司（GE）为代表的美国产业界于 2012 年提出的智能制造理念，其内涵是以工业互联网络为基础，在 Predix 等云操作系统上，通过软件应用对机器设备进行远程监测、远程控制和远程维护，促进机器之间、机器与控制系统之间、企业上下游之间的实时连接和智能交互，优化生产流程，提高生产效率，最终形成以信息数据链为驱动，以模型和高级分析为核心，以开放和智能为特征的工业生态系统。

2014 年 7 月，由 GE 主导，Cisco、IBM、AT&T、Intel 等众多行业巨头参与的工业互联网联盟（IIC）发布愿景报告——《迈出工程化第一步》（*Engineering: The First Steps*），提出了工业互联网的总体参考架构，其核心是以信息技术在工业中的应用为主视角，将信息技术对工业的作用领域划分为八个层次。第一层是物理系统，包括存储器、芯片、执行设备等物理硬件；第二层是作用于底层物理系统的信息感知和指令执行层，包括传感器与控制器，用于对物理设备的信息进行采集，并精确响应上层控制指令；第三层是边缘聚合、分析与控制，其"边缘"（Edge）主要针对的是机器设备层进行的数据分析与决策控制；第四层是设备管理，通过标准化的信息技术提高设备使用效率；第五层和第六层分别是数据服务和分析服务，通过模型化的高级分析挖掘数据的价值；第七层是工业应用与整合，主要是基于数据分析实现工业应用的开发、调试、部署与整合，促进机器设备与工业应用软件的协作；第八层是工业生产延伸出的商业服务，最终形成从物理系统到商业系统的完整工业生态系统。

工业互联网的高效运行对基础设施建设提出了更高要求。其一，要加大数据中心、宽带频谱和光纤网络等硬件基础设施建设。它们是夯实支撑工业互联网传输、处理高速增长的数据流的物质基础。其中，高效、节能和富有弹性的数据中心对工业互联网具有重要影响，它是工业互联网硬件基础设施建设的重中之重。其二，要加强基础设施间的整合利用。数据中心、宽带频谱和光纤网络都是信息通信技术基础设施的一部分，要以其为基础顺利实现行业和地域之间不同机器、系统和网络的连接，就需要对各类信息网络基础设施进行有效协调、整合。其三，要提升网络安全管理水平。要实现工业互联网发展目标，高效的网络安全制度必不可少。包含技术供应商、资产所有者、监管机构、国际性组织、学术界等所有的利益相关者的安全管理体系是工业互联网创造价值的基石。

资料来源：根据工业互联网联盟（IIC）的有关资料整理。

参考文献

[1] 陈肇雄:《工业互联网是智能制造的核心》，《中国信息化》2016 年第 1 期。

[2] 黄群慧、贺俊:《第三次工业革命与中国经济发展战略调整——技术经济范式转变的视角》，《中国工业经济》2013 年第 1 期。

[3] 郑世林、周黎安、何维达:《电信基础设施与中国经济增长》，《经济研究》2014 年第 5 期。

[4] 踪家峰、李静:《中国的基础设施发展与经济增长的实证分析》，《经济研究》2006 年第 7 期。

[5] 蒋冠宏、蒋殿春:《基础设施、基础设施依赖与产业增长——基于中国省区和数据校验》，《南方经济》2012 年第 11 期。

[6] World Economic Forum (WEC), *The Global Competitiveness Report 2015-2016*, http://reports.weforum.org/global-competitiveness-report-2015-2016/.

[7] Hummels, D., Trends in Asian Trade: Implications for Transport Infrastructure and Trade Cost, in *Infrastructure's Role in Lowering Asia's Trade Costs: Building for Trade*, edited by D. H. Brooks and D. Hummels, Cheltenham, UK: Edward Elgar Publishing, 2009.

第十七章 资源产业转型与发展

提　要

受国际市场低迷和国内经济增速放缓等影响，我国资源产业开始步入萧条期，资源消费规模扩张趋势放缓，主要资源型产品生产规模逼近峰值，资源性产品价格在长跌之后出现反弹趋势，行业经济效益持续下滑，资源行业去产能在阵痛中前行，化解过剩产能面临债务风险。面对当前严峻的形势，资源产业转型发展迫在眉睫。我国在资源产业转型升级中面临资源依赖定势、核心技术缺乏、产业链纵向发展不足、资源产权制度存在缺陷等障碍。当前，在着力推进供给侧结构性改革、适应和引领经济发展"新常态"的背景下，应结合"一带一路"战略的推进与实施，围绕资源产业转型升级的可能路径与模式，推进资源产权制度法制化，完善资源产品价格形成机制，增进人力资本积累，建立资源收益合理共享机制，深化资源产业对外产能合作，以推进资源产业的转型与发展。

*　　　　　　　　*　　　　　　　　*

本文涉及的资源产业是指以不可再生矿产资源为主的狭义的资源产业。资源产业在我国工业体系中具有基础性和战略性地位，在促进国民经济发展中起到了重要作用，为增强国家经济实力、发展区域经济、提高人民生活水平做出了重要贡献。近年来，我国经济发展水平不断提高，城镇化和工业化进程不断加快，对煤炭、石油、矿产品等资源性产品产生了巨大的市场需求，一些资源丰富的地区以此为契机，大力发展资源产业，取得了明显成效。但是，资源产业的快速发展和扩张也带来了不少问题，如对资源的需求量迅速增长导致资源过度开采，一些地区的矿产资源濒临枯竭，并对当地自然环境造成了严重的破坏。

一、我国资源产业发展现状

2011 年以来，受国际市场低迷和国内经济增速放缓等影响，我国资源产业开始步入萧条期，行业利润总额大幅下跌。2015 年，世界经济处于深度转型调整期，主要资源产品需求疲软，并且与金融市场震荡共振，使得资源性产品价格明显回落，资源产业形势继续恶化。在"新常态"背景下，我国经济结构调整深入推进，主要资源性产品在传统领域的基本需求已经初步到位，并且价格在底部区间运行，资源产业发展进入"洗牌"新阶段，也呈现出一些新的特征和趋势。

1. 资源消费规模扩张趋势放缓

当前，一方面，我国经济增速换挡的压力和

结构调整的阵痛叠加，经济下行压力加大，企业效益下滑，财政收入减缓，形势较为复杂。短时期内，外需明显不足，投资大幅减速，房地产市场继续调整，加之工业企业去库存化等因素，这些都将直接制约资源消费规模的扩张。另一方面，我国已经步入工业化的中后期阶段，基础设施高速建设时代已经基本结束，经济"三驾马车"对资源需求的拉动作用正在减弱，主要资源性产品消费增长步伐放缓。例如，2011年后我国一次能源消费量增速逐年放缓，其中，2015年一次能源消费量约43亿吨标准煤，较2014年增长仅0.94%（见图17-1）。

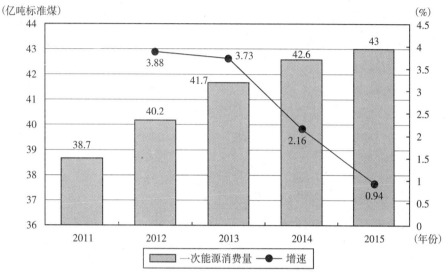

图 17-1　2011~2015 年我国一次能源产量与消费量变化情况

资料来源：2015 年《中国国土资源公报》。

钢铁消费量于 2013 年到达顶峰，2014 年和 2015 年合计下降幅度接近韩国 2014 年粗钢消费总量（5783 万吨），降幅之大远超预期；2015 年，精炼铜、精炼铅、精炼锌消费量分别约为 1080 万吨、380 万吨、630 万吨，较 2014 年分别下降 4.3%、9.0%、1.2%。未来随着科技的发展，单位产品的资源消耗也会下降，会进一步制约资源消费规模的扩张。

2. 主要资源品生产规模逼近峰值

传统领域对主要资源性产品的需求已基本得到满足，2015 年煤炭、铁矿石、粗钢、萤石等产量较 2014 年减少，生产规模接近峰值。一是煤炭需求及产量峰值均提前来临。生态文明建设要求，水电、核电等清洁能源快速发展和实施煤改气工程，以及煤炭价格大幅回落，都是促使煤炭消费与产量峰值提前到来的原因。2015 年，全国原煤产量为 37.5 亿吨，同比减少 3.3%。原煤产供销全面回落，价格下行压力持续存在，煤炭供大于求的现象短期内难以改观。二是我国基础设施建设日趋完善，传统领域粗钢需求已经基本到位，铁矿石消费强度减弱，市场竞争进入相持阶段。2015 年，全国铁矿石原矿产量为 13.8 亿吨，同比减少 7.7%；粗钢产量为 8 亿吨，同比减少 2.2%。今后，一方面国内下游用钢行业对铁矿石需求的拉动作用有限，另一方面在国际四大低成本矿山产量持续扩张的背景下，加剧了铁矿石供应过剩的趋势，必将使国内与国外铁矿山企业进入竞争的相持阶段。三是主要有色金属矿产基本需求增长速度放缓，与此同时，环境问题使得部分污染严重的矿山关停，主要有色金属矿产产量将陆续回落。2015 年，全国十种有色金属产量 5155.8 万吨，同比增长 6.8%，增速较 2014 年回落 0.6 个百分点（见表 17-1）。

3. 资源性产品价格或趋反弹

近年来资源性产品价格回调，总体来说一直处于下跌通道。2015 年上半年，虽然国内股市繁荣促进了金融服务业的快速增长，但是并没有改变工业发展的下行态势，特别是 6 月中旬的"股灾"，使资源产业发展形势更加严峻。2015 年，资源性产品价格普遍大幅下跌（见表 17-2）。国内外原油价格在低位波动下跌，年内跌幅缩窄，价格变化趋势一致。与年均价格比较，国内油价比美国油价高2.6%。大庆油田原油现货2015年均价约为48.54美元/桶，比2014年下降48.5%；美国纽约原油现货2015年均价为47.31美元/桶，比2014年下降49.15%。国内优质煤价呈持续下降的态势，2015年均价为413.5元/吨，同比下降15.1%。2015年国内铜价平均为4.09万元/吨，同比2014年下降16.7%；同期，伦敦金属市场铜现货价平均为5501美元/吨，同比2014年下降20.9%。2015年铁矿石到岸均价为56.1美元/吨，同比2014年下降41.8%；国内铁矿石价格（66%粉矿）平均为462.13元/吨，同比2014年下降39.8%。2015年国内金价平均为235元/克，同比2014年下降6.5%；同期，伦敦黄金交易所黄金价格均价为1160美元/盎司，同比下降8.4%。2015年国内铝现货均价为1.21万元/吨，同比2014年下降10.1%；同期，英国LME现货平均价格为1684美元/吨，同比2014年下降12.8%。

表17-1　2015年我国主要矿产品产量情况

矿种	单位	2015年	比2014年增长（%）
原煤	亿吨	37.5	-3.3
铁矿石	亿吨	13.8	-7.7
粗钢	亿吨	8	-2.2
十种有色金属	万吨	5155.8	6.8

资料来源：2015年《中国国土资源公报》。

表17-2　2015年国内主要资源产品价格变化情况

矿种	单位	2015年	比2014年增长（%）
原油	美元/桶（大庆油田原油现货）	48.54	-48.5
煤炭	元/吨	413.5	-15.1
铜	万元/吨	4.09	-16.7
铁矿石	元/吨（66%粉矿）	462.13	-39.8
金	元/克	235	-6.5
铝	万元/吨	1.21	-10.1

资料来源：根据Wind数据库数据进行整理计算。

不过资源品价格暴跌的现象在2016年来似乎得到逆转，主要资源性产品价格出现反弹趋势（见图17-2）。铁矿石、动力煤、焦煤、白银、铂金等资源品价格反弹趋势明显，原油期货价格整体也出现反弹趋势。例如，2016年8月铁矿石价格（大连商品交易所结算价）较2016年1月上涨约29.8%，期间一度上涨约46.3%（2016年7月）；2016年8月动力煤（渤海商品交易所结算价）较年初上涨约53.9%；2016年以来原油期货价格（东京商品交易所结算价）也呈现反弹趋势，2016年6月较年初反弹约54.2%，之后有所回落，2016年8月原油期货结算价较年初仍有39.7%的上涨幅度。

整体来说，2016年来，在国际市场上，石油、黄金、有色金属等价格不断走高，虽然还难以断言已出现反转，但是反弹趋势已显。大宗商品价格走低已持续相当长一段时间，主要的一些资源大国承受了较大压力，资源类企业产能大幅收缩，企业库存处在历史低位。当全球市场需求有所回升时，资源品价格必然也会有所反弹。

4. 资源行业经济效益持续下滑

21世纪初的前十年，我国资源产业快速发展，利润总额持续增长，最高达到11245亿元。2011年以来，受国际市场低迷和国内经济增速放缓等影响，我国资源行业开始步入萧条，行业利润总额大幅下跌，2015年资源行业利润总额为2744亿元，较2011年下降75%，较2014年下降56.06%（见图17-3）。

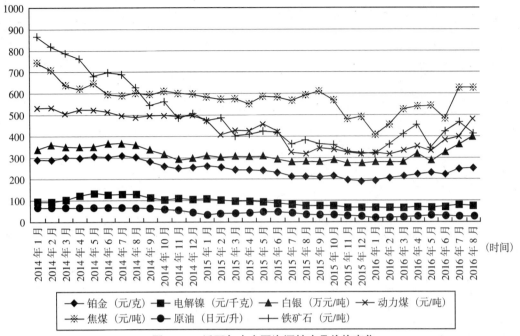

图17-2 近两年来主要资源性产品价格变化

资料来源：价格数据来源于上海黄金交易所、渤海商品交易所、东京商品交易所和大连商品交易所等。

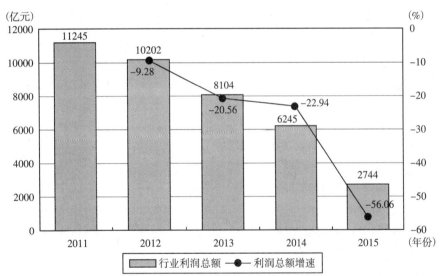

图17-3 2011~2015年我国资源行业利润总额

资料来源：中国矿业协会。

以煤炭行业为例，2011年来煤炭开采和洗选业主营业务收入增速持续下滑，并从2013年起出现负增长，2015年煤炭主营业务收入延续负增长的态势，较2014年下降16.81%（见图17-4）。2011~2015年我国煤炭业利润总额一直呈下滑的趋势，增长率一直为负，且2015年煤炭业利润较2014年下降65.25%（见图17-5）。

5. 去产能在阵痛中前行

过去十多年，我国资源产业虽然得到快速发展，但同时也造成了煤炭、钢铁及有色金属等行业产能的盲目扩张。受国内外市场需求明显下降、国际大宗商品价格持续下跌等影响，我国钢铁、煤炭等行业面临着产能过剩的突出矛盾，生产经营困难加剧、亏损面和亏损额持续扩大的现象越发严重。目前我国粗钢产能约为12亿吨，按照2015年产量8.04亿吨测算，产能利用率约67%；截至2015年底，全国煤矿产能总规模约为57亿吨，2015年全国煤炭产量在37.5亿吨左右，过剩

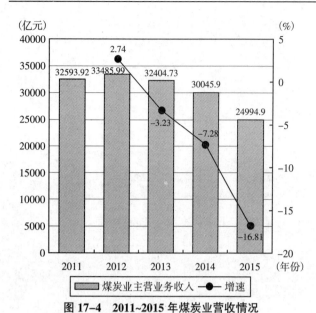

图 17-4　2011~2015 年煤炭业营收情况
资料来源：中国煤炭工业协会公布数据。

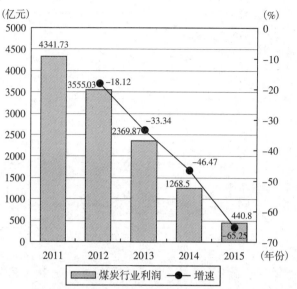

图 17-5　2011~2015 年煤炭业实现利润情况
资料来源：中国煤炭工业协会公布数据。

产能将近 20 亿吨。作为推动供给侧结构性改革的重要举措，化解过剩产能促进产业结构调整升级，成为资源产业当下亟待解决的问题。

2016 年 2 月，国务院先后发布了《关于钢铁行业化解过剩产能实现脱困发展的意见》和《关于煤炭行业化解过剩产能实现脱困发展的意见》。对钢铁行业，提出从 2016 年开始，在近年来淘汰落后钢铁产能的基础上，用 5 年时间再压减粗钢产能 1 亿~1.5 亿吨；对煤炭行业，提出从 2016 年起 3~5 年内，将再退出煤炭产能 5 亿吨左右、减量重组 5 亿吨左右，3 年内原则上停止审批新建煤矿项目、新增产能的技术改造项目和产能核增项目。3 月 30 日，国土资源部印发《关于支持钢铁煤炭行业化解过剩产能实现脱困发展的意见》，要求从 2016 年起，3 年内停止煤炭划定矿区范围审批；严格控制新增产能用地用矿；通过盘活土地资源、完善矿业权管理制度等支持钢铁煤炭行业退出、转产和兼并、重组等。国土资源部、财政部、人社部、环保部等部门，也围绕财税国土、金融支持、职工安置、环保等方面下发了相应配套文件，显示了政府对去煤炭、钢铁等行业过剩产能的巨大决心。

这些政策的出台，使得钢铁、煤炭行业有序退出过剩产能的脚步在逐渐加快，但去产能的现实情况却并不乐观。截至 2016 年 7 月底，钢铁、煤炭行业去产能分别完成全年任务的 47%、38%，总体进度不理想，地区之间进展也不平衡。少数地区对去产能工作的重要性、紧迫性认识不足，担心去产能会影响经济发展；有的地区和企业因为钢铁、煤炭等资源产品价格回升，去产能的决心出现了动摇。短期看，钢铁、煤炭减产，将使山西、河北等能源大省面临较大困难；长期看，不去掉过剩产能，就会在"越过剩、越降价、越超产"的怪圈中越陷越深。资源产业去过剩产能阵痛难以避免，推动包括钢铁、煤炭在内的传统资源产业转型发展，根本出路在于深入推进供给侧改革。

6. 化解过剩产能面临债务风险

目前煤炭、钢铁、有色金属等行业的去产能效果并不理想，各行业减产计划与过剩产能相比差距仍然较大，化解过剩产能将是一个长期而艰巨的任务。在去过剩产能过程中，职工就业与债务处理是最主要的两大障碍。就目前的政策环境而言，依靠各类用于安置下岗职工的专项基金，职工就业方面问题基本可以得到妥善解决。债务处理方面，中国经济工作会议上提出"多兼并重组、少破产清算"，但如果过多依赖市场化手段，走资产证券化、债转股等途径，将存在较大的金融系统风险。

据中国煤炭工业协会数据，2015 年煤炭行业负债攀升至 3.68 万亿元，煤炭企业普遍性资产负债率较高，银行信贷压力非常大。2015 年中钢协统计的重点大中型企业平均负债率超过 70%。部分企业已资不抵债，处于停产半停产状态，但由于资产庞大、就业人员多、社会影响范围广，企业资产处置、债务处理困难，一次性关停难度大，退出渠道不畅，仅能依靠银行贷款维持生产，最终沦为"僵尸企业"，占用了大量社会资源，拖累整个行业转型升级。据中国有色金属工业协会发布数据显示，2015 年末规模以上有色金属工业企业负债总额 24845.4 亿元，同比增长 4.6%；资产负债率为 63.5%，比 2014 年增加了 0.2 个百分点。

二、资源产业转型与发展中的障碍及原因分析

目前，全球范围内对于市场与资源的争夺更加激烈，我国资源产业的结构调整与升级已经迫在眉睫。如何能够加快推进我国资源型产业的结构调整和升级，是关系我国区域经济均衡发展、人民实现共同富裕的关键问题之一。但是，面对资源产业带来的巨大利润，往往造成资源富集地区对于资源型产业的严重依赖，导致整个区域内产业结构单一、资源大量消耗和环境污染严重，面临产业转型升级的困境。归纳起来，这些地区在资源产业转型升级中存在的问题或面临的主要障碍有：缺乏转型升级的动力和意识、技术创新能力不足、管理体制不合理和人才资源匮乏等，究其原因主要是专业化形成的锁定。

1. 资源依赖定势阻碍转型升级

资源产业高度依赖于自然资源的开发和利用。目前，我国主要还是以消耗资源（特别是以一次化石能源）为主，短期内依然无法改变对资源依赖的局面。从产业链的角度看，资源型产业可分为上游、中游、下游三个产业链环节，传统的资源产业过分依赖于采掘业及矿产品初级加工业，产业转型难度大。这种路径依赖和锁定效应的内在机理除了技术变迁产生自我强化效应外，更产生于因产业分工和经济增长共同形成的自我扩张效应。

一旦资源枯竭，资源产业的发展将不可持续。只要资源还没有枯竭，就没有转型升级动力。丰富的资源趋于阻碍产业转型升级的作用机制在于：第一，资源带来大量收入，导致收入享有者满足于资源产业的短期利益，忽视产业的未来发展。第二，资源产业为资本密集型产业，该产业的发展与其高收入，导致其他产业、教育与人力资本、R&D 投资不足。第三，相关制度不完善、执行不力时，利益相关者将主要精力放在寻租上，而不是考虑产业的可持续发展上。

究其原因，主要是在传统的产业布局、经济体制和经济增长方式下，地方形成了依靠资源、依靠传统产业、依靠现有市场的思维惯性，产业发展过程往往是围绕着资源开发和初级产品加工进行。这种发展模式使当地产业发展失去了对市场导向的反应能力，对新的市场需求不敏感。在这样的思维导向下，地方政府和企业经营者缺乏转型升级的意识与动力，形成地区对资源的强烈依赖，然后造成"产业结构低级化—积累能力下降—依赖资源"的恶性循环。

2. 核心技术缺乏导致产业链纵向发展不足

传统资源产业过分依赖于采掘业及矿产品的简单加工业，实际上仅属于资源型产业链中的上游产业，处于整条产业链的初始部分。因为在资源租金的可观收益吸引下，人们更注重眼前利益，会将更多的资本和人力投到技术贡献率较低的初级资源开发和生产部门，容易造成对资源产业的过分依赖，进而带来的后果就是研发投入和产出的相对减少，新技术需求的减少和创新动力的减弱，也意味着对技术创新能力产生了挤出效应，这样就会使整个产业陷入"资源诅咒"，最终形成简单地"挖资源、卖资源"的路径依赖，为资源型产业转型升级、实现可持续发展带来很大障碍。

以稀土为例，中国是最大的稀土生产国和消费国，一方面，由于我国早期主要注重于稀土的分离和冶炼技术，而忽视了后端的应用研究，致使在稀土新材料的开发应用方面落后于日本、美国等国家，长期处于产业链低端，缺乏定价话语权；另一方面，由于下游深加工技术的缺乏，我国国内稀土市场以低端需求为主，海外市场以中

高端需求为主，海外市场需专利授权才能进入，而在专利方面，中国也落后于日本、欧美等国家和地区。我国申请的稀土专利中实用新型多，发明专利少，产业化率也较低。资源是基础，技术是关键，加强开发资源产业链下游深加工和应用技术，是我国稀土产业转型发展的首要问题。

3. 资源产权制度缺陷引发政企矛盾

在传统计划经济体制下，资源部门与当地政府部门之间形成了高度集中与复杂的企地关系。长期以来，这种资源企业与当地政府之间的政企不分、体制不顺现象没有得到解决。在市场机制的新形势下，政府既难以参与企业生产要素的合理配置，企业又不再像过去一样承担过多的社会责任，从而使资源所在地区与资源企业在发展目标和利益分配上的"双向错位"，由此导致当地的综合服务功能缺损和企业的整体效益低下，也不利于资源企业的转型升级与持续发展。

《中华人民共和国宪法》和《中华人民共和国矿产资源法》中明确规定，矿产资源属于国家所有，也就是说，资源所在地的资源属于国家所有，只有国家才有权力对资源进行开采。但事实上由于国家的虚拟人格在行为能力上的局限性，不可能真正去行使所有权的占有、使用、收益、处分等种种权能，这必然导致国家对资源的所有权事实上是一种"虚拟所有权"的现象，导致资源产权模糊。另外，由于矿产资源和土地资源是自然地理体中紧密联系的两种资源，但矿产资源不分地域一律为国家所有，而土地分国家所有和集体所有两种所有权形式，所以为开发利用这两种资源而设置于其上的矿业权和土地权利不可避免地存在着冲突。这样，在矿业权出让中不仅政府与矿区农村集体之间存在着矿业权与相关土地权利利益调整，也存在着矿产资源所有权与使用权之间的关系调整，目前，由于在我国法律上协调这两种权利的冲突方面的规范严重不足，在地方，普遍采用利益调整来调节这种冲突，但其中作为经济关系反映的产权问题在法律上还无法解决，产生了诸多的矛盾。

三、资源产业转型与发展的路径与模式

随着我国经济体制的不断深化改革，地方事权不断扩大，而财权没有相应扩大，地方收益分配较少，必然影响地区经济中的公共财政支出和基础建设投入，影响地区经济的发展；反过来，地方政府职能权限的受限，又影响企业的外部环境。因此，出现了地方政府受财力制约，无法承担企业移交的办社会职能的现象，而企业办社会的负担又太重，阻碍了资源企业的转型与发展。

资源产业处于产业链的上游，产品利润和附加值都较低，利润大量外流，容易陷入"利润低—积累能力弱—市场竞争力下降—资源依赖性更大—利润低"的恶性循环。根据产业生命周期理论，相对而言，在成熟期转型成本最小。因为这一时期资源产业的开采成本最低，经济效益最好，积累了一定的资金，且此时人力资本、技术设备、管理经验都比衰退期雄厚，可以为转型升级提供最优质的生产要素，比其他阶段容易打破资源产业衰退循环规律。

1. 资源产业转型升级的路径选择

转型升级可以发挥资源产业的比较优势，又能够克服原有的路径依赖，通过积极、主动地推动产业转型与升级，提高资源产业的竞争优势，实现资源产业的可持续发展。具体的路径有如下几种：

（1）资源型产业内部重组。资源型产业要转变粗放型的发展方式，走集约节约循环的发展道路。通过资源型产业内部的兼并重组，提高产业集中度，发展循环经济，减少资源浪费，提高资源的利用率，从而增强资源和环境的承载能力。

（2）利用高新技术改造提升资源型产业。技术渗透主要发生在高新技术产业和传统产业之间，高新技术所具有的渗透性和倍增性使得高新技术可以无摩擦地渗透到传统资源型产业。利用信息技术，改造提升资源型产业的增长动力。

（3）资源型产业与非资源型产业融合。资源型产业由于具有较高的资产专用性，完全摒弃资源型产业显然不可取，而推动资源型产业与非资源型产业融合，既可以很好地利用现有资源，降低转换成本，又能够形成新的产业形态，促进产业转型升级。如第三产业相关的服务业向资源型产业生产前期的研究、生产中期的设计和生产后期的信息反馈过程展开全方位的延伸，金融、旅游、法律、管理等产业逐步渗入资源型产业中，实现产业转型升级和资源价值利用的最大化。

（4）政府推动产业转型升级。政府在推动产业转型升级方面的作用主要体现在通过改革释放制度红利方面。第一，要为产业转型升级提供宽松的环境，发挥市场在资源配置中的决定性作用，减少政府在市场活动中的直接干预，创新管理制度。第二，培育公平有效的竞争环境，健全法律法规，加强知识产权保护，促进技术创新，发挥企业主导创新的作用。第三，创新市场培育体系，提高市场开放程度，降低行业壁垒，鼓励产业转型与发展。

2. 资源产业转型的基本模式

随着世界经济增长持续乏力和国内经济进入"新常态"，我国资源型产业转型面临着新的挑战和机遇。由于在资源产业转型过程中存在很多不确定因素，转型模式的选择就显得尤为重要，直接影响转型的成败。资源产业转型要与所在区域的经济发展需要紧密联系，通过资源的优化配置、技术创新、引进资本和先进的管理、战略整合、关闭破产等多种渠道，实现与区域经济的融合。

（1）产业链延伸模式。资源型产业属于中间投入型基础产业，其产业关联特点是前向关联效应大，后向关联效应小。产业链延伸模式利用这一特点，向前延伸产业链，其优点是在转型初期能够充分发挥本地的资源优势，同时，上下游产业在生产、管理和技术方面具有明显的相关性，实施转型的难度较小。随着下游产业的不断发展壮大，其竞争能力和自我发展能力将逐渐增强，将来即使本地资源逐渐枯竭，也可以从外部输入资源进行加工，维持企业的持续收益。

产业链延伸模式可分为纵向一体化战略和横向产业群战略。纵向一体化战略主要是向下游产品或产业延伸，进行产品深加工，提高产品附加值，适应市场需求。资源型企业可通过产业链的纵向延伸，逐渐摆脱企业对主导产品的严重依赖，分散企业的经营风险，形成特有的竞争优势。横向产业群战略即向关联产业延伸，开发新产品和可替代资源。即利用企业原有的渠道优势，退出原来的产业，通过与上游供应商和下游客户之间的合作向相关产业转型，综合自身优势，选择后续产业。

（2）产业更新模式。多数资源具有不可再生性或再生产周期很长，随着资源储量的逐渐减少甚至枯竭，许多制约资源型产业发展的问题就显现出来。因此，利用资源开发所积累的资金、技术和人才，或借助外部力量，建立起基本不依赖原有资源的全新产业群，把原来从事资源开发的人员转移到新兴的产业上来，实现资源产业的更新。产业更新模式无疑是最彻底的产业转型模式，它摆脱了对原有资源的依赖。但由于企业在长期的经营活动中会逐渐形成一定的思维定式，即所谓的主导逻辑，当新业务要求的经营模式与企业原有的主导逻辑发生冲突时，容易导致经营活动的失误。因此，如何在以资源型产业为主导的产业基础上发展有竞争力的替代产业群是该模式面临的最大挑战。

（3）复合转型模式。复合转型模式即为产业延伸和产业更新兼有的转型模式。企业所处的内外部环境是一个动态的开放系统，有的资源型企业转型不是采用单一模式，而是两种模式的复合，通常是在转型初期表现为产业延伸模式，企业的主导业务逐步由资源型产业转变为加工业，随着企业资金的增加，技术与人才的不断提高和更新，一旦时机成熟，企业就可进行产业更新和多元化发展。

四、促进资源产业转型与发展的政策建议

回顾我国资源产业的发展情况，资源消费规模扩张趋势放缓，主要资源型产品生产规模逼近峰值，资源型产品价格普遍下跌，行业经济效益持续下滑，化解资过剩产能面临债务风险。面对当前严峻的形势，资源产业转型发展迫在眉睫。我国资源产业转型升级中面临资源依赖定势、核心技术缺乏、产业链纵向发展不足、资源产权制度存在缺陷等障碍。当前，在着力推进供给侧结构性改革，适应和引领经济发展"新常态"的背景下，应结合"一带一路"战略的推进与实施，围绕资源产业转型升级的可能路径与模式，推进资源产业的转型与发展。

1. 推进资源产权制度法制化

推进资源产权的界定、审批、转让法制化。使产权制度法制化，通过法律明确各经济主体的权利和责任，各产权的获得程序、费用、使用期限等；搭建资源各种产权审批部门的联合办公平台；加强对资源产权转让的管制，如产权转让，要以权力束为组进行转让，防止资源各产权过于分散。

建立和完善资源环境产权制度。资源开采中的外部不经济性、企业生产成本的外部化、矿区居民所承担的不合理损失等与环境产权的缺失存在密切的联系。把环境产权下放给矿区居民，使当地居民享有环境监督的权利并获取利益的权利。

全力推进资源型产业转型升级的顶层制度设计，通过深化产权改革等制度创新形成动力机制，建立资源型产业转型升级专项基金制度。

2. 完善资源价格形成机制

确定科学的资源成本核算框架，将资源成本、环境成本、企业退出成本、发展支出列入资源成本开支范围，完整、准确地核算资源成本与价值。资源成本取决于资源的有限性和替代能源的生产成本等；退出转产资金的来源应依靠企业的自身积累；成本核算时，应当如实反映生产过程的实际支出，而非强制规定核算项目系数。

建立能够反映资源价格变动趋势、规避买卖双方价格风险的价格指数体系。该价格指数体系应该既符合我国资源市场实际，又与国际市场紧密联系，能够反映资源主产区、主要发运港口内外贸市场交易价格和长期协议价格变动。

3. 增进资源产业人力资本积累

引导资源型产业由过去依赖资源的粗放型生产方式向依赖于人力资本和技术投入的技术集约型生产方式转变；依靠社会网络，通过与高校和科研院所合作，定期对职工开展培训，提高职工受教育程度、业务熟练程度和环保意识，为产业结构优化提供必要的人力资本积累；选拔原先在资源型上游产业中有培养潜质的中青年职工，通过培训提升业务技能，逐渐向资源型中游、下游产业流动，以增加资源型产业链条中高端环节的人力资本积累；充分利用产业间的技术溢出效应，借鉴与资源型产业有关的产业在人力资本积累上的先进经验，优化资源型产业人力资本匹配结构；推动资源型企业大规模走出国门，积极嵌入全球创新产业链，引进国外人力资本为资源型产业创新驱动转型升级发展服务。

4. 建立资源收益合理共享机制

资源型产业转型升级需要各级政府、资源型企业和当地民众共同努力。因此，需要处理好政府、企业和社会等各种关系，这就要求必须建立公平、合理的利益共享机制。一是中央和地方在企业上缴利税中划拨部分专款作为资源型产业转型升级基金，用于支持技术创新、人力资本积累及生态补偿。二是不断完善社会公共服务体系，通过加强失业救助、提供义务教育、完善医疗保险、供应保障性住房、做好生产安全救援预案等政策手段，保障当地民众尤其是弱势群体的生活质量和社会福利。三是资源型产业应积极履行对当地社区的义务。如环境保护、矿区绿化、道路、信息等基础设施完善；在招工过程中尽可能多地吸纳当地适用劳动力，治理在生产过程中对当地造成的生态破坏和环境污染。

5. 深化资源产业对外产能合作

我国推出"一带一路"的战略构想，"获得稳定的资源供给"和"化解过剩产能"也是重要的战略目标。这意味着"一带一路"战略将对我国矿产资源原料供应和产能输出、资源优势企业"走出去"产生重大影响。综合考虑资源禀赋、政治环境、经济发展等影响因素，加强与"一带一路"辐射国家交流与合作，在新疆、青海、云南、广西等地建设一批矿产资源产业发展平台。进一步深化国际间产业合作，积极参与全球资源配置和国际产业分工，鼓励企业建立资源利用型境外经贸合作区，引导钢铁和有色金属冶炼产能逐步向境外资源地和有市场需求的地区转移，带动矿产资源产业上游环节跨国转移，不断深化资源领域的产能合作。

专栏 17-1

昔"一铜独大"，今多业并举
——上饶德兴产业转型升级之道

德兴是一座典型的资源型城市，素有"金山"、"银城"、"铜都"之美誉，已探明储量并开发的矿产达 30 多种，年产铜居全国之首，年产黄金居江南之首。因此，德兴一直维持着"一铜独大"、产业单一的经济格局，给可持续发展留下了隐患。伴随铜价大幅下跌，有色金属产业滑坡，德兴遭遇了严峻的经济"寒冬"。

近年来，在危机和挑战面前，德兴经济却依然保持着稳中有进、逆势上扬的态势。2016年第一季度，该市实现规模以上工业产值 20.84 亿元、财政收入 8.44 亿元，同比分别增长 10.6% 和 12.56%。这得益于德兴加大产业转型升级力度，大力实施传统产业链条化、新兴产业高端化、草根产业集群化三大工程，形成了有色金属、黄金、硫化工、机械电子、旅游、健康、遮阳七大主导和特色产业新格局。

1. 立足资源求突破，传统产业链型"蝶变"

产业结构单一、以"原"字头和"初"字号产品为主，曾一度是德兴有色金属产业的短板。近年来，德兴跳出简单挖矿卖矿的老格局，着力延伸产业链条，提高资源利用附加值，推动了矿山经济向矿业经济转型升级。

该市引进总投资 10 亿元的盛嘉环保科技项目，通过对金属工业废渣无害化处置及多金属综合回收，年产 5 万吨铜、6 万吨锌和 50 吨铟，结束了"铜都"不产成品铜的历史。依托丰富的黄金资源，与江铜集团、江西有色地质勘查局强强联合，投资 20 亿元共同组建了江西黄金股份有限公司，着力构建集探矿、采矿、选矿、冶矿、加工、贸易等于一体的"大金链"，打造了全国最大的黄金产业基地。

硫化工产业同样在向中下游乃至终端产品加速延伸。依托年产 170 万吨硫铁矿、100 万吨硫酸的丰富资源，目前全市已吸纳进驻硫化工及精深加工产业基地的深加工企业 15 家，传统产业链日趋完善，产品档次不断提升。

2. 瞄准高端促发展，新兴产业高点起飞

近年来，德兴市以科技创新为驱动力，集中力量引进了一批科技含量高、附加值高、带动作用强的高端化产业项目，推动了新兴产业的高点起飞。

翔鹰航空零部件及无人机研发制造项目，自投产以来已生产飞机结构件 1.1 万余件，填补了江西省在外包航空、高铁零部件加工制造方面的空白。项目全部建成达产后，可年产航空零部件200万件、无人机 1 万架、航空复合材料 80 万件，实现销售收入 34.7 亿元，利税 5.7 亿元。

落户于香屯工业园区的瑞麟科技有限公司，采用国内最先进的技术设备，并与武汉理工大学等多家高校建立起科研合作与技术创新体系。项目全部建成后，将实现年销售收入 10 亿元，成为中国复合材料行业生产规模最大、技术装备最全、发展后劲最强、成长性最好的企业之一。

3. 激发大众创业，草根产业生机勃发

近年来，该市结合自身属移民城市，2/3 的人来自全国各地的特点，大力优化创业环境，降低准入门槛，开辟绿色通道，完善扶持政策，激发了百姓创新创业热情。

围绕建设国际遮阳产业城的目标，德兴近年来以做大窗帘产业为抓手，在土地使用、财税支持、物流补贴等七个方面予以政策扶持，高位推动遮阳产业发展，加快打造"三个一"的遮阳产业集群，即一个小微企业孵化中心、一个窗帘产业基地、一个遮阳产品交易博览中心。同时，大力实施"雁归工程"，吸引从事窗帘行业的外出务工人员返乡创业，并成立了遮阳产业办、窗帘合作社、遮阳产业商会，推动产业集聚发展。目前，全市建成和在建的遮阳规模以上企业已有 10 家，从事窗帘及相关产业的从业人员有 2 万人，带动创立大小窗帘企业 2000 家，实现年销售收入 200 亿元，初步形成了独具特色的遮阳（窗帘）产业群。

伴随着遮阳、异 VC 钠、覆盆子、铁皮石斛、红花茶油等一批"草根产业"的快速成长，德兴市"草根经济"蓬勃发展。

资料来源：根据 2016 年 6 月 8 日《江西日报》关于上饶德兴产业转型升级的报道以及相关资料整理。

参考文献

[1] 中国国土资源部：《中国国土资源公报》，2015。

[2] 田原、孙慧：《低碳发展约束下资源型产业转型升级研究》，《经济纵横》2016 年第 1 期。

[3] 陈甲斌、王嫱：《弱市下的矿业发展趋势与建议——2015 年度能源和其他重要矿产资源形势综合分析》，《中国国土资源经济》2006 年第 2 期。

[4] 孔瑜、杨大光：《中国资源型城市产业转型的模式选择》，《资源开发与市场》2014 年第 30 期。

[5] 张米尔：《市场化进程中的资源型城市产业转型》，机械工业出版社，2005 年版。

[6] 韩瑞栋：《产业融合与资源型经济转型路径研究》，《知识经济》2015 年第 12 期。

第十八章　"一带一路"战略下的国际产能合作

提　要

　　"一带一路"战略的加速推进，使国际产能合作格局不断产生着新变化。以中国对"一带一路"沿线国家的投资为例，从国别来看，中国 OFDI 在各板块的分布差异较大，其中东南亚板块占最大比重，东道国以周边国家为主，"一带一路"沿线仍有许多市场几乎为空白。针对不同的东道国，中国的投资动机不同，不同的投资动机又将沿线国家分为了不同的梯度，同时显示出沿线国家巨大的投资空间；从行业来看，基建投资是"一带一路"建设的优先领域，其中又以交通和电力为先导，国家布局的"一带一路"其他领域跟进缓慢。随着投资合作的不断深化，中国企业进入东道国的方式也日益多样化，并呈现一定的特点，如并购亮点突出、基建投资向着建营一体化模式迈进、加工制造业类多采用经贸合作区的形式入驻等，由此也可看出中国 OFDI 在其他领域内拓展的潜力。在"一带一路"沿线诸多国家高经济、非经济风险的背景之下，提高投资便利化程度、约束和激励并举提高企业竞争力、建立多元化争端处理机制是使中国 OFDI 在国别和行业两维度拓展，进而更好地实现国际产能合作的重要保障。

*　　　　　　　*　　　　　　　*

　　"一带一路"战略是在全球产业价值链重塑和中国经济结构调整深化的双重压力下提出的积极举措和新构想，旨在沿线国家共同打造区域经济一体化新格局，而区域经济一体化的实现重点在于国际分工下产能的深度合作和产业的深度融合。2014 年 12 月 24 日李克强总理提出"推动我国优势和富余产能跨出国门、促进中外产能合作、拓展发展空间，提高我国产品尤其是装备的国际竞争力"，从而国际产能合作一词正式被官方使用。"一带一路"沿线所涉及的国家中有发达国家，也有发展中国家，各国之间在资源禀赋、经济发展水平、产业基础等方面存在着巨大的差异，并处于不同的工业化阶段，而中国总可以与其他沿线国家找到合适的产业契合点和共振点，形成产业之间的优势互补，这也是中国可以与其他国家进行国际产能合作的先决条件。国际产能合作是中国应对经济"新常态"的必然选择，也将会在未来很长一段时间内成为中国参与全球经贸的重要方式。随着"一带一路"战略的推进，国际产能合作愿景不断转化为行动，其内涵和意义也不断被丰富和深化。

一、"一带一路"战略开创国际产能合作新格局

1. "一带一路"战略的有力推动，将使国际产能合作的内涵不断丰富

在国际产能合作一词被正式提出之前，国际产业转移是一国生产要素在全球范围内重新配置组合的通用学术语言。与产业转移相比，产能合作更强调双向的过程，即两个存在意愿和需要的国家或地区之间进行产能供应跨国或跨地区配置的联合行动。国际产能合作是在"一带一路"战略背景下提出来的，也将随着"一带一路"战略的推进，具有不断深化的内涵。从所依托的载体来看，国际产能合作超越了以前发达经济体通过抢夺世界存量市场来进行全球扩张的行为模式，其注重的是挖掘国际增量市场，在合作实践中不断探索新的合作领域，创造新的供给和需求。目前世界各国经济的发展绕不开国际市场的增量，只有取得国际市场增量才能解决各国经济增长的问题。因此，这种行为模式符合现在的国际经济形势，也更有利于国家的可持续发展；从所含范畴来看，虽然目前贸易和投资仍是国际产能合作初期的主旋律，但真正意义上的国际产能合作却超越了这些传统的国际分工模式。注重于尝试从生产要素市场、产品市场和最终消费市场等多层次探索跨国合作模式，而合作双方在技术、标准和管理制度等领域的跨国合作也属于这一范畴；从最终目标来看，国际产能合作往往能够促使合作双方战略或构想的同步实现；例如，哈萨克斯坦"光明大道"战略的核心是大力实施基础设施建设，这与中国提出的"一带一路"战略形成了良好的呼应，两国在互利共赢的理念下，实现经济的共同繁荣。

2. 各项政策的出台和合作协议的签订，将使国际产能合作的领域不断拓展

国际产能合作一词自提出以来，便不断被应用于"一带一路"实践中。最早的实践是2014年12月25日和26日中国和哈萨克斯坦在北京举行的中哈产能合作的第一次对话，在会上两国签订的《会议纪要》中确定了16个早期收获项目和63个前景项目清单，主要涉及钢铁、水泥、平板玻璃、能源、电力、矿业、化工等领域；2015年2月《国务院关于加快培育外贸竞争新优势的若干意见》中提出，要全面提升与"一带一路"沿线国家经贸合作的水平，鼓励核电、发电及输变电、轨道交通等行业企业到沿线国家投资，并开展农牧渔业、农机及农产品流通等领域的深度合作；2015年5月16日，国务院正式发布了《关于推进国际产能和装备制造合作的指导意见》，在其中将钢铁、有色、建材、铁路、电力、化工、轻纺、汽车、通信、工程机械、航空航天、船舶和海洋工程等作为国际产能合作的重点领域，并有序推进。以此为基础，国务院随后发布了多个涉及产能合作的文件，这些文件不仅涉及重点培育领域，也涉及国际产能合作的各种相关配套政策，如2015年9月发布了"《深化标准化工作改革方案》行动计划（2015~2016年）"，文件意在推动铁路、电力、钢铁、航天、核能等重点领域标准"走出去"。依托"一带一路"战略，中国国际产能合作硕果累累，中国在国际范围内有效推进，截至2016年7月，已与20多个国家签订产能合作协议，涉及的领域也不断拓展，这些合作文件的签署为下一步"一带一路"的务实推进奠定了良好的基础。

3. 区位优势发挥作用，将带动产能合作参与区域从沿海向西部内陆不断推进

由于地理位置、经济基础、人文环境等方面的先天条件，加之改革开放初期贸易和投资政策的倾斜，东部沿海地区在对外合作方面有着明显的优势，资源分配、区域发展不协调的问题一直困扰着中国经济的发展。从地理空间来看，"一带一路"战略中的"丝绸之路经济带"始于中国，途经中国30多个城市，在《愿景与行动》的最终规划中，还重点圈定了18个省（区、市），其中包括新疆、甘肃、宁夏、青海、内蒙古、广西、云南、重庆等多个西部省（区、市），如新疆是向西开放的窗口，广西、云南等则是向南亚、东南

亚开放的重要桥梁，内蒙古则可面向蒙古和俄罗斯等地。"一带一路"建设的持续推进，使这些省（区、市）形成了新时期独特的区位优势，不断积蓄着承担国际产能合作重任的力量。自2013年底"一带一路"战略实施以来，西部地区很多省（区、市）的贸易和投资规模都有了较大增长。以对外直接投资为例，2014年在中国地方企业非金融类对外直接投资流量中，虽然东部地区（占比81.8%，同比增长53.2%）仍然占主导地位，但西部地区（占比11.9%，同比增长78.4%）的增长速度要明显高于东部地区。增长最快的几个省（区、市）依次为西藏（16.5倍）、宁夏（2.9倍）、天津（2.7倍）、广西（1.8倍）、内蒙古（1.7倍）、重庆（1.2倍），除了天津为"一带一路"战略要重点加强的沿海城市港口建设之外，其余省（区、市）均位列"一带一路"圈定的重点省（区、市）中。未来，随着该战略的进一步实施，国内"一带一路"沿线省（区、市）的区位优势会更加凸显，功能定位会更加明确，也会有更多对外合作的机会，促使中国产能合作参与地区逐渐向内陆推进。

4. 新空间的开辟，将带动产能合作对象不断多元化

集中度较高一直是中国对外经贸合作的区域分布特点。美国、日本、韩国、德国等一直位居中国贸易伙伴的前几位。中国香港地区和作为"避税天堂"的开曼群岛、英属维尔京群岛往往是前三大中国投资地，尤其是中国香港地区，每年吸引大陆对外直接投资占比基本都在中国对外直接投资流量的一半以上。"一带一路"沿线国家基本都不属于中国传统的对外经贸合作对象，但其覆盖了从亚洲到欧洲并处于各个发展阶段的国家，蕴藏着巨大且丰富的国际贸易和投资潜力，可以将中国国际产能合作对象选取的视线进行分散和转移，这也是国际产能合作在"一带一路"战略背景下提出所带来的最直接效应。以对外直接投资为例，据商务部统计，2003年中国对"一带一路"沿线国家的直接投资总流量约为2亿美元，而2015年达148.2亿美元，增长了70多倍，2003~2015年投资流量年均增速高达58%，存量

增速也在50%左右，两者均高于中国对外直接总投资的平均增速（35%左右）。同时，中国在"一带一路"沿线的60个国家新签对外承包工程项目合同3987份，新签合同额926.4亿美元，占同期我国对外承包工程新签合同额的44.1%，[①] 由于工程投资周期较长，后续会释放更大的投资潜力。预计2016~2018年，中国在"一带一路"国家的对外直接投资将超过2000亿美元。这些数字表明中国将有望突破传统的"高度集中"型对外合作区域特点，使产能合作对象选择更加多元化。

前面已提及，贸易和投资是国际产能合作初期的主旋律，30多年对外合作历程已使中国发展成为世界上最大的工业制成品贸易国，但贸易大国并非贸易强国，制造业仍处于全球价值链的低端是目前不争的事实。2008年金融危机之后，全球经济增速明显放缓，各国都在为经济的复苏而竭尽全力，对于中国来讲，随之而来的便是国外需求的疲软、国际市场风险和各种贸易摩擦的加剧，这些给中国这种贸易大国带来了强大的不确定性；而国内"新常态"经济形势的来临、生产要素和环境成本的不断上升，又使贸易大国出口产品的传统优势有了较大弱化。在贸易体系亟待转型的同时，一个曾经备受争论的选择又重新摆在了中国出口企业的面前：是以国内生产再出口的方式还是以对外直接投资（OFDI）的方式来开拓市场？主流经济学家普遍认为，中国企业应该积极探索对外直接投资的道路，以壮大自身实力和规避贸易壁垒。投资和贸易之间并不冲突，中国贸易和对外直接投资之间是互补关系而非替代关系，OFDI对对外贸易结构有着明显的优化作用。而从目前国际国内形势来看，国际产能合作的微观主体——中国企业更应当加快"走出去"的步伐，将自己置身激烈的国际竞争环境中培养主动权，更多地依靠资本输出的形式，找准与沿线国家的利益交会点，推进与沿线国家之间的投资合作，增强企业国际市场的整体开拓能力，实现与沿线国家的合作共赢。因此，在接下来的章节中笔者选取中国对"一带一路"沿线国家的对外直接投资为研究对象，来具体阐述目前中国参与国际产能合作的进程和特征。

---

① 数据来源于中国商务部网站。

二、国别特征与投资动机

"一带一路"战略是一个开放、包容的国际区域合作网络，而非封闭的体系，愿意参与的国家均可参与。但为了研究方便，一般将研究对象聚焦于"一带一路"沿线所主要涉及的65个国家，具体分类可见黄群慧等（2015）。

1. 国别特征

各板块OFDI分布差异较大。除中国外，"一带一路"沿线主要涉及64个国家，包括中亚5国，蒙俄、东南亚11国，南亚8国，中东欧19国及西亚，中东19国六大板块。如表18-1、图18-1所示，无论是从流量还是存量来看，东南亚地区均占最大比重，2014年中国对东南亚地区直接投资流量为78.19亿美元，占中国对"一带一路"沿线投资总量的57.3%，存量达到296.48亿美元，占对"一带一路"沿线投资总量的39.8%，空间距离较远的中东欧地区占最小比重，2014年中国对中东欧地区直接投资流量仅为2.73亿美元，占比2.0%，存量为20.2亿美元，占比2.7%；从流量来看，次于东南亚地区的是西亚中东地区，除2007年和2008年外，占比均在20%左右，中国对蒙俄地区的直接投资占比呈明显的下降趋势，由2006年的44.8%下降到2014年的8.32%，中国对中亚和南亚的直接投资占比每年都会有较大变动；而从存量来看，次于东南亚地区的则是蒙俄地区，但总体来看，该占比也呈略微下降趋势，2014年为16.7%，中国对中亚地区的直接投资占比呈明显的上升趋势，由2006年的8.59%上升至2014年的13.6%。

表18-1 2006~2014年中国对"一带一路"沿线直接投资各板块占比

单位：%

板块	类别	2006年	2007年	2008年	2009年	2010年	2011年	2012年	2013年	2014年
中亚	流量	6.85	11.6	14.5	7.61	7.49	4.57	25.4	8.70	4.03
蒙俄		44.8	20.8	14.0	13.8	9.84	11.8	12.7	11.2	8.32
东南亚		28.1	29.8	54.9	59.5	56.9	59.5	45.8	57.5	57.3
南亚		-4.2	28.8	10.9	1.74	5.39	9.16	3.31	3.66	11.1
中东欧		1.76	1.16	0.93	1.05	5.68	1.40	1.45	1.11	2.00
西亚中东		22.7	7.82	4.80	16.3	14.7	13.6	11.4	17.8	17.3
中亚	存量	8.59	9.17	13.1	11.2	10.1	9.78	13.8	12.3	13.6
蒙俄		23.9	21.0	18.4	17.3	14.6	13.7	13.8	15.2	16.7
东南亚		33.9	41.2	43.7	47.7	49.5	52.1	49.8	49.5	39.8
南亚		4.36	13.0	11.7	9.72	9.07	8.61	7.43	8.06	11.1
中东欧		4.76	3.28	2.47	2.18	3.10	2.59	2.55	2.23	2.71
西亚中东		24.4	12.4	10.6	11.9	13.8	13.3	12.7	12.6	16.0

资料来源：《中国对外直接投资统计公报》、中国商务部网站。

东道国以周边国家为主，涉猎国家越来越多，但仍有许多市场几乎是空白。从国别来看，蒙俄，东南亚地区中的新加坡、越南、老挝、缅甸、泰国、印度尼西亚等地，中亚地区的哈萨克斯坦，南亚的巴基斯坦，西亚中东的阿联酋、伊朗等地是近几年中国对"一带一路"沿线国家直接投资的重点区域。2006年中国直接投资最多的国家为俄罗斯，占中国对"一带一路"沿线直接投资流量的37.91%，存量的17.89%，其次为新加坡，流量占11.08%，存量占9%，8年之后，中国对新加坡的直接投资（上升至20.61%）超过俄罗斯（下降至4.64%），新加坡成为"一带一路"沿线各国中中国直接投资最多的国家，但对俄罗斯投资存量占比仍占第一位，为11.68%，对新加坡投

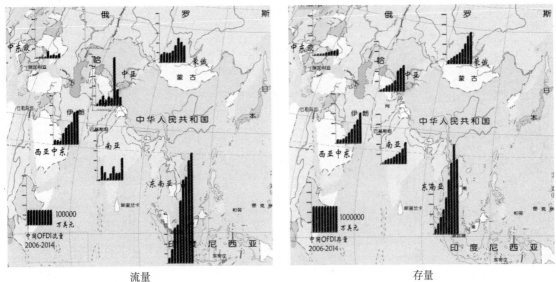

图 18-1   2006~2014 年中国对"一带一路"各板块对外直接投资流量（左）和存量（右）

资料来源：《中国对外直接投资统计公报》、中国商务部网站。

资存量则未在前 12 位国家之内；2006 年西亚中东地区的沙特阿拉伯在流量（9.83%）和存量（5.25%）方面都位于前 12 位国家之内，但 2014 年流量（1.35%）和存量（2.67%）均掉出该行列；中国对柬埔寨等东南亚国家和巴基斯坦、印度等南亚国家的直接投资增长迅速，其中对柬埔寨直接投资流量和存量分别由 2006 年的 0.82%、1.99% 上升至 3.21%、4.33%，并在 2014 年跻身流量和存量前 12 位国家之内。对印度的直接投资存量占比从 2006 年的 0.5% 上升至 2014 年的 4.58%。2006~2012 年中国对东帝汶的直接投资（流量）一直为 0，但 2013 年和 2014 年分别达到

了 160 万美元和 973 万美元；由于中国对哈萨克斯坦的直接投资量占对整个中亚板块投资量的 70% 以上，所以中国对哈萨克斯坦的投资直接影响着对中亚板块的投资，且中国对其（或中亚）的投资极不稳定。2006 年中国对土库曼斯坦的直接投资（流量）基本为 0，但 2014 年达到了 1.95 亿美元；由于中东欧板块市场长期受德国、法国、俄罗斯等国的控制，没有一个国家进入流量或存量的前 12 位，且其中的斯洛文尼亚、马其顿、爱沙尼亚、拉脱维亚等国自 2006 年以来基本没有中国 OFDI 流入。

表 18-2   2006 年和 2014 年中国对"一带一路"沿线直接投资占比前 12 位的国家

年份	流量			存量		
	国家	板块	比例（%）	国家	板块	比例（%）
2006	俄罗斯	蒙俄	37.91	俄罗斯	蒙俄	17.89
	新加坡	东南亚	11.08	新加坡	东南亚	9.00
	沙特阿拉伯	西亚中东	9.83	伊拉克	西亚中东	8.39
	蒙古	蒙俄	6.91	蒙古	蒙俄	6.05
	伊朗	西亚中东	5.52	哈萨克斯坦	中亚	5.31
	印度尼西亚	东南亚	4.77	沙特阿拉伯	西亚中东	5.25
	老挝	东南亚	4.03	越南	东南亚	4.88
	哈萨克斯坦	中亚	3.86	泰国	东南亚	4.48
	越南	东南亚	3.65	印度尼西亚	东南亚	4.34
	阿联酋	西亚中东	2.36	马来西亚	东南亚	3.79
	吉尔吉斯斯坦	中亚	2.32	缅甸	东南亚	3.14
	阿曼	西亚中东	2.24	巴基斯坦	南亚	2.85

续表

年份	流量			存量		
2014	新加坡	东南亚	20.61	俄罗斯	蒙俄	11.68
	印度尼西亚	东南亚	9.31	哈萨克斯坦	中亚	10.13
	老挝	东南亚	7.52	印度尼西亚	东南亚	9.12
	巴基斯坦	南亚	7.43	老挝	东南亚	6.03
	泰国	东南亚	6.15	缅甸	东南亚	5.27
	阿联酋	西亚中东	5.17	蒙古	蒙俄	5.05
	俄罗斯	蒙俄	4.64	巴基斯坦	南亚	5.02
	伊朗	西亚中东	4.34	伊朗	西亚中东	4.68
	马来西亚	东南亚	3.82	印度	南亚	4.58
	蒙古	蒙俄	3.68	柬埔寨	东南亚	4.33
	柬埔寨	东南亚	3.21	泰国	东南亚	4.14
	缅甸	东南亚	2.51	越南	东南亚	3.85

资料来源:《中国对外直接投资统计公报》、中国商务部网站。

2. 主要投资动机

中国对"一带一路"沿线国家的投资,除了会受益于贸易成本的直接减少和本国贸易结构的明显优化之外,中国对发达国家的逆梯度投资所产生的技术外溢效应对国内技术进步有着较强的促进作用;而对发展中国家的顺梯度投资所带来的传统产业转移可以有效减轻中国产能过剩的问题。英国学者约翰·邓宁曾将跨国经营的动因归纳为四种类型:市场寻求型、资源寻求型、效率寻求型和战略资产寻求型。下面就中国对"一带一路"沿线国家的直接投资从上述四种类型进行分析。

(1)市场寻求型。这是在"一带一路"战略下最直观的投资动机。目前,持续的产能过剩现象是中国工业发展的最大难题,而产能过剩产业又往往是中国的传统优势产业,通过对具有较强相关需求的国家进行投资以克服国内市场饱和是化解国内产能的最直接方法,也是优势产业"走出去"的最直接途径。与此同时,"一带一路"沿线有着巨大的市场规模,其经济总量约占全球经济总量的29%,且沿线国家大多是新兴经济体和发展中国家,这些国家普遍处于上升期,交通、电力等基础设施落后,这为中国产能的向外转移提供了巨大的空间,钢铁、水泥、平板玻璃等传统制造业和电力、高铁等优势产业将可以到资源条件好、市场潜力大的国家或地区投资建厂,有

序开展国际产能合作,在优先满足当地市场需求的前提下,向周边国家辐射。例如,东南亚国家有超过1/5的人口仍缺乏电力供应,而中国对东南亚地区的投资中电力产业所占比例最高,约为17%,不少中国企业在东南亚地区投资该行业,如东方电气股份有限公司承建印度尼西亚龙湾燃煤电站、华电集团在柬埔寨和印度尼西亚等地开展水电建设项目等。随着"一带一路"沿线国家基建等需求的不断加强,以市场寻求为投资动机的企业也会进一步跟进,由此所释放的投资潜力将会极其庞大。

(2)资源寻求型。根据世界银行预测,到2035年,中国能源需求将占世界能源需求的24%,能源需求增量将占世界能源需求增量的38.5%。[①] 而资源寻求型 OFDI 则可以满足中国所需的资源能源需求,还能带动国内机械设备、零部件和资本品等出口。东南亚诸多国家矿产资源丰富,中国对该地区采矿业的投资存量占中国对其总投资的15%左右,同时印度尼西亚和马来西亚天然气储量也很大,南亚很多国家如印度也有着丰富的能源和矿产资源,中亚地区(尤其是哈萨克斯坦)、西亚中东地区(如沙特阿拉伯、伊朗等国家)则油气资源丰富。这些国家将成为中国能源企业对外直接投资的重要地区。例如,2013年底中石化国际石油工程公司沙特分公司与沙特阿美公司签订11部70D钻机服务合同,成为中

① 资料来源:《中国对外投资合作发展报告 2015》,中国商务部网站。

石化石油工程海外最大钻井项目。

（3）效率寻求型。近年来，随着中国劳动力、土地等要素成本的不断攀升，中国在劳动密集型领域的竞争优势正在逐步丧失，这迫使中国劳动密集型企业不断向成本相对较低的国家进行转移，如"一带一路"沿线的尼泊尔、柬埔寨、越南等国，对于中国而言，通过这些边际产业的转移，在必须寻找新的竞争优势的压力下，国内生产要素会向着新兴产业和高技术产业集聚，使中国制造业不断向全球价值链的高端推进，达到产业升级的目的。例如，中柬两国的合作项目——柬埔寨西哈努克港经济特区便主要以纺织服装、五金机械、轻工家电等为主导产业。中越两国的合作项目——越南龙江工业园也主要以轻工、纺织、建材等劳动密集型产业为主。据不完全统计，截至2014年底，中国纺织服装企业在境外设立企业802家，累计对外直接投资存量40.1亿美元。

（4）战略资产寻求型。中国国内产业竞争的激化迫使学习能力较强的企业通过"逆流投资"来获得差异化生产能力。"一带一路"沿线国家中不乏某些产业技术竞争力比中国高的国家，如新加坡及部分中东欧的发达国家，对这些国家的对外投资应更多地瞄准它们的技术和品牌。如此一来，中国企业可以通过反向技术溢出效应，来获取更高的科研创新能力，以提高自身的生产效率和国际竞争实力。例如，新加坡以服务业为发展重心，但其电子、生物制药和航空航天等制造业的竞争力也不弱，中国对新加坡电子资讯、精密仪器、生物制药等高新技术产业的投资，可以充分发挥学习型投资的经济效应，带动中国技术密集型产业的发展，同时这些发达国家往往有着相对发达的金融市场，政府往往也会给高新技术发展以力度更大的政策和资金支持，对这些国家的投资还可以克服中国中小企业融资难、配套体系差等一系列问题。例如，2013年底，中国海特高新宣布投资9530万新元在新加坡建设航空培训中心，旨在成为新加坡最大的飞行员培训中心。

三、行业特征与投资方式

1. 行业特征

在"一带一路"战略背景之下，中国企业对沿线某个国家的直接投资可能基于多种动机，并涉及多种行业，投资成功的关键是企业要找准向这些国家直接投资的利益契合点，在此基础上既实现自身的海外生产布局优化，又符合东道国的诉求和偏好，达到产能合作的良好局面。

重点项目以基础设施为先导。基础设施互联互通是"一带一路"建设的优先领域，也是最佳切入点。从内涵上讲，基础设施首先包括铁路、公路、航空、水运、桥梁隧道、港口等交通运输项目，同时还包括石油、天然气、电力等能源动力项目、建筑项目、环保项目以及邮电通信项目。"一带一路"建设所规划的中蒙俄、新亚欧大陆桥、中国—中亚—西亚、中国—中南半岛、中巴和孟中印缅六大经济合作走廊将首先带动以交通运输为重点的海陆通道建设，"一带一路"沿线国家所具有的要素资源禀赋也会带动能源动力项目成为优先突破领域。自"一带一路"战略提出以来，中国企业对沿线多国进行了以项目为依托的投资，截至2016年8月5日，在中国拟在建项目网中共收录了584个"一带一路"重点项目，其中中国企业对沿线国家的重点投资项目200个（如表18-3所示）。在这200个重点项目中，基础设施建设项目占比84%，其中电力项目（主要有火电、电网和水电）59个，交通运输项目（主要有轨道交通、公路和水运）48个，建筑项目（主要有社会事业和居住、商用建筑）31个，能源资源项目（主要有石油、天然气和黑色金属）21个，同时还有环保水利项目8个，通信项目1个。除了基础设施建设项目外，还有工业生产项目（园区建设占比50%）30个和休闲旅游等其他项目两个。过去几十年，中国在基础设施方面已经形成了非常有竞争力的建设能力，这些项目不仅可以成为"一带一路"战略推进初期中国资本、中国企业和中国产能"走出去"的有效载体，还可以促进"一带一路"沿线国家的产业发展和经济结构调整，创造需求和就业机会，使中国和合作国家在互利共赢的基础之上更加深入合作，构建多层次的互联互通网络。

表 18-3 中国对"一带一路"沿线直接投资重点项目分类

大类	细分	数量	举例	中方角色
电力 (59)	水电	9	科哈拉水电站项目	中国水利电力对外公司将采取 BOOT 模式建设该电站
	火电	25	老挝华潘煤电一体化项目	中国水利电力对外公司以 BOT 投资模式开发
	电网	14	沙特奥莱祖发变电站项目	山东三建 EPC 总承包
	太阳能发电	4	孟加拉 20MWp 太阳能光伏电站项目	西北电建 EPC 总承包
	风能发电等	7	印度安得拉邦 500 万千瓦清洁能源合作项目	三一集团与国家电力投资集团、印度安得拉邦政府签署该项目合同
交通 (48)	公路	13	苏库尔—木尔坦公路项目	中国进出口银行提供贷款支持
	机场	1	巴基斯坦伊斯兰堡国际新机场航站楼扩建升级项目	中国建筑牵头的联合体 EPC 总承包
	水运	11	迪拜运河二期项目	中建中东公司承建
	桥梁隧道	5	缅甸诺昌卡河水电项目同心桥项目	云南能投对外能源开发有限公司与缅甸成立联营公司建设
	轨道交通	17	新加坡地铁汤森—东海岸线项目 T310、T305 标段	上海隧道股份城建国际承建
	配套设施	1	马来西亚关丹深水港防波堤项目	中国港湾与马来西亚 IJM 公司组建的联营体承建
通信 (1)	通信	1	喀麦隆—巴西跨大西洋海缆系统项目	喀麦隆电信和中国联通投资，华为海洋承建
建筑 (31)	社会事业	10	巴拿马东方科技大学项目	中建美国南美公司承建
	建筑	21	阿尔及利亚奥兰 SHOPPING MALL 购物中心项目	中建阿尔及利亚公司承建
环保 水利 (8)	环保	5	印度尼西亚万丹电厂塔基地质灾害治理工程	中国能建中电工程中南院公司总承包建设
	水利	3	孟加拉国帕德玛水厂项目	由青岛水务集团建设公司承建原水及进场路段管线一期给水工程
其他 能源 资源 (21)	有色金属	5	吉尔吉斯斯坦伊斯坦贝尔德投资金矿项目	由灵宝黄金股份有限公司投资
	石油	7	伊拉克马季努恩油田 ME&I 项目	中国石油管道局与英荷壳牌公司共同出资建设
	煤炭	1	坦桑尼亚姆楚楚马和利甘加煤铁开发项目	四川宏达集团有限公司和坦桑国家开发公司共同出资设立坦桑—中国国际矿产资源有限公司，负责该项目的开发
	黑色金属	5	印度尼西亚广青镍业工程	中国三冶集团机装公司与印度尼西亚广青镍业有限公司签订合同
	天然气	3	巴基斯坦石油有限公司天然气处理厂升级项目	杰瑞集团 EPC 工程总承包
工业 生产 (30)	园区	15	柬埔寨西港特区（园区）建设项目	红豆集团等四家中国企业联合一家柬埔寨企业共同开发建设
	机械电子	3	海尔俄罗斯联邦鞑靼斯坦共和国冰箱制造基地	海尔投资
	水泥	4	哈萨克斯坦阿克托别 2500 吨/日水泥熟料生产线	华新水泥同哈政府签署项目投资协议
	化工医药	1	埃塞俄比亚默克莱市年产 6 万吨 PVC 树脂综合性生产厂项目	中国轻工业长沙工程有限公司与埃塞俄比亚 EFFORT 集团进行该总承包交钥匙合同项目签约
	其他	7	中工国际沙特轮胎厂项目	中工国际公司与沙特高级轮胎厂签署该项目合同
其他 (2)	—	2	柬埔寨金银湾国际旅游度假开发区项目	中国国旅集团、中国民生投资股份公司等十多家投资公司参与

资料来源：中国拟在建项目网。

投资领域有待进一步拓宽，向多层次结构推进。如表 18-3 所示，除了基础设施建设外，中国与"一带一路"沿线国家合作的其他项目仅占 16%，而且一些项目虽然名为工业园区，实际上也在很大程度上与基建有关，但这并不意味着中国与沿线国家可以合作的领域只有基础设施建设。根据国家发布的"一带一路"总体布局，"一带一路"的核心产业体系包括汽车产业、高新技术产业、高端装备产业、现代服务业、金融业五个主要领域，其中高新技术产业包括高端医药、医疗器械、显示光电、智能终端及新光源等产业，现代服务业则包含物流、会展、教育、医疗、商贸等行业。不仅如此，很多地方政府或企业提出的"一带一路"项目构想也涵盖了多个领域。例如，江西省出台的《参与丝绸之路经济带和21世纪海上丝绸之路建设实施方案》中包含的领域有稀土资源、航空制造、汽车、光伏、电子信息、家具、绿色食品和生态旅游等。可以看出，不管是出于市场寻求、效率寻求还是战略资产寻求动机，中国都有着向沿线国家投资的意愿。而同时"一带一路"沿线国家在很多领域都存在着很大的需求，并非仅在基础设施方面，因为一个国家欠发达往往是全方位的，甚至有些国家在长期混战之后，百废待兴，在大部分领域或行业都有着合作的需求。"一带一路"战略所涉及的基础设施项目金额大、投资回报期限长、在某些国家和地区还存在着很大的政治风险，这就需要其他领域的一些项目顺势跟进，以平衡长短期收益，分散风险，达到战略合作的可持续性。因此，在基础设施建设的先导下，发展战略对接的进一步深入则应该在于扩大中国与沿线国家在更多的行业或特定行业上下游间的投资范围，以此形成与中国投资动机相匹配的多层次对外投资结构。

2. 投资合作方式选择

随着中国与其他沿线国家投资合作的不断深化，中国企业进入东道国的方式也日益多样化和复杂化。不同的对外直接投资方式意味着从投资合作中获取的收益不同，也代表着不同的国际化程度以及所要承担的风险不同。综合来看已开展的合作项目：

多行业新建或并购。在"一带一路"建设的推动下，依托优势产业，中国企业纷纷开拓海外市场，结合资源供给或市场需求就地新建一些项目或企业，是中国企业对外直接投资的最传统方式，也是目前中国企业对其他沿线国家直接投资的最主要形式。例如，钢铁行业的对外投资大多数集中在上游矿产资源开发环节，除了新建的项目外，以鞍钢、首钢为代表的龙头企业，均在马来西亚等铁矿石资源丰富的地区建立了资源基地；

"中国买家"也在迅速崛起，跨国并购成为中国企业借助"一带一路"平台实现国际化的一种有效途径，平台所创造的良好海外环境激发了中国企业海外并购的热情。2014年中国大陆企业海外并购交易数量较2013年增长近1/3，达到创纪录的246起，同时海外并购交易金额达到550亿美元，仅次于2012年579亿美元的历史峰值。[①]例如，在"一带一路"建设进程中，2013年底，河北钢铁集团收购并全面接管南非PMC公司，这使河北钢铁集团成为第一大股东，成功掌控了一个成熟运营的境外矿山项目；2016年3月，中化集团通过子公司中化国际，收购世界橡胶巨头之一的新加坡Halcyon公司等。随着并购审批程序简化、金融支持力度加大等"一带一路"各项配套措施的出台和落地，会进一步带动企业"出海"。

基础设施行业建营一体化。以往中国企业参与国际基础设施建设的主要业务是施工总承包或EPC总承包，这使自己处于基础设施和产能合作价值链的低端，收益微薄。但一方面，随着中国基础设施建设能力的提升，尤其在电力、电信、铁路、港口等行业，中国企业拥有了从技术标准和技术专利到制造、建设再到运营管理能力等全产业链的综合竞争优势，有能力满足相关国家基础设施建设所需的资金、技术、装备、建设、运营和维护等多方面的需求。[②]另一方面，随着EPC项目的增多，项目融资等很多现实问题就摆在项目发包方面前，以授予特许经营权为条件，由中国企业负责融资、建设、运营，并在特许期内获得收益的项目建设模式（即建营一体化）开始被应用，加之交通、电力等领域EPC项目技术复杂程度高，项目运营需要调试和磨合期，也使工程建设者全面参与到项目早期运营之中成为必要。在"一带一路"推进的很多项目中，中国企业都作为项目承包商，参与到了项目建成后的营运环节，从目前来看，这一点在电力行业表现得尤为突出，在很多行业仍采用EPC总承包的情况下，中国电力企业参与"一带一路"沿线国家市场的方式越来越多，如BOT（建设—运营—移交）、BOO（建设—拥有—运营）、BOOT（建设—拥有—运营—移

① 普华永道：《2015年第一季度中国大陆企业海外并购市场回顾与前瞻》。
② 《中国对外投资合作发展报告2015》，中国商务部网站。

交）PPP（公私合营）等，建营一体化成为国际承包商开拓市场和提升地位的重要方式。

加工制造类行业设立境外经贸合作区。境外经贸合作区契合东道国经济和产业发展诉求，是中国企业"走出去"的有效平台。合作区旨在东道国构建产业集聚条件，因此有利于推动中国企业抱团出海，促进中国企业发挥产业集聚优势，维护中国企业合法权益，营造良好的区域投资环境，弥补中国加工制造类"走出去"企业规模小、经验少和国际竞争力不足等的劣势，同时还能增加东道国就业和税收，扩大出口创汇，提升其技术和园区管理水平，实现中国与东道国的互利双赢。据商务部统计，截至 2015 年 11 月底，中国企业正在"一带一路"沿线国家建设 53 个境外经贸合作区，占全球 75 个合作区的 70.7%。这些合作区涉及有色、轻纺、服装、汽配、建材、家电等各种优势加工制造业类产业，建区企业累计投资 179.5 亿美元；入区企业 1151 家，累计投资 109.9 亿美元；合作区累计总产值 419.3 亿美元，上缴东道国税费 14.1 亿美元，为当地创造了 15.3 万个就业机会，合作区建设一度成为"一带一路"战略推进的一大亮点。

四、国际产能合作的实施机制：中国 OFDI 视角

近年来，中国对其他"一带一路"沿线国家直接投资增速较快，这有利于打造中国与这些国家的利益共同体和命运共同体。但 OFDI 增长越快就越应该意识到："一带一路"沿线国家经济发展水平差异巨大，很多国家市场经济体制不成熟，跨境投资合作机制不健全，且部分国家本身就属于高风险区域。这制约着中国与沿线国家投资合作的深度和广度，同时也要求中国企业在投资合作过程中具有高度的警惕性。

中国全球投资追踪数据库显示，2005~2015年上半年，中国企业在沿线国家中累计有 43 个合计 768 亿美元的投资失败项目，其中大型工业项目的数量与金额分别占 88.37% 和 74.93%。从国家层面来看，西亚中东的伊朗（在工业投资和能源项目投资失败中占比均最高）、叙利亚，南亚的阿富汗（在金属矿产资源投资失败中占比最高），东南亚的缅甸（在电力投资失败中占比最高）、越南（在建筑投资失败中占比最高）等国投资失败占比较高，这与区域不稳定有着直接的关系，东道国政局动荡会直接破坏招商引资政策的连续性，给在建项目或拟建项目及中国企业带来很多不确定性因素和不利影响，也与东道国不完善的营商政策体系和不健全的法律制度有关系，同时还与中国企业行为不规范，经验少，没有做出充分的投资环境评估有关；从行业层面来看，能源行业投资失败事件的出现最为频繁，基本上每年都有，金属矿石和交通行业投资失败的频率也较高，因此，投资项目所在的行业也是决定投资是否遭受阻力的关键因素。能源、资源、电信等基础设施建设在全球都是敏感且高风险的行业，但其又是"一带一路"战略推进的重要组成部分之一，这一点似乎加剧了有些国家对中国企业进行海外投资目的的猜忌和质疑。正如前文所述，基础设施互联互通是"一带一路"战略的切入点，但中国与沿线国家的合作绝不仅仅局限于此，随着战略的逐步推进，如何顺畅地将投资领域全面铺开，完成海外资产结构多元化是中国企业也要着重考虑的问题。为此：

要提高投资便利化程度，从国别和行业两维度释放投资潜力。也就是说，继续深化投资体制改革，尽快将与"一带一路"投资便利有关的配套措施或政策落地，为中国企业境外投资创造有利环境；推动中国与沿线国家商签或修订双边或多边投资协定，尝试建立政府间便利化政策的长效沟通机制，使双边共同制定有关投资便利化的措施；加强和完善中国对外直接投资信息服务系统，尝试建立海外投资信息中心，降低由于信息不对称所造成的投资障碍；在投资便利的基础上，扩大对中东欧地区的直接投资。中东欧是中国陆路产品由亚洲进入欧洲的重要门户，很多国家经济发展水平较高，可与中国形成明显的产业或产品内互补，满足中国战略资产寻求型投资动机，

因此，要加快推进中国与中东欧地区的基础设施连通，以现有的贸易发展来带动中国对中东欧地区的直接投资，从国别维度来释放"一带一路"所带来的投资潜力；以"共享"为原则，加快中国企业在境外的资源合作开发，在深化传统的基础建设领域的基础上，对接《中国制造2025》，并与相关国家的发展规划紧密衔接，积极推进双边在科技研发、高端装备、智能制造、信息传输等高技术产业的投资合作，从行业维度来释放"一带一路"所带来的投资潜力。

要约束与激励机制并重，提高中国企业海外投资能力。企业对外投资涉及的问题多、领域广，需要国家在宏观层面给予引导。在下一步"一带一路"战略的推进中，要继续推动跨国并购、建营一体化、境外经贸合作区建设等多种跨国投资合作方式，并定期组织中国企业进行有关各种投资方式的实务和法律培训，企业也要注重培养完备的熟悉国际市场分析、法律法规、投融资管理、项目管理的人才队伍，使企业提高自身的海外投资竞争力；在金融、税收等多领域鼓励企业创新投资合作方式，引导企业加强对供应链、销售渠道、金融资本的控制，并不断出台新的投资促进措施；对有发展潜力的中小企业参与"一带一路"国家的投资进行扶持，调动中小企业的投资积极性；同时，中国政府还要采取规范措施来约束企业的海外经营行为，设立企业合法合规经营的监管措施和奖惩机制，完善并实施符合当地要求的企业社会责任，提高企业的规范投资意识。

还要防范非经济风险，并且注重事后处理，建立多元化国际投资争端解决途径。政治风险、社会风险及环境风险等将伴随着"一带一路"战略的实施并长期存在，深化中国企业对"一带一路"沿线国家的国情认识是投资成功的前提条件，在此基础上对国外投资环境进行全面评估，以规避那些投资风险较高的国家或行业；中国企业要注重要素本土化程度，针对不同国家的特点，采取与之相适应的投资模式和投资策略，雇佣吸收优质的东道国人才，并重视与当地有实力的企业或国际上经验丰富的投资公司等合作；建立中国对外投资国家风险评级、预警和管理体系，为企业降低海外投资风险提供事前参考，还要建立海外投资风险基金或保险制度，为企业遭遇海外投资风险提供事后补偿；丝绸之路在古代便是各民族相争之地，现在依然如此，除了要防范东道国所具有的非经济风险，还要防范"一带一路"战略与国际其他战略之间的冲突，如美国提出的"新丝绸之路"、日本的"丝绸之路"外交战略等，这些难免会引起各国和地区的投资争端，因此，要完善中国海外投资利益保护机制，建立多元化国际投资争端解决机制，综合运用政治、经济和军事等各种手段维护中国企业的海外权益，避免本国投资者利益无辜受损失。

参考文献

[1] 黄群慧、韵江、李芳芳：《工业化蓝皮书："一带一路"沿线国家工业化进程报告》，社会科学文献出版社，2015年版。

[2] 徐长春：《国际产能合作方向及风险防范对策》，《中国经济分析与展望（2015~2016）会议论文集》，2016年。

[3] 刘宏：《中国对外直接投资的现状、特征与问题》，《海外投资与出口信贷》2016年第1期。

[4] 李春顶：《出口贸易、FDI与我国企业的国际化路径选择——新—新贸易理论模型扩展及我国分行业企业数据的实证研究》，《南开经济研究》2009年第2期。

[5] 张应武：《对外直接投资与贸易的关系：互补或替代》，《国际贸易问题》2007年第6期。

[6] 郑蕾、刘志高：《中国对"一带一路"沿线直接投资空间格局》，《地理科学进展》2015年第34卷第5期。

[7] 陈俊聪、黄繁华：《对外直接投资与贸易结构优化》，《国际贸易问题》2014年第3期。

[8] 方旗旎：《"一带一路"战略下中国企业对沿线国家工业投资特征与风险》，《宁夏社会科学》2016年第5期。

第十九章　对外经贸发展与结构变化

提　要

当前，世界经济尚未完全走出金融危机后的深度调整阶段，外需持续低迷、系统性风险增大给全球贸易发展带来了前所未有的挑战。面对严峻复杂的国际经济形势，进入经济"新常态"，我国传统比较优势不断弱化，进出口下行压力凸显，利用外资以及投资合作出现了一些新情况、新问题，但总体来看，对外经贸发展的基本面没有改变，中国仍是世界经济和国际贸易发展的主要推动者。新形势下，要深入贯彻落实党的十八届五中全会提出的开发发展新理念，着力推动主动、双向、公平、全面、共赢、高质量的新一轮对外开放，加快构建对外开放新格局，积极争取特定范围内的代表权以及全球治理议题倡导等制度性话语权，重塑全球价值链规则体系。推进对外经贸供给侧结构性改革，巩固传统优势，形成新的发展动能，实现对外经贸发展回稳向好和转型提质，不断向贸易强国目标扎实迈进。

*　　　　　　　*　　　　　　　*

中国出口增长取得的实绩是过去 30 余年国际贸易发展最引人瞩目的成就。随着经济总量扩大和开放进程提速，中国与全球经济的互动关系得以强化。中国经济进入"新常态"后，国内经济增速放缓，对外贸易下滑，但在全球经济仍处于国际金融危机后深度调整、艰难复苏阶段的情况下，保持长期向好基本面的中国经济依然是世界经济增长的主要动力。加快构建对外开放新格局，推动对外经贸领域供给侧结构性改革，将促使中国经济对全球经济增长继续发挥"稳定之锚"的重要作用。

一、对外经贸发展新态势及主要问题

1. 进出口增速下滑，贸易结构出现新变化

受全球贸易及国内宏观经济形势的共同影响，我国对外贸易增速回落，进出口持续下行。2015年，货物进出口总额下降 7.0%（按人民币计）（见图 19-1）。进入 2016 年，进出口增速下滑态势进一步加剧。据海关初步统计，2016 年 1~5月，全国进出口总值 9.16 万亿元，同比（下同）下降 3.2%。按美元计，同比降幅高达 8.6%。在进出口增速逐步降低的情况下，贸易部门与 GDP 的增速不断拉开差距（见图 19-2）。这表明"三驾马车"中的出口已经严重萎缩，净出口对中国经济增长的贡献逐步缩小，而且很难再现 2005年前后对 GDP 贡献度高达 20% 左右的水平，中国经济增长必须直面动力转换的现实压力。

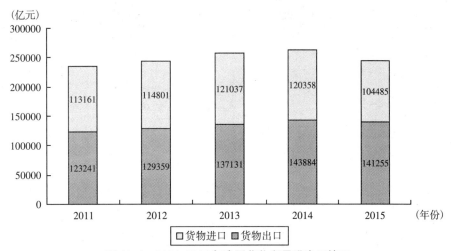

图 19-1　2011~2015 年我国货物贸易进出口情况

资料来源：《2015 年国民经济与社会发展统计公报》。

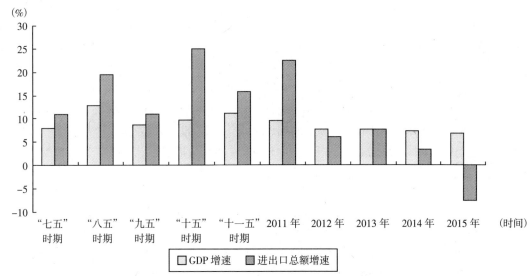

图 19-2　1991~2015 年中国 GDP 与进出口总额增速变化

资料来源：1991~2014 年 GDP 数据来自《中国统计年鉴》相关年份，进出口数据来自海关统计；2015 年数据来自国家统计局和海关网站。

进出口规模收缩的同时，我国贸易结构出现了一些新变化。从贸易方式结构来看，一般贸易出口快于加工贸易的态势得以延续。近年来，不仅传统劳动密集产品出口加工订单流失严重，难以逆转，而且包括智能手机、笔记本电脑、平板电脑在内的电子通信产品加工制造等技术密集型行业的外资企业也逐步将产能向越南、印度等国家和地区转移。2015 年，我国加工贸易出口下滑 8.8%，增速低于一般贸易出口 10.9 个百分点（见表 19-1）。据商务部统计，2016 年 5 月，我国加工贸易进出口下降 7.5%，已连续 15 个月负增长。中西部地区吸收加工贸易转移效果有待提升，加工贸易在对外贸易方式中的地位持续弱化。

表 19-1　2015 年货物进出口总额及其增长速度

指　标	金额（亿元）	同比增长（%）
货物进出口总额	245741	−7.0
货物出口额	141255	−1.8
其中：一般贸易	75456	2.1
加工贸易	49553	−8.8
其中：机电产品	81421	1.1
高新技术产品	40737	0.4
货物进口额	104485	−13.2
其中：一般贸易	57323	−15.9
加工贸易	27772	−13.7
其中：机电产品	50111	−4.5
高新技术产品	34073	0.6
货物进出口差额（出口减进口）	36770	—

资料来源：海关统计。

从进出口市场分布来看，2015 年我国对欧盟、日本出口表现欠佳（见表 19-2）。2016 年 1~5 月，我国对美、欧、日、中国香港传统市场的出口则好于整体水平。值得注意的是，2015 年 12 月以来，中国内地由中国香港货物进口多个月份出现"超常"增长。其中，2016 年 5 月中国内地自中国香港地区进口增幅达到 242.6%。这种现象再度引发对"虚假贸易"以及由此造成的资本外逃的普遍担忧。实际上，中国外汇储备减少已非一朝一夕之势。2016 年 6 月央行发布的外汇储备数据显示，在贸易顺差略有扩大的情况下，2016 年 5 月外汇储备继续收窄至 3.19 万亿美元，为 2012 年以来的最低水平。中国内地与中国香港地区之间的贸易数据异常变化既有利用利差的套利行为，抑或在一定程度上反映出虚假贸易掩盖下的资本外逃[①]。

表 19-2　2015 年主要国家和地区货物进出口额及其增长速度

国家和地区	出口额（亿元）	比 2014 年增长（%）	进口额（亿元）	比 2014 年增长（%）
欧盟	22096	−3.0	12985	−13.6
美国	25425	4.5	9238	−5.4
东盟	17221	3.1	12097	−5.4
中国香港	20589	−7.7	797	2.8
日本	8424	−8.3	8881	−11.4
韩国	6291	2.1	10847	−7.1
中国台湾	2785	−2.0	8904	−4.6
印度	3612	8.5	831	−17.2
俄罗斯	2161	−34.5	2066	−19.1

资料来源：海外统计。

在商品结构方面，"十二五"时期，机电产品和高新技术产品的出口占比"稳中略降"。2015 年，机电产品和高新技术产品出口额占出口总额的比重分别比 2010 年下降 1.6 个百分点和 2.4 个百分点。这种情况与 2008 年国际金融危机爆发初期相似。由于国际市场上劳动密集型产品具有较

---

① 虚假贸易是指进出口买卖双方并未发生真实交易，而是虚构贸易合同、发票等相关票据资料，通过银行或其他渠道将资金汇入或汇出国境。针对近期中国内地中国自香港地区进口数据大幅波动的情况，商务部表示，由于中国内地与中国香港地区之间存在利差、汇差，不能排除少数企业通过货物贸易实现人民币或外汇的跨境反复进出，以套取利差或汇差。

强的需求刚性，因而在总需求低迷的状况下，劳动密集型产品出口往往会好于机电产品，而我国劳动密集型产品出口下降幅度相对较小，在一定程度上也是传统产业转型升级、提质提价的结果。2016 年 1~5 月，玩具、塑料制品、纺织品和服装等 7 大类劳动密集型产品出口同比增长 2.0%，机电和高新技术产品出口则分别下降 0.8% 和 2.8%，机电产品和高新技术产品合计拉低整体出口 1.2 个百分点。同时，受大宗商品国际市场行情持续走低的影响，我国原油、成品油、大豆、天然气、铜矿砂、铜材和纸浆等主要进口商品普遍"量升价跌"。而另一个引起高度关注的问题是，2015 年，在人民币贬值预期等因素作用下，国内商业银行基于避嫌、参与国际黄金定价等需求进口黄金，导致黄金进口增幅较大。因此，扣除黄金进口，2015 年我国货物进口降幅更为明显[1]。

从贸易主体结构变化看，民营企业对出口增量贡献进一步增大，国有企业进口由降转增。2016 年 1~5 月，民营企业出口增长 5.7%，在出口总额中占比提升至 46.9%，国有企业、外资企业出口分别下降 8.0% 和 7.8%。

另外从进出口地区结构来看，东中部地区进出口好于全国，西部地区进口增长较快。2015 年，东部地区出口下降 0.2%，好于全国水平，占出口总额的比重仍高达 84.2%。中部地区和西部地区出口则分别下降 6.7% 和 12.6%。

2. 利用外资总体平稳，制造业吸收外资占比持续下降

近年来，我国利用外资呈现"稳中有进、结构优化"的总体态势。根据联合国贸发会议 2016 年 6 月最新发布的《世界投资报告（2016）》，2015 年国际直接投资迎来了金融危机后最强劲的增长，全球 FDI 流入金额达到 17621.55 亿美元，较 2014 年增长 38.0%，创下自 2008 年以来的最大流量规模，但仍低于 2007 年 19022.44 亿美元的水平。相比全球 FDI 的快速恢复，中国利用外资增长相对平稳，吸收外资的全球排名由第一位降至第三位，FDI 存量仍居世界第四位[2]。另据商务部统计，2015 年全年新设立外商投资企业 26575 家（不含银行、证券、保险），同比增长 11.8%。实际使用外商直接投资金额 1263 亿美元，同比增长 6.4%。

同时，《世界投资报告（2016）》肯定了近年来中国吸收外资质量方面的积极进展，包括结构优化以及外资不断流向一些资本和技术密集型行业（如先进制造业）和高附加值领域（高端服务业），并认为"从全球比较看，贸发组织的调查显示，中国仍是最具吸引力的投资目的地之一。"[3] 然而，应该看到，受国际金融危机后国际直接投资波动以及国内宏观经济形势变化等因素的影响，我国利用外资相应进入了"新常态"，利用外资虽然仍有增量提质的空间，但也面临一些突出的"瓶颈"。在总体保持平稳的同时，利用外资出现了一些新问题。

（1）实体经济不振，加之国内企业竞争力提高和要素价格攀升，中国市场对外资的吸引力有所下降。其中，一些投资规模小、技术含量低、污染严重的劳动密集型加工类的外商投资企业在东部沿海地区已基本失去了生存空间。这尽管有利于优化外资结构，但外资集中撤离对部分地区传统支柱产业发展和就业形势的冲击较大。

（2）随着产业结构调整步伐加快，制造业吸收外资占比持续下降。目前，第二产业利用外资占比已由 21 世纪初的超过 70% 降至目前的 30% 左右，同期服务业利用外资所占比重快速上升。从图 19-3 可以看出，1993~2012 年的 20 年间，实体经济部门一直在吸收外资中占据首要位置。2013 年，第三产业利用外资反超第二产业。2015 年，制造业吸收外资占实际使用外资的比重下滑到 31.4%，仅约为服务业实际使用外资占比的一半（见表 19-3）。对于这种趋势变化，不应单纯理解为利用外资结构优化、质量提高。我国进入

---

① 2015 年多家商业银行进入我国一般贸易进口企业百强榜。据海关信息，银行采用企业临时编码，将外汇储备流入（黄金进口）纳入进口一般贸易统计。

②《世界投资报告（2016）》指出，鉴于流入全球排名第二位的香港（中国）的 FDI 以过境资本为主，可以认为中国吸收 FDI 位居世界第二位，仅次于美国。

③ UNCTAD, World Investment Report（2016），p.6.

工业化中后期，服务业吸收外资比重上升是必然趋势，但不论是从国家层面应对"工业 4.0"时代实体经济领域新一轮高层级的国际竞争，还是从地方经济发展的现实需要出发，制造业高质量外资及其蕴含的技术转让和技术溢出机会都不容忽视。《世界投资报告（2016）》的数据显示，2015年制造业仍是国际直接投资最活跃的领域，发达国家制造业回流促成了医药等制造领域的大规模跨国并购，而中国对外投资中制造业"走出去"也在提速，这与我国制造业吸收外资占比不断回落的局面形成了反差。目前，在一些中高端产品领域，越来越多的国内企业已成为发达国家企业的竞争对手，外资企业对与国内企业合资合作忌惮增多，加之不少地方政府出现"重服务轻工业"的新倾向，导致制造业项目储备减少，先进制造业吸引外资后劲不足。制造业是立国之本、强国之基。国家制定实施《中国制造 2025》，但却无引导外商投资企业参与其中的具体政策措施，制造业利用外资很难有所突破。

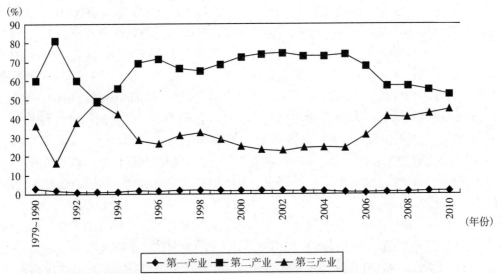

图 19-3　1979~2010 年外商直接投资产业构成的变化

注：三次产业实际使用外商投资额占当年全国实际使用外商投资总额的比重；2015 年第二产业实际使用外资额（不包括采矿业和建筑业实际使用外资额的数据）。

资料来源：2015 年数据来自《2015 年国民经济与社会发展统计公报》，其他年份数据来自《中国统计年鉴》相关年份。

表 19-3　2015 年外商直接投资（不含银行、证券、保险）及其增长速度

行　业	企业数（家）	比 2014 年增长（%）	实际使用金额（亿元）	比 2014 年增长（%）
总计	26575	11.8	7813.5	6.4
其中：农、林、牧、渔业	609	-15.3	94.8	1.3
制造业	4507	-13.0	2452.3	0.0
电力、燃气及水生产和供应业	264	26.9	139.4	3.1
交通运输、仓储和邮政业	449	19.4	259.7	-5.0
信息传输、计算机服务和软件业	1311	33.6	237.1	40.1
批发和零售业	9156	14.8	744.0	28.0
房地产业	387	-13.2	1789.8	-15.9
租赁和商务服务业	4465	12.7	623.3	-18.8
居民服务和其他服务业	217	19.9	44.4	0.8

资料来源：《2015 年国民经济与社会发展统计公报》。

（3）政策的连续性和稳定性成为影响投资环境的重要因素。随着国民待遇逐步落实，我国外商投资环境有改善，但一些地方也出现了扩大利用外资的动力不足、抓手不够等问题，投资软环境不佳，深化改革有阻力，简化行政管理有反复。部分外资政策调整出台缺乏扎实充分的论证，直接影响外商对中国投资环境的预期，加重其疑虑和观望情绪。如国务院虽然及时暂停了《关于清理规范税收等优惠政策的通知》（国发 62 号）实施，但此文件前后调整及其政策导向的重大变化，严重挫伤了外商对投资中国的信心，甚至被不少外商视为有悖中国政府的长期承诺，给外国投资者造成不受欢迎的错觉和误判，已经形成营商环境的硬伤。

（4）随着行政审批制度改革深化，外资项目改为备案制过程中，一些行政级别较低的部门政策把握不准，对大型外资项目的服务能力不足，导致部分高质量项目拖办、延办，直接影响项目落户。同时，在 GDP 导向的考核制度改革以及反腐高压下，一些地方政府招商引资积极性下降的现象的确存在，官员不作为导致部分外资项目运作受阻的问题不容回避。

（5）沿海地区外资向中西部转移面临诸多制约因素。相比东部沿海地区成本上涨、用地紧张、环境容量有限等引资压力，中西部地区工业化、城镇化发展滞后，更需要通过利用外资来推动发展，这些地区吸引外资仍有较大空间。尽管近年来中西部地区利用外资占比有所提高，但多地"腾笼换鸟"的实践表明，沿海地区外资向中西部地区转移并非顺理成章，水到渠成。从理论上讲，

劳动密集型产业梯度转移要遵循的一般规律（如运输半径、出海口距离等区位条件等）的制约。实际上，中西部地区吸引沿海地区外资转移的障碍集中体现在配套能力、要素吸引力、政策运用能力等方面。在用地指标、融资条件等方面，中西部地区很难真正享有差别化待遇。特别是国家实施"一带一路"战略以来，推动国际产能合作，"走出去"的政策支持力度比较大，一些原本在国外注册、借外资企业身份享受优惠政策的国内资本转而利用"走出去"扶持政策，纷纷迁至东南亚地区，而并未选择向中西部地区转移。除了个别亮点地区，总体来看，中西部地区承接沿海地区外资项目转移的效果并不理想。

随着我国经济持续快速增长，国内积累能力不断增强，国内投资成为拉动经济增长的主力军，外资在资本形成中的作用逐步下降，表现为 FDI 占全社会固定资产投资的比重在 20 世纪 90 年代中期达到高点之后（1995 年这一比值高达 15.65%），进入 21 世纪后持续快速回落，2010 年 FDI 占全社会固定资产投资的比重降至 2.84%，2015 年则仅为 1.42%（见图 19-4）。伴随着这一过程的一个值得关注的现象是，政府和企业对外资的追逐动力减弱，"外资"偏好出现弱化的迹象。特别是部分沿海发达地区的地方政府和开发区，在当地外资存量已经较大、优惠政策空间被压缩的情况下，设立了更为严格的"招商选资"标准。同时，随着国民待遇的落实，改革开放初期外商投资推动制度变革的环境发生了很大变化，

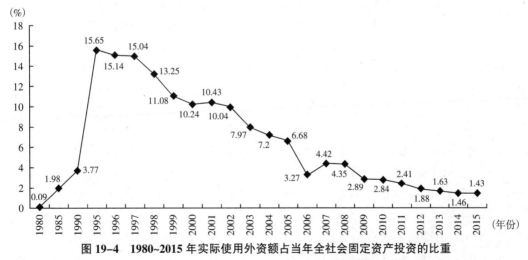

图 19-4 1980~2015 年实际使用外资额占当年全社会固定资产投资的比重

注：实际使用外资额 2015 年数据按人民币计，其他年份以美元计，按当年汇率折算为人民币。

资料来源：2015 年数据来自《2015 年国民经济与社会发展统计公报》，其他年份数据来自《中国统计年鉴》相关年份。

在日益开放完善的市场经济条件下，外商投资通过突破市场扭曲形成的制度创新效应式微。

利用外资是我国对外开放的核心内容之一。现阶段利用外资的外部环境和内部条件发生了显著变化。从宏观经济运行形势、市场前景、劳动力成本、产业配套能力以及基础设施条件等方面来看，我国利用外资总体环境不断优化，但受国际引资竞争和国内存量的影响，"十三五"时期利用外资的增长空间缩小，吸引外资的传统区位优势削弱。应该看到，面对"工业4.0"时代新工业革命带来的挑战机遇以及国内"大众创业、万众创新"催生的风险投资需求，外商投资所具备的多元化功能仍具有积极意义，利用外资也是供给侧结构性改革的重要抓手。对于中国这样走过赶超式、压缩式工业化道路的发展中大国，要想提高供给体系的质量和效率，必须全面提升包括劳动力、土地、资本、技术和制度在内各类要素的整体素质。通过吸收高质量的外资，有助于进一步强化竞争效应，挤出低水平产能。同时，有针对性地利用外资服务于"补短板"，尽快形成示范和学习效应，从而切实扩大有效供给，使供给体系更好地适应需求结构变化。

3. 中国企业"走出去"步伐加快，对外直接投资不断提速

国内生产成本上升以及东南亚等地基础设施和市场条件逐步成熟直接推动了我国产业海外转移和对外直接投资规模不断扩大（见图19-5）。来自《世界投资报告（2016）》的数据显示，2015年，中国FDI流出量为1276亿美元，同比增长4%。据商务部统计，2015年我国对外直接投资额（不含银行、证券、保险）为1180亿美元，同比增幅达到14.7%。

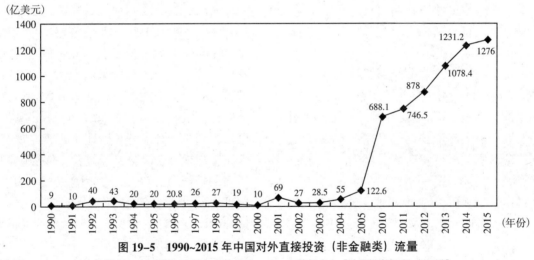

图 19-5 1990~2015 年中国对外直接投资（非金融类）流量

资料来源：1990~2014 年数据来自《中国统计年鉴》相关年份，2015 年数据来自《世界投资报告（2016）》。

从对外投资的产业结构来看，受国际矿业下行周期影响，一度引领对外直接投资的采矿业出现大幅下滑，2015年增速回落43.9%，而制造业以及信息传输、软件和信息技术服务业对外直接投资增幅则高达106.9%和240.0%，后者主要受增长基数影响，而制造业对外直接投资快速增长则反映出制造业产能加快向海外转移的态势（见表19-4）。在这种形势下，对中国实体经济潜存的空心化风险必须要有清醒的认识和高度的重视。同时，近年来国内产业转型升级取得积极进展，中国企业资本运作能力明显增强，在发达国家掀起了一波并购浪潮，成为一些发达国家的重要投资来源。另外，随着"一带一路"国家战略深入，我国对"一带一路"沿线国家的直接投资保持高速增长势头。据商务部统计，2015年我国对沿线国家直接投资额达148亿美元，同比增长18.2%。尽管在国际投资领域表现活跃，中国企业国际化进程仍处于起步阶段。据《世界投资报告（2016）》的数据，截至2015年，我国对外直接投资存量位居世界第10位，FDI输出存量仅为位居第一位的美国的1/6。

表 19-4 2015 年对外直接投资额（不含银行、证券、保险）及其增长速度

行　业	对外直接投资金额（亿美元）	比 2014 年增长（%）
总计	1180.2	14.7
其中：农、林、牧、渔业	20.5	17.8
采矿业	108.5	-43.9
制造业	143.3	105.9
电力、热力、燃气及水生产和供应业	27.9	51.6
建筑业	45.0	-35.9
批发和零售业	160.2	-7.2
交通运输、仓储和邮政业	30.9	5.5
信息传输、软件和信息技术服务业	57.8	240.0
房地产业	90.6	193.2
租赁和商务服务业	416.7	11.9

资料来源：商务部网站。

二、我国对外经贸发展面临的国际形势与外部环境

当前，国际经济合作和竞争格局正在加速演进，世界各国一方面需要携手应对发展问题和经济全球化进程中的各种挑战；另一方面，在抢占科技制高点、整合全球价值链、重构国际经贸规则等方面展开了激烈的竞争。我国已成为世界第二大经济体和世界经济增长重要引擎，势必需要肩负更多的国际责任，更好地回应各方面的期待。面对在世界经济和国际秩序中扮演的新角色，中国对外开放总体水平有待进一步提升，开放的理念和模式需要不断开拓创新。只有发展更高层次的开放型经济，才能主动把握世界经济格局嬗变蕴含的有利机遇，方可有效应对发达国家再工业化以及 TPP、TTIP 等高标准区域贸易协定谈判带来的各种挑战。

1. 世界经济进入"新平庸"，新兴经济体结构调整举步维艰

总体来看，世界经济延续着危机后"增长脆弱、分化加剧"的大势，折射出全球经济复苏之路崎岖艰辛。宏观指标的变化反映了全球经济恢复增长的基础仍不牢固。2016 年 6 月，世界银行发布最新《全球经济展望》，再度将本年度世界经济增速调低至 2.4%，低于 2016 年 1 月预期增速 0.5 个百分点（见图 19-6）。鉴于目前各国经济恢复缓慢而脆弱，国际货币基金组织指出，世界经济正处于持续低增长的"新平庸"状态，主要面临五大风险[①]：一是新兴市场经济体增长普遍放缓，中国经济正处于再平衡调整之中；二是随着美国退出异常宽松的货币政策，美元继续保持强势，有可能进一步升值，全球融资条件将会收紧。各国资本市场的联动效应放大；三是全球避险情绪可能突然增强，导致脆弱的新兴市场经济体货币持续贬值，带来严重的金融压力；四是一些地区地缘政治紧张局势有可能升级，从而损害全球贸易、金融和旅游业；五是大宗商品价格持续下跌进一步削弱主要生产国增长前景以及进口市场的活跃性，能源部门债务收益率上升可能导致更广泛的信贷条件趋紧。由于总体需求持续不振，2013~2015 年，全球贸易一改"二战"后延续几十年的大势，已连续 3 年出现增速低于同期世界 GDP 平均增速的情况，而危机引发的贸易保护主义余波不断，贸易摩擦此起彼伏。

尽管深陷结构性困境的新兴经济体，其增长

---

① IMF, World Economic Prospect Report, London, January, 2016.

表现与 21 世纪前 10 年已是今非昔比，但中国作为全球经济增长重要动力的角色仍在持续强化。在中国与世界经济的深入互动之中，一方面随着资源配置的国际化程度不断提高，中国经济增长对外部资源和国际市场的倚重增强；另一方面，全球经济增长中的"中国因素"进一步凸显，高速增长和日益开放的中国经济对世界经济增长的贡献和影响逐步增大。如今中国经济总量虽低于美国，但增量却保持世界第一。2015 年，在国际贸易低迷的情况下，中国出口增速虽然同样有所下降，但中国货物出口占世界货物出口总额的比重仍有所上升。据 WTO 初步统计，2015 年，中国出口占比上升约 1 个百分点，占世界货物出口总额的比重上升至 13.4%。

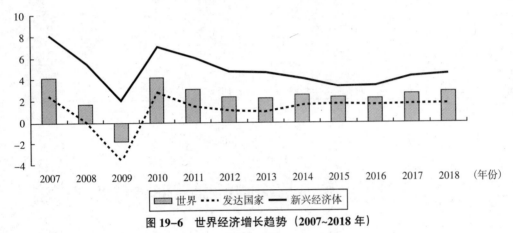

图 19-6　世界经济增长趋势（2007~2018 年）

资料来源：Worldbank, Global Economic Prospect, June, 2016, p.5.

2. 科技创新加快突破，推动国际分工持续深化

（1）发达国家重振实体经济推动全球新一轮科技创新。过去 20 余年中，由于 ICT 技术进入较为成熟的发展阶段，全球科技发展相对平缓。随着发达国家对实体经济新一轮密集投入的效果初步显现，深度学习（AI）、工业物联网、虚拟现实（VR）、可穿戴装备、3D 打印、无人驾驶汽车、石墨烯、基因测序（精准医疗）、量子通信、高端机器人、云服务等一批前沿技术走出实验室，相继步入产业化阶段。这些最前沿的领域在技术和硬件层面兼容互通，大多以大数据等超强计算功能及高性能传感器等智能硬件，集中体现了硬件技术研发的群体性突破。同时，新兴科技与应用层面结合更加紧密，产业化周期缩短，带动商业模式重构和消费升级的作用更为显著。

（2）数据成为全球价值链上配置的重要资源。大数据时代，谁掌握了优质的数据资产，谁就更有可能成为全球价值链的主导者。目前，谷歌、脸谱、亚马逊等互联网巨头均已储备了海量的数据资源，并正在加快将这些数据资产化的进程。数据资产决定了未来领军企业的战略选择和商业模式。在某种程度上，这些企业凭借数据资产优势，将会分流甚至取代 IBM 等传统巨头对全球价值链的掌控力，从而改变全球价值链上不同环节的战略性及其增值率。为应对大数据时代的挑战，传统跨国公司加紧布局新一轮转型。2016 年 6 月，IBM 宣布放弃标志着其由硬件设备制造商成功转型为企业软件公司，并曾为其带来丰厚收益的全球业务咨询（GBS）和技术服务（GTS）两大业务板块，而专注于发展为一家认知解决方案和云平台公司（CSCPC）。IBM 实力超群的研发团队还在人工智能、碳纳米管以及量子计算机等前沿科技领域加紧突破，以确保其未来 20~25 年在全球价值链上的领导地位。

（3）新兴产业全球价值链开启纵向整合。传统互联网公司不断向上游渗透，加入新型智能硬件设备和服务型制造等新兴领域的竞争，是发达国家产业竞争和新兴产业分工的另一种新趋势。一些掌握尖端技术的企业更加注重研发的内部化，充分利用在下游收集的客户和消费者偏好等信息，以便将附加值最高的环节牢牢控制在企业内部，进而带动了行业的深度综合整合。有别于 20 世纪 90 年代到 21 世纪前 10 年国际分工中产业内企业之间链条式的分工深化以及由大规模外包支撑的网络状一体化分工体系，当今新产业的分工触角进一步向企业内部伸展。应该看到，现阶段新兴产业的全球价值链尚未发育完全，产业链延展及分工仍带有碎片化的局限。因此，这种"合工"式的纵向整合，能否成为国际分工中不可逆转的态势，还仅仅是新兴产业全球竞争的阶段性表现，尚有待观察，但这一趋势对全球高端科技要素配置的影响不可忽视。在新工业革命下，中国依靠比较优势确立的制造业生产和出口规模优势有可能被进一步削弱，拉大在尖端领域与发达国家的差距。

3. 发达国家强化战略布局，意图主导国际竞争新格局

（1）发达国家立足自身优势，积极布局"工业4.0"时代的国家竞争。近年来，美国、德国、日本三国相继推出的国家战略。对于美国而言，部分制造业环节虽出现回流，但在中间品和终端产品制造环节，美国仍将在相当大程度上倚仗海外市场。从这一角度来看，以保障美国知识产权和供应链安全为核心动机的TPP对美国企业能够在全球获得安全、稳定、低成本、可持续且符合美国国内法规要求的配套具有重要意义，从而进一步巩固提升美国企业在未来大数据、高端传感器、物联网等新兴领域全球价值链的微观治理能力。德国的强势领域集中在高端装备和机器人，其率先推出"工业4.0"的目的在于掌控国际标准制定的话语权。"工业4.0"时代的国际竞争形势同样激发了日本强烈的紧迫感。日本确立了以机器人技术创新带动制造业、医疗、护理、农业、交通等领域结构变革的战略导向。尽管重点领域和政策工具存在差别，但发达国家通过实施"再工业化"战略及相应的产业政策，强化优势，弥补短板，占领"工业4.0"时代全球竞争的制高点。

（2）发展中国家参与国际分工和全球治理的能力有待提升。20世纪前10年，新兴经济体一度成为全球经济增长的新引擎，国际分工地位及其在全球治理中的话语权有所上升。然而，近年来结构性"瓶颈"和周期性矛盾共同考验着新兴经济体经济增长的前景。转型迟缓、系统性风险增大导致新兴经济体贸易和投资政策的利己主义与保护主义盛行，其开放进程一再受挫，为全球

化进程蒙上了一层阴影。而在前沿科技和新兴产业领域，发展中国家以资源禀赋和劳动力成本为核心的比较优势短期内很难找到对接新兴产业全球价值链的点位，新"数字鸿沟"将进一步挤压发展中国家企业参与全球价值链的空间。发展中国家即使凭借比较优势获得一定的分工红利，也很容易陷入价值链低端锁定。新兴经济体和发展中国家对外开放止步不前、甚至部分领域出现倒退的局面固然与其国内大选等短期性的政治因素有关，但导致新兴经济体与发达国家开放进程中这种差距的根本原因在于两者在创新开放理念、精准识别开放中的国家利益、掌控全球治理制度性话语权等方面的巨大能力差距。新兴经济体和发展中国家普遍市场扭曲、要素配置不合理、政策不透明，使其开放部门与国内部门之间长期存在不同程度的割裂，对待外国资本摇摆不定的态度、时松时紧的监管法规、选择性的优惠补贴，这些问题不利于改善投资环境，也无助于提升国际形象。更为尴尬的是，由于全球视野、战略眼光和领导实力缺失，尽管新兴经济体和发展中国家一再发声，强调全球经济发展不平衡、现行国际秩序不合理，但却很难在联合国、世界贸易组织、二十国集团等国际平台上提出真正符合自身长远利益、能够获得各方积极回应、不断凝聚合力的谈判议题。

4. 多边贸易体系亟待改革，全球治理机制趋于多元化

面对复杂严峻的国际贸易和投资形势，现行世界贸易组织主导的多边贸易体制暴露出了其固有的局限性。在世界贸易组织谈判久拖不决的情况下，欧、美等发达地区和国家相继推出了TPP、TPIP等一批高标准、高层级的区域贸易协定，试图为未来全球治理"立新规"。新型区域一体化协议通过吸纳一些发展中成员加入以增强其多元化，以期获得更广泛的号召力。这无疑对多边贸易体制运行构成了现实的压力，虽然有助于倒逼世界贸易组织加快改革，但这些新型一体化安排不仅在一定程度上削弱了世界贸易组织在多边贸易体系中的主体地位，而且其较高的技术和法规门槛有可能将众多中小企业特别是发展中国家企业排除在全球价值链之外，影响发展中国家融入国际分工体系，进而对亚太等地区的区域价值链及其

可延展性造成一定损害。值得注意的是，新型高水平区域一体化安排对跨国公司调整重构其全球一体化生产网络的约束作用已经开始显现，越来越多的美日韩跨国公司加大对越南、缅甸等国家的投资布局，打造符合新的区域供应链。

重振全球贸易，恢复世界经济活力和秩序，需要更加开放、包容、协调的全球治理机制和规则体系做支撑。国际金融危机爆发后，二十国集团（以下简称 G20）峰会在拓展全球治理议题、完善国际协调机制等方面扮演着越来越重要的角色。2016 年 G20 峰会由中国主办。中国政府高度重视 G20 杭州峰会的议题设置，着力实现阶段性突破。目前，杭州峰会确立的"创新增长方式、更高效的全球金融治理、强劲的贸易和投资、包容和联动"四大峰会重点议题，充分彰显出中国人的智慧和中国贡献（见专栏 19-1）。其中，在贸易和投资议题方面，G20 杭州峰会将进一步推动 G20 安塔利亚峰会有关"包容的全球价值链"的倡议，不断凝聚成员共识，加快构建协调、包容的全球价值链规则体系。

不可否认，当前，世界范围内全球化进程遇到了一些阻碍，但总体上仍在推进。全球价值链分工出现了一些新的趋势和特点，同时也蕴含着整合提升的空间，而重塑全球价值链的前提则要有足够协调、包容的治理体系为支撑。

三、以开放创新提高对外经贸发展质量

党的十八届五中全会将"开放"列为五大发展理念之一，进一步确立了构建全方位对外开放新格局、开创对外开放局面的目标方向。习近平同志指出，中国将在更大范围、更宽领域、更深层次上提高开放型经济水平。"十三五"时期乃至更长的未来，树立开放发展理念，是中国坚持和平发展、迈向大国复兴、实现国家繁荣的必由之路，也是应对全球化挑战的理性选择。站在新的起点上，中国新一轮对外开放必将是主动、双向、公平、全面、共赢、高质量的开放。作为崛起的发展中大国，我国应充分正视在世界经济和全球贸易中的地位变化，加强顶层设计，主动践行经济和贸易大国的国际责任，不断提升整合全球资源的综合能力，协调扩大开放与维护国家经济安全的战略目标，积极探索对外开放的新模式，通过主导"一带一路"、亚投行等开放战略，提高对外开放的质量和水平，形成"向西开放"的新亮点，打造对外开放新格局，并将对外开放的推进重点由政策提供转为制度塑造和能力建设，加快实现全球治理能力的跃升。同时，立足于供给侧结构性改革，不断推进外贸便利化，着力优化营商环境，全面提升对外经贸各项工作的质量和效率，促使对外贸易、利用外资、投资合作再上新台阶、取得新突破。

1. 加快推动对外经贸领域供给侧结构性改革，形成发展新动能

一要多管齐下，加大工作力度，聚焦企业困难和政策"瓶颈"，切实为外贸企业减负，尽快遏制进出口快速下滑态势，防止由减速变为持续失速。二要在上海、广东、天津、福建 4 个自由贸易实验区探索取得试点经验的基础上，进一步加大制度创新和体制改革力度，建立贸易便利化的长效体制机制，全面实施单一窗口和通关一体化。提高自由贸易实验区建设质量。对于自贸区已经扩大开放领域、实行负面清单管理模式、简化行政管理程序等一批比较成熟的政策和做法，在更大范围推广复制，促进贸易投资环境便利化、法治化、国际化，扩大自贸实验区非核心领域的溢出效应。三要坚持创新驱，引导各级政府、金融机构和进出口企业把更多精力放在结构调整、转型升级、提质增效、改善环境上来，加快培育形成以技术、品牌、服务、质量为核心的竞争新优势，打造创新发展的新动能，推动外贸由大进大出向优进优出升级。四要推动有利于培育新的比较优势和竞争优势的制度安排，构建开放安全的金融体系，完善涉外法律法规体系，建立健全风险防控体系。通过全面深化改革，着力形成竞争有序的市场化环境、透明高效的政务环境、公平正义的法治环境、合作共赢的人文环境、法治化国际化便利化的营商环境。

2. 进一步扩大开放领域，着力优化营商环境

一要保持稳定、透明、可预期的外资政策和管理制度。各级政府主管部门应坚持高质量利用外资不动摇，不断提高政策制定实施的科学性、创新性和连续性，切忌朝令夕改，忽松忽紧。应把政策功夫下在改善营商环境上，多渠道加强宣传，引导外商消除顾虑，重塑信心，而不宜走单纯靠拼优惠政策的老路，避免新一轮优惠引发政策寻租、利益冲突和各方质疑。二要尽快对现行《外商投资产业指导目录》做出修订完善。推动电信、互联网、教育、文化、医疗等服务业领域有序开放，放开育幼养老、建筑设计、会计审计、商贸物流、专业服务等服务业领域外资准入限制。稳步推进供应链金融、跨境电子商务等领域对外资开放，嫁接境外资本，提升新型商业模式企业的资本运作和平台整合能力。三要创新领域外资方式。细化《中国制造2025》实施方案和相关专项规划，引导外商投资企业参与互联网+、工业强基工程、绿色制造、智能制造、服务型制造等重点领域的技术创新，瞄准前沿科技和新兴产业，鼓励国内企业引进实力强的国外投资者共同研发面向"工业4.0"的技术、工艺和产品。适时开展多种形式的试点，探索部分行业对外资开放科技项目、标准制定和品牌建设。强化外资政策与金融政策协同，放宽外国风险投资基金、私募基金在中国开展业务的限制条件，对跨境并购、上市融资提供更为便利、专业化、多样化的金融服务。加快国内创业园区、创客空间等"双创平台"对外资开放，实行统一政策、统一待遇，吸引海外优秀创新创业团队加入国内"双创活动"。四要进一步清理减免不合理的收费项目，切实帮助外商投资企业减负增效。各级政府及相关部门要坚持简称放权，提高服务意识，创新服务思路，放宽外籍人才引进有关人数、年龄、学历、签证等政策限制。在完善事中、事后监督的同时，切实增加工作程序的透明度，减少执法随意性。五要推动园区整体对接，鼓励沿海地区外资优先向中西部地区转移。加强信息沟通和要素对接，搭建市场导向的引资平台，增强引资中介服务功能，参照国际产能合作模式，在中西部地区建立外商投资园区，一对一地引进沿海地区的产业配套体系和园区管理模式，打造中西部地区加工贸易转型升级产业集群，完善基础设施、物流业等配套服务产业发展和商务服务体系建设，不断优化中西部地区利用外资的区位条件。

3. 促进协调包容，重塑全球价值链规则

在贸易和投资议题设置和主导能力建设方面，要以G20杭州峰会为契机，进一步推动G20安塔利亚峰会有关"包容的全球价值链"的倡议，不断凝聚成员共识，加快构建协调、包容的全球价值链规则体系。具体而言，在微观主体层面，包容协调的全球价值链要能够为不同国家、不同规模、不同技术、不同所有制结构的企业特别是中小企业提供接入全球价值链公平而开放的通道，为其扫除开展贸易和投资、进而升级到更高价值链环节的技术壁垒和各种障碍，营造公平竞争、信息畅通的价值链微观生态，并能够充分保障后起国家企业获得合理分工收益、实现全球价值链治理地位提升的机会；在产业层面，需要推行更加开放、包容的理念，既要理解新兴产业全球价值链生成、改进和优化的客观规律，尊重保护新兴领域领军企业研发创新的成果，也要为传统产业全球价值链的绿色化、智能化转型发展创造有利条件，打造能够提供多样化就业岗位、共融共生的全球产业生态；而在全球价值链宏观治理和规则体系层面，则要坚定支持维护以WTO为核心的多边贸易体制，坚决反对抵制一切形式的贸易保护主义和投资歧视，加强政策协调和能力建设，完善世界贸易组织、G20等全球经济治理平台，激发世界各国制度创新的主动性，广泛接纳不同国家和地区为重塑包容协调全球价值链所作的建设性努力。

4. 增强制度性话语权，改革完善全球经济治理体系

作为推动构建平等公正、合作共赢国际经济新秩序的中坚力量，今后中国应继续推动全球经济治理体系改革完善，积极承担与自身能力和地位相适应的国际责任和义务，加强宏观经济政策国际协调，促使全球治理体制朝着高效有序、更加平衡地反映大多数国家的意愿和利益的方向不断完善。契合大国崛起的现实需要，扎实推进"一带一路"、"亚投行"、"亚太自贸区"等重大战

略，找准发力点，坚持互利共赢、共同发展，创新双边和多边合作机制，加快实现"五通"，推进同相关国家和地区多领域互利共赢的务实合作，广泛开展教育、科技、文化、旅游、卫生、环保等领域交流，深化国际产能合作，为世界经济可持续发展注入新动力，切实造福沿线各国人民。坚持贸易和投资自由化的基本方向，准确把握各国、各地区利益汇合点，适时调整优化自由贸易区战略，以推动双边、多边、区域、次区域开放合作为出发点，以主导亚太自由贸易区建设为战略重点，协调区域内主要一体化谈判的内容和进程，积极推进环境保护、投资自由化、政府采购、知识产权保护、跨境电子商务、服务贸易、原产地规则等新议题谈判，不断提高自由贸易区建设的标准、层级和质量，增强地缘经济政治影响力和塑造力。与联合国贸发会议、世界贸易组织、OECD、G20 等国际组织保持密切沟通合作，积极参与全球治理和公共产品供给，逐步形成一定的国际向心力和凝聚力。在这一过程中，权利与义务是对等的，既要主动争取属于中国开放的利益，又应为改善国际经济秩序、形成互利共赢格局付出扎实的努力，贡献中国人民的智慧。

专栏 19-1

二十国集团杭州峰会的贸易和投资议题

G20 确立的"强劲的国际贸易和投资"议题旨在推动新一轮国际贸易规则重构。众所周知，贸易和投资是促进增长和就业的重要动力。令人担忧的是，目前国际贸易增速放缓，已连续三年低于世界经济增速，贸易投资保护主义措施显著抬头，多哈回合谈判面临困难。全球范围内，各类自贸区和双边投资协定发展迅猛，在促进贸易投资自由化便利化的同时，也带来全球贸易投资治理的"碎片化"，亟待各方共同应对。过去几年，二十国集团已就反对贸易投资保护主义、支持多边贸易体制、帮助发展中国家和中小企业更好地融入全球价值链等开展了富有成效的讨论，并在历届峰会上做出了一系列政治承诺。当前，全球贸易增长显著放缓，经济引擎作用减弱，有必要加强二十国集团贸易投资合作。在安塔利亚峰会上，领导人要求贸易部长们定期举行会议，并同意建立支持性工作组。

加强贸易和投资机制建设。为落实安塔利亚峰会关于定期举办贸易部长会议并建立支持性工作组的指示，发挥二十国集团成员作为全球贸易大国的作用，2016 年，中方将举办贸易部长会议和若干次贸易投资工作组会议，在以往工作基础上，就一些急需二十国集团成员共同应对的重大经贸问题进行深入讨论，扩大共识，为峰会积累积极务实成果。

支持多边贸易体制。二十国集团高度重视当前多边贸易体制面临的挑战，强调继续加强多边贸易体制在国际贸易投资自由化便利化中的主渠道地位，反对各种形式的保护主义。根据世界贸易组织内罗毕部长会议成果，明确加强多边贸易体制的具体方案，推动多哈谈判实现发展目标，为实现联合国 2030 年可持续发展议程做出贡献。尽早实施《贸易便利化协定》，完成并落实《信息技术协定》扩围谈判，推进《环境产品协定》谈判。推动世界贸易组织就各方共同关心、与贸易投资相关的新议题开展讨论。

促进全球贸易增长。二十国集团成员贸易额占全球近 80%，有义务也有能力推动国际贸易和投资继续成为世界经济增长的重要引擎，为全球经济稳定和可持续发展做出更大贡献。二十国集团应发出强有力的政治信号，明确贸易对增长和就业的关键作用，通过深入研究和讨论，为促进全球贸易增长制订全面的行动方案，进一步促进开放的全球贸易框架，积极营造贸易发展的良好政策环境，就各方共同感兴趣的领域提出具体合作倡议，并探讨设立相关量化指标，切实应对全球贸易增长放缓，推动全球贸易和投资恢复强劲增长。

促进包容协调的全球价值链发展。全球价值链已进入新的调整重塑期。全球贸易投资便利化水平有待提高，发展中国家在全球价值链中的参与度亟须提升，以实现世界经济的可持续发展。二十国集团应着眼于构建合作共赢的全球价值链，探索制定相关倡议文件，加强能力建设和政策协调，从根本上提升中小企业和发展中国家参与全球价值链和开展贸易投资的能力，积极构建更加协调、包容的全球价值链规则体系。

　　加强国际投资政策合作与协调。投资是推动全球贸易发展和经济增长的重要动力。为促进全球投资恢复强劲增长，二十国集团应针对当前各类投资协定众多、全球投资治理体系"碎片化"现象突出的现状，加强政策协调，在自愿基础上共同探索制定非约束性的全球投资指导原则或框架；要切实解决发展中国家的具体关注，积极搭建合作平台，大力开展能力建设、信息交流、良好范例推广等务实合作，提高发展中国家开展跨境投资的能力，为全球投资流动营造良好的政策环境。此外，各方需要进一步完善公司治理，并促进中小企业融资。

　　资料来源：根据商务部提供的相关资料整理改写。

参考文献

［1］杨丹辉：《市场化：供给侧结构性改革的主基调》，《区域经济评论》2016 年第 3 期。

［2］杨丹辉：《开放中提升制度性话语权》，《人民日报》2016 年 5 月 20 日国际版。

［3］张二震：《供给侧结构性改革与江苏外贸转型发展》，《新华日报》2016 年 4 月 15 日。

［4］任理轩：《"五大发展理念"解读：坚持开放发展》，《人民日报》2015 年 12 月 23 日理论版。

［5］徐明棋：《全球经济治理：提高我国制度性话语权》，《文汇报》2015 年 11 月 13 日。

［6］商务部国际贸易经济合作研究院：《中国对外贸易形势 2016 年春季报告》，《国家贸易》2016 年第 5 期。

［7］UNCTAD, World Investment Report (2016), UN, New York.

［8］Worldbank, Global Economic Prospect, June, 2016, http: //pubdocs.worldbank.org/en/154911463605617 - 095/Global-Economic-Prospects-June-2016-Global-Outlook.pdf.

第二十章 工匠精神

提 要

工匠，它是一种职业；但是，工匠精神则适用于社会上的各行各业。为了抓住新工业革命的机会，实现"中国制造"由低端向高端转型，李克强总理提出弘扬"工匠精神"。工匠精神的内涵可由专注、标准、精准、创新、完美、人本六个维度界定。中国并不缺乏工匠精神，同仁堂和海尔、格力是中国工匠精神的优秀典范。通过对比德国、日本、美国三个制造强国，可以看出各国的工匠精神内涵均有差异。根据具体国情、发展阶段，中国要弘扬工匠精神，必须针对专注、标准、精准、创新、完美、人本六个维度中存在的问题，进行彻底重构。工匠精神是企业文明和工业文明的核心组成部分，其在产业文明和社会文明中具有重要历史地位。

*   *   *

根据《中国制造2025》的时间表和路线图，为了实现从低端制造业迈向高端制造业的转型，2016年3月李克强总理在北京人民大会堂所作的《政府工作报告》中首次提出要弘扬工匠精神："鼓励企业开展个性化定制、柔性化生产，培育精益求精的工匠精神，增品种、提品质、创品牌。"

中国制造，经过改革开放30多年来的发展，从小到大；现在又走到了一个新的历史阶段，从低到高，即从低端制造业迈向高端制造业。而且，在高端制造业方面，则体现了中国与西方发达国家的差距。今天，弘扬"工匠精神"，则是推动中国高端制造业全面发展的重大举措。中国产业结构早熟，即在高端制造业普遍落后的状态下过早地转向了房地产、服务业及金融业，这让我们有可能错失这次新工业革命的机会。今天，弘扬"工匠精神"，则是避免"去制造论""脱实向虚"的重大行动。

一、工匠精神的内涵界定

西方的"工匠精神"起源于中世纪的行会制度，而中国的"工匠精神"来源于农耕文明时期的四大发明和庖丁、鲁班等优秀工匠文化的传承。从传统意义上讲，一谈到工匠精神，人们自然会想到德国、日本等高端制造业国家对产品的精雕细琢、对制造的精益求精，"工匠精神"主要体现在产品制造过程。而从现代意义上讲，随着"平等、开放、协同、共享"的互联网精神的深入，实现了企业内的去中心化、企业间的无边界化、产业内的网络生态及行业间的互联互通。工匠精神，在产业内从制造环节向前、向后延伸至研发、制造、营销、物流、服务的每一个环节；在产业间从制造业延伸至商业、金融业、服务业乃至社会的各行各业。例如，在日本，从拉面师傅、寿司店老板到顶级设计师、大文豪、大艺术家都称其为"巨匠"。也就是说，工匠精神不仅体现在物质生产领域，而且也体现在非物质生产领域。

如果说现代意义上"工匠精神"的应用范围已经扩展至社会的各行各业，那么，具有"工匠精神"的受众不仅仅只是技术工人，而应是每一个劳动者乃至企业、产业和整个社会。对于个人，工匠精神就是干一行、爱一行、专一行、精一行，务实肯干、坚持不懈、精雕细琢的敬业精神；对于企业，工匠精神就是守专长、制精品、创技术、建标准，持之以恒、精益求精、开拓创新的企业文化；对于社会，工匠精神就是讲合作、守契约、重诚信、促和谐，分工合作、协作共赢、完美向上的社会风气。

关于"工匠精神"，到目前为止，国内在理论上还没有形成一个完整的认知体系。经过初步研究，本书认为，"工匠精神"可以从六个维度加以界定，即专注、标准、精准、创新、完美、人本。其中，专注是工匠精神的关键，标准是工匠精神的基石，精准是工匠精神的宗旨，创新是工匠精神的灵魂，完美是工匠精神的境界，人本是工匠精神的核心。

1. 专注

围绕某一产业、某一行业、某一产品、某一部件，做专做精、做深做透、做遍做广、做强做大、做久做远。这里，创业之初，针对自身核心优势，不断深耕细作、精雕细琢、精益求精，即聚焦、聚焦、再聚焦，坚持、坚持、再坚持。兴业之中，针对产品痛点、难点，日之所思、梦之所萦，耐住寂寞、慢工细活，踏踏实实、一以贯之。概括而言，专注包括长期专注、终生专注、多代专注。

2. 标准

众所周知，三流企业做产品，二流企业做技术，一流企业做品牌，超一流企业做标准。这里，做标准是做企业的最高境界。标准包括：员工标准、现场标准、流程标准、设备标准、技术标准、安全标准、环境标准、产品标准等。以流程标准为例，把复杂的问题简单化，把简单的问题数量化，把数量的问题程序化，把程序的问题体系化。流程标准形成体系以后，自驱动性、自增长性、自优化性、自循环性，即自运行性，轮回上升。用海尔张瑞敏的话说，把简单问题无限次地重复下去就是不简单。用华为任正非的话说，有了标准，首先僵化、固化，然后再去优化。如果说专注体现的是一以贯之，那么，标准体现的则是一丝不苟。

3. 精准

精准包括精准研发、精准制造、精准营销、精准物流、精准服务。不仅每一区段都要做到精准，而且整个过程都要做到精准。就每一区段而言，研发——零距离，制造——零缺陷，营销——零库存，物流——零时间，服务——零抱怨。就整个过程而言，第一次就做对，每一次都做对，层层做对，事事做对，时时做对，人人做对。

进入互联网时代后，"精准"在技术上又有了新的挑战。一是精准数据。例如，德国采用自动化和信息化技术收集数据，这保证了数据的完整性和精准性。而国内由于自动化和信息化水平低，一般还以人工收集数据为主，从而导致数据上的不完整性和不精确性。二是精准链接。例如，国内供应商因自动化和信息化水平参差不齐，这造成了即使一个自动化和信息化水平较成熟的制造企业，也很难推动包括供应商整合管理在内的精准性。

4. 创新

创新是"工匠精神"的灵魂。这里，创新既包括迭代式创新，也包括颠覆式创新；既包括微创新，也包括巨创新；还有跨界创新等。不仅如此，"工匠精神"内涵本身也在不断发展。与"工业4.0"相对应，也应该有"工匠精神"4.0。手工化时代，体现的是"工匠精神"1.0的内涵；机械化时代，体现的是"工匠精神"2.0的内涵；自动化时代，体现的是"工匠精神"3.0的内涵；智能化时代，体现的是"工匠精神"4.0的内涵。在"工业4.0"时代，未来工厂能够自行优化，一并控制整个生产过程。不仅如此，还将实现包括人人互联、物物互联、人机互联在内的智能互联。

5. 完美

完美是专注、标准、精准、创新的自然产物和综合体现。完美，即把产品做得像艺术品一样精美、精致，以此实现从质量制造向"艺术制造"的转型。这里，以日本高端电饭煲为例，其产品价格为 3000~6000 元人民币，是普通电饭煲的 10 倍乃至更多。尽管价格高昂，但是，煮的米饭确实好吃。根据考证，其主要原因是对技术、结构和材料的完美追求。以技术为例，运用 IH 加热技术，整锅米饭均匀加热；运用 IH 压力技术，当锅体内的压力达到 1.2 个大气压、水的沸点达 105℃左右的"煮饭最佳温度点"时，煮出来的米饭晶莹剔透，粒粒分明，软硬适中。这里，每一个创新点都浸润着研发者无数次试验的心血，都需要数十万种方案反复搭配锤炼，期间体现了研发者让用户享受美好生活的胸怀和境界。

6. 人本

"工匠精神"的核心在人。这里，产品是人品的物化。正如某饭店老板所言，做菜如同做人，人做好了，菜也就香了。过去，产品、人品是分离的；现在产品、人品是合一的；正如张瑞敏所言，所谓企业就是"以心换心"，即用员工的"良心"换取顾客的"忠心"。卖企业的产品实质上就是卖员工的"人品"，即用产品去证明"人品"。打磨产品的过程，就是打磨自己的内心。个人内心升华的过程，就是产品质量提升的过程。人的身心合一、心灵合一、知行和一、天人合一的过程就是产品完美的过程。

二、工匠精神的中国实践

中国并不缺乏工匠精神，从"两弹一星"到"载人航天"，从同仁堂、海尔到格力、华为，旨在打造一种制造文化、制造文明。

1. 同仁堂

同仁堂自 1669 年创立至今，在 347 年发展历程中"专注"传统中医药行业，其产品以"配方独特、选料上乘、工艺精湛、疗效显著"而享誉海内外，诠释了中国传统老字号企业承载的"工匠精神"。

制药方面，同仁堂秉持"炮制虽繁必不敢省人工，品味虽贵必不敢减物力"的古训，始终坚守制药过程中的选材标准、炮制标准。①关于选材，坚持"地道、上等、纯洁"的标准。"地道"是指讲究药材的传统产地和采收时间，人参必用吉林省的；山药必用河南省的光山药，枸杞必为宁夏回族自治区所产，并且须在药材有效成分最多的时候采取。"上等"是指在拥有多种商品等级的中药材中选用最高级别的，十六头的人参不能用三十二头的小参代替，蜂蜜是品质最高的河北兴隆枣花蜜等。"纯洁"，即不能有杂质以及影响药效的非药用部位，生麦芽要求芽部不能超过 0.5 厘米，栀子只要纯度最高的红栀子，往往在几千斤栀子中，只能挑出几十斤红栀子。②关于炮制，

"必依古法"，即药料的挑拣、清洗、炙、锻、蒸、炒各个工序，都有严细的工艺规范可遵循，每一步都不能省略。如清宁丸，大黄先后用黄酒、桃叶枝汁、黑豆汁、绿豆汁、厚朴汁、回头菜汁、车前草汁、香附汁、麦芽汁、白术汁、桑叶汁、陈皮汁、半夏汁、牛乳拌蒸 14 次，每次都用松柏垫底，晒制后磨粉，炼蜜制丸，每一步骤都需严格执行。

同仁堂秉持配方精准、投料精准、工艺精准等。这里，配方均收集在不同时期的《同仁堂药目》中，共 12 本，经过三次系统整理。其中光绪版记录了"应症丸散"共计 16 门，495 种。而且内容非常完整、准确，既有目录又有每种药品的功能主治和精准配方。以虎骨酒为例，配方由两丸 1 丹、3 膏 1 胶和 3 种单味药组成，药味多达近 200 种，并且记录了精确的配比。不仅如此，虎骨酒的投料和工艺过程也颇为精准。对近 200 味药进行精细配置和投放后，首先将原料经过热浸、冷泡等十几道工序，后封存半年；再将浸泡两年的虎骨，温火煎熬 88 个小时制成虎骨胶，连同封存的其他药材一起投入，热浸 10 分钟制成虎骨酒，入瓦缸内封存 1 年方可上市。封存时间不够，差 1 小时也不提前出缸供应市场。再如，

安神类的中成药志远，在处理这味药时，要进行蒸煮、干燥、碾压、筛选等十几道工序，目的是把志远中间像针一样细的芯抽出，但经过这种复杂过程抽出的芯不是用来入药的，而是扔掉。因为它没有安神的疗效，这样做的目的是为了使疗效更加精准。

在制药过程中严守标准、精准操作造就了同仁堂药品及其疗效的完美。故宫博物院至今仍存有清末同仁堂生产的成药，这些历经上百年的药丸依然色泽鲜艳、药香浓郁、疗效不减，足见其品质之完美。

2. 海尔

海尔作为张瑞敏长期打造的"产品"，其中诠释了真正的"工匠精神"。从1985~2015年，30年来张瑞敏"专注"海尔这个"产品"，对海尔的认知"标准"不断提升，而且实行"精准"转型，不断"创新"，开拓了海尔发展的"完美"形态。这里，体现了张瑞敏的胸怀和境界。可以说，海尔是张瑞敏思想的"物化"成果。

第一阶段，别人打数量战，海尔打质量战。打质量战的标志性事件是"砸冰箱"。通过"砸冰箱"，海尔砸出了质量标准、质量意识乃至品牌意识。后来，在生产过程中实行的"大脚印管理法"，做到日事日毕，日毕日清，日清日高。

第二阶段，别人打质量战，海尔打服务战。事实表明，海尔的服务同海尔的产品质量一样过硬。例如，海尔到顾客家里送装电器时，上门人员进门要戴鞋套，进门以后，用一块布罩住沙发，免得弄脏家具，用另一块布铺在地板上，将其包装材料拆掉后收拾干净带出门外，一尘不染。上门送装人员在顾客家不喝一口水，不抽一支烟。

第三阶段，别人打服务战，海尔打创新战。也就是说，别人满足显在市场需求，跟着市场走；海尔则是满足潜在市场需求，领着市场走。海尔认为，没有淡季的市场，只有淡季的思想，市场是创造出来的。以洗衣机为例，海尔提倡"大件用大洗衣机，小件用小洗衣机"的生活方式，既节约了家庭用水，又避免了衣袜脱丝。这样，每个家庭又多了一台小神童洗衣机。后来，海尔发明了"不用洗衣粉的洗衣机"，又在试制"不用水的洗衣机"。

第四阶段，别人打创新战，海尔打速度战。

2008年全球金融危机以来，国内很多企业出口不畅，产品堆在仓库里卖不出去；相反，海尔砸掉仓库，实行"零库存"下的即需即供管理体制。不仅如此，进入互联网时代以来，海尔又在探索大规模个性化定制模式，通过众筹，部分产品实现了向"负库存"的转型。

第五阶段，别人打速度战，海尔打转型战。经过30年的发展，海尔越做越大，产生了"大企业病"。在"砸冰箱"、"砸仓库"后，张瑞敏在2015年又提出了"砸企业"的想法，一并付诸行动。用张瑞敏的话说就是"拆船"，即把海尔这个"大一统"的航空母舰，拆成一个个的"小船"（小微企业），然后再把一个个的"小船"重构起来，形成一个"联合舰队"。即在企业组织形态上，海尔实现了由"帆船"到航空母舰，再到"联合舰队"的转型发展。

以上五个阶段，其中还体现了如下两个方面：一是别人打价格战，海尔打价值战；二是别人打国内战，海尔打国际战。在实行国际化发展的过程中，海尔最早提出了"走出去"、"走进去"、"走上去"的系统发展思路。

3. 格力

格力专注产品、专注质量、专注品牌。1991~2011年格力20年只专注于空调产品，共生产研制了7000多款空调产品，远销全球200多个国家和地区，全球空调用户超过1.7亿户，是世界空调行业的冠军。格力的质量管理被业界称作用"最笨的方法"造"最好的空调"。早在1995年，格力成立了筛选分厂，其工作是对进厂的每一个零部件进行质量"过滤"，连最小的电容都不漏过。而今，过其手的零部件已达几十万种。这样控制零部件质量的做法，在业界绝无二家，而格力一做就是18年。格力长期立足品牌建设，在为GE、大金等世界知名厂商代工时期也从未中断格力自主品牌的建设；在坚守品牌定位上格力不打价格战，专注产品品质，以品质塑造品牌。数十年来，格力兢兢业业，专业化生产空调，专业化销售空调，品牌定位做世界上最好的空调，做全球最大的空调生产商。经过多年的努力，"好空调，格力造"已成为格力品牌的代言。

格力始终致力于完美产品和完美服务。对于格力的拳头产品U尊系列，坚持完美品质的产品外壳无缝感。最初产品的外壳缝隙指标为0.8毫米已符合国际标准，但最终外壳缝隙达到0.3毫米，远超同类产品。虽然该产品面市比既定计划推迟了半年，但是一经推出，即获得市场一致好评。跟随者若想模仿，至少需要一两年的时间。格力在中国率先推出空调销售的售前、售中、售后全程服务。售前，格力组织相关部门向客服提供咨询、新品介绍、相关知识讲解等服务；售中，格力相关部门认真、客观地介绍产品的功能，并根据客户的要求设计出符合客户需求的新产品，相关业务人员通过对客户的调查，选择符合其房间配置以及客户要求的空调款式；售后，格力提供连续的服务效果跟踪，不断调查客户对空调的满意情况，实施"三包"政策，做到空调坏了有人及时免费维修、客户意见及时反馈、客户要求及时满足，力争达到让客户满意度百分百的完美服务。

格力对核心技术的掌握来源于技术创新。为了支持研发，研发经费不封顶，近年来格力的研发费用高达40亿元人民币。格力的实验室不仅可以模拟雷电、风暴、冰雪等各种极端自然条件，可以在零下30℃的低温下测试制热效果，还可以用连续每秒数百次的瞬间断电，来观察这种破坏力对元器件的影响。同时，格力有对技术追求的执着。2011年起，格力研发团队苦战1400多天、遭受300多次失败后，终于成功攻克了离心压缩机技术。

格力对员工的人本关怀是对产品极致追求的基础。格力管理的精髓在于，让每个员工都热爱企业；支撑一个百年企业的体系，不是挂在墙上的制度，而是关怀人的文化。格力不仅给予员工职业发展的平台，还创造了良好的保障条件。在建筑面积超过12万平方米的格力康乐园员工社区里，园林郁郁葱葱，景观错落有致，超大规模的游泳池一汪碧水。格力给员工提供单身宿舍、夫妻过渡房等，足球场、篮球场、图书馆、游泳池、医院等一应俱全。不少工人在这里结婚生子，一到周末，孩子们在操场上嬉戏，一派生机。有生机的员工才能创造有生机的企业，有生机的企业才能打磨出完美的产品。

三、发达国家工匠精神的国际比较

众所周知，德国、日本、美国均为高端制造强国，由于三国的文化差异，其工匠精神的内涵也不尽相同。德国人的"工匠精神"表现为严谨与理性，日本的"工匠精神"则更加凸显细腻和精益，而美国"工匠精神"的特点是务实与创新。这里以"工匠精神"内涵的六个维度，对德国、日本、美国三个国家进行比较。

1. 专注比较

德国、日本都是以专注而著称的国家。根据统计，世界上迄今持续存在200年以上的企业共有5586家，其中日本3146家，德国837家。相比日本、德国企业的终身专注和多代专注，美国企业专注的周期较短，美国62%的企业寿命不超过5年，即便世界500强企业的平均寿命也仅为40~42年。

美国与德国、日本在专注上的差异主要是由于产业结构、企业规模和股权结构三方面的原因造成的。美国产业结构以商业模式瞬息万变的信息科技业、金融业、服务业为主，制造业占比较小；而德国、日本则是以需要长期投入的高端制造业为主体的产业结构。在企业规模上，美国以大企业与大规模生产为主，而德国、日本则存在大量中小企业，它们集中在高端制造业，实行的家族化管理模式更易专注，并且往往最终成为各自细分市场的"隐形冠军"。在股权结构上，美国股权结构更加分散和市场化，资本的逐利性强；而德国、日本关联性企业法人交叉持股比重更大，股权结构稳定，更容易形成长期稳健的投入机制。

2. 标准比较

美国善于制定行业标准，德国强于制定技术、产品标准，日本精于制定管理标准。美国善于科技、金融创新与制度创造，并利用这种先发优势制定行业标准。德国通过高端制造业优势及严谨的民族性格，为工业技术和产品标准的主要制定者，创造了全球 2/3 的国际机械制造标准。在行业创新和技术创新中，日本往往落后于美国、德国。日本利用其细腻、敬业的民族性格，创造了很多管理标准，如 6S 管理、准时制生产、精益制造等。

而对于标准的态度，美国、德国和日本截然不同。德国、日本是"标准为尊"，而美国更倾向于打破原有标准、建立新的标准。未来"工业4.0"时代的竞争，实际上也是标准之争。德国基于高端制造业，自下而上，通过物联网实现万物互联，率先提出"工业 4.0"概念，希望成为"工业 4.0"标准的制定者。美国版本的"工业 4.0"是基于信息产业，自上而下，向制造业逐步渗透的"工业互联网"。二者都是通过制造业和信息产业相互融合最终实现"智能制造"，但在本质上"工业 4.0"与"工业互联网"的智能制造模式之争，是美国与德国在新工业革命的标准制定权之争。

3. 精准比较

在精准维度上，美国善于精准研发、精准营销，德国精于精准研发和精准制造，日本则是精准制造、精准物流及精准服务。美国的精准研发是基于对市场的精确预测，引领市场需求；而德国的精准研发则是基于对产品品质的极致追求，吸引市场需求。

德国、日本的精准制造都是追求产品的零缺陷和高品质，但德国是在制造过程中追求绝对的精准；而日本则是在一定成本约束下追求相对的精准。由于德国产品的绝对耐用、可靠使其在售后服务过程中问题较少，而日本则通过准时制生产实现精准交付节省成本，通过精准服务提升企业价值。

4. 创新比较

在创新类型上，德国、日本的企业更多属于迭代式创新和微创新；而美国的企业更崇尚颠覆式创新和巨创新。美国企业长于科技与制度的颠覆式的行业创新，并享有这种创新带来的先发优势和标准优势。与之相比，德国企业的比较优势在于在科技革新之后，能够积极跟进，在工艺和产品上进行原创式创新。日本企业则更善于在美国的行业创新与德国的技术、产品创新后进行追随式创新、模仿式跟进，进行细节改进和微创新。

整体而言，德国、日本与美国的区别犹如工程师与科学家的区别。因此，德国、日本两国企业擅长在汽车、机电、机械、仪表、电子硬件等传统领域的创新，而美国企业则擅长在计算机、互联网、生物科技、金融等前沿领域的创新。

5. 完美比较

德国的完美制造是不计成本地追求产品耐用性、可靠性、安全性、精密性的极致；日本制造的完美则是在时间、空间、资源等一系列成本约束下达到的产品最大效益，也可以称为精巧；美国更倾向于德国，但在完美程度上与德国有一定差距。可以说，德国追求的是工程理性层面的绝对完美；日本则是结合艺术设计层面的相对完美，即高性价比。因此，德国制造往往是最高端的奢侈品，而日本制造则是中产阶级追求的高性价比。德国、日本、美国汽车制造业的现状从一个侧面反映了三个国家对完美的诠释。德国的奔驰、宝马、保时捷等品牌占据着汽车行业的金字塔尖；日本的丰田、本田、日产则以其经济型和舒适性占据全球汽车市场的大部分市场份额；美国的别克、凯迪拉克、克莱斯勒的品牌定位高于日系车，厚重感强，但油耗高。

6. 人本比较

每个国家的制造业特征都是其工匠精神中民族文化的物化表现。德国文化有着近乎刻板的严谨与理性，因此，德国制造始终在追求产品、技术层面的理性极致。例如，德国生产的刀具、厨具均可使用一辈子，体现了产品极致的耐用性。

日本面积狭小、资源匮乏，因此，日本文化追求有限资源的最大化利用，崇尚细腻、精巧。日本制造追求成本约束下的精益，即高性价比，日本家电产品功能强大、外观小巧，同时价格也是德国制造的 1/2 甚至 1/3，是中国消费者赴日"爆买"的主要目标。

美国是多民族融合的国家，由于没有固有思维范式的限制，美国文化极度崇尚自由与创新。在美国任何人只要有好创意并且有时间去努力实现，就可以被称为"工匠"。因此，美国创造了很多世界上的"第一"：著名工匠型企业家亨利·福特创造人类第一条生产流水线，贝尔发明了第一个电话，硅谷引领世界进入了信息化时代等。

四、重构中国"工匠精神"的对策思路

根据具体国情和国际发展,基于"工匠精神"的深刻理解,今后一个时期,中国将从以下六个方面着手,旨在重构与互联网时代相适应的"工匠精神"。

1. 专注对策

"工匠精神"的关键在于"专注"。然而,国内企业"贪大求全"、"好大喜功",什么都想做,什么都做不精,这种"大而全"、"小而全"的企业组织方式,是产生低水平重复、低水平竞争、低水平发展的根本原因。根据工匠精神的内涵界定,适应互联互通、协同共享的时代要求,作为中国企业,首先需要解决的应是"专注"问题。具体而言,就是破除四个层面的"大而全"、"小而全"。

(1)破除社会层面的"大而全"、"小而全"。指在一个企业范围内,不仅具有生产职能,而且具有社会职能,即"企业办社会"。通过深化改革,一家企业,清洁工可由物业公司提供,保安人员可由保安公司提供,食堂、澡堂利用社会上的饭店、浴室。这样一来,实现了"社会办企业"的转型。

(2)破除产品层面的"大而全"、"小而全"。指在一个企业范围内,把某一产品(不管是简单产品还是复杂产品)按照流程下来从头做到尾,即完全的纵向一体化。进入 21 世纪以来,随着分工的不断深化,产品生产正在从纵向一体化转向横向一体化,即由"公司生产"转向了"社会生产"。这里,关于分工深化表现为:从产业间分工到产业内分工,从行业间分工到行业内分工,从产品间分工到产品内分工,从部件间分工到部件内分工,从区段间分工到区段内分工。

(3)破除部门层面的"大而全"、"小而全"。指在一个企业范围内,不仅业务部门存在"大而全"、"小而全"的问题,即研发、制造、营销、物流、服务一应俱全,而且职能部门同样存在"大而全"、"小而全"的问题,即战略规划、人力资源、投资融资、财务会计、教育培训等样样具备。这样一来,无论是业务部门还是职能部门,部门作为一种资源大量闲置、低效甚至内耗。今后一个时期,组织解构和重构的重心,在于解决部门层面"大而全"、"小而全"的问题。其思路是,非核心部门完全外包,核心部门部分外包。在此基础上,将部门完全企业化、市场化、平台化、社会化。

(4)破除模块层面的"大而全"、"小而全"。随着组织解构和重构的不断深化,业务部门中的子业务部门也要完全企业化、市场化、平台化、社会化;同理,职能部门中的子职能部门同样也可完全企业化、市场化、平台化、社会化。也就是说,这些子部门,既可"外包"又可"被包",既利用别人又被别人利用。这样一来,出现海量中小企业,它们专注于某一产品、某一部门甚至某一部门中的某一模块,形成了"小而专"、"小而精"、"小而特"的生态格局。这里,各自根据核心能力,经营长板、经营优势你做一段我做一段,然后大家集成。至此,"专注"达到极致。

需要说明的是,"工匠精神"的核心即"专注"的形成,需要两大制度建设:一是分工制度;二是契约制度。分工制度深化到何种程度,契约制度必须跟进到何种程度。而契约制度的广泛推进,又将进一步深化分工制度,二者需要形成良性的互动、互助机制。

2. 标准对策

工匠精神的基石在于"标准"。标准化是使私有知识转变为公共知识的过程,可以加速行业创新和技术扩散。然而,中国传统企业往往在行业内"故步自封"、"山头林立",使标准化在行业内举步维艰。随着"专注"的深入,形成了大量"小而专"、"小而精"、"小而特"的中小企业。根据这些企业能力要素和价值,形成价值模块,通过标准的界面交叉连接、融会贯通,组成集聚各成员企业优势资源的价值网络生态圈,从而实现价值模块共享。

价值模块是指可组成系统的、具有某种确定

独立功能的半自律性的子系统，可以通过标准的界面结构与其他功能的半自律子系统按照一定的规则相互联系而构成更加复杂的系统。具有价值网络核心能力要素的企业需要制定界面标准和模块之间的协调，而大量中小企业只需专注一点并做深、做透、做强形成差异化的竞争优势，成为价值网络中的节点企业，通过标准化的接口依靠自己的能力和核心资源，融入成长潜能强大的"生态圈"。在互联互通、开放共享的互联网时代，以价值模块为基础的价值网络生态圈的表现形式就是平台化战略。核心企业设定统一的规则、建立平台，节点企业按照标准接入平台，节点企业利用平台企业的公共资源更好地发挥中小企业的比较优势。阿里巴巴就是实施平台化战略的翘楚，阿里巴巴设定了标准的电商交易规则和接口，广大小微企业甚至个人都可以通过淘宝和天猫的平台在海量用户中寻找目标客户实现交易。因此，标准界面是建立价值网络生态圈的前提，而未来的竞争将会是价值网络生态圈之间的竞争。

除接口的标准外，在价值网络生态圈内，核心企业更容易建立和推进标准，从而促进整个行业的全面进步。相比传统的、孤立的"大而全"企业，由各个价值模块构成的价值网络生态圈在市场上更具有自适应性，在生产过程中具有更好的柔性。因此，在价值网络生态圈中更容易推进标准的更新换代。

未来的"工业 4.0"时代就是标准的时代。"工业 4.0"的核心是构建万物互联的信息物理系统（CPS），这就需要端对端的标准数据以及万物之间的标准接口。智能制造虽然强调的是需求的定制化和生产制造的柔性，但定制不是任性，柔性不是随意，而是标准模块下的大规模或小规模需求定制和柔性生产。此外，"工业 4.0"本身就是德国向各个制造大国输出的一种制造标准。可见，标准是中国企业产业升级的基础和前提，如果说"专注"完成了传统企业由"大而全"向"小而精"的企业组织解构，通过价值模块在横向价值链和虚拟价值链的整合，"标准"则使大量的中小企业完成了价值网络生态圈的重建。

3. 精准对策

"工匠精神"的宗旨在于"精准"。然而，国内制造企业往往在盲目追求规模、目标、产量中进行低水平重复，而忽视精准的作用。中国传统企业在经过"专注"的企业组织解构形成了海量的中小企业后，再通过"标准"的组织结构重建将大量的中小企业组建成围绕在核心企业周围的价值网络生态圈，使市场的竞争变为价值网络生态圈之间的竞争。

价值网络生态圈之间的竞争就是要在"精"和"准"字上下功夫，即通过对价值网络运行过程中"精"和"准"的考量和评价来提升整个生态圈的竞争力，通过价值模块、体系、运行模式的"精准"来支持生态圈的正常运转，从而赢得市场竞争。"精"重在周密、高质量和高品质，"精"源于"准"，"准"讲求精确，讲求"可靠"，精确预算、精确估计、精确预测、精确控制，尽最大努力控制偏差和网络的可靠。只有各个价值模块的"精准"才能达到整个价值网络生态圈的最终"精益"，从而赢得市场竞争。

对于由大量企业构成的价值网络生态圈而言，局部最优不等于全局最优，在一个端点上的价值模块企业的精益，也许会造成价值网络中其他企业的不精益；即便是价值网络中包括核心企业在内的所有企业各自实现了精益生产，也不一定是整个价值网络生态圈的最精益状态。实现整体的最优，首先需要整个价值网络生态圈的各个成员企业在统一的战略指导下，共享资源、信息和知识，同时核心企业需要在各个价值模块中对信息流、物流和资金流进行精准控制和预测，从而达到整个价值网络生态圈的精益。以制造业为例，在以整机生产企业为核心，供应商、物流提供商、分销商、服务商及顾客共同构成的价值网络中，需要对供应商、物流提供商、分销商、服务商在采购、配售、销售及服务方面进行精准控制，对顾客的需求进行精准预测从而优化库存，从而使整个价值网络生态圈在竞争中获胜。价值网络生态圈的精准就是通过可靠的运行模式、管理体系和科学的方法从系统的角度出发，统筹协调各个价值模块的价值目标，通过精准控制和预测实现价值网络生态圈的最优化。

"工业 4.0"是通过建立信息物理系统（CPS）实现万物互联，在生产端实现快速响应的智能制造来满足用户定制化的需求。对于价值网络生态圈而言，基于信息物理系统的万物互联可以使核心生产企业对顾客需求不再需要精准预测，而是变为对客户需求输入的精准接收和分析，同时其对价值模块的精确控制程度也将提高。但这一切的前提是，标准格式下的数据精准。整体而言，"工业4.0"将是一个制造更加"精准"的时代。

4. 创新对策

"工匠精神"的灵魂在于"创新"。然而，中国制造企业长期依靠规模驱动、成本驱动，未掌握核心技术和知识产权，从而成为"代工工厂"和"总装车间"，处于价值链的底端。在从低端制造业迈向高端制造业的转型阶段，作为中国企业应由要素驱动转型为创新驱动，由总装车间升级为研发中心。在价值网络生态圈中，形成企业协同创新，不仅在价值网络内知识要共享，还要不断获取价值网络外部的创新资源。

不同类型企业创新角色不同。对于核心企业，主要进行颠覆式创新及巨创新，如管理创新、商业模式创新、标准创新及规则创新等；而对于节点企业，主要进行迭代式创新和微创新，具体包括产品创新、模块创新、技术创新及工艺创新等。在开放式创新时代，企业获得持续的发展，需要与不同的创新合作伙伴在资源共享、技术合作、信息沟通等方面构建长期、稳定持久的合作关系。创新合作伙伴的选择不应局限于价值网络内部，还应包括基础研究机构、高校及中介服务机构等公共创新平台，建立企业协同创新系统。

企业的知识吸收能力、企业的开放程度及协同创新系统的规模是决定协同创新系统创新绩效的主要因素。企业要想获得创新产出，不仅需要有效地利用已有知识，而且需要积极吸收新知识，培育组织学习能力，同时多渠道从外部获取新知识和新技术，对已有知识进行消化、同化、吸收、转换、利用，增强其知识吸收能力。在企业无边界、生态化及互联互通的背景下，知识和信息在企业间的流动异常频繁。开放程度高的企业可以促进知识共享和溢出，从而更易获得外部的创新资源，获得持续发展。单个企业，即便是核心企业的创新能力也是有限的，依靠规模大的协同创新系统可以接触到更多的外部创新资源，如一些投入大、周期长、收益低的通用性的基础技术，可以依靠公共或政府研究机构；一些尖端的、前沿的学科交叉创新可以依靠高校。在获取外部资源的同时，还需要形成自身特有的竞争优势，不断提升自身对新知识的生产能力，从而加速企业的创新行为。

价值网络中的核心企业和节点企业只有不断提升企业的知识吸收能力、企业的开放程度及形成大规模协同创新系统才能提升创新绩效，使大量的节点企业和核心企业形成良性的创新共振，从而为整个价值网络提供创新基础和核心竞争力。

"工业4.0"既是一种制造标准和流程范式，也是大数据、智能制造、移动互联、云计算四项技术创新的产物。在"工业4.0"时代，创新将会无处不在、无时不有，随着人人互联、物物互联、人机互联的发展，每一个大数据的分析和云计算的结果都是创新的起点，每一个智能制造的产品都将是产品的创新。创新将会融入制造环节的每一个流程中，从而达到极致创新。

5. 完美对策

"完美"是专注、标准、精准、创新的自然产物和综合体现，也是"工匠精神"的最高境界。中国制造企业普遍存在"够用就行"的心态，同时存在"差不多"的社会文化，这与不断追求尖端技术和无条件追求质量的"工匠精神"相悖。

中国企业需要形成"完美主义"的企业文化。一个追求完美的企业，必须是一个具有梦想的企业，能让员工体验到与企业一同快速成长的美好感觉，使员工在工作中充满激情和热爱。乔布斯曾经说过，"人这辈子没法做太多事情，所以每一件都要做到精彩绝伦。"这里，敬业精神是激情和热爱的实施基础和有效保障。激情和热爱也许能够产生一时的激励作用，但只有敬业精神才能够持久。

产品完美包括质量的完美和设计的完美。在产品质量上追求耐用性、可靠性、安全性三方面的极致，同时使用六西格玛质量标准，实现"零缺陷"的质量管理，从而实现完美的质量管理。在从低端制造业向高端制造业转型的过程中，需要产品从"质量制造"升级到"艺术制造"。中国企业要推行"精、专、美"制造理念，实行精美制造、标准制造，达到艺术和质量的双重完美。

品牌完美是完美研发、完美制造、完美销售、完美交付、完美服务的整体体验。所有行为的终极目标是为了塑造品牌的完美。对于在国内已具有较高知名度和影响力的品牌，应当注重扩大其国际影响力，提高其在国际市场的品牌效应，将其打造成行业内国际顶级品牌；对有基础但尚未走向国际市场的企业，要促使其掌握行业的关键技术，提高产品质量，提高售后服务水平，创立新品牌，并逐步形成品牌在国际市场上的知名度、信誉度和较大的市场份额以及巨大的经济效益，进而将其培育成为行业内的国际顶级品牌。

6. 人本对策

工匠精神的核心在于"人本"。然而，对于新一代的员工，特别是"80后"、"90后"的员工，由于流动性强，对他们常常是使用多、培训少，尤其是缺乏一整套系统性的训练。即使是经过学校训练，也是重理论、轻实践，重技术、轻品行。鉴此，亟须通过全面提升员工素质，进而全面提高产品质量。

工作前教育应以德国二元制教育为借鉴。学生进行40%理论学习，60%实操训练。他们既是工厂的徒工，又是公立职业学校的学生。学生每周在工厂培训三天半至四天，在学校学习一天至一天半。工厂着重对徒工进行实际操作训练，职业学校着重教授专业课和文化基础课。而目前中国的职业教育是以学校教育为主，学生很少有参与企业实践的机会，动手能力较弱。并且，学生毕业后就业难以保障。中国需要整合教育资源，将已有的职业教育资源与企业充分融合，将过剩的普通本科教育资源转型为职业教育。同时，打

通职业教育与高等教育的天然壁垒，让优秀的工匠在进入企业管理层后有机会接受高等教育，像德国施罗德"从陶瓷店学徒到总理"的故事在中国的教育体系下也能成真。

工作中培训应以现代信息化技术为平台。通过信息化技术平台，使在岗技工人员能够得到更好的培训机会；打造职业教育资源公共服务平台和教育管理公共服务平台，实现"宽带网络校校通、优质资源班班通、网络学习空间人人通"；加强信息基础设施建设，着重开发增强实习实训效果的优质教学资源，提升人才培养质量。与此同时，加强企业信息技术培训，提升教师、管理人员、技术人员的信息技术应用能力，通过现代化的教学内容和教学手段，使制造业员工都能接受高质量的职业教育。同时，启动实施"制造业国家示范性职业学校，数字化资源共建共享"工程，引导鼓励高职、中职示范学校参与建设，形成一批网络课程、虚拟仿真实训平台等成果。

提升工匠的社会地位。工匠和简单从事体力劳动的劳工群体不同，与体力工人相比，最明显的差异是工匠拥有技术技能。工匠在劳动中闪耀着智慧的灵光，有创造性和开拓性，直接为社会创造巨大价值。在全社会中应该尊重工匠劳动，科学合理设计薪酬体系，依据所创造价值来决定经济收入。积极营造"劳动光荣、技能高尚、创造伟大"的积极社会氛围，使"工匠精神"的培育与弘扬拥有广泛的群众基础。

五、"工匠精神"的历史地位

1. 农业文明、工业文明、商业文明

产业文明是一个完整的体系，包括农业文明、工业文明、商业文明。农业文明，其关键是人与自然的和谐。人类活动，必然置于自然约束之下，它体现的是自然精神，生态为本。工业文明，其关键是人与社会的和谐。人类活动，必须置于分工细化状态，它体现的是契约精神，诚信为本。这里，工业文明不是对农业文明的否定，而是在农业文明的基础上推进工业文明。也就是说，工业文明首先应是保护自然，适应自然，要以自然

约束为前提。在此基础上，通过专注、标准、精准、创新、完美、人本，推进人与社会的和谐。商业文明，则是农业文明特别是工业文明在流通领域、交易领域的自然延伸，其根本内涵仍然是工业文明。这里，工匠精神是工业文明的精髓、内核、主体。

2. 企业文明、产业文明、社会文明

无论是工业文明还是商业文明，它是建立在企业文明基础上的。企业文明是"工匠精神"在微观领域的集合或集中体现，它是一种先进文明，

企业文明形成以后，会向所在产业延伸、渗透，由此形成产业文明。产业文明形成以后，整个社会文明才有基础。也就是说，社会文明是产业文明的自然天成。其中，工业文明在产业文明乃至社会文明中，作用尤其重大。新中国成立以来，中国走的是一条压缩型的工业化道路，与西方发达国家上百年的工业化历史相比，中国的工业化才有几十年，因此，工业文明任重而道远。

综上所述，"工匠精神"是人类文明的基础，工匠精神不论是过去，还是现在乃至将来，都会在人类文明发展的历史长河中发挥重要作用。

专栏 20-1

"工匠精神"的有关概述

提出者	国籍	主要内容	资料来源
肖群忠　刘永春	中国	"尚巧"的创造精神 "求精"的工作态度 "道技合一"的人生境界	"工匠精神"及其当代价值 2015 年 6 月
薛栋	中国	"强力而行"的敬业奉献精神 "切磋琢磨"的精益求精精神 "兴利除害"的爱国为民精神	论中国古代"工匠精神"的 价值意蕴 2016 年 3 月
李宏伟　别应龙	中国	尊师重教的师道精神 一丝不苟的制造精神 求富立德的创业精神 精益求精的创造精神	"工匠精神"的历史传承与 当代培育 2015 年 8 月
周云杰 海尔集团轮值总裁	中国	"工匠精神"就是要把用户真正作为上帝，把企业最好的东西奉献给自己的上帝，只有把用户放在首位，才能形成精益求精的"工匠精神"	海尔周云杰："工匠精神" 就是用户至上 2016 年 3 月
亚力克·福奇	美国	在美国任何人只要有好创意并且有时间去努力实现，就可以被称为"工匠" 美国的"工匠"是依靠纯粹的意志和拼搏的劲头，做出了改变世界发明创新的人	"工匠精神"——缔造传奇的 伟大力量 2014 年 12 月
根岸康雄	日本	数十年如一日，耐得住寂寞、不计较工本，苦心钻研，感性拿捏，在"制造"的过程中享受到极大的喜悦，直到"一品入魂"	精益制造 028："工匠精神" 2015 年 7 月
彼得·冯·西门子 西门子公司前总裁	德国	是对每个生产技术细节的重视，我们德国的企业员工承担着要生产一流产品的义务，要提供良好售后服务的义务	记者招待会上的采访 1993 年 5 月

资料来源：作者根据有关资料整理。

参考文献

[1] 李宏伟、别应龙：《工匠精神的历史传承与当代培育》，《自然辩证法研究》2015 年第 8 期。

[2] 李海舰、田跃新、李文杰：《互联网思维与传统企业再造》，《中国工业经济》2014 年第 10 期。

[3] 赵洋：《"日本制造"的文化基因》，《中国报道》2015 年第 4 期。

[4] 边东子：《同仁堂传承与发展》，东方出版社 2014 年版。

[5] 张能荣：《同仁堂对中国药业的贡献》，《中国中医药信息杂志》2011 年第 11 期。

[6] 徐良：《张瑞敏的时代·海尔之路》，红旗出版社 2012 年版。

[7] 比尔·费舍尔、翁贝托·拉戈、刘方：《海尔再造：互联网时代的自我颠覆》，中信出版社 2015 年版。

[8] 吴为：《工业 4.0 之中国制造 2025 从入门到精通》，清华大学出版社 2016 年版。

[9] 根岸康雄：《精益制造系列 028：工匠精神》，东方出版社 2016 年版。

[10] 亚力克·福奇：《工匠精神——缔造传奇的伟大力量》，浙江人民出版社 2016 年版。

产业篇

第二十一章　新能源与电力工业

提　要

　　以风能、太阳能为代表的新能源产业发展迅猛。仅十年时间，光伏产能已经接近世界光伏装机需求，风能产业用短短10年就走完了欧美国家20年的发展历程。然而2008年以来，外需低迷、国内市场不成熟、欧盟光伏"双反"等需求因素，使新能源行业出现供给能力过剩的现象。"不适当"的发展模式又导致光伏发电、风力发电出现设备利用率低下，弃风弃光严重等问题。事实上，当前中国新能源提前出现的产能问题是传统化石能源体系下形成的发展思维、投资体制所共同导致的必然结果。因此，"不适当"的发展模式下，出台诸多政策不能从根本上解决产业发展中的问题。新能源产业健康发展，首先需要认清新能源自身特点，改变即已形成的发展路径，重新确立符合新能源特点的开发利用模式，构建有利于新能源接入的电力系统。与之伴随的是，需要打破诸多制约新能源健康发展的制度和组织层面的障碍。因此，以政策导向的新能源产业需要通过变革以调整其发展驱动力和模式。

*　　　　　　*　　　　　　*

　　近年来，新能源产能和装机规模不断扩大，远超国内应用规模和国外进口需求。虽然经过市场调整，新能源制造业市场结构趋于合理，产能利用率有所提高，但仍然存在一定程度的产能过剩现象；与此同时，弃风弃光现象仍然存在，2014年以来变得愈加严重；火电投资过快更不利于新能源发电设备利用率的提高。事实上，当前中国新能源提前出现的产能问题是传统化石能源体系下形成的发展思维、投资体制所共同导致的必然结果。"不适当"的发展模式下，出台诸多政策不能从根本上解决产业发展中的问题。新能源产业健康发展，需要打破诸多制约新能源健康发展的制度和组织层面的障碍，通过供给侧改革来实现。

一、新能源与电力工业发展特征

　　新能源产业分为新能源制造业和新能源利用。其中，风机制造包括整机制造、机组零部件及系统制造[①]。光伏制造包括多晶硅、硅片、电池片、组件等。对产能过剩进行测度，通常采用便于操作的变量——产能利用率。对产能利用率的测算，通常采用经济学的度量方法，即实际产出与潜在

---

　　① 包括叶片、齿轮箱、主轴、发电机、偏航系统、中央监控系统、电控系统、液压系统、轮毂、机舱、塔架等部分。

产出比值,潜在产出是基于产出—资本比的峰值和累计净投资计算而得。在产能利用率统计数据无法获得的情况下,可以从公开的数据中分析新能源产业基本现状。例如,市场格局、产量产能比等替代数据。通过测算分析,可以做出如下判断:第一,风机制造行业基本形成了几大公司主导的市场结构。近年来整机制造市场供需格局已经转变为供过于求,但是从数据来看,没有出现大规模的过剩产能。第二,光伏制造业的产量产能比反映了该行业短期内供给能力超过了市场需求,但尚在可以接受的水平。第三,光伏发电、风力发电领域,弃风弃光现象比较严重,从短期需求来看,风电场供电能力超过区域市场需求,而可再生能源发电基地缺少外送通道则导致部分电力被浪费。此外,火电投资过快不利于提高新能源发电设备利用率。

1. 新能源设备制造业市场结构趋于合理,产能利用率有所提高

从测算结果来看,风机制造业市场结构趋向合理化。根据中国风能协会的数据,2015 年,中国风电有新增装机的整机制造商 26 家,前五家市场份额由 2006 年的 91% 下降到 58.27%(见图 21-1)。相对于 2010 年 100 余家制造企业,仅 40 余家生产下线风机企业的局面,市场逐渐趋于理性。从市场结构来看,国内大部分风机设备的销量都集中在金风科技、华锐风电、联合动力、东方电气等几家大型企业。这些企业规模逐渐扩大,市场整合能力不断提升,国际竞争优势逐渐显现。在市场竞争的压力下,处于低端生产环节,不能掌握技术的中小企业逐渐退出市场,几大风电整机制造企业,逐步显现出规模效应。

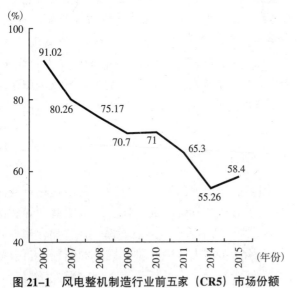

图 21-1 风电整机制造行业前五家(CR5)市场份额
资料来源:彭博新能源财经(BNEF)、引自《2015 年可再生能源产业发展报告》。

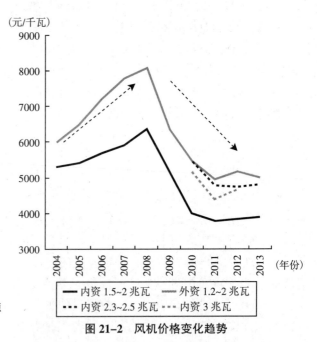

图 21-2 风机价格变化趋势

市场格局趋向"合理化",还可以通过风机价格的变化得到印证。2008 年前,国内风电市场急剧扩张,风机的产能供不应求(2006 年 CR5 高达91.02%)。2008 年以后,联合动力、明阳风电、湘电风能等风电制造企业开始进入,对原有市场格局产生了冲击,4~5 家较大规模企业绝对控制的格局逐渐被打破。从风机价格变化趋势,大致能够判断 2008 年以后,风机产能有了相当程度的提高。但是不可避免地出现风电制造业投资的

"潮涌现象",最突出的表现就是 2010 年风机价格暴跌近四成。2010 年以后,市场风机价格基本趋于平稳,其中有技术进步带来的成本降低的因素,更多的是风电场建设速度在政策影响下开始趋于理性,引致风机制造市场重新整合。

光伏制造业产能利用率已有显著提高。根据光伏产业联盟数据,可以计算出光伏制造业的产量产能比。从测算结果,可以判断 2008 年以来,多晶硅和硅片行业产能利用情况逐渐得到明显改

善，多晶硅从 2012 年的 0.4 迅速增加到 2014 年的 0.86，2014 年前 10 家企业平均产量产能比超过 0.9；硅片则从 0.47 增加到 0.75，前 10 家企业平均产量产能比达到 0.85。2014 年电池片产量产能比为 0.7，前 10 家企业平均产量产能比为 0.86；组件产量产能比为 0.57，前 10 家企业产量产能比为 0.84。如果以美国学术界一般接受的产能利用

率 82% 的适当水平为参考，中国光伏制造业多晶硅、硅片产能过剩问题已经不存在，电池片和组件还存在一定的产能过剩。事实上，制造业市场结构的变化也能从侧面支持这一观点：2014 年多晶硅产能 CR10 为 0.83；硅片 CR10 为 0.675；电池片 CR10 为 0.43；组件 CR10 为 0.38。

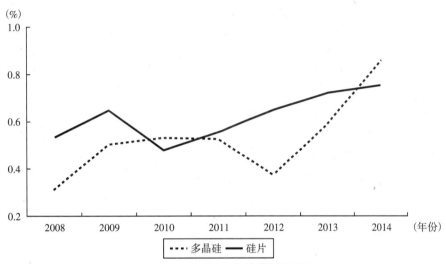

图 21-3　多晶硅、硅片产量产能比

资料来源：光伏产业联盟。

2. 新能源发电仍然存在弃风弃光，设备利用效率持续下降

从风力发电利用市场情况来看，2015 年，中国风电有新增装机的开发商企业共 124 家，前 10 家装机容量近 2000 万千瓦，占比达到 64.2%。累计装机前 10 家的开发企业装机容量超过 1 亿千瓦，占比达到 71.2%。

从投资主体来看，以五大发电集团为主的国有性质企业依然是风电装机的主力，占据了 81.7% 的市场份额，其中五大发电集团占据了 51.8% 的市场份额。截至 2014 年年底，全国参与风电投资和建设的 1300 多家项目公司中，除了国有性质企业之外，民营企业累计并网容量 550 万千瓦，占比 5.7%；外资独资企业累计并网容量 201 万千瓦，占比 2.1%；中外合资企业累计并网容量达到 1029 万千瓦，占比 10.6%。

然而，在风力投资规模持续扩大的同时，弃风率始终居高不下。据统计，在经历了连续三年的下滑之后，2014 年新增装机容量增速开始反弹。2015 年，新增装机容量 3075.3 万千瓦，创历

史新高。与此同时，2015 年风电发电量 1863 亿千瓦时，占全部发电量的 3.3%。弃风电量 339 亿千瓦时，弃风率 15%。全国平均利用小时数 1728 小时，同比下降 172 小时。图 21-5 显示，2011 年以来装机增速、弃风率呈上升趋势，风能利用小时数下降趋势比较明显。这种相对"过剩"的现象问题在于投资集中在上游，而忽略下游，风电外送出口过于狭窄。

光伏发电市场也存在类似的现象。弃光率、光伏发电小时数等指标反映了近几年光伏风电场的设备利用率并没有到达"合理"水平。图 21-6 显示了 2011 年以来光伏累计装机和平均利用小时数的变化趋势，即累计装机规模稳步增长，而光伏发电设备利用小时数则不断下降。2015 年我国全年累计弃光电量为 46.5 亿千瓦时，"弃光率" 12.6%，全部集中在了西北地区的甘肃省、青海省、新疆维吾尔自治区、宁夏回族自治区四省（区）。其中，甘肃省全年平均利用小时数 1061 小时，弃光率 31%，新疆维吾尔自治区全年平均利用小时数 1042 小时，弃光率达 26%。

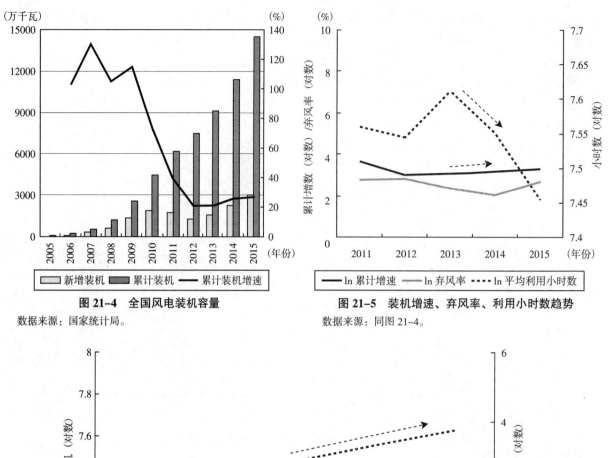

图 21-4 全国风电装机容量

数据来源：国家统计局。

图 21-5 装机增速、弃风率、利用小时数趋势

数据来源：同图 21-4。

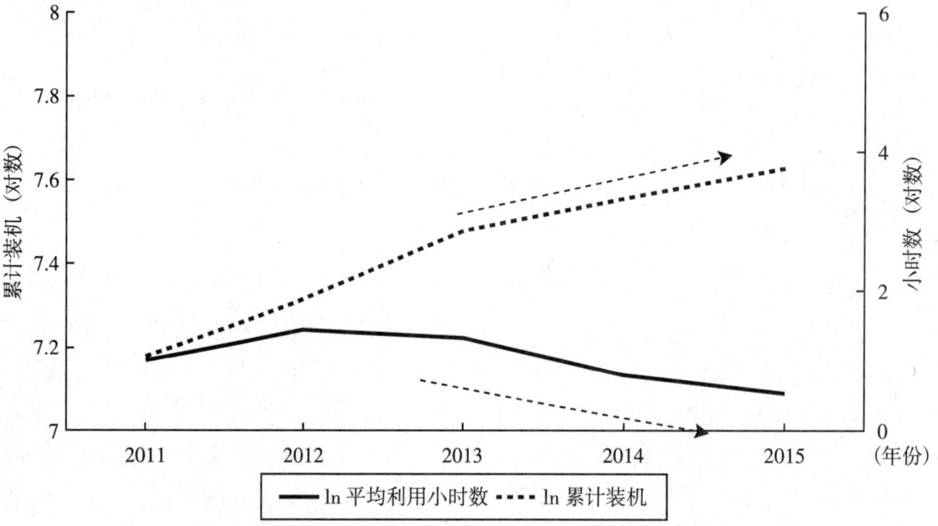

图 21-6 光伏累计装机、平均利用小时数趋势

资料来源：国家统计局。

3. 电力行业设备利用率持续下降，火电投资过度

近年来，经济下行，我国电力设备利用率持续下降，发电设备年利用小时数已经明显偏低。但火电装机不但没有得到调整，反而进一步加快。2015 年全年新增发电装机 14332 千瓦，其中火电 7164 千瓦，而当年火电发电量 42102 亿千瓦时，不但没有增加，同比还下降了 2.8%。从图 21-7 的月度统计数据来看，2014 年以来，火电发电量绝大部分年份处于负增长。

图 21-8 显示，2011 年以来火电设备平均利用小时数持续下降。2015 年火电设备平均利用小时数仅有 4329 小时，同比下降 410 小时，降幅比 2014 年同期继续扩大，是 1978 年以来的最低水平。与此同时，火电投资速度持续增加，2015 年达到 9.9 亿千瓦，同比增加 7.2%。根据中电联统计数据，2016 年一季度新增发电装机 2815 万千瓦，为历年同期最高，比 2014 年同期多投产 1008 万千瓦，其中火电装机 1746 万千瓦，又创近年来同期新高。据不完全统计，目前各地已经核准、在建或待建的火电项目仍然有 2 亿千瓦以上。从现有火电利用率的实际情况来看，即使电

力消费增速保持在 6%，中国若三年不建新火电项

目都不会产生电力供应短缺问题（周大地，2016）。

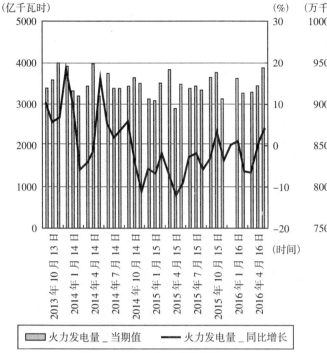

图 21-7 火电发电量及增速
资料来源：国家统计局。

图 21-8 火电装机容量及设备利用小时数
资料来源：Wind 资讯、中电联统计。

二、新能源与电力工业发展存在的问题与原因

新能源发电市场产能利用率不高的根源在于，在要求低碳发展和高碳发展的经济增长特殊的现实背景交织下，国家政策导向、传统能源企业主导，利用化石能源发展的思维，不符合新能源发展规律。因此，在"不适当"的发展模式下，"头痛医头，脚痛医脚"式的治理方式无法从根本上解决产业发展中的问题，甚至容易出现相反的结果。

1. 存在的问题

（1）新能源产能过剩问题依然存在。近年来，新能源行业产能和装机规模不断扩大，远超过国内应用规模和国外进口需求。光伏组件产量从 2001 年的 4.3 兆瓦飞速增长至 2015 年的 4300 万千瓦，增长万倍；中国的风能产业用短短 10 年就走完了欧美国家 20 年的发展历程。然而 2008 年以来，受外需低迷、国内市场不成熟、欧盟光伏"双反"等需求因素影响，使新能源行业出现供给

能力过剩的现象。以新能源产业中的光伏产业为例，从东部到西部、从沿海到内地，大批企业投资多晶硅的生产。如果这些产能全部兑现，将超过全球需求量的两倍以上。前瞻数据库显示，2014 年我国光伏组件建成产能已经达到 7000 万千瓦，但是同年全球光伏市场需求（新增装机）却只有 4400 万千瓦，我国的产能在短短 10 年间超过了全世界市场的需求。国内光伏利用市场更是不到产能的 1/10。

不少行业内专家认为，"中国新能源行业的'大跃进'"是产能过剩的主要原因。并提出警告"目前一哄而上的企业可能有一大半要被淘汰，造成巨大浪费。"事实上，早在 2009 年开始有关新能源行业产能过剩问题就引起了各界的关注。在国家发改委等十部门重点调控的六大产能过剩行业中，不仅有传统的钢铁、水泥等基建行业，光

伏、风能制造两个新兴行业也赫然在列。在 2012 年政府工作报告中，时任国务院总理温家宝再次对这一问题进行强调，可见我国新能源产能过剩的问题已经存在了相当一段时间。

（2）电力工业投资与新能源发展不匹配。当前电力工业，包括电网、电源和负荷各个环节的投资事实上与新能源发展不匹配。电网投资主要

集中在输电网和配电网的建设（图 21-9），而适合新能源发展的微电网建设以及电力系统的智能化改造相对滞后。"十一五"期间，电网年均智能化投资为 179 亿元，占电网总投资的 6.2%；"十二五"期间，电网年均智能化投资 350 亿元，占总投资的 11.7%。

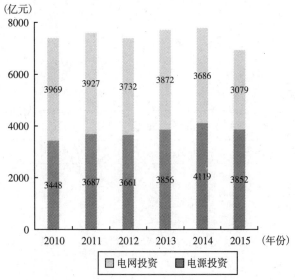

图 21-9　电力工业投资（2010~2015 年 11 月）
资料来源：中电联。

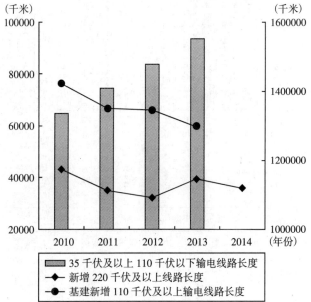

图 21-10　电网线路投资情况
资料来源：国家能源局、中电联。

（3）大型太阳能、风能发电基地外输通道建设滞后。多数专家认为这是形成当前弃光弃风现象的最重要原因。近年来，中国风电规划相当成熟，而电力外送线路建设迟缓，电源建设与输电规划不协调，电网建设与运营的垄断导致电力输送线路的短缺，电力外送受限。前几年，东北地区风电规划建设的电站规模很大，远超当地负荷。2015 年规划风电总装机容量 2600 万千瓦。而东北电网外输通道容量 425 万千瓦，不能满足大规模风电外输需求。张家口风电基地 2015 年年底地区并网风电装机总量将突破 800 万千瓦。但是只有三条送出通道。由于交流特高压建设存在争议，之前规划的经过张家口的几条外输线路迟迟没有动工。

2. 原因分析

近年来，针对新能源产能过剩现象，国家出台多个治理新能源产能过剩的政策文件。例如，《关于做好 2014 年风电并网消纳工作的通知》、

《关于加强风电项目开发建设管理有关要求的通知》，在加强风电基础配套送出通道建设、优化风电并网运行和调度管理等方面都有涉及；《关于发挥价格杠杆作用促进光伏产业健康发展的通知》，对光伏电站的上网标杆电价进行了调整，以刺激光伏发电发展。此外，国家发改委、国家能源局又陆续发布多项文件，以促进新能源发电的消纳和新能源制造业去产能。政策不可谓不多，力度不可谓不大，但是效果并不如预期，2015 年弃风弃光电量近 400 亿千瓦时。从中分析我们认为，剔除经济周期性因素之外，中国新能源发电的过剩可能是现有投资体制、开发模式下的必然结果。因此，要求对中国新能源行业的发展进行重新审视，构建新的分析框架来予以解释。我们需要厘清新能源发展面临的现实基础。如此，才能理解新能源产业发展过程中出现的各种问题。

第一，外部环境压力。从世界各国情况来看，风能、太阳能的大规模开发是在应对气候变化的

背景下发生的。中国碳排放总量 2008 年已经超越美国成为世界第一大碳排放国，发展新能源是应对国际环境、实现减排承诺、履行负责任大国义务的战略举措。然而，在高碳经济增长模式还将持续的特殊背景下，"可再生能源对化石能源的替代，是在化石能源自身效率还有较大提升潜力情况下，为实现经济增长的'脱碳'而发生的低密度能源对高密度能源的替代，同时也是低竞争力能源对高竞争力能源的替代。这一转型的迫切性、必要性与经济可行性之间的巨大反差，是导致可再生能源发展中问题的基本根源。"（朱彤，2016）。因此，从社会成本来看，新能源并没有到过剩的阶段，当前"过剩"是一种结构性的过剩。

第二，新能源开发模式应符合新能源的特征。风能、太阳能等可再生能源具有分布广泛，但能量密度低、输出波动大的特点。这一特点决定了大规模、远距离的集中式模式并不是可再生能源最好的开发利用方式。至少从目前来看，风能、太阳能开发技术还无法根本性解决其远距离、高波动性问题。就太阳能而言，分布式光伏发电是非常适合太阳能资源特点的光伏发电利用模式，而且对电网的影响要小于集中式光伏电站。能源体系应该围绕分布式系统构建才符合太阳能发展的要求。目前中国的电网建设、电力市场的法律制度安排还是围绕化石能源体系而建立。例如，《中华人民共和国电力法》（以下简称《电力法》）中的一些法律条款已经在制约可再生能源的发展。2013 年以来国家多个部门出台相关细则，支持分布式光伏发电，但是市场对分布式光伏的反应非常平淡。到 2014 年年底，全国累计分布式光伏发电装机不超过 500 万千瓦，比重不足 20%，光伏市场仍以大型地面电站为主。这种政策与市场的背离，实际上是化石能源体系与分布式光伏系统之间不兼容导致的必然结果。

第三，在现有体制下，开发主体的目标与新能源发展目标并不相容，发展新能源缺乏内在动力和主动性。主要源于能源企业，特别是大型传统能源公司经营目标与政府能源战略目标的不匹配。中国新能源发展战略的制定和执行，其主要

的推动力量是政府，特别是中央政府。一方面，政府希望借助新能源清洁高效特点，缓解环境压力；另一方面，政府希望能快速掌握新能源发展技术，开辟新的经济增长点，并提高在未来国际竞争中的优势地位。但是，作为主要参与者的能源企业，特别是传统大型化石能源企业，在现阶段化石能源经营可以获得巨大利润，并没有将新能源作为主营业务的动力。他们更愿意依托现有的能源体系，缺乏主动构建新的能源体系的动力。例如，当前光伏发电项目，企业更加热衷于投资集中式地面电站，而不愿意发展更加符合太阳能资源特点的分布式电站[1]。究其原因，集中式地面电站更容易接入到传统的能源体系之中。因此，在传统能源体系下，发展可再生能源可能成为传统能源寡头企业应该承担的诸多非经济职责而已，这并不是鼓励可再生能源可持续发展的正确模式。在这种条件下，由政府主导的可再生能源发展道路，看似红火，但更像是在资源环境压力下[2]，化石能源企业与政府博弈中的被动式反应。

这种发展模式不仅阻碍新能源战略的快速推进，甚至在某种程度上阻碍其他社会资本进入新能源领域。由于传统大型化石能源企业具有先天的资金、技术、基础设施以及产业一体化优势，在新能源项目招投标中容易获得成功。在化石能源依然可以获得巨额利润的条件下，对新能源项目只采取"跑马占地，不实际开发"的发展战略。目前，政府对化石能源企业开发新能源的考核指标主要包括可再生能源投资总额、装机容量等，没有对发展规模和时间做出具体规定。例如，传统能源企业并不关注可再生能源能够在终端能源消费中提高多少份额，因为这属于电网公司的考核内容。五大国有电力集团和华润电力几乎占据了中国风电市场的半壁江山，但是风电仅是其公司经营业务的补充。这导致能源企业虽然能完成政府考核任务，但是并没有新技术、新市场开发的压力和支出，客观上使中国很多新能源项目没有达到实际预期开发效果。而社会资本几乎不可能进入被传统大型化石能源企业"圈定"的新能源项目，已经成为阻碍新能源发展的重要问题。

---

① 笔者曾经调研过数个省份，一些地方政府为了完成分布式电站指标，强制性要求企业"捆绑式"申请光伏发电指标。
② 这种压力包括来自世界低碳经济发展潮流，也包括中国自身经济发展对资源环境的过度消耗。

第四，很多传统化石能源企业经营方式不适宜新能源市场发展要求。经过长期发展，大型化石能源企业已经形成固定的经营模式。出于公司发展战略的需要，化石能源企业倾向于投资规模大、周期长、容易形成固定资产的项目。这个发展思路适应成熟产业。但是，新能源行业属于新兴产业，某些细微技术的突破都有可能开辟新的市场。促发页岩气革命的水力压裂技术，就是由一些小公司不断的钻研某一环节技术突破，相互合作开发而成。在智能电网发展中，智能调度、智能用电以及智能配电等环节的关键技术都是最先由一些科技型小企业取得技术上的突破。城市屋顶分布式能源的发展就是依靠强大的服务型小企业主导的商业模式去推广。

此外，与化石能源产业上下游关系相比，新能源更加适合满足多元化能源需求。多元化能源需求是新能源开发和利用的关键推动力量。而在纵向集中的化石能源网络中，普通消费者只是一个被动的接受者，无法表达对可再生能源电力的需求，市场需求自然不能够反映到生产一端，生产者也不能够准确判断市场规模，因此电力市场是单项满足需求的过程。新能源发展模式能激发不同能源需求主体节能潜力，需要与消费市场密切互动，这些是传统化石能源企业所并不擅长的全新领域。

三、通过供给侧改革促进新能源产业的健康发展

新能源产业健康发展，重要的一点是首先认清新能源"分布广泛、能量密度低，输出波动大"的特点，改变即已形成的发展路径，重新确立符合新能源特点的开发利用模式，构建有利于新能源接入的电力系统。与之伴随的是，需要打破诸多制约新能源健康发展的制度和组织层面的障碍。因此，以政策导向的新能源产业需要通过变革以调整其发展驱动力和模式。

1. 国家层面树立新能源发展的新思维

新能源发展应该置于当前能源转型的历史背景下理解的，而不是简单地提高新能源比例。在既有的化石能源体系下，装机规模目标很容易通过简单投资来实现（图21-11、图21-12）。而风能、太阳能自身的特点决定了传统化石能源系统接纳新能源的空间是有限的。大幅度增加新能源在终端能源消费中的份额，则需要能源系统的调整。

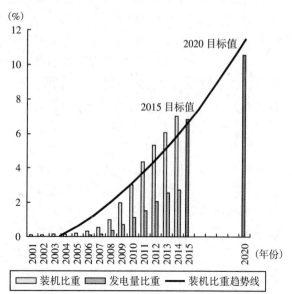

图 21-11　风能装机比重发电量比重

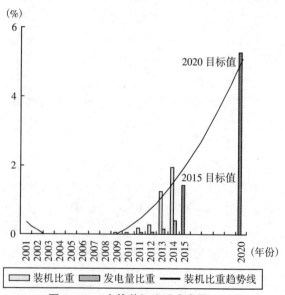

图 21-12　光伏装机比重发电量比重

那么，什么是新能源发展的新思维？正确选择符合可再生能源特点的开发利用模式，构建符合这一模式推广的制度环境和组织结构。《第三次工业革命》一书中描绘，新能源开发利用模式打破了传统能源供应体系下的垄断市场格局，普通居民都能够成为可再生能源的开发者。如果愿景能够成为现实，那么无疑是符合可再生能源特性的开发利用方式。在欧洲和北美地区，一些国家普通居民已经参与到能源市场交易之中。因此对于中国政府来说，需要做的是尽快改变以化石能源方式发展可再生能源的思维，从国家层面推动现有的纵向集中的能源网络向平行、基于互联互通的分布式系统的能源互联网转变。

2. 电力系统变革以适应新能源的发展

电网规划与可再生能源规划的匹配并不仅是绝对量上的匹配。对于局部地区的可再生能源项目，电网配套与发电规模需要统一。但从可再生能源发展的长期规划来看，电网作为公共基础设施，需要做出改变以适应风电、光电等波动式能源的发展。目前，在国家可再生能源电价补贴等政策支持下，风电、光伏发电还是能够保证盈利水平。但是电网接入仍不够便利和快捷。电网企业的接入条件虽然改进了许多，但便捷性等仍然需要提高，这在某种程度上制约了分布式可再生能源发展。2013 年 2 月国家电网发布的《关于做好分布式电源并网服务工作的意见》中提到诸多服务于分布式电源并网的原则。这可以看作是垄断的电网企业针对可再生能源发展趋势的积极的反应。但是，对于推动化石能源系统向可再生能源系统转型，推动现有的纵向集中的能源网络向平行、基于互联互通的分布式系统的能源互联网转变，是远远不够的。电力系统变革的核心是推动电力供应从一个基于传统而僵化的基本负荷系统转向更加灵活的，主要（甚至全部）由波动的可再生能源驱动的智能化系统转型（朱彤，2015）。电力系统需要从大规模集中单向网络向小规模、分布式双向网络转型。

3. 相关法律修订以保障新能源的发展

电力体系的变化将对电力体制提出新的要求。因此，与之相关的法律制度、体制机制，以及组织结构应该充分根据这一需求进行调整和完善。

从历史经验来看，建立新的能源体系，需要强有力的法律体系保障新兴的市场主体能够参与到这一重大的社会体系的变革之中。新兴市场主体在发展初期，需要公平、公正的市场环境，才能真正地在能源转型中发挥积极作用。《中华人民共和国电力法》、《中华人民共和国煤炭法》、《中华人民共和国节约能源法》等多部法律已经构成了初步的能源立法体系。但是我国能源法律法规体系也面临法律内容与行业发展脱节，作为指导国家能源发展战略的《中华人民共和国能源法》长期缺位，部分法律也已经与现阶段可再生能源发展和节能减排形势不相适应等窘境。

因此，法律层面的调整，首先应该确立可再生能源发展的强制性规则。例如，《中华人民共和国可再生能源法》规定可再生能源全额收购制，但实际上并没有严格执行。究其原因就是《中华人民共和国可再生能源法》立法"缺乏充分的强制性规则及其运行机制，使得立法效能难以发挥……缺乏可再生能源优先发展与义务本位的理念支持，强制性规则主要表现为以促进、倡导为名的宣示性规范。"[1] 缺乏充分的强制性规则，就无法在顽固的化石能源体系下，嵌入有利于新能源的市场制度。最重要的是，在现有的体制下，无论是《中华人民共和国可再生能源法》还是其他行业法律，很少强调可再生能源市场的公平，忽略了对新兴市场主体的保护。在利益盘根错节的电网公司、煤炭发电企业面前，可再生能源投资者没有谈判力量，在入网环节甚至承担了额外的成本[2]。

其次修订行业法以更好地规范能源资源的产权制度、产业准入制度、技术标准制度、环境保护制度等多个问题。例如，当前《中华人民共和国电力法》中缺少有关电力交易规则、电价形成机制、电力建设的规定，无法支持新能源等分布式能源的发展。特别是当前，分布式电源接入规模扩大，区域电网结构发生变化，旧的法律规定成为能源发展的障碍。"这些年，在我们手里出来的改革文件都是违法的。改革方案是按照建设

---

① 宋彪：《论可再生能源法的强制性规则》，《江海学刊》2009 年第 3 期。

② 据调研，不少集中式光伏发电企业，不得不替电网企业建设输电线路和配电网站，才能顺利入网。

现代市场机制制定，与法律规定相悖。"

4. 体制机制的调整以促进新能源市场的成熟

在既定模式下，围绕化石能源的发展而设计的电力体制和机制不利于新能源的发展，甚至是阻碍了新能源规模的扩大。新能源在发展过程中，外部制度环境的制约导致了其发展路径发生偏差的现象屡有发生。例如，现有政策在电力调度上，优先保证火力发电利用小时数，没有保证风电等可再生能源的发电小时数，行政计划调度过度干预市场选择；各类补贴政策进一步强化了化石能源的市场竞争力；新能源补贴不利于可再生能源市场成熟；尚不成熟的定价机制使新能源清洁、低碳效应难以体现等。

因此，体制机制要朝着有利于新能源发展的方向调整。一是要改善电力调度和管理办法，实现公开的电力调度制度。加大对电网公平接入的监管，保证各类投资者无歧视地使用电网设施，形成有利于新能源发展的市场机制。二是鼓励民间资本、非电力行业资本参与电网建设投资，尤其是新能源资源丰富的地区，要尽快出台或完善相应规划。三是光伏电站的发展仍然需要政府投入，应该将补贴的方向和重点转移到符合可再生能源特性的分布式发电系统。如此鼓励适合开发分布式能源的中小型民营资金参与到光伏市场中，壮大市场规模。四是要改革当前的电价制度，要做好电价改革的顶层设计，设计可再生能源发电上网定价动态调整机制以建立可再生能源上网电价水平与发展规模之间的联系。

5. 以市场化改革打破行业进入壁垒，形成兼容性、扁平化的电力市场

当前纵向集中的传统电力工业具有典型的垂直垄断的市场结构特征。在这一市场结构下，大型能源公司基本垄断了电力系统重要环节的投资和研发。这些大企业并不会放弃自身利益，主动将投资和研发重点转向有利于新能源的新领域。事实上，要实现这种转变仅仅依靠大型电力企业也是做不到的。"可再生能源这种分散式本质更需要合作性的组织结构而不是层级结构。"[1] 大型电力企业具有资本优势，应主要负责构建全国各大区的主干网络、大型可再生能源发电基地的外输线路，以及基于主干网络的配电网。而便于接入分布式能源的智能微网等能源互联网中的各个环节，应该允许并鼓励科技型中小企业参与、甚至主导研发、规划和建设，而不应该被大型企业排除在市场之外。例如，在智能电网发展中，智能调度、智能用电以及智能配电等环节的关键技术都是最先由一些科技型小企业取得技术上的突破。城市屋顶分布式能源的发展就是依靠强大的服务型小企业主导的商业模式推广的。目前在主干网络及配电网络规划尚不明晰的情况下，科技型中小电力企业不能发挥其优势参与到能源互联网的建设中。关于微电网建设、运营模式都还处在个案示范阶段[2]，还没有规模化推广，很难快速形成微电网系统的设计标准、电网接入标准。因此，为了促进分布式可再生能源市场发展，国家应该出台政策，支持服务型中小电力企业为电力系统提供数据传输、大电网稳控、面保护、单相接地保护、用电监察、开关保护和控制、负荷控制、配变监测、商业推广等各种技术服务和运营服务，鼓励企业联合，综合多类型企业优势，大力推进设备规范、设计标准、并网标准等有关技术标准的制定。

专栏 21-1

分布式光伏发展模式：居民光伏发电

作为分布式光伏发展模式，居民光伏发电正在赢得更多的关注。2013 年以来，国家电网、国家能源局不断出台政策，鼓励个人分布式光伏发电并网。同年，山西省、山东省、安徽省等，不少居民用户申请分布式电源。

---

[1] 杰里米·里夫金：《第三次工业革命》，张体伟、孙豫宁译，中信出版社 2012 年版。
[2] 例如，山东省、江苏省等，居民个人申请分布式光伏发电并网。

全国首位成功并网的个人光伏发电站用户，青岛徐鹏飞"安装了9块电池板，系统装机容量共2千瓦。现在电站已经累计发电1500度，其中将近1000度的电传入电网，系统运行很稳定"。上海电力学院的赵春江教授在自家别墅上安装的3.7千瓦的光伏发电站，使用一年多，累计发电4100度，入网2008度电左右。2013年7月25日，山西武乡居民赵瑞星利用18千瓦光伏发电并并入国家电网，成为山西首个分布式光伏发电并网的居民用户，等等。

随着国家政策对分布式光伏发电的支持，特别是《关于促进光伏产业健康发展的若干意见》的颁布，现在申请个人光伏发电并网已经变得越来越简单。虽然现在并网的程序变得简单了，但是这些光伏发电的个人业主们却遇到了一系列问题。

一是初始投资大，投资回报期过长。按照国家发改委规定，光伏发电有两部分收入，一部分是上网电费；另一部分是按照发电量，发改委给的供电补贴，补贴标准为每千瓦时0.42元（含税）。按照屋顶200平方米的28组太阳能光伏板年发电量为7000千瓦时。按每千瓦时1元来算，一年收入为7000元。而光伏发电设备投资10多万元，所以回本周期超过10年。

二是屋顶产权的问题。按照现有产权制度，屋顶分布式光伏电站的产权均属于屋顶业主，只有拥有土地证的建筑和工业设施才能拥有完整的产权登记。这就导致了在中国分布式光伏电站的屋顶获得的成本很高。分布式电站具有分散性的特点，但屋顶产权复杂，需要多方对租赁事宜进行协商，协商后还要保证20~30年能一直使用该屋顶，同时还要保证业主能一直购买使用该屋顶光伏发电才行，因此造成很多项目申请下来后无法继续推进。与此相比，正是因为没有面临那么复杂产权问题，日本、西班牙、德国的分布式能源才能发展得如此顺利。据德国能源署中德可再生能源中心执行主任陶光远介绍，"德国分布式光伏电站是这三种形式：自家屋顶安装，比例占到1/3；发起基金，在公共建筑的房顶上安装，需要在谁的房顶上安装，就租谁的地；最后一种就是租用农民的地来安装。"从德国、日本等国分布式光伏发展情况来看，其实，分布式光伏已经不仅仅是能源领域的问题，而是需要从整个社会大环境的多个方面进行系统性建设。发展分布式光伏的关键是光伏之外的制度环境。

资料来源：作者整理。

参考文献

[1] 韩秀云：《对我国新能源产能过剩问题的分析及政策建议——以风能和太阳能行业为例》，《管理世界》2012年第8期。

[2] 杰里米·里夫金：《第三次工业革命》，张体伟、孙豫宁译，中信出版社2012年版。

[3] 史丹：《我国新能源产业"过剩"的原因及解决途径》，《中国能源》2012年第9期。

[4] 宋彪：《论可再生能源法的强制性规则》，《江海学刊》2009年第3期。

[5] 张晖：《中国新能源产业潮涌现象和产能过剩研究》，《现代产业经济》2013年第12期。

[6] 周大地：《电力行业的盲目投资问题太过突出》，《开放导报》2016年第7期。

[7] 朱彤：《五问国家能源转型》，《财经》2016年第6期。

[8] 朱彤、王蕾：《国家能源转型——德美实践与中国选择》，浙江大学出版社2015年版。

第二十二章　煤炭工业

提　要

本章从全球能源形势、煤炭供需、煤炭价格、煤炭行业投资和淘汰落后产能等方面，分析了2015年我国煤炭工业发展的五大特点：一是需求低迷，煤炭消费总量或已达高峰；二是产量继续下滑，三是行业亏损严重，四是固定资产投资大幅减少，五是淘汰落后产能空间集中明显。

供给侧改革对于煤炭行业而言，是全新的探索。大力实施煤炭行业供给侧结构性改革，根本目的是平衡供需，避免恶性竞争，推动煤炭行业健康有序发展。淘汰落后产能是煤炭行业供给侧改革的核心，因成本、环境和安全问题，"老小劣"煤矿是去产能的重点；地方国有和民营煤矿产能较小，这些企业去产能任务重；违规煤炭是去产能的有力抓手，其集中地区是去产能见成效的关键区域。

展望未来，新一轮能源工业革命与能源发展方式转型必将对煤炭工业产生巨大的影响。我国煤炭工业面临着推进煤炭生产革命和消费革命、实现煤炭发展方式转变的艰巨任务，煤炭行业供给侧改革将贯穿整个"十三五"期间，主要表现在煤炭去产能任重而道远、去库存效果显著、去杠杆化解债务风险、降成本难度较大等方面。为加快推进煤炭行业供给侧改革，建议科学制定标准，提高政府部门在供给侧改革中的政策水平；完善落后产能退出机制，分步实施人员分流工作；针对"去产能"企业的高负债问题出台优惠政策；加快煤矿社会职能移交，通过创新补短板。

＊　　　　　＊　　　　　＊

引　言

近年来煤炭工业经营状况恶化，行业亏损面不断扩大。为促进煤炭工业的健康发展，落实习近平主席在中央领导工作小组会议上有关供给侧改革的讲话精神，煤炭工业拉开了供给侧改革的大幕。煤炭行业供给侧改革的根本目的是优化资源配置、解决煤炭工业供给侧生产要素配置低效问题，通过转型升级，平衡供需，避免恶性竞争，推动煤炭行业健康有序发展。

供给侧改革对于煤炭行业而言，是全新的探索。因此有必要分析煤炭行业供给侧改革的国际、国内煤炭运行环境，研究煤炭行业供给侧改革的主要举措，判断未来煤炭行业供给侧改革的方向。本章采用的换算关系是：1吨原油≈1.4268吨标准煤，1吨原煤≈0.714吨标准煤，1亿立方米天然气≈0.00133吨标准煤。

一、2015 年煤炭工业运行特点

2015 年，在能源转型、经济下行的压力下，全球煤炭需求疲软、供过于求。在此背景下，我国煤炭行业呈现供大于求的态势，煤炭消费总量、煤炭产量和煤炭价格齐降，煤炭工业发展遇到了前所未有的困难，产能严重过剩，煤炭价格大幅下滑，全行业亏损。

1. 国际煤炭需求与价格双降

2015 年，全球经济增长乏力，国际能源供求关系发生显著变化，从 2014 年的供给宽松、供求总体平衡的格局，转向供给充足、需求增长乏力的格局。

煤炭消费总量大幅下降。随着各国政府和社会各界对低碳经济和可持续发展的日益重视，煤炭消费需求受到抑制。2015 年，世界一次能源消费总量相对平稳，约为 188 亿吨标准煤，同比增长 0.97%。煤炭消费量约为 79.70 亿吨，同比减少 1.82%；原油消费量约为 43.31 亿吨，同比增长 1.88%；天然气消费量约为 3.47 万亿立方米，同比增长 1.74%。

世界电力消费量约为 24 万亿千瓦时，其中核电发电量约为 2.57 万亿千瓦时，同比增长 1.33%，水电发电量约为 3.95 万亿千瓦时，同比增长 0.98%，非水可再生能源发电量约为 1.61 万亿千瓦时，同比增长 15.24%。

国际煤炭价格大幅下滑。2015 年末与年初相比，世界主要煤炭现货价格都下跌了 10% 以上，其中澳大利亚 BJ 煤炭现货价格大跌 20% 以上（如表 22-1 所示）。

表 22-1　2015 年世界主要煤炭市场现货价格

	澳大利亚 BJ 煤炭现货	纽卡斯尔 NEWC 动力煤现货	欧洲 ARA 港动力煤现货	理查德 RB 动力煤现货
与年初相比下降（美元/吨）	−13.57	−9.39	−6.68	−9.94
与年初相比下降幅度（%）	−20.61	−15.64	−12.20	−16.82
2015 年 12 月煤炭价格（美元/吨）	52.28	50.66	48.07	49.15
2015 年 1 月煤炭价格（美元/吨）	65.85	60.05	54.75	59.09

资料来源：根据相关市场价格数据计算。

能源消费向低碳可再生能源转型，煤炭等化石能源占比持续下降。2015 年，化石能源消费占比为 86.0%，较上一年下降了 0.4 个百分点，但依然是世界能源消费的支柱能源。油气煤的消费占比分别是 32.9%、23.8% 和 29.2%，其中煤炭消费占比较 2014 年下降了 0.8 个百分点，是近年来下降最多的一年。2015 年，可再生能源消费占比为 9.6%，较 2014 年增加了 0.4 个百分点。

2. 我国煤炭消费总量或已达峰

受经济下行、经济结构调整和"控煤"政策等因素的影响，煤炭消费缺乏强力支撑、需求低迷，2015 年煤炭消费量为 39.6 亿吨，同比下降 3.7%、减少 1 亿吨。煤炭消费总量自 2013 年达到 42.44 亿吨标准煤后就开始下降，42.44 亿吨或是阶段性峰值（如图 22-1 所示）。煤炭在我国能源消费结构中所占的比重为 64%，实现了国务院煤炭行业"十二五"规划和能源发展战略行动计划（2014~2020 年）的煤炭总量目标，即煤炭消费占比控制在 65% 以内。

煤炭消费量的减少，主要原因在于钢铁、建材、化工等高耗行业因产量下降而减少了对煤炭的需求。2015 年，电力行业用煤 18.39 亿吨，钢铁行业用煤 6.27 亿吨，建材行业用煤 5.25 亿吨，化工行业用煤 2.53 亿吨，但由于经济放缓，四个行业的煤炭需求均有不同程度的下降，下降幅度分别为 6.2%、3.6%、8%、8.4%（如表 22-2 所示）。

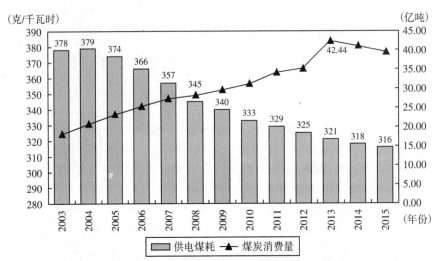

图 22-1　2003~2015 年火电供电煤耗及煤炭消费总量

表 22-2　煤炭消费需求

时间	煤炭 (亿吨,%)		电煤 (亿吨,%)		钢铁 (亿吨,%)		建材 (亿吨,%)		化工 (亿吨,%)	
	消费总量	同比增长	消耗量	同比增长	耗煤量	同比增长	耗煤量	同比增长	耗煤量	同比增长
2015 年	39.6	-3.45	18.39	-6.2	6.27	-3.6	5.25	-8.0	2.53	-8.4

资料来源：国家数据，http://data.stats.gov.cn/。

　　根据国家数据库数据显示，2015 年，全国粗钢产量为 8.04 亿吨，同比下降 2.3%；生铁产量为 6.91 亿吨，同比下降 3.5%；水泥产量为 23.48 亿吨，同比下降 4.9%；平板玻璃产量为 7.39 亿吨，同比下降 8.6%（如表 22-3 所示）。但是，2015 年电解铝产量为 3111 万吨，同比增加 10.6%。

　　煤炭消费量的减少，还因受到火电用煤增长空间的限制。一方面，受水电、风电等挤压，2013 年以来火电发电量增速持续下行。另一方面，由于技术进步，火电供电煤耗逐年下降。每度电供电煤耗从 2003 年的 378 克减少到 2015 年的 316 克。

表 22-3　高耗能源产品产量

时间	粗钢 (亿吨,%)		生铁 (亿吨,%)		水泥 (亿吨,%)		平板玻璃 (亿重量箱,%)	
	产量	同比增长	产量	同比增长	产量	同比增长	产量	同比增长
2015 年	8.04	-2.30	6.91	-3.50	23.48	-4.90	7.39	-8.60
2014 年	8.23	0.90	7.12	0.50	24.76	1.80	7.93	1.10

资料来源：国家数据，http://data.stats.gov.cn/。

　　3. 煤炭产量继续下滑

　　受需求放缓影响，2015 年原煤产量 36.85 亿吨，较 2014 年的 38.7 亿吨减产 1.85 亿吨，同比减少 3.45%。焦炭产量 4.48 亿吨，同比减少

6.45%。全国铁路煤炭发运量 20 亿吨，同比减少 12.66%。原煤进口 2.04 亿吨，进口均价从 76.40 美元/吨降到 59.30 美元/吨（如表 22-4 所示）。

表 22-4　2014~2015 年煤炭供给能力

时间	原煤 (亿吨,%)		全国铁路煤炭 (亿吨,%)		焦炭 (亿吨,%)		原煤进口 (亿美元,亿吨,美元/吨,%)					
	产量	同比增长	发运量	同比增长	产量	同比增长	进口额	同比增长	数量	同比增长	均价	同比增长
2015 年	36.85	-3.45	20.00	-12.66	4.48	-6.45	121.01	-45.60	2.04	-29.90	59.30	-22.38
2014 年	38.7	—	22.90	-1.29	4.77	-0.04	222.50	-23.50	2.91	-10.90	76.40	-13.82

资料来源：国家数据，http://data.stats.gov.cn/。

4. 煤炭行业亏损严重

由于煤炭价格持续下跌，煤炭行业景气度继续下行，煤炭行业经营困难。2015 年以来煤价大幅下跌，发热量 5500 大卡动力煤价格从 2015 年年初的 515 元/吨跌到 2015 年年底的 375 元/吨，下跌了 140 元/吨，跌幅为 27.2%。

企业亏损面不断扩大。煤炭行业亏损企业数量不断增加。据国家统计数据，到 2015 年，煤炭行业共 6430 个企业，亏损企业 2027 个，亏损企业占比为 31.5%，累计亏损 973 亿元（如表 22-5 所示）。行业从业人员大幅减少，较"十二五"之初的 2011 年减少了 90 万人。观察 24 家煤炭上市公司，净利润亏损的有 16 家，相较于 2014 年净利润亏损的 8 家，亏损面扩大到了 66.7%。

表 22-5　2011~2015 年煤炭企业亏损情况

时间	企业数（个）	亏损企业数（个）	亏损企业比例（%）	亏损企业亏损总额（亿元）	利润总额（亿元）	利润总额比去年同期增减（亿元）	从业人员平均人数（万人）
2015 年	6430	2027	31.52	973	441	−818	442
2014 年	7098	1929	27.18	782	1268	−1089	—
2013 年	7975	1788	22.42	457	2370	−1202	—
2012 年	7790	1290	16.56	240	3555	−657	526
2011 年	7611	845	11.10	73	4342	1087	531

受煤炭量价齐降的影响，行业盈利能力明显恶化。2015 年，行业利润总额为 441 亿元，较 2014 年减少了 818 亿元。观察煤炭上市公司，普遍盈利能力下降，平均毛利率、净利率和净资产收益率分别为−15.2%、−10.3% 和−12.3%，同比下降了 6.0 个百分点、10.5 个百分点和 13.0 个百分点；营业收入和净利润分别较 2014 年同期下降了 22.6% 和 88.4%。

5. 煤炭固定资产投资大幅减少

企业盈利恶化，投资意愿降低。2015 年，煤炭行业固定资产投资实际完成额 4007 亿元，较 2014 年减少近 680 亿元，同比减少 14.5%（如图

22-2 所示）。由于煤矿从投资到投产的周期约为两年，固定资产投资减少和投资增速下降，意味着两年以后投产的新增产能受到约束，但近两年新增产能还会有较大的增加。根据煤炭工业协会的统计，2013 年末全国在建和拟建产能分别为 9.0 亿吨和 4.5 亿吨，考虑 2014~2015 年部分已投产产能，实际新建已开工产能约 5 亿吨。其中，内蒙古、山西和新疆在建已开工矿井产能分别为 1.9 亿吨、1.6 亿吨和 0.8 亿吨。内蒙古、新疆和陕西的在建和规划矿井规模较大，其中，新疆和陕西主要以规划矿井为主，投产更具有不确定性。

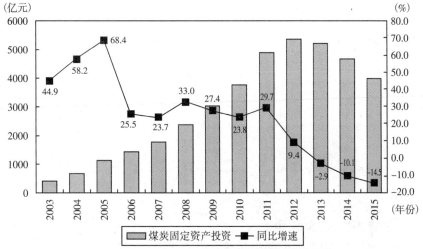

图 22-2　煤炭行业固定投资完成额及同比增速

6. 淘汰落后产能空间集中明显

2015 年计划淘汰落后煤矿 1254 座，淘汰落后产能 7779 万吨，实际淘汰落后产能 9000 万吨（如表 22-6 所示）。淘汰落后产能主要集中在贵州、黑龙江、湖南和山东等省，其中贵州和黑龙江两省淘汰落后产能超过 4500 万吨。"十二五"期间全国累计淘汰落后煤矿 7250 座，淘汰落后产能达 5.6 亿吨。

表 22-6　2015 年煤炭行业淘汰落后产能目标

	淘汰煤矿数量（座）	淘汰落后产能（万吨）	关闭退出数量（座）	关闭退出产能（万吨）	改造升级数量（座）	改造升级产能（万吨）
全国	1254	7779	1052	6391	202	1388
贵州	220	2100	200	1800	20	300
黑龙江	233	1270	233	1270	0	0
湖南	150	900	100	600	50	300
山东	56	834	35	483	21	351
云南	131	416	115	345	16	71
广西	37	340	37	340	0	0
河南	23	320	23	320	0	0
重庆	80	240	80	240	0	0
福建	54	225	54	225	0	0

资料来源：国家数据，http://data.stats.gov.cn/。

从单井平均产能来看，"三西"地区（山西、内蒙古、陕西）、安徽、山东等地煤矿均属于大型矿井，而河南、贵州、黑龙江等地则中小型煤矿居多（如表 22-7 所示）。这就不难理解为什么黔黑是淘汰落后产能的重点区域。

表 22-7　全国各省份合规煤矿数量及产能情况

主要产煤省	煤矿数量（座）	在产合法产能（万吨）	产能占比（%）	单井平均产能（万吨）
全国	6588	341918	100	52
山西	503	83815	24.5	167
内蒙古	340	71749	21.0	211
陕西	277	36296	10.6	131
河南	295	17132	5.0	58
山东	175	17076	5.0	98
安徽	53	15224	4.5	287
贵州	684	16968	5.0	25
黑龙江	777	11278	3.3	15
其他省份	3484	72380	21.2	21

资料来源：国家数据，http://data.stats.gov.cn/。

二、推进煤炭行业供给侧结构性改革

煤炭行业供给侧改革是落实 2015 年 11 月 10 日中央财经领导小组会议上习近平主席关于供给侧改革、化解过剩产能讲话精神。它试图运用煤炭供给侧管理，从供给、生产端入手，通过解放生产力，大力实施煤炭行业供给侧结构性改革，其根本目的是平衡供需，避免恶性竞争，推动煤炭行业健康有序发展，从而促进经济健康发展。

1. 煤炭行业供给侧改革的内涵

所谓煤炭行业供给侧改革，是指煤炭生产环节的煤炭资源、劳动力、资本和技术等生产要素的合理组合与优化配置，解决煤炭工业供给侧生产要素配置低效率、低档次和低质量等问题，通过结构优化升级、技术攻关和管理创新等措施，促进煤炭工业健康发展。煤炭行业供给侧改革的重点是去产能、去库存、降成本和补短板，其主要原因有：

第一，煤炭产能过剩情况严重。随着大量投资进入煤炭行业，煤炭产能增长迅速。根据煤炭工业协会数据，2015 年煤炭产能为 57 亿吨左右，其中，正常生产及改造的煤矿产能为 39 亿吨，新建、改扩建煤矿产能为 14.96 亿吨，停产煤矿产能为 3.08 亿吨。如果除去已停产的 3.08 亿吨产能和尚不能出煤的 7 亿吨产能，有效产能约为 47 亿吨，远高于实际产量的 37 亿吨。

煤炭进口增多也加剧了国内产能过剩。近年来，煤炭年进口量最多时达到了 3 亿吨，2015 年进口量虽有回落，但也在 2 亿吨左右。

第二，煤炭库存和应收账款均处于加重状态。截至 2015 年年底，全社会库存煤炭已持续 48 个月超过 3 亿吨，全国煤炭企业应收账款已达 3850 亿元的高位，资产负债率达 67.9%（如图 22-3 所示）。

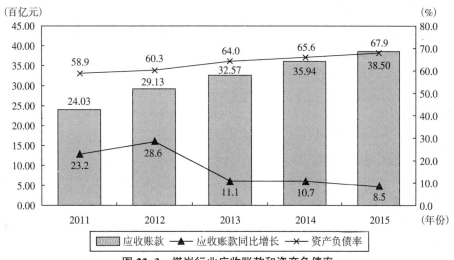

图 22-3 煤炭行业应收账款和资产负债率

第三，环境约束和能源消费转型使煤炭消费下降。在煤炭产能集聚地增加的同时，环境制约因素和能源转型效应不断放大，促使煤炭消费增长趋缓并于近期出现明显下降，在 2013 年消费量达到 42.44 亿吨高峰之后，至今已连续两年下降，2014 年消费量同比下降 2.9%，2015 年消费量同比下降约 3.7%。

煤炭行业供给侧改革的核心任务是去产能，如何合理、有效地去产能是供给侧改革的关键。

2. "老小劣"煤矿是去产能的重点

因成本、环境和安全问题，"老小劣"煤矿是去产能的重点。老旧煤矿面临着资源枯竭、产量低、成本高等问题，是关闭退出的重点。全国已开采 20 年及以上的老旧煤矿产能为 9.6 亿吨，占比为 37%，未来淘汰老旧矿落后产能约为 6 亿吨。

我国小煤矿数量占比过大，安全隐患较大。小煤矿是安全事故防范的重点，其发生的安全事故占总数的 70% 以上。目前国家能源局公示的各省市煤矿产能中，9 万吨以下的煤矿有 3472 座，占总煤矿数的 52.7%，产能约为 2.0 亿吨，占比达 6%。产能在 30 万吨以下（小型）的煤矿有 4890 座，占比达 74.2%，产能约为 4.9 亿吨，占比达 14.3%（如表 22-8 所示）。本轮去产能的重点是单井产能不足 30 万吨的煤矿。

全国褐煤等劣质煤产量约为 4 亿吨，环境污染破坏力很大。但因其能有效降低发电企业成本，故仍有较大的市场。我国煤炭产业需要朝清洁化利用方向发展，严格限制高硫、高灰劣质煤的生产使用成为关键。对于尚未开发的高硫、高灰煤炭资源，要暂停煤矿项目核准，已核准的要暂缓建设，正在建设的要压缩规模，已投产的要减少产量。

表 22-8　全国煤矿产能规模结构

产能规模	煤矿数量（座）	产能（万吨）	产能占比（%）	平均单井产能（万吨）
全国	6588	341918	100	52
大于 1000 万吨	25	48070	14.1	1923
300 万~1000 万吨（含）	141	75005	22.0	532
90 万~300 万吨（含）	654	113567	33.2	174
30 万~90 万吨（含）	878	56457	16.5	64
9 万~30 万吨（含）	1418	28390	8.3	20
小于 9 万吨（含）	3472	20429	6.0	6

资料来源：国家数据，http://data.stats.gov.cn/。

3. 地方国有和民营煤矿去产能任务重

从煤矿的所有制性质来看，地方国有和民营企业煤矿平均单井产能偏小，是企业兼并和淘汰落后产能的重点对象。而中央企业、国有重点煤矿均属于大型或超大型煤矿，平均单井产能超过 100 万吨，总产能达到 22.9 亿吨，占比达到 72.5%（如表 22-9 所示）。国有地方和民营煤矿合计产能约 8.7 亿吨，其中一部分煤矿的产能规模较大，预计兼并重组涉及的产能约 5.4 亿吨。

表 22-9　不同所有制煤矿产能及平均单井规模

资本性质	煤矿数量（座）	产能（万吨）	产能占比（%）	平均单井产能（万吨）
中央企业	202	81018	25.64	401
国有重点	1434	148146	46.89	103
国有地方	623	27760	8.79	45
民营企业	2188	59014	18.68	27

资料来源：国家数据，http://data.stats.gov.cn/。

4. 违规产能聚集区是去产能的关键区域

违规煤炭是去产能的有力抓手，其集中地区是去产能见成效的关键区域。根据国家能源局数据，截至 2015 年 6 月底，全国在产合法煤矿共计 6588 座，产能约 34.2 亿吨。2015 年，全国煤炭产量约 36.8 亿吨，不安全生产（也称超产）煤炭约 2.7 亿吨。初步核实违法违规煤矿 180 座，产能 8 亿吨，有安全生产隐患的矿井 225 座，产能 3.5 亿吨。

多个省份存在不安全生产（也称超产）现象。从全国统计的 25 个省份来看，山西、内蒙古、陕西、新疆（含兵团）、湖南、青海 6 个省份均存在超产现象，且情节较为严重。六省违规产量分别为 1.17 亿吨、1.9 亿吨、1.18 亿吨、5603 万吨、1807 万吨、1763 万吨，共计 5.16 亿吨，超产幅度分别达到 13.9%、26.4%、32.4%、73%、43.7%、225.2%（如表 22-10 所示）。

表 22-10　2015 年分省（区）煤矿产能及超产情况

地区	在产合法产能（万吨）	产量（万吨）	超产量（万吨）	超产比例（%）
全国	341918	368485	26567	7.80
山西	83815	95487	11672	13.90
内蒙古	71749	90722	18973	26.40
陕西	36296	48064	11768	32.40
新疆（含兵团）	7676	13279	5603	73.00
湖南	4133	5940	1807	43.70
青海	783	2546	1763	225.20
河南	17132	12415	-4717	-27.50
山东	17076	15520	-1556	-9.10

地区	在产合法产能（万吨）	产量（万吨）	超产量（万吨）	超产比例（%）
贵州	16968	16822	-146	-0.90
安徽	15224	13577	-1647	-10.80
黑龙江	11278	6020	-5258	-46.60
河北	9167	8320	-847	-9.20
宁夏	8427	7905	-522	-6.20
云南	7202	4875	-2327	-32.30
辽宁	6818	5445	-1373	-20.10
四川	6693	3240	-3453	-51.60
甘肃	5373	4177	-1196	-22.30
重庆	4084	3491	-593	-14.50
吉林	3762	2108	-1654	-44.00
江西	2291	2240	-51	-2.20
江苏	2182	1931	-251	-11.50
福建	1494	1454	-40	-2.70
湖北	1095	925	-170	-15.50
广西	680	430	-250	-36.80
北京	520	428	-92	-17.80

资料来源：国家数据，http://data.stats.gov.cn/。

5. 煤炭供给侧改革政策逐步细化

供给侧结构性改革是要把改善供给结构作为主攻方向，需要完成好去产能、去库存、去杠杆、降成本、补短板"五大重点任务"，而当务之急是要淘汰落后产能，清理"僵尸企业"，安置分流职工。关于落实措施，围绕煤炭去产能，国务院分别印发了6号文件和7号文件，为推动文件落实，相关部门制定了8个配套文件。

资金扶持，产能退出实施"以奖代补"。①中央设立专项资金支持人员安置。对地方和企业筹集的化解过剩产能资金进行补助，主要用于人员安置，支持力度与去产能规模挂钩。煤炭产能每退出1吨，政府奖补150元（中央100元、地方50元）。②完善债务处置、不良资产核销等政策，对主动退出产能企业给予金融扶持，对"僵尸企业"停止续贷。③兜牢民生底线，以各种方式安排分流职工。通过转岗就业、扶持创业、内部退养等方式安排分流职工。明确鼓励本企业内部安置职工，对不能实行市场就业的困难职工开辟公益性岗位托底安置，对符合条件的职工实行内部退养。

淘汰落后，严格控制新增产能。关闭小煤矿，原则上停止审批新增产能项目，省级政府对本地区化解过剩产能负总责。2016年全国能源工作会议明确指出，2016年我国将力争关闭落后煤矿1000座以上，淘汰煤炭落后产能6000万吨。从2016年开始，两年内暂停审批新建煤矿项目，暂停审批主要提高生产能力的技术改造项目，暂停审批煤矿生产能力核增项目，已开工的违法违规建设煤矿在补办手续时，按130%~150%的比例淘汰过剩产能。提高产业准入标准，促进企业产品升级。

2015年煤炭工业相关政策如表22-11所示。

表22-11 2015年煤炭工业相关政策一览

政策	时间	主要内容
降煤耗	2015年3月2日	由工信部、财政部共同推出《工业领域煤炭清洁高效利用行动计划》，初步设定的目标是到2020年力争节约煤炭消耗1.6亿吨以上
	2015年12月2日	国务院要求在2020年前，对燃煤机组全面实施超低排放和节能改造，使所有现役电厂每千瓦时平均煤耗低于310克、新建电厂平均煤耗低于300克，对落后产能和不符合相关强制性标准要求的坚决淘汰关停，东、中部地区要提前至2017年和2018年达标

政策	时间	主要内容
淘汰落后产能	2015 年 5 月 7 日	国家能源局和国家煤矿安监局联合发布《国务院关于进一步加强淘汰落后产能工作的通知》和《工信部国家发展改革委国家能源局等部门关于印发淘汰落后产能工作考核实施方案的通知》，2015 年我国拟淘汰煤炭行业落后产能 7779 万吨/年，淘汰煤矿数量 1254 座
严控新建产能	2015 年 9 月 18 日	国家发改委连发《关于从严控制新建煤矿项目有关问题的通知》和《关于严格治理违法违规建设煤矿有关问题的通知》两份通知，旨在严控煤炭产能，引导煤炭供需逐步恢复平衡，助力煤炭行业脱困，促进煤炭工业健康发展
核查、惩戒违法违规产能建设	2015 年 4 月 14 日	国家发改委等六个部门下发了《关于开展煤矿违法违规建设生产情况核查工作的通知》，提出将在全国开展煤矿违法违规建设生产情况核查工作，将切实维护煤炭生产建设秩序，促进供需总量平衡
	2015 年 7 月 27 日	为建立健全煤矿建设生产领域违法违规惩戒机制，规范煤矿建设生产秩序，促进煤炭行业健康发展和市场供需平衡，12 个部委联合发布了《关于对违法违规建设生产煤矿实施联合惩戒的通知》
优化布局	2015 年 3 月 25 日	国家能源局公布《关于促进煤炭工业科学发展的指导意见》，对优化煤炭开发布局、调整煤炭产业结构、加强煤炭规划管理等工作，提出十条具体意见
质量管理	2015 年 1 月	国家能源局、环境保护部、工业和信息化部联合发布《促进煤炭安全绿色开发和清洁高效利用的意见》，提出"节约、清洁、安全"的能源战略方针，促进能源生产和消费革命，进一步提升煤炭开发利用水平； 国家发改委等 10 个部门联合发布《煤矸石综合利用管理办法》，禁止新建煤矿及选煤厂建设永久性煤矸石堆场
煤化结合	2015 年 10 月 23 日	《煤化工"十三五"规划》初稿中明确提出，将提高煤炭能效，以控制煤炭行业的产量，缓解供求矛盾，并开展五类模式升级示范与创新发展。同时，将推进与石化、油气等关联产业的进一步发展，以及相关产业标准的制定
	2015 年 11 月 16 日	国家《煤炭深加工"十三五"规划》初稿提出，现代煤化工将在蒙东伊敏、新疆伊犁、陕北、宁东等地重点建设六大产业基地，到 2020 年煤制油产能达 1000 万吨/年，煤制天然气为 100 亿立方米/年，煤制烯烃达 1300 万~1500 万吨/年
煤电联动	2015 年 12 月 31 日	国家发改委发布的《关于完善煤电价格联动机制有关事项的通知》中明确，煤电价格联动机制依据的电煤价格按照中国电煤价格指数确定，联动机制以年度为周期，由国家发改委统一部署启动，以省（区、市）为单位组织实施
去产能专项资金征收	2016 年 1 月 22 日	财政部发布的《关于征收工业企业结构调整专项资金有关问题的通知》中明确，根据 2015 年发电测算，专项资金年征收额度约为 460 亿元。①专项资金征收范围：全国范围按照燃煤和可再生能源发电机组上网电量（含市场化交易电量）、燃煤自备电厂自发自用电量和规定的征收标准计征。②征收标准：各省按照 0.00~1.68 分/千瓦时的标准征收，各省平均征收 0.76 分/千瓦时（按照加权平均测算平均约 0.83 分/千瓦时）。其中陕西、河南、山东、重庆征收标准均达到 1.30 分/千瓦时以上，而蒙东、吉林、青海、西藏、新疆等地区不征收。③征收时间：自 2016 年 1 月 1 日起施行，按月征收。④征收方式：主要由电网企业向财政缴纳

三、煤炭工业发展展望与建议

1. 展望

展望未来，新一轮能源工业革命与能源发展方式转型必将对煤炭工业产生巨大影响。"十三五"期间，我国把控制能源消费总量作为重要任务，其中又把煤炭作为控制总量的重点，预计煤炭消费的占比将降到 60% 以下，并将加快研究制定商品煤系列标准和煤炭清洁利用标准。"十三五"煤炭发展将"严控增量、优化存量"，未来将着力于从两个方向引导煤炭产业走出产能过剩的泥潭：一是推进煤炭企业兼并重组，鼓励大型煤炭企业对中小型煤矿进行兼并重组，壮大一批大型煤炭企业集团，提高产业集中度；二是引导资源枯竭企业、落后产能、劣质煤产能有序退出，严控新增产能，结构性新增产能要为退出的产能埋单。

（1）煤炭去产能任重而道远。煤炭去产能目标推进缓慢。将以供给侧结构性改革为切入点，推动资源整合与兼并重组，严格控制增量、淘汰落后产能，消化过剩产能。国务院发布的《关于煤炭行业化解过剩产能实现脱困发展的意见》中明确提出去产能目标：从 2016 年起，用 3~5 年的时间，再退出产能 5 亿吨左右，减量重组 5 亿吨左右；分流人员 130 万人，关闭小煤矿 4000 座、国有煤矿 300 座。

实际上，去产能目标推进并不尽如人意。根据煤炭去产能工作进展和专项执法行动开展情况，2016 年前 7 个月我国煤炭去产能进度较迟缓，共退出煤炭产能 9500 多万吨，只完成目标任务 2.5 亿吨的 38%，工作进度明显滞后于时间进度。

减产量不等于去产能。我国煤炭产量的减少有去产能的因素，但减产最有效的是按 276 个工作日重新确认生产煤矿产能的政策。去产能会带来产量的减少，但产量的减少并不一定是去产能的结果。按照《关于进一步规范和改善煤炭生产经营秩序的通知》要求，从 2016 年开始全国所有煤矿按照 276 个工作日组织生产，即直接将现有合规产能乘以 0.84 的系数后取整，以之作为新的合规产能。这样制定合规产能有失管理的科学性。

地方利益博弈阻碍去产能。淘汰煤炭产能在地区、企业之间也存在不平衡现象。有些地区把去产能任务安排在最后一个季度，甚至最后一个月。把去产能任务尽量往后拖的做法，表明某些地方政府对去产能的重要性认识不够，将地方利益置于煤炭供给侧改革之上。

（2）煤炭去库存效果显著。在 276 个工作日限产政策和产能退出的影响下，煤炭产量大幅下降，去库存效果明显。统计局公布的数据显示，2016 年 8 月全国原煤库存 4.6 亿吨，同比下降 12.2%（如表 22-12 所示）。其中，生产企业库存 1.7 亿吨，下降 11.5%；流通企业库存 1.3 亿吨，下降 8.7%；消费企业库存 1.6 亿吨，下降 15.6%。下游及港口库存基本触及历史低位，京唐港和秦皇岛的煤炭库存同比分别下降 67.5% 和 57.6%；六大发电集团煤炭库存同比下降 13.3%；山西、内蒙古和山东的重点企业库存同比分别下降 56%、73% 和 62%。

表 22-12　煤炭库存变化情况

日期	原煤库存（亿吨）	京唐港煤炭库存（万吨）	秦皇岛港煤炭库存（万吨）	全国国有重点煤矿煤炭库存（万吨）	6 大发电集团（万吨）
2010 年 8 月 30 日	2.2	174	719	2973	800
2011 年 8 月 30 日	2.6	140	725	2284	1173
2012 年 8 月 30 日	3.5	126	635	4433	1309
2013 年 8 月 30 日	3.0	196	657	4373	1265
2014 年 8 月 30 日	4.0	153	546	5181	1414
2015 年 8 月 30 日	4.0	191	618	6301	1266
2016 年 8 月 30 日	4.6	62	262	0	1098
同比变化（%）	-12.2	-67.5	-57.6	—	-13.3

资料来源：Wind 资讯。

（3）去杠杆化解债务风险。由于传统的银行信贷支持力度有限，为了降低融资成本，民营煤焦企业互相担保的情况比较普遍。煤炭形势不好，将使煤炭企业债务违约和资金链断裂的风险加大。例如，太原煤气化股份的实际控制人为山西省国资委，以炼焦煤为主，矿井资质较差，采煤工艺低。2015 年亏损 20 亿元，到 2016 年 6 月底，资产负债率为 99.97%。目前尚有存续债券 27 亿元。因此，在推进煤炭行业供给侧改革的过程中，加大去杠杆力度，降低企业融资成本，通过资产处置、资产重组，降低企业的债务风险。积极探索

化解债务风险的办法与体制机制，保证关联企业的正常运营，保证企业员工和债权人的权益。避免因高杠杆出现"多米诺骨牌效应"和恶性群体事件。

（4）降成本难度较大。煤矿普遍生产成本高，财务费用和物流运输成本高，用工人数多，部分国有老企业的历史负担重，导致煤炭成本高。煤炭企业加强了成本控制，通过降低人员工资，精细化管理降低设备损耗、减少修理费用，减少管理费用支出等方式以及各省政府出台的降低基金收费的措施，生产成本进一步下降。2015 年动力

煤坑口成本为 298.4 元/吨，炼焦煤坑口成本为 240.1 元/吨，较 2014 年分别下降了 1.0% 和 2.9%

（如图 22-4 所示）。

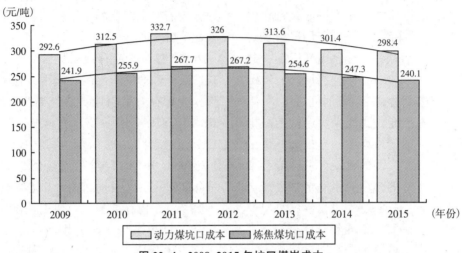

图 22-4 2009~2015 年坑口煤炭成本

从降成本的措施来看，其中效果最为显著的是通过降薪轮岗等方式降低人工成本。但总体而言，企业降成本难度较大。财务费用普遍上涨，煤企的融资成本增加。观察上市煤企，2015 年期间费用率显著上升，平均期间费用率为 20.3%，同比上升 2.5 个百分点。其中，管理费用率、销售费用率、财务费用率分别为 9.7%、5.1%、5.6%，较 2014 年分别上涨 0.5 个百分点、0.4 个百分点和 1.6 个百分点。2016 年上半年，期间费用率为 19.9%，同比增加 2.0%，其中管理费用率、销售费用率、财务费用率分别为 9.5%、4.5%、5.9%，较 2015 年同期分别上涨 0.5 个百分点、0.2 个百分点和 1.3 个百分点。降成本困难之大，可见一斑。

2. 政策建议

（1）科学制定标准，提高政府部门在供给侧改革中的政策水平。政府部门应通过设立技术、质量、环境、能耗、安全等门槛，制定去产能的标准，用科学的评价方法评价煤炭行业供给侧改革的效果。煤炭行业供给侧改革直接涉及煤炭企业数千家、煤炭从业人员上百万人。政府部门应加强科学管理的能力，不要简单用"276 个工作日"这样的行政手段来核定合规产能，更不应该把产量的减少当作落后产能的退出。而应通过市场手段及合理的政策，淘汰高成本、低效率、不安全、质量差、高污染的煤炭产能。

去产能的判断标准是无效资产是否有序退出。这也需要通过技术、质量、环境、能耗、安全等标准，设立矿井性质、矿井工效等指标，进而判断何为无效资产、何为"僵尸企业"、何为低效煤矿、何为产能退出。用一套科学的标准体系，判断煤炭行业供给侧改革的进展，判断改革的成功与否。

政府有关部门应清醒地认识到，用行政的手段、计划的思维进行煤炭行业供给侧改革是不可行的，如果坚持此道最终必将受到市场的惩罚。工作日由 330 天降至 276 天，以此缩减所有生产煤矿产能（产量）的做法过于简单。这种以算术的方法核减全国 16% 的产能，是典型的"计划"限产手段，是"有病无病一起吃药"的典型代表。事实上，用行政的手段限产，不仅难以让落后产能退出，还有可能掩盖产能实际过剩的矛盾，引发新的问题。最近的煤炭涨价、供给矛盾突出，正是这剂"猛药"的后果。

（2）完善落后产能退出机制，分步实施人员分流工作。解决企业员工安置问题是煤炭行业推进供给侧改革面临的最大问题。推动供给侧改革，淘汰落后产能，关停、兼并重组煤企，将涉及 130 万人的煤炭行业从业人员安置问题。煤炭行业分流员工至少存在三个问题：一是企业内部可转岗分流的岗位不多；二是煤炭产区往往是第三产业不发达的地区，可分流的岗位不多；三是国有企业压力大。国有煤企承担了大量社会责任，成本高、负担重，人员分流面临着各种政策和制度方面的制约。国有煤企的社会职能多、负担重，与煤炭产业退出机制不够完善有关。例如，我国关闭破产了一批老旧煤矿，但破产煤矿的一些"企业办社会"服务机构、人员并没有退出机制，没有经费来源。结果破产煤矿的这些未退出机构和人员成了存续煤企的负担。民营企业在人员分流时顾虑和负担较小，它们会主动根据经营状况采取减产减员等措施。

煤企人员分流分三步走：第一步，缩减人员总数，通过提前退休、内部退休、停薪留职、轮岗轮休、政府扶助、企业购买政府公益岗位和自谋职业等多种方式，安置分流职工。第二步，减少管理人员等非生产人员冗余。观察上市煤炭企业人员结构，生产人员占比为 74.4%、技术人员占比为 7.2%、销售人员占比为 1.8%、管理人员占比为 16.6%，管理人员比重偏大，企业在减员方面还有空间。有些上市煤企，如神华、兖州煤业、潞安环能、冀中能源、阳泉煤业，其管理人员比重高达 20%，减员、转岗有一定空间。第三步，创办新业态、吸引新企业，通过新增企业吸纳转岗人员。建议政府有关部门出台政策，在新兴产业布局和转移上，向去煤炭产能集中区域倾斜。

（3）针对"去产能"企业的高负债问题出台优惠政策。国有大型煤炭企业高杠杆问题突出。一方面，由于历史原因，"投改贷"使后续新建煤矿贷款比例高；另一方面，一些省份实行小煤矿退出政策，国有企业大量"兼并"私有煤矿，使许多企业负债率急剧增高，财务成本占比过大，直接影响了企业的后续发展和投融资。

国家应该研究针对这类企业的支持政策，是否可以通过银行债转股、债务延缓等方式给予其一定的政策照顾。债转股是债务重组的一个重要措施，也是降低企业杠杆率的重要措施。建议相关职能部门专题研究降低企业杠杆率的综合措施，包括债转股。

（4）加快煤矿社会职能移交，通过创新补短板。在煤炭行业供给侧改革中，国家应出台政策，明确煤炭企业社会职能的剥离和移交等事项，切实减轻存续煤炭企业的社会负担。同时建议国家出台相关政策，尽快移交上一轮国企改革中已剥离但未移交的社会职能，包括公安、学校、医院、物业等。

煤炭行业既有生产成本过高、工效不高、安全产能不足的短板，也有发展模式粗放、资本运作能力不强的短板，需要通过观念创新、技术创新、发展方式创新和能力提升补短板。政府应出台相关政策，鼓励补短板的创新活动。

总之，煤炭行业供给侧改革的目的，是通过淘汰落后、结构优化、产业提升，重建煤炭行业竞争环境。它是煤炭行业转型升级的过程，也是煤炭富集地区转型发展的过程。如何通过煤炭行业供给侧改革，调整产业结构、激发经济活力，是政府有关部门应该认真思考的问题。

专栏 22-1

贯彻国务院精神，山西煤炭如何去产能

山西省煤炭工业厅 2016 年 4 月 7 日发布《关于全省煤矿依法合规严格按照新确定生产能力组织生产的通知》提出，生产煤矿要立即按照重新确定的生产能力，合理制订月度生产计划，主动减量化生产，杜绝超能力生产，总计缩减产能 2.25 亿吨。

需勇于舍弃，更需放开手脚、冲破羁绊、越难越进。

新中国成立以来，山西煤炭既是全国能源保障的主力军，也是山西经济发展的顶梁柱和晴雨表。2013 年以来，煤价断崖式下跌，黑金之富如过眼云烟，一煤独大尾大不掉，结构畸重工业脆弱，以致经济发展规模不大、结构不优、质量效益不高。

如今，一吨煤的利润不及一瓶矿泉水的价格，山西成为煤炭市场疲软的"重灾区"，身陷困境难以自拔。2015 年，全省煤炭企业亏损 94.25 亿元，同比增亏减利 108.29 亿元。山西焦煤集团全

年生产 1 亿吨煤炭，利润只有 5000 万元，同比降低 94%。2016 年以来，煤炭困局仍在吃紧。第一季度，全省煤炭销量同比增加 600 多万吨，但同比减收 700 多亿元，再亏 9 亿多元。受煤所累，山西处于改革开放以来发展最困难的时期。

再从全国看，化解过剩产能，是优化产业结构、保障经济健康与可持续发展的必要之举。以煤炭和钢铁两个行业作为此次化解产能过剩的切入点，意味着全面化解产能、实现企业转型升级的大幕已经拉开。

山西煤炭去产能，既是国家宏观调控要求，又是自我救赎之道，已是箭在弦上不得不发。但数十年累积的一煤做大一骑绝尘，又让去产能困难重重。

首先，山西作为传统煤炭基地，相较于其他煤炭产地和煤炭企业，有着更多的历史遗留问题，企业负担沉重，整个行业面临的困境更加严重。从行业层面看，体现为"两降一升"，即销量下降、价格下降、库存上升。2015 年年底库存 5067 万吨，比 2014 年年初增加 44.6%，比 2011 年年底增长 3 倍多。从企业层面看，体现为"两升一降"，即企业应收账款上升、负债率上升、效益严重下降。2015 年年底，省属五大煤炭集团应收账款达到 678.2 亿元，比 2014 年年初增长 35.4%；负债率达到 81.79%。从民生层面看，一些煤炭企业出现延期发放工资、欠缴社保的困难。一家省属煤炭企业延期发放工资 3 亿多元，延交社保 7 亿多元，涉及职工 2 万多名。

其次，去产能压力较大。"十二五"以来，受煤炭需求放缓、煤炭产能集中释放、非化石能源替代、进口煤冲击等因素影响，全省煤炭产能过剩问题显现。截至 2015 年年底，全省煤矿总能力为 14.6 亿吨，2015 年省内煤炭消费和外调 9.5 亿吨，产能建设超前，去产能任务艰巨。

最后，山西先前进行的几轮煤炭资源整合和兼并重组，本身就是淘汰落后产能和小煤矿的过程，从 30 万吨到 60 万吨，再到 90 万吨，山西已将年生产能力 90 万吨以下的煤矿全部关闭，这在全国都是最高、最严的标准。山西煤矿综采能力达到 100%，正在打造 4 个亿吨级、3 个 5000 万吨级的生产基地，而在其他省，很多 10 万吨以下的小企业依旧在生产。

结构调整、转型升级，是中国经济必须跨过的坎、必须闯过的关。问题不等人，机遇也不等人。今天不以"壮士断腕"的改革促发展，错过了宝贵的政策"窗口期"，明天将面临更大的痛苦，甚至可能跌入万劫不复的陷阱。

远近结合，标本兼治，综合施策，革命兴煤，打出一通"组合拳"。

国家对化解煤炭产能过剩已有明确的工作目标，即"从 2016 年开始用 3~5 年时间，再退出产能 5 亿吨左右，减量重组 5 亿吨左右"。在此背景下，山西煤炭，去多少产能最科学、最合理呢？

要分清楚是"去生产能力"还是"去产量"，关多少留多少。不能就关停而关停，就去产能而去产能。不能只靠行政命令，不能"一刀切"。重点应放在煤企的内部改革和非煤产业的发展上，要依靠市场，建立退出机制。去产能不是目的而是手段，最终是要提高煤炭相关要素的配置和生产能力。

山西煤炭去产能，关键是看怎么办。2016 年 4 月 25 日，省委、省政府发布《山西省煤炭供给侧结构性改革实施意见》（以下简称《意见》），将有效化解过剩产能作为这次改革的"当头炮"，五年内退出产能 1 亿吨以上，严控增量、消化存量，杜绝超能力生产，主动减量化生产，立足"安全、高效"，提高安全生产水平，严格限制开采高硫、高灰、低发热量煤炭，加快现代化矿井建设步伐，提高综采水平，实现减人增效。

与其他地方不同的是，山西煤炭此番去产能，绝非"为去产能而去产能""为减产量而减产量"，而是将煤炭产业作为一项复杂的系统工程来考量。深入观察《意见》，即可明了，山西煤炭各项改革是前后呼应、持续加力、步步为营、环环紧扣、整体运筹、综合施策、形成合力、一抓到底。

远近结合，标本兼治，综合施策，革命兴煤，打出一通去产能的"组合拳"才是正道。《意见》全文 6000 余字，核心内容有四：其一，从全行业发力，继续引深推进煤炭革命；其二，突出结构性改革，着眼于标本兼治、远近结合，提高煤炭行业、企业的竞争力；其三，坚持综合施策，充分发挥改革的集成效应；其四，确保稳定大局，千方百计做好就业保障、转岗培训等民生工作。

山西煤炭供给侧结构性改革，通过实施"五个一批"，即淘汰一批、重组一批、退出一批、核减一批、延缓一批，化解过剩产能，提升优质产能。五大举措正持续发力：严格执行 276 个工作日和节假日公休制度；推进煤炭管理革命，提升煤炭管理水平；积极稳妥推进煤炭国企改革，促进煤炭国企焕发生机活力，做强做优做大；坚定不移推动煤基科技创新，促进煤炭清洁高效利用；"以煤会友"，推动合作共赢。实现"黑色煤炭绿色发展，高碳资源低碳利用"。

煤炭供给侧结构性改革，事关山西发展稳定大局。山西化解煤炭过剩产能，是市场经济条件下的一次产能革命，需要摒弃传统的产业思维，更要从思想上进行一次观念的刷新，既要用法律手段又要用市场手段；既要严格执行国家政策又要主动作为。当前和今后一个时期，山西必将积极稳妥地践行煤炭供给侧结构性改革，扎实有效地完成去产能的任务。

志不求易，事不避难。只要我们全力推动煤炭供给侧结构性改革，坚定不移走"革命兴煤、煤炭革命"之路，举全省之力做好煤炭这篇大文章，山西煤炭产业定能闯过严冬、打开新局，山西经济发展也必将显现雨后的彩虹。

资料来源：张临山：《山西煤炭如何去产能》，《山西日报》2016 年 5 月 4 日。

专栏 22-2

对标美国煤炭生产　工效、安全有差距

由于煤具有易获得、经济、安全等天然特性，煤炭在相当长的时期内将是中美两国主要能源之一。中国当前面临的煤炭产能过剩、高效开采、安全生产、环境保护等问题，美国几十年前也同样遇到过，其当前所关注的重点很可能是我们将要面对的。

矿井性质。经过了百余年兼并重组，美国目前只有约 1400 座煤矿，且大多数是安全系数更高、更容易开采的露天矿。露天矿产量在煤炭总产量中所占的比重达 70%。特别是在产量前 20 名的大型煤矿中，除 4 个井工矿外，其余都是露天矿。

中国的煤矿多为地下煤矿，露天矿很少，其中，露天矿产量约占全国煤炭生产总量的 3.3%。同时，中国的低品位煤炭较多，从而造成中国煤炭生产成本较高，中国一些大型动力煤企业的加权平均现金开采成本约为每吨 210 元人民币。虽然这一价格或许能让矿山实现正的现金流，但并没有考虑物流、政府征收的环保费用和折旧等总计可能达到每吨 120 元的可变成本。内蒙古是中国煤炭开采成本最低的地区，其平均现金开采成本为每吨 130 元左右；山西、陕西地区的平均现金开采成本约为 213 元/吨、200 元/吨。

矿井工效。矿井工效的差距主要反映煤炭工业化、自动化程度，要提高采矿效率，就需要提高自动化程度并进行技术升级。1933 年，美国煤矿人均年产量为 723 吨，1953 年为 1415 吨，1990 年快速增长到 7110 吨，2015 年人均年产量达到 3 万多吨。而中国煤炭行业 2015 年的人均年产量仅为 630 吨。即便是大型煤企，其平均劳动生产率也远低于海外同行，人均年产量约为 1730 吨，相当于美国 1953 年的水平，是目前美国人均年产量的 5.6%。尽管中国的煤矿多为地下煤矿，需要的劳动力数量可能高于美国的露天煤矿，但如此巨大的差距仍然意味着劳动效率极其低下。

安全。美国作为世界第二大产煤国，其过去 10 多年来煤炭年产量一直稳定在 10 亿吨左右，煤矿年死亡人数为 30 人左右，百万吨死亡率一直维持在 0.03。最近几年，中国煤矿百万吨死亡率直线下降，但仍高于美国等发达国家。2015 年，中国煤矿百万吨死亡率创新低，为 0.157，但却是美国的 5 倍。

　　　资料来源：上海煤炭交易中心：《从中美煤炭工业对比分析煤炭行业是否会一蹶不振》，国际煤炭网，2016-08-24。

参考文献

[1] 邓磊、杜爽：《我国供给侧结构性改革》，《价格理论与实践》2015 年第 378 卷第 12 期。

[2] 贾康：《"十三五"时期的供给侧改革》，《国家行政学院学报》2015 年第 6 期。

[3] 郑锐锋：《供给侧改革背景下煤炭行业去产能路径研究》，《煤炭经济研究》2016 年第 4 期。

[4] 林伯强：《供给侧改革促进煤炭"去产能"》，《煤炭经济研究》2016 年第 4 期。

[5] 张宗勇：《煤炭行业供给侧改革探究》，《煤炭经济研究》2016 年第 4 期。

第二十三章　钢铁工业

提　要

　　"十二五"时期，随着我国经济进入增长速度换挡期、结构调整阵痛期、前期刺激政策消化期的三期叠加的"新常态"状态，我国钢铁工业发展运行出现了一些新特点：增长速度大幅下降甚至出现负增长；行业经济效益急剧恶化；产业绿色化发展积极推进，但节能减排任务仍然十分艰巨；钢材出口持续增长，贸易摩擦增多。"十三五"时期，随着我国工业化和经济发展进入新阶段，经济增长速度由高速增长转向中高速增长，单位GDP钢材消费强度下降，钢材市场需求将见顶回落，我国钢铁工业快速发展过程中积累的矛盾和问题如产能过剩问题严重、结构性矛盾突出、产业集中度低、技术创新能力弱等将被加倍放大，钢铁工业的发展将遭遇到前所未有的困难和挑战。要解决我国钢铁工业发展过程中面临的上述突出矛盾和问题，推动我国从钢铁工业大国向钢铁强国的跃进，必须以供给侧结构性改革为突破口，化解过剩产能，优化产能结构，提升自主创新能力，推进企业兼并重组，加强节能减排、绿色制造和资源综合利用，发展循环产业。

*　　　　　　　　　*　　　　　　　　　*

　　钢铁工业是国民经济重要的基础性产业，是实现工业化和成为制造强国的重要支撑产业。改革开放以来，我国钢铁工业产业规模持续壮大、技术水平明显提高、产品结构不断优化调整。自1996年粗钢产量首次超过1亿吨大关跃居世界第一位后，我国一直牢牢占据着世界钢铁产量第一的位置。2014年，我国粗钢产量更是达到史无前例的8.227亿吨，约占全球粗钢产量的一半，成为名副其实的钢铁生产大国。但是，在长期粗放型增长模式下我国钢铁工业也积累了产能过剩问题突出、产需结构耦合度不高、产业绿色化发展难度大等一些深层的结构性矛盾。尤其是近年来随着我国经济进入增长速度换挡期、结构调整阵痛期、前期刺激政策消化期的三期叠加的"新常态"状态，长期以来隐藏在我国钢铁工业发展过程中的深层次结构性矛盾被加倍放大，钢铁工业的发展也因此遭遇到前所未有的困境。摆脱当前钢铁工业遇到的困境，需要以加快供给侧的结构改革为突破口，加快淘汰落后产能，加速产品、技术、工艺优化升级，提高产品对接市场的能力，加快推动产业迈上中高端。

一、"十二五"时期钢铁工业发展运行的新特点

1. 增长速度大幅下降甚至出现负增长

"十二五"时期，由于我国经济进入增长速度换挡期、结构调整阵痛期、前期刺激政策消化期的三期叠加的"新常态"状态，加之后金融危机时期世界经济复苏明显乏力，市场需求回落甚至萎缩，我国钢铁工业发展明显失速。从钢铁工业三大主导产品的产量看，2010~2015 年，我国生铁产量从 59733.34 万吨增加到 69141.50 万吨，增长 15.75%，年均增速仅 2.97%，比"十一五"时期的年均增速低 8.71 个百分点；粗钢产量从 63722.99 万吨增加到 80382.50 万吨，增长 26.14%，年均增长 4.75%，比"十一五"时期低 12.52 个百分点；钢材产量从 80276.58 万吨增加

到 112349.60 万吨，增长 39.95%，年均增长 6.95%，比"十一五"时期低 9.32 个百分点（如表 23-1 所示）。从年度环比变化看，2015 年与 2014 年相比，我国生铁、粗钢、钢材产量均出现不同程度的下降，下降幅度分别为 3.13%、2.25% 和 0.15%。这是改革开放近 40 年来我国钢铁工业三大主导产品的产量首次出现同时下降。从总产值和销售收入来看，2010~2015 年，纳入中国钢铁工业协会统计的重点大中型钢铁企业实现总产值从 27613.7 亿元下降到 23003.1 亿元，下降了 16.7%；实现销售收入从 30499.1 亿元下降到 28889.9 亿元，下降了 5.3%（见表 23-2）。

表 23-1　"十二五"时期我国钢铁工业三大主导产品产量的变化趋势

单位：万吨

	2010 年	2011 年	2012 年	2013 年	2014 年	2015 年	增长（%）
生铁	59733.34	64050.88	66354.40	71149.88	71374.78	69141.50	15.75
粗钢	63722.99	68528.31	72388.22	81313.89	82230.63	80382.50	26.14
钢材	80276.58	88619.57	95577.83	108200.54	112513.12	112349.60	39.95

资料来源：2015 年数据来自《2015 年国民经济和社会发展统计公报》，其他数据来自《中国统计年鉴（2015）》。

表 23-2　"十二五"时期我国重点大中型钢铁企业总产值和销售收入的变化趋势

单位：亿元

	2010 年	2011 年	2012 年	2013 年	2014 年	2015 年	增长（%）
总产值	27613.7	32632.4	30974.3	30805.9	30378.2	23003.1	-16.70
销售收入	30499.1	36186.3	35494.2	36982.7	35689.6	28889.9	-5.28

资料来源：中国钢铁工业协会。

2. 经济效益急剧恶化

随着钢铁工业增长速度大幅下降甚至出现负增长，长期以来依靠速度支撑效益的粗放型增长模式遇到严重挑战，钢铁工业的经济效益状况急剧恶化。数据显示，2010~2015 年，我国重点钢铁企业实现利税从 1645 亿元下滑至-13.03 亿元，下降了 1658.03 亿元；实现利润总额从 916.6 亿元下降至-645.3 亿元，下降了 1561.9 亿元；亏损企业亏损额从 16.6 亿元上升到 817.2 亿元，增亏

800.6 亿元。尤其是 2015 年，钢铁工业的利税和利润指标均由盈转亏，出现了全行业亏损的严峻局面。这是改革开放近 40 年来绝无仅有的现象。与此同时，企业亏损面由 2010 年的 6.5% 上升至 2015 年的 50.5%，上升了 44.0 个百分点；产值利润率由 3.32% 下降至-2.81%，下降了 6.13 个百分点；销售收入利润率由 3.01% 下降至-2.23%，下降了 5.24 个百分点；净资产利润率从 7.54% 下降至-4.61%，下降了 12.15 个百分点（见表 23-3）。

从横向比较看，2014 年，我国规模以上钢铁工业企业主营业务收入利润率仅为 2.47%，不及全部规模以上工业企业 5.84% 的主营业务收入利润率的一半。

表 23-3　"十二五"时期我国重点钢铁企业效益状况

单位：%

	2010 年	2011 年	2012 年	2013 年	2014 年	2015 年
企业亏损面	6.5	10.4	28.8	18.6	14.8	50.5
产值利润率	3.32	2.68	0.05	0.75	1.04	-2.81
销售收入利润率	3.01	2.42	0.04	0.62	0.85	-2.23
净资产利润率	7.54	6.74	0.12	1.68	2.07	-4.61
资产负债率	64.28	66.31	68.32	69.36	68.34	70.06

资料来源：同表 23-2。

3. 产业绿色化发展积极推进，但节能减排任务仍然十分艰巨

"十二五"时期，我国钢铁企业特别是重点大中型钢铁企业积极推进脱硫脱尘烟尘处理技术、固体废弃物利用技术、干熄焦技术等余热综合利用技术、工业废水循环利用技术，大力开展能源管控中心建设等节能减排措施，产业绿色化发展取得积极进展。2010~2015 年，我国重点钢铁企业的吨钢综合能耗从 605 千克标准煤下降至 572 千克标准煤，下降了 5.4%；吨钢耗新水量从 4.11 立方米下降到 3.34 立方米，下降了 18.7%；钢化学需氧量从 76 克降至 26 克，下降了 65.8%（如表 23-4 所示）。此外，2015 年与 2014 年相比，中钢协会员单位废水氨氮、挥发酚、氰化物、悬浮物和石油类的排放量分别下降了 5.32%、24.68%、0.79%、33.11% 和 31.39%，废气中的

SO_2、烟尘、工业粉尘排放量分别下降了 24.30%、3.94%、3.99%。河钢、太钢、宝钢等企业已经成为钢铁工业绿色发展的名片，包钢、太钢成为全国首批"工业生态设计示范企业"。

但是，从总体上看，我国钢铁工业仍然没有摆脱高能耗、高污染的产业属性。2014 年，我国钢铁工业共排放二氧化硫 180.7 万吨，占整个工业二氧化硫排放量的 10.4%；排放氮氧化物 56.6 万吨，占整个工业氮氧化物排放量的 4.0%；排放烟（粉）尘 101.5 万吨，占整个工业烟（粉）尘排放量的 7.0%。目前，钢铁工业总能耗和单位产值能耗水平在全国 41 个工业行业中仍然靠前，烟尘、废气等主要污染物的排放总量仍然偏高。钢铁工业仍是我国节能减排和大气污染防治的重点行业。

表 23-4　"十二五"时期重点钢铁企业节能减排情况

	吨钢综合能耗（kgce/t）	吨钢耗新水（t/t）	吨钢 COD 排放（g/t）
2010 年	605.10	4.11	76
2011 年	600.04	4.02	63
2012 年	600.50	3.70	60
2013 年	593.10	3.50	51
2014 年	584.70	3.30	—
2015 年	572.00	3.34	26
减少幅度（%）	5.4	18.7	65.8

资料来源：2010~2014 年数据来自《中国钢铁工业年鉴》相关年份，2015 年数据来自中国钢铁工业协会。

4. 钢材出口持续增长，贸易摩擦增多

"十二五"时期，在国内市场需求疲软和钢铁工业技术水平提高的推动下，我国钢材出口持续增长。2010~2015 年，我国钢材出口量从 4256 万

吨增加到 11240 万吨，增长了 1.64 倍，年均增长 21.6%，钢材出口量占世界钢材出口总量的比重从 10.9% 上升至 24.3%，上升了 13.4 个百分点；钢材出口额从 289.3 亿美元增加到 492.2 亿美元，增

长了 70.0%，年均增长 11.2%，钢材出口额占世界钢材出口总额的比重从 7.6% 上升到 17.6%，上升了 10.0 个百分点（如表 23-5 所示）。2015 年，进出口钢材相抵后，净出口粗钢 10338 万吨，同比增长 25.6%，占我国粗钢总产量的 12.8%，对我国钢材消费的拉动作用达到 11.7%，成为仅次于建筑和机械行业的第三大钢材消费渠道。

伴随着钢铁产品出口不断增加，以美国为首的一些国家频繁对我国钢铁产品发动反倾销调查，涉及产品及范围较 2014 年明显放大。据统计，2014 年商务部发布的贸易救济事件累计为 72 件/次，是 2013 年的两倍。2015 年，我国钢铁工业遭遇的反倾销事件进一步增加到 139 起，涉及 28 个国家和地区，分别比 2014 年增加了 67 起事件、13 个国家和地区。事实上。自 2010 年起，我国已连续 6 年成为世界钢铁反倾销调查最多的国家。

表 23-5　"十二五"时期我国钢铁出口及其占世界市场份额状况

		2010 年	2011 年	2012 年	2013 年	2014 年	2015 年
出口量	中国（万吨）	4256	4888	5573	6234	9378	11240
	世界（万吨）	39080	41630	41382	40757	45274	46300
	中国占比（%）	10.9	11.7	13.5	15.3	20.7	24.3
出口额	中国（亿美元）	289.3	398.8	371.2	386.2	554.8	492.2
	世界（亿美元）	3814.7	4679.3	4220.4	3902.0	4072.7	2795.4
	中国占比（%）	7.6	8.5	8.8	9.9	13.6	17.6

资料来源：联合国商品贸易数据库。

二、钢铁工业发展存在的问题

1. 产能过剩问题严重

进入"十二五"时期，由于经济增长速度特别是固定资产投资增长速度明显放缓，市场对钢铁产品的需求明显下滑。数据显示，2010~2015 年，我国钢铁产品的年表观需求量仅从 57365.4 万吨增长到 67230 万吨，年均仅增长 3.2%，远低于"十一五"时期 12.4% 的年均增长速度。而由于体制和投资惯性的原因，钢铁产能仍然增长较快。据中国钢铁工业协会统计，2010~2015 年，我国粗钢产能由 8 亿吨增长到 12.0 亿吨，增长了 50.0%，年均增长 8.5%，远高于同期钢铁需求的增长速度，由此导致我国钢铁产品供求矛盾加剧，产能利用率不断走低，行业产能整体性过剩问题特别是落后产能淘汰问题日益凸显。2010~2015 年，我国钢铁工业的产能利用率已经从 79.8% 下降至 66.9%，下降了 12.9 个百分点，行业过剩产能由 1.6 亿吨上升到 3.37 亿吨，其中落后产能高达 2.2 亿吨。严重的产能过剩加剧了企业间的恶性竞争，恶化了产业发展的市场环境。根据中国

钢铁工业协会统计，2015 年我国螺纹钢每吨钢的平均价格在 2000 元左右，会员企业中有 4 家企业吨钢亏损在 1600 元以上，有 8 家企业亏损在 500~1000 元、多数企业亏损在 300 元以上，然而在此大环境下，亏损的钢铁企业还在大量生产，低价倾销，造成市场紊乱，严重危害了钢铁工业的长期可持续发展。在今后较长一段时间，随着我国经济发展进入"新常态"，单位 GDP 钢材消费强度将会进一步下降，钢铁消费量总体将进入下降通道，产能、产量、需求严重失衡的矛盾将更加凸显。

2. 结构性矛盾突出

结构失衡是我国钢铁工业的"老大难"问题，以往结构失衡的矛盾虽然时有暴露，但总会被新一轮需求增长所掩盖。在进入"三期"叠加的经济"新常态"的当下，我国钢铁工业存在的供给侧明显不适应需求结构的变化的结构性矛盾进一步凸显。一是区域性供需矛盾特别是钢材市场南北供需结构失衡突出。数据显示，"十二五"期

间，华东、中南地区粗钢消费量占我国粗钢消费总量的比重超过 60%，而粗钢产量所占的比重不足 45%，北部地区（华北、东北）粗钢消费量约占 25%，而粗钢产量约占 45%。产量小、需求大的华东和中南地区成为钢材的净流入地区。据中国钢铁工业协会统计，"十二五"期间，华北地区会员钢铁企业约四成的钢材销往华东、中南地区和出口，东北地区会员钢铁企业约五成的钢材销往华东、中南地区和出口，钢铁工业的地区供求矛盾突出。二是产品结构矛盾突出，结构性过剩特征明显。一方面，我国钢铁工业低附加值、低技术含量的低端产品严重过剩，市场竞争十分激烈；另一方面，技术含量较高的特殊钢市场供应短缺，很多应用于特殊领域、专业领域，具有耐高压、耐高温、耐低温、抗腐蚀、轻量化等功能的合金钢仍然以进口为主。虽然我国粗钢产量占据世界粗钢产量的半壁江山，但我国特钢产量在粗钢总产量中占比不高，2015 年我国特钢产量约为 1.2 亿吨，占粗钢总产量的不到 15%，而发达国家特钢产量占比均超过 20%。同时，与工业发达国家相比，我国特钢产品呈现结构低端化的特征，产能主要集中在中低端产品，企业主要生产附加值较低的非合金钢，产品差异化程度严重不足。由于供求结构不匹配，我国钢铁工业在产能严重过剩的同时，还不得不大量进口我国不能生产或生产能力、产品技术指标不能满足国内市场需求的高附加值、高技术含量的高端产品。例如，目前我国有 3000 多家制笔企业，年产圆珠笔 400 多亿支，是世界第一制笔大国。但是，受原材料（如易切削不锈钢线材）、加工设备和加工精度的制约，我国每年不得不进口大量的圆珠笔笔头的球珠。圆珠笔第一生产大国必须大量进口生产圆珠笔的"圆珠"的尴尬现象仅仅是我国钢铁工业结构性矛盾突出的一个缩影。事实上，由于钢铁工业的供给侧还存在明显的技术短板，我国不得不在钢铁产能严重过剩的同时大量进口高技术含量的高端钢铁产品，钢铁工业的结构性产能过剩问题突出。

3. 产业集中度低

钢铁工业是规模经济效益比较显著的产业。对于钢铁工业而言，较高的产业集中度不仅可以获得规模经济的效益，规范市场竞争秩序，提高产业发展的效率，而且可以获得与上下游产业在原材料交易和产品交易时的市场话语权。因此，国外钢铁工业大多已经形成了寡占市场，有的甚至形成了极高寡头垄断的市场格局。如日本钢铁工业的 4 厂商集中度（CR4）为 82.6%，印度为 79.5%，俄罗斯为 87.6%。与国外相比，我国钢铁工业的产业集中度明显偏低。"十二五"期间，我国钢铁工业进入下行轨道，亏损企业数量不断增加，陷入"僵尸"状态的企业不断增多。按照产业经济学的一般原理，企业经营难以为继的结果通常有两个：一是重组，包括兼并重组和破产重组；二是破产清算。无论采取哪种方式均会带来新一轮的优胜劣汰和产业集中度的提高。但我国钢铁工业的现实恰恰相反。"十二五"期间，我国钢铁工业的产业集中度在严峻的市场形势下不仅没有上升，反而呈下降趋势。2010~2015 年，我国钢铁工业的 4 厂商集中度（CR_4）由 27.8% 下降至 18.1%，10 厂商集中度（CR_{10}）由 2010 年 48.4% 的高点回落至 2014 年的 36.6%，2015 年回落至 34.2%，降至近 10 年来的最低点。我国钢铁工业的产业组织结构难以有效优化，主要原因在于制度制约下的资本流动性较差，尤其是跨地区、跨所有制流动性较差，钢铁企业之间的重组因受制度制约很难实施。其结果是越来越多"停下来"的产能无法实质性退出，成为"僵尸"状态。目前，我国大中型钢企的亏损面已超过 50%，全行业的亏损面更大。据统计，我国目前有钢铁生产企业 500 多家，其中民营钢企 400 余家。按 60% 的亏损面计算，约有 300 余家钢铁生产企业亏损，越来越多的钢铁生产线处于停产或半停产状态，也就是"僵尸"状态。如此巨大的"僵尸产能"如果不能有效退出，我国钢铁工业的组织结构就难以优化。可见，加大我国钢铁工业供给侧的组织结构调整，提高产业集中度，不仅意义十分重大，而且任务十分艰巨。

4. 技术创新能力弱

技术创新是产业发展的不竭动力，提高自主创新能力是我国从钢铁大国向钢铁强国转变的必由之路，是钢铁工业供给侧改革的重要内容。习近平总书记强调，供给侧结构性改革的根本目的是提高社会生产力水平。但作为第一生产力的科学技术却是我国钢铁工业的重要短板。多年来，我国钢铁工业发展主要以依靠规模扩张为主，企业一味地引进、模仿，对技术研发重视程度不够，投入强度不足，致使我国钢铁工业尚没有完全摆脱关键、核心技术追随者的角色，技术创新还处于吸收、模仿和集成阶段，原始创新较少，没能起到引领行业发展的作用。在基础研究方面，我国钢铁工业基础研究滞后，原始创新不足；在应用技术研究方面，我国钢铁工业应用技术的基础研究不足，研发成果和现场应用脱节或现场应用效率低；在前沿技术研发方面，我国钢铁工业对新的熔融还原、直接还原、薄带连铸直轧、新型钢铁材料、超细晶钢、电磁冶金、钢铁企业消纳社会废弃物、低碳制造技术、非碳能源的冶金应用等前沿技术没有形成有组织、系统的研发；在前瞻性技术如全连续紧凑型钢铁生产新流程智能化工厂、纳米技术等的研发方面，我国钢铁工业仅停留在关注状态，还没有形成研发基础。总体来看，目前我国钢铁工业的自主创新更多体现在基于引进新日铁、浦项、奥钢联、JEF、西门子、西马克等跨国公司的现代化技术装备的新产品及生产工艺的开发，产品同质化竞争激烈，重大关键突破性技术供给不足，没有形成具有国际竞争力的产业主导技术。

三、推进钢铁工业供给侧结构性改革

供给侧结构性改革的核心是优化资源配置、提升技术效率。要解决当前我国钢铁工业发展过程中面临的上述突出矛盾和问题，推动我国从钢铁工业大国向钢铁强国的跃进，必须以供给侧结构性改革为突破口，化解过剩产能，优化产能结构，提升自主创新能力，加快企业兼并重组，提高产业集中度，加强节能减排、绿色制造和资源综合利用，发展循环产业。

1. 多措并举，化解过剩产能

我国钢铁工业要找到未来的出路，必须推进供给侧改革，化解过剩行业产能，释放其占有的劳动力、资金等资源，以提高钢铁工业的供给效率、改善全要素生产率。我国目前的"一带一路"、"供给侧改革"等大战略都将有利于钢铁工业去产能、去库存。但仅靠大战略推动并不能彻底治愈我国钢铁工业产能严重过剩的顽疾，只有增强行业自身的"造血"功能，才能实现钢铁工业的可持续发展。

首先，坚持依法依规，统筹推进化解过剩产能。钢铁工业化解产能过剩是一个长期的结构调整、优胜劣汰的过程，需严格执行环保、质量、技术等法律法规与产业政策，不达标的过剩产能要依法依规退出。具体举措包括在非法、违规钢铁产能密集区建立不同政府部门间的协调监督机制；进一步规范废钢（"地条钢"原料）回收、加工、利用市场，严格监督农村建筑、具有公益性的城市建筑（"地条钢"主要消费市场）等领域的钢材产品质量，有效打压非法、违规产能的市场空间；建立非法、违规钢铁产能集聚区"黑名单"，避免这些产能关闭后"死灰复燃"，引导"僵尸企业"平稳退出；进一步完善生产环节监管体系，重点从动态环保监管、税收监管、用工监管三个方面整治违规生产。

其次，制定钢铁产业跨区域产业转移政策，适度鼓励东部地区向中西部地区升级转移部分钢铁产能。我国东西部产能不均衡问题较为突出，而产业转移对于区域经济的协调发展具有非常重要的作用。通过钢铁产能向中西部的减量转移，不仅可以满足中西部地区的发展需要，而且可以优化产业布局，有效化解产能过剩。

再次，政府应协助企业构建对外投资融资综合服务平台，转移部分钢铁产能，促进企业开展国际产能合作和国际化经营。面对资源供应紧张、国内环境压力较大以及经济增速放缓等长期不利局面，我国钢铁企业在国内继续扩大发展的空间已经非常有限，可持续发展受到极大挑战。面对未来的世界钢铁需求和钢铁供需格局调整的发展机遇，我国钢铁工业"走出去"已经成为迫切需要，产能的对外输出已经成为消化国内产能的重要战略。为此，要引导有条件的钢铁企业紧抓

"一带一路"国家战略机遇，制定国际化发展战略规划和实施方案，以市场潜力大，双方互补性强、契合度高，发展基础条件好的发展中国家为重点国别，采用成套设备出口、投资、收购、承包工程等方式推进国际产能合作。积极开拓欧盟、北美等发达区域的市场，在市场需求大、科技资源密集、产业基础好的国家和地区发展钢铁生产、深加工，构建市场营销服务网络，营造研发创新平台等。鼓励国内钢铁生产、工程技术、设备制造和咨询服务企业积极开拓海外工程项目市场，输出冶金成套装备、技术、智力和劳务等，并积极参与境外合作园区建设，探索与高铁、核电、汽车等产业链下游企业联合推进国际产能和装备制造合作。

最后，要采取有效措施，扩大钢铁有效需求。化解钢铁工业过剩产能，不仅要做减法，降低钢材市场供应量，优化供给端，还要做加法，培育壮大新产能，发展新经济，加快国内基础设施建设，拉动钢材需求，增加钢材市场需求量。如推广钢结构住宅就可以大大提高钢材需求量，并大大缓解钢铁产能严重过剩的局面。钢混结构用钢量为每平方米 50~60 公斤，主要是螺纹钢、盘条；钢结构用钢量为每平方米约 120 公斤，主要是中厚板。近年我国钢结构建筑用钢量为 3000 万~4000 万吨/ 年，仅占全国钢材产量的 4% 左右，而欧美日等发达国家钢结构建筑用钢量占比约为 40%。如果我国达到发达国家的比例，仅此一项就将增加钢材需求 4.5 亿~ 6 亿吨。

2. 提高技术创新能力，改善供给结构，实现供给结构与需求结构的匹配

我国钢铁工业结构失衡的根源在于技术创新能力的薄弱，在很多特殊领域、专用领域存在技术短缺或空白，使供给结构跟不上需求结构的变化，并且因为供给缺乏创新而无法自动创造需求。借鉴世界钢铁工业发展的规律和西方国家钢铁工业调结构的实践经验，我国钢铁工业调结构不能简单地去产能，而必须和技术进步相结合，提高高端产品比例，通过集约化和专业化提高生产效率和弹性，实现供需结构的匹配。从根本上说，去产能是减少低端的、同质化的过剩产能数量的过程，这是"治标"。而提高自主创新能力，提升技术效率，提升产能的质量，优化钢铁市场的产

品结构，才能"治本"。因此，要彻底摒弃依赖学习和模仿的技术创新模式，走自主技术创新的发展之路，大力提高我国钢铁工业的低碳生产技术（如直接还原炼铁新工艺、新技术），资源综合利用技术，高效、节能、节材综合技术，先进高强度、高韧性钢材生产技术，国防、能源、信息、生物、海洋、核能等关键冶金新材料生产技术，新一代 TMCP（控轧控冷）技术，高端成套装备生产和系统集成技术，面向全流程质量稳定控制的综合生产技术，信息化、智能化的绿色产业升级技术，改变关键核心技术缺乏和关键成套装备依赖于人的局面。

提高自主创新能力，需要政府和企业协同努力。在政府层面，需要加快构建重视技术创新的政策大环境。包括加大对企业研发投入的财税优惠，加强技术创新的公共平台建设；积极推进企业与科研院所、高校组成技术创新联盟；完善产学研结合和科技成果转化的激励机制；加强知识产权保护；加大财政资金对创新工具软件的支持力度，加快创新工具软件的推广应用。在企业层面，需要加强人才队伍培养与梯队建设，构建尊重知识、重视人才的企业文化氛围，完善引人、用人和留人机制；通过设计技术创新人员职业生涯发展通道等措施加大对技术创新激励作用。

3. 加大兼并重组力度，提高产业集中度，实现产业规模与组织结构匹配

钢铁工业是规模经济效益比较显著的产业。欧美日等部分地区和国家的钢铁工业发展的经验表明，通过产业整合、重组策略，提高产业集中度，不仅可以获得显著的规模经济效益，提高劳动生产率，而且可以优化市场竞争环境，使企业之间的竞争更加有序和规范，提高市场的运作效率。与欧美日韩等先进部分地区和国家相比，我国钢铁工业产业集中度明显偏低，产业规模与产业组织结构明显不匹配。要改变这种状况，需以提升企业竞争力为核心，以优化市场格局为导向，推进钢铁企业兼并重组。

由于新一轮重组是市场化的减量重组，重组的重要目的是要通过重组出清"僵尸企业"，在规模上实现"1+1<2"，在竞争力上实现"1+1>2"，因此，兼并重组难度大、范围广，需要政府、市场和金融机构的全力配合。首先，政府应鼓励

有条件的钢铁企业间实施横向减量并购，积极推进已有钢铁企业重组的实质性进展，财政部门应设立专项兼并重组基金，提高钢铁工业集中度。大力推进市场化改革，提高市场竞争程度，建立统一的全国钢铁市场，打破钢铁市场的区域封锁，降低和取消各种限制性条件，为钢铁企业之间充分竞争营造良好的市场环境，利用市场机制促进钢铁产业效率的提高。其次，通过市场机制实现优胜劣汰，实现钢铁产业组织结构优化，促使资源向优势企业集中，提高资源的配置效率。提高整个行业的管理水平，重视产业重组后的资源、管理、市场、产品的整合，提高钢铁工业的国际竞争力。最后，金融机构应加大对有市场、有效益、有竞争力的钢铁企业的信贷支持力度。除了以银行信贷为主的间接融资，直接融资方式应发挥更大的积极作用，从多角度灵活运作，降低钢铁工业的融资成本，采取市场化手段，进一步做好钢铁企业"债转股"工作，在盘活商业银行不良资产的同时，帮助钢铁企业减轻利息支出负担，降低资产负债率。帮助有发展前景的钢铁企业渡过当前危机，让供给侧改革在金融层面落地。

4. 开展生态文明建设，发展循环产业

如前所述，钢铁工业是环境污染的大户，环境污染问题也已经成为我国钢铁工业乃至我国经济发展的心头之痛。面对这一严峻挑战，钢铁企业需要把推进清洁生产、实现循环经济加速提上工作议程，最大限度地减少资源投入，最大限度地实现生产过程的资源循环利用，提高资源有效利用率，最大限度地减少废弃物排放，实现废弃物回收利用，使钢铁工业成为资源节约型和环境友好型产业。而要做到这一点，需要按照推进生态文明建设的要求，秉承绿色采购、绿色物流、绿色制造、绿色产品、绿色产业五位一体的绿色发展理念，引导钢铁企业实现有效益的绿色发展。其中，绿色采购指的是考虑生产绿色低碳、产品高效长寿的因素，引导钢铁企业物资采购和供应商管理；绿色物流指的是优化物流体系，降低原燃料、产品等钢铁相关物资在运输、装卸、储存过程中的消耗与排放；绿色制造指的是钢铁生产过程中以降耗、增材、提效、减排为目标而采取的工艺优化、技术升级和节能环保措施；绿色产品指的是按全生命周期绿色环保要求，开发应用有市场竞争力的新产品；绿色产业指的是围绕钢铁三废高效回收利用和节能环保技术产业化应用而衍生发展出的产业。其中，当务之急是要继续研发、应用和升级环保节能新技术，进一步促进绿色制造水平的不断提高，积极推进钢铁产品绿色制造、绿色应用。重点推动钢结构的扩大应用，促进消费结构调整。结合棚改和抗震安居工程，开展钢结构建筑试点，促进钢结构的扩大应用。通过上下游产业的合作与协同，继续推进钢铁产品的研发与应用，着重扩大高端产品的应用范围，提高钢材产品的应用效率，扩大废钢应用比例，推进钢铁产品全生命周期的绿色、循环利用。同时，要加快推进钢铁产品使用标准升级，推进下游用钢行业提高设计规范和使用标准。

专栏 23-1

国外钢铁工业去产能的主要做法

产能过剩已经成为困扰我国钢铁工业发展运行的严重问题。根据国家产业政策，未来5年我国钢铁工业需再压减粗钢产能1亿~1.5亿吨。如此大规模地去产能，处理不好势必引起社会震荡。为减少去产能可能引发的阵痛，借鉴国外做法与经验显得尤其重要。

美国：市场机制调节、技术创新

进入后工业化阶段后，美国钢铁工业出现了比较严重的产能过剩。面对这一问题，美国主要通过市场机制进行调节，通过企业破产、重组来消化过剩产能或淘汰落后产能。同时，技术创新在推动美国产业转型升级、先进产能替代落后产能方面发挥了至关重要的作用。美国宾夕法尼亚州匹兹堡市的转型案例就很典型。匹兹堡市用了近30年的时间，从一个高污染的"钢铁城"，逐步转型为以医药、高科技、能源、教育服务为支柱产业的"新匹兹堡"。

德国：产业结构调整

20世纪70年代，汽车、轮船需求量的锐减使德国大型钢铁产业集聚区鲁尔区饱受产能过剩等问题的困扰，多家企业被迫关门。为了化解钢铁产能过剩对地区经济的冲击，鲁尔区政府推出了多项经济转型政策。经过30多年的经济转型，鲁尔区从德国的煤炭及钢铁制造中心逐步变为以传统工业为基础、高新技术产业为龙头、产业协调发展的多元化综合经济区，实现了产业结构由单一向多元化、从制造向服务的成功转型。

日本：重视员工安置、多元发展

日本钢铁去产能始于1970年。当时，为了避免直接解雇员工，新日铁成立了相关的组织，并且配置了50名专职人员，专门负责员工安置。对于特定的人才中介公司，新日铁出资并与其开展业务合作。制订终期及年度人员合理化计划，根据过剩人员的不同，制订个别的派遣借调计划。同时，新日铁还通过开拓钢铁以外的多元化业务安置员工。首先是开拓钢铁以外的事业，包括工程技术、化学等。这些业务都是和钢铁有一定关系的。其次是在9个钢厂中，新日铁也都成立了事业开发推进部，活用钢厂的人才。通过这些调整，新日铁的生产效率和盈利水平都有了大幅提升，竞争力攀升到了全球顶端。

资料来源：根据《经济之声》有关资料整理。

参考文献

[1] 刘海民：《需求侧，供给侧，关键在于改革侧》，《冶金管理》2016年第1期。

[2] 中国钢铁工业协会：《2015年我国钢铁工业经济运行特点及2016年预测分析》，《冶金管理》2016年第1期。

[3] 刘振江：《多措并举增效益——在钢铁工业财务工作座谈会暨财价委员会会议上的讲话》，《冶金财会》2016年第4期。

[4] 廖中举、李喆、黄超：《钢铁企业绿色转型的影响因素及其路径》，《钢铁》2016年第4期。

[5] 王兴艳、李丹：《我国钢铁工业发展形势展望》，《冶金经济与管理》2016年第1期。

[6] 陈一、李友倩：《供给侧结构性改革下钢铁工业转型升级路径研究》，《价格理论与实践》2016年第4期。

第二十四章　有色金属工业

提　要

当前有色金属工业状况是：增长下行态势明显，其中有色金属矿采选业下行态势严重；上游冶炼产品产量增长乏力，下游加工产品产量增长稳中向好；行业投资呈"断崖式下跌"，2015年出现负增长；进出口总额大幅下降，但主要矿产品进口仍保持快速增长；技术进步取得突破，节能减排持续推进；境外投资取得新突破，资源保障能力持续提高。存在的问题主要有：产能过剩问题突出，并有可能演变成一个国际性议题；产品价格持续下跌而生产成本刚性上升，企业盈利能力下降；企业亏损问题突出，但过剩产能退出困难重重；部分资源和高端产品仍然依赖进口，部分产品出口又面临反倾销、反补贴调查。我国要从有色金属工业大国迈向有色金属工业强国，必须大力推进供给侧结构性改革。对策建议是：疏堵并举，积极化解产能过剩；深化要素市场改革，降低企业生产经营成本；加大技术创新力度，推进产业朝高端、智能、绿色、服务方向发展；推进商业模式创新，提升企业市场竞争力；结合"一带一路"战略，积极推进国际产能合作。

*　　　　　　　*　　　　　　　*

近年来，受国际国内经济形势变化的影响，有色金属市场需求低迷，有色金属工业长期累积的市场供求失衡、结构性产能过剩等深层次矛盾和问题凸显出来，亟待推进供给侧结构性改革，这是有色金属工业持续健康发展的需要，也是我国从有色金属工业大国迈向有色金属工业强国的必由之路。本章对近年来有色金属工业发展的现状、问题进行了分析，对有色金属工业供给侧结构性改革的内容进行了探讨，最后提出了相应的对策建议。

一、有色金属工业运行情况分析

1. 有色金属工业增长下行态势明显，其中有色金属矿采选业下行态势严重

据统计，2014年有色金属行业实现工业增加值同比增长11.4%，2015年同比增长9.5%，2016年1~6月同比增长为9.2%，有色金属工业增长下行态势明显。从图24-1显示的月度增长情况来看，从2012年第四季度开始，有色金属矿采选业进入明显的下行通道中，一年后即从2013年第四季度开始，有色金属冶炼及压延加工业也进入下行通道中。并且，从2012年12月开始，有色金属矿采选业增速始终低于有色金属冶炼及压延加工业，这与此前状况正好相反。相比较而言，有

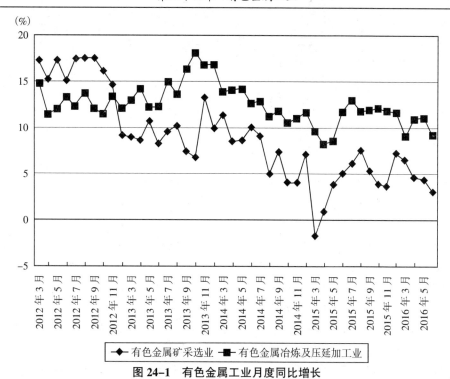

图 24-1　有色金属工业月度同比增长

资料来源：根据国家统计局网站整理，http://data.stats.gov.cn/easyquery.htm。

色金属矿采选业下行态势要严重得多。

2. 上游冶炼产品产量增长乏力，下游加工产品产量增长稳中向好

近年来，我国有色金属工业产品产量增长放缓，其中部分产品产量出现负增长。2015 年，十种有色金属产量 5089.9 万吨，同比增长 5.8%，比 2014 年的增速下降了 1.6 个百分点。其中，精炼铜、电解铝、铅、锌产量分别为 796.4 万吨、3141.3 万吨、385.8 万吨、615.5 万吨，分别同比增长 4.8%、8.4%、-5.3%、5.0%。氧化铝产量 5897.8 万吨，增长 9.6%，比 2014 年的增速下降了 0.1 个百分点。下游加工产品铝合金、铜材、

铝材产量分别为 629.4 万吨、1913.5 万吨、5236.1 万吨，比 2014 年的增速分别下降了 10.3 个百分点、6.2 个百分点、9.6 个百分点。

进入 2016 年，有色金属工业产品产量增长进一步出现分化，上游产品包括冶炼产品和氧化铝产量增长乏力，下游加工产品产量增长稳中向好。2016 年 1~6 月，十种有色金属仅增长 0.1%，其中，精炼铜、铅为正增长，电解铝、锌为负增长；上游的氧化铝负增长，为-1.6%；相比之下，下游的有色金属加工产品如铝合金、铜材、铝材呈较好的增长态势，同比增长分别为 23.3%、13.0% 和 12.9%，如表 24-1 所示。

表 24-1　有色金属工业主要产品产量

时间	指标	十种有色金属	其中				氧化铝	铝合金	铜材	铝材
			精炼铜	电解铝	铅	锌				
2011	产量（万吨）	3435.4	524.0	1961.4	473.2	534.4	3417.2	378.2	1110.6	2742.7
2012		3697.0	575.7	2314.1	464.7	484.5	3769.9	480.3	1168.0	3073.5
2013		4412.1	664.5	2543.8	447.4	530.1	4775.0	592.9	1498.6	3962.5
2014		4695.6	764.4	2885.8	421.9	582.9	5239.9	635.0	1783.7	4845.8
2015		5089.9	796.4	3141.3	385.8	615.5	5897.8	629.4	1913.5	5236.1
2016 年 1~6 月		2511.7	402.8	1532.0	197.1	302.6	2863.0	360.3	968.2	2802.7
2011	同比增长（%）	10.1	14.3	24.4	12.5	3.8	18.1	15.8	18.6	26.8
2012		7.6	9.9	18.0	9.3	-5.6	10.3	20.8	11.0	15.9

续表

时间 \ 指标 \ 产品		十种有色金属	其中:				氧化铝	铝合金	铜材	铝材
			精炼铜	电解铝	铅	锌				
2013	同比增长（%）	19.3	15.4	9.9	5.0	11.1	26.7	21.8	25.2	24.0
2014		6.4	15.0	13.4	−5.5	7.0	9.7	17.6	13.3	18.6
2015		5.8	4.8	8.4	−5.3	5.0	9.6	7.3	7.1	9.0
2016 年 1~6 月		0.1	7.6	−1.9	2.8	−0.9	−1.6	23.3	13.0	12.9

资料来源：根据国家统计局网站整理，http://data.stats.gov.cn/easyquery.htm。其中，十种有色金属、精炼铜、原铝、氧化铝2010~2014年产量数据为年度数据，其他为月度累计数据。

3. 行业投资呈"断崖式下跌"，2015 年出现负增长

自 2013 年以来，有色金属工业投资呈"断崖式下跌"，2013 年有色金属工业投资增速为 20.4%，2014 年仅为 3.8%，2015 年投资增速进一步下降，为 −3.6%，这与 2013 年之前的年均增速超过 20% 形成鲜明对比。2015 年，有色金属工业总投资额为 7167.2 亿元，其中，有色金属矿采选业投资额 1588.2 亿元，增长 −2.3%，有色金属冶炼及压延加工业投资额 5579.0 亿元，增长 −4.0%。

在投资增速下降的态势，投资结构有所优化。据有色金属工业协会统计，2014 年，铝冶炼固定资产投资 618.6 亿元，下降 17.8%；有色加工完成固定资产投资 3810.7 亿元，同比增长 15.4%；2015 年有色金属冶炼（含独立黄金企业）完成投资 1803 亿元，同比下降 5.8%，有色金属加工完成投资 3733 亿元，同比下降 2%。2015 年，铝行业投资下降尤为显著，铝冶炼投资同比下降 9.9%，铝压延加工投资同比下降 9.6%，如表 24-2 所示。

表 24-2 有色金属工业投资增长

年份	有色金属工业		其中：有色金属矿采选业		有色金属冶炼及压延加工业	
	投资额（亿元）	增长率（%）	投资额（亿元）	增长率（%）	投资额（亿元）	增长率（%）
2011	5135.8	33.4	1274.5	24.2	3861.3	36.4
2012	5962.2	20.2	1477.3	19.0	4484.9	20.6
2013	7123.6	20.4	1658.7	19.7	5464.9	20.6
2014	7406.3	3.8	1636.4	2.9	5769.9	4.1
2015	7167.2	−3.6	1588.2	−2.3	5579.0	−4.0

资料来源：根据国家统计局《中国经济统计快报》（各期）整理。

4. 进出口总额大幅下降，但主要矿产品进口仍保持快速增长

据有色金属工业协会统计，2014 年，全国有色金属进出口总额 1771.6 亿美元，同比增长 12.1%。其中，进口额 1000.2 亿美元，同比下降 3.2%；出口额 771.6 亿美元，同比增长 40.9%。但 2015 年，全国有色金属进出口贸易总额 1307 亿美元，同比下降 26.2%，其中，进口额 861 亿美元，下降 13.9%；出口额 446 亿美元，下降 42.2%。不过，主要矿产品进口量仍保持较快增长，其中铜精矿 1332 万吨、铝土矿 5610 万吨、铅精矿 190 万吨、锌精矿 325 万吨，分别同比增长 12.7%、54.6%、4.9%、47.6%。

2015 年有色金属进出口贸易特点：①铜精矿、锌精矿、铝土矿等矿山原料进口量大幅度增加。②精炼铜进口量增幅明显回落，粗铜、铜材及铜废碎料进口下降。③铝材出口量额均明显增加。④稀土产品出口呈量增额减的格局。⑤黄金首饰及零件出口贸易额大幅度下降。

5. 技术进步取得突破，节能减排持续推进

近年来，有色金属行业积极落实《有色金属工业中长期科技发展规划》（2006~2020 年）、《中国制造 2025》等，积极开展自主研发，推动重点领域突破发展，骨干企业的技术装备已经达到

或领先世界先进水平。一批先进的铜、铝加工技术取得重大突破,高性能电子铜带、箔以及精密铜合金管材等产品达到国际先进水平;一批高精度铝合金板带、热连轧、冷链扎生产线,万吨以上大型挤压机以及多条中厚板高端铝材生产线相继投产,大飞机用高强、高韧铝材取得重大突破,9 米超大型用于运载火箭铝合金整体环件研制成功。我国高速铁路、大型电力装备、光伏、新能源汽车等领域用有色金属材料生产规模进入世界前列,产品质量接近或达到了国际先进水平,基本满足了战略性新兴产业及国防科技工业等重点领域对高、精、尖产品的需要。

同时,在国家节能减排等政策的驱使下,有色金属工业狠抓绿色发展,推动主要产品单位能耗不断下降。我国企业自主开发的氧气底吹连续炼铜技术取得新进展,高铝粉煤灰提取氧化铝工艺技术试验取得成果,"双闪"炼铜、液态高铅渣直接还原和无氨氮排放萃取分离稀土新工艺得到工业化应用,新型阴极结构、600KA 铝电解槽等一批节能技术居世界领先地位,采用清洁环保、节能降耗的先进工艺,提高资源综合利用水平的铅锌联合冶炼成为发展方向,氧气底吹—液态高铅渣还原炼铅工艺实现工业化生产,具有低能耗特点的"三连炉"直接炼铅技术也得到迅速的推广并走向海外。2015 年,原铝综合交流电耗为13562 千瓦时/吨,同比减少了 34 千瓦时/吨;铜、铅、锌冶炼综合能耗分别为 256.1 千克标准煤/吨、400.1 千克标准煤/吨、884.7 千克标准煤/吨,分别同比减少 11.7 千克标准煤/吨、33.4 千克标准煤/吨、11.9 千克标准煤/吨,如图 24-2 所示。

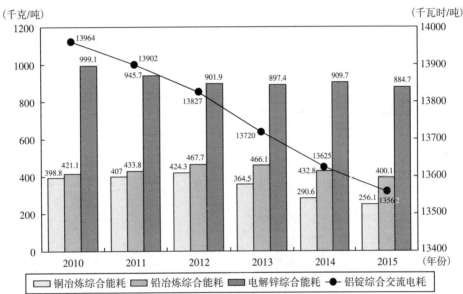

图 24-2 有色金属主要产品单位能耗变化

资料来源:有色金属工业协会:《2015 年有色金属行业运行情况报告》,2016 年 5 月 25 日。

6. 境外投资取得新突破,资源保障能力持续提高

近年来,我国有色金属企业充分利用国外矿山企业资金困难和矿产品价格低迷等有利时机,采取整体收购等形式,获取境外矿产资源,对提升矿产资源保障能力起到了重要作用。中国五矿(集团)公司所属五矿资源有限公司组成联合体,与嘉能可达成秘鲁邦巴斯铜矿项目股权收购协议,交易对价 58.5 亿美元,是我国金属矿业史上最大的境外收购。该项目是目前全球最大的在建铜矿项目,预计投产后前 5 年每年可生产铜精矿 45 万吨(含铜量),成为全球前十大铁矿山生产商之一。2014 年,山东宏桥集团、山东信发集团等企业境外铝资源开发项目开工建设。2015 年,中国五矿集团投资的秘鲁邦巴斯铜矿项目和山东宏桥集团投资的几内亚铝土矿项目已正常生产。2015 年 5 月,紫金矿业集团成功并购刚果(金)卡莫阿铜矿(世界级超大级未开发铜矿,资源储量2416 万吨),同年并购巴布亚新几内亚波格拉金矿(年产金 15~16 吨,资源储量 300 吨)。境外矿山项目的建成投产成为提升资源保障力的重要支撑。

二、有色金属工业发展存在的问题

1. 产能过剩问题突出，并有可能演变成一个国际性议题

据 2013 年出台的《国务院关于化解产能严重过剩矛盾的指导意见》，截至 2012 年年底，我国电解铝产能利用率只有 71.9%，明显低于国际通常水平。最近几年，虽然国家加大了淘汰落后产能的力度，但新投产产能增加很快，产能过剩问题始终比较严重。根据 2016 年 6 月国务院办公厅发布的《关于营造良好市场环境促进有色金属工业调结构促转型增效益的指导意见》（国办发〔2016〕42 号）提出的目标，电解铝产能利用率要保持在 80% 以上。2015 年以来，中国有色金属工业协会着力推动行业自律，引导企业实施弹性生产。全国电解铝产能阶段性停产达到 427 万吨，占电解铝已建成产能的 15% 以上，10 多年来首次实现关停产能超过新增产能。2015 年实行的弹性生产、减产限产等措施，取得了一定效果，市场价格有所反弹，但进入 2016 年后出现了停工复产、新建投产等新问题、新趋势，需要引起高度警觉。

产能过剩问题突出与有色金属产品下游应用市场需求低迷有关。2015 年，房地产、家电、汽车等主要有色金属应用消费领域需求增速均出现不同程度的下降，房屋新开工面积同比下降 14%，家电行业产销率同比下降 1.2%，汽车产量增速同比下降 4%，严重影响到有色金属企业生存发展，需求不足倒逼有色金属企业转型发展。解决问题的出路在于深化供给侧结构性改革。

我国包括有色金属在内的产能过剩问题有可能演变成一个国际性议题，需要引起注意。例如，2016 年 6 月，美国、加拿大、墨西哥认识到需要共享关于高风险货物的海关信息，三国共同承诺，在解决钢铁和铝产能过剩问题上进行合作，并宣布了一项三边协定，在三国的海关机构共享信息。[①]

2. 产品价格持续下跌而生产成本刚性上升，企业盈利能力下降

随着国内经济逐步步入下行通道，由于市场需求不旺而有色金属新增产能释放过快，有色金属工业品价格出现持续下跌，有色金属冶炼和压延加工业生产者出厂价格指数（同比）自 2011 年 12 月至今已连续 55 个月小于 100，有色金属矿采选业工业生产者出厂价格指数（同比）自 2012 年 4 月至今已有 50 个月小于 100（见图 24-3）。铝价一度跌破万元，铜、铅、锌、镍价格比金融危机前的高点分别下跌 60%、50%、40% 和 80% 左右，部分品种已跌破平均生产成本线。2015 年，铜、铝、铅、锌现货年均价分别为 40941 元/吨、12159 元/吨、13097 元/吨、15474 元/吨，同比分别下降 16.8%、10.2%、5.5%、4.1%。与此同时，由于企业环保投入增加、社保费用计提基数提高等因素，导致企业成本费用居高不下、刚性上升。随着新《环保法》的实施，热电锅炉的脱硫脱硝改造量大，有色金属生产企业环保设施运行成本增加。

产品价格大幅度下降和企业生产经营成本刚性上升，显著地挤压了企业的盈利空间。2015 年，有色金属工业规模以上企业主营业务收入几乎零增长（同比增长仅为 0.2%）；实现利润 1799 亿元，同比下降 13.2%，近 21% 的企业亏损，大部分企业陷入生产经营的困难局面。

据统计，2015 年有色金属工业 34 个行业小类中，21 个行业小类利润下降，2 个行业小类盈转亏，1 个行业小类增亏；8 个行业小类利润增长，1 个行业小类减亏，1 个行业小类亏转盈。利润下降的行业小类增多，增长的行业小类减少。利润下降或增亏的行业小类有铜采选、铜冶炼、铅锌采选、铅锌冶炼、镍钴采选、镍钴冶炼、锡采选、锡冶炼、锑采选、锑冶炼、镁采选、镁冶

---

① 《美、加、墨拟合作应对铝产能过剩问题》，中国有色金属工业网，http://www.chinania. org. cn /html/guojihezuo/guojixinwen/2016/0706/25379.html，2016 年 7 月 6 日。

炼、银采选、钨钼采选、钨钼冶炼、稀土采选等；利润增加或减亏的行业小类有铜加工、铝采矿、铝冶炼、铝加工、银冶炼、稀土冶炼等。[1]

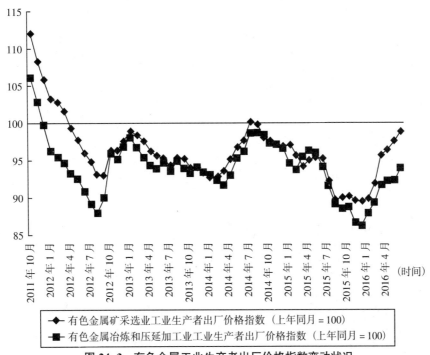

图 24-3　有色金属工业生产者出厂价格指数变动状况

资料来源：根据国家统计局网站整理，http://data.stats.gov.cn/easyquery.htm。

3. 企业亏损问题突出，但过剩产能退出困难重重

有色金属产品价格下跌而企业生产经营成本上升不仅使企业盈利水平下降，而且使部分企业陷入亏损的境地。2012 年以来，有色金属工业亏损企业数和亏损额都呈上升态势。2012 年有色金属亏损企业数为 1473 家，2015 年增加到 1946 家，其中有色金属矿采选业 426 家，有色金属冶炼和压延加工业 1520 家；有色金属亏损企业亏损额为 355.15 亿元，2015 年增加到 566.7 亿元，其中有色金属矿采选业 58.9 亿元，有色金属冶炼和压延加工业 507.8 亿元。由此可知，2015 年有色金属矿采选业亏损面上升到 21.86%，较 2012 年上升 10.83 个百分点；有色金属冶炼和压延加工业亏损面上升到 20.76%，较 2012 年上升 2.87 个百分点；2015 年，有色金属矿采选业亏损率上升到 13.08，较 2012 年上升了 10.78 个百分点；有色金属冶炼和压延加工业亏损率上升到 37.65%，较 2012 年上升了 18.5 个百分点（见表 24-3）。

表 24-3　有色金属工业规模以上企业亏损情况

指标	年份	2012	2013	2014	2015
亏损企业数（个）	有色金属矿采选业	229	266	302	426
	有色金属冶炼和压延加工业	1244	1281	1294	1520
企业总数（个）	有色金属矿采选业	2077	2108	2002	1949
	有色金属冶炼和压延加工业	6954	7343	7385	7321

---

[1] 有色金属工业协会：《2015 年有色金属行业运行情况报告》，国家统计局联网直报门户网站，http://www.lwzb.cn/pub/gjtjlwzb/sjyfx/201605/t20160525_2788.html，2016 年 5 月 25 日。

续表

指标 \ 年份		2012	2013	2014	2015
亏损面（%）	有色金属矿采选业	11.03	12.62	15.08	21.86
	有色金属冶炼和压延加工业	17.89	17.45	17.52	20.76
亏损企业亏损额（亿元）	有色金属矿采选业	18.10	30.76	35.66	58.90
	有色金属冶炼和压延加工业	337.05	323.63	386.06	507.80
利润总额（亿元）	有色金属矿采选业	787.24	666.30	582.46	450.30
	有色金属冶炼和压延加工业	1759.89	1789.98	1656.54	1348.80
亏损率（%）	有色金属矿采选业	2.30	4.62	6.12	13.08
	有色金属冶炼和压延加工业	19.15	18.08	23.31	37.65

注：亏损面 = $\dfrac{亏损企业数}{企业总数}$；亏损率 = $\dfrac{亏损企业亏损额}{利润总额}$。

资料来源：根据国家统计局网站整理，http://data.stats.gov.cn/easyquery.htm。

一些企业已经陷入亏损的境地，但退出渠道不畅。2015 年，铝冶炼行业虽大幅减亏 66 亿元，但电解铝缺乏竞争力产能退出渠道不畅，退出涉及地方税收、人员安置、债务化解、上下游产业等诸多难题，企业普遍经营压力较大。同时，其他有色金属品种冶炼产能及中低档加工产能也出现过剩，企业开工率不高，但要真正退出市场都比较困难。

4. 部分资源和高端产品仍然依赖进口，而部分产品出口又面临反倾销反补贴调查

我国是有色金属生产大国和消费大国，但作为有色金属工业的基础——矿石资源却相对不足，据报道，部分有色金属矿石或产品进口依存度甚至超过 50%，主要是铜矿石（70%）、铝土矿（57%）、镍（89%）、钛（50%）、钴（59%）、金（59%）等。[①] 由于我国从印度尼西亚进口铝土矿过多，出于保护国内资源和环境的目的，印度尼西亚政府于 2014 年 1 月发布命令，将停止包括铝土矿在内的所有原矿出口，在印度尼西亚采矿的企业必须在当地冶炼或精炼后方可出口。于是，我国企业转向马来西亚大量进口，从 2015 年第二季度开始有超过 40% 的进口铝土矿来自马来西亚。结果造成马来西亚决定暂停开采铝土矿三个月，并冻结发放新的铝土矿出口许可，禁令从 2016 年

1 月 15 日开始生效。可见，国内资源保障程度不高和国外资源供应风险已经制约了我国有色金属工业的发展。

在高端应用领域，我国有色金属也存在依赖国外的状况。目前，我国有色金属工业仍存在基础共性关键技术、精深加工技术和应用技术研发不足，产品质量稳定性差、成本高等问题，大飞机用高强高韧铝合金预拉伸厚板和铝合金蒙皮板、电子级 12 英寸硅单晶抛光片、大直径超高纯金属靶材、乘用车覆盖件 ABS 板等尚不能稳定生产，这些产品尚需从国外进口解决。[②]

另外，我国部分产品出口又面临着来自进口国的"双反"调查。近年来，随着全球经济低迷，贸易保护主义抬头，贸易摩擦有所上升，国外针对我国出口的有色金属型材、板材、合金产品等反倾销反补贴诉讼时有发生。例如，2015 年 6 月 3 日，美国钢铁公司、纽柯公司等 6 家美国钢铁企业代表美国内产业向美商务部和国际贸易委员会提出申请，请求对原产于中国、印度、韩国和中国台湾地区的镀锌板产品进行反倾销和反补贴合并调查。申请方指控中国企业接受了 48 项政府补贴，并以 120.2% 的幅度对美倾销。根据申请书信息，2014 年美国进口该产品 23.12 亿美元，其中从中国进口 7.35 亿美元。[③]

① 矿妹：《4 大矿业帝国的全球矿产资源大战略》，Mining World，2016 年 7 月 5 日，中国煤矿安全生产网，http://www.mkaq.org/html/2016/07/05/373997.shtml。

② 徐卫星：《严控产能 打造智能制造试点——工信部解读有色工业指导意见》，《中国环境报》2016 年 6 月 30 日。

③ 商务部贸易救济调查局：《美国钢铁企业对中国等 5 个国家和地区的镀锌板产品提出反倾销反补贴调查申请》，商务部贸易救济调查局网站，http://gpj.mofcom.gov.cn/article/zt_mymcyd/subjectaa/201507/20150701050336.shtml，2015 年 7 月 19 日。

三、有色金属工业供给侧结构性改革的主要任务

未来一段时间里有色金属工业要在适度扩大总需求的同时，大力推进供给侧结构性改革。有色金属工业供给侧结构性改革就是要更多地依靠改革、转型、创新，提高供给体系质量和效率。当前有色金属工业供给侧结构性改革的主要任务，包括以下几个方面：

1. 积极稳妥化解产能过剩

积极稳妥化解产能过剩，一要有效禁止国内有色金属冶炼和一般加工产品产能盲目扩张；二要完善企业退出机制，促使缺乏市场竞争力的产能退出市场；三要加强兼并重组，促进资源要素向优势企业集中，提高产业集中度；四要加强技术改造，促进产业升级，提高供给质量和水平；五要加强行业自律，在市场价格低于生产成本线的情况下，企业自主采取联合限产、减产措施；六要扩大消费需求，尤其是新兴、高端消费需求。

需要指出的是，要真正化解电解铝产能过剩，不仅要靠临时性的联合减产限产措施，还应深挖消费潜力，扩大高端需求，推动供给侧改革。近年来，我国在交通工具"以铝代钢"、电力行业"以铝节铜"、建筑模板"以铝节木"等方面做了大量推广工作，为扩大铝在交通、建筑及电力等领域的应用奠定了坚实的基础，因此，要努力扩大消费需求，并将其作为化解电解铝产能过剩的根本途径之一。

2. 切实降低企业生产经营成本

采取措施切实降低企业在融资、用电、环保、用工等方面的生产经营成本支出，遏制生产经营成本持续刚性上升态势，是有色金属工业企业走出困境的重要内容。

企业融资难、融资贵现象依然存在。近年来，有色金属工业企业财务费用连年上升，特别是在2015年企业主营业务收入停滞的情况下，仍上升了50亿元，达到813亿元，同比增长6.7%，从而使得财务费用占企业主营业务收入的比例从2014年的1.3%上升到了1.4%。居高不下的贷款利率成为压在工业企业头上的一块巨石，2014年以来，有色金属工业企业行业平均总资产利润率甚至比一年期以上的贷款利率还要低（见图24-4）。这种情况进一步造成社会资金"脱实向虚"，银行对工业企业信贷普遍收紧，企业被迫转向影子银行获得高息贷款，进一步造成企业经营压力。

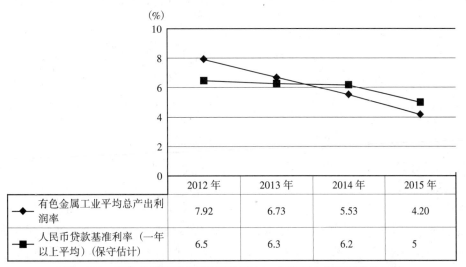

(%)	2012 年	2013 年	2014 年	2015 年
◆ 有色金属工业平均总产出利润率	7.92	6.73	5.53	4.20
■ 人民币贷款基准利率（一年以上平均）（保守估计）	6.5	6.3	6.2	5

图 24-4 有色金属工业总资产利润率与一年期以上贷款利率的比较

资料来源：根据国家统计局网站（http://data.stats.gov.cn/easyquery.htm）和中国人民银行网站（www.pbc.gov.cn/zhengcehuobisi/125207/125213/125440/125838/125888/index.html）提供的相关数据计算。

有色金属工业是能源消耗大户，用电量约占全国总用电量的 8%，对拉动电力消费具有重要作用，电价居高不下对有色企业的影响也大于其他企业。当前，电力体制改革进程较慢，煤炭价格下跌带来的发电成本下降难以传导到用户，采用网电的有色金属企业特别是电解铝、锌冶炼、海绵钛、多晶硅等高电耗企业未能享受煤炭价格下跌带来的低用电成本。虽然 2009 年国家就开始推行直购电试点工作，但成效不大，深化电力体制改革，切实降低有色金属工业企业用电成本是必然选择。

3. 大力推进技术创新，扩大高端产品生产供给

总体上看，我国有色金属精深加工产品总体处于国际产业链中低端，产品精度、一致性、稳定性较差，部分电子、海洋工程、航空用高端有色金属产品还依赖进口。例如，近年来，我国集成电路芯片的进口额超过了石油，成为进口最大的商品，而集成电路材料中 70% 是有色金属。因此，大力推进技术创新、扩大高端产品生产供给成为今后一段时期的主攻方向。

4. 大力推进国有企业改革

国企社会负担沉重，市场活力严重不足，依然是制约有色行业健康发展的突出问题。特别是老国有企业存在着人员众多、资产负债高、低质无效资产多、成本费用高、企业办社会等问题突出，后续发展受到影响。2014 年，有色金属国有及国有控股企业利润占全行业的 6.5%，亏损额占全行业的 67%，国有骨干企业亏损额占铝行业净亏损额的 90% 以上。2015 年，全国国有及控股企业仅实现利润 5.7 亿元，同比下降 96.5%，仅占行业利润总额的 0.3%，企业亏损面达 41.7%，亏损总额 373 亿元，占全行业亏损总额的 66%。国有企业机制不灵活等问题越发凸显，急须加快改革，才能确保行业实现健康平稳发展。

5. 加强国际合作，尤其是要加强与"一带一路"沿线国家的产能合作

2015 年 5 月 16 日，国务院印发了《关于推进国际产能和装备制造合作的指导意见》，就国际产能和装备制造合作提出指导意见，要求将包括有色金属在内的 12 大产业作为国际产能合作重点产业。我国有色金属企业"走出去"，不仅要加强海外资源开发利用，提高资源保障能力和水平，而且要进一步落实"一带一路"倡议，提升层次和水平，在有色金属冶炼、加工等方面开展合作交流，充分发挥我国先进技术和装备优势，带动装备、产品、技术、标准、服务的全产业链输出，与"一带一路"沿线国家实现互利共赢。

四、深入推进有色金属工业供给侧结构性改革

今后一个时期，有色金属工业要坚持创新、协调、绿色、开发、共享的发展理念，依靠创新驱动，抓住《中国制造 2025》、"互联网+"行动计划、"一带一路"战略的机遇，大力推进供给侧结构性改革，推进有色金属工业转型发展、绿色发展、智能发展，使我国早日从有色金属工业大国向有色金属工业强国转变。

1. 疏堵并举，积极化解产能过剩

坚决落实《国务院关于化解产能严重过剩矛盾的指导意见》（国发〔2013〕41 号）和《国务院办公厅关于营造良好市场环境促进有色金属工业调结构促转型增效益的指导意见》（国办发〔2016〕42 号）等有关规定，按照企业主体、政府推动、市场引导、依法处置的原则，更加注重运用市场机制、经济手段、法治办法，通过兼并重组、债务重组乃至破产清算，积极稳妥推动"僵尸企业"退出；强化行业规范和准入管理，建立以工艺、技术、能耗、环保、质量、安全等为约束条件的推进机制，坚决淘汰落后产能；严控冶炼环节新增产能，对于确有必要的电解铝新（改、扩）建项目，要严格落实产能等量或减量置换方案；加强社会监督力度，加大督促检查工作力度，严厉查处违规新建冶炼项目。

完善退出援助制度建设，促进过剩产能加快退出。完善产能退出后的划拨用地、工业用地处置方面的政策，鼓励和支持不具备竞争力的产能

退出。设立企业结构调整专项奖补资金，推进有色金属企业兼并重组、债务重组、破产清算、盘活资产，加快过剩产能退出进程。做好人员安置等工作，积极培育适应有色金属企业职工特点的创业创新载体、技能培训等就业服务和就业创业扶持政策、对符合条件的失业人员按规定发放失业保险，确保加快退出过剩产能的同时，妥善安置职工，实现转岗就业。

拓展消费领域，扩大市场应用范围。着力发展高性能轻合金材料、有色电子材料、有色新能源材料、稀有金属深加工材料等，进一步满足我国先进装备、新一代信息技术、船舶及海洋工程、航空航天、国防科技等领域的需求。如发展乘用车铝合金板、航空用铝合金板、船用铝合金板、大尺寸钛和钛合金铸件及其卷带材、精密电子铜带、铜镍合金板带材、镍合金卷带材、高性能铜箔、超高纯稀有金属及靶材、高性能动力电池材料、高端电子级多晶硅、核工业用材、高性能硬质合金产品、高性能稀土功能材料等。建立铝材上下游产业联盟，扩大铝材在建筑、电力、交通、航空等领域的应用。研究制定通过保险补偿机制来支持有色金属新材料首批次应用。

2. 深化要素市场改革，降低企业生产经营成本

深化电力体制改革，降低企业用电成本。继续推进冶炼企业大用户"直购电"交易。鼓励电冶联营，鼓励区域内现有电厂和电解铝厂依产业链垂直整合。结合电力体制改革，研究推动网电、自备电及局域网之间的电价公平，扭转部分技术水平高、资源条件好的电解铝企业长期因电价不公平造成的亏损局面。当前，以不增加电解铝产能为前提，在可再生能源富集的地区，探索实行建设消纳可再生能源的局域电网建设试点政策，提高资源利用效率。

加大金融扶持力度，降低企业融资成本。对有色金属行业不搞"一刀切"，重点支持符合行业规范条件、环境保护和安全生产持续达标、市场有前景、经营有效益的骨干企业。利用资本市场，支持符合条件的有色金属企业拓宽直接融资渠道，在资本市场进行股权融资。积极引导金融机构与企业自主协商，妥善解决兼并重组、产能退出中的金融债务问题。

加大财税支持力度，降低企业运行成本。对符合条件企业在绿色制造、智能制造、高端制造、品牌建设、公共服务平台等方面加大支持力度，既要在现有资金渠道加大投入支持力度，又要鼓励在有条件的地区设立专项财政支持计划。通过中央财政科技计划（专项、基金等）统筹支持符合要求的科技研发工作。加快有色金属行业资源税从价计征改革，清理规范相关收费基金，降低矿山税费负担。

3. 加大技术创新力度，推进产业朝高端、智能、绿色、服务方向发展

（1）健全完善创新体系。健全以企业为主体的产学研用协同创新体系，组建一批技术创新战略联盟、智能制造产业联盟。整合技术中心、工程研究中心、重点实验室、工程实验室等研发平台，加大研发力度、人才培养和引进力度，加快科技研发及成果转化。鼓励有色金属行业与下游应用行业在设计、生产、使用、维护等方面加强协作，建立行业协会牵头、上下游企业参加、有关方面参与的协商合作机制，解决制约产品应用的工艺技术、产品质量、工程建设标准等"瓶颈"问题，拓展材料应用领域和空间。

（2）推进智能制造和两化深度融合发展。支持引导企业利用新一代信息技术，以产业公共服务平台、智能工厂示范、虚拟技术平台研发等为重点，推动有色企业生产自动化、管理信息化、流程智能化、制造个性化，打造数字型、智慧型和服务型产业。在重点领域开展数字化矿山、智能制造示范工厂试点，提升企业研发、生产和服务的智能化水平，提高产品性能稳定性和质量一致性。

（3）推动有色金属工业"中国制造＋互联网"取得实质性突破。培育推广新型智能制造模式，促进"互联网＋"与企业生产经营全过程融合，推动生产方式向柔性、智能、精细化转变。实施绿色制造工程，构建绿色制造体系。实施能效领跑者制度，完善节能标准体系。推动有色金属制造业由生产型向生产服务型转变，引导制造企业延伸服务链条、促进服务增值。

4. 推进商业模式创新，提升企业市场竞争力

商业模式创新正日益成为有色金属产业降低成本、挖掘新的利润增长点和提升市场竞争力的重要手段。

积极推进铝电联盟、铝电网（材）一体化、上下游一体化等一体化战略。近年来，广西信发铝电有限公司探索煤电铝一体化模式，广西银海铝业部分下属冶炼厂采用直供电模式，山东魏桥铝业实施的"铝电网（材）一体化，上下游一体化"，均显著地降低了电解铝生产成本，值得借鉴推广。

积极推进循环经济模式。在国家环保、节能减排政策和降低成本双重因素作用下，发展循环经济是有色金属产业的必然选择。循环既包括园区内的大循环，也包括企业内部的小循环。最现实可行的循环经济模式就是铝液直供，如下游用铝企业围绕铝冶炼企业形成所谓的"半小时铝水圈"，既可节约铝锭再次熔化的成本，又可减少能源消耗和碳排放。对于煤电铝一体化企业而言，将粉煤灰、脱硫石膏等利用也是循环经济重要的一环，相关循环产业链包括煤—电—粉煤灰—水泥、煤—电—粉煤灰、炉渣—建筑砌块、煤—电—脱硫石膏—纸面石膏板等产业链条。最终依靠资源和废物流动关系、能源梯度利用关系，实现废物"变废为宝"、资源"吃干榨净"、能源"梯级利用"。有色金属的回收利用属于循环经济中的大循环，一些有条件的企业和园区应挖掘"城市矿山"，开展金属回收再生利用业务。为避免再生金属冶炼和回收利用环节的污染，金属资源再生产业基地应实行"圈区管理"，实现"废料入园—各厂区分散加工—原料成品出园"的封闭循环运行。

积极推进品牌联盟、"互联网+"等商务模式。商业模式创新不限于上游环节，在下游和销售环节更有巨大的空间。具体的做法可以有：①有色冶炼企业与有实力、有品牌的加工企业合作，实行"品牌联盟"，解决产品品牌和销售渠道问题。②与一些地方政府、工业园区合作建立有色金属工业加工园，解决产品用途问题。③建立或合作建立有色金属产品销售平台，通过打造电商平台，提供信息交流、产品交易服务，促进产品销售。

5. 结合"一带一路"战略，积极推进国际产能合作

"十三五"期间，要积极推动有色金属国际产能与装备制造合作，重点是借助国家"一带一路"战略，结合有色金属产能有序转移，在中亚、东南亚、中远东、南美等节点国家和地区，利用中国资金和技术，建设一批具有国际竞争力的电解铝、氧化铝、铜冶炼及加工等项目，实现利益共享，共同发展。充分发挥我国有色金属先进技术和装备优势，带动先进装备、产品、技术、标准、服务的全产业链输出，提高国际化经营能力。对符合条件的重大国际合作项目，引导金融机构给予优惠贷款等。加强我国有色金属行业重要技术标准的外文版翻译工作，加大中国标准国际化推广力度，推动相关产品认证检测结果互认和采信。

专栏 24-1

做好"加减法"，推进有色金属工业供给侧结构性改革

供给侧结构性改革的着力点是供给侧，核心是结构性，关键是改革。近年来，湖南有色金属工业通过做好"加减法"，积极推进供给侧结构性改革。

（1）在企业层面做"加减法"。"加法"主要有：第一，开发高端产品。抢抓《中国制造2025》的历史性机遇，加强新产品的研发，开发出经济性、技术性相统一的高端产品，增加有效供给。重点开发铅酸超级电池、新型锌基合金、高端工业铝合金型材、高速高效钻削棒材、全铝轻量化汽车和建筑铝模板、高阻燃消防环保型特种电缆、钨铜合金新材料、高性能钛合金、钛镍形状记忆合金、高性能高电压锂离子电池正极材料、镍氢动力电池材料、高性能新型稀土材料等。第二，积极推进资源向优势企业集中，以增量促进存量的调整重组，组建铜铝合金、铅锌、钨铋、稀土稀贵金属、有色科技等大公司大集团，提高产业集中度，解决行业存在的小、散、乱问题。第三，充分利用互联网、物联网、云计算、大数据等手段，创新有色生产和物流组织形式，走专业化之路，细分

市场，大力发展生产服务业"外包"、"众包"，降低运营成本，提高经济效益。加大有色企业与服务业的融合发展，推动制造的服务化，创新有色产业的新业态。第四，推进企业上市。以去杠杆为目标，大力支持优势企业直接融资，减少企业对间接融资的依赖，降低企业财务成本和资金风险。"减法"主要是：以去库存、去产能、降成本为目标，强制淘汰一批落后产能，提高资源利用率。近期主要是淘汰铅锌冶炼过剩产能；淘汰烧结——鼓风炉炼铅工艺和火法炼锌工艺；淘汰含锌二次资源冶炼直接燃煤的传统熔炼炉技术和设备。

（2）行业主管部门层面做"加减法"。就是加强服务、减少行政干预。第一，发挥指导引领作用。通过及时发布技术进步指南、国内外市场信息，打造共性关键技术攻关平台等，指导企业不断开拓新领域、创造新业态，培育新的增长极。第二，发挥协调作用。以去杠杆为目标，支持一批精深加工优势企业进军资本市场，降低企业财务成本和资金风险。第三，发挥服务作用。以湖南有色金属职业技术学院为平台，加大高技能型人才培养，提高从业人员技能素质；以湖南有色金属经济技术信息中心、湖南有色金属交易所为平台，利用大数据、云计算、移动互联网，对企业进行精准服务，减少企业运营成本。搭建企业与政府之间的有效沟通桥梁，减少企业政策性交易成本。

资料来源：根据《供给侧改革：湖南有色产业何以走向绿色》（湖南日报记者奉清清报道）改编，原文刊载于《湖南日报》2016年4月7日。

参考文献

［1］有色金属工业协会：《2015年有色金属行业运行情况报告》，国家统计局联网直报门户网站，http：//www.lwzb.cn/pub/gjtjlwzb/sjyfx/201605/t20160525_2788.html，2016年5月25日。

［2］工业和信息化部原材料工业司：《2014年我国有色金属工业运行情况分析和2015年形势展望及重点工作》，工业和信息化部原材料工业司网站，http：//www.miit.gov.cn/n1146285/ n1146352/n3054355/n3057569/index.html。

［3］王琼杰：《打好有色金属工业4.0版这场"持久战"——访中国有色金属学会理事长康义》，《中国矿业报》2016年7月6日。

［4］徐卫星：《严控产能 打造智能制造试点——工信部解读有色工业指导意见》，《中国环境报》2016年6月30日。

［5］矿妹：《4大矿业帝国的全球矿产资源大战略》，Mining World，中国煤矿安全生产网，http：//www.mkaq.org/html/2016/07/05/373997.shtml，2016-07-05。

［6］商务部贸易救济调查局：《美国钢铁企业对中国等5个国家和地区的镀锌板产品提出反倾销反补贴调查申请》，商务部贸易救济调查局网站，http：//gpj.mofcom.gov.cn/article/zt_mymcyd/subjectaa/201507/20150701050336.shtml，2015年7月19日。

第二十五章　石化工业

提　要

2015 年，我国石化工业面临着更为严峻的局面，但从供给侧结构性改革角度看，产能过剩的顽疾、行业成本居高不下和体制改革滞后等才是影响石化行业发展的核心问题，其中体制改革是制约行业发展的关键。同时，2015 年石化行业相关政策和行业发展的国际环境也出现了新的变化。这些政策和环境变化给我国石化行业带来的既有机遇，也有挑战。要从根本上解决我国石化工业存在的问题，充分抓住环境变化带来的机遇，并应对挑战，必须打破产业链各环节抑制和束缚市场机制发挥作用的政策，通过体制改革和制度重建，建立一个市场机制有效配置资源，政府干预范围适度，监管高效的石化行业管理体制。

*　　　　　　*　　　　　　*

一、2015 年石化工业运行特点

2015 年，我国石化工业一方面延续前两年的变化趋势，即原油进口依存度继续攀升，石化工业结构调整取得一定进展；另一方面行业发展也出现了新的特征，主要表现为行业收入和利润指标双双下滑，进出口贸易双双下滑，石化工业发展面临着更为严峻的局面。

1. 原油产量与消费量均创新高，进口依存度继续攀升

2015 年，我国原油产量和消费量均创历史新高，原油产量为 2.15 亿吨，比 2014 年略增 400 万吨，同比增长 1.5%。原油消费量达到 5.6 亿吨，同比增长 6.3%。其中，原油消费近两年又恢复了较快的增长速度（2014 年增速 8.2%）。

我国原油产量长期以来一直保持缓慢增长、持续增长趋势，多年稳定年均 1%~2% 的增长。如图 25-1 所示，1990~2000 年，我国原油产量从 1.38 亿吨增加到 1.62 亿吨，产量仅增长 17.6%。同期原油消费量从 1.13 亿吨增加到 2.24 亿吨，增长将近 1 倍（98.7%）。1993 年，我国石油需求第一次超过石油产量后，石油需求开始进入快速增长阶段。特别是 2000~2015 年，石油需求从 2.24 亿吨增加到 5.6 亿吨，15 年增加了 1.5 倍，由此导致了我国供需缺口日趋扩大。2000 年，我国石油进口依存度 27.5%，2014 年达到 59.9%，到 2015 年突破了 61.7%。

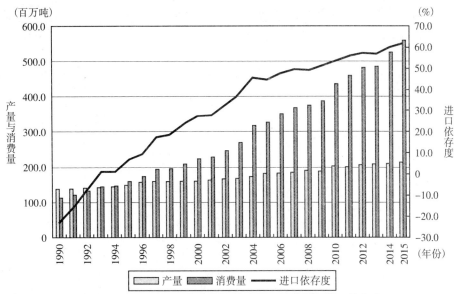

图 25-1 1990~2015 年我国石油产量、消费量与进口依存度

资料来源：《BP 世界能源统计 2016》。

2. 石化行业固定资产投资增速加速下滑

近年来，我国全社会固定资产投资增长持续下降。2010~2015 年，全社会固定资产投资增速从 24.5% 稳步下降到 10%，增长速度下跌了一半以上。石化行业投资增长则表现出波动性下降特点。2013 年之前，石化行业三大子行业——石油采掘、石油加工和化学原料与制品业——投资增长波动明显。2013 年后，三大子行业投资增长均进入快速下滑区间，其中石油采掘和石油加工业投资进入负增长区间。

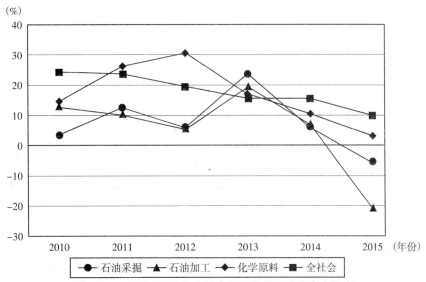

图 25-2 2010~2015 年全社会和石化行业固定资产投资

资料来源：国家统计局，国研网。

如图 25-2 所示，石油采掘业 2010 年固定资产投资年均增长速度为 3.6%，此后经过 12.5% 和 6.1% 的增长波动后，2013 年达到区间峰值 23.7% 后快速下滑。2014~2015 年投资增长速度分别跌到了 6.1% 和 -5.7%，投资进入负增长。石油加工业投资增长则从 2010 年的 12.9% 下滑到 2012 年的 5.4% 后，2013 年投资增长快速反弹到 19.4% 后，投资增长大幅下跌。2015 年，固定资产投资竟然比 2014 年减少 20.9%，是石化行业三个子行业投资回落最大的行业，其峰谷投资波动高达 40%。

相比之下，化学原料及其制品业是石化行业目前投资唯一处于正增长的行业：其投资增长从2010年的14.8%连续增长到2013年的30.7%后开始回落。到2015年，化学原料及其制品业固定资产投资增长为3.3%。

3. 主营业务收入下降，行业利润创新低

石化行业的主营业务收入从前两年的增长态势转为下降，石油开采业和石油加工业两个子行业主营业务收入下降是主要原因（见图25-3a）。2015年，石化行业主营业务收入为12.58万亿元，低于2013年和2014年的12.87万亿元和13.46万亿元的水平。其中，石油开采业主营业务收入下降幅度最大，从2014年的1.16万亿元下降到2015年的0.78万亿元，同比减少32.7%；石油加工业主营业务收入从2014年的4.03万亿元减少到3.41万亿元，同比减少15.5%。石化行业三个子行业中，只有化学原料及其制品业的主营收入没有出现下降，其主营业务收入从2014年的8.28万亿元略微增加到2015年的8.39万亿元，同比增长1.4%。

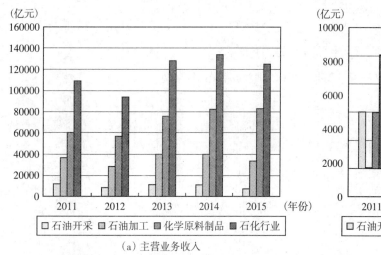
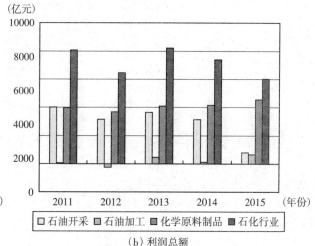

（a）主营业务收入　　　　　　　　　（b）利润总额

图25-3　2011~2015年石化行业主营业务收入与利润总额

资料来源：国家统计局，国研网。

同时，石化行业的利润总额创2011~2015年新低（见图25-3b）。2015年，石化行业利润总额实现6013亿元，比2014年减少了18.8%。与同期利润总额最大值8253亿元（2013年）相比，减少了27.1%。石化行业利润总额创新低的原因是石油开采业利润总额的"暴跌"：从2011年的4044亿元下降到2015年的805亿元，四年减少80%。而同期石油加工业和化学原料及其制品业的利润总额则在2015年创下新高：石油加工业利润总额在波动中达到649亿元的新高（2014年仅97亿元），而化学原料及其制品业利润总额则是稳步增加到4559亿元。

4. 行业进出口贸易额同时下跌，主要石化产品进出口量增长波动大

2015年，国内成品油需求疲软，市场供过于求，导致我国成品油进口量增速同比下降。2015年全年成品油进口量累计为2990万吨，同比下降0.3%。成品油出口方面，因我国放宽了对成品油出口的限制而导致成品油出口量大幅增加。2015年成品油出口量累计达3616.0万吨，同比增长21.9%。化学原料及其制品业进出口贸易在国内外部需求不振的影响下，进出口额增速双双下跌。海关总署数据显示，2015年化学原料及其制品业进出口总额为3121.3亿美元，同比下降10.5%。其中进口总额为1601.2亿美元，同比下降14.1%；出口总额为1520.1亿美元，同比下降6.2%。[①]

从2011~2015年石化产品进出口量增长变化看，主要石化产品进出口量增速波动大。就进口量而言，成品油和合成橡胶进口量增速波动幅度大，波动峰谷差分别达到34.3%和41%，但两者

---

① 国研网：《2015年第4季度化工行业分析报告》。

均呈明显的趋势特征：成品油进口量增长呈下降趋势，而合成橡胶进口量增长呈上升趋势。化肥和农药进口量增速波动剧烈，有机化学品和合成树脂波动相对较小，但四类主要石化产品进口量增长均无明显变化趋势（见图25-4a）。

2015年，有机化学品、化肥和合成橡胶进口量为正增长，增速分别为13.4%、16.6%和33.4%。与2014年相比，有机化学品和合成橡胶进口量增速分别增加了8.3个百分点和34.2个百分点，化肥进口量增速减少了4.4个百分点。成品油、农药和合成树脂进口量为负增长，增速分别为-0.3%、-2.7%和-0.9%。与2014年相比，成品油、农药和合成树脂进口量增速分别增加了23.9个百分点、降低了24个百分点和3.8个百分点。

从主要石化产品出口量看，成品油出口量尽

管增速波动剧烈（增速峰谷差达到36.2%），但增速大致呈明显上升趋势；有机化学品和农药出口量增长下降趋势较为明显，而化肥（实物量）、合成橡胶和合成树脂的年度出口量增速波动剧烈，增速峰谷差分别高达64.1%、6%、0.3%和26.2%，且增长没有明显的趋势特征（见图25-4b）。

2015年，成品油、化肥、农药出口量为正增长，增速分别为21.9%、19.9%和1.2%。与2014年相比，成品油出口量增速增加了17.8个百分点，化肥和农药出口量减少了32.5个百分点和4.8个百分点。有机化学品、合成树脂和合成橡胶出口量为负增长，增速分别为-3.9%、-3.2%和-3.3%。与2014年相比，有机化学品和合成树脂出口量增速分别减少了12.6个百分点和25.8个百分点，合成橡胶出口量增速增加了4.7个百分点。

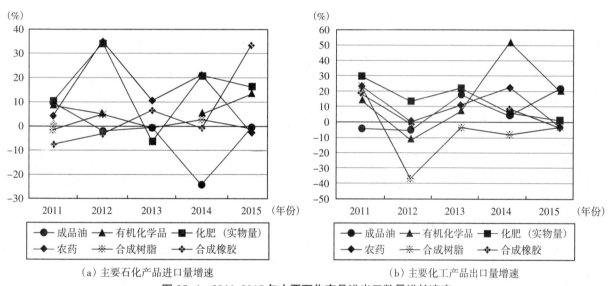

(a) 主要石化产品进口量增速　　　　　　(b) 主要化工产品出口量增速

图25-4　2011~2015年主要石化产品进出口数量增长速度

资料来源：国研网。

二、从供给侧结构性改革看石化行业的问题

供给侧结构性改革是在2015年11月10日中央财经领导小组第十一次会议首次提出，并在2015年12月召开的中央经济工作会议明确了供给侧结构性改革的重点任务是"去产能"、"去库存"、"去杠杆"、"降成本"和"补短板"。根据石化行业的实际运行看，石化行业供给侧长期存在产能过剩、总体成本上升和石油天然气体制改革滞后三大问题。

（一）石化行业长期存在的产能过剩进一步加剧

有关学者的研究表明，我国石化行业产能过剩一直存在。2008年前，石油加工业、化学原料及制品业的产能过剩呈周期性变化。2008年的金融危机打破了石化行业产能过剩的周期性变化规律。对2013~2015年两个子行业的测度表明，化学原料及制品业产能过剩的周期性程度有所减弱，石油加工炼焦业出现持续产能过剩且过剩程度更严重。预测表明，如果我国石化行业结构不进行根本性调整，产能过剩的原有周期性将被打破，产能过剩将会越来越严重。[①]

上述判断可以从2011~2015年主要石化产品产能利用率变化得到充分印证。如表25-1所示，我国炼油产能利用率从2011年的82.9%一路下滑到2015年的65.5%。煤化工产品方面，煤制油2015年的产能利用率从2013的70.5%跌落到47.5%；煤制气产能利用率从2014年的25.8%上升到51.5%；煤制乙二醇产能利用率从2011年的25%上升到2015年的48.1%；煤制烯烃的产能利用率2014年前一直在23.3%~55.7%波动，但2015年快速上升到81.8%。

在剩余的14种常见化工产品中，产能利用率趋于上升，并且2015年产能利用率在80%以上的产品有纯碱（89.9%）、尿素（92.5%）、磷酸一铵（82.3%）和聚丙烯（80.3%）四种，其余10种主要化工产品的产能利用率2011年以来均出现大幅下降，其中顺丁橡胶和氢氟酸的产能利用率甚至一直处于60%以下。

表25-1　2011~2015年主要石化产品产能利用率

单位：%

序号	产品名称 \ 年份	2011	2012	2013	2014	2015
1	炼油	82.9	74.9	73.6	66.5	65.5
2	煤制油	—	—	70.5	73.6	47.5
3	煤制气	—	—	—	25.8	51.5
4	煤制烯烃	42.6	55.7	48.8	23.2	81.8
5	煤制乙二醇	25	17.6	29.9	44.3	48.1
6	烧碱	72.3	72.2	74.1	81.4	78.2
7	纯碱	79.9	83.7	77.2	81.4	89.9
8	尿素	80.8	86.6	83.1	81.5	92.5
9	磷酸一铵	76.4	80.5	66.7	76.2	82.3
10	电石	72.4	57.9	60.7	62.2	58.9
11	PTA	84.3	66.8	68.6	61.1	64.1
12	丁苯橡胶	98.1	101.9	70.2	64.3	54.5
13	顺丁橡胶	58.4	51.7	48.9	50.6	45.1
14	聚丙烯	79.9	80.9	82	75	80.3
15	聚氯乙烯	59.9	56.3	61.8	68.2	68.5
16	有机硅甲基	64.5	66.3	67.1	57.3	55.5
17	氢氟酸	54.6	51.2	48.4	45.6	44
18	MDI	85.5	79.5	80	74	64.4
19	TDI	73.5	63.8	78.7	80.9	70.3

注：产能利用率 = $\frac{产量}{产能} \times 100\%$。数据来自国家统计局和有关专业协会。

（二）行业成本居高不下，且呈上涨趋势

2011年以来，石化企业用工成本、融资成本、物流成本、环保成本、用电成本等呈上升趋势。虽然原材料等成本下降，但不足以抵消总成

---

① 孙康、李婷婷：《中国石化产业产能过剩测度及预警》，《财经问题研究》2015年第5期。

本上升，由此导致主要由产品销售成本、产品销售费用、销售税金及附加、财务费用、管理费用五个项目构成的石化行业总成本多年居高不下，并且有进一步增加趋势。

1. 行业总成本维持高位运行、稳步攀升态势

以石化行业总成本占销售收入的比重度量，石化行业三个子行业自 2011 年以来一直保持高位运行、稳步攀升的态势。油气开采业行业总成本占销售收入比重从 2011 年的 66.27% 增加到 2014

年的 70.69%，2015 年油气开采业行业总成本占销售收入比重竟然快速攀升 10 多个百分点，达到 87.79%。石油加工业的行业成本比重一直保持在 99% 左右小幅波动，其中 2015 年比重最低（98.35%），2014 年比重最高（99.92%）；化学原料及其制品业总成本从 2011 年的 92.6% 增加到 2014 年的 95.23%，增加了将近 3 个百分点；2015 年略有下降，为 95.02%，如图 25-5 所示。

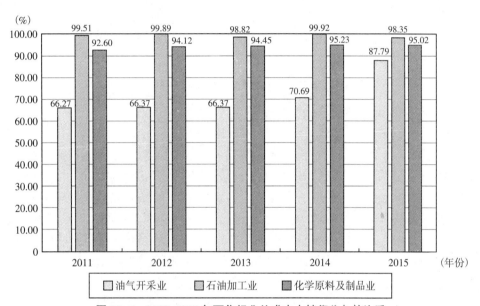

图 25-5 2011~2015 年石化行业总成本占销售收入的比重

资料来源：根据 Wind 数据计算。

2. 行业成本中销售税金及附加上涨最快，财务费用次之

石化行业总成本构成中，销售成本所占份额最大，其占总成本的份额一直在 80% 以上。2011~2015 年，石化行业的产品销售成本占行业总成本的比重从 1981 年的 81.6% 稳步上升到 2014 年的 84%。2015 年略有下降，但仍保持在 83.5% 的水平。

不仅如此，行业成本的构成项中，石化行业产品销售成本从 2011 年的 89628 亿元稳步增加到 2014 年的 113158 亿元，4 年间增长 26.3%；但 2015 年略微下降到 105028 亿元，同比下降 7.2%。

石化行业成本的其余构成项，即产品销售费用、财务费用、管理费用、销售税金及附加，其余成本均呈稳步上扬特点。特别是销售税金及附加和财务费用两项上涨幅度更大。2011~2015 年，

销售税金及附加先是从 2011 年的 2261 亿元减少到 2013 年的 2055 亿元，而后 2015 年又快速增加到 5788 亿元，两年间增加 181.6%。其中 2014~2015 年同比增长 133.9%。石化行业财务费用从 1000 亿元增加到 1857 亿元，增加 85.7%；管理费用从 3511 亿元增加到 4478 亿元，增加 27.5%；因此，从分项成本增长速度看，销售税金及附加上涨最快，财务费用次之。

（三）石油天然气体制改革滞后制约配置效率

石油和天然气是最重要的石化原料。石油天然气体制改革滞后不仅妨碍石油天然气开发效率，而且严重制约石化产品市场的配置效率。这种妨碍和制约作用通过我国石油天然气上游、中游和下游相关体制具体地发挥作用。从供给侧结构性改革的角度看，这是我国石化行业最大的"短板"。

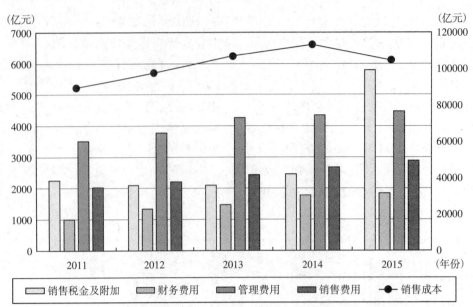

图 25-6　2011~2015 年石化行业主要成本变化

资料来源：Wind。

首先，在石油天然气勘探开发环节，中石油、中石化和中海油三大石油央企基本垄断了我国陆上和海上石油和天然气勘探区块。我国《矿产资源勘查区块登记管理办法》、《矿产资源开采登记管理办法》和《探矿权采矿权转让管理办法》（1998，国务院第 240 号、第 241 号、第 242 号令）三个行政法规明确规定，石油天然气许可证实行行政审批制度。自上述行政法规颁布实施以来，我国仅有中国石油、中国石化、中国海油获得油气资源勘探开发许可，陕西延长石油公司获得陕西特定区域获得勘探开发油气资源行政许可。

目前，中石油和中石化垄断了 90% 以上的陆上石油天然气区块，中海油垄断了 90% 的海上石油天然气区块。并且由于探矿权和采矿权费用标准过低，导致石油资源圈而不探/采，石油天然气资源配置效率低下。因此，尽管我国 2015 年 7 月开始在新疆试点石油天然气勘查公开招标，但由于到目前为止没有出台任何针对现有三大石油央企已登记存量区块"清理"办法，因而这种招标试点仅具有改革的象征意义，对石油天然气上游勘查区块垄断现状没有实质性影响。

其次，在石油天然气管道运输环节，中石油一家独大，管道第三方公平准入改革难以推进，不仅影响石油天然气勘探开发效率与进展，而且妨碍石油和天然气下游需求灵活性和配置效率，

不利于石油和天然气终端市场的拓展。截至 2015 年 8 月，中国陆上油气管道总里程达到 12 万公里，包括原油管道约 2.3 万公里，成品油管道约 2.1 万公里，天然气管道约 7.6 万公里。其中，中石油和中石化的油气管道里程达到 10.4 万公里，约占总里程的 86%，而中石油拥有的油气管道里程数量居于绝对优势地位。为促进油气上游市场和下游市场的竞争效率，必须推动我国油气管道的第三方公平准入。为此，中共十八届三中全会提出要将"自然垄断"环节和"竞争"环节分离，成立独立的油气管网运营公司。然而，到目前为止，推动油气管网独立运营的改革进展缓慢。

最后，在炼油和流通环节，虽然存在数量众多的市场主体和一定程度的竞争，但由于一些关键环节依然存在市场准入的"行政壁垒"，市场竞争既不完全，也不充分。多年来，相关政策赋予中石油和中石化的原油进口和原油加工垄断权和成品油批发专营权是影响我国石化行业配置效率的重要因素。2006 年，商务部颁布实施的《成品油市场管理办法》（商务部令 2006 年第 23 号）名义上放松了成品油批发管制，但原油进口和原油加工垄断权没有配套放开，而且非中央企业获得成品油批发资格的条件太高，地方和民营炼油厂和加油站无法成为真正的市场竞争主体，导致市场开放"名存实亡"。直到 2015 年 2 月，国家发

展和改革委员会出台了《关于进口原油使用管理有关问题的通知》，进一步放开原油进口权，开始授予原油进口使用权，即允许获得许可的地方和民营炼油企业进口原油自行加工成品油。这一政策的核心目的是解决地方和民营炼油企业的原料来源问题，但随着获得原油进口许可企业数量的增加以及这些地方民营炼油厂向下游零售领域的扩张，我国炼油、成品油流通和化工产品的原料竞争将有所增强，中石油和中石化的成品油批发垄断权将受到越来越大的冲击。由于这一政策同时规定这些企业进口的原油只能自用，进口原油使用权的放开仍没有解决国内原油不能自由流通问题。这不仅影响原油自身的配置效率，而且对石化行业中下游市场效率产生重要影响。

2015 年，我国石化行业发展还将面临新的政策和外部环境的变化。这些变化，既包括我国颁布实施了一些与石化行业发展相关的一些新政策，也包括近年来一直存在，并继续发挥影响的页岩气革命、低油价等外部环境因素对我国石化行业产生的中长期影响。

三、石化工业的产业政策与外部环境变化分析

（一）产业政策变化分析

1. 成品油价格形成机制市场化改革停滞

目前，我国成品油价格是按照 2013 年 3 月国家发展和改革委员会的新的"成品油价格形成机制"来确定的，其基本内容是：①将成品油调价周期由 22 个工作日缩短至 10 个工作日。②取消挂靠国际市场油种平均价格波动 4% 的调价幅度限制。③适当调整国内成品油价格挂靠的国际市场原油品种。根据这一定价机制，只要在 10 个工作日我国成品油挂靠的国际市场原油价格发生涨跌变化，国内成品油价格就要进行相应调整，以充分反映国际原油成本。

然而，这一被认为更加灵活反映国际原油市场价格变化的成品油定价机制在 2015 年"停摆"了。2015 年国际油价全年震荡走低，我国成品油价格理应以下调为主，但在 25 轮调价窗口中，成品油经历了 7 次上调，12 次下调以及 6 次"应调未调"。应调未调的原因是国家发展和改革委员会设置了"地板价"以保护国内石油开采成本较高的国内企业。这在一定程度上反映出我国成品油市场化改革的曲折性，因为在现有的体制和法律环境下，政府总有各种"理由"干预现有机制的发挥作用，即使是成品油价格完全通过市场竞争来形成的情况下也难以幸免。

2. 天然气价格市场化改革提速

2015 年 11 月 18 日，国家发展和改革委员会发出通知决定自 2015 年 11 月 20 日起降低非居民用天然气门站价格，进一步推动天然气价格市场化改革。主要内容包括：①大幅下调非居民用气门站价格，每平方米下调 0.7 元，直接减轻下游工业、发电、集中供热、出租车以及商业、服务业等行业用气成本。②天然气定价管理更加灵活。通知规定将非居民用气由最高门站价格管理改为基准门站价格管理，降低后的最高门站价格水平作为基准门站价格，供需双方可以基准门站价格为基础，在上浮 20%、下浮不限的范围内协商确定具体门站价格。③将推进天然气公开交易，引导全部非居民用气进入上海石油天然气交易中心进行交易，力争用 2~3 年的时间全面实现非居民用气的公开透明交易。这些措施的推进，将进一步推动天然气价格市场化改革进程，促进天然气行业快速发展。

3. 石化行业将进入最严环保治理时代

2015 年，我国颁布实施了几项与石化行业密切相关的环保政策将使石化行业进入最严环保治理时代。这些政策措施主要包括：

（1）为落实国务院《大气污染防治行动计划》，2015 年 5 月环保部制定并会同国家质检总局发布了"石油炼制工业"、"石油化学工业"、"合成树脂工业"、"无机化学工业"的污染物排放新标准，并对石化行业的特征污染物——挥发性有机物提出控制要求。

（2）环保税即将出台。2015 年 6 月 10 日，国务院法制办公布了由财政部、税务总局、环保部

三部门联合起草的《环境保护税法（征求意见稿）》，规定对超标、超总量排放污染物的，加倍征收环保税，最高按照当地适用税额标准的 3 倍计征。

（3）我国石化行业将试点挥发性有机物（VOCs）排污收费。2015 年 10 月，财政部、发展和改革委员会、环保部联合发布了《挥发性有机物排污收费试点办法》，规定直接向大气排放 VOCs 的试点行业企业应当缴纳 VOCs 排污费。目前试点行业包括石油化工行业和包装印刷行业。

（4）成本油质量升级加快。2015 年 5 月，国家发展和改革委员会等七部门联合印发《加快成品油质量升级工作方案》（以下简称《方案》）。《方案》明确自 2016 年 1 月起供应国五标准车用汽、柴油的区域扩大到东部 11 个省市全境。

（5）煤化工项目的环保标准更加严格。2015 年 12 月 22 日，国家环保部印发了《现代煤化工建设项目环境准入条件（试行）》，从环保角度规范现代煤化工建设，并将此作为建设项目环评工作的依据。

4. 原油进口使用权有限放开，石化项目审核权下放

2015 年，国家发展和改革委员会发布实施的两项改革措施对进一步推动石化产业结构调整和转型升级有重要作用：一是国家发展和改革委员会 2015 年 2 月 16 日发布《关于进口原油使用管理有关问题的通知》，允许符合条件的地方炼油厂在淘汰一定规模落后产能或建设一定规模储气设施的前提下使用进口原油。二是石化项目审核权下放。国家发展和改革委员会主持制定的《石化产业规划布局方案》提出，"十三五"期间将重点建设七大石化产业基地。2015 年 5 月，国家发展和改革委员会专门印发了《关于做好〈石化产业规划布局方案〉贯彻落实工作的通知》，强调要大力简化项目审批程序，推动《石化产业规划布局方案》的贯彻落实。该通知明确指出，《石化产业规划布局方案》内的炼油扩建、新建乙烯、新建对二甲苯项目由省级政府核准。《石化产业规划布局方案》内的煤制烯烃项目、新建炼油项目委托省级发展改革部门核准。MDI 项目由省级政府按国家有关规定核准。

（二）外部环境分析

1. 国际油价低迷有利石化行业供给侧结构性改革

国际原油价格自 2014 年 5 月从 100 美元/桶高位大跌以来，一直在 70 美元/桶下方波动。2015 年，国际油价上半年震荡上升，下半年破位下跌。全年布伦特原油期货价格均价为 53.6 美元/桶，最高价为 67.77 美元/桶，最低价为 36.11 美元/桶，是 2008 年国际金融危机以来的最低水平。[①]

本轮国际油价暴跌以来，国际原油供需形势与以往有所不同。①OPEC 产油国为争夺市场份额不但没有限产，反而继续扩大原油产量。②俄罗斯等其他非 OPEC 国家也没有削减原油产量的意愿。③针对 OPEC 成员国伊朗的国际制裁政策结束，伊朗石油产业的产能逐渐恢复。④虽然美国页岩油气生产商随着油价下跌而关闭了部分钻井平台，但页岩油井生产成本下降速度很快，而且当油价上涨时页岩油井恢复生产的时间远远短于常规油井。上述扩大原油生产能力和产量的因素叠加，对应于全球增长乏力的经济和原油需求，将导致未来几年国际原油供应过剩将成为常态。

国际原油价格保持低位对为我国石化行业供给侧结构性改革提供了良好的外部环境。从供给侧结构改革的要求和内容看，我国石化行业的重点是去产能、降成本和补短板。低油价不仅对石化企业降成本有利，而且对推动石化行业体制改革有利。去产能、降成本，不是由政府来决定去哪一部分产能，降哪一部分成本，而应该由市场来决定。而我国石化行业的一个长期问题就是行政权力对市场作用限制太多，市场机制很难有效地发挥作用。因此，就石化行业来说，补短板就是补体制改革、市场化改革之短板；补短板是石化行业供给侧结构性改革的核心和关键。

2. 石化原料呈现多元化和轻质化趋势

石脑油及天然气是石化价值链的主要原料。然而，原油和天然气资源的有限性和价格波动性，影响石脑油长期供应的稳定性。石化企业多年寻找其他替代原料的努力导致世界石化原料日益呈现多元化格局，乙烯裂解原料呈现轻质化趋势。

---

① 2016 年到目前为止布伦特原油价格在每桶 28.94~50.54 美元波动。

例如，巴西有大量的生物乙醇及生物聚合物生产设施，超过一半的甘蔗用来生产乙醇。中国石油进口依存度一直稳步攀升，2015年依存度已经突破60%。因此一直在积极开发煤炭作为化工产品的替代原料。目前，中国开发的煤基化工品新技术，主要包括甲醇、二甲醚（DME）、合成天然气（SNG）及烯烃等。

同时，美国页岩气革命导致美国国内页岩气的大规模应用，使乙烯裂解装置原料轻质化，促使更多的美国石化厂商采用乙烷、丙烷替代石脑油等原料生产乙烯、丙烯。中东产油国近年来以天然气或石油伴生气为原料的裂解装置产能增加，以及天然气资源丰富的俄罗斯近年来开始实施乙烯裂解原料轻质化政策：鼓励企业新建裂解装置更多地采用成本更低的天然气而不是石脑油作为原料生产化工产品，满足国内外需求。2015年，尽管油价大幅下跌导致各原料间比价关系发生了较大变化，但世界乙烯生产装置的原料结构多元化、轻质化的趋势并未改变。

3. 北美地区将成为世界石化产品供应强有力的竞争者

美国历史上曾是乙烯的最大生产及消费地区。

然而，美国页岩气革命的成功将使美国从一个石化原料及产品的进口国向一个具有竞争力的出口国转变。从历史上看，在美国裂解乙烷、丙烷及其他天然气液比裂解石脑油要便宜。西欧及东北亚主要使用石脑油作为石化原料。蒸汽裂解工艺采用乙烷为原料则更加简单，设备投资也更低。一般来说，当布伦特油价除以亨利天然气价格比值不低于6∶1~7∶1时，美国墨西哥湾地区的石化产品及衍生物对其他主要生产地区有竞争优势。美国页岩气革命以来，这个重要比率数年来一直高于7∶1，最高达到40∶1。这使美国石化产业乙烷裂解和乙烯衍生品的产能激增。

页岩气革命带来的美国国内天然气低价格，以及由此推动的以天然气为原料的石化装置及其衍生品生产能力的扩张，推动美国从一个石化原料及产品的进口国转变为有竞争力的出口国，这将从根本上改变未来国际石化市场竞争格局，对包括中国在内的东北亚国家带来强大的竞争压力。

四、深化供给侧结构性改革促进石化行业转型升级

供给侧结构性改革的目的就是打破障碍，将要素资源配置到需求旺盛、效益更高的部门，为总供给和总需求再平衡、再匹配创造制度条件。因此，石化行业深化供给侧结构性改革的关键深化相关行业体制改革。从石化行业产业链看，通过深化供给侧结构性改革促进石化行业转型升级，需要打破产业链各环节抑制和束缚市场机制发挥作用的政策，通过体制改革和制度重建，建立一个市场机制有效配置资源，政府干预范围适度，监管高效的石化行业管理体制。

（一）切实推动石油和天然气资源勘探开发环节有效竞争

要构造有效竞争的油气市场，必须打破垄断，全面开放市场。而全面开放市场，首先要改革当前的油气区块登记制度。在目前的油气资源区块登记制度下，在位企业只要花很少的钱就可以圈占大量资源区块，圈而不勘问题突出。而且新进入者所能获得的区块非常有限。不解决这一问题，通过竞争激励油气（包括页岩气）开采技术创新，降低开采成本，提高开采效率的效果就会大打折扣。

因此，我国石油天然气资源勘探开发环节的市场化改革，应从清理现有石油公司登记的区块存量开始，真正解决资源存量的竞争和优化配置问题。中国现有陆上油气区块基本为中石油和中石化瓜分，海上油气区块主要为中海油掌握，占而不勘，勘而不采问题突出。一方面，要求石油央企在既定时间内（如1年）只能保留一定比例（如50%）的已登记区块，其余区块交由油气资源主管部门制定长期规划，向其他油气市场参与者

开放；另一方面，需要建立现有勘探资料信息的分享机制。在此基础上，建立探矿权、采矿权交易和流转的市场制度。

（二）加强自然垄断环节政府监管，实现油气管网的第三方公平准入

管道运输属于石化行业上游产业的自然垄断环节。将自然垄断环节与竞争性分离，实现对自然垄断设施的开放与公平使用，是中共十八届三中全会决议确定的改革方向。油气管道包括原油管道、成品油管道和天然气管道。一般来说，相比原油和成品油管道，天然气管道的自然垄断性更强，因为天然气管道运输最经济，其他运输方式（如液化后运输）成本高难以对管道运输形成替代。因此，我国油气领域自然垄断环节的改革首先要解决天然气管道使用的排他性问题，加快推动天然气管道的"独立经营"，实现第三方公平准入。一方面，推动天然气管道运输与销售业务的分离，成立独立的天然气管道公司；另一方面，加强政府监管，加快合理管输价格核定，实现向第三方公平开放，为天然气上下游市场形成有效竞争创造条件。

（三）取消原油进口、炼油和销售环节的歧视性准入政策

近年来，随着部分石油央企获得原油进口使用权和成品油批发权，成品油批发市场两桶油垄断经营现状有所触动，但对石化行业影响很小。2015年2月开始，随着国家发展和改革委员会逐步放开地方和民营炼油企业原油进口使用权，以及这些企业逐步渗透成品油销售市场，两桶油一统炼油和成品油销售的市场格局被事实打破。

尽管如此，但我国在原油进口和销售、成品油批发等环节赋予两桶油行政垄断地位的政策文件没有明确取消和废除。如果要在炼油和销售环节形成真正有效的市场竞争，必须要全面清理和取消原油进口和销售、成品油批发等环节的歧视性准入政策。如"1999年国办38号文"，"2001年国办72号文"，海关和铁道部为配合实施38号文、72号文而出台的规定也应一并清理和取消。远远落后于现实，且政策目标和效果都非常可疑的原油进口贸易配额政策也无存在的必要。商务部颁布的《原油市场管理办法》和《成品油市场管理办法》规定的严苛的市场准入条件应进行修改。

这种过高的准入条件明显不是正常的市场竞争所必要的。

（四）健全油气监管立法，规范监管行为

我国与油气直接相关的法律仅有《矿产资源法》和《石油天然气管道保护法》，石油资源开发与环境保护，利益分配，以及石油安全政策等方面的法律基本处于空白。在实践中，上述领域政策的制定或行为的规范基本是通过部门规章（大多以通知形式存在）来处理，不利于石油行业的长期、稳定、有序发展。

加快推动油气监管方面的立法，对于规范行政部门的政策制定、监管职责与行为有着非常重要的意义。健全的法律框架是实施有效监管的依据，确保监管的独立、透明和公平的基础。而且，切实保障投资者的利益法律环境是外部资本，特别是民间资本愿意投资于石油产业的前提。制定石油产业相关法律时，可以参照世界上大多数国家的标准和做法，制定包括总法律、配套法规、样本合同和一系列财税条件的石油法规组合。

（五）提升石化产品技术标准体系，推动产业结构升级

与石油开采、炼油行业高度垄断结构不同，我国石化下游多数行业长期存在过度竞争，低水平生产能力过剩状况。这与长期以来我国石化产品技术标准过低密切相关。技术标准低导致进入门槛低，不利于优胜劣汰。当务之急是在农药、化肥等中小企业多，竞争激烈的领域提高产品的最低质量标准，强制淘汰一批落后产能，同时加大监督核查力度。2009年以来，国家标准委先后制定了石化工业的主要耗能产品生产，如原油加工、纯碱、烧碱、合成氨、电石、黄磷的单位产品综合能耗强制标准，规定了现有生产装置能耗限值、新建生产装置准入值，以及推荐的先进值。国家环保部还先后制定发布了纯碱、烧碱、聚氯乙烯工业清洁生产标准，以及甲醇、异氰酸酯两项清洁生产评价指标体系。

但需要注意的是，制定技术标准体系是一个系统而庞大的科学工程，需要综合各方面的人员深入调查、深入讨论后加以制定。后续出台的各个专项产业准入政策也可采用技术标准这一工具来贯彻政策意图。

专栏 25-1

环保问题是煤化工发展的关键

近年来，煤化工项目的环境问题日益受到环保部的关注和重视。2015 年没有任何煤化工项目环评通过环保部审批，并且有多个项目被否决。随着 2015 年年底环保部《现代煤化工建设项目环境准入条件》的出台，新建煤化工将受到更加严格的监管。排放标准的放松换取煤化工"春天"的可能性基本不存在，煤化工业内人士将 2016 年年初两个煤化工项目环评获批视为国家煤化工政策放松的"信号"仅是一厢情愿的想象。这是因为：

（1）煤化工产能整体过剩的情况依旧得不到解决。随着煤炭产业"黄金十年"的落幕，曾高歌猛进的煤化工行业也终于被迫停下来审视自己的盲目。从"十五"规划开始到刚刚完成的"十二五"，煤化工各产业链呈投资多，产出少的尴尬局面。在下游产业链经济形势整体疲软的形势下，煤化工产品的销路受到严重打击。同时，油价跌入谷底、天然气价下调、化工产品竞争力低下，也处处掣肘着煤化工。

（2）环保问题是煤化工无法逾越的沟壑。首先，作为高碳排高耗水的行业，煤化工大多分布在水资源十分匮乏的西部地区，选址应更加谨慎。其次，真正意义的零排放或近零排放依旧是煤化工至今未攻克的难关。一些企业利用偷换概念，通过建造晾晒池，将污水不排至厂区外，做到其所谓的零排放，但实际上依旧通过落后的晾晒工艺来处理高盐污水。因此而产生的挥发性有机物（VOCs）以及晾晒池的渗漏对当地的生态造成了严重的破坏。最后，随着巴黎气候谈判的成功，中国开始逐步降低碳排，也对煤化工的未来亮起了红灯。

（3）煤化工所依赖的资源优势不再。水资源三条红线于 2016 年开始正式公开考核，水资源受到进一步压缩;行业形势不利，回报周期长，盈利低，投资方开始谨慎投资。由此可见，煤化工的三大资源——煤、水、钱的来源已经失去了往日的"得来全不费工夫"。而要想继续取得这些资源，将会越来越难。

煤化工面对外部的不利因素和自身固有的资源、环境等深层次的问题，要靠长期不懈的努力才能找到根本的解决路径。煤化工行业应控制投资，示范先行，深耕技术与环境解决方案，否则环评将会是煤化工永远无法逾越的一道坎。

资料来源：根据国际煤炭网《2016 年煤化工仍不会迎来春天环保将是发展关键》改写。

参考文献

[1] 安蓓:《产能过剩，为何大量进口？——石油石化行业结构性矛盾突出亟待转型》，《化工管理》2016 年第 2 期。

[2] 孙康、李婷婷:《中国石化产业产能过剩测度及预警》，《财经问题研究》2015 年第 5 期。

[3] 骆红静、吕晓东、杨桂英、杨秀霞、赵睿:《本轮石化周期有望走出谷底——2015 年世界和中国石化工业综述及 2016 年展望》，《国际石油经济》2016 年第 5 期。

[4] 朱彤:《对"石油天然气总体改革方案"的思考与建议》，《经济观察报》2015 年 7 月 6 日第 8 版。

[5] 工业与信息化部原材料司:《2015 年石化化工行业运行情况》。

[6] 李润生、吕建中:《我国天然气管道体制改革的现实选择》，《中国能源报》2015 年 12 月 14 日。

第二十六章 机械工业

提　要

2015 年是 21 世纪以来中国机械工业最为困难的一年，增加值增速低于同期全国工业平均水平，主要产品七成出现产量下降，经济效益继续下滑，行业分化程度进一步加剧，机械工业已经进入发展速度趋缓的"新常态"。需求侧因素方面，不仅作为直接拉动力的出口需求、投资需求持续低迷，而且需求侧拉动力的主导来源已经从量大面广的市场自发需求转向了结构性发挥作用的倾斜扶持政策，同时新增需求将更多来自创新性产品和进口替代，表现出与现有供给能力的错位。从供给侧问题看，供给不足与供给过剩并存。供给不足集中体现为产品层次、产业链层次存在短板和低生产率问题；供给过剩涉及大范围的相对过剩和绝对过剩。高库存、高杠杆率、成本上升则是供给侧结构性问题的当期表现。机械工业供给侧结构性改革的重点应围绕强化产业技术基础、寻找和创造新需求、推动质量品牌建设、促进跨界融合发展等展开；同时应发挥政府在弥补市场失灵，提升要素质量和要素配置效率，以及提供有利于创新的制度环境，推动整个行业技术、管理、制度、商业模式全面创新方面的作用。

*　　　　　　*　　　　　　*

机械工业是中国规模最大的制造业行业，在经历 21 世纪前 10 年的高速增长之后，自 2011 年开始，行业增速出现了阶梯式下降。机械工业近年来面临需求侧因素的变化和供给侧结构性问题的凸显，切实推进供给侧结构性改革，不仅关系到机械工业短期内能否尽快走出当前困境进入"L"形增长轨迹的横线部分，长期看更是积聚实力推动产业实现"由大变强"的契机所在。

一、2015 年以来机械工业发展现状

2015 年我国机械工业增速进一步减缓，增加值增速低于同期全国工业平均增速，主要产品有七成出现产量下降，经济效益继续下滑，行业分化程度进一步加剧。

1. 增长速度进一步减缓

继 2014 年行业增速出现大幅下降以来，2015 年机械工业各项规模指标增速进一步减缓，但主要指标均保持了增长。按照机械工业联合会的统计口径，2015 年，机械工业累计实现主营业务收入 22.98 万亿元，比 2014 年增长 3.32%；增加值同比增长 5.5%；实现利润总额 1.6 万亿元，比 2014 年增长 2.46%；出口 3888 亿美元，同比下降 3.36%；累计完成固定资产投资 4.9 万亿元，同比增长 9.7%，各项指标增速均较 2014 年出现了大

幅回落（见图26-1）。与全国工业整体情况相比，主营业务收入增速、利润总额增速高于全国工业；但工业增加值增速各月均低于全国工业；出口出现了多年来少有的负增长，下降幅度高于全国外贸出口；累计完成固定资产投资增速也低于全国工业。

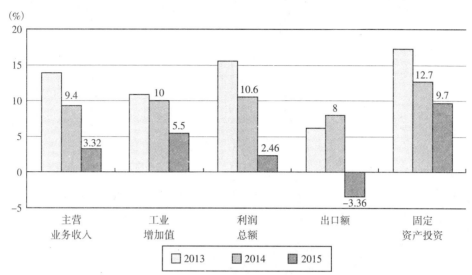

图 26-1　2013~2015 年机械工业各项规模指标增长情况

注：数据为机械工业联合会统计口径。
资料来源：《中国机械工业年鉴》（2014~2015）；《供需两侧发力　政策环境改善对机械工业利好》，中国工业报，2016-03-21。

2. 主要产品产量明显下降

在国家统计局公布的 64 种主要机械产品中，2015 年产量增长的仅有 18 种，占比为 28.13%，产量下降的有 46 种，占比为 71.87%。产量增速在 10% 以上的产品包括大型拖拉机、太阳能电池、光缆、电工仪器仪表、动车组，其中大型拖拉机产量年增长率最高，为 33%；产量下降幅度超过 10% 的产品包括挖掘铲土运输机械、小型拖拉机、发电机组、饲料生产专用设备、金属冶炼设备，其中，挖掘铲土运输机械产量降幅最大，达到 -24.36%。金属切削机床产量也下降了 9.3%。

3. 经济效益略有下滑

2015 年机械工业利润增速低于主营业务收入增速，亏损企业和亏损额增加。按照机械工业联合会的统计口径，主营业务收入利润率为 6.96%，较 2014 年同期下滑 0.06 个百分点；企业亏损面 12.82%，比 2014 年上升 2.85 个百分点；亏损企业亏损额增长 19.29%。

从主要分行业的主营业务收入利润率变动来看（见图 26-2），金属制品业及铁路、船舶、航空航天和其他运输设备制造业与 2014 年持平，普通设备制造业、专用设备制造业较 2014 年下降，电气机械和器材制造业、仪器仪表制造业较 2014 年上升。除金属制品业以外，其他 5 个分行业均高于规模以上工业企业平均水平。

4. 行业增长持续分化

进入经济发展"新常态"时期以来，中国市场需求结构发生了较大变化，这种结构性变化同样反映在以装备产品为主的机械工业各领域。即与消费升级、智能化、绿色环保相关的产业增长速度较快，如医疗仪器设备及器械、食品包装机械、仪器仪表、环保机械等，而与基本建设投资密切相关的行业增速则低于行业平均水平甚至负增长，如重型矿山、工程机械、机床等行业。

从国民经济行业分类代码二位数行业来看，2015 年，通用设备制造业、专用设备制造业的主营业务收入累计同比增速在机械工业中处于较低水平，其中通用设备制造业仅为 0.3%，甚至低于规模以上工业企业的平均水平。2016 年 1~3 月，通用设备制造业、运输设备制造业低于规模以上工业企业的平均水平。从二位数行业来看，保持相对较高增长的是仪器仪表制造业、电气机械和器材制造业（见表 26-1）。

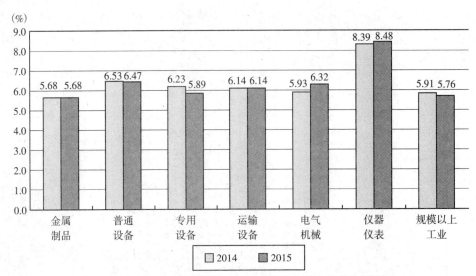

图 26-2　2014~2015 年机械工业各分行业主营业务收入利润率

资料来源：中经网统计数据库。

表 26-1　2011~2016 年机械工业分行业规模以上工业企业主营业务收入增速

单位：%

年份＼指标	金属制品业（33）	通用设备制造业（34）	专用设备制造业（35）	铁路、船舶、航空航天和其他运输设备制造业（37）	电气机械和器材制造业（38）	仪器仪表制造业（40）	规模以上工业企业
2011	30.27	26.23	29.76	21.88	24.86	24.6	27.23
2012	13.47	10.5	9.26	4.6	9.68	18.17	11.04
2013	13.13	12.01	11.84	4.79	12.6	14.55	11.24
2014	9.52	8.34	7.09	14.01	8.83	10.96	6.96
2015	4.5	0.3	2.9	5.3	4.8	5.8	0.8
2016.1~3	3.4	1.8	5.8	1.8	6.8	6.3	2.4

资料来源：中经网统计数据库。

国民经济行业分类代码三位数行业的增长情况可以更清晰地展现行业分化情况。机械工业的 6 个二位数行业中，共有 46 个三位数行业。2015 年 1~10 月，46 个三位数行业的主营业务收入增长率中值为 4.38%。在规模相对较大的行业中，增长率较高的行业有输配电及控制设备制造（382），结构性金属制品制造（331），电机制造（381），环保、社会公共服务及其他专用设备制造（359），化工、木材、非金属加工专用设备制造

（352），建筑、安全用金属制品制造（335）；增长率为负数的行业包括采矿、冶金、建筑专用设备制造（351），泵、阀门、压缩机及类似机械制造（344），物料搬运设备制造（343），金属表面处理及热处理加工（336）。此外，锅炉及原动设备制造（341）为 0.28%，电池制造（384）为 1.11%，金属加工机械制造（机床）为 2.41%，均处于较低的增长水平（见图 26-3）。

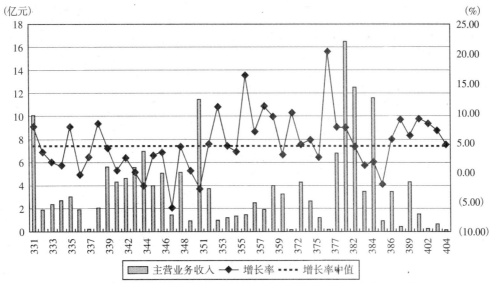

图 26-3 2015 年 1~10 月机械工业各三位数分行业主营业务收入增长率

资料来源：中经网统计数据库。

二、机械工业需求侧和供给侧问题

1. 需求侧因素变化对机械工业发展的影响

从 2011 年机械工业增速下降到 2016 年上半年以来的行业发展情况表明，中国机械工业已经进入发展速度趋缓的"新常态"。21 世纪前 10 年的需求侧因素带动供给侧因素、共同促进中国机械工业发展的态势，已经因需求侧因素的变化而转变。需求侧因素方面，不仅作为直接拉动力的出口需求、投资需求持续低迷，而且需求侧拉动力的主导来源已经从量大面广的市场自发需求转向了结构性发挥作用的倾斜扶持政策，同时新增需求将更多地来自创新性产品和进口替代，表现出与现有供给能力的错位。

（1）出口需求、投资需求持续低迷的影响。机械产品绝大多数属于投资品，直接用于居民消费的仅有自行车、钟表等少数产品，因此机械工业面对的需求主要是出口需求和国内固定资产投资对设备工具的需求。自 2011 年初现端倪以来，中国机械工业传统的需求侧拉动力持续低迷，一方面，机械工业出口交货值占主营业务收入比重不断下降，导致出口对于机械工业增长的贡献度

下降；另一方面，国内固定资产投资增速下降的同时，其中的设备购置费占比进一步下降，也导致投资需求对机械工业增长的支撑乏力。

从机械产品出口需求看，2015 年，不仅按照机械工业联合会统计口径的机械产品出口额出现负增长，而且出口交货值占主营业务收入比重也从 2011 年的平均 15.85% 下降到 12.27%，而在历史最高时期这一比重曾达到 20% 左右。其中，铁路、船舶、航空航天和其他运输设备制造业的降幅最大，从 27.35% 下降到 19.03%，产业规模最大的电气机械和器材制造业则从 18.11% 下降到 14.37%（见图 26-4）。

从投资需求来看，机械产品主要用于国内固定资产投资的设备购置。2011 年以来，不仅全社会固定资产投资完成额（不含农户）增速从 23.2% 连续下降到 2016 年 1~5 月的 9.6%，而且其中的设备工具购置费降幅更大，从 21% 下降到 2.4%，导致设备工器具购置费占固定资产投资比重从 21.01% 下降到 17.53%（见图 26-5），投资需求对于机械工业增长的拉动作用进一步减弱。

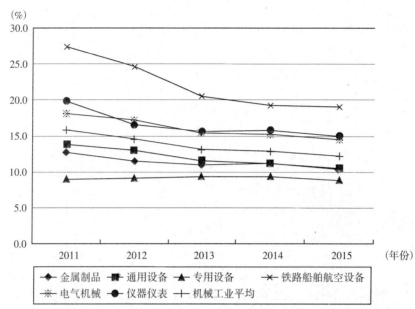

图 26-4　2011~2015 年机械工业出口交货值占主营业务收入比重
资料来源：中经网统计数据库。

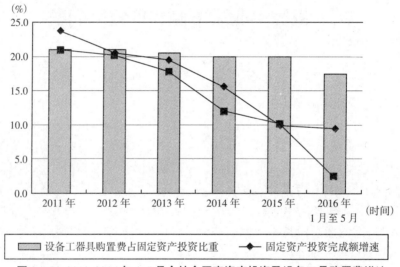

图 26-5　2011~2016 年 1~5 月全社会固定资产投资及设备工具购置费增速
资料来源：中经网统计数据库。

（2）市场因素、政策因素转变的影响。21 世纪以来拉动中国机械工业发展的需求侧主导力量出现了明显转变，即由以量大面广的市场自发需求为主转向以政策拉动需求为主，而政策力量则从规模性政策转向结构性政策。

中国机械工业在 21 世纪初期经历了 10 年的高速增长，主要规模指标年均增速均保持在 20% 以上。这一时期的增长拉动力，2008 年前，主要来自加入国际分工体系所带来的出口需求和国内进入工业化中期所带来的固定资产投资的高速增长；2009 年开始，则转换为以"四万亿元投资"为代表的一系列扩大内需政策。这些增长拉动力，都可以归结为需求侧因素。在需求侧因素的强力拉动下，中国机械工业实现了历史上前所未有的产业升级，在从"机械大国"向"机械强国"迈进的道路上走出了实质性的一大步。

2011 年开始，我国政府为应对国际金融危机而制定的一些扩大内需的政策陆续到期，随着经济下行压力的加大，经济政策开始转向稳增长和调结构的平衡。得益于惠农政策、节能减排政策以及《中国制造2025》子工程相关政策的出台，机械工业中涉及农业机械化、绿色环保、智能化的产业获得了倾斜扶持。应该说，目前机械工业表现出来的分行业增长情况分化，一定程度上正是结构性的需求侧政策发挥作用的结果。实际上，结构性需求侧政策与市场自发形成的消费升级需求存在较多的重叠，这也显示了政策引导方向对于顺应和把握市场需求发展方向的准确性。

这种市场自发需求低迷、政策拉动力从宽范围转向倾斜性扶持的转变，促使机械工业企业在按照产业政策引导方向调整的同时，还需要在整体疲软的市场自发需求中捕捉新需求。因此，机械工业整体运行将在一定时期内持续呈现分行业之间、产品之间、企业之间的分化发展。

（3）需求规模、需求结构差异化演变的影响。在世界经济环境错综复杂、国内进入工业化后期的背景下，机械工业的市场需求规模增长缓慢，一些分行业的市场需求甚至出现了大幅萎缩，需求结构则普遍呈明显升级。如果说高速增长时期的新增需求是以原有供给结构下的平铺式增长为主，那么当前以致未来一段时期内则是与现有供给结构存在相当不同的差异式增长。

市场需求结构升级主要体现在以下方面：一是产品升级换代的需求，我国能源、交通、原材料等行业大规模的基本生产设施建设任务已经完成，以节能减排、循环利用、提高经济效益为目的的设备改造升级需求不断增加；二是自动化成套需求，用户更加注重产品质量、生产效率，以及对于"设备换人"的需求，导致对自动化成套设备的需求快速增长；三是对于定制化和提供解决方案的需求，要求从提供设备到提供"设备+服务"，以及基于服务的整体解决方案。

新增需求的来源，一是与需求方互动过程中发现和创造的新需求，包括关注和挖掘消费、民生和信息化、节能减排等领域的需求，智能制造、"互联网+"在机械产品中的应用，新业态、新模式的引进；二是对于进口机械产品的替代。按照机械工业联合会的统计，2015年，机械产品进口较2014年下降14.06%，但仍高达2777.46亿美元。低压电器、金属加工机床、光学元件零件附件、电子测量仪器等都是位列进口额前几位的产品，这些进口产品反映了用户最迫切的需求，同时也是与国外产品存在较大差距的领域。

机械工业需求规模、需求结构的差异化演变，不仅意味着高速增长时期形成的生产能力中有相当一部分是过剩的，更意味着要尽快形成与新需求相适应的生产能力，而这需要来自供给侧的支持。

2. 面临的供给侧结构性问题

从长期看，中国机械工业供给侧结构性问题是供给不足与供给过剩并存。供给不足集中体现为供给能力不足和供给效率不高，就是以有竞争力的供给效率、提供符合需要产品的能力不足，即在产品层次、产业链层次存在短板和低生产率问题。供给过剩涉及大范围的相对过剩和绝对过剩，受经济发展阶段转变和经济周期影响，在市场需求增速较高的时期，仅仅表现为行业"大而不强"，而在需求增速大幅下降时期，则表现出高库存、高杠杆率、成本上升。因此，高库存、高杠杆率、成本上升构成供给侧结构性问题的当期表现。

（1）产业短板问题。机械工业产品层次、产业链层次的短板由来已久，但随着与需求总量增长乏力相伴随的需求结构快速升级，"补短板"对于当前机械工业发展的影响力日益凸显。

从产品层次看，低端通用型产品严重过剩，高端产品仍存在较多空白，或者虽然实现了"首台套"突破但产业化不足，精度、稳定性、可靠性无法满足客户要求。例如，在近年发展很快的仪器仪表行业，仍然有大量高端产品，包括办公设备、摄录播设备、试验仪器、大型医疗器材等依靠进口。

从产业链层次看，与主机的快速发展相比，许多关键零部件和关键材料发展滞后，仍然没有摆脱对进口的依赖。如机床行业中的数控装置、功能部件，工程机械行业中的液压件，以及工业机器人的减速器等。以机床数控装置为例，2015年在多品种机床整机进口额下降幅度加大的同时，数控装置进口额却保持了增长。

从产业链延伸看，服务型制造发展滞后。目前一些行业领先企业在发展现代制造服务业、延长产业链方面取得了较大进展，从销售设备发展为集成相关设备商为客户提供整体解决方案；但大部分企业仍停留在单纯的产品供应者的自我定位，从行业整体看仍然是生产制造能力有余而服务化发展不足。

（2）低生产效率问题。中国机械工业的许多产品领域，在具备了生产能力之后，在高质、高效、稳定生产方面还与先进国家存在较大差距，导致虽然具有一定成本优势但生产效率不高。低生产率问题可以分解为价格问题和单位实物要素产量问题两部分。从价格因素看，产业低生产率源于产品附加值低，存在产业短板或者产品质量不高；从产量因素看，则是产业化水平不足，可以归因为设计、制造、技术、管理等一系列生产过程控制能力。

相对于生产能力对技术创新的高度依赖，提高生产效率需要更加系统化的支撑因素。一方面，涉及产业链各环节从设计，到制造过程到安装使用的协同；另一方面，既涉及技术性因素如先进加工设备、熟练技术工人，也涉及管理因素如生产过程管理、配套件供应管理、客户需求响应管理等，甚至还包括对于产品质量精益求精的企业精神和文化。

（3）大范围产能过剩问题。机械工业的产能过剩并没有如钢铁等原材料行业般引起高度关注，但却是大范围存在的。产能过剩源于 2011 年前高达 30% 以上的固定资产投资增速，其后需求增速出现明显下降，大部分分行业均表现出严重的产能过剩。中国机械工业联合会重点联系企业的抽样调查显示，累计订货额同比增幅近几年虽有起伏，但总体上看，订货增长仍然乏力。2015 年各月均为负增长，全年同比增幅 -4.02%，2016 年 1~3 月上升到 4.43%（见图 26-6），而 2010 年这一增幅超过 30%。

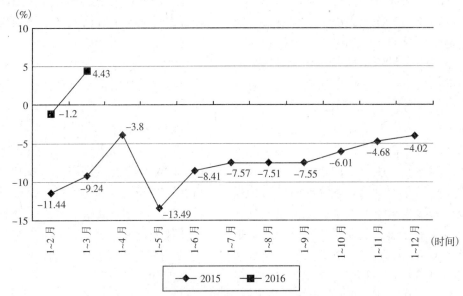

图 26-6　机械工业重点联系企业累计订货额同比增速

资料来源：《近两年机械工业重点联系企业主要经济指标增速对比图表》，《中国机电工业》2016 年第 5 期。

一部分当前看相对过剩的产能，会随着去库存而转变为可利用产能，但机械工业仍然有大量绝对过剩产能。绝对过剩产能一是低质、低端产能；二是随着我国经济发展阶段转换而走向衰减的一些产业的装备需求，例如，适应重化工业时代的重型机床、金属冶炼轧制设备、石化设备等；三是"运动式"投资形成的战略性新兴产业产能，集中于产业链的低端环节，缺乏材料、装备和国内外市场的支持。

3. 供给侧结构性问题的当期表现

（1）库存占用资金情况好转。2015 年，产成品占用资金增速较上年大幅下降，以通用设备制造业、专用设备制造业、电气机械和器材制造业为例，全年分别为 2.6%、4.3% 和 4.5%，2016 年 1~5 月进一步下降到 0.7%、0.8% 和 1.2%（见图 26-7），表明机械企业去库存的过程仍在推进。

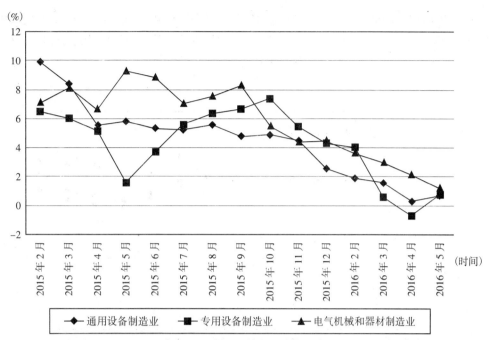

图 26-7　2015~2016 年 1~5 月主要机械行业产成品资金占用同比增速

资料来源：中经网月度数据库。

（2）负债率小幅下降。总体来看，机械工业资产负债率低于规模以上工业行业平均水平，并且近几年处于小幅下降之中。资产负债率相对较高的行业集中于电气机械和器材制造业、铁路、船舶、航空航天和其他运输设备制造业。图 26-8 为 2015 年 1~10 月三位数机械行业的资产负债率情况。大部分行业的资产负债率都在 40%~60%，而同期规模以上工业行业平均资产负债率为 56.82%。46 个三位数机械行业中，资产负债率超过 60% 的仅有 4 个，分别是金属表面处理及热处理加工（336）、铁路运输设备制造（371）、船舶及相关装置制造（373）、家用电力器具制造（385）。

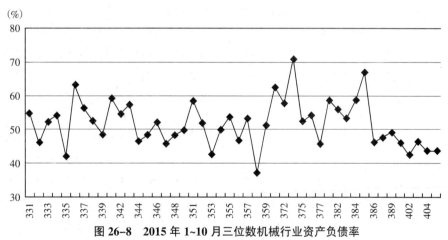

图 26-8　2015 年 1~10 月三位数机械行业资产负债率

资料来源：中经网月度数据库。

（3）成本费用继续走高。机械工业企业每百元主营业务收入中的成本仍保持在较高水平，2015 年呈先增后降的态势，2016 年 1~5 月持续上升。从主要分行业的主营业务成本占主营业务收入比重看，通用设备制造业 2015 年为 84.61%，高于 2014 年同期 0.27 个百分点，2016 年 1~5 月进一步上升到 84.86%；专用设备制造业 2015 年为 84.75%，高于 2014 年同期 0.37 个百分点，

2016 年 1~5 月上升到 84.78%；电气机械和器材制造业 2015 年为 85.31%，较 2014 年同期下降 0.13 个百分点，但 2016 年 1~5 月提高到 85.64%

（见图 26-9）。每百元主营业务收入中的费用（销售费用、财务费用、管理费用）也呈相同的走势。

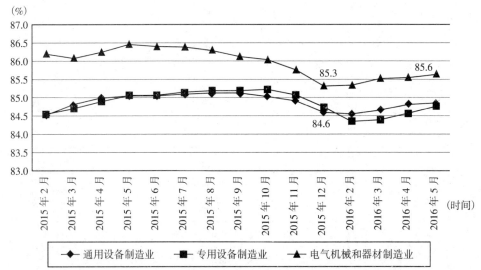

图 26-9　2015~2016 年 1~5 月主要机械行业累计主营业务成本占主营业务收入的比重

资料来源：中经网月度数据库。

三、机械工业供给侧结构性改革的重点

机械工业目前面临的困难，虽然主要是由国内外需求侧因素变化引发的，但这种阶段性而非周期性转变需要供给侧做出相应的调整，以供给侧结构性改革实现补短板、提效率、去产能、降成本，从而形成与"新常态"相适应的新供给规模和新供给结构。当前机械工业供给侧结构性改革的重点应围绕以下方面展开：

1. 强化产业技术基础

当前我国机械工业一个最严重的"短板"就是产业基础薄弱，基础材料、基础零部件（元器件）、基础工艺和产业技术基础这"四基"落后于主机，成为抬高生产成本和制约产品性能的主要因素。现代机械装备由机械、电子、仪器仪表一体化集成，基础材料、关键零部件已经成为先进技术高度凝结的产品，基础工艺是制造过程实现产品设计目标的重要保障，而对产业技术基础的掌握则不断改进产品和推进技术创新的保障。

当中国机械工业基于组装的生产能力过剩、重大技术装备的自主化生产进程越来越受制于关键基础材料、关键零部件时，强化产业基础就日益成为亟待解决的问题。强化产业基础近年来受到政府的高度重视，自 2014 年开始，《加快推进工业强基指导意见》、《工业强基工程实施指南（2016~2020 年）》等陆续发布。产业基础薄弱的形成有其历史和现实原因，机械工业强化产业基础涉及面广、难度大，需要确定分阶段重点突破的产品，采用何种方式促进优质要素集聚、促进整机和基础技术的协同发展都是需要不断探索的问题。

2. 寻找和创造新需求

目前机械工业市场需求处于快速转变时期，在补齐机械工业的另一短板——产品层次的短板时，需要善于发现和创造需求，发展市场急需的短板产品。即供需两侧发力，使供给侧形成的新生产能力与当前和可见未来的需求更加契合。"引领技术"、"引领市场"才能创造需求，这不是基于萨伊的"供给自动创造需求",而是以创新激发潜在需求。因而"供给侧"要靠创新驱动,满足现实和潜在市场需求。

尽管目前基于机械工业既有"供给侧"的整体需求不足,但仍有不少机械产品领域处于需求较快增长之中,如服务于民生需求的机械产品、农业现代化、智能制造、绿色环保产品等。此外,制造型企业向现代制造服务业延伸也是创造需求的重要方式。在充分了解客户需求的基础上,从生产销售单件设备到提供集成设备,再到直接提供客户通过设备所需要实现的任务,更进一步地,发现传统需求萎缩行业的潜在需求,为其提供解决方案。例如,钢铁、石化、电力等已经完成大规模设备投资的行业,在成本竞争和环境保护两大内在需求的驱动下,对于节能降耗与能量回收利用的需求在逐渐释放,对于系统节能与综合利用的改造服务需求也随之增长,能源基础设施运营、合同能源管理、融资销售服务等制造服务业的市场是巨大的。

3. 推动质量品牌建设

机械工业供给侧结构性改革在补齐短板的同时,另一个极其重要的任务就是全面提升产品质量,这是我国工业化进程中所缺失的一块,也是与德国、日本等机械工业发达国家差距之所在。机械工业的产业链延伸、"互联网+"发展,都必须建立在实物产品质量保障的基础上。机械产品的质量涉及性能、加工精度、产品寿命、可靠性等诸多方面,不同产品对质量的关注焦点可能不同,但其中可靠性是一个最基本的质量要素。可靠性的提高来源于设计、制造、使用和维修各个阶段的共同努力,尤其是设计水平和制造工艺水平决定了产品出厂质量。

推动质量品牌建设一是需要加强质量基础能力建设,包括关键领域标准建设、计量和检测检验的技术保障体系、认证认可制度、质量统计分析;二是推广先进质量技术和管理方法,建立全员、全过程、全方位的质量管理体系,促进质量控制技术、质量工程技术等在企业质量控制、管理与监管体系中的应用;三是推动行业诚信体系建设,打造知名品牌,不断提升企业品牌价值。

4. 促进跨界融合发展

机械工业处于国民经济投入产出体系的中游,其生产过程涉及的产业链环节多,越是制造过程复杂精细的产品,越需要产业链上各相关主体反复协调和调整,这种产业链环节的配合紧密性形成了产业融合发展的内在要求。

融合发展涉及以下三个方面:一是制造技术与信息技术的融合发展。随着信息技术的快速发展,机械产品对于质量的不断追求推动了生产过程的信息化、智能化进程,推动机械产品向智能化转型升级。二是制造环节和服务环节的融合发展。制造型企业向现代制造服务业延伸不是制造环节和服务环节的此消彼长,而是二者相互渗透的融合发展。在互联网技术的支持下,形成网络协同制造、个性化定制、服务型制造等制造环节和服务环节融合发展的新型商业模式。三是跨企业、跨行业的融合发展。以机械产品原材料为例,特种钢材、有色合金材料、非金属材料等分属冶金、有色、化工等行业,行业分割在一定程度上阻隔了产品产业链与技术路线的整体协调创新。需要打破传统行业界限和部门条块分割,推进行业内部和行业间的跨界融合,促进机械工业全产业链、全价值链的创新发展。

四、机械工业供给侧结构性改革的政策建议

供给侧结构性改革的原动力来自微观经济主体,对于机械工业这样市场竞争充分的行业,政府作用一方面在于弥补市场失灵,提升技术、人才等要素质量和要素配置效率;另一方面在于通过提供有利于创新的制度环境,推动整个行业技术、管理、制度、商业模式的全面创新,以全面创新促进供给侧结构升级。

1. 构建利于创新的制度环境

政府是制度环境的提供者,促进行业技术创新、管理创新、商业模式创新,需要通过外部制

度环境引导要素供给结构和质量产生相应的调整，减少壁垒，优化服务。作为倾斜性的产业政策，如何确定政策切入点、采用何种政策实施手段，直接关系到政策效果和实施效率。

21 世纪以来我国政府对机械工业的支持力度明显加大，与机械工业相关的产业政策以产业扶持政策和产业技术政策为主，力图通过推动重点突破式的技术创新来促进结构升级，进而实现竞争力的提升。政策实施手段相对单一，多为各渠道的资金支持，即由政府确定鼓励发展的技术方向，划定产品和企业，从多渠道加大资金支持力度。倾斜扶持政策在促进机械工业增长的同时，也在一定程度上引发了企业的投机行为，战略性新兴产业的一些领域，如新能源装备和工业机器人，就先后出现了过度投资，大量生产能力集中于低附加值生产环节。因此，产业政策如何促进创新、如何确定引导方向和作用方式、如何精准实施，是一个需要不断探索和适时调整的过程。

2. 促进"供给侧"和"需求侧"协同

机械工业离散型制造业的特征，决定其产业链环节间比石化、冶金等流程制造业有更多的"供给侧"和"需求侧"，仅制造环节就涉及主机企业与用户、零部件企业与主机企业、主机和零部件企业与原材料供应企业等，各自分属不同的市场主体，甚至不同行业。"供给侧"和"需求侧"各个主体、各个环节之间的协调性，是企业以及行业绩效和市场表现在产业链效率层面的支撑。

多主体、多环节之间的协同，包括研发协同、制造协同、采购协同等，是政府发挥作用的重要领域。一是构造强有力的协同主导者。中国近期在高铁、特高压、大飞机等领域实现的产业层面的突破中，是政府部门和垄断企业发挥了这一作用。二是竞争前技术研发平台、协同制造平台、协同采购平台等的构建。在"互联网+"的新形势下，如何推进这些平台的构建，采用何种组织形式？机械工业各细分行业的竞争格局不同，也不可能采用"一刀切"的方式，需要政府部门引导相关机构加快推进。

3. 完善人才育成的长效机制

人才是生产要素中最具有能动性的部分，也是中国机械工业要素层面最基本的"短板"。"需求侧"变动要求"供给侧"提供更加个性化、高效率的解决方案，更加强调生产过程的数字化和智能化，这些最终都会落实为对于人才结构升级的要求。

完善人才育成的长效机制需要企业、政府、行业协会、各类学校和培训机构共同参与，其目标是培养具备工业精神的专业人才，形成包括技术、管理、制造和营销服务人才之内的多层次的长效人才培养机制，其中政府部门或者行业协会应当发挥引领作用。一是引导企业建立有利于鼓励员工不断提升技能和精细化生产的雇佣和薪资制度、内部晋升制度；二是建立以企业为主体、以各类学校和培训机构为依托的人才终生培训制度；三是依托行业协会定期修订机械行业人才培养工程的主攻方向，建设全方位人才培育服务平台。

4. 以金融支持帮助企业走出困境

引导金融机构加大对重大技术装备、工业强基工程、高新技术企业的信贷支持，帮助产品具有较强竞争力但受经济周期影响较大的企业走出暂时困境。工程机械、船舶等行业受经济周期影响销售收入大幅下降，而同期财务费用明显上升。以工程机械行业为例，2015 年行业协会重点联系企业销售收入下降 16.8%，银行利息支出增长 22%。应引导金融机构对出现财务困难和资金链问题的企业加以甄别，为暂时遇到困难的优质企业提供低息贷款，延长政策性船舶出口买方信贷业务实施期，促进"去库存"和"降成本"。

专栏 26-1

中国工程机械行业的调整和价值链重构

工程机械行业是中国机械工业中近几年市场变动幅度最大的行业，在 2011 年前经历了一轮高速增长，销售收入从 2005 年的 1262 亿元增长到 2010 年的 4367 亿元，销售量和销售额均超过美日德跃居世界第一位。2011年开始，受国内宏观经济转型、基础设施和房地产投资增速放缓等的影响，工程机械市场调整，主要产品销售量连续下降，到2015年已连续4年下滑，2015年全行业实现营业收入4570亿元，比2014年下降了11.7%。在产业规模大幅调整的同时，中国工程机械行业的结构调整和价值链重构保持了较快推进。

一是国际市场竞争力持续提升，进出口贸易表现出良好的势头。"十二五"期间，主要产品的进口量都出现一定下滑，而出口量大部分增长，从贸易额看，进出口比从2011年的0.57下降到2015年的0.17，贸易顺差逐年加大，"十二五"期间累计贸易顺差相当于"十一五"期间的3倍。以营业收入计算，2011~2015年，中国工程机械行业总体出口金额约占全球销售的15%，中国企业已成为全球工程机械市场主要供应商之一。

二是产品结构升级，产业短板不断减少。"十二五"期间，中国工程机械行业已基本实现产品品种全覆盖。一直依赖进口的全断面隧道掘进机通过引进消化吸收再创新，盾构机和硬岩隧道掘进机等已基本满足国内市场需求，并实现批量出口。电动叉车、路面养护机械、高空作业机械等适应市场需求方向的工程机械得到稳定发展。零部件国产化率进一步提升，进口数量持续下降。工程机械自给率从"十一五"期末的82.7%，提高到2015年的92.6%。

三是国际化持续推进。"十一五"时期，中国工程机械企业就已经开展了涉及销售、研发、生产等领域的国际化活动，积极拓展海外业务和建立海外服务体系，设立海外研发机构或收购相关科研机构，并购海外企业和设立海外工厂。"十二五"时期，工程机械行业企业国际化视野进一步扩展，积极拓展海外业务建立全球营销网络，业务覆盖达170多个国家和地区。骨干企业继续完善全球售前售后服务体系、物流网络和零配件供应体系，推进海外融资租赁业务。据统计，到2015年，工程机械行业海外营业收入及出口占企业营业收入的比重已经超过25%。

四是后市场业务快速推进。工程机械后市场主要包括服务（维修及保养）、配件、租赁、二手机和再制造五大部分。美国、欧洲和日本等成熟市场中，工程机械销售收入与后市场营收的比例达64:100，而中国工程机械市场上这一比例只有350:10。近年来，中国工程机械企业开始"发力"后市场这片蓝海，柳工、徐工等企业启动了全球范围内经营性租赁、融资租赁、二手设备业务，三一开始进入工程机械产品再制造领域。

资料来源：根据《直面低谷期 工程机械实践后市场中的转型升级》，《中国工业报》，2015年12月17日；《我国工程机械行业国际竞争力显著提高》，《中国工业报》，2016年1月7日；《工程机械"十二五"产品销量及"十三五"行业展望》，《建筑机械化》2016年第5期。

参考文献

[1] 金碚：《总需求调控与供给侧改革的理论逻辑和有效实施》，《经济管理》2016年第5期。

[2] 沈烈初：《关于机械工业供给侧结构性改革的思考》，《表面工程与再制造》2016年第2期。

[3] 高柏：《中国高铁的集成创新为何能够成功》，《人民论坛·学术前沿》2016年第10期。

[4] 吕铁等：《从铁科院改革看我国共性技术研发机构的建设发展》，《中国发展观察》2016年第4期。

[5] 洪银兴：《准确认识供给侧结构性改革的目标和任务》，《中国工业经济》2016年第6期。

第二十七章　汽车工业

提　要

2015 年，中国汽车工业保持稳定健康发展。总体上，在宏观经济放缓的大趋势下，行业产销增速有所回落，效益虽有小幅增长但亏损面增加，且受全球经济不稳定的影响，汽车出口下滑严重，产能过剩问题日益突出，国内市场分化的趋势较为明显。随着供给侧结构性改革的深入推进，以及一系列产业政策的积极有效引导，我国汽车工业结构进一步优化，绿色节能车型销量大幅攀升，新能源汽车成为行业新的增长点。未来，应该在消费升级的有利驱动下，重点推进新能源汽车产业健康有序发展，在技术、市场、制度方面给予有力的政策支持。

*　　　　　　*　　　　　　*

近年来，我国汽车工业转型升级步伐加快，在《中国制造 2025》、"互联网+"和"一带一路"建设等一系列国家战略和技术变革的有利推进下，产业结构持续优化，小排量、轻型化、低能耗渐成行业发展趋势，新能源汽车良好的市场表现有利于绿色发展理念在汽车工业的有效实施。"十三五"时期，在经济新常态下，随着供给侧结构性改革深入推进，我国汽车工业发展将面临新的机遇和挑战，产业有望实现由大变强。

一、汽车工业发展现状

1. 生产平稳增长

近年来，中国汽车工业生产保持良好增长势头。据国家统计局数据显示，2014 年全行业规模以上企业工业总产值达 4.23 万亿元，但产值增速持续回落，"十二五"期间基本结束了 2011 年以前 20% 以上的高增速，2014 年仅增长 7.9%。其中，汽车、改装汽车、摩托车产值分别达 27093.0 亿元、2120.3 亿元和 956.5 亿元，车用发动机和摩托车配件产值分别达 2060.5 亿元和 10094.0 亿元。该时期行业增加值平稳增长，2014 年实现工业增加值为 9174.25 亿元，比 2013 年增长 6.6%（见图 27-1）。由于产业关联度高，其工业增加值占 GDP 比重近三年来均保持在 1.4%~1.5%；另据中国汽车工业协会估算，2014 年汽车工业对国民经济的综合贡献度超过 5%，是当前工业增长的重要支柱产业之一。

2015 年全行业各车型产量逐月平稳增长，在上半年小幅波动后，下半年生产增长较快。2016 年 3 月是开工旺季，之后几个月产量小幅减少，5 月全部汽车减产 18.0%。其中，多功能乘用车

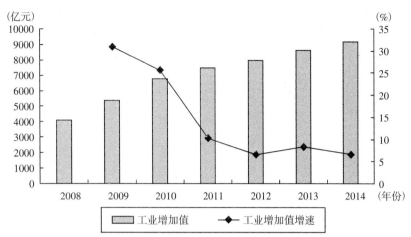

图 27-1 2008~2014 年中国汽车工业增加值

资料来源：根据历年《中国汽车工业年鉴》数据整理绘制。

（MPV）减产幅度最大，5 月较 3 月减产 25.5%；同期货车和轿车分别减产 23.3% 和 18.6%。

2. 销售企稳向好

2015 年我国规模以上汽车企业实现产品销售收入 7.02 万亿元，较上年增长 4.8%，上半年销售"高开低走"，年中企稳，下半年销售增长较快，11 月同比增长 18.04%，增幅比 2014 年同期提高 16.11 个百分点，2015 年国内汽车企业总体销售企稳向好。2016 年第一季度销售延续 2015 年下半年的良好势头，增速明显高于 2015 年同期（见图 27-2）。从国内市场看，2015 年我国汽车零售总额达 3.6 万亿元，较 2014 年增长 5.3%，尽管增幅比 2014 年小幅回落 2.8 个百分点，但是基本维持平稳增长，占到全社会商品零售总额的 12%。

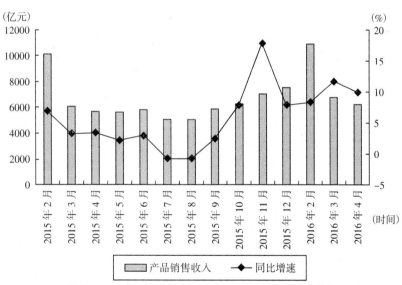

图 27-2 2015 年至今中国汽车工业月度产品销售收入

资料来源：根据 Wind 资讯行业经济效益指标数据绘制。

3. 效益略微增长

2015 年全球经济增长放缓，势必影响我国汽车工业总体效益。据中国汽车工业协会数据显示，2015 年行业规模以上企业实现主营业务收入 7.32 万亿元，较 2014 年增长 4.73%，增速回落 7.35 个百分点。从月度数据看，前三季度主营业务收入在小幅波动中有所减少，其中第一季度同比增长 4.84%，上半年同比增长 3.84%，第三季度继续走低，1~9 月同比仅增长 2.36%；但是第四季度快速反弹，全年得以实现 4.73% 的增长速度。同年全行业规模以上企业利润总额达 6274.96 亿元，略微增长 1.74%，增幅较 2014 年回落 16.16 个百

分点。从月度数据看，全年多数月份利润为负增
长，仅第四季度有所增长，拉动全年利润保持稳

定（见图 27-3）。

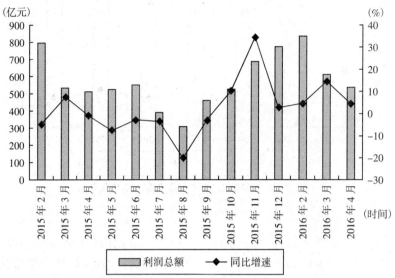

图 27-3　2015 年至今中国汽车工业月度利润总额

资料来源：根据 Wind 资讯行业经济效益指标数据绘制。

上半年亏损的规模以上汽车企业数逐月减少，
但转入下半年后，亏损企业略有增加；全年规模
以上企业亏损面总体上逐渐缩小，截至 2015 年
12 月，亏损企业数量占比 13.04%。同时，亏损企
业亏损额全年逐月增加。这表明，2015 年规模以
上汽车企业效益有分化趋势，在总体亏损面有所
缩小的情况下，亏损企业经营越发困难。

企业债务和资金占有仍然较高。2015 年全行
业规模以上企业应收账款 944.35 亿元，比 2014
年增长 20.03%；产成品库存资金 2510.72 亿元，
增长 2.69%。这两类资金占到企业流动资金的

34.76%，该比例比 2014 年增加了 1.4 个百分点。
可见，在整个国民经济增速放缓、实体经济短期
内无明显复苏的宏观经济背景下，整个汽车行业
经营效益并没有明显好转，经营状况仍然较为
严峻。

2015 年我国沪深股市上市汽车企业的总体效
益有所回稳，结束了 2014 年以来行业利润持续负
增长的趋势，上半年同比增长 5.18%，年底进一
步大幅增长 28.65%，甚至超过 2014 年年初的盈
利水平（见图 27-4）。

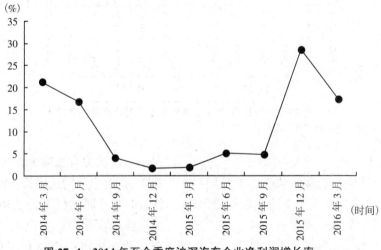

图 27-4　2014 年至今季度沪深汽车企业净利润增长率

资料来源：根据 Wind 资讯沪深企业数据绘制。

4. 固定资产投资小幅增长

汽车工业目前仍然属于拉动工业经济增长的重要行业，尤其是新能源汽车市场表现良好且普遍预期仍有较大增长空间，导致企业投资增长较快。2015年规模以上汽车企业完成固定资产投资1.19万亿元，较2014年增长14.2%，增幅比2014年提高4.81个百分点。全年投资主要投向汽车制造业、汽车零部件和摩托车零部件制造业，投资均实现两位数增长；而改装车制造业和摩托车整车制造业的投资不同程度减小（见表27-1）。

表27-1 2015年汽车工业规模以上企业完成固定资产投资情况

分行业	金额（亿元）	增长率（%）
汽车制造业	2728.75	16.62
改装车制造业	530.41	−0.20
汽车零部件制造业	8203.43	14.98
摩托车整车制造业	128.70	−6.87
摩托车零部件制造业	267.74	11.55
合计	11859.03	14.20

资料来源：根据《中国汽车工业发展年度报告》（2016）数据整理绘制。

5. 进出口下滑较为严重

据中国海关总署统计，受国内外汽车市场调整的影响，2015年中国汽车进出口总额达1573.72亿美元，比2014年下降13.96%。其中，国内进口市场萎缩较快，近十年来首次出现负增长，全年仅进口773.26亿美元，比2014年下降21.58%；出口市场也有小幅下降，全年出口800.46亿美元，下降5.06%，整个汽车进出口市场呈贸易顺差。

从具体产品看，汽车整车进口由于需求下降以及此前的库存尚未全部消化等因素的影响而明显下降，2015年进口110.19万辆，金额达450.88亿美元，分别比2014年减少22.73%和25.98%。在主要进口品种中，越野车进口47.18万辆，比2014年下降19.90%；轿车进口35.25万辆，下降24.95%；小型客车进口26.43万辆，下降23.20%。但是一些小排量汽车进口反而增长较快，其中排量1.0~1.5升系列汽油车和1.5升及以下小排量汽油车进口呈较快增长。从进口国别看，日本、美国和德国是三大主要进口来源国，进口量都在20万辆以上。与此同时，整车出口也受到较大冲击，2015年出口75.55万辆，比2014年下降20.25%，进口额为124.37亿美元，由此前的持续增长转为下降，降幅达9.92%。在主要出口品种中，轿车出口30.80万辆，比2014年减少16.97%，降幅较2014年扩大4.36个百分点，其增长贡献主要来自2.0升及以上排量的轿车出口；

载货车出口21.88万辆，减少26.18%，其中载重14~20吨柴油车系列品牌出口却增长较快；客车出口11.84万辆，下降36.81%。

同期汽车零部件进出口也有不同程度的下降。2015年我国汽车零部件进口320.65亿美元，比2014年减少14.61%；零部件出口619.17亿美元，减少4.18%，占到整个汽车出口的77.35%。进口方面，进口额大幅减少与国内零部件制造技术的提升和国产化水平的进一步提高有关，尤其发动机进口额比2014年减少了17.13%，仅18.62亿美元，降幅较2014年扩大11.66个百分点。出口方面，发动机出口额比2014年增长6.12%，达17.83亿美元，增幅比2014年略微缩小0.57个百分点，但出口量减少了7.52%；其中排量1.0~3.0升系列汽油机品种出口金额大幅增长60.19%。其他排量汽油发动机和其他零部件品种出口均有不同程度的下降。

6. 研发投入有所增长

近年来，国内汽车企业持续增加研发投入，行业整体研发水平稳步提升，在一定程度上提高了国产汽车及零配件的自给率。2014年我国规模以上汽车企业研究与发展经费支出达794.4亿元，在延续2013年23.08%的高速增长基础上保持了9.15%的较高增速。这期间，研发支出占营业收入的比重在经历了2010~2012年的谷底后出现小幅增长，2014年该比重达到1.99%（见图27-5）。分品类看，汽车制造的研发投入最多，2014年投入 470.6 亿元，较 2013 年增长 13.12%，占主营业务收入比重略有增加，达 1.94%；车用发动机的研发投入达 34.9 亿元，在分行业增长中增速最

快，较 2013 年增长 20.34%，占其营业收入的 1.55%；而改装汽车研发投入却大幅度减少 22.1%。

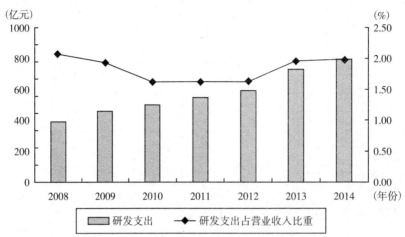

图 27-5　2008~2015 年汽车企业研发支出

资料来源：根据历年《中国汽车工业年鉴》数据绘制。

7. 新能源汽车渐成规模

随着国内加大对空气污染的治理力度，发展新能源汽车逐渐成为减轻城市污染物排放的重要途径，各级政府通过产业政策支持新能源汽车的研发和规模化生产，并加大力度推广新能源汽车销售。2015 年国内生产新能源汽车 34.05 万辆，是 2014 年产量的 4.34 倍；全年销售新能源汽车 33.11 万辆，是 2014 年销量的 4.43 倍，产销率达 97.25%，上半年产销率略有下降，下半年又稳步回升。其中，纯电动汽车产量达 25.46 万辆，产

销率为 97.19%，销量是 2014 年的 5.49 倍；插电式混合动力汽车产量达 8.58 万辆，产销率为 97.40%，销量也比 2014 年翻一番。2016 年出台了一系列鼓励发展新能源汽车的国家战略和产业政策，随后企业生产和新能源汽车消费都呈井喷式增长。据中国汽车工业协会统计，2016 年上半年纯电动汽车销量同比增长 116.78%，插电式混合动力汽车销量同比也增长了 43.4%，其库存压力大幅减小（见图 27-6）。不过，需要防范新能源企业行业在投资快速增长下出现新的产能过剩。

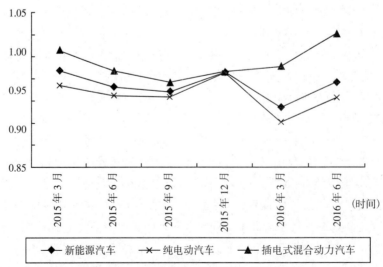

图 27-6　2015 年至今新能源汽车累计产销率

资料来源：根据中国汽车工业协会数据绘制。

二、汽车工业发展亟待关注的几个问题

1. 全球经济减速对汽车贸易形成冲击

当前，全球宏观经济仍然没有摆脱 2008 年以来国际金融危机造成的不利影响，发达国家市场消费依旧疲软，发展中国家经济增速有所趋缓；并且 2015 年以来随着欧洲难民危机和债务危机愈演愈烈，以及全球恐怖袭击进入高发态势，全球贸易形势和营商环境有持续恶化的趋势，这对我国汽车工业出口已经产生了一定的冲击，而且未来汽车出口有进一步下滑的可能。在乘用车方面，"十二五"期间，我国轿车出口量持续下滑，2015 年出现最大跌幅，减少了 25.5%，仅仅中大型轿车市场表现较好；SUV、MPV 和交叉型乘用车出口量下滑程度较小，分别比 2014 年减少 13.71%、9.16% 和 5.94%。在商用车方面，载货车出口量跌幅也较大，比 2014 年减少 26.18%，主要依靠总重 14~20 吨的柴油载货车和 5~8 吨的汽油载货车的出口增长支撑，其余型号载货车出口均大幅下滑。尽管"一带一路"战略会推动沿线国家基础设施建设，从而给工程自卸车等载货车出口带来新增海外需求，但受全球经济放缓影响，未来载货车出口也同样面临严峻形势。

2. 国内市场竞争加剧且分化加快

在较为严峻的国内外市场环境下，国内汽车市场竞争日趋激烈，行业市场集中度有所下降。据中国汽车工业协会跟踪统计，2015 年国内市场份额排名前五位的汽车企业的市场占有率为 72.55%，比 2014 年减少 1.61 个百分点；排名前十位的汽车企业的市场销售份额占 89.47%，比 2014 年减少了 0.25 个百分点。

（1）乘用车市场。在国内乘用车市场上，轿车一直占据 1/2 左右的乘用车市场，但来自 SUV、MPV 等其他产品的市场分流导致轿车市场规模有所收缩，尤其合资企业，由于产品结构倚重轿车而出现业绩全面下滑的局面。

具体来看，2015 年我国轿车销量较 2014 年减少 5.33%，其中，国产品牌销量下滑幅度较大，全年减少 9.35%。而且，随着汽车的迅速普及，国内市场逐渐进入消费升级阶段，豪华轿车消费逆势增长 13.1%；相比而言，中型、小型和微型轿车销量降幅依次增大，分别减少 3.6%、17.3% 和 25.0%。未来企业考虑市场份额及增速、公车消费等因素，将更多投入中型汽车的生产和销售。

MPV 市场份额较为稳定，近年来一直占乘用车市场 10% 左右的份额，2015 年销量比 2014 年增长 10.1%，但增速下滑较快，降幅达 45 个百分点，结束了前几年的快速增长势头。其中，中型 MPV 销售增长较快，增长 62.71%，市场份额进一步增长，大型 MPV 也增长了 32.76%；而占 MPV 市场近 60% 份额的小型 MPV 市场趋近饱和，销量小幅下滑 7.38%，豪华 MPV 市场萎缩更快，销量减少 51.33%，可见未来市场上，随着消费升级所带来的需求转变，中型 MPV 特别是兼具商务和家用的中高端全领域 MPV 将成为市场热销的主打产品。

由于近年来政府主管部门加大了面包车等市场的规范和整治，交叉型乘用车市场收缩较快，2015 年不含新微客的交叉乘用车销量比 2014 年减少 17.47%，含新微客的销量减少 4.75%，主要是传统微客汽车受政策影响较大，已经有企业开始多元化布局，向 MPV 和 SUV 转产，面对来自转型市场的原有企业的竞争优势，未来该市场发展的不确定性增大。

相比而言，SUV 因空间宽敞、适合多种路况等因素而越发受到国内消费者的青睐，市场规模扩张迅猛，2015 年销量较 2014 年增长 52.39%。其中，两驱 SUV 销量增长 58.92%，占到全部 SUV 的 82.7%，该比重比 2014 年提高了 3.4 个百分点；1.6 升及以下小排量品种大幅增长 120.27%，占 SUV 市场比重达 46.19%，比 2014 年占比提高了 13.9 个百分点。可见，当前节能消费观念逐渐盛行，小排量 SUV 日渐成为消费主流。同时，全年国产 SUV 市场销售良好，增长 71.3%，在 SUV 市场占有率已超过 1/2，表现明显优于其他国际品牌在华销售情况。

（2）商用车市场。受宏观经济增长放缓、传统行业普遍产能过剩的影响，2015年我国载货车销量比2014年减少10.32%，其中，微型载货车逆势增长3.08%，而重型载货车销量减少最多，降幅达25.58%，中型和轻型载货车销量也有不同程度的下降。这反映了国民经济进入"新常态"后，从高速增长转向中高速增长，对载货车这类生产资料的需求有所下调，虽然国家实施积极的财政政策能够带来与基础设施相关的引致性需求，但工业部门增速继续回调带来的冲击影响依然很大。从结构看，近年来国内加快产业结构调整和转型升级，使第三产业发展快于工业，而许多制造业部门如钢铁、煤炭、水泥等行业出现较为严重的产能过剩。如此一来，与零售物流等服务业生产更紧密的微型载货车的需求快速增长，相反，对中重型载货车的需求大幅度减少，且更多偏向公路货物运输车辆。

与载货车不同的是，客车市场受国家补贴政策的有利因素影响而出现较快增长。2015年我国客车销量比2014年增长29.77%。其中，轻型客车销量增长60.87%，主要依靠的是轻型公交客车市场的强劲拉动。在新能源政策刺激下，轻型公交客车销量强势增长18.68%；轻型座位客车因近年来高铁等快速轨道交通的替代性需求的影响而增长放缓，2015年增长13.51%，比2014年增速下降3.66个百分点；而轻型校车销量不景气，减少了3.9%。2015年大型客车销量增长21.81%，其中大型座位客车增长最快，达36.24%，虽然近年来我国高铁的快速发展已经对传统的长途客运市场带来了严重的冲击，但是相比高铁，长途客运的行程安排更加灵活，客运公司逐渐将重心转向高铁站与站之间的短途往返客运业务，由此稳定了大型座位客车的快速增长；大型公交客车则受益于国家对新能源车的补贴政策等，也实现了13.94%的增长。2015年中型客车销量小幅增长8.24%，主要受益于中型公交客车政策的推动，对于县市公交、纯电动车公交车的一系列补贴有力地促进了这类客车高达27.43%的快速增长，尤其是长度在8~9米的中型客车，销量更是增长了41.23%；相比而言，作为中型客车比重最大的座位客车，主要受高铁的冲击较大，销售下降了3.84%，中型校车也小幅下降了1.89%。总体上

看，客车市场发展相对稳定，虽然座位客车受其他轨道交通的冲击较大，但在国家节能减排的政策引导下，加快淘汰黄标车，会形成一定的新增需求，同时公交客车尤其新能源公交客车的市场需求也一直表现较为强劲。

2015年我国专用汽车的发展形势不容乐观，可能更多与近年来我国宏观经济进入中高速增长的速度转换有关，导致固定资产投资回落，工程开工率下降，必然传递至专用汽车市场；同时随着国内产业结构转型升级以及电商等新经济的快速增长，专用汽车市场的内部结构也在适应中有所调整。2015年专用汽车产量比2014年下降27.3%，降幅扩大16.1个百分点。其中，罐式汽车全年减产42.1%，主要市场集中在混凝土搅拌运输车等工程车辆以及洒水车等市政环卫车辆。随着我国城镇化和美丽农村建设的深入推进，车厢可卸式、压缩式和自卸式垃圾车成为市场主打产品。起重机车受工程项目不景气的影响较大，而高空作业车在社会需求稳定增长的大趋势下保持平稳增长。普通自卸汽车市场的快速萎缩，主要还是因为房地产投资和市政建设投资有所放缓，导致相应需求下滑较快。另外，仓栅式汽车和特种结构汽车分别减产32.4%和14.4%。

总之，从乘用车和商用车各自细分市场的表现看，在当前宏观经济进入三期叠加、固定资产投资增速趋缓等因素作用下，分化和转型的趋势较为明显。一些符合国家节能减排等政策支持的车型市场逆势增长良好，而受其他交通运输方式冲击以及下游工程项目开工率下降等影响的车型市场萎缩较快。

3. 产能过剩和"僵尸企业"问题较为严重

我国汽车工业的产销量已经连续七年居世界首位，但在总量扩张的同时，产品结构低端化趋势依然严重。当前全球经济不稳定因素依然较多，可能在较长时期，我国汽车出口都会受到全球需求萎缩尤其是低端产品需求低迷的影响；同时，我国经济已经进入"新常态"，未来消费需求可能受到经济波动的不利影响。然而，不少企业还有继续加大产能建设的倾向。据中国汽车工业协会跟踪统计，我国汽车行业产能利用率不足80%，但一些中小企业热衷于扩大产能计划。显然，这一现象可能的直接后果是产能过剩。进一步地，

一旦出现大范围产能过剩，政府往往会尝试提供一定的银行贷款和政府补贴等来化解过剩产能，由此形成一定的"僵尸企业"。例如，当前在全国各地加快推进新能源汽车建设，这意味着相较于传统产业，新能源汽车企业更易于得到银行贷款，获得更多产业政策补贴，各地许多企业将因此涉足该行业，产能过剩现象将会比较明显。

总之，未来在市场需求持续下行、国内市场转型升级加快的趋势下，汽车工业发展将面临更大的挑战，同时也孕育更多机遇。

三、产业政策驱动下的汽车工业发展新趋势

当前，国民经济已经进入工业化后期阶段，在"五位一体"发展理念指导下，我国绿色发展和节能减排降耗工作继续深入推进，在资源环境领域已经取得了良好进展，由于汽车工业与能源和环境关系紧密，是国家重点支持行业，发展的最大趋势就是推进新能源汽车及与之配套的动力电池、车用电机的推广应用。表 27-2 是 2015 年国家相关部门出台的一系列主要政策，政策主要从战略定位、推广应用、基础设施、税费减免、购置补贴、生产准入等方面进一步保障新能源产业的快速健康发展。

表 27-2　2015 年我国新能源汽车政策汇总

时间	文件名称	涉及主要内容	发布机构	影响环节
2015 年 3 月	《关于加快推进新能源汽车在交通运输行业推广应用的实施意见》	到 2020 年，新能源汽车在交通运输行业的应用初具规模	交通运输部	消费
2015 年 3 月	《汽车动力蓄电池行业规范条件》	从七个方面对汽车动力蓄电池行业的规范意见	工业和信息化部	生产
2015 年 4 月	《关于 2016~2020 年新能源汽车推广应用财政支持政策的通知》	2017~2018 年补贴在 2016 年基础上下降 20%，2019~2020 年补贴在 2016 年基础上下降 40%	财政部、科技部、工业和信息化部、国家发展和改革委员会	消费
2015 年 5 月	《关于完善城市公交车成品油价格补助政策 加快推进新能源汽车推广应用的通知》	现行城市公交车成品油价格补助中的涨价补助以 2013 年为基数，2015~2019 年逐步减少	财政部	消费
2015 年 5 月	《关于节约能源使用新能源车船税优惠政策的通知》	明确对新能源车船免征车船税，对节能车船减半征收车船税	财政部、工业和信息化部、国家税务总局	消费
2015 年 5 月	《中国制造 2025》	将"节能与新能源汽车"列入十大重点发展领域，明确指出未来行业发展战略	国务院	研发/制造
2015 年 6 月	《新建纯电动乘用车企业管理规定》	明确获准入的企业可生产纯电动乘用车，不能生产任何以内燃机为驱动动力的汽车产品	国家发展和改革委员会、工业和信息化部	投资/生产
2015 年 8 月	《关于开展节能与新能源汽车推广应用安全隐患排查治理工作的通知》	将在各节能与新能源汽车推广应用城市、节能与新能源汽车生产企业开展安全隐患排查治理工作	工业和信息化部	生产
2015 年 9 月	《关于加快电动汽车充电基础设施建设的指导意见》	到 2020 年，基本建成适度超前、满足超过 500 万辆电动汽车的充电需求	国务院	基础设施
2015 年 10 月	《电动汽车充电基础设施发展指南（2015~2020 年）》	到 2020 年，新增集中式充换电站超过 1.2 万座，分散式充电桩超过 480 万个，结合骨干高速公路网，建设"四纵四横"的城际快充网络，新增超过 800 座城际快充站	国家发展和改革委员会、国家能源局、工业和信息化部、住房和城乡建设部	基础设施

资料来源：转摘自《中国汽车工业发展年度报告》(2016)。

上述政策中，国务院发布的《中国制造 2025》作为制造强国战略的第一个十年行动纲要，对于新能源汽车的定位和发展战略无疑影响深远。文件明确指出，要大力推动节能与新能源汽车产业

快速发展。具体意见包括继续支持电动汽车、燃料电池汽车发展，掌握汽车低碳化、信息化、智能化核心技术，提升动力电池、驱动电机、高效内燃机、先进变速器、轻量化材料、智能控制等核心技术的工程化和产业化能力，形成从关键零部件到整车的完整工业体系和创新体系，推动自主品牌节能与新能源汽车同国际先进水平接轨。要实现上述战略目标，需要突破制约产业推广应用的关键核心技术，对于新能源汽车的普及，充电基础设施亟待解决。随后，国务院和有关部委相继推出电动汽车充电基础设施发展指导意见，从全国层面统筹推进相关设施建设，对关键问题给出相应解决方案指导，并对新能源汽车的普及提供政策支撑。

在国家高度重视和财政扶持下，我国新能源汽车工业近年来已经取得迅猛发展。据工业和信息化部和中国汽车工业协会的统计显示，2015年我国新能源汽车产量及其销售比2014年分别增长382.8%和342.65%，明显成为整个汽车工业发展的新增长点和主要趋势。其中，纯电动汽车销量增长448.78%，插电式混合动力汽车销量增长238.46%。推广城市主要集中在上海、深圳、北京。目前推广的重点领域是公共部门，占到总数的60%以上，其中仅公共交通就占到1/4左右。

在新能源汽车技术领域，我国自主化水平有了较大提升。纯电动乘用车技术进步明显，已经基本掌握了整车控制、动力系统匹配与集成设计等关键技术，产品续驶里程数集中在150~250公里，但单位电池容量续驶里程与国外技术还有一定的差距，能源利用效率有待提高。纯电动客车也在关键技术上取得了一定的进展，如电子控制空气悬架底盘、轮边驱动桥、轻量化、电磁兼容等技术领域，而且在补贴政策的引导下，小型化纯电动汽车渐成主流。插电式混合动力乘用车的

市场竞争力相对较强，在百公里加速、综合油耗等方面的表现基本上与国外同类车型相差不大。同样，插电式混合动力客车在技术进步和推广应用上进展显著，突破了专用插电式混合动力客车底盘技术，在全承载技术、双电压符合储能系统技术上取得进展。典型的标准汽车纯电续驶里程已突破65公里，最佳百公里油耗仅为17.9升。另外，燃料电池汽车的动力性、续驶里程等性能也有所提升，但功率特性、冷启动、可靠性等指标与世界先进水平尚有较大差距。

与此同时，我国充电基础设施建设也在快速推进，2015年年底已建成充换电站3600座，公共充电电桩4.9万个，主要是在2015年政策推动下建成，其中，国家电网、南方电网和普天集团所建充电桩占公共充电桩总数的比重接近80%。而随着社会资本持续涌入，多种建设模式逐渐形成。典型的有江苏万帮集团的众筹模式、北京"路灯+充电桩"试点、PPP公私合营模式、大数据汽车充电模式等。

未来，我国将成为全球最大的新能源汽车消费市场，在政策环境、产业基础、技术进步、商业模式创新等方面进一步优化。随着消费迅速扩大至市场饱和，政策对于消费的支持将由目前的购置补贴向使用环节的优惠政策转变，而且将在产品技术研发、关键零部件检测等领域逐步完善。在新材料和新工艺上的创新和日趋成熟，会促进新能源汽车的成本持续降低，性能日渐提高，尤其是插电式混合动力汽车将有较大市场空间，同样地，微型纯电动车因高性价比而可能在二三线中小城市占有较高份额。小型化、轻量化、智能化将成为未来市场上的主打车型。在"互联网+"所推进的产业间深度融合下，新能源汽车的商业模式将更加适应新一代消费群体的新增需求。

四、关于汽车工业发展的政策建议

当前我国国民收入水平逐年提高，在消费转型升级的驱动下，国内汽车工业继续保持平稳增长，是推动国民经济中高速增长的重要产业。在

"十三五"时期，供给侧结构性改革成为共识，为保障汽车工业有序健康发展、重点推进新能源汽车产业快速发展，需要从技术、市场和制度等几

个方面给予有力扶持。

1. 有序推进和落实"去产能"和"去库存"

当前我国汽车工业的产能过剩问题必须引起重视。需要防止在产业政策的支持下出现全国工业园新能源汽车生产项目"遍地开花",进而造成行业内企业间的无序竞争,严重扭曲资源配置。为此,应该有序推进行业"去产能"和"去库存":一是淘汰落后生产设备,引进国外先进设备;二是利用"互联网+"和大数据来捕捉和分析消费行为及其演进趋势,让供给侧更好地匹配需求侧。为此,应该鼓励企业参与技改,并学习引进国外先进生产设备,致力于从低端生成向高端制造转型;应该加快推进覆盖全国的大数据平台建设,精准掌握市场需求动向,将库存汽车更有针对性地在不同市场上销售,尤其是在三四线城市,能够更快"去库存"。

2. 加强核心技术研发创新及其工程化能力

尽管我国汽车市场已经占到全球汽车制造业市场份额的28%,在多项核心技术领域取得了瞩目成绩,奠定了良好的产业基础,但是仍然在产品开发、关键核心技术研发、技术标准、产品稳定性等方面与国际先进水平有较大差距,制约了我国汽车工业的进一步发展。对于传统动力汽车而言,增压直喷技术发动机逐渐普及,自动变速器 AT 也有向多档化方向发展的趋势,未来仍然需要在传统动力系统的节能上下功夫。无论从市场需求的演变还是政策趋势看,信息化、智能化和绿色化是汽车工业的重要技术路线,对应于智能网联汽车、新能源汽车、节能汽车等方向。近年来,汽车工业90%以上的创新都与汽车智能化系统有关,未来应该加强与互联网企业的跨界合作,推动车联网技术发展,建立智能网联汽车自主研发体系。目前,由于充电设施尚在建设中,纯电动车的推广普及还需要一定的产业条件,插电式混合动力汽车依然是新能源汽车主销产品,未来应该加快推进充电基础设施建设,推动混合动力和纯电动汽车技术的工程化和产业化。加强智能汽车开发,学习国外自适应巡航、碰撞预警、主动避撞等智能驾驶技术,以应对和融入互联网技术下全球汽车工业技术的颠覆式创新。

3. 积极引导和培育国内外汽车消费增长点

随着国内消费逐渐向耐用品升级,汽车消费市场规模迅速扩大,近年来对国内生产总值有较高的贡献度,不过,这也带来城市空气污染等严重的环境问题。国家已经从战略高度提出绿色发展这一重要理念,在推进新能源汽车普及上也采取了不同措施。未来,应该加快制定绿色技术标准,生产出更为安全节能的多品种不同档次的汽车,满足更多的消费需求。在消费准入上,通过税费政策和价格机制引导绿色消费。规范商业保险等有助于更好保护不同消费者权益的相关配套服务,推进汽车服务型制造转变,将产品增加值由偏重制造环节向消费服务环节转移。

2015 年我国实施"一带一路"战略,这给国内制造业加快"走出去"创造了广阔的海外市场。我国汽车企业应该积极融入,充分利用该战略所提供的各方面支持,加快布局产能,将一些过剩产能向我国西部地区和沿线国家转移,在此过程中,加快培育有国际竞争力的自主汽车品牌。这些沿线国家的市场规模很大,不仅居民的消费需求大,而且很多基础设施也亟待改善,这对国内乘用车和商用车出口都是利好,是推动国内汽车产业转型升级的重要机遇,但由于文化、贸易环境等与国内差别较大,如何适应并扩张这些市场也是考验企业的不小挑战。

4. 规范制度配套,为落实《中国制造2025》战略、抢占产业高点夯实基础

我国从战略层面制定了应对新一轮工业革命和国外工业 4.0 的制造强国战略,汽车工业中的新能源汽车作为重点领域被给予高度重视,而政策的落实需要一系列制度配套。目前,我国自主纯电动车和插电式新能源汽车市场在前期政策引导下开始进入快速扩张期,实施相应的税费减免政策以及鼓励引导民营资本参与公共设施建设的措施,将有助于进一步促进成本降低和消费扩张,并加快形成合理的消费结构。应该通过相应的技术法规,引导企业在产品开发上有效降低资源消耗,推进节能汽车发展。为了加快"互联网+"对汽车工业的融合发展,应该建立车联网大数据平台,引导汽车企业跨界互联网,突破关键共性技术,对基于"互联网+"的企业适当给予税费减免和政策扶持,以培育良好的产业生态。同时,结合大气污染防治工作的深入推进,在引导新能源汽车生产消费方面加快制定科学合理的生产标准

和消费准入，实现汽车工业的绿色发展。

专栏 27–1

新能源汽车在压力中疾驰

近年来，电动汽车风生水起，燃料电池汽车也开始投棋布子，不少国家相继出台鼓励新能源汽车发展的举措。然而，新能源汽车的研发和推广任重而道远。

电动车发展平缓稳健

近年来，随着全球对环保的重视，电动汽车风生水起，众多汽车厂家都对此下了大功夫。其中，以特斯拉为代表的电动汽车，发展势头尤为强劲。特斯拉在技术上为实现可持续能源供应提供了高效方式，并且打破了过去汽车厂家的传统，通过开放专利及与其他汽车厂商合作，大力推动了纯电动汽车在全球的发展。

加利福尼亚州是美国电动汽车市场发展最好的州，目前加州电动汽车产销规模约占美国市场的48%，是世界上最大的电动汽车市场。伴随着市场的发展，加州的电动汽车技术也大幅提升，专利数量持续增加，产业上下游供应链和基础设施不断落地。

氢能车正待突破"瓶颈"

与不可再生的化石燃料相比，以氢燃料电池为动力的氢能汽车是绿色出行的重要选择。2007年，德国政府出台"氢和燃料电池技术"（NIP）国家创新计划，明确支持氢能与燃料电池技术发展。但截至目前，氢能汽车在德国仍没有大批量投入生产，生产和组装所需的基础设施建设也不充分。德国境内登记在册并上路行驶的氢能汽车，只有100辆。全德国的加氢站只有十几个，并且大部分还是汽车生产商为研发试用而配套建设的。高昂的生产成本也是氢能汽车大量投入市场的"拦路虎"。

2015年12月15日，全球第一款面向普通消费者的氢燃料电池车丰田"未来"迎来周岁生日。由于燃料电池尚未实现大规模量产，部分生产环节仍依赖手工，"未来"的日生产规模只有3台。

日本野村综合研究所汽车行业高级咨询顾问张翼则认为，氢能的常温常压液化技术已经实用化。从氢燃料电池运用10年的报告来看，尚未发生过人身伤害事件。但氢燃料电池车仍属起步阶段，在使用过程中会发生什么情况，谁也无法预测。

政策规划助产业布局

美国加州1990年率先提出"零排放汽车(ZEV) 计划"，1998年开始实施，目前已推广到美国另外9个州。2013年11月，加利福尼亚州、康涅狄格州、马里兰州等8个州的州长共同签署了《州零排放车辆项目谅解备忘录》，决定到2025年8个州的零排放车辆达到330万辆。

根据日本政府制定的《下一代汽车战略》，新能源汽车占乘用车的比例在2020年要达到20%~50%，在2030年达到50%~70%。日本政府还计划，在2025年将燃料电池车的整车价格降到与混合动力车同等水平。在行驶成本方面，2015年实现燃料电池车与燃油汽车同等水平，2020年实现燃料电池车与混合动力车同等水平。

德国2009年启动氢能汽车倡议计划，旨在推动燃料电池车的大规模商业化。德国预计在2018年建成100座加氢站，并于2023年建立覆盖全德的氢能汽车网络，包含400座加氢站。在氢储能燃料技术研发方面，德国十分注重与中国方面的合作。

配套设施是发展关键

日本政府原计划于2015年年底在全国建设100座加氢站，但至今只建成33座。东京为实现2020年奥运会期间以燃料电池车作为会场主要交通工具的目标，计划建造35座加氢站，实际建成

6座。中心城市地价高企以及安全标准严格是加氢站建设的"瓶颈"。在日本，建设1座加氢站平均花费4亿~5亿日元（1美元约合118日元），日本政府力争通过放宽限制，在2020年前后将建设成本降低一半左右，即降至普通加油站建设费（约1亿日元）的两倍左右。日本经济产业省还对加氢站补贴约2/3的建设费用。

近年来，德国正在人口稠密地区建立第一个小型氢能汽车网络，覆盖20座加氢站，并预计2017年达到50座。氢能汽车网络的目标，是在每个人口稠密的大城市内以及城市周边公路上，分别设立5~10座加氢站，并在此基础上进一步扩展。

成本控制是比拼焦点

目前，新能源汽车的价格普遍偏高，如特斯拉推出的车型，其售价动辄高达10万美元以上，普通收入者大多难以承担。通过技术创新和升级，使新能源汽车的生产和使用成本显著下降，尽快进入大规模商用阶段，成为全球各大汽车厂商竞赛和比拼的焦点。

行业标准逐步成共识

博恩豪夫预计，再经过5~10年时间，德国市场上将有超过100万辆的氢能汽车。"过去10年中，氢能汽车最大的突破，是汽车行业对压缩气体存储标准的统一。将压缩氢存储在压力为700巴（bar）的储气罐里，是目前的公认标准。在安全性能和加氢站标准上，我们也达成了共识。无论是丰田、宝马或奔驰的氢能汽车，都应该使用同一个加氢设备。"

尽管与传统汽车相比，新能源汽车的市场占有率仍有待提高，但可以预见的是，随着各国政府在政策层面的重视和支持，以及行业标准的完善和技术创新的延展，新能源汽车受到的关注度将不断发酵，市场前景将十分美好。

资料来源：摘自《人民日报》2016年1月26日第23版。

参考文献

［1］中国汽车工业协会、中国汽车技术研究中心、丰田汽车公司：《中国汽车工业发展年度报告》（2016），社会科学文献出版社2016年版。

［2］中国社会科学院工业经济研究所：《中国工业发展报告》（2015），经济管理出版社2015年版。

［3］王如玉：《2015年全年汽车工业经济运行情况》，《中国汽配市场》2016年第1期。

［4］黄群慧：《论中国工业的供给侧结构性改革》，《中国工业经济》2016年第9期。

［5］李丹敏、宋洁：《供给侧改革对我国汽车行业的影响及对策分析》，《中国集体经济》2016年第24期。

第二十八章　船舶工业

提　要

2015 年是我国船舶工业实施供给侧结构性改革迈出"由大转强"坚实步伐的关键之年。我国船舶工业经济运行三大指标仍处于"L"形经济触底回升阶段，国际竞争力仍处于世界领先地位，但船舶行业经济效益下降明显，船舶出口面临发展后劲不足的严峻挑战。当前船舶工业推进供给侧结构性改革面临的主要挑战有：市场环境更加恶劣，产能过剩的矛盾没有得到根本解决；成本上升压力不断加大，造船企业盈利较为困难；转型升级任务多、包袱重，管理水平亟待提高；外部市场环境剧烈变化，市场需求风险增大；船舶"低碳化"新规频繁出台，绿色发展挑战严峻。推进供给侧结构性改革，船舶工业应做好以下工作：积极贯彻落实各项政策措施，助力船舶工业稳健发展；实施供给侧结构性改革，积极化解过剩产能；加强全面风险管理，应对转型升级中的各种风险；建立创新驱动长效机制，以研发创新支持产业转型升级；加强金融对船舶实体经济支持，重视控制汇率风险；充分发挥社会组织机构的服务作用，有效应对国际挑战。

*　　　　　　*　　　　　　*

2015 年是船舶工业"十二五"规划的收官之年，也是我国船舶工业站在历史新起点进入"十三五"迈出"由大转强"坚实步伐的关键时期。当前，美国经济缓慢复苏，欧洲经济持续低迷，日本经济连续下滑，中国经济步入"新常态"，全球经济复苏依然艰难。我国船舶工业抓住国家实施制造强国战略的历史契机，全面深化改革，强化创新驱动，通过体制机制改革、加大产业升级和结构转型力度，克服了航运市场持续萧条、国际船市低位震荡、全球造船产能严重过剩等困难，实现了产业集中度进一步提高、转型升级成效明显、智能制造有所突破、对外合作成绩显著、行业产业链进一步完善、兼并重组稳步推进等目标，综合实力得到提高，世界造船大国地位继续稳固。

一、2015 年船舶工业的基本情况

2015 年，我国船舶工业仍处于产业转型升级和行业洗牌的结构调整阵痛期和重要战略机遇期，船舶工业接单难、交船难、盈利难、融资难等问题依然存在，全行业经济效益出现下滑，船舶工业面临的形势依然严峻。在政策引导和市场倒逼下，船舶产业积极进行供给侧结构性改革，造船完工量、新接订单量、手持订单量等指标基本符合预期，造船大国地位仍然稳固，但距离造船强

国目标仍然任重而道远。

1. 船舶工业主要经济运行分析

（1）船舶工业三大指标仍处于"L"形经济触底回升阶段。造船完工量、新接订单量、手持订单量是反映船舶行业经济运行的三大重要指标。2015年，船舶工业三大指标"两降一升"。全国造船完工量3922万载重吨，同比增长8.07%；承接新船订单量2916万载重吨，同比下降42.85%。截至2015年12月底，手持船舶订单量1.2737亿载重吨，同比下降14.93%。从2011年我国船舶工业上述三大指标的变动趋势来看，目前我国船舶工业仍处于困境中企稳回升的关键时期（见图28-1）。具体来看，造船完工量已经企稳回升，造船完工量从2011年的7665万载重吨逐年下降至2014年的历史低点3629万载重吨，2015年企稳上升为3922万载重吨。新接订单量于2012年跌

至谷底，为2041万载重吨，2013年快速回升后又呈持续下降态势，2015年下降至2916万载重吨，仍高于2012年的阶段历史低点水平。手持订单量在2012年降至最低点，为10695万载重吨，后逐年好转至2014年的14972万载重吨，但2015年又下滑至12737万载重吨。可以看出，受后国际金融危机和航运市场低迷的影响，我国船舶工业各项指标仍处于困境中的触底回升阶段，除造船完工量指标略好于2014年，2015年新接订单量和手持订单量指标均呈稳定中下滑的态势。结合2016年前5个月我国船舶工业经济运行情况来看，新承接订单同比增长，但造船完工量、手持订单量同比下降。总体来看，我国船舶工业经济运行基本保持平稳，造船完工量、承接新船订单量、手持船舶订单量三大主要工业经济指标企稳于"L"形底部的态势没有发生根本性改变。

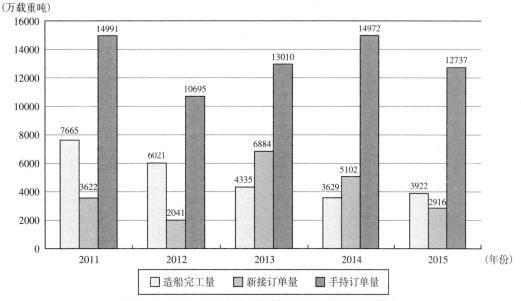

图28-1　2011~2015年我国船舶工业三大指标变化情况

资料来源：作者根据中国船舶工业行业协会公开披露的统计数据绘制（2011~2015）。

（2）船舶工业国际竞争力仍处于世界领先地位。表28-1揭示了2015年我国船舶工业三大指标在国际市场上的比重。可以看出，2015年中国造船三大指标市场份额继续保持世界领先。2015年，我国造船完工量1286万修正总吨，占世界市场比重为35.1%；新承接船舶订单量1025万修正总吨，占世界市场比重为30.3%；手持船舶订单量3987万修正总吨，占世界市场比重为36.5%。2014年我国造船完工量、新承接船舶订单量、手

持船舶订单量占世界市场比重分别为33.2%、38.6%和47.2%。上述三大指标中，除造船完工量指标占世界比重在2015年略有上升外，新承接船舶订单量、手持船舶订单量两大指标占世界比重在2015年均呈较大幅度下滑的态势。从历史趋势来看，2011年以来，我国造船完工量、手持船舶订单量两大指标连续5年稳居世界第一，新承接船舶订单量世界第一的地位于2015年被韩国取代。通过表28-2可以看出，我国造船完工量、新

接订单量、手持订单量三大指标占世界市场的份额总体较高，但 2011 年以来，我国上述三大指标在国际市场上的占有率均呈逐年下降态势。尤其是新接订单量，2011 年我国新接订单量占世界比重为 52.2%，而 2015 年新接订单量占世界比重已降低到 30.2%，5 年间下降了 22 个百分点，这表明我国船舶工业在日益复杂的竞争环境中承接新订单较少，竞争优势在逐渐丧失。

表 28-1　2015 年世界三大造船指标比较

指标/国家		世界	中国	韩国	日本
造船完工量	万载重吨	9624	3922	2936	2109
	占比（%）	100	40.8	30.5	21.9
	万修正总吨	3665	1286	1270	662
	占比（%）	100	35.1	34.6	18.1
新接订单量	万载重吨	9646	2916	3246	2887
	占比（%）	100	30.2	33.7	29.9
	万修正总吨	3377	1025	1015	914
	占比（%）	100	30.3	30.0	27.1
手持订单量	万载重吨	30315	12737	8271	6934
	占比（%）	100	42.0	27.3	22.9
	万修正总吨	10929	3987	3052	2314
	占比（%）	100	36.5	27.9	21.2

注：本表中世界数据来源于克拉克松研究公司，并根据中国的统计数据进行了修正。

表 28-2　我国 2011~2015 年三大造船指标比较

指标		2011 年	2012 年	2013 年	2014 年	2015 年
造船完工量	万载重吨	7665	6021	4335	3629	3922
	占比（%）	45.1	40.7	40.3	39.9	40.8
	万修正总吨	2141	1901	1288	1153	1286
	占比（%）	42	41.6	35.2	33.2	35.1
新接订单量	万载重吨	3622	2041	6884	5102	2916
	占比（%）	52.2	43.6	47.6	46.5	30.2
	万修正总吨	1305	869	1991	1531	1025
	占比（%）	42.9	38	40.9	38.6	30.3
手持订单量	万载重吨	14991	10695	13010	14972	12737
	占比（%）	43.3	41.5	45.8	47.2	42
	万修正总吨	4816	3600	3995	4565	3987
	占比（%）	41.6	37.6	38.5	39.7	36.5

资料来源：作者根据中国船舶工业行业协会公开披露的统计数据绘制（2011~2015）。

（3）船舶行业经济效益下降明显。与 2014 年船舶工业主营业务收入和利润总额均实现了常态增长不同，2015 年我国船舶工业经济效益下降明显，主营业务收入和利润均呈较大幅度下滑的态势。从主营业务收入来看，2015 年，全国规模以上船舶工业企业 1452 家，同比减少 39 家；实现主营业务收入 7893.8 亿元，同比增长 1.3%。其中，船舶制造业 4005.1 亿元，同比增长 1.2%；船舶配套业 1016.2 亿元，同比增长 9.5%；船舶修理业 227.4 亿元，同比下降 0.1%；海洋工程专用设备制造 698.3 亿元，同比下降 4%。从利润总额来看，2015 年我国规模以上船舶工业企业实现利润总额 179 亿元，同比下降 32.3%。其中，船舶制造业 143.2 亿元，同比下降 1.9%；船舶配套业 49.2 亿元，同比增长 12.1%；船舶修理业 10.2 亿元，同比增长 5047%；海洋工程专用设备制造亏损 15 亿元，利润总额同比下降 149.9%。

（4）船舶出口面临发展后劲不足的严峻挑战。

从完工出口船、新承接出口船订单和手持出口船舶订单三项指标来看，我国船舶出口基本能保持稳定，但面临发展后劲不足的严峻挑战（见图28-2）。2015年，全国完工出口船3707万载重吨，同比增长11.96%，基本能够保持不错的增长率；但承接出口船订单仅2770万载重吨，同比下降50.11%，下滑幅度较大；手持出口船订单11775万载重吨，同比下降也达到17.54%。出口船舶分别占全国造船完工量、新接订单量、手持订单量的88.6%、88.6%、95.7%。不难看出，我国船舶新承接出口船订单和手持出口船订单下滑幅度较大，未来面临发展后劲不足的严峻挑战。

2015年，我国船舶出口金额为280.2亿美元，同比增长11.2%，增速远高于同期我国商品出口的-2.8%和机电产品出口的0.2%。我国出口船舶产品中散货船、油船和集装箱船仍占主导地位，其出口额合计为157.1亿美元，占出口总额的55.9%。我国船舶产品出口到188个国家和地区，亚洲仍然是我国船舶出口的主要地区。其中，向亚洲出口船舶的金额为164.5亿美元，占比58.7%；向欧洲出口船舶的金额为35.7亿美元，占比12.7%；向拉丁美洲出口船舶的金额为33.4亿美元，占比11.9%；向大洋洲出口船舶的金额为31.6亿美元，占比11.3%。2015年我国船舶进口10.04亿美元，同比下降23.7%。

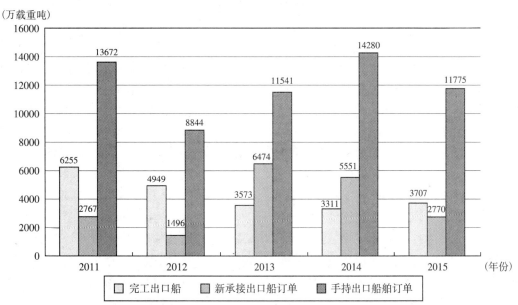

图28-2　我国船舶工业出口三大指标变化情况

资料来源：作者根据中国船舶工业行业协会公开披露的统计数据绘制（2011~2015）。

2. 船舶工业经济的主要特点

2015年，面临持续的国际市场低迷和严峻的国际竞争形势，我国船舶工业积极采取供给侧结构性改革，实现了经济运行平稳发展。

（1）推进供给侧结构性改革政策频频出台，"去产能"初见成效。近年来，为积极应对船舶工业面临的外部挑战，我国颁布制定了一系列政策措施支持船舶工业推进供给侧结构性改革，保持船舶工业"由大转强"，实现健康平稳发展。2013年，国务院颁布了《船舶工业加快结构调整促进转型升级实施方案（2013~2015年)》和《关于化解产能严重过剩矛盾的指导意见》；工业和信息化

部等十二部委发布了《关于加快推进重点行业企业兼并重组的指导意见》，交通运输部等四部委印发了《老旧运输船舶和单壳油轮提前报废更新实施方案》，工信部发布了《船舶行业规范条件》。2014年，国务院和有关部门发布了《关于海运业健康发展若干意见》、《高技术船舶科研项目指南（2014)》、《海洋工程装备科研项目指南（2014)》、《海洋工程装备工程实施方案》等一系列文件。2015年，国务院出台了《中国制造2025》等相关政策。

2015年，面对行业产能过剩的严峻局面，我国船企通过多种渠道努力化解过剩产能。工业和

信息化部公告通过评审的《船舶行业规范条件》第三批 11 家企业和《海洋工程装备（平台类）行业规范条件》第一批 7 家企业；企业集团抓紧落实压缩产能，中船集团主动关闭上海船厂船舶有限公司浦西厂区的修船业务，中国外运长航（集团）有限公司压缩青山船厂产能、整合江东船厂生产管理、退出宜昌船厂造船业务，中国海运（集团）总公司按照"有进有退，进退有序"的战略要求重整修船板块；骨干企业积极推进兼并重组，大连船舶重工（集团）有限公司兼并大连大洋船舶工程有限公司，泰州口岸船舶有限公司回购泰州中航船舶重工有限公司 45% 股权，中集安瑞科控股有限公司收购南通太平洋海洋工程有限公司 30% 股份；部分产品技术含量低、无销路、持续亏损的企业，处于停产或半停产状态。据不完全统计，全行业化解过剩产能超过 1000 万载重吨，产能过剩得到进一步遏制。

（2）"降成本"取得实效，精细化管理能力进一步提高。在低迷的市场需求和激烈的市场竞争倒逼下，我国船舶企业更加控制经营成本，加大降本增效力度。企业通过集中采购、与客户协商价格、签订战略协议等措施，锁定生产成本；通过全面梳理，定岗定编，并对外包工进行精简和优化，减少人工成本；通过加强预算管理，严控采购成本，推动节能降耗，强化应收账款和存货管理，降低资金成本；通过钢材管理系统模块、库存物资信息平台等信息化手段，提高钢材的利用率，降低钢材采购量和库存量，节省物资成本。

骨干企业通过理顺内部生产管理工作机制，强化以生产计划为中心的生产管理模式，有效提升精细化管理能力，逐步建立健全从生产策划到生产技术，再到生产计划和生产组织的完整生产管理体系。统筹配套资源集中采购，开展管理提升专项活动，加强供方产品质量控制，加大科技创新力度，促进管理水平提升，不断增强核心竞争力。

（3）生产性服务业大力发展，产业结构进一步优化。2015 年，在船舶市场需求大幅下降的情况下，我国骨干船舶企业调整产品结构，实现多元化发展，大力发展生产性服务业，行业产业链进一步完善。中船集团非船装备产业逐步形成特色，盾构机、陆用环保设备、钢结构、风塔等业务进一步拓展市场，院所科技产业发展持续发力。其中，沪东重机有限公司积极推进动力装备全球服务工作，初步形成售后服务组织——沪东重机全球技术服务（HHM GTS），并不断推进汉堡、雅典、新加坡、迪拜、休斯敦等网点建设，在多地已有合作方；中船华南船舶机械有限公司深耕东南亚售后服务市场，服务业务营业收入占比不断攀升。中国船舶重工（集团）公司已在海洋装备产业、战略性新兴产业、机电装备产业、生产性现代服务业四大领域形成了一批处于领先地位的非船品牌产品。

产业集中度进一步提高，优势企业不断壮大，产业结构进一步优化。2015 年，为应对日益严峻的市场形势，我国骨干造船企业积极作为，加强客户联系，努力做好船东工作，顺利完成交船。抓住市场机遇，加大营销力度，大力开发新船型，抢夺市场订单，行业产业集中度进一步提升。2015 年，全国造船完工量前 10 家企业的完工量占全国的比重为 53.4%，比 2014 年提高 2.8 个百分点；新接订单量前 10 家企业的接单量占全国的比重为 70.6%，比 2014 年提高 15.1 个百分点。我国分别有 3 家和 4 家企业进入世界造船完工量和新接订单量前 10 名，比 2014 年有所提高。

（4）科技创新驱动特征明显，转型升级成效显著。船舶制造业正朝着设计智能化、产品智能化、管理精细化、信息集成化等方向发展。2015 年，面对低迷的市场环境，我国骨干船舶企业加大自主研发力度，产品创新成效明显。三大主流船型全面升级换代，17.2 万立方米薄膜型液化天然气（LNG）船、8.3 万立方米超大型全冷式液化石油气船（VLGC）、18000TEU 集装箱船、8500 车位汽车滚装船、4.5 万吨集滚船、3.7 万吨沥青船、北极深水半潜式钻井平台、圆筒型海上生活平台、R550 型自升式钻井平台等高端产品交付使用。2 万箱级集装箱船、新一代 40 万吨超大型矿砂船（VLOC）、超大型原油船（VLCC）、7800 车位汽车滚装船等新船型获得批量订单。战略性、前瞻性产品研发稳步推进，7 万总吨级自主知识产权豪华邮轮、3.88 万吨智能示范船、第七代超深水钻井平台、新型极地自破冰科考船、10000 车位超大型汽车滚装船、超大型乙烷运输船（VLEC）等船型研发取得积极进展。双燃料中速机和气体中速机等一批自主品牌动力装备研发获得突破。全年造船完工、新接订单修载比分别达到 0.353 和 0.387，创历史新高。

智能制造有所突破，两融水平不断提升。2015 年，我国骨干船舶企业不断加强生产工艺的创新运用，加大数字化装备、智能化焊接机器人等新技术在造船上的应用，提高造船工艺、流程、管理的设计集中度，推进精益造船，进一步提高制造质量和效率，推动信息化和自动化装备同步协调发展。南通中远川崎船舶工程有限公司成为船舶行业唯一一家工业和信息化部智能制造试点示范企业，中国船级社发布了首部《智能船舶规范》。

（5）船舶修理市场需求回升，修船业平稳发展。2015 年，受益于低油价影响，油船修理业务大幅增长，但大型海工装备和特种船舶修理改装需求不足。中国船舶工业行业协会修船分会发挥行业自律作用，积极组织《中国修船质量标准》的编订和《中国修船价格指引》的修编工作，推进行业修船价格本的编辑工作，推进成立以超高压水除锈为重点的绿色修船产业联盟，使修船业保持平稳发展。统计显示，2015 年，全国修船前 15 家船厂完成产值 129 亿元，同比增长 9.6%；修理完工船舶 3740 艘，同比增长 12.8%；而仅前 11 个月，船舶修理业就完成利润总额 8.2 亿元，同比增长 153%。除常规修理任务外，骨干修船企业还努力承接了高端改装工程，中船澄西船舶（广州）有限公司成功交付全球最复杂的 VLCC 改装

浮式生产储油船（FPSO）项目；沪东中华造船（集团）有限公司完成液化天然气浮式储存再气化装置（LNG-FSRU）改装修理；上海华润大东船务工程有限公司承修"大西洋"号大型豪华邮轮；金海船务工程有限公司改装了世界首艘单钩起重工程船"振华 30"号，同时积极推进技术革新，采用液压平板车技术实现了超大型集装箱船球鼻艏整体建造、整体吊运和整体合拢，并完成了105 吨巨桨吊装。

（6）"走出去"步伐加快，国际产能合作成绩明显。2015 年，我国船舶企业以国家"一带一路"等重大战略的实施为契机，充分发挥行业优势，积极开拓国际市场，全力推进船舶工业国际产能合作。中国船舶工业集团公司收购了芬兰瓦锡兰旗下二冲程发动机业务，完善了全球网络，增强了客户服务能力；联合中国投资有限责任公司与全球最大的邮轮运营商嘉年华集团签署了在华合资设立豪华邮轮船东公司合资协议，填补了我国在邮轮设计建造方面的空白。烟台中集来福士海洋工程有限公司为波斯湾、里海、墨西哥湾和俄罗斯等国家和地区打造了多个高端海洋工程装备总包项目，展示了"中国制造＋中国资本＋中国运营"的范例。中国南车时代电气有限公司收购全球第二大深海机器人供应商英国 SMD 公司，山东海洋工程装备有限公司收购挪威钻井承包商 Northern Offshore（NOF），加快了我国海洋装备高端化、产业化和国际化进程。

二、当前船舶工业推进供给侧结构性改革面临的主要挑战

当前，世界航运市场持续低迷，国内产业深层次矛盾日益突出，我国船舶工业面临的形势复杂而严峻。总体来看，我国船舶工业推进供给侧结构性改革，将在外部市场环境、行业生存空间、企业内部经营管理、科技体制机制创新等诸多方面面临挑战。

1. 市场环境更加恶劣，产能过剩的矛盾没有得到根本解决

2015 年，船市迈入深度调整，市场环境更加恶劣。一方面，世界经济复苏放缓，航运市场供

求矛盾没有根本解决，订单逐步减少；另一方面，国际油价的暴跌降低了船东制造节能型船舶的积极性、延缓了老旧船舶的拆解，船东提高航速释放运力，降低了新船需求。在此背景下，我国船舶工业面临持续增长乏力的需求基础。受国际金融危机深层次影响，全球经济增速放缓，新船市场延续低迷，海工装备市场大幅下滑。接单难、交船难、融资难、生存难问题仍然困扰着我国船舶工业的健康发展。

从供给来看，我国船舶工业产能过剩的矛盾

没有得到根本解决。面对低迷的市场，我国船舶行业的产能利用率依然处于低位，离行业产能利用率合理水平还有较大差距。2015年，新接订单所占国际市场份额自国际金融危机爆发以来首次下降；船舶延期交付明显增多，在手订单交付风险增大；银行贷款条件越发严格，财务成本大幅增长；造船能力供大于求问题突出，造船企业破产重整现象有所发生。

2. 成本上升压力不断加大，造船企业盈利较为困难

从人工成本来看，目前我国造船工人年均工资达到4.5万元，比2004年增长了两倍，由于劳动力成本迅速上升，劳动密集型的船舶工业与日韩相比成本优势逐步下降；从融资成本来看，"融资难、融资贵"仍然是船舶工业面临的突出问题，尤其是船舶工业被列为五大产能严重过剩行业，银行、地方政府等融资平台缺乏利率弹性，高杠杆率和资金需求旺盛的特征拉高了资金成本，加之未来几年完工交付的船舶均为金融危机后承接的低价船，盈利难将成为困扰企业发展的首要问题。

国际金融危机爆发以来，受需求影响，船价长期处于低位，新船价格难以维持上涨态势，预期收入难以保持较快增长。与此同时，劳动力成本不断上升、人民币汇率升值，船东推迟接船使管理成本增加，首期预付款比例下降、船东拖欠款情况严重使企业贷款的财务费用增加，船厂开工不足、能力闲置、生产节奏放缓等因素，使船舶企业成本上升压力不断加大，经济效益日趋恶化，造船企业盈利较为困难。

3. 转型升级任务多、包袱重，管理水平亟待提高

国家提出船舶工业要加快结构调整，促进转型升级，这已成为共识。但在实际贯彻中，企业转型面临多种困难：一是整体行业市场形势比较低迷，大多数船舶企业陷入经营困境，虽有转型升级的压力和动力，但却缺乏转型升级的有利环境和实力；二是大部分中小船舶企业技术力量不足，研发能力薄弱，难以应对船舶技术的不断升级，产品结构也难以满足不断变化的需求创新；三是调整业务结构，市场开拓难度大，支柱产品难以培育和发展；四是兼并重组收购，骨干企业动力不足，职工安置、债务处置等问题难以解决。这些问题，都给行业困境中的船舶企业带来挑战，结构调整、转型升级任务繁重。

此外，国际竞争愈加激烈，管理水平亟待提高。2015年，我国船舶企业经济效益同比大幅下滑，除外部环境影响外，面对市场竞争的变化，船舶企业管理能力不足也是造成利润下滑的主要原因。尽管骨干企业在降本增效方面取得了不错的成绩，但部分企业仍难以有效降低研发、制造和人工成本；难以严格执行生产计划，提高管理效率；难以从设计、工艺、采购等方面提升产品质量，降低内外部质量风险。在当前激烈的市场竞争中，船舶企业管理水平亟须快速提高。

4. 外部市场环境剧烈变化，市场需求风险增大

市场需求结构变化，导致市场有效需求不足。2015年，国际船舶市场需求结构发生了重大变化，我国具有竞争优势的散货船需求量急速下跌，而超大型原油船、超大型集装箱船、液化天然气船等双高船型在整个市场需求结构中所占比重明显提升。我国绝大多数造船企业都是以建造散货船为主，在当前散货船市场走势异常低迷的情况下，我国造船业国际市场地位受到威胁。我国船舶工业高技术船舶研发能力薄弱、更新速度缓慢、研发产品不适应市场快速变化等问题亟待解决。

国际油价屡创新低，海工装备市场受到冲击。2015年，国际油价屡创新低，不少石油公司已经延迟或取消了多个油气建设项目。受此影响，海洋工程装备市场成交创近10年的最低水平。我国承接各类海洋工程装备88艘（座）、38.2亿美元，金额同比下降75.5%。除此之外，我国在油价高峰时期的2013年和2014年承接的大量低首付款钻井平台和海工船项目，面临的交付风险也越来越大，一些项目由于船东的经营困难不能按时交付，甚至出现项目撤单的现象。

5. 船舶"低碳化"新规频繁出台，绿色发展挑战严峻

在提倡低碳经济和低碳社会的当今时代，船舶的低碳化已经成为船舶工业发展的一个重要趋势。国际上绿色环保、节能减排、安全可靠、智能化、集成化的船舶和海工配套产品不断出现，更新换代速度明显加快。日韩等造船国家都把研究新标准、新规范，开发绿色环保型船舶作为其占领未来市场的关键。低碳化造船趋势很可能通过国际平台采取标准、规范等方式使低碳船舶上升为绿色壁垒，以达到提高产业门槛、打压竞争对手的目的。对此，我国造船业必须保持高度的警惕。

未来几年，国际船舶市场竞争将更加激烈，产品设计和研发的重要性更加突出，我国船企面临的挑战更加严峻。日、韩、欧盟等发达国家和地区调整发展战略，加大技术研发力度，加强对我国技术封锁，为占领船用市场采取低价竞争等策略。我国正处于由造船大国向造船强国转变的过程中，国家应积极鼓励船舶企业开展技术创新，出台多项鼓励措施，为船舶企业创造良好的产业发展环境。各船舶企业要加大产品研发力度，在保证产品质量的前提下，加快产品更新换代步伐；要加强船舶产业链上下游联合，深化"产学研用"合作，建立完善的全球售后服务网络，提升船舶企业的全球服务能力。

三、船舶工业推进供给侧结构性改革的对策与建议

当前，世界经济持续疲软，航运、造船市场低迷，聚焦供给侧结构性改革是船舶工业实现转型升级的必由之路。推进供给侧结构性改革，船舶工业必须主动作为，应通过强化创新驱动、体制机制改革、优化产能资源配置、加大升级转型力度，在加强供给侧结构性改革的同时，想方设法寻找需求、创造需求、接新任务、抢新订单，做到需求与供给"两手抓，两手硬"，真正推动船舶工业转型升级，为我国船舶工业"由大转强"迈出坚实步伐。

1. 积极贯彻落实各项政策措施，助力船舶工业稳健发展

2015 年，国务院出台了《中国制造 2025》，海洋工程装备和高技术船舶被纳入十大重点发展领域；颁布了《关于推进国际产能和装备制造合作的指导意见》，船舶和海洋工程被列入重点推进行业。同时，中国人民银行等九部委联合发布了《关于金融支持船舶工业加快结构调整促进转型升级的指导意见》，促进金融业做好船舶工业结构调整、转型升级的服务工作；财政部、工信部、中国保监会联合发布了《关于开展首台（套）重大技术装备保险补偿机制试点工作的通知》，高技术船舶和海洋工程装备被纳入目录；国家发改委发布了《关于实施增强制造业核心竞争力重大工程包的通知》，高端船舶和海洋工程装备被列为六大重点领域。近年来，随着一系列国家战略和政策利好出台，我国船舶工业面临前所未有的发展机遇。《关于促进旅游业改革发展的若干意见》、《关于促进海运业健康发展的若干意见》、《能源发展战略行动计划（2014~2020 年）》等政策文件，也对我国船舶工业构成重大政策利好。"一带一路"建设、长江经济带发展、亚太互联互通等国家战略的提出，也为我国船舶工业带来了新机遇。在此背景下，我国船舶工业各领域要积极行动起来，以中央经济工作会议精神为主线，充分利用国家战略和政策利好带来的新机遇，加紧围绕国家"一带一路"等重大战略的实施，主动对接各项支持政策，充分发挥行业优势，积极探索适合我国船舶工业振兴的新道路、新模式，努力化解结构性产能过剩矛盾，不断为我国经济提供新的经济增长点和驱动力，加快行业转型升级，提高产业竞争能力，为建设海洋强国和实现"中国梦"做出更大贡献。

2. 实施供给侧结构性改革，积极化解过剩产能

船舶工业实施供给侧结构性改革，化解船舶行业产能过剩，一方面，可以缓解当前我国船舶工业面临的严峻市场压力，加快企业转型升级的步伐，提升产业集中度；另一方面，也能够更好地优化我国船舶工业的产业结构和产品结构，提高国际竞争力。因此要继续坚持"消化一批、转移一批、整合一批、淘汰一批"的要求，积极发挥"有形之手"的作用，建立和完善化解过剩产能考核评价制度，在行业准入条件修订、重组企

业的信贷支持和财税政策、过剩产能退出机制等方面，出台更有针对性和可操作性的细则，做好"三去一降一补"工作。

一是严格控制新增固定资产投资，对岸线、土地的使用实行严格审批。积极开展专项治理全国的低质量船舶，清理整顿在建和拟建项目，严格禁止非法违规建造船舶，避免低水平的重复建设。二是改变以规模和产量评价产能的做法，采用船舶建造效率、节能率等指标来评价造船业的产能，在指标体系方面促进造船产业由外延式发展转变为内涵式发展。三是扩大我国船舶内需市场，加快中国自有船队的建设，创造大量的新船刚性需求。同时，推进中国老旧船舶的淘汰和升级，设立相应的拆船基金，优化中国船队运力的结构，提升市场竞争力。四是推进企业兼并重组和资源整合，优化产业组织结构，提高产业集中度，培育具有国际竞争力的船舶海工企业（集团）。五是对外商在中国建造船厂的行为进行严格审批和统一的规划管理，清理国外非法投资的造船项目，确保土地和岸线资源得到合理利用。

3. 加强全面风险管理，应对转型升级中的各种风险

航运市场萧条使船东对船舶质量要求越来越高，船舶企业交船压力很大。面对交船难，造船企业应加强生产监控分析，特别是对有弃船风险的船舶，努力做好风险识别、风险预测、风险预控工作，制定风险应对预案，提早落实工作措施。各船舶企业应提高生产计划管理水平，用风险管理的思路编制计划，确保船舶按计划建造。全行业要进一步加强生产管理，确保产品质量。一要高度重视质量风险，严格质量追责制度，完善质量管理机制，确保产品质量的稳定和提升。二要强化基础管理，加大成本控制力度，实行全面预算管理，建立目标成本管理体系，增强采购成本控制能力，加强设计、采购和生产工序中的成本管理，减少成本开支。

海洋工程装备产业被列为我国战略性新兴产业以来，引起了有关省（区、市）、有关行业的高度重视，为摆脱国际金融危机及其滞后效应影响，不少船舶企业为化解造船产能，将海洋工程装备作为产品结构调整的重要方向。据不完全统计，目前我国现有涉足海洋工程装备制造的企业有20

余家、海洋工程船制造企业近100家。然而，海洋工程装备产业是一个高技术、高投入、高风险、进入门槛高的产业，全球市场规模有限（600亿~800亿美元），国际竞争相当激烈（与韩国、新加坡、巴西等竞争），国内外产能过剩矛盾已开始显现。因此，应高度重视海洋工程装备市场风险，企业新进入海洋工程装备领域一定要慎之又慎；与此同时，面对海洋工程装备的市场风险、产能风险，各海洋工程装备制造企业要认真贯彻《海洋工程装备（平台类）行业规范条件》，加强对船东、产品、技术、质量、融资、服务等各环节的管理和风险防范。

4. 建立创新驱动长效机制，以研发创新支持产业转型升级

建立创新驱动长效机制，应增强船舶工业自主创新能力，提高管理水平和生产效率。首先，政府应整合现有研发与设计机构，重点资助有实力的船舶工业专业技术公司，加快技术引进和自主研发，为船舶工业转型升级提供技术支撑。应加快船型开发与技术发展，分期分批突破和掌握一批关键技术，不断加大设计的深度和广度，提高船型开发的整体能力和水平，全面提升我国船舶工业的技术创新能力，提高技术研发和应用的相对独立性，实现先进技术的有效扩散。政府通过特定的船舶工业融资政策或者成立专项基金，用于支持我国造船企业跨国并购，尤其支持对掌握船舶工业核心技术的研发和设计机构的并购。支持我国船舶企业跨国并购，可以较快地实现并购企业向产业链高端环节延伸，增强国际竞争力，并以此为典型推动转型升级。

进一步完善创新研发体系和机制，以自主创新推进产业结构调整和发展方式转变；进一步加强基础共性技术和前沿技术研究，强化创新基础，增强技术储备，打造原始创新能力。利用国内的工程技术研究中心、工程实验室等创新平台，完善产业技术创新体系；利用公共服务平台，提升产业基础共性技术研发能力，完善产业技术基础体系；大力开展节能、减排、低碳、环保等方面的新技术研发，开发环境友好型的绿色船舶，引领市场需求；实施重大创新项目，实现产学研用结合，解决相关领域的技术难题。

5. 加强金融对船舶实体经济支持，重视控制汇率风险

尽快落实相关融资支持政策，保持船舶产业竞争能力。当前国际船舶市场持续低迷，融资支持对船舶工业获取订单至关重要。呼吁银行等金融机构切实加大对船企，特别是骨干船企的支持力度，实行差异化管理，扶优扶强，向有品牌、有市场、有订单的船企提供授信、融资、保函等金融业务支持，帮助骨干船企平稳度过市场低迷期。同时，向实力强、信誉好的国外船东投放买方信贷，促使其定向下单；进一步加快《关于金融支持船舶工业加快结构调整促进转型升级的指导意见》相关政策落地，帮助国内船企渡过难关。船舶和港口属于资本密集型行业，一般投资量大，呼吁金融行业加大改革力度，有效降低融资成本，支持船舶供给侧的结构性改革。

加强财务管理，控制汇率风险。2016年，全球金融市场将动荡起伏，人民币汇率变动幅度将加大。船舶企业要加强财务管理，积极调整财务策略，建立一套适应当前环境的财务管理系统及风险预警机制，加强对企业现金流的监控和管理，提高资金利用率，降低融资成本，控制汇率风险，从而有效应对市场变化。

6. 充分发挥社会组织机构的服务作用，有效应对国际挑战

2010年以来，生效了一系列国际造船新公约、新规范、新标准，有关部门应在理解新出台规则的基础上，有针对性地开展准备工作，并继续加大在全国范围内的培训工作，使船舶工业企事业单位深入了解国际新公约、新规范、新标准对船舶工业的影响，准确把握有关要求，更快地掌握满足要求的技术和方法，提高船舶设计制造水平，增强产品国际竞争力，以备在我国船舶企业在公约要求实施之时能从容应对。继续发挥船舶行业协会等社会组织机构的对外交流和行业服务作用。加强行业自律，维护行业权益。积极探索实践经济运行信息服务模式，使信息、统计、加工分析成为行业发展及服务企业的纽带。逐步建立行业监测预警机制，引导行业健康发展。加大对国际新标准、新规范的前瞻性研究力度，主动做好活跃造船专家联盟（ASEF-NGO）相关工作，重点推动国际船级社协会（IACS）新近发布的统一要求集装箱船纵向强度标准（URS11A）和集装箱船在负载情况下系统处理功能标准（URS34）以及船级社集装箱船结构规范修订工作，开展对国际标准化组织ISO20283-5内容研究，协助防腐工程师协会（NACE）开展关于船舶行业涂层新标准（PSPC）腐蚀情况数据收集等工作，努力提升我国造船界在国际标准和国际规范制定和解释中的话语权。

专栏 28-1

抓准船舶工业供给侧结构性改革的关键点

船舶工业目前的重点任务就是要在适度扩大需求的同时，着力推进供给侧结构性改革，抓准去产能、去库存、降成本、补短板的关键点，增强船舶工业供给结构对需求变化的适应性和灵活性。

一、去产能应有"加"有"减"

船舶行业属于外向型行业，在市场上直面国际竞争，目前，日、韩等国是中国的主要竞争对手。船舶工业去产能不能"一刀切"，而是要做到有"加"有"减"。应该重点鼓励和支持那些创新能力强、质量效益好、在国际上具有一定知名度和竞争力的船舶企业去参与国际市场竞争，争取更多订单，获取更多国际市场份额。对于那些没有订单、扭亏无望、创新能力不足、研发设计和建造能力都不强的处于停产或者半停产状态的"僵尸"和"半僵尸"企业，则要采用促其关停并转的方式做"减法"。

二、去库存注意"保交船"

船舶工业生产模式属于定制化，一般来说不存在库存的问题，但由于市场行情低迷，船东选择

延期交船甚至弃船的情况时有发生，给船舶企业带来了"特殊库存"。特别是海工产品，由于近期国际原油价格持续低迷，大量自升式钻井平台积压在手交不出去，随时会出现弃单风险，"交付难"已成为制约海工建造企业生存发展的"瓶颈"，事关企业生死存亡。完工产品压在手里，既压资金，又为企业下一步生产经营带来巨大压力，如何防范弃船风险、实现完工产品顺利交付，是船舶工业企业目前需要认真对待的问题。

三、降成本需多方发力

"降成本"对船舶工业企业非常有针对性。船舶工业既是技术密集型，又是资金密集型、劳动力密集型产业，其管理成本、融资成本、人力成本占比都较高。建议在降低融资成本方面，应进一步发挥行业中介组织的作用，与政府部门和金融机构沟通，争取他们对船舶工业的更多支持；建议将政策性船舶出口买方信贷业务实施期延长10年，用政策性金融手段支持船企"争订单，保订单"；建议船舶工业企业在金融机构支持下开辟新的融资渠道，直接从社会融资。

四、补短板靠"做优做强"

船舶工业需要补的"短板"，一个是产品、产业结构之"短"，另一个是产业链之"短"。目前，中国船舶工业产品结构不合理，包括海洋工程装备以及液化天然气（LNG）船、豪华邮轮等高技术、高附加值产品是其"短板"；从全产业链来看，中国船舶工业企业的总体建造技术优秀，但是"微笑曲线"的两端尚显不足，研发设计特别是技术储备、售后服务特别是国际网点布局、船用配套产业特别是关键船用设备等均存在"短板"。应鼓励和支持国内造船企业以及船用配套企业，加强关键核心技术研发，开展质量品牌建设，成为系统集成和打包供货能力强、规模实力雄厚、具有国际竞争力的优强企业，补齐中国船舶工业产业链上的这块"短板"。

资料来源：郭大成：《供给侧结构性改革，船舶工业主动作为的关键点》，《中国船舶报》2016年3月11日。http://www.cansi.org.cn/index.php/News/detail?id=1704。

参考文献

［1］中国船舶工业行业协会：《2015年船舶工业经济运行分析》，《中国船舶报》2016年1月22日。

［2］胡可一：《推动造船业迈向中高端的四大路径在哪?》，《中国船舶报》2016年3月11日。

［3］蒋军、聂立平、刘晟、朱律：《我国内河LNG动力船发展现状、问题及对策建议》，《水运管理》2016年第7期。

［4］李毅中：《加快新旧动能转换 提供高端供给》，《中国船舶报》2016年3月15日。

［5］谢琨：《从成本管理角度分析环境管理对船舶行业的影响》，《经济师》2016年第8期。

［6］胡文龙：《2015工业发展报告——船舶工业》，中国社会科学院工业经济研究所研究报告。

［7］郭静、刘春花、张帆、陈宏运、梁岩、唐永炳：《环境友好型船舶防污涂料的研究进展》，《腐蚀科学与防护技术》2016年第4期。

第二十九章　电子信息产业

提　要

　　经过改革开放 30 多年的发展，电子信息产业由小到大，由弱到强，历经了经济结构、市场结构和产品服务结构的多方面转型，实现了规模、效益、技术、品牌的全方位跃升，在引领产业健康发展、支撑经济社会转型等方面发挥了重要的作用。习近平总书记针对网络安全和信息化工作的重要讲话，《中国制造 2025》、"互联网+"行动计划和《国家信息化发展战略纲要》，以及《关于深化制造业与互联网融合发展的指导意见》，对电子信息产业推进供给侧结构性改革指明了方向、提出了要求，即电子信息产业要紧紧围绕制造业与互联网融合发展主线和重点，以制造业整体转型升级、发展新业态为主攻方向和主战场，提供强大的产业发展平台和坚实的技术支撑基础，发挥对制造业创新的驱动作用和引领作用。因此，深入学习习近平重要讲话精神，牢牢把握有关战略规划和指导文件的要点，就成为电子信息产业推进供给侧结构性改革的前提。

*　　　　　　　　*　　　　　　　　*

　　从产业技术发展来看，当前，新一代电子信息技术正在步入加速成长期，产业互联网的发展正在打破智慧与机器的边界，推动万物互联时代的到来，移动通信、云计算、大数据、物联网、5G、人工智能、绿色计算、虚拟现实和量子通信等与电子信息产业密切关联的新技术不断涌现和逐步成熟，并在经济社会各个领域加速普及应用，预示着信息时代的全面到来。电子信息产业对整个产业发展形成技术支撑和创新驱动基础的重要性日益凸显，与此同时，产业间网络的形成和跨界融合不断催生新技术、新产品、新模式，对传统电子信息产业体系带来冲击，深刻改变着电子信息产业的格局。

　　虽然我国电子信息产业面临新一轮产业格局及市场竞争格局改变的严峻挑战，但也意味着迎来了新的发展机遇和发展空间。《中国制造 2025》、"互联网+"行动计划和《国家信息化发展战略纲要》，以及《关于深化制造业与互联网融合发展的指导意见》的发布，习近平总书记针对网络安全和信息化工作的重要讲话，进一步从国家战略层面突出了电子信息产业的引领功能和支撑作用。供给侧结构性改革是以经济"新常态"为背景深化改革的重大步骤，作为典型"供给创造需求"的引领性产业，电子信息产业要在供给侧结构性改革中抓住发展机遇，明确改革主线，完成重点任务，实现转型目标，使之在建设制造强国和网络强国的进程中，继续展现其最坚实的技术产业基础作用。

一、2015年电子信息产业发展特点

2015年,我国电子信息产业主动适应经济发展"新常态",深入落实创新、协调、绿色、开放和共享的发展理念,在整体规模、经营效益、自主创新、跨国经营和融合引领等方面取得新的成就和突破。根据工业和信息化部公布的《2015年电子信息产业统计公报》,2015年全国有规模以上电子信息产业企业6.08万家,其中电子信息制造企业1.99万家,软件和信息技术服务业企业4.09万家。全年完成销售收入总规模达到15.4万亿元,同比增长10.4%。其中,电子信息制造业实现主营业务收入11.1318万亿元,同比增长7.6%;软件和信息技术服务业实现软件业务收入4.3万亿元,同比增长16.6%(见图29-1)。

规模以上电子信息制造业增加值增长10.5%,高于同期工业平均水平(6.1%)4.4个百分点(见图29-2),在全国41个工业行业中增速居第五位;收入和利润总额分别增长7.6%和7.2%,高于同期工业平均水平6.8个百分点和9.5个百分点,占工业总体比重分别达到10.1%和8.8%,比2014年提高0.7个百分点和1个百分点。

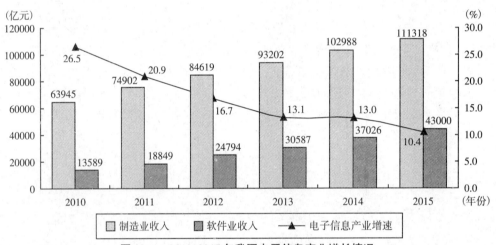

图 29-1 2010~2015年我国电子信息产业增长情况

资料来源:工业和信息化部《2015年电子信息产业统计公报》。

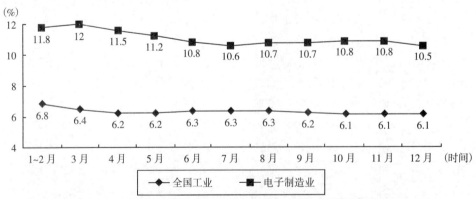

图 29-2 2015年电子信息制造业与全国工业增加值累计增速对比

资料来源:工业和信息化部《2015年电子信息产业统计公报》。

规模以上电子信息产业中,软件和信息技术服务业收入增速高于电子信息制造业9个百分点,软件业比重达到28%,比2014年提高1.4个百分点(见图29-3)。

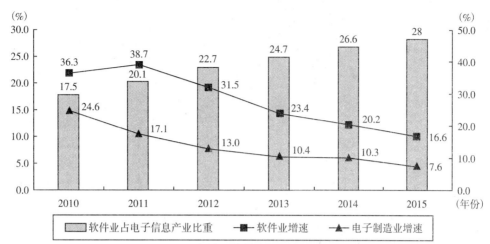

图 29-3　2010~2015 年我国软件产业占电子信息产业比重变化

资料来源：工业和信息化部《2015 年电子信息产业统计公报》。

全年共生产手机和彩色电视机 18.1 亿部和 1.4 亿台，分别增长 7.8% 和 2.5%，其中智能手机和智能电视 13.99 亿台和 8383.5 万台，分别占比达到 77.2% 和 57.9%；生产微型计算机 3.1 亿台，同比下降 10.4%；生产集成电路 1087.2 亿块，同比增长 7.1%。

软件和信息技术服务业中，信息技术服务实现收入 22123 亿元，同比增长 18.4%，增速比 2014 年提高 1.7 个百分点。其中，运营相关服务（包括在线软件运营服务、平台运营服务、基础设施运营服务等在内的信息技术服务）收入增长 18.3%；电子商务平台技术服务（包括在线交易平台服务、在线交易支撑服务在内的信息技术支持服务）收入增长 25.1%；集成电路设计实现收入 1449 亿元，同比增长 13.3%；其他信息技术服务（包括信息技术咨询设计服务、系统集成、运维服务、数据服务等）收入增长 17.8%。

电子信息百强企业是我国电子信息产业的中坚力量，反映了电子信息产业的基本情况。从中国电子信息行业联合会发布的《2016 年（第三十届）中国电子信息百强企业》来看①，2015 年主要发展特点如下②：

（1）整体规模快速攀升。2015 年电子信息百强企业共实现主营业务收入 2.96 万亿元，比 2014 年增长 32.0%；总资产合计达到 3.4 万亿元，比 2014 年增长 25.9%。2015 年共生产计算机 3160 万部、彩电 11530 万台、手机 3.7 亿部和集成电路 430 亿块，占全行业比重分别达到 10.1%、71.1%、20.3% 和 39.6%。2015 年百强中主营业务收入超过 1000 亿元的有 6 家，超过 100 亿元的有 58 家；入围企业最低主营收入 42.1 亿元，比 2014 年提高 5.9 亿元。

（2）效益水平不断提高。2014 年百强企业共实现利润总额 1922 亿元，比 2014 年增长 34.6%、平均销售利润率为 6.5%，比 2014 年提高 0.2 个百分点，高于行业平均水平 1.5 个百分点。其中，销售利润率超过 20% 的企业有 5 家，超过 10% 的企业有 23 家。百强企业应收账款周转率达到 5.4 次，存货周转天数为 26 天；资产负债率 64.6%，利息保障倍数 5.1 倍；各项绩效指标在全行业中均处于领先地位。

（3）研发创新成效显著。2014 年百强企业研发投入合计 1756 亿元，比 2014 年增长 41.6%，其中，有 25 家企业研发投入超过 10 亿元；百强企业研发投入强度达到 5.9%，比 2014 年提高 0.4 个百分点，有 9 家企业研发投入强度超过 10%。2015 年百强企业研发人员合计 38 万人，比 2014 年增长 11%，占全部从业人员比重达到 20.7%。

① 这是自 1987 年第一届电子百家企业问世起的第三十届电子信息百强企业发布。30 年里，电子信息百强企业的规模增长 254 倍以上，年均增速超过 20%。快速成长和强势崛起的电子信息百强企业经济规模不断扩大，自主创新能力明显增强，产品结构逐步调整升级，核心竞争力明显提升，成为电子信息产业发展的中坚力量、提升企业国际竞争力的成长基地、走向世界 500 强的基本队伍。

② 中国电子信息行业联合会：《2016 年（第三十届）中国电子信息百强企业发布》，《中国电子报》2016 年 7 月 12 日。

截至 2015 年末，百强企业专利总量 26.5 万件，比 2014 年增加 8.9 万件，其中发明专利 17.3 万件，占比超过 60%。2015 年我国发明专利授权量前 10 强企业中，中兴、华为、京东方、比亚迪分别列第 2 位、第 3 位、第 5 位和第 10 位。2015 年 PCT 国际专利申请量企业排名中，华为蝉联全球榜首，中兴位列第三。

（4）国际竞争实力增强。2015 年百强企业共完成出口交货值 6437 亿元，比 2014 年增长 24%，占行业总量比重达到 12.5%。其中，有 13 家企业出口交货值超过 100 亿元，有 15 家企业外销比重超过 50%。2015 年，百强企业的跨国资源整合能力进一步提升。紫光控股新华三；海尔收购通用电气的家电业务资产；创维收购东芝的白色家电业务；海信收购夏普的墨西哥工厂和美洲业务；浪潮与思科共同成立合资公司；中芯国际和华为、Imec、高通共同成立合资技术研发公司，打造集成电路研发平台。这些并购合作为我国电子信息产业的海外市场开拓和技术水平提升发挥了积极作用。

（5）转型升级有序推进。一方面，百强企业不断探索应用新技术，培育发展新业态，以实现自身的降本增效和业务转型。如华为、中兴、海尔、海信、创维等企业投资建立智能工厂；TCL、长虹、方正、同方等企业积极布局大数据业务服务；联想成立创投集团，面向全球市场对云计算、大数据、人工智能、机器人等领域进行科技创投；京东方整合互联网、信息医学、传感技术等资源布局智慧健康医疗服务。另一方面，百强企业不断增强对传统制造领域的融合渗透。如华为面向制造企业提供智能工厂和制造云解决方案，包含大数据存储、分析与计算等多方面服务；紫光携手机床制造企业，探索技术协同，共同推进智能制造；浪潮面向国内数十万家制造业企业提供"互联网+"制造信息服务，帮助传统企业转型

创新。

（6）经济社会贡献突出。2015 年百强完成税金总额 1565 亿元，比 2014 年增长 27.4%，占全行业总量的 63.3%；从业人员合计 183 万人，比 2014 年增长 13.9%，占全行业总量的 15% 以上。除经济贡献外，百强企业还积极履行各项社会责任。2015 年，百强中有半数以上的企业发布了社会责任报告，向各类公益事业直接捐款近 10 亿元。在 2015 年中国企业社会责任 500 强排行中，华为名列第一位，海尔、大唐电信、京东方等企业位居前 20 强。百强企业深入践行绿色发展理念，华为推出绿色伙伴认证，促进产业链上下游共同推行绿色发展；中兴推出模块化数据中心产品和绿色数据中心解决方案；创维积极应用绿色低碳显示技术，在全球率先实现 4K OLED 有机电视量产。此外，越来越多的百强企业开始面向产品全生命周期构建绿色发展技术体系。

总之，2015 年电子信息百强企业坚持制造业、软件业、运营业互动，软硬融合、制造业与互联网融合，主流产品向高端化升级，形成下一代网络、"互联网+"、新一代移动通信、信息家电、智能制造、集成电路、基础软件、新型显示器件等一系列新的经济增长点。电子信息企业继续扮演着转型升级的排头兵、电子强国的主力军和创新发展的"领头羊"角色。

实践证明，经过改革开放 30 多年的发展，电子信息百强企业由小到大、由弱到强，历经了经济结构、市场结构和产品服务结构的多方面转型，实现了规模、效益、技术、品牌的全方位跃升，在引领产业健康发展，支撑经济社会转型等方面发挥了重要的作用。"十三五"期间，电子信息产业面临新的机遇和挑战，百强企业将继续发挥产业支撑的基础作用、技术突破的引领功能和市场开拓的示范效应，主动作为，迎难而上，力争实现新的突破。

二、供给侧结构性改革对电子信息产业的要求

党中央、国务院高度重视电子信息产业的发展，自 1992 年起就将电子信息产业列为国民经济

的支柱产业，并给予政策倾斜和重点扶持。彩电、IC、移动通信、新型显示等一系列重大专项工程

的推进，国务院 18 号文和《国家集成电路产业发展推进纲要》、出口退税机制改革等一系列政策的出台，扩大产业规模与提升经济发展的质量和效益相结合，建设制造强国和网络强国，推进制造创新、环境创新、管理创新和发展模式创新等发展战略的实施，为电子信息产业的发展营造了优良的发展环境，提供了坚实的政策保障，有力地促进了电子信息企业跨越腾飞。

"十三五"时期是我国全面建成小康社会的决胜阶段，也是电子信息产业转型发展的关键时期。《中共中央关于制定国民经济和社会发展第十三个五年规划的建议》强调，实现"十三五"时期发展目标，破解发展难题，厚植发展优势，必须牢固树立并切实贯彻创新、协调、绿色、开放、共享的发展理念。"五个发展"是电子信息产业突破发展"瓶颈"、实现转型突破和持续发展的必然选择。电子信息产业需要全面贯彻落实"五个发展"理念，在"一带一路"、《中国制造 2025》、制造业与互联网融合发展的新机遇中寻找新的发展空间和增长领域，找准推动产业发展的着力点和应用带动的结合点，探索生态发展新模式，增强体系化创新能力，提升产业全球运筹、经营和综合竞争能力，加快从"成本＋规模"型向"技术＋品牌"型跃迁。

对电子信息产业而言，实施供给侧结构性改革，就是要紧紧围绕《中国制造 2025》、"互联网＋"、大数据等国家战略，按照"十三五"规划所确定的基本方向和思路，聚焦于制度变革、结构优化、要素升级三大层面，以致力于全面提高全要素生产率的内涵方式，推动电子信息产业的可持续健康发展。2016 年 4 月 19 日，习近平总书记在北京主持召开网络安全和信息化工作座谈会，并在会上发表重要讲话，再次为电子信息产业全面贯彻落实供给侧结构性改革的要求指明了方向、提出了要求。同年 5 月，经李克强总理签批，国务院印发了《关于深化制造业与互联网融合发展的指导意见》。指导意见贯穿始终的融合理念，实际上从服务于制造业转型升级的视角，再次对电子信息产业提出了推进供给侧结构性改革的具体要求。

1. 习近平总书记重要讲话

习近平在讲话中指出，人类经历了农业革命、工业革命，正在经历信息革命，经历从工业社会向信息社会的转变。人类从工业社会到信息社会的转变就是信息化不断加深的过程，是信息技术和信息产业在经济和社会发展中的作用日益加强，并发挥主导作用的动态发展过程。讲话从党和国家事业发展全局的战略高度出发，深刻把握和分析在正经历社会转变的新形势下加强网络安全和信息化工作的系列重大理论和现实问题，为新时期推进网络强国建设提供了指导思想和基本路径，也为电子信息产业全面贯彻落实供给侧结构性改革指明了方向。特别是总书记的讲话中关于核心技术是最大的"命门"、推动实现从跟跑并跑到并跑领跑的转变、科研和经济不能"两张皮"等方面的阐述和要求，对电子信息产业发展具有极其重要的指导意义。

（1）建立起突破基础理论和攻克核心技术的氛围和价值导向。只有突破基础理论，才可能掌握核心技术。基础理论的突破不是一朝一夕能实现的，往往需要二三十年的持续努力才可能达成。我们既要重视理论，也要重视实验验证。没有正确的假设，就没有正确的方向；没有正确的方向，就没有正确的思想；没有正确的思想，就没有正确的理论；没有正确的理论，就没有正确的战略。任何基础理论的突破和核心技术的掌握，关键在于依靠人才。软件核心技术突破和基础理论突破需要仪器设备，但更需要人才。只有先进设备，没有一流的人才，不可能实现核心技术的突破；有一流的人才，即使使用简易的设备，也可能实现核心技术和基础理论突破，两弹一星就是最好的例子。此外，国家的科研投资应该面向更长远的、更基础的研究，避免与企业在短期项目上的重复。国家投资的长远基础性研究产出的成果应当能够顺利地、广泛地向企业转移和扩散，使所有的企业得到启发、获得借用。同时，建立重视产生思想、理论的学术氛围，建立以价值创造为导向的科研成果评价体系，而不是以论文数量、获奖为导向。

（2）核心技术是网络安全和产业发展的最大"命门"。电子信息产业发展的历史与现实在不断地证明，谁掌握了核心技术，谁就掌握了信息产业的话语权乃至主导权。集成电路、操作系统、数据库、高端设备、关键材料等核心技术是网络安全的根基，也是产业发展的关键基础。目前，在我国关键元器件、高端设备、系统架构、先进工艺、软硬件协同等方面的技术积累仍较薄弱，某些关键技术仍难以摆脱对跨国企业的依赖情况下，国内企业不仅信息安全无法保障，产业发展受到制约，产业安全也时刻受到威胁。2016 年 3 月发生的中兴事件①，就反映出我国企业在核心技术受制于人、供应链受制于人的情况下，一旦外部形势发生重大变化，会使企业乃至产业陷入极大被动。此外，提高技术能力需要打造开放的环境，只有在开放的技术体系和开放的环境下才能积累起自己的核心技术，封闭只能是越来越落后。在开放的系统中和领先者竞争，才能提升技术能力，形成核心技术，只有有能力才是安全的。开放是站在巨人的肩膀上实现超越。华为的进步就源自通信产业的开放性和技术体系的开放性。

（3）抢抓机遇推动从跟跑并跑到并跑领跑的转变。在向信息社会加速转变的背景下，电子信息产业内外部驱动要素正在发生深刻变革：移动互联、云计算、物联网、大数据、工业互联网、可穿戴设备、5G、人工智能和虚拟现实等领域和技术正在酝酿形成新的带动力量，共同形成波澜壮阔般的新市场，单点技术和单一产品创新向多技术融合的系统化、集成化创新转变，资本与产业发展互动节奏加快，技术与产品的快速迭代促使其生命周期紧缩，为电子信息产业供给侧结构性改革提供了广阔的视野和丰富的内容。这些变革和相应的改革无疑给我国企业实现"弯道超车"带来了宝贵机遇。"坐而论道，不如起而行之"。电子信息产业在努力补短板、缩小差距的同时，要更加注重撒手锏技术的培育、非对称技术的部署，大胆突破原有产业生态的藩篱和对固有产业路径的依赖，主动适应市场格局变化，要加快前瞻性技术、颠覆性技术、交叉性技术和融合性技术的产业化进程，抢抓新兴领域的发展机会。

（4）产用结合推进创新链、产业链、价值链的整合。核心技术是产业的支撑，核心技术的重要性反映在产业的技术经济安全和市场竞争力上。

核心技术研发的最终结果，不应只是技术报告、科研论文、实验室样品，而应是市场产品、技术实力、产业实力。核心技术要发展，必须要使用。因此，在大力推进核心技术创新突破的同时，还要着力推进核心技术成果转化和产业化，建立研发与应用的良性互动。在重要行业领域的信息化应用建设中要加强对自主技术的市场培育，强化用户对安全风险的防范意识，引导用户对国产系统给予"包容"性扶植与培育。加强信息安全审查工作，营造有利于安全可控软硬件产品应用推广的政策环境，鼓励产用形成合力以促进安全可控产品的迭代优化和完善。只有通过产用结合，提升核心技术创新链、产业链、价值链整合能力，才能真正发挥核心技术对产业的促进作用，最终实现产业"弯道超车"。

2.《关于深化制造业与互联网融合发展的指导意见》

国务院《关于深化制造业与互联网融合发展的指导意见》（以下简称《意见》），部署深化制造业与互联网融合发展，协同推进《中国制造 2025》和"互联网+"行动，加快制造强国建设。以互联网为代表的信息技术在制造业领域的应用，创造了无数的智能装备、智能产品，开辟了一个又一个新市场，创造了不可估量的新需求。深化互联网在制造业各环节、各领域的应用，充分发挥互联网激发创新潜能、重构生产体系、引领组织变革、高效配置资源的作用，有利于培育新技术、新产品、新业态、新模式，有利于构建跨领域、协同化、网络化的制造业创新体系，有利于打造新型制造体系，加快形成经济增长新动能以及精准、高效的供给体系，是保持经济中高速增长的重要引擎，也是推动产业提质增效、迈向中高端的战略支点。

《意见》贯穿始终的融合理念，实际上对电子信息产业推进供给侧结构性改革指明了方向、提出了要求，这就是电子信息产业要紧紧围绕《意见》提出的融合发展主线和重点，以制造业整体转型升级、发展新业态为主攻方向和主战场，提

---

① 2016 年 3 月 8 日，美国商务部对中兴通讯施行"出口限制"的制裁，禁止美国供应商向中兴通讯出口任何货物。限制令的理由可能是，中兴涉嫌违反美国对伊朗的出口管制政策，因为早在 2012 年中兴签署合同，将来自美国知名科技公司价值数百万美元的硬件和软件提供给伊朗最大的电信运营商——伊朗电信。在美国看来，这违背了"美国国家安全和外交政策利益"，必须对中兴履行制裁。

供强大的产业发展平台和坚实的技术支撑基础，发挥对制造业创新的驱动作用和引领作用。

《意见》中关于深化制造业与互联网融合发展的阐述可以概括为：明确一个定位，发挥两大优势，形成三个效应，解决六大核心问题，围绕一条主线，打造两类"双创"平台。

明确一个定位就是要明确制造业是国民经济的主体，是实施"互联网+"行动的主战场。从互联网发展的规律来看，互联网正在从消费环节向制造环节扩散。在消费环节更多的是一种价值传递，而制造环节则是一种价值创造；在消费环节核心是如何提高交易的效率，而制造环节的核心是如何提高生产效率；在消费环节，需要考虑如何平衡各方群体的利益格局，如何踩刹车、踩油门，而在制造环节，需要考虑的是巨头竞争，如何踩油门、踩刹车；在消费环节，主导企业是互联网企业，而在制造环节，主导企业是制造企业。

发挥两大优势就是发挥中国制造业大国和互联网大国两个优势。2010 年中国超过美国成为全球制造业第一大国，形成了完备的工业体系和产业配套能力，孕育出一批具有国际竞争力的优势产业和骨干企业。联合国公布的 500 余种主要工业产品中，我国有 220 多种产量位居世界第一。2014 年有 56 家制造企业进入世界 500 强，11 家工程机械企业进入全球 50 强，通信设备制造商跻身世界第一阵营。目前中国网民规模达 6.88 亿户，互联网普及率达 50.3%；4G 用户突破 3.8 亿户，占全球 4G 用户的总量超过 40%；电子商务交易额接近 20 万亿元，成为全球最大的网络零售市场，涌现出一批百亿元、千亿元级行业电商平台；12 家互联网企业进入全球市值前 30 行列，阿里、腾讯、百度稳居前 10 名。如何把制造业优势和互联网大国优势充分发挥出来是要重点考虑的问题。

形成三个效应就是形成叠加效应、聚合效应、倍增效应。叠加效应是把制造业大国和互联网大国的产业优势予以叠加，使互联网能够融入制造业的研发、生产、物流配送、生产经营管理的方方面面，产生化学反应、核聚变、倍增效应，放大、催生经济发展，"互联网+"不是做"加法"而是做"乘法"。

目前深化制造业与互联网融合发展面临几大难题。一是意识能力欠缺。制造企业对互联网转型的必要性、紧迫性、复杂性以及方向、路径认识不清，互联网企业在生产制造环节认识、技术能力不足。二是平台支撑不足。基于互联网的"双创"平台在汇聚整合创业创新资源，带动技术产品、组织管理、经营机制创新的潜力远没有发挥出来。国际巨头纷纷构建智能制造产业生态，在智能制造大数据分析平台方面已经做出一系列的布局，而且步伐非常快，我国在支撑智能制造产业生态大数据平台分析建设方面能力薄弱。三是应用水平不高。企业信息化面临"综合集成"跨越困境，处于集成提升阶段的企业仅为 14.6%。四是核心技术不强。包括传感器、芯片、控制器、设计开发工具、仿真测试工具、制造执行系统等技术与系统都需要加快提升能力，同时关键标准也亟待完善。五是安全保障能力不足。目前我国在工控、数据、网络防护等方面能力薄弱，在监管监测、测试验证方面的能力不足。六是体制机制方面也需要创新。制造业与互联网融合带来新业态、新模式，需要在财税金融、国企改革、科技创新、人才培养等方面取得突破。

因此，以供给侧结构性改革为背景深化制造业与互联网融合发展，要围绕激发制造企业创新活力、发展潜力和转型动力为主线，通过企业生产模式和组织的变革，以互联网带来的新型技术，全面融入制造业全过程，优化资源配置方式，提升各类生产要素的效率，激发制造企业的创新活力、发展潜力。此外，要坚持四个基本原则。一是坚持创新驱动，激发转型新动能。积极搭建支撑制造业转型升级的各类互联网平台，充分汇聚整合制造企业、互联网企业等"双创"力量和资源，带动技术产品、组织管理、经营机制、销售理念和模式等创新。二是坚持融合发展，催生制造新模式。融合体现在发展理念、产业体系、生产模式和业务模式等方面。三是坚持分业施策，培育竞争新优势。四是坚持企业主体，构建发展新环境。目标是到 2018 年年底，制造业重点行业骨干企业互联网"双创"平台普及率达到 80%，相比 2015 年年底，工业云企业用户翻一番，新产品研发周期缩短 12%，库存周转率提高 25%，能源利用率提高 5%。

支持制造企业建设基于互联网的"双创"平

台，支持大型互联网企业、基础电信企业和电子信息系统解决方案企业建设面向制造业特别是中小企业的"双创"服务平台，是推动制造业与互联网融合发展的核心手段和重要路径。首先，这些"双创"平台是一个能够支持企业在内部、产业链及面向全社会开展创业和创新的技术平台，在这个平台上能够实现企业创业、创新资源的数字化、在线化，能够实现线上、线下资源互动整合，能够被创新、创业者便利分享和使用。其次，这些"双创"平台是一个要素汇聚的平台。大企业拥有技术、资金、人才、设备、营销渠道、土地等众多创业、创新的全要素，可以为中小企业创业创新提供更加肥沃的创新土壤。再次，这些"双创"平台也是一个交易平台，不仅是产品交易平台，更是能力的交易平台，可以实现研发设计能力、计量检测能力、制造能力、物流能力的交流。最后，这些"双创"平台还是一个资源整合平台，通过互联网企业、制造企业、电信运营商把资源与地方政府、科研院所、供应链企业、第三方平台，把地方的资金、政策、用房、用地各种资源进行有效整合。

《意见》将打造"双创"平台作为核心手段和重要路径。一是源于"双创"平台建设过程是企业综合集成水平不断提升的过程。搭建"双创"平台，需要整合企业内部的各类资源，实现资源的数字化、在线化，构建涵盖研发、设计、生产、采购、配送、服务等多个部门的业务协同体系，实现多个业务系统的集成。企业业务系统的综合集成，既是"双创"平台建设的基础，也将伴随着"双创"平台建设不断深化。二是源于"双创"平台建设过程也是牵引企业加速转型升级的过程。"双创"平台的建设不是企业与互联网融合的全部，但它是牵引企业转型升级的切入点和突破口，它将推动企业发展理念从封闭到开放，把自己的资源向社会开放，同时利用社会资源为自己服务；推动企业发展战略从单一产品竞争到产业深化的竞争，从制造向服务化转型。三是源于"双创"平台建设过程是引领企业管理和变化的过程。基于互联网、面向"双创"的新型管理模式有可能成为继福特模式和丰田模式之后的第三次管理革命。在"双创"平台建设过程中，都将面临如何调整、改善或优化传统的企业管理模式，面临如何再造与优化内部管理流程，面临如何重新定位企业员工、管理、客户、供应商的关系。其核心是在互联网时代，企业如何激活传统企业中的人和组织，重构企业运作的基本单元，重建企业内部运营机制。四是源于"双创"平台建设过程是培育企业新型能力的过程。企业"双创"平台建设，就是要激活企业的技术、装备、系统、流程和组织，构建新的发展理念、商业模式和管理模式，培育企业互联网时代背景下新的竞争优势。

三、电子信息产业推进供给侧改革的工作要点

电子信息产业推进供给侧结构性改革要以习近平总书记的重要讲话为指导，牢牢把握突破核心技术、提升产业支撑保障能力这一关键，面向保障国家网络安全和产业发展的需求，抓住推进《中国制造 2025》、"互联网+"行动计划和《国家信息化发展战略纲要》，落实《关于深化制造业与互联网融合发展的指导意见》的机遇，坚持融合发展的基本思路，扎实推进核心技术攻关，弥补各领域、各环节存在的短板，巩固产业基础，不断增强、提升以技术支撑能力、产业协同创新能力、行业解决方案能力和信息安全保障能力为重点内容的产业供给能力。当前重点要做好以下工作：

1. 抓紧系统梳理核心技术

组织开展电子信息产业核心技术梳理，纵向上围绕打造重点产业链，横向上围绕营造产业生态，从产业影响、安全保障、价值掌控、竞争力优势等方面梳理出核心关键环节。针对当前产业发展的短板，加强部署集成电路、关键元器件等基础通用技术，重点弥补在高端设备、系统架构、先进工艺、软硬件协同、设计开发工具、仿真测试工具、制造执行系统等领域和环节存在的短板，突破关键共性制造工艺和核心 IP，带动产品定义

与设计、装备与材料整体发展。围绕技术发展和产业组织变革趋势，结合应用需求，系统分析研究非对称技术，探索研究前瞻技术，明确发展重点，提出产业"弯道超车"的路线图。

2. 加快部署重点领域

加快发展集成电路先进逻辑工艺，布局存储器产业，推动国产CPU发展，加强对"超摩尔"产业的研究和把握，加速材料、结构、工艺创新。加强人工智能、绿色计算、5G、毫米波与太赫兹、物联网、虚拟现实、量子通信等前沿关键技术的部署或跟踪。以国际化视野，在多技术融合、多领域交叉、产业链整合、生态链重构以及产业组织跨界背景下整合产业链上下游资源，推动建立资源集聚、创业者培育、创新成果扩散、企业孵化的大平台，服务"双创"工作，加快提升体系化协同创新能力。

3. 积极推进重要领域应用示范

加强系统设计，统筹考虑基础装备、终端产品和系统方案，大力发展安全可靠的信息技术产品和解决方案，推进应用架构创新，以性能和应用体验提升，实现党政军以及金融、能源、电力、通信、交通等重要行业的安全可控。围绕提高工业信息系统安全水平，推动开展试点示范。政府主管部门要相继出台《工业控制系统信息安全防护指南》、《工业信息安全报送通告实施办法》，依托现有科研机构，加快建设"国家工业信息安全保障中心"，提升工业信息系统安全保障能力。

4. 加强产业生态建设

围绕已经建立的传感器、绿色计算产业联盟，创新运作机制，加强协同，突破核心技术，营造自主生态。在智能硬件、虚拟现实等新兴领域推动组建产业联盟，发挥骨干企业带动作用，形成协同创新平台，带动产业整体优化升级。强化产业间的企业合作。鼓励制造企业与互联网企业、电子信息企业与其他制造企业开展多种形式的合作、融合发展，通过创新发展思路、模式、业态，培育产业发展新生态，培育智能工厂、网络协同制造、个性化定制、服务型制造，分享经济等新型网络化生产和消费新模式。

5. 突出"新四基"建设

从抢占产业竞争制高点、打造产业发展支撑平台的角度出发，制造业与互联网融合发展需要突破"新四基"，即加快自动控制与感知关键技术（一硬）、核心工业软硬件（一软）、工业互联网（一网）、工业云和智能服务平台（一平台）四类新型基础能力和平台设施建设。这是基于互联网工业体系的"新四基"，既是加强"工业2.0"补课、"工业3.0"普及的现实需要，也是支持我国实现"工业4.0"示范发展对电子信息产业提出的客观要求。对于我国制造业来说，原有的工业"四基"还要补课，基础原器件、基础原材料、基础新工艺和基础性核心技术的短板，仍然需要着力予以补白和补强。在推进互联网与制造业融合过程中，要同时发力两个"四基"，才会有好的效果，这也是融合的重要内涵。

6. 提升融合发展的系统解决方案能力

针对目前制造业涉及领域十分广泛、制造业规模非常庞大，而发展水平参差不齐的现状，推动融合发展，迫切需要以电子信息企业、互联网企业为基础培育一批系统解决方案供应商，组织开展行业系统解决方案应用试点示范，为中小企业提供标准化、专业化的系统解决方案。

专栏 29-1

虚拟现实技术将催生一个崭新的产业

虚拟现实（Virtual Reality）：借助计算机系统及传感器技术生成一个三维环境，通过动作捕捉装备，给用户一种身临其境的沉浸式体验，更多的是一种"想象在里面"。如让用户置身于一个想象的世界（如游戏、电影），或者是模拟真实的世界（如体育直播、演唱会现场）。VR完成的是虚拟世界里的沉浸体验，比较适用于消费者和企业级用户。主要硬件厂商有Oculus Rift、索尼Play station VR、三星的Gear VR、HTC、VIVE等。一提虚拟现实，人们就会联想到它的孪生兄弟增强现实。增强现实（Augmented Reality）是通过将三维内容投射到某介质上，呈现出真实的人、场景与虚拟物体结合的效果。与虚拟现实最大的不同是，增强现实多了现实世界的东西在里面，现实与虚拟融合，更多的是一种"真实在里面"。AR需要清晰的头戴设备看清真实世界和重叠在上面的信息和图像，更多的服务于企业级客户，如google眼镜、工程培训等。AR和VR从产品形态和应用场景来看，很多时候并没有那么明显的界限。但从技术上来看，AR比VR更难，尤其是光学双通道系统和交互问题困难。AR、VR经常会出现重叠市场，未来两者融合的概率大。

虚拟现实并不是一个新事物，1989年VR被首次提出，然而并未获得市场认可；随着Facebook收购Oculus，以及技术的不断完善，VR在2014年迎来发展元年；2014~2016年，VR处于市场培育期；2017~2019年，随着广泛的产品应用出现，VR将进入快速发展期，越来越多明星产品的上市将带动VR消费级市场认知加深和启动，同时也将带动VR企业级市场的同步全面发展；预计到2020年左右，虚拟现实市场将进入相对成熟期，大部分技术难题将得以有效解决，内容支撑全面应用场景改进，产业链逐渐完善。

一、新一代 GPU、显示、传感等技术进步支撑 VR 发展

随着各大巨头不断增加的技术研发投入以及产品的迭代，VR的关键技术将得到有效提升。基于新一代GPU、CPU显示技术等技术进步，VR设备的延迟技术、追踪算法以及交互技术得以改进，产品的延迟和晕眩感问题将得到改善；计算机图形技术、显卡性能等改善，屏幕分辨率和刷新率将进一步提升。此外，基于传感器等技术进步，动作捕捉、手势识别和声音感知等交互设备技术得到改善；续航能力和存储容量不断提升，都将成为推动VR向前发展的关键力量。

二、消费级和企业级 VR 设备形态分化将日趋明显

VR设备目前呈多样化形态，但未来硬件形态将逐渐稳定，消费级和企业级的VR设备形态分化将日趋明显。一方面，移动类VR，仍以眼镜形态居多，将会在3年内成为消费级VR市场的主流形态，但随着用户需求的进一步提升，VR一体机将逐步成为主流；另一方面，PC级头盔将成为企业级市场的主流设备，这部分市场对计算能力要求高、使用便捷性要求较低。头盔内部具有专业的光学镜片和高分辨率显示屏，用于VR图像的呈现。PC则用于VR图像的渲染，主机同头盔利用有线进行连接。此类设备具备无线控制手柄，手柄通过无线与主机连接，更适用于企业级市场。

三、游戏仍为 2C 最火，工程等有望引领 2B 应用爆发

VR应用场景多样，消费级应用，即2C应用是最贴近市场的应用，也是最容易推动市场火爆发展的驱动力，其中游戏是VR最先启动的应用，消费者基础最好，最易培育成为杀手级应用。2B应用则需要靠企业、政府等多方面市场主体共同推动，目前来看，军事、房地产、工程和教育最有可能成为引领企业级市场的应用。很多国家的军事VR应用早在20世纪90年代就已开展，军事涉及国防安全，有国家经费支持VR应用；房地产则交易金额较高，利润较高，行业对VR设备价格并不敏感，愿意投入大量的成本来推动VR在房地产行业的应用；工程是VR应用广泛的领域，尤其在"工业4.0"和《中国制造2025》的大背景下，工程对于新技术形态的应用大有发展前景；教育则是目前2B市场上比较火热的应用，很多学校和企业，尤其是开展职业技术教育的机构，愿意花费一笔经费去尝试一些前沿性的训练场景模拟，市场参与机构较多，行业应用进程较快。

资料来源：摘编自赛迪顾问专题研究报告：2016中国虚拟现实产业演进及投资价值研究。

专栏 29-2

历史性机遇，得数据者得未来

历史文化名城安顺，位于贵州省中西部，从古至今都散发着其独特的魅力和韵味。如今，安顺人又再次发扬敢为人先的精神，在大数据领域先行先试，试图在坚守发展和生态两条底线的同时，提速发展、弯道取直、后发赶超。

对于安顺来说，进入新时期后，没能赶上东部和沿海地区的经济跨越式发展。目前的安顺面临着传统主导产业价值链层级较低，滞后于全球产业及技术发展趋势，而战略性新兴产业尚未成长起来的发展现实。

安顺的生态环境虽然良好，但又十分脆弱，一旦破坏就很难修复甚至不可能修复。面临着既要追赶又要转型的双重任务和双重压力，安顺并不想走"先污染后治理"的老路，不想走"以牺牲环境为代价换取 GDP 一时增长"的邪路，也不想走"捧着绿水青山金饭碗过穷日子"的穷路。

安顺为自己制定的"十三五"经济社会发展的预期目标，是地区生产总值年均增长 14% 左右，规模以上工业增加值年均增长 12% 以上，固定资产投资年均增长 25% 以上，城镇居民人均可支配收入年均增长 13% 左右，农村居民人均可支配收入年均增长 15% 以上，森林覆盖率达到 60%，单位生产总值能耗下降目标和主要污染物减排指标达到国家和省的要求。

没错，安顺想走的是一条生态优先、绿色发展，百姓富、生态美，开放带动、创新驱动的"双赢"道路。大数据就是安顺未来发展新的大机遇。

大数据时代是信息技术发展的必然结果，大数据时代的到来不可抗拒，不以人的意志为转移，使贫困落后地区与发达地区真正站到了同一起跑线上，为贫困落后地区弯道取直、后发赶超提供了历史性机遇。从一定意义上说，得数据者得未来。

目前，贵州成为全国首个大数据综合试验区、首个大数据产业发展聚集区、大数据产业技术创新试验区和首批国家绿色中心试点地区。全国首个数据交易所在贵州诞生，阿里巴巴的政务云、谷歌的无人车落户贵州。安顺也因此获得了先行先试的机会，转身一变成为大数据领域创新创业的试验田。

安顺已经将大数据发展提升到战略层面上来。《2016 年安顺市政府工作报告》中指出，安顺要大力实施大扶贫、大数据战略行动，成为全国新型城镇化示范区、黔中经济区重要增长极、生态文化旅游融合发展示范区和大健康医药产业创新示范区。

安顺为大数据产业提供资源，营造环境，愿意担当，包容失败，鼓励创新，提倡试验。越来越多的创业者、创新者们愿意安家安顺。

实施"互联网+"行动计划；依托"云上贵州"，构建跨区域、跨部门、跨行业的数据汇聚交换平台；建设"旅游云"、"中小企业云"等专业云平台，突破大数据应用水平；扶持培育大数据优强企业；大力推进智慧城市建设；推动大数据与大健康有机融合……安顺抢占大数据产业先机的突围战已经打响。

下一步，安顺计划充分利用产品制造等产业转移的机遇窗口期，抓住电子商务等产业的迅速扩张期，全力推动大数据、"互联网+"在各行业、各领域的融合应用。借着大数据的东风，安顺将促进资源配置进一步优化，推进全要素生产率进一步提升，推动创新进一步发展。"好风凭借力，送我上青云"。安顺将凭借在大数据领域的勇于创新、敢于试验，奋力弯道取直、后发赶超。

资料来源：改编自《中国电子报》2016 年 7 月 12 日第 2 版刘静同名文章。

参考文献

[1] 刁石京：《贯彻落实习近平总书记重要讲话精神、加快突破信息产业核心技术》，《中国电子报》2016 年 7 月 12 日。

[2]《催生一场"新工业革命"——工信部解读"国务院关于深化制造业与互联网融合发展的指导意见"(一)》、《制造业与互联网融合整体处于起步阶段——工信部解读"国务院关于深化制造业与互联网融合发展的指导意见"(二)》、《到 2025 年新型制造体系基本形成——工信部解读"国务院关于深化制造业与互联网融合发展的指导意见"(三)》、《增强制造企业创新活力和转型动力——工信部解读"国务院关于深化制造业与互联网融合发展的指导意见"(四)》、《在财税金融等方面加强引导和保障——工信部解读"国务院关于深化制造业与互联网融合发展的指导意见"(五)》，《中国电子报》2016 年 5 月 24 日。

[3] 李佳师：《加强对制造业与互联网融合发展的政策引导和保障措施》，《中国电子报》2016 年 7 月 29 日。

第三十章 医药工业

提 要

医药工业作为国计民生的重要产业，以推进供给侧结构性改革为导向，以增加品种、提高品质、创建品牌为目标，着力解决高端创新产品供应不足、临床必需产品供应短缺、产品质量参差不齐的问题，努力提高供给的质量和效能，促进供给升级和需求升级协调共进，推动医药工业形成高水平的供需平衡。2015年医药工业发展增速减缓，基本药物生产规模有所扩大，产业集中度水平不断提高，有效满足了临床供需平衡。医药企业生产全面按照新版GMP要求，药品质量管理水平显著提高。医药企业整体素质不断增强，培育出一批具有国际竞争能力的大企业，加快了医药工业结构调整和转型升级，为中国医药工业推进供给侧结构性改革奠定了坚实的基础，形成了化学药、中药、生物技术药物、医疗器械、药用辅料和包装材料、制药设备等完整的医药工业体系。医药出口额小幅提高，产品结构逐步升级，有国际竞争优势的品种显著增多。"一带一路"迈出实质步伐，多家企业在境外建立研发中心、生产基地。2015年医药工业在推进供给侧结构性改革、适应"新常态"背景下，其八大子行业的发展总体增速放缓。

* * *

2015年是"十二五"收官之年，医药工业围绕"稳增长、调结构、促改革、惠民生"的发展目标，积极应对经济转型"新常态"，整体保持了较快的增长速度，在主要工业大类中保持前列。但主要经济指标增长进一步放缓，医药工业面临换挡调速的挑战。2015年，在"大众创业，万众创新"的背景下，一批以生物工程为先导的高技术企业快速成长，技术水平不断提升，整体素质不断增强，已培育出一批具有国际竞争能力的企业，积累了一批医药工业领域的科技人才和管理人才，在体制、技术、管理创新等方面取得了成功经验，为推进医药工业供给侧结构性改革，在品种、品质、品牌方面下功夫，着力解决高端创新产品供应不足、供应短缺、产品质量参差不齐的问题，早日实现医药工业高水平的供需平衡。提质增效和创新发展的任务更加迫切。

一、2015年医药工业运营状况

2015年医药工业增速放缓，但在各工业大类中位居前列，医药工业增加值在整体工业增加值中所占比重达到3.0%，较2014年增长约0.2个百分点，反映出医药工业对整体工业增长贡献进一步加大。医药工业主营业务收入、利润总额增速较2014年有所放缓，但仍显著高于工业整体水平。化学药品原药、化学药品制剂、生物药品制造、医疗仪器设备及器械制造平稳增长，中药饮片加工、中成药制造、卫生材料及医药用品制造、制药专用设备制造均较2014年降低。2015年医药工业出口贸易较2014年略有回升。在供给侧结构性改革的推动下，呈主动适应新的发展形势和各项政策变化的良性发展态势。

1. 医药工业增长速度放慢

医药工业全行业的GMP改造升级、新产品产业化仍是医药企业投资重点，生物药领域投资增加，一批新的生物药工厂投入建设。2015年医药制造业完成固定资产投资5812亿元，同比增长11.9%，较2014年下降3.2个百分点，出现明显下降。

2015年规模以上医药工业增加值同比增长9.8%，增速较2014年同比增长的12.5%下降2.7个百分点，高于全国工业整体增速3.7个百分点，在各工业大类中位居前列。医药工业增加值在整体工业中所占比重达到3.0%左右，较2014年增长约0.2个百分点，反映出医药工业对工业中经济增长的贡献进一步扩大。分年度看，2010~2015年各年度增速分别为14.9%、17.8%、14.5%、12.7%、12.5%、9.8%，年增速整体来说呈下降趋势，如图30-1所示。2015年我国GDP的增长率仅为6.8%，医药工业的增长率已连续多年远高于GDP的增长，"十二五"时期培育出一批综合实力较强的大型医药工业企业。

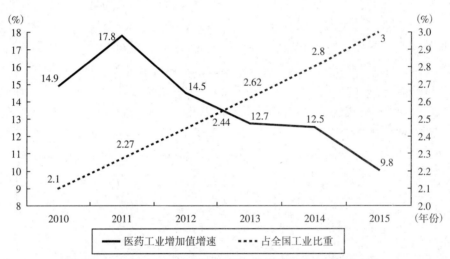

图30-1　2010~2015年医药工业增加值增速及在全国工业占比
资料来源：中华人民共和国工业和信息化部：《2015年医药工业经济运行分析》，2015年7月2日。

"十二五"时期，医药工业规模以上企业主营业务收入逐年增长，较"十一五"末增长了一倍多，2013年迈上2万亿元大关，但增速逐年下降。如图30-2所示，医药工业规模以上企业主营业务收入逐年依次是12072.7亿元、15191.6亿元、18296.9亿元、21681.6亿元、24553.2亿元、26885.2亿元。

2015年医药工业实现主营业务收入26885.2亿元，同比增长9.0%，高于全国工业增速，但较2014年降低4.1个百分点。"十二五"时期，医药工业规模以上企业主营业务收入同比增长率依次是25.4%、25.8%、20.4%、17.9%、13.1%、9.0%，多年来首次低至个位数增长。各子行业增速均出现下降，中成药降幅最大。八个子行业中，中药饮片加工、卫生材料及医药用品制造、生物药品制造、医疗仪器设备及器械制造、化学药品制剂制造、化学药品原料药制造增速高于行业平均水平，制药机械制造、中成药制造增速低于行业平均水平。其中成药制造同比增速只有5.69%，远低于2014年同比增长率13.14%，如表30-1所示。

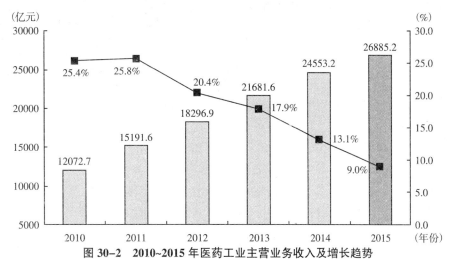

图 30-2　2010~2015 年医药工业主营业务收入及增长趋势

资料来源：中华人民共和国工业和信息化部：《2015 年医药工业经济运行分析》，2015 年 7 月 2 日。

表 30-1　2015 年医药工业主营业务收入完成情况

行业	主营业务收入（亿元）	同比（%）	比重（%）	2014 年增速（%）
化学药品原料药制造	4614.21	9.83	17.16	11.35
化学药品制剂制造	6816.04	9.28	25.35	12.03
中药饮片加工	1699.94	12.49	6.32	15.72
中成药制造	6167.39	5.69	22.94	13.14
生物药品制造	3164.16	10.33	11.77	13.95
卫生材料及医药用品制造	1858.94	10.68	6.91	15.48
制药机械制造	182.02	8.94	0.68	11.02
医疗仪器设备及器械制造	2382.49	10.27	8.86	14.63
医药工业	26885.19	9.02	100	13.05

资料来源：中华人民共和国工业和信息化部：《2015 年医药工业经济运行分析》，2015 年 7 月 2 日。

引起营收增速下滑的主要因素是新一轮药品招标仍以降价为主。2015 年公立医院药占比进一步下调，且管理趋严。新药审评积压问题仍然存在，新药上市艰难，企业销售增长缺乏动力。老年人口快速增长，慢性病患者不断增加，医保压力有增无减，控费进一步加强，医院药品销售持续受到抑制。尽管 2015 年医药工业营收增速持续低于 10%，但令人欣慰的是营收增速仍然高出全国 GDP 增速近 3.0 个百分点，在全行业工业增速中也是最快的，预计未来几年医药工业营收增速低于 10% 将成为常态。

2. 医药创新成果和专利药物研发凸显

根据"重大新药创制"科技重大专项实施方案和"十二五"实施计划，认真贯彻中共十八届三中全会精神，落实创新驱动发展战略。2015 年按照"完善布局、突出重点"的原则，采取"定向择优"为主、"滚动支持"为辅、"公开择优"为补充的方式组织。其中，"定向择优"课题将采取顶层设计，重点突出战略性、急需性和关键性，体现国家意志、服务民生需求和攻克共性关键技术。"公开择优"以拾遗补阙为主，是在符合"三重"（培育重大产品，满足重要需求，解决重点问题）原则的前提下，重点支持少量创新性强的品种研发和技术研究，体现对发展趋势和竞争态势的把握。

2015 年国家继续"重大新药创制"科技重大专项投入，重点针对严重危害我国人民健康的恶性肿瘤、心脑血管疾病、神经退行性疾病、精神性疾病、糖尿病、自身免疫性疾病、耐药性病原菌感染、肺结核、重大病毒感染性疾病以及其他常见病和多发病（呼吸系统和消化系统疾病等）十类（种）重大疾病，开展具有重要临床价值的创新药物研究。支持开展重大品种及核心技术的国际合作研究。针对神经精神系统疾病（BACE、

AMPA 等靶点)、代谢系统疾病（PCSK9 等靶点）、肿瘤靶向及免疫治疗（WNT、PI3K-AKT-mTOR、c-Met、PD1、PD-L1、CTLA4、miRNA 等靶点）、肺动脉高压及慢性阻塞性肺病（sGC 等靶点）等新机制和新靶点药物品种研究，重点支持全新机制且无上市药物（first in class）的创新品种研发。重点支持开展临床优势突出的创新中药的临床研究（近 3 年内获得临床试验批件，并已开展临床研究）。重点支持新结构抗体、双特异抗体、抗体偶联药物，全新结构蛋白及多肽药物，生物类似药；具备新技术、新工艺制备新型疫苗、联合疫苗及治疗疫苗等，具备较好成药性研究基础的创新品种。核心技术是瞄准国际技术前沿，开展有助于解决瓶颈性问题的关键技术和具有战略作用的培育性技术研究，包括提高药物成药性的核心共性技术，基于细胞药物等筛选模型以及针对细胞内靶向药物的成药性评价技术，效应生物标记物研究基础上的转化药学技术等。

2015 年，全年接收新注册申请 8211 个（以受理号计，下同）。与既往年度接收注册申请的比较情况如图 30-3 所示。2015 年接收注册申请数量较 2014 年有所回落，但仍处于高位。其中化药和中药接收量有所下降，生物制品接收量有所增加。近年来，化药注册申请的接收量约占各年度接收总量的 85%。

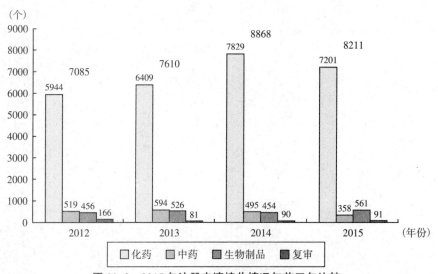

图 30-3　2015 年注册申请接收情况与前三年比较

2015 年，全年完成审评的注册申请共 9601 个，超过年度接收量 1390 个，实现了完成量大于接收量。其中建议批准临床 4676 个，建议批准上市 391 个，建议批准补充申请 1183 个，建议批准进口再注册 143 个，建议各类不批准 2208 个，另有企业撤回等情况的注册申请 1000 个。2015 年完成审评建议批准上市和批准临床的情况如表 30-2 所示（不包括补充申请和进口再注册）。

表 30-2　2015 年批准上市和批准临床的各类药物情况

类别	新药（上市/临床）	改剂型（上市/临床）	仿制药（上市/临床）	进口药（上市/临床）	小计（上市/临床）
化学药品	59/2081	10/161	157/1741	42/422	268/4405
中药	7/22	40/0	14/0	/	61/22
生物制品			14/88	8/58	22/146
合计					351/4573

2015 年，一批创新性强的新药获批上市或临床，涉及重大公共卫生领域、具有重要社会价值品种的新药上市或临床，为患者获得最新治疗手段提供了可能性，也为患者用药可及性提供了重要保障。有 59 种化学药品新药获批上市、2081 种化学药品新药获批临床、7 种中药新药获批上

市、22 种中药新药获批临床，这些新药具有很强的创新性和较高的临床价值。此外，有 14 种生物制品新药获批上市，88 种生物制品新药获批临床。

3. 盈利水平略有下降

"十二五"期间，中国宏观经济增长方式经历了较大的转变，医药工业在经济"新常态"背景下，实施供给侧结构性改革，医药工业规模以上企业利润总额也逐年增长，取得了优异的业绩，较"十一五"末增长了近一倍多。但由于转换发展方式，减速换挡，调整供给结构，增速极不稳定，从 2010 年同比增长 32.8%，到 2015 年同比增长 12.2%，总体呈逐年下降的趋势，如图 30-4 所示。

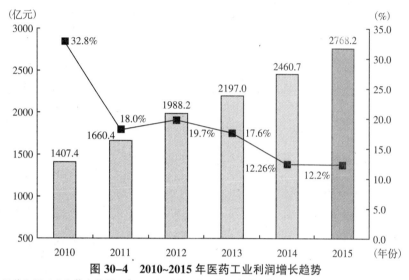

图 30-4　2010~2015 年医药工业利润增长趋势

资料来源：中华人民共和国工业和信息化部：《2015 年医药工业经济运行分析》，2015 年 7 月 2 日。

2015 年医药工业规模以上企业实现利润总额 2768.2 亿元，同比增长 12.2%，高于全国工业增速 14.5 个百分点，但较 2014 年同比增长 12.26% 下降 0.06 个百分点。主营业务收入利润率增长也同步出现了较小幅度的提高。但利润增速高于主营业务收入增速，主营业务收入利润率增长 0.3 个百分点。各子行业中，中成药制造和生物药品制造的利润率增幅较大，如表 30-3 所示。

表 30-3　2015 年医药工业利润总额和利润率完成情况

行业	利润总额（亿元）	同比（%）	利润率（%）	2014 年利润率（%）
化学药品原料药制造	351.03	15.34	7.61	7.35
化学药品制剂制造	816.86	11.20	11.98	11.64
中药饮片加工	123.90	18.78	7.29	7.04
中成药制造	668.48	11.44	10.84	10.30
生物药品制造	386.53	15.75	12.22	11.70
卫生材料及医药用品制造	169.86	13.04	9.14	9.17
制药机械制造	19.00	1.63	10.44	11.49
医疗仪器设备及器械制造	232.56	5.34	9.76	10.27
医药工业	2768.23	12.22	10.30	10.02

资料来源：中国医药统计网，http://www.yytj.org.cn/。

4. 医药出口增长放缓

"十二五"期间，医药工业在经济"新常态"背景下，实施供给侧结构性改革，医药工业规模以上企业出口交货值也逐年增长，取得了一定的业绩，但在新的发展方式下，减速换挡，调整供给结构，医药出口增长放缓。"十二五"期间，医药工业规模以上企业出口交货值增长放缓到 3.6%，2012~2015 年连续 4 年以个位数低速徘徊发展，显著低于"十二五"期初的增速 25.8%，如图 30-5 所示。

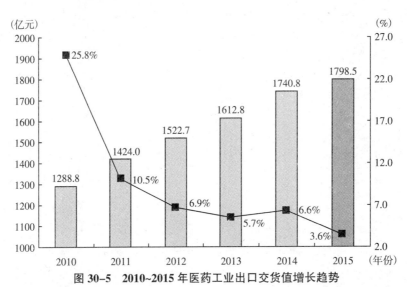

图 30-5　2010~2015 年医药工业出口交货值增长趋势

资料来源：中华人民共和国工业和信息化部：《2015 年医药工业经济运行分析》，2015 年 7 月 2 日。

2015 年医药工业实现出口交货值 1798.5 亿元，同比增长 3.6%，增速较 2014 年回落 3.0 个百分点，创下新低。根据海关进出口数据，2015 年医药产品出口额为 564 亿美元，同比增长 2.7%，增速较 2014 年下降 4.7 个百分点。出口结构有所改善，药品制剂和医疗设备出口所占比重增加，生物药品出口增速超过 10%，制剂出口比重提高到 10.2%。

5. 药品供应保障能力增强

随着"重大新药创制"的持续投入，国家执行新版 GMP 认证工作继续推进，为保证无菌药品生产企业保障市场供应，卫生计生委、发展改革委、工信部等部门先后下发《关于做好常用低价药品供应保障工作的意见》和《关于保障儿童用药的若干意见》，推动建立供应保障长效机制。国产大型医疗设备应用加快，工信部与卫生计生委共同推进遴选了两批 10 种优秀国产医疗设备产品，包括符合基层需要的台式 B 超、X 线机和全自动生化分析仪以及磁共振（MRI）、计算机断层扫描（CT）设备、全自动血细胞分析仪等。

自 2015 年 2 月国办发 7 号文印发以来，各地积极推进药品分类采购，部分省份完成了双信封招标采购。作为一项从无到有的创新性工作，有 14 个省份印发了将谈判药品与当地医保政策衔接的文件，除新疆同时纳入城镇职工（居民）医保、新农合外，其他 13 个省份都是纳入新农合或大病保险，另外，谈判之前有 8 个省份将肺癌靶向药品纳入了不同形式的医保支付范围。鉴于我国医保存在多种形式，只要谈判药品与城镇职工（居民）医保、新农合、大病保险中的任何一种形式保衔接上，在全省范围内即可执行谈判价格，区别是衔接的参保人员可同时享受谈判价格和报销的实惠，云南是第一个落实谈判结果的省份，乙肝和肺癌患者已经明显受益。医院直接采购主要包括妇儿专科非专利药品、急（抢）救药品、基础输液、临床用量少的药品和常用低价药，这些不再进行省级招标，省级平台没有统一的采购价格，而是由企业自主报价，医院直接与挂网企业议定价格，但必须实行网上阳光采购，属于医院自主采购权，目的是保障供应。国家 2015 年已经公布第一批定点生产药品，招标确定了定点生产企业和统一的采购价格，各级医院无须议价，直接采购，企业有责任保障临床有药可用。在有效解决药品短缺问题方面，要求药品采购部门将保障药品供应作为首要任务。建立依托国家药管平台的和省级平台联通的短缺药品监测预警机制，每个省遴选不少于 15 家的医疗机构作为短缺药品监测哨点。同时，与工信、药监等单位建立多部门会商联动机制，确保及时发现问题、找准原因、提前应对、合理解决，保证并提高了药品供应保障能力。

二、医药工业发展面临的结构性问题

2015 年医药工业大力推进供给侧结构性改革，实践《中国制造 2025》，医药工业在稳增长、调结构理念指导下，取得了较好的成绩。对创新、管理和机制等一些问题需进一步完善改进，创新包括技术创新、市场创新、产品创新，也可以是管理创新、组织创新和机制创新等。管理包括人力资源管理、资金管理、成本管理、品牌管理，也可以是价值管理等。机制包括内部机制和外部机制，内部机制包括质量机制、效用机制、服务机制、文化机制，也可以是激励机制等。外部机制包括资源机制、价格机制、客户机制、品牌机制、销售机制等。医药工业不足的主要表现为企业研发、人力资本、实验室建设等要素投入明显不足，创新体系不完善，产品结构不合理，低水平重复建设严重，低附加值生产能力过剩，高端生产不足，企业规模小，药物制剂科技含量和发展水平低，药用辅料和包装材料新产品新技术开发重视不足等问题突出。

1. 技术结构优化，创新专利成果显著

创新是知识经济的核心，也是提高医药企业竞争力、促进医药企业经济发展的动力，增强技术创新能力已成为推动经济结构调整和转变经济增长方式的中心环节。科技人员的投入是衡量技术创新资源投入的重要指标之一，是决定技术创新能力的关键因素。企业科技经费的投入强度决定着企业技术创新能力。专利的数量、水平以及被社会认可和市场接受的程度，最终直接或间接地反映了一个国家的自主技术创新能力和创新竞争力。因此，专利数是国际通用的评价企业技术创新能力和成效的指标。在医药创新领域，中国的科研机构已经表现不俗。汤森路透发布的一项研究报告显示，中国已成为全球医药创新的领导者。2015 年，中国医药工业百强企业中 50%的上榜企业的研发投入强度高于 3%，30%上榜企业的研发投入强度高于 5%，其中，研发投入在 10%以上的企业数量也有所增加。2011~2015 年，百强企业新药申请数占行业企业新药申请总数的

28%，其中，新药临床申请数占行业企业新药临床申请总数的 28%，而新药上市申请占行业企业新药上市申请总数的 33%；百强企业新药申请数稳步快速增长。在 2015 年全球范围内申请医药专利数量最多的 10 个组织中，有 5 个席位被我国占据。其中，江南大学和浙江大学分别以 320 项和 274 项专利位列第二名和第三名。从科研领域来看，中国的医药创新已经呈现出一定的优势，但是拥有专利到产业化之间还有很长的一段路要走。其中，比较明显的制约因素就是企业规模整体偏小以及医药体制机制的束缚，技术创新成果实现产业化能力不足是中国医药工业最为突出的问题。

2. 产业组织结构有待调整，市场集中度较低

中国医药工业发展长期积累的产品结构、产业结构不合理格局仍然存在，医药企业多、小、散、乱的问题严重，没有形成大型龙头企业群，主要集中生产一些技术比较成熟、技术要求相对较低的仿制药品或传统医疗器械产品，同质生产企业数量众多，产能过剩，重复生产严重，缺乏产品品种创新与技术创新，专业化程度低、协作性差、市场同质化严重，导致国内医药市场低端产品的过度竞争。近年来，医药工业也取得了一定的成绩，有些优秀企业在人才积累和技术创新成果积累方面做了较充分的储备，如 2015 年百强企业整体主营业务收入首次突破 6000 亿元，达到 6131 亿元，同比增长 5.3%；百强企业的盈利能力也显著高于行业整体水平，2015 年百强企业利润总额年增长率为 18.7%，而行业整体利润总额增速为 12.5%。行业竞争激烈的同时，产业集中度也显著提升，2015 年规模超过 100 亿元的百强企业达到了 16 个，较 2014 年增加了 5 个；规模在 30 亿~100 亿元的百强企业数量减少了 2 个，规模在 30 亿元以上的百强企业数量减少了 3 个。国家在产业发展上的政策导向正逐渐发挥出效应，行业规模层次分布水平呈明显提升的态势。百强企业主要依靠研发创新与国际化发展、多元化营销模式并进及投资并购外延式扩张三种方式不断提

升企业规模和核心竞争力。如正大天晴和恒瑞医药每年研发投入高达 10%以上，从多项知识产权转让中获利；而借力互联网、大数据，赛诺菲与阿里健康签署战略合作协议，加码医药 O2O 和慢病管理；辉瑞制药先后与医药商业企业九州通、国药集团达成战略合作框架协议，并与国药控股携手启动"辉瑞—国控县级医院项目"，以应对医疗卫生资源下沉的趋势。尽管这些优秀企业做出了表率，我们也要清醒地意识到，中国的医药企业和国际医药巨头企业集团还有较大差距，因此，中国医药工业要加大技术创新投入，积极主动开发创制新药，提高行业集中度，实现企业规模经营，促进医药企业产品结构从中低端向中高端迈进，提高医药企业的市场集中度，优化组织结构。

3. 市场供需结构与价格机制扭曲，商业贿赂行为危害严重

中共中央、国务院做出治理商业贿赂的重大决定，商务部已会同国资委组织 9 家行业协会开展医药企业信用等级评价，并将联合卫计委、工商总局建立健全医药行业的信用体系，已经开发了相关的系统收集和公开医药企业的不良记录，加大对医药购销领域中企业失信行为的惩戒力度，将反商业贿赂调查常态化。把医药购销领域中商业贿赂行为列为治理的重点之一，充分说明国家已意识到医药行业贿赂行为的严重危害性。近年来，外资医药企业进入中国，过分地使用经济手段进行商品促销，造成行业内商业贿赂盛行，药品价格一路攀升。贿赂范围之广，贿赂手段之新奇，是其他行业不可比拟的。涉及药品生产、经营、使用等单位，甚至一些药品监督部门也卷入其中。看病难、看病贵已成为全国医药行业的通病，政府社会医疗保障部门也为之付出巨大的代价。特别是这种贿赂腐蚀着以"救死扶伤"为天职的广大医药工作人员的道德，严重威胁着公民的人身健康和医药卫生事业的发展。

制药企业为了销售自己公司生产的药品、医疗器械，各厂家的医药代表经常会跟医院的院长、副院长、药剂科主任、临床医生等人员打交道，为使医生能够接纳自己，医药代表要通过长时间的感情投入才会慢慢获得医生的信任。在这样的市场环境下，中国的医药企业出路在哪里？医药市场企业经营者之间的不平等竞争极为普遍，优质低价的药品无人问津，而劣质低价的药品充斥市场。商业贿赂行为搅乱了中国医药企业竞争环境，打击医药企业商业贿赂是当务之急。

4. 产品结构优化升级，实现中药标准化、现代化和国际化

"十二五"生物产业发展规划将"突出高品质发展，提升生物医药产业竞争力"列为重点领域，其中，提高中药标准化发展水平是重点任务之一。药品的一致性评价已经推进了药品供给侧改革实践，多家中药产品的质量参差不齐，但是，若按照化药的模式实施一致性评价，则面临诸多问题，在实际操作上不具备可行性，通过中药标准化行动计划推进，构建优质产品标准，具有较好的可行性。中药标准化行动计划的总体目标是以全面提高中药产品质量为目标，遵循市场规律、创新机制，持续推进中药产业链标准体系建设，加快形成中药标准化支撑服务体系，制定配套扶持政策，引领中药产业整体提质增效，切实保障百姓用药安全有效。

根据 2015 年实施的中药标准项目申报要求，建设可实现信息共享的中药质量标准库，建设独立、权威、具有公信力的第三方质量检测技术平台，为医疗机构、相关企业、药品采购机构、公众和新闻媒体等提供中药质量检测和信息服务。建立优质中药品种的质量评价体系和认证体系。引导行业协会、产业联盟或第三方机构发布中药产品质量信息，形成中药标准化建设长效机制。尽管在中药标准化方面取得了一定的进步，但为了让全世界更多的人了解中药的功效及成分，现有的中药标准化工作还远远不够。没有标准，药品的生产就难以规范，就无法保证药品的质量安全有效和稳定可控，就没有药品的临床价值。在中药现代化的过程中，一批现代化中药企业已逐渐成长起来，现代中药品种逐步推出。中医药的标准化工作正在借鉴国际先进标准的基础上，制定中医药标准体系，充分体现在国际惯例和中医药自身规律的兼容上，使中医药产品能够融入国际市场，被国际市场认可和接纳，促进中医药走向国际化。实现中药标准化，是中药现代化和国际化的关键环节，中国中医药行业将切实以加强中医药标准化工作推动中医药科学发展。

三、医药工业发展展望及对策建议

医药工业既要为推进健康中国建设服务，为实现小康社会服务，又要为中国经济增长跨越中等收入陷阱做贡献。遵循行业发展规律，就是要实现升级发展，既要做好增量，又要做优存量。要做好增量，重点在于增强医药的创新能力，"十三五"期间医药工业要实现升级发展，关键是落实创新驱动的发展战略，必须把创新摆在医药工业发展全局的核心位置，把增强技术实力作为建设医药强国的战略支点，增强医药产业创新能力。同时，要充分利用互联网、大数据等手段提高创新能力，组织不同创新主体联合开展协同创新，实现创新资源的优化配置。

1. 制定积极的产业政策，增强医药企业创新能力产业化

《中国制造2025》指明了未来10年中国制造的发展方向，对于医药工业来说，信息化、智能化与药品、医疗器械等医药产品生产相融合，以生物医药及高性能医疗器械发展为核心，全面提升医药工业产品结构和产业结构，以转变发展方式，推动医药产业升级，加快生物医药产业发展。以信息化、智能化、产业化、规模化、国际化为重点，努力实现关键技术和重大产品的创新，实现我国医药工业由制造大国转变为制造强国。为实现这个战略目标，已经实施了"国家重大专项"，其中包括新药创制、国家增加医药创新领域投入。与此同时，建议相关部门在"十三五"期间，出台有利于医药创新专利成果产业化的积极的产业政策，充分利用财税等优惠政策来积极扶持医药创新成果产业化，从而解决医药创新成果产业化转换率低的问题。中国医药工业正处于从"中国制造"向"中国智造"的转变，面临着淘汰落后产能、推进医药产业转型升级的艰巨任务。努力实现医药工业互联网，其主要是以医药制造企业为中心，通过互联网技术和新的商业模式，对研发、设计、生产和流通等各个环节进行改造，以提升企业的运营效率。尤其是医药制造的智能化，医药智能制造是一项复杂的创新过程，其成果既是实现医药工业转型升级的有力抓手，也是主攻方向，在医药工业的产业升级、实现可持续增长的战略转型过程中，将发挥重要作用。

2. 推进兼并重组，走规模化集约化道路

"十二五"期间，国务院等相关部门连续发文推动企业兼并重组，如2014年国务院印发了《关于进一步优化企业兼并重组市场环境的意见》，2015年证监会等四部门发布《关于鼓励上市公司兼并重组、现金分红及回购股份的通知》等文件，大力推进兼并重组市场化改革，优势企业将兼并重组作为企业做大做强的重要途径，一些上市公司借助资本市场融资功能，通过并购实现快速增长。由于经济转型推动国内战略并购交易的强劲增长，2015年中国企业的并购交易数量与金额均创下历史纪录。此外，私募股权基金和海外并购活动同样实现强劲增长。并购交易总数量上升37%，交易总金额上升84%，达到7340亿美元。有114笔并购交易的单笔金额超过10亿美元，也创新高。与此同时，科技与金融服务成为投资热点，其主要驱动因素为投资者对科技行业高增长的期待、科技行业逐渐发生整合，以及中国科技金融和支付业务高速发展并产生的融资需求。

在这种大趋势下，医药企业兼并重组步伐加快，成为资本市场投资的热点之一。2015年1~10月国内医药行业兼并重组交易金额达到1000亿元，同比增长约80%，已公告的并购案例数达260起，其中约有10%为海外并购。医药企业受到医保控费、招标降价等政策，以及国家发展和改革委员会放开绝大部分药品价格的影响，市场竞争进一步加剧。医药领域细分程度日渐走高，传统医药企业向新兴领域的并购风起云涌，如互联网医疗、基因测序、细胞治疗、干细胞等新技术或新模式，资本通过兼并重组快速集聚。在生物科技的并购热潮中，药企追逐新技术、新模式的并购方向符合当下的市场发展趋势。随着资本运作步入新时代，未来行业并购整合的战略可能会有一系列变化。较大的并购项目为国药集团旗

下的中国中药以82亿元控股天江药业；绿叶集团旗下的绿叶医疗收购澳大利亚第三大私立医院集团 Healthe Care，交易金额达6.88亿美元，这成为目前中国在海外最大规模的医疗业务并购项目。海外并购成为新的发展方向，海普瑞以2亿美元收购美国制药企业赛湾生物。

当今世界医药经济逐步趋向于全球化，竞争日趋激烈，以医药跨国公司为核心，依靠市场机制配置资源和市场竞争的全球化进程日益加快。通过国际资本市场运作，建立全球性连锁生产经营分支机构，扩大销售网络，扩大市场份额，将成为医药经济全球化的主要战略。与此同时，为了增强竞争实力，各企业同时还在向着规模化和集约化的方向发展。目前，欧美及日本等发达国家的大型药业公司"三化"（全球化、规模化和集约化）速度非常快，这已成为它们竞争世界药业综合性霸主或单项霸主地位的重要手段。

对于中国医药企业发展来说，通过兼并重组，将GMP的准入认证与组建大型企业集团结合起来，集中支持一批国家确定的重点企业。发挥这些企业在资本市场运营、技术创新和市场开拓等方面的优势，使这些企业在生产技术和装备水平上逐步达到或接近世界先进水平。通过兼并重组与GMP认证，淘汰一批规模小、装备差的企业，使我国药品生产企业数量相对减少、规模迅速扩大，从而加快整个行业的集中度，尽快形成强大的竞争力。

3. 推进信息化、智能化和绿色化，实现医药工业加速发展

在供给侧结构性改革推动、新一代信息技术飞速发展以及政策助推等多方面作用的影响下，"十三五"时期，医药工业产品和生产过程的信息化、智能化和绿色化将出现前所未有的加速发展。绿色发展是破解资源、能源、环境"瓶颈"制约的关键所在，是实现医药工业可持续发展的必由之路。中共十八大报告首次将绿色发展、循环发展、低碳发展并列提出。绿色是发展的新要求，循环是提高资源效率的途径，低碳是能源战略调整的目标，三者均要求节约资源、能源，提高资源、能源利用效率；均要求保护环境，充分考虑生态系统承载能力，减轻污染对人类健康的影响。目标都是形成节约资源、能源和保护生态环境的

产业结构、增长方式和消费模式，以促进生态文明建设。市场需求方面的驱动力主要来源于最终消费者的需求多样性变化、环境压力和节能减排任务，医药工业随着新一代互联网技术的飞速发展，使得生产过程的信息化、智能化、绿色化改造变得更加便利和必需，进而从医药工业生产流程的高端配置降为"标配"。在政策方面，以往"两化融合"、"绿色制造"方面的鼓励政策进一步叠加"互联网+"政策，将带动信息化、智能化、绿色化成为企业创新和投资的一个新热点，进而实现医药工业加速发展。

4. 落实生物产业政策，促进生物制药工业健康发展

"十三五"期间，中国生物医药产业将重点发展重大疾病化学药物、生物技术药物、新疫苗、新型细胞治疗制剂等多个创新药物品类，同时发展生物3D打印技术等重大医疗技术。根据规划，抗肿瘤、抗抑郁、糖尿病、肾病、心脑血管病等药物将是"十三五"期间重点发展的新药品类；在临床中有巨大应用前景的蛋白及多肽药物、新型细胞制剂等生物医药制剂也将得到优先发展；此外，生物3D打印、大分子药物、干细胞、基因等前沿性生物医药技术在未来五年也将得到长足发展。针对防治重大疾病或突发疫情等用药需求，仿创结合、系统集成，研制20~30个临床需求巨大的药物品类，并切实解决产业化问题，满足临床用药的急迫需求，到2020年国际专利到期的重要药物90%以上实现仿制生产。研究落实完善引导生物企业加大长期研发投入的财税激励机制，通过国家创业投资引导资金，推动设立一批从事不同阶段投资的专业型生物产业创业投资机构，鼓励金融机构对生物产业发展提供融资支持，推进生物制药产业的产业化步伐，促进生物制药工业健康发展。

5. 与发达经济体的国际竞争进一步加剧

随着中国医药工业竞争力的提升，其与发达经济体的国际竞争将在更多层面展开。尤其是国际金融危机后，全球范围内新一轮科技革命与产业变革蓄势待发，对制造业生产方式、发展模式和产业生态等方面都带来革命性的影响。制造业重新成为全球经济竞争的制高点，发达国家纷纷制定再工业化战略，推动中高端制造业回流，并

进一步加强全球产业布局调整，力图保持全球制造业的领先地位。发展中国家利用低成本竞争优势，积极吸引劳动密集型产业和低附加值环节转移，一些跨国公司直接到新兴国家投资设厂，有的则考虑将中国工厂迁到其他发展中国家，全球制造业的格局将发生显著变化，发达国家高端制造回流与新兴市场经济体竞争抢夺中低端制造业转移同时发生，对我国形成双向挤压。医药工业作为制造业的一部分，"十三五"时期已经到了爬坡过坎、由大到强的重要关口，我们必须放眼世界、立足国情、抓住机遇、应对挑战，不断提高医药工业的国际竞争力。在新一轮产业革命带来竞争优势转换的契机下，中国在大力提升传统产品稳定性、可靠性基础上的性价比的同时，在以生物制药和智能制造为代表的创新医药制造领域，将会在"十三五"快速发展的基础上更上一个台阶，形成与发达经济体更广范围、更大强度的竞争。

中国已成为世界医药生产大国，在"十三五"时期，医药工业大力推进供给侧结构性改革，落实《中国制造2025》，全面深化医药工业改革，加快结构调整、转变发展方式，着重培育战略性新兴产业，大力发展仿制药，尽快完善中药标准体系，促进中国制药工业健康发展，实现由医药制造强国向智造强国的转变。

专栏 30-1

2015 年影响医药行业发展的十大事件

2015 年国内国际医药行业重磅消息频出，屠呦呦因青蒿素获得诺贝尔奖、2015 年版药典出台，以及国际医药企业大并购、国内有关医药政策接二连三发出……标志着这一年不是一个平凡年，各大政策、消息对行业的影响将极为深远，现将医药行业发生的重大事件归纳如下：

（1）关于完善公立医院药品集中采购等文件出台。修改《中华人民共和国药品管理法》、《医疗器械分类规则》，国发〔2015〕44 号令《国务院关于改革药品医疗器械审评审批制度的意见》、《关于开展药物临床试验数据自查核查工作的公告》（2015 年第 117 号）、《关于开展药物临床试验机构自查的公告》（2015 年第 197 号）等相关文件陆续出台，标志着 2015 年是个关键的政策年。

（2）11 月 CFDA 公布〔2015〕第 220 号文，药品上市许可人制度试点和化药注册分类改革的征求意见稿公布。

（3）中国科学家屠呦呦因青蒿素的研究获得诺贝尔医学奖。12 月 9 日国务院常务会议通过《中医药法（草案）》，并将提请全国人大常委会审议。

（4）2015 年版药典出炉。6 月 CFDA 公布关于发布《中华人民共和国药典》（2015 年版）的公告一出，拉开了新版药典实施的序幕。

（5）辉瑞与艾尔建的合并创造出市值合计超过 3400 亿美元的企业。

（6）辉瑞与艾尔建世纪大交易背后大裁员的阴影。Edison Investment Research 分析师马克西姆·雅各布斯预计，合并后的公司可能会裁员多达 10000 人。

（7）股市大起大落对医药上市企业的影响。

（8）"孤儿药"的热度徐徐东进。"孤儿药"热兴起于欧美，随着数量众多的"孤儿药"获得市场的巨大成功，这股热度逐渐东进。几年前对国内老百姓来说，"孤儿药"三个字很陌生，随着政策、媒体等的宣传力度不断加强，"孤儿药"热已悄然兴起。Evaluate Pharma 发布的 2015 年"孤儿药"市场报告预估，到 2020 年，全球"孤儿药"销售将达到 1780 亿美元。国内药企在政策强力支持的背景下，如何把握这一市场新的增长点十分考验脑力。

（9）心衰药等心血管领域的再度兴起。7 月诺华备受瞩目的慢性心衰药物 Entresto 提前 6 周获得FDA 批准，标志着过去 25 年心衰治疗领域的一个伟大突破，业界预测其年销售峰值将超过 60 亿美元。2015 年也是重磅生物药的仿制药获批的丰收年，山德士公司仿制安进非格司亭的 Zarxio 在美获批、默沙东与韩国三星合作仿制安进恩利的 Bioepis、仿制强生类克的 Renflexis 陆续在韩国获批等，标志着高高在上的重磅生物药缓缓进入了平民时代。

（10）国内儿童药在研发招标等方面受重视。由于儿童用药生产表现为小批量、多批次、工艺相对复杂、生产成本较高、新药研发周期较长、利润较低等特点，国内专属生产儿童药的企业寥寥无几。为改变这一现状，近几年来支持儿童药的相关政策接踵而来，从"十二五"时期提出的"鼓励罕见病用药和儿童适宜剂型研发"到2015年政策对从研发到招标等全方位的支持，加上"二孩"政策全面放开实施的影响，儿童药的前景已然露出了曙光。

资料来源：医药网，2015 年 12 月 22 日。

参考文献

[1] 国家统计局门户网站，http：//www.lwzb.cn/pub/gjtjlwzb/sjyfx/201605/t20160525_2792.html。

[2] 中国经济信息网，http：//www.sdpc.gov.cn/gyfz/gyfz/t20120307_465687.htm。

[3] 中华人民共和国工业和信息化部：《2015 年医药工业经济运行分析》，2015 年 7 月 2 日。

[4] 中国医药统计网，http：//www.yytj.org.cn/。

[5] 郭文：《2015 年上半年我国医药工业经济运行分析》，国研网，http：//www.drcnet.com.cn/。

[6] 慧聪制药工业网，http：//www.pharmacy.hc360.com/。

第三十一章 轻工业

提 要

中国轻工业是繁荣市场、增加出口、扩大就业、服务"三农"的重要产业。"十二五"期间轻工业加大了结构调整和转型升级力度，实现了全行业平稳较快增长。我国城乡居民消费结构正在由生存型消费向发展型消费、由物质型消费向服务型消费、由传统消费向新型消费升级，并且这一升级的趋势越来越明显、速度越来越快。而我国轻工消费品总体供给结构还停滞在生存和温饱型消费阶段，能启动新一轮经济增长的新兴行业发展缓慢。产业转型明显滞后于消费结构的升级。供需结构失衡是轻工业经济运行和持续稳定增长的突出问题和主要矛盾。一方面低端供给过剩、产品积压严重，而且新增问题不断增加；另一方面中高端供给不足，境外消费快速增长。供给结构失衡，矛盾的主要方面在供给侧。因此，轻工业供给侧改革的任务和目标就是提高供给体系的质量和效率以及对需求变化的适应性和灵活性，推动轻工业实现更高水平的供需平衡和良性循环发展。一是解决低端供给过剩问题；二是解决中高端供给不足问题；三是消除制约和影响两大块问题解决的体制机制障碍。政策着力点是：严格重点行业的市场准入；完善企业的退出援助制度；加大和强化技术研发政策扶持和投入力度，形成企业愿意创新、有能力创新、关键核心技术有所突破的新局面。

*　　　　　　*　　　　　　*

"十二五"期间轻工业加大了结构调整和转型升级力度，实现了全行业平稳较快增长。整体迈上新台阶，全面完成了《轻工业"十二五"规划》中的经济指标和主要任务。

一、产业发展现状

"十二五"期间轻工业在全国各工业行业中表现较好，实现了较快的增长（生产总值、出口总额、利润总额均实现了两位数以上的增长）。

1. 规模总量上新台阶

"十二五"期间轻工业规模以上企业实现主营业务收入（总产值）年均增长9.88%。其中2015年轻工业规模以上企业实现主营业务收入23.14万亿元（占全国工业总量的21%）（见表31-1），工业增加值增速6.6%，高于全国工业0.5个百分点。

表 31-1 "十二五"期间轻工业规模以上企业主营业务收入增长

年份	2011	2012	2013	2014	2015
总产值/主营收入（万亿元）	16.46	22	20.3	22.1	23.14
同比增长（%）	29.3	33.66	-7.73	8.87	4.71

资料来源：国家统计局快报数据。

"十二五"期间大部分轻工产品产量增长，部分轻工产品产量成倍增长，少数产品产量略有下降（见表 31-2）。

表 31-2 "十二五"期间主要轻工产品产量增幅

产品种类	2010 年产品产量（万吨/台/辆）	2015 年产品产量（万吨/台/辆）	2015 年较 2010 年增长（%）
原盐	6274.8	5975	-9.05
新闻纸	428.6	3502.2	817.13
塑料制品	5830.6	7560.8	9.62
洗衣机	6208	7274.6	6.94
电冰箱	7546.2	8992.7	19.17
空调	11219.8	15649.9	39.48
电动自行车	1136.8	3003.4	164.2

资料来源：国家统计局快报数据。

2. 利税总额快速增长

"十二五"期间轻工业规模以上企业实现利润总额年均增长 13.3% 左右。其中 2015 年轻工业规模以上企业实现利润总额 1.49 万亿元（见表 31-3）。

表 31-3 "十二五"期间轻工业规模以上企业利润总额增长

年份	2011	2012	2013	2014	2015
实现利润总额（万亿元）	0.92	1.1	1.4	1.4	1.49
同比增长（%）	32.01	19.6	27.2	0	6.43

资料来源：国家统计局快报数据。

3. 出口保持稳定增长

"十二五"期间轻工业保持年均 11% 的稳定增长。其中 2015 年轻工业出口 6318.5 亿美元，占全国出口总量的 26.3%，在国民经济各行业中位居首位（见表 31-4）。

表 31-4 "十二五"期间轻工业出口额增长

年份	2011	2012	2013	2014	2015
出口额（亿美元）	4431.14	5039.09	5583.38	6154	6318.5
同比增长（%）	22.95	13.72	10.8	10.22	2.67

资料来源：国家统计局快报数据。

4. 提供了大量就业岗位

多年来轻工业全行业吸纳就业人数均在 3000 万人以上，"十二五"期间轻工业发展新兴行业和劳动密集型行业，保持规模以上企业就业人数占全国就业人数 25%~30% 的比例。其中产业集群就业人数达 1000 多万人，众多中小企业为农民工和城市基层劳动人员提供了大量就业岗位。

二、轻工业推进结构性改革情况

"十二五"期间轻工业技术开发和技术改造投入力度加大，自主创新能力提高，结构不断优化，产品质量稳步提升，品牌影响力增强。

1. 技术进步步伐加快，自主创新能力提高

一是轻工业技术开发和技术改造投入力度进一步加大，主要行业新产品产值率达到10%以上，科技进步贡献率达到50%左右。二是以企业为主体的技术创新体系进一步健全，已经形成了一支产学研相结合的自主创新队伍，建立了相应的科研机构，拥有能够满足需求的科研基础设施。已创建国家重点实验室14个、国家工程实验室7个、国家工程（技术）研究中心23个及国家级企业技术中心144个。三是关键共性技术开发取得积极成效，高性能二次电池新型电极电解质材料及相关技术等17项科研成果获国家技术发明奖，变频空调关键技术研究及应用等26项科研成果获国家科技进步奖。

2. 结构不断优化

一是产品内销比重提升，2015年内销占88.3%，较2010年提高3.9个百分点。二是区域结构趋于协调，2015年东部和中西部地区轻工业主营业务收入占全国的比重为57.5%、34.4%，中西部地区较2010年提高了7.1个百分点。三是产业集中度明显提升，2015年排名前100位企业的主营业务收入和利润分别占轻工业总营业收入和利润的10.6%和13.1%。四是轻工相关行业之间相互融合，联系更加紧密，机电一体化趋势明显。传统产业应用高新技术改造后发生了巨大的变化，焕发了新的活力。如缝纫机行业，年产各类家用及工业用缝纫机1800万台左右，占世界总产量的75%以上。常规产品技术及质量达到国际先进水平，特种机及机电一体化设备与国际先进水平的差距不断缩小。五是加快建设和发展了一批新兴行业，包括家电、塑料、文教体育用品、羽绒制品、现代化妆品、装饰、礼品等行业，目前家用电器、文教体育用品、羽绒等行业出口额名列世界前茅，也从多方面丰富了人民的生活。[①]

3. 质量建设取得成效，轻工产品质量稳步提升

规模以上企业普遍建立了质量管理体系，产品质量检测方式及质量控制手段逐步同国际接轨，产品质量明显提高。由飞亚达公司研制的航天手表，填补了国内空白，达到国际先进水平，伴随航天员圆满完成飞行任务，使我国成为继瑞士之后世界上第二个能生产航天表的国家。标准制定、修订工作稳步推进，"十二五"期间全行业共完成修订国家标准22622项、行业标准3106项。组建标准化技术委员会23个、标准化分技术委员会47个。标准体系更加完善，在用标准的更新速度明显加快，国际标准采标率不断提高。部分行业承担了国际标准化组织秘书处工作，牵头起草国际标准。在标准化体系建设中，企业主体地位得到加强，专业标准化组织不断完善，有更多的轻工标准化组织参与了国际标准化组织的对口工作，一些轻工标准化组织承担了国际标准化组织秘书处工作，在更高的层面、更广泛的领域参与了国际标准化事务。

4. 品牌影响力进一步增强

在产品质量不断提高的基础上，"十二五"期间轻工行业品牌建设呈现出多层面创建、多行业覆盖及品牌集中度、影响力、附加值快速提升的特点。中国名牌、著名商标、地理标志、区域品牌等多种创建形式并举，产品品牌、企业品牌、区域品牌有机结合、互动式发展。轻工产品是中国名牌产品中最大的群体，目前，轻工行业拥有中国名牌产品663个，占全部中国名牌总数的34.6%，海尔、茅台、青岛啤酒和中粮集团等一批品牌企业的国际影响力逐步增强。

---

① 《轻工业"十二五"发展规划》，中国产业经济信息网站：http://www.cinic.org.cn/site951/zcdt/2012-01-20/530808.shtml，2012年1月20日。

5. 国际竞争力有所提升

我国轻工业产业体系完整，产业规模优势突出，形成了较强的综合竞争优势。2015年轻工产品出口额6318.5亿美元，较2010年增长71.6%。出口的轻工产品中，家具、家用电器、日用陶瓷、文体用品、自行车、钟表、缝纫机、皮革、电光源与灯具、制笔、乐器、玩具、眼镜、羽绒等行业的出口额名列世界前茅。100多种产品产量居世界第一，自行车出口占全球市场的75%，家电、皮革、家具、羽绒制品出口约占全球市场的40%。产品出口到世界230多个国家和地区，我国作为轻工产品国际制造中心和采购中心的地位进一步得到巩固。出口贸易方式、市场结构和产品结构不断优化，一般贸易比重增加，新兴市场比重加大。

6. 并购、建厂活动频繁，轻工企业不断"走出去"

"十二五"期间我国轻工行业加快海外收购步伐，并购意愿逐渐增强。在这些海外收购案例中，参与海外收购的企业数量逐渐增加，呈多样化发展趋势，并购涉及领域、区域也逐渐扩大。根据中国轻工业联合会对部分轻工企业境外投资情况的调查，轻工企业对外投资涉及的领域有家电、糖业、乳制品、厨卫等行业；投资形式有全资、合资、参股、技术转让、设备转让、工业园和工厂建设、对外劳务、成立贸易公司、开设境外工程咨询和设计项目服务等。对外投资的地域在欧洲主要集中在俄罗斯、意大利、法国、荷兰、德国等；在北美主要集中于美国；在非洲投资较多的国家有马里、尼日利亚、突尼斯等，近年来在非洲投资的数额增长较快。

三、存在的主要问题及形成原因

核心问题是供给结构失衡。一方面，低端供给过剩、产品积压严重，而且新增问题还在较快增加（供给质量低、效率差、资源浪费严重）；另一方面，中高端供给不足，境外消费快速增长。

1. 存在的主要问题

（1）消费结构升级，需求高度细分。我国城乡居民消费结构正在由生存型消费向发展型消费、由物质型消费向服务型消费、由传统消费向新型消费升级，并且这一升级的趋势越来越明显，速度越来越快：吃、穿、用三项支出虽然仍是主要支出，但比例大幅下降；文化娱乐、交通与通信、居住三项的比例大幅提高，特别是文化娱乐支出超过衣着支出成为第二大支出。这些初步说明城镇消费从小康向富裕过渡，居民越来越偏重文娱、环境、健康等提高生活质量因素的消费。

同时，80后、90后年轻一族成为国内市场的主流消费人群，追求时尚，彰显个性，是他们的主要消费特点。80后、90后所成长的时代，是一个急剧变革的时代，这个时代有经济社会的发展、有文化娱乐的繁荣、有通信网络的爆炸、有思想观念的跳跃，时代特征决定了这个群体的普世价值。中华传统文化的传承，西方自由思想的冲击，信仰的多元化，个性的多向化，决定了80后、90后消费理念的差异化、审美角度的个性化。因此，他们已不能仅仅满足于使用功能的需求，更倾向于自己的主张和体验，包括外形差异、色彩差异、诉求差异或是其他匪夷所思的东西。[①]总之，互联网时代，消费需求进入了个性化时代，大众化的市场被打碎，需求高度细分，以致成了一个个的个性化需求"碎片"，难能统一化合并、组合。

（2）产业、产品结构转型明显滞后于消费结构的升级。

1）产业结构。我国轻工消费品总体供给结构还停滞在生存和温饱型消费阶段，能启动新一轮经济增长的新兴行业发展缓慢。产业转型明显滞后于消费结构的升级。因此，供求矛盾日益突出：一是总量供给过剩；二是结构性供给不足，中低端产品多，高质量、高附加值产品少，产品同质

---

① 《应对80后、90后个性化消费时代的来临》，《武进日报》2011年5月14日。

化现象严重；三是由于经济发展的不平衡性，产业布局和出口市场结构也不合理。生产能力目前仍主要分布在沿海地区，中西部地区发展仍然滞后。出口市场仍主要集中在欧、美、日，尚未形成多元化格局。

2）产品结构。20 世纪 80 年代，由于强大的市场需求拉动，轻工业在卖方市场条件下迅速外延扩张。但此后，随着人们消费水平的提高，消费结构开始发生变化。但外延扩张老路的生产供给（限于自身能力：技术基础差，盈利和积累水平低，自主研发激励不足等）却并未跟着改变。因此，供需上的结构性偏差就逐渐扩大、积累，不平衡的矛盾日益突出，即一般性产品市场饱和、加工能力过剩；中高档产品要依靠进口、国内生产能力不足。加上市场的"条块分割"，资产存量得不到及时转移和重组，导致轻工产品品种少、档次低、质量不高、更新换代慢的问题长期难以消化、解决。

2. 形成原因

轻工业供给结构失衡，是多种深层因素长期积累、交互作用的结果。

（1）国内市场体系不完善。我国正处在经济体制转轨时期，市场的"条块分割"始终存在（一些地方政府和部门为保护本地市场和企业，不惜利用行政的、经济的乃至技术手段，限制商品自由流通），并且其表现形式随着市场环境的变化而不断变换。20 世纪 80 年代主要是保护本地资源、限制资源流出，20 世纪 90 年代中后期以来，主要以封锁市场为主，同时出现了利用"技术标准"壁垒保护本地商品的新手段。地方、部门保护主义的存在和加剧，严重影响和制约了轻工商品和要素在全国范围内的自由流动、公平竞争。

（2）准入管理有缺陷。改革开放以后，轻工业最先打破计划经济模式，率先推进市场准入制度的改革，取得了明显成效（由于放宽市场准入，允许民营企业、外资企业进入并给予各类政策优惠，不长时间就使市场上的排队购买、凭票供应现象消失）。

但是，在很多轻工产品产量已是世界第一的今天，尤其是在产品供过于求、结构性矛盾突出的情况下，还伴随着要素的大量涌入和投资的快速增长，市场准入制度的再次改革（由放松转变

为收紧）就开始变得非常突出。

近年来，工信部已先后制定和出台了造纸、制革、农用薄膜、食品等多个产能过剩行业的市场准入条件，抑制轻工业过剩产能扩张，加快落后产能淘汰，但效果均达不到预期。主要是目前的市场准入制度还存在许多缺陷：一是设置的准入条件不尽合理；二是执法机制存在严重缺陷；三是第三方机构发展滞后。

（3）速度效益型的企业盈利模式。轻工企业绩效统计资料表明，轻工企业具有典型的速度型效益特征。只要产销增速达到 10% 以上，企业运行效益会明显改善；但一旦产销增速低于 8%，效益就将大幅度滑坡。这种效益特征，对个体企业而言，无论是行业增速上升还是下降，只要自身增速上升，"日子就好过"。因此，行业内企业间的相互竞争就集中体现于产销增速的竞争。而产销增速的竞争，对于投入少、见效快的轻工业，就演变成"遍地开花"的重复建设。

（4）自主创新能力弱。

1）轻工企业仍无法担当科技创新主体地位。轻工业技术基础差，国家对轻工业的科技投入又少，且投资又主要侧重于轻工科技的基础研究和重大行业共性技术的研究，针对具体产品品种的技术创新和生产工艺创新则主要依赖于企业的研发投入。然而，轻工行业的企业规模普遍较小，大多数中小型企业资金有限，通常只够维持产品生产，很难挤出一部分从事研发投入。即使挤出了一部分，也因科研实力较弱，难以组织重大科研课题。甚至科研实力相对较强的轻工大型企业，组织、承担了一些重大科研课题，研究进展也往往较慢。

2）科研管理落后。轻工企业对研发的管理较薄弱，基本上仍处于技术人员自发创造型和投资驱动型相结合的较原始模式（缺乏研发的科学程序、机制、方法和习惯，研发只看作研究与开发部门的职能，而与财务、采购和生产等部门的人员无关；研发的动力单一，主要来源于企业家）。研发投入不足和管理方式落后，致使轻工业关键技术难以实现本质突破，从而造成产品品种少、档次低、技术含量不高。

3）缺乏深入研究和开发的能力。一是我国大多数轻工企业长期作为海外跨国公司的"生产车

间"，主要从事产品的加工制造，虽然也积累了一些生产技术和经验，但离核心技术环节较远，对核心技术的了解和掌握较差；二是我国大量从事贴牌生产的轻工企业规模较小，多为中小型企业，难以承担进一步研究和开发所需要的大量资金、人力和物力的投入。

4）低价、无序竞争，挫伤了企业自主创新的积极性。一是轻工业大多是劳动密集型产品，长期以来一直依靠价格取胜。产品供过于求，竞争激烈的状况，客观上降低了自主创新的实际价值。二是市场上侵犯知识产权的违法行为始终屡禁不止，中小企业维护自身形象和利益成本高昂。三是如前所述，一些地方政府和部门为保护本地市场和企业，不惜利用行政的、经济的乃至技术手段，限制商品自由流通。这些情况均严重挫伤了部分轻工企业自主创新的积极性。

（5）品牌建设滞后。"十二五"期间轻工行业品牌建设呈现出多层面创建、多行业覆盖及品牌集中度、影响力、附加值快速提升的特点。但总体而言，轻工大国与品牌小国的严重反差局面，仍无大的改观，原因主要是：

1）轻工企业不愿冒险，急功近利。创品牌虽能给企业带来超额的品牌附加值，但是投入大、风险高、周期长、成功率低。我国轻工企业由于长期擅长生产而疏于营销，尤其是缺少国际营销经验、销售渠道，因此，往往宁可赚取少量的加工费而选择经营风险小、成本低、见效快、利润来源稳定又可减少复杂的市场营销管理活动的贴牌生产。在轻工行业，满足于搞贴牌加工甚至是无牌加工，较普遍。只要有订单，自己有无牌子无所谓，以致有的企业产值做到几个亿，连自己的商标还没有。

2）缺乏核心技术。研发投入和核心技术是品牌建设的重中之重。如前所述，我国大多数轻工企业长期作为海外跨国公司的"生产车间"，主要从事产品的加工制造，虽然也积累了一些生产技术和经验，但离核心技术环节较远，对核心技术的了解和掌握较差，且缺乏进一步研究和开发的能力。此外，我国大量从事贴牌生产的轻工企业规模较小，多为中小型企业，难以承担创牌所需要的大量资金、人力和物力的投入。这些情况，均无疑制约、阻碍了轻工自主品牌的创建。

四、轻工业供给侧结构优化升级的建议

我国轻工业主要是劳动密集型传统产业，丰富的劳动力资源和低人工成本与引进国外先进装备技术的结合，推动了我国轻工业追赶型高速发展，形成了较强的比较竞争优势。但随着人工成本的不断上升、欧美国家信贷消费和市场需求下滑、高端制造业回流以及东南亚等低成本国家轻工业的崛起，轻工业面临的形势异常严峻。

1. 轻工业供给侧改革面临的形势

（1）海外市场需求持续下滑。国际市场环境和治理结构更趋复杂，欧美国家信贷消费和市场需求持续下滑，各种形式的贸易保护主义明显抬头，"再工业化"逐渐加速，轻工高端制造业持续回流。

（2）低端轻工业向低成本国家（尤其东南亚等国家）转移。近年来，东南亚廉价的劳动力成本和日益扩大的市场以及重要的战略位置，对低端轻工业投资、转移的吸引力不断增强。自2013年以来，东盟十国的外国直接投资超过了流入中国的投资。越来越多的东南亚制造和印度制造出现在全球消费品市场。

（3）内需已成为经济增长的第一驱动力。2015年我国最终消费对经济增长的贡献率达到66.4%，成为经济增长的第一驱动力。我国经济增长已由投资和出口拉动为主转向了内需特别是消费为主。

（4）有效供给不足，境外消费快速增长。长期以来，内需特别是消费需求不足是制约轻工业发展的一大"瓶颈"。一方面，需求总量不足，国内产能过剩严重，很多消费品积压滞销（甚至无论怎么降价，也销不出去）；另一方面，有效供给不足，消费者在国内买不到价格合适的高品质产品，不惜全球"海淘"。自2009年以来，我国出境旅游消费进入快速增长阶段。2012 年，中国境外旅游消费达到 1020 亿美元，跃居世界第一大国际旅游消费国。2015 年我国出境旅游人数达 1.2 亿人次，境外消费达 1.2 万亿元。不仅是奢侈品，连电饭煲、马桶盖等一般消费品也热衷从境外购买，影响了消费对经济增长拉动作用的充分发挥。

2. 轻工业供给侧改革的任务和目标

供需结构失衡是轻工业经济运行和持续稳定增长的突出问题和主要矛盾，而矛盾的主要方面在供给侧。因此，轻工业供给侧改革的任务和目标就是提高供给体系的质量和效率以及对需求变化的适应性和灵活性，推动轻工业实现更高水平的供需平衡和良性循环发展。

如前所述，供给结构失衡，一方面低端供给过剩、产品积压严重，而且新增问题还在较快增加（供给质量低、效率差、资源浪费严重）；另一方面中高端供给不足，境外消费快速增长，影响了消费对经济增长拉动作用的充分发挥。因此，轻工业供给侧改革的目标和任务可分解为三大块：一是解决低端供给过剩问题；二是解决中高端供给不足问题；三是消除制约和影响两大块问题解决的体制机制障碍。

3. 轻工业供给侧改革的政策着力点

政策着力点立足三大块问题，在有效解决上下功夫。

（1）加强轻工批发市场管理。各地商务主管部门要进一步转变职能，强化轻工产品批发市场指导，增强调控市场和公共服务能力。推动流通领域诚信体系建设，引导企业诚实守信、合法经营。加强与相关部门协调配合，严厉打击假冒伪劣、商业欺诈、侵犯知识产权等违法违规行为，整顿和规范市场秩序，营造良好的流通环境。

（2）建立部门联合信息发布制度。国家发展和改革委员会同有关部门，建立部门联合发布信息制度，加强行业产能及产能利用率的统一监测，适时向社会发布产业政策导向及产业规模、社会需求、生产销售库存、淘汰落后、企业重组、污染排放等信息。充分发挥行业协会作用，及时反映行业问题和企业诉求，为企业提供信息服务，引导企业和投资者落实国家产业政策和行业发展规划，加强行业自律，提高行业整体素质。

（3）严格市场准入。各地、各部门要认真贯彻落实国家产业结构调整指导目录和专项市场准入要求。质量管理部门要切实负起监管责任，未通过准入条件评价、审批的项目一律不准开工建设。

（4）强化监管。质量管理部门、环保部门要切实负起监管责任，定期发布环保等准入条件不达标的生产企业名单。对达不到准入条件要求的生产企业实行限期治理，未完成限期治理任务的，依法予以关闭。

（5）完善企业的退出援助制度。企业的退出援助制度，可考虑整合"关小基金"、"淘汰落后产能基金"等相关财政支出，设立统一的企业退出扶助基金。对于部分绝对产能过剩行业需要淘汰的产能建立鼓励性退出机制，通过在退出扶助基金中适当安排专项资金等手段加速淘汰。

（6）建立自主创新的引导、补偿机制。针对轻工企业创新动力不足问题，要采用综合性、强有力的财税政策，建立自主创新的引导、补偿机制，引导、促进企业自主投入，并对自主投入进行利益补偿，让其愿意创新并有利可图。可考虑设立行业专项技术研究与开发资金，适当安排子项资金用于对企业自主创新与应用开发项目的贴息；行业共性技术、关键性技术（在对轻工产业链关键共性技术进行排查摸底的基础上，政府职能部门列出目前单个企业研发难以突破、对轻工产业升级形成严重制约、获得突破后对产业升级有重大带动作用的关键共性技术清单）的开发与应用，还可允许按销售收入的一定比例提取（子项资金），以弥补科技开发可能造成的损失。引导资金额度可以低些，项目设置多一些，投向也可分散一些；但补偿资金额度则可以高些，项目设置少一些，投向也可集中一些，以提高使用绩效。

（7）建立自主创新的风险分担机制。针对企业风险承担能力不足问题，需要完善、创新风险分担机制，分担家电企业的技术创新风险，让企业敢于创新。可考虑在行业专项技术研究与开发资金中适当安排子项资金，用于对企业自主创新与应用开发项目的风险补贴。风险分担资金额度既可以低些，项目设置多一些，投向分散一些；也可以额度高些，项目设置少一些，投向集中一些。可视具体情况和使用绩效而定。

（8）健全、创新自主创新的产学研合作机制。针对企业创新能力弱的问题，需要健全、创新产学研合作机制，以降低轻工企业产学研合作成本，让企业自愿推进开放创新。可考虑在行业专项技术研究与开发资金中适当安排子项资金，用于对企业开放创新项目的补贴。合作补贴资金额度可以低些，项目设置多一些，投向也可分散一些。

（9）加强工程技术研究中心建设，突破关键薄弱环节。长时间以来，轻工业科技成果转化率低。重要原因是研究开发与应用的中间环节薄弱，中试条件差，工程化水平低。要着力促进和加强科技成果产业化中间环节——工程技术研究中心建设，培养工程技术人才，建设工程化实验条件，提高成果的成熟性、配套化、工程化水平。

（10）加强高层次技术创新人才队伍的建设。一是建立权责明确、评价科学、健全有利于科技人才创业创新的评价、使用和激励机制；二是制定相应的财政、税收、金融等优惠政策，完善知识产权、技术等作为资本参股的措施，支持拥有自主知识产权项目和技术的青年创业创新，支持和鼓励高层次人才创办科技型企业；三是构建专业技术人才继续教育体系，依靠重大科技项目、重大产业项目，为家电企业培养和引进研发人才。

（11）发挥行业协会等中介组织的作用。加强质量管理协会、标准化协会、计量测试学会、消费者协会、贸促会、商会等有关专业协会和行业协会建设，建立健全中介服务机构，为企业提供品牌创建、品牌推介、品牌运营、技术开发、质量管理、法律服务、信息咨询、人才培训、商标代理、境外商标注册、打假维权等各个方面服务。

专栏 31-1

轻工外贸企业的转型升级

在市场机制倒逼和国家相关政策的推动下，我国轻工外贸企业在转型方面、升级方面做出了积极的探索，积累了一些经验，可以概括为四个转型和四个升级：

四个转型：一是接单方式转型。一些企业为了改变贴牌生产利润低、风险大问题，开始拒绝接受大批量订单，逐步摆脱国际大买主的控制，通过生产高质量、小批量时尚产品，占据高端的细分市场，掌握价格的话语权。二是出口市场转型。过去我们传统市场是美、欧、日等，在巩固传统市场的同时，轻工行业也积极开拓南美、非洲、中东等新兴市场。2012 年，轻工产品对东盟、南非、巴西、俄罗斯等新兴市场的出口分别增长 42.7%、30%、21.7% 和 17.5%，尽管对欧盟市场有所下降，但是通过新兴市场的增长弥补了这块的缺口。三是销售渠道转型。过去轻工企业都是通过代工、代理方式"借船出海"。现在企业十分重视境外渠道建设，开始通过造船出海、买船出海扩大出口。四是加工区域转型。近年来，东部沿海的轻工企业开始向内地转移，一方面把销售、研发设计机构放在东部沿海城市，另一方面生产加工转向内地。

四个升级：一是产品质量升级。例如，上海顶新箱包公司，通过采用新型材料，生产的最轻型、环保型箱包，很受客户青睐。上海还有一家安硕文教用品有限公司，引进精益生产理念，从原材料检验开始，层层把关，确保最终产品符合欧标 EN71、美标 ASMI 等测试要求。此外，我们很多企业参与了国际认证及主要市场的认证，实现了产品品质管理和国际接轨。二是技术水平升级。近年来，我们传统的生产企业通过加大设备投入，引进了 3D 打印技术，大幅缩短了产品研发周期。例如，广东星辉车模，一家做玩具的公司，2015 年采用了工业机器人自动喷涂生产线，工效得到提高，原来一条生产线 8 名员工，现在减少到 3 名。该公司还通过采用激光快速成型技术，使得车模的研发周期从 1 年以上缩短为 4 个月以内，产品量产仅需 15 天左右，保障公司在最短周期内提供适应市场变化的产品。据调查，很多轻工外贸企业的研发投入达到了销售总额的 3%~5%。三是品牌管理升级。越来越多的轻工外贸企业注重自主品牌。百丽鞋业公司在我国国内是非常知名的鞋类品牌企业，在国内销售达 300 亿元，出口金额超过 5000 万美元。通过依托国内的自身品牌优势两条腿走路，一条是 ODM，另一条是 OBM，目前已占其出口总额的 40%。还有一家福建保兰德箱包公司，利用当年中国与南非建交的契机，打入南非市场，目前自主品牌出口在新兴市场"遍地开花"。四是产业组织升级。在浙江、广东、福建等地，许多轻工行业出现集群化发展态势。以福建泉州为例，运动鞋和旅游鞋年出口交货值30亿美元，自营出口16亿美元；箱包年出口额4亿美元；陶瓷树脂工艺品年出口额4亿美元；藤铁工艺品年出口额3亿美元。这些产业集群具备高度的专业化和社会化，具有完整的产业链条和配套能力，发挥了规模经济效应，形成了一批区域品牌。

资料来源：中国轻工业网网站：http：//offer.clii.com.cn/news/content-379346.aspx，2016年7月1日。

参考文献

[1] 辜胜阻：《我国民营企业自主创新对策思路》，中国经济网站：http：//www.ce.cn，2007年1月29日。

[2]《四川省人民政府关于化解产能过剩矛盾促进产业结构调整的实施意见》，四川省人民政府网站：http：//www.sc.gov.cn，2015年1月22日。

[3]《市场准入该"宽"还是该"严"?》，全球纺织网站：http：//www.tnc.com.cn/info/c -001001 -d -60341 -p1.html，2006年1月6日。

[4] 费晶：《我国市场准入制度存在明显缺陷》，新浪网站：http：//finance.sina.com.cn，2005年4月29日。

[5] 李晨、韦有周、李秋淮：《国际产业转移与我国自主品牌建设》，中国政务网站：http：//www.govinfo.so/news_info.php?id=6799，2013年2月23日。

[6] 王一鸣、陈昌盛、李承健：《正确理解供给侧结构性改革》，《人民日报》2016年3月29日。

第三十二章 纺织工业

提 要

在强调供给侧改革的背景下，纺织工业2015年在结构调整的同时获得了稳定的中高速增长。"十二五"期间纺织工业的发展主要表现为深化调整结构和产业转型升级，既有推进结构调整、加快技术创新、加强品牌培育带来的平稳增长，也有产业资产和盈利等各项指标的增速趋缓。主要问题有：产品出口规模递减，产能过剩、库存积压严重，节能减排形势严峻，产业布局区域不平衡，技术创新投入不足，国际市场竞争优势呈下降趋势等。纺织工业确实需要通过供给侧结构性改革，提高供给质量，用创新驱动推进结构调整和转型升级，切实矫正要素配置扭曲，扩大有效供给，提高纺织工业供给结构对需求变化的适应性和灵活性，提高纺织工业全要素生产率，满足广大消费者对纺织服装不断升级的消费需求。

*   *   *

2015年以来，我国经济以去产能、去库存、去杠杆、降成本、补短板为重点的供给侧结构性改革拉开大幕，纺织工业在整体保持稳定增长的同时，结构调整成为发展的主线，服装、家用纺织品和产业用纺织品三大最终消费品的调整各有侧重。产业用纺织品在2015年持续保持了较高速增长，同时也是纺织产业新的增长点，是促进整个纺织产业结构转型升级并实现各子行业之间产业链延伸的重要链条。服装和家纺产品在2015年内需规模较以往年有一定增长，产品转型升级带动了盈利点提高，推进了2015年在技术创新和产品创新点，开始了生产智能化的"落地"。电子商务和微商模式的发展和物联网、云计算技术的应用使基于互联网的纺织工业跨界融合加速，推动了纺织工业从"中国制造"开始向"中国智造"模式的转型升级。中国纺织工业在生产、出口、利润等各项指标上全面进入个位数增长。但行业仍然延续着以生产加工为主的简单粗放的外延式扩张态势，在原材料、生产能力、产业布局、节能环保等方面都存在着严峻的问题，多年来仍徘徊在行业价值链的低附加值环节，处于全球价值链的低端。

一、纺织工业发展的总体状况

1. 企业生产增速趋缓

2015年，纺织工业企业生产增速总体减缓比较明显。各子行业增速均有不同程度的下降。全国规模以上纺织工业企业的工业增加值同比增长

6.3%，比 2014 年同期回落 0.7 个百分点。其中纺织业、服装服饰行业、化学纤维行业增加值同比分别增长 7%、4.4%和 11.2%。综观"十二五"规划期间，纺织业与纺织服装、服饰业两个细分行业的 5 年平均增速，分别为 8.58%、8.32%，均实现了规模以上纺织企业工业增加值年均增长 8%的目标（见表 32-1）。

表 32-1 2010~2015 年规模以上纺织工业增加值增长率

单位：%

行业	2010 年	2011 年	2012 年	2013 年	2014 年	2015 年	2015 年增幅变化	"十二五"年均增速
纺织业	11.60	8.30	12.20	8.70	6.70	7.00	0.30	8.58
纺织服装、服饰业	15.00	15.60	7.20	7.20	7.20	4.40	-2.80	8.32

资料来源：国家统计局，转引自 Wind。

纺织业在"十二五"期间增速的下降与同期全国规模以上工业的增速下降相比，较为平缓，主要是由于前期纺织工业的增速低于全国工业的增速，后期则基本持平（见图 32-1）。

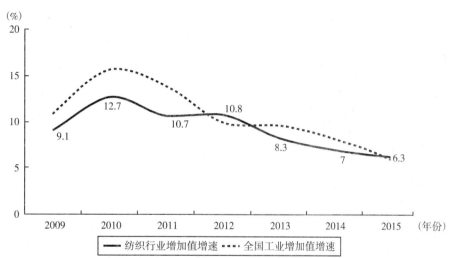

图 32-1 我国纺织行业与工业增加值增速对比趋势

资料来源：国家统计局、中国纺织工业联合会统计中心数据。

在具体的产品结构上，增速变化差异较大。2015 年我国规模以上纺织企业生产纱 4047.5 万吨，布 709.6 亿米，同比增速分别为 3.81%和 0.85%；其他各类纺织品均有不同程度的降幅，棉混纺布的增速从 2014 年的 13.09%下降为 0.56%，同比增速下降幅度超 12.5 个百分点。其他纺织品中印染布、帘子布、无纺布产量分别 509.52 亿米、78.48 万吨、442.93 万吨。其中，印染布、帘子布分别下降 5.07%、6.19%，无纺布则同比增长 22.56%。

服装产量在"十二五"期间呈连续增长态势，自 2014 年恢复到 2010 年产量水平之后，2015 年服装产量再创新高，但增幅明显下降。2015 年生产服装 308.27 亿件，增幅则从 2014 年的 10.41%下降到 3.03%，同比下降 7.38 个百分点，2015 年针织服装、梭织服装产量分别为 143.64 亿件、164.62 亿件，针织服装较 2014 年同比增幅下降 9.74 个百分点，梭织服装较 2014 年同比增幅下降 5.21 个百分点（见表 32-2）。

表 32-2　2010~2015 年纺织工业规模以上企业主要产品产量

名称	单位	2010 年	2011 年	2012 年	2013 年	2014 年	2015 年	2014 年同比增长率（%）	2015 年同比增长率（%）	2015 年同比增幅（百分点）
纺织品										
纱	万吨	2717.00	2894.60	3333.30	3610.96	3898.80	4047.50	7.97	3.81	-4.16
布	亿米	665.50	619.90	659.50	683.45	703.60	709.60	2.95	0.85	-2.10
棉布	亿米	383.45	363.39	381.22	392.68	388.21	387.18	-1.14	-0.26	0.87
棉混纺布	亿米	101.27	106.08	112.15	112.73	127.49	128.21	13.09	0.56	-12.53
印染布	亿米	601.65	593.03	566.01	542.36	536.74	509.52	-1.04	-5.07	-4.04
帘子布	万吨	50.72	56.77	75.14	87.45	83.66	78.48	-4.33	-6.19	-1.86
无纺布	万吨	175.75	185.04	236.47	257.33	361.40	442.93	40.44	22.56	-17.88
服装										
服装	亿件	285.23	254.20	267.28	271.01	299.21	308.27	10.41	3.03	-7.38
针织服装	亿件	164.17	121.09	132.19	131.77	144.14	143.64	9.39	-0.35	-9.74
梭织服装	亿件	121.06	133.11	135.10	139.24	155.07	164.62	11.37	6.16	-5.21

资料来源：国家统计局，转引自 Wind。

2. 固定资产投资持续稳定增长

"十二五"期间，纺织工业固定资产投资均持续两位数增长的趋势，2015 年我国纺织业固定资产投资完成额为 6001.6 亿元，同比增长 13.1%。纺织服装、服饰业固定资产投资完成额为 4528.53 亿元，同比增长 22.25%（见表 32-3）。2015 年投资完成额增幅同比 2014 年稳中有升，2015 年纺织工业固定资产投资并未受纺织工业产值和产量双下降的影响，依然保持稳定的增长态势。

表 32-3　2009~2015 年纺织工业固定资产投资完成额情况

年份	纺织业		纺织服装、服饰业	
	固定资产投资完成额（亿元）	比上年增长（%）	固定资产投资完成额（亿元）	比上年增长（%）
2009	1764.37	14.60	1050.59	16.90
2010	2234.95	26.67	1409.20	34.13
2011	3656.14	63.59	2268.66	60.99
2012	4094.85	12.00	2610.91	15.09
2013	4698.99	14.75	3127.13	19.77
2014	5306.40	12.93	3704.21	18.45
2015	6001.60	13.10	4528.53	22.25

资料来源：国家统计局，转引自 Wind。

3. 纺织品服装出口首现负增长

"十二五"期间，我国纺织品及服装累计出口值达 14069.1 亿美元，年均出口值达 2813.82 亿美元，复合年均增长率达 6.55%。其中，2015 年我国纺织品服装行业受国内外形势影响，出现了市场需求动力减弱、综合成本上升、内外棉价差较大等各种压力，但总体上仍然实现了平稳运行。出口额累计 2911.9 亿美元，较 2014 年下降 157.7 亿美元，同比下降 5.14%，为 6 年来首次下降。2015 年我国纺织品类出口额累计 1095.44 亿美元，较 2014 年下降 25.97 亿美元，同比下降 2.32%。2015 年我国服装出口额累计 1743.55 亿美元，较 2014 年下降 119.3 亿美元，同比下降 6.4%（见表 32-4）。纺织品服装出口额占全国出口总额的 12.47%，同比下降 4.87%。

表 32-4 2009~2015 年纺织品、服装出口额

年份	纺织工业		纺织品（纺织纱线、织物及制品）		服装（服装及衣着附件）	
	出口额（亿美元）	同比增长（%）	出口额（亿美元）	同比增长（%）	出口额（亿美元）	同比增长（%）
2009	1713.30	-9.15	599.73	-8.40	1070.51	-11.00
2010	2120.00	23.74	770.51	28.48	1294.78	20.95
2011	2541.20	19.87	946.69	22.87	1532.20	18.34
2012	2625.60	3.32	957.76	1.17	1591.45	3.87
2013	2920.80	11.24	1069.44	11.66	1770.46	11.25
2014	3069.60	5.09	1121.41	4.86	1862.85	5.22
2015	2911.90	-5.14	1095.44	-2.32	1743.55	-6.40
"十二五"年均	2813.82	6.88	1038.15	7.65	1700.10	6.45
复合增长率		6.55		7.29		6.13

资料来源：中国海关总署，转引自 Wind。2015 年数据均引自 Wind。

从出口的区域分布看，2015 年对美国出口达 499.9 亿美元，再创新高，同比增长 6.7%，其中服装出口增长 6.9%，纺织品出口增长 6.2%。实现了对美国出口连续 10 年持续增长，形成正向拉动。对欧盟出口额降至 541.4 亿美元，比 2014 年同比下降 9.3%，其中服装下降 10.25%，纺织品下降 6.47%。对东盟出口增速回落较快，连续增长的势头在 2015 年终结，2015 年对东盟出口 358.20 亿美元，下降 0.8%，其中服装出口下降 12.5%，纺织品出口增长 6.5%。对日本出口则呈连续几年继续下降趋势，2015 年累计对日本出口 225.5 亿美元，下降 11.6%，其中服装出口下降 12.2%，纺织品下降 9.5%。新兴市场和部分"一带一路"国家和地区出口保持增长，其中中东出口增长 4.6%，非洲增长 5.2%。

2015 年纺织品服装出口下降，主要是世界经济复苏乏力，外部市场需求没有实质性改善。欧盟和日本经济一直处于低迷状态，欧盟内部成员国经济发展不平衡，希腊等国失业率持续高企，民众消费需求受到限制；日本市场近年来进口整体下降，加之产业转移速度加快，中国产品在日所占份额持续下降；东盟市场也未能再延续前几年的涨势，出现迅速回落；俄罗斯市场大幅下跌；只有美国市场保持相对稳定。

4. 纺织企业减亏效果明显

"十二五"期间，从整个纺织工业经济运行情况来看，纺织工业全行业 5 年期间，资产、负债、损益等相关指标均呈稳步增长趋势，年均增长率在 6.11%~9.42%。从 2015 年情况看，无论资产质量还是收益水平，都是"十二五"期间数据最好的一年，纺织全行业各项指标均稳步增长，亏损企业和亏损额度均略有下降。截至 2015 年底，纺织工业的亏损企业户数连续 3 年下降，亏损企业和亏损额的占比也比 2014 年同期分别减少 0.91% 和 6.45%（见表 32-5）。

表 32-5 2011~2015 年纺织行业全行业经济效益

名称	单位	2011 年	2012 年	2013 年	2014 年	2015 年	2015 年同比增长（%）	"十二五"期间年均增长（%）
企业单位数	个	33651	34871	35988	35661	36110	1.26	1.79
企业亏损单位数	个	3465	4178	4021	3966	3930	-0.91	3.64
亏损企业亏损额	亿元	96	157	156	155	145	-6.45	13.95
资产总计	亿元	27305	29822	32684	35865	37455	4.43	8.24
应收账款净额	亿元	3115	3579	3889	4178	4456	6.66	9.42
负债合计	亿元	14973	16314	17693	18575	18959	2.07	6.11
主营业务收入	亿元	46016	49007	55412	58861	62241	5.74	7.88
主营业务成本	亿元	39962	42360	48291	51670	54722	5.91	8.23
利润总额	亿元	2564	2717	3164	3313	3474	4.85	7.99

资料来源：国家统计局，转引自 Wind。2015 年数据均引自国家统计局。

5. 电子商务模式不断创新

"十二五"时期以来，为拓展市场，全国70.5%的纺织企业已经自建电商渠道。2015年，服装行业电子商务增速达20%左右，而传统批发零售则增长不到10%。家纺行业电商的营业额近1100亿元，同比增长47%，国内龙头家纺企业加快了产品的线上销售步伐。2015年，在纺企电商销售额激增的表象下，显现出的另一趋势是线下零售纺织服装企业从单一线下渠道向融合线上、线下的多渠道模式和平台化转型。纺企电商逐步向移动端调整，不少企业公开建立微店、微信公众号等平台，随着纺织企业向电商移动端的持续深入，消费者与企业间的距离正不断拉近。电商渠道的蓬勃发展并不意味着实体店"名存实亡"，一些具有前瞻眼光的企业将线下渠道转变为体验型门店，作为线上渠道轻体验、轻个性化等缺点的有益补充，找到了线上、线下和谐共生的发展新路。

互联网与传统产业的跨界融合进入加速期，作为电商时代黑马的家纺行业，以产品研究和渠道创新为抓手，以消费需求指导生产，推动家纺行业转型升级，从消费需求出发研究产业创新、产业重构和产业发展模式，迎来了产业升级的新机遇。

二、纺织工业供给侧改革与结构调整

纺织工业的供给侧结构调整从"十二五"初期就开始了，"十二五"期间，纺织工业积极推进产业和产品结构调整。产业结构方面，产业用纺织品得到快速发展，产业用纤维加工占比超过了25%；产品结构的调整则通过创新来推动消费解决库存过高的问题。在资源的合理配置上，通过市场解决需求定制的基础，有的放矢，避免因盲目发展带来的资源浪费。在产业升级问题上，淘汰落后产能，进行硬件设备改造升级，同时加强产品创新和市场营销，服装设计融入新趋势，展现附加值，赢得市场青睐。

1. 产业结构调整持续推进

"十二五"期间纺织工业内部的结构调整比较明显，主要表现为非家用纺织品增长较快，受应用需求范围不断拓展等因素影响，化学纤维制造业、非家用纺织制成品制造业的利润增长、效益水平都较为显著。仅2015年1~11月，产业用纺织品企业的主营业务收入为2640.2亿元，同比增长6.51%。利润总额达155.8亿元，同比增长14.44%（见表32-6）。产业用纺织品行业工业增加值同比增长12.4%，而纺织工业整体工业增加值同比增长为7%，产业用纺织品行业工业增加值增速高于整体行业5.4%。产业用纺织品行业处于快速的成长期，行业企业经济效益较好。

非织造布产量的快速增长反映了在产品结构上的市场变化。2015年1~11月，我国规模以上企业非织造布的产量达403.4万吨，同比增长15.77%（见表32-7）。非织造布是我国产业用纺

表 32-6　2012~2015 年全国非家用纺织制成品制造企业经济指标

年份	企业单位数（个）	主营业务收入累计值（亿元）	主营业务收入同比增长（%）	利润累计值（亿元）	利润总额增长（亿元）	利润总额增长（%）
2012	1598	2106.29	15.29	116.44	18.46	18.85
2013	1712	2384.09	16.46	134.43	17.99	15.45
2014	1795	2702.16	12.39	154.32	19.89	14.80
2015 年 1~11 月		2640.20	6.51	155.80	19.66	14.44
2015 年	1864			178.90	24.58	15.93

资料来源：国家统计局，转引自 Wind。

织品行业内增长最为活跃的领域，2011年规模以上企业的产量只有159万吨，"十二五"期间，非

织造布的产量增长了177%，年均增长22.58%。

表32-7 2011~2015年1~11月我国规模以上企业非织造布的产量

年份	非织造布产量（万吨）	同比增长（%）
2011	159.00	
2012	236.40	23.31
2013	257.30	12.40
2014	361.40	10.73
2015	403.40	15.77

资料来源：国家统计局，转引自Wind。

2. 区域生产力布局改善

从我国国内市场看，近年来在国内各项改革全面推进的同时，区域创新发展战略规划及新疆地区发展为行业国内布局开辟了极大空间。新疆作为我国最大的棉花生产基地和棉纺织业原料产地，在"十二五"期间成为我国重要的纺织工业基地，开展了全面建设。截至2015年6月底，内地纺织服装企业赴疆注册登记的投资项目已有118个。其中纺织类项目58个，总投资267.5亿元；服装家纺类项目60家，总投资29.29亿元。江苏金昇集团投资一期30亿元在库尔勒纺织城的100万锭纺纱项目一次建成并计划于10月末投产，在奎屯—独山子经济技术开发区投资60亿元，建设100万锭纺纱、200万锭筒子纱项目也已正式开工。全球最大包芯纱生产商之一天虹纺织集团拟投资100亿元在全疆布点建设300万锭纺纱项目，已于6月28日在奎屯—独山子经济技术开发区正式开工。

"十二五"期间，棉纺织行业有重点、有梯度地推进产业转移和优化布局，促进区域协调发展，使棉纺织行业从规模增长型向效益增长型转变。特别是"一带一路"发展战略正在各个层面全力推动落实，与纺织服装的部分产能跨国重置历史进程完全契合，给企业更好地进行国际布局提供了良好机遇。新疆有棉花资源，借助丝绸之路经济带建设打开中亚和欧洲市场，会吸引更多的企业在新疆投资。从我国纺织工业产业全球布局情况看，"十二五"期间，全球价值链正进入新一轮调整，中国纺织产业国际化发展面临"新常态"：纺织继续着后多种纤维协定全球纺织产业全球化和贸易自由化的大趋势，纺织制造向发展中国家

和欠发达地区转移，而高端纺织品服装设计与品牌仍由发达国家引领的格局。

3. 绿色革命引领纺织技术发展

截至2015年，纺织工业的技术进步主要围绕节能、环保和低碳展开，其中针织智能装备、针织智能生产系统、电子商务和针织智能产品等针织科技得到了较快的发展。互联网与传统行业的相互渗透，在新的领域创造新的机遇，既能发挥互联网的创造性，又能革命性地改变传统产业。针织工业作为国家的传统强势工业，在进行转型、与互联网结合过程中具有一定的基础和优势。针织行业在互联网应用方面取得了显著的成效，智能化的生产车间、智能化的管理控制系统、电商化的营销模式、智能穿戴产品在近几年长足发展，为针织行业向智能化和科技化的进一步发展提供了新的机会。

"十二五"期间，纺织工业虽然面临人才和研发投入瓶颈的客观现实，针织行业在技术发展方面仍有创新性突破，包括运用生产执行系统（MES），将车间复杂多变的生产情况实时传递给车间的管理者，方便管理者对车间实时监控，及时做出决策。MES系统已经成为提高生产效率、加强科学管理、降低生产成本、加快智能化生产的有效工具。在设计环节，智能工艺设计系统，设计系统智能化体现在其利用3D扫描技术获得人体结构图像，可自动生成人体尺寸，根据导入的服装样式导出工艺单，也可以根据人体尺寸从云数据库调取服装样式然后生成工艺单，极大地降低了工艺设计人员的劳动强度，同时提高了工艺设计的效率。

在管理的环节，针织智能管理是现代管理科

学技术发展的新动向，针织企业采用智能管理的新技术将物流、资金流、信息流做到整合、集成与互动，使企业资源配置更加合理，供应链系统更加优化，与客户联系更加密切。目前针织企业大多采用 ERP、MES 和 SFC 共同组成的金字塔式的智能制造系统来实现企业的智能管理。

随着电子技术的发展，便携式、可穿戴的电子设备成为研究的重点，针织产品以其优越的特性，与电子技术结合，发展了一批智能化的针织产品。智能化针织产品是信息化技术在针织终端产品上的直接应用，是传感、通信、人工智能技术与针织技术结合开发智能化的针织服装，主要应用于运动休闲、监测与健康护理领域。

三、纺织工业面临的问题与挑战

2015 年，纺织品市场新老问题并存，整体受困于需求低靡、产能过剩，行业需求端仍未明显好转，市场竞争日趋恶化，导致价格战愈演愈烈。一方面，由于同质化竞争激烈、生产规模增长过快等因素导致整个纺织行业普遍出现库存过高、资金周转困难；另一方面，消费力外流，出国购买服装、配饰及高档面料的需求逐年高涨，"供给侧"的产品不适应消费需求的变化，造成当前供需矛盾突出，供给满足不了需求升级的要求，更缺乏满足创造新消费的能力。据中国纺织工业联合会企业景气感受度的调查结果测算，2015 年，我国纺织行业景气度仍居于正常发展区间，但波动较前些年略大。2015 年上半年为行业景气高点，第三季度回落幅度较大，到第四季度，我国纺织行业企业景气指数为 54.61，较第三季度有明显回升（见图 32-2）。

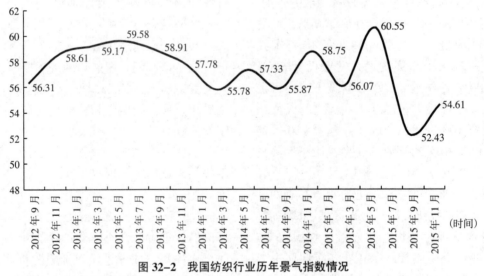

图 32-2 我国纺织行业历年景气指数情况

资料来源：中国纺织工业联合会统计中心。

1. 产成品库存严重

国际国内纺织品市场的变化，加之原材料成本的上升，导致纺织品库存积压严重。以 2015 年中报为例，在 82 家纺织服装上市公司中，有 61 家公司的商品库存金额超 1 亿元。其中，海澜之家、华孚色纺等 10 家上市公司的商品库存金额超 10 亿元。上市服装企业 2015 年年报披露的数据统计显示，报告期末存货总量为 353.96 亿元，在总资产中占比为 21.47%。其中存货最多的海澜之家，与 2014 年同期相比增加了 57.4%，存货周转天数为 298 天，较 2014 年增加 39 天。美邦服饰存货金额占总资产的比例接近三成。际华集团、红豆股份、森马服饰、星期六、报喜鸟的存货均在 10 亿元以上。去库存问题成了 2015 年纺织工业留给"十三五"需要解决的重大课题。

中国的纺织企业早已完全融入市场经济体系，面对产品与市场的对接错位，大量中低档、无品牌影响力的产品只能通过降价处理解决去库存的问题。但是由于国际市场不景气，加之汇率浮动造成的不确定性，大量出口中低端国际市场为主的产品仍然出现积压，去库存状况并不理想。

2. 降成本面临严峻挑战

中国纺织业生产要素成本持续提升，我国纺织企业综合成本过高压力突出，在国际比较中处于明显劣势，不仅压缩利润空间，更增加国际竞争压力。纺织业 2015 年的人均月工资约 3330 元，是越南的 2~3 倍，是孟加拉国的近 5 倍。劳动密集型的针织服装加工订单及产能向海外转移趋势明显。人均工资年均增速超过 10%，棉花价格持续 3 年高于国际市场 30%以上，能源价格上升，行业的国际竞争成本优势不再。2015 年，纺织行业整体受困于原料成本上升。包括棉纺、毛纺、丝绸、麻纺、针织等原料价格的波动，由此导致棉纺织行业、毛纺织行业、蚕丝产业、化纤工业受较大影响。从产业链整体的表现上看，2015年，棉花种植直补措施实施带动国内外棉价差逐步缩小，但前期临时收储政策的后续影响仍未消退，原料制约问题仍然突出，需要全面提升棉花产业的质量效益水平。

2015 年，棉纱线进口创历史新高。由于存在国内外棉花价差、进口棉配额限制、国内棉花质量参差不齐等问题，棉纱线进口依然保持快速增长，2015 年进口量 234.5 吨，创历史新高，同比增长 16.6%。与此同时，受需求降低、出口走弱及巨量库存的影响，2015 年我国棉花进口量继续大幅削减，全年仅进口 147.5 万吨，创近 10 年新低，同比下降 40%，进口平均单价为 1740 美元/吨，下跌 15%。据中国棉花协会统计，2015 年初，中国棉花价格指数 CCIndex（3128B）在13600 元/吨，之后开始持续下跌，2015 年 12 月31 日收于 12922 元/吨，全年下跌 678 元，跌幅为5%。

国产棉品质下降严重。近年来，受政策引导影响，国产棉花重量不重质现象明显。2015 年，国产新棉纤维长度短、马克隆值偏高、可纺率低等问题更为突出，且棉花品质过低无法支撑纺织

企业产品升级的需求。纺织企业大量进口印度、巴基斯坦所产纱替代高价低质国产棉，加剧国内棉纺企业压力，以纯棉产品为主的中小棉纺企业停产、减产情况较多。国内棉花供给长期缺乏市场调节，造成棉纺产能过快向海外转移，将破坏我国完整纺织产业链的综合竞争优势，国内用棉需求萎缩也更不利于保护棉农利益。

原材料质量和价格机制扭曲成为供给侧的制约因素。从棉花上看，一是高等级棉花供给缺口加大，国产棉连续 3 年品质严重下降，进口棉受配额管制供给量有限，棉花原料结构性矛盾突出，我国 2015 年的棉花质量和其他国家横向比较处于下游水平；二是棉花价格由于国储余量过大持续走低，带动下游纱、布及纺织制品价格呈下行行情，增加纺织企业库存亏损风险，压制市场采购积极性。由于供给存量过大，棉花价格长期无法真实、有效地反映终端需求动态，也将制约市场机制对纺织行业发挥调节作用。

3. 行业发展遭遇人才"瓶颈"

从业人员的专业水平与创新能力毫无疑问是影响服装产业升级的核心因素。服装产业升级最需要的是通晓品牌推广运作的企划管理人才，具有高度创新能力和开阔国际视野的设计研发人才，具有敏锐的市场意识和灵活的营销策略、熟悉国内外市场运作特色、能够打开国际市场的国际营销人才。目前，我国服装企业人才机制存在着明显的缺陷：从层次来看，综合能力顶尖的领军性人才奇缺；从领域来看，缺乏顶尖的设计、研发和营销人才；从企业的人才观来看，企业领导层对服装人才的重要性缺乏认识，仍习惯于依靠廉价劳动力追逐短期效益；从培养机制来看，优秀服装人才因为缺乏进一步深造发展的长效机制而不断流失；从资源整合来看，服装人才的开发方式各自为战，没有在行业内或区域性集群间形成有效的人才资源共享互补机制。培养出自己的高层次设计与研发人才，使中国服装产业逐渐向全球价值链高端延伸，逐步与国际设计思想和模式对接是"十三五"期间的重要任务之一。

4. 节能环保压力空前

国家对纺织行业污染物减排的标准要求不断提升，标准实施缺少过渡期，与企业的现实适应能力形成矛盾。地方环保部门为完成减排任务，

并不逐一考核企业具体情况，而是采取禁止印染项目备案的简单处理方法，企业难以进行技术改造和装备更新升级。由于纺织印染在技术改造方面的政策引导和财政信贷支持缺位，大多数印染企业面临"被去产能"的困境。技术标准、质量标准、能耗标准和环保标准如果不明确，纺织印染行业深陷进退两难的局面。印染是纺织产业链上的重要中间环节，升级发展长期受限将逐渐形成产业链"瓶颈"，制约纺织全行业的平稳、健康发展。

5. 国际竞争力弱化

"十二五"期间，世界经济整体仍处于后金融危机时代的深度调整阶段，全球贸易政策变革正在深刻影响全球纺织供应链的重塑，中国纺织产品销售渠道面临严峻的挑战，纺织产品目前的品质、品牌需要重新打造。2015年，纺织行业一直面临出口下行压力加大的局面，从企业层面来看，大型外贸企业一直努力"走出去"，抓住"一带一路"的机遇扩展海外布局，但受限于自主研发能力，在生产管理效率和供应链管理模式并无竞争优势，如何打造品牌优势，从传统的生产者和中间商向全流程的服务供应商转变，仍是参加国际市场竞争的主要方面。中小企业参与国际市场竞争，更需要实现合并重组，整合地方企业集群，并以此为核心，形成以质取胜、结构优化、技术革新、从"制造"到"创造"的新时代外贸出口优势。

四、纺织工业"十三五"发展展望

"十三五"期间纺织工业发展规划中，"供给侧结构性改革"将处在突出位置。对于中国纺织业来说，产业升级和结构调整势在必行。未来5年，复杂严峻的外部市场环境仍然不会有明显改观。国际市场虽有美国加快复苏的积极因素，但整体回升的动力不足，难改疲软态势。我国经济增速下行压力依然突出，化解工业产能过剩，优化经济结构仍需过程，内需虽能保持平稳，但并无加速增长空间。此外，综合成本上升，国际竞争加剧、环保任务艰巨等外部因素仍将考验行业适应能力。进一步加快推进转型升级仍是关键。积极调整升级、走创新驱动的多元化发展之路成为企业做大做强的关键。

1. 供给侧改革推动纺织工业调整和转型

"十三五"发展期间，纺织工业发展通过供给侧改革，带动产业结构调整进一步加强。在未来纺织工业的投资方向上，全球产业要素面临新格局调整，中国纺织服装产业面临着更大的双重竞争压力。

2016年的内需市场总体态势仍将保持平稳增长，消费结构升级和零售渠道革新特征明显。但受宏观经济增速放缓影响，衣着消费总量增速难以明显加快。消费升级将引领纺织面料和服装产品逐步迈向中高端。"一带一路"互联互通进程的推进也将带动产业用纺织品行业发展。整体来看，我国纺织行业国内市场增速水平或将与2015年持平。

纺织业能否率先实现"制造强国"目标，下一步的关键在于增强纺织行业的创新动力，在全行业推动智能制造。虽然市场竞争不断加剧、劳动用工等要素成本继续增加、化纤结构性产能过剩等问题仍未解决，但通过技术和管理创新，降低成本、扩大有效供给等措施，纺织行业的生产及效益情况会有所改善。综合考虑国内外市场及成本、政策环境等因素的影响，预计纺织业销售收入、利润总额等指标增速将比2015年有所提高。

我国服装产业升级的有效途径在于整合重组服装产业集群。产业集群能促进产业链的专业化分工和产业专业化配套服务的完善，助推区域产业结构、技术结构和产品结构的调整，从而推动区域产业升级。但是目前我国的服装产业集群多集中在东南沿海一带，多以加工型为主，同质化竞争严重，处于行业价值链的低端，缺乏核心竞争力，并承受着来自资源、环境、成本、国际市场等多方面的压力。这些集群可以通过兼并重组实现集群内企业的专业化分工和高度整合，在价值链的各个节点聚集各类上下游企业，建成差别化定位的产业集群，形成完整的价值链，这样才能参与除生产加工之外的设计、研发等高附加值活动，才有可能在全球价值链中实现功能升级。政府和行业协会需要积极鼓励和引导企业之间甚至是跨区域的整合重组，调整和优化服装产业结构，推动我国服装产业实现转型升级。

2. 服装人才培养提升规格

高端人才培养能力有待开发。当前我国的服装教育呈现范围广、多层次、社会化的特色，开设服装类专业的各类大专院校约362所，其他与服装相关的中专、技校、职高等中等职业教育及各类在职短期培训更是在全国"遍地开花"，从规模上满足了生产加工为主的服装行业的人才需求，但还不足以提供服装行业升级转型所需的高端人才支撑。高端服装人才的培养规格需要从高层次、精英化、市场化、国际化四个维度进行规划，尤其是设计、研发人才要具有国际视野和敏锐的市场把控力。政府与企业要从政策、经济和行业技术等方面大力扶持各大服装类院校发展能紧跟市场需求、国际趋势的服装人才教育，培育能与市场需求无缝对接的产品研发、品牌设计创新和营销人才。

3. 互联网推进产业升级

电子商务的迅速发展，为国内纺织工业提供了一个全新的助推力。纺织品服装的电子商务成为最具活力的商业渠道，扩大了服装零售渠道的覆盖面，极大地满足了消费者的消费需求，刺激了服装消费增长，提升了服装市场规模，现已成为重要的服装零售渠道。随着移动互联网和社交平台的迅速发展，网红等新兴事物的发展及国外快时尚巨头进入中国对我国纺织服装行业带来的冲击，纺织服装行业在整条产业链上出现了新型的变革。

在供应链匹配方面，也只有通过互联网的方式才能够实现供应链端的模式创新（如搭建交易撮合式的B2B平台）。在产业供应链基础设施建设环节，众多上市公司已经积极投入数据库建设，基于产业互联网下的供应链运营商/服务商的战略框架应该是最有可能解决行业痛点的答案所在。

纺织服装行业会进一步利用互联网、物联网和大数据技术推陈出新。在当前已经普及的电子商务基础上，纺织行业会进一步深化应用互联网，覆盖设计、研发、生产、管理、物流、营销和服务多个环节，涉及物联网、云计算、大数据等多项技术。纺织企业自营电商将进一步实现电子商务平台、跨境电商、线上服务与个性化定制的融合发展，使得纺织业的互联网个性化定制、网络化协同制造推进的同时，进一步向云计算、移动互联网等新一代信息技术新领域延伸，并深化物联网应用。

4. 国产纺服品牌亟待树立

"十三五"期间，中国纺织工业产品需要进一步增强品牌意识。品牌是承载"创新驱动、质量为先"的载体，反映的是企业和产品形象，获得的是价值，体现的是竞争力。要更加注重创新。不仅要注重管理创新、产品创新，还需要服务创新和运营模式创新，提升产品的个性化、差异化水平。

当前要更加注重的是产业链前端面料与终端品牌的协同创新。将加强质量品牌建设作为重大战略任务，推行先进的质量控制技术，完善质量管理机制，制定品牌管理体系，提升内在素质，提升企业品牌创建能力和核心竞争力，夯实品牌发展基础。通过挖掘品牌文化，并创立品牌个性，通过品牌个性化创立，建立长久的关系。产品通过差异化，就能获得价值最大化和保持产品的先进性。运用品牌战略区隔市场，从市场的原点上进行分类，实现跳出与假洋品牌竞争的"红海"。此外，加大宣传力度。积极做好中国品牌的对内对外宣传，增强中国品牌的知名度和美誉度，为中国品牌做大做强，走向世界提供有力的舆论支持。

5. 国际投资思路的协同变革

中国对外投资快速发展，在境外投资的企业已近3万家，截至2015年底，纺织服装业对外投资建设已有802家，并形成了一批有实力的国际化企业。应对产业变革，中国纺织服装产业转型升级需要确立国际化经营的发展目标，及时把握"一带一路"的战略给予加快供给侧改革，打造中国纺织业国际化的升级版。提升产业竞争优势离不开政策环境的完善、企业主体的努力和行业的协调整合。

一方面，政府需要不断深化国际贸易和投资的管理改革、强化公共服务平台建设，发挥好国际化经营风险预警、贸易救济机制等作用；加大对"走出去"纺织企业金融信贷的支持力度，助推企业以微笑曲线两端为产业发展重点，积极加快产业国际转移和布局，主控研发、设计、品牌和营销服务等高价值链环于国内，让渡代工制造等低价值链环于国外，不断迈向产业高端，积极参与国际投资协议和多边规则制定，加强国际合作，更好地保护中国对外投资的长远利益。

另一方面，中国纺织企业要优选国际化经营的途径，整合国际资源协同发展，做好国际化经营的风险管控，尤其要强化直接投资中的新兴市场国家风险识别和风险分析，并预先制定好风险控制和处理策略；提高人才国际化、产业国际化、资本国际化和市场国际化程度，提升产业合作度与内部化，风险可以更多地内化为机会。

行业需要建立健全政治与经济协同、商业与文化协同、产业链协同、跨界协同等多种协同发展机制，加快建设信息化的产业云平台（云资源），以集成各种国际化经营信息和创新要素，形成高效的生产性服务体系——纺织产业国际化信息生态系统，实现整合资源、管控风险和共赢发展，推动中国纺织服装产业迅速脱离劳动密集型，转向服务、信息密集型产业，多方协力，长期推行国际化战略，才能构建起中国跨国公司主导的，新的富有竞争力的全球纺织生产经营网络、国际产业链和价值链。

经济全球化、区域经济一体化仍是重要发展趋势，国际区域性经贸合作向纵深推进。该倡议以实现共同利益为目标，以亚欧非多个国家组成的共同体为主体，以"共商、共建、共享"和"合作共赢"为原则，内容以互联互通为主线，方式以国际合作为核心，通过加强亚洲各国为主的合作互补，促进经济发展与复苏，实现共同现代化。

专栏 32-1

纺织品销售的网红模式

在社交平台上具有一定量的社交资产，并且这些社交资产具有变现能力（变现方式通常包括广告与网红电商）的人都可以叫做网红。网红一般发源于某个专业社群网站，早期通过发布相关领域的内容吸引和积攒粉丝，当粉丝数量达到一定程度时，由于新浪微博的巨大流量，达人们通常会兼营微博平台，向微博输送、转移粉丝。同时兼营多个平台也成为网红的新特点。

营销类网红+电商的模式蕴含着很大的商业价值。网红变现的具体流程一般为：①网红在社交平台上发布产品开发进度，与粉丝进行互动并根据粉丝偏好调整产品设计，同时穿插自己的生活片段，包括各种能对标大牌的生活场景。②在上新之前进行产品集中发布预览和通知；产品上新时，网红往往会晒出自己试衣照、试衣体验并附上产品链接，将流量导入社交电商平台。③在销售和备货方式上，采取少量现货限时限量发售、后期预售翻单方式，进行饥饿营销、同时根据预售情况以销定产。

从 2015 年的数据来看，淘宝女装类目中，月销售额过百万的网红店铺已超过 1000 家。网红店铺在淘宝 C 店中更是占据绝对优势，如排名前列的张大奕、毛菇小象等都是网红店铺，相较于品牌电商依托于天猫商城需要付出大量流量费用，网红店铺的流量成本极低，利润率自然更高。

双十一期间，包括张大奕、左娇娇、娜娜的店等数十家网红店铺，在没有任何会场资源和流量倾斜的情况下，都实现了 2000 万~5000 万元的销售额。其中网红张大奕，仅有 360 万粉丝，但是在 8 月 24 日淘宝上新当日销售额超过 2000 万元，热卖指数超过第二名韩都衣舍两倍。可以看出，网红可以为电商在短时间带去爆炸性的集中流量，且这些流量来自成熟的社交平台，仅依托于网红的个人影响力，流量成本接近于零，网红经济蕴含巨大的发展前景。

资料来源：马莉、陈腾曦、林骥川：《移动社交电商创造电商 3.0 时代，网红经济插上想象翅膀》，《中国银河证券研究部纺织服装行业深度报告》2016 年 1 月 19 日，有删减。

参考文献

［1］中国社会科学院工业经济研究所：《中国工业发展报告》，经济管理出版社 2015 年版。

［2］中国纺织工业联合会：《中国纺织工业发展报告（2015~2016）》。

［3］工业和信息化部：《纺织工业"十二五"发展规划》，2012 年 1 月 19 日。

［4］国家统计局国家统计联网直报账户：《2015 年纺织行业运行情况报告》，http：//www.lwzb.cn/pub/gjtjlwzb/sjyfx/201605/t20160525_2794.html。

［5］何涛、姜宁川、王歆：《"一带一路"倡议下中国纺织业国际化研究——风险控制和协同发展》，《经济与管理》2016 年第 5 期。

［6］邱书芬、蒋东玲：《我国服装产业升级的多维透视》，《毛纺科技》2016 年第 5 期。

第三十三章 家电工业

提 要

自 2014 年以来，家电行业正在经历由"三期叠加"① 而导致的持续低位运行，面临着核心技术缺乏、库存高企、质量良莠不齐等问题。同时也呈现传统家电与"互联网"企业跨界融合、中外品牌并购与整合、渠道和消费双升级的特征。中国经济正经历着从"三驾马车"到"供给侧结构性改革"的巨大转变。供给侧改革给传统家电企业转型升级提供了新思路，将加速家电行业去库存化，引导大数据定制化新思维产生。而"收入倍增计划"、"新型城镇化"、互联网技术和物流业快速发展等利好因素也将推动家电行业发展。2016 年家电行业运行的基本面有望得到改善，行业增速有望在 2016 年下半年开始触底回升，全年行业走势或将呈现前低后高态势。

* * *

家用电器是我国居民生活中较为重要的耐用消费品，家电行业在轻工业中处于支柱地位。目前，我国各类家电产量都居全球第一位，已经成为名副其实的家电产品制造大国。随着科技创新不断深入，家电行业转型升级步伐的加快，将进一步推动中国由家电"制造大国"向"制造强国"转变。

一、家电工业运行及特征

1. 家电工业运行情况

2015 年，受宏观经济环境、住宅产业低迷及补贴政策退出等综合因素的影响，家电工业市场增长动力不足，家电业面临比以往更大的挑战，主要产品生产增速放缓，销售陷入负增长困境。

生产进入偏低增速。2015 年，家用电冰箱累计生产 8992.8 万台，同比下降 1.9%，降幅比 2014 年扩大了 0.9 个百分点；房间空气调节器累计生产 15649.8 万台，与 2014 年同期基本持平，增速比 2014 年减少了 11.5 个百分点；家用洗衣机累计生产 7274.5 万台，同比增长 0.7%，增速比 2014 年增加了 4 个百分点；彩色电视累计生产 16206.5 万台，同比增长 7.1%，增速比 2014 年提高了 0.9 个百分点（见图 33-1）。

---

① "三期叠加"即规模增长换挡期、前期政策（家电下乡、家电以旧换新、节能产品惠民工程）消化期和关联行业（房地产业）结构调整阵痛期。

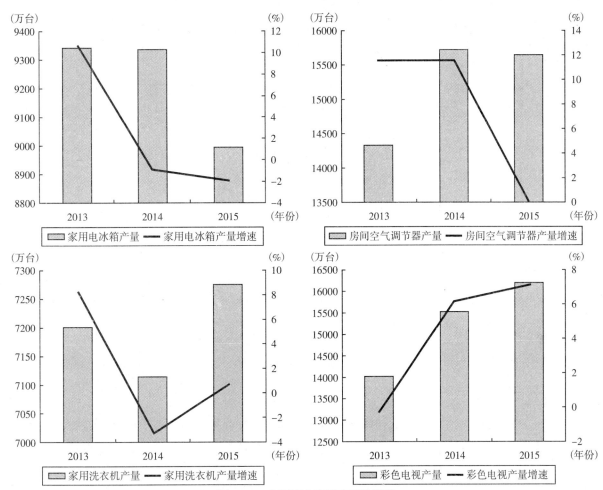

图 33-1　主要家电产品产量及增速

资料来源：国家统计局网站。

内外销市场持续低迷。2015 年家用电器行业[①]主营业务收入 14083.9 亿元，同比下降 0.4%，增速比 2014 年和 2013 年分别下降 10.4 个百分点和 14.6 个百分点；利润总额 993.0 亿元，同比增长 8.4%，增速比 2014 年和 2013 年分别减少了 10.1 个百分点和 20.3 个百分点。2015 年家电行业出口交货值达 3445.6 亿元，同比增长 0.8%，增速较 2014 年和 2013 年分别减少了 4.6 个百分点和 5.5 个百分点（见表 33-1）。

表 33-1　2013~2015 年家电行业财务绩效

		2013 年	2014 年	2015 年
主营业务收入	金额（亿元）	12843.0	14139.1	14083.9
	同比增速（%）	14.2	10.0	−0.4
利润	金额（亿元）	784.0	931.6	993.0
	同比增速（%）	28.7	18.5	8.4
出口交货值	金额（亿元）	3200.1	3402.5	3445.6
	同比增速（%）	6.3	5.4	0.8

资料来源：工业和信息化部网站。

---

① 此处家用电器行业特指工信部归类口径，主要包含冰箱、洗衣机及空调三大白色家电。

中怡康数据显示，2015 年，冰箱零售量和零售额同比分别下降 4.9% 和 1.3%；空调零售量和销售额同比分别下降 1.1% 和 4.8%；洗衣机零售量和零售额同比分别增长 0.6% 和 4%。厨电增幅高于家电行业整体增长，但增速趋于放缓。国家信息中心对 24 个重点城市家电销售情况进行监测，调查数据显示，2015 年 1~11 月，国内冰箱销售量下降 9.1%，销售额下降 6.5%；空调销售量和销售额则同比分别下降 16.0% 和 19.8%；洗衣机情况最好，销售量和销售额双双保持微增长，分别增长 0.6% 和 1.1%，但与前几年相比，也是逊色很多。小家电产品中，1~11 月吸尘器、饮水机、电烘烤炊具产量分别下降 2.3%、2.8% 和 10.3%，电风扇、电饭锅由负转正，增幅达 5.4%、23.97%。

白电三大家电企业的营业收入大幅下降。2015 年，格力电器营业收入为 977.45 亿元，同比下降 29.0%，净利润 125.32 亿元，同比下降 11.5%；美的集团实现营业收入 1384.4 亿元，同比下降 2.3%；净利润为 127 亿元，同比增长 21%；青岛海尔实现营业收入 897.5 亿元，同比下降 7.4%；净利润 43 亿元，同比下降 19%。

值得注意的是，2015 年彩色电视逆势上扬，产销均呈现增长态势。根据奥维云网（AVC）大数据显示，2015 年中国彩电市场零售量为 4674 万台，同比增长 4.8%，零售额 1572 亿元，同比增长 7.5%，市场均价 3363 元，同比增长 2.6%。彩电行业零售量增长的主要原因在于供给端，一方面 2015 年彩电行业共进行 12 次大规模促销，较 2014 年增加 2 次，平均每次促销拉动增长 26 万台左右；另一方面则是低价，消费者可以用更低的价格买一个更高规格的产品。由于供给端的促销拉动使得更新换代需求持续释放，将电视产品的更新换代年限缩短了 1.5 年。

2. 家电工业主要特征

当前，家电工业呈现传统家电与"互联网"企业跨界融合，中外品牌并购与整合，渠道和消费双升级的特征。

（1）传统家电企业与"互联网"企业跨界融合。传统家电企业借助互联网寻求转型突破。"互联网+"正在以无可阻挡的势头覆盖着每一个行业，改变人们的思维方式和行为模式，同时也影响着全球家电业的发展和变革。随着互联网的快速渗透，在去产能、去库存、增速放缓的压力下，传统家电企业在互联网思维的颠覆与重构下，纷纷进行战略转型、业务调整和运营变革，中国家电行业"互联网+"呈现多样化、创新化的快速态势。有的企业已在集团战略层面推进企业组织、创新、生产等各方面与互联网生态的融合；有的企业与互联网企业合作，在硬件及营销上向互联网思维转化；有的企业打造属于自己的全新商业模式（见表 33-2）。家电企业的互联网转型，一是推动企业产品设计和生产的转型，即从工程师思维到用户至上思维转变及从大规模制造到个性化定制转变；二是有助于营销转型和品牌重塑，借助第三方平台来销售产品，家电企业的产品、品牌要迎合互联网的人群的需求，体现个性和时尚，着力打造"粉丝"经济；三是家电企业抓住智能化趋势，有效落实 O2O 模式，积极探索大数据技术在家电业的应用。

表 33-2　主要家电企业互联网转型特点及主要内容

企业名称	特点	主要内容
海尔	企业小微化——转型互联网企业	海尔互联网战略"企业小微化"，将原有的组织架构变成扁平化的平台型小公司，各平台自负盈亏，并且不单单聚焦家电行业，只要是用户生活的痛点均可以立项研发同时加以制造，从而创造一种新模式。海尔的互联网转型可以说是去海尔化，不再讲求海尔是一家家电企业，而是一家互联网公司
美的	互联网思维的智能硬件公司	内外并举，内部推行互联网组织和思维的转变，外部则是和小米、京东结盟，打造全新的产品创新+渠道管理的新模式。美的坚守家电这一核心领域，聚焦用户和产品，用"互联网+"再造企业。同时，美的通过"合伙人"制度和文化，打造电商平台、创新中心等服务平台，实现价值再造，打破原有静态模式，实现新的增长空间。美的将互联网作为一种工具而不是全部，依然讲求产品及用户创新，立足家电产品本身
格力	聚焦互联网经济下营销	格力通过做实渠道电商化以强化营销，格力聚焦互联网经济下营销。此外，与传统的企业互联网转型相比，格力的转型主要体现在专业化技术的二次延伸，将专业技术更多地应用在其他领域，如手机、新能源汽车等，进一步传递格力的制造精神和核心理念

企业名称	特点	主要内容
康佳	打造首个中国智能电视互联网运营平台	2014年，康佳易终端＋易平台的"1＋1"战略为康佳互联网转型打好坚实的基础；2015年开年之初，康佳又提出"一体两翼"方针，以易柚系统和易TV精品作为主体，打造开放的拥有丰富内容的互联网智能平台，并以硬件方面的"SLED"策略和"互联网内容运营策略"作为"两翼"，继续深化"易战略"。其中，"SLED"是康佳对超薄电视外观和高色域炫彩画质的追求，"互联网内容运营"则重点打造在线视频、游戏、教育等方面的服务和运营，保证平台上的内容月度更新
TCL	"产品+服务"的新商业模式	从业务领域看，TCL不再局限于黑电，而是延伸到白色家电、手机等智能领域，扩大产品广度充分发挥硬件优势。同时，TCL与乐视、腾讯互娱等深度合作，完成内容和服务的多元转化，构建"硬件＋内容＋服务"互联生态。而自身定位的"双+"战略则通过建立"产品＋服务"的新商业模式实现用户平台搭建，进一步延伸市场。TCL在争夺智能入口的同时建立一种新的商业模式，通过产品加服务让企业实现新的生机与活力

资料来源：作者整理。

"互联网"企业纷纷进入家电行业。原本以内容和服务为依托的互联网企业，进入硬件市场，以电商渠道为着力点，减少中间环节，加速了家电市场的份额变化。腾讯与TCL电视内容平台合作、暴风科技与海尔携手互联网电视业务、阿里巴巴与苏宁资本联姻、TCL与乐视互投战略、格力与京东捆绑促销，更多跨界融合加速家电行业转型升级。同时，互联网企业选择进入家电领域，让原本激烈的市场竞争更加白热化。

事实上，与互联网企业相比，传统家电企业在显示技术和生产成本方面拥有更加突出的优势，特别是一些生产核心技术是互联网企业所不具备的。在硬件生产上，由于积累了多年的生产经验，传统家电在工艺、市场客户资源、品牌知名度、售后服务、物流配送等方面也具有明显优势。通过与互联网企业融合发展，可以加快推动传统家电企业互联网方向转型，尽快掌握互联网思维，熟悉互联网营销操作模式，进而构建生态发展战略和新的生产构建能力，并在价值转换和用户管理方面做好布局。相比家电企业在产品生产上的优势，互联网企业以网络技术、数据管理和服务等见长。互联网企业与传统家电企业合作，实现优势互补，合作共赢。

（2）中外品牌并购与整合。家电企业"走出去"步伐加快。近年来中国家电企业逐步发展，国际化已经成为企业发展的战略核心之一。伴随着国内家电产品相继进入存量市场，在此背景下中国家电企业走向海外就显得尤为重要。同时，海外并购在获得相关专利技术的同时，也成为打开国际市场的钥匙，不失为促成中国家电企业全球化的一种捷径。近期中国家电企业在海外市场并购不断，其中，当属海尔收购通用家电业务、美的增持德国库卡股份最为显著。

2016年1月15日，海尔与通用在美国签署了合作谅解备忘录，海尔拟以54亿美元收购通用的家电业务。同时，海尔与通用均同意在全球范围内展开合作，共同在工业互联网、医疗、制造等领域提升企业竞争力。6月6日，海尔集团发布公告，海尔集团以55.8亿美元的价格完成了对GE家电业务的收购，这次资产交割标志着通用家电正式成为青岛海尔的一员。通用家电是美国第二大白电企业，拥有100多年的历史，产品涵盖厨电产品、制冷产品、洗衣产品、洗碗机和家庭护理产品。GE是美国用户认可度排名第二的家电品牌。2014年，企业收入达59亿美元。海尔收购GE的家电业务，是中国家电业最大一笔海外并购，除了获得专利技术外，还将获得GE在欧美高端市场的渠道，将全面加速海尔的国际化进程。

2016年3月30日，美的发布公告称，将与东芝正式签约，作价537亿日元收购东芝家电业务80.1%的股权。美的收购东芝进一步巩固了白电业务的竞争力，同时东芝品牌在东南亚、中东等新兴市场依旧具有一定的品牌号召力。5月18日，美的集团正式宣布将以不超过40亿欧元（约292亿元人民币）收购德国工业机器人巨头库卡（Kuka AG）集团股份，持股将从目前的13.5%增至30%以上。德国库卡公司创办于1898年，是德国工业生产流程数字化的领军企业之一，与瑞典的ABB、发那科（FANUC）、日本安川（YASKAWA）并称为世界四大机器人公司。美的收购德国库卡公司，标志着美的将进一步推进集团业务多元化发展，并将机器人业务提升至未来发展的主营业务行列。同时也符合美的制定（智能家居＋智能制造）的"双智"战略。进入机器人领域对美的而言不仅在于业务多元化，机器人带来的智能制造与自动化转变，也将提升美的白电自身的制造水平。事实上，美的无论是收购东芝还是库卡，其思路是非常清楚的，即意在打通其上下游产业链，进一步夯实生产制造水平。

此外，2015 年 7 月 31 日，海信集团与日本夏普同时宣布：海信出资 2370 万美元收购夏普墨西哥工厂的全部股权及资产，同时海信将获得夏普电视美洲地区品牌使用权和所有渠道资源。2015 年 12 月 21 日。创维数码公布消息称，创维集团正式向东芝生活电器收购东芝家电制造印度尼西亚公司的全部销售股份。

跨国公司追加投资。国外家电巨头十分看好中国家电市场潜力，纷纷加大了对华投资力度。2014 年，西门子在全球营业收入为 719 亿欧元，其中，在中国的营业收入为 64.4 亿欧元，中国市场占比高达 9％。2015 年 5 月，西门子中国公司宣布，由于在中国取得了非常好的业绩，西门子中国将再次向中国市场追加中期投资 100 亿元，在北京的中国总部大楼耗资 10 亿元，另外还将花费 7.1 亿元在上海建"西门子上海中心"。西门子方面宣布，西门子在中国再度推出新的战略规划——"2015 加速度"，使地区办事处的数量增至 100 家，进一步拓展在中国的业务网络。

而中国小家电企业多为市场跟随者，主要徘徊在中低端市场打价格战。外资家电正是看到了巨大的商机，欲抢占中国高品质小家电市场。日本等老牌家电强国正经历产业转型，日系家电欲以智能化再搏一筹。2015 年 8 月，松下宣布整合中国区企业架构。整合企业架构的意义在于配合松下家电在中国市场瞄准高端化、智能化战略，目标是到 2018 年实现 9％的年平均增长率。

中国家电企业整合外资品牌在中国区域业务。2015 年 10 月 28 日，长虹发布公告称，公司与三洋电机株式会社、松下电器株式会社签署了相关合同，约定公司将作为"三洋"品牌在中国大陆地区的电视品类排他性授权使用者，在中国大陆范围内有权进行"三洋"品牌电视的开发、生产、销售和服务。承继日期为 2015 年 12 月 1 日，有

效期至 2019 年 12 月 31 日。整合三洋电视中国区业务有助于进一步增强长虹渠道效率。同时，借助三洋电视品牌的全球影响力，进一步整合渠道及全球资源，强化全球同步研发及响应速度、夯实全球供应链、拓展全球市场。

（3）渠道和消费双升级。线上线下融合的 O2O 模式、互联网普及下的大数据应用将持续推动家电企业的渠道转型升级，电商市场快速增长。商务部数据显示，2015 年全国网络零售交易额为 3.88 万亿元，同比增长 33.3%，位居世界第一。《家电网购报告》显示，2015 年，我国 B2C 家电网购市场（含移动终端）规模再创新高，达 3007 亿元，同比增长 49%，网购已经成为家电市场强劲动力。从家电网购分类市场规模来看，大家电为 862 亿元（包括平板电视 389 亿元、空调 195 亿元、冰箱 151 亿元、洗衣机 127 亿元），小家电为 465 亿元。分产品来看，电视领域，海信不但以 14.5% 的零售额份额稳居第一，还成为第三方电商平台综合销量超过 200 万台的唯一彩电品牌；空调领域，2015 年格力借助电商平台以 17% 的零售额份额取得线上第一；小家电领域，美的 2015 年线上零售额达 160 亿元，稳居热水器、净水器等多个细分产品门类第一。从品牌格局看，在彩电、冰箱、空调、洗衣机等传统家电产品线上市场，国内品牌占据优势，但是在空气净化器、净水设备等新兴家电产品线上市场，国际品牌优势较为突出。2015 年，电子商务领域竞争表现得更为激烈，京东夺得家电网购市场的六成份额，天猫、苏宁易购、国美在线竞相追赶，渠道格局出现强者更强的态势。

家电产品在节能、环保、智能化、网络化与工业设计突破等多方面的性能与品质提升，进一步推动家电产品的消费升级，带动家电企业的产品结构优化与盈利能力提升。据中怡康数据，变频产品普及加速，2015 年变频空调、变频洗衣机和变频冰箱零售量占比分别为 62%、37% 和 20%，比 2013 年分别提高 8 个百分点、17 个百分点和 8 个百分点。多门和对开冰箱零售量比重合计由 2013 年的 14% 上升至 2015 年的 26%，全自动洗衣机零售量比重更是从 2013 年的 73% 上升至 92%，其中大于 7 公斤的洗衣机销售量比重从 2013 年的 42% 上升至 2015 年的 65%。各类高端

精品厨电与健康类小家电占比均保持提升态势，增长快于行业增长。

二、家电工业供给侧结构性改革问题

虽然中国正在成长为全球家电制造中心，但是家电工业仍面临产能过剩、产销率持续走低、库存高企、成本偏高及核心技术匮乏等问题，未来家电工业通过去产能、去库存、降成本、补短板进一步提升家电工业核心竞争力，实质性推进供给侧结构性改革。

1. 低端无效产能过剩，高端有效产能不足

目前，不仅空调、洗衣机、冰箱等白电产业出现产能过剩，而且平板电视等黑电领域同样存在。究其主要原因，前些年国家推出家电补贴政策导致一部分消费需求被提前透支，家电产品销量大幅增长，引发了厂商扩张产能的冲动。包括海尔、美的、美菱等龙头企业在内的家电企业纷纷通过新建生产基地，或者通过升级技改现有基地项目，大幅提高产能。家电工业产能过剩一方面体现为庞大的产能没有对接消费需求成为无效产能，另一方面表现为市场需求错配即消费端的需求没有得到很好地满足，由于家电市场形势的变化带来的家电产能与消费者需求的错位。据奥维云网（AVC）消费者调研数据显示，消费者购买彩电最高消费额度集中在 2000~9000 元，但彩电市场 5000~9000 元产品的销售占比却很低。2015 年中国彩电零售低效机型数量占比高达 60%。

2. 产销率持续走低，库存高企

自 2012 年以来，家电行业产销率持续走低（见图 33-2）。2015 年家电行业产销率较 2012 年减少了 2.4 个百分点。据报道，2015 年在中期报告的财务数据中，57 家家电上市公司里，有 9 家家电巨头库存商品金额在 10 亿元以上，39 家存货商品金额过亿元，其中美的集团以 79 亿元居首，康佳存货提取的跌价准备金额达 2.5 亿元居前列，平均提货比例为 11.2%。根据产业在线数据统计，截至 2015 年 12 月底，家用空调行业工业库存和渠道库存合计约为 4396 万台，较 2014 年同期新增 319 万台。其中，工业库存 762 万台，同比减少 162 万台；渠道库存为 3635 万台，同比新增 481 万台。根据中怡康终端数据推总，2015 年空调市场零售量总规模才只有 4170 万台，也就是说，即使 2016 年空调企业全年不生产空调，光库存也足够卖一年。

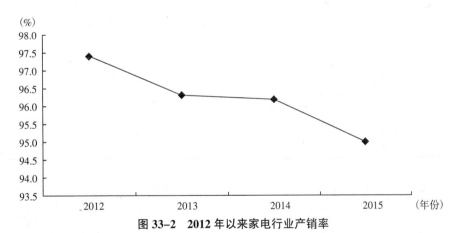

图 33-2　2012 年以来家电行业产销率

资料来源：工业和信息化部网站。

家电行业深陷高库存困境是几轮政策刺激的后遗症。2008 年金融危机后，家电产业领域推出了家电下乡、以旧换新、高效节能等一系列补贴政策。财政补贴在推出之时有着非常有效的市场提升，家电市场迅速回暖。但补贴消失后，原先的诸多企业依然没有及时针对市场变化而做出新

的抉择，经营惯性导致大中型家电企业依然延续了原来生产规模。加上地产市场的相对萎靡，使得家电行业需求弱化，整个家电行业逐渐陷入竞争惨烈、市场饱和、库存高企、消费低迷窘境。

3. 偿债能力下降，营销成本增高

家电行业无论是短期偿债能力还是长期偿债能力均出现下降。根据 Wind 数据统计，2016 年上半年，在反映家电行业（按 Wind 行业分类）偿债能力的五类指标（资产负债率、产权比率、流动比率、速动比率和经营活动现金净流量/负债）中，除了产权比率向好外，其他四类指标走弱。其中，资产负债率为 63.61%，比 2015 年同期增加了 1.29 个百分点；流动比率、速动比率和经营活动现金净流量/负债分别为 1.94、1.18 和 0.9，分别比 2015 年同期减少了 0.06、0.05 和 0.06。根据 Wind 数据统计，2016 年上半年，家电行业（按 Wind 行业分类）营业费用占营业收入的比重较 2015 年同期提高了 1.57 个百分点，上升至 13.96%。畸高的营销成本不仅在一定程度上引发企业恶性竞争，侵占投资者的部分利益，同时也缩减了厂家利润，使得家电行业研发创新滞后，过度营销已成当前家电市场顽疾。

4. 核心技术缺乏，处于产业链末端

虽然中国的家电制造规模很大，但是是以末端产业链的整机组装为主，而且中国家电行业整体产品的工艺质量、可靠性水平还是比国际同行低，市场上充斥着各种各样的不合格家电产品。虽然中国家电企业近年来在部分产品上取得不错的核心技术突破，却没有形成核心技术集群。从核心技术来看，中国家电企业的整体技术水平仍

然落后于索尼、松下、三星、伊莱克斯、惠而浦等国际同行。大多数家电企业还不能自主生产上游的核心零部件，缺乏上游核心技术和专利。目前，彩电显示技术基本被国内几大企业所掌握，但在白色家电方面，除空调外，国内企业所掌握的核心技术并不强。据了解，包括线性变频压缩机（节能省电）、DD 直驱变频电机（降低设备故障率）、智能灰尘压缩和光波技术等核心技术基本被国外家电生产商所掌握。

5. 质量良莠不齐，行业标准短缺

2015 年 10 月，上海市质量技术监督局公布了电磁炉产品质量专项监督抽查结果，20 批次中有 6 批次不合格，其中不乏大牌上榜。2015 年 9 月，国家质检总局公布的电子商务产品质量抽查结果同样显示，小家电抽检不合格率为 17.8%，16 批次不合格产品中有 15 批次都存在质量问题。此外，山东、江苏、湖南等地也都曝出小家电产品抽检不合格问题。导致产品质量良莠不齐、市场混乱的一个重要原因是行业标准制定滞后。由于缺乏强制性标准，企业有恃无恐，而监管部门也无法可依。目前，我国很多种产品的国家标准已经很多年没有更新过，远远落后于国际标准。再有，中国有的强制标准适用的产品范围比较宽，实际上对其中有些产品并不太适用，或者不同强制性标准存在一些冲突。而智能家电标准主要涉及电子信息、通信、建筑与社区信息化、家电、智能电网等领域。由于涉及行业较为广泛，各行业之间具有较强的独立性，目前还未有统一的标准体系可以遵循。

三、未来中国家电工业发展趋势与政策建议

1. 中国家电工业发展趋势与展望

"互联网+"时代，科技创新将推动中国家电智能化发展。家电行业坚持以消费者为中心，大力拓展从设计、制造、产品、渠道、服务等全方位与互联网融合的广度和深度。

（1）智能化是家电工业转型升级的主攻方向。《中国制造 2025》提出，到 2020 年，基本实现工

业化，制造业大国地位进一步巩固，制造业信息化水平大幅提升。掌握一批重点领域关键核心技术，优势领域竞争力进一步增强，产品质量有较大提高。制造业数字化、网络化、智能化取得明显进展。到 2025 年，制造业整体素质大幅提升，创新能力显著增强，全员劳动生产率明显提高，两化（工业化和信息化）融合迈上新台阶。由此

可见，家电工业转型升级的主要方向是智能化。"互联网+"时代，科技创新将进一步推动中国由家电"制造大国"向"制造强国"转变。基于智能控制、电子信息、物联网、大数据、云计算等相关配套应用技术日趋成熟及各种移动智能终端的广泛普及，将推动智能家电快速发展，智能家居发展趋势已逐步成为行业共识。从单一智能产品的极致化到为客户提供智慧家居整体解决方案，再到构建互融、合作、共享的智慧家居平台生态链，将为中国家电工业提供广阔的发展空间。据奥维咨询的数据预测，到 2020 年，智能家电整体产值将破 10000 亿元，其中智能硬件的产值将超过 6000 亿元。2015~2020 年，智能洗衣机、智能空调和智能冰箱将呈现爆发增长态势，市场渗透率分别从 15%增至 45%、10%增至 55%、6%增至 38%。

　　未来，智能家电将由点及面、从理念直至整体，都贯穿智能，每一台推向市场的家电产品，再不仅是部分展示智能特质，或者局部具备智能化元素，而是从设计到制造，从渠道到服务，与智能形影不离，智能家电也将成为消费者的首选。家电工业顺应互联网的发展趋势，坚持以消费者为中心，大力拓展家电工业从设计、制造、产品、渠道、服务等全方位与互联网融合的广度和深度。在产品设计环节，家电企业在充分利用互联网和大数据的基础上，以市场需求为导向，不断引入众包、用户参与设计、云设计等新型研发组织模式，构建开放式创新体系；在制造生产方面，充分利用互联网采集并对接用户个性化需求，推进产品设计研发、生产制造和供应链管理等关键环节的柔性化改造，大规模发展个性化定制，进行基于个性化产品的服务模式和商业模式创新；就渠道建设而言，积极拓展线上渠道的同时，促进线上渠道与线下渠道充分融合，在渠道架构建设上进行增值、升级，不断完善产品用户体验，增强与用户的交流互动，提供个性化定制服务；在售后服务环节，家电企业依托互联网优化服务体验，探索并创新服务创造价值的新商业模式，同时收集并整合产品全生命周期数据，形成面向生产组织全过程的决策服务信息，为优化升级产品提供有力的数据支撑。

　　区别于移动互联网、PC 互联网，家电智能家庭互联网特征体现在：一是异终端协同，智能电视、智能冰箱、智能空调等不同终端的协同；二是以人为中心连接，改变连接形态，人与人、人与电器、电器与电器。当前，智能家电发展不均衡，智能电视快于智能白电。与智能电视等产品相比，智能白电的渗透率很低，价格也较高。白色家电是传统的机械制造业，而彩电产品是电子信息产业，可以被看成是 IT 业的一个分支，泛互联网化相对容易。机械制造业要智能化，从产品的物理属性上看，比彩电产品的智能化艰难许多。具体原因主要有：首先，白电本身不具备彩电特有的显示优势；其次，白电企业智能集控的整体协作性不高，由于不少白电企业的"空冰洗"产品即使同属一个品牌，也隶属不同技术研发部门，智能集控整体协作存在一定难度。正因有此不足，今后也将是白电智能化的快速发展时期。

　　此外，绿色设计和节能减排也是家电工业未来发展的重要内容。推行绿色制造理念，构建绿色家电制造体系，增强绿色精益制造能力，降低家电制造能耗水平。家电企业还应做好 HCFCs 的削减和替代工作，改造升级相关生产线，完成空调行业 HCFCs 削减目标，推动 R290 空调的应用和市场化。

　　（2）2016 年家电工业走势或将呈现前低后高态势。从"三驾马车"到"供给侧结构性改革"，中国经济正在经历巨大转变。从供给侧入手的结构性改革思路在未来一段时间将在中国经济转型和传统企业改革中处在一个重要的位置上。供给侧改革给传统家电企业变革提供了新思路，加速家电业去库存化，引导大数据定制化新思维产生，进一步提振了家电企业转型升级的决心和信心。而"收入倍增计划"和"新型城镇化"推进、互联网技术和物流业快速发展等利好因素也将推动家电工业发展。在产业转型升级及消费升级的持续推动下，中国家电业将继续发掘新增长动力，为市场注入新的活力。

　　在"收入倍增计划"与"新型城镇化"的背景之下，家电保有量仍有望继续提升。2015 年全国城镇居民人均收入已近 5000 美元，沪京浙深等省市的城镇居民人均收入达到或接近 8000 美元，人均可支配收入的增加，推动家电消费结构升级，并使家电消费越来越多地具有日用消费品的特征；2015 年，中国城镇化率约为 56%，中国城镇化无论是数量还是质量都有较大的提升空间，国家"以人为核心的新型城镇化建设"的实施，对有效消费的拉动及内需潜力的释放有积极作用，并为家电长期稳定增长注入了新的发展红利。2015 年下半年房地产市场呈现销量快速上扬态势，尤其是在消费水平较高的一线、二线城市，更是在下半年出现井喷现象。2015 年底召开的中央经济工作会议中又提出，要在 2016 年进一步推动房地产去库存。这意味着，2016 年房地产仍是一个对家电行业非常有利的因素。按照经验，房地产是家电行业的先导因子，家电市场终端需求一般滞后房地产销售半年至一年时间。而家电又是具有一定家具属性的品类。因此，作为家装的必需品，电视、空调、冰箱和洗衣机零售端新增需求将起到带动作用，家电行业基本面有望得到改善，行业增速有望在 2016 年下半年开始将触底回升，全年行业走势或将呈现前低后高态势。

未来依托已形成的规模优势、产品集群优势、产业化配套优势及资本优势，中国家电行业仍将保持全球竞争力，中国作为全球家电制造大国与出口大国的地位仍将稳固。中国家电行业积极参与全球产业链资源整合，推动中国家电全球化战略及全球布局，在稳步提升国际竞争力的同时，带来全球运营的新商机。在新的竞争条件和竞争方式下，家电行业的生态将进一步改善，家电市场的集中度将持续提升，行业龙头依托品牌认知、技术积累、资金实力、渠道覆盖及强大的营销能力，有望获得更高的市场份额并提升盈利能力，并推动行业走向规范竞争与良性发展。

2. 政策建议

培育和推广"工匠精神"，提升品牌影响力。国人海外购入潮让中国家电企业集体反思，中国家电自主品牌要想可持续发展，急需培育和弘扬精益求精的"工匠精神"，树立质量为先、信誉至上的经营理念，推进"品质革命"，推动"中国制造"加快走向"精品制造"。中国家电企业只有回归产品质量这一本质，通过一台台高可靠性的产品，重新树立中国制造、中国家电的口碑。通过对精品的坚持、追求和积累，实现家电品质的超越和品牌价值的提升。以品质持续提升和改善，不断增强对家电自主品牌的品质信任度和品牌认

可度。以自主品牌为载体，将技术、工艺、营销、服务等各方面成果转化为竞争力。一方面，政府加强引导扶持，助力自主品牌更好"走出去"。正是由于韩国政府的大力扶持政策，在短时间内涌现出了现代、三星、LG 等世界著名品牌。另一方面，企业加强品牌管理，营造差异化品牌。通过构建现代企业制度和创新运行机制，形成科学的决策和管理，将品牌运作贯穿于企业的各个层面、各个环节。在综合考虑消费群体组成、企业架构、市场状况、竞争格局等因素基础上，塑造品牌的差异化和个性化，确定品牌的核心价值，从而提升企业核心竞争力。

完善创新体系，推动协同创新。事实证明，在拉动家电行业市场增长的几驾马车中，规模扩张与价格驱动的效力正逐步减弱，唯有技术创新才能保持持久的张力。纵观日韩家电企业发展史，均走出一条通过将业务重点向更具技术含量的产业链上游转移、以掌控核心技术获取更高利润的转型发展之路。中国家电企业只有构建起能够准确把握用户需求的创新机制，完善创新理念、创新体系及创新组织结构，逐渐提高技术创新能力，才能走上可持续发展之路。一是构建家电制造业协同创新，以消费者为中心，积极进行包括组织创新、技术创新、产品创新、商业模式创新、管理创新和服务创新等在内的多维度创新；二是建立和完善以企业为主体的技术创新体系，推动基于目标用户需求的产品开发和前瞻性前沿技术研究能力，形成一批具有国际竞争力的创新型领军企业；三是整合全球创新资源，建立一批全球性、开放性的研发平台；四是逐步掌握智能化、变频控制、新材料、关键零部件、节能环保、新能源应用、可靠性等关键和共性技术领域的核心技术；五是完善技术创新人才培养和激励体系，形成一批高素质技术创新领军人才。

加大大数据应用，促进个性化定制和柔性生产。大数据作为新一代信息技术和产业发展的重要方向，对制造业研发设计、生产制造、经营管理、销售服务等全产业链产生重要影响，大数据与制造业融合空间广阔、发展潜力巨大。通过对互联网、物联网等新一代信息技术所产生的海量数据进行分析，能够总结经验、发现规律、预测趋势、辅助决策，拓展人类认识世界和改造世界

的能力，给人类经济社会创新发展提供强力引擎。在家电行业需求高端化、个性化、多样化趋势下，通过建立大数据中心和家电互联网生产线，家电企业运用大数据分析来掌握市场需求量、精准把握消费者需求痛点，为消费者实现个性化定制，促进家电企业柔性生产。目前，长虹集团已联手IBM及文思海辉打造大数据分析竞争力中心，美的、海尔均建立了大型数据中心。家电零售业巨头苏宁也为此做出努力，2016年3月1日，苏宁首次在行业内抛出2000万台家电单品标书，分别从产品类型、功能、数量等多个维度阐述了2016年消费者的家电产品需求，欲通过大数据分析精

准定制消费需求，促进整个家电行业柔性生产。

加强顶层设计，推进标准化改革。加强中国智能家电和智能家居的标准化顶层设计，客观分析智能家电和智能家居领域整体的标准需求，统筹各个层面标准之间的协调性，优化资源配置。逐步将现行强制性国家标准、行业标准和地方标准整合为强制性国家标准。强制性国家标准由国务院批准发布或授权批准发布。优化完善推荐性标准，进一步优化推荐性国家标准、行业标准、地方标准体系结构，推动向政府职责范围内的公益类标准过渡，逐步缩减现有推荐性标准的数量和规模。

专栏 33-1

互联网电视业务品牌——企鹅电视

2016年1月15日，腾讯正式推出代表其互联网电视业务的品牌——"企鹅电视"。作为一款用于互联网电视和智能机顶盒的整体软件解决方案，腾讯"企鹅电视"依托海量高清视频内容，打造极速畅爽的视听体验。数据显示，自2015年4月开始，"企鹅电视"的用户激活量以平均每月200%以上的速度在不断增长。

海量高清内容。依托于腾讯视频的海量版权内容，"企鹅电视"构建了强大而丰富的资源，600万小时以上的影视内容让人应接不暇。从电影、电视剧到综艺、体育，再到动漫、演唱会、纪录片，"企鹅电视"一应俱全。

多样化终端。"企鹅电视"以开放的心态与硬件厂商携手共赢。"企鹅电视"目前已与TCL、长虹、创维、海信、康佳、飞利浦、泰捷、海美迪、天敏等互联网电视和智能机顶盒厂商深度合作。同时，"企鹅电视"还携手广东南方新媒体发展有限公司，专门为用户打造了互联网电视应用——云视听·企鹅和云视听·泰捷，可通过互联网电视及智能机顶盒的应用市场直接下载。

让爱重回客厅。通过提供精彩纷呈的影视内容，让家庭成员既可以共同重温经典节目，也可以抢先观看最新大片；凭借高清画质、杜比音效等视听效果，为家庭观影创造更舒适畅快的环境。另外，个性化的内容推送服务，能够轻松满足各年龄段家庭成员的观影需求。

资料来源：《腾讯发布"企鹅电视"　刷新互联网电视观影新体验》，《深圳晚报》2016年1月22日。

参考文献

[1] 孙文：《消费升级要推进"品质革命"》，《中国工业报》2016年5月17日。

[2] 曹雅丽：《网购破3000亿元　高端智能家电受追捧》，《中国工业报》2016年3月8日。

[3] 曹雅丽：《高端渗透　彩电行业开启全产业链变革》，《中国工业报》2016年1月26日。

[4] 雅雯：《拓展应用　新型显示产业规模持续扩大》，《中国工业报》2016年4月12日。

[5] 吴勇毅：《需求趋弱　家电业迎来"智"者生存时代》，《中国工业报》2016年3月22日。

[6] 陈建明：《高库存下价格战失灵　空调企业出路在哪儿?》，http://news.cheaa.com/2016/0405/474285.shtml。

[7] 中国家用电器协会信息部：《2015年中国家电行业运行情况及2016年展望》，http://www.dianqizazhi.com/dianqi/1036。

[8] 贾丽：《三十年高库存发展遇"坎"　供给侧改革倒逼家电业按需生产》，http://news.xinhuanet.com/fortune/2015-12/03/c_128494346.htm。

区域篇

第三十四章　供给侧改革的区域差异化推进

提　　要

　　中国的经济发展有着明显的区域不平衡特征，各区域发展过程中存在的问题及矛盾也表现出一定的差异性，因而在推进供给侧结构性改革时，必然应正视这一现实，通过差异化的区域推进，提升整体供给体系的质量和效率，推动区域产业结构优化升级，促进区域协调发展。在对目前区域发展特征的统计分析基础上，本章认为，在推进区域供给侧结构性改革时，应遵从实事求是、稳中求进的思路，秉持因地制宜、提高政策和制度的针对性等原则，提高供给侧结构性改革的有效性。同时，提出加强规划战略引领、坚持市场主导、着力培育战略性新兴产业、推进国际产能合作、加强经济运行监测促进行业健康发展等对策建议。

*　　　　　　　　*　　　　　　　　*

　　供给侧结构性改革是在经济发展进入"新常态"背景下，从提高供给体系质量和效率着眼，用改革的办法推进结构调整，矫正要素配置扭曲，扩大有效供给，增强供给结构对需求变化的适应性和灵活性，其中的"结构性"必然要包含经济活动的地域空间结构。中国的经济发展存在着较大的区域差异，由东至西，由南向北，各地区的发展阶段不同，体现出工业化的特征不同，各区域工业增长过程中面临的发展问题与矛盾也各异。正因如此，推进供给侧结构性改革的落地必然要考虑到区域差异性，"一刀切"的做法必将影响改革成效。

一、中国工业增长的区域特点

1. 总体形势变化

　　中国经济进入新常态以来，工业增长呈现不断下降趋势且下降幅度超过总体经济的下降幅度。2015 年规模以上工业企业增加值增长速度为 6.1%，为"十二五"期间最低，相比 2011 年下降了 7.8 个百分点，比总体经济增速低 0.8 个百分点，这与过去工业增速长期高于总体经济增速形成鲜明对比。在工业增速中，国有控股企业增速仅为 1.4%，相比 2011 年下降了 8.5 个百分点；私营企业增速下降更快，同期下降了 10.9 个百分点，为 8.6%。按行业类型来看，采矿业增速为 2.7%，制造业增速达到 7.0%，电力、热力、燃气及水增速仅为 1.4%。

　　工业对经济增长的贡献率继续下降。2015 年国内生产总值增速破"7"，为 6.9%，而工业增速趋缓是重要原因。三次产业结构进一步调整为

9.0：40.5：50.5，第二产业份额进一步下降。从三次产业对经济增长的贡献来看，第二产业拉动经济增长 2.8 个百分点，低于第三产业近 1 个百分点；第二产业对经济增长的贡献率为 41.2%，明显低于第三产业的 54.1%，相差近 13 个百分点①。

2. 四大板块发展格局

第一，经济增速延续"东慢西快"，但东部企稳，中西部微落，东北出现"断崖"。从传统的四大板块划分来看，2015 年经济增长最快的是西部地区，平均同比增长 8.87%；其次为东部 10 省市，增速为 7.92%；中部地区平均增速为 7.78%；东北三省经济下滑明显，排名垫底，平均增速仅为 5.07%（见表 34-1）。

表 34-1　四大板块经济、工业增速与产业结构

区域	地区生产总值增速（%）	工业增加值增速（%）		三次产业结构
		2015 年	2016 年第 1 季度	
东部	7.92	5.55	4.81	5.6：43.6：50.8
中部	7.78	6.48	6.07	10.8：47.4：41.8
西部	8.87	8.16	7.24	11.9：45.5：42.5
东北	5.07	0.47	-7.33	11.4：43.9：44.7

注：地区生产总值和三次产业结构均为 2015 年数据。
资料来源：根据各省、市、自治区《2015 年国民经济与社会发展统计公报》、《中国统计摘要（2016）》以及国家统计局官方数据整理。

第二，四大区域处于工业化不同阶段，工业增速差距明显。东部地区总体上已进入工业化后期阶段，三次产业排序形成"三二一"格局，第三产业占比超过第二产业 7.2 个百分点，相对应地，东部工业增长平均为 5.55%，到 2016 年第 1 季度时，进一步降为 4.81%。中西部地区正处于工业化中后期，三次产业排序为"二三一"格局，第二产业占主导地位，工业增长速度较快，尤其是西部地区超过 8%，2016 年第 1 季度时虽有所

下降，但在四大板块中增速仍是第一（7.24%），中部地区工业增速均在 6% 以上。值得关注的是，东北地区工业增速严重下滑，2015 年仅为 0.47%，到 2016 年第 1 季度甚至下降 7.33%，拖累其经济发展。

第三，工业增长效益的区域差距较大。四大板块的地区生产总值占全国份额，与其各自第二产业产值占全国份额大体相近，东部 10 省、中部 6 省、西部 12 省和东北 3 省地区生产总值份额分

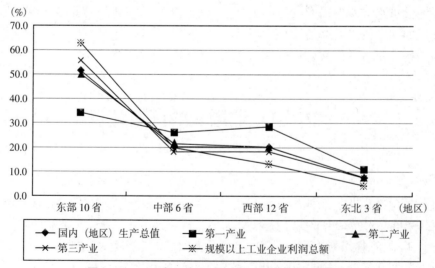

图 34-1　2015 年四大区域主要经济指标占全国份额
资料来源：根据《中国统计摘要（2016）》数据整理。

① 2014 年第三产业对经济增长的贡献率首次超过第二产业，但仅相差 0.6 个百分点，2015 年差距进一步拉大。

别为51.5%、20.3%、20.1%和8.0%，而第二产业产值份额分别为50.1%、21.5%、20.5%和7.9%。但从各地区规模以上工业企业利润占全国规模以上工业企业利润份额来看，东部达到62.%，高出第二产业产值份额近12个百分点，表明东部工业增长效益最高；而西部和东北地区分别只有13.2%和4.4%，低于第二产业产值份额7.3和3.5个百分点，表明工业增长效益远低于东部。

第四，投资继续向中西部地区倾斜，东北地区投资大幅下滑。2015年全社会固定资产投资，东部地区为228747亿元，比上年增长12.7%；中部地区为139904亿元，增长15.7%，增速回落0.1个百分点；西部地区为137353亿元，增长9%，增速提高0.1个百分点；东北地区为40033亿元，下降11.2%，降幅扩大0.5个百分点。中部、西部地区所占投资比重合计比东部地区高出8.9个百分点。

2016年1~5月，东部地区投资84510亿元，同比增长10.9%，占全国投资比重约为45.4%；中部地区投资49772亿元，增长13%，增速回落0.5个百分点，占全国投资比重约为26.7%；西部地区投资44943亿元，增长12.6%，增速回落0.6个百分点，占全国投资比重的18.6%；东北地区投资6951亿元，下降30%，降幅扩大5.3个百分点，占到全国投资比重的3.7%。中部、西部地区投资增速分别比东部地区高出2.1和1.7个百分点，投资占比合计比东部地区高出约5.5个百分点，反映全国投资继续向中部、西部地区倾斜，投资的地区结构不断改善，这无疑将有助于缩小中部、西部地区与东部地区的经济发展差距。与中西部形成鲜明对比的是，东北地区的投资规模极度萎缩。

3. 省市自治区增长分化

从四大板块可以观察各区域的整体经济运行情况，但只能得到一个平均状况，而抹掉了各省区之间的差异与各自的特征。我们将31个省（区、市）的经济指标数据详细列出（按2015年工业增加值增速降序排列）后就会发现，各区域内部增速分化十分明显（见表34-2）。

表34-2 2015年各省区经济指标及2016年第1季度工业增速指标

省（区、市）	GDP	工业生产总值增速（%）		规模以上工业企业增速（%）	三次产业结构
		2015年	2016年第1季度		
西藏自治区	11.0	13.3	12.3	14.5	9.4∶36.7∶53.9
重庆市	11.0	10.5	10.1	10.8	7.3∶45.0∶47.7
贵州省	10.7	9.8	9.6	9.9	15.6∶39.5∶44.9
天津市	9.3	9.2	9.0	9.3	1.3∶46.7∶52.0
江西省	9.1	9.2	9.0	9.2	10.6∶50.8∶38.6
福建省	9.0	8.5	7.7	8.7	8.1∶50.9∶41.0
安徽省	8.7	8.5	8.4	8.6	11.2∶51.5∶37.3
湖北省	8.9	8.5	7.8	8.6	11.2∶45.7∶43.1
江苏省	8.5	8.3	7.6	8.3	5.7∶45.7∶48.6
内蒙古自治区	7.7	8.2	8.0	8.6	9.0∶51.0∶40.0
河南省	8.3	8.0	7.8	8.6	11.4∶49.1∶39.5
广西壮族自治区	8.3	7.7	7.3	7.9	15.3∶45.8∶38.9
四川省	7.9	7.6	7.7	7.9	12.2∶47.5∶40.3
湖南省	8.6	7.5	6.3	7.8	11.5∶44.6∶43.9
山东省	8.0	7.4	6.5	7.5	7.9∶46.8∶45.3
青海省	8.2	7.4	7.4	7.6	8.6∶50.0∶41.4
宁夏回族自治区	8.0	7.4	6.2	7.8	8.2∶47.4∶44.4
甘肃省	8.1	7.0	5.2	6.8	14.1∶36.7∶49.2
陕西省	8.0	6.9	7.4	7.0	8.8∶51.5∶39.7
广东省	8.0	6.8	6.7	7.2	4.6∶44.6∶50.8
云南省	8.7	6.7	1.7	6.7	15.0∶40.0∶45.0

续表

省（区、市）	GDP	工业生产总值增速（%）		规模以上工业企业增速（%）	三次产业结构
		2015 年	2016 年第 1 季度		
新疆维吾尔自治区	8.8	5.4	4.0	9.3	16.7：38.2：45.1
吉林省	6.5	5.3	5.8	5.3	11.2：51.4：37.4
海南省	7.8	5.2	3.3	5.1	23.1：23.6：53.3
浙江省	8.0	4.4	6.4	4.4	4.3：45.9：49.8
河北省	6.8	4.3	5.0	4.4	11.5：48.3：40.2
北京市	6.9	0.9	1.2	1.0	0.6：19.6：79.8
上海市	6.9	0.5	−5.3	−0.8	0.4：31.8：67.8
黑龙江省	5.7	0.9	0.8	0.4	17.5：31.8：50.7
山西省	3.1	−2.8	−2.9	−2.8	6.2：40.8：53.0
辽宁省	3.0	−4.8	−8.8	−4.8	8.3：46.6：45.1

注：按 2015 年工业增速降序排列。

资料来源：根据国家统计局数据、各省《2015 年国民经济与社会发展公报》、《中国统计摘要（2016）》相关数据整理。

第一，西部少数省（区、市）经济表现亮眼，产业发展出现"服务化、轻型化"趋势。从表34-2 可以看出，2015 年工业生产增速处于前十位的，有四个位于西部地区，其中增速最快的前三个省（区、市）均为西部省（区、市），即西藏、重庆和贵州，规模以上工业企业增速也保持同步快速增长；而且从 2016 年第 1 季度的数据来看，这三个省（区、市）的工业增速仍位列前三名。较快的工业增速保证了经济能够处于高速增长的态势，这三个省（区、市）2015 年的地区生产总值（GDP）增速都在 10%以上，后发优势突出。需要注意的是，这三个省（区、市）的产业结构表现出"轻型化"的趋势，第三产业比重要高于第二产业。以贵州为例，通过走新型工业化道路，将工业化与信息化深度融合，发展"大数据"等绿色、新兴产业，正逐步摆脱传统的高污染、高能耗、高排放工业化道路，不仅带来较快的经济增速，经济效益也十分突出。从大体上看，西南省（区、市）与西北省（区、市）在推进工业化过程中正在出现增速和结构的分化，以重庆、贵州为代表的西南几个省（市、区）经济增速快，产业结构开始呈现"服务化、轻型化"趋势（第三产业比重超过第二产业）；而以内蒙古、陕西为代表的西北少数省（区、市）经济增速下降且第二产业占主导局面，甘肃、新疆等省区的第三产业比重大，可以说是工业化发展不足的表现。

第二，中部 6 省（区、市）增速除山西外均排名靠前。从表34-2 中可以看出，2015 年工业增加值增速基本都在 7%以上，并且到 2016 年第 1 季度仍延续这种态势。由此推动其地区生产总值增速处于较高水平，2015 年除山西省生产总值增速为 3%以外，其余 5 个省（区、市）的经济增速都在 8%以上，最高的是江西，为 9.1%。但与西部省区相比，中部省区的产业结构基本上表现出第二产业占主导地位。中部省（区、市）有较好的工业发展基础，目前总体上处于工业化快速推进阶段，但传统的工业化道路难以为继，未来需要走可持续的新型工业化道路。这里不得不提山西，山西作为全国煤炭大省、资源大省，早就出现产业结构单一、工业增长下滑的问题，2015 年工业增速及规模以上工业企业的增速都为负增长，但从三次产业结构可以发现，山西省的第三产业占比要超出第二产业 12.2 个百分点，其产业结构调整的效果似乎开始显现。

第三，东部增长整体表现企稳，但省（区、市）间也有较大差距。从经济增速来看，东部省区生产总值均处 6.9%及以上的中高速及高速增长区间，但推动这种经济增长的动力明显不同。北京和上海已经处于后工业化阶段，其工业生产总值增速并不高，其中上海还处于负增长，第三产业发展成为两地经济增长的主要动力来源，并保证其地区经济保持 6%~7%的中高速增长，算是比较健康的增长类型。经济增速排名靠前的有天津、福建和江苏三个省（区、市），其中天津和福建均在 2014 年取得自由贸易试验区的政策优惠，吸引大量资本及项目，推动其较快的工业生产增长。

相比其他地区，东部 10 个省（区、市）整体上产业结构具有明显优势，第一产业比重较低，第三产业远高出第二产业产值，其中河北、福建和山东三个省区表现例外，不仅第一产业产值占比远高于其他 7 个省（区、市），且第二产业占比远高于其各自第三产业，产业结构调整的问题突出，尤其作为钢铁产业大省的河北，传统产能严重过剩，转型升级的压力较大。

第四，东北三省除吉林外排名垫后。作为我国老工业基地，东北重化工业在经济总量中占比较高。随着全国经济增速放缓，东北三省自 2013 年以来经济增长持续下滑，到 2015 年出现"断崖式"下跌，其中辽宁省最为突出，2015 年及 2016 年第 1 季度，其工业增加值增速均为负增长，分别为 -4.8% 和 -8.8%，2015 年地区生产总值增长为 3.0%，排名全国倒数第一。吉林省经济在三省中相对较好，但其产业结构调整的问题也十分严重。黑龙江省在加大对产业结构的调整，2015 年完成固定资产投资（不含农户）9884.3 亿元，比上年增长 3.1%，其中第一产业完成投资 904.2 亿元，增长 32.6%；第二产业完成投资 3878.3 亿元，下降 0.1%，装备、石化、能源、食品四大主导产业完成投资 2714.1 亿元，增长 0.6%，占工业投资的 75.0%；第三产业完成投资 5101.9 亿元，增长 1.6%。2015 年至 2016 年第 1 季度，虽然工业增速放缓至不到 1%，但其第三产业产值占比首次超过 50%，三次产业结构调整为 17.5 : 31.8 : 50.7。

二、供给侧改革面临的区域问题

1. 产能过剩与重复建设导致的资源配置低效

近年来随着世界经济深度调整，中国经济发展进入"新常态"以及发展动能转换，包括有色金属、建材、钢铁和煤炭等工业长期积累的结构性产能过剩、市场供求失衡等深层次矛盾和问题逐步显现。2014 年以来，主要有色金属产品价格持续下跌，铝价一度跌破万元，铜、铅、锌、镍价格比金融危机前的高点分别下跌 60%、50%、40% 和 80% 左右，部分品种已跌破平均生产成本线，2015 年有色金属工业规模以上企业主营业务收入零增长，利润总额同比下降 13.2%，亏损企业数及亏损额大幅增加，大部分企业陷入生产经营困难局面。2015 年我国水泥、平板玻璃、建筑陶瓷产量分别达到 23.5 亿吨、7.4 亿重量箱、101.8 亿平方米，均位居世界第一，规模以上建材工业增加值占国内全部工业比重达到 7.3%。水泥、平板玻璃等行业产能严重过剩，部分适应生产消费升级需要的产品缺乏，行业增速放缓效益下降。特别是 2015 年全行业完成主营业务收入同比虽然增长了 3.3%，但全行业实现的利润总额却同比下降了 6.9%，尤其是产能严重过剩的水泥、平板玻璃行业利润大幅下降，销售利润率大大低于全行业平均值。我国钢铁产能利用率持续下降，目前已降至 70% 左右，远低于合理水平，钢铁主业从微利经营进入整体亏损，部分企业为保持现金流和市场份额，过度进行低价竞争，甚至低于成本价倾销，恶性竞争现象严重。氯碱、化肥、轮胎、基础化学原料制造等化工行业产能过剩问题也十分严重。由于市场供需失衡，一些大宗化工产品价格长期低迷，价格一跌再跌。2015 年，PVC 通用树脂市场年均价格跌幅逾 12%；尿素价格在连续两年大跌后，受成本支撑，均价仅比上年略有上升；烧碱价格降幅 6%；电石价格降幅 12%；甲醇价格降幅更是达到 20%。相关数据和调查显示，氮肥、氯碱等出现行业性亏损，无机盐、甲醇、轮胎制造等行业利润连续两年或三年下降，企业经营普遍困难。

产能过剩问题背后是地方性竞争下的重复建设问题。以 2015 年各地区的水泥、粗钢和汽车三类工业产品的区位商进行分析。如果区位商大于 1，表示该产品具有一定的专业化意义；反之，如果区位商小于 1，则表示该产品的专业化程度低。根据计算，水泥除中西部地区相对集中分布外，在全国其他地区均有零散分布；粗钢仅在河北、山西、甘肃、辽宁和云南 5 个地区呈集中分布，在全国其他地区的区位商均未能超过 1（北京和西藏没有该产业分布）；汽车在北京、上海、吉林、广西和重庆的集中度较高，其区位商大大超过 1，除山西和西部 5 个地区没有涉猎该产业外，其他地区均有不同程度的产业分布（见表34-3）。

表34-3　2015年各地区主要工业产品区位商

地区	水泥	粗钢	汽车
北京	0.15	0.00	5.16
天津	0.11	0.84	0.71
河北	0.70	4.25	0.84
山西	0.70	2.10	0.00
内蒙古	0.71	0.62	0.03
辽宁	0.33	1.29	0.76
吉林	0.53	0.50	3.21
黑龙江	0.94	0.37	0.23
上海	0.06	0.71	3.19
江苏	0.55	0.98	0.34
浙江	0.83	0.34	0.29
安徽	1.33	0.74	1.13
福建	0.69	0.41	0.16
江西	1.26	0.87	0.54
山东	0.57	0.73	0.30
河南	1.01	0.51	0.19
湖北	0.94	0.72	1.59
湖南	1.02	0.48	0.31
广东	0.47	0.17	0.74
广西	1.71	0.96	3.38
海南	4.44	0.14	1.35
重庆	1.19	0.35	4.39
四川	1.13	0.46	0.33
贵州	2.91	0.40	0.00
云南	2.33	1.03	0.28
西藏	6.50	0.00	0.00
陕西	1.09	0.38	0.42
甘肃	2.60	1.37	0.13
青海	1.92	0.38	0.00
宁夏	1.73	0.53	0.00
新疆	1.54	0.78	0.06

注：区位商=地区某工业产品产量占全国的比重与该地区工业总产值占全国的比重之比值。其中，黑龙江、江西和浙江的工业增加值使用该地区第二产业增加值替代，江苏、辽宁和山西的工业增加值使用该地区当年规模以上工业增加值替代。

资料来源：根据各地区《2015年国民经济与社会发展统计公报》、《2016年统计摘要》相关数据整理。

总之，地区之间的重复建设加剧了产能过剩，而中国的所谓产能过剩问题主要是宏观层面过多的产业政策及微观层面的国有企业非市场化行为等导致的（钟春平、潘黎，2014），从区域层面看，更重要的是产业政策缺乏空间指向，任何一个产业如果各地区都一哄而上必然很快导致过剩，风电和光伏产业作为战略性新兴产业，没有几年时间全国很快饱和，原因就在于没有根据地区资源禀赋和比较优势制定产业的区域发展规划。另

外，在土地产权模糊、银行预算软约束以及地方政府干预金融等体制性缺陷背景下，地区之间采取投资补贴的形式竞争，竞相吸引资本流入本地区，使得企业过度投资以及市场协调供需均衡的机制难以有效运转。由于产能过剩的企业占据着大量人力、资金、土地资源，使得生产运营成本居高不下，也严重制约了新经济、新产业的发展。因此，仅从需求层面化解产能过剩问题不能从根本上解决问题，必须要推动供给侧结构性改革，

建立有效的过剩产能退出机制，提高资源配置的市场化程度，增强产业政策的空间指向性。

2. 企业成本上升对沿海地区出口竞争力的影响增大

近年来企业成本（包括用工成本、融资成本、原材料成本、税费负担等）不断上升，特别是用工成本增幅较大，对我国外向型地区尤其是以劳动密集型为主的地区出口竞争力带来了较大的影响，我国传统的国际比较优势正在加速失去。

统计结果表明，我国城镇单位就业人员2010~2014年年平均工资增长为13.56%，其中制造业城镇就业人员平均工资增长6.54%。另外，

我国制造业普通劳动力的主要来源是农民工，而农民工工资上涨又带来制造业各行业劳动力成本的提高。自2004年珠三角地区开始出现"民工荒"以来，农民工工资出现持续快速上涨。2015年农民工月收入平均为3072元，相比2014年增长7.2%，相比2009年增长了116.8%，其中农民工就业较为集中的制造业，2015年月平均工资为2970元，相比2014年增长了4.87%，比2009年增长了123.14%（见图34-2）。根据海关总署的调查，2015年3月有56.2%的企业反映出口综合成本同比增加，其中分别有61.8%的企业认为劳动力成本在同比上升。

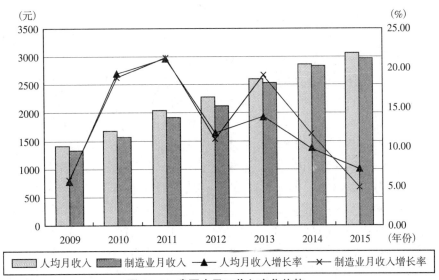

图34-2 我国农民工收入变化趋势

资料来源：根据各年《全国农民工监测调查报告》相关数据整理。

当然，用工成本的上升并非对所有的出口企业带来负面效应。劳动用工成本的上升会通过直接和间接效应影响出口企业的竞争力，因为劳动力工资的提高会直接拉高企业用工成本，挤占利润空间。但从长期来看，劳动力工资的上涨也会倒逼企业增加资本和技术投入，替代部分劳动力投入，从而带来劳动生产率的更快提升，最终还会带动出口产品结构的调整，促进出口企业的转型升级。有研究表明，劳动力成本的上升的确会带来出口企业的转型升级，但这种倒逼作用对劳动力密集型出口企业的影响要强于对资本密集型和技术密集型出口企业。由于中国区域经济发展的差距，造成不同区域的比较优势各有不同，因此，这种倒逼作用目前主要体现在对东部沿海地

区出口企业的影响上（任志成、戴翔，2015）。海关数据也显示，近年来我国的出口商品结构不断优化。2015年，我国出口机电产品8.15万亿元，增长1.2%，占出口总值的57.7%，较上年提升1.7个百分点。同期，纺织品、服装、箱包、鞋类、玩具、家具、塑料制品7大类劳动密集型产品出口总值2.93万亿元，下降1.7%，占出口总值的20.7%。从总体上看，企业成本上升过快必然会削弱企业的市场竞争力，因此，企业要通过练内功，加强管理，消化增高的成本；同时，政府要着力为企业减负，特别是不合理的成本负担。为稳定我国的外贸增长，增强出口企业竞争力，要重点推动沿海外向型地区的"降成本"努力，并作为供给侧改革的主要任务。

3. 重化工过度集聚对资源环境的损害仍较显著

近十余年来，中国的重化工业飞速发展，在促进经济增长的同时，也带来了资源和能源的大量消耗以及对生态环境的严重损害。重化工业具有高物耗、高能耗、高污染的特点，我国的石化、钢铁、造船等重化工业主要集中布局在沿海和沿江地区。

2015 年全国全年能源消费总量 43.0 亿吨标准煤，比上年增长 0.9%，万元国内生产总值能耗下降 5.6%。但从能源结构看，传统化石能源仍为主体。其中煤炭消费量占能源消费总量的 64.0%，而水电、风电、核电、天然气等清洁能源消费量仅占能源消费总量的 17.9%。根据环保部发布的最新数据，2016 年 4 月和 5 月全国及部分地区空气质量状况，京津冀区域 13 个城市 4 月和 5 月平均优良天数比例为 54.0% 和 62.5%，长三角区域 25 个城市同期平均优良天数比例分别为 77.0% 和 77.8%，而珠三角区域 9 个城市的数据在三个区域中表现最好，分别为 98.1% 和 87.1%。在全国经济最繁荣的三大区域中可以说京津冀地区环境质量排名靠后，而且 4 月全国 74 个城市空气质量相对较差的 10 个城市（分别是济南、邯郸、郑州、唐山、邢台、保定、衡水、徐州、石家庄、西安）均处于华北地区，其中 6 个位于京津冀地区。中国环境科学研究院的研究表明，燃煤排放和工业排放是华北地区雾霾的主要源头。

重化工业是华北地区很多城市的支柱产业，也是造成环境污染的主要因素。除北京、天津外，华北地区煤炭在能源消费结构中占近 90%，远超过全国平均水平。由于规划布局不合理，"工业围城"、"一钢独大"、"一煤独大"等现象在华北地区一些城市比较普遍。比如，唐山、邯郸"钢铁围城"现象突出，邢台重化工业四面布局，包头城区呈现"东铝、西钢、南化、北机、四周电"的格局。另外，阳泉、晋中、乌海、平顶山、焦作等城市也都存在着"一煤独大"的现象。由此可见，必须下大力气调整产业结构、能源结构，并适当调整产业及能源的空间布局，才能从根本上改善这种因重化工业过度集聚带来的资源环境问题。

4. 集中连片特困地区快速精准脱贫面临较大压力

改革开放以来，我国在减贫方面取得了重大进展，贫困人口规模由 1978 年的 25000 万人，降到 2013 年的 9249 万人，贫困发生率也由 30.7% 下降到了 2013 年的 8.5%（见图 34-3）。但是中国贫困地区的连片分布格局仍未发生显著改变。从空间分布来看，目前贫困发生率较高的区域仍然主要连绵分布于我国的中西部地区。2012 年认定的国家级贫困县土地面积约占国土面积的 30%，人口规模 2.1 亿人，约占全国总人口的 15%。这些贫困地区以山地丘陵为主，往往是江河流域的

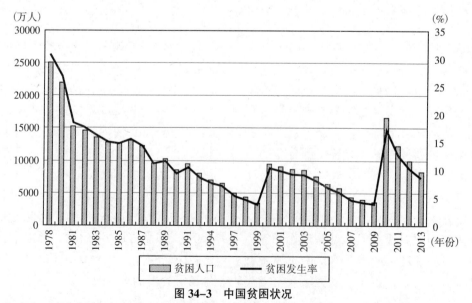

图 34-3　中国贫困状况

注：1978~1999 年为 1978 年贫困标准，2000~2009 年为 2008 年贫困标准，2010~2013 年为 2010 年贫困标准。

资料来源：根据《中国住户调查年鉴》（2014）相关数据整理。

分水岭和重要发源地，包括北方防沙带、青藏高原生态、黄土高原、川滇生态屏障及南方丘陵山地，重点生态功能区占到贫困地区总面积的76.52%（见图34-4）。这些区域地表形态破碎，资源环境承载能力差异显著，受水土资源与环境制约非常明显，部分地区已经出现超载。根据相关的统计研究，592个国家级贫困县中有182个县属于资源环境超载、临界超载，并且超载县域周边与临界超载县相邻，形势不容乐观（见图34-5）。

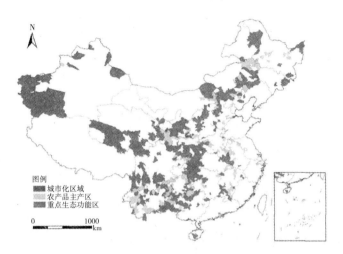

图34-4　国家级贫困县重点生态功能区分布格局

资料来源：周侃、王传胜，2016。

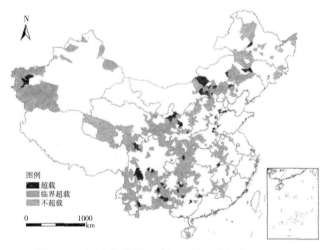

图34-5　国家级贫困县资源环境承载状态评估结果

资料来源：周侃、王传胜，2016。

贫困地区由于经济发展的机会偏少，大量人口被束缚在土地上，再加上人口素质偏低，很容易出现对土地的粗放式经营—贫困—生态退化的恶性循环。中共十八届五中全会提出了全面建成小康社会的减贫目标：到"十三五"末，在现行标准下农村贫困人口实现脱贫，贫困县全部摘帽，解决区域性的整体贫困。目前全国尚有6000万~7000万需要脱贫的人口，要在今后几年内实现减贫目标，难度大任务重，但这是全面建成小康社会最大的"短板"，必须通过供给侧结构性改革，在对贫困地区发展条件及地域类型进行精准识别的基础上，制定有针对性的、差别化的精准扶贫精准脱贫政策，努力缩小贫困地区的发展差距，让贫困地区居民和全国人民一道共享国家经济发展的成果，完成"补短板"的重任。

5. 工业园区的转型升级亟待加大推进力度

中国工业园区走过三十多年发展历程，在推动工业化、城镇化，带动区域经济发展方面，发挥了至关重要的作用。工业园区是一种资源高度聚集的工业化载体，能有效地推动产业聚集，建设工业园区已经被证明是城市区域推动经济发展的重要手段和抓手。

20 世纪 70 年代末，在深圳创办中国第一个对外开放的蛇口工业区，由此拉开了中国工业园区建设的大幕。随着苏州工业园、广州经济开发区、天津经济技术开发区等超千亿元产值的典型园区不断建设与发展，全国各地掀起建设工业园区的大潮。目前全国共设立 219 个国家级经济技术开发区（截至 2015 年 9 月），114 家国家高新技术开发区（截至 2014 年 8 月），如果加上各省（区、市）不同级别和不同类型的园区，全国约有数千个或近万个园区。

随着经济技术的不断发展和进步，我国产业园区也遇到了许多问题。比如，园区在发展过程中往往被地方给予过多的政策优惠和扶持，由于配套支撑体系不健全，政绩和经济利益唯上，制度弊病等负面效应影响，整体上园区存在着内生增长动力不足、产业集聚程度弱、资源浪费与环境污染严重、产城融合程度不高、管理体制机制

创新不足等问题（吴志军、谷唐敏，2015）。一些老工业园区受当时条件限制，发展到现在存在布局不合理、经济效益低下、没有形成有效的产业链和产业聚合，技术水平低、品牌竞争力弱、缺乏必要的配套生活设施；一些新建园区缺乏明确的产业定位，与城市发展脱节，导致园区产业"空洞化"、新区人气不足、土地和建筑物闲置和空置率高等问题。

总之，随着我国经济发展进入"新常态"，要求加快转变经济发展方式、推进产业结构优化升级，提升经济发展的质量与效益，那么工业园区的转型升级已迫在眉睫。由于产业结构类型及经济发展阶段差异，不同区域的产业园区面临着不同的发展任务。东部地区的产业园区需要利用高新技术实现对传统产业的改造升级，加快新兴产业培育，提升经济发展的创新能力；中部地区需要在承接产业转移过程中发挥比较优势，强化产业链延伸与均衡；西部地区的产业园区更侧重于生态化和循环化改造，提高资源综合利用效率，在经济发展中实现人与自然的和谐，"金山银山"与"绿水青山"的共处。

三、区域差异化推进的思路和措施

1. 区域差异化推进的重要意义

供给侧结构性改革是相对于传统的需求侧改革而言，对中国的区域经济发展具有重要的理论与现实意义。由于中国的经济发展存在较为明显的区域差距，这种差异不仅表现在经济发展的基础上，也体现在经济发展的阶段与路径不同，各区域处于不同的工业化阶段，具有明显的差异化特点。相应地，各区域经济发展存在的问题与矛盾也具有明显的差异性和地方化特色。因此，供给侧结构性改革在区域层面的推进与落实必然要考虑地区差异性。

首先，有利于促进区域供给制度的创新。有效的制度供给将会影响区域发展，而当制度供给与区域经济发展不匹配时则会阻碍区域经济发展。区域经济发展的差异化决定了区域制度存在多元性，不可能存在普适性的区域制度供给。正是考

虑到区域经济发展的差异性，将有利于激发区域制度供给的创新性，从而提高区域制度的适用性和有效性。

其次，有助于推动区域经济转型升级。区域供给侧改革实质上是要正确处理好政府与市场的关系，充分发挥市场在资源配置中的决定性作用，同时更好地发挥各级政府的作用。中国区域发展存在较大的不平衡，各区域的资源禀赋、比较优势差异明显，强化供给侧改革，在尊重现有差异化现实的背景下，通过改革培育市场主体及创新主体，促进资源有效配置，激发科技创新投入、提高全要素生产率、化解过剩产能，推进区域产业结构转型升级；减少地方政府对区域经济发展过多的不必要的干预，切实避免低水平重复建设。

再次，促进区域经济协同发展。相比仅仅关注需求层面的宏观政策与制度供给，供给侧结构

性改革，更加尊重区域差异与特色，充分尊重市场在资源配置中的决定性作用和各级政府应有的职能和责任，有助于市场力量的培育，从而提高区域供给体系的质量，扩大有效需求，调整供需平衡，深化区域之间的分工合作，促进区域协同发展和共同繁荣。

最后，立足于中国区域差异化的现实，通过区域差异化的供给侧结构性改革，在提高相关区域政策与制度供给有效性的同时，也将深化我国区域经济发展理论与区域政策理论，推动区域政策和区域治理体系的现代化。

2. 区域差异化推进的基本思路和对策

针对区域经济发展的差异化特征与现实，要坚持实事求是、因地制宜的基本方针，促进区域制度供给创新、提高区域制度与政策供给的有效性；抓住各区域发展中的重点问题，充分发挥市场在资源配置中的决定性作用，提高各级政府政策的精准性和有效性，切忌急躁冒进、急功近利、盲目作为。差异化推进需要遵循的主要原则包括：一是按照区域发展的差异化特征，制定区域规划和政策，鼓励区域制度供给创新。二是结合地区资源禀赋条件和产业发展实际，因地制宜，因区施策，分类指导，避免一刀切。三是根据不同区域的发展阶段与特征，根据各自发展中存在的问题，找到症结所在，提出相应的改革对策，促进区域供给体系质量，优化区域结构，促进区域经济协调和协同发展。

进入"十三五"时期将是中国区域经济转型升级的重要时期。重视区域经济发展差异化特征、正视区域发展中的不同问题与矛盾，必然要求重视供给侧结构性改革的差异化推进。为此，提出以下对策措施：

第一，加强规划战略引领。研究"新常态"下"三去一降一补"的区域特征，并制定和实施"三去一降一补"的区域规划，比如，对钢铁煤炭等产能严重过剩的产业，要研究分析其地区分布特点，河北、山西和东北三省都是重化工为主的地区，可以考虑把这些地区列为"去产能"重点问题区域，加大政策力度；并在这些地区去产能的同时，考虑接续替代产业的培育和发展政策。

第二，强化市场倒逼机制，促使落后过剩产能和不具备竞争力的产能主动退出。坚持政府引导，通过严格实施环保、能耗、质量、安全等标准，推动企业压减过剩产能、开展国际合作，实现转型升级。东部沿海地区市场化程度高，要率先在市场倒逼机制形成上取得成效，东北地区政府干预力量相对较强，政府要更主动作为，着力培育市场机制和市场活力。

第三，有效整合资源，明确不同类型区域战略性新兴产业的发展重点。加快建立以市场为导向、企业为主体的"产学研用"技术创新体系，在行业发展过程中坚持创新驱动，加强技术创新、制度创新、管理创新和模式创新，推进科技成果产业化，补齐产业发展短板。根据《中国制造2025》十大重点领域，按照各地区资源禀赋和产业技术基础，提出分地区的重点产业发展方向。开展老工业基地和资源型城市产业转型升级示范区建设，提升重化工业发展效益与工业园区的集聚化水平，推进智慧园区试点，推进产城融合发展。

第四，加强与"一带一路"沿线国家的国际产能合作。研究沿线国家重点地区（如中东、东盟等）政治、资源、产业、政策等情况和我国重点地区的条件基础，提出我国不同地区重点行业"走出去"的目标、方式和配套政策措施，分行业分地区提出项目清单，做好境外投资投向引导，研究企业之间联合起来"走出去"的模式，落实和完善财税等支持政策。

第五，加强经济运行监测，促进区域和产业协调发展。发挥地方政府和行业管理部门贴近市场、贴近企业的优势，密切监测行业运行和区域运行，及时发现并着力化解重点、热点和难点问题，保护并激发区域市场主体活力，促进我国不同类型区域工业健康可持续发展。

专栏 34-1

西部地区贵州省集中连片贫困扶贫经验

在 2012 年国家公布的 592 个国家级贫困县中，贵州省占了 50 个。从空间上来看，我国少数民族地区在一定程度上与国家划定的集中连片贫困地区基本吻合。贵州作为多民族省份，贫困率发生较高的主要是分布在乌蒙山区腹地（威宁彝族回族苗族自治县）和苗族集中分布的苗岭、月亮山地区（台江县）。贵州集中连片贫困地区扶贫面临着"三难"：开发难、聚集难和生态保护难。开发难是缘于此地特殊的地形地貌，导致相对平原地区铺设高速公路的造价太高，开发成本高，交通不畅、经济封闭；聚集难是由于少数民族都居住在偏远山区，星罗棋布地分布于群山内峻岭中，脱离现代社会，谋生途径较为单一；生态保护难是由于生态脆弱导致。贵州省岩溶出露面积约占全省总面积的 61.92%，是全国石漠化面积最大、类型最大、程度最深、危害最重的省份。

针对类似于贵州省这种生态环境脆弱、少数民族聚集的贫困状况，较为有适用性的一些扶贫经验可以借鉴：一是加强农田灌溉水利设施建设。有了相应的配套灌溉和水利设施建设，可以极大地提高水资源的利用率，改善农业生产条件，提高农作产量。二是加强包括道路、桥梁、光纤等在内的基础设施建设，提升开放度，为新观念、新思想的传播打下基础。三是重视包括基础教育、基本医疗等在内的基本公共服务供给，提高人力资本水平。从根本上说，只有提高当地人口的人力资本水平，才能提高相关扶贫政策落地的有效性，并为当地相关产业发展提供丰富的劳动力储备。四是加强职业技术教育和培训，并注重培训技能的适用性和实用性。五是鼓励人口的适当聚集，防止过度分散，甚至于某些不适宜居住的地区可以鼓励人口的迁出，以保护生态环境的脆弱性。六是充分发挥当地生态资源环境优势，保护性开发，通过旅游、农果观光等产业发展，带动当地经济发展。

资料来源：根据王飞跃等：《少数民族集中连片特困地区脱贫路径探讨》，《贵州民族研究》2014 年第 2 期改写、整理。

参考文献

[1] 金三林、朱贤强：《劳动力成本上升对制造业出口竞争力的影响》，《开放导报》2013 年第 1 期。

[2] 任志成、戴翔：《劳动力成本上升对出口企业转型升级的倒逼作用——基于中国工业企业数据的实证研究》，《中国人口科学》2015 年第 1 期。

[3] 吴志军、谷唐敏：《当前我国工业园区转型升级的路径研究》，《江西社会科学》2015 年第 5 期。

[4] 钟春平、潘黎：《"产能过剩"的误区——产能利用率及产能过剩的进展、争议及现实判断》，《经济学动态》2014 年第 3 期。

[5] 周侃、王传胜：《中国贫困地区时空格局与差别化脱贫政策研究》，《中国科学院院刊》2016 年第 31 卷第 1 期。

第三十五章　沿海自由贸易试验区的
进展与前瞻

提　要

设立自由贸易试验区是中共中央为推进改革开放做出的重大战略决策。经过三年来的实践，我国的自贸区建设取得了明显的成效，并且在投资开放、贸易自由化和金融创新等方面进行了许多有益的探索，积累了一些可推广的经验，为加快构建我国开放型经济新体制和实现国家战略奠定了基础。我国沿海四大自由贸易试验区涵盖面积相近，发展基础较好，基础设施较完善，具有很多共性特征；四大自贸试验区以制度创新为核心，战略定位各有特色，与国家重大战略高度衔接，对促进我国区域经济协同发展发挥了重要作用。从目前发展趋势来看，未来沿海四大自贸试验区将会朝着不断深化政府行政与管理体制改革、完善事中事后监管体系、推进金融服务领域开放与创新、落实法律制度体系的建设等方面深化与完善。

*　　　　　　　*　　　　　　　*

2013年以来，我国先后在沿海地区设立了四大自由贸易试验区，经过三年来的实践，我国的自贸区建设取得了明显成效，探索积累了许多重要的试点经验。同时，自由贸易试验区在深化改革、扩大开放、优化结构、推动区域发展等方面发挥了重要作用。

从概念上来说，自由贸易区可分为两种。一种是广义的自贸区（FTA），根据世界贸易组织（WTO）的定义，指的是按照WTO的协议框架设计，由两个或两个以上关税领土所组成的对产品贸易取消关税或其他贸易限制的经济集团。因此，这类自由贸易区以促进区域经济一体化为目标，旨在通过双边或者多边签订自由贸易协定，以便取消或减少贸易壁垒，实现各种生产要素的跨国自由流动，主要体现为一个国家对外进行区域经济合作的战略部署。如北美自由贸易区（NAFTA）、中欧自由贸易区（CEFTA）、东盟自由贸易区（AFTA）、中国与东盟自由贸易区等都属于这类自贸区。另一种是狭义的自贸区（FTZ），也被称为自贸园区，根据世界海关组织的定义，指的是一国的部分领土，在其内部运入的任何货物就进口关税及其他关税而言，被认为在关境以外，并免于实施惯常的海关监管制度。也就是说，这类自由贸易区是一个国家或地区为了促进贸易和吸引投资，在其领土范围内划定一部分区域，设立特殊经济区，实行特定的管理体制和一系列更为开放的优惠政策和特殊监管体制。其实质是一国实施高水平开放政策的重要空间载体。如鹿特丹欧洲贸易园区、巴拿马科隆自由贸易区、德国汉堡自由贸易区及美国纽约港对外贸易区等都属于这类自贸区。从概念上来说，我国的自贸试验区基本上属于狭义自贸区的范畴，但同时在功能上又超越了目前的FTZ，是一个具有中国特色的自贸区的概念。

一、我国沿海四大自贸试验区的基本特点

为了实施新一轮高水平的对外开放的战略，我国自 2013 年 9 月在上海设立自贸试验区之后，2014 年 12 月又在沿海的广东、福建、天津新增三个自贸试验区。经过三年的实践，上海自贸试验区的发展相对成熟，取得了一系列可复制推广的重要成果；而广东、福建、天津三大自贸试验区也已形成规模，各项政策举措正在积极推进。沿海四大自贸试验区不仅成功地引领我国的区域经济发展，也为加快构建我国开放型经济新体制和实现国家战略奠定了基础。

1. 面积相近，发展基础较好

从涵盖的面积来看，我国沿海的四大自贸试验区基本上都在 120 平方公里左右。其中上海自贸区面积最大，达到 120.72 平方公里；广东自贸区面积最小，为 116.2 平方公里；福建自贸区和天津自贸区居中，分别为 118.04 平方公里和 119.9 平方公里。我国四大自贸试验区都是在原有的开发区、保税区等特殊类型区域的基础上发展起来的，具备良好的发展条件。如上海自贸区拥有七个特殊发展区域，广东自贸区拥有两个国家级新区和一个港区，福建自贸区拥有两个实验区，天津自贸区拥有三个港区和保税区。

从片区空间分布来看，上海自贸区包括保税区、张江、金桥、陆家嘴、世博 5 个片区，天津自贸区包括天津机场片区、滨海新区中心商务片区和天津港片区。上海和天津自贸区的各个片区在地理空间上比较聚集，因此在功能布局、产业发展协调及管理和政策的统一性方面比较有优势。而广东和福建自贸区片区的空间分布比较分散，广东自贸区包括南沙新区、深圳前海蛇口片区以及珠海横琴新区三大板块，厦门自贸区涵盖厦门、福州、平潭三大片区，分散在不同的市。因而在片区之间功能和产业定位方面可能存在着某种程度的竞争或替代关系，在管理和政策的协调方面成本可能比较大。

2. 战略定位各具特色，与国家重大发展战略高度衔接

由于产业基础和发展优势不同，这四大自贸试验区的功能定位和发展战略也各有侧重。从产业发展来看，四个沿海自贸区都强调金融、服务业和现代物流航运。除此之外，上海自贸区强调发展航运和高端制造业，广东自贸区突出了信息服务和科技服务，天津自贸区突出了先进制造业，福建自贸区则突出了两岸水产品加工和科技文化创意产业等。从区域功能来看，上海自贸区主要服务于上海四个中心建设，以及建设长三角乃至带动长江经济带的需要。广东自贸区主要面向港澳，推动粤港澳区域之间的深入合作；深入推进粤港澳服务贸易自由化，强化粤港澳国际贸易功能集成，探索构建粤港澳金融合作新体制等。福建自贸区主要是促进两岸合作，以"对台湾开放"和"全面合作"为方向，进一步深化两岸经济合作。而天津自贸区主要依托京津冀，面向东北亚，服务于京津冀协同发展和"一带一路"战略。

3. 以制度与政策创新为主，且各有侧重

自贸试验区建设的意义并不在于争取若干优惠政策，而重在制度创新，旨在建立一套与国际接轨的新制度体系，成为贸易业态模式创新、投资开放创新、离岸型功能创新、政府管理服务创新的"试验田"和示范区。而四个沿海贸易试验区在制度和政策创新领域上也各有侧重。

上海自贸区重点是推进外商投资管理模式、金融、监管服务模式和上海政府管理方式的创新。广东自贸区的三个片区也各有侧重，深圳前海重点突出金融创新，提出要打造成中国的曼哈顿，与上海自贸区有一定的可比性。但从核心优势来看，深圳前海有深港融合的前景，更在跨境资金流动方面有先行优势，体制创新环境好，改革阻力小，试错成本较低，风险相对可控。而上海自贸区金融基础良好，是对外开放合作的样本，具备首个自贸区的先发优势，但由于上海的层次高，涉及面大，影响范围较广，风险不易控制，不宜

进行金融改革试验，只能适合开展高端、成熟的金融业务。珠海横琴紧邻中国澳门地区，侧重与中国澳门的对接及融合，创新重点在通关制度、产业对接上。广州南沙新区具备综合多元性及辐射性强的特点，主要向"对港澳开放"和"全面合作"的方向系统化推进，侧重在财税、金融、口岸、海洋、土地等方面的系统性创新。

福建平潭试验区主要致力于探索两岸共建等灵活多样的合作方式，重点推进通关制度、科学技术、管理体制和发展模式创新。而厦门综改区则侧重于深化两岸的交流合作，加强对台产业、贸易、经融、文化等方面的体制机制创新。与其他自贸区不同，天津市是综合改革实验区，中央赋予天津先行先试政策；同时，天津是京津冀协同发展的重要一极，天津港是京津冀最大的综合性贸易港口，是其开展对外贸易的重要载体，在京津冀吸引外资过程中发挥引擎作用。天津自贸区将着重于制造业和商业物流的并重开放。此外，由于金融业的业态和体量规模等都与上海不同，天津自贸区金融创新的侧重点也将有所不同。

4. 基础设施等配套条件较完善，以自贸区的发展需求为导向

基础设施和公共服务作为保障条件，是自贸区建设和发展的重要支撑。世界上许多运营成功的自贸区，都在基础设施建设方面投入较大。总体来看，我国沿海四大自贸试验区的基础设施建设有两个显著特点：一是以自贸区需求为导向，特别是围绕自贸区的各种产业和贸易发展平台的需求进行建设。如上海自贸区一期项目主要以五大功能平台为主，包括跨国公司地区总部平台、亚太分拨中心平台、专业物流平台、高端现代服务业平台和功能性贸易平台，项目投资达到27亿元。二是自贸区基础设施建设注重模式创新，不仅采用能实现高效快速开发建设和集聚产业的发展模式，同时也追求现代、低碳、生态和集约化的发展理念。如广东前海提出要努力探索以滨水个性、产城融合、紧凑集约、高效便捷、低碳生态为特色，面向未来的城市发展新模式。为鼓励节约集约用地，前海将把土地使用权出让收入15%~20%划入前海深港合作区产业发展基金。以"绿色"、"低碳"为特色的建设项目可申请该项基金，前海将综合考虑经济贡献、节约环保等因素并予以奖励。

随着自贸区片区的扩大和居民区的融入，对配套的公共服务的需求将会更加迫切。公共服务也是自贸区吸引高质量优秀人才的重要条件。目前上海自贸区已经形成了比较好的公共服务基础，涵盖了比较配套的教育、医疗、食宿等公共服务资源。此外，信息化和电子化是信息时代商务和政务发展的典型形态，在投资审批集约化和贸易通关、检验检疫等单一窗口模式中发挥着不可替代的作用。信息化建设是推进自贸区高效、便捷和投资贸易便利化的基础条件。自贸区的信息化建设有两个值得注意的特点。一是要依托大型有实力的信息服务企业提供一揽子解决方案，防止信息系统的碎片化和不兼容。二是必须要坚持需求导向，服从自贸区投资贸易便利化和业务形态的需求，需要做好前期的业务梳理、流程设计和需求调查，在此基础上进行系统分析和顶层设计，防止为信息化而信息化的问题。

在信息化建设方面，自贸区海关有着无法借鉴的特殊性，海关总署曾明确自贸区海关监管信息化系统的要求。其中包括采用云计算、数据库和存储等领域的最新技术以提升系统的性能、效率和安全性、可扩展性，支撑自贸区系统的近期、中期业务需求，且便于扩展，可以支撑自贸区系统未来五年以上的运行等。上海自贸区在信息化建设方面主要是与华为合作。广东前海则是与深圳联通签署合作协议，深圳联通为前海信息化建设提供优质网络保障，初步以"电子口岸"和"智能交通"两大项目为主，逐步推进双方信息化服务合作领域。

5. 在推动我国区域协同发展中发挥重要作用

自贸试验区作为改革开放的排头兵、创新发展的先行者，对我国区域经济发展具有重大意义。自贸试验区的建设不仅有利于区域经济结构的调整和提升，而且对加快我国区域协同发展的进程起到重要的推进作用。

从四个自贸试验区总体目标来看，都是以改革开放排头兵、创新发展先行者以及形成更多可复制、可推广的经验为目标。上海自由贸易试验区力争建设成为开放度最高的投资贸易便利、货币兑换自由、监管高效便捷、法制环境规范的自由贸易园区，发挥金融贸易、先进制造、科技创

新等重点功能承载区的辐射带动作用，形成与国际投资贸易通行规则相衔接的制度创新体系。上海自贸试验区的建立具有很强的区域协同、联运发展的功能，能使长三角地区的地理经济优势得到进一步加强，并进一步对长江中上游地区和内河航运产生非常强的带动作用。

由于独特的区位优势，广东自由贸易试验区的建设主要是实现粤港澳深度合作，并明确提出广东自贸试验区的整体思路就是要在面向世界的前提下以港澳地区为依托并服务内地，通过制度上的突破与创新加强内地与港澳地区经济的深度融合，积极探索粤港澳服务贸易自由化措施，推动粤港澳区域贸易集成功能的极大发挥，在金融方面形成粤港澳合作新体制等。

天津自贸试验区是北方沿海唯一的自贸试验区，不仅对我国北方经济的发展具有重要的引领

作用，同时在京津冀协同发展的国家战略中扮演重要的角色。而福建自贸区作为对台开放的最前沿，最大的战略意义是增强与中国台湾地区的沟通和联系。通过与台湾地区进行更加密切的经贸合作与安排，使两岸关系得到加强，使经济向纵深发展形成更深的联结。通过更大范围的对台开放，吸引台商及台企更多地参与大陆经济发展，使中国大陆与中国台湾地区的经贸往来更加频繁，促进两岸人民更好的交流。同时福建拥有丰富的基础资源，在承接台湾产业转移与促进两岸产业融合方面具有相当多的优势。通过福建自贸试验区，可扩大服务贸易领域的对台开放，使两岸服务生产要素更加自由地流通，推动两岸经贸合作的深层次发展。在人民币业务方面，海峡两岸通过福建自贸试验区开展跨区人民币结算是其一个重要的金融发展使命。

二、 我国沿海自贸试验区的实践经验

自贸试验区的核心目标是通过对外开放、对内放松管制降低投资和贸易的成本，吸引更多的企业来区内投资和贸易，从而提高经济发展的质量和效率。因此，自贸试验区最核心的活动主要是围绕投资开放、贸易自由化以及金融创新三大领域展开。此外，在推动园区自由化、便利化和国际化的同时，加强政府对三大领域的监管也十分必要。三年来，按照中央的要求，沿海四大自贸试验区以制度创新为核心，开展了一系列改革开放先行先试，取得了重要的阶段性成果。具体来说，围绕投资开放、贸易自由化、金融创新三大核心任务，做了许多有益的探索，尤其是上海自贸区取得了一些值得借鉴的经验。

1. 投资自由化方面

在投资开放方面，上海和广东自贸区都做出了富有创新性的探索，尤其是上海自贸区的负面清单管理模式、广东前海与香港的对接模式，以及广东的商事登记制度改革等都对促进投资的开放和便利化发挥了积极的作用。相比较而言，天津和福建在投资开放和便利化方面的创新性较弱些。

目前，四大自贸易试验区已经建立了准入前

国民待遇和负面清单模式。四个自贸试验区使用同一张负面清单，开放程度相近，主要目标也一样，不过侧重点上仍有所不同。上海自贸试验区从开放领域上看，重点在推进金融服务、商贸服务、航运服务、专业服务、社会服务和文化服务六大服务业领域的开放。上海自贸试验区在设立后就开始探索负面清单的管理模式，2013年制定实施我国第一份外商投资负面清单，共有190条特别措施，禁止字样有38条，限制字样有74条，其余78条涉及外商股权比重限制或合资限制和其他。2014年制定的新版负面清单有所改进，限制类条目减少到139条，比2013版减少了51条。在139条中，限制性措施110条，禁止性措施29条，限制字样有49条，其余61条涉及外商股权比重限制或合资限制和其他。负面清单以外领域的外商投资项目核准和企业合同章程审批改为备案制，90%以上的外资企业都通过备案设立。区内企业境外投资也改为备案为主的管理。

四大自贸区在投资的便利化措施方式上也进行了创新。如上海自贸试验区设立综合服务大厅，15个政府部门入驻，工商、税务、质检等部门协

同推动商事登记制度改革，企业登记和准入由"多头受理"改为"一个窗口"集中受理，注册企业时间从原来的 29 个工作日减少为 4 个工作日。广东自贸试验区南沙片区的商事登记改革实行"先照后证"；实行注册资本认缴登记制度；工商部门不再核定经营范围，企业经营更加自由；放宽企业住所登记和经营场所条件限制，企业在住所所属行政辖区内增设经营场所，允许"一照多址"；取消企业年检和个体户验照。珠海片区实施《珠海经济特区横琴新区商事登记管理办法》，实行个体工商户豁免登记制度。天津自贸区建立行政审批局，实现集约化审批，实行单一窗口综合受理，处室内部联动办理，单一窗口统一出证等管理办法。

　　2. 贸易便利化方面

　　贸易便利化是自贸试验区最基本的功能。四大自贸试验区实施境内关外管理，货物进出试验区享受关税等优惠政策。在贸易便利化方面，上海具有先发优势，在海关和检验检疫等方面具有明显的创新，并且有多项制度创新进行全国复制推广。广东在海关和检验检疫等方面也有众多创新措施，尤其是在港澳口岸管理方面创新明显。

　　目前自贸试验区实行"一线放开、二线安全高效管住、区内货物自由流动"的监管制度，推出"先入区、后报关"等 60 余项创新举措。实施关检合作"一次申报、一次查验、一次放行"试点；启动国际贸易"单一窗口"试点，建立贸易、运输、加工、仓储等业务的综合管理服务平台。这些创新举措使自贸试验区进口货物平均通关时间比区外缩短 41.3%，出口货物平均通关时间比区外缩短 36.8%。

　　在贸易转型升级方面，上海自贸试验区积极推动入境维修、融资租赁、保税展示交易、跨境电子商务、中转集拼、亚太运营商计划、大宗商品现货交易平台、国际贸易结算中心、离岸业务、拓展仓单质押融资、对外文化贸易基地建设、外部业务发展、航运运价指数衍生品交易业务、期货保税交割等贸易形式。广东自贸试验区主要发展国际采购、国际配送、国际中转、国际转口贸易以及与之相应的金融、保险、代理、展示、检测、维修、航运服务等服务贸易。而对于福建自贸试验区来说，海峡两岸服务贸易协议（ECFA）

中部分内容可以在福建自贸区先行先试。天津自贸试验区则主要是壮大新兴贸易，发挥东疆融资租赁产业优势，扩大飞机、海上钻井平台等大型装备设备出口。

　　3. 金融创新方面

　　由于投资和贸易的国际化，必然要求资金流的高效和无障碍流通。因此广东自贸区的南沙新区、前海及横琴都在金融创新方面进行了积极的探索，尤其是前海的金融创新可以和上海并驾齐驱甚至有超越上海的态势。

　　上海自贸区的一大任务是金融改革，国务院批准的《中国（上海）自由贸易试验区总体方案》、《中国（上海）自由贸易试验区条例》等都强调了上海自贸区的金融创新，包括人民币资本项目可兑换、金融市场利率市场化、人民币跨境使用和外汇管理改革等方面的先行先试。"一行三会"已经发布的 51 条金融支持自贸区建设的意见和措施，以及 13 个细则文件，基本形成了以探索资本项目可兑换和金融服务业全面开放为主要内容的金融制度全面的框架体系。上海自贸区经过一年的探索在推进人民币国际化、利率市场化、人民币跨境交易、外汇管理等方面进行了制度创新，一线放开和二线严格管理的宏观审慎的金融框架制度和监管模式基本形成。具体来说，上海自贸区金融创新主要包括自由贸易账户；跨境人民币贷款；自贸区内个人银行结算账户；自贸区内跨境双向人民币资金池；自贸区内经常项跨境人民币集中收付业务；跨境电商人民币结算业务；跨境人民币交易业务；境外母公司境内融资便利，境外母公司可按国家有关法规在境内资本市场发行人民币债券；跨国公司总部外汇资金池集中管理；设立自担风险的民营银行以及开展离岸人民币业务等。

　　广东南沙金融创新起步较晚，但是步子比较大。尤其是 2014 年 12 月 15 日，备受外界期待的《中国人民银行、发展改革委、财政部、商务部、港澳办、台办、银监会、证监会、保监会、外汇局关于支持广州南沙新区深化粤港澳台金融合作和探索金融改革创新的意见》（以下简称"南沙金融 15 条"）正式发布。南沙新区金融创新发展"15 条"包括粤港澳台金融合作 6 条、丰富金融市场体系 5 条、业务创新 4 条。前海的金融创新主要包括跨境人民币贷款、集团内跨境双向人民币资金池、跨国公司外汇资金池、赴港发型人民币债券、融资租赁、商业保理、设立小额贷款公司、设立要素交易平台等。横琴的金融创新比较少，比起上海自贸区以及前海，横琴对金融创新的探索相对比较少，主要集中于两个方面：其一是围绕融合居民与企业的生活需求，探索货币兑换、两地车险乃至跨境房贷，为境外居民入境定居创造良好的金融环境；其二是围绕产业升级，吸引以私募股权投资基金为主的金融、类金融机构进驻，构成横琴经济发展的后劲。

金融创新四个自贸区共性比较多，福建自贸区的金融创新主要是参照上海的做法，特色是对台金融开放，其包括：与台湾设立人民币台币双向贷款业务；成立海峡两岸货币清算中心；设立海峡交易所；允许台资企业在自贸区内设立的金融机构经营人民币业务，且贷款不受金额限制；允许台资在合资银行、合资企业集团、货币经纪公司、融资租赁公司、汽车金融公司等金融机构持股比例可以达到49%等措施。

而天津自贸试验区的金融创新则包括：扩大资本金意愿结汇试点范围；做好人民币跨境结算试点；积极争取银行机构开展人民币跨境双向贷款业务，建立人民币跨境流通渠道；支持符合条件的商业银行和企业在区内设立离岸业务部和离岸账户；支持跨国公司资金管理中心和财务公司开展离岸业务；支持开展非银行保理业务；建立中小微企业信贷风险补偿基金；探索小额贷款公司信贷资产转让试点；成立航运金融中心，设立专门从事资金结算、支付清算、商业保理、电子商务和互联网金融等业务的非法人业务部；进一步促进融资租赁业发展，建设服务全国的租赁资产交易平台，开展租赁资产权属登记、退出机制、租赁资产证券化、会计税收政策、租赁资产流转等试点；等等。

4. 治理结构、法制及监管等方面

上海自贸区采用管委会的模式。上海自贸区设中国（上海）自由贸易试验区管理委员会（以下简称"管委会"）为市人民政府派出机构，具体落实自贸试验区改革试点任务，统筹管理和协调自贸试验区有关行政事务。海关、检验检疫、海事、边检、工商、质监、税务、公安等部门在上海自贸区设立了自贸试验区工作机构（以下统称"驻区机构"）。

广东自贸区采用多元创新的治理模式。广东自贸区包括广州南沙新区片区、深圳前海蛇口片区和珠海横琴新区片区。三个片区在管理主体方面不尽一致。南沙和横琴设立的都是管理委员会，横琴实行决委会、管委会、咨委会"三位一体"的运作模式。而前海的管理机构比较特殊，是实行企业化管理但不以营利为目的的履行相应行政管理和公共服务职责的法定机构。因此，相比较于南沙和横琴来讲，前海管理局的独立性比较强，效率可能较高些，绩效也比较突出。

法制保障和政府监管创新是自贸区投资和贸易开放所需的相应制度保障，上海和广东自贸区都在这两个方面进行了积极的探索。在法治和监管方面，上海设立了中国上海自贸区法庭，发布了《中国（上海）自由贸易试验区仲裁规则》、《中国（上海）自由贸易试验区监管信息共享管理试行办法》等，并成立和组建了综合监督和执法局；目前上海自贸区内的信用管理体系也已经形成了三项制度，包括企业年报制度、审计报告制度、异常目录和黑名单等。广东自贸区在前海设立了监督局，前海法庭推出了"四位一体"的法治创新方案，并在前海积极引入粤港国际仲裁机制；横琴新区也设立了廉政办公室；在南沙实行商事主体信息管理和公示平台，实行经营异常名录制度，引导约束企业诚信经营。

三、未来发展展望

我国沿海四大自贸试验区设立的时间都不长，虽然发展较快，但效果还不是很显著。通过四大自贸试验区两年多的观察与研究，并结合其他国家和地区自贸区的发展经验，未来我国沿海自贸

试验区的发展应该从以下几个方面深入推进：

1. 不断深化政府行政与管理体制改革

进一步推进政府改革，转变政府职能和提升政府的管理绩效。自贸区发展的动力在于创新，制度创新是自贸区的核心任务，通过创新性的探索，总结出投资开放、贸易便利化方面的可复制、可推广的制度规则。参考国外成熟市场经济国家的经验做法，一方面强调政府放松管制以发挥市场的作用，另一方面也要求政府加强监管，抓住政府与市场的两头。应重点聚焦投资管理体制和事中事后管理体制的构建，加快政府职能转变，创新政府管理方式，简化行政审批，加强监督管理。

具体而言，应在以下几个方面加以推进：一是提高透明度。透明度原则作为国际公认的行政管理规则，也是自贸区建立国际信誉的重要制度，因此有必要在各自贸区条例的总则中凸显其作为基本制度的法律地位。比较各国自贸区对透明度原则的践行，可以发现其体现于法规政策"制定前通知、制定中参与、制定后评估"三个阶段，因此自贸区在满足制定中和制定后两个阶段透明的情况下，还需要加强相关规范制定前的预先通知制度，以保障利益相关方的知情权。二是稳步推进负面清单模式。负面清单是自贸区在外资领域先行先试的重要制度革新。上海自贸区的负面清单经过两次修订，基本实现了扩大开放力度、提高政策透明度、放松事前监管、实现对接国际四大目标。但同时，根据普华永道、发改委、美中贸易全国委员会、中国美国商会、中国欧盟商会等机构的评估报告，现有负面清单依然存在不足之处，其中最为突出的就是负面清单尚无法成为外商投资自贸试验区的唯一依据。建议负面清单采用稳步推进的修订方式，同时兼顾先行先试与风险可控两项基本原则，明确细化负面清单中的限制性措施，扩大负面清单的涵盖范围，衔接准入后审批管理措施与负面清单，加强内资审批管理措施的透明度。此外，随着上海自贸区的升级和其他三个自贸区的出现，要重视与其他自贸区在负面清单上的协调问题，避免无序竞争。

2. 完善事中事后监管体系

构建事中事后监管体系是一项艰巨的任务，在上海自贸区经验基础上，国务院已经决定将构建政府信息共享平台作为下一阶段政府体制改革的重要内容在全国推开。鉴于监管覆盖面宽但部门分置等问题，以上海自贸区政府事中事后管理体制为例，其涉及六个子体系（国家安全审查制度、反垄断审查制度、社会信用体系建设、企业年检改成企业年度信息公布制度、建立政府间各部门信息共享平台和统一监管执法体系、社会力量参与综合监管制度），其中有些是中央相关部门的事权，如国家安全审查和反垄断审查；有些则属于地方政府的功能，如社会信用体系的建设、企业年度信息公布等；还有些需要中央部门参与协调，如政府各部门信息共享平台建设，建议要全面整合法律制定、执行、识别、监管、授权等职责，协调不同部门之间的职责如垂直管理的政府部门（条）与地方政府的职能部门（块）之间如何配合，提高政府服务效率。打造"政府—社会组织—市场"三位一体的联动有效监管机制。要下放经济社会管理权限给自贸试验区。强调放松管制与有效监管的平衡，就需要培育起到中介监管作用的社会组织。建议自贸区社会组织监管作用的发挥必须遵循宏观与微观并重、法治与自治结合、监督与服务齐聚的准则，同时结合自贸区特色以行业协会作为中心议题进行改革与创新。

3. 推进金融服务领域的开放与创新

探索金融领域的开放和创新是我国自贸试验区建设的重要任务。金融自由化是我国进一步扩大开放的必要条件，但要在全国范围内推广还存在一定的风险。因此，在风险可控的前提下，可在自贸区内创造条件稳步推进人民币资本项目可兑换、金融市场利率市场化、人民币跨境使用和外汇管理改革等方面的先行先试。一是扩大金融业对外开放。建立与自贸区相适应的账户管理体系，试行资本项目限额内可兑换，深化外汇管理改革，提高投融资便利化水平，允许自贸试验区内企业、银行从境外借入本外币资金，探索建立境外融资与跨境资金流动宏观审慎管理政策框架，放宽自贸试验区内法人金融机构和企业在境外发行人民币和外币债券的审批和规模限制，探索在自贸试验区内设立单独领取牌照的专业金融托管服务机构，构建跨境个人投资者保护制度。二是拓展金融服务功能。推进利率市场化，多渠道探索跨境资金流动，推动开展跨境人民币业务创新，允许法人银行开展资产证券化业务，拓展融资租赁业务经营范围、融资渠道，在自贸区内设立多币种的产业投资基金、土地信托基金，加强区域性金融服务中心建设，鼓励境内期货交易所根据需要设立期货交割仓库。三是推动境内各项制度规则与国际市场接轨。目前，国际上对中央对手方制度、场外交易场内集中清算制度、抵押品管理制度等规则进行了一系列的改革和优化，我们自身的制度建设应该紧跟国际最新的发展形势，早日做到与国际惯例接轨，推动境内金融市场的制度进一步完善，同时运用底线思维避免系统性风险，不断提升服务水平和专业化程度，推动金融市场的蓬勃发展。四是集聚境内外中介机构，规范市场交易。可以通过自贸区平台建设，推动形成市场化、国际化的金融资产交易中介服务体系，吸引全球金融投资中介机构在自贸区集聚。逐步建立以自律监管为主、政府监管为辅的综合监管体制和符合国际标准的投资者保护体系，督促市场主体依法依规开展业务，严厉打击市场操纵等违规行为，确保市场规范、安全、有效运行。

4. 扩大自贸区公众参与度

自贸区需要动员市场、政府、社会组织等多元力量实现合作治理。自贸区通过对投资和贸易的放开，吸引和激发更多的资源投入该区域之中，与此同时，还要通过激发社会和市场的力量帮助政府提升效率。例如在监管方面可以试点采信第三方检验结果，减轻质检监管部门的业务负担，提升质检的服务效率，从而有效提升自贸区内货物和产品的流通效率，在整体上节省社会的交易成本。还可以通过引入社会力量，创新过程和结果监管模式，通过企业和社会组织等之间的多元制衡，实现监督管理的模式创新，减轻政府的监管责任。自贸区内各项创新制度的开展已经触发了众多新兴的行业与经营方式，对于这些行业与经营方式的支持与规范需要借助企业与行业协会对商事惯例的总结与解释，故建议应该出台一套商事惯例的确认制度，使得自贸区内的企业不仅作为制度的陪审者，更加成为实际规范的参与制

定人。

5. 落实法律制度体系的建设与完善

自贸区的发展和活动的开展都需要相应的制度规则，尤其是作为探索投资开放和贸易自由化的特殊区域，在很多方面都需要突破国内既有的政策法规，因此创新性的制度基础对于自贸区的发展是至关重要的。自贸区的制度基础主要包括两个方面：一是国家层面对自贸区的授权性的政策，这些政策对于自贸区的投资开放和贸易自由化的试点以及改革力度可以起到保障的作用；二是自贸区自身运作的制度规则，这是针对自贸区内部的管理和活动的制度规则。国家层面授权的制度规则是自贸区发展的前提条件，而自贸区内部的制度规则是自贸区发展的保障。这两者都是自贸区成功运行的必要条件，不可偏废。从制度基础的角度来看，上海自贸区具有先发优势，具有较好的制度基础，相比较而言，广东、福建和天津自贸区的制度基础相对薄弱。

通过研究参考国外自贸区的法律机制的构建情况，结合自贸区的实际情况，创新法律机制的构建要坚持立法突破原则。要实现建立与放开准入相一致的规则体系，有利于激发活力、形成秩序、方便解决争议的目标。通过适当改变现行行政审批机制，在市场准入方面实现公平、开放、公正、透明度高等投资环境，使得自贸区在相关的法律、法规的制定和实施上有所突破；要坚持立法的统一性与差异性并存的原则。自贸区内法律体系的构建在内部立法与全国统一立法之间存在着统一性和差异性的协调问题。一方面，未来自贸区内的政策、法规的设立必然因其本身的特殊性而具有超前性、国际接轨性、独立性以及自身需要性。这种差异性的存在，必须能满足自贸区发展需要，对自贸区内各功能的实现起到促进作用，自贸区内的立法只有在这样的条件下才可以存在差异。另一方面，自贸区内立法虽然可以存在差异性，但其也必须与国家整体法律体系相一致，不可以违背国家宪法、刑法等。

专栏 35-1

四个自贸试验区总体方案实施率超过 90%

根据商务部发言人介绍，2016 年前 5 个月，上海、广东、天津、福建自贸试验区共设立企业 69177 家。四个自贸试验区各项试点任务全面铺开，总体方案实施率超过 90%。

各自贸试验区围绕加快构建开放型经济新体制，在投资、贸易、金融、创业创新、事中事后监管等多个方面进行大胆探索，有效激发市场主体活力，有力推动大众创业、万众创新，形成了新一批可复制、可推广的改革试点经验。

四个自贸试验区深入试点外商投资准入前国民待遇加负面清单管理模式，持续拓展商事登记制度改革，推行企业设立"一口受理"及对外投资合作"一站式"服务。同时，四个自贸试验区以贸易便利化为重点，贸易监管制度创新成效明显。口岸管理部门加快实施信息互换、监管互认、执法互助，不断优化"一线放开、二线安全高效管住"监管模式，国际贸易"单一窗口"不断优化，各自贸试验区通关效率平均提高约 40%。

商务部数据显示，前 5 个月，四个自贸试验区共设立企业 69177 家。其中，内资企业 65117 家，注册资本 19520 亿元；外商投资企业 4060 家，合同外资 3086 亿元，通过备案新设外商投资企业 4030 家，合同外资 3084 亿元，占比分别为 99.3%、99.9%。

四个自贸试验区稳步推出以提升服务实体经济质量和水平为目标的金融开放创新举措。上海自贸试验区自由贸易账户试点由人民币业务拓展至外币；广东、天津、福建自贸试验区试点推出中小微企业贷款风险补偿、"银税互动"诚信小微企业贷款免除担保等，助力大众创业、万众创新。

此外，四个自贸试验区还初步形成了"事前诚信承诺、事中评估分类、事后联动奖惩"的全链条信用监管体系；初步形成了以鼓励创业创新为着眼点的公共服务支撑体系；不断推出以服务"一带一路"建设等国家战略为根本的差别化功能举措。

目前，国务院自由贸易试验区工作部际联席会议办公室已会同有关部门及四省市总结形成了新一批改革试点经验建议，将在经过第三方评估，并履行必要程序后，推广实施。

资料来源：新华社 2016 年 8 月 2 日。

参考文献

[1] 汪洋：《国务院关于自由贸易试验区工作进展情况的报告——在第十二届全国人民代表大会常务委员会第十四次会议上》，中国人大网 2015 年 4 月 23 日。

[2] 国务院：《国务院关于印发中国（上海）自由贸易试验区总体方案的通知》（国发〔2013〕38 号），2013 年 9 月 18 日。

[3] 国务院：《国务院关于印发中国（广东）自由贸易试验区总体方案的通知》（国发〔2015〕18 号），2015 年 4 月 8 日。

[4] 国务院：《国务院关于印发中国（天津）自由贸易试验区总体方案的通知》（国发〔2015〕19 号），2015 年 4 月 8 日。

[5] 国务院：《国务院关于印发中国（福建）自由贸易试验区总体方案的通知》（国发〔2015〕20 号），2015 年 4 月 8 日。

[6] 国务院：《国务院关于印发进一步深化中国（上海）自由贸易试验区改革开放方案的通知》（国发〔2015〕21 号），2015 年 4 月 20 日。

[7] 商务部课题组：《关于中国自由贸易试验区建设的思考》，《国际贸易》2015 年第 1 期。

[8] 荆林波、袁平红：《中国（上海）自由贸易试验区发展评价》，《国际经济评论》2015 年第 11 期。

[9] 上海市人民政府发展研究中心课题组：《关于中国（上海）自由贸易试验区深化改革的评估报告》，《科学发展》2015 年第 12 期。

[10] 詹圣泽等：《论我国自贸区新常态下的先试先行》，《企业研究》2016 年第 3 期。

第三十六章 东北老工业基地的困境与全面振兴的思路

提　要

当前，东北老工业基地正面临经济衰退的风险，主要经济指标出现恶化的趋势，工业经济增长从保增长向防衰退转变，辽宁和黑龙江工业增加值都出现负增长，企业普遍经营困难。事实表明，东北老工业基地面临着阶段性经济衰退、传统优势产业增长乏力、创业创新活力不足、企业经营成本过高、对外经济内忧外患、官员腐败带来负能量等困境。从经济发展史来看，虽然在全球范围内很难找到较大空间尺度的老工业基地实现全面振兴的成功范例，但美国制造业带衰落的历史经验却对我国具有重要的启示意义。在考察历史经验的基础上，结合我国实际，建议现阶段全面振兴东北老工业基地要从以下几个方面重点推动：一是实施城市产业多元化；二是大力发展中小企业和小微企业；三是确保就业和社会稳定；四是积极推动区域创新体系建设；五是加大中央财政支持力度；六是全面深化体制机制改革；七是营造良好的政治生态。

*　　　　　　　　*　　　　　　　　*

全面振兴东北老工业基地是一项史无前例的区域战略，即使是美国制造业带，也难以摆脱衰落的厄运。而我国东北老工业基地能否走出衰落的阴影，通过转型发展成功实现全面振兴，仍然是一个令人难以求解的问题。

一、东北老工业基地发展面临多方面的困境

近年来，东北三省经济社会发展再次遇到极度的困难，经济增速明显低于全国平均水平，辽宁和黑龙江两省工业经济出现负增长。尽管中央和地方政府都在为东北全面振兴开药方，但难以稳住当前经济下行的态势，企业经营比较困难，微观主体对地区发展的信心不足，防衰退、求生存正是东北三省现阶段经济发展的鲜明特征。

1. 经济增长出现阶段性衰退

随着国内外经济形势趋紧，2015 年东北地区生产总值达到 58101.17 亿元，占全国 8%，按不变价计算，较上年增长 -0.3%，增速较上年下降了 3.3 个百分点，呈现加速衰退的态势；其中，地区工业实现增加值 22130.82 亿元，较上年下降了 2%，工业增长继续面临非常严峻的形势。"十二五"以来，东北地区工业经济增长呈现断崖式

下滑趋势，优势传统产业再次进入"寒冬"，"保增长、防衰退"任务异常艰巨。如图36-1所示，2010~2015年，东北地区生产总值和工业增加值增速都出现连续下降态势，其中地区生产总值增速由2010年的17%急速下降到2015年的-0.3%，

工业增加值增速则由2010年的21.38%跳水式下降到2015年的-2.0%，全社会固定资产投资增速由2010年的24.88%快速下降到2015年的-9.55%，为此，"新东北现象"再次成为各级政府和社会各界关心的问题。

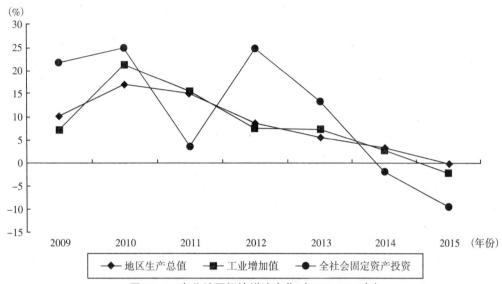

图36-1 东北地区经济增速变化（2009~2015年）

资料来源：历年《中国统计年鉴》。

从各省地区生产总值增速看，2015年，辽宁省地区生产总值增速为3%，按不变价计算的增速为-1%，增速呈现连续下滑的态势。吉林省地区生产总值增速为6.5%，按不变价计算的增速为2%。从横向比较看，吉林省经济增长继续放缓，降幅有所收窄，但增速明显好于辽宁省。黑龙江省地区生产总值增速为5.7%，按不变价计算的增速为-1.1%，出现经济衰退的态势。

如图36-2所示，辽宁省工业增速继续延续下降的势头，由过去的低增长转为负增长，工业经济衰退的苗头开始出现，2014年完成工业增加值11637.29亿元，比前一年下降了3%，已从稳增长向防衰退转变。吉林省工业增长下降幅度是东北三省最小的省份，实现工业增加值6439.76亿元，比2013年增长5.81%，其中，从规模以上工业企业统计口径看，轻工业增加值1956.59亿元，同比增长6.7%；重工业增加值4098.04亿元，同比

增长-0.2%；[①]黑龙江省实现工业增加值4053.77亿元，比2013年下降了9.82%，继续延续负增长的态势，呈现"四连负"的趋势，"抗衰退"正成为全省工业突围的方向。[②]这表明，在应对上一轮投资刺激之后，东北三省工业增长缺少新的动能，而传统优势产业又面临着供过于求的市场环境，新的增长点比较少，这种不利局面加剧了区域性工业衰退。可以说，投资拉动型的经济增长模式已不可持续，依靠转型发展和创新发展"双轮"驱动的增长模式急需尽快形成。

2.传统优势产业增长乏力

2015年，东北地区经济增长乏力甚至衰退已经引起高层的普遍担忧，经济增长失速的背后是传统优势产业难以发挥原有的支撑作用，换言之，地区经济增长出现动力断档。2015年，辽宁省制造业增加值增速为-4.9%，钢铁、汽车等支柱行业产量都出现负增长。[③]吉林省工业增长继续放

---

① 资料来源：《2015年吉林省国民经济和社会发展统计公报》。
② 资料来源：《2015年1~12月月度数据》（黑龙江省统计局发布）。
③ 资料来源：《2015年辽宁省国民经济和社会发展统计公报》（辽宁省统计局发布）。

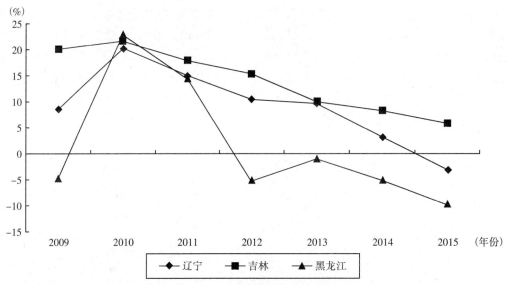

图 36-2　东北三省工业增速变化 （2009~2015 年）

资料来源：历年《中国统计年鉴》。

缓，作为全省第一大产业的汽车制造业产销下降直接冲击了全省工业增长。具体而言，汽车制造产业实现增加值 1456.38 亿元，比上年下降 14%；食品产业实现增加值 1068.37 亿元，同比增长 4%，冶金建材产业实现增加值 742.19 亿元，同比增长 4.7%；医药产业实现增加值 533.78 亿元，同比增长 12.2%；石油化工产业实现增加值 720.12 亿元，同比增长 13.9%。[①]黑龙江省优势传统产业出现不同程度衰退，石油化工、煤炭采选业等优势产业增加值增速继续放缓，稳增长的压力继续加大。由于石油、煤炭等大宗商品价格持续走低，造成了油企、煤企处于极度亏损状态，极大地冲击了黑龙江省工业经济。

从国内外市场环境看，东北地区工业产品主要是初级产品和原材料加工，对抗宏观经济周期性波动能力非常弱。在内需不振、外需乏力、资源枯竭、劳动力成本升高、远离市场等多种因素的共同影响之下，东北地区钢铁、有色等原材料工业企业继续处于保生存的状态，扭亏压力持续加大。同时，由于国内产能过剩问题没有得到缓解，东北地区汽车、钢铁、有色等产业增长放慢甚至出现负增长。此外，东北地区传统优势产业产业链条普遍较短，多数是以国内市场为主，央企在其中占据主要地位，在新一轮产业布局中，

许多央企已将生产基地转移到内地，导致汽车、装备制造等产业增长空间有限。

3. 创业创新活力不足

创业活力不仅关系到民营经济特别是中小企业和小微企业的发展，也关系到新增长点的培育。2014 年，东北三省全社会新增法人单位占 18.43%，比全国平均水平低了 2.56 个百分点，制造业新增法人单位占比为 13.54%，比全国水平低了 2.64 个百分点，这说明东北创业活力不足问题仍然比较突出（见表 36-1）。如果从分省的数据看，辽宁、吉林、黑龙江全社会新增法人单位占比分别为 16.97%、24.3% 和 17.08%，其中辽宁省和黑龙江省均低于全国平均水平，而吉林省比全国平均水平高出了 3.31 个百分点。在制造业方面，吉林省新增法人单位占比为 28.51%，高于全国平均水平 12.33 个百分点，而辽宁省和黑龙江省分别低于全国 5.85 个百分点、3.59 个百分点，这说明了这两个省在本轮大众创业中并没有显示出其特有的基础优势。

近年来，东北地区创新投入强度虽有所提高，与全国平均水平的差距仍旧明显（见图 36-3）。从各地区情况看，2015 年，辽宁省科技创新投入增长非常明显，研究与试验发展（以下简称 R&D）经费支出 459.1 亿元，R&D 投入强度为

[①] 资料来源：《2015 年吉林省国民经济和社会发展统计公报》（吉林省统计局发布）。

表 36-1　2014 年企业法人单位变动情况

地区	全社会新增法人单位数（个）	全社会新增法人单位占比（%）	制造业新增法人单位数（个）	制造业新增法人单位占比
全国	2875829	20.99	364446	16.18
东北	162416	18.43	17165	13.54
辽宁	84891	16.97	8568	10.33
吉林	41826	24.30	5517	28.51
黑龙江	35699	17.08	3080	12.59

注：全社会新增法人单位占比=（全社会新增法人单位数/当年全社会法人单位数）×100%。

资料来源：《中国统计摘要》（2016、2015）。

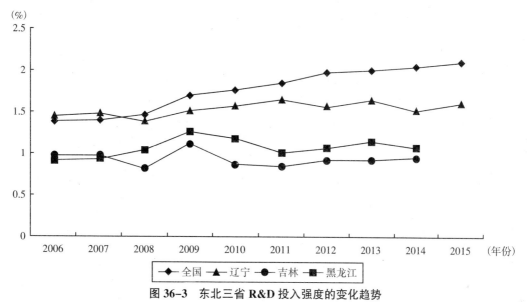

图 36-3　东北三省 R&D 投入强度的变化趋势

资料来源：历年《中国统计年鉴》。

1.6%，比上年提高了 1.14 个百分点。[①] 2014 年，吉林省和黑龙江省 R&D 投入强度分别为 0.95%、1.07%，其中，吉林省比上年略有提高，黑龙江省则较上年下降了 0.08 个百分点。与全国平均水平相比，东北三省 R&D 投入强度明显较低，低于全国平均水平 0.5 个百分点以上。另外，从专利指标看[②]，辽宁省专利申请量和授权量都有所下降，分别为 42153 件、25182 件，较上年增长了 11.34%、28.97%，其中发明专利申请数和授权数为 19332 件、6569 件，分别较上年增长了 4.97% 和 65.3%。[③] 2014 年，吉林省专利申请量和授权量为 14800 件、8878 件，分别比上年增长了 24.03% 和 32.59%，其中发明专利申请量和发明专利授权

量分别为 6154 件、2240 件，分别较上年增长了 16.38% 和 56.21%。[④]

4. 企业经营成本过高

"降成本"是当前中央正在着力推动的经济工作方向，东北三省企业高成本现象非常突出，主要表现为：一是国有企业体制改革成本高。即使国家已发文要大力推动混合所有制改革，建立更具活力和市场化的企业经营机制，但东北三省国有企业承担着较大的历史性社会包袱，政策性负担很重，完成这些领域体制改革的成本非常高，单纯靠企业或地方政府难以承担，必须依靠国家强力介入。二是民营企业经营成本高。由于地理区位的因素，东北三省企业远离内地消费市场，

① 注：R&D 经费投入强度 =（R&D 经费支出/地区 GDP）×100%。

② 注：由于缺少 2014 年黑龙江省数据，所以无法报告其专利申请量和授权量。

③ 资料来源：《2014 年辽宁省国民经济和社会发展统计公报》（辽宁省统计局发布）。

④ 资料来源：《2014 年吉林省国民经济和社会发展统计公报》（吉林省统计局发布）。

物流成本比东部沿海高；不仅如此，在高寒地区从事经营活动还受季节性停工、供暖等成本影响。据研究，由于供暖季比较长，东北三省取暖成本比全国其他地区高出20%。三是人工成本高。东北三省城镇化水平高，人口老龄化问题突出，年轻人流向区外务工经商呈现逐年增长趋势，劳动力成本上涨非常厉害，普通工人用工成本比江浙一带高出20%。①四是制度性交易成本高。东北地区深受计划经济体制之苦，体制性障碍较多，腐败现象屡禁不绝，地方政府对微观经济主体的干预较多，各种形式的交易成本加重了企业负担。五是研发成本高。虽然东北三省科技资源不少，但各类科研单位犹如一座座孤岛，由于隶属关系不同而彼此不相往来，导致企业舍近求远利用创新资源，无形中增加了额外的成本。

5. 对外经济内忧外患

东北地区地处东北亚中心，与俄罗斯、蒙古、朝鲜接壤，邻近日本、韩国，具有较好的对外开放条件。从对外进出口看，2015年，东北三省对外贸易形势非常严峻，进出口贸易降幅超过全国平均水平，东北三省进出口额都出现负增长，其中黑龙江省出口增速下降幅度最大，增速为-46.1%。从实际利用外资看，东北三省实际利用外资情况不尽相同，吉林省和黑龙江省利用外资势头良好，增速分别为12.0%和7.6%，高于全国平均水平，在利用外资增长的同时，吉林省全年实际利用外省资金6829.83亿元，增长16.1%，说明了吉林省发挥自身资源优势承接国内产业转移成效显现。而辽宁省实际利用外资出现负增长，引资规模列东北三省末位，实属罕见。从东北亚地区环境看，更加动荡的朝鲜半岛局势客观上给东北地区对外开放环境造成不利的影响；而中蒙俄经济走廊仍处于规划阶段，规划纲要落地确实存在诸多的变数。

表36-2　2015年东北三省对外经济基本情况

地区	对外贸易				实际利用外资	
	进出口总额（亿美元）	增速（%）	出口（亿美元）	增速（%）	利用外资（亿美元）	增速（%）
全国	245741	7.0	141255	-1.8	7814	6.4
辽宁	960.9	-15.7	508.4	-13.5	51.9	-34.4
吉林	189.38	-28.2	46.54	-19.5	85.72	12.0
黑龙江	209.9	-46.1	80.3	-53.7	55.45	7.6

资料来源：《中国统计摘要》（2016）。

6. 营商环境遭到破坏

腐败是经济发展的毒瘤，极易侵害地方营商环境。根据中纪委监察部网站2013年9月3日至2016年6月24日披露的信息显示，东北三省共涉及党员县处级以上干部违纪接受组织审查案件82件，其中辽宁省32件、吉林省和黑龙江省各25件。从涉案的干部级别来看，省部级干部7名（不含驻地央企），地厅级干部（不含驻地央企）56名，其中，辽宁省原省委书记王珉级别最高，超过18个地市的正职或副职领导干部被调查。农业、林业、交通、公检法、高校是腐败案件的高发区。另外，一汽集团是中央巡视组查出的问题最为严重的驻地央企之一，包括一汽董事长徐建一在内的数名高管被查，此外，中石油大庆公司、鞍钢集团、国家电网公司辽宁分公司等央企都有高管被查。如果把各省腐败情况与经济增长的绩效稍作对比，可以发现，官员腐败对当地经济的危害和冲击是非常大的，这既表现为损害政府官员勤政为民的形象，恶化了当地的政治生态，进而伤害当地的投资环境，还表现为腐败的领导官员滥用职权，重大决策失误。

① 杨荫凯、刘羽：《东北地区全面振兴的新特点与推进策略》，《区域经济评论》2016年第4期。

表36-3 东北三省涉嫌腐败干部查处案件

地区	官员级别	"三套班子"领导	公检法	发改	农业	工业	交通	科教文卫
辽宁	省部级	3	—	—	—	—	—	—
	地厅级	7	3	1	—	3	—	5
吉林	省部级	1	—	—	—	—	—	—
	地厅级	5	2	—	2	1	3	8
黑龙江	省部级	3	—	—	—	—	—	—
	地厅级	7	1	—	3	—	1	4
央企	省部级	吉林（1）						
	厅局级	辽宁（2）、吉林（4）						

资料来源：中纪委监察部网站。

二、美国制造业带从繁荣走向衰落

美国制造业带是一个西起密西西比河，东至大西洋沿岸的波士华城市带，南起俄亥俄河和波托马克河，北至密歇根湖、伊利湖和安大略湖岸以南，以及新英格兰的南部，主要包括美国五大湖区、东北部区域在内的东西狭长的产业集中分布区域，其面积约占全国的8%，但却曾经集中了美国近50%的制造业。它是从19世纪开始起步，经过一个多世纪的发展、演化和调整，现在仍是美国经济体量最大的经济带之一，也是城市分布密集的区域。五大湖区是美国制造业带发展的历史缩影，它曾是全球最重要的制造业基地之一，也是全美最繁忙的水域之一，集中分布了钢铁、汽车、化工等重化工业，但由于产业出现转移、衰落，生态环境更加恶化，制造业带甚至在20世纪80年代末还被人们称为"铁锈地带"。

1. 美国制造业带衰落表现为"三低一高"

应该说，作为美国的老工业基地，制造业带的衰落跟现在我国东北三省的表现如出一辙，低增长、低就业、低收入和高流出等特点比较突出。从就业和人口流动指标看，主要表现在以下几个方面：

一是地区制造业就业份额大幅度下降。新英格兰地区、中东部地区和大湖地区制造业就业份额从1900年的34.55%、22.91%、15.20%分别下

降到1990年的19.29%、15.76%和22.78%。相比之下，美国东南部和西南部地区制造业份额则从1900年的6.85%、3.36%分别上升到1990年的18.01%和13.60%，成为支撑美国新一轮经济增长的战略支撑带，又被称为"阳光地带"。[1]

二是地区人口存在明显的净流出现象。20世纪60年代到70年代，受世界经济危机的冲击，制造业带产业低迷不振，当地居民对地区发展信心动摇，于是制造业带出现一轮人口向西部和南部的移民潮，东北部地区城市人口净流出102万，而同期阳光地带接纳了超过200万流入人口。有学者发现，在1950年美国最大的16座城市中，处于制造业带的布法罗、克利夫兰、底特律和匹兹堡的老工业城市都出现大规模的人口净流出，跟现在比，有些城市人口甚至比当年下降了一半以上。[2]

三是人均收入增长缓慢，逐渐落后于全国平均水平。1950~1977年，制造业带地区居民人均收入增长率313%，略低于全国平均水平（331%），与南部地区形成两极分化之势。例如，路易斯安那人均收入增长率为381%、佛罗里达为377%、得克萨斯为363%，南部其他州都高于400%。

2. 美国制造业带衰落是由多种原因所致

美国制造业带之所以出现区域性的衰落现象，既有产业结构不合理、老化的内部原因，同时也

---

① ［美］斯坦利·恩格尔曼、［美］罗伯特·高尔曼：《剑桥美国经济史（第三卷）》，中国人民大学出版社2008年版。

② ［美］爱德华·格莱泽：《城市的胜利》，上海社会科学院出版社2012年版。

有一些外部环境因素，如其他国家或地区的崛起带来的竞争压力。概括起来，主要包括以下几个方面：

第一，产业结构不合理造成地区发展活力不足。制造业带具有明显的"一企独大、一业独大"的特征产业结构过于单一，产业结构转换能力不足。另外，少数几家大型企业主导城市发展，它们集中大量的要素资源，而中小企业难以获得支持，发展比较缓慢，底特律就是典型代表，汽车产业主宰城市经济。

第二，能源危机带来的冲击加速了制造业带资源密集型产业衰落。20世纪70年代全球石油危机导致油价迅猛增长，以制造业带为代表的通过消耗大量资源和牺牲环境的传统工业化模式难以为继，一大批比较依赖于化石燃料的企业面临倒闭或被迫外迁，进而造成大量失业人口。

第三，国际产业转移加快了制造业带"去工业化"进程。由于物流成本的下降，制造业带的许多企业开始"走出去"，到劳动成本更低的发展中国家设立生产基地，如日本、韩国等国家，从而形成"去工业化"势头。另外，这些后发国家的崛起反过来对美国制造业带造成较大的市场冲击，特别是在汽车、钢铁、建材等领域表现得更加突出。

第四，联邦政府的政策对制造业带发展造成不利的影响。在就业政策上，1947年联邦政府通过《塔夫脱—哈特利法案》，该法案赋予各州制定非工会会员就业权利，于是触动企业离开工会权力十分强大的北方城市，迁往工会权力相对较弱、非工会会员较多的南方城市。在财政政策上，联邦政府的财政拨款向西部和南部倾斜，而制造业带内的多数州向联邦政府上缴的税收大于从其获得的财政支持。

第五，郊区化的兴起降低制造业带中心城市吸引力。随着城市居民收入水平的提高、区域交通体系完善以及中心城市交通拥堵和城市环境污染加重，大量城市居民厌倦了城市中心的生活，开始从城市中心迁到郊区居住，享受更宜居的环境。同样，一大批企业搬迁至周边的中小城市，享受更加低廉的土地成本和较好的工作环境。这些变化带来的后果就是中心城市税收流失严重，进而影响了城市公共设施建设的投入，结果演变

成恶性循环，加剧了中心城市"空心化"进程，大量的破败建筑、闲置土地和空置房屋出现，这些中心城市沦落为棕色地带，底特律就是一个缩影。

第六，阳光地带崛起进一步削弱了制造业带振兴。20世纪五六十年开始，以西部和南部为代表的阳光地带凭借着油气资源发现、良好的气候、廉价的外来移民、军事工业布局等条件迅速发展起来，吸引了制造业带地区产业和人口的"双转移"，而廉价的住房和性价比高的城市基础设施是大量外来人口涌入"阳光地带"的主要原因。可以说，这么强大的拉力的出现无疑浇灭了制造业带振兴的希望，进一步削弱了制造业带原来的战略地位。

3. 美国政府振兴制造业带

当然，针对制造业带的衰落成为"铁锈地带"和"棕色地带"，美国联盟政府并没有袖手旁观，而是采取了必要的应对措施，主要是关于棕色地带相关的立法和规划工作。由于棕色地带主要集中分布在制造业带地区，因此，美国联邦政府对棕色地带的环境治理对于振兴老工业城市具有举足轻重的作用，如匹兹堡就是通过改善当地环境，培育多元化的产业，依靠创业创新实现城市复兴。

在治理棕色地带方面，美国联邦政府或国会在不同时期出台了针对性的法案。1993年，美国联邦政府出台了《宗地经济开发行动》，这成为棕地治理的开端；1995年又制定了《棕地行动议程》，主要是号召各方利益相关者参与棕地治理。2000年，美国联邦政府颁布了《棕地经济振兴计划》，授权州、社区以及棕地的所有者开展相关的工作。2002年，美国国会通过了《小企业责任减免与棕色地带复兴法》，该法律免除了棕地周边的土地所有者及其未来购买者和小企业的部分连带责任。2009年，《美国经济与再投资法》开始实施，这个法案将为棕色地带相关项目予以上亿美元的直接援助，并对棕色地带的补救和再开发提供了间接补贴。

这些行动规划或法律实施已取得初步成效。据统计，截止到2016年3月，美国环境保护署向棕色地带项目共投入约15亿美元治理资金，完成了23932个地块治理，使59149英亩土地重新恢复自我修复能力，同时也创造了108924个永久性

就业岗位和 209.6 亿美元的新投资。①

4. 美国制造业带衰落对我国的启示

虽然美国政府在区域政策上从未将制造业带发展上升到国家战略层面，但制造业带发展的历史经验不仅从侧面反映了美国产业结构调整升级与区域经济格局演变的过程，同时也说明了这么大空间范围内的老工业基地要实现振兴，难度非常大。如果从产业结构、空间尺度、城市密度等方面看，我国东北老工业基地与美国制造业带存在许多相似之处或可比之处，所以说美国制造业带的历史经验可以为我国当前全面振兴东北等老工业基地提供一些有益的启示，主要包括：一是推动产业结构单一型城市转型发展。尽管汽车城底特律转型失败了，但是以匹兹堡为代表的城市却成功实现转型，成为制造业带地区一座富有创新活力的城市，这说明了转型路径决定了结果的成败，只有地方政府大胆打破"一业独大、一企独大"的利益格局，城市转型才有希望。二是改善城市的公共服务和基础设施。虽然中美两国体制差异非常大，但城市公共服务和基础设施的质量和功能是吸引人口的利器，制造业带失去了人口吸引力的部分原因就是公共服务和基础设施长期得不到改善，民生问题比较突出。三是重视环境综合治理。美国联邦政府对棕色地带的治理历时之长、力度之大、范围之广是比较罕见的，加强立法、鼓励公众参与等做法值得学习借鉴。四是推进政府官员的科学决策。事实表明，像底特律这样的城市之所以最终走到破产地步，主要原因就是地方政府主要官员频频出现重大决策失误。可见，只有提高官员履职能力，改善政治生态，才能有效防止官员滥用职权、假公济私、盲目决策等腐败行为。五是实现多条经济发展支撑带共存、共荣。美国制造业带地位下滑及"阳光地带"崛起的事实表明，一个大国经济持续健康发展需要多个战略支撑带共同发挥作用。总之，美国制造业带兴衰历史为我国科学认识、准确把握老工业基地振兴规律提供了一个镜鉴。

三、全面振兴东北老工业基地急需精准施策

当前，我国实施新一轮东北地区等老工业基地全面振兴已经启动。历史经验也表明，"铁锈地带"实现复兴可能需要经历一个曲折而又漫长的过程。但不能否认的一个事实就是，像我国东北地区这么大面积的老工业基地要实现振兴确实没有成功先例。可见，全面振兴东北老工业基地既要突破传统的区域发展惯性思维，又要采取超常规的手段和政策举措，否则，东北老工业基地可能重蹈美国制造业带的覆辙，最终沦为"铁锈地带"。

1. 实施城市产业多元化

我国东北三省长期面临产业单一、结构老化、主导产业衰落等问题，现阶段实施城市产业多元化战略正逢其时。著名的城市学家雅各布斯曾指出，多元化对于城市创新是弥足珍贵的。应该说，产业多元化是我国全面振兴老工业基地的一剂良药。在具体操作时，不宜从这么大空间尺度的区域层面选择产业，而应该立足于城市，从城市层面突围，引导各地市选择有条件、有特色、有前景的产业，因地制宜地制定相应的产业转型和新兴产业培育规划，既可以在现有优势产业基础上适当延伸、嫁接和发展新业态，也可以引入新兴替代产业，培育新的经济增长点。当然，各地市发展多元化产业时，既不要陷入一些误区，如选择一些发展条件不成熟的时髦产业，如智能装备等，同时也要优先考虑发展那些适合中小企业发展的产业，如电子信息、绿色食品加工、机械零部件精加工等产业。

2. 大力发展中小企业和小微企业

东北的老工业城市都普遍存在着"一企独大、一业独大"状况，一批大型央企或地方国企集聚了当地大量的要素资源，并长期支撑着当地经济

---

① 资料来源：美国环境保护署。

发展。相反，当地的中小企业和小微企业发展却得不到足够重视，成长比较困难。有些地方的大企业甚至对中小企业形成了明显的"挤出效应"。对此，在这一轮的东北地区等老工业基地全面振兴中，地方政府要积极转变职能，废止一批不合时宜、违背市场运行规律的地方法律法规和文件，创造更加公开、公平、公正的市场环境，激发民营经济活力，推出一揽子政策支持中小企业和小微企业发展，帮助解决企业的实际难题；同时也要重视培育企业家精神，改善创业服务环境，鼓励下岗职工、科研人员、大学生等重点群体创业。

3. 确保就业和社会稳定

事实表明，东北老工业基地已出现了工人失业、人口流失、犯罪高发等社会问题。这些问题如果处理不当，极易引发社会动荡，为此要统筹解决转岗就业、人才外流、棚户区改造等突出的社会问题。在具体政策操作层面，地方政府要坚守民生底线，加大各级财政投入，保障各项民生事业正常运转；妥善解决去产能和国有林场改革带来的转岗或下岗就业问题，运用各种帮扶手段解决零就业家庭和就业困难人员实现就业；培养地方化的专业人才，加大对外招才引智；积极改善社会服务设施，创建平安城市。此外，各地政府还要做到守土有责、守土尽责，妥善解决地方性的社会问题。

4. 积极推动区域创新体系建设

东北老工业基地实现振兴离不开自身长期积累的硬实力，当地的专业技术人才和具有行业技术优势的科研机构可为地区重新崛起奠定坚实的基础。沈阳、长春、哈尔滨、大连等城市都分布着为数众多的科研机构和大学，过去由于体制机制等原因而始终难以形成富有活力的区域创新体系，下一步可以向国家争取批准建设全面创新改革试验区，瞄准新型区域创新体系方向，着力推进创新体制改革，鼓励各类创新主体合作，创建创新人才高地和特区，把创新资源优势转化为经济增长新动力。

5. 加大中央财政支持力度

东北老工业基地历史欠账较多，经济社会问题突出，地方有限的财力难以支持转型发展。因此，国家应坚持采取多予、少取、精准、搞活的原则，加大对东北老工业基地一般性财政转移支付，着眼于精准解决转型发展的薄弱环节，大力培育内生增长动力，重点投向民生工程、基础设施、生态环境治理等领域，切实改善支持转型发展的基础条件。需要强调的是，在支持产业发展或科技创新项目时，宜采取市场化手段，通过产业投资基金、股权基金等途径引导社会资本共同参与。

6. 全面深化体制机制改革

体制僵化是老工业基地的共性特征。即使在市场发达的欧美国家，老工业基地沦落的背后都有深刻的体制根源。当然，跟发达国家相比，东北老工业基地面临的体制问题更多、更复杂、更顽固，要想彻底啃掉体制问题这块硬骨头，就得从国资国企、创新创业、民营经济发展、行政职能转变等方面进行体制改革总体设计，实施综合配套改革，着力破除制约转型发展的利益关系，让改革红利能够转变为发展的动力。

7. 营造健康的政治生态

毋庸置疑，地方政府主要官员施政失误、公职人员严重腐败、政府官员懒政怠政盛行等现象都有可能导致一个地区或城市错失发展机遇。在这一轮振兴东北地区等老工业基地过程中，各级政府应继续保持反腐高压态势，营造廉洁勤政的政治生态，选拔对党忠诚、业务精干、做事踏实的干部，加大干部异地交流任职，不断提高各级干部的综合素质。另外，改善重大项目的决策机制，积极吸纳或听取社会各界的建议，邀请包括智库、科研机构、学术机构等在内"第三方"作为政府科学决策的得力助手。

总之，全面振兴东北地区等老工业基地既要积极借鉴国外经验做法，也要结合我国国情，把握内在规律，直面问题矛盾，聚焦转型发展，从城市层面突围，争取通过15~20年的努力实现既定目标，使老工业基地脱胎换骨、焕发生机，继续承担我国重要经济支撑带的重任。

专栏 36-1

"铁锈城市"的成功转型之路

德国东部萨克森州首府德累斯顿是东部城市重建及经济结构转型的成功范例。根据德国经济研究所公布的数据，德累斯顿发展速度是全德第一，是德国最具经济活力的地区，人口出生率也稳居大城市第一。然而，回顾两德统一之初，德累斯顿曾面临严重的转型之痛。当时大批工厂倒闭，商店关门，公共设施陈旧，城市萧条。

幸运的是，德累斯顿及时启动经济转型。首先是健全法律，给予市场经济法律保障。其次是引进西德资金重建基础设施，如团结税、来自西德地区的无息贷款等。最后，德累斯顿地区是一个具有悠久传统的采矿、炼钢重工业区。当地政府烧的第一把火就是关闭和改造采矿、钢铁等企业，以减少污染并修复矿区，治理污染场地，更新排水系统。

同时，德累斯顿制订了发展三大行业的经济促进计划：一是发展半导体工业。该市半导体工业建基于 20 世纪 60 年代末，两德统一后吸引了许多国际企业来这里投资设厂。现在，德累斯顿及其周边已发展成为涵盖电子和微电子领域，拥有近 800 家企业的欧洲最大微电子技术中心，掌控着数字技术的心跳脉搏，堪称"萨克森硅谷"。二是发展制药工业。该行业起步于 19 世纪末，像萨克森血清工厂属于葛兰素史克拥有，是世界领先的疫苗生产厂家。目前，德累斯顿拥有 300 家生物技术、医疗设备和制药公司，以及 30 多个科研机构。三是发展机械与汽车工业。大众、空中客车、西门子等大型企业在这里都设有工厂。尤其是大众，1998 年 9 月投入数十亿马克布局德累斯顿。这可以说是德累斯顿制造企业起死回生转型的代表作。现在，大众的透明厂房已成为当地工业的象征。

旅游业是德累斯顿另一个经济筹码。当时，重建这座城市的地标物大教堂时，曾经用炸弹毁掉德累斯顿的美国人捐了 1 亿多欧元。此外，萨克森的手工艺和传统产品被大力扶持。无论是朗格手表，还是迈森瓷器，抑或是普劳恩花边刺绣，这些"萨克森制造"都已走向世界。

德累斯顿转型过程中，引入了西德双元制教育。接受职业教育的学生，2/3 时间在工厂跟着师傅实践业务，1/3 时间在学校学习理论。德累斯顿市政府教育部门主管夏弗尔对记者说，德累斯顿 98% 的成年人至少为高中毕业或接受过职业培训教育，比经合组织国家平均值 76% 高很多。

德累斯顿转型也离不开许多非大学性质的研究所，其中就有十多家工业科研机构，工程师们共同研发轻量级的汽车和降低计算机能耗的"瘦身良方"等。

资料来源：根据《环球时报》2016 年 5 月 23 日刊发的《"铁锈城市"如何实现华丽转身》一文进行整理。

参考文献

[1] [美] 爱德华·格莱泽：《城市的胜利》，上海社会科学院出版社 2012 年版。

[2] [加] 马里奥·泼利斯：《富城市　穷城市：城市繁荣与衰落的秘密》，新华出版社 2011 年版。

[3] [美] 斯坦利·恩格尔曼、[美] 罗伯特·高尔曼：《剑桥美国经济史（第三卷）》，中国人民大学出版社 2008 年版。

[4] 杨荫凯、刘羽：《东北地区全面振兴的新特点与推进策略》，《区域经济评论》2016 年第 5 期。

[5] 张可云：《区域经济政策》，商务印书馆 2005 年版。

第三十七章 内陆开放型经济体制的构建

提　要

内陆开放是我国继沿海、延边、沿江开放之后的，对外开放的重大举措，是加速内陆地区发展的必由之路，"一带一路"战略的提出使建立内陆开放型经济成为国家战略的重要组成部分。当前，内陆开放存在着内陆缺乏自贸区、开放程度较低、物流体系薄弱、全方位开放理念尚未形成等问题。因此必须建立开放型经济体制，通过制度的力量促进开放，十分有必要。内陆开放型经济体制具有全方位性、全局性、多层次性、基础设施的复杂性和关键性、现代科技造就内陆开放新形态等特点。为构建内陆开放型经济体制，需要建设全方位的对外开放平台、加快创新体系建设、推进产业链建设、建立科技金融服务体系、完善基础设施建设、加强软环境建设、加快保税区、自贸区建设、树立开放的大局观、充分发挥国有企业在开放中的作用等措施。

* * *

内陆开放是我国新形势下经济增长的大潜力和动力所在，是拓展我国开放型经济广度和深度的关键所在。党的十八届三中全会将"扩大内陆沿边开放"作为建设开放型经济体制的重要举措，并明确了重点任务、基本路径、重要举措，对于我国适应经济全球化新形势，抓住全球产业重新布局的机遇，推动内陆贸易、投资、技术创新协调发展具有重要意义。

一、内陆对外开放的机遇和必要性

1. 自身经济发展的需求

改革开放 38 年来，我国通过开放引领改革和发展，迅速成为全球第二大经济体、第一制造大国和对外贸易大国。我国对外开放从建立沿海经济特区到延边、沿江、内陆地区由东及西渐次展开。在成就珠三角、长三角、环渤海三大经济区的同时，东部沿海和内陆地区也出现了明显的差距。但我国的开放程度在沿海和内陆地区之间存在很大差距，可以说，这是当今我国区域差异较大的重要因素之一。我国内陆有些地区借助沿江的优势，实现了快速发展，但大多数地区，既不沿海、沿江，也不延边，形成了对外开放的洼地，严重制约了区域经济发展，甚至影响到全国经济的均衡、健康发展。因此，在内陆地区形成对外开放的大平台、大通道、大通关、大集群等多种举措，更好地利用国内、国外两种资源，建立多样化的对外开放机制，激发内陆地区对外开放活力，加快形成东西双向互动、对内对外联动的全面开放格局，形成全方位的对外开放格局，使内陆地区成为我国新的经济增长点，既是内陆地区经济发展的需要，也是推进我国新一轮经济增长的重要举措。

2. 产业的发展需要开放

内陆地区工业的发展，要打破传统上的内循环模式，通过不断开放，获得发展机遇和动力。

（1）外向型经济的需求。传统上，内陆地区的工业受制于交通、物流、市场需求等因素，一直以供应国内需求为主，出口较少。随着内陆经济的不断发展以及中国经济同世界经济融合的不断深入，国内外对内陆地区生产的装备制造业产品、电子产品、特色产品工业品的需求逐渐增加，因此引发了落后的开放体制和经济发展的需求产生了矛盾，必须要通过深化对外开放来解决。

（2）创新的需求。内陆地区具有相对完整的工业体系，工业体系的升级、技术的创新，不能仅依靠自身资源，需要引入外部资源，开放内陆地区，为创新搭建平台。

（3）引进外部资金和产业的需求。随着内陆地区投资环境的不断改善，承接国外和东部地区的产业转移，正成为内陆地区产业升级、推动经济发展的重要力量，建立良好的投资环境，客观上要求建立完善内陆开放体制。

3. 引入外力加速开放

长江经济带、欧亚大陆桥、珠江—西江经济带、向西开放等政策推进了我国区域的东西联合，而习近平总书记提出的"建设丝绸之路经济带、21世纪海上丝绸之路"，这个"一带一路"的宏大战略，则使上述区域性的发展思路，整合上升成为国家发展的总体战略，"一带一路"建设为内陆地区的发展提供了发展机遇和平台，在这一战略中，内陆地区可以充分发挥自身优势，通过欧亚大陆桥、渝新欧铁路等向西连接西亚直至欧洲中心地区国家，向南和东南通过海陆口岸，可以对接南亚、东盟国接轨，也可以通过长江的黄金水道，向东发展，"一带一路"的实施为内陆地区发展，提供了广阔的发展平台。

二、内陆开放经济存在的问题

1. 自贸区对经济拉动滞后

改革开放以来，东部从经济特区、经济技术开发区到保税区、出口加工区直至自由贸易区，建立了一系列的多样化的特殊功能区，且多数是为了发展外向型经济而设立的。这些特殊功能区曾经为我国经济，特别是对外经贸快速发展发挥了重大作用。

目前，国内仅有上海、广东、天津、福建四个自贸区，全部位于东部沿海。内陆地区的自贸区，尚属空白。在内陆经济发达、交通条件较好的地区加快建立自贸区，是加快内陆地区开放的重要条件。新华社9月1日电，中央、国务院决定，将在辽宁省、浙江省、河南省、湖北省、重庆市、四川省、陕西省新设立七个自贸试验区，这代表着自贸试验区建设进入了试点探索的新航程，必将推进内陆地区在投资、贸易、金融、创业创新等方面取得重大进展。

2. 对外开放度较低

从表37-1中看到，尽管内陆地区近年来对外开放取得了比较大的成绩，经济发展已经进入快车道，但到2014年，中部、西部地区按货源地计算的出口值和按目的地计算的进口值占全国出口和进口的百分比分别仅为13.22%和12.07%，外商投资企业总户数和投资总额占全国外商投资企业总户数和投资总额的百分比仅为17.00%和17.39%，小于中西部工业总产值占全国的百分比。

此外，内陆地区进出口对东部地区进出口经营机构依赖严重。从表37-1中看到，虽然中部、西部地区经济在高速发展，出口总量也在提升，但中部、西部地区的出口值按货源地和经营单位所在地之比，2008年以来一直在下降。内陆地区的出口对东部地区经营企业的依赖，实质上反映了内陆地区基础设施、对外开放等方面的滞后。

内陆地区较低的对外开放度，也凸显了内陆地区的开放潜力。因此，创新内陆开放和沿边开放模式，就是要因势利导、顺势而为，挖掘广大中西部地区的开放潜力，激发开放活力，加快形成海陆统筹、东西互济的开放新格局至关重要。

表 37-1　内陆地区进出口等指标占全国百分比

单位：%

地区	进口（目的地）		出口（货源地）		出口货源地/经营单位所在地		2014 年底外商投资企业注册登记状况		
	2008 年	2014 年	2008 年	2014 年	2008 年	2014 年	户数	投资总额	注册资本
中部	3.89	4.58	4.58	6.35	1.11	0.94	8.43	8.87	8.57
西部	4.42	7.49	4.48	6.87	0.98	0.74	8.57	8.52	8.23
总计	8.31	12.07	9.06	13.22	1.04	0.82	17.00	17.39	16.79

资料来源：相关年份的《中国统计年鉴》提供的数据计算而成。

3. 物流体系竞争力薄弱

作为对外开放、经济发展基础的物流业，内陆地区的发展也相对薄弱。图 37-1 中的数字为采用 21 个指标计算出的 2012 年我国各省物流竞争力[①]，从图中看到，该数值沿海地区较大，除天津外，都为正值，而内陆地区的物流竞争力数值远远低于沿海地区，仅四川、河南该数值为正值，其余省级地区都为负值，同沿海地区存在较大差距。

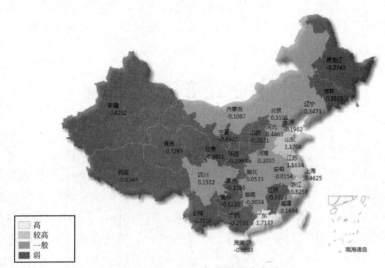

图 37-1　各省物流竞争力

资料来源：我国各省物流竞争力分析，吉林省物流服务平台，http://www.jl-info.com/specialtopic/20140411/2031.html。

4. 全方位的开放理念尚未形成

长期以来，对外开放的概念一般局限在吸引外资、扩大出口等方面，这些概念衡量东部沿海或邻近沿海地区的对外开放度比较适宜，但内陆地区，由于地理位置、产业结构、资源禀赋、经济发展水平等方面和沿海地区存在着较大差异，单纯用出口、外资指标衡量内陆的对外开放，难免有失偏颇，而且也不合理。对于内陆地区而言，充分挖掘内陆地区经济的特点，并据此建立符合内陆经济发展特点的全方位的对外开放体系，对促进内陆地区开放，具有重要意义。

---

① 我国各省物流竞争力分析，吉林省物流服务平台，http://www.jl-info.com/specialtopic/20140411/2031.html。

三、内陆开放型经济体制的特点

1. 开放的全方位性

内陆的开放不同于沿海地区的开放。首先，开放的内涵不同。沿海的对外开放，前期主要以出口导向战略为主，后期又强化了技术创新的内涵，面向的国家主要是经济发展水平比较高的发达国家和地区；而内陆地区的全方位开放，在继承了东部开放的特点外，在践行"一带一路"战略中，除了在方向上要向东、西、南、北的全方位开放，面向国家经济发展水平差异也比较大，开放体系中不仅包括发达国家，也包括众多的发展中国家，而且发展中国家在这个体系中，起着举足轻重的作用。因此，这种开放不仅是经济上的开放，还包括通过文化、观念等方面的开放和联系。此外内陆地区的开放很多是双边或多边国家之间的定向开放，开放的内容相对比较狭窄。

其次，在开放的战略上，不仅要注重对国外的开放，还要加强对国内地区的开放，既包括对东部地区的开放，更要注重对周边地区的开放和区域间的联合，避免各自为政，通过区域间的互补协调，构建全方位的开放体系和机制。

2. 开放的全局性

内陆地区，特别是西部地区，是我国民族聚集的地区，在当前复杂的国际形势下，内陆地区的开放导向和政策制定、方式方法，不仅要看经济利益，更要把民族稳定、国家安全放在第一位，开放要有全局性，不可为了内陆局部地区的经济发展，而丢掉了区域、国家稳定这一大局。

3. 产业发展的多层次性

东部地区的对外出口产品中，虽然近年来机电产品所占比重在不断提升，但两头在外、组装加工的比例仍然很高。内陆地区的开放，在不断完善两头在外、组装加工的同时，要充分利用中西部装备制造业和技术的优势，通过引进吸收国内外先进技术，努力出口技术含量高的装备制造业产品，力争成为内陆地区的出口特色。

此外内陆地区的特色农产品、特色资源、特色文化产品的加工出口，也可以成为开放的重要组成部分。

4. 基础设施的复杂性和关键性

基础设施水平直接制约着一个地区对外开放的水平，内陆地区地域辽阔、地形复杂，基础设施建设成本高，加之经济发展水平同内陆有一定的差距，交通干线承载能力低、缺乏综合性物流枢纽和国际交通枢纽，一直以来是西部对外开放的重要掣肘，加快基础设施建设，是内陆地区开放型经济能否成功的决定性因素。

5. 现代科技造就内陆开放新形态

内陆地区远离沿海，一直是困扰内陆开放的重要因素，借助现代科技手段，内陆地区能够在一定程度上破解区位劣势，成为开放前沿。比如，我国西部有些地区电力资源丰富、空气清洁，是发展大数据中心的理想场所，世界著名电商企业，纷纷在这些地区布局，依托大数据中心，建立网上丝绸之路，大力发展云计算、云存储、跨境电子商务、服务外包等产业，为这些地区产业结构调整注入了新的活力。

四、建设开放型体制

内陆开放型经济是国家经济发展中重要的区域战略举措，这一战略在实行中，较之东部成功实行的出口导向战略难度更大、更加复杂，在内陆开放过程中，建设开放型经济体制，健全制度层面的保障，是开放型经济体制顺利发展的必由之路。

1. 构建全方位的对外开放理念

紧密依托两个市场,优化配置两种资源,构建全方位的开放体系。第一要坚持市场化导向,完善开放机制,建立开放、自由、稳定的贸易与投资体制;第二要坚持"互惠互利,共赢发展"的开放战略,积极推进内陆与外部区域的经济合作,加速引入外部要素,提升产品走出去的质量,拓展内陆发展的空间;第三要坚持利用外资与提升产业质量相结合的原则,将吸收外资同产业结构调整有机结合,提升产业发展水平;第四要坚持以提升完善产业链为原则,特别是基础产业链和高端产业链,提升产业的竞争力;第五要推进自主创新,提升产业话语权。

2. 坚持走新型工业化发展道路

内陆地区的工业是我国完整工业体系的重要组成部分,其装备制造业、资源产业的深加工和特色产业都具有很强的竞争力。特别是内陆地区的很多门类的装备制造业,在全国的竞争优势明显,如电站成套设备、光电产业、电子信息产业、重型成套设备、航空、航天产业、数控机床等,在全国都具有举足轻重的地位,有些方面甚至为世界领先。上述产业基础是内陆地区开放的重要依托,在全方位开放中,对这些优势要充分发挥并加以提升,以市场需求为导向,通过新型工业化,加速产业升级,打造中国的装备制造业产品生产、输出基地。

3. 以特色促开放

第一,以民族特色促开放。内陆地区是我国少数民族集中居住的地区,特色的民族文化、风俗、风景,将成为内陆开放的重要组成部分。第二,要以产业特色促开放。内陆地区资源丰富,特色产业、产品众多,以特色产业为抓手,通过引进、吸收、出口等手段,以特色促开放,提升内陆地区的开放。第三,通过区位特色促开放。

我国内陆地区接壤的国家众多,并且通过这些邻国还可以辐射到更远的国家,和周边国家共同开放两国资源,建立各种特色的保税区、经济组织等,促进内陆地区和区外、国外的交流,共同促进加快、对外开放。

4. 产业优势和科技创新相结合

(1)充分依托现有技术。内陆地区的装备制造业是我国工业体系的重要组成部分,许多产业具有不可替代性,依托内陆地区的优势产业,加快优势产业自主创新,通过产业优势和科技优势的结合,提升优势产业竞争力,提高产品市场占有率,扩大出口,形成优势产业的良性发展。

(2)加快引进国外、区外先进技术。在内陆基础设施、产业基础较好,经济发达地区,切实引进国内外先进技术,通过引进技术,完善产业配套体系,弥补区内、国内技术短板,力争做到国内领先,实现产业发展水平质的飞跃。

5. 大力加强互联互通

大力推进以交通为重点的基础设施建设,加快高速铁路、骨干货运铁路、高速公路、港口码头、机场等建设步伐,着力构建内畅、外联、互通的综合立体交通体系。大力发展铁水联运、江海联运、铁空联运等多式联运,完善集疏运体系,切实增强集聚辐射能力。

当前,西部的重庆已成为内陆省市唯一同时拥有航空、水运、铁路3种口岸形态的城市,发挥保税港区保税物流功能,利用保税仓储和国际航线,开展国际货运中转。目前,重庆已拥有内陆首个进口肉类口岸、进口水果口岸、汽车整车口岸等10多个指定口岸,使重庆由中国西部的内陆城市,一跃成为全国对欧出口货物的主要集散地和欧洲及中亚国家对华出口的中转站。内陆地区应以重庆为样板,加强互通互联,为开放型经济打好基础。

五、加速内陆开放的政策措施

1. 建设全方位的对外开放平台

依托内力与借助外力相结合,积极拓展新空间,着力构筑竞争新优势,全方位扩大开放,必须全力打造内陆开放新高地。形成全方位、宽领域、多渠道引资、引智、引技渠道。所谓"全方位",即不但向美、欧、日、韩以及中国香港、中国澳门、中国台湾等发达国家和地区的资本平等开放，还要向世界其他地区开放，不但要引资，还要主动引入智力、技术等要素。所谓"宽领域"，即只要不在负面清单之列，就允许外资与国资、民企一样投到各行各业中去。所谓"多渠道"，就是要广开投资渠道，不但要吸收大规模的外资、国资的投资，还要鼓励民间渠道投资，甚至风险投资等多种形式的投资，共同建设内陆开放型经济。

积极融入国家"三大战略"中，大力推进大通道、大平台、大通关建设，加快形成东西双向互动、对内对外联动的全面开放格局。加快转变外贸发展方式，充分结合内陆地区的特有条件，大力发展跨境电子商务等新型产业；在技术、经济基础较好的区域，重点承接高水平的产业转移，打造产业转移新高地；加大招商力度，通过产业链招商、园区共建等方式，扩大招商。优化投资环境；加快综合立体交通体系建设，推动形成统一市场和公平竞争的体制机制，鼓励民营企业依法进入更多领域，构建"亲"、"清"新型政商关系，积极营造亲商、安商、富商的良好环境。

2. 加快创新体系建设

（1）增强企业自主创新能力。支持大型、中型、小型企业建立适合企业特点的研发中心或研发机构，对企业完成的科研成果及其转化，要有相应的激励机制，对参与国家重大项目的中小企业要大力支持，特别是对战略新型产业产品的开发和生产，要给予大力支持。

（2）培养创新人才。鼓励高层次科技人才在内地创新创业，制定科技成果转化激励新机制，鼓励高校院所科研人员将科研成果在内地转化，实施地方和科研机构科技创新人才联合培养计划、高技能人才培养计划和创新方法培训工程。

（3）打造科技创新、创业载体。内陆省（区、市）要尽可能依托区内外高校、科研院所，规划建设创新研发产业功能区，并力争成为国家自主创新示范区，支持建设创业苗圃、科技企业孵化器和加速器等创新创业载体。

（4）优化科技创新创业环境。建立产业技术研发平台和技术创新服务平台，组建创新机构和产业技术创新联盟，开展系列国际科技交流活动。建立区域协同创新工作机制和创新型城市建设评价指标体系。

3. 推进产业链建设

（1）完善产业链。改变内陆地区外贸产品两头在外成本较高的问题，在工业基础较好的内陆地区，尽可能建立完善的产业链，从而降低生产成本，提高外贸产业竞争力，在建设全产业链的同时，要充分重视向产业链高端产品的发展，以提升产业链的效益。

（2）拓展为产业链服务的配套服务体系建设。尽可能地吸引跨国公司的区域性总部、研发中心、结算中心、国际展会等落户内地，同时还要创造条件，为国内知名公司、企业，以及战略性新型产业企业内陆地区，逐步改变内陆地区加工强、服务弱的劣势，由单一的生产型向全能型转变。

4. 建立科技金融服务体系

进一步完善"政银企"三方互动联系机制，加快推进产融合作，切实解决企业融资难、融资贵的问题。建立产业金融信息服务平台，提高对接效率。建立产业金融需求信息发布机制，定期汇总有融资需求的重点企业和项目，向金融机构推荐。积极构建工业企业上市储备库，将发展前景好，符合国家产业政策的企业进入储备库，加大培训力度助推企业上市融资围绕传统产业改造提升、十大新兴产业发展等开展融资专项服务行动，扩大合作银行范围和合作领域，力争在产业链融资等领域取得重要突破。

5. 完善基础设施建设

认真贯彻党的十八届三中全会《中共中央关于全面深化改革若干重大问题的决定》提出的："支持内陆城市增开国际客货运航线、发展多式联运，形成横贯东中西、联结南北方对外经济走廊"，"加快同周边国家和区域基础设施互联互通建设，推进丝绸之路经济带、海上丝绸之路建设"，"改革市场准入、海关监管、检验检疫等管理体制，加快环境保护、投资保护、政府采购、电子商务等新议题谈判，形成面向全球的高标准自由贸易区网络"，"推动内陆同沿海沿边通关协作，实现口岸管理相关部门信息互换、监管互认、执法互助"；"加快自由贸易区建设，坚持世界贸易体制规则，坚持双边、多边、区域次区域开放合作，扩大同各国各地区利益汇合点，以周边为基础加快实施自由贸易区战略"等重要决策。加快对外联系通道建设，改善开放基础设施，统筹推进内陆地区国际大通道建设，加快建设面向东南亚、中亚、欧洲等地区的国际物流大通道，支持内陆城市增开国际客货航线，发展江海、铁海、陆航等多式联运，形成横贯东中西、联结南北方的对外经济走廊。要推动内陆沿海沿边通关协作，实现口岸管理相关部门信息互换、监管互认、执法互助，扩大"属地申报、口岸放行"等改革试点，使内陆地区货物进出口逐步实现"一次申报、一次查验、一次放行"，提高口岸通行效率，降低通关成本。

6. 加强软环境建设

不断完善与内陆对外开放要求相适应，与内陆优势相对应的投资政策和投资服务体系，制定有针对性的引资政策，提高引资效率。在组织保障上要研究内陆地区与开放型经济相适应的行政管理体制，特别是研究跨区域的行政管理体制。吸收、借鉴长三角、珠三角等地区的区域合作经验，研究一体化内的产业配套、基础配套和产业链条连接等问题，提高合作效率，提升一体化自组织水平。

7. 加快保税区、自贸区建设

积极对接"一带一路"战略，深化内陆沿海延边通关协作，启动电子口岸建设试点，大力发展保税物流，发挥保税港区保税物流功能，利用保税仓储和国际航线，结合内陆地区的多种运输方式，开展国际货运中转。加快内陆地区自由贸易区建设，尽快在内陆地区经济发达的中心城市，建立自由贸易区，形成以周边为基础、面向全球的高标准自由贸易区网络，拓展改革开放和国民经济发展空间。

争取在合肥、武汉、重庆、成都、西安、贵阳等中心城市，建立自由贸易区，以推动内陆开放。

8. 树立开放的大局观

对外开放对内陆地区的经济发展十分有必要，但也要和本地区的实际情况相结合，不能片面地追求开放而影响经济发展。

（1）尽管有沿海地区的开放作为借鉴，但内陆地区开放也有其特殊性，对沿海地区的方式方法的借鉴，也要慎重对待，对于不顾本地区特有的资源禀赋和比较优势，简单复制沿海地区的方法、政策，是不能在内陆地区产生效果的。

（2）内陆地区是我国民族聚居地区，在对外开放过程中，既要看到对外开放给民族地区经济发展所带来的推进作用，也要看到民族地区的对外开放，如果开放的方式、政策等不当，也会给国家安全等方面带来新的问题，因此，在内陆开放过程中，要特别重视此类问题。

9. 充分发挥国有企业的在开放中的作用

内陆地区的国有企业是我国工业体系中的重要组成部分，是内陆地区先进生产力、科技创新的重要载体。特别是经过改革开放以来市场化的洗礼，内陆国有企业一般都具有了较强的竞争力，具有国内一流的生产技术、设备，以及高素质的人员，在地区经济发展中起到了举足轻重的作用，充分发挥国有企业在内陆开放中的引领发展、创新的作用，对发展开放型经济具有不可或缺的重要意义。

专栏 37-1

商务部部长高虎城就扩大自贸试验区试点范围答记者问

高虎城在回答新华社记者下一步是否会扩大自贸试验区试点范围时说道：上海、广东、天津、福建自贸试验区建设取得的成效，彰显了自贸试验区的试验田作用。近日，党中央、国务院决定，在辽宁省、浙江省、河南省、湖北省、重庆市、四川省、陕西省新设立七个自贸试验区。这代表着自贸试验区建设进入了试点探索的新航程。

新设的七个自贸试验区，将继续依托现有经国务院批准的新区、园区，继续紧扣制度创新这一核心，进一步对接高标准国际经贸规则，在更广领域、更大范围形成各具特色、各有侧重的试点格局，推动全面深化改革并扩大开放。

辽宁省主要是落实中央关于加快市场取向体制机制改革、推动结构调整的要求，着力打造提升东北老工业基地发展整体竞争力和对外开放水平的新引擎。

浙江省主要是落实中央关于"探索建设舟山自由贸易港区"的要求，就推动大宗商品贸易自由化，提升大宗商品全球配置能力进行探索。

河南省主要是落实中央关于加快建设贯通南北、连接东西的现代立体交通体系和现代物流体系的要求，着力建设服务于"一带一路"建设的现代综合交通枢纽。

湖北省主要是落实中央关于中部地区有序承接产业转移、建设一批战略性新兴产业和高技术产业基地的要求，发挥其在实施中部崛起战略和推进长江经济带建设中的示范作用。

重庆市主要是落实中央关于发挥重庆战略支点和连接点重要作用、加大西部地区门户城市开放力度的要求，带动西部大开发战略深入实施。

四川省主要是落实中央关于加大西部地区门户城市开放力度以及建设内陆开放战略支撑带的要求，打造内陆开放型经济高地，实现内陆与沿海沿边沿江协同开放。

陕西省主要是落实中央关于更好发挥"一带一路"建设对西部大开发带动作用、加大西部地区门户城市开放力度的要求，打造内陆型改革开放新高地，探索内陆与"一带一路"沿线国家经济合作和人文交流新模式。

资料来源：根据新浪财经《中国将新增7个自贸区 分布辽宁浙江河南等地》相关文章改写，新浪财经，2016-08-31。

专栏 37-2

"八纵八横"时代，内陆哪些城市交通枢纽地位得到提升，哪些下降？

城市竞争的本质是争夺客流、物流与资金流，高铁是所有这些"流"的重要基础设施。在一定程度上可以说，谁在国家高铁网络中占据先机，谁就会赢得未来，谁在这一网络中失去位置，谁就会落伍。

6月29日，李克强总理主持召开国务院第139次常务会议，审议并原则通过了《中长期铁路网规划》（以下简称《规划》）（2016~2030）。《规划》勾画了新时期"八纵八横"的高速铁路网，并提出到2025年中国高铁里程数将达到3.8万公里。

"四纵四横"的说法已经成为历史，一个被称为"八纵八横"的高铁新战略，将再次改变中国城市的力量格局！

1."高铁新贵"：合肥、郑州、西安、重庆、长沙、南昌

（1）合肥、郑州、西安。四纵四横时代，合肥只有一条干线通过，郑州有两条干线通过。"八纵八横"时代，通过上述城市的干线成为米字形构型。

（2）重庆：普铁时代没有直接接入任何一条干线。"八纵八横"时代，重庆一跃成为沿江通道、夏渝通道、包海通道三个干线的交汇，并通过连接线并入兰广、京昆两大通道，此外还有规划中的郑渝（万州）高铁。

（3）长沙：同时接入三条干线高铁。南昌已经成为沪昆与京九的交汇枢纽，而且还有一条支线连通福州。

2."高铁新秀"：常德、宜昌、万州、宜宾

3.前后差距不大：成都、兰州、襄阳、九江、赣州

4.失落者：株洲、向塘、武汉、达州

资料来源：根据孙不熟：《"八纵八横"时代，哪些城市将有大提升？哪些城市被抛弃？》改写，2016-07-29，转引自：网易财经。

参考文献

[1] 安徽省商务厅开发区处:《发展内陆开放型经济的若干思考》,安徽省商务厅 2014 年 12 月 26 日。

[2]《我国各省物流竞争力分析》,吉林省物流服务平台, http://www.jl-info.com/specialtopic/20140411/2031.html。

[3] 汪彦:《以改革创新促内陆开放 ——重庆市政府市长黄奇帆答本报记者问》,《学习时报》2014 年 1 月 29 日。

[4] 张八五:《关于发展内陆开放型经济的思考》,《中国经贸导刊》2015 年第 4 期。

[5] 张俊莉:《"一带一路"背景下内陆开放型经济制度创新》,《人民论坛》2015 年 12 月 30 日。

第三十八章　京津冀产业协同发展

提　要

京津冀三地的区域合作由来已久，早在20世纪80年代京津冀都市圈的区域协调工作就已经开展，直到2014年京津冀协同发展上升为国家战略，京津冀区域合作全方位展开，其中区域的产业分工协作，是京津冀协同发展的重要内容和关键支撑。顶层设计的落实促使京津冀产业协同发展进程逐步加快。由于地域邻近，人员交流和经济往来密切，产业协作基础较好，在要素禀赋上具有很强的产业结构梯度和互补性，并初步形成了多层次、多领域的合作交流机制，相互投资活跃、分工格局逐步展开、协同发展方式呈现多样化、专业化分工不断提升，但不可否认的是，还存在区域创新联动较弱、京津冀还没形成明显的产业链、三地缺乏合作理念和合力、产业差距过大与"极化"现象明显等不利条件与问题。未来要提高京津冀产业发展能级，提高参与世界产业竞争的能力，主要从加快产业链式融合发展、引导产业合理布局，推进产业集群发展、推动区域间企业联盟、积极培育行业协会和行业组织等方面推进产业协同发展。

*　　　　　　　　*　　　　　　　　*

《京津冀协同发展规划纲要》中特别强调要明确京津冀产业发展定位，合理规划产业布局，理顺产业发展链条，推动产业转移对接，形成区域间产业合理分布和上下游联动机制。目前，京津冀三地产业协同发展已然进入快速推进阶段，三地政府之间、企业之间、行业协会之间的合作协议和具体项目数量逐渐增多，高层间互动越加频繁。产业内跨企业间的协同、跨产业间协同和产业主体间协同已成为京津冀推进产业协同发展的主要方式，从而解决三地间产业趋同、产业协作缺乏合理分工等问题，最终构建京津冀新型产业分工格局。

一、京津冀产业协同发展现状

京津冀三地产业协同发展存在一定的阶段性，从产业发展上看，取消对商品流动的限制，实现贸易一体化是第一步，然后是实现生产要素自由流动，实现要素一体化。1982年《北京城市建设总体规划方案》中首次提出"首都圈"的概念，随后进行了首都圈规划，成立了全国最早的区域协作组织——华北地区经济技术协作会，解决地区间的物资调剂问题，指导企业开展横向经济联合。进入20世纪90年代以来，京津冀地区的区域竞争大于合作，协作逐步削弱，在招商引资、基础设施建设、产业发展等领域展开激烈竞争，产业结构趋同，同质化严重。2004 年，在国家发改委的牵头下，三地发改委部门达成"廊坊共识"，就基础设施、资源、环境方面展开合作，并引导区域内行业和企业间的经贸、技术合作，建立京津冀发改委部门的定期协商制度。2014 年京津冀协同发展上升为国家战略。2015 年 4 月 30 日中共中央政治局审议通过《京津冀协同发展规划纲要》，旨在将京津冀地区打造为继长三角、珠三角之后的中国经济增长第三极，京津冀跨行政区的产业转移频繁，一年多来，从中央到省市，陆续出台一些强有力的措施，加快推进京津冀协同发展步伐。目前，北京市加快疏解非首都功能，制定了实施新增产业的禁止和限制目录，关停退出一般制造业和污染企业 392 家，搭建 30 个产业疏解合作平台，推进产业转移疏解项目 53 个①。天津以"百强企业走进天津，推动京津冀协同发展"活动为契机，走访驻京央企集团总部，整理出一批新项目，其中在京央企项目 20 个，投资总额 251 亿元。河北确定对接京津 31 项工作、承接京津功能疏解和产业转移的 40 个重点平台，京津冀协同发展取得了明显成效。三地间产业协同与以往相比呈现出不同的特点与发展方式。

1. 产业协作基础较好，相互投资活跃

京津冀区域从发展条件看，由于地域邻近，人员交流和经济往来密切，产业协作基础较好，在要素禀赋上具有很强的产业结构梯度和互补性，并初步形成了多层次、多领域的合作交流机制，具备了区域产业协作的现实基础。

京津冀地区交通基础设施一体化进程加快为产业协同发展奠定了较好的基础，经过多年建设，综合运输得到了快速的发展，已形成了运输方式齐全、相互配套的现代综合运输体系。北京区位和交通优势突出，具有联结东北、华北、西北乃至全国的枢纽性区位。北京是京津冀三地中最重要的集散中心，是区域经济循环网络的重要空间节点，是大宗商品的交易地和进出区域货物的中转中心，技术流、资金流、商品流、信息流、人才流等都在北京高速集散。天津的港口优势明显，是以货运为主的海陆空一体化的综合运输枢纽，

拥有我国北方最重要的综合性枢纽大港——天津港，港口的建设和发展对滨海地带的临港新兴产业发展提供了重要保障，而滨海地区丰富的滩涂资源又对发展重化工产业起到重要的支撑作用。河北围绕北京和天津，具有良好的区位优势，交通发达，铁路有京广、京九等十八条国家铁路干线从省内经过；公路的通车里程在全国名列前茅，已形成快捷的网络通道；港口有秦皇岛港、唐山港、黄骅港，在全国港口运输中处于主力地位。

三地间的地理邻近及交通基础设施的通达性为产业协同发展创造了良好的发展条件。三地相互投资大幅增长。扣除本地企业自身相互投资，仅从三地单向互投情况来看，2015 年京津冀三地相互投资额为 1948.75 亿元，是 2014 年 609.52 亿元的 3.2 倍，增幅达 220%。北京对津冀投资呈"井喷"状态。2015 年北京对津冀投资额为 1641.81 亿元，是 2014 年 469.67 亿元的 3.5 倍，增长了 249.57%。津冀两地相互投资也明显提速。2015 年天津对河北投资额达 34.89 亿元，同比增长 76.66%；同期，河北对天津投资额达 33.78 亿元，与 2014 年基本持平。北京已成为资本净流出地。在 2015 年三地企业相互投资总额 1948.75 亿元中，仅北京对津冀两地的投资额达 1641.81 亿元，占三地相互投资总额的 84.25%，而同期北京吸纳津冀两地的投资额仅为 306.94 亿元，不足北京对津冀投资额的 1/5。

2. 产业协作分工格局逐步展开

与长三角、珠三角等发达的产业分工格局相比，京津冀地区产业分工、专业化协作程度较弱，但近几年，三地强化产业链的空间配置，逐步在某些产业链环节上形成分工格局。京津冀三地拥有不同的区域资源与发展层级，对产业链不同生产工序或环节所要求的要素投入比例具有明显差异性，在充分利用不同区域的资源和实现各环节以最低的生产成本进行生产条件下，京津冀三地间依据各自特定环节的优势，组织产业链分工，推动不同生产工序在不同区域内重新调整布局，实现产业分工协作。北京近些年来不断强化科技创新中心的功能定位，有序退出劳动密集型和资源消耗型的一般性制造业环节，优化发展了金融、

①　资料来源：《2015 年北京市政府工作报告》。

信息、科技、商务、文化创意等高端服务业。2015年，北京在租赁和商务服务业、科学研究和技术服务产业领域吸纳投资能力较强，占比超3/4。租赁和商务服务业吸纳投资额2192.05亿元，占对北京重点产业投资额的38.90%；科学研究和技术服务吸纳投资2037.21亿元，占对北京重点产业投资额的36.15%。天津在金融业吸纳投资能力凸显，航空航天和金融业领先于北京和河北。2015年，租赁和商务服务业吸纳投资额881.20亿元，占对天津重点产业投资额的51.24%；金融业吸纳投资额457.14亿元，占对天津重点产业投资额的26.58%，占三地对该产业投资总额的42.37%；航空航天吸纳投资额2.8亿元，占三地对该产业投资总额的39.89%。同时注重承接北京高新技术企业转移和最新研究成果转化，将配套产业和零部件生产基地向河北延伸布局；河北积极承接京津产业转移，围绕京津创新优势打造研发转化和加工配套基地，形成特色鲜明、规模集聚、配套完善的产业集群。河北在钢铁、化工和汽车产业吸纳投资均居三地首位。2015年，钢铁产业吸纳投资366.28亿元，占三地对该产业投资总额的97.78%，其中对钢铁产业投资94.15%流向了炼钢领域；化工产业吸纳投资29.05亿元，

占三地对该产业投资总额的48.69%；汽车产业吸纳投资额307.41亿元，占三地对该产业投资总额的92.11%，其中对汽车整车制造投资占到97.78%，三地重点产业分工格局初步形成。

3. 产业协同发展方式多样化

为推进京津冀产业协同发展，三地政府和企业采用多种方式促进产业合作。目前，京津冀产业协作多采用共建产业发展平台、产业转移或搬迁和跨区互为投资设立公司三种方式。

首先，共建产业发展平台是区域城市间产业分工协作的重要举措，能够充分发挥各自所特有的人才、科技创新、劳动力、自然资源等方面的优势，促进城市间生产要素资源整合，从而推进区域产业转移，强化区域产业分工协作。目前，中关村管委会正在积极推动与天津、河北重点对接合作，推动建设合作园区，天津已经启动了"京津中关村科技新城"五位一体的规划编制，张家口正在推动北京国电通公司数据中心项目落地。据不完全统计，河北省与京津地区合作建立的产业园区已有20多个，其中在京津冀地区影响力较大的园区（见表38-1）。但总体而言，共建园区的数量偏少，模式单一，合作机制不够健全，是当前京津冀三地产业对接面临的突出问题。

表38-1　京津冀地区合作共建园区表

位置	园区	合作单位	主要的产业或方向
保定市易县	英利科技工业小区	英利集团	新能源装备制造，光伏产业、太阳能电池
张家口市	高新技术产业园	光大金控（北京）投资管理有限公司、商务部中贸国际商务交流中心等	高科技、信息、生物技术等新型产业
秦皇岛市	中关村海淀园秦皇岛分园	中关村海淀园	整合两地科研资源、加速科技成果转化
秦皇岛市	北京大学科技园	北京大学	物联网、教育、医疗产业保定市
保定	丰台科技园保定分园	中关村科技园区丰台园	高科技软件产业
廊坊市	北三县京津冀协同发展示范区	中信国安集团等	科技、金融服务产业
保定市涞源县	中美科技创新园	中美东方科技投资集团	中美新能源、新材料、新技术产业
保定市	保定白洋淀健康科技产业园	福居缘保定投资有限公司	医疗、养生、休闲度假产业

资料来源：邬晓霞、卫梦婉、高见：《京津冀产业协同发展模式研究》，《生态经济》第32卷第2期（2016年2月）。

其次，跨地区互为投资助力产业协同，能够促进生产要素在京津冀内快速流动，并通过扩散效应将先进的管理经验和创新意识导入到其他地区，推进区域一体化进程。从三地企业相互投资的行业分布来看，总体朝着北京打造全国科技创新中心、天津打造全国先进制造研发基地和金融创新运营示范区、河北建设产业转型升级试验区

方向迈进。三地企业投资互动频繁，产业投资引领产业协作联动。北京对天津的投资倾向于布局研发环节和资本环节，制造环节则倾向河北。2015年北京投入天津研发环节和资本环节的投资额分别占北京对津冀该环节投资总额的75.65%和93.88%。北京对河北的投资主要以自然资源和劳动力资源为指向，投资集中布局在制造环节，

2015 年北京投入河北制造环节的投资额占北京对津冀该环节投资总额的 62.27%；天津对河北的投资主要投向房地产业和制造业。从投资行业偏好来看，2015 年天津对河北的投资集中在房地产业和制造业，投资额分别达 10.74 亿元和 7.32 亿元，分别占对河北全年投资总额的 30.78% 和 20.98%；河北对天津投资主要集中在商务服务和金融业。2015 年河北对天津的投资集中在商务服务业和制造业，投资额分别达 19.06 亿元和 6.36 亿元，分别占对天津全年投资总额的 56.42% 和 18.83%①。

最后，产业转移或搬迁是在京津冀一体化过程中，三地间基于产业梯度而进行的产业空间转移和专业化分工。以北京为核心的京津冀区域内，由于北京集聚的产业过多，带来拥挤效应，如劳动力成本提高、环境污染等，此时产业开始有序地向周边区域转移。核心区逐渐将劳动密集型、资源密集型产业向周边区域转移，逐步形成技术密集型、知识密集型产业。一方面，北京应逐步淘汰不符合首都功能定位和宜居城市建设要求的部分产业；另一方面，河北可以利用承接首都产业疏解的机会，调整优化自身产业结构。这需要一个长期的过程，且要分步骤、重点突破地进行，整体推进，进而促进协同发展。北京已有企业整体或部分搬迁至津冀两地，如表 38-2 所示。

表 38-2　北京部分迁出企业信息

现状	迁入地	转移企业	产业类型	时间
已搬迁	唐山市	首钢集团	钢铁冶炼	2005 年 2 月
	廊坊市	华为廊坊技术服务有限公司	信息技术、通信科技	2007 年 7 月
	廊坊市	安邦保险后援中心	保险业	2010 年 8 月
	廊坊市	国家软件与集成电路公共服务平台云存储服务平台	国家公共服务机构	2012 年 10 月
	石家庄市	中国工商银行后台服务中心	银行业	2010 年 7 月
	天津市清区	当当网华北总部基地	电子商务	2012 年 8 月
	廊坊市	中国联通华北（廊坊）基地	电信	2013 年 9 月
	邯郸市	北京凌云公司	医药化工	2014 年 4 月
	沧州市	北汽集团汽车制造厂	汽车制造	2013 年 12 月
	邯郸市	北京凌云公司	化工材料	2014 年 5 月
正在搬迁	保定市白沟新城	北京大红门市场	服装批发	2014 年 5 月
	廊坊市	北京动物园服装批发市场	服装批发	2014 年 5 月
	廊坊市	中国人保	保险业	2013 年 3 月
	保定市白沟新城	十八里店西直河石材市场以及汽配城	石材、汽配专业批发	2014 年 8 月

资料来源：根据相关材料整理。

4. 已构建基于各地比较优势的某些京津冀产业链

京津冀三地在长期的发展中，依据自身的比较优势，已在某些领域形成特色明显、竞争力较强的优势产业链，区域间经济合作与协同效应日益显现。北京拥有人才、技术、信息齐备的首都优势，发展具有更高层次的知识密集型产业、信息产业和"总部经济"。同时，北京是区域内现代化制造业的研究开发中心、技术创新中心、营销中心及管理控制中心，占据产业链条的高端位置，可以说服务经济是北京经济的主体和优势所在，是经济长期保持平稳较快发展的基石。天津的产业优势主要还在于拥有先进的制造技术，其制造业在总体规模和技术密集度方面处于全国领先地位，是现代化制造业基地和研发转化基地，处于产业链条的中端位置，天津拥有通信设备、计算机及其他电子设备制造业等高新技术性工业和石油、化工、冶金等优势产业。河北是京津冀地区乃至全国的重要原材料工业基地、农副产品主产区、二次能源基地、一次能源运输通道、化学制药基地。作为农业大省，其农业资源和农产品丰富多样，蔬菜占据京津市场的一半左右，生猪、

① 资料来源：首都经济贸易大学京津冀大数据研究中心。

活牛、活羊、禽蛋分别占京津市场的 1/2、2/5、1/4 和 1/2。

5. 专业化分工不断提升

随着一体化程度的不断提高，京津冀专业化分工水平不断上升，大部分行业选择聚集于一起以获得空间上的规模优势。2015 年，北京科学研究和技术服务业、租赁和商务服务业吸纳投资分别占北京吸纳投资总额的 29.35% 和 31.6%，科技、文创成为吸资重点。同时，受益于北京大力推动文化创意产业发展，文体娱乐产业迅速成为投资的热点领域，吸纳投资额达 58.17 亿元，占京津冀文化娱乐产业吸纳投资总额的 57.7%，居京津冀三地之首。2015 年天津制造业接受投资额累计达 123.5 亿元，其中先进制造业累计吸纳资本 45.2 亿元，占制造业吸纳资本总额的 36.6%。现代金融服务业吸纳投资稳居三地之首。2015 年金融及相关服务业累计吸纳投资额 457.14 亿元，占京津冀三地金融业吸纳投资总额 1078.81 亿元的 42.37%，天津金融业吸纳投资额分别为北京和河北的 1.02 倍和 2.64 倍。其中，证券市场服务、期货市场服务等现代金融服务业吸纳投资额 309.3 亿元，占金融业吸纳投资总额的 67.66%，先进制造和现代金融为吸资重点。河北则延续制造业为主要的分工格局，与以往"高能耗、高污染"的重化工的产业分工格局相比，制造业内部的结构调整显著，产业转型升级稳步推进。2015 年，河北制造业吸纳投资额达 909.43 亿元，位居三地之首，其中 37.92% 流向了炼铁、32.4% 流向了汽车整车制造。吸纳投资主要集中在唐山、保定、石家庄、廊坊，这四市 2015 年吸纳投资额达 811.05 亿元，占河北制造业吸纳投资总额的 89.18%。其中，唐山吸纳投资额 396.27 亿元（占比 43.57%），91.28% 的投资额集中于黑色金属冶炼和压延加工业；保定吸纳投资额 312.75 亿元（占比 34.39%），93.38% 的投资额集中于汽车制造业的汽车整车制造；石家庄吸纳投资额 68.32 亿元，63.98% 的投资额集中于通用装备制造、光电子器件及其他电子器件制造；廊坊吸纳投资额 33.72 亿元，55.12% 的投资额集中于木质家具制造、汽车零部件及配件制造、工业自动控制系统装置制造等。这些资本的注入将加快河北制造业转型升级的步伐。

二、协同发展中存在的问题

京津冀产业协同在推进过程中，不可否认的是，还存在区域创新联动较弱、京津冀还没形成明显的产业链、京津冀三地缺乏合作理念和合力、产业差距过大与京津冀"极化"现象明显等不利条件与问题：

1. 区域创新联动较弱

京津冀是我国科技智力资源最密集的地区，三地汇集了全国 1/4 以上的著名高校、1/3 的国家重点实验室和工程中心、2/3 以上的两院院士，拥有以中关村国家自主创新示范区为代表的 14 家国家级高新区和经济技术开发区，涌现出大批重大创新成果和创新领军企业。2015 年，京津冀三地研究与发展（R&D）经费支出均保持两位数增长，但对周围地区的辐射带动作用还较小，技术输出与转化的能力还较弱，三地间基于技术合作的水平式联动还远远没有形成，京津冀产业技术联系还不够紧密。以北京为例，2014 年北京技术输出外省市，技术合同项数和成交额分别为 37212 项和 1722.0 亿元，占比分别为 55.3% 和 54.9%。而输出到天津和河北的技术合同仅为 3475 项，成交额为 83.2 亿元，仅占对外输出技术合同项目和成交额比例的 9.34% 和 0.48%。北京研发的高技术成果越过天津、河北到长三角、珠三角地区的"导弹式"转化现象较为突出。区域创新一体化网络建设的滞后导致京津冀整体产业能级不高，在全球价值链中处于中下游环节。因此，加强区域间技术创新合作，共建中心城市与其他城市区域技术创新协作网络，可以为推进产业联动和提升产业能级提供动力支撑。

2. 产业梯度差距过大与"极化"现象并存

产业协同发展中一直强调合理的产业梯度有利于区域产业联动的产生和发展，产业联动发展的层次更高。京津冀地区内部客观存在的地区差异也为产业协同发展创造了条件，但产业梯度差距过大且三地发展阶段的不同步性大大阻碍了产业协同发展。长期以来京津两地各自为政，城市发展目标相似，在产业政策上追求大而全，导致产业结构自成体系、自我封闭，结构趋同问题严重。2015 年，京津冀三地的 GDP 合计达到 6.2 万亿元，占全国经济总量的 10.9%。从产业结构和发展阶段看，北京以三产为主，三产比重达到了76.9%，已进入后工业化阶段；天津、河北以二产为主，二产比重分别为 50.6% 和 52.1%，分别处于工业化后期和中期阶段。北京和天津两大中心城市处于绝对优势地位，而河北的经济实力较差，这种差异导致了资源与人才呈现单向流动，从而进一步加剧了发展的不平衡，这导致京津大城市与周边河北中心城市存在高梯度差异，京津对外围区域是等级扩散，制约了京津至河北的梯度产业转移。如京津的电子信息、汽车等配套产品供应主要来自南方经济发达地区，直接提高企业运营成本，极大地影响了资源配置效率。京津冀产业发展总体格局类似"双黄蛋"，既存在京津与冀之间的巨大发展落差，也缺少像"苏锡常"那样的城市节点联系，没有形成大都市圈型的产业分工协作体系。同时京津冀地区没有形成有序的梯度，城市等级结构不合理，中等城市和小城市发展不足，缺少发挥"二传"作用的中间层次的城市，导致发达地区所出现的产业聚集、形成的产业规模和产业链向周边落后地区推广和扩散相对缓慢。

3. 产业趋同，同质化严重

目前，京津冀地区产业规模较大，等级层次较高，体系也相对完善，但产业一体化的程度不高，产业同构现象较为严重，特别是制造业竞争激烈，主导产业同质化竞争现象仍较为严重。在工业方面，占工业增加值或总产值比重 5% 以上的主导产业，北京主要是电力热力生产和供应业、汽车制造业、计算机通信和其他电子设备制造业、医药制造业。天津主要为黑色金属冶炼和压延加工业、计算机通信和其他电子设备制造业、汽车制造业、石油和天然气开采业、化学原料和化学品制造业、石油加工冶炼和核燃料加工业。河北

主要为黑色金属冶炼和压延加工业。北京与天津工业主导行业重合 2 个（汽车制造业、计算机通信和其他电子设备制造业），天津与河北的工业主导行业重合 1 个（黑色金融冶炼和压延加工业）。在第三产业方面，北京第三产业占全市 GDP 比重超过 5% 的行业有 6 个，天津有 3 个，河北有 2 个，北京与天津在金融业、批发和零售业重合，天津与河北在批发和零售业，交通运输仓储和邮政业方面重合。未来京津冀如何在主导行业上错位发展，形成合理产业链分工，是京津冀产业协同发展的关键。

在市场分割和地方政府利益最大化的驱动下，京津冀三地在地域上没有统一的产业发展规划。尤其北京和天津都具有直辖市的政治地位，相距只有 137 公里，加上二者行政体制的分割，造成了利益的冲突。同时，高层次合作协商机制缺乏且三方合作模式不明确，基于整个区域考虑的合作并不多。从产业布局来看，三地间大多强调大力提升本地配套率，延伸本地产业链，各城市都存在不同程度的"大而全"、"小而全"的布局倾向，将不利于区域产业联动和一体化发展。

4. 产业协同发展的资源环境支撑力较弱

大气和环境污染问题是制约京津冀协同发展的一个重要因素。可以说，没有良好的生态环境，就谈不上京津冀区域产业协同发展。一方面，低端的产业结构和不合理的产业布局，破坏了京津冀地区的生态环境。由于注重规模经济，缺乏外部治理的意识，导致部分工业聚集地区环境污染严重。另一方面，京津冀区域产业同构化严重，导致资源的分散和浪费。从工业层面来讲，京津地区的产业同构程度大于京冀地区和津冀地区；从具体行业来讲，京津地区同构现象主要存在于技术密集型产业和以交通运输、通信等电子设备为主的高端制造业，而津冀地区和京冀地区主要是在黑色冶金业存在同构现象。这种现象既形成区域间的恶性竞争，又浪费了资源，污染了环境。因此，只有正视现在的污染现状，切实推进产业的转型升级，积极改善环境，有选择地转移和承接北京的功能疏解，才能真正实现京津冀产业协同发展战略。

三、推进京津冀产业协同发展的政策建议

目前，京津冀产业协同发展虽然在多数领域均取得重大突破，但仍存在不足之处，京津冀产业协同发展目前正处于大有作为的重要战略机遇期。从国际看，世界多极化和经济全球化深入发展，世界经济正在经历深度变革和调整，国际产业分工格局和产业转移趋势将发生新的变化，为京津冀作为一个整体参与国际竞争留下了巨大的空间。从国内看，京津冀区域具有围绕生产服务的研发和销售服务的巨大区位优势，在区域合作中能围绕研发创新—加工制造—配套服务价值链条延伸拓展。京津要加快向河北省辐射、扩散资金、技术和人才要素，壮大河北制造业生产的能力和水平，使河北成为承接京津科技成果转化的基地。通过京津的科技研发与创新，推动整个区域电子信息、汽车及装备制造、医药等产业科技水平的提高，壮大这些产业的国际竞争力，将区域产业高端产品推向全国市场和世界市场，从而提高京津冀产业发展能级，提高参与世界产业竞争的能力。主要从以下几个方面推进产业协同展：

1. 加快产业链式融合发展

以"产业链"作为京津冀三地产业合作的重要途径，通过跨区域联合研发、构建总部基地网络、共建园区等方式，通过产业链上、下游的合理分工，尤其是加快京冀和津冀之间产业链的构建，以发挥各自比较优势，逐步形成地域分工合理、产业间联系紧凑的区域产业链布局，进而更好地融入全球价值链。通过不断转移技术创新的中心，使技术创新的作用不断扩散的是技术创新对经济总量的增长。因而，京津冀产业结构转型升级主要体现在技术进步推动的整体技术结构优化、产业链延伸性提高和产业影响力改变三个层面上。因此，通过区域技术梯度的推移和扩散，合理延伸产业链条，加大项目推进和落地，形成合理的京津冀区域内产业分工，方可有效地促进京津冀服务产业内部结构的优化和升级。充分利用北京的人才、高校和研发机构的优势，建立一个区域一体化的创新网络。重点建设研发网络、信息技术交流网络、科学实验室共享网络、成果转化服务网络、风险投资网络等，创新一体化网络的建设可以提高京津冀企业的产业层次和竞争力，促进区域产业联动和协同转型升级。

2. 引导产业合理布局，推进产业集群发展

为提升京津冀区域的产业竞争力，必须大力发展产业集群，促进产业向适宜地区集中，要在现有产业布局的基础上，积极引导形成若干具有鲜明发展特色和竞争力的产业集群，并探索多种集群发展模式。重点培育和发展京津冀内部跨地区的新兴产业集群，以促进区域内产业协同转型升级；同时大力促进传统产业集群的转型升级引导产业集群的发展方向和方式，进一步发挥产业集群在促进城市间合理分工合作关系形成中的重要作用。应根据京津冀协同发展规划和国家划分主体功能区的要求，按照集中布局、集群发展的原则，确定这一区域的重点发展轴线，确定产业发展区域和生态环境保护区域，构筑城市发展与城市体系建设的整体框架。

"十三五"期间，重点建设五条产业带，分别是京津廊高新技术产业带，重点发展电子信息、高端装备、航空航天、生物医药等。沿海临港产业带，重点发展精品钢铁、成套装备、现代石化等。京广线先进制造产业带，重点发展汽车、生物医药、高端装备、电子信息、新能源、新材料等。京九线特色轻纺和高新技术产业带，重点发展绿色食品、纺织服装、智能制造等。张承绿色生态产业带，重点发展农副产品加工、清洁能源、尾矿利用、新材料等。进一步探索企业与政府、企业与企业，高校与政府合作共建园区的新模式，在合作机制上探索采用股份合作、托管、项目招商、异地生产统一经营、援建等多种方式作为产业对接的新途径。要因地制宜，加快试点，研究构建园区共建中的土地、资金、项目、GDP、税收等各环节的利益分享机制，调动转出地、承接地政府和企业的积极性。

3. 推动区域间企业联盟

一是大力培育跨国公司与本地企业的联盟。京津冀地区是我国跨国公司总部集中的区域,应鼓励跨地区、跨国别的关联企业通过兼并、重组、整合形成若干具有规模优势的企业集团,以带动区域产业技术水平的升级;区内科研院所、企业研发中心和研发机构应积极主动地与跨国公司合作,充分吸取跨国公司在科技创新中的溢出效应,加快进入国际研究开发网络系统,融入到国际化研究开发的新环境中。二是注重培育本地企业联盟。与跨国公司相比,本土企业大多规模较小,产业同构问题突出,在竞争中处于较为不利的地位。因此,要建立和完善中小企业服务体系,发挥服务中心、行业协会等中介服务机构的整体功能,使中小企业在研究开发、咨询、管理、后勤等方面得到一体化的服务,逐步培育一批能与跨国公司展开有效竞争与合作的区域性特色行业和大型企业集团。在相似性和互补性强的行业中,可以适当进行产业重组和跨区域联盟,形成一批立足于京津冀地区甚至跨国发展的巨型企业集团,带动跨地区的产业发展。

4. 充分发挥行业协会和行业组织

目前来看,京津冀区域的政府协调机制可以分为以下三个层面:一是中央政府宏观政策与规划的综合协调;二是三地间建立的定期协商会议机制;三是各城市建立的日常沟通协调机制。在现行的行政管理层级制度下,区域内各城市自上而下的垂直领导和利益互动机制已经较为成熟,在充分发挥已有垂直合作的基础上,特别要加强跨区域层面、区域内部各城市之间的水平合作机制。同时,也可以在组织和管理模式上有所创新,应积极培育行业协会和行业组织,充分发挥其机制灵活、协调性强等特点,并促进京津冀地区产业合作。京津冀三地要高度重视行业协会在培育特色产业集群中的重要性,促进科技成果转化和市场化发展。同时,还应积极培育行业组织,充分发挥其在民间交流和合作中的重要功能。

5. 建立增量利益分配机制

目前北京的工业经济规模有限,增加值只有3500亿元左右,远不及天津与河北,而在这些工业经济中,还包括大量的自来水、电力供给等城市必需型产业,因此即便北京的工业都转给天津或河北,其作用也非常有限。但必须看到,北京有很多科技型的产业,其发展潜力巨大,带动能力强,未来在不改变存量的前提下,对于这部分高新产业的增量部分可以进行调整,增加北京对天津、河北的辐射能力。增量调配目前有很多途径:一是政府主导下的飞地经济模式,该模式下财税和产值进行两地分成。二是以产业园区的形式与地方共建共管,发展飞地经济,北京的中关村园区是国内的金字招牌,正在多地建立分园,未来可引导其在河北、天津等地布局。

专栏 38-1

百企外迁的启示——京津冀产业协同的北京实践

2016 年,北京大兴工商联考察团组织 20 余名大兴民营企业家到河北廊坊永清县寻找合作商机,全面落实京津冀协同发展战略,利用北京市疏解非首都功能以及本区产业调整升级、产业协同深化的契机,加快部分产业外迁。截至目前,大兴区整体外迁、生产环节外迁或到外埠建厂扩大产能的企业达到 130 余家。时间并不长,规模却不小,大兴区的探索和实践为京津冀协同发展产业合作提供了诸多启示。

1. 百企外迁:深化京津冀产业对接

恒贝特服装服饰有限公司,原本是大兴区的一家外贸服装公司,2016 年 3 月从北京市大兴区搬到河北永清后,公司发展进入崭新阶段。厂房从以前的 2000 平方米扩大至 1 万平方米。在样板效应的带动下,在北京大兴,像恒贝特一样,走出到河北获得新生的企业越来越多。在目前外迁的约 130 家企业中,规模以上企业 29 家。这些转移产业的类型以纺织服装、服饰业和装备制造业为主,主要转移到河北廊坊、衡水以及天津宝坻等地区。在京津冀协同发展的战略指引下,围绕"引领新常态、构建高精尖、服务京津冀"三大任务，不断深化京津冀协作交流和产业对接。紧邻北京就近转移让企业获得更大的发展空间和更低的经营成本。政府有效引导，创造条件，企业外迁也水到渠成。

据了解，在130余家企业中，已有13家企业落地并投产，涉及机电设备、建筑材料等行业。其中，10家集中在紧邻北京南部的固安县，另3家分别在霸州、永清和文安三县。

2. 政府为媒：促进地区间交流合作

政府做媒成为大兴区企业外迁的主要渠道之一。为落实京津冀协同发展，促进非首都核心功能疏解，大兴区与河北固安、永清、曹妃甸、天津宝坻等96余个地区建立合作联系。部分承接地已进驻大兴区各镇招商，面向拟转移企业深入宣传承接地政策、资源情况。2015年，大兴区共组织258家城乡接合部拆迁地区、新机场建设周边地区拟转移企业与外埠地区进行对接，推进不符合首都功能定位的企业转移外迁。大兴区还积极整理出35个地级市共99个产业园区的招商政策、区域情况等内容，发放给拟转移企业，为其提供参考，促进不符合首都核心功能定位的产业转移疏解。

政府的努力和市场的推动，让企业外迁取得成效。原本位于大兴区的北京威克多制衣中心，生产基地外迁至河北衡水，研发设计、市场销售环节留在北京，原址将建设成集服装研发中心、服装展示中心、服装业培训中心、服装商业中心为一体的"威克多国际服装设计研发创业园"。

3. 园区共建：高标准编制发展规划

由河北省廊坊市、北京经济技术开发区和大兴区合作共建的北京亦庄·永清高新区的总体规划和产业规划基本编制完成，已签约落地21个项目，筛选储备约120个项目。

首批进场的惠买在线产业基地等7个项目已开工建设。该高新区面向全球招商，重点发展互联网+智能制造和电子商务两大主导产业，与亦庄实现有效互补。该高新区将容纳10万~15万的产业人口。在承接产业的同时，高新区还将承接北京非首都功能和人口，有效缓解北京"大城市病"。

作为电子商务主导产业的代表，京东华北电子商务产业园已经签约入区。据介绍，总部设在北京亦庄的京东将在高新区打造面向华北服务的物流中心。项目一期用地760亩，预计两年左右建成，将带动高新区电子商务上下游企业的迅速发展。北京大兴区与廊坊固安县合作共建的两个园区也在有条不紊地推进。北京CED固安园和中关村（大兴）生物医药基地固安合作园，成为两地落实京津冀协同发展的重要成果。

资料来源：http://news.xinhuanet.com/2016-08/09/c_1119361693_2.htm，新华社，2016年8月9日。

参考文献

［1］纪良纲、晓国：《京津冀产业梯度转移与错位发展》，《河北学刊》2004年第6期。

［2］戴宏伟、马丽慧：《借势与造势——京津冀产业梯度转移与河北产业结构优化》，《经济论坛》2002年18期。

［3］祝尔娟：《京津冀一体化中的产业升级与整合》，《经济地理》2009年第6期。

［4］刘东生、马海龙：《京津冀区域产业协同发展路径研究》，《未来与发展》2012年第7期。

［5］孙久文、张红梅：《京津冀一体化中的产业协同发展研究》，《河北工业大学学报》（社会科学版）2014年第3期。

第三十九章　长江经济带产业梯度转移承接与合作

提　要

本书通过产业梯度系数的测度确立长三角和长江中上游地区的比较优势产业和中上游各省区重点承接的产业；产业承接能力指数的测度采用主成分分析方法定量分析了长江经济带承接产业转移的能力，揭示了沿线区域产业承接能力和未来产业合作发展的重点区域。产业梯度的实证分析表明长三角地区存在向长江中上游地区转移的动力，产业承载力指数分析则表明不同区域对不同产业承接的条件。以实证分析为基础，提出进一步促进长江经济带产业转移承接与合作的战略构想。

*　　　　　　　*　　　　　　　*

一、长江经济带概况

1. 整体联动发展动力强、基础增厚

（1）人口密度和经济密度均高于全国平均水平。长江经济带承东启西，是中国国土开发和经济布局"T"型空间结构战略中极其重要的发展轴（陆大道，1986）。根据国务院出台的《依托黄金水道推动长江经济带发展的指导意见》，长江经济带包括上海、浙江、江苏、安徽、江西、湖北、湖南、重庆、四川、贵州、云南 11 个省（市）。2014 年土地面积 205.30 万平方公里，占全国国土面积的 21.31%；总人口 5.82 亿人，占全国总人口的 42.74%；人均国内生产总值 44623 元，是全国平均值的 1.07 倍。2014 年长江经济带创造 GDP 约 28.46 万亿元，占全国的 44.72%，规模以上工业企业数和主营业务收入分别占全国的 45.3%和 40.9%，具有举足轻重的战略地位（见图 39-4）。

区域内人口密度与经济密度分别为 284 人/平方公里，1387 万元/人·平方公里，是全国平均人口密度和经济密度的 2 倍与 2.1 倍（见图 39-1）。

（2）第二、第三产业齐头并进。

从长江经济带 9 省 2 市的整体情况来看，2014 年，该区域内第一产业产值 2.2 万亿元，第二产业产值 12.8 万亿元，第三产业产值 12.2 万亿元，占 GDP 比重分别为 8.0%、47.2%和 44.8%（见图 39-3）。而 1978 年，该区域内各个产业的比重分别是 32.5%、48.7%、18.7%（见图 39-2）。与 36 年前相比，长江经济带的产业结构发生了翻天覆地的变化，逐渐由过去第一、第二产业为主的工业化进程，向第二、第三产业齐头并进的"后工业化"时代发展。

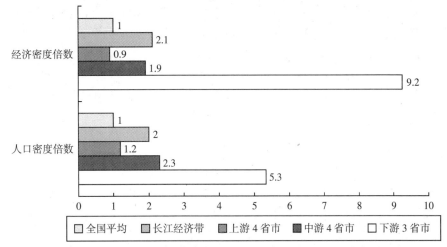

图 39-1 长江经济带人口密度与经济密度对全国平均值的倍数对比

注：需要说明的是，为了与行政区划相衔接，将长江经济带划分为上游、中游、下游地区。上游地区包括重庆、四川、云南、贵州4省市，中游地区包括湖北、湖南、江西和安徽4省，下游地区包括上海、浙江、江苏3省市，这与传统上按河流特征及流域地形划分的上游、中游、下游有一定的差异。本书中其他处不再一一说明。

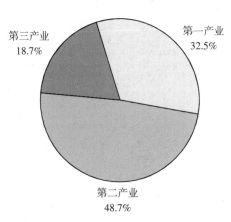

图 39-2 1978年长江经济带产业结构

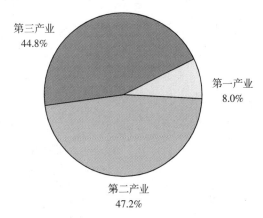

图 39-3 2014年长江经济带产业结构

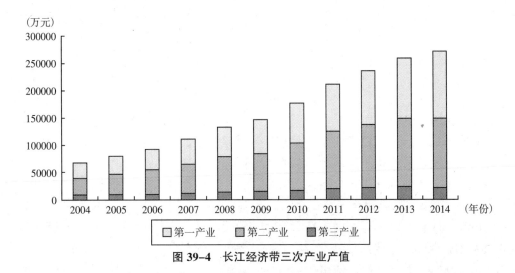

图 39-4 长江经济带三次产业产值

2. 区域内产业将呈现梯度转移的趋势

（1）产业发展水平内部分异明显。根据人均经济总量、三次产业结构、工业化率等指标评价，上游和中游地区仍处于工业化加速发展阶段，下游地区已进入工业化后期阶段，不同地区之间存在明显的发展梯度差。下游长三角经济圈始终在全国 GDP 中占有举足轻重的地位，人均国内生产总值最高的上海市为最低的贵州省 3.93 倍；下游地区的工业企业数、主营业务收入、利润总额分别占长江经济带的 55.6%、53.8% 和 54.8%；其中，通信设备、计算机和其他电子设备、汽车、电气机械和器材制造业、纺织业等产业的工业总产值主要集中在下游地区，分别占长江经济带工业总产值的 45.4%、54.5%、52.6% 和 50.5%。下游 3 省（市）GDP 占全国 GDP 的比重近 10 年来呈波动式小幅下降，而中游 4 省与上游 4 省在 2008 年后，基本呈上升态势（见图 39-5 和图 39-6）。

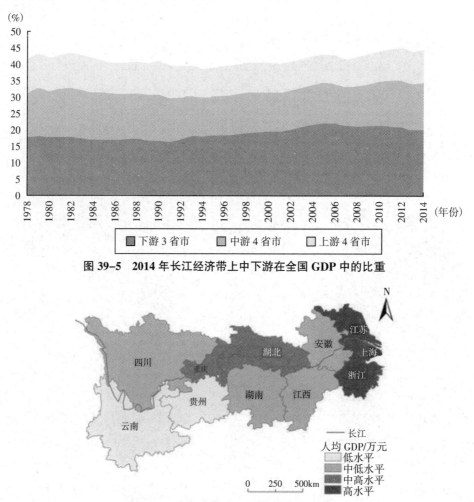

图 39-5　2014 年长江经济带上中下游在全国 GDP 中的比重

图 39-6　2014 年长江经济带经济发展梯度

（2）地区间产业结构呈现较大差异。长江经济带上中下游不同省（市）之间的产业结构呈现较大差异，为产业梯度转移提供了现实动力。长江经济带下游地区第三产业往往占比很高，例如上海、江苏、浙江的第三产业比重分别达到了 62%、45% 和 46%，而第一产业比重也分别只有 0.6%、6.2% 和 4.8%。相反，中上游地区第三次产业往往占比较低，例如安徽、江西、四川的第三产业比重分别占 33%、35% 和 35%。另外，中游的江西、安徽、湖北和上游的重庆、四川第二产业占比较重，均在 50% 以上，且第二产业增长空间仍然较大，这一方面给产业梯度转移打下了承接基础，另一方面给产业梯度转移提供承接空间（见图 39-7）。

当前，国家实施的长江经济带战略，与 20 世纪 90 年代相比已经发生重大变化，其中重要的是无论从缩小区域发展差距、合理利用国土空间的角度，还是从降低成本、开拓市场、激发需求的角度，长江经济带生产力要素配置都需要加快从东向西、从下游向中游和上游地区转移，同时创造新的经济增长级。

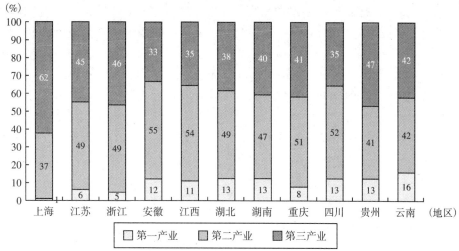

图 39-7　2014 年长江经济带 11 省市的产业结构

二、研究数据与研究方法

从当前研究看，由于缺乏对长江经济带产业梯度的实证分析，沿江各省（市）对开发开放优势产业和重点承接产业的认识还不是很清晰，提出的对策也有待进一步完善。因此，本书在阐述长江经济带梯度开发与产业转移战略意义的基础上，基于长江经济带产业梯度的实证分析，确定长江经济带内各省市开发开放的优势产业和长江中上游产业承接重点区域，并提出未来长江经济带梯度开发开放与产业转移承接的战略构想。研究成果对促进长江经济带上游、中游、下游产业合作和结构优化升级、加速各类要素资源的有序流动和合理配置，以及政府制定和完善产业转移和承接政策都具有重要的现实意义。

1. 区域产业梯度系数的测算

一个地区某产业所处产业梯度的层级可由产业梯度系数表示，产业梯度系数由两个因子决定：即用区位商来衡量的市场因子和用比较劳动生产率衡量的创新因子。因此，产业梯度系数可描述为区位商和比较劳动生产率的函数，也即是产业市场占有程度及产业创新水平的函数，表达式为：

$$I_{ij} = Q_{ij} \times B_{ij} \tag{1}$$

式（1）中：I_{ij} 为 i 地区 j 产业的产业梯度系数，Q_{ij} 为 i 地区 j 产业的区位商，B_{ij} 为 i 地区 j 产业的比较劳动生产率。

区位商反映的是某个区域特定产业的相对专业化程度，它取决于该地区该产业的资源利用效率、专用设备和专业技术人员的数量等因素与整个区域平均水平的比较。如果某个产业区位商大于 1，说明该产业的生产专业化水平比其所在区域的平均水平高，具备比较优势。区位商越大，表示该产业在其所在区域的比较优势越明显，专业化水平越高。比较劳动生产率反映的是某个区域特定产业的创新水平，它取决于该地区该产业从业者的素质、技术创新水平和将技术转化为生产的能力等因素与整个区域平均水平的比较。若该指标小于 1，则说明该产业的劳动生产率比整个区域的平均水平低，反之，若该指标大于 1，则说明其劳动生产率高于整个区域的平均水平。具体公式为：

$$Q_{ij} = \frac{G_{ij}}{C_j} \tag{2}$$

$$B_{ij} = \frac{V_{ij}}{E_{ij}} \tag{3}$$

式（2）中：Q_{ij} 为 i 地区 j 产业的区位商，G_{ij} 为 i 地区 j 产业产值占该地区 GDP 的比重，C_j 为全国 j 产业产值占整个区域 GDP 的比重。

式（3）中：B_{ij} 为 i 地区 j 产业的比较劳动生产率，V_{ij} 为 i 地区 j 产业总产值在整个区域同行业总产值中的比重，E_{ij} 为 i 地区 j 产业从业人员在整个区域同行业从业人员中的比重。

2. 承接产业转移能力测算

（1）指标体系与指标说明。在长江经济带内部比较不同省（区、市）承接产业转移能力的大小，应该对各地区进行科学评价，建立一套统一、科学、可操作的指标体系。首先，要考虑承接地对转移产业的吸引力，消费市场规模、劳动力成本、对外联系程度是吸引产业来本地发展的重要因素。其次，要考虑承接地对转移产业的支撑能力，要让转移产业扎根本地，融入本地经济就要充分考虑本地的劳动力和资金供给能力、产业配套能力、基础设施水平，以及产业发展对当地环境的胁迫程度。最后，要考虑承接地对产业的发展能力，也就是有利于产业转型升级的各类因素，包括科技资金投入力度、高素质劳动力供给能力、创新成果产出水平、企业盈利水平等。

基于以上考虑，将指标体系划分为产业吸引能力、产业支撑能力、产业发展能力 3 个二级指标，以及 15 个三级指标（见表 39-1）。产业吸引能力由 4 个三级指标构成。其中，社会消费品零售总额反映当地消费市场大小；单位工资实现产值反映劳动力成本高低；货运量反映运输业务量大小和对外联系水平；当年实际使用外资金额反映对外资的吸引能力和开放程度。产业支撑能力由 7 个三级指标构成。其中，就业人口占总人口的比率反映劳动力的供给能力；公路网密度反映交通基础设施水平；互联网宽带接入用户数反映信息化水平；第二、第三产业占比反映产业的配套能力；万元产值废水排放量反映对环境的胁迫程度，废水排放量越大，其转移产业融入本地经济的能力越弱；年末金融机构存款余额和固定资产投资占比反映地方金融的发育水平和资金供给能力。产业发展能力由 4 个三级指标构成。其中，科学技术经费支出反映创新资金的投入力度；科学技术人员占就业人口比重反映高素质劳动力的供给能力；专利申请受理量反映科技创新的产出能力；规模以上企业利润总额反映企业的盈利水平。

表 39-1 反映承接产业转移能力的指标体系

一级指标	二级指标	三级指标
承接产业转移能力	产业吸引能力	社会消费品零售总额/万元
		单位工资实现产值/万元
		货运量/万吨
		当年实际使用外资金额/万美元
	产业支撑能力	就业人口占总人口比率/%
		公路网密度/(km/km²)
		互联网宽带接入用户数/万户
		第二、第三产业占比/%
		万元产值废水排放量占比/%
		年末金融机构存款余额/万元
		固定资产投资占比/%
	产业发展能力	科学技术经费支出/万元
		科学技术人员占就业人口比重/%
		专利申请受理量/项
		规模以上企业利润总额/万元

（2）计算方法。利用主成分分析法对构成产业吸引能力、产业支撑能力、产业发展能力的 15 项指标进行主成分提取。在做主成分分析之前，对数据进行 KMO 和球形检验，三项能力的 KMO 值分别为 0.723、0.705、0.632，均大于 0.6，且球形检验显著，说明所选指标相关性大，适合做主成分分析。利用公式（4）计算提取主成分，并利用公式（5）计算得到各项能力的综合主成分。

$$I_j = \sum_i^n \left(\frac{X_{ij} \cdot j}{\sqrt{M_j}} \times Y_i \right) \quad (4)$$

$$I = \sum_{j}^{m} \left(I_j \cdot M_j / \sum_{j}^{m} M_j \right) \qquad (5)$$

式中：I_j 表示每个次级能力在主成分分析中提取的第 j 个主成分，j 表示主成分的个数；X_{ij} 表示在主成分分析中第 i 个三级指标在第 j 个主成分下的载荷，i 表示每个次级能力选取的指标个数；M_j 表示主成分分析中提取的第 j 个主成分的方差贡献率，即第 j 个主成分对指标的解释程度；Y_i 表示每个次级能力下第 i 个三级指标的值；I 表示每个次级能力提取的综合主成分值，即每个次级能力的值。

承接产业转移能力利用公式（6），由产业吸引能力、产业支撑能力、产业发展能力综合而得。各项能力的赋值借鉴了前人的研究成果，同时也考虑了各项能力对区域承接产业转移的重要性。在公式（6）中，I_u 表示承接产业转移能力，I_a 表示产业吸引能力，I_b 表示产业支撑能力，I_c 表示产业发展能力，α，β，γ 为通过熵值法确定的权重。

$$I_u = \alpha I_a + \beta I_b + \gamma I_c \qquad (6)$$

三、研究结果

1. 长江经济带分行业产业梯度系数

本书依据上述产业梯度计算模型，主要利用《中国统计年鉴》（2015）、各省（区、市）《统计年鉴》（2015）中的数据，计算得出 2014 年长江中上游地区和长三角地区 36 个工业行业的产业梯度系数，结果如表 39-2 所示。

表 39-2　长江中上游地区与长三角主要工业产业梯度系数（2014 年）

行业	四川	重庆	安徽	湖南	湖北	江西	云南	贵州	江苏	浙江	上海	长三角
煤炭开采和洗选业	0.553	0.207	0.552	0.575	0.041	0.112	1.433	1.161	0.021	0.027	0.036	0.031
黑色金属矿采选业	1.300	0.010	0.871	0.368	1.153	0.975	0.735	0.596	0.034	0.043	0.058	0.050
有色金属矿采选业	0.984	0.010	0.314	1.394	0.296	2.777	0.849	0.688	0.018	0.022	0.030	0.026
非金属矿采选业	2.064	0.920	1.430	1.794	2.961	2.230	1.183	0.959	0.234	0.292	0.396	0.340
农副食品加工业	0.647	0.334	1.381	0.109	1.720	1.005	0.196	0.159	0.295	0.369	0.501	0.430
食品制造业	0.704	0.258	0.648	0.402	0.978	0.893	0.283	0.229	0.300	0.374	0.508	0.436
饮料制造业	2.994	0.302	0.901	0.745	2.159	0.432	0.232	0.188	0.343	0.428	0.581	0.499
烟草制品业	0.726	0.696	0.683	2.000	1.712	0.394	7.913	6.412	1.813	2.263	3.072	2.639
纺织业	0.548	0.294	0.766	0.417	1.419	1.115	0.016	0.013	1.553	1.939	2.632	2.261
纺织服装、鞋、帽制造业	0.276	0.213	0.751	0.388	1.040	2.262	0.004	0.003	1.165	1.454	1.974	1.696
皮革、毛皮、羽毛（绒）及其制品业	0.605	0.516	0.989	0.466	0.156	0.702	0.015	0.012	0.605	0.754	1.024	0.880
木材加工及木、竹、藤、棕、草制品业	0.550	0.087	1.611	1.226	0.712	1.041	0.113	0.092	0.694	0.866	1.176	1.010
家具制造业	1.048	0.627	1.168	1.202	0.465	1.200	0.003	0.002	0.539	0.673	0.914	0.785
造纸及纸制品业	0.572	0.764	0.637	1.117	1.081	0.920	0.181	0.147	0.795	0.992	1.347	1.157
印刷业和记录媒介的复制	1.086	0.876	2.022	1.639	1.057	1.889	0.715	0.579	0.691	0.863	1.171	1.006
文教体育用品制造业	0.155	0.083	0.336	0.241	0.195	0.579	0.259	0.210	0.541	0.675	0.916	0.787
石油加工、炼焦及核燃料加工业	0.149	0.013	0.318	0.447	0.613	0.250	0.111	0.090	0.889	1.109	1.506	1.294
化学原料及化学制品制造业	0.445	0.298	0.671	0.433	0.962	0.807	0.454	0.368	1.376	1.717	2.332	2.003
医药制造业	0.825	0.476	0.661	0.754	0.792	1.507	0.620	0.502	0.775	0.967	1.313	1.128
化学纤维制造业	0.260	0.009	0.124	0.055	0.173	0.346	0.220	0.178	2.703	3.373	4.580	3.934
橡胶和塑料制品业	0.693	0.755	1.716	0.703	0.934	0.791	0.209	0.169	0.793	0.989	1.343	1.154
非金属矿物制品业	0.810	0.533	1.135	0.818	1.179	1.491	0.296	0.240	0.452	0.564	0.766	0.658

行业	四川	重庆	安徽	湖南	湖北	江西	云南	贵州	江苏	浙江	上海	长三角
黑色金属冶炼及压延加工业	0.273	0.310	0.752	0.323	0.894	0.538	0.476	0.386	0.712	0.889	1.207	1.037
有色金属冶炼及压延加工业	0.302	0.497	1.667	1.275	0.506	5.985	1.115	0.904	0.616	0.769	1.044	0.897
金属制品业	0.541	0.369	0.778	0.663	0.932	0.763	0.076	0.062	0.788	0.983	1.335	1.147
通用设备制造业	1.049	0.428	1.303	0.963	0.812	0.572	0.059	0.048	1.202	1.500	2.036	1.749
专用设备制造业	0.667	0.250	1.074	3.626	0.553	0.373	0.077	0.062	0.709	0.885	1.201	1.032
交通运输设备制造业	0.438	1.905	0.783	0.385	1.571	0.430	0.117	0.095	0.812	1.013	1.376	1.182
电气机械及器材制造业	0.334	0.891	3.006	0.545	0.607	0.955	0.054	0.044	1.276	1.593	2.163	1.858
通信设备、计算机及其他电子设备制造业	0.719	1.434	0.289	0.269	0.374	0.272	0.009	0.007	1.100	1.373	1.864	1.601
仪器仪表及文化、办公用机械制造业	0.244	0.875	0.906	1.204	0.273	0.813	0.102	0.083	2.750	3.432	4.660	4.003
工艺品及其他制造业	2.323	7.626	4.896	4.406	6.241	1.803	0.695	0.563	3.266	4.076	5.534	4.754
废弃资源和废旧材料回收加工业	0.216	0.687	5.333	0.578	0.367	0.562	0.011	0.009	0.782	0.977	1.326	1.139
电力、热力的生产和供应业	0.325	0.325	1.732	0.319	0.653	0.532	0.697	0.565	1.463	1.826	2.480	2.130
燃气生产和供应业	0.701	0.874	0.569	0.492	0.304	0.354	0.408	0.331	0.790	0.986	1.339	1.150
水的生产和供应业	2.128	0.822	0.743	1.092	0.474	1.069	0.909	0.737	1.138	1.421	1.929	1.657

计算结果显示，长江中上游地区中，安徽省有14个产业的梯度系数大于1，其中电气机械及器材制造业、工艺品及其他制造业、废弃资源和废旧材料回收加工业的梯度系数达到3.0以上；江西省有13个产业的梯度系数大于1，其中有色金属冶炼及压延加工业的梯度系数达5.985；湖南、湖北两省均有12个产业的梯度系数大于1，湖北的工艺品及其他制造业梯度高达6.241，湖南的专用设备制造业、工艺品及其他制造业，梯度系数都在3.0以上；四川和重庆的产业梯度系数大于1的产业分别为8个和3个，重庆的工艺品和其他制造业的产业梯度系数高达7.626。长三角有21个产业的梯度系数大于1，制造业各个产业，除了食品加工业和食品制造业、家具制造业等个别产业的产业梯度系数略小于1之外，其余产业的产业梯度系数都大于1，其中化学纤维制造业、工艺品及其他制造业、仪器仪表及文化办公用机械制造业等的梯度指数在3.0以上，这充分说明了长三角制造业各产业较高的发展梯度，具备向国内其他低梯度地区（如长江中上游地区或中西部地区）转移的客观条件和动力。

产业梯度系数综合评价了某一地区特定产业的相对水平，梯度系数大于1说明该产业高于整个区域平均水平，在地区间的产业竞争中具有一定的比较优势。长江中上游地区各省的比较优势产业既是其开发开放的重点产业，也是有基础向外溢出转移的重点产业。根据长江经济带11个省区内部各行业梯度系数排序（见表39-3），我们可以得出长三角和长江中上游产业的梯度优势。

表39-3 长江中上游地区与长三角主要工业产业梯度系数等级（2014年）

行业	上游				中游				下游		
	云南	贵州	四川	重庆	安徽	湖南	湖北	江西	江苏	浙江	上海
煤炭开采和洗选业	1	2	4	6	5	3	8	7	9	10	11
黑色金属矿采选业	5	6	1	11	4	7	2	3	10	9	8
有色金属矿采选业	4	5	3	11	6	2	7	1	10	9	8
非金属矿采选业	6	7	3	8	5	4	1	2	11	10	9
农副食品加工业	9	10	4	7	2	11	1	3	8	6	5
食品制造业	9	11	3	10	4	6	1	2	8	7	5
饮料制造业	10	11	1	9	3	4	2	6	8	7	5

行业	上游				中游				下游		
	云南	贵州	四川	重庆	安徽	湖南	湖北	江西	江苏	浙江	上海
烟草制品业	1	2	8	9	10	5	7	11	6	4	3
纺织业	10	11	7	9	6	8	4	5	3	2	1
纺织服装、鞋、帽制造业	10	11	8	9	6	7	5	1	4	3	2
皮革、毛皮、羽毛（绒）及其制品业	10	11	5	7	2	8	9	6	5	3	1
木材加工及木、竹、藤、棕、草制品业	9	10	8	11	1	2	6	4	7	5	3
家具制造业	10	11	4	7	3	1	9	2	8	6	5
造纸及纸制品业	10	11	9	7	8	2	3	5	6	4	1
印刷业和记录媒介的复制	9	11	5	7	1	3	6	2	10	8	4
文教体育用品制造业	6	8	10	11	5	7	9	3	4	2	1
石油加工、炼焦及核燃料加工业	9	10	8	11	6	5	4	7	3	2	1
化学原料及化学制品制造业	7	10	8	11	6	9	4	5	3	2	1
医药制造业	9	10	4	11	8	7	5	1	6	3	2
化学纤维制造业	6	7	5	11	9	10	8	4	3	2	1
橡胶和塑料制品业	10	11	9	7	1	8	4	6	5	3	2
非金属矿物制品业	10	11	5	8	3	4	2	1	9	7	6
黑色金属冶炼及压延加工业	7	8	11	10	4	9	2	6	5	3	1
有色金属冶炼及压延加工业	4	6	11	10	2	3	9	1	8	7	5
金属制品业	10	11	8	9	5	7	3	6	4	2	1
通用设备制造业	10	11	5	9	3	6	7	8	4	2	1
专用设备制造业	10	11	6	9	3	1	7	8	5	4	2
交通运输设备制造业	10	11	7	1	6	9	2	8	5	4	3
电气机械及器材制造业	10	11	9	6	1	8	7	5	4	3	2
通信设备、计算机及其他电子设备制造业	10	11	5	2	7	9	6	8	4	3	1
仪器仪表及文化、办公用机械制造业	10	11	9	6	5	4	8	7	3	2	1
工艺品及其他制造业	10	11	8	1	4	5	2	9	7	6	3
废弃资源和废旧材料回收加工业	10	11	9	5	1	6	8	7	4	3	2
电力、热力的生产和供应业	5	7	9	10	3	11	8	6	4	2	1
燃气生产和供应业	8	10	5	3	6	7	11	9	4	2	1
水的生产和供应业	7	10	1	8	9	5	11	6	4	3	2

　　长江经济带上中下游的产业梯度势差明显，已经具备了转移的基础条件，上游长三角地区除采掘业外，其他类型的产业占有相当优势，是产业转出的活跃区位；中下游地区原材料加工业和轻工纺织业具有一定的发展基础，是产业转入的活跃区位。

　　（1）采掘业的区域梯度比较。在煤炭、黑色金属、有色金属和非金属采选业中，上游地区的区域产业梯度有绝对的优势，中游黑色金属采选业方面具有一定的优势，这与中上游地区在自然资源能源禀赋上的天然优势高度相关。采掘行业对自然资源禀赋依赖性强，因此，此类产业一般不会发生转移，特殊情况是资源地资源枯竭时，

面临着产业转出和转入的决策问题，其转出的方向性很强，集中指向优势资源地区，转入产业一般是引入培育的接续产业。

　　（2）原材料加工业梯度比较。除中游湖南、湖北两省在有色金属冶炼及压延加工业方面占有优势外，其他行业下游地区都占有绝对优势。原材料加工业的区域梯度分布反映了长江经济带产业发展不合理的一面。上游地区在采掘业上占有相当的梯度优势，然而这种优势没有能够在产业链中端得到延续，上游地区的原料优势没有得到发挥，而下游地区的资金、人才和技术优势则进一步挤压了中上游产业的发展空间。最终，原材料加工业按照"囚徒困境"的博弈均衡方式集聚

在长江主航道下游沿线，不仅下游地区逐渐丧失了技术创新的动力，而且阻碍了长江经济带区域经济的平衡发展。上游地区应考虑通过对外投资等方式使得本土逐步从这些行业退出，中下游地区则在原有基础上延伸产业链并将资源优势产业做强做大。

（3）轻工纺织业的梯度比较。总体上，下游长三角地区在织服装业占有绝对优势，中上游地区在食品制造业、饮料制造业和烟草制品业上占有一定优势。下游地区在产业高度化进程中，应加快诸如纺织服装业向中上游转移，集中优势资源发展高附加值产品和高层次产业。中上游地区具有优势的产业与其他地区的梯度势差较小，竞争优势不够明显，各省份应根据各自优势，选准优势产业，在竞争中与长江经济带上中下游进行区域分工的同时，做好本区内分工与写作。

（4）石油化学工业梯度比较。下游地区在石油加工、炼焦及核燃料加工业、医药制造业、化学原料及化学制品制造业和化学纤维制造业上占有绝对优势。过去10年是石油化学工业发展最快的时期，质量和速度都得到了显著的提高。但是，在日益严格的资源和环境约束下，为了充分利用中上游的资源与环境优势，下游长三角地区可考虑从生产链分工上突破，着力从自主创新的角度提升产业国际竞争力，上游地区可更多地承接产业的加工制造环节。比如化学纤维制造业的分布过分地集中在江苏、浙江两省，随着两省土地资源价格上涨，城市规模扩张与人口密度增大，环境容量已经接近极限，生产成本与安全风险日益加大，将加速这些产业陆续转移。

（5）装备制造业的梯度比较。下游长三角地区在通用设备制造业、专用设备制造业、电气机械及器材制造业、通信设备及其他电子设备制造业、仪器仪表及办公用机械制造业等行业都占有绝对的优势，尤以通信设备及其他电子设备制造业梯度优势最为显著。重庆地区在交通运输设备制造业方面占有一定的优势，但中上游地区总体上在该部分产业上处于梯度的低端。长三角地区在承接了一轮国际制造业转移后，已具备了相当竞争优势，增强了制造业产业的国际竞争力，提高自主开发能力和技术集成能力，成为目前东部地区装备制造业发展的首要目标。成渝城市群、武汉城市群、长株潭城市群地区的装备制造业在全国具有举足轻重的作用，可与长三角地区积极合作、交流，并共享优势资源。同时，中上游地区的制造业发展要抓住外国直接投资沿长江流域上游转移的机遇，积极创造条件，为中上游制造业的成长赢得机会。

2. 长江经济带各省（区、市）产业承接能力指数分析

采用主成分分析方法确定长江经济带的产业吸引能力、产业支撑能力、产业发展能力，如表39-4所示：

表 39-4　长江中上游地区与长三角产业承接能力指数（2014 年）

指数	I_a	I_b	I_c	I_u
贵州	0.421	0.785	1.275	0.819
云南	0.512	0.768	1.358	0.871
四川	1.421	0.912	2.014	1.435
重庆	1.568	0.741	2.372	1.545
安徽	1.547	0.854	2.237	1.531
湖南	1.132	0.917	2.017	1.342
湖北	1.254	0.952	2.124	1.429
江西	0.984	0.923	1.769	1.213
江苏	3.617	1.547	3.739	2.938
浙江	4.062	1.738	4.199	3.3
上海	4.235	1.375	4.246	3.252
长三角	4.535	1.812	4.378	3.44

（1）产业吸引能力 I_a。产业吸引能力弱的区域主要分布在长江经济带的上游地区，包括云南、

贵州、四川的大部分地市，这些地区主要位于云贵高原、乌蒙山、大凉山等山区，生态保护对工业化的约束性较强。由于受到地形的影响，交通运输条件相对落后，货物运输量受到交通运输能力的制约，货运量成为影响上游地区产业吸引力的主要因素。

产业吸引能力较弱的区域主要分布在长江经济带的中游地区，包括湖北省、湖南省、江西省、安徽省，这些地区分布着中国重要的粮食生产区，在国家主体功能区规划中属于限制开发的农产品主产区，农业生产对工业化的约束性较强。根据主成分分析结果，这些地区社会消费品零售总额和当年实际使用外资金额两项指标都比较低，在中国当前及今后一段时期以要素驱动和投资驱动为主要增长方式的背景下，这些地区的内需和对外开放水平对经济发展的拉动作用不明显，制约了当地产业的吸引能力。

（2）产业支撑能力 I_b。产业支撑能力弱的地区主要分布在上游和中游远离长江干流和省会城市的地方，包括云南省和贵州省大部地区、四川省除成都平原以外的其他地区、湖南省以及安徽省。

这些地区主要受两个因子的影响：一个是由互联网宽带接入用户数、年末金融机构存款余额构成的"信息与金融"新因子的影响。另一个是由第二、第三产业占比，固定资产投资占比构成的"结构和投资"传统因子的影响。以"信息与金融"新因子为例，在互联网应用日益频繁的今天，互联网宽带接入用户数是衡量一个地区信息化水平的重要指标。在长江经济带，杭州市的互联网宽带接入用户数占比是毕节市的14.1倍。

此外，万元产值废水排放量也是影响产业支撑能力的重要因素。这说明，一直被视为经济增长外生变量的环境治理成本由于政府依法加强了环境综合治理，加大环境违约行为的处罚力度而逐渐被企业内部化。长江经济带集聚了全国29.9%的工业固体废物、43.3%的废水、34.6%的 SO_2 和32.2%的 NO_x 排放。有关部门测试，全国水资源污染严重的城市大都集中于长江经济带，包括上海、南京、杭州、武汉、重庆、成都等。长三角已经出现严重的跨界水污染问题，京杭运河长三角段、太湖、长江中下游段、钱塘江段等水资源都受到不同程度的污染。

产业支撑能力强的地区主要分布在沿江主航道周边地区。由于沿江所具有的区位优势和主要大型城市依托水道成长所具有的特殊地位，无论是传统因子，还是新因子都会首先在这些地区聚集，成为各类要素汇集的"高地"，也是产业支撑能力最强的地区。

（3）产业发展能力 I_o。产业发展能力弱和较弱的地区分布最广泛，除上海、江苏、浙江外，其他地区基本都属于该种类型。上述地区主要受科学技术经费支出和专利申请受理量构成的"创新能力"因子的影响。企业研发经费投入强度是被广泛采用的评价企业创新能力的核心指标。中国企业研发投入强度与发达国家相比还有很大差距且增长乏力。2014年中国工业研发经费占工业企业主营业收入的比值仅为0.81%，长江经济带为0.86%，只有上海与浙江的工业企业研发经费投入强度超过1%。而同期，美国、日本、德国等发达国家普遍在2%以上，日本达到了3.57%。

长江经济带的创新驱动能力仍未形成合力。一方面，处于全球产业链高端和产业科技制高点的领域还比较少。以电子信息产业为例，长江经济带电子信息产业的工业总产值约占全国的50%，但是外资企业和加工贸易比重高，缺乏本土有竞争力的企业。另一方面，科技成果转化与产业化率低。长江经济带的科教资源丰富，但是有效转化为现实创新能力的还很少。发明实用新型和外观设计专利数超过全国的一半，但是市场成交合同占不到全国的30%，这说明长江经济带在创新成果产业化方面还有很大潜力。

（4）产业承接能力 I_{wo}。产业承接能力在空间分布上呈现以下特点：

一是由下游向上游递减。这与中国的区域发展战略有很大关系，改革开放30多年来，中国一直实施沿海地区率先发展战略，在固定资产投资、国家重大项目布局、新区新城建设、财税金融体制改革方面得到中央政府的倾斜支持。同时，由于交通区位和历史等方面的原因，沿海地区还得到外商的青睐，长期以来一直是中国吸纳外商直接投资最多的地区。

二是承接能力强的区域沿长江及其主要支流分布。长三角、重庆、湖北等沿长江分布的省（区、市）是长江经济带承接产业转移能力最强的地区。此外，南昌、芜湖、黄石、马鞍山、铜陵、岳阳和安庆等位于长江主要支流的城市也是承接产业转移能力较强的城市。这主要与水运具有运量大、运距长、运费低等特点有关。2009年国家先后在中游地区批准设立了安徽皖江、湖南湘南和湖北荆州地区国家级承接产业转移示范区。在上述示范区的带动下，中游地区承接产业转移进入快速发展阶段。以安徽省为例，合肥市从下游地区承接了大量机械装备、汽车配套、电子信息类产业；芜湖以奇瑞、江淮汽车为代表，通过自主创新发展起来的龙头企业发挥了对产业转移的

吸引力，目前已集聚了200多家汽车零部件配套企业，70%来自浙江。

三是大城市群及其周边地市大多是承接能力较强的区域。近年来，省会城市及其周边地区往往形成具有全国意义的城市群地区，如云南的滇中、贵州的黔中、安徽的皖江、湖南的长株潭城市群等，借助省级财政的大力支持，通过城市间产业经济合作、基础设施一体化、生态环境联防联治等措施和手段逐步上升为国家战略，在中国区域经济发展格局中扮演了重要角色，也成为承接国内外产业转移的重要目的地。

四、长江经济带产业转移承接合作战略构想

基于以上数据分析，提出长江经济带产业转移的战略构想。

1. 长江经济带产业转移承接合作的总体战略

在充分发挥市场经济作用的前提下，以长江经济带发展纲要为引导，促进要素更加自由顺畅地流动，加速产业在长江经济带上中下游间转移的步伐，实现产业边际利润最大化，促进区域经济协调发展。在国家层面上，结合主体功能区定位，优化产业布局，发挥产业的集聚优势，推动区域产业合理分工，促进产业在长江经济带上中下区域间转移。转移的产业主要是按照大的产业分类进行，沿着产业链条展开，如从轻纺工业到原材料工业、石油化学工业，再到装备制造业。在上中下游区域范围内，根据各自区域经济发展阶段和工业行业发展特点，进行进一步地区细分和产业细分，突出发展特色，抓住主导产业和支柱产业，积极推动产业创新，建立不同产业的承接策略和转移策略。转移的产业主要是基于价值链的"工序转移"，同时，围绕产业增长极做好配套产业。

2. 长江经济带产业转移合作的具体战略

长江经济带地域广大，经济发展情况比较复杂，各个区域还要根据资源、区位优势和产业基础，建立转移的具体战略。

（1）长江下游地区。长江下游地区工业发展要紧紧围绕"长三角地区的龙头作用"的区域总

体战略，带动和帮助中游和上游地区发展。加快形成一批自主知识产权、核心技术和知名品牌，提高产业素质和竞争力；促进加工贸易升级，积极承接高技术产业和现代服务业转移，提高外向型经济水平。优先发展先进制造业、高技术产业和服务业，着力发展精加工和高端产品，逐步从初级产品制造业和轻纺工业退出。从产业发展基础、国际产业发展趋势和产业发展潜力来看，电子信息产业、交通运输设备制造业、通用设备制造业、电气机械及器材制造业等行业将是未来该地区的支柱产业。地方政府不仅要积极承接国际产业的转入，提高转入产业的质量和水平；同时，积极为某些产业的转出创造外部条件，根据市场信号加以积极引导，做到区域内"有进有退"，加快下游长三角地区产业结构的升级进程。

（2）长江中游地区。长江中游地区工业发展要依托现有基础，提升产业层次，推进工业化和城镇化协调发展。中游地区是承接产业转移最具基础和优势的区域，无论对下游长三角地区来说，还是对国外直接投资来说，长江中游地区都是较有潜力的地区。着力优化产业结构与区域结构，培育产业竞争力。充分利用相对丰富的劳动力资源，依托粮食生产基地建设，加快发展农副食品加工业、食品制造业、纺织服装业等劳动密集型产业；依托能源原材料基地建设，深化发展有色金属等原料工业品制造业；依托高技术产业及现

代装备制造基地，加快发展汽车等交通设备制造业。地方政府要转变观念，更加注重软环境建设，抓住国际直接投资转移和东部沿海尤其长三角发达省份产业转移的机遇，结合自身优势，加强对具有承接优势的目标产业引入力度，推进与长江下游地区的互补一体化发展。

（3）长江上游地区。在长江经济带战略推进过程中长江上游地区工业发展要同时紧紧围绕"西部大开发"战略，继续加强基础设施建设，支持资源优势转化为产业优势，大力发展特色产业，加强清洁能源、优势矿产资源开发及加工，推进人才开发和科技创新。在承接下游长三角能源原材料工业转移的基础上，集约发展重要矿产资源开采和加工业。优化发展能源及化学工业，充分利用上游地区水能资源与环境、煤炭资源、有色矿产等资源优势，调整优化能源结构，促进集中布局，提高优势资源加工增值比重。大力发展特色农牧产品加工业，充分发挥上游地区独特的农业资源优势，加快建设并形成一批特色农副产品深加工产业基地。地方政府要根据各地区具体条件处理好国际产业转移和国内其他地区产业转移的关系，加大区域内城乡产业的分工与协作。上游最有竞争力的产业承接地是成渝城市群地区，充分发挥其原有工业基础和科技队伍等方面的优势，着力建设成我国重要的先进装备制造业基地。

由于长江上游地区尤其是云贵高原地区生态环境比较脆弱，其产业的承接要以可持续发展为根本原则，经济效益、社会效益、生态效益和环境效益并重，地方政府在这方面要严格把关。同时云贵地区资源依赖型城市面临资源枯竭，且所带来的经济和社会影响比较严重，资源型城市转型面临的接续产业选择是云贵地区产业转移战略考虑的问题之一。其重点是以扩大就业和提高竞争力为核心，在搞好资源精深加工的同时，大力发展接续产业，个别大型企业的迁移对于接续产业的培育将具有特别重要的意义。地方政府要从做大做强装备制造业入手，继续发挥国有大型企业在资本与技术密集型产业领域的骨干作用，并积极与下游长三角地区交流，进行优势互换，合作开发，吸引优势产业的顺利转入。装备制造业属于技术资金密集型行业，产业转移必须密切结合产业创新才能真正发挥效力，政府在这方面要给予正确的引导和扶持。

专栏 39-1

长江经济带发展纲要发布

《规划纲要》（以下简称《纲要》）从规划背景、总体要求、大力保护长江生态环境、加快构建综合立体交通走廊、创新驱动产业转型升级、积极推进新型城镇化、努力构建全方位开放新格局、创新区域协调发展体制机制、保障措施等方面描绘了长江经济带发展的宏伟蓝图，是推动长江经济带发展重大国家战略的纲领性文件。长江经济带覆盖上海、江苏、浙江、安徽、江西、湖北、湖南、重庆、四川、云南、贵州 11 省市，面积约为 205 万平方公里，占全国的 21%，人口和经济总量均超过全国的 40%，生态地位重要，综合实力较强，发展潜力巨大。

1. 发展新格局

《纲要》确立了长江经济带"一轴、两翼、三极、多点"的发展新格局。

"一轴"是以长江黄金水道为依托，发挥上海、武汉、重庆的核心作用，构建沿江绿色发展轴，推动经济由沿海溯江而上梯度发展。

"两翼"分别是指沪瑞和沪蓉南北两大运输通道，这是长江经济带的发展基础。通过促进交通的互联互通，增强南北两侧腹地重要节点城市的人口和产业集聚能力。

"三极"指的是长江三角洲、长江中游和成渝三个城市群，充分发挥中心城市的辐射作用，打造长江经济带的三大增长极。

"多点"是指发挥三大城市群以外地级城市的支撑作用，加强与中心城市的经济联系与互动，带动地区经济发展。

《纲要》同时提出了多项主要任务，具体包括保护和修复长江生态环境、建设综合立体交通走廊、创新驱动产业转型、新型城镇化、构建东西双向、海陆统筹的对外开放新格局等。

2. 推进一体化市场体系建设

一是统一市场准入制度。进一步简政放权，清理阻碍要素合理流动的地方性政策法规，清除市场壁垒，实施统一的市场准入制度和标准，推动劳动力、资本、技术等要素跨区域流动和优化配置。建立公平开放透明的市场规则，推动上海、重庆等地率先开展负面清单管理制度试点。加强市场监管合作，建立区域间市场准入和质量、资质互认制度。研究建立务实、高效的区域标准化协作机制。二是促进基础设施共建共享。统筹基础设施规划建设，加强省际之间的沟通协调，做好设计方案、技术标准和建设时序衔接，打破区域分隔和行业垄断，逐步消除区域运输服务标准差距，构建统一开放有序的运输市场。加快物流体制改革，推进江海联运、铁水联运、公水联运的有效衔接，大力发展直达运输，规范收费行为，降低物流成本。三是加快完善投融资体制。

3. 推进新型城镇化

一是优化城镇化空间格局。首先要抓住城市群这个重点，以长江为地域纽带和集聚轴线，以长江三角洲城市群为龙头，以长江中游和成渝城市群为支撑，以黔中和滇中两个区域性城市群为补充，以沿江大中小城市和小城镇为依托，形成区域联动、结构合理、集约高效、绿色低碳的新型城镇化格局。二是要促进各类城市协调发展，发挥上海、武汉、重庆等超大城市和南京、杭州、成都等特大城市的引领作用，发挥合肥、南昌、长沙、贵阳、昆明等大城市对地区发展的核心带动作用，加快发展中小城市和特色小城镇，培育一批基础条件好、发展潜力大的小城镇。三是要强化城市交通建设，加强城际铁路、市域（郊）铁路建设，形成与新型城镇化布局相匹配的城市群交通网络，实现城市群内中心城市之间、中心城市与周边城市之间1~2小时通达。按照公共交通优先的理念，加快发展城市轨道交通、快速公交等大容量公共交通，鼓励绿色出行。

4. 构建东西双向、海陆统筹的对外开放新格局

一是发挥上海及长江三角洲地区的引领作用。二是将云南建设成为面向南亚、东南亚的辐射中心。三是加快内陆开放型经济高地建设。推动区域互动合作和产业集聚发展，打造重庆西部开发开放重要支撑和成都、武汉、长沙、南昌、合肥等内陆开放型经济高地。完善中上游口岸支点布局，支持在国际铁路货物运输沿线主要站点和重要内河港口合理地设立直接办理货物进出境手续的查验场所，也支持内陆航空口岸增开国际客货运航线、航班。

资料来源：新华网。

专栏 39-2

长江经济带沿线省份工业布局现状

2014年，长江经济带工业产业产值排名前五的行业依次为：化学原料及化学制品制造业、交通运输设备制造业、通信设备、计算机及其他电子设备制造业、电气机械及器材制造业和黑色金属冶炼及压延加工业，此五大产业工业总产值占地区工业总产值的40%。从各省的主要产业发展方向中可以看出，大部分省份都提出要拓展产业链，以产业链的高度化改造传统产业，并且进一步指出未来发展的主要方向是战略性新兴产业，且产业类型大都包含新能源、电子、石化、新材料等。因此，从上述政策来看，长江经济带沿线11省份的工业发展政策存在诸多方面的类同。而从其2014年工业总产值份额排名前五的产业和产业规划对比看来，大部分省市的产业结构升级之路都还任重

而道远。

资料来源：根据相关研究资料整理。

专栏 39-3

长江经济带创新驱动产业转型升级方案

全面贯彻落实创新、协调、绿色、开放、共享的发展理念，深入推进实施创新驱动发展战略，加快长江经济带产业向中高端水平迈进，增强对全国的辐射带动作用。坚持以优化为主线，调整产业存量、做优产业增量，完善现代产业体系。坚持以创新为动力，依托科技创新、制度创新双轮驱动，构建全方位创新发展体系。坚持以融合为导向，推进科技、产业、教育、金融深度融合发展，建立要素资源联动机制。坚持以协同为抓手，打破地区封锁和利益藩篱，形成全面合作的发展机制。

创新驱动的引领带。发挥人才、智力密集优势，健全区域创新体制机制，深化创新要素合作，激发创新主体活力，扩大创新成果影响，探索区域综合集成创新模式，形成一批可复制、可推广的改革举措和创新政策，推动创新驱动发展战略的有效实施。

产业融合的先行带。依托完善的产业门类和体系，发挥新一代信息技术的渗透作用和贯通作用，构建以信息经济为主导的新型经济模式，推动物质资源、人才资源、信息资源的紧密结合，加速产业联动和企业跨界，实现信息化推动新型工业化、城镇化、农业现代化同步发展。

区域协同的示范带。充分发挥长江经济带各地区比较优势，建立区域联动合作机制，统筹规划、科学布局，引导产业合理分工和有序转移，推进区域优势产业集聚发展，形成区域间产业良性互动，实现长江经济带的整体发展和各区域的特色发展与协同共进。

开放合作的共赢带。充分利用国内外两种资源、两个市场，发挥自贸区示范作用，与"一带一路"等对外合作战略互动推进，借鉴国际区域经济发展的成熟经验，统筹海陆双向开放，深度参与国际竞争与合作，形成沿海、沿江、延边全面开放合作的新格局。

资料来源：国家发展和改革委员会网站。

参考文献

[1] 张可云：《区域大战与区域经济关系》，民主与建设出版社 2001 年版。

[2] 陆大道：《2000 年我国工业生产力布局总图的科学基础》，《地理科学》1986 年第 6 卷第 2 期。

[3] 陈修颖：《长江经济带空间结构演化及重组》，《地理学报》2007 年第 12 期。

[4] 辜胜阻、易善策、李华：《城市群的城镇化体系和工业化进程——武汉城市圈与东部三大城市群的比较研究》，《中国人口科学》2007 年第 4 期。

[5] 赵伟：《中部地区崛起的城市群战略》，《武汉大学学报》（哲学社会科学版）2006 年第 4 期。

[6] 彭劲松：《长江上游经济带产业结构调整与布局研究》，《上海经济研究》2005 年第 4 期。

[7] 罗蓉：《长江经济带产业协调发展研究》，《开发研究》2007 年第 2 期。

[8] 黄庆华、周志波、刘晗：《长江经济带产业结构演变及政策取向》，《经济理论与经济管理》2014 年第 6 期。

[9] 李晖、王莎莎：《基于 TOPSIS 模型评价承接产业转移的实证研究》，《系统工程》2010 年第 28 卷第 8 期。

[10] 资料来源：根据《中国统计年鉴》（2015）和各相关省区 2015 年统计年鉴整理、计算获得。

企业篇

第四十章 国资国企改革进展与任务

提　要

本章回顾了国资国企改革的新进展。2016 年作为"十三五"时期的开局之年，在这一时期，国有企业呈现出总体发展平稳与结构分化加剧的发展态势。文中首先探讨了与当前国资国企改革形势相关的四个方面的重要问题，具体涉及：如何看待当前国有企业发展态势？如何评判国有企业的现有改革步伐的快慢问题？如何看待进一步深化改革的方向？如何看待国有企业改革与供给侧结构性改革的关系？其次，结合国有企业改革的实际，论述了有关推进国资国企改革各项重点任务的实践经验。最后，提出了进一步深化改革的有关政策建议，即要坚持国有企业市场化改革的方向，真正确立国有企业的市场主体地位，落实国有企业的分类管理与分类改革，进一步探索构建"管资本"的管理体制和加大国有经济布局与结构调整的力度，并重视考虑国有企业改革与其他方面改革的联动性问题。

*　　　　　　*　　　　　　*

自党的十八届三中全会提出深化改革的总体要求以来，国有企业呈现出总体发展平稳与结构分化加剧的发展态势。过去 1 年多时间，深化国有企业改革的政策体系和制度框架基本形成，国资国企改革各项重点任务在不同方面取得了探索性的进展，未来的改革有望进一步提速。

一、国资国企改革的新进展

党的十八届三中全会对新时期全面深化国有企业改革进行了战略部署，提出了深化国资国企改革的多项具体任务，经过近 1 年的酝酿，2015 年 9 月 13 日，下发《中共中央国务院关于深化国有企业改革的指导意见》作为顶层设计文件，加上与之相配套的 13 个专项改革意见或方案，基本形成了"1+N"的指导政策体系，引领了各方面的改革实践。已有的 13 个文件分为三类：第一类是改革完善国有资产管理体制、加强和改进企业国有资产监督防止国有资产流失、深化国有企业改革中坚持党的领导加强党的建设等方面的 5 个专项意见；第二类是深化中央管理企业负责人薪酬制度改革等方面的 5 个专题方案；第三类是贯彻落实《中共中央国务院关于深化国有企业改革的指导意见》任务分工等方面的 3 个工作方案。

1. 正式启动国有企业功能界定与分类工作

准确界定不同国有企业在国民经济中的功能定位并务实推进分类改革与分类管理，这是深化国有企业改革的重要前置性工作。2015 年 12 月 7 日，国资委、财政部和发改委联合发布《关于国有企业功能界定与分类的指导意见》，明确了商业类和公益类国有企业有不同的企业目标和企业运行方式、发展路径，二者在分类推进改革、分类促进发展、分类实施监管、分类定责考核等方面存在一定差异。公益类国有企业主要根据承担的任务和社会发展要求，严格限定主业范围，加大国有资本投入，提高公共服务的质量和效率。商业类国有企业又分三类：一是主业处于充分竞争行业和领域的国有企业；二是主业处于关系国家安全、国民经济命脉的重要行业和关键领域、主要承担重大专项任务的国有企业；三是处于自然垄断行业的商业类国有企业。

据此文件精神，与之相配套的《中央企业功能界定与分类实施方案》、《推进中央企业工资总额分类管理实施方案》等文件，正在研制发布过程中。在各地方国资委，普遍开展了对国有企业的功能界定工作，积极研究制定和出台了国有企业分类监管办法。据有关资料统计，已有 17 省、直辖市和 3 个计划单列市明确了监管企业的分类标准。上海的政策文件已经将分类改革、分类考核、分类选人用人、分类监管等落到实处。广东按照国有企业分类改革的思路，推动实施分类统计、分类考核、分类配置资本金，也有的国有企业探索了对下属企业的分类管理。

2. 稳健改革和完善国有资产监管体制

2015 年 10 月，国务院印发了《关于改革和完善国有资产管理体制的若干意见》，对推进国有资产监管机构职能转变、改革国有资本授权经营体制、提高国有资本配置和运营效率、协同推进相关配套改革提出了原则性的要求。同时，国资监管机构有加快转变职能、推进简政放权和规范自身监管行为的努力。国务院国资委和各地方国资委先后取消或下放多项监管事项，废止或宣布若干失效规章、规范性文件。有几个省（市）的国资委初步建立了监管权力清单和责任清单。此外，防范国有资产流失的监管力度进一步加强。2015 年 9 月，国务院领导小组第 16 次会议，审议通过

了《关于建立国有企业经营投资责任追究制度的指导意见》、《企业国有资产交易监督管理办法》、《上市公司国有股权监督管理办法》。2015 年 10 月，国务院办公厅印发了《关于加强和改进企业国有资产监督防止国有资产流失的意见》。

改组或组建了一定数量的国有资本投资运营公司，是探索以管资本为主的国有资本管理体制的重要内容。国务院国资委在继确定了国家开发投资公司和中粮集团这两家中央企业开展改组国有资本投资公司试点之外，于 2016 年 7 月，又确定了神华集团、宝钢、武钢、中国五矿、招商局、中交集团和保利集团这 7 家作为开展国有资本投资公司试点的企业。另外，还推进了诚通集团、国新公司改组为国有资本运营公司的工作。大多数的地方国资委基本都开展了国有资本投资运营公司试点工作，改组或组建了 1 家或多家国有资本投资运营公司。深圳探索构建了"一个基金、三大平台"的以管资本为主的国资监管运营体制。

3. 稳妥发展混合所有制经济

2015 年 9 月 24 日，国务院发布《关于国有企业发展混合所有制经济的意见》，随后，又印发了发改委等四部委的《关于鼓励和规范国有企业投资项目引入非国有资本的指导意见》。统计显示，目前，全国国有及国有控股企业（不含金融类企业）改制面超过 80%，国务院国资委监管的中央企业及子企业改制面超过 90%；相比之下，10 年前，中央企业及子企业改制面不足 50%。截至 2015 年底，中央企业中混合所有制企业户数占比达到 67.7%，中央企业控股上市公司 388 户，中央企业 61.3% 的资产、62.8% 的营业收入、76.1% 的利润集中在上市公司。① 像北京、上海等地将上市公司作为发展混合所有制经济的主要形式。

也有一些地区将社会资本合作（PPP）项目，作为发展混合所有制经济的重要途径。据统计，北京分 4 批推出近 300 个 PPP 项目，前 3 批吸引社会资本近 2600 亿元。重庆市属国有重点企业参与全市 PPP 项目 20 个，涉及金额 1890 亿元。在石油、电力、电信等重要产业领域，也有个案式的发展混合所有制经济的实践探索。

---

① 肖亚庆：《国务院关于国有资产管理与体制改革情况的报告》，第十二届全国人民代表大会常务委员会第二十一次会议，2016 年 6 月 30 日。

4. 企业重组与结构调整渐进展开

2015 年，国务院国资委组织实施了中国南车和中国北车、国家核电和中电投集团、南光集团与珠海振戎、中远集团和中国海运、中国五矿和中冶集团、招商局集团和中国外运长航这 6 组、12 家中央企业的联合重组。另外，还推动了电信企业资源整合，成立了铁塔公司。到 2015 年底，中央企业已经从 2012 年底的 115 家调整为 106 家。2016 年 7 月，又发生了中纺集团公司并入中粮集团、中国国旅并入港中旅这两起重组。另外，还有中国建材和中材集团、中远集团和中国海运、中电投集团和国家核电、宝钢集团和武钢集团等几组中央企业重组工作正在积极推进或正在酝酿之中。如果这些重组工作都付诸实施，中央企业户数将有望在年内整合到 100 家之内。

同时，国务院国资委还推动了中央企业压缩管理层级、减少法人层级和法人单位的有关改革。目前，中央企业法人数量仍超过 4 万家，有的企业管理层级最多有九级，少数企业的法人层级更是达到了两位数。2016 年 5 月 18 日的国务院常务会议，为中央企业压缩管理层级明确了任务量和时间表，力争在 3 年内使多数央企管理层级由目前的 5~9 层减至 3~4 层以下、法人单位减少 20% 左右。目前，最积极的国家电网公司已经提出了"两级法人、三级管理"的改革目标，力图将公司法人层级减少至"国网公司—省公司"两级。像中国通号这样的新设立不久的国有企业已经实现了将管理层级压缩到三级、法人层级限制到四级的目标，实现了扁平化管理（祝嫣然，2016）。

5. 完善现代企业制度有所进展

一是国有企业董事会建设工作。2014 年和 2015 年分别新增 22 家、11 家中央企业纳入规范董事会建设试点范围，到 2015 年底，106 家中央企业中已有 85 家建设了规范董事会。

二是落实董事会职权、推进市场化选聘经营管理者、推行职业经理人制度和混合所有制企业员工持股等试点工作，并取得了一定进展。在中国节能、中国宝钢、国药集团和新兴际华 4 家中央企业开展了董事会职权试点工作，授权试点企业董事会行使中长期发展战略规划、高级管理人员选聘、业绩考核、薪酬管理、工资总额管理和重大财务事项管理 6 项职权；在部分中央企业开展了市场化选聘经营管理者试点，指导新兴际华集团选聘了总经理，并对经理层副职全部实行聘任制和契约化管理；在部分中央企业开展了企业领导人员公开遴选工作。

三是着力加强和改进党对国有企业的领导。2015 年 9 月，中共中央办公厅印发了《关于在深化国有企业改革中坚持党的领导加强党的建设的若干意见》，各级国资监管部门和国有企业已全面组织学习、研究和贯彻落实该文件，以充分发挥国有企业党组织政治核心作用。许多国有企业增设了党务工作专职机构，制定了关于加强和改进公司党的建设的实施文件。

四是国有企业负责人薪酬制度改革落实成效显著。2014 年 8 月，中央全面深化改革领导小组第四次会议审议通过了《关于合理确定并严格规范中央企业负责人履职待遇、业务支出的意见》、《关于深化中央管理企业负责人薪酬制度改革的意见》。其中，有关规范组织任命的中央企业负责人薪酬的方案自 2015 年 1 月 1 日起实施，中央企业负责人的基本年薪已经按照有关薪酬审核部门核定的新标准发放；同时，中央企业负责人薪酬信息披露工作将得到进一步规范，其绩效年薪将按要求在本单位和企业官方网站等公开渠道向社会披露。从全国情况看，已有 25 个省份对其省属国有企业负责人的薪酬进行了限制。大多数地区都将国有企业负责人的基本年薪限制在企业职工平均工资水平的 2 倍以内，同时，将包含绩效年薪和任期激励在内的国有企业负责人的总收入限制在企业职工平均工资水平的 5~8 倍以内。经过有关政策调整，不少国有企业负责人薪酬下降 30% 以上，且其总收入中有相当一部分绩效收入延期 1~3 年支付，当年实际获得收入减少非常明显。

二、对当前国资国企改革形势的判断

2016 年既是"十三五"时期的开局年，也是贯彻落实党的十八届三中全会所做出的全面深化改革部署的承上启下的重要年份。总体看来，2016 年作为"十三五"时期的开局之年，国有企业呈现出总体发展平稳与结构分化加剧的发展态势。在这种态势下，如何看待当前国资国企改革的趋向，这将会影响到对未来一段时期国有企业改革方向与任务的设定。对当前形势的判断，牵涉到对三个具体问题的判断：第一，如何看待当前国有企业发展态势？第二，如何评判国有企业现有改革步伐的快慢问题？第三，如何看待进一步深化改革的方向？第四，如何看待国有企业改革与供给侧结构性改革的关系？

1. 如何看待当前国有企业发展态势？

当前，我国国有企业资产总量已经连续 3 年稳定在百万亿元以上的水平。截至 2015 年底，全国国有企业资产总额 119.2 万亿元、所有者权益 40.1 万亿元，分别为 2012 年的 1.5 倍和 1.4 倍；其中，中央企业资产总额 47.6 万亿元、所有者权益 15.9 万亿元，均为 2012 年的 1.3 倍。[①] 仅从企业资产这一指标看，在过去 10 年间，国有企业资产规模已经比 10 年前增长了 10 倍，且这种总体性的平稳发展态势仍然继续保持着。即使是在经济下行压力非常大的 2015 年和 2016 年上半年，国有企业资产规模仍然保持了 15% 以上的较快增长速度。

表 40-1 "十二五"时期各年度全国国有及国有控股企业经济运行情况

单位：亿元

年份	营业总收入	实现利润	利润同比增幅较大的行业	利润同比降幅较大的行业
2011	367855	22556.8	化工、建材、电子、有色、烟草	交通、钢铁、医药、电力
2012	423769.6	21959.6	电力、烟草、邮电通信	化工、有色、交通、建材、煤炭
2013	464749.2	24050.5	交通、电子、汽车、施工房地产	有色、煤炭、化工、机械
2014	480636.4	24765.4	汽车、医药、商贸	煤炭、化工、石化下降；有色亏损
2015	454704.1	23027.5	交通、化工、机械	煤炭、石油、建材、石化下降；有色、钢铁亏损

资料来源：财政部分布的历年的"全国国有及国有控股企业经济运行情况"。

从"十二五"时期国有企业的经济运行效益情况看（见表 40-1），与我国经济步入新常态的新发展阶段相适应，近两三年间，国有企业经济运行呈现出比较明显的经济效益水平下滑的迹象。2013 年全国国有企业实现利润总额的同比增长速度从 10% 以上的水平下降至 5.9%，到 2015 年，更是骤然下降为 -5.4%；2014 年的营业收入增长速度骤然从 10% 以上的水平下降至 4%，到 2015 年，更是骤然下降为 -6.7%。从行业情况看，在"十一五"时期利润增长较快的煤炭、化工、有色、钢铁、建材等行业，在进入"十二五"时期

后，先后出现了利润同比降幅较大，甚至陷入全行业亏损的局面。根据财政部公布的最新数据，2016 年上半年，国有企业经济运行有趋稳向好的迹象，这表现为，国有企业营业总收入 213875.8 亿元，同比下降 0.1%，降幅有收窄的迹象；同时，利润同比继续下降态势未有明显的改观，但在短期里有小幅降幅收窄的迹象——2016 年前 3 个月、前 4 个月、前 5 个月和前 6 个月，国企利润同比分别下滑 13.8%、8.4%、9.6%、8.5%。从行业情况看，效益相对比较稳定的行业主要是和居民生活关系比较大的，与消费相关的新兴产业、

[①] 肖亚庆：《国务院关于国有资产管理与体制改革情况的报告》，第十二届全国人民代表大会常务委员会第二十一次会议，2016 年 6 月 30 日。

工业化和信息化结合的产业领域（李锦，2016）。

从国有企业的经济运行情况看，其发展态势仍然大体健康，但受到我国整体的经济形势变化的影响较为明显，面临较大的结构调整压力以及趋势性的下行压力。在未来一段时期，如果国有企业能够在深化改革的过程中，比较顺利地完成结构调整与转型升级的任务，则其经济运行态势转好的可能性自然上升；但如果受区域性和结构性的产业领域供给过剩的低效资产拖累太重，阻滞改革进程或深化改革进展不力，国有企业经济运行态势恶化的可能性则将大大提高。

2. 如何看待国资国企改革的步伐快慢之争

自党的十八届三中全会提出全面深化改革的任务以来，已有 1 年多的时间。针对这段时期的国资国企改革进展，国务院国资委认为，改革进展是积极的，顶层设计基本完成，配套政策不断完善，重大改革举措迈出了实质性步伐，对重点难点问题进行了有益探索。但是，仍有其他观点认为，"2015 年的改革弱于预期"、"国有企业改革文件多但落实的少，'上热下冷'进展不大"，"国有企业改革只是'枝叶晃动，根本未动'"。中央第十四巡视组也指出，"国资国企改革进度较缓，改革系统性、针对性、时效性不够强"。

综合两方面的意见，我们认为，社会上有关国有企业改革的"可获得感"的认知不强烈的问题是实际存在的，其主要原因是，从实践层面看，国资国企改革的全面实质推进尚没有真正起步，有关改革试点工作的影响面比较有限且进展不均衡，改革方向有模糊化的迹象而改革阻力克服路径仍然不明确，改革动力还有待培育和增强，上述这些因素的存在致使社会可感知的改革效果不够显著。不过，在看到现状中的改革所面临的困难的同时，我们也应该正确认识目前的改革阻滞现象的客观成因。现阶段，国际国内经济都面临着前所未有的大的趋势性变化且未来的发展走向仍然不够明朗化，这种形势决定了，我们可能正处于一个改革步伐放慢且难以马上快起来的阶段。在有大量不稳定性主导的经济环境里，非国有经济部门的总体收缩是其自然选择，相形之下，国有经济部门自身稳定增长的惯性动能仍然比较强烈，同时，充斥不确定性的经济形势的波动，会推动国有经济部门的发展局面的分化，在这种情

况下，过于整齐划一或进展太激进的国有企业改革行为往往容易给那些综合实力与能力弱的企业造成明显的冲击。

在考虑当前所面临的经济形势的不同以往的特点后，我们不能轻易得出如下的结论，即节奏慢改革或偏稳健的改革，必定会错过深化改革的最佳时机或大好时机。当前，鼓励和允许各领域、各地区的国有企业因地制宜和因企制宜地探索，鼓励先行先试，给改革意愿和改革魄力相对更强的国有企业提供更具包容性的改革机会和改革创新空间，这应该是正确把握当前国有企业深化改革节奏问题的基本态度。

3. 如何看待国资国企改革的未来方向之争

党的十八届三中全会有关深化改革的报告对国资国企改革的重大问题提出了多方面的原则性要求。过去 1 年多，这些原则性要求不但没有有效地转化为有共识的具体实践，反而随着社会经济形势的日趋复杂化，给不同观点的争执留下了巨大的空间。例如，党的十八届三中全会提出，要积极发展混合所有制经济，许多人对这一改革曾寄予了较高的改革期望，而后，出于对发展混合所有制经济过程中可能出现的国有资产流失的弊端的担心，混合所有制经济的发展经历了一个从"热"到"冷"的降温的变化过程。有关发展混合所有制经济的利弊的争执性观点和意见，一直没有得到有效的统合，这致使有关改革工作中存在诸多顾虑，抑制和削弱了国有企业发展混合所有制经济的积极性，也制约了改革的实际进展。类似的观点之争，使国资国企改革的方向出现了模糊化的迹象。正确看待国资国企改革的方向性问题，需要从以下三个问题入手：

一是应该正确认识国有企业改革中所要坚持的市场化改革方向的问题。不时有人质疑，现在的国有企业改革放慢了步伐，违背了由市场在资源配置中起决定性作用的基本原则。还有人说，现在的国有企业改革已经偏离了 20 世纪 90 年代所确立的市场化改革方向，不坚持既定的政策方针，不再坚持甚至是逆转了市场化改革的方向。我们应该看到，当前国有企业的市场化改革，已经不再简单等同于 20 世纪 90 年代国有企业的完全自由化的市场化改革了，它是在新的制度约束条件下的市场化改革，带有更多的制度规范性的

要求与约束，同时，又只能带有相对有限的激励性制度安排。这一轮国有企业市场化改革，对市场交易的公平性与合理性提出了更高水平的要求，也对市场主体的创新与创造性活动提出了更高质量的要求。

二是应该正确认识国有企业的改革方向，将国有企业改革与发展的实践问题放到坚持和完善我国基本经济制度的框架内来讨论，不能抛开其他所有制经济的发展，孤立地来谈改革与发展国有企业。从社会"可获得感"的角度来看，国有企业改革的目标不仅仅是国有经济或国有企业自身做大做强做优，还包括给整个经济营造公平竞争的市场环境。我们应该看到，在当前经济下行压力比较大的背景下，如果完全依赖国有经济部门，难免会造成挤出非国有经济部门和国有经济部门最后独木难支的恶果。在实务工作中，我们需要以深化国有企业改革的明确目标为指引，既考虑到国有企业自身做大做强做优的诉求，又兼顾到营造公平竞争的市场环境的诉求。在改革实践中，如果能坚持这个思路，关于发展混合所有制经济的各种认知困惑，将迎刃而解。

三是应该正确认识国有企业的改革方向，处理好增强国有经济活力、控制力、影响力和做大做强做优国有企业这二者之间的关系。有观点认为，发展国有经济和发展国有企业这二者是矛盾的——所谓做大做强做优国有企业，就是要做大做强做优所有的国有企业，不放弃任何一家国有企业。这种认识是不符合现实的、片面的，也是不利于从整体上增强国有经济活力、控制力、影响力的。发展国有经济，必然是以发展国有企业为前提与基础的，如果没有国有企业的良好发展，国有经济的良好发展就是无源之水、无根之木。发展国有经济，必须坚定地发展好国有企业，不断探索和完善好的国有企业制度。当然，做大做强做优国有企业，绝不是机械地指要发展好所有的国有企业，也不是指要违背规律、不计成本地一味挽救那些身弱体差的国有企业，而是指有条件发展好的国有企业，一定要做大做强做优；没有条件发展好的国有企业，如"僵尸企业"，就应该按照市场化的方式加快处置。现在，社会上有一种认识倾向，一说要做大做强做优国有企业，就好像是要对所有的国有企业问题不问良莠、照

单全收，或者不用再谈发展其他所有制经济了，这种认识是不对的。

4. 如何看待国有企业改革与供给侧结构性改革的关系

供给侧结构性改革是当前我国在新常态下统领各领域经济工作的主线。国有企业是供给侧的重要供给主体，也是结构性改革的重要主体；同时，深化改革国有企业，有助于开放和优化市场环境，从而也有助于激发其他供给侧的市场主体的活力和创造力，为此，深化国有企业改革，对推进供给侧结构性改革而言，有重要意义。具体而言，如何发挥好国有企业在推动供给侧结构性改革中的带动作用呢？这涉及三个不同领域的国有企业改革与发展问题。

首先，竞争性领域的国有企业，其改革的重点应该是按照市场竞争要求，瘦身健体提质增效，压缩管理层级，加快去除过剩产能、淘汰落后产能以及加快对分散产能的整合、重组，化解僵尸企业的经营困难，淘汰缺乏市场竞争力、自生能力和亏损严重的企业。以上的改革要求，适应于大多数资源型行业和重化工领域的国有企业，这些领域的供给侧结构性改革还需要有关部门为企业解决历史遗留和社会负担问题并营造有一定支持力度的政策环境。

其次，垄断性行业领域的国有企业，其供给侧结构性改革的重点应该是加快开放可竞争性市场，引入更加具有活力的非国有的市场主体，帮助推动改变现有的这些领域的国有企业普遍存在的低效率、弱竞争力等方面的体制机制上的弊病。这方面的改革要求有关部门从产业政策管制的角度入手，消除各种显性的和隐性的市场进入与市场竞争的政策壁垒。

最后，需要加大国有资本向现代服务业和高端制造业领域的投资力度，着力提高产品与服务的供给质量，通过创造新供给和满足新需求，来增强经济发展的新动力。在新兴的产业领域，国有企业的供给侧结构性改革和非国有企业的有关改革是并行推进的，这方面的改革可以同混合所有制改革、股权多元化改革、市场化选聘经营者、改组改建国有资本投资运营公司等国有企业深化市场化改革的有关政策手段和举措紧密结合起来推进。

三、加快推进国资国企改革的各项重点任务

党的十八届三中全会明确了新时期全面深化国有企业改革的重大任务，包括国有企业功能定位和国有经济战略性重组、推进混合所有制改革、建立以管资本为主的国有资本管理体制以及进一步完善现代企业制度等方面内容。经过 1 年多的探索，中央及各地方结合自身实际，在有关的重点任务上分别进行了有益的探索。以下从准确界定国有企业功能定位、搭建国有资本投资运营平台、推进混合所有制改革、完善国有企业公司治理结构和全面落实企业市场主体地位这 5 个方面对各地国有企业改革实践中的经验和有特色的做法作一概括，以对未来一段时期全国的国资国企改革实践有启示意义。

1. 准确界定国有企业功能地位

党的十八届三中全会召开后，各地普遍开展了对国有企业的功能界定工作，研究制定和出台了国有企业分类监管办法，已有近 20 个省（区、市）明确了对监管企业的分类标准。其中，上海的分类改革实践在全国有重要的示范意义。具体而言，上海市的改革思路是以准确界定国有企业功能定位为切入点，全面推动国有企业的分类改革，促进企业发展。其具体做法是，根据国有企业的市场属性的不同，兼顾企业股权结构、产业特征和发展阶段，按照资产规模、营业收入、利润和人员等指标的占比情况，将国有企业分为竞争类、功能类和公共服务类这三类。然后，对不同类型的企业，分类定责明确发展目标、分类设置法人治理结构、分类明确改革路径和考核要求，并结合对所有的企业负责人实行任期制契约化管理以及对经理层的任期管理和目标考核，切实提高了监管的针对性和有效性。目前，上海已经制定了一系列政策文件，将分类改革、分类考核、分类选人用人、分类监管等具体工作落到了实处。

2. 搭建国有资本投资运营平台

党的十八届三中全会召开后，有很多地区都将改组或组建国有资本投资运营公司视作探索以管资本为主的国有资本管理体制的重要改革途径。据统计，已有 24 个省级国资委改组组建了 50 家国有资本投资运营公司（王绛，2016）。其中，最有代表性的地区是重庆。重庆市的改革思路是以管资本为主分类搭建"3+3+1"国有资本投资运营平台。其中，有 3 家股权类国有资本运营公司，分别是负责金融类和战略新兴产业投资运营的渝富集团，负责固废等大环保产业投资运营的水务资产公司和负责教育文化、养老健身等公共服务产业投资运营的地产集团；有 3 家产业类国有资本投资公司，分别是主要投资《中国制造 2025》、高端智能装备等先进制造业的机电集团，主要投资生物医药、高分子材料等精细化工产业的化医集团和投资现代服务业的商社集团；另有 1 家渝康资产经营管理公司，负责不良资产的处置与运营。

3. 推进混合所有制改革

党的十八届三中全会召开后，各地方先后将推进混合所有制改革作为深化国有企业改革的一项重中之重的工作，取得了不同程度的进展，在改革方式上也各有侧重。例如，广东率先将上市公司作为发展混合所有制经济的主要载体，加速推进有条件的国有企业集团资产整体证券化的有关改革工作。随后，有多个地区都确立了依托资本市场来发展混合所有制经济的改革思路。再如，北京等地将社会资本合作（PPP）作为发展混合所有制经济的重要途径。重庆也将基础设施领域的 PPP 项目作为推动混合所有制改革的重要途径。自 2014 年以来，重庆每年推出一批 PPP 项目，累计投资金额已经达到 3900 亿元。此外，重庆还同时沿着集团层面混改、企业改制上市、设立投资基金、国资有序退出等其他路径推动混合所有制改革。在江西，有一些受到生存压力倒逼的国有企业也规范有序地推进了混合所有制改革，在具体做法上，这些企业坚持"宜混则混、宜控则控、宜参则参"的原则，初步探索了一套符合实际的混改模式，形成了"五个一"的操作指引即有一个明确目标、一个科学混改方案、一个有

效持股计划、一套规范审核程序、一条透明操作路径。

4. 落实企业市场主体地位

在过去 1 年多时间里，已经有多个地方的国资委将加快转变职能、推进简政放权和规范自身监管行为，视作深化改革的重要任务。据统计，各省级国资委已取消或下放 462 项审批事项，废止或宣布失效规章、规范性文件 597 件，已有 19 省市国资委初步建立了监管权力清单和责任清单（陈岩鹏，2016）。其中，比较有代表性的是江西和山东。江西省抓住了激发企业活力这个"牛鼻子"，在出资监管企业中全面推开了"三自"改革即"自主拓展、自主决策、自主经营"，全面落实企业市场主体地位，将应由企业自主经营决策的事项全部归位于企业。坚持放权、放开、放活，下放了投资决策等 6 个方面 26 项审核备案事项，将主业投资决策权全部下放，不管金额多高，都由企业自主决策，国资委进行后评估考核和激励约束。江西省深入实施了清单管理，制定公布了省国资委权力清单、责任清单和履职事项清单，清单内的事项管住管好管精，清单外的事项一律由企业自主决策。山东省国资委分批下放了 27 项审批核准备案事项，将企业年度计划、对外担保等重大事项决定权授予董事会。2015 年，山东省管企业请示省国资委办理的事项同比减少 40.7%，省国资委对企业的批复性文件同比减少 50%（徐锦庚等，2016）。

5. 完善国有企业公司治理结构

在完善国有企业公司治理方面，主要的改革举措如下：一是健全和完善以董事会为重点的国有企业公司法人治理结构。像山东基本配齐了省管企业的董事会成员。有的地区修订和完善了国有企业公司章程，进一步理顺了出资人、董事会和经理层这三者各自的职权关系。二是加大力度市场化选人用人机制，推行企业高管人员的契约化管理，将党管干部与董事会依法选聘经营者有机结合起来。在山东，已有 23 家省管企业推行了高管人员的契约化管理，占全部省管企业的 77%。在所涉及的 53 名高管人员中，有 49 名选择了契约化身份，摘掉了国企高管的"官帽子"，在企业中产生了强烈的思想冲击。三是进一步改革和完善企业薪酬分配制度，完善对国有企业经营者的激励措施。一些有条件的上市公司实施了股权激励计划，另有少数非上市公司开展了各种形式的中长期激励试点工作。四是加强了国有企业财务监管、审计和监督，积极推进企业重大信息公开。例如，广东率先推行了国有产权首席代表报告制度，在省属企业开展了财务预算等重大信息公开试点。再如，山东正在努力将其国有企业打造成为了全国"透明度最高"的国有企业。另外，有个别地区已经出台了关于支持和鼓励国有企业改革创新、建立考核免责机制的意见，建立了改革创新容错机制，营造了有利于国有企业创新公司治理体制和加快改革体制机制的良好政策氛围与制度环境。

四、政策建议

尽管近年间社会上存在一些有关质疑国资国企改革进展与否的议论，但总体看来，国资国企改革的有关工作仍在以比较稳健的方式向前推进。一方面，从宏观的政策制定层面看，改革和发展国有企业的决心是始终不曾动摇的；另一方面，从微观的企业实践层面看，国资监管部门和国有企业始终从不同领域、不同角度来反复探索各种改革和发展国有企业的有效方式。综合这两方面的因素来看，我们认为，国资国企改革的进展总体健康有序，未来一段时期，推进国资国企改革的重点应该是要促进近期不断积累的企业改革经验与有效解决关系我国经济发展的各种重大现实问题的实践这二者之间的更深层次和更广泛的有机结合。

第一，坚持国有企业市场化改革的方向。我国改革开放 30 余年的实践表明，只有坚定不移地沿着市场化改革方向前进，才能不断改造和发展壮大已有的庞大的国有经济部门，将它们培育成为能够适应国际国内市场竞争需要的和有内在活力、市场竞争力、发展引领力的国有经济部门，使之在推进国家现代化和保障人民共同利益发挥出决定性的影响和作用。在社会主义市场经济条件下，国有企业作为企业，在确保政治立场坚定和经营行为规范的基础上，只有立足市场才能真正有活力，才能更好地展示社会主义基本经济制度的优越性。傅成玉曾说："国企搞不好是人的问题，和所有制没有必然联系。"他还说，"国有企业改革到底要改什么？其一，要市场化的治理机制；其二，要市场化的运行机制；其三，要市场化的管理制度。"脱离市场的国有企业，必然丧失活力。相应地，非市场化的体制机制或违背、不尊重市场竞争规律的做法，是不利于国有企业做大做强做优的。

第二，市场化改革的核心问题是真正确立国有企业的市场主体地位。历史地看，我国经济体制改革的主线一直是政府放权让利，还原企业的市场主体地位。当前，仍然需要继续坚持正确的改革方向，及时有效地制止和纠正各种违背市场经济规律和侵犯国有企业经营自主权的不恰当的改革方式，坚持按照市场经济和企业运行基本规律来改革和发展壮大国有经济部门。人们在讨论有关国有企业改革停滞不前的现象时，最为关切的就是行政性权利对国有企业市场主体性的干扰和侵犯的现象。而增强人们对国有企业改革与发展的积极认知的，往往都是那些抑制行政性权力和释放国有企业市场主体性、积极性的改革安排，比如，一些中央企业和地方国有企业高管"摘帽子"、实现市场化聘用和契约化管理的做法；国务院国资委对中粮集团的18项授权。类似的"去行政化"和减少行政审批事项的做法，都是符合市场化改革方向的有益举措。

第三，市场化改革的重点和难点工作有以下两方面：一方面，是要进一步探索构建"管资本"的管理体制；另一方面，是要进一步加大国有经济布局与结构调整的力度，而这两方面的工作又都和落实国有企业的分类管理与分类改革紧密联系在一起。市场化改革的最终成效，应该是要通过国有资本流动性的提高以及不断趋于合理的国有经济布局与结构体现出来的。当前，无论是推进供给侧结构性改革、处置规模庞大的僵尸企业，消解严重的过剩产能，还是创新发展新的产业、技术和业务，国有企业都需要在国家使命的牵引下，结合企业功能定位的界定，按照市场经济和企业运行规律来开展经营活动。有市场竞争力和绩效水平高、有利于国有资本保值增值的，该进则进；缺乏市场竞争力和绩效水平差、损毁国有资本价值的，该退则退。

第四，要重视国有企业改革与其他方面改革的联动性问题。我国国有经济部门量大面广，与供给侧结构性改革、财政金融体制改革等多个其他领域的改革有紧密的关联性。深化国有企业改革，要同其他不同领域的重大改革的联动性问题予以充分的考虑。一方面，应加强对国有企业改革与供给侧结构性改革进行统筹安排的考虑。产能过剩的行业领域有相当一部分是国有企业。如果回避国有企业改革去谈去产能化或者化解过剩产能，或者是去谈清理"僵尸企业"，是不得要领的。另一方面，应加强对国有企业改革与财政金融体制改革进行统筹安排的考虑。从财政方面来考虑，我国国有资本财政的理论体系尚不成熟，地方政府用行政性方式通过国有企业配置资源和地方政府举债融资行为尚未得到有效限制与规范，加之各地财政增收后劲不足，承担巨额的国有企业改革成本支出乏力的矛盾正日益突出。从金融方面来考虑，银行机构的不良贷款中有相当大的比例与国有企业相关。另外，近年来国有大中型企业集团在推动"产融结合"过程中迅速发展起来了大量类金融业务，对这些业务的性质认识与监管还不够到位，金融风险有加速积聚的可能。面对上述实践中的难点与矛盾，不宜孤立地谈国有企业改革，或孤立地谈财政、金融改革，否则，容易陷入改革举措"空转"的局面，难以有效解决实际问题。

专栏 40-1

新兴际华集团市场化选聘经理层的改革

在国务院国资委成立初期，新兴际华集团（以下简称"新兴际华"）的营业收入在中央企业排名中列第 130 名左右，而今，其位置已经列居中央企业第 39 位——2005~2015 年，新兴际华的营业收入已经从 100 多亿元发展到 2037 亿元。2005 年，新兴际华被列为中央企业首批 11 户董事会改革试点单位之一。10 年间，新兴际华将抓董事会选聘工作和完善现代企业制度等改革任务，视作构建现代企业制度时最重要的法人治理问题。2014 年 7 月 15 日，国资委宣布新兴际华成为新一轮国企"四项改革"试点企业之一，开展董事会行使高级管理人员选聘、业绩考核和薪酬管理职权试点工作。2015 年 10 月，新兴际华在中央企业中率先完成了董事会选聘总经理工作；2016 年，又进一步完成了全部经理层副职的市场化选聘工作。新兴际华董事会以坚持党管干部原则和董事会依法选择经营管理者相结合的方式选聘总经理，并对选聘人员实行聘任制和契约化管理，通过《聘用合同书》和《经济责任书》来明确经理层的职责、聘期、考核目标及市场化退出办法。在市场化和契约化的管理体制下，经理层必须"时刻面对董事会的考核之剑"，没有正当理由而未完成合同约定的经营业绩考核目标的经理人员，可解除聘用合同。

资料来源：作者根据调研材料整理。

专栏 40-2

对中粮集团的授权改革及中粮集团自身的重组改组

为推进中粮集团国有资本投资公司试点工作，国务院国资委对中粮集团董事会进行了 18 项授权，涉及战略管控、资产配置、市场化用人与薪酬分配这三个方面。在战略管控方面，国资委不再干预企业的战略和投资计划，中粮集团可自主决定五年发展规划和年度投资计划。中长期发展战略和规划经由中粮集团研究决定后报国资委备案。中粮集团董事会还可以确定 1~3 个新业务领域，经国资委备案后在投资管理上视同主业对待。在资产处置权方面，国资委授权包括：公司内部企业之间的产权无偿划转；通过产权市场转让国有产权，子企业增资，公司及子企业重大资产处置事项；在法律法规和国资监管规章规定的比例或数量范围内，增减持上市公司股份事项；在不涉及控股权变动的情况下，上市公司股份的协议受让等。在经理层的市场化选聘、考核和薪酬权方面，中粮集团被授予了更加充分的自主权。企业可以根据国家有关规定和国资考核导向，对经理层实施个性化考核；市场化选聘的职业经理人实施市场化薪酬分配机制，可采取多种方式探索完善中长期激励机制；自主决定职工工资分配，工资总额实行备案制等。

作为最早的两家国有资本投资公司试点单位之一，中粮集团明确提出，要按照"小总部，大产业"的原则，对自身进行重组，以改组为真正的国有资本投资公司。具体的改革举措包括：第一，推动形成三层管理架构。将资本经营与资产管理经营分开，压缩管理层级至三级，形成定位清晰且职责明确的"集团总部资本层—专业化公司资产层—生产单位执行层"三级架构。第二，精简总部。将总部职能部门从 13 个压缩到 7 个，人员从 610 人调整至 240 人之内，做实资产层和生产层。第三，打造专业化公司（平台）。"十三五"期间，将致力于打造 2~3 个营业收入超 1000 亿元规模，4~5 个超 500 亿元规模的专业化公司。第四，分类分层地推进混合所有制与股权多元化改革。农粮业务将在保持中粮绝对控股地位的前提下，积极引入国内外各类资本；食品业务将保持相对控股或仅保留第一大股东地位；金融业务将朝产融结合方向发展，提高服务主业的能力；地产业务将通过混合所有制改革优化资本结构。第五，实行职业经理人制度，采取市场化原则确定薪酬激励水平，并鼓励内部管理人员先与本单位解除劳动关系，重新签订聘任协议和劳动合同成为职业经理人。

资料来源：①《中粮董事会获国资委18项改革授权》，《证券时报》2016年7月30日。②李少婷：《中粮国投模式方案出炉三年整合淘汰100家企业》，《每日经济新闻》2016年7月19日。

参考文献

［1］祝嫣然：《央企"瘦身"进行时：管理层级大幅压缩》，《第一财经日报》2016年8月2日。

［2］李锦：《2016年上半年国有企业经济分析报告》，《企业家日报》2016年7月22日。

［3］王绛：《国有资本投资、运营公司要注意五大问题》，《经济观察报》2016年7月16日。

［4］陈岩鹏：《国资委自评"改革取得实质性进展" 巡视组为何批国企改革缓慢》，《华夏时报》2016年7月23日。

［5］徐锦庚等：《山东国企改革消顽疾》，《人民日报》2016年8月4日。

第四十一章　两化融合与企业管理创新

提　要

　　随着新一代信息技术的产生和广泛应用，传统的生产经营模式正不可避免地发生着变化，基于两化融合的管理变革成为管理创新的新亮点，为企业转型升级和提质增效提供了新动能。但是，当前中国企业管理创新还面临着一些困境：切合互联网思维的以"用户为中心"的现代企业管理理念尚未形成；信息化水平仍然偏低；流程管理思想缺位，组织结构僵化；缺乏具有创新精神的管理人才等，这些因素制约着企业管理创新的进一步深化。今后，我国管理创新应该着重从以下六个方面入手：通过完善和推广两化融合管理体系引领企业管理创新；推动企业转变观念，建立与互联网时代相适应的现代管理理念；抓住新一轮科技革命和产业革命带来的机遇，实施平台战略，形成适应互联时代的开放式创新模式；构建更加柔性的、灵活的网状组织结构；深化业务流程再造，实现企业管理的流程化驱动；培育具有创新精神的企业管理人才。

＊　　　　　　＊　　　　　　＊

　　管理是企业永恒的主题，是企业发展的基石。创新是现代企业进步的原动力，是增强核心竞争能力，获得跨越式发展，实现持续成长的决定性因素。当前在信息化、市场化、一体化日益深化的背景下，企业只有把握管理创新发展的新趋势、新要求，在管理理念、组织制度、商业模式等方面不断创新，运用新的理论指导企业管理，才能在变化中求生存，在创新中求发展。

一、基于两化融合的企业管理创新成果

　　随着以物联网、大数据、云计算为特征的新一代信息技术的产生和广泛应用，传统的生产方式和经营模式正在不可避免地发生着变化，为了迎接新一轮科技革命和产业革命的挑战，促进我国工业的转型升级，加快制造强国建设进程，2015年我国政府先后出台了《中国制造2025》、《互联网+行动指导意见》、《促进大数据发展行动纲要》等重要文件，希望通过促进工业化与信息化的高度融合，引导广大企业积极利用新一代信息技术改造企业、提升管理、培育国际竞争新优势。"十三五"规划更是明确指出要"推动'中国制造+互联网'取得实质性突破"。在当前以中高速、优结构、新动力、多挑战为主要特征的新常态下，基于信息化与工业化深度融合的管理创新为企业转型升级和提质增效提供了新动能。

1. 实施战略管理转型，重塑企业的核心竞争力

近年来，随着中国要素成本的持续上升、传统比较优势的不断弱化，如何实现从低附加值、劳动密集型模式向高附加值、高技术含量模式的转变，从中国制造向中国创造的转变成为企业面临的重要问题。与此同时，新一代信息技术的快速发展，互联网与各领域的融合发展展现出了广阔的前景和无限潜力，正在对企业的发展产生颠覆性影响，企业创造、传递和获取价值的方式正在发生变化，为了获得持续的竞争优势和新的发展机会，实现向先进制造业的转型，不少企业谋求企业总体战略的转型：一是战略定位的转型升级。从生产型企业向研发生产型企业转型，从产品供应商向系统服务商转型，从本土企业向国际化企业转型。二是提升产业链地位。由单纯的来料加工为主向产品的研发、制造、销售以及服务扩展，从承接产业链上的低附加值产品向高附加值产品转变。三是通过优化业务结构提升核心竞争力。从业务成长性、要素资源支撑等方面，对业务竞争力进行综合评价，挖掘具有市场成长性的业务，清理退出低效无效的业务，以集中资源发展优势产业，提升企业可持续发展能力。四是通过跨国并购延伸产业链，增强企业的国际竞争力。近年来，企业战略管理转型典型案例如表41-1所示。

表41-1 企业战略管理创新典型案例

创新内容	企业名称	所属行业	主要进展与成果
战略定位转型	江苏亨通光电股份有限公司	光电通信	依托国务院发布的"宽带中国"战略，提出了基于智能制造的战略转型：推进工厂智能化、管理信息化、生产精益化成为业务覆盖全球的线缆系统集成商
提升产业链地位	株洲联诚集团有限责任公司	轨道交通装备部件制造	提出高端发展战略，突破核心技术和关键技术，实现从简单配套到多元制造基地协同，稳固"小而精"、"小而专"，但具有高附加值的产品，成为我国轨道交通装备六大核心企业的主要供应商
优化业务结构提升核心竞争力	中国振华电子	电子	在转型升级规划中明确提出"布局信息安全"，将资源聚焦到涉及信息安全的核心基础芯片领域，形成高技术壁垒和相对垄断优势，成为国家信息安全的基础硬件支撑力量
延伸产业链，增强国际竞争力	马鞍山钢铁公司	轨道交通装备制造	为了实现高铁轮轴国产化，成为世界高端车轮、车轴领先企业，马钢确立了打造全球一体化轮轴产业链的战略目标，通过以较低的价格成功收购世界著名轮轴企业法国瓦顿公司，获得了国际先进水平的高铁车轮、车轴、轮对核心技术以及全球化营销网络等全部有形和无形资产，实现了产业链延伸和产品升级

资料来源：中国企业联合会：《国家级企业管理创新成果》，企业管理出版社2016年版。

2. 利用大数据、信息化，推动企业生产管理模式向智能化和定制化转型

利用大数据、信息化向大规模定制转型是企业提高效率、降低成本的一个重要途径。当前，我国企业生产经营面临着供给和需求的双重压力：从供给角度看，随着土地、原材料和劳动力等要素成本逐渐上升，人民币持续升值，传统的批量生产的低成本优势不再明显，同时很多企业还面临着严重的产能过剩；从需求角度看，随着人均收入的增加和消费水平的提高，个性化、多样化的消费需求正在成为主流。新的市场环境中，迫切需要企业颠覆传统以产定销的同质化产品批量生产模式，寻求以满足用户个性化需求为核心的新的发展模式。通过互联网、大数据等信息技术的创新应用和用户需求的深度挖掘，以个性化产品的智能生产和定制化生产模式成为企业转型的方向。

身处服装行业的青岛红领集团早在2003年就实施了由大规模生产向大规模定制转型，走"用户驱动"的创新之路，历经10多年时间利用物联网、互联网等新一代信息技术对生产线、信息化系统、运营平台等进行全面改造，通过大数据的智能驱动实现了基于3D打印逻辑的全生产流程，确保全球订单的数据"零时差"、"零失误"率准确传递，解决了个性化定制与大规模生产之间的矛盾，将"标准号批量生产+批发、零售"的传统模式转型为"个性化产品大规模定制+C2M（用户直接对工厂）"的全新互联网经营模式，实现了用户

个性化需求与规模化生产制造的无缝对接（见图41-1）。打造了企业的核心竞争力，在服装行业步履维艰的情况下，实现了设计成本下降90%，生产周期缩短40%，生产成本下降30%，原材料库存下降80%，在同质化竞争激烈的服装行业中开辟了一片蓝海，实现了逆势增长。

太原钢铁集团在钢铁行业竞争激烈、产能严重过剩的背景下，针对特钢产品用户订货批量小、工艺精度要求高，品种、规格需求多样化的特点，构建了基于全流程数字化的协同生产管理体制，由过去大批量生产方式转变为多品种、小批量生产方式。企业建立了覆盖所有生产系统、支持全部业务的信息化平台，根据用户的需求，合理进行产能规划，通过高效的生产管控信息系统，实现以订单为基础的生产管控作业环境，通过以销定产、以产定料、压缩库存、合理调配资源，不仅提高了生产运营效率，而且提高了资源和能源的利用率。2014年在钢铁行业大面积亏损的情况下，太原钢铁集团仍然实现了盈利。

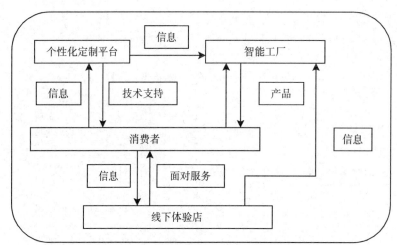

图 41-1　红领集团 C2M 互联网经营模式

资料来源：中国企业联合会：《两化融合促进企业创新趋势与实践2016》，清华大学出版社2016年版。

3. 传统精益管理与信息化有效融合，促进企业降本增效

传统精益管理的目的是消除一切无效的劳动和浪费，通过挖掘内部潜力和控制成本来提高效益。精益管理与信息化有效结合，为精益管理提供了高效的工具和手段，拓展了精益管理的广度和深度。北方重工业公司以精益管理思想理念为指导，以信息化为基础支撑，以全员参与为基础，以准时化满足客户需求为出发点，以经营绩效指标改善为目标，以经营管理能力提升为主线，以切实查找并快速解决影响企业发展质量的根源性问题为切入点，以全价值链各业务环节为主体，通过信息化系统集成打通设计、工艺、制造关键环节，贯通运营管理全过程，构建一体化信息平台，并以此为支撑，以问题为导向，围绕"研发设计、采购、物流、制造、营销"等全价值链各环节，组织开展管理诊断和精益改进项目500余项，通过建立年度/月度计划制定—月度评价—季度考核—年度总结的全过程闭环管理机制，将精益管理理念固化到信息系统中，融入到企业经营管理的各个方面，形成"精益工作日常化、日常工作精益化"的氛围，全面提升了企业生产效率和效益。月度生产计划完成率由87%提升到95%，准时供应率由92%提升到95.8%，全员劳动生产率由10.08万元/人·年提升到13.44万元/人·年，成本费用率、制造成本率同比分别降低0.52和1.92个百分点。传统的精益管理方式通过加入信息化手段，焕发出新的活力。

4. 产品与服务融合，构建新型营销管理模式

随着市场的变化，消费者需求的升级，企业不能仅单纯追求核心产品优势，或试图通过售后服务等手段来实现推销，而是要利用信息化手段通过提供基于产品的服务实现整体营销。善于营销的小米公司采取的是硬件+软件+互联网服务商

业模式。在业务层面，小米不仅向用户销售硬件，还提供软件和服务；在战略层面，小米将互联网服务的思维导入硬件和软件业务，产生了众多创新。处于传统行业的上海三菱电梯公司自2007年就确立了"生产经营型"向"经营服务型"转变的战略目标，在保持电梯生产制造优势的基础上，以适时应对顾客个性化需求为目标，改进优化现场服务环节，完善客户回访机制，同时加大服务信息化投入，加强电梯远程服务系统建设，构建电梯物联网，全面推广使用工程服务移动信息终端，至2014年接入远程监控系统的电梯台数增至4万台，这样既可以实时了解客户电梯的运行情况，又有利于企业及时调拨服务资源到一线，同时也为深度挖掘客户需求积累了大数据。近年来，上海三菱顾客满意度指数持续上升，2015年在供应商（电梯类）评选中获得行业最高的20%选择率，连续5年蝉联行业第一。沈阳机床集团2011年成为全球第一大机床生产企业之后，没有选择继续扩大生产规模，而是将发展目标瞄向了以市场为导向的生产性服务业。开设机床4S店旨在改变传统的单一销售机床模式，满足客户的切身需要。借助这一营销新模式，企业不仅更好地了解客户需求，帮助客户解决生产中的实际问题，为其提供适合的产品与服务，而且促进企业根据客户需求进行工艺流程的设置以及装备的研发。因此，机床企业实现了从简单的机器制造商向全面服务解决方案提供商蜕变，逐步由卖机床向卖服务转变。通过将卖产品与卖服务相融合，在获取产业链中最丰厚利润的基础上，实现服务价值最大化，推动了企业的进一步发展。

5. 利用现代信息技术，助推供应链管理从"传统型"走向"智慧型"

供应链管理理念的核心在于形成整个链条的协调与高效机制，通过供应链的职能分工与合作等，实现整个价值链的增值。"传统型"供应链管理模式是一种源于供应方的"推销"模式，以制造商为核心，将产品从供应链上游的分销商逐级推向消费者，以低成本运作的方式取胜。随着顾客对产品和服务的要求日益个性化和多样化，不顾消费者需求的以供应方为导向的"纵向一体化"的传统供应链管理模式已经逐渐丧失竞争优势。移动互联网、物联网、大数据等新一代信息技术

的飞速发展，催生了既能降低成本，又具有应对客户个性化、多样化需求反应能力的"智慧型"供应链的出现。所谓"智慧型"供应链的核心是通过打破组织内部及组织间业已存在的业务孤岛、信息孤岛，有效地规划和管理产业链上发生的供应采购、生产运营、分销和所有的物流活动，特别是产业链所有相关方之间的协调和合作，实现商流、物流、信息流和资金流的高效整合。深圳市创捷供应链公司依托移动互联网技术构建了"产业互联网+供应链金融"的生态圈商业模式，推进生态圈内的产融联盟（见图41-2）。例如，其手机产业生态圈以创捷供应链网络为核心，以生产、运营、管理、融资为功能，打造四大服务平台，为生态圈内企业提供系统化的供应链管理服务：一是供应链运营平台，涵盖海关、税务、商检、物流、仓储、采购、生产、分销、保税仓储等环节，并形成第三方物流的集成解决方案；二是供应链金融平台，依托运营平台建立信用体系及支付体系，提供供应链融资及金融衍生服务；三是供应链信息平台，为一般的中小型企业提供信息化工作平台，创造接入即可享受的国际先进信息化管理工作体验；四是供应链关系链，构建"不过分约束伙伴关系"的社会化商业圈关系链。在互联网条件下，这种"不过分约束的商业伙伴关系"基于分布式的协同、互联互通，能够形成一种良好的竞合关系。创捷供应链生态圈模式促进了企业特别是中小企业的发展：①业务归核，帮助客户真正回归核心业务；②提升效益，整个供应链运营效益提高，流程时间缩短，商业关系链得到优化；③解决项目生产资金问题，实现供应链融资；④有效降低成本。目前，创捷公司通过在全国优势产业聚集地区复制推广这种商业模式，将供应链生态圈商业模式从深圳复制到珠三角、全中国乃至国际区域，覆盖更多行业，并将供应链服务嵌入产业链中。

6. 以用户需求为导向，构筑扁平化、柔性化的组织结构

在新技术革命时代，客户已经从产品价值链的终点，变为价值链的起点，成为设计、研发、生产的源头。传统的高度集权的、自上而下的"金字塔"式层级结构，诸如直线制、职能制、事业部制、矩阵制等组织结构，正在被以客户需求

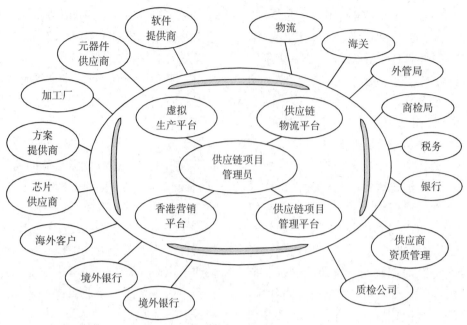

图 41-2 创捷产业供应链金融生态圈

为导向、开放组织边界、具有扁平化、"去中心化"、合作、共享、互动特征的、更加富有弹性的企业组织结构所取代。如小米科技采取的合伙人组织，构建了三层次的扁平化组织架构（见图41-3），去KPI驱动，强调员工对客户的责任，通过客户对产品体验满意度来考核员工。海尔则进行了人单合一、网状结构变革，基于"企业无边界、管理无领导、供应链无尺度、员工自主经营"的组织管理思维，将原来大事业部制经营组织形式扁平化为以自主经营体为基本创新单元的三级

"倒金字塔"式组织结构，将原来所有部门按照线体、型号、市场以及一级一线经营体、二级平台经营体、三级战略经营体划分为2000多个自主经营体，建立以自主经营体为单元的快速反应组织架构，使员工通过自主经营体与客户直接对接，由自主经营体直接决策和满足用户需求，彻底改变决策流程链条太长、执行迟缓、员工被动的缺陷，效率明显得到提升，为企业的组织结构注入了新鲜的创新活力和巨大的动力（见图41-4）。

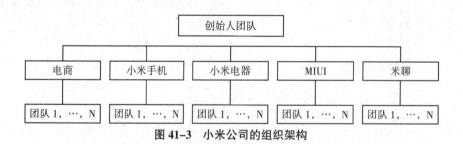

图 41-3 小米公司的组织架构

7. 信息技术的快速发展，推进集团管控的一体化创新

传统的集团管控主要包括财务管控、战略管控和运营管控三种典型的模式，但在实践中集团管控往往比较粗放，很少能够深入到生产经营的具体环节中，采用运营管控模式的企业比较少。但是，随着企业信息化的深入推进，一些企业集团开始探索利用信息化进行一体化管理创新，通

过对母子公司业务管理中的流程进行全面梳理和优化，使复杂的业务管理活动尽可能地通过信息化变得高效，并通过母子公司相关业务界面有效衔接，使集团管控范围延伸到业务管理等环节中，大大提高了管控的效率。中国建材国际工程集团公司提出以"多级集团管控、全产业链协同、厂级专业生产、集团大数据中心"为核心理念，建立"集团公司一体化、产销一体化、财务业务一

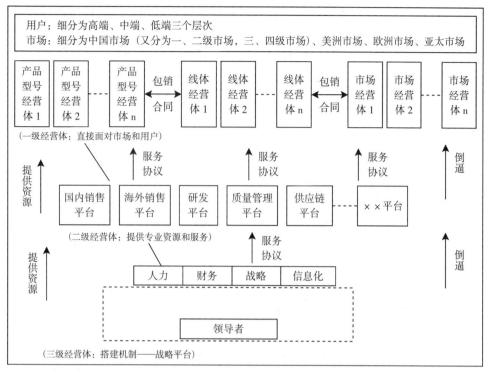

图 41-4　海尔人单合一管理的组织架构（以白色家电为例）

体化、生产经营一体化、管控一体化"的信息管理体系，支撑集团集约化、精细化经营及绿色制造，实现集团与部门及下属企业的纵向贯通，业务的横向集成，进行企业全生命周期的管控。华能山东公司通过 ERP、生产实时监控系统、数据中心等系统的深化应用，以集成的数据分析为决策手段，以集成的业务应用为管控手段构建了一体化在线经营管理平台。全面支撑主要业务处理和经营管理行为在信息系统平台上进行，实现了生产、经营态势在线监管，分析、预测、决策在线支持，信息系统覆盖公司全部主要业务，管控的范围实现纵向延伸，贯穿集团、公司到电厂，实现了扭亏增盈和管理能力提升。

8. 树立平等合作的人力资源管理理念，强调员工的自主经营与管理

互联网改变了个人与组织的关系，也改变了个人与组织的力量对比。个体借助于组织平台，其价值创造能量和效能被极度放大。组织与个人关系不再是简单的依附、服从与执行的关系，在网状组织结构中，CEO 不再是组织的唯一指挥命令中心，组织不再界定核心员工，每一个员工都可以在自己的岗位上发挥关键作用。小米公司自设立起就没有施行公司范围内的 KPI 考核制度，除了涨薪也没有晋升制度，而是强调员工的自我驱动、自我管理，把员工的业绩激励和客户的反馈直接挂钩，让用户来激励团队，同时小米推行全员持股、全员投资的计划，形成了透明的全员利益分享机制。海尔集团则改变传统组织当中员工只是服从上级领导的执行者的模式，提出"人人是创客，让员工创客化"的理念，将员工变成一个个创业者。在这种理念下，海尔集团做了三个方面的探索：自主创业、在线和在册创业、自演进机制。所谓"自主创业"就是通过实施"创客"战略让员工自己去发现项目，自己来做，自创意、自发起、自组织。"在册在线创业"是指员工可以把企业内的一些创业项目拿到组织外部去做，变成一种在线的小微企业。此外，社会上的资源也可以引进到海尔这个平台上创业，可以是在线的，也可以是在册的，没有传统企业的边界。"自演进机制"就是让员工适应用户的需求，不断地优化资源，满足用户的需要，并根据时代的变化，适时地改变商业模式。互联网时代的人力资源管理突破了企业边界，以文化整合的方式延伸至企业各个层级的人脉资源，为企业创造更大的价值，乃至成为利润的直接创造者。

二、中国企业管理创新的困境

1. 切合互联网思维的以"用户为中心"的现代企业管理理念尚未形成

企业的管理理念决定了企业的发展质量与速度，但在我国传统经济逐渐向互联网经济的转型过程中，很多企业尚未形成独具特色而又切合互联网思维的、以"用户为中心"的现代企业管理理念。在传统管理理念中，虽然也强调用户至上的理念，但由于发展条件、所处的时代背景所限使企业很难真正落实"用户至上"的理念，企业在竞争中更多的是追求保持产品优势、成本优势和价格优势，而忽视了用户的需求。在对用户的理解上，传统企业注重的只是与顾客的二维关系，即企业认为购买其产品的顾客才是真正的用户，而在互联网时代，用户是一个宽泛的概念，其不再局限于购买产品或付费而成为企业用户的人，还包括通过网络及其他途径免费体验企业产品的用户，这就要求企业要按需定产，注重为用户提供良好的体验，目前，在我国企业管理创新中，仅仅少数企业真正做到了紧紧围绕用户需求定向开发产品。如小米手机开发团队的所有成员每天都与几十万用户在论坛、微博上互动，每周会根据用户的意见和建议做出改动，让用户主导产品创意设计、品牌推广。传统企业云南白药改变了以往先有产品、再找渠道、最后锁定消费者的传统运营模式，利用互联网时代新出现的"众筹"模式开发新产品，其目的不是为了获得资金，而是通过众筹在产品上市前就能聚集忠实的粉丝消费者，让每一个消费者成为产品的意见领袖，即成为云南白药的传播者。而相当多的企业包括一些大型企业在管理运营中尚未充分了解客户消费理念、消费方式的变化，在战略管理、组织变革、营销管理、企业文化建设等方面实际上仍限于"以企业为中心"的理念，这种不能契合市场需求变化的管理模式很难赢得市场，也无法达到企业预期的经营目标。

2. 信息化水平偏低，成为提升企业管理创新能力的"瓶颈"

当前国家大力提倡工业化和信息化的深度融合，企业信息化已经成为现代企业的必备工作，但相当多的企业还没有从战略上认识到信息化对企业管理现代化的带动作用，企业信息仍然是在原有组织管理模式上的简单利用，存在信息化和管理"两张皮"的现象，还有一些企业的信息系统是多年来分散开发或引进，缺乏有效的整合，彼此之间不能信息共享，业务不能舒畅执行和有效控制，存在"信息孤岛"现象。据《中国两化融合发展报告 2015》的数据显示，截止到 2015 年我国有 45.3% 的企业仍处于起步建设阶段，开始加大信息化投入并搭建计算机、网络等信息基础设施，初步将信息系统引入到企业，40.1% 的企业主要推进信息系统在办公、财务、研发、生产、采购、销售等单项业务方面的普及渗透；两化融合具有较高水平的企业仅占 14.6%，其中单项业务信息化基本全覆盖、开展关键业务系统集成基础上的资源优化和一体化管理的企业占 11.6%，处于创新突破阶段，在综合集成基础上实现跨企业业务协同和模式创新的企业只有 3%。信息化水平偏低，直接制约了企业管理创新能力的提升。

3. 流程管理思想缺位，组织结构僵化

随着信息技术更深刻地介入企业生产经营活动以及管理精细化的发展，流程管理也成为我国企业实施管理的重要"抓手"。但是，目前我国很多企业进行的流程管理只是一种技术的运用，流程管理的思想还没有真正形成，所谓流程管理思想就是要减少管理层级，以若干流程小组的形式来取代中间层，各流程小组除了包含原有各部门的功能（小组内分工），还拥有一定处理事物的决策权，以迅速应付变化的环境。同时，企业通过构建信息平台传递企业内部信息的沟通，以此提高运作效率。从目前看，我国企业内部还存在很多实施流程管理的羁绊，使技术运用无法达到预期效果：一是企业大多重视在管理上下功夫，认

为只要各部门各尽其责，通过信息化加强协调沟通，增强团队意识，就可以降低内部的交易成本，虽然在一定程度上起到了作用，但效果并不明显。而流程思想强调以"回归零点"的新观念和思考方式，对整个流程在整体的基础上从头到尾重新设计，找出流程中无效率的环节，通过重组、删除，重新设计合理的流程。通过在流程中实现分工内部化，让各环节更合理更能发挥效率，这样，既简化了流程，又减少了各环节之间的交易成本。二是我国不少企业组织结构仍保留了传统的金字塔状的集权控制模式，这种组织模式虽然结构严谨，内部分工明确，便于管理者加强控制；但是，由于层级过多，会导致组织机构臃肿、人员膨胀、人浮于事，同时，由于管理层级较多，导致上下级之间信息传递困难，不利于上下层及各部门之间的信息交流，尤其在信息量大且机会稍纵即逝的互联网时代，这种模式将严重影响企业决策的效率。

4. 缺乏具有创新精神的管理人才是制约企业创新的重要因素

熊彼特曾提出"创新的内动力来自企业家精神"。创新精神是对企业家的基本要求，也是企业家的核心素质。企业管理创新的根本在于企业是否存在具有创新精神的经营管理者。当前管理人才的匮乏也是信息化社会制约我国企业管理创新的"瓶颈"之一。企业管理创新人才匮乏的原因主要包括：一是我国固有的人才培养模式导致创新性的缺乏，虽然近几年仍在加大对创新型复合管理人才的培养，但仍然难以弥补市场上创新型管理人才的缺口；二是企业对创新型人才的培养和管理缺乏系统性，很多企业特别是广大中小企业管理主要依靠经验实施管理决策，缺乏相关专业培训，创新能力薄弱，在信息化和市场经济快速发展的环境下，很难把管理创新的思路转化为实际生产力。

三、两化融合下企业管理创新的重点和趋势

1. 以两化融合管理体系引领企业管理创新

推进信息化与工业化深度融合是全球新一轮科技革命和产业革命的重要方向，两化融合不仅是技术渗透和融合的问题，更是一个优化和创新企业的战略、组织、流程、业务模式，以适应信息技术变革和信息时代发展趋势的管理问题。我国自 2009 年开始，组织钢铁、汽车、机械、纺织等 35 个行业近 3 万家企业开展两化融合水平评估工作。2011 年 11 月，工信部发布《工业企业"信息化和工业化融合"评估规范（试行）》，明确了评估规范的基本原则与框架、评估内容要求，2013 年该试行规范正式颁布为国家标准 GB/T 23020—2013《工业企业信息化和工业化融合评估规范》。同年 8 月，工信部发布了《工业化和信息化深度融合专项行动计划（2013~2018）》，将企业两化融合管理体系标准的建设和推广作为首要行动提出来。2014 年 1 月，工信部发布了《信息化

和工业化融合管理体系要求（试行）》，该管理体系总结提炼企业两化融合建设和管理的一般规律和基本要求，明确企业建立、实施、保持和改进两化融合管理机制的通用方法，引导和帮助企业以融合和创新的理念推进两化融合。2014 年全国 500 余家企业开展了两化融合管理体系贯标工作，200 家企业通过了第三方评定，其中信息化管理水平较高、处于集成提升阶段的企业占 67%，18.5%的企业更是达到创新突破阶段，在综合集成的基础上实现了跨企业的业务协调和模式创新[①]。2015 年又新增 600 家试点企业，随着两化融合管理体系的完善和推广、试点企业的增加，两化融合管理体系已成为引导企业主动应对"互联网+"、提升企业的管理创新能力和核心竞争力的重要抓手。

2. 形成与互联网时代相适应的现代管理理念

对于企业来说，要想实现互联网时代的管理

---

① 中国两化融合咨询服务联盟：《两化融合管理体系首批评定企业成果报告（2015）》。

创新，必须具有"互联网思维"。与以往的时代不同，互联网时代是一个开放性的时代，强调信息共享、不断开拓创新及探索的精神，基于此互联网思维具有战略性、开放性、共享性、平等性等特征，在企业管理上体现为：一是树立"用户至上"的理念。要求不仅要根据企业规模、资源、制度等来安排生产，更要根据用户多样化、个性化的需求来安排生产。二是免费。企业是以营利为目的的，所谓免费也就是人们常说的"羊毛出在猪身上"，企业通过提供免费的产品或服务，获得了庞大的用户群，再通过向一部分高端群体提供增值服务、投放广告等模式获得利润。三是注重"用户体验"。互联网技术的发展消除了企业与消费者之间的信息不对称，消费者在购买某种商品之前不仅可以了解商品价格、性能、质量等方面的信息，还可以了解其他用户的评价，随着商品竞争越来越激烈，商品的同质化也越来越严重，能够吸引消费者的不仅仅是产品的性能、包装等，更重要的是良好的用户体验，企业不仅要为用户提供高质量的产品，还要提供满意优质的服务，通过口碑、"病毒式"传播等方式来聚集更大的客户群。

3. 实施平台战略，形成适应互联时代的开放式创新模式

平台作为对多种业务价值链共同部分的整合优化，是企业核心竞争力的延伸。新一代信息技术的快速发展为平台提供了前所未有的契机，使之成为一种普遍的市场形式或行业组织形式，拥有一个成功的平台已成为企业获得竞争优势的重要途径。腾讯、阿里巴巴、百度、京东等企业的成功发展无一例外地采用了平台商业模式。经济与技术全球化进程的加快也促进了创新资源的全球化流动，封闭只会阻挡企业创新的步伐，基于平台模式的开放式创新为企业创新提供了更强的动力，一些平台型企业开始将内外部创新资源通过平台进行有机整合，以合适的方式构建双边市场，并适度地将企业所拥有的平台对外开放，鼓励外部创新资源积极参与企业的创新活动，使企业的创新活动具有更好的可持续性。目前，基于平台战略的开放式创新不但被互联网、通信服务等创新活跃的高科技行业广为应用，像海尔等传统制造型企业也通过构建"平台"，一边聚集引领

企业创新的用户需求，一边连接供应商资源和解决方案，形成创新生态系统，通过企业内外部资源的开放式整合，不断创造用户价值。在经营不确定性急剧上升的移动互联网时代，互联网产品迭代加快，价值观更加多元化，市场裂变不断出现，基于平台战略的开放式创新势必成为企业创新活动的重要工具。

4. 构建更加柔性的、灵活的网状组织结构

信息技术的快速发展和深入应用，消费者的需求日趋多样化和个性化，全球竞争更加激烈，企业的自我调整变化的速度如果赶不上市场变化的速度，势必将危及企业的生存与发展。不少企业开始摸索和尝试新的组织管理模式——网状组织结构，它是扁平式组织的进一步深化，突破了组织结构的有形界限，借助现代信息技术，通过充分授权的方式组织企业的运作，具有"宽幅度、少层次"特点。在网状组织管理机构中，原来起上传下达重要作用的中层组织被削弱，领导单位之间、执行单位之间，以及领导单位与执行单位之间，均可相互联系，不仅领导单位可以决策，而且执行单位也可根据实时情况进行快速决策。管理层次的减少不仅大大减少了管理的费用，提高了管理的效率和灵活性，更重要的是能够保证企业以最快的速度回应市场需求的变化。

5. 深化业务流程再造，实现企业管理的流程化驱动

业务流程再造是企业保持或获取核心竞争力，实现持续发展的有效手段。企业应从以下两个方面，推进业务流程的再造和优化：一是改变传统的以专业分工、经济规模为基础的企业管理过程，通过对价值链的分析，有针对性地进行企业流程再造，建立以流程为导向的管理体系，改变职能管理缺位、流程节点多、流程不闭环等问题，在流程中体现组织机构、岗位、制度、目标、绩效等内容，固化核心业务流程，识别关键节点，突出跨部门、跨职能的流程接口管理，让每个流程实现端对端对接，保证管理流程面向企业目标，业务流程面向市场和客户，全面提升流程运行效率。二是进一步推进流程信息化建设，推进基于流程的精细化管理。借助业务流程管理平台，加强核心管理流程和业务流程的固化与在线监控，实现应用可查、管理可视、过程可控、绩效可评，

形成"上下贯通、左右协调、有效运行"的流程管理体系，确保信息传递准确高效。

6. 培育具有创新精神的企业管理人才

企业管理者是管理创新的承担者和组织者。企业创新能力的增强与管理者的创新意识、开拓精神是不可分离的。管理大师德鲁克认为：创新是组织的一项基本功能，是管理者的一项重要职责，它是有规律可循的实务工作。创新并不需要天才，但需要训练；不需要灵光乍现，但需要遵守"纪律"（创新的原则和条件）。结合我国当前的情况，企业管理人才的培育应从以下方面入手：一是要塑造创新文化，允许创新过程中的失败。企业要努力在组织内营造创新氛围，塑造创新文化，使创新意识深入人心，促使组织各层级的管理者积极主动地去变革、创新。创新过程难免会出现失败，企业要理性地看待创新失败，对失败要有一定的承受力和容忍度，如果能从失败中吸取教训，继续创新，往往会取得更大的成功。对于创新失败者的包容，不仅是对创新失败者自身的精神鼓舞，更是对其他创新者及潜在创新者的无形激励。二是重视创新型管理人才的培养。德鲁克指出："现有企业虽然知道如何管理，但是它们有必要学习如何成为一个企业家，如何去创新。"企业培训是培育创新型企业管理人才的一个有效途径。通过培训不仅可以明确目标，统一思想，将理论与实践有机地结合起来，提高整体的认识水平，增强凝聚力和向心力，也可以通过专业学习提高管理人员的专业水平、专业素质和专业修养。根据需要进行有导向性的培训，有利于加强管理人员某一方面特质的发现和养成。

专栏 41-1

娃哈哈：以"智慧工厂"为核心的饮料行业设备管理

娃哈哈作为中国最大的食品饮料生产企业，生产、销售体系遍及全国，生产设备种类繁多，生产工艺复杂多样，为了实现生产制造的先进性，保持行业领先地位，娃哈哈着手建设了以"智慧工厂"为核心的设备管理体系，该体系涵盖设备采购、安装、运行管理到技术升级改造直至报废的全过程，以信息化为支持，综合运用管理、技术等多种手段的协同机制，实现各环节对设备的智能化控制管理，实现设备效率的最大化。其主要做法如下：

（一）建设"智慧工厂"信息平台，构建设备管理体系主链

从设备管理体系的信息化建设入手，打造三层信息化管理平台：①在企业运营层面，以设备的运行周期为主线，以集团公司 ERP 系统为基础，从设备采购、安装、运行管理、自制设备、技术改造至设备的报废涉及企业的多个管理部门，搭建了贯彻采购、设备、财务等多部门的设备信息共享平台。②在工厂管理层面，开发了符合饮料企业情况的设备管理信息化系统，建设了集团总部设备工程部、片区设备管理中心、分公司设备科到生产车间的四级设备信息化管理体系，通过体系的有效运转，实现了数据信息由下至上的采集及设备管理信息由上至下的传达及设备维护监管的实现。③在车间机台管理层面，斥巨资率先从国外引进国际一流的全自动电脑控制生产线和30多项国际先进技术的基础上进行深度挖掘、改造和整合，形成中国特色的饮料生产规模化、现代化模式，提高饮料产品科技含量。

（二）建设以设备生命周期为主线的跨部门设备信息平台

为了对设备实行全生命周期管理，公司搭建了设备管理平台、物资采购平台、财务管理平台、自制设备管理平台、设备运行平台，各信息平台数据交互使用，将各部门及各公司的设备管理工作无缝连接，构建设备管理体系主链，保证整个设备管理体系高效、平稳运行，成为娃哈哈生产的重要保证。

（三）建设设备运行管理网络，实现总部对分公司的设备管理

娃哈哈集团170余家分公司，遍布全国各地，不同的地理环境及产品结构，给娃哈哈的设备管理带来严峻的挑战。为了实现统一管理，娃哈哈公司基于 SAP、ERP 系统的功能，结合公司的实际设备管理状况，自主开发了符合饮料企业情况的设备管理信息化系统，建立了四级设备信息化管理体系。

（四）大规模整合国外先进技术，保证车间生产线设备的智能化

从国外引进国际一流的全自动电脑控制生产线和 30 多项国际先进技术，通过"消化、吸引"，进行深度挖掘、改造和整合，形成了具有中国特色的饮料生产规模化、现代化模式，提高饮料产品科技含量，并按国际标准或国外先进技术标准组织生产，推动食品饮料工业制造上了一个新台阶，缩短了中国饮料行业与世界发达国家的技术水平差距。

资料来源：中国企业联合会：《国家级企业管理创新成果》，企业管理出版社 2016 年版。

专栏 41-2

张瑞敏：将在 GE 家电推行"人单合一"

2016 年 6 月，海尔集团董事局主席张瑞敏在天津夏季达沃斯论坛——"创新的生态系统"分论坛中，介绍了海尔近年来建立的"人单合一"模式，他表示将在收购而来的美国通用电器家电业务（以下简称"通用家电"）中也推行类似模式。

所谓"人单合一"指的是将员工和用户联系起来，联合创造市场。张瑞敏说："大家都知道，海尔在 30 多年前把不合格的东西砸毁。今天，我们不是砸冰箱，而是砸组织。"他解释，海尔"砸掉"的是企业里的金字塔层级和中层管理人员，代之以创业平台和小微企业。通过推行这种模式，海尔将原先 8.5 万名的员工减去 2 万人，剩下 6 万多人，并形成了 3000 多个小微创业团队。这其中已有接近 200 个小微团队获得了风险投资。

1. "大到容易倒"

张瑞敏表示，以前许多大企业都想成为帝国，但在他看来，现在的帝国不是"大到不能倒"，而是"大到容易倒"。"诺基亚倒下了，摩托罗拉倒下了，世界性的大企业在互联网时代会受到非常大的压力。"张瑞敏说。

他认为，海尔做的是其他大企业还没有做的一件事，就是在传统大企业内部搭建一个创业平台。他表示，互联网化的企业不应该是以自我为中心的组织，而是要变成互联网上的节点。他进一步表示，企业应该是无边界的，即海尔不仅要生产家电，还要将电器变为网器，让产品上网，并在网上形成用户资源。

张瑞敏认为，在传统时代，品牌极为重要，因为一家公司"要么拥有品牌，要么给品牌打工"。但在互联网时代，则变成了"你要么拥有平台，要么被平台拥有"。他表示，海尔想成为一个互联网时代的平台，变成一个各方共赢的生态圈。

2. 沙拉式兼并

近年来，为了拓展海外市场，海尔进行了多次收购。2011 年，接手了亏损严重的三洋电机白色家电部门。2012 年，海尔又全面增持、收购了新西兰家电品牌斐雪派克。2016 年，花费 55.8 亿美元，收购了通用家电。尽管有研究表明，由于各个国家的文化很难融合，70% 的收购都是以失败告终。但张瑞敏认为，海尔收购与其他收购最大的不同在于，收购后依然会依靠当地管理人员，将他们的积极性调动起来。他指出整合的关键是要把每个人的价值发挥到最大，而不是将员工作为达到一个目标的工具或执行者。

他还表示，他们希望能在刚刚收购回来的通用家电中推行"人单合一"模式，并愿意按照美国

的实际情况去改造。目前，这一想法已经得到通用家电管理层的首肯。

最后，张瑞敏总结道："我们希望，我们的兼并能变成像西餐里的沙拉，有很多生菜在里面，但是那个调料是统一的。换句话说，就是在统一平台上有多元文化的共存。"

资料来源：《财新网》，2016年6月28日。

参考文献

［1］中国企业联合会：《国家级企业管理创新成果》，企业管理出版社2016年版。

［2］中国企业联合会：《两化融合促进企业创新趋势与实践2016》，清华大学出版社2016年版。

［3］中国管理模式杰出奖理事会：《互联网转型：解码中国管理模式》，机械工业出版社2015年版。

［4］［美］彼得·德鲁克：《创新与企业家精神》，机械工业出版社2009年版。

［5］黄群慧：《东北地区制造业转型与管理创新》，《经济纵横》2015年第7期。

［6］李海舰、田跃新、李文杰：《互联网思维与传统企业再造》，《中国工业经济》2014年第10期。

［7］张小宁、赵剑波：《新工业革命背景下的平台战略与创新——海尔平台战略案例研究》，《科学学与科学技术管理》2015年第3期。

第四十二章 企业技术创新

提 要

党的十八大明确提出要实施创新驱动发展战略，党的十八届三中全会进一步提出要深化科技体制改革，这些都进一步明确了中国工业转型升级和转变工业发展方式的方向。2015 年，我国创新政策重点强调技术创新向应用的转化，以及创新与创业相结合技术创新能力的提升。中国工业的研发投入持续稳步增长，研发的组织化程度有所提升，工业国内技术成为重要来源，工业技术创新的产出能力也在不断提升。但是，从整体上看，技术创新体系能力不强、在"双创"活动中存在"重创业、轻创新"问题、大型企业参与程度较低。因此，在未来的政策选择上，首先从生态视角认识到"大众创业，万众创新"是一场涉及全社会的改革，要树立创新创业的生态观。其次是加强"双创"支撑体系的完善，进一步改革完善政策体系、投融资体系、服务体系和教育体系。最后，要认识到我国创新创业整体环境与发达国家之间的差距，通过国际交流与合作，学习外国先进经验，不断优化我国的创新创业环境。

*   *   *

"十三五"期间，需要向创新驱动发展转变，由科技实力的提升带动经济实力的提升，最终实现综合国力的提升。我们必须通过工业技术创新，以及创新成果的加速转化和应用，实现由工业大国向工业强国转变，实现技术创新能力，社会生产力和综合国力的提升。李克强总理在 2015 年《政府工作报告》中提出，打造大众创业、万众创新和增加公共产品、公共服务"双引擎"，推动发展调速不减势、量增质更优，实现中国经济提质增效升级。要通过一系列政策制度安排，实实在在地释放出新一轮的改革红利，在更广范围内激发和调动亿万群众的创新创业积极性，在全社会形成大众创新创业的新浪潮，打造经济发展和社会进步的新引擎。

一、中国工业企业技术创新的现状

中国工业技术创新政策体系的框架进一步丰富，各项工业技术创新政策有序推进。工业企业技术创新能力稳步提升，创新主体地位不断强化。2014 年以来，国务院及其组成部门先后围绕"双创"出台 22 个文件，涉及创新创业的体制机制、财税政策、金融政策、就业政策等多个领域。2015 年，"双创"政策效果持续释放，全社会创新热情和创造活力都得到明显激发。

（一）推动、扶持"双创"成为政策重点

2015 年 1 月 11 日，全国科技工作会议在北京闭幕。科技部副部长王志刚发表讲话，要求坚持把增强自主创新能力作为最根本的任务，着力解决经济社会发展的重大"瓶颈"制约；要把破除体制机制障碍作为最紧迫的任务，着力打通科技创新和经济社会发展之间的通道；要把人才队伍建设作为最优先的任务，以人才强、科技强推动产业强、经济强、国家强；要营造大众创业、万众创新的良好生态，最大限度地解放和激发科技第一生产力的潜能。当前，最重要的是做好创新驱动发展的统筹布局和任务落实。要把握好"一个核心"、坚持"双轮驱动"，"一个核心"就是要加快推动以科技创新为核心的全面创新，促进各方面资源向创新配置、各方面力量向创新集成。"双轮驱动"就是要把增强自主创新能力、破除体制机制障碍"两个轮子"同步转动起来，要同步推进科技和经济、科技管理等改革。同时，重点处理好"出成果"与"用成果"、政府和市场的关系。

2015年1月28日，国务院总理李克强主持召开国务院常务会议，确定支持发展"众创空间"的政策措施，为创新创业搭建新平台。会议指出，顺应网络时代推动大众创业、万众创新的形势，构建面向人人的"众创空间"等创业服务平台，对于激发亿万群众创造活力，培育包括大学生在内的各类青年创新人才和创新团队，带动扩大就业，打造经济发展新的"发动机"，具有重要意义。李克强总理指出，要在创客空间、创新工厂等孵化模式的基础上，加大政策扶持、完善创业投融资机制、健全创业辅导制度，为创新创业企业的成长提供综合平台和良好的生态环境。

2015年3月2日，国务院办公厅印发《关于发展众创空间推进大众创新创业的指导意见》。为加快实施创新驱动发展战略，适应和引领经济发展新常态，顺应网络时代大众创业、万众创新的新趋势，加快发展众创空间等新型创业服务平台，营造良好的创新创业生态环境，激发亿万群众创造活力，打造经济发展新引擎。发展目标：到2020年，形成一批有效满足大众创新创业需求、具有较强专业化服务能力的众创空间等新型创业服务平台；培育一批天使投资人和创业投资机构，投融资渠道更加畅通；孵化培育一大批创新型小微企业，并从中成长出能够引领未来经济发展的

骨干企业，形成新的产业业态和经济增长点；创业群体高度活跃，以创业促进就业，提供更多高质量就业岗位；创新创业政策体系更加健全，服务体系更加完善，全社会创新创业文化氛围更加浓厚。重点任务：①加快构建众创空间；②降低创新创业门槛；③鼓励科技人员和大学生创业；④支持创新创业公共服务；⑤加强财政资金引导；⑥完善创业投融资机制；⑦丰富创新创业活动；⑧营造创新创业文化氛围。

2015年3月5日，李克强总理向第十二届全国人民代表大会第三次会议作了《2015年国务院政府工作报告》，提出将大众创业、万众创新作为打造经济发展"双引擎"之一。《政府工作报告》要求，政府要勇于自我革命，给市场和社会留足空间，为公平竞争搭好舞台；个人和企业要勇于创新创业，全社会要厚植创新创业文化，让人们在创造财富的过程中更好地实现精神追求和自身价值。要以体制创新推动科技创新，加快科技成果使用处置和收益管理改革；制定促进科研人员流动政策，改革科技评价、职称评定和国家奖励制度，推进科研院所分类改革；引进国外高质量人才和智力；深入实施知识产权战略行动计划，坚决打击侵权行为，切实保护发明创造，让创新之树枝繁叶茂。同时，《政府工作报告》再次强调企业是技术创新的主体，要鼓励企业增加创新投入，推进企业主导的产学研协同创新；要大力发展众创空间，发挥集聚创新要素的"领头羊"作用。

2015年5月19日，工信部印发《关于做好推动大众创业万众创新的工作通知》。为贯彻落实2015年政府工作报告中提出的"中小微企业大有可为，要扶上马、送一程，使'草根'创新蔚然成风、遍地开花"的任务，提出了推动"双创"工作的主要任务：全面推动政策落实；加快创业基地建设；完善中小企业服务体系；加强投融资服务；强化创新创业培训；实施"互联网+小微企业"行动计划；开展丰富多彩的"双创"活动；加大"双创"的宣传力度。

2015年6月11日，根据2015年《政府工作报告》的部署，国务院印发《国务院关于大力推进大众创业万众创新若干政策措施的意见》。国务院要求，在充分认识大众创业、万众创新的重要意

义的前提下，不断完善体制机制、健全普惠性政策措施，加强统筹协调，构建有利于大众创业、万众创新蓬勃发展的政策环境、制度环境和公共服务体系。要进行体制机制创新、优化财税政策、搞活金融市场、扩大创业投资、发展创业服务、建设创新创业平台、发展创新型创业、拓展城乡创业渠道、加强统筹协调，以及完善协同机制，实现以创业带动就业、创新促进发展。

（二）研发投入稳步增长

在政府技术创新政策引导作用下，工业企业的研发投入持续增长。在研发经费投入方面，2014 年，规模以上工业企业的研发内部支出为 9254.3 亿元，比 2013 年增长 11.3%；研发强度为 0.84（R&D 内部经费支出与主营业务收入之比），

比 2013 年的 0.80 略有上升（见图 42-1 和图 42-2）。另外，从资金来源上看，政府资金、企业资金、国外资金和其他资金分别为 376.3 亿元、8741.6 亿元、43.4 亿元和 92.9 亿元，占比分别为 4.1%、94.5%、0.5% 和 1%（见图 42-3）。在人员投入方面，规模以上工业企业的研发人员全时当量 2014 年为 264.16 万人年，比 2013 年增长 5.9%（见图 42-4）。

工业的外部合作研发投入也稳步增长。2014 年，我国规模以上工业企业 R&D 外部经费支出为 468.1 亿元，比 2013 年增长 10.6%，其中，分别向国内研究机构、国内高校分别支出研究经费为 198.2 亿元和 82.3 亿元。

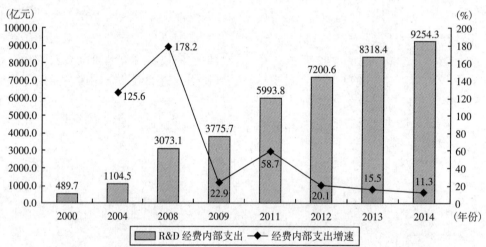

图 42-1 2000~2014 年规模以上工业企业 R&D 经费内部支出和增速情况

资料来源：《中国科技统计年鉴》（2015）。

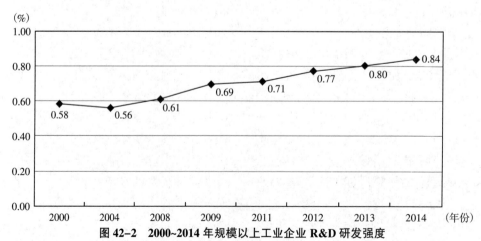

图 42-2 2000~2014 年规模以上工业企业 R&D 研发强度

资料来源：《中国科技统计年鉴》（2015）。

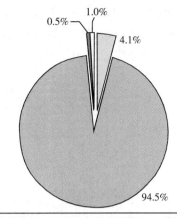

1.0%
0.5%
4.1%
94.5%

□ 政府资金 □ 企业资金 ■ 国外资金 □ 其他资金

图 42-3 2014 年规模以上工业企业 R&D 经费内部支出的来源情况

资料来源:《中国科技统计年鉴》(2015)。

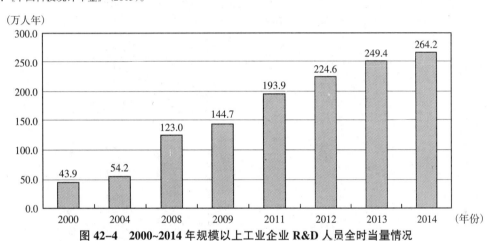

(万人年)

图 42-4 2000~2014 年规模以上工业企业 R&D 人员全时当量情况

资料来源:《中国科技统计年鉴》(2015)。

(三) 工业研发活动的组织化程度有所提升

工业企业中有研发活动的企业数量持续增加。2014 年,中国规模以上工业企业中开展 R&D 活动的企业数量为 63676 家,规模以上工业企业中有 R&D 活动的企业比重分别 16.9%,比 2013 年上升了 1.9 个百分点(见图 42-5)。企业设立研发

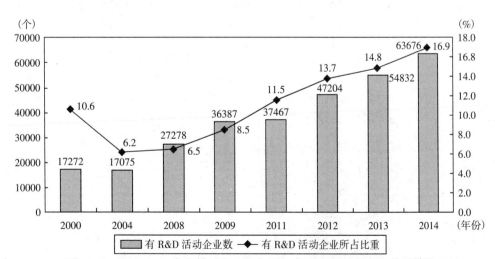

(个)   (%)

□ 有 R&D 活动企业数   ◆ 有 R&D 活动企业所占比重

图 42-5 2000~2014 年规模以上工业企业有 R&D 活动企业数和比重情况

资料来源:《中国科技统计年鉴》(2015)。

机构数量和机构人员数都呈现出较快增长。2014年，规模以上工业企业办研发机构的数量为57199个，研发机构从业人员数量为245.4万人（见图42-6和图42-7）。规模以上工业企业开展的R&D研发项目342507项，新产品开发项目数为375863项。

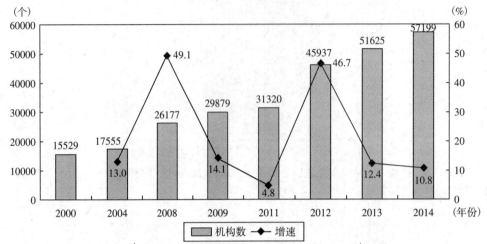

图42-6 2000~2014年规模以上工业企业设立研发机构情况

资料来源：《中国科技统计年鉴》（2015）。

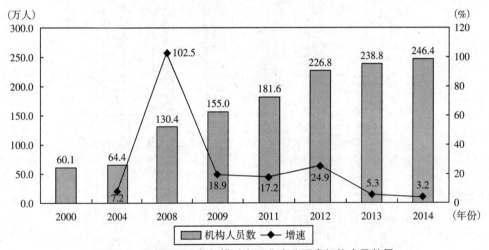

图42-7 2000~2014年规模以上工业企业研发机构人员数量

资料来源：《中国科技统计年鉴》（2015）。

（四）国内技术逐步成为重要技术来源

国内技术逐步成为中国工业的重要技术来源，引进技术消化吸收再创新活动仍需提升。2014年，购买国内技术费用为213.5亿元，较2013年增速有所下降，单购买国内技术与引进国外技术经费支出比为0.55，较2013年略有上升；引进技术消化吸收与引进国外技术经费支出比为0.37（见表42-1）。

表42-1 2000~2014年规模以上工业企业技术获取情况

年份	引进国外技术经费支出（亿元）	引进技术消化吸收经费支出（亿元）	购买国内技术经费支出（亿元）	增速（%）	购买国内技术与引进国外技术经费支出比	引进技术消化吸收与引进国外技术经费支出比
2000	304.9	22.8	34.5	—	0.11	0.07
2004	397.4	61.2	82.5	139.1	0.21	0.15
2008	466.9	122.7	184.2	123.3	0.39	0.26
2009	422.2	182.0	203.4	10.4	0.48	0.43
2011	449.0	202.2	220.5	8.4	0.49	0.45

续表

	引进国外技术经费支出（亿元）	引进技术消化吸收经费支出（亿元）	购买国内技术经费支出（亿元）	增速（%）	购买国内技术与引进国外技术经费支出比	引进技术消化吸收与引进国外技术经费支出比
2012	393.9	156.8	201.7	−8.5	0.51	0.40
2013	393.9	150.6	214.4	6.3	0.54	0.38
2014	387.5	143.2	213.5	−0.04	0.55	0.37

资料来源：《中国科技统计年鉴》（2015）。

（五）技术创新产出能力不断提升

随着研发投入强度、企业知识产权意识和运用能力的不断加强，工业技术创新产出不断提升。2014年，我国规模以上工业企业新产品销售收入达到142895.3亿元，较2013年增长11.2%（见图42-8）。2014年，我国规模以上工业企业发明专利申请数为239925件，较2013年增长17.0%（见图42-9）。

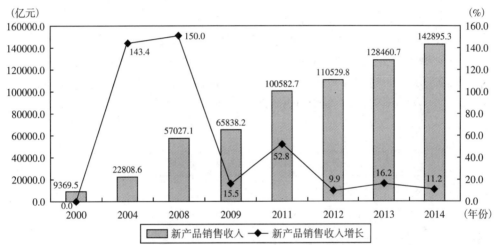

图 42-8　2000~2014 年规模以上工业企业新产品销售收入和增长情况

资料来源：《中国科技统计年鉴》（2015）。

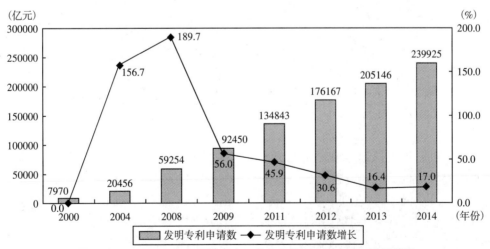

图 42-9　2000~2014 年规模以上工业企业发明专利申请和增长情况

资料来源：《中国科技统计年鉴》（2015）。

总体上讲，中国工业技术创新的政策体系的"创新能力导向"更加突出。2013年，工业技术创新政策在强调企业的创新主体地位和创新能力提升、坚持推进知识产权工作的基础上，强调创业与创新相结合、加快创新成果转化。在工业研发投入稳步增长，增速有所放缓的前提下，国内技术作为工业技术的重要来源，其占比有所提升；对引进的国外技术的消化能力进一步增强；工业技术创新的产出能力也在不断提升。

二、当前企业技术创新中存在的主要问题

在国家近年来技术创新和知识产权保护政策的推动下，我国企业在技术研发的投入和产出方面继续保持增长，创新主体地位进一步强化。同时，在"双创"政策的激励下，中小微企业得以发挥其灵活性优势，在创新创业中的地位和作用不断增强。但是，从整体上看，我国企业仍存在技术创新系统能力不强的问题。另外，在创新创业相结合的过程中，我国企业技术创新能力仍显不足，"重创业、轻创新"问题较为明显，"大众创业、万众创新"作为经济增长新引擎的作用尚未得到全部发挥。

（一）技术创新体系的协同性不够

在一系列技术创新激励和知识产权保护政策的刺激下，2014 年全社会研发支出约为 1.3 万亿元，占 GDP 比重超过 2%，其中企业研发经费支出达到 10060.64 亿元，占全社会研发投入的 77.30%，与 2013 年相比，上升 0.7 个百分点，依然占据研发投入的主体。2014 年，企业研发人员全时当量达到 289.64 万人年，占全社会研发人员全时当量的比重达到 78.06%，较 2013 年同样有所提升（见表 42-2）。

表 42-2　中国企业研发投入规模情况

年份	企业研发经费（亿元）	企业研发经费占全社会比重（%）	企业研发人员全时当量（万人年）	企业研发人员全时当量占全社会比重（%）
2005	1673.8	68.32	88.31	64.71
2006	2134.5	71.08	98.78	65.75
2007	2681.9	72.28	118.68	68.36
2008	3381.7	73.26	139.59	71.02
2009	4248.6	73.23	164.75	71.90
2010	5185.5	73.42	187.39	73.38
2011	6579.3	75.74	216.93	75.24
2012	7842.2	76.15	248.64	76.58
2013	9075.8	76.61	274.06	77.58
2014	10060.6	77.30	289.64	78.06

资料来源：《中国科技统计年鉴》（2015）。

在全社会技术创新投入持续增加的同时，我国科研活动中一直存在的基础研究投入少、占研发经费支出比重低的问题仍然存在。2010~2013 年，我国投入到基础研发活动上的经费占全部研发经费支出的比重分别为 4.59%、4.74%、4.84% 和 4.68%。2014 年，我国 R&D 活动内部支出总额 13015.63 亿元，其中用于基础研究的经费为 613.54 亿元，占总支出的 4.71%，较 2013 年有小幅回升（见表 42-3）。但是，相对于欧美发达国家 10% 以上的基础研究投入占比，我国对基础研究的重视明显不足。

表 42-3　我国研发经费支出的结构情况

年份	基础研究占研发经费支出比重（%）	应用研究占研发经费支出比重（%）	试验发展占研发经费支出比重（%）
2005	5.36	17.70	76.95
2006	5.19	16.28	78.53
2007	4.70	13.29	82.01
2008	4.78	12.46	82.76
2009	4.66	12.60	82.75
2010	4.59	12.66	82.75
2011	4.74	11.84	83.42
2012	4.84	11.28	83.87
2013	4.68	10.71	84.60
2014	4.71	10.75	84.54

资料来源：《中国科技统计年鉴》（2014）。

基础研究、应用研究和试验发展是构成研发活动主体的三种类型，三类研发活动的协同发展，是提高研发活动整体效率的基本条件。增加在基础研究方面的投入，能够有效提升整个社会的原始创新能力。基础研究投入不足，从根本上限制了我国科技进步的步伐。在对基础研究的经费投入上，政府是最主要的影响力量。政府对基础研究活动及其与应用研究结合与协同的强调，在体制机制创新、共性技术、基础研究、战略性新兴产业等领域积极发挥自身作用，对企业、科研机构等科技创新主体的投入方向起到引导作用，从而提升对基础研究的投入。将能够引导、带动企业、研究机构等科技创新主体增加基础研究方面的投入。

各类研发主体之间协同配合不足。例如，我国科研成果转化应用的过程中，长期存在中试投入跟不上研发需求的问题。由于投资大、风险高，科研成果转化过程中的各类主体都不愿承担中试环节。长此以往，将影响我国技术创新能力的提升。这不仅要求提高各类创新主体直接的协同能力，更要求提高各主体之间的协同意愿，要以需求引导科研，在科研开发的各环节建立起多方参与的机制①。

此外，我国科研经费管理方式存在不合理之处，亟待改革完善。一方面，用于科研投入的资金存在"多头管理"的问题，财政资金管理分散，科研经费配置重复、分散、低效，过度和无序的项目竞争阻碍了科技发展；另一方面，科研经费使用流程烦琐的问题，"人员围绕经费转"的问题长期存在，造成大学、科研院所等机构的研究人员研发积极性不高、创新活力受到抑制。

（二）"重创业、轻创新"问题凸显

2014 年以来，国务院及其组成部门先后围绕"双创"出台 22 个文件，涉及创新创业的体制机制、财税政策、金融政策、就业政策等多个领域。在"双创"政策的刺激下，全国目前已有科技企业孵化器 1600 多家，在孵企业 8 万余家，毕业企业超过 5.5 万家，其中上市和挂牌企业近 500 家；大学科技园 115 家，大学生科技创业基地 200 多家，每年新增就业岗位超过 15 万个；2014 年，中关村自主创新示范区诞生科技企业 1.3 万余家、武汉东湖超过 5000 家，115 家国家级高新区总收入达 23 万亿元，每年吸纳应届毕业生超过 50 万人；技术市场体制不断健全，2014 年全国技术合同成交额达 8577 亿元；创业投融资市场体系日益完善，全国创业投资机构 1400 多家，资本总量超过 3500 亿元。创新创业环境的改善带动我国创新创业愈加活跃，规模加速扩大，效率显著提升。仅 2015 年上半年，全国新增市场主体同比增长 15%，其中新增企业同比增长 19%，第三产业占比超过 80%，新增企业运营资产达 2 万多亿元，营业收入 8000 多亿元，对 GDP 增速的拉动

① 袁东明、马骏、王怀宇：《着力解决我国创新链中的重大瓶颈问题》，《科技日报》2014 年 5 月 26 日。

达 0.4 个百分点①。

虽然"双创"政策措施效果显著,但我国目前的"双创"活动存在明显的"重创业、轻创新"特点。具体表现为新创企业质量不高、成功率低,实体经济占比较低,产品、服务科技含量较低等。根据全球创业观察（GEM）的研究,虽然中国的创业活动指数高于美国、英国、德国和日本等发达国家,但创业中"产品采用新技术"（25.63,第 50 名）和开发"新市场"（24.6,第 69 名）的指数远低于这些国家。这表明,我国的创业者在基于创新的创业方面亟待加强。在前两个指数较低的情况下,认为"产品的新颖性"高,表明创业者对自己为市场提供产品的"新颖性"有过高的评价,对技术创新的重要性认识不足。

目前,我国的创业企业大都集中于服务业领域,而生产性和知识密集型服务业、实体经济的创业较少,基于创新成果的优质企业较少。创业与创新相结合作为一种加速创新成果转化应用的渠道,科技人员本应成为"双创活动"的主体,但目前高校、科研机构和国有企业中的创业意愿仍然较低,创新创业活力没有得到激发。创业企业十分活跃,但技术创新水平、科技成果转化水平不高的问题较为突出。

"重创业、轻创新"的现象,是多种因素共同作用的结果。首先,资本市场的偏好使创业者偏向于风险小、资金回流快的创业项目。创业者经济实力有限,需要创投公司的投资和扶持才能顺利成长,随着全社会创业热情高涨,获得资本投资的竞争也越发激烈。科技创新水平较高的创业项目,往往具有风险较高、回报期较长的特征。投资公司主要考察项目的风险和投资回报率,高创新水平的项目较难获得资本支持。其次,创新创业人员能力不足导致创业项目的创新水平较低。目前,高校、科研院所和国有企业中的创新人才,或者离职创业意愿较低,或者所在单位没有明确的创业鼓励政策,导致大量具备科技创新能力的人才不能进行创业活动。这导致我国目前创业活动的技术创新水平较低,阻碍了技术创新和创业活动的集合,以及创新成果向实际应用的转化。

最后,创新创业门槛较高。这主要表现为科研行政化和管理僵化、市场准入和市场监管等方面的严重滞后,如离岗创业的身份转化问题、资质审批问题、自然人股东身份的法律认定问题等。这些问题使得很多创新创业人才对创业活动望而却步,阻碍了创新创业活动的顺利进行。

（三）大型企业的"双创"参与度较低

提升全民创业热情只是"大众创业、万众创新"活动的第一步,最终目的是提升我国的科技创新水平和创新成果转化能力,打造经济增长新引擎。作为主要创新投资主体的大型企业,同样是"双创活动"的重要参与者。以收购方式"接盘"创业企业和推动内部创业,是大型企业"双创"的两种主要方式。与我国新创企业井喷式增长相对应的,是我国的大型企业在创新创业方面鲜有成功案例。

大公司的开放式创新不仅是目前中国科技创新生态环境的最大"短板",也是"大众创新、万众创业"在资本以及创新层面实现闭环的关键因素。在资本层面,创业投资公司的目标是获取投资回报,其实现方式无非是通过创业企业 IPO 或被大企业收购。在创新层面,能够顺利完成 IPO 的创业企业毕竟是少数,大型企业的收购活动无疑是一种更好的为创业企业创新成果"埋单"的方式。大型企业收购创业公司,一方面提升了自身的创新效率,一方面保证了更多的创新成果能够被社会采纳,而不会因无法 IPO 而流失。根据国外经验,90% 的创业项目退出和创新成果转化都要依靠大公司的开放式创新活动（如战略投资、收购、兼并等）实现。

不仅如此,大型企业如今面临着新一轮工业革命的冲击,实现传统业务和互联网融合的"互联网+",是所有大型企业都面临的紧迫问题。互联网不仅对传统企业的商业模式产生冲击,也在加速传统企业技术创新和应用范式的过时。鼓励员工进行内部创业（Interneral Entrepreneur）,将创新创业相结合,以创新促进创业,以创业带动创新,将创新活动与市场需求紧密联系起来,是大型传统企业在互联网时代实现转型的有效途径。

---

① 中国科协"关于推进大众创业、万众创新政策措施落实情况"第三方课题组:《"推进大众创业、万众创新"政策措施落实情况的评估》,《科技导报》2016 年第 34 卷第 10 期。

以世界最大的家电企业青岛海尔集团为例，自2012年开始推进企业的网络化、平台化转型，鼓励内部员工以"创业小微"的形式进行创业活动。海尔集团作为"创业小微"的投资人，为内部创业团队提供资源支持和创业辅导，将集团从一个"庞然大物"转变为由创新创业团队和创业支撑平台组成的"生态系统"，以应对互联网时代用户需求的个性化，并激发员工的创新创业热情[1]。但是，目前国内类似于海尔集团的成功案例仍然较少，尤其是作为国民经济支柱的国有企业，在推动"双创"活动方面成果寥寥。

三、提升企业技术创新能力的建议

(一) 从生态视角思考技术创新和创业

新一轮工业革命对创新创业环境的影响已经非常明显。以绿色、智能、泛在为特征的群体性技术革命对几乎所有的技术领域产生着冲击，为大众创新创业提供便捷的新工具的同时，也使创新创业环境愈加复杂。在"大智移云"技术的支撑下，技术创新与消费者之间的距离被大幅拉近，消费者成为创新创业活动中最重要的资本，并使越来越多的跨界整合得以实现，很多行业和产业界限变得模糊。"大众创业，万众创新"明确强调了创业在促进创新中的作用，通过在全社会营造以创新带动创业、以创业促进创新的氛围，为我国在新环境下提升创新能力提供了一条可能路径。

全新的创新创业环境促使我们重新认识技术创新和创业活动的特征，树立以市场为导向的创新创业生态观。"大众创业，万众创新"意味着创新创业不再是单纯的科研或市场行为，而是在全社会形成新浪潮，打造经济发展和社会进步新引擎。[2]大众创新创业是创新产业组织的新方式。技术创新和创业的方式、范围都已经超出了单一企业或产业的边界，是在由多类主体组成的生态系统中合作完成。这要求作为创新创业主体的企业保持足够的弹性，掌握开放与封闭的平衡，实现创新创业活动与技术、市场变化的协同演化。要构建和培育良好的创新创业生态系统，为技术创新与创业机会的涌现和创新创业的相互促进提供土壤。要优化封闭的传统产业资源配置方式，让智力资源、产业资源、社会资本更加自由的流动。

创新创业生态观还要求为新型的创新创业活动提供"土壤"。一方面，新技术能够实现向生产的转化才能够真正创造价值，新的创新环境同样要求制度创新和管理变革；另一方面，创业活动的加速完成需要系统的配套服务和创业指导。"创客实验室"、"众创空间"等新的支持方式，正是以开放、互补、生态的方式，为技术创新提供管理支持，帮助创业企业加速发展，提升创新成果的转化速度。对全社会的创新创业氛围要与对"土壤"的培育协同推进，共同支撑起我国在新环境中的"双创"能力。

(二) 加强"双创"支撑体系

在"双创"政策的推动下，我国的创业活动在全球效率驱动和创新驱动经济体中处于活跃状态。根据全球创业观察（GEM）的研究报告，2014年，中国创业活动指数（15.53）高于美国（13.81）、英国（10.66）、德国（5.27）、日本（3.83）等发达国家。但是，与欧美发达国家相比，我国在创新创业的支撑体系方面仍然落后：创业活动的创新含量较低；创业环境中的金融支持、政府政策、有形基础设施等方面有待提高；大型企业的参与度较低。因此，改革创新创业的政策体系、完善基础设施、推动创业教育等，是下一步推动"大众创业，万众创新"工作的重点内容。

首先，要改革创新创业相关政策体系，最大限度地为创新创业活动松绑，去除冗余管制。要理清政府和市场两个主题间的关系，允许各类市

---

① 王钦：《海尔新模式》，中信出版社 2015 年版。
② 万钢：《以改革思维打造大众创业万众创新的新引擎》，《光明日报》2015 年 3 月 26 日。

场主体在"非禁即入"原则下平等享有创新创业机会。同时要简化创业审批手续，并梳理国家及地方现行的支持大众创新创业的相关政策，发挥政策集聚和"互联互通"的系统有效性，切实加大政策落实力度，让所有创业者都能"用其智、得其利、创其富"。

其次，要进一步完善多元化投融资体系，发挥资本对创新创业的推进作用。要大力发展资本市场和债券市场，支持和规范民间融资，支持互联网金融、众筹融资平台等新模式的发展。

再次，建立健全功能完善的创新创业服务体系。发挥传统孵化器在基础设施方面和新型创业服务机构在专业服务方面的互补优势，促进传统孵化器与新型创业服务机构的深层融合，从"重资产、轻服务"逐步转向"轻资产、重服务"。引导创新创业服务向着市场化、专业化、网络化、开放化方向发展，为初创企业提供全流程服务，满足新时期大众创新创业的新需求。

最后，要加强创新创业人才的培养。一方面，与全球其他地区相比，接受过创业教育的中国青年相对较少，要在高校中加强创新精神和创业技能教育；另一方面，聚焦于作为"双创"生力军的科技人员，引导科技人员在产学研协同创新中发挥更大的作用，让科技人员依靠科技致富，激发高校、科研院所和大型（国有）企业科技人员创新创业的积极性。

（三）加强创新创业的国际交流和合作

与主要发达国家相比，中国的创业环境条件除了在有形基础设施上以外，在金融支持、政府项目、教育培训、研究开发转移、商务环境方面还有较大差距。在金融支持、创业教育、创业服务业质量的"商务环境"和体现创业精神和弘扬创业文化的"文化与社会规范"等创业环境条件方面，发达国家仍有许多值得我们借鉴的先进经验。以创业教育为例，87%的中国青年没有接受过创业教育，而欧洲和美国等发达国家该比例为68%。丹麦、荷兰、新加坡等国家的创业教育课程已经延伸至中小学阶段，而我国中小学和中学后创业教育水平均处于中低水平，中小学创业教育水平尤其低。这意味着我国的中小学教育没有充分培养学生的创造性、独立性和个人主动性，在理论上没有提供足够的市场经济学原理教学，在实践中没有督促学生关注创业和新企业创新。强化与这些国家在创业教育政策制定、创业课程设计、创业教育和实践结合等方面的交流合作，有助于提升我国的创新创业教育水平，改善创新创业生态环境。

我国目前创业项目退出模式以 IPO 为主，而发达国家大多以大型企业参与的孵化器、战略投资、并购、战略合作等方式为主。多元化的退出方式，不仅更能够激发创新创业主体的积极性，也能够吸引更多的社会力量参与到创新创业活动中来。相反，单一的 IPO 退出模式成功率较低，对投资者风险较大，创业团队也承担着更大的绩效压力，从长期看不利于整个创新创业环境的良性发展。在如何引导创业企业尝试更多类型的退出模式方面，发达国家仍有很多值得我们学习之处。

专栏 42-1

"十三五"科技创新的发展目标

"十三五"科技创新的总体目标是：国家科技实力和创新能力大幅跃升，创新驱动发展成效显著，国家综合创新能力世界排名进入前 15 位，迈进创新型国家行列，有力支撑全面建成小康社会目标实现。

自主创新能力全面提升。基础研究和战略高技术取得重大突破，原始创新能力和国际竞争力显著提升，整体水平由跟跑为主向并行、领跑为主转变。研究与试验发展经费投入强度达到 2.5%，基础研究占全社会研发投入比例大幅提高，规模以上工业企业研发经费支出与主营业务收入之比达到 1.1%；国际科技论文被引次数达到世界第二；每万人口发明专利拥有量达到 12 件，通过《专利合作条约》（PCT）途径提交的专利申请量比 2015 年翻一番。

　　科技创新支撑引领作用显著增强。科技创新作为经济工作的重要方面，在促进经济平衡性、包容性和可持续性发展中的作用更加突出，科技进步贡献率达到60%。高新技术企业营业收入达到34万亿元，知识密集型服务业增加值占国内生产总值（GDP）的比例达到20%，全国技术合同成交金额达到2万亿元；成长起一批世界领先的创新型企业、品牌和标准，若干企业进入世界创新百强，形成一批具有强大辐射带动作用的区域创新增长极，新产业、新经济成为创造国民财富和高质量就业的新动力，创新成果更多为人民共享。

　　创新型人才规模质量同步提升。规模宏大、结构合理、素质优良的创新型科技人才队伍初步形成，涌现一批战略科技人才、科技领军人才、创新型企业家和高技能人才，青年科技人才队伍进一步壮大，人力资源结构和就业结构显著改善，每万名就业人员中研发人员达到60人年。人才评价、流动、激励机制更加完善，各类人才创新活力充分激发。

　　有利于创新的体制机制更加成熟定型。科技创新基础制度和政策体系基本形成，科技创新管理的法治化水平明显提高，创新治理能力建设取得重大进展。以企业为主体、市场为导向的技术创新体系更加健全，高等学校、科研院所治理结构和发展机制更加科学，军民融合创新机制更加完善，国家创新体系整体效能显著提升。

　　创新创业生态更加优化。科技创新政策法规不断完善，知识产权得到有效保护。科技与金融结合更加紧密，创新创业服务更加高效便捷。人才、技术、资本等创新要素流动更加顺畅，科技创新全方位开放格局初步形成。科学精神进一步弘扬，创新创业文化氛围更加浓厚，全社会科学文化素质明显提高，公民具备科学素质的比例超过10%。

表 42-4　"十三五"科技创新主要指标

	指标	2015 年指标值	2020 年目标值
1	国家综合创新能力世界排名（位）	18	15
2	科技进步贡献率（%）	55.3	60
3	研究与试验发展经费投入强度（%）	2.1	2.5
4	每万名就业人员中研发人员（人年）	48.5	60
5	高新技术企业营业收入（万亿元）	22.2	34
6	知识密集型服务业增加值占国内生产总值的比例（%）	15.6	20
7	规模以上工业企业研发经费支出与主营业务收入之比（%）	0.9	1.1
8	国际科技论文被引次数世界排名	4	2
9	PCT 专利申请量（万件）	3.05	翻一番
10	每万人口发明专利拥有量（件）	6.3	12
11	全国技术合同成交金额（亿元）	9835	20000
12	公民具备科学素质的比例（%）	6.2	10

　　资料来源："十三五"科技创新规划。

参考文献

[1] Adner R. and Kapoor R.: "Value Creation in Innovation Ecosystems: How the Structure of Technological Interdependence Affects Firm Performance in New Technology Generations", *Strategic Management Journal*, 2010 (31): 306-333.

[2] 黄速建、王钦等：《中国企业创新政策研究》，经济管理出版社 2014 版。

[3] 万钢：《以改革思维打造大众创业万众创新的新引擎》，《光明日报》，2015 年 3 月 26 日。

[4] 国家统计局、科技部：《中国科技统计年鉴》（2015），科学技术文献出版社 2015 年版。

[5] 科技部、中国技术市场管理促进中心：《2015 全国技术市场统计年度报告》。

[6] 中国科协"关于推进大众创业、万众创新政策措施落实情况"第三方课题组：《"推进大众创业、万众创新"政策措施落实情况的评估》，《科技导报》2016 年第 34 卷第 10 期。

第四十三章　民营企业发展与变革

提　要

自从改革开放以来，我国民营企业走过了"从无到有、从小到大、从弱到强"的发展历程，无论是经济体量，还是增长质量，都在不断地提升和增强。截至 2015 年底，民营企业 GDP 占比超过 60%，实现利税占比超过 50%，创造就业岗位占比超过 80%，提供农村转移就业岗位占比超过 90%，已经名副其实地成为国家经济保持稳定、持续、健康发展的重要支撑。随着我国经济开始进入"三期叠加"阶段，形成了发展"新常态"，供给侧改革的稳步推进，以及"一带一路"国家战略的加快实施，为民营企业创造出良好的发展环境，带来了潜在的发展机遇，进一步拓展了未来的市场空间。同时，民营企业也面临着传统业务市场萎缩，整体创新能力不足，转型升级节奏较慢，管理机制不够健全等问题，都需要在今后通过持续的变革来加以解决，才能实现快速、稳健、高质、优效的发展。

*　　　　　*　　　　　*

民营企业是基于资本对企业类型进行划分的一种形态。根据我国《公司法》中的企业类型划分，民营企业是指中国境内除国有独资、国有控股和外资以外所有企业的集合，包括个人独资、合伙制、有限公司和股份公司。作为我国经济的重要支撑，民营企业在国家政策的支持下坚持以市场为导向，通过自我变革来促进转型，创新生产方式和制度体系，塑造新的商业模式和业态形式，继续保持着较强的市场活力和发展动力，对国家经济发展和社会稳定做出了重大贡献，已经成为国家经济转型的重要推动引擎。

一、在改革与发展中前行的民营企业

1. 在国家经济中的影响力持续提升，企业规模和竞争力逐渐扩大

2015 年，在国家、省（区、市）和地方各级政府出台的相关政策支持下，民营企业得到了快速发展和壮大。特别是在"双创"发展战略的推动下，民营企业数量实现较大幅度增长，总数超过 1000 万家，占全国企业比重达到 86%。从规模结构看，中小微企业比重依然占据民营企业的绝大部分；从业态形式看，已经开始从一般加工制造等传统领域向生产性服务业和生活性服务业进行转变；从技术创新看，民营企业的技术创新专利发明占全国总数比重的 75%，新产品的 80% 来自民营企业；从实现纳税看，全国纳税 500 强企业中民营企业的税收总量增长达到 32.6%。其中，

保险、券商等金融服务业企业缴纳税收增长幅度最高，通信系统设备制造、信息技术，以及制药等战略性新兴产业企业也正在成为新的税收增长点。

面对国内经济增长出现下行压力增大的不利局面，民营企业依然实现了经营规模持续扩大的良好局面，且市场竞争力也有所提升。根据全国工商联"2016 中国民营企业 500 强"数据显示，大型民营企业的规模正在逐渐扩大，民营企业

500 强入围门槛达 101.75 亿元，其中 5 家企业的营业收入突破 3000 亿元大关，22 家企业的营业收入超过 1000 亿元，其中有 12 家企业进入世界 500 强[①]。排名榜单前 20 强的民营企业主要分布在电子通信产业、有色金属制造业、房地产业等传统产业中，而零售业、批发业和保险业等企业逐渐显现，开始由传统产业向新兴产业调整。以华为、美的等为代表的民营企业已经进入国际市场，企业整体竞争力得到进一步的增强。

表 43-1 2016 年中国民营企业 500 强

序号	企业名称	所属行业	营业收入总额（万元）
1	华为投资控股有限公司	计算机、通信和其他电子设备制造业	39500900
2	苏宁控股集团	零售业	35028812
3	山东魏桥创业集团有限公司	有色金属冶炼和压延加工业	33323772
4	联想控股股份有限公司	计算机、通信和其他电子设备制造业	30982614
5	正威国际集团有限公司	有色金属冶炼和压延加工业	30036385
6	大连万达集团股份有限公司	房地产业	29016000
7	中国华信能源有限公司	批发业	26315060
8	恒力集团有限公司	化学原料和化学制品制造业	21207961
9	江苏沙钢集团有限公司	黑色金属冶炼和压延加工业	20584340
10	万科企业股份有限公司	房地产业	19554913
11	京东集团	互联网和相关服务	18128696
12	浙江吉利控股集团有限公司	汽车制造业	16530399
13	海亮集团有限公司	有色金属冶炼和压延加工业	14016131
14	美的集团股份有限公司	电气机械和器材制造业	13934712
15	恒大地产集团有限公司	房地产业	13313000
16	泰康人寿保险股份有限公司	保险业	13231300
17	苏宁环球集团有限公司	房地产业	12637509
18	碧桂园控股有限公司	房地产业	11322264
19	三胞集团有限公司	零售业	10806963
20	新疆广汇实业投资（集团）	零售业	10503738

资料来源：全国工商联"中国民营企业 500 强"2016。

2. "一带一路"国家战略营造出良好的发展环境，促进"走出去"行动实施有序开展

受国内产品市场相对饱和，劳动力价格持续上升，产业结构调整升级等因素的综合影响，部分民营企业开始实施"走出去"行动，积极拓展海外市场，加强对外产能合作，寻求新的市场机会，获取技术创新突破和打造国际品牌形象。"一带一路"国家战略实现了国家层面与"一带一路"沿线国家和地区的沟通及协调，促进了多边、

区域、双边国际经贸规则制定，建立了健全的全球价值链规则制定与利益分享机制，为民营企业的海外经营活动提供了强力支持，改善了企业经营环境，降低了跨国经营风险，提升了在当地市场的发展空间。2015 年，国务院及相关部门加快推动"一带一路"国家战略，加强了政策协调机制建设和完善，注重财税、金融、产业、贸易等政策之间的衔接和配合，例如《国务院关于推进国际产能和装备制造合作的指导意见》、《国务院关

[①] 全国工商联，2016 中国民营企业 500 强发布报告。

于加快培育外贸竞争新优势的若干意见》、《关于金融支持工业稳增长调结构增效益的若干意见》等政策进一步放宽了民营经济对外投资的限制，提高了民营企业海外发展的积极性。

众多具有国际视野的民营企业充分发挥自身优势，转变发展方式，强调发展质量，着力构建研发、制造、销售为一体的全球产业价值链，提升在国际市场的影响力和竞争力。根据普华永道数据显示，2015 年民营企业继续成为"海外并购"的重要力量，并购项目总数达到 207 项，总金额达到 222 亿美元，主要分布在高科技（43 项）、医疗健康（39 项）、工业（38 项）、原材料（24 项）、消费相关（24 项）、能源电力（9 项）、其他（39 项）等行业①。其中，"一带一路"相关国家和地区成为民营企业的投资重点区域，前三季度海外并购交易数量是国有企业的近 3 倍，已超过 2014 年全年。就投资领域看，民营企业在"一带一路"沿线国家和地区涉及机械、化工、钢铁、汽车、水泥、基础建设、信息传输、软件和信息技术服务业等行业。其中，基础建设、信息传输以及计算机服务等呈现明显增长趋势，采矿业、交通运输及制造业等传统行业则呈现下降趋势，可再生能源、高科技、自然资源领域成为对外合作的重点行业。部分民营企业在海外布局中，不仅购买先进技术，引进高端人才，同时也采取建立境外工业园区、设立海外生产基地等方式与新兴国家在劳动密集型产业进行产能合作。例如，三一重工集团结合"一带一路"进行产业布局，先后在法国、德国、比利时、土耳其等过设立制造工厂和研发基地。此外，通过"抱团出海"形成联合体，已经成为民营企业"走出去"的重要方式，也出现了为民营企业"走出去"服务的领头企业和服务平台企业。例如，中国民生投资公司作为一家民营金融投资集团，引领我国民营资本进行海外投资，创造了新的市场空间，加快了民营企业"走出去"的步伐。

3. 民营企业的对外贸易继续保持活力，并成为国家经济稳定增长的重要保障基础

自 2015 年以来，经济"新常态"下国内经济增速有所下滑，受生产要素成本持续上升，固定

资产投资持续放缓等多重因素的影响，我国对外进出口贸易的传统竞争优势出现弱化，进口需求下降。然而，民营企业的进出口业务依然呈现增长势态，在保持国家经济稳定增长方面的作用日益突出。根据商务部数据显示，2015 年民营企业进出口总额 9.1 万亿元，同比微降 0.2%；占进出口总值的 37%，同比提高 2.5 个百分点。进入 2016 年后，民营企业的对外贸易依然保持强劲势头。1 月份，民营企业进出口 7730.5 亿元，增长 1.1%，占进出口总值的 41.1%，其中出口 5676 亿元，占出口总值的 49.6%；5 月份，民营企业出口 5741 亿元，创历史新高，对整体出口增量贡献 171.6%。总体来看，2016 年 1~5 月，在国有企业、外资企业出口分别下降 8.0% 和 7.8% 的不利情况下，民营企业出口增长 5.7%，占比提升至 46.9%，成为稳定增长的重要保障。

在对外贸易中，民营企业充分展示了具有市场弹性的优势，准确把握国际市场的产品需求变动，主动调整产品价格，充分利用小批次、多批量的交易模式，增强了国际市场竞争力。从出口市场看，民营企业较好地把握住部分新兴市场快速崛起的商机，产品出口目标区域主要是对产品质量、品种、品牌等要求不高的新兴市场为主，例如东欧、非洲和南美等国家和地区。从贸易方式看，民营企业的出口以一般贸易为主，主要通过参加国内广交会、北服会等多个国际知名度高、影响力大的国家级会展平台，以及国外重点行业的国际知名专业展会进行市场推广，拓展了市场渠道，获得了较大的市场订单。从产品结构看，民营企业主要出口产品涉及服装、通信、家电、汽车、照明器材等，基本属于生产和生活消费型的刚需产品，受市场波动影响较小，市场需求增长总体保持稳定。此外，由于电子商务平台的快速发展，先后出现了国际市场采购、跨境电子商务、综合服务企业等新的商业模式，进一步激发了民营企业开展对外贸易出口的热情。

4. 在供给侧改革的压力下，民营企业转型升级的任务依然较为艰巨

随着社会生活水平的提高，大众对高品质商品的需求逐渐提高，部分行业出现了产能过剩等

---

① 普华永道，2015 年中国企业并购市场回顾与 2016 年展望。

情况，从 2015 年开始，国家适时提出以"去产能、去库存、去杠杆、降成本、补'短板'"为重点的供给侧结构性改革，强调扩大有效供给，提高供给结构对需求变化的适应性和灵活性，提高全要素生产率。大部分民营企业在过去的发展中主要依靠低技术、低成本、高消耗的粗放式发展模式进行，随着市场整体不景气，低端产品开始出现萎缩，高端产品和服务的需求供给不足，导致业务订单减少，销售出现下降趋势。根据"2016 年中国民营企业 500 强"相关数据显示，大部分上榜企业还是以制造业为主，主要集中在黑色金属冶炼和压延加工业、批发业、电气机械和器材制造业、建筑业、有色金属冶炼和压延加工业等行业。受整体市场环境和行业结构变化的影响，黑色金属冶炼和压延加工业、电气机械和器材制造业企业数量下降幅势较大，尤其是钢铁、铝材等产品价格先后出现历史低点，给民营企业造成极大的生存压力。甚至有些民营企业刚完成技术改造，就因为国内外产品市场价格急剧下降而被迫停产或关闭。部分民营企业因为缺乏转型创新的思维和能力而倒闭，市场上出现了新一轮的整合趋势，这种情况在原材料行业尤为明显。

当传统的粗放型发展模式已经不再适合当前需要时，民营企业也开始结合供给侧改革的政策要求来加强创新，加快转型升级的节奏和步伐，为全社会生产和提供优质的产品和服务。根据

"2016 年中国民营企业 500 强"数据显示，70.6%的企业在工艺或流程改进研发上进行投入，67.40%的企业在新材料和新技术创新上进行投入，以华为、魏桥、吉利和百度等企业为代表的一些民营企业已经走在前列，年研发费用超过百亿元。例如，华为公司每年投入 500 亿元研发，近 600 亿元的市场和服务，形成了由核心专利和普通专利构成的专利体系，每年获得 2 亿多美元专利收入，转型为创新引导型企业。然而需要看到，当前大部分的民营企业主要是从事劳动密集型、资源消耗型的传统制造业，产能过剩，设备利用率低，且存在无效消耗增长。无论是资金、技术、人才，还是企业制度、管理方式，都还存在不足或处于弱势。尤其是在选择转型升级的方向上，很多民营企业陷入迷茫状态中，找不准未来的发展方向，且战略定位模糊。虽然国家发改委从 2014 年就专门出台政策鼓励民营企业进入战略性新兴产业，但是从 2015 年的实际情况看，进展和效果并不明显。2015 年，国家也提出了利用"创新创业"和"互联网+"发展思维推动民营企业加快转型发展，针对现有的传统业务进行升级，后续实际效果依然有待继续观察。特别是在找准创新发展的方向，加快产业升级转型和产品创新步伐，提升产品结构和服务，推进自主品牌塑造等方面，民营企业还需要完成更多的任务和工作。

二、当前民营企业所面临的关键问题、机遇与挑战

虽然民营企业已经获得了较快的发展，但在运营管理活动中依然面临一些问题，例如融资难，融资成本高，市场准入方面存在无形壁垒等情况还是较为突出，使民营企业面临内外需求持续收缩带来的矛盾和困难，给当前发展造成一定程度的障碍和困难。为了解决民营企业面临的现实问题，提升民营企业发展活力，自从党的十八届五中全会以来，国家也推出了一大批改革举措，相关政府部门也出台了相关政策，为民营企业提供了难得的发展机遇，与此同时也开始面对新发展阶段的种种挑战。

1. 关键问题

（1）融资难和融资成本高依然是困扰民营企业发展的首要问题。融资难和融资成本高一直是制约民营企业发展的主要"瓶颈"问题。根据对民营企业不同融资方式在企业融资中比重调查的相关数据显示，民营企业 90.5%的融资来源于自我融资，4.0%的融资来源于银行贷款，2.6%的融资来源于非金融机构，剩下 0.9%的融资来源于其他渠道。在传统的银行贷款中，民营企业因其投资规模"小而散"的特点，加上自身规模不够、财务管理制度不健全、经营权不独立、产权不明

晰（如股份制、租赁承包等）、无抵押条件（如无土地所有权、产品或库存）、担保方难找，以及过去的不良信用记录等自身原因，极大程度上影响着企业的信贷融资渠道。此外，银行和信贷机构的贷款手续烦琐、办理时间长，在融资过程中还涉及贷款手续费、评估费、抵押费、保险费、鉴定费及公证费等成本，且大部分短期贷款期限大多为 6~12 个月，不利于民营企业去从事收益高、回报期长的项目投入。以上种种不利因素，都直接导致民营企业对于银行融资存在"想用用不起，不好用，也不敢用"的尴尬局面。

现有金融业大部分为国有或国有控股，且金融机构中大银行多、小银行少，服务大企业的多、扶持小企业的少。民营企业一般规模较小、数量众多、地域分散，相对大企业和国有企业而言贷款金额较小，资金需求散乱，加上在收集、审查、审批、发放、催收民营企业贷款时，需要投入更多的资金和人力，导致多数商业银行出于自身运营成本和风险的考虑，对民营企业的贷款利率普遍上浮 30%~50%，进一步提升了民营企业的融资成本。部分商业银行为了规避风险，存在"宁可将资金烂在国有企业的锅里，也不愿意放到民营企业的库里"的想法。此外，民营企业融资市场容易受到一些不确定因素的影响，经常出现金融机构"天晴送伞，下雨收伞"，只愿意"锦上添花"，不愿意"雪中送炭"的情况。所有这些问题的出现都有意无意提高了民营企业的融资门槛和成本，极大地制约和影响了民营企业的持续发展。

（2）国内投资增长率出现明显下滑趋势。民间投资在国内全社会投资中占比能够很好地反映出国内经济发展的基本面。民间投资在全社会投资中占比从 2006 年的 49.8% 上升到 2015 年的 64.2%，但进入 2016 年以来，民间投资占全社会投资比例出现了近 10 年罕见的下滑。其中 1~5月，国内民间投资额度为 116384 亿元，增长3.9%，占全部投资的比重为 62.0%。比上年全年的 10.1% 下降了 6.2 个百分点。与此相对应的是，国外投资额度继续保持稳定增长趋势，出现了"国内降温、国外升温"的局面，出现资本大量外流，对国民经济增长产生负向影响。之所以造成这种局面，缘于国家、市场和企业等多方面的原因。

从国家层面看，为了提升民营企业投资力度，已经加大了改革力度并制定了相关政策制度，例如拓宽投资渠道和覆盖面，推行混合所有制等，但是依然存在政策落实不到位的情况。垄断行业中的一些国有企业只是将部分利润低的业务拿出来进行合作，大部分业务依然属于封闭状态，民营企业出现"想混，混不了；想进，进不去"的局面。加上部分国有企业重视控制权和经营权，只希望民营企业做战略投资和财务投资，进一步打击了民营企业的投资积极性。从市场层面看，由于国内经济增长出现下行，整体经济形势不好，出现了市场疲软，部分行业陷入了低迷，企业开始放慢投资的节奏，为了降低风险部分将投资项目采取拉长项目建设周期，放慢投资步伐等措施。从企业层面看，以往的民间投资偏向制造业，主要集中于食品饮料、化工、机械制造等传统产业。在供给侧改革的背景下，一些传统行业和产能过剩行业开始出现衰退，出现行业整体回报率较低的情况。由于信息不对称和市场不稳定，很多民营资本一时很难找到新的投资领域，加上在杠杆作用下，虚拟经济盈利和回报明显高于实体经济，出现了"开一年工厂，不如炒一套房"的局面，使民营资本的大量资金进入金融市场，实业投资规模明显降低。此外，由于国内已经开始出现土地贵、房租贵、税费高、人力成本高的情况，部分企业开始以对外直接投资的方式进入国际市场，进一步抽调原本有限的资本存量，降低国内投资规模。

（3）公司治理不健全导致管理能力薄弱。现在大部分民营企业的显著特点是家族企业，绝大多数采用家族式治理模式，股权过度集中在以创业者为首的家族成员中。虽然通过家族血缘关系纽带可以更好地控制公司，且传统的家族式治理模式具有成本低、家族成员可信度较高、内部凝聚力较强等特点，但从未来长期看，这种治理模式并不符合现代企业公司治理结构，不能完全与市场机制相匹配。其中，最为表征的现象是一切工作以"老板"为核心，"唯老板，不唯市场"，其直接结果是企业家的个人能力完全决定企业发展。虽然一些民营企业也开始通过招聘职业经理人提高经营管理能力，力图推动向现代企业制度转型，但依然存在新旧观念冲突，管理思维差异等问题，导致职业经理人很少有施展能力的空间，难以做出最有效率的决策。如何推动由传统的家族治理模式向现代治理模式转型，建立规范的公司法人治理结构，解决好股东机构、董事机构和经理机构之间的组织关系也是当前民营企业所面临的一个关键问题。

随着1992年之后的一代创业者已经慢慢淡出，部分民营企业已经开始从"一代创始人"向"二代继承人"的交班过渡，使民营企业除了面临经济下行压力之外，还面临传承压力。如何解决好民营企业接班人的问题，建立起法人治理机构，处理继承人和职业经理人之间的关系，实现所有权、经营权的分离与制衡都是现在民营企业需要重点解决的现实问题。随着"二代继承人"开始全面掌管企业，又很容易出现与"一代创始人"发展思路的冲突，甚至出现了部分"一代创始人"重新掌权，或者成立专门的咨询顾问委员会，导致存在代际传递不畅等危机。这些问题的出现也要求民营企业必须理顺公司主体的相互关系，才能保障企业战略和内部运行机制的高效运行，促进企业实现稳定地快速发展。

（4）以制度创新为内核的建制过程推进缓慢。民营企业除了遇到外部体制性障碍之外，更为重要的问题是内部管理制度结构不完善。很多民营企业在发展初期，主要任务和精力都放在对外部市场的开发上，对于企业内部管理制度建设关注不够，未能建立健全的激励机制、约束机制和监督机制等。当前，民营企业的制度建设依然还存在三个方面的问题：一是公司内部的分工协调没有得到很好的处理，需要重点解决公司内部的组织关系，建立横向联系，建立垂直系统；二是公司总部集权与内部各单位分权之间的关系还有待进一步加强，需要重点建立合理的公司组织结构，做到集权与分权有机结合；三是集团公司作为母公司与其子公司的组织关系也有待完善，尤其是大型集团公司需要建立合适的集团管控机制。在经济"新常态"下，民营企业要想真正具备市场竞争优势，必须加快推动制度创新，建立现代企业制度，走制度转型升级之路，加强以质量、产品、科技、营销等为重点的企业内部管理制度体系建设。

虽然部分民营企业开始走向国际市场，开展国际化经营互动，但是在制度建设方面民营企业依然与国际水平还存在一定的距离，在管理活动中还缺乏量化标准、执行力不足，导致对当地法律法规规避不善、文化融合能力差等，加上应对国外政策障碍和文化差异的经验、国际化人才储备不足，都成为民营企业海外发展中面临的严峻问题。为此，民营企业需要加快制度创新，遵守国际规则，做到与国际接轨，如此才能保障国际化经营的顺利开展。特别是跨国经营绝非简单的资本运作，文化融合、团队重组、环境适应等，而是"全方位、立体化、过程化、全员参与"的制度体系建设，这些都是需要重点解决的现实问题。

2. 当前的发展机遇与现实挑战

机遇与挑战并存，随着相关国家政策的制定和实施，民营企业开始面对前所未有的发展机遇，为促进企业快速、稳定增长提供了现实条件，然而如何将这些机遇转化为企业竞争力成为民营企业所必须面对的现实挑战。

（1）混合所有制下的共享发展。推进混合所有制是党的十八届三中全会中提出的重点任务之一，混合所有制改革参与的重要主体之一是民营企业。《国家"十三五"规划纲要》明确提出，"积极稳妥发展混合所有制经济，支持国有资本、集体资本、非公有资本等交叉持股、相互融合"，"引入非国有资本参与国有企业改革，鼓励发展非公有资本控股的混合所有制企业"。对于民营企业来说，混合所有制改革是促进未来发展的重大机遇。通过与国有企业加强合作，进行优势互补、相互融合，可以让民营企业获得更多市场机会，进入新的产业和业务领域来实现转型升级，建立和完善现代企业制度，提高经营管理规范化水平。

然而在具体的执行过程中，关于"如何混、何时混、怎么混"依然是困扰民营企业的重要主要问题。当前针对混合所有制改革的执行政策还不够明确，例如混合所有制中的比例设置，实施业务领域等都缺乏可操作性的实施细则和明确的配套措施，导致很多民营企业虽然积极性很高，但依然保持观望的态度。民营企业希望进入国有企业的现有业务领域寻找新的发展机会，但又怕被国有企业吞并，如何在制度建设上与国有企业接轨？如何在市场发展思路上来实现融合？如何制定合理的资产或股权定价机制？如何在管理权和经营权的配置上做到相互监督，相互促进，保证平等使用生产要素、公平参与市场竞争、同等受到法律保护，都是民营企业在参与到混合所有制中需要面临的重要挑战。

（2）金融制度创新下的融资机制。"新三板"的出现为民营企业提供了新的市场融资渠道，通过资本市场将更多的投资者吸引到促进民营企业发展中。当前的"新三板"已经实现了对全国31个省（自治区、直辖市）和证监会18个门类、84个大类行业的覆盖，形成了以中小微企业为主体的市场规模，其中民营企业占比96%。民营企业进入"新三板"之后可以获得发展所需的资金，股权式融资模式下的财务风险也比债券式融资要低，从而走出银行融资难和成本高的困境，使企业实现更加平稳的发展。截至2015年12月18日，"新三板"市场实现快速扩容，企业数量远超沪深交易所，年内新增达到3400多家企业。

然而现实的挑战是，民营企业进入"新三板"之后如何加强股权流动性，扩大市场交易量。据全国股转系统的数据显示，截至2015年12月30日，"新三板"挂牌的企业一共有5074家，有2855家"新三板"企业全年"零成交"。其中，采用协议转让交易的企业有3959家，全年"零成交"的有2852家，占所有"零成交"企业的99.86%，其中一个原因是很多民营企业进入"新三板"是为了搏市场眼球，将其看作是提升企业知名度，进行品牌推广的机会。再则，"新三板"上市对于民营企业也设置了一定的挂牌条件，这意味着企业必须实现正规化发展和规范化发展，持续提升自身的管理水平和治理能力，例如按照上市公司的规则要求进行信息披露。然而很多民营企业的管理模式还是停留在家族式管理上，虽然已经进行了股改等规范化的现代企业制度建设工作，但还是存在所有权和经营权难以分离、财务管理混乱等一系列问题，需要投入一定的时间、经济成本来进一步提升和规范自身的管理制度和水平。

（3）PPP模式推进中的参与程度。政府与社会资本合作模式（Public-PrivatePartnerships，PPP）是公共部门（政府）和私人部门（民营企业）围绕公共服务供给，通过招投标程序，以契约为主要法律依据建立起来的一种风险共担、利益共享

的长期合作关系。双方按照平等协商原则订立合同，明确责权利关系，由民营企业投资来提供公共服务，政府依据公共服务绩效评价结果向民营企业支付相应对价，保证其获得合理收益。为了能够吸引民营企业参与的积极性和加大投入，政府会给予民营企业相应的政策扶持作为补偿，如税收优惠、贷款担保、土地优先开发权等，从而保证民营企业做到"有利可图"。PPP模式为民营企业发展带来新的发展机遇，可以有效打破民营企业进入公共服务领域的各种壁垒，进一步激发市场主体活力和发展潜力，形成新的经济增长点，最终使合作各方能够实现"双赢"或"多赢"。自2015年5月以来，国家发改委先后发布了两批PPP项目，其中第一批项目1043个，总投资1.97万亿元，第二批1488个项目、总投资2.26万亿元，涵盖农业、水利、交通设施、市政设施、公共服务、生态环境等多个领域。

然而一些客观因素的存在也使民营企业在参与PPP模式时依然面临着现实挑战。首先，大部分PPP项目都属于对于资金要求比较高的项目，对民营企业的前期建设开发，以及后期运营能力提出了较高的要求。加上投资回报周期较长，且大部分PPP项目属于惠及民生社会服务的项目，投入回报率也被控制在一定范围以内，使得民营企业在参与PPP项目时，一般会重点考虑投资回报率与融资成本，尤其是在前期需要进行大量资金垫付，后续还款和再融资等都会面临较大的压力。其次，现有的大部分PPP项目都是属于政府支持的传统业务，涉及水利、交通、市政等基础设施和公用事业领域。然而大部分民营企业以前的主要业务为一般加工制造或者生产性服务业，主要在产品或服务、运营管理、物流等方面具有较强的优势。由于业务领域的差异性较大，民营企业在PPP项目的建设和运用中还缺乏经验，很难把现有的经验、效率和创新等优势带入其中。最后，大部分PPP项目都存在运营周期长的特点，一般长达10~20年，这导致在建设、运营、移交等过程中会存在较高的不确定性。如果出现地方政府承诺缺失或不讲信用，市场环境出现波动，以及后续融资环节一旦出现断链，会给民营企业的后续运作中造成较高风险。这些现实中可能存在的因素给民营企业进入和参与PPP项目带

来了一些挑战。

（4）"互联网+"时代下的战略变革。2015年，国务院先后出台了《互联网+行动》、《促进大数据发展行动纲要》等文件引导企业抓住新一轮技术革命的战略机遇，培育竞争优势。可以说"互联网+"行动计划的实施，以及电子商务快速发展，都给民营企业的业务发展带来了巨大的发展空间和许多发展机遇。特别是对传统加工制造企业而言，通过融合"互联网+"可以摆脱低端同质化竞争，为优化升级产品结构提供了难得的市场机会。当前，很多民营企业也紧紧抓住互联网、物联网、云计算、新一代移动通信等新技术的快速发展和广泛应用，将精益管理与信息化有效结合，利用信息化手段为精益管理提供高效的工具和手段，拓展精益管理的广度和深度，探索形成精益管理与信息化有效融合的新型管理机制，取得了显著的成效。

"互联网+"发展模式为民营企业推动战略变革，实现业务转型发展提供了一个很好的实现途径。然而在此过程中，民营企业依然面临着一些挑战：一是成本，运用"互联网+"不是简单的信息网络工具，而是对企业内的全方位改造，即将生产资料、技术、人员、渠道与互联网实现融合，将传统业务改造升级与互联网平台结合起来。在此过程中，不仅需要投入相当的资金，而且可能存在一些试错成本，这对大部分以中小企业主的民营企业来说在启动"互联网+"战略之初，就需要为此贮备相当的资源。二是管理，"互联网+"的重要功能是做到互联互通，依托产业链、产业集群，快速了解市场需求和变动，降低获取信息、人才、资金、技术等创新要素的风险和成本增强产品和服务的市场竞争力。然而对于大部分民营企业而言，需要转变发展思维，从传统加工制造业务向互联网业务推展和转型，例如信息平台的一体化合作来推动物流、金融、供应商、分销商等全方位的整合，这对民营企业的管理能力也提出了新要求。

三、民营企业未来发展的展望与建议

2016年是我国"十三五"的开局之年，也是推进我国经济结构性调整与改革的攻坚之年，国家供给侧改革，"一带一路"和"双创"战略，"传统产业+互联网"发展模式，以及混合所有制改革等都在不断推进过程中，这为民营企业的未来发展提供了潜在的契机。从政府的角度看，需要结合国家发展战略，制定有利于民营企业提升活力的引导政策措施，加大对民营企业的支持力度，促进民营企业继续实现"保质增量"的发展。同样，民营企业也需要加快在战略性新兴产业布局，加大"走出去"步伐，利用转型升级拓展发展空间，同时推动制度创新来提升管理能力和增强企业竞争力。

1. 加大金融市场创新力度解决融资难的问题

政府作为国家政策的制定机构和民营企业的服务机构，应紧紧围绕民营企业发展的现实需求，加大制定金融政策，创新金融市场，提升对民营企业融资的支持力度，拓宽民营企业融资渠道，为民营企业融资提供更多的选择。具体措施包括：从国家层面积极推动金融服务创新，着力降低企业融资成本和提高企业融资便利程度，培育发展科技金融、互联网金融、绿色金融、普惠金融、扶贫金融等新业态。通过设立和引进保险、保理、资产管理、社会信用、预付费消费和第三方服务外包等金融机构和非金融机构，发挥各类金融主体的互补优势，完善发展金融担保、资产评估等金融中介服务链，逐步形成活力足、信用好、规模大、机制优的金融生态环境。积极搭建银企、银政合作平台，建立政、银、企互动和常态化对接机制，优化资源配置，健全金融服务体系，增强金融服务和辐射力。

2. 强化对民营企业"走出去"的支持力度

民营企业的海外发展大多是为了引进国外先进技术，拓展市场空间，获得更多的客户等目的，形成新的治理模式以重构全球产业价值链。然而完全凭借民营企业自身实力和能力到国际市场进行打拼还存在一些难以避免的壁垒和困难，为此需要在国家层面加大对民营企业"走出去"的支持力度。例如，可以通过多政府部门的协作，出台"负面清单"，激活市场主体活力，为民营企业"走出去"提供支持，包括加大对中小民营企业的倾斜，用好财政贴息等杠杆，对一定额度内的海外投资商业贷款进行补贴等。此外，还可以推动信息平台建设，建立各级联动共享的投资项目在线审批监管平台，搭建投资项目审批公开、招商推荐等信息披露平台，及时发布海外投资相关的产业政策、发展规划、重大项目信息，打造科学、规范、高效的一站式海外投资服务体系等多种方式来服务民营企业。

3. 立足企业实践加快转型升级的节奏

"中国制造2025"、"互联网+"行动计划，以及"双创"战略的实施都为民营企业的转型升级提供了发展空间和机遇。民营企业需要结合国家产业结构的调整的契机，例如根据国家"十三五"相关行业和领域发展规划，着重把科技创新作为转型升级的重要支撑，加快新技术尤其是关键核心技术研发应用，改造提升传统业务，走"专、精、特、新"的发展模式，抢占技术制高点，重点落实在原始创新上。在产业转型升级方向上，结合国家关于新兴服务业、战略性新兴产业的发展规划，加快进入高新技术、信息和现代化金融服务等产业，努力实现产业的转型和升级，从整体上提高竞争力。此外，还可以考虑结合PPP模式和混合所有制改革提供的市场机会，参与国有企业改制重组及合资经营，产业园区建设和运营，以及对传统产业节能环保技术改造、新兴产业发展科技创新等项目，从存量和增量两个方面来加快民营企业转型升级的业务布局。

4. 加快制度创新提升内部组织管理

传统的家族式管理模式已经严重制约了民营企业发展的问题，为了确保民营企业能够实现可持续发展，向现代企业制度转变势在必行。针对传统的家族式管理模式中，股权大部分集中于家族成员手中，存在产权结构单一且封闭、产权管理中家族式经营的"家企合一"、产权界定模糊不清等问题，在今后制度创新中应适应时代要求进行产权制度改革，重点明确经营管理活动中的"责、权、利"，实现所有权和经营权分离。同时，建立科学激励、监督机制，健全管理制度，包括质量管理、人事管理、营销管理、财务管理、薪酬管理、组织管理、战略管理、风险管理等方面的制度创新，形成制度化管理模式，完成由集权向分权、由专断向民主、由经验向科学、由粗放向精细的转变。此外，还需要通过建立健全内部的控制制度和监督机制，重视职业经理人团队建设，提升管理团队的战略制定和执行能力。

专栏 43-1

创新驱动下的民营企业

作为全球领先的信息与通信（ICT）解决方案供应商，华为公司成立于1987年，是一家由员工持有全部股份的民营企业。自从20世纪90年代以来，华为在国际市场面对着爱立信、阿尔卡特、西门子、富士通、朗讯、北电等国际竞争对手，皆技术强大及资金雄厚。国内的竞争对手则是巨龙、大唐、中兴三家，与华为并称"巨大中华"，但只有华为一家是纯粹的民营企业。经过近30年的发展，华为公司从众多的市场竞争者中脱颖而出，目前，公司的业务遍及全球170多个国家和地区，服务全世界1/3以上的人口，致力于为运营商客户、企业客户和消费者创造最大的价值，提供有竞争力的ICT解决方案、产品和服务。

在创立之初，华为公司就特别强调创新在公司发展中作用。为此，公司将明确"核心价值观"——以客户为中心，以奋斗者为本，长期坚持艰苦奋斗，坚持自我批判，作为一切创新活动的根本指导理念。在《华为基本法》的引导下，华为公司结合自身实践，采取一种折中却最具市场效率的方式，即"在产品技术创新上，华为要保持技术领先，但只能是领先竞争对手半步，领先三步就会成为'先烈'，明确将技术导向战略转为客户需求导向战略"。这种创新思路强调了华为公司并不是为了创新而创新，而是力图做到集成创新，即新产品研发、生产、销售等一体化创新模式，保证创新的产品能够满足、引导市场需求。同时，在华为内部也提出，"我们不仅要以客户为中心，研究合适的产品与服务，而且要面对未来的技术方向加大投入，对平台核心加强投入，一定要占领战略的制高地"，其核心在于实现以客户需求和技术创新双轮驱动，以客户需求为中心做产品，以技术创新为中心做未来架构性的平台。

近年来，华为公司每年申请的国际专利数量占全球第一，已申请 4 万多项国际专利，国际化的销售中用专利积累建立起了稳固的保护壁垒。2015 年，华为公司在创新驱动战略影响下，投入 92 亿美元支持研发创新，占销售额的 15%，已经超过苹果的 85 亿美元研发投入（占销售额 3.5%）。根据国家知识产权局的数据显示，华为公司向苹果公司许可专利 769 件，而苹果公司向华为公司许可专利 98 件，苹果公司开始向华为公司支付专利费。2015 年，华为公司销售收入达到 3900 亿元，而阿里巴巴、腾讯、百度 BAT 三巨头 2015 年总营收合计不到 2500 亿元。2016 年 1~6 月，华为公司业绩创收 2455 亿元，继续保持稳定增长。

参考文献

[1] 白勇：《来自华为的启示》，《中国对外贸易》2013 年第 9 期。

[2] 宋清辉：《2025 之路中国民企将成发力主角》，《财经网》2015 年 7 月。

[3] 高燕：《对我国民营企业国际化经营发展的探究》，《经济研究导刊》2015 年第 19 期。

[4] 肖少平：《民营企业的融资困境及解决途径》，《经济与管理》2016 年第 1 期。

[5] 张行娜：《"新三板"助力民营企业发展》，《财经界》2016 年第 5 期。

[6] 张志超：《关于新常态下我国民营企业转型发展的主要任务》，《海峡科技与产业》2016 年第 5 期。

[7] 黄卫伟等：《以客户为中心：华为公司业务管理纲要》，中信出版社 2016 年版。

第四十四章　中小企业发展与政策

提　要

受宏观经济增速换挡的影响，尽管商事制度改革等供给侧结构性改革的深化促进了中小企业数量的稳步增长，但增速出现了放缓趋势，中小企业自身的资源和能力仍然不能满足转型升级的要求。与此同时，中小企业发展的结构性特征更加突出，中小企业自主创新活力持续增强，三次产业结构和工业内部结构更趋优化，基于"互联网＋"的新型商业形态不断涌现，对国民经济社会发展的贡献更加突出。2015 年以来，为切实支持中小企业创新发展、转型发展，政府从改善融资条件、完善服务体系、加大扶持力度等各个方面先后出台了一系列有针对性的政策措施。但总体上看，当前我国的中小企业政策仍然存在政策协调性差、扶持性资金使用效率低下、企业实际税费负担沉重、优惠政策落实不到位、公共服务质量不高的问题。通过进一步深化供给侧结构性改革，完善中小企业发展的竞争环境、融资环境、创新环境和服务体系，是未来我国中小企业政策调整优化的主要方向。

*　　　　　　　*　　　　　　　*

在我国经济增长由高速增长转向中高速增长的阶段，通过供给侧结构性改革解决长期制约我国中小企业发展的制度性、政策性问题，充分释放中小企业成长活力，促进中小企业转型升级，是推进我国供给侧结构性改革和转变发展方式的重要内容。

一、当前我国中小企业发展的总体状况

受宏观经济增速换挡的影响，尽管商事制度改革等供给侧结构性改革的深化促进了中小企业数量的稳步增长，但中小企业数量增速出现放缓趋势。与此同时，中小企业发展的结构性特征更加突出，中小企业自主创新活力持续增强，基于"互联网＋"的新型商业形态不断涌现，中小企业增长质量有所提升。但总体上看，中小企业自身的资源和能力仍然不能满足转型升级的要求。

1. 中小企业数量稳步增长

在国家不断加大中小企业扶持力度、优化创业环境的背景下，中小企业总数稳步增长。根据国家工商总局的统计数据，截至 2015 年年底，全国实有各类市场主体（含企业、个体工商户和农民专业合作社）7746.9 万户，比 2014 年增长 11.8%。2016 年第一季度新登记市场主体 301.1 万户，比 2015 年同期增长 10.7%。与往年对比，总数稳步上升，增速有所下降，但仍在 10% 以上。

其中，2015 年全国新登记企业 443.9 万户，比 2014 年增长 21.6%，注册资本（金）29 万亿元，增长 52.2%，均创历年新登记数量和注册资本（金）总额新高。2015 年平均每天新登记企业 1.2 万户，比 2014 年日均新登记企业 1 万户有了明显提升。特别是自 2015 年 10 月 1 日起"三证合一、一照一码"登记制度改革在全国范围内全面实施以来，改革成效明显，11 月、12 月新登记企业数量连创新高，分别达到 46 万户和 51.2 万户。2015 年年底，我国每千人企业量达到 16.0 户，较 2014 年年底的 13.3 户增长了 20.1%（见图 44-1）。

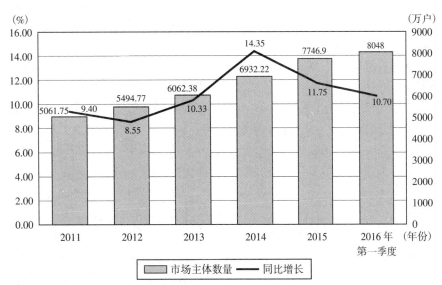

图 44-1　全国市场主体数量变动情况

资料来源：国家工商管理总局，《2015 年度全国市场主体发展、工商行政管理市场监管和消费维权有关情况例行新闻发布会》，《2016 年第一季度全国市场主体发展情况》。

2. 自主创新活力持续增强

中小企业技术创新能力进一步提升。2015 年，国家知识产权局共受理发明专利申请 110.2 万件，同比增长 18.7%，连续 5 年位居世界首位。共授权发明专利 35.9 万件。其中，国内发明专利授权 26.3 万件，比 2014 年增长了 10 万件，同比增长 61.9%。中小企业在促进专利快速增长中扮演了重要的角色。2015 年年底兰德公司公布的《中国的专利授予与创新：激励、政策与成果》报告显示，中小企业虽然在基础性研究和创新上有所欠缺，但在集成创新和应用环节的专利数并不少。中小企业品牌意识不断增强。截至 2015 年年底，每万户市场主体商标拥有量达 1335 件。2015 年，商标注册申请量 287.6 万件，较 2014 年增长 25.8%。完成商标注册申请审查 233.9 万件。截至 2015 年年底，累计商标注册申请量 1840.2 万件，累计商标注册量 1225.4 万件，商标有效注册量 1034.4 万件，每万户市场主体商标拥有量达 1335 件，比 2014 年 1210 件增长 10.3%。

3. 产业结构更加趋于优化

中小企业加速向战略性新兴产业领域聚集，电子信息和生物医药等高技术产业、"互联网+"以及新兴服务业成为中小企业增长热点。在工业内部，基础材料、基础零部件、基础工艺等领域一批"专、精、特、新"中小企业快速成长，成为工业提质增效的重要支撑。服务业市场主体增长明显。2015 年，信息传输、软件和信息技术服务业新登记企业 24 万户，比 2014 年增长 63.9%，文化、体育和娱乐业 10.4 万户，增长 58.5%，金融业 7.3 万户，增长 60.7%，教育 1.4 万户，增长 1 倍，卫生和社会工作 0.9 万户，增长 1 倍。产业结构进一步向服务型经济结构迈进。

4. 创业企业经营态势良好

根据 2016 年第一季度工商总局开展的全国百县万家新设小微企业周年活跃度调查结果，我国小微企业总体发展态势良好，企业开业率达 71.4%，其中初次创业企业占 84.6%。小微企业活跃度稳步提升，八成开业企业实现创收，超半数开业企业实现纳税。小微企业从业人员由开业时平均每户 7.7 人增加到 8.5 人，主要为高校应届毕业生和失业再就业人员。网络调查显示，社会对新增企业活跃度的整体评价较高，满意度在 0.8 上下（1 表示最满意）。高科技小微企业和"互联网+"小微企业稳步发展。在小微企业中，科技创新、"触网"等企业类别的盈利比例相对传统行业更高。

5. 经济社会贡献愈加突出

中小企业的相对税收和就业贡献显著高于大型企业。目前，我国中小企业税收占销售收入的负担率为 6.81%，高于全部企业 6.65% 的平均水平；税收占资产总额的负担率为 4.9%，高于全部企业 1.91% 的平均水平。中小企业成为社会吸纳就业的主体。中小企业的资产净值人均占有份额明显低于大型企业，同样的资金投入，中小企业吸纳的就业人数是大企业的 4 倍。从就业人数的绝对数额看，工信部公布的数据显示，中小企业吸纳就业人数占城镇就业人口的 80%。

6. 转型升级能力仍有待提升

在中小企业快速发展的同时，中小企业的创新发展仍然面临较为严峻的能力约束。

一是能够支撑中小企业创新发展、转型发展的高端管理人才、研发人才和高技能产业工人缺乏，特别是在越来越多的中小企业面临接班人问题而职业经理人市场建设又严重滞后的情况下，中小企业管理断层的问题日渐突出。

二是研发资源投入不足。根据一般国际经验，研发支出占销售额 1% 的企业很难生存，占 2% 的企业基本可以维持，超过 5% 企业才有竞争力。而我国大多数中小企业没有研发经费发生，或者即便有研发经费也不足销售额的 1%，自我积累能力弱。

三是智能化、数字化、网络化生产制造能力弱，多数中小企业还缺乏利用工业机器人、CAD、CAE 等现代化、信息化、自动化生产工具改造提升生产运营水平的能力和认识。

四是融资能力不能有效支撑企业转型发展。小微企业和创业企业大多规模较小，缺乏信用记录，无固定资产抵押，难以获得金融机构的支持，创业资金主要来源于自筹。根据中国人民银行发布的统计数据，2015 年以来，在中小企业数量不断增长的情况下，中小企业获得的贷款额却只是缓慢上升，同比增长率不断下降（见图 44-2）。

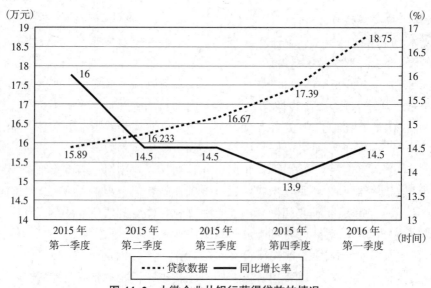

图 44-2　小微企业从银行获得贷款的情况

资料来源：中国人民银行调查统计司。

二、当前我国促进中小企业发展的主要政策措施

2015 年以来，为切实支持中小企业创新发展、转型发展，政府部门从改善融资环境、加大扶持力度、完善服务体系等方面先后出台了一系列有针对性的政策措施。

1. 中小企业融资渠道不断拓展

一是加大银行类金融机构对中小企业的融资支持力度。国务院办公厅、银监会于 2015 年发布的《关于加快融资租赁业发展的指导意见》和《关于促进民营银行发展指导意见》指出，在落实小微贷款"三个不低于"目标基础上，进一步丰富中小企业金融服务机构种类，在强化监管的前提下提高行政审批效率，在中小企业集中的地区积极推动具备条件的民间资本依法发起设立中小型银行、金融租赁公司和消费金融公司等金融机构。积极引导银行类金融机构针对不同类型、不同发展阶段中小企业的特点，不断开发特色产品，为中小企业提供量身定做的金融产品和服务，大力发展产业链融资等多种融资方式，积极开展抵质押贷款业务，推动办理更多样化的融资业务。

二是进一步推动资本市场创新发展，发挥直接融资优势，为企业提供更广阔的渠道和便利的条件。规范发展服务于中小企业的区域性股权市场，推动建立工商登记部门与区域性股权市场的股权登记对接机制，加快推进全国中小企业股份转让系统向创业板转板试点，研究解决特殊股权结构类创业企业在境内上市的制度性障碍，支持创业企业股权质押融资和票据融资。引导和鼓励众筹融资平台规范发展，开展公开、小额股权众筹融资试点，加强风险控制和规范管理。

三是加快推进融资担保体系建设。国务院办公厅在 2015 年《关于促进融资担保行业加快发展的意见》对此做出细致安排，提出要大力支持融资担保机构发展，建立层级完善、重点突出的担保机构体系，以省级、地市级为重点，科学布局，发展一批经营规范、实力较强、信誉较好的政府性融资担保机构，服务中小企业健康发展。研究设立国家融资担保基金，推进政府主导的再担保机构基本实现区域全覆盖，构建稳定的国家融资担保基金、省级再担保机构、辖内融资担保机构的三层组织体系，完善再担保机制，有效分散融资担保机构风险，发挥再担保在中小企业融资中的"稳定器"作用。

2. 科技创新扶持力度不断加大

为进一步激发中小企业技术创新活力，提高中小企业技术创新能力，有关部门从科研投入、技术研发合作等方面为中小企业发展提供了有力的政策保障。工信部于 2016 年发布的《促进中小企业发展规划（2016~2020 年）》指出，要逐步增加中央财政预算支持中小企业技术创新的专项资金规模，继续加大国家火炬计划等专项行动计划支持力度，扩大国家科技支撑计划覆盖范围，积极发挥中小企业技术创新基金的引导作用，对自主研发投入比例达到政策要求的中小企业给予多种形式的鼓励和补贴。

《促进中小企业发展规划（2016~2020 年）》还强调，要积极支持科技型中小企业加强产学研合作，与高校和科研院所共建研发机构、联合开发项目、共同培养人才，鼓励中小企业接收高校和科研院所及各类财政性资金支持形成的科技成果转移，鼓励企业与境外研究机构建立合作伙伴关系，组建产学研跨境创新协同网络，应用高新技术及先进适用技术。鼓励科技中介机构开展面向科技型中小企业的服务，推进技术转移专业化联盟和技术产权交易市场的建设。政府积极组织科技人员服务企业，解决中小企业技术瓶颈，同时鼓励拥有科技成果的科技人员自主创业，领办创办科技型中小企业。

3. 公共服务体系日臻完善

随着我国产业政策逐渐由结构性政策向功能性政策转变，中小企业公共服务体系在中小企业政策中的重要性不断提升，中小企业公共服务体系成为政府中小企业政策资源投入的主要领域。截至 2015 年年底，我国已经构建了涵盖 30 个省市、5 个计划单列市的中小企业公共服务平台网

络，带动社会各类服务资源 7 万多个；认定 511 家国家中小企业公共服务示范平台；实施中小企业创新能力计划和创办小企业计划，启动国家小型微型企业创业创新示范基地公告工作；组织实施了中小企业银河培训工程和企业经营管理人才素质提升工程。

《促进中小企业发展规划（2016~2020 年）》还指出，要进一步提高中小企业服务体系的服务效率，丰富服务内容，完善服务功能。研究制定中小企业服务机构和平台的服务规范，加强小微企业创业创新基地、中小企业公共服务平台等载体能力建设，不断提高服务质量和水平。发挥中小企业服务平台网络骨干架构作用，加强互联互通，实现资源优势互补，建立全国性的公共服务平台网络，在更大范围和更高层次上整合资源，提高服务水平和效率。近年来，地方政府积极通过中小企业公共服务平台专业化、网络化建设，集聚资源，集成服务，统筹建设区域内互联互通、资源共享的平台网络，并积极促进实现跨区域和全国范围的协同服务。地方政府和园区还积极支持第三方社会化服务机构提供小微企业"互联网+"评估、诊断等服务，利用信息化手段大幅提升中小企业公共服务效率。

4. 创业政策更加精细化

一是进一步放宽创业企业市场准入，积极培育创业主体。国务院在 2015 年发布的《关于大力推进大众创业万众创新若干政策措施的意见》中提出，支持科研人员、毕业大学生、打工返乡人员和境外高端创新人才创业，优化工商注册登记程序，提供公开公平、便捷高效的准入服务，减免注册登记等一系列行政事业性收费对企业的负担。国家工信部在 2016 年发布的《关于印发促进中小企业发展规划（2016~2020 年）的通知》强调，鼓励和支持创业者打破传统束缚和限制，支持各类创业主体进入法律法规未明确禁入的行业和领域。

二是积极推动创业平台建设。《促进中小企业发展规划（2016~2020 年)》提出，各地要积极创造条件，合理安排必要的场地和设施，充分利用已有的各类园区，打造中小企业创业创新基地，为创业主体获得生产经营场所提供便利，形成线上与线下、孵化与投资相结合的开放式综合服务载体，为中小企业创业兴业提供低成本、便利化、全要素服务。同时，鼓励大企业提供新型创业平台，开展各类创业孵化活动，形成市场主导、风险投资参与、企业孵化的创业生态，鼓励服务机构提供创业信息、创业指导、创业培训等专业化服务。

三是进一步加强财政资金对创业关键环节的引导和扶持。2015 年，国务院办公厅发布的《关于发展众创空间推进大众创新创业的指导意见》和《关于大力支持小型微型企业创业兴业的实施意见》提出，政府将逐年加大中小企业发展专项资金支持力度，重点支持中小企业创业基地和公共服务平台建设，推进中小企业创业兴业项目发展，积极引导地方、创业投资机构及其他社会资金投资于初创期科技型中小企业。进一步完善科技企业孵化器税收政策，对符合规定条件的众创空间采用科技企业孵化器税收政策。进一步落实创新创业奖励和补助政策，鼓励有条件的地方综合运用无偿资助、业务奖励等方式，对众创空间的办公用房、用水、用能、网络等软硬件设施给予补助。

三、我国中小企业政策仍然存在的不足

"十二五"以来，政府为促进中小企业健康发展，从财政支持、税收优惠、融资激励、公共服务和技术创新等各个方面出台了多项政策，取得了一定的成效，但由于政策之间协调不够，更主要地，由于政策实施机制不畅，中小企业政策在顶层设计和具体实施方面还存在以下问题。

1. 政策之间协调性不够

由于部门之间、中央和地方之间的中小企业政策协调机制尚未建立起来，我国中小企业政策体系在以下方面仍有待进一步提升。

一是政策连续性不强。金融危机以来，特别是"十二五"后期，我国经济增长速度明显回落，稳增长与调结构的矛盾日益突出。面对经济下行的压力，中小企业政策在制定和实施过程中，出现了"轻公共服务、重资金扶持"、"有政策、无落实"的问题。地方政府更多将政策资源导向大企业，很多惠及中小企业发展的政策措施没有落实到位。

二是政策缺乏统筹规划和系统性安排。尽管2008年国家机构改革一定程度上理顺了部门职责关系，但在中小企业管理体制方面仍遗留不少问题。工信部、工商行政管理总局、国税总局、国家科技部等各大部委分别对中小企业、三资企业、个体私营企业、民营科技企业实行归口管理，政出多门。由于各级各类管理主体之间权责义务不明确，一方面出现了项目资金种类杂多、交叉重复的问题；另一方面也出现了专项资金的分散化多头管理、使用效率低下的问题。以中小企业专项资金为例，因为财政专项资金实行多头管理，各级各部门资金安排又比较分散，所以专项资金的预算编制存在诸多不规范，增加了有关部门对专项资金的监督难度，引起监管效率下降等一系列问题。更重要的问题在于，现行政策体系未对专项资金的整个运用流程建立完善的绩效评价和监督机制，也缺乏对财政扶持资金的后续跟踪和评估，使得资金的发放和使用处于无人监管的状态，资金使用的实际效果大打折扣。

2. 扶持性资金使用效率不高

一是尽管财政对中小企业的扶持性资金支持规模不断扩大，但由于财政扶持政策覆盖面太广，涉及行业和领域过多，分散到不同中小企业项目的资金规模小，难以形成撬动和杠杆效应。目前，财政政策扶持中小企业的主要方式是财政贴息和无偿资助，但由于我国财政资金施行层层拨付的机制，实际到达中小企业的财政资金很少，难以满足中小企业的实际需求。

二是财政扶持政策执行不到位。地方政府出于做大经济总量的考虑，中小企业政策在落实过程中存在扭曲。例如，地方为提高财政收入、解决就业，更倾向于扶持生产型企业，忽视科技型企业；更倾向于扶持中型企业，忽视小微型企业。在地方采购项目中，由于采购方通常都要求企业提供履约保证金，实际上对中小企业、特别是小微企业形成了壁垒和较高的费用负担。此外，由于各级财政专项资金分散在不同银行的不同账户，资金结算不畅，占用时间较长，降低了资金使用效率。

3. 税费负担仍然较沉重

一是税收优惠政策覆盖范围不大，税费负担比较繁重。虽然政府针对中小企业出台的税收优惠政策力度不断扩大，但真正符合减免政策的中小企业数量较少，优惠幅度有限。现行税收体系下名目繁多的税费，尤其是行政事业性收费，仍是当前中小企业发展的一个沉重负担。整体上看，2015年以来国家对中小企业实施的各项税费优惠政策对减轻中小企业税费负担效果并不显著，诸如水资源费、劳动保险费等在内的收费金额高的费种并未减少。

二是税收优惠方式不能有效支撑中小企业创新发展。目前我国税收政策中对中小企业的优惠方式主要是以减免为主的税额优惠，而国际通行的优惠措施是加速折旧、费用抵扣和投资抵免为主的税基优惠。相比而言，税基优惠更符合创新型中小企业初创阶段高技术研发投入、低利润的现实状况，更能发挥政府支持中小企业创新的激励作用。

三是许多针对中小企业的税收优惠政策无法落地。目前针对中小企业的税收优惠政策广泛分布于不同部委的不同产业政策中，税务部门缺乏相应的配套细则，加之企业申请税收优惠时的复杂程序和繁重的材料报送负担，使优惠政策难以落到实处。

4. 专门性金融机构发展滞后

一是中小企业融资渠道单一，过度依赖银行。2015年，我国小微企业来自银行类金融机构的融资占总体融资比例在60%以上，西部地区更是高达90%。但银行贷款审批要求严，融资门槛高，中小企业较大企业在资金、人才技术、信息等方面都存在劣势，而地方政府出于经济增长的考虑，通常都会将融资支持和税收优惠导向大企业，进一步恶化了中小企业的融资条件。另外，我国资本市场建立时间短，发育不健全，进入门槛高，发行市场采取核准上市，大大制约了中小企业的直接融资渠道。

二是缺乏针对中小企业特点的专门性金融机构和融资支持政策。中小企业处于企业初创成长期，风险相对较大，盈利能力较弱，且缺乏抵押担保能力，不适合从审批程序复杂、风险管控程度高的国有大型银行贷款。但由于严格的准入条件和隐形壁垒，我国中小金融机构发展严重不足。2015 年，银监会发布的《关于促进民营银行发展指导意见的通知》仍然要求民营银行须具备 3 年持续盈利及净资产比重 30% 以上等准入条件，严苛的准入条件阻碍了中小企业金融机构的发展。

5. 公共服务质量不高

目前，我国中小企业公共服务机构普遍存在服务机构服务水平不高或者公益性不强的矛盾。以产业集群中中小企业共性技术服务机构为例，目前我国产业集群普遍采用优势企业供给型或研发机构合作型的共性技术供给方式，这两种模式虽然符合我国产业集群市场结构相对分散、多数企业技术研发水平落后的现状，因而具有经济上的合理性，但同时也导致严重的问题：优势企业在项目选择上更有利于企业自身私人收益而不是集群社会收益的最大化，共性技术研发过程缺乏集群企业的充分交流和互动，在后一种模式下，由于缺乏技术投资的连续性和制度的持续性，产业集群创新能力的培育和提升受到制约。因此，无论从共性技术创新还是从共性技术扩散的角度看，优势企业供给型和研发机构合作型都存在严重的缺陷。目前，国家和地方层面建设的各类共性技术服务机构与国外通行的中小企业服务机构的治理结构和运营模式还存在较大差距，在服务质量和公益性方面还存在很大的提升空间。

四、进一步促进我国中小企业发展的思路与措施

针对当前中小企业扶持政策存在的问题以及中小企业发展的切实需求，参考发达国家和地区扶持中小企业创新发展的政策体系与措施，未来进一步促进我国中小企业转型发展的政策建议包括：

1. 完善中小企业信用体系

企业信用体系已经成为中小企业融资难、融资贵、不规范竞争的根源，加强企业信用体系建设应当成为未来促进中小企业创新发展的重中之重。建议建设国家金融信用信息基础数据库，推动企业外部信用评级发展，强化信用识别机制，这些有助于改善中小企业融资环境、提高其融资效率、减少其融资成本，从而推动经济的发展。整体而言，建议国务院尽快设立相应的监督管理机构，促进、协调相关政府管理部门、银行、公共基础设施企业、电子商务企业等各类机构，加快建立我国企业信用体系，让分散在银行、政府机构等的信息通过信用体系集中起来为企业融资服务。

具体措施为：一是建立完善的信用记录数据库。通过构建统一的企业家个人信息、企业家信用卡信息、企业贷款信息、缴税缴费信息以及电子商务交易、水电费等信息，完善中小企业信用记录数据库；二是鼓励、支持各类资本投资经营征信机构发展，通过市场化竞争的方式提供信用咨询、代理方面的服务；三是加速制定《社会信用信息法》，为商业化的社会征信机构开展企业和个人信用信息的搜集、保存、评级、服务等业务提供基本的法律依据，改变目前社会信用体系缺乏法律保障的状况；四是建立个人信用和企业信用的互通、传导机制，使信用惩戒不但能够作用于企业本身，还能通过个人和企业信用的挂钩对企业实际控制人产生约束作用，降低中小企业的违约风险。

2. 拓宽中小企业融资渠道

加快发展多层次的资本市场，适当降低创业板等市场的上市融资门槛，完善中小企业上市育成机制，规范私募股权投资基金。从债权市场来看，加快发展公司债、私募债等固定收益类产品。特别地，基于中小企业集群融资理论发展的集合债券、集合票据、集合信托等创新型直接债务融资为我国劳动密集型中小企业转型融资开辟了一条路径。从我国目前已发行的集合债券来看，该创新型工具通过"统一组织、分别申请、分别负

债、统一担保、集合发行"的方式为企业融资，与传统债务工具相比具有降低筹资成本、分散投资风险、增强信用等级等优势；对于地方政府来说，通过推荐产业政策重点支持的中小企业，有利于引导资金的流向，促进区域内中小企业的转型和发展。

大力发展小额贷款公司等中小金融机构。目前小额贷款公司在解决中小企业融资方面具有效率高、放款快的特点，因而对于企业解决短期资金周转具有重要作用。然而，与此同时，由于小贷公司存在借款成本高、期限短的问题，因而对于解决中小企业转型融资的贡献不大。要破解上述问题，需要在解决小额贷款公司身份的前提下，提供公平的市场竞争环境，积极探索建立小贷行业协会、引入外部投资者和第三方评级机构、建立小贷保证保险制度、发展小贷同业拆借和再融资中心等方式，进一步拓展小贷公司的业务范围。

3. 提升中小企业技术服务水平

建议在国家和省（直辖市）两个层面分别设立中国工业技术研究所，提供"高质量"的中小企业共性技术服务。建议依托海外高层次人才设立中国工业技术研究院，作为中国中小企业（包括中小企业）共性技术供给的重要机构。同时，鼓励各省根据本地的产业优势和科技资源基础多种形式地建设本地区的工业技术研究院，作为本地区中小企业共性技术供给的主体。借鉴国际成熟共性技术研究机构的普遍规则，中国工业技术研究院采取"公私合作"的运营模式，运营经费1/3来自国家财政，1/3来自各级政府的竞争性采购，1/3来自市场。在治理机制方面，由技术专家、政府官员、企业家代表和学者共同组成专业委员会作为最高决策机构。研究院的机构设置按照产业发展需求设置，研究人员的考评以社会贡献为主，以此保证工研院研究成果的应用服务功能。国家可以考虑设立配套的引导资金，引导研究院为中小企业、前沿技术和落后地区等具有较强社会外部性的领域投入。

4. 完善中小企业公共服务体系

充分借鉴成熟市场经济国家中小企业科技服务体系建设的经验，针对目前我国中小企业科技服务体系存在的问题，重点围绕以下四个方面完善我国的中小企业公共服务体系。一是结合"新工业革命"背景下中小企业科技创新的现实需求，大力发展事业性的、公私合作的、商业性的大数据、工程数据库和高性能运算服务机构；二是鼓励高校和科研院所向广大中小企业开放基本的研究实验设施，同时鼓励各类科技服务平台建立跨地区的服务机制；三是大力建设国家、省、市三级综合性科技服务机构；四是在中小企业服务队伍的建设中，充分调动退休企业家、研发人员、工程师等专业人员的内在积极性，鼓励其以全职、兼职或志愿者的形式参与到各类服务活动中来，提高我国中小企业科技服务的队伍素质和公共服务质量。

5. 提高中小企业生产制造能力

大部分中小企业在产业链中主要承担生产制造而不是研发创新功能，因此提高中小企业的生产制造水平对于广大中小企业生产效率的提升至关重要。目前，由工业和信息化部管理的企业技术改造资金，由于政策标的主要指向生产性投资，其作用局限于激励企业进行既有生产设备的改进、新型生产设备的引进和厂房扩建，没有形成激励企业进行工艺能力提升的作用。建议在技改政策方面，借鉴日本"技术咨询师"和澳大利亚"管理顾问"的做法，培育、认证专门的具备丰富的生产管理经验和现代工艺知识的专家队伍，为中小企业提供质量管理、现场管理、流程优化等方面的咨询与培训，从生产工艺而不是生产装备的层面切实提高企业制造水平。

6. 制定中小企业退出援助政策

对于无法适应环境或者希望退出市场的中小企业，制定退出援助政策，帮助他们平稳退出市场。企业自愿退出市场在发达国家是普遍存在的，并且政府专门制定了相应的退出援助政策，帮助企业平稳过渡。仅仅帮助企业进入市场或创业仍然是不够的，还要考虑到想退出市场的企业需求。建议学习日本、德国的做法，完善风险资本的投资和退出机制，培养"小而专"的中小企业，提高产品质量，提升中小企业的竞争力。尤其是在产能过剩的情况下，政策上对过剩产能退出的援助显得尤为重要。例如，对风险投资采取风险预警援助方式，规定专业机构免费为中小企业提供管理咨询服务；设立产业退出援助基金，让过剩产能的中小企业有动力退出，缓解产能过剩的问题。

7. 建立完善的中小企业培训机制

根据各个地区中小企业的行业结构、产业布局和发展的需要,利用当地的师资力量,或聘请相关领域的专家学者、优秀企业家对中小企业的管理者和技术人员进行人才培训。不仅设立理论教学平台,更应注重实践模拟训练及培训后的效果评估,最终形成完整的培训体系。在企业内部,帮助中小企业建立良好的激励机制,培训前找员工沟通,激发员工的培训动力,让员工从心里认可培训,变被动为主动。将培训与员工晋升、加薪甚至差异化的福利待遇结合起来的培训激励机制建设,不但能够充分调动员工参与培训的积极性,也能调动内部培训讲师参与培训的积极性。更重要的是,现代科技发展日新月异,知识和技能更新速度很快,定期对员工进行专业培训,可以随时掌握行业的最新知识,使员工始终站在行业发展的前沿,更好地为生产经营服务。

8. 营造知识产权友好的创新环境

加强知识产权保护和知识产权诉讼服务,切实有效治理高技术产业中的垄断行为和不正当竞争行为,营造良好的中小企业竞争环境。目前,制约我国中小企业充分利用知识产权保护科技成果、获得技术创新收益的原因,既有知识产权执法不力的问题,也有中小企业知识产权诉讼成本太高的问题。基于此,建议国家和各级政府设立中小企业法律事务公共服务机构,为广大中小企业提供知识产权方面的"基本"法律服务,切实降低广大中小企业的知识产权维权成本,从根本上解决中小企业的知识产权保护问题。严厉打击捆绑和搭售、信息公开不充分、忠诚折扣、限制性定价等企业垄断行为,严厉打击流氓软件、不实广告等不正当竞争活动,规范各类平台型企业的竞争行为,为高技术创业和中小企业市场竞争创造良好的商业生态环境。

专栏 44-1

美国科学院发布小企业技术转移计划评估报告

2016 年 5 月,美国国家科学院成立专门委员会对小企业创新研究计划第二阶段进行评估,并发布《小企业技术转移计划评估报告》,主要针对小企业技术转移计划(STTR)的 1400 个项目进行了评估,得出 8 个主要结论并提出 3 方面的政策建议。

评估得出的主要结论包括:①STTR 计划实现了国会预先设定的促进小企业与研究机构之间合作的目标,比小企业创新研究计划(SBIR)完成得更好。小企业与大学之间的联系比 SBIR 更广泛;科研机构允许小企业进入新的和具有挑战性的研究领域,访问研究机构的设备,共享专家和校友资源,通过专利和出版物等形式对知识进行全面扩散。②STTR 的运行和管理因不同的机构而异。NASA 和 DOD 的项目管理者认为 STTR 弥补了基础研究与授权项目之间衔接的断层,而 NIH、NSF 和 DOE 认为该计划与 SBIR 有着相似的目标,应该将两个计划一并实施。③STTR 有利于政府投资创新的私营部门商业化。④女性和少数群体(黑人、西班牙裔和土著美国人)在 STTR 计划中的参与度不够,且没有明确的增长趋势。⑤STTR 项目的选择与所属机构使命尽量一致。⑥小企业与研究机构之间的利益和需求不同,STTR 要求建立正式的合作关系存在一定的困难。例如,研究机构将技术开发和扩散作为核心使命,而小企业将知识的商业化作为优先事宜,就需要对其技术使用信息、交易信息等进行保护等,此类问题对 STTR 计划的实施提出了挑战。⑦小企业认为 STTR 项目越来越繁重,不如 SBIR 更具有吸引力,部分原因是小企业与研究机构之间建立正式的合作关系并非易事。⑧STTR 资助和培养了大量创新型企业,并对企业的创新文化产生重大影响。

评估提出的政策建议包括:①资助机构应从以下几个方面入手鼓励小企业和研究机构之间建立正式的合作关系:制定恰当的特许使用费标准和特许协议模板,解决合作中出现的特殊问题,确保 STTR 计划在机构研发战略中的作用与 SBIR 有明显差别,并在后续评估中进一步确认,通过 STTR 计划的实施小企业与科研机构的合作是否进一步加强。②小企业局应该将"少数群体"的定义改为"社会和经济弱势群体"，扩大涉及的范围，特别要将亚裔美国人包含在内；小企业局应参与到每个项目运行过程中，收集数据并经常向国会报告。③其他建议：加强女性和少数人群的参与程度，编制"简化与国家实验室合作的试点方案"，改善数据收集，并加强国家实验室技术转移对小企业的作用分析等。

资料来源：中国科学院，《战略与政策论坛》2016 年 7 月。

参考文献

[1] 财政部财政科学研究所课题组：《我国中小企业发展支持政策研究》，《经济研究参考》2015 年第 8 期。

[2] 林毅夫：《分类解决中小企业融资》，《中国房地产业》2014 年第 6 期。

[3] 江鸿、贺俊：《"十三五"期间促进中小企业创新发展的政策思路与措施》，《学习与探索》2015 年第 6 期。

[4] 裴胜：《基于镇江市中小企业公共服务平台存在问题的对策研究》，《现代工业经济和信息化》2016 年第 1 期。

[5] 武玉支：《促进中小企业发展的财政政策研究》，首都经济贸易大学博士学位论文 2014 年。

第四十五章　上市公司

提　要

上市公司一直都被视为中国经济的"晴雨表"。中国上市公司群体的发展质量，与我国能否顺利实施供给侧结构性改革息息相关。2015年，上市公司总体规模稳步增长，价值创造能力有所改善，经营状况呈分化趋势，新兴产业和高技术领域的上市公司迅速成长，"一带一路"和国企改革带动并购重组掀起新高潮。但是，在当前国内外政治经济形势复杂多变的背景下，上市公司在发展中也面临许多的困难和挑战：一是钢铁、采矿等传统行业进入深度调整阶段；二是大量"僵尸企业"侵占资源却面临退市障碍；三是上市公司通过并购重组实现盲目扩张带来的负面影响开始显现；四是监事会治理、独立董事制度等方面仍存在"短板"。为此，提出以下建议：积极对接国家最新经济政策和改革思路，建立健全低质量上市公司的退出机制，针对盲目并购等不理性行为加强监管力度，继续推行分类治理的制度安排。

   *   *   *

2015年，是"十二五"的收官之年，我国上市公司也迎来了一个新的发展阶段。进入"十三五"时期，资本市场在供给侧结构性改革中将承担高效配置资源、激活要素活力等重要使命，作为中国企业中最优质、最活跃的群体，上市公司必将成为供给侧结构性改革先行先试的主力军和引领者。上市公司在加快推进"三去一降一补"的过程中，能够有效促进上市公司群体提质增效和持续发展，从而保障我国经济转型和深化改革进程的顺利推进。

一、2015年上市公司发展成效

当前，我国宏观经济面临多重挑战，供给侧结构性改革持续有序推进，为上市公司提供了提质量、调结构的新机遇和新动能。2015年，在机遇与挑战并存的复杂环境下，我国上市公司总体规模重拾增长势头，布局结构进一步优化，经营业绩的分化趋势更加明显，转型升级和提质增效取得了一定的成效。

1.总体规模稳步增长，公司质量有所改善

随着IPO的重启，近两年，我国上市公司总体规模呈现明显的增长趋势。据证监会和证券交易所统计，截至2015年年底，我国境内上市公司总数（A股、B股）达到2827家，其中沪市1081家，深市1746家，比2014年底的2613家增加了214家；上市公司股票市价总值达到531304.20亿元，比2014年底总市值增长了42.6%（见图

45-1）；上市公司筹资方式多元化，2015 年，通过 A 股首次发行筹资 1578.08 亿元，通过 A 股定向增发筹资 6709.48 亿元，通过公司债筹资 21181.24 亿元。

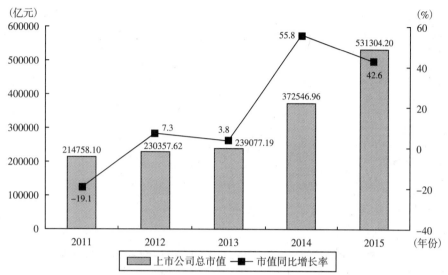

图 45-1　我国境内上市公司总市值变化情况

资料来源：中国证监会、上海证券交易所、深圳证券交易所。

2015 年，受到来自国际国内的多重挑战，沪市上市公司整体经营运行稳中趋缓，沪市公司 2015 年共实现营业收入 22.67 万亿元，同比下降 3.93%；共实现净利润约 2.05 万亿元，同比下降 2.66%；每股收益 0.55 元，同比下降 11%。[①] 相反，得益于板块结构的优势，深市上市公司整体保持增长态势。2015 年深市上市公司实现营业总收入 68139.31 亿元，同比增长 4.69%；归属母公司股东净利润合计 4249.38 亿元，同比增长 7.42%；剔除金融行业，平均毛利率为 21.50%，连续两年提升。2015 年深市 89.01% 的公司实现盈利，有 425 家公司净利润增长超过 50%，比 2014 年增加 13 家。[②]

与此同时，"十二五"期间上市公司注重提质增效，综合实力和公司质量有所改善。总体而言，2015 年我国上市公司质量同上年相比有所改善，主要体现在经营效益改善、公司治理水平提升和社会责任意识增强等方面（张跃文和王力，2015）。尤其是进入 2016 年以来，在我国各级政府有序推进供给侧结构性改革的积极政策推动下，

上市公司整体经营状况有所好转，重点行业去产能、去库存、去杠杆等工作取得初步进展，上市公司价值创造能力有所提升。据统计，A 股公司归属母公司的净利润增速，已从 2015 年第三季度同比的 -11.8% 提升至第四季度的 -11.1%，再提升至 2016 年第一季度的 -1.9%。[③]

2. 布局结构持续优化，经营业绩明显分化

近年来，我国促进产业结构优化与升级的成效，在上市公司群体中表现得尤为突出。

首先，从上市公司的行业分布情况来看，随着创业板上市公司的迅速壮大，主板、中小板和创业板齐头并进，推动上市公司整体的产业布局持续优化。2015 年沪市上市公司第三产业总资产比重达到 88%，远高于第一、第二产业占比。截至 2015 年年底，深交所上市股票数量行业比重明显下降的依次是：房地产（-0.41%）、制造业（-0.28%）、批发零售（-0.28%）、运输仓储（-0.12%）和住宿餐饮（-0.10%），行业比重大幅上升的是信息技术（0.48%）、文化传播（0.38%）以及建筑业（0.24%）（见图 45-2）。这表明，我

① 上海证券交易所资本市场研究所年报分析小组：《沪市上市公司 2015 年年报整体分析报告》，《上海证券报》2016 年 5 月 4 日。
② 深交所综合研究所年报分析课题小组：《深交所多层次资本市场上市公司 2015 年报实证分析报告》，《上海证券报》2016 年 5 月 3 日。
③ 许岩：《从上市公司业绩看当前经济形势》，《证券时报》2016 年 5 月 6 日。

国产业结构调整与优化取得了阶段性的成效，资本市场更倾向于为新兴产业和高技术产业提供融资平台，从而对我国实施供给侧结构性改革提供有力支撑。

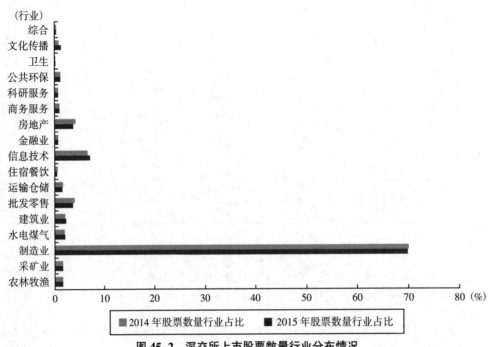

图 45-2　深交所上市股票数量行业分布情况

资料来源：深圳证券交易所。

其次，从上市公司 2015 年的经营业绩来看，板块之间、行业之间的分化趋势比较明显。一是板块之间分化，创业板盈利能力最强。2015 年，深市上市公司主板、中小板和创业板营业收入增长率分别为 -1.58%、11.32% 和 29.03%；归属母公司股东净利润分别增长 -0.35%、12.96% 和 24.84%；剔除金融行业，主板、中小板和创业板平均毛利率分别为 19.56%、22.27% 和 31.10%。[①]二是行业之间分化，新兴产业迅速崛起。2015年，煤炭、石油、黑色金属及有色金属、运输仓储和采矿业等传统行业发展趋缓，营业收入和净利润均出现较大幅度下滑，甚至面临亏损的压力；而以文化、旅游、新能源、新型制造、数字经济和绿色经济等为代表的新兴产业取得快速发展，表现出很强的盈利能力和成长潜力。在产能过剩行业供给侧改革持续推进的同时，新兴消费的稳步发展，新兴技术及关联行业的投资需求，促进了供给与需求的有效对接，进而形成对经济稳定

发展的持久的内需支撑。

以沪市为例，2015 年煤炭、石油、黑色金属及有色金属四大传统行业共实现营业收入 5.4 万亿元，同比下降 24.6%，实现净利润 273 亿元，同比大幅下滑约 86%，共 43 家公司报告期内业绩亏损，与 2014 年的 17 家相比，亏损规模进一步扩大。旅游、酒店行业共实现营业收入 171 亿元，同比增长 11.48%，实现净利润 21.07 亿元，同比增长 27.6%；文化传媒行业实现营业收入 682.95 亿元，同比增长 20%，均远高于沪市平均增长水平；运输设备制造业营业收入为 4214.6 亿元，同比增长 45%，净利润为 125.7 亿元，同比增长 13.9%；医药制造行业营业收入为 2475.5 亿元，同比增长约 6%，净利润为 234.5 亿元，同比增长 15.1%。[②]

3. 转型升级加速推进，"三去"改革初显成效

2015 年以来，我国经济转型升级加速推进，在上市公司中的表现更为明显。一些典型的传统

---

① 深交所综合研究所年报分析课题小组：《深交所多层次资本市场上市公司 2015 年报实证分析报告》，《上海证券报》2016 年 5 月 3 日。
② 上海证券交易所资本市场研究所年报分析小组：《沪市上市公司 2015 年年报整体分析报告》，《上海证券报》2016 年 5 月 4 日。

行业，如黑色金属、有色金属、运输仓储和采矿业等，面临业绩下滑甚至亏损的经营压力，对企业转型升级产生了一种倒逼机制，迫使企业加快淘汰落后产能，寻找新的增长点。与此同时，我国启动供给侧结构性改革，确立了"三去一降一补"的重点任务，为企业转型升级提供了良好的政策环境。经过近两年的调整，重点行业"去产能、去库存、去杠杆"取得了初步的成效，并且深市上市公司表现优于沪市上市公司。尽管目前改善的幅度还比较小，但上市公司转型升级的方向和路径更加明确，为后续改革打开了良好的局面，奠定了坚实的基础。

在"去产能"方面，2015 年深市非金属矿物制品业、黑色金属冶炼和压延加工业、有色金属冶炼和压延加工业、造纸和纸制品业、化学纤维制造业、化学原料和化学制品制造业六个涉及产能过剩的行业，固定资产投资在 2013 年下降 7.16%，2014 年下降 10.34%的基础上，2015 年进一步下降 1.72%。

在"去库存"方面，2015 年深市非金融上市公司存货占总资产的比例整体下降，由 2014 年末的 21.96%降至 2015 年末的 20.55%。上述六个涉及产能过剩的行业，其存货占资产的比例从 2012 年的 14.17%逐年连续下降至 2015 年年末的 10.17%；2015 年这六个行业的存货总额同比下降了 10.05%，其中在产品总额同比下降 37.98%，产成品总额同比下降 26.76%。

在"去杠杆"方面，2015 年深市非金融上市公司资产负债率为 56.61%，较 2014 年下降 0.94 个百分点，已连续两年下降。其中，2014 年末资产负债率超过 50%的一级行业中，电力热力、建筑业、制造业等行业在 2015 年均出现不同程度的下降，只有采矿和综合两个行业有所上升。制造业二级行业中，2014 年末资产负债率高于 50%的行业中，2015 年除纺织、造纸和纸制品以及黑色金属冶炼三个行业外其余行业均有所下降，如石油炼焦、化学原料和化纤制品等行业下降明显。

4. 并购重组助力改革，海外并购迎新契机

2015 年，在我国经济转型、产业升级和改革深化的综合影响下，上市公司外延式扩张意愿加强，企业并购重组持续活跃。尤其是在全球经济持续低迷、国内产业转移加速以及"一带一路"国家战略的多重因素作用下，中国企业迎来了一个海外并购的战略机遇期。其中，上市公司凭借其较强的融资能力与整合能力，已经成为中国企业海外并购的主力军。据上交所和深交所统计，2015 年沪市公司共完成并购重组 863 起，交易总金额 1.04 万亿元，两者同比均增长 50%以上；深市公司共完成重大资产重组 252 起，比 2014 年增长 83.94%，并购交易金额 4127.38 亿元，同比增长 110.17%，主板、中小板、创业板并购交易金额分别增长 47.96%、188.85%和 128.24%（见表 45-1）。另据普华永道发布的中国企业海外并购报告，2015 年中国内地企业海外并购交易次数为 382 次，同比增长 40.4%，交易金额达到 674 亿美元，同比增长 21.0%。其中，上市公司海外并购交易数量占比达 58%。中小板上市公司交易数量由 2014 年的 10 起，增长到 2015 年的 52 起；主板上市公司交易数量由 41 起增长到 69 起。2015 年，A 股主板上市公司交易金额首次超过香港上市公司海外并购交易金额。[①]

表 45-1　深市各板块公司重大资产重组情况

	板块	深市合计	主板	中小板	创业板
2015 年	实施完成数量（起）	252	41	103	108
	完成交易金额（亿元）	4127.38	1403.35	1937.74	786.29
2014 年	实施完成数量（起）	137	30	55	52
	完成交易金额（亿元）	1963.80	948.45	670.85	344.50
同比增长	实施完成数量（%）	83.94	36.67	87.27	107.69
	完成交易金额（%）	110.17	47.96	188.85	128.24

资料来源：深圳证券交易所。

---

① 普华永道：《2015 年中国企业并购市场回顾与 2016 年展望》，www.pwccn.com，2016 年 1 月。

在新一轮的并购重组热潮中，上市公司通过并购可以优化业务结构、改善经营效益、实现外延式发展，同时也能够有效推动供给侧结构性改革的顺利实施。首先，并购重组提升了上市公司的盈利能力。据上交所统计，2015 年完成重组的92 家公司共实现营业收入同比增长 123%，实现净利润同比增长 185%。据深交所统计，2015 年完成重组的 252 家公司总资产、净资产、收入较2014 年增长分别高达 98.29%、94.69% 和 43.42%。其次，并购重组有利于结构优化升级。从 2015 年的并购重组活动来看，广播影视、互联网和相关服务、医药制造业等新兴产业和高技术产业受到青睐，在海外并购中企业越来越倾向于追逐技术、品牌和专业，这既可以帮助企业找到新的增长点，也有利于促进我国产业结构调整与升级。再次，并购重组有助于化解过剩产能。上市公司通过国内并购和海外并购，可以将过剩产能向其他国家和地区转移，或者通过技术引进和产品升级以减少过剩产能。最后，并购重组能够加快国企改革进程。据上交所统计，同国资国企改革相关的并购重组数量明显增加，2015 年沪市共有近 70 家中央和地方国企披露重大资产重组预案。国有资产证券化是深化国企改革的重要方式，在实际操作中有利于规避国有资产流失等问题，因而已经成为一种得到广泛认可的改革方式。通过资本市场实施并购重组，既是国有上市公司之间优势互补、强强联合的有效途径，也为民营上市公司参与国企改革提供了一条可行的路径。

5. 公司治理逐步完善，激励机制更加健全

与非上市企业相比，在外部监管日益严格的环境下，上市公司群体的公司治理结构和机制更加健全。南开大学中国公司治理研究院发布的《2015 中国上市公司治理指数》显示，2003~2015年中国上市公司治理水平不断提高，经历了 2009年的回调后，趋于逐年上升态势，并在 2015 年达到新高 62.07。[①] 2015 年以来，股权激励和员工持股的相关政策逐步完善，上市公司在激励与约束机制方面做出了积极的尝试，也取得了初步的成效。

一方面，股权激励成为公司治理的重要手段。上海荣正投资咨询有限公司发布的《中国企业家价值报告（2016）》显示，政策与监管的日趋完善使得股权激励逐渐成为"新常态"。截至 2016 年4 月 30 日，沪深两市共有 836 家 A 股上市公司公告了股权激励计划，其中有两家公司已实施了五期股权激励计划，有 5 家企业已实施了四期股权激励计划，173 家上市公司实施了两期以上股权激励计划。从上市公司高管持股市值情况来看，2015 年上市公司董事长年薪均值较 2014 年增长8.67%，而 2015 年上市公司董事长持股市值均值较 2014 年增长 76.38%。从所有制来看，147 家公告股权激励的公司中，138 家为民营企业，民营企业数量远远多于国有企业。这些数据表明，股权激励已成为上市公司完善公司治理、建立激励与约束机制的重要手段。[②] 实际效果表明，上市公司股权激励办法的推出对科技型、创新型公司推动比较明显，上市公司实行股权激励对调动员工积极性、提升公司业绩发挥作用显著。《上市公司股权激励办法》的发布与实施，将促使实施公司股权激励向更加规范、更加有效的方向前进。

另一方面，员工持股计划呈现出爆发式增长。据荣正咨询统计，从 2015 年 1 月 1 日至 2015 年12 月 31 日，A 股总计有 345 家上市公司推出了总计 359 期员工持股计划，其中 14 家上市公司2015 年内推出 2 期员工持股计划。与 2014 年发布《指导意见》以来公告员工持股计划的 60 家上市公司相比，2015 年发布员工持股计划的公司数量呈现大幅度的增长趋势。从板块来看，首先，推出员工持股计划数量最多的为中小板上市公司，共计 140 家，占 2015 年公告员工持股计划的 A股上市公司家数的 40.58%。其次，是创业板 87家。可以看出，同股权激励类似，中小板和创业板仍然是推动员工持股的主力。从所有制来看，2015 年，民营企业仍然是推动员工持股计划的排头兵。[③] 随着国有企业员工持股文件的下发和混合所有制企业员工持股试点的启动，国有企业推行员工持股的数量还将增长，范围也将进一步扩大。

---

① 南开大学中国公司治理研究院：《2015 中国上市公司治理指数》，http://www.cg.org.cn，2015 年 9 月。
②③ 上海荣正投资咨询有限公司：《中国企业家价值报告（2016）》，http://www.realize.com.cn，2016 年 5 月。

二、当前上市公司发展主要问题

　　尽管 2015 年以来上市公司取得了可喜的进展和成绩，但受到国际国内复杂的经济环境和供需矛盾的影响，上市公司在发展过程中也暴露出一系列的问题。尤其是一些典型的传统行业上市公司，正在面临经营困难甚至亏损的严峻考验。同时，大量的"僵尸企业"有待清理，盲目的跨界并购活动有待规范，监事会和独立董事如何发挥实效，这些问题也困扰着上市公司监管部门，制约了上市公司的健康发展。

　　1. 传统行业深度调整，供给侧改革任重道远

　　2015 年，在国际国内需求放缓的情况下，水平偏低的供给侧结构性矛盾日益凸显，沪市煤炭、石油、黑色金属及有色金属四大传统行业经营压力较大。在经济下行压力的倒逼之下，传统产业积极谋求转型升级，创新型企业持续加大创新力度，积极开拓新的增长空间。这些举措虽然取得了一定的效果，但钢铁、石化、采掘等传统行业的业绩表现仍然较差；制造业也面临成本、税费等上升的压力；业绩较好的战略性新兴产业，其发展的持续性和对宏观经济的带动作用仍有待体现。从上市公司反映的情况来看，供给侧结构性改革任重道远，"三去一降一补"的改革任务十分艰巨。

　　据上交所统计，2015 年，沪市煤炭、石油、黑色金属及有色金属四大传统行业的经营压力较大，产能过剩问题严重。在行业库存压力和市场需求价格下滑的双重挤压下，四大行业存货减值大幅增加，报告期内共计提存货跌价准备约 120亿元，同比增加约 33%。同时，传统行业公司杠杆仍处于较高水平，四大行业平均资产负债率达到 50.7%。部分行业负债严重高企，黑色金属行业总体资产负债率超过 66%，其中，近半数钢铁企业资产负债率超过 70%。

　　据深交所统计，2015 年，深市非金融行业上市公司成本上涨，现金支付的各项税费增长率为8.56%，高于营业总收入和净利润的增长速度，降成本的改革需要深入推进。此外，非金融行业上市公司总资产、应收账款、存货的周转率连续 3年持续下降，较 2014 年分别下降了 12.57%、14.19% 和 8.17%。部分行业"去杠杆"压力大，非金融行业上市公司平均资产负债率为 56.61%，钢铁行业、造纸和纸制品行业、采矿行业的资产负债率分别为 69.98%、64.53% 和 58.35%，均较2014 年有所增加。在经济增长放缓、结构调整、动力转换时期，这些行业的上市公司持续面临业绩下降和"去杠杆"的双重压力。

　　商务部研究院信用评级与认证中心发布的《中国非金融类上市公司财务安全评估报告》显示，近 5 年来，非金融类上市公司财务安全状况持续恶化。在 25 个一类行业中，仅通信、国防军工、食品饮料 3 个行业总体财务安全状况上升，其余行业均出现不同程度下降，下降行业占比 88%。采掘业财务安全状况下降最快，降幅达到 25%。房地产行业整体安全性在 25 个行业中表现最差。[①]

　　在结构性问题日益突出的背景下，积极参与和落实供给侧结构性改革的要求，成为上市公司实现转型和健康发展的必然选择。尤其是产能严重过剩、库存居高不下、债务压力增加的传统行业上市公司，更要努力把握供给侧结构性改革的战略机遇期，加快寻找"十三五"发展的新动能。

　　2. "僵尸企业"侵占资源，退市障碍亟待突破

　　积极处置"僵尸企业"成为我国当前一项重点工作。在我国上市公司群体中，存在为数众多的"僵尸企业"。所谓"僵尸企业"，通常是指已停产、半停产、连年亏损、资不抵债，主要靠政府补贴和银行续贷维持经营的企业。以政府补贴来掩盖长期亏损的真相的大量"僵尸企业"存在

---

　　① 商务部研究院信用评级与认证中心：《中国非金融类上市公司财务安全评估报告》，http://www.mofcom.gov.cn/article/shangwuba-ngzhu/201607/20160701351274.shtml，2016 年 6 月。

于中国的资本市场，不仅侵占了资本市场的金融资源，还可能因为高负债率导致金融系统风险。

从行业分布来看，"僵尸企业"多存在于产能过剩、库存高企、经营状况较差的行业。人大国发院发布的《中国僵尸企业研究报告——现状、原因和对策》显示，上市公司"僵尸企业"比例最高的五个行业是：钢铁（51.43%）、房地产（44.53%）、建筑装饰（31.76%）、商业贸易（28.89%）和综合类（21.95%）；"僵尸企业"比例最低的五个行业是银行（0.00%）、传媒（4.12%）、非银金融（4.65%）、计算机（5.23%）和休闲服务（5.88%）。① 从所有制来看，国有和集体企业中僵尸企业的比例最高，民营企业、港澳台及外商企业中僵尸企业的比例相近，且远低于国有和集体企业中僵尸企业的比例。

长期以来，政府补贴是"僵尸企业"赖以维持的主要资金来源。即便一部分"僵尸企业"能够利用政府补贴弥补亏损，然而如钢铁等产能严重过剩的行业，仅靠政府补贴也无法扭转亏损的局势。Wind 统计数据显示，以衡量企业实际盈利能力的每股收益（扣除非经常损益后的归属母公司净利润/加权平均总股本）为指标计算的话，2012~2014 年，A 股所有上市公司中已经有 265 家该指标连续三年为负值。2012~2014 年，上述 265 家上市公司分别合计亏损了 453.83 亿元、220.77 亿元和 420.10 亿元。截至 2015 年第三季度末，上述 265 家上市公司整体资产负债率达到了 68.65%，高于 A 股市场非金融类企业整体资产负债率 8 个百分点，其期末负债合计则达到了 1.61 万亿元。数据显示，政府补助已经成为上述 265 家上市公司的重要收益来源。2012~2014 年，上述 265 家上市公司分别确认政府补助 128.37 亿元、109.08 亿元和 118.89 亿元，合计高达 356.34 亿元。而仅在 2015 年上半年，这 265 家上市公司中就有 221 家获得了数额不等的政府补贴，合计金额达到了 70.18 亿元。2014 年 A 股共有 1676

家上市公司获得了数额不等的政府补助，合计高达 686.24 亿元。其中，获得政府补助在 10 亿元以上的上市公司共有 7 家。②

大批"僵尸企业"通过政府补贴、保壳等手段留在资本市场，享受融资方面的便利，导致了制造过剩产能、资源配置低效、累积金融风险等一系列问题，成为行业发展和经济增长的巨大障碍。但是，由于来自地方政府和金融系统等各方的阻力，以及对国有资产流失的担忧和资本市场退出机制尚不完善，清理"僵尸企业"的道路注定充满艰辛。

3. 并购重组缺乏理性，盲目跨界暴露风险

在国企改革、对外开放等一系列政策利好下，上市公司并购重组掀起了新一轮高潮，并表现出一些新的特点，如"一带一路"沿线国家和地区成为热点区域，与国企改革相关的并购重组活动比重增大，并购基金迅速崛起，等等。一些传统行业、产能过剩行业面临巨大的业绩压力，上市公司通过并购重组等方式涉足热点领域，试图实现跨界转型的现象屡见不鲜。在跨界企业中，生物医药、电子商务、互联网金融、手机游戏和文化影视等具有高成长性、高盈利性的行业成为热门行业。中泰证券发布的《医药生物：2016 关注医药新势力之跨界江湖》表明，鉴于我国医药行业的持续高景气度，该行业已成为跨界企业重要的选择方向。截至 2015 年 11 月 23 日，二级市场已经完成跨界或正在跨界的跨行业公司，共 90 家。其中，医疗服务、制药、医疗器械和医疗信息化所占比重最高，成为跨界转型公司最热衷的领域。③

然而，在并购重组热潮之下，应当清醒地看到背后隐藏的问题。观察上市公司的跨界转型可以发现，大部分实施跨界转型的上市公司，跨界前后的行业之间，都存在一定的资源相关性或具备一定的行业基础。但是，也有一些上市公司的跨界转型显得十分盲目，不少公司不愿意脚踏实

① 聂辉华、江艇、张雨潇、方明月：《中国僵尸企业研究报告——现状、原因和对策》，人大国发院系列报告年度研究报告，2016 年 7 月。

② 吴黎华、张翅：《政府补贴续命　265 家上市公司"僵尸化"》，《经济参考报》2016 年 4 月 7 日。

③ 中泰证券股份有限公司：《医药生物：2016 关注医药新势力之跨界江湖》，中泰证券专题研究报告，http://data.eastmoney.com/report/20151130/hy，APPGQ62W9SwpIndustry.html，2016 年 11 月 30 日。

地发展主业，其跨界的主要目的是追逐市场热点，以便为股价炒作创造机会。这种跨界一般都是与主营业务非相关的领域，一些公司出现了主业混乱甚至"双主业"的业务格局。这类并购失败的概率很大，风险较高既不利于公司自身的健康成长，也是对股东和投资者不负责任的行为。还有一些上市公司的跨界转型似乎"别有用心"，比如一些公司通过外延式扩张短期内提升年报业绩，ST公司也纷纷通过并购重组谋求"脱星摘帽"，这些现象在资本市场并不少见。但是，并购并不必然带来公司业绩的改善，并购对上市公司业绩的影响是把"双刃剑"，多家上市公司因收购造成计提商誉减值从而拖累全年业绩的现象同样值得警惕（任明杰，2016）。

实际上，上市公司并购重组的风险已经开始显现。在经济大环境和其他因素的综合影响下，2015年出现了一些公司未能履行业绩承诺的现象，甚至有个别公司通过更改承诺的方式逃避责任，对资本市场的诚信建设和投资者的合法权益造成不利影响。导致部分上市公司未能兑现并购重组业绩承诺频发的原因较多，有很多来自公司外部的环境因素，例如宏观经济增速放缓、所属行业经营环境恶化等。但是，值得关注的是，许多上市公司在发起并购之前，并没有进行充分的分析和评估，尤其是对于跨界型并购预期过于乐观，业绩承诺不切实际，导致最终无法兑现并购重组业绩承诺，既不利于自身健康发展，也会损害股东和投资者的利益。据同花顺统计，截至2016年7月13日，年内已有126家上市公司由于各种原因导致并购重组失败。目前，上市公司中不断涌现的"跟风式"、"忽悠式"跨界行为，对上市公司、投资者和资本市场而言，会带来很大的负面影响。跨界经营短期内或许可以增加公司盈利来源，降低对单一主业的过分依赖，实现新旧业务的协同效应，有利于降低经营风险，提高营业收入。但是也存在一些弊端，跨界经营可能造成有限资源过于分散，不利于提升公司的核心竞争力。由于对新进入的领域不熟悉，往往会带来未知的风险，如果不能很好地应对，不仅难

以实现借助跨界优化结构、实现盈利的目标，还可能导致公司陷入更尴尬、更艰难的境地。

4. 公司治理尚存"短板"，监管力度有待加强

近年来，上市公司监管部门针对信息披露、股权激励、员工持股等问题，出台了一系列的政策引导和制度要求，对于规范上市公司经营行为、提升上市公司治理水平、促进上市公司履行社会责任，均产生了积极的作用。但是，当前上市公司治理结构和治理机制中仍然存在一些"短板"，其中，内部控制存在缺陷、监事会治理水平较低以及独立董事未能发挥实效等问题日益突出。

首先，内部控制缺陷比例上升。深圳迪博公司发布的《中国上市公司2016内部控制白皮书》分析指出，上市公司内部控制评级达到A级以上的比重过少，且披露的内部控制缺陷有所增多。2015年，2670家上市公司披露了内部控制评价报告，总体披露比例达94.58%。按照迪博·中国上市公司内部控制指数四级八档分类标准，2015年中国上市公司内控评级为AAA的公司0家；评级为AA和A的公司占比共计1.28%；评级为BBB、BB和B的公司占比共计76.59%；评级为C和D的公司占比分别为17.45%和4.68%。2015年，485家上市公司总计披露内部控制缺陷3583项，占比18.16%的公司披露了存在的内部控制缺陷。披露的内控重大缺陷与重要缺陷总计159项，主要集中于资金活动、信息披露、关联交易、财务报告、销售业务、组织架构等领域。2011~2015年，上市公司内部控制重大缺陷、重要缺陷的披露比例逐年上升。其中，重大缺陷披露比例从2011年的0.16%上升到2015年的1.54%；重要缺陷披露比例从0.76%上升到2.10%。[①]

其次，监事会治理水平普遍较低。南开大学中国公司治理研究院发布的《2015中国上市公司治理指数》显示，尽管中国上市公司治理整体水平不断提高，但在公司治理的六大维度中，监事会治理仍然处于较低水平。2015年，中国上市公司监事会治理指数为58.54，比2014年的57.99提高了0.55。监事会运作方面，监事会会议次数由2014年的4.91次提高到5.49次。监事胜任能

---

① 深圳市迪博企业风险管理技术有限公司：《中国上市公司2016内部控制白皮书》，http://www.stcn.com/2016/0714/12794060.shtml，2016年7月14日。

力方面，指数由 56.48 提高到 56.90，主要体现在监事的职业背景、学历等方面的改善。监事会规模结构是监事会治理的"短板"，上市公司监事会规模以及职工监事设置上多仅仅符合公司法的强制合规底线要求，2015 年 71.08%的上市公司监事会规模为 3 人，比 2014 年的 68.40%略有提高。此外，民营控股上市公司监事会治理平均水平明显低于国有控股上市公司。①

最后，独立董事作用发挥不充分。作为上市公司的独立董事，应当具备较强的专业性和丰富的知识面，能够凭自己的专业知识和经验对公司的重大问题独立地做出判断并发表有价值的意见。独立董事若能真正发挥作用，将有助于上市公司的稳健运营和长期发展。然而，当前上市公司却普遍遇到了"合格独立董事严重匮乏、在位独立董事流于形式"的问题。同时，如何确保独立董事的独立性，也成为令上市公司担忧的问题。一位专家同时担任多家上市公司的独立董事的现象成为常态，"独立董事不独立"的问题已经引起各方的重视。但是，由于符合条件的独立董事人才比较匮乏，我国的独立董事制度尚不完善，独立董事始终难以真正称职和独立。

三、"十三五"促进上市公司发展的政策建议

迈入"十三五"，我国上市公司在优化结构和提质增效取得阶段性成效的基础上，应当积极对接和融入供给侧结构性改革、国有企业改革和"一带一路"战略等大环境中，寻求更大的发展空间，进一步提升公司的发展质量。为此，建议监管部门从以下几个方面做出改进，从而对上市公司健康发展提供正确引导和有力支持。

1. 积极对接国家政策，引导公司转型升级

2015 年以来，围绕"供给侧改革"、"深化国企改革"、清理"僵尸企业"等经济发展的关键环节和突出问题，我国政府出台了一系列战略部署和政策措施，许多改革目标的实现都需要借助资本市场的力量。上市公司与其他企业相比，具有相对良好的发展基础，享有更加优越的融资条件，理应成为我国推进各项改革中的主力军。我国上市公司监管部门在制定和完善资本市场制度安排时，应特别重视与当前宏观经济改革的方向和政策紧密对接，鼓励上市公司把握当下供给侧结构性改革所提供的历史机遇，降低融资成本，优化产业布局，实现高质量、可持续发展。例如，在推进供给侧结构性改革方面，许多上市公司同样面临"去产能、去库存、去杠杆"等方面的阶段性压力，应当将"三去一降一补"作为上市公司转型升级的重点方向，出台有针对性的监管制度

和具体政策，促进上市公司提升发展质量，确保国家宏观经济政策落实到位。需要注意的是，由于上市公司的发展影响面比较广泛，因此对于处于产能过剩行业的上市公司，不宜采取"一刀切"的强制退出方式，可以引导那些具备核心竞争优势、未来有发展潜力的公司，通过并购重组等方式化解过剩产能，同时实现转型升级。再比如，在深化国企改革方面，要遵循国家出台的"1+N"政策体系的改革思路，采取有效措施鼓励具备条件的上市公司参与国企改革。通过国有企业整体上市、借壳上市、反向收购母公司等多种方式，提高国有资产证券化率。与此同时，在制定和完善上市公司信息披露、股权激励和员工持股等相关制度时，应注意突出国有控股上市公司与其他上市公司的差异性，帮助国有企业在实施改革中突破历史遗留的各种障碍，并严格防范国有资产流失等特殊风险。

2. 加快完善退出机制，强力清理"僵尸企业"

要想提高上市公司整体发展质量，就必须加快建立资本市场的退出机制，积极推动低质量公司的退市步伐，尤其是那些已经丧失竞争能力和发展活力的"僵尸企业"，这也是我国供给侧结构性改革的核心任务之一。大量"僵尸企业"的存在，也正暴露出我国证券市场自身供需不平衡的

---

① 南开大学公司治理研究院：《2015 中国上市公司治理指数》，http://roll.sohu.com/20150905/n420446976.shtml，2015 年 9 月。

问题。针对化解过剩产能和处置"僵尸企业"等供给侧改革的重点任务，从中央政府到各地方政府都纷纷制定了目标和时间表。其中，江苏省提出，钢铁、煤炭行业化解过剩产能工作总的目标是：化解钢铁（粗钢）过剩产能 1750 万吨、煤炭 836 万吨。山东省提出，计划用 3 年时间完成 321 户省管"僵尸企业"的处置工作，其中 2016 年将有 125 户"僵尸企业"实现退出。需要指出的是，处置已上市的"僵尸企业"，与其他企业相比，具有更广的影响面和更高的复杂度，必须更加谨慎地对待。建议监管部门结合清理"僵尸企业"的核心任务，在已出台的退市制度指导意见基础上，研究制定更加科学合理、清晰明确的退市标准，避免错杀短期亏损但长期具有发展潜力的优质公司。此外，对于主动退市和强制退市两种途径，应尽量鼓励上市公司采取主动退市的方式，在具体的操作层面可留给上市公司一定的自由选择空间。在解决我国证券市场的供需失衡问题时，应当把股票发行注册制改革与股票退市制度完善相结合，从需求和供给两端同时发力，更有效地为上市公司创造良好的市场环境和发展平台。

3. 引导理性健康发展，构建长效监管体系

上市公司拥有融资方面的比较优势，在规模扩张和业务拓展方面表现出更强的积极性。近年来，上市公司已经成为我国企业并购重组热潮中的主导力量，从中可以看出其规模增长和追逐热点的强烈意愿。但是，如此众多的上市公司利用资本市场迅速扩张，并不总是理性决策的结果，越来越多的企业为了短期经济利益而牺牲长期健康发展，由此带来的各种负面影响正在不断暴露出来。在我国供给侧结构性改革的大背景下，通过并购重组推动资源向优势产业转移，在未来一段时间内仍将是经济发展的主流方向。从监管者的角度而言，核心的职责在于引导上市公司进入并保持在健康发展的轨道上，使其成为我国经济运行主体中最优秀的企业群体，成为支撑中国经济发展和社会稳定的中坚力量。为此，必须针对上市公司"投机取巧"甚至具有欺骗性的不理性行为，进一步完善上市公司并购重组、信息披露等方面的审核与监管制度，有效识别短视化、盲目性的企业扩张等行为，并能够及时加以制止和

调整。比如，采取对并购重组实施备案制度，要求上市公司披露更多信息，严格控制并购重组停牌时间等措施。同时，应强化上市公司并购重组业绩承诺的刚性约束，加大对无法兑现承诺的上市公司的处罚力度，充分发挥中介机构在并购重组定价中的把关功能，发挥多方合力共同构建长效的上市公司监管体系。

4. 继续推行分类治理，补齐上市公司"短板"

2015 年初，上海证券交易所进一步调整上市公司信息披露监管模式，正式启动实施新的"分行业监管"模式。这是构建上市公司分类治理制度体系的一次创新和突破，也代表了今后上市公司监管改革的主流方向。分类治理模式更有利于"对症下药"，有针对性地促进上市公司"补短板"。

首先，应当针对不同板块的上市公司，进一步细化分类监管制度。经过多年的努力，我国已经基本构建起多层次的资本市场体系，形成了主板、中小板、创业板、新三板的多元化格局。由于各个板块中的上市公司存在规模、行业等多个方面的差异，需要针对各自的特点制定不同的监管制度。目前，只有少数的制度是区分板块的，大部分制度都是面向所有上市公司的，在执行过程中会面临各种不适用的问题。

其次，应强化分行业监管模式，提高信息披露方面的标准。上市公司作为公众公司，透明运营是其最核心的要求。建议监管机构进一步扩大分行业信息披露的范围，针对不同行业的现状和特点，提出差异化的信息披露规范和标准，并最大限度地与国际先进公司治理制度接轨。应完善以投资者需求为导向的信息披露体系建设，要求上市公司加强对负债情况、经营风险等负面信息的披露，避免有损投资者利益的"报喜不报忧"现象。在制定标准的同时，还要加强对信息披露及时性和规范性的有效监督，针对上市公司发布虚假、夸大、误导性信息等行为，加大对未按规定执行的公司及相关责任人的处罚力度，使其真正对上市公司形成较强的约束力。

最后，对前文提到的监事会治理和独立董事制度不健全的公司治理"短板"，建议进一步完善相关制度规范。例如，让更多股东参与独立董事聘任决策，减少独立董事同时任职的公司数量，引入独立的第三方机构管理独立董事津贴，组织

建立分行业的独立董事人才库等，从而最大限度
地确保独立董事的独立性，使其在上市公司治理

中发挥实效。

专栏 45-1

地方国资资产证券化提速

2016 年是国企改革的"政策落实年"。自2015 年 9 月中央出台国有企业改革顶层设计方案，到2016 年"赋予地方更多国有企业改革自主权"写入政府工作报告，在 9 个多月的时间里，地方政府纷纷出台了国企改革细化方案，地方国企改革步伐正在不断加快。

值得关注的是，国资资产证券化不约而同地成为了各地推进国企改革的"排头兵"。从各省市的国企改革目标来看，提高国资资产证券化比例要求明确，考核机制也更为量化，可操作性强。在各省（市、自治区）出台的国企改革实施方案和意见中，资产证券化、重组调结构、发展混合所有制、清理"僵尸企业"等均成为工作要点。这些实施方案不仅普遍将国有资产证券化率目标定在50% 以上，而且还明确了相关细则和试点安排，一些省市甚至直接"点将"，给出上市名单。

以国企大省广东为例，其国企改革方案明确：到 2017 年，混合所有制企业户数比重超过70%；省属企业证券化资产达到近 1 万亿元，资产证券化率达到 60%；至 2020 年，资产证券化率达到 70%。北京公布的国资改革方案也显示，到 2020 年，国有资本证券化率力争达到 50% 以上。与此同时，重庆市国资委也提出，将加大国有企业改制上市力度。

资产证券化是推进实现混合所有制的有效方式。国有资产通过上市实现资产证券化，可以快速引入非国有资本，推进股权的混合所有制。同时，国资证券化因其拥有上市融资的属性，改革阻力较小，且通过增资扩股，将直接降低国有企业的杠杆率；同时，借用资本市场严格的外部监管和产权主体多元化实现混改，可提升改善其盈利能力，实现顺利"去杠杆"，可谓一举多得。

事实上，当前各地国资证券化率也确实处于较低水平。在此背景下，地方国资有望迎来资产证券化大潮。以国资资产证券化潜力较大的浙江为例，据测算，目前浙江省国资的资产证券化率约为17%，其可上市的优质净资产估计约 2500亿元，相当于再造一个目前的浙江国有控股上市公司板块。不仅如此，有专家预计未来几年内将会有近 30 万亿元规模的国有资产通过证券化进入股市。随着地方国企上市公司资本运作节奏明显加快，未来国资证券化以及借壳重组势必会风起云涌。

资料来源：郭家轩、梁志毅：《地方国资资产证券化提速》，《南方日报》2016 年 5 月 6 日。

参考文献

[1] 国家发展改革委宏观经济研究院课题组：《把握供给侧结构性改革的关键》，《经济日报》2016 年 7 月 28 日。

[2] 张跃文、王力：《中国上市公司质量评价报告（2015~2016）》，社会科学文献出版社 2015 年版。

[3] 龚刚：《论新常态下的供给侧改革》，《南开学报》（哲学社会科学版）2016 年第 2 期。

[4] 纪念改革开放 89 周年系列选题研究中心：《重点领域改革节点研判：供给侧与需求侧》，《改革》2016 年第 1 期。

[5] 聂辉华、江艇、张雨潇、方明月：《中国僵尸企业研究报告——现状、原因和对策》，人大国发院系列报告年度研究报告，2016 年 7 月。

第四十六章 供给侧改革与企业"走出去"

提 要

在全球经济增长持续低迷、一些国家投资保护主义抬头的背景下，全球外国直接投资大幅下降，而中国企业对外直接投资却实现逆势增长，并且保持了两位数以上的增长；随着中国企业对外投资需求的增长，跨国并购远不能满足企业国际化成长的需要，绿地投资和追加投资所占比重呈上升趋势；随着"一带一路"战略进入实质推进阶段，中国企业在"一带一路"沿线国家的投资不断升温；为抵御外部风险，提高企业适应能力，"集群式出海"成为企业"走出去"的新方式。当前，各国经济在后金融危机时代分化前行，国际贸易保护主义和投资保护主义有所升温，中国对外贸易也进入"新常态"，在这一背景下，企业"走出去"主动开展跨国经营，恰恰契合供给侧改革的根本目标。在当前形势下，有必要进行制度创新，推动企业"走出去"，为供给侧改革提供更大战略空间。

* * *

2015年，在世界经济震荡前行、局部经济危机持续升级的背景下，中国企业海外投资实现了高速增长，在世界对外投资格局中表现抢眼。有些行业领军企业已经具备相当的国际竞争力，已主动开展全球战略布局，寻求价值链的全球优化配置。有些企业则由于本土市场竞争加剧、生产经营成本上涨、传统制造业贸易竞争优势弱化等多重压力，而被迫"走出去"寻求发展空间。无论是哪种情况下的对外投资动因，企业"走出去"都完全契合当前供给侧结构性改革的根本目标。

一、中国企业"走出去"最近进展

1. 中国企业对外直接投资保持持续的强劲增长

国际金融危机以来，中国企业对外投资在世界投资舞台上表现优异。经过2011年的低迷之后，2012年以来，中国企业对外投资流量实现了持续回升。2012年，中国非金融类对外直接投资金额达到777.3亿美元，同比增长28.55%。之后三年，连续保持10%以上的增长。2015年，中国非金融类对外直接投资流量达到1180.2亿美元，同比增长14.7%（见图46-1）。中国对外投资规模占国际对外投资总额的11%左右，相当于美国对外投资的1/3。虽然中国对外投资规模与美国之间的差距较大，但从投资增长率的角度分析，美国企业自2008年金融危机发生以来，除2011年外，对外投资增长率均为负值，呈明显的负增长趋势。与之相比，中国企业对外投资在2007~

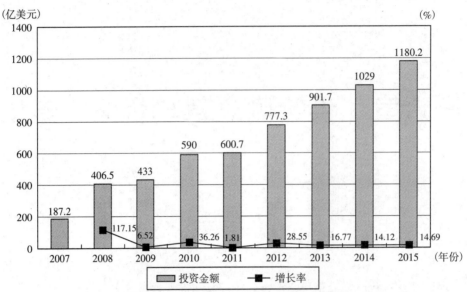

图 46-1　中国非金融类对外直接投资增长

资料来源：商务部。

2015 年以年均 26%的速度持续快速增长。2015 年末，中国对外直接投资存量首次超过万亿美元大关。

2. 近年来跨国并购方式所占投资流量比重呈下降趋势

近年来，中国企业对外直接投资金额保持了快速增长，但跨国并购金额却保持相对稳定，尤其是最近三年，占对外直接投资流量的比重呈下降趋势。2013~2015 年，直接投资中的跨国并购金额占比依次为 37.5%、31.6%和 28.6%，呈现下降趋势，相应的绿地投资方式占比明显上升。当然，跨国并购交易额还包括了海外融资部分，但从统计数据看，企业自有资金和国内融资部分一直占跨国并购交易额的绝大部分。2015 年，跨国并购交易额的 84.3%都是由企业自有资金和境内融资完成的，海外融资比重不高。这种情况并不必然表明中国企业跨国并购热情降温。尽管中国企业海外投资总体规模正在迅速增长，但由于跨国并购交易需要匹配合适的并购标的，并且受到东道国反垄断法和国家安全审查等因素的制约，

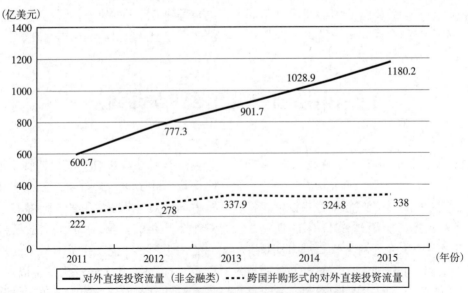

图 46-2　对外直接投资与跨国并购方式投资流量增长对比

资料来源：商务部。

因此并购的实际交易额难以在年度区间内发生快速上涨，企业要满足全球战略的需要，必然会寻求以绿地投资或追加投资的方式达成跨国经营目标。

3. "集群出海"成为中国企业"走出去"的新方式

虽然越来越多的中国企业已经意识到跨国经营的必要性，但国外经营环境的复杂性和蕴含的巨大风险使大多数企业望而却步。即便是一些行业领军企业，在跨国经营中也难免由于不可控的外部风险而遭遇重大损失。因此，近年来，一些企业改变了单打独斗的方式，转而选择与相关企业以"集群出海"的方式对外投资。例如，中国五矿集团携手国新国际和中信金属投资建设的拉斯邦巴斯铜矿项目成为秘鲁投建的最大矿产项目。有些中小企业通过组建联盟的方式，成功实现集群出海，最具代表性的是中国苏纺纺机联盟（SUTEX），该联盟由江苏省纺机协会牵头，由一家贸易企业和四家纺机制造企业共同发起，旨在在目标市场设立海外窗口，促进企业出口。另一个集群出海的重要载体就是近年来兴起的境外经贸合作区，这一"企业首创、政府推动"的园区投资方式，已经初显成效。据商务部数据，截至2015年9月底，我国企业在建经贸合作区有69个，建区企业累计完成投资67.6亿美元。入区企业1088家，其中中资控股企业688家，累计实际投资99.2亿美元；53个经贸合作区位于"一带一路"沿线国家，累计完成投资超过140亿美元。

4. "一带一路"沿线的直接投资明显增多

随着国家战略支持和企业自身能力的提升，中国企业在"一带一路"沿线国家的投资额增长较快。据商务部统计，2015年，我国企业共对"一带一路"相关的49个国家进行了直接投资，投资额合计148.2亿美元，同比增长18.2%，占总额的12.6%，增速超过中国对外直接投资增速3.5个百分点。投资主要流向新加坡、哈萨克斯坦、老挝、印度尼西亚、俄罗斯和泰国等。截至2015年，中国企业在"一带一路"沿线的投资规模集中在1亿~10亿美元的投资案例数高达407起，其次是10亿~100亿美元的大规模投资比较多，达到121起。在"一带一路"沿线的投资领域集中在采矿业、交通运输及制造业。2016年第一季度，我国企业共对"一带一路"相关国家非金融类直接投资35.9亿美元，同比增长40.2%。随着我国与"一带一路"沿线国家经贸合作潜力的释放以及国家政策的支持引导，中国企业在"一带一路"沿线的直接投资额有望保持快速增长。

5. 投资目的地更加集中，发达国家成为主要目标国

截至2014年年底，中国1.85万家境内投资者设立对外直接投资企业近3万家，分布在全球186个国家（地区）。中国对外直接投资地域分布高度集中，2014年底对外直接投资存量前20位的国家地区存量占总量的近90%。2014年，中国企业对欧洲的投资增长迅猛，从55.47亿欧元飙升至120.98亿欧元，投资额翻番。2015年，我国内地对中国香港、东盟、欧盟、澳大利亚、美国、俄罗斯和日本七个主要经济体的投资达868.5亿美元，占同期总额的73.6%。2015年，我国对外直接投资主要分布在中国香港、开曼群岛、美国、新加坡、英属维尔京群岛、荷兰、澳大利亚等。对前10位国家地区投资累计达到1016.3亿美元，占到全年对外非金融类直接投资的86.1%。对东盟和美国投资增长较快，同比分别增长了60.7%和60.1%，对欧洲投资也保持了40%以上的高速增长。这显示出中国企业在发达国家和新兴市场两端拓展战略空间的趋势。

二、中国企业"走出去"面临新环境

1. 世界经济缓慢复苏，各国经济在分化中前行

2008年国际金融危机重创了世界经济，危机之后各国经济增长进入震荡调整期。2011年，全球经济在震荡中开始缓慢复苏。从美国、欧盟和日本这世界三大经济体的经济增长来看，最近两

年，美国表现相对较好，2014年，美国经济增长全年表现出强劲复苏的态势，连续两年保持了2%以上的年度增长率，但从季度环比增速来看，美国经济可持续增长的基础仍不牢固。欧盟经济虽然一直徘徊在"零增长"的边缘，2016年的英国脱欧事件，又给原本举步维艰的欧盟经济增长带来了更多不确定性，但欧洲经济可持续发展的基础仍在，季度环比增长率也保持了较为稳定的水平。日本经济则一直处于大起大落的状态，2014年实际GDP为"零增长"，2015年实现了1%左右的增长。从季度环比增长率来看，日本经济基本围绕零增长线上下波动，目前仍未看到企稳迹象（见图46-3）。新兴经济体和发展中国家仍然是世界经济增长的重要引擎，"一带一路"沿线国家不乏增长亮点。中亚五国中，乌兹别克斯坦同比增长8%，增速列全球之冠，土库曼斯坦国内生产总值同比实际增长6.5%。东盟和南亚国家的表现也可圈可点。东盟2015年经济增长率约在至4.4%以上，预计在2016年将增长到4.9%。其中，印度、缅甸、越南表现抢眼，最近两年保持了7%左右的增长，菲律宾、马来西亚经济、印度尼西亚最近两年经济增长也接连创出金融危机以来的新高。随着基础设施的完善和人力资本的积累，资本投入的边际产出在提高，这些新兴经济体正在释放增长潜力。

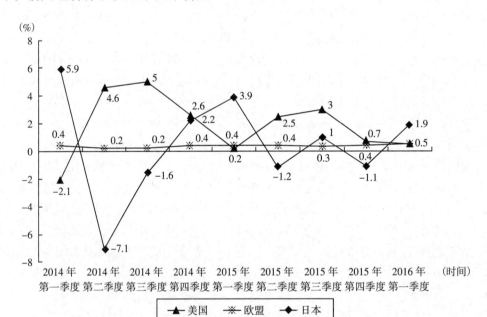

图46-3 世界主要经济体GDP季度环比折年率

资料来源：美国统计局、欧盟统计局、日本统计局。

2. 外需不振和贸易保护主义并存，中国出口贸易进入"新常态"

2008年以来的国际金融危机破坏了世界经济增长动力，国际经济总体复苏乏力，导致全球贸易进入深度调整期。各国急于振兴国内经济的结果是，全球出口贸易增长率下降与贸易保护主义形成了负面的相互强化。2014年以来，全球出口贸易增速经历了短期的反弹之后，在2015年再次遭遇深度回落，不管是发达国家还是发展中国家，货物出口增速都大幅下滑（见图46-4）。作为世界第一大出口国的中国，也难以独善其身。2014年，中国货物出口14.39万亿元，增长4.9%；2015年，货物出口14.14万亿元，下降1.8%。应该说，中国出口贸易已经进入"新常态"。

中国出口贸易下滑的主要原因至少来源于三个方面：

一是世界经济增长不振，生产资料和生活资料需求双双减少。

二是各国为保护本国实体经济所祭出的贸易保护主义战术，减少了国际贸易流量。2009年上半年开始，国外技术性贸易限制措施明显增多。由于中国是世界第二大经济体和第一大商品出口来源地，针对中国的贸易保护主义自然比较严重。2013年，美国对中国企业采取的反倾销制裁关税

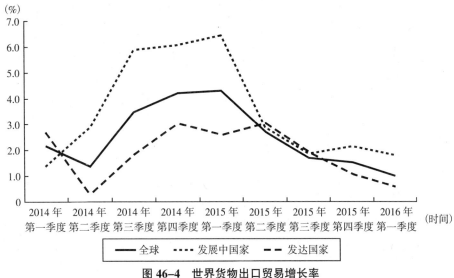

图 46-4　世界货物出口贸易增长率

资料来源：UNTC 数据库。

在 70%左右，一年后增长到 120%左右，而 2016 年猛增至 260%左右，反倾销反补贴制裁税率猛增至 500%以上。这是典型的贸易保护主义。加之 2013 年以来，加拿大、欧盟相继取消了对中国的普惠关税优惠待遇，中国出口产品的竞争力有所削弱。

三是中国作为迅速发展的经济体，受到其他发展中国家的出口替代影响。这一因素将越来越明显地影响中国出口贸易增速和出口贸易结构。

3. 金融危机致国外企业资产缩水，但跨国并购面临投资保护主义障碍

一个显而易见的事实是，国际金融危机导致全球资产规模大幅缩水，企业债务规模增加，这客观上降低了中国企业海外并购的成本，但中国企业的大规模海外并购也引致一些国家的投资保护主义手段层出，尤其是针对中国企业特别是国有企业的投资，发达国家不时以"竞争中立"或"国家安全"等为由对其予以阻挠，设置种种障碍。可以预见，形式各异的投资壁垒短时期内不会减少，中国企业跨国经营需要做好应对各种挑战的准备。2009 年，中铝向澳大利亚力拓增资 195 亿美元的计划因对方毁约而功亏一篑，虽然原因是多方面的，但目标国对中国企业投资目的和"国家安全"的考虑无疑具有压倒性作用。2009 年，中国中铝、中国五矿集团和湖南华菱集团三家中国国有企业同时向澳大利亚海外投资审批委员会 FIRB 申报了对澳大利亚矿业公司的巨额投资，这无疑引起了澳大利亚政府和反对党议员的疑虑及反对，最终导致中铝增资计划搁浅。另外，像华为这样的通信企业，在美国的收购屡次因"国家安全风险"被否决，也是美国推行投资保护主义的结果。

4. 区域贸易自由化和贸易投资一体化格局正在加速重构

美国主导的 TPP 谈判已达成基本协议，TTIP 谈判也在进行之中，这两大自贸协议如果生效，将给国际贸易和投资格局带来深远的影响。中国也在大力推动国内自贸区试点的基础上，谋划国际自贸区战略，双边和多边的自由贸易协定越来越多。2015 年 12 月，国务院印发《关于加快实施自由贸易区战略的若干意见》，对加快自贸区建设做出三个层次的规划：一是加快构建周边自贸区，力争和所有与中国毗邻的国家和地区建立自贸区；二是积极推进"一带一路"自贸区，同"一带一路"沿线国家商建自贸区，形成"一带一路"大市场；三是逐步形成全球自贸区网络。截至 2016 年初，我国已签署并实施的自贸协定共 14 个，涉及 22 个国家和地区，自贸伙伴遍及亚洲、拉美、大洋洲、欧洲等地区。目前，中美投资协定（BIT）谈判也已进入实质阶段。随着这些双边、多边协议的推进，中国企业对外投资的环境将发生巨大变化，相关投资便利化的制度性安排将为企业"走出去"创造良好平台。

三、企业"走出去"为供给侧改革创造战略空间

1. 企业出口贸易结构变动倒逼产业结构调整

2015 年全年，中国出口 14.14 万亿元，同比下降 1.8%。中国出口机电产品 8.15 万亿元人民币（下同），增长 1.2%，占出口总值的 57.7%，较上年提升 1.7 个百分点。同期，纺织品、服装、鞋类、箱包、玩具、家具、塑料制品七大类劳动密集型产品出口总值 2.93 万亿元，下降 1.7%，占出口总值的 20.7%。原材料中，钢材出口下降10.5%。图 46-5 列示了几种产品出口的增长情况。可以说，国内产能过剩严重的行业，遭遇的反倾销更为严重，因而出口形势也比较严峻。显然，对于劳动密集型行业和原材料行业而言，通过出口转移国内过剩产能的方式在短期内难以奏效。因此，推动低端的、低附加值的产品向高技术含量产品跃升，是解决国内产能过剩的根本。企业出口贸易结构的变动趋势，已经在倒逼产业结构升级，从而能够进一步推动供给侧结构性改革。

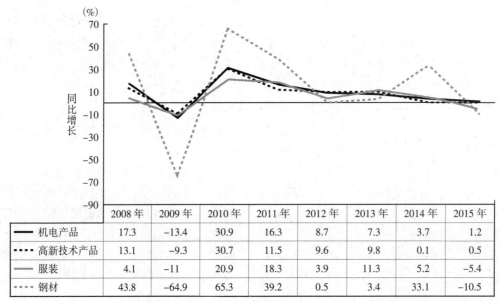

（%）

同比增长

	2008 年	2009 年	2010 年	2011 年	2012 年	2013 年	2014 年	2015 年
机电产品	17.3	-13.4	30.9	16.3	8.7	7.3	3.7	1.2
高新技术产品	13.1	-9.3	30.7	11.5	9.6	9.8	0.1	0.5
服装	4.1	-11	20.9	18.3	3.9	11.3	5.2	-5.4
钢材	43.8	-64.9	65.3	39.2	0.5	3.4	33.1	-10.5

图 46-5　中国出口产品增长率

资料来源：海关统计数据。

2. 企业海外设厂是"去产能、去库存"的有效途径

企业对外直接投资是规避贸易壁垒的有效途径。一些企业通过在主要目标市场或中转国设立加工制造基地的方式，绕过了针对中国企业的贸易壁垒。企业海外设厂有三种方式：当地取材当地生产；全散件组装；半散件组装。第一种方式除了能带动设备出口外，对国内产能利用作用不大，是一种生产能力的转移或复制。但后两种组装生产方式，能够大量带动国内原料和半成品出口，对于"去产能、去库存"效果显著。由于国内劳动力成本相较发达国家具有明显优势，对于多数发展中国家，国内产业配套优势也非常明显，因此，大量海外设厂的中国企业都选择了海外组装的方式，通过在国内生产大量零部件和半成品，充分利用国内生产成本优势，同时在当地完成终端生产，既有效规避了贸易壁垒，又实现了产能转移。

3. 企业"走出去"发挥规模效应有利于企业降低平均成本

供给侧结构性改革的五大任务包括去产能、去库存、去杠杆、降成本、补短板，其中，降成

本是企业提高市场适应能力的一种普遍性的革新措施。任何产业、任何企业，在任何发展阶段、任何时点，都可以通过降低成本来提升自身竞争力。从波特提出的三种竞争战略看，成本领先战略、差异化战略和专一化战略并非平行和相互独立的，从实践看，低成本是各种战略的根基，即便是差异化的战略，也存在降低成本的空间，况且，难以被模仿的差异化并不普遍。虽然中国是一个具有巨大容量的消费市场，但大规模市场面临的竞争往往也更加激烈。因此，企业对外投资，向海外扩展市场空间，有利于企业发挥规模效应，降低企业平均成本，提升企业持续竞争能力。尤其是资本密集型产业，先期投入和研发投入大，必须达到一定的生产规模才能实现规模经济效应，才能支撑持续的创新投入，如领先的医药制造企业，无一不是全球化公司。

4. 技术和资源寻求型的并购能够补充企业"短板"

在供给侧改革的五大任务重中，"补短板"是相对于"去产能、去库存"这些后发的防御型措施提出的，它属于先导型的主动调整型措施。企业开展跨国并购，寻求互补性资源与能力，正是企业提升自身能力、改善供给结构的重要途径。而中国企业对外直接投资的两条主线之一是企业对外投资，寻求互补性资源与能力，近来美的集团要约收购德国领先的机器人制造商库卡集团股份，就是典型的技术寻求型跨国并购。这样的并购对于快速提高中国企业能力的效果是显而易见的，它不仅提升了单一企业的技术能力，对整个产业的能力跃迁也具有很大的促进作用。

5. 满足高端市场需求有利于推动企业产品升级

供给侧改革绝不是不顾消费需求盲目生产、盲目创新，而是要通过改革满足潜在的更高水平的需求，防止企业因着眼于眼前的市场而陷入低端需求陷阱。反过来，更高标准的客户需求能够牵引企业改进产品性能、进行技术创新。举一个简单的例子，同一家服装厂生产的服装，出口的产品就比内销的产品执行更高的安全标准，这就是国外需求标准更高导致的结果。从这个角度而言，企业产品走向国际市场，对企业提出了更高的技术要求。客观而言，一些国内所理解的技术壁垒，实际上是国外市场对中国企业提出的更高的技术标准要求。如果企业仅从成本角度考虑，反而会陷入低端需求陷阱，失去创新的最好时机。前文数据显示，通过企业出口转移国内过剩产业产能在短期内并不现实，但积极推动这些企业"走出去"，能够推动这些企业加快技术升级和产品升级步伐。对于战略性新兴产业而言，走向海外市场则能够更早地提高企业适应全球市场的能力，有利于企业快速成长。

四、当前环境下鼓励企业"走出去"的政策建议

1. 优先支持高技术产业和战略性新兴产业"走出去"

在双边投资协议框架内，积极推动战略性新兴产业出口和对外投资，优先支持高铁、无人机、电子通信这些中国已经具备相当竞争优势、具备战略成长性的产业对外投资，发挥规模效应，降低企业平均成本。对于智能机械、工业机器人等中国具备强大生产能力，但技术上还需要进一步提升的成长性产业，要为企业开展海外并购创造有利条件。如在政策性银行成立海外并购基金，加大对创新型中小企业海外投资的融资支持。由于中小企业的信用基础相对薄弱，获取贷款比较困难，政府可借鉴国际经验，建立为中小企业提供金融支持的政策性金融机构，为具备一定技术实力的中小企业提供优惠的对外投资融资支持。政策性银行可设立中小企业海外拓展专项资金，用于扶持境外贸易营销网络建设、生产性投资和对外承包工程；鼓励企业开展各类国际标准认证工作，并给予一定的经费补助。另外，推动中小企业利用国际资本市场融资。鼓励中小企业到海外上市，不仅有利于企业在全球范围内融通资金，还有助于企业改善股权结构，提升国际影响力，

更快地开展国际化战略。当前,应简化企业海外直接上市的审批程序,适当降低企业上市门槛,为企业海外融资创造有利条件。

2. 加强对境外经贸合作区的宏观指导,提高企业抱团出海的成功率

2006 年,商务部启动了境外经贸合作区项目,至今已先后批准设立了 19 家境外经贸合作区。这些经贸合作区通常选在要素成本低、资源丰富的国家(地区),由企业主导开发,吸引中国企业入驻投资。目前,大部分合作区运营情况良好,但也有个别项目暴露出定位不清晰、园区内产业关联度不高等问题。今后,国家可重点加强区域布局指导和国别风险指导,避免重复投资和盲目投资;重点支持龙头带动型和集群支撑型产业集聚区项目,为中国企业尤其是中小企业营造海外投资的产业支撑环境,充分发挥集群投资的产业链优势,提高企业海外经营的成功率。尤其是一些规模较小的企业,面临国内压缩产能、对外投资无从下手的尴尬境地。地方政府可以选择合适的投资目标国,牵头建立以产业聚集、产业配套为目标的海外投资产业园,引导中小企业以跟进方式投资。

3. 建立完备的对外直接投资风险担保体系

对外直接投资存在巨大风险,有些风险是企业自身难以抵御和承担的。因此,国外政府纷纷建立境外投资风险保障机制,以政府之力量为企业跨国经营解除后顾之忧。对我国企业而言,一些发展中国家和地区为它们"走出去"提供了广阔的市场,但同时巨大的发展空间往往伴随着很高的风险特别是政治风险,这一问题显得特别突出。中兴通讯曾在刚果(金)投资一个项目,合同签订后刚果(金)发生政变,签好的合同也作废了。因缺乏海外投资保险制度,盈利固然无从谈起,而且投入的资金也损失殆尽。因此,我国应借鉴国际经验,尽早建立海外直接投资风险防范与保障体系。一方面,以官方委托的方式,依托中介组织编制海外投资风险评级报告,并建立基金形式的风险保证金;另一方面,制定引导政策,鼓励商业性保险公司开展海外投资保险业务。

4. 针对某些国家的贸易保护主义和投资保护主义,实施必要的反制措施

美国等国家动辄以国家安全为由对中国企业进入美国肆意干涉,以各种贸易壁垒为由对中国产品进入美国市场设置种种障碍。现实情况表明,所谓的"国家安全"、"双反"都只不过是个幌子,其本意在于通过各种手段保护本国产业和核心技术,遏制中国相关产业的成长壮大。例如,2010 年 5 月,华为斥资 200 万美元收购了 3Leaf System(三叶系统)公司资产,但事后该交易被美国外国投资委员会(CFIUS)以国家安全为由建议双方终止交易。迫于美国政府的压力,2011 年 2 月 19 日,华为正式宣布放弃收购 3Leaf System。如此小规模的收购也被扣上了"国家安全"的大帽子,美国对中国企业的防范可见一斑。面对不断增加的贸易壁垒和投资保护主义,仅仅通过政治交涉、谈判磋商、法律抗辩等手段来应对是不够的,建议商务部等国家部门必要时启动反制措施,如反补贴调查、产业损害调查等,充分应用《反垄断法》,向美国企业施加压力,以保护本国企业的合理利益。

5. 充分发挥商协会等社会化服务组织的作用,推动企业有序"走出去"

与政府相比,商会组织在促进海外投资活动方面往往更有效率。因为这类组织熟悉本行业情况,掌握投资地信息比较快捷,可以协调行业内不同企业可能出现的利益冲突。此外,商会在与投资地政府交涉、沟通、谈判方面也具有优势。为此,在推动国家实施"走出去"战略时,要充分发挥商会等民间组织的力量,将其作为公共服务体系的一个重要组成部分,鼓励和支持其积极发挥作用,引导、协调和帮助企业有组织、有秩序地走出去,发挥产业协同聚集效应,消除内部恶性竞争。

6. 增强政府对企业海外投资的信息咨询服务

企业投资之前的信息咨询服务也应该纳入政府的服务范围。建议由商务部定期派遣投资环境考察团,调查国外投资环境,编制中国企业海外投资数据库,建设统一的政府海外投资信息平台,为企业提供海外投资环境的相关信息。通过驻外使馆,设立经济商业情报中心,为企业对外投资提供信息情报等服务。同时,帮助企业间相互交流海外直接投资经验,协助进行投资分析,把握投资机会以及负责咨询等。鼓励企业参加国际会议,开展海外技术交流活动,扩大国际交流的范围。依托高等院校、法律中介机构及其他民间组织，积极发展咨询服务机构，广泛开展信息收集、分析研究、咨询和培训服务，为企业和政府有关部门提供专业咨询和法律咨询服务。

专栏 46-1

中国财团 33 亿美元收购飞利浦照明遭美国CFIUS 安全审查搁浅

2015 年，由"GO Scale Capital"（金沙江创业投资与橡树投资伙伴联合组成的基金）牵头，亚太资源开发投资有限公司和南昌工业控股集团有限公司等内外资财团的鼎力支持下的并购基金，与荷兰皇家飞利浦公司达成谈判协议，将收购荷兰电子集团皇家飞利浦公司（Royal Philips NV）旗下 Lumileds 照明业务80.1%的股份，双方对达成交易非常有信心。然而，2016 年1 月，美国外国投资委员会（CFIUS）以安全为由终止了这一收购计划。飞利浦称，美国外国投资委员会（CFIUS）未批准其出售 Lumileds 公司 80.1%股份的计划，尽管做出了"大量努力"消除其担忧。飞利浦的美国 Lumileds 业务包含了照明组件和汽车照明业务的生产和研发设施。CFIUS 负责在国家安全层面评估跨国交易，但在否决交易时往往并不提供具体理由或解释。CFIUS 审查已经成为中国企业在美国投资并购的一只"拦路虎"。2012 年，三一集团在美关联公司罗尔斯收购位于俄勒冈州的四个美国风电项目遭到 CFIUS 以安全为由否决，成为 20 多年来，美国总统亲自叫停的首例外资收购案。事后，三一集团将 CFIUS 和奥巴马总统告上法院，演变成近年来最为著名的挑战CFIUS 审查案件。经过漫长的诉讼过程，2015 年11 月，罗尔斯宣布与美国政府达成和解，允许其将风电项目转让给第三方买家。此外，同样是在2015 年，清华紫光曾试图以 230 亿美元的价格收购美光科技公司（Micron Technology），但这项交易最终未能达成，据媒体报道双方谈判破裂的重要原因是难以获得 CFIUS 的批准。

资料来源：根据腾讯财经 http: //finance.qq.com/a/20151229/020067.htm 整理。

参考文献

[1] 胡鞍钢、周绍杰、任皓：《供给侧结构性改革——适应和引领中国经济新常态》，《清华大学学报》（哲学社会科学版）2016 年第 2 期。

[2] 金碚：《总需求调控与供给侧改革的理论逻辑和有效实施》，《经济管理》2016 年第 5 期。

[3] 刘建丽：《中国制造业企业海外市场进入模式选择》，经济管理出版社 2009 年版。

[4] 刘建丽：《供给侧改革与内涵式企业国际化》，《经济管理》2016 年第 10 期。

[5] 李佐军：《准确把握供给侧改革需走出六大误区》，《中国产业经济动态》2015 年第 24 期。

第四十七章 企业社会责任

提　要

供给侧结构性改革的最终落实主体在于微观层面的企业，在于企业以负责任的方式开展生产与运营，努力实现全要素生产效率的提升，促进整个社会资源的优化配置。适应"新常态"下的供给侧结构性改革，2015年中国企业社会责任发展在宏观、中观和微观层面上均取得了重要进展，政府加快推进社会责任顶层设计与制度建设，公民社会实行倡议引导与监督促进双管齐下，企业的社会责任管理与实践均有进步。中国企业社会责任发展存在的突出问题主要表现为社会责任整体水平仍然不高、社会责任悲观情绪蔓延、社会责任实践困局急需突破、社会责任管理能力较为薄弱、透明度管理能力仍有待提升。未来一段时间，面对国内外经济社会发展新形势，推动中国企业社会责任健康发展需要全社会形成最基本共识，构建三元协同的社会责任生态系统，同时企业、公民社会和政府都应因应形势创新社会责任建设实践。

*　　　　　*　　　　　*

供给侧结构性改革的最终落实主体在于微观层面的企业，在于企业以负责任的方式开展生产与运营，努力实现全要素生产效率的提升，促进整个社会资源的优化配置。深入推进供给侧结构性改革既是中国企业履行社会责任的新背景和新形势，也是中国企业践行社会责任的新内容和新要求。适应"新常态"下的供给侧结构性改革，中国企业在社会责任实践与社会责任管理上均有了新发展和新进步，但也面临着新问题和新挑战，需要新思路与新举措对其进行创新性解决，以推动中国企业社会责任持续健康发展。

一、2015年中国企业社会责任发展取得的新进展

2015年，在政府引导、社会推动和企业自觉的三元协同推进下，中国企业社会责任发展在宏观、中观和微观层面上均取得了重要进展，中国企业社会责任管理与实践不仅迎来了千载难逢的历史机遇，而且部分领域的探索正在结出"甜美的果实"。

1. 政府层面：顶层设计与制度建设同步推进

政府是中国企业社会责任发展的关键推动力量之一，很大程度上决定了中国企业社会责任发展的方向。2015年以来，针对长期以来缺乏国家层面社会责任顶层设计的局面，政府开始着手推进全局性的社会责任顶层设计，并继续完善相关

的制度建设，力求实现顶层设计与制度完善同步推进与相互促进。

从顶层设计来看，国家在面向"十三五"及远景未来的经济社会发展规划中都对企业社会责任进行了明确要求，为下一步更为具体的行动设计奠定了基础。2015 年 10 月，党的十八届五中全会明确提出，必须牢固树立并切实贯彻创新、协调、绿色、开放、共享的发展理念，增强国家意识、法治意识、社会责任意识。2016 年 3 月，《中华人民共和国国民经济和社会发展十三五规划纲要》明确提出，要废除对非公有制经济各种形式的不合理规定，消除各种隐性壁垒，保证依法平等使用生产要素、公平参与市场竞争、同等受到法律保护、共同履行社会责任。而在此前的2015 年 5 月，国务院在印发的《中国制造 2025》中指出，要强化企业社会责任建设，增强中国跨国公司社会责任意识，推行企业社会责任报告制度。2015 年 8 月，《中共中央、国务院关于深化国有企业改革的指导意见》也要求，社会主义市场经济条件下的国有企业，要成为自觉履行社会责任的表率；到 2020 年，国有企业在提升自主创新能力、保护资源环境、加快转型升级、履行社会责任中的引领和表率作用充分发挥。另外，国家专门针对企业社会责任发展进行了引领性与强制性相结合的顶层设计。2015 年 6 月，国家质量监督检验检疫总局、国家标准化管理委员会正式批准发布了《社会责任指南》（GB/T 36000—2015）、《社会责任报告编写指南》（GB/T 36001—2015）和《社会责任绩效分类指引》（GB/T 36002—2015）三项社会责任国家标准，并要求于 2016 年开始推行实施，为统一社会责任认识、规范社会责任实践和开展社会责任国际对话奠定了基础。与此同时，国务院国资委启动并组织编制《中央企业"十三五"社会责任战略规划》，以为"十三五"期间推进中央企业社会责任发展做好科学部署与系统设计。

从制度完善来看，国家加快了社会责任相关立法的步伐，为推进企业社会责任发展提供了可靠的法律保障。按照党的十四届三中全会提出的"加强企业社会责任立法"要求，2015 年多个政府部门继续联合开展企业社会责任促进法的研究与制定工作，并取得了积极进展。2016 年 3 月，

在经历长达 10 年的调研和起草后，《慈善法》终于发布，对规范中国慈善事业和各主体的慈善行为具有历史性作用。另外，国家针对特定社会责任议题制定了法规规范，为不同主体在开展这些社会责任议题时提供明确指导。2015 年 1 月，银监会与国家发展改革委联合发布了《能效信贷指引》，要求建立促进能效信贷推广和创新的激励约束机制；2015 年 3 月，中共中央、国务院下发了《关于构建和谐劳动关系的意见》，对于企业实施劳动关系管理进行了详细规定；2015 年 5 月，中共中央、国务院印发了《关于加快推进生态文明建设的意见》，对企业开展生态文明保护进行了明确规范；2015 年 12 月，香港联交所发布了针对《环境、社会及管治报告指引》修订文件，把对指引的要求提升为"不遵守即解释"，这对在港上市公司的社会责任信息披露及管理促进提出了更高的要求。

2. 社会层面：倡议引导与监督促进双管齐下

公民社会的成熟与否对一个国家或地区企业社会责任的发展模式具有重要影响。在当前中国公民社会发展相对发达国家滞后的情境下，公民社会在推动企业社会责任发展中发挥着补充性治理而非主导性治理作用。2015 年以来，公民社会推动中国企业社会责任发展中的补充性治理力量作用更加充分发挥，行业协会、非政府组织、非营利组织等社会组织通过倡议引导与监督促进双管齐下，在企业社会责任推进中的参与范围持续拓展、参与深度继续提升。

从倡议引导来看，社会组织继续通过发布行业性的企业社会责任规范倡议，为企业开展社会责任实践与管理提供指引。2015 年 7 月，中国工业经济联合会发布了《中国工业企业社会责任管理指南》，对工业企业的社会责任管理行为进行规范引导；2016 年 6 月，中国工业经济联合会又发布了首个推进"一带一路"中资企业社会责任路线图，提出了推动"一带一路"中资企业开展社会责任工作的三大机制、五项原则和四个行动，成为"一带一路"规划公布以来的第一份有关社会责任的倡议。2015 年下半年，中国通信企业协会着手起草《中国信息通信行业企业社会责任管理体系》标准，并在 2016 年 6 月通过了专家评审，预计下半年将会发布。2015 年 12 月，中国

五矿化工商会正式发布《中国负责任矿产供应链尽责管理指南》，这是中国第一个行业性供应链尽责管理指南。2016 年 6 月，中国乳制品工业协会发布《乳制品行业社会责任指南》，明确了乳企履行社会责任的核心内容，引领企业强化社会责任管理。2016 年 7 月，中国互联网协会发布《互联网企业履行社会责任倡议书》，向互联网企业发出履行社会责任的八大倡议。另外，社会组织继续通过发布行业性社会责任报告或白皮书，全面反映行业社会责任发展情况，引导企业自觉开展社会责任信息披露和实施负责任的企业行为。根据商道纵横发布的《价值发现之旅 2015：中国企业社会责任报告研究》，2015 年中国境内行业协会等非企业组织发布社会责任报告 150 份。其中，中国银行业协会、中国信托业协会、中国律师行业协会、中国汽车工业协会、中国黄金协会、中国对外承包工程商会等行业协会已经多年发布本行业的社会责任报告或白皮书，形成了较大的行业影响。

从监督促进看，行业协会、非政府组织、非营利组织等社会组织以提升企业履行社会责任的意识与能力为着眼点，积极组织企业开展各种形式的社会责任研讨与培训，搭建行业性或综合性的、地方性或全国性的沟通交流平台，极大地推动了社会责任理念在微观企业层面的落地。2015 年 6 月，中国社会科学院经济学部企业社会责任研究中心继续开展"分享责任——中国企业社会责任公益讲堂"，来自企业、公益组织、媒体的相关人士在此平台上深入交流；2015 年，中国工业经济联合会不仅举办了中国工业行业企业社会责任培训班，而且继续组织 78 家企业集中发布了社会责任报告，2016 年 6 月，100 家工业企业在中国工业经济联合会搭建的社会责任报告发布平台上发布了自己的社会责任报告，涉及 19 个省（区、市）和 19 个行业。2015 年 12 月，中国纺织工业联合会举办 2015 中国纺织服装行业社会责任年会暨中国纺织服装行业社会责任建设 10 周年纪念活动，继续推动纺织行业企业社会责任建设。另外，行业协会、非政府组织、非营利组织等社会组织继续发挥对企业履行社会责任的评价监督作用，不断创新评价监督方式，努力提升评价监督效果。2015 年，不仅诸如中国社会科学院经济

学部企业社会责任研究中心、中国企业管理研究会社会责任专业会委员会联合北京融智企业社会责任研究所、中国企业评价协会联合清华大学社会科学学院、中国电子工业标准化技术协会等机构继续发布中国企业社会责任发展的相关指数，而且上海交通大学企业法务研究中心、华东政法大学政治学研究院联合研发并发布了新的企业社会责任指数；不仅像中国工业经济联合会、中国银行业协会、信托业协会等机构继续开展行业性企业社会责任评价评优，而且众多媒体机构也都积极开展企业社会责任评选活动。

3. 企业层面：责任管理与责任实践并举并进

一个国家或地区企业社会责任发展水平依赖于每个微观企业，企业个体的负责任行为汇聚成企业界的社会责任，进而实现由个体理性向集体理性的转变。企业实施社会责任既包括有效的社会责任管理，也包括科学的社会责任实践。2015 年以来，中国企业发挥社会责任履行的主体作用，主动探索社会责任管理模式与体系的有效落地，积极创新开展重点社会责任实践议题，力求形成社会责任管理成功转型与社会责任实践创新推进的良好格局。

从社会责任管理看，中国企业持续推进社会责任管理转型，重点包括三个方面：一是继续完善社会责任治理与组织管理体系、社会责任内部推进制度建设、社会责任能力建设机制、社会责任绩效评价与考核机制，以便形成更加健全的社会责任管理体系。比如，按照社会责任推进的"西瓜战略"，国家电网公司在已经形成的总部—省公司—市公司—县公司四级全面社会责任管理试点基础上，2015 年起又重新启动基层供电企业全面社会责任管理模式探索，希望探索出基层供电企业构建全面社会责任管理体系的有效路径。二是积极推动社会责任融入企业运营，力求将社会责任理念融入公司使命、价值观、业务运营、基础管理和职能管理等各个领域，以便实现社会责任理念在企业的真正落地。比如，国家电网公司进一步扩大探索社会责任根植项目制，希望通过运用项目制管理的理念和方法，逐级指导和推动各基层单位有计划、有管控、系统化、制度化、可持续地组织实施社会责任根植项目。2015 年，国家电网公司总部立项的社会责任根植项目达到

278 个，较 2014 年的 99 个增加了 1.8 倍；而在 2016 年上半年，国家电网公司更是对 2014 年和 2015 年的 377 个社会责任根植项目成果进行了总结，考察通过社会责任根植项目制推动社会责任融入业务运营和企业管理的成效与不足。三是不断加强透明度管理，创新利益相关方沟通与参与，努力增强利益相关方和全社会对企业的了解、理解、支持和信任。2015 年以来，中国企业从利益相关方沟通目标、沟通重点、沟通形式、沟通载体和沟通平台等方面进行了创新。企业在沟通目标创新方面的探索主要体现在由广泛沟通向精准沟通转变以及由利益沟通向价值沟通转变；在社会沟通重点方面的创新方式主要通过简版社会责任报告、专题版报告、区域国别报告、白皮书、重大决策和重大行动等社会沟通形式体现；社会沟通方式正在向双向/多向沟通和事前沟通转变；社会沟通的载体发生了极大变革，新媒体和官方自媒体成为企业新兴的沟通载体；开展社会沟通借助的平台主要有国际平台、行业协会、NGO 商业性公关公司等，特别是越来越多的中国企业建立了定期的社会责任报告编制与发布机制，社会责任报告数量持续增加。根据《金蜜蜂企业社会责任报告指数》（2015）的统计，2015 年中国社会责任报告的数量达到 2265 份，较 2014 年的 2240 份小幅增加。而且，中国企业社会责任报告的总体质量提升进入平稳期，高质量报告数量逐年增长。

　　从社会责任实践来看，中国企业以不同的方式参与和落实重点社会责任议题，不仅在多个社会责任议题上取得重要进步，而且也在不断开展社会责任实践方式的创新。2015 年，中国企业在诚信合规、劳工保护、环保节约、安全生产和慈善公益等方面都获得了新进展。具体而言：一是诚信合规经营有所改善。根据法制日报社和中国政法大学企业法务管理研究中心发布的《2015 中国上市公司法律风险指数报告》，2014 年上市公司法律风险指数为 25.265，与 2013 年的 25.282 基本持平，但进入法律风险测评的 2628 家上市公司中，安全和比较安全的五星公司和四星公司数量同比增长 10.21%，正常的三星公司数量同比增长 4.78%，比较危险和危险的二星公司和一星公司数量同比下降 3.57%，风险分布明显改善。再以企业针对消费者的诚信问题为例，根据中国消费者协会的统计，虽然 2015 年全国消协组织受理消费者投诉的总数量有所增加，但涉及质量、合同、假冒、计量等诚信经营方面的投诉比重均有下降。二是劳工保护实践持续进步。根据《2015 年度人力资源和社会保障事业发展统计公报》，截至 2015 年年底，全国企业劳动合同签订率达到 90%，较 2014 年提高两个百分点。三是环保节约实践取得显著成效。随着我国加快推进"三去一降一补"的供给侧结构性改革，以及对"两高一资"企业的严格管理，高耗能企业的节能减排工作强力有效推进。以钢铁企业为例，根据中国钢铁工业协会的统计，2015 年，统计的钢协会员生产企业总能耗比 2014 年下降 6.00%，吨钢综合能耗比 2014 年下降 2.13%，吨钢可比能耗比 2014 年下降 0.44%，外排废水比 2014 年下降 10.87%，废气排放量比 2014 年增长 8.53%，钢渣产生量比 2014 年下降 3.85%。四是安全生产实践持续向好。根据国家安全生产监督管理总局披露的信息，2015 年全国事故总量保持继续下降态势，事故起数、死亡人数同比分别下降 7.9%、2.8%。大部分地区和重点行业领域安全状况基本稳定，11 个省级单位未发生重特大事故，煤矿事故起数和死亡人数同比分别下降 32.3%、36.8%，非煤矿山、化工和危化品、烟花爆竹、道路交通、建筑施工、生产经营性火灾、水上交通、铁路交通及冶金机械等行业领域事故实现"双下降"。五是慈善公益责任实践继续优化。随着我国对慈善公益事业法治管理和规范管理的不断推进，企业对参与慈善公益事业更加积极与理性，慈善公益的开展模式持续创新，从而推动全社会公益事业的健康发展。根据中国社会科学院社会政策研究中心发布的《中国慈善发展报告（2016）》，中国 2015 年的预期社会捐赠总量达到了 992 亿元，共有基金会数量 4871 家，比 2014 年增加 633 家，登记注册志愿者数量已经超过了 1 亿人，占人口总数的 7.27%。

二、中国企业社会责任发展存在的问题

　　尽管中国企业社会责任发展在 2015 年取得了一些新进展和新进步，但由于尚处于发展的初级阶段，不仅长期存在的一些固有问题依然表现明显，而且面对经济发展"新常态"和国内外形势的新变化，一些新问题也随之出现。

　　1. 社会责任整体水平仍然不高

　　受到诸多因素的影响，中国企业社会责任发展的总体水平仍然较低，与社会预期相比仍然存在明显差距。根据中国企业管理研究会社会责任专业委员会和北京融智企业社会责任研究所共同发布的《中国上市公司社会责任能力成熟度报告（2015）》，2014 年沪深 300 上市公司的社会责任能力成熟度平均得分为 35.43 分，整体处于弱能级。具体看，在 300 家上市公司中，没有一家公司进入强能级和超能级；达到本能级的公司仅有 12 家，占比 4%；处于无能级的上市公司多达 113 家，占比 37.67%；其余 175 家皆处于弱能级。沪深 300 指数覆盖了沪深市场六成左右的市值，具有良好的市场代表性，因此，从沪深 300 的评价结果可以得出，我国上市公司的社会责任能力成熟度整体偏低，社会责任能力建设水平严重堪忧。报告对能源、金融、汽车、电子信息制造、食品、建筑、运输等 15 个不同行业 750 家上市公司的社会责任能力成熟度研究显示，能源、金融、运输、金属非金属与采矿、化工、公用事业 6 个行业上市公司的社会责任能力成熟度均处于弱能级水平；房地产、机械、汽车、建筑、电子信息制造、纺织、食品、医疗、电气设备 9 个行业上市公司的社会责任能力均处于无能级水平。此外，根据中国社会科学院经济学部企业社会责任研究中心发布的《中国企业社会责任研究报告（2015）》，2015 年，中国企业 300 强社会责任发展指数为 34.4 分，整体处于起步者阶段，近八成的企业得分低于 60 分，处于三星级及以下水平，近五成企业为一星级，仍在"旁观"。

　　2. 社会责任悲观情绪蔓延

　　最近两年，关于企业社会责任是不是该死、是不是已死或者是不是正在死这个问题的国际讨论非常激烈。比如，2015 年 10 月，巴克莱银行组织了一个国际企业社会责任顶尖专家的辩论会，辩论题目是"企业社会责任死掉了么？"从国内看，专家学者和企业界人士也对这一问题给予很高关注，特别是在 2015 年 4 月《WTO 经济导刊》翻译了奥斯堡《CSR 已死？》以后，国内对于企业社会责任发展的悲观情绪迅速蔓延，各种关于企业社会责任是否已死的争论不绝于耳。概括国内外关于企业社会责任悲观论的观点，主要有三类：一是基于现象的悲观预测论。该种悲观论者大多是基于当前企业社会责任的不同实践行为，尤其以广泛存在的社会责任重大缺失事件、伪社会责任现象、社会责任异化现象为依据，从而预测未来企业社会责任发展前景悲观。以社会责任现象为依据的悲观预测观点往往通过舆论、媒体等发出，传播速度快、传播人群广，是当前企业社会责任悲观论中最深入人心的观点。二是基于认知的悲观推理论。该种悲观论者主要是消费者大众、媒体以及企业，他们往往依据企业社会责任的具体现象得出悲观预测。而企业社会责任悲观论的一个更重要的群体则是学者，他们基于企业理论、管理理论或经济社会理论、企业社会责任理论，推理得出企业社会责任发展前景悲观的结论。三是基于环境的悲观决定论。这种悲观论者认可企业社会责任发展需要具备一定的条件，但过度将企业社会责任的发展归结于这些外部环境条件，导致他们在社会责任环境恶化或发展不成熟时，就会对企业社会责任的未来发展产生悲观的看法。企业社会责任悲观论由于存在各种理论逻辑和推理逻辑上的错误，其在国内的扩散不仅严重影响了全社会对企业社会责任形成共识，甚至对企业社会责任发展带来致命打击。

　　3. 社会责任实践困局急需突破

　　虽然国家从顶层设计和制度建设方面给企业社会责任发展带来了前所未有的政策机遇，但中国企业社会责任发展中出现的多样化实践困局也使其可能面临丧失抓住机遇窗口的现实风险。概括起来，当前中国企业社会责任发展至少面临着以下五大方面的实践困局。

一是企业社会责任内容认知的实践困局。在对企业社会责任内容的认知方面，至少存在六类异化风险，即"慈善论"、"奉献论"、"议题论"、"箩筐论"、"报告论"和"标准论"。

二是企业社会责任性质判断的实践困局。在对企业社会责任性质的判断方面，存在六类异化风险，即"竞争论"、"形象论"、"负担论"、"回应论"、"平衡论"和"权力论"。

三是企业社会责任社会功能理解的实践困局。在对企业社会责任的社会功能的理解方面，存在三类异化风险，即"万能论"、"阴谋论"和"忽视论"。

四是企业社会责任发展面临倒退风险的实践困局。倒退风险主要包括六大倾向，即倒退回"责任唯赚钱论"、倒退回"企业办社会论"、倒退回"泛道德空谈论"、倒退回"纯工具理性论"、倒退回"新宣传武器论"、倒退回"新管理工具论"。

五是企业社会责任热潮虚假繁荣的实践困局。虚假繁荣主要体现在："口是心非、知行不一"的伪企业社会责任泛滥；社会责任"暗度陈仓"设租寻租的状况不容忽视；企业社会责任实践"面热内冷"；社会责任基础理论研究严重滞后，与部分经济学者意见尖锐对立、无法调和；企业履责环境"矛盾重重"；企业社会责任的功能普遍聚焦微观层面的工具理性。

4. 社会责任管理能力较为薄弱

社会责任管理能力反映出企业系统化、制度化、规范化推进社会责任的水平。近些年来，虽然部分中国企业积极探索社会责任管理的新模式和新方法，也取得了一些成效，但整体上而言，中国企业的社会责任管理能力仍然较为薄弱。根据中国企业管理研究会社会责任专业委员会和北京融智企业社会责任研究所共同发布的《中国上市公司社会责任能力成熟度报告（2015）》，2014年沪深300上市公司的社会责任理念与战略维度平均得分为32.36分，刚刚达到弱能级水平，表明大多数上市公司没有树立明确的社会责任理念，或者没有将社会责任原则很好地融入企业发展目标之中。而在社会责任推进管理方面，2014年沪深300上市公司的社会责任推进管理维度平均得分仅为9.38分，说明当前我国上市公司社会责任能力成熟度的最大瓶颈在社会责任推进管理体系建设方面。统计显示，在300家上市公司中，有261家公司的社会责任推进管理维度得分不足30分，占样本总量的87%；得分达到60分以上的公司只有4家。中国社会科学院经济学部企业社会责任研究中心发布的《中国企业社会责任研究报告（2015）》也显示，2015年中国企业责任管理指数为37.9，虽然较2014年的35.8提高了2.1，但依然处于较低水平。更进一步看，中国企业在社会责任管理上存在领导重视不够、战略规划缺乏、长效机制缺乏、机构缺乏或功能虚化、固化流程缺乏、投入不足等多个方面的问题，这些问题容易导致企业社会责任管理表面化和空洞化，结果是企业社会责任管理难以满足企业可持续发展的要求。

5. 透明度管理能力仍有待提升

鉴于透明运营是企业社会责任的重要内容，也是企业提升可持续发展能力的基本要求，因此透明度管理直接影响到企业社会责任绩效。2015年以来，中国企业在透明度管理上取得的一些进步并不能掩盖其存在的突出问题，公众透明度依然较低，社会责任信息披露质量不高，一定程度上影响了企业的内质外形。从公众透明度来看，根据中国企业管理研究会社会责任专业委员会和北京融智企业社会责任研究所共同发布的《中国企业公众透明度蓝皮书（2015~2016)》，2015年中国企业200强企业公众透明度水平整体较低，平均分为36.19，较2014年下降5.81分。2015年中国企业200强企业没有出现公众透明度卓越企业；透明度良好的企业有31家，占比15.5%，平均分为65.77分；透明度一般的企业有53家，占比26.5%，平均分为50.64分；透明度不良的企业有58家，占比29.0%。从社会责任信息披露看，毕马威发布的G250公司调查报告显示，如果以100分为满分，中国企业的报告质量平均为10分，相比于全球51分的平均水平相距甚远；它们中设定碳减排目标的企业占比（3%）也远远小于G250企业的总体水平（53%）。根据中国社会科学院经济学部企业社会责任研究中心发布的《中国企业社会责任报告白皮书（2015）》，2015年中国企业社会责任报告中有6成篇幅都在30页以下，这些报告的信息披露还不够全面；根据商道纵横发布的《价值发现之旅2015：中国企业社会责任报告研究》，2015年中国企业社会责任报告中经过第三方独立审验的仅占到4%，第三方评价不足、可靠性不高的问题依然明显；根据《WTO经济导刊》的调查，2015年中国500强企业中发布社会责任报告的企业仅为195家，占比39.0%，另有305家企业未发布报告，而且，虽然500强企业中，参照国际标准编制、英文版的报告比重不低，但报告的国际化水平仍有待提升。

三、新形势下推动中国企业社会责任健康发展的对策建议

随着全球经济社会发展形势的快速变化，加上国内经济发展"新常态"的冲击，以及置身于供给侧结构性改革的情境之下，中国企业社会责任发展既面临着前所未有的政策机遇，也正遭遇非常巨大的前景挑战。未来五年，对于中国企业社会责任发展来说极其关键，需要各方携手努力，共同开创中国企业社会责任发展的新局面。

1. 夯实基础：推动形成基本共识

中国企业社会责任发展要科学抓住机遇和有效应对挑战，需要对发展方向形成最基本共识。

从共识的内容看，重点包括六个方面：一是判断对社会负责任的企业行为的标准需要加快形成共识。在这一问题上，需要明确的基本方向是：判断企业行为是否真的对社会负责任，必须以企业行为能否促进社会资源的更优配置，最大限度地创造社会福利或者社会价值（经济、社会和环境的综合价值）为根本标准。二是确定企业社会责任的内容的方法需要加快形成共识。在这一问题上，需要走出企业社会责任边界的"认知丛林"和"内容误区"，从企业本质出发界定企业社会责任边界，将企业社会责任的内容总体上分为两大部分：核心社会功能的充分发挥和普遍性社会功能的有效发挥。三是理解企业社会责任的社会功能需要加快形成共识。在这一问题上，需要明确的基本方向是：企业社会责任是与市场机制、政府调控机制、社会治理机制相并列的重要的社会资源配置机制。它是企业基于内生的道德动力，通过坚守法律和道德底线与创建利益相关方合作机制，维护社会公平正义，激发利益相关方合作创造综合价值潜力，促进市场机制、政府调控机制和社会治理机制的有效运作，弥补可能的"市场失灵"、"政府失灵"、"社会失灵"，实现社会资源的优化配置。四是实践企业社会责任的基本逻辑需要加快形成共识。在这一问题上，需要明确的基本方向是：有效实践企业社会责任最终要依靠管理，企业社会责任管理与旧的股东利润目标管理模式相比，其特征是：管理框架以股东价值为主导，转向以社会价值为主导；管理目标从追求财务价值最大化，转向经济、社会和环境综合价值最大化；管理方式从谋求市场竞争优势，转向推动利益相关方合作创造综合价值；基本管理理念从视企业为为股东实现盈利目标的生产组织，转向视企业为不同的社会主体实现其多元价值追求的社会平台。五是保障企业社会责任的动力机制需要加快形成共识。在这一问题上，需要明确的基本方向是：要让企业表现出对社会负责任的行为，就必须有相应的制度安排。当然，这种制度安排，绝不仅仅是企业微观层面的组织治理机制和管理模式的深刻变革，而是必须在社会宏观层面做出有利于将个人理性导向社会理性的制度安排。六是营造企业社会责任的制度环境需要加快形成共识。在这一问题上，需要明确的基本方向是：制度环境建设至少包括正确的标准和合理的政策，前者要求形成广为认可和接受的社会责任标准或规则，以对企业履行社会责任的行为进行规范和约束；后者实际很大程度上反映了政府在企业履行社会责任中的角色定位，这些定位的核心体现是它们针对企业履行社会责任所制定、出台和采用的公共政策。

从共识实现路径来看，主要包括四个方面：一是把国际标准和国家标准作为理解企业社会责任的共同出发点。选择社会责任国际标准

ISO26000 及脱胎于它的社会责任国家标准 GB36000 作为理解企业社会责任的共同出发点，是容易形成最大公约数的选择。二是抓住立法立规立标准的重要机遇积极推动最广泛深入的讨论。抓住国家探索推进企业社会责任立法、建设社会责任标准体系的机会，广泛发动社会各界讨论企业社会责任的内涵、内容、社会功能、实践模式、动力机制、制度环境。三是坚持榜样驱动面向全社会持续推出真正的企业社会责任榜样。切实改变当前企业社会责任评价评比过程中的"设租、寻租"状况，基于科学的企业社会责任观，推出真正的企业社会责任榜样，引领全社会企业向增进社会福利和社会进步的方向努力，将极大地增强企业社会责任的"合法性"，有力地遏制可能出现的社会责任倒退危机。四是聚焦关键少数有针对性有组织地影响最需要影响的人和组织。必须抓住关键少数，有针对性和有组织地开展工作，努力影响最需要影响的人，因为科学的企业社会责任观与实践势必无法上升为国家意志、国家战略、国家政策。

2. 构建生态：优化三元协同机制

中国企业社会责任发展要走出悲观情绪蔓延的态势，改变各种伪社会责任和社会责任异化现象，需要从生态系统视角，构建和打造健康的社会责任生态圈，而其核心和关键则是持续优化政府、社会和企业三元协同的推动机制。

从政府层面看，关键举措在于三个方面：一是政府应在企业社会责任内在模糊性的框架下，探索通过因地制宜地改进企业社会责任制度，来建立企业履行社会责任的利基市场，激励企业将社会责任的政治制度或非正式制度内化于企业日常运营。二是政府在设立社会责任制度利基的同时，仍然应该不遗余力地推进社会责任规章制度的发展，这是调动企业履责积极性，同时防止企业社会责任异化的重要保障。例如政府既可通过明确的社会责任惩罚政策对社会不负责任企业、重大社会责任缺失企业行为进行惩罚；也可通过法治手段，对企业社会责任赋予法律上的合法性，建立企业社会责任信息披露的法律法规制度、推动建立企业社会责任第三方审计标准和制度等，帮助企业在达成企业社会责任合规的前提下，通过其他激励手段提高企业履责水平。三是政府应

该恰当放宽对企业社会功能的管制，给予企业恰当的政治激励，让企业更加自由地通过履行社会责任的方式为自己的行为负责。根据政府管制环境的一般变化规律，经济形势不好时常常伴随着政府市场管制力度的加大，往往会对企业在自由市场时期自行履行社会责任的自由度造成约束。因此，政府应该在正确认识企业社会角色定位的情况下，赋予企业恰当的社会权利，也为其履行社会责任留下足够的空间。

从社会层面来看，关键举措在于两个方面：一是 NGO 应该在企业社会责任发展过程中不遗余力地推进社会责任行为标准、审计标准等社会责任规则的统一性，进而减少企业社会责任的模糊性。二是 NGO、媒体应该发挥其社会责任信息的监督作用，推进企业对社会责任信息的披露，并通过对社会责任信息披露的监督，来减少企业社会责任信息传播的不对称性，增强对伪社会责任现象的识别和监督。

从企业层面来看，关键举措在于两个方面：一是在企业社会责任外界环境发展不成熟的条件下，企业应该首先着力建立起正确的企业社会责任观。二是构建起适合自身的企业社会责任管理体系，通过系统化、制度化和规范化的方式优化社会责任实践。

3. 巧破困局：因时制宜创新实践

在经济发展"新常态"下，深刻改变了企业生存与发展的环境，对推动企业履行社会责任提出了新要求和新挑战。在这一背景下，要突破企业社会责任发展的实践困局，需要企业、社会和政府共同创新实践。

从企业视角的实践来看，主要是要做到四个方面：一是坚守底线绝不跨越。底线责任是企业社会责任的最基础部分。无论外部环境如何变化，无论企业发展处于什么阶段，企业在任何时点、任何地方、任何领域都必须满足底线要求，坚守底线原则，履行底线责任，这是企业开展负责任运营的"红线"，任何企业都不能跨越。在经济发展"新常态"下，即使面临着生存困难和艰难转型的企业，也必须毫不动摇地履行守法合规、诚信经营、产品质量、安全生产、环保节约的底线责任。二是追求共赢权变创新。底线责任之上是共赢责任。共赢责任是企业社会责任的更高形态，

在现实中有两种表现，即企业把解决社会问题作为自身发展的商业机会，创造共享价值，在推动社会进步的同时为自身创造经济效益，典型代表就是战略性企业社会责任；企业履行对利益相关方的共赢责任，立足和发挥自身与利益相关方的各自优势，合作创造经济、社会、环境综合价值，实现各自价值偏好的满足和互利共赢，典型代表就是搭建履行社会责任的"渔场"（平台）。在经济发展"新常态"下，对于日益增多的经营困难的企业来说，在坚守底线要求基础上解决自身的生存问题是最为迫切的任务，如果履行共赢责任并不是企业为解决当下生存问题或推动转型升级的必不可少或有效的方式，那么企业可以削减、暂缓甚至停止这方面的项目投入；对于经营效益较好或发展较为稳健的企业来说，应以创造更大共享价值或实现更多互利共赢为着眼点，将履行共赢责任作为企业实现进一步发展的机会，主动开展战略性企业社会责任和搭建履行社会责任的"渔场"。三是纯粹利他量力而行。纯粹利他是企业完全的自愿道德行为，是企业社会责任的最高层级。纯粹利他行为的通常表现形式是企业开展的慈善公益，它反映了企业作为道德主体和社会公民的高尚追求，是促进社会公平和社会进步的重要机制。企业履行纯粹利他责任应当遵循"责任铁律"，即企业在社会上拥有的权力、影响力和所具备的能力越大，企业应当承担的纯粹利他责任就越多。当然，企业履行纯粹利他责任必须是基于自愿性原则，并量力而行。在经济发展"新常态"下，企业应根据自身的经营状况确定履行纯粹利他责任的程度。四是提质增效全力以赴。经营质量和发展水平在很大程度上是企业履行社会责任的基础，因为企业所拥有的资源冗余度会直接影响到企业履行社会责任的意愿、能力和绩效。在经济发展"新常态"下，经济增长速度由高速转向中高速，甚至持续面临较大下行压力，国内外市场相当一段时间处于低迷状态，大量企业经营困难，盈利能力严重下降，企业亏损面扩大，行业性亏损也不断出现，越来越多的企业不得不忍受经济发展转型所带来的阵痛。无论是从实现企业的存续经营和健康发展角度，还是着眼于增进企业履行社会责任的意愿和能力，提质增效、扭亏增盈都是当前企业最为迫切的任务，企

业应当标本兼治、全力以赴地投入其中。

从社会视角的实践来看，关键是推动担责期望动态合理。社会期望既是企业履行社会责任的动力来源，也是企业确定社会责任边界的重要因素。社会对企业履行社会责任的合理期望对于推动企业社会责任健康发展至关重要，期望过度或期望不足都可能导致企业社会责任发展的异化，对企业履行社会责任形成困扰。然而，社会期望的合理范围或程度并不是一成不变的，也不是千篇一律的，需要随着时点情境、内容层次、对象企业而动态调整。在经济发展"新常态"下，社会对处于不同经营状况的企业履行社会责任的不同内容层次应给予不同强度的期望，对于企业履行底线责任应明确期望和强制规范，在何时何地均严格要求，绝不降低标准；对于企业履行共赢责任应积极鼓励和开放包容，推动形成将履行共赢责任与企业业务拓展和转型发展密切关联的社会期望，但并不进行强制性要求，尤其是对经营压力较大的企业履行共赢责任应赋予更加弹性的期望和持更加包容的态度；对于企业履行纯粹利他责任应当适度倡导和合理引导，绝不进行强制性要求，特别是对经营困难的企业履行纯粹利他责任应当降低期望，甚至鼓励其暂停纯粹利他项目投入而集中资源和精力开展经营改善。社会对企业履行共赢责任和纯粹利他责任秉持更加包容和更加弹性的预期，意味着社会对"新常态"下的改革成本与转型阵痛需要有更强的承受力和更高的容忍度，需要以长期视角和可持续发展眼光正确平衡改革成本与改革红利的关系。

从政府视角的实践来看，关键是监督援助适时适当。企业履行社会责任既是建设有责任感经济的基础，也是一个国家新的战略性资源，能够从道德、思想、组织、制度等多个方面引导社会不断进步。因此，企业履行社会责任绝不仅是微观企业自身的事情，政府和公民社会等外部力量也在其中扮演重要角色，特别是政府应当成为企业履行社会责任的"引导者"、"服务者"、"监督者"和"援助者"，只不过这四重角色在不同情境下的凸显度不同而已。在经济发展"新常态"下，对于未能达到准入标准、代表落后产能的企业，政府应当严格对其进行淘汰，更加突出"监督者"和"援助者"角色，即监督与帮助其退出市场和

结束运营，这也是这类企业对社会负责任的表现。对于经营暂时困难、具有提质增效和转型升级前景的企业，政府对其履行底线责任应当更加突出"监督者"和"援助者"角色，不但严格监督保证其守住底线，又通过援助增强其履行底线责任的能力；对这类企业履行共赢责任应当更加强调"引导者"、"服务者"和"援助者"角色，不但引导和服务它们将解决社会问题与自身的转型升级

紧密结合，又通过援助增强其创造共享价值的能力。对于经营效益较好的企业，政府对其履行底线责任更加突出"监督者"角色，严格监督绝不懈怠；对这类企业履行共赢责任和纯粹利他责任更加强调"引导者"和"服务者"角色，引导和服务它们更多地创造共享价值以及对高尚道德的追求。

专栏 47-1

2015 年中国企业社会责任十大事件

事件一：2015 年 6 月 2 日，GB/T 36000—2015《社会责任指南》、GB/T 36001-2015《社会责任报告编写指南》和 GB/T 36002—2015《社会责任绩效分类指引》三项国家标准正式批准发布。

事件二：2015 年 9 月 9 日，中国和瑞典共同签署了《中国商务部与瑞典外交部关于继续开展企业社会责任合作的谅解备忘录》。

事件三：2015 年 9 月 13 日，《中共中央、国务院关于深化国有企业改革的指导意见》正式发布，提出"社会主义市场经济条件下的国有企业，要成为自觉履行社会责任的表率"。

事件四：2015 年 10 月 26~29 日，党的十八届五中全会上首提"创新、协调、绿色、开放、共享"五大发展理念。

事件五：2015 年 11 月 6 日，首届海航社会责任论坛以"新时期的商业文明：思想的变革与创新"为主题，探讨"新常态"下商业文明的发展趋势。

事件六：2015 年 11 月 10 日，商务部研究院、国务院国资委研究中心、联合国开发计划署驻华代表处在北京联合发布《中国企业海外可持续发展报告 2015》。

事件七：2015 年 11 月 24 日，新华网、光明网、阿里巴巴、腾讯、百度、京东等互联网企业共同签署《互联网企业社会责任宣言》。

事件八：2015 年 12 月 10 日，2015 年中国纺织服装行业社会责任年会暨中国纺织服装行业社会责任建设 10 周年纪念活动召开。

事件九：2015 年 12 月 18 日，在浙江省企业社会责任建设高层论坛上，浙江省企业社会责任促进会宣布成立。

事件十：2015 年 12 月 21 日，香港联合交易所发布了针对《环境、社会及管治报告指引》（简称：ESG 报告指引）修订文件。

资料来源：《WTO 经济导刊》，《2015 中国企业社会责任十大事件》。

参考文献

[1]黄群慧、彭华岗、钟宏武、张蒽：《中国企业社会责任研究报告（2015）》，社科文献出版社 2015 年版。

[2]黄速建、熊梦、王晓光、肖红军：《中国企业公众透明度蓝皮书（2015~2016）》，社科文献出版社 2016 年版。

[3]肖红军、王晓光、李伟阳：《中国上市公司社会责任能力成熟度报告（2015）》，社科文献出版社 2015 年版。

[4]张蒽、王梦娟、林旭、方小静：《中国企业社会责任报告白皮书（2015）》，经济管理出版社 2015 年版。

附录1　统计资料分析

一、全国工业主要发展指标

（一）2006~2015 年全国国内生产总值及三次产业结构

年份	国内生产总值		占国内生产总值百分比（%）		
	数值（亿元）	年增长率（%）	第一产业	第二产业	第三产业
2006	217657	12.7	10.70	47.40	41.90
2007	268019	14.2	10.40	46.70	42.90
2008	316752	9.6	10.30	46.80	42.90
2009	345629	9.2	9.90	45.70	44.40
2010	408903	10.6	9.60	46.20	44.20
2011	484124	9.5	9.50	46.10	44.30
2012	534123	7.7	9.50	45.00	45.50
2013	588019	7.7	9.40	43.70	46.90
2014	643974	7.3	9.10	43.10	47.80
2015	685506	6.9	8.90	40.90	50.20

资料来源：国家统计局网站和《中国统计年鉴》（2016）。

（二）2008~2015 年全国规模以上工业增加值增长速度

年份	2008	2009	2010	2011	2012	2013	2014	2015
工业增加值	12.90	11.00	15.70	13.90	10.0	9.7	8.3	6.1
轻工业	12.30	9.70	13.60	13.00	10.1	—	—	—
重工业	13.20	11.50	16.50	14.30	9.9	—	—	—
采矿业	—	—	—	—	—	6.4	4.5	—
制造业	—	—	—	—	—	10.5	9.4	—
电力、热力、燃气及水生产和供应业	—	—	—	—	—	6.8	3.2	—
其中：国有及国有控股企业	9.10	6.90	13.70	9.90	6.4	6.9	4.9	1.4
私营企业	20.40	18.70	20.00	19.50	14.6	12.4	10.2	8.6
集体企业	8.10	10.20	9.40	9.30	7.1	4.3	1.7	1.2
股份制企业	15.00	13.30	16.80	15.80	11.8	11.0	9.7	7.3
外商及港澳台投资企业	9.90	6.00	14.50	10.40	6.3	8.3	6.3	3.7

资料来源：国家统计局网站。

（三）2010年、2013年、2015年中国规模以上工业发展基本情况

	主营业务收入（亿元）			占总计百分比（%）								
				主营业务收入			资产总计			利润		
	2010年	2013年	2015年	2010年	2013年	2015年	2010年	2013年	2015年	2010年	2013年	2015年
总计	697744.00	1038659.45	1109853.00	100.00	100.00	100.00	100.00	100.00	100.00	100.00	100.00	100.00
按轻重工业分												
轻工业	197073.87	—	—	28.24	—	—	23.24	—	—	23.24	—	—
重工业	500670.13	—	—	71.76	—	—	76.76	—	—	76.76	—	—
按企业规模分												
大型企业	238016.82	409872.60	421567.00	34.11	39.46	37.98	39.85	46.85	46.51	39.85	46.85	35.63
中型企业	200996.90	239303.89	272361.00	28.81	23.04	24.54	32.25	23.10	23.73	32.25	23.10	27.17
小型企业	258730.27	379973.27	415925.00	37.08	36.58	37.48	27.90	27.74	29.76	27.90	27.74	37.20
按登记注册类型分												
内资工业企业	509014.59	787762.01	864155.00	72.95	75.84	77.86	74.94	76.37	80.33	74.94	76.37	75.97
国有企业	58956.90	82579.95	45202.00	8.45	7.95	4.07	13.47	12.63	6.99	13.47	12.63	3.18
集体企业	10335.31	11513.89	6727.00	1.48	1.11	0.61	0.92	0.71	0.50	0.92	0.71	0.77
股份合作企业	3755.80	4391.00	1499.00	0.54	0.42	0.14	0.44	0.38	0.09	0.44	0.38	0.16
联营企业	1201.16	1201.35	272.00	0.17	0.12	0.02	0.24	0.13	0.02	0.24	0.13	0.02
国有联营	688.58	553.01	45.00	0.10	0.05	0.00	0.17	0.07	0.01	0.17	0.07	0.00
集体联营	215.76	235.95	69.00	0.03	0.02	0.01	0.02	0.01	0.00	0.02	0.01	0.01
国有与集体联营	155.87	172.16	33.00	0.02	0.02	0.00	0.03	0.02	0.01	0.03	0.02	0.00
其他联营	140.96	240.23	125.00	0.02	0.02	0.01	0.02	0.02	0.00	0.02	0.02	0.01
有限责任公司	159709.42	248838.56	321610.00	22.89	23.96	28.98	28.36	29.22	36.55	28.36	29.22	25.25
国有独资公司	29213.29	33874.93	46618.00	4.19	3.26	4.20	7.34	6.23	8.35	7.34	6.23	1.94
其他有限责任公司	130496.12	214963.63	274992.00	18.70	20.70	24.78	21.02	22.99	28.21	21.02	22.99	23.31
股份有限公司	64414.20	94144.02	99631.00	9.23	9.06	8.98	11.49	12.19	13.59	11.49	12.19	9.74
私营企业	207838.22	329694.32	386395.00	29.79	31.74	34.81	19.71	20.07	22.38	19.71	20.07	36.64
私营独资	37812.10	54774.62	20812.00	5.42	5.27	1.88	2.58	2.34	0.83	2.58	2.34	2.33
私营合伙	6105.84	7506.45	3273.00	0.88	0.72	0.29	0.43	0.35	0.15	0.43	0.35	0.35
私营有限责任公司	150787.62	246561.64	335262.00	21.61	23.74	30.21	15.26	15.73	19.35	15.26	15.73	31.07
私营股份有限公司	13132.66	20851.61	27048.00	1.88	2.01	2.44	1.45	1.65	2.04	1.45	1.65	2.89
其他企业	2803.57	15398.91	2821.00	0.40	1.48	0.25	0.31	1.04	0.22	0.31	1.04	0.20

续表

| | 主营业务收入（亿元） | | | 占总计百分比（%） | | | | | | | | |
| | | | | 主营业务收入 | | | 资产总计 | | | 利润 | | |
	2010年	2013年	2015年	2010年	2013年	2015年	2010年	2013年	2015年	2010年	2013年	2015年
港、澳、台商投资企业	64893.30	88016.36	96926.00	9.30	8.47	8.73	8.85	8.25	8.13	8.85	8.25	8.99
合资经营（港或澳、台资）	22623.58	30212.37	31870.00	3.24	2.91	2.87	3.44	3.13	3.04	3.44	3.13	3.32
合作经营（港或澳、台资）	1934.51	2129.75	2269.00	0.28	0.21	0.20	0.27	0.18	0.17	0.27	0.18	0.29
港澳台商独资经营	37388.32	51518.55	58644.00	5.36	4.96	5.28	4.63	4.41	4.47	4.63	4.41	4.87
港澳台商投资股份有限公司	2946.90	3914.85	3820.00	0.42	0.38	0.34	0.51	0.50	0.43	0.51	0.50	0.49
其他港澳台商投资	—	240.83	324.00	—	0.02	0.03	—	0.02	0.03	—	0.02	0.02
外商投资企业	123836.11	153371.39	148772.00	17.75	14.77	13.40	16.20	13.07	11.54	16.20	13.07	15.04
中外合资经营	56515.28	70766.73	69030.00	8.10	6.81	6.22	7.30	6.05	5.50	7.30	6.05	8.23
中外合作经营	2443.41	3157.03	2504.00	0.35	0.30	0.23	0.37	0.34	0.23	0.37	0.34	0.28
外资企业	60087.68	73739.74	71947.00	8.61	7.10	6.48	7.61	5.96	5.16	7.61	5.96	6.04
外商投资股份有限公司	4789.74	5233.46	4686.00	0.69	0.50	0.42	0.92	0.68	0.59	0.92	0.68	0.48
其他外商投资	—	474.43	605.00	—	0.05	0.05	—	0.03	0.05	—	0.03	0.02

资料来源：根据国家统计局网站和《中国统计年鉴》（2016）数据计算而成。

（四）2006~2015 年全国规模以上工业增加值增长速度

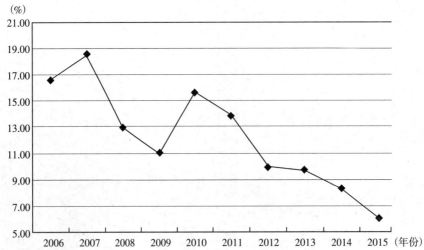

资料来源：国家统计局网站。

（五）2013 年、2014 年、2015 年各类型产业工业增加值增长速度

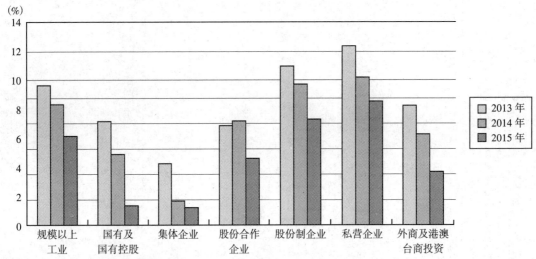

资料来源：国家统计局网站和《中国统计年鉴》（2013 年、2014 年、2015 年）。

二、各地区工业发展主要指标

(一) 2011~2015年各地区工业增加值增长速度及在全国排序

地区		工业增加值增长率 (%)					工业增加值增长速度同全国增长速度之比					增长速度排序 (降序)				
		2011年	2012年	2013年	2014年	2015年	2011年	2012年	2013年	2014年	2015年	2011年	2012年	2013年	2014年	2015年
东部	北京	7.30	7.00	8.00	6.20	1.00	0.53	0.70	0.82	0.75	0.16	31	30	28	25	27
	天津	21.30	16.10	13.00	10.10	9.30	1.53	1.61	1.34	1.22	1.52	3	5	6	11	4
	河北	16.10	13.40	10.00	5.10	4.40	1.16	1.34	1.03	0.61	0.72	21	20	23	27	25
	上海	7.40	2.90	6.60	4.50	0.20	0.53	0.29	0.68	0.54	0.03	30	31	30	29	29
	江苏	13.80	12.60	11.50	9.90	8.30	0.99	1.26	1.19	1.19	1.36	25	22	18	14	11
	浙江	10.90	7.10	8.50	6.90	4.40	0.78	0.71	0.88	0.83	0.72	29	29	27	23	26
	福建	17.50	15.20	13.20	11.90	8.70	1.26	1.52	1.36	1.43	1.43	19	9	4	3	6
	山东	14.00	11.40	11.30	9.60	7.50	1.01	1.14	1.16	1.16	1.23	23	24	20	15	17
	广东	12.60	8.40	8.70	8.40	7.20	0.91	0.84	0.90	1.01	1.18	27	28	26	19	18
	海南	14.00	8.90	6.30	12.00	5.10	1.01	0.89	0.65	1.45	0.84	23	27	31	2	24
东北	辽宁	14.90	9.90	9.60	4.80	-4.80	1.07	0.99	0.99	0.58	-0.79	22	26	24	28	31
	吉林	18.80	14.10	9.60	6.60	5.30	1.35	1.41	0.99	0.80	0.87	14	18	24	24	22
	黑龙江	13.50	10.50	6.90	2.90	0.40	0.97	1.05	0.71	0.35	0.07	26	25	29	31	28
中部	山西	17.90	11.90	10.50	3.00	-2.80	1.29	1.19	1.08	0.36	-0.46	17	23	22	30	30
	安徽	21.10	16.20	13.70	11.20	8.60	1.52	1.62	1.41	1.35	1.41	4	3	1	7	8
	江西	19.10	14.70	12.40	11.80	9.20	1.37	1.47	1.28	1.42	1.51	11	13	11	4	5
	河南	19.60	14.60	11.80	11.20	8.60	1.41	1.46	1.22	1.35	1.41	10	14	15	7	9
	湖北	20.50	14.60	11.80	10.80	8.60	1.47	1.46	1.22	1.30	1.41	7	14	15	9	10
	湖南	20.10	14.60	11.60	9.60	7.80	1.45	1.46	1.20	1.16	1.28	8	14	17	15	14
西部	内蒙古	19.00	14.80	12.00	10.00	8.60	1.37	1.48	1.24	1.20	1.41	12	11	14	12	7
	广西	20.80	15.90	12.90	10.70	7.90	1.50	1.59	1.33	1.29	1.30	6	7	7	10	12
	重庆	22.70	16.30	13.60	12.60	10.80	1.63	1.63	1.40	1.52	1.77	1	2	2	1	2

续表

地区		工业增加值年增长率（%）					工业增加值增长速度同全国增长速度之比					增长速度排序（降序）				
		2011年	2012年	2013年	2014年	2015年	2011年	2012年	2013年	2014年	2015年	2011年	2012年	2013年	2014年	2015年
西部	四川	22.30	16.10	11.10	9.60	7.90	1.60	1.61	1.14	1.16	1.30	2	5	21	15	13
	贵州	21.00	16.20	13.60	11.30	9.90	1.51	1.62	1.40	1.36	1.62	4	3	2	5	3
	云南	18.00	15.60	12.30	7.30	6.70	1.29	1.56	1.27	0.88	1.10	16	8	12	22	21
	西藏	20.10	15.10	12.20	6.00	14.60	1.45	1.51	1.26	0.72	2.39	8	10	13	26	1
	陕西	17.90	16.60	13.10	11.30	7.00	1.29	1.66	1.35	1.36	1.15	17	1	5	5	19
	甘肃	16.20	14.60	11.50	8.40	6.80	1.17	1.46	1.19	1.01	1.11	20	14	18	19	20
	青海	19.00	14.80	12.60	9.10	7.60	1.37	1.48	1.30	1.10	1.25	12	11	9	18	16
	宁夏	18.10	13.80	12.50	8.30	7.80	1.30	1.38	1.29	1.00	1.28	15	19	10	21	15
	新疆	11.40	12.70	12.90	10.00	5.20	0.82	1.27	1.33	1.20	0.85	28	21	7	12	23
全国		13.90	10.00	9.70	8.30	6.10	1.00	1.00	1.00	1.00	1.00					

资料来源：根据中华人民共和国国家统计局网站（http://www.stats.gov.cn/）提供的数据整理、计算而成。

（二）2010~2015 年各地区规模以上工业主营业务收入占全国工业主营业务收入变化

地区	占全国百分比（%）						所占百分比排序（降序）						地位变化	
	2010年	2011年	2012年	2013年	2014年	2015年	2010年	2011年	2012年	2013年	2014年	2015年	所占百分比变化（2015年数据减2010年数据）	地位变化（2015年数据减2010年数据，负号为位次上升，正号为下降）
东部 北京	2.12	1.87	1.82	1.81	1.78	1.70	15	19	19	18	17	21	-0.42	6
天津	2.48	2.51	2.54	2.62	2.58	2.52	14	14	14	14	15	15	0.04	1
河北	4.53	4.78	4.70	4.45	4.25	4.11	8	7	7	7	7	6	-0.42	-2
上海	4.60	4.07	3.67	3.36	3.17	3.08	7	8	8	10	12	12	-1.52	5
江苏	13.05	12.71	12.84	12.85	13.01	13.25	1	1	1	2	2	1	0.2	0
浙江	7.24	6.58	6.21	6.00	5.78	5.70	4	4	4	4	5	5	-1.54	1
福建	3.08	3.19	3.14	3.19	3.32	3.57	10	11	11	12	11	8	0.49	-2
山东	11.99	11.85	12.71	12.86	13.11	13.12	3	2	2	1	1	2	1.13	-1
广东	12.06	11.05	10.10	10.07	10.40	10.74	2	3	3	3	3	3	-1.32	1
海南	0.19	0.19	0.18	0.16	0.16	0.15	30	30	30	30	30	30	-0.04	0
东北 辽宁	5.17	5.09	5.19	5.07	4.54	3.00	6	6	6	6	6	13	-2.17	7
吉林	1.81	1.99	2.13	2.13	2.12	2.01	19	18	16	16	16	16	0.2	-3
黑龙江	1.42	1.36	1.35	1.32	1.20	1.06	21	22	23	23	23	23	-0.36	2
中部 山西	1.82	2.00	1.95	1.79	1.56	1.32	18	17	18	19	22	22	-0.5	4
安徽	2.60	2.96	3.11	3.21	3.35	3.52	13	13	12	11	10	9	0.92	-4
江西	2.04	2.21	2.42	2.59	2.80	2.97	16	15	15	15	14	14	0.93	-2
河南	5.18	5.66	5.63	5.78	6.10	6.61	5	5	5	5	4	4	1.43	-1
湖北	3.03	3.22	3.48	3.68	3.72	3.89	11	10	9	8	8	7	0.86	-4
湖南	2.68	3.06	2.99	3.07	3.04	3.19	12	12	13	13	13	11	0.51	-1
西部 内蒙古	1.92	2.08	1.95	1.90	1.74	1.71	17	16	17	17	18	20	-0.21	3
广西	1.32	1.45	1.59	1.63	1.69	1.84	22	21	21	21	19	18	0.52	-4
重庆	1.30	1.35	1.39	1.50	1.65	1.88	23	23	22	22	21	17	0.58	-6
四川	3.31	3.55	3.38	3.43	3.43	3.48	9	9	10	9	9	10	0.17	1
贵州	0.56	0.60	0.64	0.67	0.74	0.89	27	27	27	27	27	24	0.33	-3
云南	0.91	0.91	0.96	0.95	0.92	0.89	24	24	24	24	24	25	-0.02	1
西藏	0.01	0.01	0.01	0.01	0.01	0.01	31	31	31	31	31	31	0	0
陕西	1.56	1.64	1.76	1.73	1.67	1.77	20	20	20	20	20	19	0.21	-1
甘肃	0.74	0.78	0.84	0.82	0.83	0.78	26	26	25	26	25	26	0.04	0
青海	0.22	0.20	0.20	0.20	0.21	0.20	29	29	29	29	29	29	-0.02	0
宁夏	0.27	0.29	0.32	0.33	0.32	0.31	28	28	28	28	28	28	0.04	0
新疆	0.79	0.81	0.81	0.84	0.82	0.74	25	25	26	25	26	27	-0.05	2

资料来源：根据相关年份《中国统计年鉴》数据计算而成。

（三）2010~2015 年各地区固定资产投资占全国百分比

地区		2010 年	2011 年	2012 年	2013 年	2014 年	2015 年	2015 年/ 2010 年	2015 年/ 2013 年
东部	北京	2.15	1.83	1.66	1.56	1.35	1.33	0.62	0.86
	天津	2.49	2.33	2.17	2.09	2.05	2.11	0.85	1.01
	河北	5.99	5.23	5.24	5.18	5.20	5.24	0.87	1.01
	上海	2.03	1.62	1.40	1.29	1.17	1.13	0.56	0.88
	江苏	9.21	8.71	8.34	8.24	8.18	8.23	0.89	1.00
	浙江	4.92	4.52	4.66	4.62	4.73	4.86	0.99	1.05
	福建	3.26	3.21	3.33	3.45	3.55	3.79	1.16	1.10
	山东	9.25	8.59	8.31	8.22	8.29	8.60	0.93	1.05
	广东	6.21	5.53	5.00	4.99	5.13	5.40	0.87	1.08
	海南	0.52	0.53	0.56	0.60	0.61	0.61	1.18	1.02
东北	辽宁	6.37	5.77	5.90	5.68	4.82	3.19	0.50	0.56
	吉林	3.13	2.39	2.59	2.26	2.24	2.26	0.72	1.00
	黑龙江	2.71	2.39	2.57	2.70	1.93	1.81	0.67	0.67
中部	山西	2.41	2.26	2.35	2.46	2.40	2.50	1.04	1.02
	安徽	4.59	3.97	4.08	4.14	4.23	4.34	0.95	1.05
	江西	3.49	2.90	3.12	2.85	2.95	3.09	0.89	1.09
	河南	6.59	5.61	5.72	5.80	6.00	6.35	0.96	1.09
	湖北	4.08	4.05	4.16	4.31	4.48	4.73	1.16	1.10
	湖南	3.84	3.76	3.83	3.95	4.15	4.46	1.16	1.13
西部	内蒙古	3.55	3.41	3.22	3.22	3.43	2.44	0.69	0.76
	广西	2.80	2.51	2.56	2.61	2.70	2.89	1.03	1.11
	重庆	2.66	2.44	2.36	2.36	2.40	2.55	0.96	1.08
	四川	5.21	4.54	4.53	4.53	4.55	4.54	0.87	1.00
	贵州	1.23	1.24	1.45	1.63	1.76	1.95	1.58	1.19
	云南	2.20	1.96	2.07	2.20	2.24	2.40	1.09	1.09
	西藏	0.18	0.17	0.18	0.20	0.21	0.23	1.28	1.15
	陕西	3.16	3.02	3.21	3.33	3.35	3.31	1.05	0.99
	甘肃	1.25	1.28	1.38	1.47	1.54	1.56	1.25	1.06
	青海	0.40	0.45	0.49	0.52	0.56	0.57	1.43	1.10
	宁夏	0.57	0.52	0.56	0.59	0.62	0.62	1.09	1.06
	新疆	1.36	1.47	1.61	1.69	1.84	1.92	1.41	1.14

资料来源：根据相关年份《中国统计年鉴》数据计算而成。

（四）2015 年各地区出口（按货源地）占全国百分比

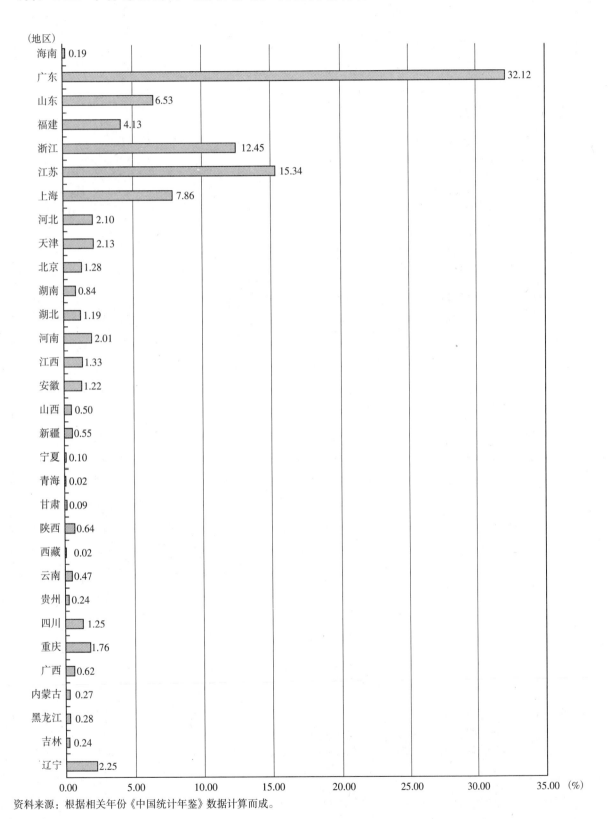

资料来源：根据相关年份《中国统计年鉴》数据计算而成。

（五）2010 年、2013 年、2015 年各地区规模以上工业主营业务收入占全国百分比

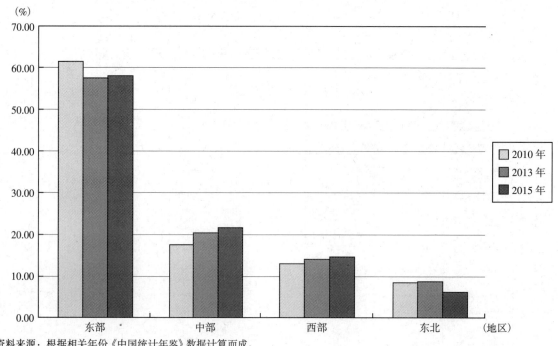

资料来源：根据相关年份《中国统计年鉴》数据计算而成。

附录2　中国工业大事记

一、2015年中国工业大事记

一月

1日，中国保监会批准保险资金设立私募基金，专项支持中小微企业发展。根据相关方案，基金采用有限合伙制的组织形式，预计募集保险资金20亿元，其中首期募集5亿元，主要以股权方式直接和间接投向相关中小微企业。

△ 重庆至北京的首趟高铁动车 G310 次由重庆火车北站发出。该趟高铁动车组全列编组 16 辆，定员 1061 人，将经由渝利线、宜万线、汉宜线、京广高铁运行，横跨三省两市，沿途停靠汉口、郑州、石家庄等站。列车全程运行时间为 12.5 小时，当晚 20：20 抵达北京，实现重庆至北京朝发夕至。

△ 长春至白城铁路扩能改造工程开工建设。京沪高速铁路至天津西站北联络线（简称京沪北联线）也于当日具备开通条件，将于 2015 年春运前投入使用，项目总里程近 2200 千米，"火车头"继续对稳增长、调结构、惠民生发挥牵引作用。

△ 以呼和浩特抽水蓄能电站 2 号机组成功投产发电为标志，中国三峡集团清洁能源发电装机规模突破 5000 万千瓦。三峡集团清洁能源发电装机 5000 万千瓦，全部都是水电、风电、太阳能等清洁能源装机。每年可以减少原煤消耗超过 1 亿吨、减少二氧化碳排放超过 2 亿吨、减少二氧化硫排放超过 200 万吨，将大大减轻全社会节能减排的压力。

2日，中国石油长庆油田新闻发言人张凤奎在长庆油田生产指挥中心宣布，截至 2014 年 12 月 31 日，长庆油田 2014 年生产油气当量已经突破 5545 万吨。

△ 由中国航天科技集团公司五院自主研制的电推进系统取得重要成果：电推进系统在试验中已突破 6000 小时，开关机 3000 次，具备确保该卫星在轨可靠运行 15 年的能力。这意味着我国的电推进系统已达到国际先进水平，将全面迈入工程应用阶段，满足我国通信卫星系列平台、高轨遥感平台、低轨星座以及深空探测器的发展需求。

3日，随着第一列轨道车 F5206 次安全驶入新开通的上行二场 15 道，标志着历时 15 个月的新丰镇编组站扩能改造工程顺利完工。作为我国西部最大的铁路编组站，新丰镇编组站扩能后日均办理货车数将突破 3 万辆，将为畅通东西部物流通道，加快地方经济发展，推动丝绸之路经济带建设提供坚强运力保障。

△ 北京市交通委：500 台纯电动出租车投放北京城区，为市民提供更多绿色出行选择，这也标志着北京电动汽车推广应用行动计划的实施取得了阶段性成果。

5日，吉林省决定将化学需氧量、二氧化硫作为试点指标，在全省范围内逐步开展排污权有偿使用和交易试点，到 2017 年底前，将基本形成排污权有偿使用和交易市场体系。

6日，截至 2014 年 12 月 31 日，甘肃电网风电并网突破 1000 万千瓦，光伏突破 500 万千瓦，这标志着甘肃千万千瓦级"陆上三峡"风电基地全面建成。

△ 截至 2014 年 12 月 31 日，南方电网全年完成西电东送电量首次突破 1500 亿千瓦时大关，高达 1713 亿千瓦时，超计划 129 亿千瓦时，同比增长 30%，为实现东西部省区协调发展互利共赢，促进社会节能减排做出了积极贡献。

7 日，根据商务部、海关总署日前公布的《2015 年出口许可证管理货物目录》，我国取消稀土出口配额管理，只需凭出口合同即可申领出口，无须提供批文。在新的出口许可目录中，矾土、焦炭、钨及钨制品、碳化硅、锰、钼和氟石等其他品种也被取消出口配额管理。

△ 上海市商务委员会、上海自贸区管委会等联合下发《关于在上海自贸区开展平行进口汽车试点的通知》。根据通知，注册在上海自贸区内的汽车经销商，经商务部进口许可，才可从事进口国外汽车的经营活动。

8 日，作为目前国企最大的混合所有制改革项目，中国石油化工股份有限公司（中国石化）的子公司中国石化销售有限公司（销售公司）1070.94 亿元的增资项目已获得国家发改委和商务部批复，公司正据此办理后续交割手续。

△ 国家铁路局日前批准发布铁道行业标准《城际铁路设计规范》，自 2015 年 3 月 1 日起实施。这是我国第一部城际铁路建设的行业标准。此外，《高速铁路设计规范》也将自 2015 年 2 月 1 日起实施。这是在系统总结我国时速 250~350 千米高速铁路建设、运营实践经验，全面修订 2009 年《高速铁路设计规范（试行）》版的基础上，正式发布的我国第一部高速铁路设计行业标准，将为中国高铁发展以及高铁"走出去"提供系统规范的成套建设标准支撑。

△ 被誉为"电力天路"的四川甘孜电力联网工程取得重要进展，四川省甘孜藏族自治州 18 个县的县域电网已全部接入国家电网主网，彻底改变了这一地区无电、缺电的现状，结束了甘孜藏区电网长期"孤网运行"的历史。

△ 北京公交集团 2014 年公交车发动机采购招标落下帷幕，广西玉柴机器股份有限公司获得 587 台国 5 燃气发动机和 48 台欧Ⅵ柴油机订单。这是我国首批即将投放市场的国产欧Ⅵ发动机订单，标志着我国国产欧Ⅵ发动机成功实现市场化。

9 日，为进一步优化企业兼并重组市场环境，促进经济结构战略性调整，财政部、国家税务总局日前发出通知，对兼并重组过程中享受企业所得税递延处理特殊政策的条件进行调整，其中，企业进行股权收购和资产收购时，对被收购股权或资产比例的要求由原来的不低于 75% 降为不低于 50%；具有 100% 控股关系的母子企业之间按账面值划转股权或资产，也可适用递延纳税政策，使更多企业兼并重组可以适用特殊性税务处理政策，即有关股权或资产按历史成本计价，暂不征收企业所得税。

12 日，冶金工业规划研究院对外发布 2014 年钢铁行业十大事件，分别是：我国粗钢产量跨入 8 亿吨平台区；铁矿石价格深度下跌；钢材出口大幅增长，创历史新高；钢铁行业进入规范管理新阶段；钢铁项目投资管理由核准制改为备案制；河北省钢铁产业结构调整方案获批；海鑫钢铁集团公司破产重整；钢铁电子商务进入快速发展新纪元；中国钢铁企业国际化步伐加快；热轧卷板期货在上海期货交易所上市。

△ 瑞典沃尔沃汽车公司宣布，将向美国市场推出包括 S60 在内的两款新车型，以实现在美国年销售 10 万辆汽车的中期目标。该款 S60 轿车将在中国成都的沃尔沃工厂生产，并于 2015 年第二季度开始向美国出口。这预示着中国制造汽车首次批量出口美国市场。

13 日，财政部、国家税务总局联合下发通知，自 2015 年 1 月 13 日起，将汽油、石脑油、溶剂油和润滑油的消费税在现行单位税额基础上提高 0.12 元/升。将柴油、航空煤油和燃料油的消费税在现行单位税额基础上提高 0.1 元/升。航空煤油消费税继续暂缓征收。

△ 中国汽车工业协会发布消息，2014 年中国汽车销量 2349.19 万辆，较 2013 年同期的 2198 万辆增长 6.9%，连续六年蝉联全球第一。其中，新能源车销售 74763 辆，同比增长 3.2 倍。

△ 由我国自行研发、设计、建造的两艘 8.3 万立方米超大型全冷式液化石油气运输船（VLGC）在沪同时签字交付。这是我国造船企业第一次完工交付 VLGC，标志着我国船舶工业全

面跻身世界高端液化气体运输船设计、建造的先进行列，一举打破了日、韩在该船型领域的技术封锁和长期垄断，为 2015 年我国船舶工业新一轮结构调整和转型发展拉开了大幕。

△ 从湖北省碳交易中心获悉：截至 2014 年 12 月 31 日，湖北碳交易总成交量已突破 1000 万吨，实现了 2.34 亿元的交易额，各项交易数据均居国内领先水平。

17 日，1 月 16 日，由国网陕西送变电公司施工的国内首座新一代智能变电站建设项目——330 千伏富平变电站工程破土动工。

19 日，中国智能终端安全产业联盟 18 日在上海成立，由联盟倡导的"智能终端安全 4S 建议标准"也同时出炉。

△ 山东半岛蓝色经济区海洋化工产业联盟、海洋动力装备产业联盟在潍坊滨海经济技术开发区成立。

△ 首趟京津冀海铁联合运输集装箱班列从天津新港开行，驶向石家庄南站，实现了海运与铁路运输、公路与铁路运输、运输价格与市场的有效连接。

21 日，国家能源局通报，据行业快报统计，受电力需求增长放缓、新能源装机比重不断提高等因素影响，2014 年全国 6000 千瓦及以上电厂发电设备平均利用时间为 4286 小时，同比减少了 235 小时，是 1978 年以来的最低水平。

23 日，国内首座高震区水下沉管隧道——天津市滨海新区中央大道海河隧道试通车运行，海河南北两岸的车程由原来 20 多分钟缩短至 3 分钟，把中心商务区于家堡金融区与临港工业区、天津港散货物流区连为一体，为"京津冀一体化"注入强大的活力。该隧道全长 4.2 千米，双向六车道，抗震级别高达 8 级。

26 日，从山东省人民政府办公厅获悉：山东省将加快推进绿色交通运输发展，新增出租车须全部使用清洁能源或者为新能源车辆。

△ 从江西省电解铜供需对接会暨鹰潭铜期货交割仓库新闻发布会获悉：由上海期货交易所批准设立的内地首个铜期货交割仓库在江西鹰潭建成并投入运营。

27 日，财政部、国家税务总局发出通知，决定将金融企业涉农贷款和中小企业贷款损失准备金所得税税前扣除、金融企业一般贷款损失准备金税前扣除的税收政策延长 5 年。

28 日，为促进节能环保，经国务院批准，自 2015 年 2 月 1 日起对电池、涂料征收消费税。

△ 国务院总理李克强 1 月 28 日主持召开国务院常务会议，部署加快铁路、核电、建材生产线等中国装备"走出去"，推进国际产能合作、提升合作层次；确定支持发展"众创空间"的政策措施，为创业创新搭建新平台。

△ 上海通用汽车武汉分公司一期项目正式竣工投产。作为继上海浦东金桥、烟台东岳和沈阳北盛之后的第四个乘用车生产基地，武汉分公司的投产标志着上海通用汽车从沿海向内陆延伸的全国战略布局更趋完善。

31 日，国务院印发《关于促进云计算创新发展培育信息产业新业态的意见》，为促进创业兴业、释放创新活力提供有力支持，为经济社会持续健康发展注入新的动力。

二月

1 日，国家发改委对外公布《关于调整铁路货运价格进一步完善价格形成机制的通知》，适当提高国家铁路货物统一运价，由平均每吨千米 14.51 分提高到 15.51 分。在此基础上，允许适当上浮，上浮幅度最高不超过 10%，下浮仍不限。在此范围内，铁路运输企业可自主确定运价水平。这是我国首次允许国铁货物运价实行上浮。由此完善了运价形成机制，增加了运价弹性，建立上下游浮动机制，铁路运价改革又取得关键性进展。

△ 中国保监会联合工信部、商务部、央行、中国银监会日前发布关于《大力发展信用保证保险服务和支持小微企业的指导意见》，提出以信用保证保险产品为载体，发挥信用保证保险的融资增信功能，缓解小微企业融资难、融资贵问题。

2 日，中关村集成电路设计产业园在北京海淀区挂牌。作为全球第三大手机芯片公司，紫光集团芯片设计总部已落户该产业园。以产业园为核心，中关村集成电路设计产业力争到 2020 年总收入超过 800 亿元，设计能力达到国际先进水平。

△ 由恒泰证券股份有限公司担任管理人的镇江优选小贷 1 号资产支持专项计划成功设立，成为全国首单区域集合标准化小贷资产证券化项目，

将在上海证券交易所挂牌上市。

6 日，据国家发改委网站的信息，为适应我国国际互联网业务流量快速增长趋势，面向亚美方向建设新型海底光缆，国家发改委核准了新跨太平洋（NCP）国际海底光缆工程。该项目由中国电信、中国联通、中国移动联合其他国家和地区企业共同出资建设，设计总容量为 60Tb/s，系统全长 13618 千米，项目预计 2018 年正式投产。

△ 从北京中关村管委会获悉：2014 年中关村新创办科技型企业超过 1.3 万家，是 2013 年的 2 倍多。为进一步推动大众创业和跨界创新，2 月 4 日，在科技部的指导和支持下，中关村在全国率先启动"创业中国引领工程"和"互联网跨界融合创新示范工程"。

△ 2 月 5 日起，受国际油价持续下跌影响，国内航线取消燃油附加费。

△ 工业和信息化部发布消息称，截至 2014 年年底，列入新能源汽车推广应用城市（群）的 39 个城市（群）88 个城市中，有 33 个城市（群）70 个城市出台了新能源汽车推广应用配套政策措施。

8 日，国家发改委公布数据显示：2014 年中国装备制造业出口额达 2.1 万亿元，占全部产品出口收入的 17%，其中铁路机车出口额近 40 亿美元，占全球市场份额的 10%。中国装备正一步一步走出国门，服务全世界。

9 日，从 2015 年北京工业信息化工作会上获悉：北京市 2015 年将确保全年就地调整退出 300 家以上一般制造和污染企业，以铸造、锻造、小家具等 12 个行业为主要领域，以镇村工业大院为重点，要求各区县严格落实分解任务，明确时间表、路线图和责任人，全力确保年度任务的完成。

10 日，从中国海洋石油总公司获悉：我国首个深水自营气田——陵水 17-2 大型气田天然气探明储量已通过国土资源部评审办公室组织的专家组审查，储量规模超千亿方，为大型气田。陵水 17-2 大型气田开发，将加快我国南海大气区建设。

12 日，《中国（上海）自由贸易试验区分账核算业务境外融资与跨境资金流动宏观审慎管理实施细则》在上海发布。依据这一新政，自贸区企业及金融机构不论性质、大小，均可平等地向境外融资本币和外币，企业资本项下人民币可自由

兑换基本实现。

14 日，由中国铁建二十局集团承建，中国进出口银行提供优惠贷款建设的安哥拉本格拉铁路建成通车。这是继援建坦赞铁路之后，中国企业在海外修建的最长铁路。横贯安哥拉全境的本格拉铁路，全长 1344 千米，西起洛比托，终点位于与刚果接壤的边境重镇卢奥，将与安赞、坦赞铁路及周边国家铁路网接轨，实现南部非洲铁路的互联互通。

17 日，经国家发改委批准，运行长达 9 年的"广塑指数"正式升级为国家级塑料价格指数，更名为"塑交所·中国塑料价格指数"，并正式发布。由广东塑料交易所牵头研究编制的"广塑指数"，以电子交易系统产生的实时塑料成交价格为基础，采用固定权数加权算术平均法编制而成，系我国第一个由交易所编制发布的塑料原料商品综合价格指数。

25 日，"海港特 001"驳船载着亚洲第一大塔丙烯丙烷精馏塔于 2 月 11 日进入福州江阴港。"巨塔" 15 日在江阴港滚装上岸后，由大型板车运载到福州江阴开发区中景石化科技园项目装置现场，这标志着我国软包装集团第一套 80 万吨年丙烷脱氢制丙烯（PDH）项目正式进入设备安装阶段。

△ 国家统计局在部分省市进行了抽样调查，结果显示，在所调查企业中，对政府扶持小微企业发展政策的评价为满意和基本满意的达到 91.9%，对有关小微企业税收减免政策落实情况的评价为满意和基本满意的达到 92%。国家统计局本次调查的范围，涵盖了天津、福建、河南、甘肃等具有代表性的东中西部 4 个省市。调查对象分企业和居民两大类别，其中企业类样本量为 4200 个，小微企业占比达到 47.6%。

△ 为统筹解决地方炼油企业的"油源"问题，国家发展改革委就炼油企业使用进口原油的条件和要求印发通知。通知要求，在通知发布之日前建成投产、尚未使用进口原油的炼油企业，在经确认符合条件并履行相应义务的前提下可使用进口原油。

三月

2 日，国家发改委对外宣布，自 2015 年 4 月

1日起，天然气存量气和增量气门站价格正式并轨，同时试点放开直供用户用气价格。非居民用气价格基本理顺，意味着天然气价格改革完成"破冰之旅"。

9日，中国工商银行所属工银金融租赁有限公司与中国商用飞机有限责任公司在北京签署30架ARJ21-700飞机购机协议。

10日，一列动车组从新疆哈密白杨沟大桥上驶过。当日，由兰州西开往乌鲁木齐的首列CRH380A型电力动车组驶进新疆，试跑兰新高铁，这是兰新高铁迎来的首辆新型动车。

12日，中国广核集团对外表示，国家发改委发布文件，确定位于辽宁省瓦房店市的红沿河二期项目两台百万千瓦核电机组已获核准，这是4年来我国真正意义上新批的核电项目。获得国家核安全局颁发的建造许可证后，辽宁红沿河核电二期项目即可开工建设。

13日，我国首趟中欧光伏专列——郑州至德国汉堡的光伏班列在河南郑州鸣笛启程，将装载6个集装箱、总计1兆瓦的太阳能光伏组件横穿欧亚大陆，于15天后到达德国汉堡。

16日，比亚迪和普华永道等公司与里约市政府联合投资的"汽车共享服务"项目投标将于年内启动。里约计划在明年为这个项目投入多达300辆电动汽车，以满足日益增长的公共交通设施需求。

17日，总部设在珠海的中航工业通飞公司宣布，我国自主研制的"三个大飞机"之一的大型灭火/水上救援水陆两栖飞机机头已于17日实现交付。

18日，从国家发改委网站获悉：国家发改委、国家开发银行联合印发《关于推进开发性金融支持政府和社会资本合作有关工作的通知》。该通知指出，开发银行优先保障PPP（政府和社会资本合作）项目的融资需求，在监管政策允许范围内，给予PPP项目差异化信贷政策，对符合条件的项目，贷款期限最长可达30年，贷款利率可适当优惠。

△ 从中国长江三峡集团公司获悉：三峡巴基斯坦第一风力发电项目目前于巴基斯坦竣工。这是中国企业在巴基斯坦投资建成的首个风电项目。该项目总投资约1.3亿美元，装机容量为49.5兆瓦，年发电量约1.4亿千瓦时。

△ 由中国提供优惠贷款的柬埔寨58号公路项目在该国西北部班迭棉吉省正式动工。

19日，世界首列氢能源有轨电车在南车青岛四方机车车辆股份有限公司竣工下线。它的问世填补了氢能源在全球有轨电车领域应用的空白，也使我国成为世界上第一个掌握氢能源有轨电车技术的国家。

20日，从国家税务总局获悉：国家税务总局出台10条措施，确保小微企业税收优惠政策落实。根据此次公布的措施，税务总局将继续修改企业所得税季度预缴申报表，使包括定率征收纳税人在内的所有小微企业实现自动备案，不再另行报送备案材料，进一步减轻办税负担。

△ 总部设在日内瓦的世界知识产权组织发表公报显示，2014年中国企业在世界知识产权组织《专利合作条约》（PCT）框架下共提交2.5539万件专利申请，较2013年增长18.7%，中国企业已成为世界知识产权组织专利申请大户。

△ 由中国中铁装备集团自主研制的直径8.03米全断面岩石掘进机（TBM）全部调试完成，并将于下月投入到吉林引松供水工程施工中。该设备的研制成功标志着我国岩石掘进机（TBM）技术已跻身于世界第一方阵。

22日，世界第五大轮胎生产商——意大利轮胎制造企业倍耐力集团宣布，已与中国化工集团（中化工）签署协议，将以每股15欧元的价格向后者出售26.2%的股权。

△ 上海黄浦江上游水源地原水工程全面开工，总投资约76亿元，计划于2016年底具备通水条件，投入运营后上海西南地区670万人民将直接受益。

23日，我国首款符合国际标准的100LL（低含铅量）航空汽油产品获得民航局适航批准。民航局于3月20日向油品生产企业东营华亚国联航空燃料有限公司颁发了适航批准书。

△ 国内体积最大的18米纯电动公交车投入北京57路进行试运营。据了解，该车最大载客人数可达143人；在电池续航能力上，既可整车直接充电，也可进行电池快速更换，整车从电量耗尽到充满电仅需两个小时。

△ 总部位于德国法兰克福的国际机器人协会

发布最新行业调查报告称，2014 年全球各地区工业机器人销量需求增长率排名中，亚洲地区居榜首，中国以 54% 的增速成为工业机器人最大需求国。

25 日，从四川省环保厅获悉：我国第一部专门针对灰霾污染防治的地方政府规章——《四川省灰霾污染防治办法》将于 5 月 1 日起施行。

△《关于进一步深化电力体制改革的若干意见》出台，国家发改委有关负责人表示，电力行业是关系国家能源安全、经济发展和社会稳定的基础产业，进一步深化电力体制改革，是贯彻落实国家全面深化改革战略部署的必然要求；是发挥市场配置资源的决定性作用、实现我国能源资源高效可靠配置的战略选择；是加快推进能源革命、构建有效竞争市场结构的客观要求。

27 日，国家统计局公布数据显示，2015 年 1~2 月，全国规模以上工业企业实现利润总额 7452.4 亿元，同比下降 4.2%。国家统计局工业司何平分析，这与 2014 年 12 月相比，降幅收窄 3.8 个百分点，从走势看利润降幅明显收窄。

29 日，位于辽宁省瓦房店市的红沿河核电站 5 号机组正式开工建设，这是 2014 年中央提出抓紧启动沿海核电建设要求后首个开工建设的核电新项目。红沿河核电站 5 号机组的动工，将拉开核电领域落实我国能源发展战略行动计划的序幕。

30 日，我国在西昌卫星发射中心用长征三号丙运载火箭，成功将首颗新一代北斗导航卫星发射升空，卫星顺利进入预定轨道。该卫星的发射成功标志着我国北斗卫星导航系统由区域运行向全球拓展的启动实施。

四月

1 日，从国新办新闻发布会上获悉：国务院部署的 172 项重大水利工程建设提速。2014 年新开工西江大藤峡、淮河出山店、西藏拉洛等 17 项重大水利工程，目前在建工程已有 57 项，投资规模超过 8000 亿元。2015 年计划开工的 27 项工程已全部立项，其中一半项目在西部。

2 日，中国物流与采购联合会、国家统计局服务业调查中心发布，3 月中国制造业采购经理指数（PMI）为 50.1%，比上月上升 0.2 个百分点。同上月相比，新订单指数、新出口订单指数、原

材料库存指数有所下降，其余各分项指数均有所上升。其中，产成品库存指数、购进价格指数、经营活动预期指数升幅较为明显，超过 1 个百分点；其余指数升幅均在 1 个百分点之内。

△ 由中国贷款援助建设的柬埔寨 9 号公路及上丁湄公河中柬友谊大桥正式通车仪式在柬埔寨上丁省举行。柬埔寨王国首相洪森、中国驻柬大使布建国出席仪式。

10 日，河北省首家地下式污水处理厂落户石家庄，该处理厂采用膜生物反应器污水处理技术深度处理污水，出水水质优于国家一级 A 污水排放标准，部分指标可达地表水四类水质要求。

△ 中国汽车工业协会发布的统计数据显示，3 月我国新能源汽车生产 14328 辆，销售 14122 辆，同比分别增长 2.8 倍和 3 倍。统计显示，2015 年 1~3 月新能源汽车生产 27271 辆，销售 26581 辆，同比分别增长 2.9 倍和 2.8 倍。其中纯电动汽车产销分别完成 16113 辆和 15405 辆，同比分别增长 3.8 倍和 3.7 倍；插电式混合动力汽车产销分别完成 11158 辆和 11176 辆，同比增长均为 2.1 倍。

11 日，中国针对南非铁路"窄轨"与直流、交流电压交错的特殊路况专门研制的首台"双流制"22E 型电力机车，在中国南车株洲电力机车有限公司下线。2014 年 3 月 17 日，中国南车斩获南非"史上最大"机车采购招标的 21 亿美元大单，这也是中国轨道交通装备单笔最大出口订单。

12 日，旨在促进区域大气污染治理、推动钢铁行业转型升级的京津冀钢铁行业节能减排产业技术创新联盟在京成立。

13 日，我国首个零碳能源互联网片区将落户河北承德围场满族蒙古族自治县。由于采用了全新的商业和技术模式，片区建成后，投资将比同类单一新能源项目减少 20%，环境效益则比同类单一新能源项目高 50%~100%。

△ 经过改造的客滚轮"日照东方"号正式投入运营。这也是目前中韩航线上现代化程度最高、综合性能最为先进的客滚轮。

15 日，从中国煤炭工业协会获悉：2015 年第一季度，全国煤炭产量达 8.5 亿吨，同比下降 3.5%；煤炭销量达 8 亿吨，同比下降 4.7%。前两个月，全国煤炭进口量为 3204 万吨，同比下降

45.3%。前两个月，煤炭协会重点联系的 90 家大型企业亏损 131 亿元，亏损面 80% 以上。全国煤炭产能已经超过 40 亿吨，在建产能达到 10 亿吨左右。

16 日，浮吊船"瑞航 05"从青岛港驶向孟加拉国，这是我国中标的最大国际桥梁项目孟加拉国吉大港帕德玛大桥主桥建造工程的新设备。浮吊船全长 99 米，宽 29 米，最大吃水深度达 5 米，最大起重重量 1000 吨。

17 日，中国航天科工三院 31 所在被称为"自控专业禁区"的 H∞ 鲁棒多变量控制方面取得重大突破，将在本月进行正式地面试验验证，标志着我国 H∞ 鲁棒多变量控制第一次成功应用于航天发动机。

18 日，中国南车子公司株洲南车时代电气公司（简称"南车时代电气"）斥资 1.3 亿英镑（1 英镑约合 1.5 美元）收购世界领先的英国海工企业 SMD 公司。

20 日，国家发改委通知，决定自 4 月 20 日起下调燃煤发电上网电价和工商业用电价格。全国燃煤发电上网电价平均每千瓦时下调约 2 分钱，全国工商业用电价格平均每千瓦时下调约 1.8 分钱。

23 日，从中国核工业建设集团公司获悉：商用 60 万千瓦高温堆江西瑞金核电项目初步可行性研究报告近日通过专家评审，江西瑞金高温堆核电项目有望成为世界第一座商用第四代核电站。

27 日，中国铁建中非建设有限公司连续签下两笔海外订单，总金额近 55 亿美元，折合人民币约 214.64 亿元：尼日利亚奥贡州城际铁路项目商务合同，合同总金额 35.06 亿美元；津巴布韦历史上规模最大房建项目——价值 19.3 亿美元的 2015 英雄住房工程项目。

30 日，新华网北京 4 月 30 日电。据新华社"新华视点"微博报道，中共中央政治局 4 月 30 日召开会议，审议通过《京津冀协同发展规划纲要》。

五月

3 日，中国科学院理化技术研究所承担的国家重大科研装备"大型低温制冷设备研制"项目通过验收，标志着中国液氢温区低温制冷设备研发和制造能力打破国外技术垄断。大型低温制冷设备是指制冷温度 20K（−253℃）及以下、制冷量数百乃至万瓦以上，集精密加工、气体轴承氦透平膨胀机技术、低温传热与绝热技术、高效安全集成调控技术为一体的低温制冷系统。

4 日，国务院印发粤津闽自由贸易区总体方案，三大自贸区正式挂牌。至此，包括上海自贸区在内的四大自贸区，成为服务国家战略的"排头兵"。

5 日，中国海洋石油总公司自主研发的旋转导向系统、随钻测井系统近期联袂完成渤海某井的海上作业。这标志着我国在油气田定向钻井、随钻测井技术领域打破了国际垄断，可自主完成海上"丛式井"和复杂油气层的开采需求，有望大幅降低国内油气田开发综合成本。

7 日，我国自主三代核电技术"华龙一号"首堆示范工程——中核集团福清 5 号机组开工。这标志着我国核电建设进入新时代。"华龙一号"是由中核集团和中广核集团在我国 20 多年核电建设运营成熟经验基础上，汲取世界先进设计理念合作研发的三代自主核电自主创新成果。

△ 内蒙古锡林郭勒盟至山东输电通道配套电源点项目正式开工建设。该项目是内蒙古清洁能源输出基地电源项目中的一个，于 2017 年投产发电。

9 日，财政部、国家税务总局发布通知，自 5 月 10 日起调整卷烟消费税政策，将卷烟批发环节从价税税率由 5% 提高至 11%，并按 0.005 元/支加征从量税。这是自 1994 年我国实行分税制改革以来，第四次提高烟产品消费税。此次调整卷烟消费税，是我国消费税改革的一项重要内容。

10 日，五菱汽车有限责任公司改组并更名的广西汽车集团有限公司正式揭牌成立。为整合汽车产业相关存量资源，广西国资委以柳州五菱集团净资产出资，通过增资扩股引入柳州市产投公司、桂林市国投公司等作为参股股东，组建广西汽车集团。

11 日，世界首条立井煤矿全断面硬岩掘进机作业线在淮南矿业集团张集矿 1413A 高抽巷实现安全贯通，该作业线平均日进尺 13.5 米，打破了淮南矿区最高纪录，对于我国煤矿井下岩巷掘进具有里程碑式的意义。

12 日，国家发改委发出通知，决定将汽油、柴油价格每吨分别提高 255 元和 245 元，即零售价格 90 号汽油和 0 号柴油（全国平均）每升分别提高 0.19 元和 0.21 元。

12 日，我国和俄罗斯在莫斯科签订协议，合作开展"中俄苏霍伊商用飞机项目"，计划在陕西西咸新区建设俄罗斯商用飞机运维中心。此次项目的签订，意味着俄罗斯商用飞机首次进入国内航空市场。

△ 国内第一条大口径高压力页岩气输气管道——涪陵白涛至石柱王场输气管道在重庆涪陵正式投运。该页岩气输气管道总投资 18.04 亿元，全长 136.5 千米，设计压力 10 兆帕，管径 1016 毫米，年设计输气量达 60 亿立方米。

△ 中国南车四方股份公司与英国帝国理工学院、南安普顿大学和伯明翰大学三所院校在英国伯明翰签署合作协议，拟共同成立"中英轨道交通技术联合研发中心"，瞄准高铁等领域的新技术研发合作，对提升中国高铁技术的持续创新能力，助推中国高铁等高端轨道交通装备"走出去"具有重要意义。

13 日，国内输电距离最长的特高压交流工程——榆横—潍坊 1000 千伏特高压交流输变电工程开工建设。该工程是国家大气污染防治行动计划"四交四直"特高压工程中第五条获准开工的输电通道。工程将全面采用我国自主开发的特高压交流输电技术和装备，对于促进陕西与山西能源基地开发，支撑国家能源消耗强度降低目标实现，落实国家大气污染防治行动计划等均具有十分重要的意义。

18 日，由江苏连云港中复连众复合材料集团有限公司自主研发的、国内首支 68 米长 6 兆瓦风机叶片装运出海至欧洲。该叶片创新采用了碳纤维大梁的真空灌注工艺，攻克了国产 12K 碳纤维生产大面度碳纤维织物的难题，为国产碳纤维在大功率碳纤维叶片制造中的运用解决了国际难题，为我国海上风机国产化奠定基础。

19 日，新华社北京 5 月 19 日电，经李克强总理签批，国务院日前印发《中国制造 2025》，部署全面推进实施制造强国战略。这是我国实施制造强国战略第一个十年的行动纲领。

△ 经国务院批准，财政部、国家税务总局、工业和信息化部联合发出通知，对节约能源车船，减半征收车船税，对使用新能源车船，免征车船税。三部门将不定期联合发布《享受车船税减免优惠的节约能源使用新能源汽车车型目录》，对符合标准的节约能源乘用车、商用车，以及使用新能源汽车予以公告。

20 日，江苏省内首个民营资本投入、面向社会的新能源汽车充电站建成投运，预计在 2015 年底将完成 32 个直流充电桩的建设。充电站设在江苏常州龙途新能源汽车运输服务有限公司的停车场。

21 日，青岛西海岸第一单海外邮购商品顺利通关，标志着山东省第一家跨境电商产业园——青岛跨境电子商务产业园在青岛西海岸新区正式开园。在启动仪式上，山东省第一家垂直型跨境购物电子商务平台——"拇指商城"成功上线，可为跨境电商企业提供通关、物流、办公、展销等全流程服务。

22 日，国家重大水利工程——湖南莽山水库 21 日正式开工建设，这是国务院确定 2015 年开建 27 项重大水利工程中的首个开工项目，标志着我国重大水利工程建设全面提速。

25 日，哈尔滨至齐齐哈尔铁路客运专线开始进行联调联试，对全线各系统和整体系统进行调试，标志着哈齐客开通运营进入倒计时，中国高铁将向北延伸 281 千米。哈齐客专设计速度 250 千米/小时，是我国纬度最高的高寒高铁。

26 日，陕西省首个工业云中心在西咸新区沣西新城正式成立，有望于 2017 年建成国家级大数据处理与服务产业基地，培育 200 家大数据应用和服务企业，培育 10 家以上核心龙头企业。

△ 位于湖南长沙的上海大众汽车工厂生产的首辆轿车下线，这标志着湖南省最大的汽车生产制造项目正式建成投产，将极大带动长沙乃至湖南汽车产业发展及地区经济增长。

29 日，由广东省、佛山市顺德区共建的华南智能机器人创新研究院在顺德成立。为提供核心技术支撑，华南智能机器人创新研究院将由广东省自动化研究所等 4 家单位承建，计划投入 20 亿元，以顺德龙头企业为主体，联合 8 家一流大学、研究机构，着眼于机器人及智能装备关键技术突破及行业应用推广等。

31 日，浙江金华举行的全球跨境电商大会上，由阿里巴巴、京东、敦煌网、兰亭集势等 30 余家电商平台企业和跨境电商服务商等组成的全国首个跨境电商产业联盟正式成立，这将进一步推动跨境电商快速发展。

△ 青岛邮轮母港正式开港运营，这对具有 120 多年历史、以传统装卸为主的青岛港老港区转型升级具有里程碑式的意义，同时也将拓展青岛乃至山东半岛邮轮经济产业链。

六月

1 日，我国自主研发的首台 ATM 机日前正式发布，这也是全球第一台具有人脸识别功能的 ATM 机。这台可以"刷脸"的 ATM 机，是由清华大学与梓昆科技（中国）股份有限公司等联合研发的具有人脸识别功能的、我国首台具有自主知识产权的金融安全设备。

△ 合福（合肥—福州）高铁进入空载试运行阶段，这标志着这条铁路进入正式通车前的倒计时。合福高铁是京福快速铁路通道的重要组成部分，它北接合肥枢纽，经合蚌客运专线衔接京沪高铁至北京，中与沪汉蓉铁路、沪昆高铁、九景衢、南三龙铁路相交，南接福州枢纽与东南沿海铁路相连，形成了连通中国南北的大动脉。

△ 我国首个跨境电商商品质量溯源平台在广州市南沙出入境检验检疫局正式上线。自此，经南沙自贸试验区进出口的跨境电商商品质量信息，可随时通过互联网登录广东"智检口岸"公共服务平台进行查询。

4 日，西藏电力首次成功实现外送青海省，外送最大电力 10 万千瓦，日外送电量 181 万千瓦时。这标志着西藏清洁能源开始参与西北地区电力供应的区域平衡和全国能源结构的优化调整。

7 日，经国务院同意，国家发展改革委、工信部发布《新建纯电动乘用车企业管理规定》，新建纯电动乘用车企业投资项目的投资总额和生产规模不受《汽车产业发展政策》有关最低要求限制，由投资主体自行决定。该规定明确，新建企业可生产纯电动乘用车，但不能生产任何以内燃机为驱动力的汽车产品。

8 日，沪昆高铁第一长隧——壁板坡隧道全隧贯通，为 2016 年沪昆高铁全线开通运营奠定了基础。壁板坡隧道全长 14756 米，穿越滇黔两省交界处，于 2010 年 12 月开工建设。隧道的贯通，标志着入滇高铁大门的打开，对促进东西部经济文化交流具有重要意义。

10 日，河北遵化"锡盟—山东 1000 千伏特高压线路"工程施工现场，国家电网通用航空公司开展了直升机吊装组塔作业。这是国内首次在特高压工程建设中使用直升机进行吊装组塔深化应用，不仅弥补了国内直升机电力组塔技术上的空白，对提升国网公司输电线路机械化施工水平，解决极端施工难题也具有重要意义。

11 日，中国核能电力股份有限公司在上交所成功挂牌上市，这是 A 股第一家纯核电上市企业，也创造了 A 股市场近 5 年来规模最大的 IPO 交易。中国核电成功登陆资本市场，既是一座重要的里程碑，也是新起点、新动力。

14 日，世界首次采用大容量柔性直流与常规直流组合模式的背靠背直流工程，即云南电网主网与南方电网主网异步联网工程（简称鲁西背靠背直流工程）开工建设。工程位于云南省罗平县，总投资 35 亿元，计划于 2016 年 6 月投产。鉴于该工程直流电压达±350 千伏，一期建设包括 100 万千瓦柔性直流和 100 万千瓦常规直流，最终规模达到 300 万千瓦，无论是电压等级，还是建设规模，均为世界第一。

16 日，中国航天科工集团公司正式挂牌成立航天云网科技发展有限责任公司，航天云网同时正式上线，打造以云制造服务为核心，以资源共享、能力协同为目标的"互联网＋智能制造"产业化创新服务平台。

19 日，在中俄投资合作委员会第二次会议框架下，中国中铁二院工程集团有限责任公司参与投标的俄罗斯首条高速铁路的规划设计合同在圣彼得堡正式签署，成为中国高铁走出国门的第一单，也标志着中俄在共建丝绸之路经济带的实践中迈出了具有深远意义的一步。

△ 我国自主研制的首款电动力轻型载人运动飞机锐翔（RX1E）首批两架，在辽宁法库县财湖机场正式交付给企业。该款电动力小型飞机首台套交付，意味着这项国内领先的科研成果进入商用阶段。

21 日，由中软国际研发的 IT 众包服务平台

"解放号"正式商用。借助互联网，"解放号"众包平台将成为海量研究方案研发、实施和集成的工作平台，帮助 IT 从业者、服务企业、用户在线交易、组织资源，解放 IT 服务业的生产力。

22 日，我国自主研发的"海底 60 米多用途钻机"在南海 3109 米海底海试成功并顺利通过国家"863"计划项目海试验收专家组验收。此次海试刷新了我国深海钻机钻探深度，标志着我国深海钻机技术从此跻身世界一流。

24 日，云桂铁路特长隧道——幸福隧道实现全隧贯通。幸福隧道地处云南省东南部，是滇东南地区地质最为复杂的高速铁路隧道。

26 日，中集来福士为挪威福瑞斯泰公司设计建造的超深水半潜式钻井平台在烟台基地完成合龙。该平台采用福瑞斯泰 D90 基础设计，中集来福士完成详细设计和生产设计，最大作业水深 3658 米，最大钻井深度 15240 米，是目前全球作业水深和钻井深度最深的半潜式钻井平台。

28 日，位于山东省滨州市北海新区的滨州港 2×3 万吨级码头正式开航运营。在黄河三角洲重点建设的 4 个港口当中，滨州港是第二个可供 3 万吨级船舶进出的亿吨深水大港。

29 日，山西晋北—江苏南京±800 千伏特高压直流输电工程在江苏淮安开工。该工程途经山西、河北、河南、山东、安徽、江苏 6 省，新建晋北、南京两座换流站，换流容量 1600 万千瓦，线路全长 1119 千米，工程计划于 2017 年建成投运。

30 日，中俄东线天然气管道中国境内段正式开工。东线天然气项目是中俄两国最大的务实合作项目，有利于促进两国能源战略多元化和保障两国能源安全，带动中俄两国沿线地区的经济社会发展。中国境内段管道开工修建，标志着这条连接中俄两国的陆上能源通道全线启动建设。

△ 长江南京以下 12.5 米深水航道二期工程正式开工建设。2018 年底工程建成后，将使长江口航道与南京以下深水航道实现无缝对接。届时可实现更高层次的江海联运、江海直达运输。

七月

1 日，具有完全自主知识产权、时速 350 千米的"中国标准"动车组在北京中国铁道科学研究院环形试验基地展开试验工作，这标志着中国标准动车组研制工作取得重要阶段性成果，将为我国动车组实现自主化、标准化打下坚实基础。

2 日，南疆铁路首趟特快旅客列车由乌鲁木齐南站正点驶出，将于次日 8：32 抵达终点站阿克苏，结束了南疆铁路自 20 世纪 80 年代投入运营以来没有特快旅客列车的历史。

3 日，南京纬三路过江隧道（又称扬子江隧道）全线贯通，这是迄今世界同类隧道中规模最大、长度最长、地质最复杂的隧道。

4 日，为了给西（安）成（都）客专让路，宝成铁路进行改线。上千名铁路工作者奔赴四川广元境内连蒙村隧道口，经过铁轨拨接、通信和电力网络调整等工作后，宝成铁路正式改道，从这条隧道通过。原来的铁路线将被新建成为西成客专的一部分。

△ 新华社北京 7 月 4 日电，《国务院关于积极推进"互联网+"行动的指导意见》（全文）发布。

6 日，国际货运班列"兰州号"（兰州至阿拉木图）满载着 2500 吨中国制造的机电设备，从兰州新区北站正式发车，开往 2683 公里之外的哈萨克斯坦阿拉木图。"兰州号"国际货列每周发一班，进一步打开中欧亚市场，逐步扩大中国与沿线各国能源合作、经济贸易的空间，让"中国制造"多了一条走向世界的便捷之路。

7 日，工银金融租赁有限公司通过在天津自贸区东疆片区的项目公司，从法国空客购买一架全新 A320 飞机，以经营租赁方式交付给尼泊尔喜马拉雅航空公司，该单业务标志着国内首单飞机离岸租赁业务的顺利完成。

8 日，我国出口马其顿的动车组，在中国中车旗下株洲电力机车有限公司下线。这是我国动车组进入欧洲市场的"第一单"。该动车组在国内首次采用低地板设计技术和铰接式转向架，首次在出口动车组产品上按照欧洲标准采用三级防撞设计。

9 日，西安至成都铁路客运专线重要控制性工程——横跨西宝高铁和西安机场高速的西成客专特大桥横移架设成功，标志着西安至成都铁路客运专线铁路工程建设取得重要进展。

12 日，京蓟（北京—天津蓟县）城际快速列车正式开通运行。这条全程只需 59 分钟的铁路城际线为京津冀协同发展战略提供了有力支撑。这也是目前全国第一条由县域始发直达首都北京的城际快速列车，对实现天津北部与首都的互联互通、加快构建京津冀交通一体化格局具有重要意义。

14日，中国最北高铁——哈尔滨至齐齐哈尔客运专线开始进行全线试运行。哈齐客专既是我国纬度最高的高寒高铁，也是黑龙江省内首条城际客运专线。

15日，宝兰客专南河川渭河特大桥连续箱梁成功实现高空转体。这是西北地区铁路立交跨度最大、转体重量最重的桥梁转体工程。宝兰客专是丝绸之路经济带的重要通道，是国家铁路"四纵四横"快速客运网的重要组成部分。

16日，中电投集团和国家核电重组组建的国家电力投资集团公司（简称国家电投）正式成立。国家电投将以核电等先进能源技术创新及产业化发展为核心，以清洁能源开发建设为主，以国有资本投资公司建设为方向，努力建设成为创新型、国际化的综合能源集团和现代国有企业。

17日，京九客运专线的重要组成部分——南昌至赣州铁路客运专线全线开工建设。该客运专线建成投产后，对于完善区域路网布局，提高区段铁路运输能力，改善沿线人民群众出行条件，促进江西省特别是赣南等原中央苏区红色旅游资源开发，加快实现"发展升级、小康提速、绿色崛起、实干兴赣"目标具有重要意义。

19日，国家电网公司成功中标巴西美丽山水电±800千伏特高压直流送出二期项目，特许权经营期限30年。这是国家电网公司继美丽山一期项目之后在海外中标的第二个特高压直流输电项目，也是首个在海外独立负责工程总承包的特高压输电项目。

20日，延安市首座新能源风电场——大唐陕西黄龙界头庙风电场正式并网运行。在4个月的建设中，国网陕西电力新架铁塔52基、架线17.98千米，新建黄龙界头庙风电场至110千伏黄龙变电站线路一条。

21日，世界上海拔最高的铁路——青藏铁路风火山隧道开始换铺无缝线路，标志着青藏铁路多年冻土线路养护实现新突破。青藏铁路公司克服高寒缺氧等难题，提前将500米长的轨条焊接成2000米的长轨条，使用换轨车施工，保证换轨高效推进，也不影响列车正常运行。

23日，随着新疆和甘肃交界处一组铁轨的铺设到位，额（济纳）哈（密）铁路铺轨顺利挺进甘肃，这标志着额哈铁路新疆段铺轨贯通。额哈铁路是国家"一带一路"建设和《中长期铁路规划网》重点工程，设计标准为国铁Ⅰ级，预计2015年底建成投入运营。

25日，中广核红沿河核电站6号机组正式开工建设，该机组使用我国自主核电技术品牌——ACPR1000，是中广核按照国际最新安全标准并借鉴国际核电领域的最新经验，改进形成的自主品牌百万千瓦级压水堆核电技术，具备三代核电主要安全技术特征，满足了我国最新核安全要求。

27日，我国在西昌卫星发射中心用"长征三号乙/远征一号"运载火箭成功将两颗新一代北斗导航卫星发射升空。此次发射的两颗卫星，均为地球中圆轨道卫星，也是我国发射的第十八、十九颗北斗导航卫星。卫星入轨后，将与先期发射的第十七颗北斗导航卫星共同开展新型导航信号、星间链路等试验验证工作，并适时入网提供服务。

△ 广西最大的铁路货运编组站——柳州南站编组场新"三级三场"工程全面投入使用。这标志着柳州南站由原单向式的"三级三场"升级为双向式"三级六场"，布局更合理，能力更强，效率更高，将大幅提升南宁铁路局的货车周转能力。

29日，国内首条超级电容储能式现代电车运营示范线在宁波鄞州区正式开通。没有传统无轨电车的"辫子"，闪充30秒即可行驶5千米以上，刹车和下坡时80%的动能转化成电能并存储再利用，核心元器件超级电容可反复充电使用。

八月

2日，新疆乌鲁木齐至富蕴的首航飞机在可可托海机场降落后通过水门，新迁建的富蕴可可托海机场正式投入使用。富蕴可可托海机场始建于1965年，1994年停航，2008年迁建工程项目立项，场址紧邻国家5A级旅游景区可可托海，首航成功也结束了富蕴20多年的停航历史。

4日，湖南和贵州两省在湖南怀化市签署共建湘黔高铁经济带合作框架协议，两省将以沪昆高铁为媒，促进两省在产业、旅游、扶贫、交通和生态等领域的合作。

5日，由清华大学科技成果成功转化的国内

首台 12 英寸化学机械抛光机交付使用。化学机械抛光是集成电路制造工艺中的五大关键技术之一。在国家科技重大专项"极大规模集成电路平坦化工艺与材料"的支持下，清华大学研制出了国内首台 12 英寸"干进干出"铜制程抛光机，主要技术指标达到或者超过国外最先进产品的水平。

6 日，"东北最美高铁"的吉图珲铁路客运专线全线试运行。该线的开通运营，将结束东北重要口岸城市珲春不通旅客列车的历史。吉图珲客运专线于 2011 年开工建设，设计运行时速 250 千米。

△ 至喜长江大桥合龙，这是湖北宜昌建设的第六座长江大桥，总投资 27.5 亿元，全长 3234.7 米，由大江桥、三江桥等组成。为确保中华鲟洄游不受影响，两分桥全采用"一跨过江"。

△ 通过与俄罗斯远东港口群合作，"哈（绥）俄亚"陆海联运线路的首发运营，标志着黑龙江省正式打通"出海口"，可有效促进与韩国、日本的东北亚区域合作，并将东北亚经济区经俄罗斯远东港口群—绥芬河—哈尔滨与哈欧班列贯通，形成欧亚高速运输走廊。

10 日，新疆三塘湖—哈密 750 千伏输变电工程的东天山塔架引绳工作全面展开，在东天山高海拔段首次运用无人机引绳装置投入施工，降低了安装成本，提高了工作效率。工程预计 8 月中下旬进入组放线阶段，年内实现并网送电。

11 日，江西新余市发挥当地电网接入和市场消纳优势，利用荒山荒地、屋顶、水面等未利用地及采矿废弃地，推进各种类型光伏电站建设。该市有效利用各类屋顶面积 110 余万平方米，光伏装机规模达 72 兆瓦，年发电量 7931 万千瓦时。预计年底，该市建成光伏装机规模将达 300 兆瓦。

△ 由格力电器自主研发的"百万千瓦级核电水冷离心式冷水机组（定频）"在珠海进行了科技成果评定，专家组一致认定该机组达到"国际先进"技术水平。此项目最大的亮点是离心机组的主机机泵是自主研发的，具有完全的自主知识产权。格力自主研发的 VWS（中央冷冻水系统）将作为核岛项目的核心制冷设备，为核岛发热设备和工作人员提供生产安全性及工作环境舒适性的可靠保障，对中国核电装备国产化和"走出去"有着十分深远的意义。

13 日，安徽北沿江高速滁马段跨沪蓉高铁特大桥建设现场，一座重 1.76 万吨、长 130 米的"巨无霸"箱梁在距地面 25 米高的位置缓缓移动，在跨越沪蓉高铁时，这座"巨无霸"沿着逆时针方向，进行了 86 度的大转体，安全精确进入预定位置，成功完成主跨架设，创下了国内桥梁建设史中首次没有合龙工序的桥梁建设纪录。

16 日，国华燃气热电厂顺利通过 168 小时试运行，烟尘、二氧化硫排放均为零，氮氧化物排放为 7 毫克/标准立方米，厂界噪声达到一类标准，各项指标均达到国内领先水平。至此，这一北京东北燃气热电中心收官之作、国内智能化程度最高的电厂正式投产。

18 日，我国最北高寒高铁哈尔滨至齐齐哈尔高铁正式开通运营，最快运行时间由原来的约 3 小时缩短至约 85 分钟。哈齐高铁全长 279 千米，全线设哈尔滨、哈尔滨北、肇东、安达、大庆东、大庆西、泰康、齐齐哈尔南 8 个客运站。

△ X2742 次货物列车装载电子产品、服饰、石板等物品，从福建厦门海沧火车站驶出，开往成都城厢火车站，并由成都销往海外。这是南昌铁路局首次开行的特需货物列车，同时也是我国自贸区开出的第一趟特需货物列车。该趟列车为厦门打通了"一带一路"的陆路通道。

19 日，国家发展改革委发出通知，决定将汽油、柴油价格每吨分别降低 210 元和 205 元，测算到零售价格 90 号汽油和 0 号柴油（全国平均）每升分别降低 0.16 元和 0.18 元，调价执行时间为 8 月 18 日 24 时。

24 日，由协鑫集团研发并制造、利用液化天然气发电的"移动能源岛"（LNG 移动能源站）在江苏苏州市吴江区建成。这标志着国内首个 LNG 移动能源站正式投入运营。协鑫 LNG 移动能源站基于分布式能源设计理念，采用国内先进的内燃机技术，利用 LNG 液化天然气进行发电，每台机组每年可为用户节约 30% 的发电成本，每年减少二氧化硫排放约 17 吨，减少烟尘排放约 21 吨。

△ 涪陵页岩气田日生产页岩气提升至 1207 万方，日销售 1202 万方，其中重庆本地消化利用 490 万方，通过川气东送管道外销华中、华东地区 712 万方。为了尽快释放涪陵页岩气田产能，

涪陵页岩气公司在气田 1 号脱水站的基础上，建成了具有 900 万方/天脱水能力的 2 号脱水站，使气田脱水处理能力提升至 1350 万方/天。

25 日，由中国海洋石油总公司"海洋石油 981"承钻的我国首口深水高温高压探井——陵水 25-1S-1 井顺利完钻，这表明我国已攻克深水、高温、高压等在南海油气勘探开发中存在的世界级难题。该井所在的乐东、陵水凹陷坡折带，油气资源量十分可观，一旦探明，将有利于加速南海大气区建设。首次钻探深水高温高压井告捷，验证了中国海油在深水、高温、高压等特殊领域的勘探能力。

△ 云南普（普立）宣（宣威）高速公路全线通车，从宣威到贵州边界的车程从 4 小时缩短至 1 小时以内。普立特大桥全长 1040 米，主桥横跨深约 500 米的普立大峡谷，为国内首座山区钢箱梁悬索桥。

26 日，宁（南京）安（安庆）客运专线联调联试正式启动，预计将于年内开通运营。宁安客专东起江苏南京市，西至安徽安庆市，线路全长 258 千米，设计时速为每小时 250 千米。宁安客专是长三角快捷铁路网的延伸，连接京沪高铁、京福高铁及长三角城际铁路网。

28 日，中国新疆特变电工股份有限公司承建的达特卡—克明 500 千伏输变电工程竣工仪式在吉尔吉斯斯坦东北部小镇克明举行，该工程是中吉两国迄今最大的能源合作项目，施工线路长达 400 多千米，贯穿吉尔吉斯斯坦南北全境，是吉尔吉斯斯坦全国第一条电力大动脉，堪称吉尔吉斯斯坦的"电力生命线"。

九月

1 日，据国家统计局发布的工业企业财务数据，1~7 月，规模以上工业企业利润总额同比下降 1%，降幅比 1~6 月增加 0.3 个百分点。其中，7 月当月利润总额同比下降 2.9%，降幅比 6 月增加 2.6 个百分点。

2 日，广东省出台规定，从 2016 年 1 月 1 日起将实施排污费差别征收政策：企业污染物排放浓度或排放量高于规定指标的，将加倍征收排污费；污染物排放浓度值低于排放限值 50% 以上的，减半征收排污费。

△ 北京市科委、京津冀钢铁行业节能减排产业技术创新联盟与河北省迁安市签署战略合作框架协议，利用首都的科技成果助力迁安钢铁行业节能减排。迁安市是河北省钢铁产业最集中的地区，年产能 4500 万吨，节能减排压力巨大。

△ 中国进出口银行湖北省分行与湖北宜化集团有限责任公司签署了国内单笔金额最大碳排放权质押贷款协议，额度为 1 亿元，该笔贷款开政策性银行碳排放权质押贷款先河。中国进出口银行还与湖北省碳排放权交易中心签约，将在绿色信贷和碳金融领域提高合作广度与深度，大力开拓碳金融服务业务。

5 日，经李克强总理签批，国务院日前印发《促进大数据发展行动纲要》（以下简称《纲要》），系统部署大数据发展工作。《纲要》明确，推动大数据发展和应用，在未来 5~10 年打造精准治理、多方协作的社会治理新模式，建立运行平稳、安全高效的经济运行新机制，构建以人为本、惠及全民的民生服务新体系，开启大众创业、万众创新的创新驱动新格局，培育高端智能、新兴繁荣的产业发展新生态。

6 日，在海拔 6282 米的阿尼玛卿雪山腹地的青海省花（石峡）久（治）高速公路 HD6 标"雪山一号"隧道出口处，工人们正在冒着严寒铺架大桥。位于被称为"人类生命禁区"的阿尼玛卿雪山区域的"雪山一号"隧道，是花久高速全线头号重难点控制性工程，平均海拔在 4500 米以上，最高处超过 5600 米，是目前世界海拔最高的在建高速公路隧道。

10 日，全国首批中小微企业外债集合授信签约仪式在北京市海淀区举行，近百家中小微企业将获得总额约 5 亿~10 亿欧元、年最低成本 2.43% 的低息贷款。此举是全国开创中小微企业抱团向银行申请外债贷款授信的先例，成功解决了在当前银行市场化运作、社会信用环境尚不健全的情况下，中小企业特别是小微企业融资难、融资贵的问题，使中小微企业能够充分利用低成本的外债贷款发展壮大。

13 日，中共中央、国务院印发《关于深化国有企业改革的指导意见》。这是新时期指导和推进国有企业改革的纲领性文件，必将开启国有企业发展的新篇章。

△ 中国环境监测总站在"环境与发展论坛"上透露，截至 2014 年年底，全国"城市空气质量监测网"覆盖 338 个城市，有 1436 个监测点位，用以评价城市建成区的整体空气质量状况和空气质量达标情况，为环境管理和公众信息服务提供技术支持。

△ 国内首个"中德工业城市联盟"在中国（广东）国际"互联网+"博览会开幕式上签约成立，德国的不来梅市、汉诺威市，中国的佛山市、株洲市等 11 个城市成为联盟首批倡议发起城市。该联盟将从经贸拓展、产业合作、人才培育、金融互助、人文交流五个方面加强合作，促进"中国制造 2025"对接"德国工业 4.0"。

15 日，工信部最新统计显示，2015 年 8 月我国新能源汽车生产 21303 辆，销售 18054 辆，同比分别增长 2.9 倍和 3.5 倍。1~8 月，新能源汽车累计生产 12.35 万辆，同比增长 3 倍。

16 日，"国际保护臭氧层日"，环境保护部部长陈吉宁在环保部和联合国环境规划署在京联合举行的大会上透露，《保护臭氧层维也纳公约》缔结 30 年来，全球淘汰了 98%的消耗臭氧层物质的生产和使用。中国政府圆满完成《蒙特利尔议定书》各阶段规定的履约任务，为国际履约成功做出重大贡献。"十三五"期间，我国要完成淘汰含氢氯氟烃（HCFC）35%的目标。

△ 广东省首次通过电子竞价的形式出让总量为 6000 吨/年的二氧化硫排污指标，有效期为两年。经过多轮激烈竞价，广东粤电大埔发电有限公司、宝钢湛江钢铁有限公司、广东华电韶关热电有限公司分别竞得二氧化硫排污指标 1447 吨/年、4001.48 吨/年及 551.52 吨/年，总成交金额 2371.505 万元。

20 日，我国新型运载火箭长征六号在太原卫星发射中心点火发射，成功将 20 颗微小卫星送入太空。此次发射任务的成功，不仅标志着我国长征系列运载火箭家族再添新成员，填补了我国无毒无污染运载火箭空白，而且创造了中国航天一箭多星发射的新纪录。

△ 国务院常务会议决定，将设立总规模为 600 亿元的国家中小企业发展基金，用市场化的办法，重点支持种子期、初创期成长型中小企业发展。国家中小企业发展基金中，中央财政通过整合资金出资 150 亿元，剩余部分由民营和国有企业、金融机构、地方政府等共同出资。

△ 编号为 C1008 次动车组列车从珲春始发，标志着这座边陲小城正式结束没有旅客列车的历史。长珲城际铁路途经长春市、吉林市、延边州，开通后将带动长春、吉林、延边三地的"并联"发展。下一步，将在长珲城际铁路的基础上，和俄罗斯一起谋划珲春至海参崴高速铁路，融入"一带一路"建设，更好地促进图们江区域合作开发，为东北亚区域经济发展搭起"快车道"。

△ G2283 次高铁列车开出北京南站，历时 1 小时 2 分钟，到达天津滨海新区中心商务区于家堡站。这标志着京津城际铁路天津站至于家堡站区间开通运营，天津与于家堡间最短运行时间仅 21 分钟，将对加快天津滨海新区建设，促进京津冀协同发展发挥重要作用。

△ 由国防科技大学自主设计与研制的"天拓三号"微纳卫星，在我国太原卫星发射中心搭载长征六号运载火箭发射升空，准确进入预定轨道。"天拓三号"是由 6 颗卫星组成的集群卫星，包括 1 颗 20 千克级的主星、1 颗 1 千克级的手机卫星和 4 颗 0.1 千克级的飞卫星。卫星入轨后，手机卫星和飞卫星与主星分离，通过太空组网实现 6 颗卫星集群飞行。从"天拓三号"分离释放的手机卫星"智能号"，是国内首颗以商用智能手机主板和安卓操作系统为核心设计完成的卫星；释放的 4 颗"星尘号"飞卫星是国内首批飞卫星，这种卫星也是世界上最小的卫星之一。

△ 由中国中铁承建的埃塞俄比亚首都亚的斯亚贝巴城市轻轨正式通车，总长 34 千米，是非洲大陆首条投运的现代化城市轻轨。

22 日，国家标准化管理委员会与国家国防科技工业局在京签订标准化战略合作议定书，并共同发布中国航天标准体系和首批中国航天标准（英文版）。体系的发布对推动中国标准"走出去"，支撑中国航天走向世界具有重要意义。

23 日，印度高铁公司正式向中国铁路总公司所属企业铁道第三勘察设计院集团有限公司牵头与印度本地企业组成的联合体签发授标函，授予联合体承担新德里至孟买高速铁路的可行性研究工作。新德里至孟买高速铁路连接印度首都新德里与经济中心孟买，全长约 1200 千米。

26 日，经李克强总理签批，国务院印发《关于加快构建大众创业万众创新支撑平台的指导意见》，这是对大力推进"大众创业、万众创新"和推动实施"互联网+"行动的具体部署，是加快推动众创、众包、众扶、众筹等新模式、新业态发展的系统性指导文件。

27 日，中国石油宣布：其在经济大省江苏已经建成完备的天然气供应保障体系，为支撑"气化江苏"战略以及保障长江三角洲地区的天然气供应奠定了坚实的基础。截至当时，中国石油累计向江苏供气超过 800 亿立方米。江苏的天然气在一次能源中的占比已经上升至 5%。天然气的大量使用对江苏环境治理意义重大。

28 日，中国机械工业集团有限公司与美国通用电气公司签署战略合作谅解备忘录，双方将联手推动非洲地区的清洁能源项目。本次签约内容包括了肯尼亚凯佩托风电项目。国机集团和通用电气公司目前已合作完成超过 30 亿美元的大型项目，正在非洲地区合作开发的项目金额超过 27 亿美元。

△ 1000 千伏锡盟—山东特高压工程第 18 标 B 标段铁塔组立进入收尾阶段，导线展放及线路高空附件安装工作即将全面展开。锡盟—山东特高压交流输变电工程起于内蒙古锡林郭勒盟，落点于山东省济南市，预计将于 2017 年投入运行。

△ 发往北京的 K1786 次列车缓缓驶出了崭新的滨州站，标志着山东德龙烟铁路德（州）大（家洼）段顺利开通。德大铁路的开通结束了山东滨州市不通铁路客运列车的历史。作为渤海革命老区中心区域的滨州市第一次通过客运列车与首都北京连接起来。

29 日，国务院办公厅印发《关于推进线上线下互动加快商贸流通创新发展转型升级的意见》，部署推进线上线下互动，促进实体店发展工作。该意见指出，新一代信息技术加速发展，大力发展线上线下互动，对推动实体店转型，促进商业模式创新，增强经济发展新动力，服务大众创业、万众创新具有重要意义。

△ 环境保护部通报了 2015 年 1~8 月各地黄标车淘汰进展情况。根据各省（区、市）政府报送数据，截至 8 月底，全国累计淘汰 2005 年底前注册营运的黄标车 69.55 万辆，占淘汰任务的 59.73%。淘汰黄标车是国务院部署的一项重要任务，必须坚定不移地完成。

30 日，国家"十二五"规划重点工程，兰州至中川机场全长 60.516 千米的中川铁路正式开通运营。开通运营初期，计划开行 16 对动车列车组。中川铁路的开通运营，在构建"空铁联运"交通运输模式，拓展兰州城市发展空间，加速产业结构调整等方面，都有积极推动作用。

△ 我国在西昌卫星发射中心用长征三号乙运载火箭成功将 1 颗新一代北斗导航卫星发射升空。该星是我国第四颗新一代北斗导航卫星，也是我国发射的第二十颗北斗导航卫星，工作轨道为地球倾斜同步轨道。北斗卫星导航系统是我国自主建设、独立运行，与世界其他卫星导航系统兼容共用的全球卫星导航系统，可在全球范围内全天候、全天时为各类用户提供高精度、高可靠的定位、测速、授时服务，并兼具短报文通信能力，根据系统全球组网建设计划，2018 年可为"一带一路"沿线国家提供基本服务，2020 年将形成全球服务能力。

△ 随着长度 3.5 千米的 10 千伏高压线缆通过耐压测试、变电站设备调试完成，中科院国家天文台 500 米口径球面射电望远镜（简称 FAST）项目综合布线工程完成，具备供电条件，这标志着"天眼"的神经系统已经成型，FAST 工程进入最后的冲刺阶段。FAST 为国家重大科学工程，比目前世界上最大的美国阿雷西博天文望远镜观测面积大幅增加，灵敏度提高了 2.25 倍。

十月

7 日，我国在酒泉卫星发射中心用长征二号丁运载火箭成功将 1 组"吉林一号"商业卫星发射升空，包括 1 颗光学遥感卫星、2 颗视频卫星和 1 颗技术验证卫星，标志着我国航天遥感应用领域商业化、产业化发展迈出重要一步。

△ 国家能源局印发通知明确，全国将增加光伏电站建设规模 530 万千瓦，主要用于支持光伏电站建设条件优越、已下达建设计划完成情况好以及积极创新发展方式的新能源示范城市、绿色能源示范县等地区建设光伏电站。这是国家能源局根据各地上半年光伏发电建设运行情况及发展需求，对部分地区光伏电站年度建设规模进行

的调增。

8 日，上海市交通委正式向滴滴快的专车平台颁发网络约租车平台经营资格许可，这是国内第一张专车平台资质许可，也就是俗称的专车牌照，标志着上海即将成为全国首个落地试点专车运营管理模式的城市。上海和滴滴携手迈出的这一步，是地方性专车法规迈出的破冰第一步。这对全国层面网络约租车管理办法的出台也具备一定的参考价值。

9 日，"中国制造"的亮丽风景——由中几两国共同出资、中国三峡集团下属中国水利电力对外公司承建的几内亚凯乐塔水电站举行竣工仪式，并已投入运行，标志着几内亚向现代化发展迈出重要一步。这是该国目前最大的水电站，助力解决该国电力短缺问题，同时也成为新时期中几合作、中非合作的新见证。

10 日，吴忠至中卫城际铁路在宁夏吴忠市关马湖正式开工。这是宁夏回族自治区成立以来投资规模最大的基础设施项目，宁夏将实现高速铁路和城际铁路零的突破。该项目由中国铁路总公司和宁夏回族自治区共同投资建设，线路全长136.05 千米，项目投资概算总额 149.1 亿元，设计时速 250 千米，建设工期 3 年半。

11 日，福建平潭海峡公铁两用大桥海中固定施工平台建成投产。该平台集生活区、办公区、海上混凝土工厂、淡水制备站、配电供电站、起重码头等功能于一体，总面积 59406.91 平方米，可容纳约 500 名作业人员生活与工作。大桥于2013 年动工建设，全长 16.45 千米，总投资约240 亿元，预计 2019 年建成通车。

△ 由中国能源报社主办的"2015 全球新能源企业 500 强发布会暨新能源发展高峰论坛"在京举行。榜单显示，2015 全球新能源企业 500 强中，亚洲入围企业总营业收入额 10653 亿元，占500 强总营收额的 37.60%，首次超过欧洲位列洲际第一。亚洲共有 263 家企业入围，占 52.6%，依旧位居首位。其中，中国企业 168 家，比上年增加 5 家。

13 日，经李克强总理签批，国务院印发《关于苏州工业园区开展开放创新综合试验总体方案的批复》，同意在苏州工业园区开展开放创新综合试验，原则同意《苏州工业园区开展开放创新综合试验总体方案》。苏州工业园区成为全国首个开展开放创新综合试验区域。

△ 北京铁路局公布：截至 2015 年 10 月 12日，"京津冀货物快运"列车承运零散货物 26 万余单、5062 万余件，运送货物 121.6 万吨。货物快运业务在京津冀区域的 225 个铁路车站和 27 个无轨火车站办理，形成覆盖京津冀大部分市区县的敞开收货、便捷安全的物流网络体系。

14 日，第三季度全国市场主体发展等有关情况新闻发布会上公布：2015 年前三季度，新登记注册企业 315.9 万户，同比增长 19.3%，平均每天新登记企业 1.16 万户。截至 9 月底，每千人企业数量达 15.20 户，同比增长 19.40%。小企业"铺天盖地"格局逐渐显现。

△ 中国铁塔与中国电信、中国移动、中国联通三家基础电信企业（以下简称"三家电信企业"）以及中国国新控股有限责任公司签署交易协议，中国铁塔将向三家电信企业收购全部存量铁塔相关资产，并同步引入新股东中国国新。中国铁塔将以发行股份与支付现金相结合的方式，收购上述资产。

△ 宁夏回族自治区发改委公布：根据国家发改委批复的规划方案，宁夏将建设沿黄经济区城际铁路网，规划范围为沿黄经济区内银川、吴忠、石嘴山、中卫 4 个城市及其下辖城镇。城际铁路网络建成后，将覆盖区域内 80% 以上的 20 万人口城镇，实现银川至周边城市和区内主要城市 1~2小时交通圈。

△ 广州奥翼电子有限公司与俄罗斯优特公司宣布，优特公司将在下一代智能手机中，采用奥翼公司生产的"电子纸显示屏"，俄罗斯优特公司生产的 YotaPhone 是世界上第一款使用双屏的智能手机。广州奥翼是目前全球两家电子纸显示材料供应商之一，是中国大陆唯一掌握了纳米电泳电子纸屏幕技术并能批量生产的高科技企业，具有完全自主知识产权。

15 日，应用于我国空间站照明系统的窗口照明玻璃，在河北省秦皇岛星箭特种玻璃有限公司研制成功，首批正式应用产品将在 10 月底交付给中国航天科技集团公司。星箭公司自 2000 年成立以来，研发生产的空间抗辐照玻璃产品已成功应用于神舟五号至神舟十号系列飞船、"天宫一号"

目标飞行器和"嫦娥一号"至"嫦娥三号"探月卫星等航天器上。

△ 聚焦"互联网+工业"这一重大命题的首届世界互联网工业大会在山东青岛举行。来自全球十几个国家和地区、国内30多个省市的300余位工业和互联网领域的相关代表参加了会议。代表们围绕"互联网+"与产业转型升级、互联网工业变革之路的海尔实践、通向"工业4.0"和"中国制造2025"之路、"互联网+3D打印"等主题作了精彩的演讲。

16日,自10月20日起,乌鲁木齐南至库尔勒间每日往返开行3对直达特快旅客列车,列车命名为"南疆之星——天鹅号",自乌鲁木齐南至库尔勒最快只需4小时30分钟,这也是疆内开行的首趟"Z"字头旅客列车。"南疆之星——天鹅号"城际列车使用最新型的25T型车辆,最高时速可达160公里。

△ 随着最后一罐混凝土顺利浇筑,呼准鄂铁路全线重点控制性工程——黄河特大桥整体合龙,该大桥也是目前我国最长的由墩梁刚性连接的连续梁铁路大桥。呼准鄂铁路是国家《中长期铁路网规划》内蒙古自治区西部重要铁路通道,预计将于2016年12月建成通车。

△ "滨新欧—滨州号"国际货运班列首班列车出发,这是黄河三角洲地区首列国际货运班列。"滨新欧"班列成为黄河三角洲地区首列以"固定地点、固定线路、固定车次、固定时间、固定价格"形式开往欧洲的直达出口班列,以后根据货源情况每周开行一班,全年计划开行50个班列。

△ 印度尼西亚首都雅加达核心区繁华的普尔曼大酒店,在中外媒体与中印尼各界人士的共同见证下,由印度尼西亚维卡公司牵头的印度尼西亚国企联合体与中国铁路总公司牵头组成的中国企业联合体,正式签署了组建中印尼合资公司协议,该合资公司将负责印度尼西亚雅加达至万隆高速铁路(雅万高铁)项目的建设和运营。

19日,中广核阳江核电站3号机组并网发电,至此中广核具备发电能力的核电机组已达15台,总装机容量达到1599.4万千瓦。2008年11月12日,国务院核准阳江核电基地采用自主品牌的中国改进型百万千瓦级压水堆核电技术,建设6台核电机组。

20日,北京市石景山超级光伏充电站破土动工。该充电站总投资1500万元,将建成50根充电桩,预计于2015年底投入使用,届时该充电站将成为全国最大光伏充电站。该项目由首钢和富电科技公司合作建设和运营,兼具新能源充电和立体停车功能。

25日,中国广核集团的广西防城港核电站1号机组首次并网发电。整个并网过程中,广西防城港核电站1号机组各项设备参数正常稳定,机组状态良好。至此,中广核具备发电能力的核电机组已达16台,核电总装机容量也增至1708.1万千瓦。

28日,据普华永道发布的最新调研报告,前三季度中国大陆企业海外并购交易数量为257宗,已超过2014年全年数量,再创历史新高。交易总额高达452亿美元,略高于上年同期水平。

△ 河北邯郸国际陆港正式开港运营。该港为河北港口集团建设的首座内陆港,将成为京津冀地区的重要物流中心和水陆联运枢纽。随着后续项目的建设,货物年吞吐量将达到1000万吨,年营业额将突破100亿元。

△ 中国钢铁工业协会召开发布会,介绍前三季度钢铁行业运行形势。中钢协常务副会长朱继民表示,前三季度全国粗钢表观消费量大幅下降,粗钢产量也有所下降;钢材价格持续创出新低,企业主营业务亏损严重,全行业陷入亏损境地。

△ 上汽集团宣布,拟于5年内在全国建5万个充电桩,不仅用于上汽电动车,还适用于其他品牌电动车。上汽集团出资3亿元注册成立上汽安悦充电科技有限公司,在充电系统及终端网络投资建设、充电及租赁系统管理、新能源汽车销售、租赁和维修服务、停车场资源整合、电子支付、互联网金融及新能源汽车相关产业链等方面开展业务。

29日,中国共产党第十八届中央委员会第五次全体会议通过《中共中央关于制定国民经济和社会发展第十三个五年规划的建议》。

△ 随着"毛泽东号"机车牵引的长沙至北京的T2次旅客列车稳稳停靠在北京站第一站台,以毛泽东同志名字命名的北京铁路局丰台机务段"毛泽东号"机车胜利实现安全行驶1000万千米,相当于绕地球赤道250圈,再创中国铁路机车安

全行走新纪录。"毛泽东号"机车 1946 年 10 月 30 日命名，先后经历了蒸汽、内燃到电力机车的五次换型，2014 年 12 月 25 日"毛泽东号"机车第五次换型为运行速度 160 千米/小时的和谐 3D 型 1893 号电力机车。

△ 越南首都河内首条城市轻轨吉灵—河东线将采用的机车车辆样车在河内讲武国际会展中心展出。这也是中国制造的轻轨机车车辆首次运抵河内展示。

△ 我国首台万米级无人潜水器和着陆器"彩虹鱼"号在南海成功完成 4000 米级海试，这标志着中国人探秘"万米深渊"迈出了实质性的第一步。本次试验的万米级着陆器和无人潜水器是该中心首次研制的两台全海深装备，它们的成功研制意味着我国除载人舱以外的各项关键技术攻关均有了显著突破。"彩虹鱼"无人潜水器本体系统国产化率达到 95%。

△ 由经济日报社中经产业景气指数研究中心和国家统计局中国经济景气监测中心共同编制的第三季度中经产业景气指数发布。景气监测结果表明，当前我国工业仍处于增速换挡过程之中，第三季度中经工业景气指数为 92.3，比第二季度下降 0.5 点。所监测的 11 个重点产业景气度较上季度均有所回落，其中，钢铁、煤炭业景气度分别下降 0.9 点和 0.4 点。

△ 总投资达 15 亿元的广西博白马子岭风电场工程开工建设。作为自治区重点推进的重大项目，马子岭风电场工程项目拟开发建设安装 75 台 2000 千瓦风力发电机组，规划总装机容量 150 兆瓦，预计总投资达 15 亿元。

△ 赣（州）瑞（金）龙（岩）铁路进入联调联试关键阶段，首趟动车检测车开行。赣瑞龙铁路西起江西省赣州市赣县，东至福建省龙岩市，是一条设计时速 200 千米的 I 级双线电气化铁路，正线全长 249.418 千米。

30 日，历经 4 年施工建设的大连南部星海湾跨海大桥竣工通车。星海湾跨海大桥全线长 6.8 千米，限速 60 千米/小时，大桥为双向 8 车道，车道上下双层布置，此外大桥还特别设计了人行通道。

十一月

2 日，国产 C919 大型客机首架机正式总装下线。这不仅标志着 C919 首架机的机体大部段对接和机载系统安装工作正式完成，已经达到可进行地面试验的状态，更标志着 C919 大型客机项目工程发展阶段研制取得了阶段性成果，为下一步首飞奠定了坚实基础。

3 日，第十七届中国国际工业博览会在上海举行。作为关注中国制造的"风向标"和智能制造的引领平台，一批国内外顶尖的工业制造新产品、新技术将在会上首发。

5 日，2015 年重大水利工程项目累计新开工 27 项，其中 21 项位于中西部地区。截至当时，172 项节水供水重大水利工程已有 84 项开工建设，已开工项目投资总规模超过 8000 亿元，提前 2 个月完成当年《政府工作报告》明确的年度任务。

9 日，中广核与罗马尼亚国家核电公司在罗马尼亚签署了《切尔纳沃德核电 3、4 号机组项目开发、建设、运营及退役谅解备忘录》，该备忘录包含了中国与罗马尼亚切尔纳沃德核电项目 3、4 号机组的投资、融资、建设、运营及退役的寿命期框架协议。

13 日，据上海市新能源汽车推进办消息，上海新能源汽车推广应用已达 37324 辆，占全国总量的 15%，其中近七成用户为个人。为加快新能源汽车产业发展和推广应用，上海先后出台了 12 项政策和措施，针对充电设施落地难等瓶颈问题，上海市还从制度上明确新能源车企是责任主体，明确了用户和物业各方权利义务，形成了车—桩联动的局面。

14 日，国产铁路大直径盾构机在湖南长沙顺利下线，这一装备由中国铁建重工集团自主研发，拥有完全自主知识产权，它的成功下线填补了我国铁路隧道施工关键设备——大直径盾构机自主研制的空白，标志着国产大直径全断面掘进机关键技术研究与应用取得突破。

16 日，土耳其当地时间 11 月 15 日，二十国集团领导人第十次峰会期间，中核集团总经理钱智民与阿根廷核电公司总裁安图内斯正式签署了阿根廷重水堆核电站商务合同及压水堆核电站框架合同，标志着中核集团与阿根廷核电公司将合作建设阿根廷第四、第五座核电站，"华龙一号"核电技术有望落地阿根廷。

18 日，中国超级计算机再次创造历史：在美国当地时间 11 月 16 日公布的最新一期全球超级计算机 500 强排行榜中，天河二号获得"六连冠"，打破了此前日本"京 K"所保持的"五连冠"世界纪录；中科曙光以 49 台入榜的成绩超过 IBM，代表中国企业首次进入榜单系统份额前列。

△ 在当日举行的国际能源署 2015 年部长级会议上，中国成为国际能源署联盟国。

19 日，经国务院批准，国家发改委决定自 11 月 20 日起降低非居民用天然气门站价格，并进一步提高天然气价格市场化程度。此次调价将非居民用气最高门站价格每千立方米降低 700 元，预计每年将直接减轻用气行业企业负担 430 亿元以上。

20 日，广东首届国际机器人及智能装备博览会 18~21 日在东莞市举行，来自十多个国家和地区超千家知名企业参展，展位数约 5000 个，四天有望吸引超十万买家、专业观众入场，一睹"工业 4.0"的魅力。

21 日，零时 7 分，我国在西昌卫星发射中心用长征三号乙运载火箭成功发射老挝一号通信广播卫星。

△ 我国在贵州平塘安装建设的世界最大射电望远镜（FAST）核心部件馈源舱进行了首次升舱试验，6 根钢索悬吊舱体以每分钟 8 米的速度提升至 108 米，并进行了相应的功能性测试，成功达到预期目标，这也标志着整个工程进入尾声。

22 日，北汽集团黄骅分公司成立并正式投产，首批 SUV、MPV 经济型乘用车下线。

23 日，"十二五"期间，我国油气资源勘查开发保持良好发展势头，储产量持续增长，国内油气资源保障能力持续增强，页岩气等非常规油气资源进展显著，油气勘查开采改革试点启动。

△ 工业大数据应用联盟在天津成立。

△ 目前世界上海拔最高的公路隧道——长拉山隧道建成通车。

24 日，从安徽省国土厅获悉：《安徽省淮南煤田潘集煤矿外围煤炭勘查（阶段）报告》通过专家评审。报告显示，此次勘查共探获煤炭资源量

47.92 亿吨，其中包括 1/3 焦煤 25.73 亿吨、气煤 22.19 亿吨，规模达特大型，是目前华东地区单个最大煤矿。

25 日，全球首台 1700 吨公路运架装备 TLJ1700 步履式架桥机及其配套运梁车在河北省秦皇岛市设计制造完成，通过验收，将用于科威特海湾大桥建设项目。

26 日，在 2015 世界机器人大会上，由中国航天科技集团第五研究院北京卫星制造厂研制的、国内首台实现工程化应用的全向可移动自动焊接机器人首次公开亮相。

十二月

1 日，商丘—合肥—杭州铁路（简称商合杭高铁）第一钻在合肥市肥东县开钻，标志着商合杭高铁安徽浙江段全面开工建设。商合杭高铁从中原至江淮到东部沿海，纵贯豫皖浙三省，是我国客运专线网中的重要干线和华东地区南北向的第二客运通道，也是华东地区一条重要的路网性高速铁路项目。

2 日，临哈铁路额济纳至哈密段开通运营。该段铁路与既有的临河至策克铁路相连，标志着国家"一带一路"重点工程——临河至哈密铁路全线贯通，我国又增一条出疆铁路大通道。

额哈铁路是国家中长期铁路网规划的区际干线，开通后，大大缩短了新疆至华北的铁路运输距离，对推动区域经济社会发展及西部大开发战略的实施具有重要意义。

△ 中国华能集团公司援建西藏墨脱县的亚让水电站首台机组及其线路延伸工程完成试运行联调各项试验，开始正式并网送电，标志着西藏无电地区可再生能源局域网示范工程初步建成。

3 日，投资 400 亿元建设的全球首条第 10.5 代薄膜晶体管液晶显示器件（TFT-LCD）生产线，在合肥动工。合肥 10.5 代线是京东方自主建设的全球最高世代线，其整体设备的自动化、智能化水平和采用的核心工艺技术均达到业界最高水平，其建设投产将引领大尺寸超高清显示新时代，标志着合肥有望成为全世界最大的半导体显示产业基地。

4 日，荆州长江公铁特大桥顺利合龙。这标志着我国首条跨江的重载铁路——蒙西至华中铁

路通道建设取得重要进展。蒙华铁路北起内蒙古鄂尔多斯境内浩勒报吉南站，终至京九铁路吉安站，线路全长 1814.5 千米，设计为国铁一级铁路。全线设车站 85 个，规划输送能力每年 2 亿吨以上。

6 日，广西防城港核电 1 号机组首次实现 100%满功率运行，我国西部首座核电站已进入商运前的最后冲刺阶段，西部即将用上核电。工程建成后，每年可为北部湾经济区提供 150 亿千瓦时安全、清洁、经济的电力。每年可减少标准煤消耗 482 万吨，减少二氧化碳排放量约 1186 万吨，减少二氧化硫和氮氧化物排放量约 19 万吨，环保效益相当于新增了 3.25 万公顷森林。

9 日，全国规模最大的光伏村宁波市鄞州区李岙村正式并网发电。李岙村采用了光电建筑一体化的建设模式，用光伏陶瓷瓦片替代传统瓦片来发电，该瓦片除了能发电外，还具备普通瓦片所拥有的隔热防水功能。

11 日，一款我国自主研制的智能采煤机器人在江苏连云港市海州区组装完成，正式下线。该产品是现代化矿井无人工作面采煤的核心设备，打破了高端采煤机市场被国外产品长期垄断的局面。

△ 华北地区最大的光伏发电站——滨海新区信义光伏发电站项目建成，将于年底前并网发电。该项目采用新型双玻技术建设，每年可发电 1.8 亿千瓦时，满足津城 10 万户居民用电需求，减少二氧化碳排放量 21 万吨。

△ 中车集团最新研制的 CRH2G 型高寒抗风沙动车组抵达新疆，首次在国内铁路亮相，年底前将在兰新高铁正式投入运营。作为我国高铁的全新车型，CRH2G 型动车组攻克了耐高寒、抗风沙、耐高温、适应高海拔、防紫外线老化五大技术难题。

16 日，国务院常务会议决定，对已列入国家相关规划、具备建设条件的广西防城港红沙核电二期工程"华龙一号"三代核电技术示范机组等项目予以核准。

17 日，东北地区首条滨海快速铁路——丹东至大连快速铁路开通运营。此前，大连、丹东间的铁路旅客出行需绕行沈阳，普速列车耗时约 9 个小时，乘高铁也需 3 个半小时左右。丹大快速铁路通车后，两地旅客最短铁路旅行时间将缩短至 2 小时以内。

22 日，我国第一座采用全断面隧道掘进机（TBM）施工的煤矿斜井——神华神东补连塔矿 2 号副井顺利贯通，这不仅开创了煤矿斜井施工的新模式，也对促进我国深层煤炭资源开发具有重大意义。

23 日，中国三代自主核电品牌"华龙一号"全球示范工程第二台机组——中核集团福清核电 6 号机组核岛底板浇筑第一罐混凝土，机组正式开工，标志着"华龙一号"示范工程进入全面建设阶段。

30 日，中共中央政治局召开会议，审议通过《关于全面振兴东北地区等老工业基地的若干意见》。

△ 海南环岛高铁西段开通运营，与 2010 年 12 月开通运营的海南环岛高铁东段实现连通。这标志着全球第一条热带地区环岛高铁，也是全球首条环岛高铁全线贯通。旅客可以实现 3 小时绕岛旅行。

△ 亚洲最宽混凝土现浇桥梁武汉四环线汉江特大桥合龙。

△ 从中国铁路总公司获悉：随着海南环岛高铁的全线贯通，2015 年铁路建设圆满收官，全国铁路完成固定资产投资 8200 亿元，新增铁路运营里程 9000 多千米，新开工 61 个项目。截至 2015 年底，全国铁路营业里程超过 12 万千米，居世界第二位，其中高铁 1.9 万千米，居世界第一位。

△ 经国务院批准，国家发改委发文降低燃煤发电上网电价和一般工商业销售电价。按照现行煤电价格联动机制规定，此次电价调整降低燃煤发电上网电价全国平均每千瓦时约 3 分钱，降低一般工商业销售电价全国平均每千瓦时约 3 分钱。

二、2015 年中国工业 10 件大事①

（按事件发生时间顺序）

1. 1 月，由我国自行研发、设计、建造的两艘 8.3 万立方米超大型全冷式液化石油气运输船（VLGC）在沪同时签字交付。这是我国造船企业第一次完工交付 VLGC，标志着我国船舶工业全面跻身世界高端液化气体运输船设计、建造的先进行列，一举打破了日、韩在该船型领域的技术封锁和长期垄断，为 2015 年我国船舶工业新一轮结构调整和转型发展拉开了大幕。

2. 3 月 30 日，我国在西昌卫星发射中心用长征三号丙运载火箭，成功将首颗新一代北斗导航卫星发射升空，卫星顺利进入预定轨道。该星的发射成功标志着我国北斗卫星导航系统由区域运行向全球拓展的启动实施。

3. 5 月 16 日，经李克强总理签批，国务院日前印发《关于推进国际产能和装备制造合作的指导意见》（以下简称《意见》）。《意见》提出了推进国际产能和装备制造合作的指导思想和基本原则、目标任务、政策措施，是当前及今后一个时期推进国际产能和装备制造合作的重要指导性文件。

4. 新华社北京 5 月 19 日电，经李克强总理签批，国务院日前印发《中国制造 2025》，部署全面推进实施制造强国战略。这是我国实施制造强国战略第一个十年的行动纲领。

5. 7 月 1 日，具有完全自主知识产权、时速 350 公里的"中国标准"动车组在北京中国铁道科学研究院环形试验基地展开试验工作，这标志着中国标准动车组研制工作取得重要阶段性成果，将为我国动车组实现自主化、标准化打下坚实基础。

6. 9 月 13 日，中共中央、国务院印发《关于深化国有企业改革的指导意见》。这是新时期指导和推进国有企业改革的纲领性文件，必将开启国有企业发展的新篇章。

7. 10 月 5 日，瑞典卡罗琳医学院宣布，将 2015 年诺贝尔生理学或医学奖授予中国药学家屠呦呦以及爱尔兰科学家威廉·坎贝尔和日本科学家大村智，表彰他们在寄生虫疾病治疗研究方面取得的成就。

8. 10 月 29 日，中国共产党第十八届中央委员会第五次全体会议通过《中共中央关于制定国民经济和社会发展第十三个五年规划的建议》。

9. 11 月 2 日，国产 C919 大型客机首架机正式总装下线。这不仅标志着 C919 首架机的机体大部段对接和机载系统安装工作正式完成，已经达到可进行地面试验的状态，更标志着 C919 大型客机项目工程发展阶段研制取得了阶段性成果，为下一步首飞奠定了坚实基础。

10. 12 月 30 日，中共中央政治局召开会议，审议通过《关于全面振兴东北地区等老工业基地的若干意见》。

---

① 由中国社会科学院工业经济研究所《中国工业发展报告（2016）》编审组推荐，该所研究人员参与投票选出了 2015 年中国工业 10 件大事。

2016 China's Industrial Development Report

—Industrial Supply-side Structural Reforms

Overview

Entering the late stage of industrialization, China is experiencing diminishing demographic dividends, rising manufacturing cost and falling marginal return to industrial capital. Compared with the middle stage of industrialization, China's potential industrial growth rates have significantly declined. During the 12th Five-Year-Plan period (2011-2015), the growth rate of industrial value-added reduced year by year. In 2015, the growth rate of total industrial value-added dropped to 5.9%, which is the lowest in 23 years. On the one hand, overall industrial economy is characterized by falling growth, prices and profitability, while risks are on the rise. After rapid growth in mid-stage industrialization, traditional industries represented by mining and heavy chemical manufacturing have developed serious overcapacity. On the other hand, high-tech industries as drivers of economy in the late stage of industrialization are not catching up. Shift of industrial momentum is imperative. The Central Economic Working Conference of 2015 has identified the following priorities: ① deepening supply-side structural reforms on the basis of expanding total demand; ② advancing restructuring through reform; ③ reducing ineffective low-end supply and increasing effective mid-and high-end supply; ④ making supply structure more adaptable and responsive to demand;

⑤ raising total factor productivity (TFP). As a key arena for supply-side structural reforms, China's industry will experience a reincarnation to gain greater strength and competitiveness. Successful transformation entails a science-based understanding of the nature of supply-side structural reforms and unswerving implementation.

Essentially speaking, supply-side structural reforms are institutional reforms intended to optimize supply structure by increasing high-end effective supply and reducing low-end ineffective supply. The Third Plenary Session of the 18th CPC Central Committee has identified the overall direction and blueprint for China's comprehensive deepening of reforms: ① as a priority initiative, economic reform is intended to engage the decisive role of market in resource allocation and give better play to the proper role of government; ② supply-side structural reforms aim to address the structural mismatch between supply and demand by making supply structure more adaptive and responsive to demand. By optimizing resource allocation, supply-side structural reforms will enhance the factor quality and innovation capacity of industrial supply, expedite industrial transition and upgrade, and transfer resources from low-end industries with excess capacity to high-end industries with high value-added, so as to raise industrial TFP and potential growth rate. Accomplishment of this process means the transition of industrial growth momentum and transformation of industrial ecosystem as a whole. In other words, the fundamental task of industrial supply-side structural reforms is to create a new ecosystem for industrial development through supply-side institutional reforms at corporate, industrial and regional levels. Featuring stronger innovation and TFP, this new industrial ecosystem will spur China's transition from labor and factor-driven growth to innovation-driven growth and upgrade from a large industrial nation into a strong and competitive one.

Real progress must be made in the supply-side structural reforms of China's industry. The short-term objectives of supply-side structural reforms are to reduce overcapacity, inventory, leverage and cost, and compensate for weak areas. Yet given the arduous nature of supply-side structural reforms, we must strike a balance between short-term and long-term priorities and between regional and overall plans. Firstly, short-term supply-side problems must be resolved in the context of long-term structural reforms. In addition to addressing supply-side problems such as overcapacity, high inventory, corporate liability, high cost and infrastructure, policymakers cannot lose sight of underlying structural contradictions behind these problems. Given the mounting downward pressures of economy, local governments are motivated to address short-term supply-side problems to maintain growth, while neglecting the need to improve systems and mechanisms and advance structural reforms. However, structural reforms are the only solution to resolving inefficiencies, overcapacity and supply mismatch, preventing the decline of potential growth rate and enhancing TFP. Secondly, China must balance individual tasks of supply-side structural reforms with overall reform agenda. Supply-side structural reforms are a systematic endeavor with integrated elements. Local governments are not very enthusiastic about "reducing overcapacity and cost", which is unfavorable to "maintaining growth" in the short term, but are motivated to "reduce inventory" by fueling housing prices and "compensate for weak areas" by initiating another

construction spree. Failure to strike a balance among these seemingly conflicting priorities has led to real estate bubbles and retrogression into an extensive growth pattern in 2016. Tremendous harms on China's economy arising from such disequilibrium are yet to unfold. Actual implementation of supply-side structural reforms deviated from original intentions. The key of industrial supply-side structural reform is to create an ecosystem conducive to industrial innovation and development, which is vital to a country's economic sustainability. Skyrocketing housing prices in a few months of 2016 across major Chinese cities have nullified the efforts to reduce cost for the real economy. Real estate bubbles have wrought devastation to pro-innovation ecosystem for China's manufacturing sector and warrant our great attention.

Based on the above understanding, 2016 *China's Industrial Development Report* elaborate the status, problems and proposals on China's implementation of industrial supply-side structural reforms at various levels. In 1996, the Institute of Industrial Economics (IIE) of the Chinese Academy of Social Sciences (CASS) published the first *China Industrial Development Report*, which should be among the earliest research reports of its kind considering the limited number of such publications at that time. After 21 years, the government, universities and research institutions have drafted a multitude of papers and research reports and 21 volumes of *China Industrial Development Report* have been published. On the basis of authoritative, systematic and informative nature of *China Industrial Development Report*, we have given more prominence to its research, philosophical and academic features in this volume. 2016 *China's Industrial Development Report* provides unique perspectives on problems pertaining to China's industrial supply-side structural reforms and is expected to offer valuable reference for scholars, government officials and business executives in conducting research and implementation of industrial supply-side structural reforms.

Chapter 1 Global Value Chain and China's Industrial Position

With rising international industrial position, China is poised to transition from a large industrial country into a strong and competitive one. Industrial position is essentially a question of strategic direction and pathway of China's industrial transition and upgrade. On this matter, the theory of global value chain is of great guidance for China's industrial transition and upgrade. However, due to the limitations of research perspectives and assumptions, the theory of global value chain cannot address the theoretical and realistic challenges regarding how China should enhance its industry position against the backdrop of the new round of industrial transition. Deep changes will take place in the technical and economic paradigms, core inputs, new-type infrastructures and the organizational form of leading departments and enterprises emerging in the new round of industrial transition. Such industrial development tendencies exceed the extent of global value chain in the Second Industrial Revolution. In future, China's strategies to improve its industry position must follow systematic arrangements in the following aspects: utilization of data factor, new-generation Internet infrastructure, smart manufacturing system and organizational reform, which are critical components for the transition of technical and economic paradigms. China should enhance regional division of work and collaboration and bolster its comprehensive capabilities for the transition of technical and economic paradigms to increase its industrial position on all fronts.

Chapter 2 Industrial Supply and Demand

Supply and demand are the two sides of the same coin. Economic output of a country or region can either be decomposed into consumption, investment, government spending and net export from de-mand side or be regarded as the results of capital and labor input and technology progress from supply side. Despite calls for transforming growth pattern and promoting industrial upgrade as early as in the 1990s, macroeconomic and industrial policies have been focused on demand side. Due to changing resource endowment and development stage in the post-crisis era, the effects of economic stimulus policy targeted at domestic demand are diminishing and the problems and contradictions arising from the course of economic development become more intractable. In the industrial sector, these dilemmas include falling industrial growth, rising overcapacity and inventory for industrial enterprises, deteriorating business performance and growing bankruptcies and relocations. At the end of 2015, supply-side structural reforms were identified as the guiding philosophy for China's economic work during the 13th Five-Year-Plan period (2016-2020). Transition from low-end to high-end industrial manufacturing, from traditional to emerging industries and from processing manufacturing to service-based manufacturing must be the directions for China's industrial supply-side structural reforms. China must expand aggregate demand through infrastructure construction and create favorable conditions to supply-side structural reforms. In the short-term, industrial supply-side structural reforms should focus on reducing overcapacity, inventory and leverage, lowering cost and compensating for weak areas. In the long-term, factor-driven industrial growth must give way to innovation-driven industrial growth through factor input optimization and technology innovation. In this process, we must give full play to both the decisive role of market mechanism and the proactive role of industrial policy.

Chapter 3 Service-based Manufacturing

China must seize the opportunities arising from the new round of technological and industrial revolution and transition towards service-based manufacturing, which is of great significance to its economic and social development. Firstly, This chapter elaborates the definition of service-based manufacturing, the evolving role of service in manufacturing sector, and the direction of transition towards a service-based manufacturing. Secondly, this paper offers an analysis on development status of China's service-based manufacturing: the service-based output of China's manufacturing sector significantly lags behind that of other countries yet the share of companies offering service business is surging; the level of China's service-based inputs for manufacturing sector initially increased and then declined and is far below world average level with insignificant regional difference; although a relatively complete range of services are provided, the offering of system solutions based on user demand or independent service businesses accounts for a relatively small proportion; service contributes a small share of income and profits; innovation of manufacturing enterprises is primarily endogenous, while external resources are underutilized. Thirdly, this paper investigates barriers to service-based manufacturing from the following three perspectives: manufacturing enterprises lack a clear strategy and understanding of service-based development; external market environment for service-based manufacturing is not friendly enough; policy support for transition towards service-based manufacturing is inadequate. Finally, this policy offers the following recommendations: to deepen understanding of and attach strategic importance to service-based manufacturing; create a favorable external market environment; bolster policy support to service-based manufacturing.

Chapter 4   Resolve Excess Capacity

In 2015, China's industrial economy is afflicted by the increasingly serious problem of overcapacity, which has become the biggest threat to China's financial and economic stability and transition. Accordingly, resolving overcapacity has become the top priority on the economic agenda and in the sup-ply-side structural reforms in 2016. In addition to excessive reliance on administrative measures for resolving overcapacity, the market mechanisms and legal and financial channels for resolving overcapacity are seriously impeded, and the role of mergers and reorganizations is exaggerated. These tendencies are unfavorable. To resolve overcapacity, importance should be attached to the role of bankruptcy mechanisms (liquidation and reorganization), so that "zombie firms" and obsolete capacities will be eliminated through bankruptcy liquidation and inefficient firms will be merged or re-organized by more efficient companies. The government must lose no time in improving bankruptcy mechanism, facilitating exit mechanism for excess capacity, create auxiliary exit mechanisms, offer policy support and create a favorable external environment for mergers and reorganizations.

Chapter 5   Disposal of Zombie Firms

The problem of "zombie firms" afflicting China's traditional heavy-chemical industries and some emerging sectors is partly caused by world economic downturn and China's entry into the late stage of industrialization. But at fundamental level, China's imperfect market system and excessive government intervention are to blame for the emergence of "zombie firms". Instead of exiting the market, unproductive firms continue expanding their production capacity that lays idle. Given its multifaceted and long-term harms, the problem of "zombie firms" cannot be overlooked. Otherwise, overcapacity, waste of resources and market inequity will intensify. In worse cases, chain reactions of liabilities, production and employment will occur and trigger systemic risks. However, the disposal of "zombie firms" is resisted by firms and stakeholders and plagued by thorny questions. Nevertheless, the disposal of "zombie firms" is an important element of supply-side structural reform and a continued effort to resolve overcapacity. It bears great significance to achieving the overall objectives to advance industrial restructuring and transform growth pattern. Referencing international experience and based on China's unique conditions, it is necessary to enhance survey, evaluate and properly define "zombie firms" and eliminate them based on market mechanisms, strictly follow laws and regulations for the market exit of enterprises, further propel the reform of State-owned Enterprises (SOEs), and formulate different pathways of disposal according to different conditions.

Chapter 6   Green Development of China's Industry: Pathway and Policy Measures

Green development of industry is an initiative taken by China to accelerate economic restructuring, transform growth pattern, achieve modernization, overcome the bottlenecks of energy and resources and pursue peaceful development. Green development is a striking feature in the current new wave of industrial revolution and a key trend of sustainable development globally. In the 12th Five-Year-Plan period (2011-2015), China achieved remarkable progress in green development as evidenced by increasing resource and energy efficiency and significant industrial pollution abatement. Meanwhile, green industry emerged as a new driver of China's economy. In recent years, the following new tendencies have emerged in China's industrial development: green technologies, products, standards and supply chain have greatly contributed to green industrial development. Despite such positive momentum, China's green industrial development is still confronted with severe challenges, which include the following as observed from a supply-side perspective: China's development model remains factor-driven; green energy supply is yet to escape the constraint of existing energy system; technology innovation and industries with high value-added are yet to contribute higher shares to industrial development and value-added; China's gaps with developed countries are narrowed yet remain significant. Given these prominent issues,

research on the pathway of green industrial development is highly relevant.

Chapter 7   Innovative Regulation for Healthy Development of Sharing Economy

Representing a new business model, sharing economy is witnessing rapid development with increasing depth and scope. This paper considers that sharing economy is a new model of economic operation that utilizes idle resources by connecting people who otherwise may not know each other through a new generation of information technology based on big data, smart technology, mobile communication and cloud computing to meet diverse and individualized demands. It is characterized by the coexistence of idle resources and diverse individualized demands, the enablers of new-generation information technology and internet platform, the paradigm of usage rights over ownership rights, and the business model where everyone may conduct a transaction without intermediaries. China's sharing economy is developing rapidly in depth and scope with diversified participants and friendly policy support. Yet problems and challenges also exist, such as the competition with traditional industries and incompatible regulatory systems. We believe that China should follow the norms of internet economy, draw upon the lessons and experiences of domestic and overseas pilot programs, adopt innovative joint governance systems, improve institutional environment, and guide and standardize the healthy development of sharing economy as a new driver of supply-side structural reform and economic development.

Chapter 8   New Economy and Industrial Growth

New economy entails higher requirements on the part of industrial growth. With the breakthrough and dissemination of new-generation information technology, innovation-driven development for industrial restructuring becomes a key aspect of industrial growth in the era of new economy. With information-based economy, sharing economy and smart manufacturing becoming the new paradigms of new economy, the fundamental starting point for de veloping new economy is to create new advantages of China's manufacturing industry in the context of an information society. New-generation information technology spearheaded by internet spawned a host of new technologies, products and business models, inspiring limitless potentials and dynamism. Yet in general, the integration between internet and manufacturing is only at a beginning stage and will bring about great potentials for industrial growth that fuels China's economy. In developing new economy, the government must play a leading role by creating a favorable environment that allows the free flow of talents, capital, technology, knowledge and other innovation factors. Only when internet is integrated into manufacturing, technology, finance and other key factors, will innovation-driven new economy become a new driver of China's economic growth.

Chapter 9   Industrial Investment and Financing

Since entering the new normal, China's industrial investment growth has been characterized by the following features: falling investment growth, particularly private industrial investment; optimizing structure of industrial investment; uneven regional performance; growing size of financing and rising proportion of direct financing. Downward pressures of fixed asset investment remain significant with great uncertainties of recovery. Industrial investment growth is undermined by the reluctance of enterprises to invest, high financing cost, diversion of industrial capital to financial investment, barriers to private investment, as well as inadequate capacity of local governments and financing platforms to invest. Slowing industrial investment is a reflection of structural

adjustment and helps correct the problem of resource mismatch under a market-based mechanism. However, moderate investment growth provides important assurance to stabilizing growth, securing employment and promoting supply-side structural reforms. Reforms should serve "Made-in-China 2025" and "Internet+" strategies, contribute to the development of advanced and traditional manufacturing sectors, and expand effective investment in industrial sectors through the following measures: streamlining government functions and delegating administrative powers, creating an investment risk dispersion mechanism for high-tech industries, encouraging investment in industrial sectors rather than financial speculation, promoting the growth of emerging industries and entrepreneurial spirit and facilitating multi-tiered strategic cooperation among enterprises.

Chapter 10   Industrial Labor

Recent years have witnessed falling demand for industrial labor. Due to sluggish labor demand and layoffs in some industries and firms, unemployment has increased with striking differences across industries. There are mixed news about labor competence. In the backdrop of IT development, industrial restructuring and upgrade, ageing population and rising labor cost, industrial labor supply and demand are faced with tremendous challenges. Firstly, the momentum of industrial employment growth diminished. Secondly, laid-off workers find it harder to get reemployed. Thirdly, it has become more costly for businesses to hire hands. Fourthly, labor supply and demand is in serious disequilibrium and labor competence is incompatible with demand. In order to address these challenges, we must vigorously develop key industries, enhance our efforts of reemployment, explore corporate management solutions to enhance labor productivity, and cultivate highly qualified professionals in urgent demand of China's industrial development.

Chapter 11   Industrial Land Allocations

Unreasonable system of industrial land allocation is a major barrier to China's industrial and economic transition and upgrade. Some regions and particularly industrial parks are reforming this system and developing innovative solutions. As a scarce production factor, market-based means of industrial land use must be adopted to achieve optimal allocation. Reforming industrial land systems requires combining the role of market with the role of government and must be targeted at both the innovation of land transfer methods and regulatory mechanisms. The former is intended to create a more competitive land transfer market by creating access criteria and transaction rules. The specific methods of invitation to bid, auctioning and acquisition should be determined for different categories of industrial projects in light of their characteristics. In addition, the government should adjust the tenure of industrial land transfer, explore new methods of transfer including leasing and annual leasing systems, and integrate land transaction platforms. The latter is intended to perfect the restraints for land transfer and use by enhancing land taxes and fees and the function of price adjustment, tighten supervision on the investment intensity and efficiency of industrial land for various industrial parks across regions, improve the system of information disclosure for industrial land, and ensure sufficient and timely disclosure of information about land transfer and use.

Chapter 12   Treatment of Industrial Pollution

In the 12th Five-Year-Plan period (2011-2015), China made positive progress in the treatment of industrial pollution. By ramping up environmental protection efforts, China met major targets for industrial pollution abatement, advanced energy conservation, obtained great results of industrial wastewater treatment, and improved policies and regulations. Despite these results, the following problems still persist, including severe air pollution, ineffective soil pollution treatment, limited capacity for the treatment of hazardous industrial waste, incomplete price mechanism, and lack of transparent and independent environmental assessment market. Industrial pollution treatment may contribute to the three key priorities to "reduce capacity, lower cost and make up for weak spots" and expedite supply-side structural reforms by fostering new growth drivers, phasing out backward capacity and attracting private investment under PPP arrangements. In meeting these priorities, China should enhance environmental constraints to phase out backward capacity, expand effective market demand, spur innovation-driven treatment of industrial pollution, vigorously develop environmental service industry, and strive to turn industrial pollution treatment into a driver of supply-side structural reforms.

Chapter 13   Improvement of Industrial Total Factor Productivity (TFP)

Competitiveness of industrial sectors has been dependent on the continuous inputs of labor and capital. Due to diminishing demographic dividends and return to capital, the foundation for China's industrial growth is becoming eroded, resulting in ever-slower growth. As labor and capital contribute less and less to industrial growth, it is imperative for China to increase TFP in order to transform into a strong industrial nation. Yet the reality is that firms lack the capacity to innovate; their production is inefficient; institutional systems and mechanisms are impeded; and resource allocation is inefficient. This paper suggests that an innovation-driven strategy be adopted to foster the endogenous momentum of industrial development, enhance investment efficiency and give full play to the role of public finance to unleash the vitality of firms as entities of market competition.

Chapter 14　Transition of Industrial Policy

As an important means of economic intervention and regulation at the disposal of the Chinese government, industrial policy used to serve as a major impetus to China's economic growth. How to formulate a more effective industrial policy in the new normal is a question to be discussed in the context of current supply-side structural reform. Theoretically, there are economic theories to follow in whether or not industrial policy should be pursued. Industrial policy is widely adopted by countries around the world and adjusted with changes in economic situation, both domestic and international. There is also a long history of China's practice of industrial policy. As China's economy enters into the new normal, a new round of technology and industrial revolutions is on the rise, presenting unprecedented challenges to China's industrial development. The necessity of industrial policy goes without saying. The key is how to accomplish such a transition. Facing the new situation and challenges, China's industrial policy should complete the following four transitions: transition from quantitative advantage to innovation; transition from domestic priority to equal focus on both domestic and overseas development; transition from single-sided industrial policy to the coordination between industrial policy and competition policy; transition from static industrial policy to dynamic adjustment. Effective industrial policy transition should overcome institutional barriers, including incomplete industrial policy formulation mechanism, lack of coordination and dynamic adjustment of implementing mechanisms, excessive government intervention, lack of evaluation and supervision mechanisms, etc.

Chapter 15　China's Industrial Cost

Significant changes have occurred in China's industrial cost structure since the eruption of global financial crisis in 2008: ① the benign situation where the growth of wage cost was outpaced by the growth of value-added has been reversed; ② the share of social insurance spending has been rising steadily, while the share of corporate profits and depreciation has been falling; ③ companies are spending much more on land and property-related taxes; ④ corporate gross profit margin did not increase despite falling raw materials price. These situations are caused by the joint effects of central bank's credit policy adjustment, changing demographic and employment, as well as the implementation of labor laws. To reverse these adverse situations, the Chinese government has introduced monetary and tax policies to reduce interest payments and asset transfer tax burden on the part of enterprises. However, excessive wage hike is not contained, corporate cost structure remains unreasonable and businesses still lack the momentum to create value. Joint maneuvers of monetary, fiscal, tax and labor policies must be taken to reduce cost and raise efficiency and bring China's real economy back to a benign track of development.

Chapter 16　Infrastructure Construction and Industrial Development

Infrastructure construction is conducive to the efficiency of industrial capital allocation and the production and distribution of industrial enterprises. Improving industrial supply efficiency is an important way to enhance long-term industrial growth. Despite remarkable improvements in China's transport, energy supply and information and communication infrastructure, much more needs to be done to satisfy emerging social demands and support industrial transition and upgrade. Compared with advanced countries such as the United States, Germany and Japan, China lags far behind in infrastructure quality except for railway; power grid facilities are inadequate and inefficient; IT infrastructure requires comprehensive upgrades to narrow the significant gaps of internet bandwidth. To support supply-side structural reforms, China should revamp its investment and financing system and enhance the efficiency of infrastructure investment. In addition, China must ramp up airport and seaport construction to support industrial upgrade; build an energy inter net to meet emerging demands; create a new generation of infrastructure focusing on industrial internet to support China's participation in the new round of industrial competition.

Chapter 17 Transition and Development of Natural Resources Industry

In the context of sluggish international markets and slowing domestic economy, China's natural resources industry has entered into recession and the growth of resource consumption is slowing. Production of major resource products is peaking; the prices of resource products are rebounding after falling for years; industry profitability has been on the decline; natural resources industry is struggling to reduce overcapacity, which presents debt risks. In the face of severe challenges, the transition of natural resources industry is imperative. Transition and upgrade of China's natural resources industry are challenged by dependence on resources, lack of core technologies, insufficient vertical development of industry chain and a flawed property system. Against the backdrop of supply-side structural reforms, development under the new normal and implementation of "the Belt and Road" initiative, China must identify the pathways and models for industry transition and upgrade, develop natural resources legal systems, improve the price formation mechanism for resource products, accumulate human capital, create a reasonable profit sharing mechanism, deepen international capacity cooperation, and promote industry transition and development.

Chapter 18 International Capacity Cooperation under "The Belt and Road" Initiative

Implementation of "the Belt and Road" Initiative (the Silk Road Economic Belt and 21st Century Maritime Silk Road) has brought about new changes to the pattern of international capacity cooperation. China's OFDIs are unevenly distributed across countries along "the Belt and Road" routes and Southeast Asia is a major recipient. Except for China's neighboring countries, many markets along "the Belt and Road" routes are yet to receive Chinese investments. By investment motives, these countries can be classified into different categories. By industry, infrastructure (primarily transport and electric power) is a priority under "the Belt and Road" Initiative, while progress in other sectors is slow. With deepening investment cooperation, Chinese enterprises are exploring diversified channels of investment in host countries characterized by mergers and acquisitions, integrated construction and operation of infrastructure and establishment of economic and trade zones for processing manufacturing. These new developments demonstrate the potential for China's OFDI to develop in other sectors. Given the high economic and non-economic risks of countries along "the Belt and Road" Initiative, increasing investment facilitation, enhancing corporate competitiveness and creating diversified dispute settlement mechanisms will provide important assurance for China's OFDIs and international capacity cooperation on both country and industry dimensions.

Chapter 19 Foreign Trade Development and Structural Transition

The world economy is yet to complete its post-crisis readjustment. Flagging external demand and escalating systemic risks present unprecedented challenges to world trade. In the face of complex international economic situation in the new normal, China's traditional comparative advantages are weakening, downward pressures of trade are growing, and new problems occurred in foreign capital utilization and investment cooperation. Yet on the whole, the fun damentals of foreign trade and economic cooperation remain unchanged. China is still a key driver of world economy and trade. In this context, China must implement the new approach of development adopted at the Fifth Session of the 18th CPC Central Committee, promote a new round of high-quality opening-up featuring proactive participation, two-way engagement, fairness, inclusiveness and win-win results, seek representation in specific areas and voice in global governance agenda, and re shape the system of rules for global value chain. China must advance supply-side structural reforms of foreign trade, consolidate traditional advantage, foster new momentum and achieve stable development and transition of trade in an effort to become a strong trading nation.

Chapter 20　Spirit of Craftsmanship

Craftsman is a profession but the spirit of craftsmanship applies to all trades. As noted by Premier Li Keqiang, the "spirit of craftsmanship" is an essential element in seizing the opportunities of new industrialization and transitioning "Made-in-China" from low- end to high-end markets. This paper considers that the spirit of craftsmanship can be defined by six dimensions of dedication, standardization, precision, innovation, perfection and human care. In fact, the spirit of craftsmanship is not lacking in China. For instance, time-honored TCM manufacturer Tongrentang and home appliances giant Gree are outstanding examples of the spirit of craftsmanship in China. By comparing three manufacturing powers including Germany, Japan and the US, differences in the connotations of craftsman spirit can be discerned. In promoting the spirit of craftsmanship, China must thoroughly address the problems of dedication, standardization, precision, innovation, perfection and human care. Spirit of craftsmanship is a core compo-

nent of corporate and industrial civilization and holds an important historic position in industrial and social civilizations.

Chapter 21　New Energy and Power Industry

Rapid development has been achieved in China's new energy industry spearheaded by wind and solar energy. Over the past decade, China's PV capacity is almost equivalent to world installed capacity. It took just one decade for China to complete what it took 20 years for the EU and the US to accomplish. Since 2008, however, sluggish external demand, unready domestic market and the EU's countervailing and anti-dumping investigations have jointly led to an overcapacity of China's new energy industry. Inappropriate development model led to inefficiencies and curtailments of PV and wind power. In fact, the capacity problem of China's new energy industry having appeared at such an early stage stems from the approach and investment model of traditional fossil energy system. Policies failed because development model is inappropriate. We believe that a clear understanding of the characteristics of new energy is essential to the industry's healthy development. Existing pathway of development must be replaced by a new model appropriate for new energy. Power system with new energy access must be created. In addition, institutional and organizational barriers must be removed. In this sense, policy-oriented new energy industry requires change to adjust its momentum and model of development.

Chapter 22　Coal Industry

This chapter examines five characteristics of China's coal industry development in such aspects as global energy situation, coal supply and demand, coal price, coal industry investment and phase-out of obsolete capacity: ① sluggish demand: coal consumption may have already peaked; ② flagging industry performance; ③ rising industry losses;

④falling fixed asset investment; ⑤obsolete capacity is phased out primarily in a few regions.

Supply-side reforms are a brand-new exploration for coal industry. Fundamental objective of supply-side reforms for coal industry is to avoid vicious competition and promote healthy and orderly development of coal industry. Phasing out obsolete capacity lies at the heart of supply-side reforms. Due to cost, environmental and safety problems, old, small and poor-quality coalmines are the focus of efforts to reduce overcapacity. Most small coalmines are local ones, both state-owned and private, and represent the priority in reducing overcapacity. Illegal coalmines are a key priority where significant progress can be made.

The new round of energy revolution will affect coal industry in significant ways. China's coal industry is in the face of revolutions in production, consumption and industry transition. Supply-side reforms of coal industry will be carried out throughout the 13th Five-Year-Plan period (2016-2020). China has a long way to go in reducing coal overcapacity; deleveraging will be accompanied by debt risks and cost reduction difficulties, yet progress has been made in reducing inventory. To facilitate supply-side reforms for coal industry, it is suggested to formulate science-based standards and enhance government supply-side policy formation; improve exit mechanism for phasing out backward capacity and ensure the reemployment of laid-off workers; issue preferential policies for enterprises with high liabilities to reduce overcapacity; expedite the transition of social functions of coalmines and compensate for weak areas through innovation.

Chapter 23   Iron and Steel Industry

During the 12th Five-Year-Plan Period (2011-2015) and in the context of shifting economic growth, throes of restructuring and aftereffects of previous round of stimulus policy, China's iron and steel industry is characterized by the following developments: industry growth plummeted and even turned negative; profitability dropped; green development advanced yet energy conservation and emissions abatement remain arduous; iron and steel export kept on the increase and trade frictions rose. In the 13th Five-Year-Plan period (2016-2020), as China's industrialization enters into a new stage and economic growth shifts gear from high growth to medium-high growth, steel consumption per unit of GDP will reduce and demand is expected to peak. As a result, problems and contradictions emerging from rapid development of China's iron and steel industry such as overcapacity, structural dilemmas, low industry concentration and lack of innovation will be magnified, presenting unprecedented difficulties and challenges to the development of iron and steel industry. To address these problems and contradictions and upgrade the industry, we must focus on supply-side structural reforms, resolve overcapacity, optimize capacity structure, enhance innovation, promote M&As, conserve energy and reduce emissions, develop green manufacturing, make integrated use of resources, and foster circular industry.

Chapter 24   Non-ferrous Metal Industry

China's non-ferrous metal industry is characterized by the following features: downward tendency of growth, especially for non-ferrous metal ore mining and dressing; sluggish growth of upstream smelting and steady growth of downstream processing; plunging industry investment, which showed negative growth in 2015; falling trade volume despite rapid growth in the import of major mineral products; breakthrough achieved in technology progress, energy conservation and emissions abatement; new progress in overseas investment and improving resource assurance. Problems are as follows: outstanding overcapacity problem, which may evolve into an international concern; falling product prices despite rising cost and declining profitability; serious corporate losses and difficulties to resolve overcapacity;

dependence on import for certain natural resources and high-end products, and countervailing investigations on certain products. China must vigorously advance supply-side structural reforms in order to build a strong and competitive non-ferrous metals industry. This paper proposes the following countermeasures and recommendations: the government must guide the industry to resolve overcapacity; deepen factor market reform and reduce corporate operating cost; enhance innovation and promote high-end, smart, green and service-based industry development; promote business model innovation and corporate competitiveness; advance international capacity cooperation under "the Belt and Road" Initiative.

Chapter 25　Petrochemical Industry

In 2015, China's petrochemical industry faced a severe situation. From the perspectives of supply-side structural reforms, however, overcapacity, high cost and lack of progress in institutional reforms are critical challenges to petrochemical industry. Among them, institutional reform is the key to overcoming industry barriers. In 2015, new changes have occurred in the international environment for relevant policies and industry development. These policy and environmental changes bring about both opportunities and challenges to China's petrochemical industry. To resolve these problems, seize opportunities from a changing environment and meet the challenges, we must abandon previous policies that restrain market mechanisms in various links of industry chain, create a market-based mechanism for effective resource allocation through institutional reform and restructuring, and foster an efficient administrative system for petrochemical industry featuring moderate government intervention.

Chapter 26　Machinery Industry

The year 2015 is the most challenging year for China's machinery industry since the dawn of the 21st

century. In 2015, the value-added growth of China's machinery industry underperformed national average industrial growth; 70% of major machinery products saw declining output; profitability continued to fall; industry polarization increased; machinery industry entered into a "new normal" of slowdown. At the demand side, not only is demand for export and investment sluggish, but spontaneous demand has been replaced by policy-induced demand. New demand is rising for innovative products and imports, which is mismatched with existing supply capacity. At the supply side, undersupply coexists with oversupply. Undersupply is reflected in unsatisfied demand for high-quality products, weakness of industry chain and low productivity; excess supply involves relative and absolute oversupply across a broad range. High inventory, leverage and rising cost are current-phase symptoms of supply-side structural problems. Supply-side structural reforms of machinery industry should focus on strengthening industry technology, seeking and creating new demand, and promoting branding and cross-industry integration. In addition, the government should compensate for market failure, promote factor quality and allocation efficiency, and create a pro-innovation institutional environment for the innovation of industry technology, management, system and business models.

Chapter 27　Automobile Industry

In 2015, China's automobile industry maintained steady and healthy development. In the context of slowing economy and falling production and sales, loss-making performance widened despite a slight improvement of profitability. Global economic instability has led to deteriorating automobile export, overcapacity and domestic market polarization. With deepening supply-side structural reforms and the effective guidance of industry policies, China's automobile industry saw improving structure and jumping sales of green and efficient car models, and new energy vehicles became a new industry driver. In the fu ture, under the consumption upgrade, China should advance the healthy and orderly development of new energy vehicles and offer vigorous policy support in technology, market and systems.

Chapter 28 Shipbuilding Industry

The year 2015 is a crucial year for China's ship-building industry to turn into a strong and competitive industry through supply-side structural reforms. The three primary indicators of China's shipbuilding industry are experiencing an L-shaped rebound and rising international competitiveness. However, ship-building industry saw declining profitability and export. Supply-side structural reforms of shipbuilding industry are confronted with the following challenges: a harsher market environment and persistent overcapacity; rising cost pressures and weakening profitability of shipbuilding enterprises; heavy burdens of industry transition and upgrade and demand for higher management performance; severe changes of external market environment and growing demand risks; frequent issuance of low-carbon regulations for shipbuilding industry and significant challenges to green development. To advance supply-side structural reforms, shipbuilding industry should address the following tasks: proactively implement various policy measures to support robust industry development; implement supply-side structural reforms and resolve overcapacity; enhance risk management and resolve risks in industry transition and upgrade; create a long-term mechanism for innovation-driven development and support industry transition and upgrade through R&D innovation; step up the support of financial industry to shipbuilding industry and put premium on exchange rate risks; give full play to the role of social organizations to meet international challenges.

Chapter 29 IT Industry

After over three decades of development since reform and opening-up in 1978, China's IT industry evolved from a small industry to a strong and competitive one, achieved transitions in economic, market and product service structures, experienced all-round improvements in its size, profitability, technology and branding, and played a pivotal role in supporting overall industry development and socioeconomic transition. General Secretary Xi Jinping's important speech on internet security and ICT application, *Made-in-China* 2025, "Internet+" action plan, *Outline of National ICT Development Strategy and Opinions on Integrated Development of Manufacturing and Internet* identified the directions and requirements for supply-side structural reforms of IT industry. IT industry should promote the integration of manufacturing and internet, contribute to manufacturing transition and upgrade, create new business models, provide industry development platforms and technology support, and spur manufacturing innovation.

Chapter 30 Pharmaceutical Industry

Pharmaceutical industry bears great significance to national welfare and people's livelihood. Under supply-side structural reforms, China must strive to increase product types, improve quality and create branding, address the undersupply of high-end innovative products, clinically needed products and high-quality products, improve supply quality and efficiency, upgrade supply and demand, and bring about balanced supply and demand for pharmaceutical industry. In 2015, China's pharmaceutical industry experienced slowing growth; the manufacturing of essential medicines expanded; industry concentration increased and clinical supply and demand became more balanced. Following new GMP requirements, pharmaceutical enterprises remarkably im proved drug quality management performance and overall competence. Many internationally competitive large enterprises emerged. They have facilitated the restructuring, transition and upgrade of China's pharmaceutical industry, supported the industry's supply-side structural reforms, and formed a complete system encompassing chemical drugs, TCM, biomedicine, medical devices, pharmaceutical recipients and packaging materials, as well as pharmaceutical manufacturing equipment. Pharmaceutical export slightly increased, product structure upgraded, and more products became internationally competitive. Solid steps have been made in "the Belt and Road" Initiative and multiple enterprises have created R&D and manufacturing centers. In the context of supply-side structural reforms and "New Normal", the eight sub-sectors of China's pharmaceutical industry saw slowing growth in 2005.

Chapter 31   Light Industry

China's light industry bears great importance to market prosperity, export, employment and the prosperity of agriculture, countryside and farmers. During the 12th Five-Year-Plan period (2011-2015), the industry enhanced restructuring, transition and upgrade and grew rapidly. China's urban and rural consumer structure is shifting from subsistence consumption to developmental consumption, from material consumption to service consumption and from traditional consumption to new types of consumption. Such a tendency of upgrade is becoming increasingly significant. Subsistence consumption still dominates the supply structure of China's light industry. Emerging industries essential to kicking start a new round of economic growth are developing slowly. Industrial transition is significantly behind the upgrade of consumption structure. Disequilibrium of supply and demand is an outstanding challenge to the economic operation and steady growth of light industry. In parallel to the oversupply, piling backlog and growing new

capacity of low-end products, Chinese consumers lavishly purchase medium and high-end products in foreign countries since these goods are undersupplied and overpriced domestically. The key aspect of supply structure disequilibrium is at the supply side. Hence, the objective of supply-side reforms for light industry is to improve the quality and efficiency of supply system and the adaptability and flexibility to changes in demand and promote supply and demand equilibrium at a higher level. China must resolve the following issues: ① oversupply of low-end products; ② undersupply of medium and high-end products; ③ institutional barriers. Policies must be issued to tighten market access of key sectors; improve business exit assistance system; enhance policy support to R&D; and encourage business to innovate and break new grounds in core technology.

Chapter 32   Textiles Industry

In the context of supply-side reforms, China's textiles industry maintained medium-high growth amid structural readjustment in 2015. In the 12th Five-Year-Plan period (2011-2015), China's textiles industry underwent deep restructuring, transition and upgrade. Steady growth arising from restructuring, innovation and branding was accompanied by slowing growth of industry assets and profitability. Major problems include: diminishing export, overcapacity, serious inventory, challenges to energy conservation and emissions abatement, uneven industry layout, lack of innovation and falling competitiveness in the international market. China's textiles industry must improve the quality of supply through supply-side structural reforms, promote restructuring and upgrade through innovation, correct distortions in factor distribution, increase effective supply and make supply structure more adaptable and flexible to changes in demand, increase textiles industry TFP and meet the upgraded demand of consumers for apparels.

Chapter 33   Home Appliance Industry

Since 2014, China's home appliances industry underperformed due to the superimposed effects of a slowing economy, absorption of previous round of policies to promote home appliances sales in the countryside and subsidize exchange for new products and purchase of energy efficient products. Traditional home appliances giants joined hands with internet firms. Chinese and foreign brands engaged in mergers, acquisitions and reorganizations. Both channels and consumption have upgraded. China's economy is transforming from the reliance on export, investment and consumption to the impetus of supply-side structural reforms. Supply-side reforms provide traditional home appliances enterprises with a new approach for transition and upgrade and will help resolve inventory and induce customization based on big data. China's national plans on income growth, new-type urbanization, internet technology and logistics will spur home appliance industry as well. In 2016, the fundamentals of home appliances industry are expected to improve. Industry growth is projected to rebound in the second half of 2016.

Chapter 34   Differentiated Regional Implementation of Supply-side Reforms

China's economy is characterized by significant regional disparities with varying problems and contradictions across regions. In advancing supply-side structural reforms, Chinese policymakers must face this reality, improve the quality and efficiency of overall supply system through differentiated regional implementation, optimize and upgrade regional industrial structure, and promote balanced regional development. On the basis of statistical analysis of current regional development patterns, this chapter concludes that the implementation of supply-side structural reforms must follow a realistic, steady and proactive approach and take into account local reality

to increase effectiveness. Meanwhile, this paper has identifies policy recommendations on planning and strategic stewardship, market guidance, strategic emerging industries, international capacity cooperation and economic monitoring for healthy industry development.

Chapter 35   Progress and Prospects of Coastal Free Trade Pilot Zones

Creation of free trade pilot zones is a strategic decision of the CPC Central Committee for advancing reform and opening up. Over the past three years, China's free trade area scored remarkable progress, made positive explorations in investment openness, trade facilitation and financial innovation, and developed replicable experience. These developments paved the way for China's creation of an open economic system and realization of national strategies. Sharing many similarities, China's four coastal trade pilot zones cover similar areas and are supported by complete infrastructure. Supported by institutional innovation and differentiated positioning, these four free trade pilot zones are linked with major national strategies and play an important role in promoting China's coordinated regional economic development. Judging by current tendencies, the four free trade pilot zones will continue deepening reforms of government administration, improving interim and ex-post regulatory systems, promoting openness and innovation in financial services, and implementing legal systems.

Chapter 36   Dilemmas of Northeast Old Industrial Base and Approach for Rejuvenation

China's northeast old industrial base is faced with risks of economic recession, deteriorating per-formance, and shifting priorities from securing growth to preventing recession. Liaoning and Hei-longjiang provinces underwent negative growth of industrial value-added and difficulties of business oper ation. Problems facing northeast old industrial base are many, including cyclical recession, sluggish growth of traditional advantageous industries, lack of entrepreneurship and innovation, exorbitant cost of business operation, flagging export and rampant corruption. Despite the absence of successful experience in revitalizing old industrial base as revealed by the history of world economic development, the historic experience of U.S. manufacturing decline is of important reference for China. Based on historic experience and China's reality, we suggest that the revitalization of northeast old industrial base be advanced in the following areas: ① diversify urban industries; ② develop SMEs and micro businesses; ③promote employment and social stability; ④proactively develop regional innovation system; ⑤step up fiscal support from central government; ⑥comprehensively deepen institutional reform; ⑦develop a conducive political environment.

Chapter 37　Creation of an Inland Open Economic System

Inland openness is a key initiative introduced by the Chinese government after the openness of coastal, border and river basin areas. It is an essential measure in expediting the development of inland areas. With the announcement of "the Belt and Road" Initiative, the development of inland open economy became an essential component of national strategy. China must create an open economic system and promote openness by relying on institutional strength. Inland open economy is comprehensive and multi-tiered and involves complex and critical infrastructures and modern technology. To create an inland open economic system, China must develop all-round platforms of openness, innovation system, industry chain, technology and financial service systems, improve infrastructure, enhance soft environment, expedite the development of bonded zones and free trade areas, establish an overall approach of openness, and give full play to the role of state-

owned enterprises in openness.

Chapter 38　Coordinated Industrial Development of Beijing–Tianjin–Hebei Region

Regional cooperation of Beijing-Tianjin-Hebei (Jing-Jin-Ji) Region has come a long way. It started as early as in the 1980s and became elevated into a national strategy in 2014. Regional industrial division of work and collaboration are key elements of Jing-Jin-Ji integration, which has entered into a fast track. Spurred by the implementation of top-level design, there have been a growing number of cooperation agreements and projects among governments, enterprises and industry associations and frequent high-level exchanges in this region. Due to geographical proximity, frequent people-to-people and economic exchanges and solid foundation of industry collaboration, Jing-Jin-Ji Region boasts strong industry structure echelon and complementarities in resource endowment and has initially developed a multi-tiered mechanism for cooperation and exchange in all areas. Despite vibrant mutual investment activities, unfolding division of work and increasing diversification and specialization, efforts are yet to be made to promote regional synergy of innovation, develop regional industry chain, enhance cooperation, and reduce industry disparities and polarization. In the future, China must upgrade industrial development in Jing-Jin-Ji Region, enhance participation in global competition, accelerate integrated industrial development, guide reasonable industry layout, advance industrial clustering, foster regional corporate alliances and proactively develop industry associations and organizations.

Chapter 39　Industrial Relocation and Cooperation of Yangtze River Economic Belt

This paper identifies industries with comparative advantage in the Yangtze River Delta and the upper and middle reaches of Yangtze River by estimating industry echelon coefficient, as well as priority industries for relocation in these provinces and regions. Capacity of the Yangtze River Economic Belt to receive industrial relocation is estimated through principal component analysis method to reveal priority regions for future industrial cooperation. Empirical analysis of industrial echelon indicates that momentum exists for industries of Yangtze River Delta region to be relocated to the upper and middle reaches of Yangtze River. Analysis of industrial capacity index sheds light on conditions for different regions to receive the relocation of different industries. Based on empirical analysis, this paper further identifies a strategic vision for further promoting industrial relocation and cooperation in the Yangtze River Economic Belt.

Chapter 40　Progress and Priorities of SOE Reform

This paper reviews new progress in SOE reform. In 2016 as the first year of the 13th Five-Year-Plan period, state-owned enterprises (SOEs) demonstrated the new tendency of stable development and polarizing structures. This paper discusses four important questions related to the current situation of SOE reform, which specifically involve: ①the tendency of SOE development; ② the pace of SOE reform; ③the direction of further reforms; ④the relationship between SOE reform and supply-side structural reforms. Then, this paper elaborates the experience in advancing various priorities of SOE reform in light of the reality of SOE reform. Lastly, the following policy recommendations are proposed: China must carry out market-based SOE reform, establish the market entity status of SOEs, implement the classified management and reform of SOEs, further explore the creation of state capital management system, enhance the layout and restructuring of state sector of economy, and consider the linkage between SOE reform and other reform initiatives.

Chapter 41　Integration between ICT Application and Industrialization and Innovation of Corporate Management

Emergence and extensive application of new-generation information technology are transforming traditional patterns of production and operation. Integration between ICT application and industrialization has become a new highlight of management innovation that offers new momentum for corporate transition, upgrade and quality and efficiency improvements. Nevertheless, China's corporate management innovation is still confronted with the following challenges: ① "user-centric" approach of corporate management consistent with internet philosophy is yet to take shape; ② the level of ICT application remains limited; ③ the concept of process management is lacking and organizational structure is inflexible; ④ innovative management personnel is in under supply. These factors impede the further deepening of corporate management innovation. In the future, China's management innovation should focus on the following six areas: ① perfect and promote management system for the integration between ICT application and industrialization to spearhead corporate management innovation; ② urge enterprises to transform their business philosophies to adopt modern management concepts compatible with Internet era; ③ seize the opportunities arising from a new round of technology and industrial revolution and implement platform strategy to develop an open innovation model compatible with Internet era; ④ create a more flexible network organizational structure; ⑤ deepen business process re-engineering for process-driven corporate management; ⑥ train innovative corporate management professionals.

Chapter 42　Corporate Technology Innovation

The 18th CPC National Congress called for the implementation of an innovation-driven development strategy and the third plenary session of the 18th CPC Central Committee called for deepening institutional reforms of science and technology. These expressions have further clarified the directions of China's industrial transition and upgrade. In 2015, China's innovation policy focused on the application of innovation and entrepreneurship. China has steadily increased its industrial R&D spending, improved R&D organization, utilized domestic industrial technology and enhanced the output of industrial technology innovation. Nevertheless, insufficient capacity of technology innovation system, overemphasis of entrepreneurship over innovation and low participation of large enterprises remain key challenges. In future policy option, we must come to realize that "mass entrepreneurship, mass innovation" is a systematic social reform that requires the creation of an innovation ecosystem. In addition, China must improve support systems for "mass entrepreneurship, mass innovation", and further reform and improve policy system, investment and financing system, service system and educational system. Finally, we must be aware of China's gaps with advanced countries in terms of overall environment for innovation and entrepreneurship, learn from advanced foreign experience through international exchange and cooperation and optimize the environment for innovation and entrepreneurship.

Chapter 43　Development and Transformation of Private Enterprises

Since reform and opening up in 1978, China's private enterprises developed from scratch and from strength to strength. By the end of 2015, private enterprises accounted for over 60% of Chin's GDP, more than 50% of tax revenue, over 80% of job creation and 90% of jobs for rural residents, becoming the backbone for China's stable, sustained and healthy economic development. China's economy has entered into a period of superimposed effects of slowing growth, throes of restructuring and absorp-

tion of previous stimulus policy. In this context, steady progress in supply-side reforms and implementation of "Belt and Road" Initiative have created a favorable environment, potential opportunities and a broader market for private enterprises. Meanwhile, private enterprises are also faced with such challenges as shrinking traditional markets, lack of innovation, slow pace of transition and upgrade and incomplete management mechanisms. These problems must be resolved through continuous reforms to achieve rapid, stable and efficient development.

Chapter 44　SME Development and Policy-Making

Under the effect of gear-change of China's economy, supply-side structural reforms such as business system reform induced a steady growth in the number of SMEs, but such growth has slowed. Resources and capabilities of SMEs remain insufficient to meet the needs of transition and upgrade. Meanwhile, the structural characteristics of SMEs became more prominent, demonstrating growing momentum for innovation, optimizing industry structure, emerging new business models based on "Internet+" and more significant contribution to economic and social development. Since 2015, the Chinese government has introduced a host of targeted policy measures to support the innovation and transition of SMEs by improving financing conditions and service systems and intensifying support. Yet on the whole, China's SME policy-making is still confronted with the following problems: lack of policy coordination, inefficient use of supportive funds, heavy burden of tax and fees, inadequate implementation of preferential policies, and poor quality of public services. Improving supply-side structural reforms, competition, financing and innovation environments and service systems for SMEs are the major directions for the adjustment and optimization of China's SME policy-making.

Chapter 45   Listed Companies

Listed companies have always been regarded as the barometer of China's economy. The quality of China's listed companies bears great importance to whether China's supply-side structural reforms can be successfully accomplished. In 2015, listed companies expanded steadily in size, enhanced value creation, and demonstrated polarizing business performance. Listed companies from emerging industries and high-tech sectors grew rapidly, and "the Belt and Road" Initiative and SOE reform led to a new wave of M&As. However, in the context of complex and volatile domestic and international political and economic situations, listed companies are also faced with many challenges and difficulties in their development: ① traditional sectors such as iron, steel and mining have entered into deep restructuring; ② a multitude of "zombie firms" have laid resources idle but barriers to their market exit remain; ③ the negative impacts of misguided expansion from M&A and restructuring have appeared; ④ weaknesses still exist in the governance of board of supervisors and the system of independent directors. Hence, the following recommendations are proposed: China must establish a complete exit mechanism for low-quality listed companies in line with its latest economic policy and reform approach, enhance supervision on irrational behaviors such as misguided M&A and continue practicing classified institutional arrangements.

Chapter 46   Supply–Side Reforms and "Going Global"

In the context of sluggish world economy and rising protectionism in some countries, global foreign direct investment (FDI) volume dropped sharply, while Chinese enterprises have maintained double-digit growth in their outbound direct investment (ODI). With rising demand of Chinese enterprises for overseas investment, international mergers and acquisitions (M&As) are far from meeting the needs of corporate internationalization. Thus, Greenfield investment and additional investment account for growing shares. As China's "the Belt and Road" Initiative entered into a substantive stage of implementation, Chinese enterprises are increasing their investments in countries along "the Belt and Road" routes. To offset external risks and increase adaptability, Chinese enterprises have formed groups in making outbound investments. In the post-crisis era, various economies demonstrated uneven performance, international trade and investment protectionism is on the rise, and China's foreign trade has also entered into "New Normal". In this context, enterprises taking the initiative to engage in multinational operation coincide with the fundamental objective of supply-side reforms. In the current situation, it is necessary to conduct institutional innovation and encourage enterprises to "going global" to provide a broader strategic space for supply-side reforms.

Chapter 47   Corporate Social Responsibilities

Supply-side structural reforms are ultimately carried out at the level of individual enterprises and hinge upon their responsible business practice, improvement of total factor productivity (TFP) and optimization of resource allocation. Under supply-side structural reforms in the "New Normal", major progress has been made in corporate social responsibilities (CSR) in 2015 at macro, medium and micro levels in China. The Chinese government has expedited top level design and institutional development for CSR. Civil society has worked on advocacy and supervision. CSR management and practice have both improved. Outstanding problems in China's CSR include the limited overall level of social responsibilities, a growing sense of pessimism, dilemmas facing CSR, inadequate CSR management capacity and poor transparency. Healthy CSR development requires a basic public consensus, coordinated CSR ecosystem and innovative CSR practice of enterprises, civil society and government.

General Dissertation: Supply-Side Structural Reforms of China's Industry

Supply-side structural reforms are structural adjustments and institutional reforms to ad dress the problem of low total factor productivity (TFP) arising from the incompatibility of supply and demand structures. Supply-side structural reforms can be decomposed into "supply-side", "structural" and "reform" elements, which correspond to "problems, causes and solution." While problems emanate from "supply-side", the nature and root cause of problems are "structural" and the solution is "reform." From the perspective of economic structure, supply-side structural reforms can be examined at three levels, including enterprises, industries and government to draw theoretical, systematic and realistic conclusions. Proceeding from this perspective, this chapter sheds light on the significance of supply-side structural re forms of industry based on the performance of Chi na's industrial economy in 2015 and the first half of 2016 and proposes policy recommendations on the following matters at the three levels of enterprises, industries and regions: the problem of "zombie firms", the reduction of cost for manufacturing enterprises, deepening reform for state-owned enterprises (SOEs), the solution of excess capacity, the implementation of "Made in China 2025" and "Internet+" strategies, the implementation of "the Belt and Road" strategy for international development and the coordinated development of Jing-Jin-Ji Region (Bejing, Tianjin and Hebei), Yangtze River Economic Belt, Northeast Old Industrial Base, among other strategic discussions and key priorities for implementing supply-side structural reforms.

后 记

《中国工业发展报告（2016）》的主题为"中国工业的供给侧结构性改革"。全书的策划、编写和审定由黄群慧、史丹、崔民选、李海舰主持，黄群慧、崔民选、张其仔负责日常的组织、协调和编务工作。王洛林、王春正、陈清泰、吕政、金碚、黄速建担任本书顾问。

文书的作者有：总论：黄群慧。综合篇：第一章：黄阳华；第二章：李晓华；第三章：吕铁、王海成；第四章：江飞涛；第五章：邓洲；第六章：史丹、马丽梅；第七章：崔民选、霍小龙；第八章：赵剑波；第九章：刘勇；第十章：刘湘丽；第十一章：刘戒骄；第十二章：渠慎宁；第十三章：王秀丽；第十四章：张其仔、黄娅娜；第十五章：张金昌；第十六章：李鹏飞；第十七章：张艳芳；第十八章：李芳芳；第十九章：杨丹辉；第二十章：李海舰、徐韧。产业篇：第二十一章：王蕾；第二十二章：白玫；第二十三章：周维富；第二十四章：郭朝先；第二十五章：朱彤；第二十六章：王燕梅；第二十七章：覃毅；第二十八章：胡文龙；第二十九章：罗仲伟；第三十章：杨世伟；第三十一章：彭绍仲；第三十二章：张世贤、张能鲲；第三十三章：张航燕。区域篇：第三十四章：陈耀、王宁；第三十五章：石碧华；第三十六章：叶振宇；第三十七章：刘楷；第三十八章：孙承平；第三十九章：刘佳骏。企业篇：第四十章：余菁；第四十一章：方晓霞；第四十二章：王钦、张隹；第四十三章：王涛；第四十四章：贺俊；第四十五章：王欣；第四十六章：刘建丽；第四十七章：肖红军。

陈凤娟、姚鹏、王磊提供了"2016年中国工业大事记"资料。刘楷提供了"统计资料分析"。蒙娃、李明锋承担全书英文提要的翻译工作。

全书书稿完成后，由黄群慧、史丹、崔民选、李海舰、张其仔等进行了初审。一些章节由作者根据初审意见进行了修改和增补。然后，由黄群慧、史丹、崔民选、李海舰、张其仔、吕铁、陈耀、刘戒骄、周文斌、朱彤、杨丹辉、刘勇、贺俊、张世贤等组成的编写小组集中进行了复审、修改、增删和定稿。总编辑杨世伟参加了复审工作，并对全书的编撰工作提出了重要修改意见。

"2016年中国工业10件大事"由中国社会科学院工业经济研究所的专家评选确定。

本书从2016年1月开始策划、设计、确定主题、制定写作计划。2016年8月30日完成初稿，9月20日定稿。在本书的编写过程中，中国社会科学院工业经济研究所科研处、办公室、信息网络室以及经济管理出版社提供了各个方面的帮助和支持，我们在此向他们表示衷心的谢忱。

编　者

2016 年 9 月 20 日

《中国工业发展报告（2016）》审读分工

　　《中国工业发展报告（2016）》作为国家新闻出版广电总局"十二五"重点图书出版项目，审稿任务重、质量要求高、编辑时间紧，六个编辑部和社领导均承担了本书的审读工作，具体任务如下：

　　本书一审由六个编辑部承担。第一编辑部张巧梅承担第三十六章至第四十一章，杨国强承担第四十二章至第四十七章、统计资料分析、大事记；第二编辑部丁惠敏承担第八章、第九章，张莉琼承担第十章、第十一章，赵喜勤承担第十二章、第十三章，杨雪承担第十四章、第十五章；第三编辑部杨雅琳承担第十六章、第十七章，宋娜承担第十八章、第十九章，王光艳承担第二十章、第二十一章，许艳承担第二十二章、第二十三章；第四编辑部魏晨红承担第二十四章、第二十五章，王格格承担第二十六章、第二十七章，胡茜承担第二十八章至第三十章；第五编辑部郑亮承担第三十一章、第三十二章，郭丽娟承担第三十三章、第三十四章，王琼承担第三十五章；第六编辑部申桂萍承担序、总论、第一章，赵亚荣承担第二章至第四章，侯春霞承担第五章至第七章，高娅承担英文提要。

　　本书二审由勇生承担。

　　本书三审由杨世伟承担。

　　本书的整个编辑、出版事宜由勇生全面负责。